U1069701

中国商务年鉴

2011 ·总第二十八期

中国商务年鉴编辑委员会

图书在版编目(CIP)数据

中国商务年鉴 · 2011/《中国商务年鉴》编辑委员会编.—北京:中国商务出版社,2011.9
ISBN 978-7-5103-0566-5

Ⅰ.①中… Ⅱ.①中… Ⅲ.①商务—中国—2011—年鉴
Ⅳ.①F72-54

中国版本图书馆 CIP 数据核字(2011)第 193501 号

中国商务年鉴 · 2011

主　　管/中华人民共和国商务部
主　　办/商务部国际贸易经济合作研究院
编　　纂/《中国商务年鉴》编辑委员会

编　　辑/《中国商务年鉴》社
总 编 辑/丹　舟　　副总编辑/沈炳兴
特约编辑/范文洁　陈明霞　陈谢晟　杨　壮　申俊利
责任编辑/张尽平　夏晓敏
英文审订/钱建初　夏晓敏
责任校对/田丽华　刘晓英
网　　址/www.yearbook.org.cn
电　　话/010-64515074
通信地址/北京市安定门外大街东后巷 28 号　邮政编码:100710

出　　版/中国商务出版社出版
印　　刷/北京画中画印刷有限公司
开　　本/889 毫米 ×1194 毫米　大 16 开
印　　张/64
字　　数/2600 千字
版　　别/2011 年 9 月第一版
版　　次/2011 年 9 月第一次印刷
定　　价/360.00 元

ISSN 1673-6834

ISBN 978-7-5103-0566-5

ISSN 1673-6834
CN11-5319/F

ISBN 978-7-5103-0566-5

2011 年 6 月 16 日，中国国家主席胡锦涛同俄罗斯总统梅德韦杰夫在克里姆林宫举行会谈。会谈后，两国元首签署了《中俄关于当前国际形势和重大国际问题的联合声明》，并就《中俄睦邻友好合作条约》签署 10 周年发表联合声明。

2011 年 6 月 26 日，正在英国访问的中国总理温家宝视察了 MG 汽车英国有限公司。MG 汽车英国有限公司是上海汽车集团股份有限公司在英国的全资子公司。图为温家宝与该公司的工程师进行交流。

2010 年 8 月 12 日，中国对外援助 60 周年纪念展在北京中国国际贸易中心隆重举行。图为国务院副总理王岐山等出席并参观展览。

商务部部长
陈德铭

序

2010年是我国"十一五"规划的最后一年。一年来，面对复杂多变的国内外环境和来自多方面的重大挑战，在党中央、国务院的坚强领导下，商务系统深入贯彻落实科学发展观，紧扣转变经济发展方式这一主线，坚持实施应对国际金融危机的一系列政策措施，加大结构调整力度，努力做好各项工作，国内外贸易和国际经济合作总体保持平稳较快发展的良好态势。

搞活流通促进了消费较快增长。深入实施并完善家电汽车下乡和以旧换新等促消费政策，加快城乡流通网络和服务体系建设，整顿和规范市场秩序，开展打击侵犯知识产权和制售假冒伪劣商品专项行动，营造便利安全的消费环境。各地商务部门组织开展了形式多样的促销活动，促进居民消费增长，消费结构升级。家电、汽车、电子信息产品持续旺销，传统商贸服务与电子商务、网络购物等新型流通业态加快发展，消费对经济增长的拉动作用进一步增强。

及时调控保障了市场平稳运行。进一步加强市场监测和预警，努力为中央提供决策依据，及时发布市场供求信息，正确引导社会预期。通过政府储备收储和投放，保障市场平稳运行。上半年，针对生猪价格持续大幅下跌，及时收储中央储备猪肉16万吨，促进了生猪价格合理回升；下半年，为了遏制食品价格过快上涨，应对通胀，及时投放10万吨中央储备冻猪肉，分8批投放162万吨中央储备糖，及时进口原糖弥补国内缺口，猪肉、食糖价格整体回稳，市场运行更加有序。积极应对西南地区特大干旱、玉树地震、舟曲泥石流等重大自然灾害，组织调运居民生活必需品和救灾物资，避免了灾区市场大幅波动。开展海南农产品现代流通综合试点，在上海等10个城市开展肉类蔬菜流通追溯体系试点。农超对接实施范围进一步扩大，以流通环节少、成本低的优势对稳定物价发挥了重要作用。

完善政策实现了外需快速恢复和结构优化。按照拓市场、调结构、促平衡的总体要求，认真落实稳外需的各项政策措施，进一步提高出口信保覆盖率，落实大型成套设备出口融资保险专项安排，扩大人民币跨境贸易结算试点范围，支持企业开拓国际市场，出口快速恢复。加快出口创新基地建设，开展加工贸易转型升级试点，严格控制"两高一资"产品出口，出口结构进一步优化。落实并完善进口促进政策，进一步提高进口便利化水平，扩大进口取得明显成效。全年进出口总额2.97万亿美元，增长34.7%，贸易平衡状况继续改善。服务贸易保持较快发展，重点领域服务出口进一步扩大。

优化环境推动了利用外资稳定增长。会同有关部门认真落实国务院《关于进一步做好利用外资工作的若干意见》，制定配套政策，对于改善投资环境、稳定外商投资信心发挥了重要作用。针对国外质疑我投资环境等情况，主动宣传我对外开放的基本国策，多渠道、多形式做好外商关注的自主创新、政府采购和知识产权保护等问题的增信释疑工作。加强外资投向引导，推动符合条件的省级开发区升级，加大对西藏、新疆产业园区建设的支持力度，推进沿边开放，支持东中西部地区开放型经济协调发展。全年实际使用外资1057亿美元，增长17%。落实支持服务外包发展的各项政策，承接国际服务外包继续快速发展。

多措并举加快了企业"走出去"步伐。加大"走出去"政策支持力度，与多个国家签署投资保护协定、基础设施及劳务合作协议。支持企业开展跨国并购，大型项目明显增多。基础设施领域的国际合作明显加强。继续推进境外经贸合作区建设，带动国内优势产业加工能力向境外转移。开展《对外承包工程管理条例》专项检查，推进对外劳务合作管理体制改革，及时妥善处理境外突发事件，有效保障我境外企业人身和财产安全。对外投资合作规模和层次继续提升，全年非金融类对外直接投资 590 亿美元，同比增长 36.3%，对外承包工程、劳务合作快速发展。

统筹兼顾深化了国际经贸合作。积极参与全球经济治理和区域合作。顺利通过世贸组织对我第三次贸易政策审议。扎实推进自贸区建设，顺利实施中国—东盟自贸区，启动中日韩自贸区官产学联合研究。与美欧日的经济高层对话取得丰硕成果，与发展中国家的互利合作进一步加深。继续实施 CEPA 及补充协议，签署了海峡两岸经济合作框架协议，两岸四地经贸关系更加密切。坚决反对保护主义，应对贸易摩擦取得明显成效。国务院召开全国援外工作会议，制定了做好新形势下对外援助工作的指导性意见。

2010 年商务事业的平稳较快发展，为“十一五”商务发展规划全面胜利完成画上了圆满句号。五年来，商务系统坚持围绕中心、服务大局，坚持与时俱进、开拓创新，坚持内外统筹、互利共赢，坚持市场主导、政府调控，国内外贸易和国际经济合作取得明显进展。

一是消费政策实现重大创新。制定实施了家电汽车下乡和以旧换新等一系列直接促消费政策，充分挖掘消费潜力，促进了城乡消费持续较快增长。“十一五”期间社会消费品零售总额年均增长 18.1%，是改革开放以来增长最快的时期之一。

二是现代流通体系初见端倪。积极推进城乡流通网络建设，加快流通现代化步伐，三级批发零售体系在改革中被打破、流通体系曾经“线断网破”的局面得到根本改变，符合市场经济要求的现代流通体系加快形成。

三是市场调控能力明显增强。目前，全国市场运行监测样本企业近 2.9 万家；应急商品数据库重点联系企业超过 1600 家，涉及 58 个应急商品品种；肉糖等重要商品储备体系不断健全；跨区调运工作进一步机制化，进出口调剂更加及时。

四是贸易大国地位进一步确立。与“十五”末期相比，我国货物出口由世界第 3 位跃居首位，占全球份额由 7.3% 上升至 10% 左右，进口由第 3 位升至第 2 位。同时，服务出口由世界第 8 位升至第 5 位，进口由第 7 位升至第 4 位。服务贸易与货物贸易相互促进、协调发展的格局初步形成。

五是利用外资水平明显提高。五年累计使用外资 4200 亿美元，约为“十五”时期的 1.5 倍，连续 19 年居发展中国家首位。服务业吸收外资比重由“十五”末期的 16.1% 上升到 2009 年的 42.1%；外资企业在华设立研发中心累计超过 1400 家，比“十五”末期增长近一倍；中西部地区吸收外资比重由 11.2% 上升到 13.7%。

六是对外投资合作跨越式发展。五年来，我国非金融类对外直接投资年均增长 38.8%，在全球的排名由“十五”末期的第 18 位跃升至第 5 位，迈入对外投资大国行列。对外承包工程营业额年均增长 37.3%，有 54 家中国对外承包工程企业进入世界 225 家国际承包商行列，在世界工程建设领域的地位得到进一步巩固和提升。

七是国际经贸地位大幅提升。自贸区建设加快推进，与有关国家建成 6 个自贸区，两岸四地经贸合作实现机制化。与发达国家经济高层对话、双边经贸联委会／混委会等机制不断完善。对外援助规模持续扩大，受到国际社会广泛好评。包括商务部、地方政府、商协会以及涉案企业在内的“四体联动”贸易摩擦应对机制基本形成，运用国际规则的能力显著提高。

五年的历程极不平凡，五年的成绩来之不易。这是党中央、国务院正确领导、英明决策的结果，是各地区、各部门大力支持、密切配合的结果，是全国商务系统和广大企业扎实工作、奋力拼搏的结果。同时也应看到，商务领域一些机制性问题和结构性问题尚未根本解决，转变发展方式，促进开放型经济的结构调整和可持续发展依然任重而道远，需要我们继续作出不懈的努力。

《中国商务年鉴》编辑委员会

EDITORIAL BOARD OF THE CHINA COMMERCE YEARBOOK

主 任 委 员	陈德铭	商务部部长
副主任委员	高虎城	商务部国际贸易谈判代表兼副部长
	李荣灿	商务部部长助理
	邹志武	海关总署副署长
常 务 委 员	姚　坚	商务部办公厅主任
	霍建国	商务部国际贸易经济合作研究院院长
委　　员	(以姓氏笔画为序)	
	刁春和	中国对外承包工程商会会长
	王　耀	中国商业联合会副会长
	王克臣	国家统计局贸易外经统计司巡视员
	王沈阳	商务部对外投资和经济合作司司长
	王忠奇	中国轻工工艺品进出口商会会长
	王受文	商务部对外贸易司司长
	王炳南	商务部市场体系建设司司长
	边振瑚	中国食品土畜进出口商会会长
	刘小军	国家旅游局政策法规司司长
	刘亚军	商务部外国投资管理司司长
	刘海泉	商务部综合司司长
	向　欣	商务部流通业发展司司长
	孙永福	商务部欧洲司司长
	孙际文	商务部财务司司长
	江　辉	中国纺织品进出口商会副会长
	何　宁	商务部美洲大洋洲司司长
	宋德星	交通运输部水运局局长
	张　骥	商务部机电和科技产业司司长
	张国庆	商务部政策研究室副主任
	张钰晶	中国机电产品进出口商会会长
	李小涛	国家开发银行政策研究室主任
	李元平	国家质量监督检验检疫总局办公厅主任
	李成钢	商务部条约法律司司长
	李晋奇	商务部电子商务和信息化司司长
	沈丹阳	商务部国际贸易谈判代表秘书局局长兼办公厅副主任
	邸建凯	商务部市场运行和消费促进司司长
	陈　星	商务部台港澳司司长
	陈　洲	商务部亚洲司司长
	周亚滨	商务部人事司司长
	周晓燕	商务部进出口公平贸易局局长
	尚　明	商务部反垄断局局长
	贺登才	中国物流与采购联合会副会长
	周柳军	商务部服务贸易和商贸服务业司司长
	赵福地	海关总署办公厅主任、国家口岸管理办公室副主任
	钟曼英	商务部西亚非洲司司长
	倪如林	中国医药保健品进出口商会会长
	徐　旭	中国五矿化工进出口商会会长
	柴小林	商务部世界贸易组织司司长
	顾春芳	商务部产业损害调查局局长
	常晓村	商务部市场秩序司司长
	廖体忠	国家税务总局国际税务司副司长
	廖建成	商务部对外援助司司长
	滕琳惠	中国银行公司金融总部国际结算模块风险总监

《中国商务年鉴》特约撰稿人

SPECIAL CONTRIBUTORS TO THE CHINA COMMERCE YEARBOOK

吕大良　海关总署
冯　军　国家质量监督检验检疫总局
范永辉　交通运输部
熊　艳　国家税务总局
路梦西　国家旅游局
郝胜龙　国家统计局
赵　航　国家开发银行
高晓明　中国银行
曹立生　中国商业联合会
李长缨　中国轻工工艺品进出口商会
赵晓亮　中国五矿化工进出口商会
张　强　中国食品土畜进出口商会
许　铭　中国医药保健品进出口商会
张慧玲　中国机电产品进出口商会
张　芳　中国对外承包工程商会
刘雪芹　商务部国际贸易经济合作研究院
张学庆　商务部国际贸易经济合作研究院
邢厚媛　商务部国际贸易经济合作研究院
薛　宏　商务部国际贸易经济合作研究院
王国秀　《中国海关》杂志社
郭亚天　北京市商务委员会
穆　群　天津市商务委员会
刘　璐　河北省商务厅
王鸿杰　山西省商务厅
管守明　内蒙古自治区商务厅
刘　文　辽宁省服务业委员会
杨　涛　辽宁省对外贸易经济合作厅
张芦凝　沈阳市对外贸易经济合作局
郭　峰　大连市对外贸易经济合作局
秦　扬　吉林省商务厅
李　军　长春市商务局
任　杰　黑龙江省商务厅
周建欣　哈尔滨市商务局
杜　娟　上海市商务委员会
朱一兵　江苏省商务厅
敖　瑜　南京市商务局
吴　哲　南京市投资促进委员会
丁中兴　连云港市商务局
张　明　南通市商务局
戴争光　浙江省商务厅
谢忠诚　宁波市贸易局
鲍伟伟　宁波市对外贸易经济合作局
胡　璋　温州市对外贸易经济合作局
刘晓鸿　安徽省商务厅
张容珍　福建省经济贸易委员会
吴文华　福建省对外贸易经济合作厅
陈慧坚　厦门市贸易发展局
陈　敏　厦门市投资促进局
林　珊　福州市对外贸易经济合作局
付　蓉　江西省商务厅
牟建芝　山东省商务厅
李如全　青岛市商务局
姚建军　烟台市商务局
李　昆　河南省商务厅
刘卫华　湖北省商务厅
李　立　武汉市商务局
朱光力　湖南省商务厅
柯　哲　广东省经济和信息化委员会
丁学芝　广东省对外贸易经济合作厅
李国文　广州市对外贸易经济合作局
罗　皓　深圳市科技工贸和信息化委员会
郭　瑜　珠海市科技工贸和信息化局
钟　颖　汕头市对外贸易经济合作局
李洪潮　湛江市对外贸易经济合作局
李美辉　广西壮族自治区商务厅
盛少燕　北海市商务局
林海云　海南省商务厅
曹文聪　重庆市商业委员会
刘渝川　重庆市对外贸易经济委员会
李玉国　四川省商务厅
曾繁荣　成都市商务局
杨　力　贵州省商务厅
赵明商　云南省商务厅
秦　浩　西藏自治区商务厅
史治军　陕西省商务厅
刘　军　西安市商务局
于　清　甘肃省商务厅
汪生栋　青海省商务厅
班艳蓉　宁夏回族自治区商务厅
曾锁怀　新疆维吾尔自治区商务厅
玛伊宁　新疆生产建设兵团商务局

编辑说明

EDITOR'S NOTE

一、《中国商务年鉴》由商务部主持编纂，编委会主任、副主任分别由商务部和海关总署领导担任。

二、本年鉴内容全面系统，资料翔实可靠，是一部具有权威性、指导性和实用性的大型工具书，是海内外各界人士了解、研究中国商务情况的史料性参考书。

三、本年鉴创刊于 1984 年，每年出版一期，每期用中文、英文两种文字分册出版。

四、本期《年鉴》全面系统地记述了 2010 年中国商务发展的基本情况。全书共设 8 个栏目，分别是"年度关键词"、"统计"、"文献"、"专文""国别（地区）经贸"、"开发区建设"、"地方商务"和"法规"栏目。

五、本年鉴提及的"对外贸易"、"进出口"、"出口"、"进口"等，除有特殊标明者外，均为货物贸易。

六、本年鉴所指"限额以上批发贸易业、零售贸易业、住宿业、餐饮业"的划分标准为：批发业，年主营业务收入 2000 万元及以上；零售业，年主营业务收入 500 万元及以上；住宿业，年主营业务收入 200 万元及以上；餐饮业，年主营业务收入 200 万元及以上。

七、"地方商务"等栏目里的有关数字，由于统计口径、方法不一致，有些与"统计"栏目中的数字不完全一致，请以"统计"栏目中的数字为准。各省、自治区、直辖市的排列顺序，按照国务院行政区划统一规定排列。计划单列市、沿海开放城市和经济特区等均排在其所属的省、自治区后面。

八、本年鉴所涉及的单位名称、撰稿人职务均以截稿日期为准。

九、多年以来，本年鉴承蒙国家机关各部门、各地方、各公司和广大作者、译者的积极支持和帮助，在此谨表示衷心的感谢！希望各界继续给予关心和支持。对本年鉴的不足之处，诚请提出批评和改进意见，以使《中国商务年鉴》日臻完善。

通信地址：北京市安定门外东后巷 28 号 商务部《中国商务年鉴》编辑部
邮政编码：100710 联系电话：010-64515074 网址：www.yearbook.org.cn

商务部《中国商务年鉴》编辑部
2011 年 8 月于北京

同中国签有经济贸易协定、投资保护协定和税收协定（安排）的国家和地区简表

（截至 2010 年 12 月 31 日）

“●”表示同我国签有贸易协定或议定书及经济合作协定的国家和地区（154 个）

“▲”表示同我国签有双边投资保护协定的国家和地区（130 个，其中“△”表示协定未生效）

“◆”表示同我国签有税收协定（安排）的国家和地区（99 个，其中“◇”表示协定未生效）

亚　洲

蒙古	●	▲	◆	哈萨克斯坦	●	▲	◆
朝鲜	●	▲		吉尔吉斯斯坦	●	▲	◆
韩国	●	▲	◆	塔吉克斯坦	●	▲	◆
日本	●	▲	◆	乌兹别克斯坦	●	▲	◆
越南	●	▲	◆	土库曼斯坦	●	▲	◆
老挝	●	▲	◆	格鲁吉亚	●	▲	◆
柬埔寨	●	▲		阿塞拜疆	●	▲	◆
缅甸	●	▲		亚美尼亚	●	▲	◆
泰国	●	▲	◆	黎巴嫩	●	▲	
马来西亚	●	▲	◆	也门	●	▲	
新加坡	●	▲	◆	以色列	●	▲	◆
菲律宾	●	▲	◆	阿曼	●	▲	◆
印度尼西亚	●	▲	◆	沙特阿拉伯	●	▲	◆
东帝汶	●			卡塔尔	●	▲	◆
尼泊尔	●		◆	伊拉克	●		
孟加拉国	●	▲	◆	叙利亚	●	▲	◇
印度	●	▲	◆	约旦	●	▲	
斯里兰卡	●	▲	◆	阿联酋	●	▲	◆
伊朗	●	▲	◆	科威特	●	▲	◆
巴基斯坦	●	▲	◆	巴林	●	▲	◆
文莱		▲	◆	土耳其	●	▲	◆
塞浦路斯	●	▲	◆	香港		▲	◆
巴勒斯坦	●			澳门		▲	◆

非　洲

埃及	●	▲	◆	马里	●	▲	
利比亚	●			佛得角	●	▲	
突尼斯	●	▲	◆	几内亚	●	▲	
阿尔及利亚	●	▲	◆	科特迪瓦	●	▲	
摩洛哥	●	▲	◆	加纳	●	▲	
苏丹	●	▲	◆	多哥	●		
埃塞俄比亚	●	▲	◇	贝宁	●	▲	
吉布提	●	▲		尼日尔	●		
肯尼亚	●	▲		尼日利亚	●	▲	◆
坦桑尼亚	●			喀麦隆	●	▲	
卢旺达	●			赤道几内亚	●	▲	
布隆迪	●			中非共和国	●		
安哥拉	●			刚果（布）	●	▲	
赞比亚	●	▲	◇	刚果（金）	●	▲	
莫桑比克	●	▲		加蓬	●	▲	
毛里求斯		▲	◆	塞拉利昂	●	▲	
津巴布韦	●	▲		索马里	●		
博茨瓦纳	●	▲		马达加斯加	●	▲	
厄立特里亚	●			塞舌尔		▲	◆
南非	●	▲	◆	乌干达	●	▲	
纳米比亚	●	▲		利比里亚	●		
毛里塔尼亚	●			塞内加尔	●		
马拉维	●			乍得	●		

欧　洲

冰岛	●	▲	◆	欧洲联盟	●		
丹麦	●	▲	◆	比利时	●	▲	◆
挪威	●	▲	◆	荷兰	●	▲	◆
瑞典	●	▲	◆	卢森堡	●	▲	◆
芬兰	●	▲	◆	英国	●	▲	◆
爱沙尼亚	●	▲	◆	爱尔兰	●		◆
拉脱维亚	●	▲	◆	西班牙	●	▲	◆
立陶宛	●	▲	◆	葡萄牙	●	▲	◆
俄罗斯	●	▲	◆	瑞士	●	▲	◆
白俄罗斯	●	▲	◆	马耳他	●	▲	◆
乌克兰	●	▲	◆	塞尔维亚	●	▲	◆
摩尔多瓦	●	▲	◆	斯洛文尼亚	●	▲	◆
波兰	●	▲	◆	克罗地亚	●	▲	◆
捷克	●	▲	◆	波黑	●	▲	◆
斯洛伐克	●	▲	◆	马其顿	●	▲	◆
匈牙利	●	▲	◆	罗马尼亚	●	▲	◆
德国	●	▲	◆	保加利亚	●	▲	◆
法国	●	▲	◆	阿尔巴尼亚	●	▲	◆
意大利	●	▲	◆	希腊	●	▲	◆
奥地利	●	▲	◆	黑山	●	▲	◆
圣马力诺	●						

大 洋 洲

澳大利亚	●	▲	◆	萨摩亚	●		
新西兰	●	▲	◆	库克群岛	●		
巴布亚新几内亚	●	▲	◆	斐济	●		
瓦努阿图	●	▲		汤加	●		
密克罗尼西亚	●						

北 美 洲

美国	●		◆	古巴	●	▲	◆
加拿大	●		◆	牙买加	●	▲	◆
墨西哥	●	△	◆	巴巴多斯		▲	◆
特立尼达和多巴哥	●	▲	◆				

南 美 洲

哥伦比亚	●	△		巴西	●		◆
委内瑞拉	●		◆	玻利维亚	●	▲	
苏里南	●			智利	●	▲	
厄瓜多尔	●	▲		阿根廷	●	▲	
秘鲁	●	▲		乌拉圭	●	▲	
圭亚那	●	▲		哥斯达黎加		▲	

2011 中国商务年鉴合作伙伴
PARTNERS OF CHINA COMMERCE YEARBOOK

西藏拉萨经济技术开发区管理委员会
Lhasa Economic Technique Development Area
主　任：　　黄羽天
Director　Huang Yutian

沧州临港经济技术开发区
Cangzhou Coastal-port Economic And Technological Development Zone
张召堂　　管委会主任
Zhang Zhaotang　Director of Administrative Committee

中国吉运集团
CHINA JIYUN GROUP
吉运集团董事局主席　刘现考
Liu Xiankao　Chairman of Jiyun Group

西安经济技术开发区
XI'AN ECONOMIC & TECHNOLOGICAL DEVELOPMENT ZONE

宁波大榭开发区
Ningbo Daxie Development Zone
管委会主任：　蔡希良
Director of Administrative Committee:　Cai Xiliang

CEDZ
常熟经济技术开发区
CHANGSHU ECONOMIC AND TECHNOLOGICAL DEVELOPMENT ZONE
桑五官　　管委会副主任
Sang Wuguan Deputy Director of Administrative Committee

YANGPU 洋浦经济开发区
洋浦经济开发区
Yangpu Economic Development Zone

徐州经济技术开发区

Xuzhou Economic & Technological Development Zone

高铁生态商务区金龙湖景区一角

徐州经济技术开发区创建于1992年7月，是徐州市新型工业化示范基地和高新技术产业集聚中心，2010年3月晋升为国家经济技术开发区。

徐州经济技术开发区区位交通优势明显。位于徐州市区东郊，陇海铁路、京沪铁路、京福高速、连霍高速、104国道、206国道、310国道、京杭大运河等通贯全境。特别令人瞩目的是，京沪高速铁路徐州东站就坐落在开发区。乘坐高铁，从开发区到北京和上海均只需2个半小时左右。

徐州经济技术开发区产业基础扎实雄厚。目前培育形成了以工程机械和专用车辆为主的装备制造、以太阳能光伏和风力发电为主的新能源、以生产性物流和软件服务外包为主的现代服务三大主导产业，另有工业电子、食品医药、纺织服装等传统优势产业不断巩固提升，同时，电子信息、生物技术、高新材料等战略性新兴产业蓬勃兴起。规划建设了高铁生态商务区、清洁技术产业园、软件服务外包产业园、光电微电产业园、中美创新科技产业园等专业园区，建成了全国较大的工程机械和多晶硅生产基地，打造成为了国家工程机械特色产业基地、国家新能源特色产业基地，江苏省国际服务外包示范区、江苏省生态工业园区等。美国卡特彼勒、德国蒂森克虏伯、法国圣戈班、丹麦维斯塔斯、韩国斗山、徐工集团、香港协鑫等一大批全球知名公司在此投资发展。中国工程机械的龙头企业徐工集团、中国太阳能光伏的龙头企业中能硅业都扎根在开发区。

徐州经济技术开发区综合实力不断提升。近几年来，全区经济社会飞速发展，园区面貌日新月异，主要经济指标年均增长达40%以上。目前，发展水平跃居江苏省国家开发区前列，居全国国家开发区第25位。

Founded in July 1992, Xuzhou Economic & Technological Development Zone is a demonstration base of new industrialization and a gathering center of high-tech industries in Xuzhou. In March 2010, it was ratified to become a state-level economic & technological development zone.

Being easily accessible, the Zone is located in the east of XuZhou city, which is crossed by Longhai Railway, Beijing-Shanghai Railway, Beijing-Fuzhou Expressway, Lianyungang-Huoerguosi Expressway, 104 National Way, 206 National Way, 310 National Way and Beijing-Hangzhou Grand Canal. In particular, the East Xuzhou Station of Beijing-Shanghai Railway is just located in the Zone. It only takes 2.5 hours from the zone to Beijing or Shanghai by taking the high-speed train.

With a solid industry basis, this Zone has developed three pillar industries: equipment manufacturing led by engineering machinery and special vehicles, new energy led by solar PV and wind power, and modern services led by production logistics and software service outsourcing. In addition, traditional advantageous industries including industrial electronics, foods & medicines, textile and clothing are being continuously strengthened. Meanwhile, many strategic emerging industries such as electronic information, biological technology and new materials are on their rise. The Zone has planned and constructed such professional parks as high-speed rail-specific ecological business zone, software service outsourcing industrial park, clean technology industrial park, photo-electricity & micro-electricity industrial park, and Sino-US innovative technology park. The Zone has constructed the relatively large engineering machinery and polycrystalline silicon production bases. As a result, it has become a national special industry base for engineering machinery, a national special industry base for new energy, a demonstration zone of Jiangsu Province for software outsourcing, and a ecological industrial park of Jiangsu Province. Many famous enterprises have settled in the Zone, including the US Caterpillar, the German ThyssenKrupp, the France Saint-Gobain, and the Denmark Vestas, the Doosan of ROK, Xugong Group and Hong Kong GCL Poly Energy as well as GCL Silicon, the leading solar PV enterprise in China.

With its comprehensive strength being continuously improved, the Zone has been growing fast in recent years, and its major economic indicators achieve the annual growth rate of over 40%. Currently, the Zone is in a leading position among the state-level development zones in Jiangsu Province and ranks No. 25 among the state-level development zones nationwide.

高铁徐州东站

卡特彼勒挖掘机新生产线

光伏硅片自动化生产线

太阳能光伏龙头企业——中能硅业

湖州经济技术开发区

Huzhou Economic & Technological Development Zone

被誉为中科院系统最好的产业转移转化平台-湖州南太湖科技创新中心

国家湖州经济技术开发区成立于1992年8月，位于浙江省北部，地处长三角区域地理中心，同上海、南京、苏州、无锡、杭州等各大中城市均在200公里交通半径内。建区近二十年来，已成为长三角地区吸纳外资和集聚先进制造业、高新技术产业和现代服务业发展的重要平台，先后引进了美国陶氏、德国巴斯夫等1000多家国内外知名集团和优秀企业，初步形成了生物医药、新能源、节能环保、新材料等主导产业和汽配机电、食品加工等特色产业，现代服务业快速发展。

目前，正按照“建设多功能综合园区、现代生态型乐活新城”的发展定位和“产城融合”的发展理念，积极打造湖州南太湖科技创新中心、湖州南太湖生物医药产业园、湖州南太湖漕河泾科技园、湖州国际软件园、湖州综合物流园等专业园区和产业平台，加快建成长三角地区高端产业集聚、科技创新活跃、综合环境优越、城乡统筹发展、体制机制高效、社会和谐文明的科学发展高地。

中科院工业生物技术中心实验室

Founded in August 1992, Huzhou Economic & Technological Development Zone is located in the north of Zhejiang Province and the geological center of Yangtze River Delta, which is about 200 km from such large- and medium-sized cities as Shanghai, Nanjing, Suzhou, Wuxi and Hangzhou. After two decades of efforts, the Zone has become an important platform in the Yangtze River Delta in absorbing foreign investment and gathering the advanced manufacturing industry, the high-tech industry and the modern service industry. Having attracted over 1,000 well-known groups and enterprises at home and abroad, including US Dow and BASF, Germany, the Zone has preliminarily established such pillar industries as biological medicine, new energy, energy efficiency & environment protection, and new materials, as well as such featured industries as auto parts, electro-mechanics and food processing, with the modern trade in services growing fast.

（陶氏）欧美环境

Based on the development positioning of “building a multi-functional comprehensive zone and a modern ecological LOHAS city”, and the development concept of “integrating the industries into the city”, the Zone has established such professional parks and industry platforms as Huzhou Nantaihu Technology Innovation Center, Huzhou Nantaihu Bio-medicine Industry Park, Huzhou Nantaihu Caohejing Technology Park, Huzhou International Software Park, and Huzhou Logistics Park, etc. It is accelerating to grow into a highland in the Yangtze River Delta, featuring the gathering of the high-end industries, active technology innovation, advantageous environments, coordinated development between urban and rural areas, effective systems and mechanisms, as well as a harmonious and civilized society.

南太湖生物医药专业园

西南新城

目录

序

编辑说明

年度关键词

统计

国内贸易

货物贸易

服务贸易

世界经济

文　献

专　文

国别(地区)经贸

开发区建设

地方商务

法　规

记录历史 启迪未来
中国商务年鉴
中国商务年鉴编辑委员会
2011 · 总第二十八期

年度关键词

ANNUAL KEY WORDS ↘

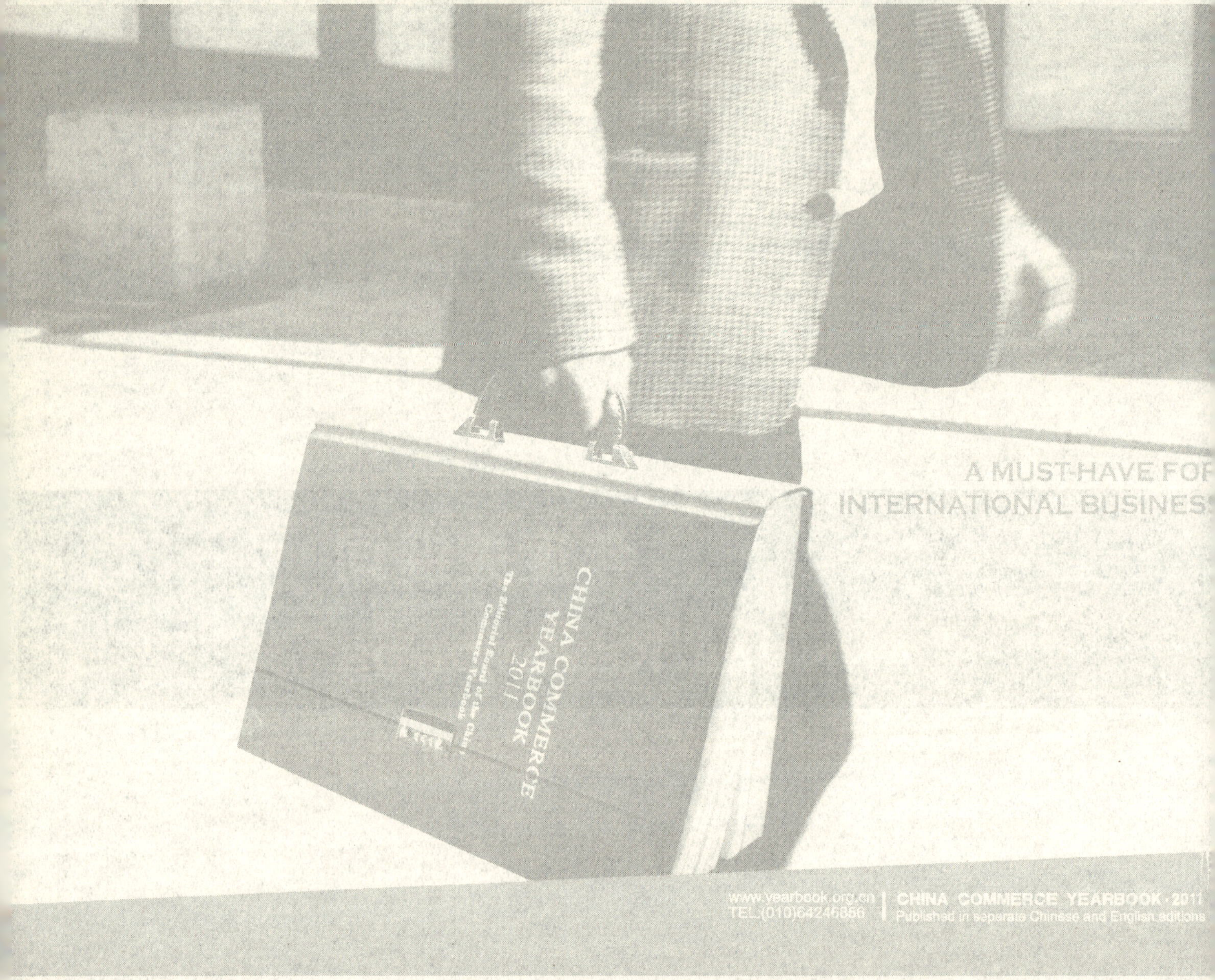

A MUST-HAVE FO
INTERNATIONAL BUSINES
CHINA COMMERCE YEARBOOK 2011
www.yearbook.org.cn
TEL:(010)64246856
CHINA COMMERCE YEARBOOK·2011
Published in separate Chinese and English editions

中国商务年度关键词·2010

人均消费进入万元时代

2010年我国社会消费品零售总额首次突破15万亿元大关，达到15.7万亿元，比2009年增长18.3%，增速比上年加快2.8个百分点。人均社会消费品零售总额达1.1万元。新中国成立以来，人均零售额突破1 000元（1993年）用了43年，从1 000元到突破5 000元（2005年）用了12年，从5 000元到1万元仅用了5年。

人均消费突破1万元，这一标志性事件具有丰富的内涵和重要的意义。其一，消费担当拉动经济增长主角的能力更强，每增长1个百分点对拉动经济增长的贡献更大，将更快促进我国经济发展方式的转变；其二，按“十二五”期间社会消费品零售总额年均增长14%计算，人均零售额在“十二五”期间将突破2万元，居民生活水平将得到更明显的提高；其三，标志着我国消费品市场进入一个更加广阔、容量更加巨大的发展平台，居民消费需求更加升级化、丰富化、多元化，市场充满更多新商机。

贸易大国地位进一步确立

2010年我国对外货物贸易实现了较快恢复性增长，全年进出口额达2.97万亿美元，比上年增长34.7%，再创历史新高。我国货物贸易出口占全球市场的份额达10.4%，我贸易大国地位进一步巩固。“十一五”前三年，我国外贸继续快速扩张。金融危机爆发后，在党中央、国务院的正确领导下，全国商务系统千方百计稳外需、保市场、保份额，成功实现了对外贸易“一稳两保”的目标。2009年我国出口总额上升至世界第一位，占全球出口比重由“十五”时期末的7.3%提高到9.6%；进口总额上升至世界第二位。“十一五”末的2010年，我国货物贸易出口和进口继续保持世界第一和第二位。

“十一五”期间，我国深入实施以质取胜战略和科技兴贸战略，对外贸易结构进一步优化。工业制成品出口占出口总额比重由“十五”时期末的93.6%提高到94.8%。机电产品、高新技术产品出口保持较快增长态势，占出口总额比重分别由“十五”时期末的56.0%和28.6%提高到59.2%和31.2%。“两高”产品出口得到有效控制，汽车、船舶、飞机、铁路装备、通讯产品等大型机电产品和成套设备出口均有新的突破。外贸经营主体数量不断扩大，民营企业经营活力进一步发挥，进出口占比由“十五”时期末的15.8%提高到25.2%。一般贸易增速超过加工贸易，出口占比由“十五”时期末的41.4%提高到45.7%。中西部地区进出口潜力显现，增长加快，进出口占比由“十五”时期末的7.2%提高到9.6%。

对外投资稳步增长

受世界经济和金融危机的持续影响，2010年全球外国直接投资流出量较2009年仅增长0.7%，从1.11万亿美元增加到1.12万亿美元。面对后金融危机时代挑战和机遇并存的局面，我国政府和企业审时度势，积极应对，2010年非金融类对外直接投资保持了稳步增长的势头。2010年，我国非金融类对外直接投资流量为590亿美元，同比增长36.3%。截至2010年底，我国对外直接投资累计超过3 000亿美元，广泛分布在全球177个国家和地区，共设立境外企业1.5万家，资产总额累计超过万亿美元。

从投资方式来看，以收购方式实现的对外直接投资（非金融类）已经成为对外直接投资的主要方式。2010年主要跨国并购项目有中石化集团以71.39亿美元收购西班牙雷普索尔公司巴西公司40%股权，中石油集团35亿澳元与澳洲壳牌能源控股有限公司联合体收购澳大利亚Arrow能源有限公司100%股权，浙江吉利控股集团公司17.88亿美元收购瑞典沃尔沃轿车公司100%股权等。

服务贸易快速发展

随着进出口大幅增长和贸易逆差缩减，中国服务贸易已经恢复到快速增长的轨道。2010年，中国服务贸易进出口总额为3 624.2亿美元，比上年增长26.4%；其中，出口1 702.5亿美元，增长32.4%；进口1 921.7亿美元，增长21.5%。逆差规模缩减，由上年的295.1亿美元减少至

219.3亿美元，同比下降25.7%。服务进出口的快速增长主要源于运输、旅游等传统服务，以及金融服务、专有权利使用与特许服务、计算机和信息服务等高附加值服务的大幅增加。全年运输、旅游服务进出口总额均达历史最高值，分别为974.7亿美元、1 006.9亿美元，同比增长39.0%、20.8%；金融服务、专有权利使用与特许服务、计算机和信息服务同比增幅分别达133.8%、25.4%和20.7%。

2010年底，全国服务外包企业已发展到12706家，从业人员达232.8万人，2010年承接离岸服务外包合同执行额达到144.5亿美元。同时，服务外包产业集聚发展成效显著，截至2010年底，北京、天津、上海等21个服务外包示范城市的服务外包企业数量、从业人员分别占全国的76.5%、75.4%；2010年全年，21个服务外包示范城市承接离岸服务外包合同执行额占全国的93.7%。

年度实际使用外资首破1 000亿美元

2010年，中国吸收外资保持了较快增长势头。全国非金融领域（不含银行、保险、证券）新批准设立外商投资企业27 406家，同比增长16.9%；实际使用外资1 057.4亿美元，首度突破1 000亿美元，增长17.4%。同期，金融领域新批设立中外合资银行、中外合资非银行业金融机构、基金公司和保险公司14家，实际使用外资金额89.99亿美元，增长123.2%。合计本年度中国实际使用外资1 147.3亿美元，增长22.0%。

外商投资企业运营情况趋好。2010年度，约占全国企业总数3%的外商投资企业创造了19万亿元人民币的工业产值，增长26%，占全国工业产值的27%；纳税总额16 390亿元，增长20%，占全国的21%，其中，缴纳的增值税、企业所得税、营业税分别为8 353亿元、4 089亿元和1 259亿元，分别增长11%、37%和19%，占全国相应总量的比重依次为27%、28%和11%；进出口额16 003亿美元，增长32%，占全国进出口总额的54%，其中出口8 623亿美元，增长28%，占全国出口总额的55%；直接吸纳就业人员4 500万人，占全国城镇就业总人口的14%。

全国援外工作会议召开

2010年8月13日—14日，国务院在北京成功召开全国援外工作会议。胡锦涛总书记等中央领导同志亲切接见与会代表，温家宝总理作大会主旨讲话，李克强副总理等国家领导人亲临参观援外60周年纪念展，王岐山副总理、戴秉国国务委员出席会议并发表讲话。会议系统总结了60年来中国对外援助工作基本经验，全面部署了今后一个时期中国对外援助工作重点。

2010年，中国政府同94个国家和区域组织签署了援助协议262笔，广泛开展发展中国家间的经济技术合作。全年在44个国家新承担援外成套项目63个，正在实施成套项目109个；向58个国家提供一般物资109批；在31个国家新承担技术合作项目41个，正在执行106个；向海地、巴基斯坦等16个国家提供了紧急人道主义援助；在华举办391期培训班，为146个国家和地区组织培训10 241人；向3个国家派遣青年志愿者41名；新承担优惠贷款项目44个。截至2010年底，在80个国家有234个援外项目组或专家组，在外专家5 563人。

农产品现代流通综合试点启动

农产品现代流通综合试点是“双百市场工程”和农超对接工作的深化、发展和创新，是商务领域支持完善农产品流通体系各项改革的又一重点工程。2010年，中央财政资金安排6.8亿元，支持8个省份31个市县进行农产品批发市场、农贸市场等流通基础设施升级改造，打造农产品流通链条。一是组织专家评审试点方案，召开试点省份座谈会，印发工作指导意见，开展试点工作。二是研究制定全国农产品批发市场规划，起草批发市场发展指导意见，指导地方摸查农产品批发市场底数和做好地方发展规划。三是开发建立“农超对接信息服务系统”，实现项目网上运转；组织“农村流通合作组织培训会”，鼓励大型超市开展“农超对接”。四是同农业部签署合作协议，建立战略合作机制，共同推进农产品流通领域合作。

截至2010年底，累计升级改造284家农产品批发市场和457家农贸市场，初步发挥了产销地市场农产品价格形成和集散功能；部分“农超对接”试点企业直采率达30%，流通成本减少15%。“农超对接”实施过程中，由于超市参与农产品生产过程的监控和管理，一旦发现质量问题，可以直接追溯到原产地，有助于保障食品安全。通过农超对接，超市指导农民按照消费需求进行生产，提高了农产品质量，培育了农产品品牌，提高农产品附加值，促进了农民收入增加。

应对贸易摩擦形势严峻

2010年，是新世纪以来我国面临贸易摩擦形势最复杂、经受考验最严峻的一年。2010年，我国共遭遇来自20个国家（地区）发起的贸易救济调查案件66起，其中反倾销案42起，反补贴案6起，保障措施案16起，特保案1起，涉案金额达71亿美元，美国还对我发起337调查19起，301调查1起，贸易壁垒、技术壁垒等限制措施层出不穷。美欧等联手在人民币汇率、自主创新政策、新能源政策、知识产权保护、投资环境、稀土出口等问题上，频繁对我施压。贸易摩擦不断增多，不仅损害我出口利益，恶化外贸发展环境，而且触及我国法律法规、政策措施、体制机制，甚至威胁我核心利益。我国商务部门牢牢抓住妥善应对贸易摩擦、依法实施贸易救济两条主线，努力营造良好外部环境，全力维护国内产业安全，各项工作取得积极进展。如：成功阻止了美国对人民币汇率发起反补贴调查，积极应对美对华清洁能源政策301调查，成功化解迄今我国遭遇的最大贸易救济调查案，协调指导我国高科技产品反倾销第一案，337调查应对工作取得新突破等。

同时，我国依法妥善灵活运用贸易救济措施，为企业发展营造公平竞争的市场环境。2010年，我国共对外发起反倾销调查4起、反补贴调查1起，涉案产品分别为非色散位移单模光纤、己内酰胺、未曝光的摄影感光纸及纸板、干玉米酒糟和马铃薯淀粉；共对9起反倾销原审调查、3起反倾销复审调查和2起反补贴原审调查做出裁决。贸易救济立案调查的惠及面进一步拓展，产品领域由传统的化工产业领域扩大到通讯材料、轻工和农产品领域，共涉及10余个省份的67家企业。

世界经济年度关键词·2010

美国启动第二轮量化宽松计划

2010年，世界经济复苏的冷热不均日益显现，各国央行的政策取向也陷入混乱。11月2日—3日，美联储召开货币政策决策例会，会后宣布启动第二轮量化宽松计划，计划到2011年6月底前购买6 000亿美元的美国长期国债，以进一步刺激美国经济复苏。消息既出，国际社会一片哗然，美联储立刻成为众矢之的。重启量化宽松政策加剧了市场对美元大幅贬值、新一波资本洪流涌入新兴经济体、迫使全球迎来高通胀时代的忧虑，使全球经济复苏和增长的信心受损。美日欧等发达经济体祭出一轮又一轮的量化宽松货币政策，这给基本面更佳的广大发展中国家的政策调控带来巨大挑战。深受本币“被升值”以及热钱涌入之苦的新兴经济体，纷纷通过收紧货币政策、干预汇市或是资本管制等措施积极应战。

全球货币汇率纷争不断

围绕货币展开的故事正在成为全球的主流大戏。2010年6月份以来，“货币战争”一词被人们反复提及，发达经济体和新兴经济体均十分警觉，纷纷做出了或防御或进攻的应对举措，风声鹤唳，一场混战反而使汇率博弈不断升级扩散。日元急速升值就是一个比较有代表性的事件。为此，日本政府频频出招，实施零利率政策，连续出台经济刺激计划，并出手干预汇市。为应对本国货币持续升值的风险，巴西、韩国、印度、泰国等也入市干预本币升值。

欧债危机到了最危险时候

始于2009年末的欧洲主权债务危机在2010年进一步扩大化。不堪重负的希腊在上半年被迫寻求国际货币基金组织和欧盟的联合援助，深陷银行业危机的爱尔兰也无奈在下半年接受850亿欧元的外部援助，此外，葡萄牙、西班牙和意大利等国家也一度告急。欧债危机的两度集中爆发，都震动了全球金融市场，拖累欧元汇价暴跌并一度下探4年新低，加剧了对世界经济二次探底的担忧。由此引发的对于欧元区未来命运的讨论和思考，也从未像现在这样激烈、广泛而深入。

大宗商品价格猛涨

受美元贬值以及自然灾害等因素影响，2010年大宗商品价格继续表现不俗。特别是在临近年末，随着美国祭出二次量化宽松政策，加上对世界经济复苏的预期增强，大宗商品发动了一波猛烈上涨行情。黄金、铜等都创出历史新高，油价站上90美元，农产品价格涨势凶猛。对于艰难复苏的世界经济而言，大宗商品过快上涨并非什么好消息，只会使得生产成本上升，物价压力增大。

中国经济总量跻身世界第二

2010年第二季度，中国GDP为1.33万亿美元，日本为1.28万亿美元，中国超过日本成为世界第二大经济体。在金融危机之后，中国经济的国际地位日益显现，但随之而来的也是更大的责任和挑战。中国在国际货币基金组织和世界银行的投票权大幅提升，而在国际金融体系改革、气候变化以及国际贸易等领域，中国也承担着日益重要的角色。

IMF和世行改革力挺新兴经济体

金融危机的爆发加速了国际金融体系改革的进程。2010年，世界银行和国际货币基金组织（IMF）双双通过了重大改革举措，大幅度提高新兴经济体和发展中国家的代表性。中国在两大机构中的投票权均升至第三位，仅次于美国和日本。在世行，发达国家向发展中国家共转移了3.13%的投票权，使发展中国家整体投票权从44.06%提高到47.19%；在IMF，发达国家向新兴经济体转移超过6%的份额。在新兴经济体之于全球的重要性和贡献日益增加的背景下，类似的改革只是第一步，今后发展中国家将日益频繁地参与到国际金融秩序的构建中。

生态灾难频发冲击世界经济

2010年发生了两次可能带来深远影响的重大生态灾难，一次是冰岛火山灰，另一次是英国石油公司在墨西哥湾的漏油事件。漏油造成的直接损失已近400亿美元，是美国历史上最严重的漏油事故和生态灾难，涉案诉讼已超过300起。火山灰一度令欧洲航空业瘫痪，每日损失高达2亿美元。漏油和火山灰带来的经济、社会和生态方面的永久性伤害，需要引起企业、政府甚至是全人类的反思。就眼下而言，尽快达成全球气候谈判协议，应是各国的一致努力方向。

通胀阴影挥之不去

2010年，全球经济复苏迟缓，萧条的景象似乎仍未完全消除。发达国家的失业率持高不下，而在很多发展中国家，通胀危机日益显现，成为干扰世界经济复苏的又一险情，通货膨胀给全球经济、特别是发展中国家经济造成的不安和恐慌正在蔓延。“金砖四国”物价指标大大超过各国预设的通胀警戒线，韩国、越南、伊朗、阿根廷等国家都出现了不同程度的通胀，包括食品、能源等在内的物价上涨已成为很多国家不可承受之重。

丰田深陷信誉危机

日本丰田汽车公司2010年1月21日宣布，由于油门踏板存在质量问题，将在美国召回230万辆丰田旗下品牌汽车。此后丰田的全球召回事件愈演愈烈，范围扩大到欧洲、亚洲、拉美以及非洲地区。对于召回事件，美国的态度最为强硬，对丰田展开诉讼、索赔，并举行国会听证会。一时间，丰田召回事件占据了全球各大媒体的显著版面，铺天盖地的负面报道使丰田陷入重大信誉危机。受此打击，丰田全球销售量大幅削减，市场份额持续下跌。召回事件不但反映出丰田公司在全球扩张和危机管理等方面存在的严重问题，更被认为严重影响了日本制造业的国际声誉，颠覆了“日本制造”的神话。

全球金融监管下狠手

作为亡羊补牢的一项努力，巴塞尔银行监管委员会2010年9月就旨在加强银行业监管的《巴塞尔协议Ⅲ》达成一致，到2015年1月，全球各商业银行的一级资本充足率下限将从现行的4%上调至6%，由普通股构成的“核心”一级资本占银行风险资产的下限将从现行的2%提高至4.5%。新的协议被称为全球最严厉的银行业资本新规，堪称国际金融业改革的里程碑，有望大幅降低未来金融危机发生的可能性和危害力。而在国家层面，美国7月出台了次贷危机后全球第一部金融监管法案，欧盟也于9月达成泛欧金融监管改革方案。

统　计

STATISTICS ↘

A MUST-HAVE FOR
INTERNATIONAL BUSINESS
CHINA COMMERCE
YEARBOOK
2011
www.yearbook.org.cn
TEL:(010)64246856
CHINA COMMERCE YEARBOOK·2011
Published in separate Chinese and English editions

社会消费品零售总额

单位：亿元

年 份	社会消费品零售总额	比上年增长（%）
1978	1 558. 6	8. 8
1980	2 140. 0	18. 9
1985	4 305. 0	27. 5
1989	8 101. 4	8. 9
1990	8 300. 1	2. 5
1991	9 415. 6	13. 4
1992	10 993. 7	16. 8
1993	14 270. 4	29. 8
1994	18 622. 9	30. 5
1995	23 613. 8	26. 8
1996	28 360. 2	20. 1
1997	31 252. 9	10. 2
1998	33 378. 1	6. 8
1999	35 647. 9	6. 8
2000	39 105. 7	9. 7
2001	43 055. 4	10. 1
2002	48 135. 9	11. 8
2003	52 516. 3	9. 1
2004	59 501. 0	13. 3
2005	68 352. 6	14. 9
2006	79 145. 2	15. 8
2007	93 571. 6	18. 2
2008	114 830. 1	22. 7
2009	132 678. 4	15. 5
2010	156 998. 4	18. 3

注：1. 社会消费品零售总额按当年价格计算。
2. 1992 年及以前为社会商品零售总额；1997 年起社会消费品零售总额不含居民购买住房。
3. 2005—2009 年数据根据第二次经济普查资料进行修订（下同）。

社会消费品零售总额（2010年，按月份统计）

单位：亿元

月 份	社会消费品零售总额	按经营地分		按消费形态分	
		城镇	乡村	商品零售	餐饮收入
1月	12 718.1	10 517.0	2 201.1	11 292.5	1 425.6
2月	12 334.2	10 231.6	2 102.6	10 953.0	1 381.0
3月	11 321.7	9 822.1	1 499.6	10 050.9	1 270.8
4月	11 510.4	9 979.9	1 530.5	10 245.0	1 265.4
5月	12 455.1	10 818.3	1 636.8	11 021.4	1 433.7
6月	12 329.9	10 715.2	1 614.7	10 925.3	1 404.6
1—6月	72 669.4	62 659.7	10 009.7	64 488.5	8 180.9
7月	12 252.8	10 655.1	1 597.7	10 838.5	1 414.3
8月	12 569.8	10 929.9	1 639.9	11 099.3	1 470.5
9月	13 536.5	11 743.0	1 794.0	11 971.0	1 566.0
10月	14 284.8	12 395.5	1 889.3	12 604.1	1 680.7
11月	13 910.9	12 046.4	1 864.5	12 309.7	1 601.2
12月	15 329.5	13 259.8	2 069.7	13 607.6	1 721.9
1—12月	154 553.7	133 688.9	20 864.8	136 918.2	17 635.5

社会消费品零售总额增长率（2010 年，按月份统计）

单位:%

月 份	社会消费品零售总额	按经营地分		按消费形态分	
		城镇	乡村	商品零售	餐饮收入
1 月	14.0	14.1	13.7	14.1	13.7
2 月	22.1	23.1	17.6	22.2	21.2
3 月	18.0	18.5	15.1	18.4	15.3
4 月	18.5	18.9	16.0	18.7	17.0
5 月	18.7	19.1	15.8	18.9	16.7
6 月	18.3	18.7	15.9	18.4	17.7
1—6 月	18.2	18.6	15.6	18.4	16.9
7 月	17.9	18.2	16.1	17.9	18.2
8 月	18.4	18.8	15.9	18.4	18.8
9 月	18.8	19.1	17.0	18.7	19.8
10 月	18.6	18.9	16.8	18.5	19.4
11 月	18.7	19.0	17.0	18.6	19.6
12 月	19.1	19.5	17.0	19.3	18.3
1—12 月	18.4	18.8	16.1	18.5	18.0

各地区社会消费品零售总额

单位：亿元

地 区	2006 年	2007 年	2008 年	2009 年	2010 年	2010 年比上年增长（%）
全 国	**79 145.2**	**93 571.6**	**114 830.1**	**132 678.4**	**156 998.4**	**18.3**
北 京	3 295.3	3 835.2	4 645.5	5 309.9	6 229.3	17.3
天 津	1 383.1	1 650.6	2 078.7	2 430.8	2 902.6	19.4
河 北	3 435.7	4 053.8	4 991.1	5 764.9	6 821.8	18.3
山 西	1 635.4	1 953.3	2 421.1	2 809.0	3 318.2	18.1
内蒙古	1 628.6	1 964.0	2 463.0	2 855.3	3 384.0	18.5
辽 宁	3 471.6	4 097.8	5 032.4	5 812.6	6 887.6	18.5
吉 林	1 697.6	2 038.3	2 549.2	2 957.3	3 504.9	18.5
黑龙江	2 029.0	2 386.2	2 928.3	3 401.8	4 039.2	18.7
上 海	3 375.2	3 873.3	4 577.2	5 173.2	6 070.5	17.3
江 苏	6 706.2	7 985.9	9 905.1	11 484.1	13 606.8	18.5
浙 江	5 358.0	6 271.3	7 533.3	8 622.3	10 245.4	18.8
安 徽	2 056.5	2 451.9	3 045.2	3 527.8	4 197.7	19.0
福 建	2 717.6	3 212.3	3 866.7	4 481.0	5 310.0	18.5
江 西	1 448.2	1 718.9	2 142.0	2 484.4	2 956.2	19.0
山 东	7 217.1	8 607.5	10 658.8	12 363.0	14 620.3	18.3
河 南	3 932.6	4 690.3	5 815.4	6 746.4	8 004.2	18.6
湖 北	3 461.1	4 115.8	5 109.7	5 928.4	7 013.9	18.3
湖 南	2 869.4	3 419.2	4 222.6	4 913.7	5 839.5	18.8
广 东	9 194.3	10 731.3	12 986.6	14 891.8	17 458.4	17.2
广 西	1 620.3	1 932.7	2 395.8	2 790.7	3 312.0	18.7
海 南	313.4	370.9	463.2	537.5	639.3	18.9
重 庆	1 431.5	1 711.1	2 147.1	2 479.0	2 938.6	18.5
四 川	3 472.5	4 105.6	4 944.8	5 758.7	6 810.1	18.3
贵 州	710.0	858.2	1 075.2	1 247.3	1 482.7	18.9
云 南	1 204.8	1 422.5	1 764.7	2 051.1	2 500.1	21.9
西 藏	90.0	112.6	130.0	156.6	185.3	18.3
陕 西	1 542.4	1 837.3	2 317.1	2 699.7	3 195.7	18.4
甘 肃	729.5	854.4	1 023.6	1 183.0	1 394.5	17.9
青 海	182.6	212.6	259.7	300.5	350.8	16.8
宁 夏	202.5	239.5	295.4	339.3	403.6	19.0
新 疆	733.2	857.5	1 041.5	1 177.5	1 375.1	16.8

按登记注册类型分限额以上批发和零售业、住宿和餐饮业企业基本情况（2010 年）（1）

指 标	法人企业（个）	年末从业人数（人）
总 计	**149 078**	**12 833 452**
一、批发业合计	**59 464**	**3 509 411**
内资企业	**56 684**	**3 146 278**
国有企业	3 857	717 042
集体企业	1 121	82 840
股份合作企业	352	20 000
联营企业	129	9 399
国有联营企业	53	3 331
集体联营企业	20	776
国有与集体联营企业	25	1 809
其他联营企业	31	3 483
有限责任公司	13 932	848 583
国有独资公司	475	62 575
其他有限责任公司	13 457	786 008
股份有限公司	1 588	359 883
私营企业	35 222	1 070 941
私营独资企业	2 397	77 645
私营合伙企业	534	17 341
私营有限责任公司	31 038	920 343
私营股份有限公司	1 253	55 612
其他企业	483	37 590
港、澳、台商投资企业	**962**	**134 682**
合资经营企业	182	23 501
合作经营企业	12	4 024
独资经营企业	735	94 356
港澳台商投资股份有限公司	33	12 801
外商投资企业	**1 818**	**228 451**
中外合资经营企业	367	54 791
中外合作经营企业	22	2 415
外资企业	1 391	168 835
外商投资股份有限公司	38	2 410
二、零售业合计	**52 306**	**5 012 874**
内资企业	**50 820**	**4 408 866**
国有企业	3 046	332 538
集体企业	2 820	166 125
股份合作企业	545	43 024
联营企业	235	13 962
国有联营企业	75	5 782
集体联营企业	59	2 748
国有与集体联营企业	51	2 073
其他联营企业	50	3 359
有限责任公司	13 235	1 587 381
国有独资公司	224	24 635
其他有限责任公司	13 011	1 562 746
股份有限公司	1 948	569 348

注：限额以上划分标准：批发业年主营业务收入 2000 万元及以上；零售业年主营业务收入 500 万元及以上；住宿业年主营业务收入 200 万元及以上；餐饮业年主营业务收入 200 万元及以上。

按登记注册类型分限额以上批发和零售业、住宿和餐饮业企业基本情况（2010 年）（2）

指　　标	法人企业（个）	从业人数（人）
私营企业	28 201	1 642 376
私营独资企业	6 008	212 026
私营合伙企业	908	42 314
私营有限责任公司	19 828	1 280 716
私营股份有限公司	1 457	107 320
其他企业	790	54 112
港、澳、台商投资企业	**650**	**239 131**
合资经营企业	165	56 030
合作经营企业	32	13 930
独资经营企业	429	161 749
投资股份有限公司	24	7 422
外商投资企业	**836**	**364 877**
中外合资经营企业	280	169 039
中外合作经营企业	45	17 134
外资企业	479	166 276
外商投资股份有限公司	32	12 428
三、住宿业合计	**15 713**	**2 108 179**
内资企业	**14 698**	**1 836 644**
国有企业	3 119	451 920
集体企业	680	62 181
股份合作企业	185	21 322
联营企业	69	10 472
国有联营企业	31	4 881
集体联营企业	12	1 352
国有与集体联营企业	12	2 558
其他联营企业	14	1 681
有限责任公司	3 557	555 587
国有独资公司	121	22 533
其他有限责任公司	3 436	533 054
股份有限公司	537	76 564
私营企业	6 250	626 475
私营独资企业	1 658	126 260
私营合伙企业	407	30 476
私营有限责任公司	3 815	431 137
私营股份有限公司	370	38 602
其他企业	301	32 123
港、澳、台商投资企业	**568**	**158 192**
合资经营企业	272	80 639
合作经营企业	68	22 692
独资经营企业	205	50 834
港澳台商投资股份有限公司	23	4 027
外商投资企业	**447**	**113 343**
中外合资经营企业	202	53 722
中外合作经营企业	59	17 410
外资企业	173	39 472
外商投资股份有限公司	13	2 739

按登记注册类型分限额以上批发和零售业、住宿和餐饮业企业基本情况（2010 年）（3）

指　　标	法人企业（个）	从业人数（人）
四、餐饮业合计	**21 595**	**2 202 988**
内资企业	**20 395**	**1 722 385**
国有企业	666	68 472
集体企业	420	26 317
股份合作企业	273	21 216
联营企业	27	1 979
国有联营企业	3	152
集体联营企业	6	423
国有与集体联营企业	1	116
其他联营企业	17	1 288
有限责任公司	3 300	368 554
国有独资公司	33	3 467
其他有限责任公司	3 267	365 087
股份有限公司	449	64 985
私营企业	14 553	1 123 673
私营独资企业	5 116	272 628
私营合伙企业	792	52 086
私营有限责任公司	7 967	724 060
私营股份有限公司	678	74 899
其他企业	707	47 189
港、澳、台商投资企业	**611**	**139 324**
合资经营企业	175	50 002
合作经营企业	34	8 300
独资经营企业	390	77 606
港澳台商投资股份有限公司	12	3 416
外商投资企业	**589**	**341 279**
中外合资经营企业	163	79 473
中外合作经营企业	39	9 724
外资企业	363	243 693
外商投资股份有限公司	24	8 389

各地区限额以上批发和零售业、住宿和餐饮业企业基本情况（2010 年）

地 区	批发业		零售业		住宿业		餐饮业	
	法人企业（个）	年末从业人数（人）	法人企业（个）	年末从业人数（人）	法人企业（个）	年末从业人数（人）	法人企业（个）	年末从业人数（人）
全 国	**59 464**	**3 509 411**	**52 306**	**5 012 874**	**15 713**	**2 108 179**	**21 595**	**2 202 988**
北 京	5 916	297 893	3 019	296 805	1 240	162 596	2 137	217 658
天 津	3 033	77 171	769	88 548	222	24 133	391	55 836
河 北	1 066	93 676	1 482	171 882	475	68 679	358	38 532
山 西	810	98 050	1 404	141 711	388	58 686	490	63 391
内蒙古	525	48 398	828	86 042	333	38 118	454	38 966
辽 宁	2 352	92 162	2 433	208 393	523	58 637	666	54 444
吉 林	346	43 275	778	64 476	229	23 350	209	14 485
黑龙江	683	51 937	864	103 330	242	26 098	237	20 848
上 海	4 144	271 171	1 386	265 295	577	87 962	1 279	191 005
江 苏	7 968	304 112	4 406	412 511	906	123 186	1 555	171 766
浙 江	7 186	248 954	2 867	267 773	1 158	165 091	1 003	129 524
安 徽	868	102 991	1 583	158 781	428	50 842	593	51 319
福 建	2 181	122 996	1 743	158 242	521	76 651	552	70 206
江 西	449	52 775	738	68 394	380	41 874	353	28 200
山 东	4 897	314 317	6 895	541 065	997	121 488	3 133	190 649
河 南	1 890	148 273	4 415	296 437	922	94 364	1 373	73 711
湖 北	1 195	117 740	2 284	242 360	527	60 022	882	87 119
湖 南	842	67 840	1 783	169 521	671	87 989	534	52 512
广 东	6 730	406 099	4 613	482 138	1 618	302 021	2 292	307 842
广 西	704	51 562	761	71 226	389	49 576	192	21 242
海 南	335	15 841	291	23 276	311	56 088	101	9 444
重 庆	1 341	102 453	1 244	119 828	279	39 871	554	62 901
四 川	1 134	101 525	1 867	200 675	654	79 094	878	97 401
贵 州	306	41 066	494	38 154	234	23 289	134	12 088
云 南	897	73 959	945	88 882	423	52 233	180	18 785
西 藏	14	2 082	46	4 070	40	4 202	6	540
陕 西	407	62 204	1 162	132 947	504	67 854	678	81 292
甘 肃	265	22 404	440	44 142	193	23 533	206	20 326
青 海	82	7 283	97	9 920	56	6 717	34	4 217
宁 夏	185	12 480	207	17 581	52	6 351	88	10 319
新 疆	713	56 722	462	38 469	221	27 584	53	6 420

按行业分限额以上批发和零售业企业商品购、销、存总额（2010 年）

单位：亿元

指　　标	购进总额	销售总额		年末库存总额
		批　发	零　售	
总　　计	**248 040.9**	**276 635.7**	**217 931.1**	**58 704.6**	**19 816.8**
批发业合计	**199 150.1**	**219 121.1**	**211 617.0**	**7 504.1**	**14 712.2**
农畜产品批发	4 012.2	3 969.4	3 835.4	134.0	1 197.9
食品、饮料及烟草制品批发	15 154.7	19 083.8	18 593.1	490.7	1 795.9
#米、面制品及食用油批发	2 123.5	2 192.1	2 125.9	66.2	661.1
烟草制品批发	7 810.2	10 589.0	10 522.1	66.8	703.7
纺织、服装及日用品批发	10 424.3	12 221.0	11 932.3	288.7	832.5
#服装批发	3 506.6	4 168.2	4 003.6	164.6	320.7
文化、体育用品及器材批发	2 477.7	2 723.8	2 600.6	123.2	362.7
医药及医疗器材批发	7 246.6	8 076.6	7 174.5	902.1	712.0
矿产品、建材及化工产品批发	121 320.4	128 815.7	123 983.1	4 832.6	6 749.9
#煤炭及制品批发	14 856.7	16 822.1	16 625.1	197.0	560.8
石油及制品批发	37 516.8	39 763.7	35 571.6	4 192.1	1 790.3
金属及金属矿批发	47 793.8	49 625.9	49 409.2	216.7	2 957.1
建材批发	5 638.7	5 965.6	5 825.8	139.8	336.5
化肥批发	2 342.5	2 461.6	2 426.4	35.2	374.2
机械设备、五金交电及电子产品批发	30 315.2	35 139.5	34 511.2	628.3	2 526.0
#汽车、摩托车及零配件批发	9 306.1	11 474.7	11 227.2	247.6	725.2
家用电器批发	5 734.3	6 447.7	6 361.7	86.0	474.5
计算机、软件及辅助设备批发	2 909.4	3 123.3	3 006.6	116.7	185.3
贸易经纪与代理	3 226.1	3 483.8	3 467.6	16.2	242.8
其他批发	4 973.0	5 607.4	5 519.1	88.3	292.5
零售业合计	**48 890.8**	**57 514.6**	**6 314.1**	**51 200.5**	**5 104.6**
综合零售	13 133.5	16 176.0	1 272.3	14 903.7	1 486.2
#百货零售	6 706.1	8 646.7	362.6	8 284.1	629.1
超级市场零售	5 673.1	6 804.8	791.2	6 013.6	784.2
食品、饮料及烟草制品专门零售	870.5	1 037.1	141.4	895.7	124.4
纺织、服装及日用品专门零售	1 493.7	1 966.9	303.0	1 663.9	334.0
#服装零售	1 023.7	1 317.1	212.7	1 104.3	232.4
文化、体育用品及器材专门零售	1 138.3	1 309.0	238.1	1 071.0	295.8
#体育用品零售	67.5	75.9	13.9	62.0	19.1
图书零售	588.8	604.1	75.5	528.6	133.7
医药及医疗器材专门零售	2 281.1	2 511.7	519.9	1 991.9	292.1
#药品零售	2 186.7	2 399.0	506.0	1 893.0	278.4
汽车、摩托车、燃料及零配件专门零售	23 648.2	27 460.7	3 129.5	24 331.2	1 838.2
#汽车零售	17 245.0	18 608.7	982.2	17 626.6	1 536.0
机动车燃料零售	5 911.7	8 309.5	2 100.7	6 208.9	247.5
家用电器及电子产品专门零售	4 258.9	4 641.1	442.5	4 198.5	515.8
#家用电器零售	3 067.8	3 298.3	199.4	3 099.0	381.0
计算机、软件及辅助设备零售	757.2	845.0	161.1	683.9	74.0
通讯设备零售	335.7	386.1	64.5	321.7	50.0
五金、家具及室内装修材料专门零售	1 049.7	1 255.0	107.5	1 147.5	123.9
无店铺及其他零售	1 017.0	1 157.1	159.9	997.2	94.3
#邮购及电子销售	281.5	320.8	57.0	263.7	25.6

各地区限额以上批发和零售业企业商品购、销、存总额（2010年）

单位：亿元

地 区	购进总额	销售总额	批 发	零 售	年末库存总额
全 国	**248 040.9**	**276 635.7**	**217 931.1**	**58 704.6**	**19 816.8**
北 京	34 438.7	37 203.9	32 324.7	4 879.2	3 648.6
天 津	12 346.0	13 642.5	12 392.6	1 249.9	624.4
河 北	4 745.7	5 463.4	3 923.3	1 540.2	399.5
山 西	4 206.9	5 549.5	4 372.6	1 176.9	337.8
内蒙古	2 710.1	2 951.5	1 900.5	1 051.0	241.3
辽 宁	9 688.4	10 630.0	8 221.7	2 408.3	620.6
吉 林	1 846.9	2 230.3	1 268.4	961.9	214.5
黑龙江	2 486.8	3 034.2	2 019.2	1 015.0	299.8
上 海	28 876.3	31 678.1	27 871.5	3 806.7	2 260.1
江 苏	24 076.0	26 994.9	21 397.5	5 597.4	1 537.1
浙 江	21 399.6	23 472.2	19 128.9	4 343.3	1 301.9
安 徽	4 653.7	5 144.8	3 599.1	1 545.8	397.6
福 建	7 707.1	8 304.1	6 445.0	1 859.1	657.4
江 西	1 585.1	2 019.3	1 269.9	749.4	115.2
山 东	13 833.6	16 105.6	10 452.7	5 652.9	1 025.1
河 南	6 179.9	6 340.2	4 170.9	2 169.3	576.6
湖 北	7 022.5	8 013.2	5 763.8	2 249.4	498.7
湖 南	3 426.1	3 764.5	2 153.7	1 610.8	275.8
广 东	28 553.6	31 759.8	25 916.5	5 843.3	1 936.0
广 西	2 439.3	2 589.3	1 800.0	789.2	188.8
海 南	1 202.0	1 406.6	1 111.9	294.7	69.9
重 庆	5 133.1	5 610.1	4 035.8	1 574.3	316.4
四 川	4 674.8	5 508.6	3 526.7	1 981.9	440.1
贵 州	1 200.1	1 582.7	1 055.8	526.9	135.6
云 南	3 623.1	4 295.5	3 265.6	1 029.9	694.6
西 藏	77.3	92.1	43.0	49.1	14.6
陕 西	3 544.2	4 224.1	2 804.9	1 419.2	289.6
甘 肃	1 727.2	2 021.4	1 597.6	423.8	205.8
青 海	315.1	409.9	304.4	105.5	40.8
宁 夏	614.9	652.4	446.9	205.5	57.1
新 疆	3 706.8	3 941.0	3 345.9	595.1	395.4

限额以上批发和零售业企业主要商品分类销售额

单位：亿元

指 标	销售合计		批 发		零 售	
	2010 年	2009 年	2010 年	2009 年	2010 年	2009 年
食品、饮料、烟酒类	27 510.6	22 111.7	20 194.8	16 345.5	7 315.8	5 766.2
食品类	12 476.2	9 286.8	7 519.6	5 244.9	4 956.6	4 041.9
#粮油类	4 650.9	3 110.4	3 526.1	2 216.8	1 124.8	893.5
肉禽蛋类	1 469.7	1 166.8	637.1	453.6	832.6	713.2
饮料类	1 862.7	1 515.2	1 110.7	934.4	752.0	580.8
烟酒类	13 171.7	11 309.7	11 564.5	10 166.2	1 607.2	1 143.5
服装鞋帽、针、纺织品类	13 733.3	10 490.9	7 859.1	5 868.5	5 874.2	4 622.4
服装类	8 058.0	6 337.0	3 892.0	3 062.1	4 166.0	3 274.8
鞋帽类	2 213.5	1 702.1	1 135.5	848.6	1 078.0	853.5
针、纺织品类	3 461.7	2 451.9	2 831.4	1 957.7	630.3	494.1
化妆品类	1 398.5	1 197.1	509.1	457.1	889.4	740.0
金银珠宝类	2 202.5	1 357.1	941.7	549.2	1 260.8	808.0
日用品类	4 489.9	3 452.0	2 457.4	1 859.7	2 032.5	1 592.3
#洗涤用品类	1 045.9	859.4	521.9	422.5	524.0	437.0
儿童玩具类	180.8	143.1	74.4	58.6	106.4	84.5
五金、电料类	1 584.1	1 096.3	1 264.8	882.9	319.3	213.4
体育、娱乐用品类	1 006.7	595.6	708.0	359.3	298.7	236.3
书报杂志类	1 142.8	974.2	513.7	436.4	629.1	537.8
电子出版物及音像制品类	176.7	146.9	93.4	74.4	83.3	72.5
家用电器和音像器材类	9 677.1	6 910.2	5 620.6	3 755.8	4 056.5	3 154.4
中西药品类	9 656.3	8 005.4	6 676.2	5 763.2	2 980.1	2 242.2
#西药	6 936.7	5 692.1	4 773.8	4 083.0	2 162.9	1 609.1
中草药及中成药	1 545.9	1 366.4	1 069.6	950.5	476.3	415.8
文化办公用品类	5 089.2	3 970.1	3 966.6	3 122.0	1 122.6	848.0
家具类	1 059.0	655.9	354.4	224.4	704.6	431.5
通讯器材类	3 914.3	3 010.1	3 122.3	2 370.1	792.0	639.9
煤炭及制品类	15 932.0	9 270.8	15 597.9	9 105.9	334.1	164.8
木材及制品类	602.7	465.5	602.7	465.5		
石油及制品类	48 064.9	35 366.6	37 663.8	27 565.1	10 401.1	7 801.4
化工材料及制品类	13 885.4	9 402.0	13 885.4	9 402.0		
#化肥类	2 606.2	2 094.3	2 606.2	2 094.3		
金属材料类	44 853.3	29 555.7	44 853.3	29 555.7		
建筑及装潢材料类	2 708.5	2 139.7	1 948.6	1 694.6	759.9	445.1
机电产品及设备类	10 156.2	7 431.2	9 727.0	7 133.3	429.2	298.0
#农机类	311.0	221.9	311.0	221.9		
汽车类	27 758.2	18 731.5	11 085.6	7 195.0	16 672.6	11 536.5
种子饲料类	493.4	384.8	493.4	384.8		
棉麻类	1 177.3	908.2	1 169.9	905.7	7.4	2.4
其他类	10 257.0	7 503.0	9 164.4	6 740.2	1 092.6	762.8

各地区限额以上住宿业企业经营情况（2010 年）

单位：亿元

地 区	营业额	#客房收入	#餐费收入	#商品销售收入
全 国	**2 797.8**	**1 309.8**	**1 143.9**	**77.7**
北 京	304.2	149.7	91.2	8.3
天 津	33.3	15.8	12.1	0.9
河 北	64.9	25.7	32.7	1.4
山 西	52.8	22.4	24.3	2.3
内蒙古	40.9	19.1	18.6	1.5
辽 宁	85.4	40.2	36.7	1.5
吉 林	27.1	11.7	12.9	0.5
黑龙江	28.4	15.2	10.9	1.1
上 海	220.4	126.5	65.6	2.5
江 苏	186.2	76.4	90.3	6.8
浙 江	258.6	107.6	126.6	4.3
安 徽	54.7	23.7	25.0	2.4
福 建	94.2	38.9	44.4	4.2
江 西	42.3	22.4	15.9	2.0
山 东	164.9	65.7	80.9	8.1
河 南	98.7	44.7	42.4	5.1
湖 北	63.7	33.0	24.2	1.7
湖 南	104.9	49.6	45.7	3.1
广 东	398.0	179.9	163.1	7.0
广 西	47.2	23.0	18.8	1.8
海 南	76.7	47.7	22.9	0.6
重 庆	51.3	21.4	23.2	1.5
四 川	93.6	47.8	34.6	2.5
贵 州	20.5	11.7	7.4	0.6
云 南	50.6	27.2	15.4	2.1
西 藏	3.9	2.3	1.0	0.1
陕 西	69.5	31.6	31.4	2.0
甘 肃	19.2	9.8	7.6	0.4
青 海	5.4	3.1	1.8	0.1
宁 夏	5.7	2.7	2.3	0.3
新 疆	30.9	13.5	14.0	1.1

各地区限额以上餐饮业企业经营情况（2010 年）

单位：亿元

地 区	营业额	#客房收入	#餐费收入	#商品销售收入
全 国	**3 195.1**	**155.7**	**2 893.2**	**90.7**
北 京	394.7	3.3	378.0	5.3
天 津	76.2	2.1	71.7	0.8
河 北	36.4	3.6	31.1	1.1
山 西	68.3	9.8	54.8	2.0
内蒙古	46.5	6.0	39.4	0.7
辽 宁	103.8	3.2	97.8	1.1
吉 林	19.7	3.1	15.6	0.3
黑龙江	34.3	0.8	28.8	4.7
上 海	337.1	5.6	326.7	1.9
江 苏	237.1	16.2	212.5	4.4
浙 江	211.5	11.5	191.9	3.3
安 徽	52.0	4.6	42.6	3.8
福 建	103.5	5.2	94.0	3.2
江 西	34.4	2.0	28.5	3.8
山 东	315.8	22.0	266.7	21.9
河 南	100.3	7.1	87.3	4.1
湖 北	105.6	8.4	93.0	2.9
湖 南	73.1	6.9	62.8	1.8
广 东	445.6	11.9	419.3	7.5
广 西	20.4	1.1	18.4	0.5
海 南	12.0	0.2	11.0	0.2
重 庆	83.1	3.7	74.8	3.1
四 川	121.5	4.9	109.7	3.5
贵 州	11.6	0.6	10.5	0.4
云 南	23.1	0.7	21.0	0.9
西 藏	0.5		0.5	
陕 西	87.3	7.8	70.6	6.1
甘 肃	17.9	1.1	16.2	0.4
青 海	3.6	0.4	3.1	
宁 夏	10.3	1.6	7.7	0.6
新 疆	8.0	0.4	7.3	0.2

按登记注册类型分限额以上批发和零售业企业年末资产及负债（2010 年）（1）

单位：亿元

指　标	资产总计	#流动资产合计	#固定资产合计	负债合计	所有者权益合计
总　计	**108 556.4**	**83 077.2**	**9 047.8**	**78 049.1**	**30 435.7**
一、批发企业合计	**83 998.6**	**66 594.1**	**4 849.2**	**60 428.4**	**23 500.5**
内资企业	**74 027.9**	**58 389.1**	**4 565.7**	**53 849.1**	**20 109.0**
国有企业	16 110.7	12 145.3	1 519.0	10 086.5	6 004.4
集体企业	1 038.9	818.2	104.6	839.5	199.4
股份合作企业	181.6	142.3	20.1	130.6	51.0
联营企业	214.7	178.5	9.1	161.2	53.5
国有联营企业	82.1	69.2	3.8	54.7	27.3
集体联营企业	18.7	17.7	0.3	16.6	2.1
国有与集体联营企业	33.9	29.3	1.6	25.7	8.2
其他联营企业	80.0	62.3	3.4	64.1	15.9
有限责任公司	26 803.9	21 714.4	1 092.9	20 966.4	5 837.4
国有独资公司	4 610.3	3 296.6	177.9	3 340.6	1 269.7
其他有限责任公司	22 193.6	18 417.9	914.9	17 625.8	4 567.8
股份有限公司	8 792.7	5 677.5	815.0	5 203.2	3 539.4
私营企业	20 480.5	17 388.9	973.8	16 176.0	4 304.5
私营独资企业	646.0	461.6	86.5	416.0	230.0
私营合伙企业	152.7	126.9	12.1	114.3	38.4
私营有限责任公司	18 869.5	16 158.0	814.5	15 067.4	3 802.1
私营股份有限公司	812.3	642.4	60.7	578.3	234.1
其他企业	404.9	323.8	31.3	285.7	119.2
港、澳、台商投资企业	**2 448.8**	**2 079.3**	**90.2**	**1 705.0**	**743.8**
合资经营企业	436.0	319.9	28.1	270.1	165.9
合作经营企业	15.8	12.0	2.0	7.3	8.5
独资经营企业	1 903.3	1 669.2	55.1	1 359.2	544.1
港澳台商投资股份有限公司	93.6	78.1	5.0	68.4	25.2
外商投资企业	**7 521.9**	**6 125.8**	**193.3**	**4 874.3**	**2 647.6**
中外合资经营企业	1 225.7	1 042.8	47.9	927.1	298.6
中外合作经营企业	133.0	120.1	1.3	105.0	28.0
外资企业	6 139.3	4 940.0	143.3	3 823.3	2 316.0
外商投资股份有限公司	23.9	22.9	0.7	18.9	5.0

按登记注册类型分限额以上批发和零售业企业年末资产及负债（2010 年）（2）

单位：亿元

指 标	资产总计			负债合计	所有者权益合计
		#流动资产合计	#固定资产合计		
二、零售企业合计	**24 557.8**	**16 483.1**	**4 198.6**	**17 620.7**	**6 935.2**
内资企业	**21 057.9**	**14 088.8**	**3 615.4**	**15 049.1**	**6 006.9**
国有企业	1 603.6	901.0	408.8	1 049.8	553.8
集体企业	353.0	215.2	94.8	246.5	106.5
股份合作企业	145.0	81.5	34.1	102.2	42.8
联营企业	67.3	46.3	11.8	43.1	24.2
国有联营企业	34.5	24.1	4.8	22.8	11.7
集体联营企业	6.8	3.8	1.3	3.7	3.1
国有与集体联营企业	14.1	11.3	1.7	10.1	4.1
其他联营企业	11.9	7.1	4.1	6.7	5.2
有限责任公司	7 434.7	5 340.4	1 178.6	5 636.3	1 798.4
国有独资公司	170.4	91.8	47.4	88.3	82.2
其他有限责任公司	7 264.2	5 248.6	1 131.2	5 548.0	1 716.3
股份有限公司	4 263.5	2 237.9	828.9	2 650.8	1 610.8
私营企业	7 017.6	5 154.5	1 022.6	5 191.1	1 826.5
私营独资企业	584.0	349.6	157.4	322.2	261.9
私营合伙企业	99.4	62.4	21.6	57.4	42.0
私营有限责任公司	5 846.2	4 378.4	777.0	4 461.5	1 384.7
私营股份有限公司	488.0	364.1	66.7	350.1	137.9
其他企业	173.3	112.0	35.8	129.3	44.0
港、澳、台商投资企业	**1 428.3**	**951.4**	**221.7**	**1 008.4**	**419.8**
合资经营企业	476.1	319.2	75.6	316.2	159.9
合作经营企业	128.8	103.0	7.5	104.8	24.1
独资经营企业	747.9	500.0	122.1	534.9	213.0
港澳台商投资股份有限公司	75.5	29.2	16.5	52.5	22.9
外商投资企业	**2 071.6**	**1 442.9**	**361.5**	**1 563.2**	**508.4**
中外合资经营企业	727.5	499.5	140.6	542.2	185.3
中外合作经营企业	108.6	80.3	15.8	75.0	33.7
外资企业	1 137.3	821.9	178.8	890.0	247.3
外商投资股份有限公司	98.2	41.2	26.3	56.1	42.1

按行业分限额以上批发和零售业企业年末资产及负债（2010 年）

单位：亿元

指 标	资产总计	#流动资产合计	#固定资产合计	负债合计	所有者权益合计
总 计	**108 556.4**	**83 077.2**	**9 047.8**	**78 049.1**	**30 435.7**
批发业合计	**83 998.6**	**66 594.1**	**4 849.2**	**60 428.4**	**23 500.5**
农畜产品批发	3 981.2	2 799.9	346.2	3 042.7	938.5
食品、饮料及烟草制品批发	8 688.2	6 734.3	907.3	4 375.2	4313.0
#米、面制品及食用油批发	1 753.2	1 487.7	127.0	1 517.1	236.1
烟草制品批发	4 019.7	3 164.7	513.6	871.9	3 147.7
纺织、服装及日用品批发	5 273.4	4 258.1	266.1	3 790.6	1 482.8
#服装批发	1 891.9	1 529.3	99.9	1 313.5	578.4
文化、体育用品及器材批发	1 544.4	1 166.5	97.6	1 023.3	521.1
医药及医疗器材批发	3 734.7	3 092.8	158.1	2 735.1	999.7
矿产品、建材及化工产品批发	39 997.2	31 041.1	2 449.4	29 684.8	10 242.6
#煤炭及制品批发	5 711.2	4 345.8	296.1	3 948.8	1 762.4
石油及制品批发	8 762.2	5 657.6	1 366.7	5 445.2	3 247.3
金属及金属矿批发	17 015.2	14 289.8	392.3	13 710.9	3 304.3
建材批发	2 674.1	2 086.9	134.1	2 106.2	567.9
化肥批发	1 429.3	1 114.6	82.7	1 133.2	296.1
机械设备、五金交电及电子产品批发	15 240.7	12 858.4	462.5	11 330.5	3 910.2
#汽车、摩托车及零配件批发	3 756.2	3 107.4	112.2	2 850.9	905.3
家用电器批发	2 425.6	2 168.7	33.9	2 025.0	400.6
计算机、软件及辅助设备批发	1 046.1	959.9	15.9	809.6	236.5
贸易经纪与代理	3 434.5	2 908.0	60.2	2 838.4	596.1
其他批发	2 104.4	1 735.1	101.9	1 607.8	496.6
零售业合计	**24 557.8**	**16 483.1**	**4 198.6**	**17 620.7**	**6 935.2**
综合零售	8 746.7	5 269.9	1 908.6	6 503.4	2 243.3
#百货零售	5 253.8	2 934.8	1 233.0	3 694.3	1 559.6
超级市场零售	3 218.6	2 154.6	611.7	2 604.7	614.0
食品、饮料及烟草制品专门零售	521.4	334.8	120.8	302.4	219.0
纺织、服装及日用品专门零售	992.9	693.8	176.9	731.4	261.4
#服装零售	707.1	483.9	132.5	543.4	163.6
文化、体育用品及器材专门零售	1 005.0	635.1	218.0	558.7	446.3
#体育用品零售	46.6	36.1	6.1	31.5	15.2
图书零售	597.1	336.8	157.1	299.1	298.1
医药及医疗器材专门零售	1 116.1	884.9	100.6	836.1	280.0
#药品零售	1 056.1	832.0	96.4	789.5	266.5
汽车、摩托车、燃料及零配件专门零售	8 574.6	5 973.7	1 224.4	6 101.7	2 471.0
#汽车零售	6 315.8	4 939.4	644.9	4 879.0	1 436.9
机动车燃料零售	2 046.3	880.2	549.0	1 080.7	963.7
家用电器及电子产品专门零售	2 363.9	1 916.9	183.4	1 789.3	574.5
#家用电器零售	1 840.3	1 496.0	139.4	1 435.5	404.8
计算机、软件及辅助设备零售	318.4	258.7	18.4	208.4	110.1
通讯设备零售	157.9	122.0	22.5	113.8	44.0
五金、家具及室内装修材料专门零售	636.6	372.5	156.0	384.3	252.3
无店铺及其他零售	600.7	401.5	109.8	413.3	187.4
#邮购及电子销售	125.7	111.6	4.3	120.3	5.4

各地区限额以上批发和零售业企业年末资产及负债（2010 年）

单位：亿元

地 区	资产总计	#流动资产合计	#固定资产合计	负债合计	所有者权益合计
全 国	**108 556.4**	**83 077.2**	**9 047.8**	**78 049.1**	**30 435.7**
北 京	20 856.6	15 685.8	844.6	14 421.7	6 434.9
天 津	3 944.8	3 318.2	246.0	3 029.4	915.4
河 北	2 315.6	1 766.3	280.3	1 642.2	614.4
山 西	2 452.3	1 839.9	281.1	1 941.8	510.5
内蒙古	961.0	630.7	155.7	666.9	294.1
辽 宁	3 427.4	2 577.2	356.7	2 518.5	894.5
吉 林	792.1	512.0	154.8	581.2	210.9
黑龙江	1 335.6	1 065.2	155.4	1 069.0	266.6
上 海	10 300.0	8 192.8	570.6	7 291.6	3 008.3
江 苏	9 191.7	7 176.9	755.1	6 747.8	2 443.9
浙 江	9 678.1	7 716.0	620.0	7 412.8	2 265.3
安 徽	2 098.5	1 615.5	242.9	1 514.9	583.5
福 建	4 060.0	3 042.8	238.2	2 734.1	1 325.9
江 西	710.6	468.7	134.8	449.3	261.3
山 东	6 108.6	4 431.8	932.5	4 314.5	1 794.1
河 南	2 161.3	1 591.8	302.4	1 572.9	588.4
湖 北	2 619.1	1 848.8	413.7	1 888.2	730.9
湖 南	1 482.7	951.5	246.8	896.0	586.7
广 东	11 716.4	9 389.1	784.9	8 779.7	2 936.8
广 西	1 016.5	763.0	102.8	729.2	285.4
海 南	410.2	307.1	46.5	234.4	175.8
重 庆	1 715.8	1 197.3	184.0	1 257.6	458.2
四 川	2 220.3	1 668.9	229.5	1 520.1	700.2
贵 州	743.1	571.5	84.1	483.7	259.4
云 南	2 378.0	1 913.3	218.5	1 623.9	754.2
西 藏	41.5	21.6	8.1	18.1	23.3
陕 西	1 346.5	935.9	184.4	945.9	404.3
甘 肃	654.7	511.4	55.2	398.3	256.4
青 海	157.1	102.4	28.7	88.1	69.0
宁 夏	250.2	187.0	31.8	175.9	74.3
新 疆	1 410.2	1 076.6	157.9	1 101.5	308.7

各地区限额以上批发业企业年末资产及负债（2010 年）

单位：亿元

地 区	资产总计	#流动资产合计	#固定资产合计	负债合计	所有者权益合计
全 国	**83 998.6**	**66 594.1**	**4 849.2**	**60 428.4**	**23 500.5**
北 京	18 159.9	13 587.3	577.2	12 324.5	5 835.4
天 津	3 399.3	2 944.5	144.5	2 641.2	758.1
河 北	1 681.1	1 343.5	151.6	1 144.8	477.2
山 西	1 911.5	1 481.5	176.3	1 538.5	373.0
内蒙古	539.2	378.1	74.8	373.2	166.0
辽 宁	2 329.0	1 905.4	138.0	1 732.5	584.0
吉 林	447.4	319.6	61.4	327.0	120.5
黑龙江	931.2	797.8	65.9	758.0	173.3
上 海	8 724.1	7 120.2	301.5	6 173.2	2 550.9
江 苏	6 995.4	5 740.6	402.2	5 154.5	1 840.9
浙 江	7 842.5	6 391.9	346.0	6 012.2	1 830.3
安 徽	1 458.8	1 158.7	132.6	1 044.2	414.6
福 建	3 313.9	2 540.0	137.4	2 246.9	1 067.0
江 西	452.3	310.2	77.5	283.6	168.7
山 东	3 912.4	3 045.7	445.6	2 746.7	1 165.7
河 南	1 374.8	1 075.2	151.6	990.4	384.5
湖 北	1 721.9	1 342.6	194.9	1 281.8	440.1
湖 南	815.7	570.6	83.6	482.3	333.4
广 东	9 205.5	7 654.2	456.0	7 084.1	2 121.4
广 西	732.1	559.7	63.7	523.2	207.0
海 南	293.4	232.0	19.7	164.8	128.7
重 庆	1 205.5	859.6	97.5	910.5	295.0
四 川	1 316.1	1 087.5	94.4	901.4	414.7
贵 州	530.2	432.2	52.2	311.2	219.0
云 南	1 911.2	1 584.3	138.1	1 312.2	599.1
西 藏	23.9	12.3	2.9	9.2	14.7
陕 西	810.3	592.9	71.7	558.2	255.7
甘 肃	510.9	418.8	33.5	293.5	217.4
青 海	117.4	74.9	21.4	62.7	54.7
宁 夏	150.9	117.9	14.9	104.2	46.8
新 疆	1 180.4	914.3	120.7	937.5	242.9

各地区限额以上零售业企业年末资产及负债（2010 年）

单位：亿元

地 区	资产总计	#流动资产合计	#固定资产合计	负债合计	所有者权益合计
全 国	**24 557.8**	**16 483.1**	**4 198.6**	**17 620.7**	**6 935.2**
北 京	2 696.6	2 098.4	267.4	2 097.2	599.5
天 津	545.4	373.7	101.5	388.2	157.2
河 北	634.4	422.8	128.7	497.3	137.1
山 西	540.7	358.4	104.7	403.2	137.5
内蒙古	421.8	252.6	80.9	293.7	128.1
辽 宁	1 098.4	671.8	218.8	786.0	310.5
吉 林	344.7	192.3	93.4	254.2	90.4
黑龙江	404.4	267.4	89.5	311.1	93.3
上 海	1 575.9	1 072.6	269.1	1 118.5	457.4
江 苏	2 196.3	1 436.4	352.9	1 593.3	603.0
浙 江	1 835.6	1 324.1	274.0	1 400.6	435.0
安 徽	639.7	456.8	110.4	470.7	168.9
福 建	746.1	502.8	100.7	487.2	258.9
江 西	258.3	158.5	57.3	165.6	92.7
山 东	2 196.2	1 386.1	486.9	1 567.8	628.4
河 南	786.4	516.6	150.8	582.5	203.9
湖 北	897.2	506.2	218.8	606.3	290.8
湖 南	667.0	380.9	163.2	413.7	253.3
广 东	2 510.9	1 734.9	328.9	1 695.5	815.4
广 西	284.4	203.3	39.1	206.0	78.5
海 南	116.8	75.2	26.8	69.6	47.2
重 庆	510.3	337.8	86.5	347.1	163.2
四 川	904.1	581.4	135.1	618.7	285.5
贵 州	212.9	139.2	31.9	172.5	40.4
云 南	466.8	329.0	80.4	311.7	155.1
西 藏	17.6	9.3	5.2	9.0	8.6
陕 西	536.2	343.0	112.6	387.6	148.6
甘 肃	143.8	92.7	21.7	104.8	39.0
青 海	39.7	27.5	7.4	25.4	14.3
宁 夏	99.3	69.1	16.8	71.7	27.6
新 疆	229.8	162.2	37.2	164.0	65.9

按登记注册类型和行业分限额以上住宿和餐饮业企业年末资产及负债（2010 年）（1）

单位：亿元

指　　标	资产总计	#流动资产合计	#固定资产合计	负债合计	所有者权益合计
总　　计	**10 320.5**	**3 452.9**	**4 761.5**	**6 958.3**	**3 362.0**
一、住宿业	**7 576.4**	**2 302.1**	**3 816.1**	**5 157.9**	**2 418.4**
（一）按登记注册类型分					
内资企业	**5 955.3**	**1 800.9**	**2 992.6**	**3 972.4**	**1 982.9**
国有企业	1 522.6	360.5	908.0	849.7	672.9
集体企业	145.2	39.4	84.7	97.9	47.3
股份合作企业	49.8	12.3	30.2	31.9	17.9
联营企业	31.3	7.2	16.2	17.7	13.5
国有联营企业	14.6	3.5	8.8	6.5	8.1
集体联营企业	3.0	0.9	1.3	2.5	0.5
国有与集体联营企业	8.0	1.9	3.9	5.6	2.4
其他联营企业	5.7	0.9	2.1	3.1	2.6
有限责任公司	2 137.8	678.6	1 013.2	1 500.1	637.8
国有独资公司	120.6	20.8	61.5	73.9	46.8
其他有限责任公司	2 017.2	657.7	951.7	1 426.2	591.0
股份有限公司	289.3	91.5	124.9	169.5	119.9
私营企业	1 714.5	584.3	788.8	1 265.6	448.8
私营独资企业	269.5	85.5	137.6	158.1	111.4
私营合伙企业	61.6	21.4	30.3	39.6	22.0
私营有限责任公司	1 283.5	441.7	572.1	995.2	288.3
私营股份有限公司	99.9	35.7	48.8	72.7	27.2
其他企业	64.6	27.1	26.7	40.0	24.7
港、澳、台商投资企业	**975.5**	**306.7**	**490.0**	**734.8**	**240.7**
合资经营企业	514.8	167.4	248.9	388.0	126.8
合作经营企业	119.4	49.3	57.2	98.0	21.4
独资经营企业	326.1	84.0	176.5	236.2	89.9
港澳台商投资股份有限公司	15.3	5.9	7.3	12.6	2.7
外商投资企业	**645.6**	**194.5**	**333.6**	**450.7**	**194.9**
中外合资经营企业	283.1	96.1	131.8	190.3	92.8
中外合作经营企业	88.9	23.6	47.7	81.2	7.7
外资企业	257.6	72.0	145.8	165.3	92.3
外商投资股份有限公司	16.0	2.7	8.4	13.9	2.1
（二）按国民经济行业分					
旅游饭店	6 688.9	2 014.8	3 409.9	4 577.2	2 111.7
一般旅馆	784.8	256.3	353.7	506.5	278.2
其他住宿服务	102.7	30.9	52.6	74.2	28.5

按登记注册类型和行业分限额以上住宿和餐饮业企业年末资产及负债（2010 年）（2）

单位：亿元

指　标	资产总计	#流动资产合计	#固定资产合计	负债合计	所有者权益合计
二、餐饮业合计	**2 744.1**	**1 150.8**	**945.3**	**1 800.4**	**943.6**
（一）按登记注册类型分					
内资企业	**2 273.1**	**954.9**	**804.4**	**1 483.2**	**789.9**
国有企业	120.0	33.8	61.0	72.3	47.7
集体企业	30.9	10.2	12.5	18.6	12.3
股份合作企业	39.6	14.3	14.2	22.8	16.9
联营企业	1.2	0.6	0.5	0.8	0.4
国有联营企业	0.2	0.0	0.1	0.1	0.2
集体联营企业	0.1	0.1	0.0	0.1	0.0
国有与集体联营企业	0.1	0.0	0.0	0.1	0.0
其他联营企业	0.8	0.5	0.3	0.6	0.2
有限责任公司	605.5	249.0	209.5	415.6	189.9
国有独资公司	9.0	5.8	1.2	8.5	0.4
其他有限责任公司	596.6	243.2	208.3	407.1	189.5
股份有限公司	151.3	59.1	40.5	73.2	78.1
私营企业	1 267.7	568.4	445.8	848.6	419.1
私营独资企业	295.4	102.0	138.2	147.3	148.1
私营合伙企业	45.5	18.3	20.0	23.5	22.0
私营有限责任公司	840.6	410.6	263.4	619.1	221.5
私营股份有限公司	86.3	37.5	24.2	58.8	27.5
其他企业	56.8	19.5	20.3	31.2	25.7
港、澳、台商投资企业	**200.6**	**94.8**	**63.2**	**143.3**	**57.2**
合资经营企业	60.9	28.3	18.2	50.5	10.5
合作经营企业	12.0	5.1	4.9	7.4	4.6
独资经营企业	121.0	57.6	37.8	79.9	41.1
港澳台商投资股份有限公司	6.7	3.7	2.4	5.6	1.1
外商投资企业	**270.4**	**101.1**	**77.7**	**173.9**	**96.5**
中外合资经营企业	70.1	26.2	20.8	40.8	29.3
中外合作经营企业	13.8	7.2	3.9	9.4	4.4
外资企业	174.7	60.9	50.5	114.9	59.8
外商投资股份有限公司	11.8	6.8	2.4	8.8	3.0
（二）按国民经济行业分					
正餐服务业	2 375.2	1 005.4	844.2	1 578.4	796.7
快餐服务业	258.3	92.9	73.6	162.9	95.4
饮料及冷饮服务业	19.9	9.3	5.7	9.7	10.1
其他餐饮服务业	90.7	43.3	21.9	49.4	41.3

各地区限额以上住宿和餐饮业企业年末资产及负债（2010 年）

单位：亿元

地 区	资产总计	#流动资产合计	#固定资产合计	负债合计	所有者权益合计
全 国	**10 320.5**	**3 452.9**	**4 761.5**	**6 958.3**	**3 362.0**
北 京	1 233.9	426.7	560.7	892.2	341.6
天 津	189.0	74.9	70.9	130.2	58.9
河 北	246.0	71.5	140.4	172.6	73.4
山 西	224.6	69.1	107.7	161.6	63.0
内蒙古	173.2	50.1	93.7	105.8	67.4
辽 宁	326.7	98.8	180.9	228.5	98.2
吉 林	113.7	25.0	71.2	60.5	53.2
黑龙江	88.7	25.0	51.4	54.5	34.2
上 海	734.4	259.0	319.2	459.1	275.3
江 苏	747.6	247.1	314.3	512.3	235.3
浙 江	914.9	353.3	377.5	666.5	248.4
安 徽	243.2	87.8	107.7	164.0	79.2
福 建	291.6	97.2	128.7	166.9	124.7
江 西	146.6	39.0	69.0	75.7	70.9
山 东	656.9	206.7	327.6	415.1	241.7
河 南	280.9	97.1	133.8	183.4	97.5
湖 北	271.8	72.9	131.4	174.5	97.3
湖 南	326.3	75.5	175.0	203.6	122.7
广 东	1 317.1	494.3	555.9	939.5	377.6
广 西	153.1	40.9	83.8	105.6	47.5
海 南	234.2	97.3	86.1	174.2	60.0
重 庆	199.6	69.3	78.9	131.6	68.0
四 川	422.7	139.9	179.5	306.5	116.2
贵 州	63.4	19.8	32.2	39.2	24.3
云 南	203.3	59.0	104.4	110.5	92.8
西 藏	20.0	3.3	14.7	8.2	11.8
陕 西	263.6	84.5	123.4	178.4	85.2
甘 肃	76.2	21.1	41.1	42.1	34.1
青 海	26.2	8.8	13.8	12.5	13.6
宁 夏	40.8	14.9	27.1	28.8	11.9
新 疆	90.3	23.1	59.4	54.2	36.1

各地区限额以上住宿业企业年末资产及负债（2010 年）

单位：亿元

地 区	资产总计	#流动资产合计	#固定资产合计	负债合计	所有者权益合计
全 国	**7 576.4**	**2 302.1**	**3 816.1**	**5 157.9**	**2 418.4**
北 京	948.9	268.5	503.8	677.2	271.7
天 津	124.7	42.6	55.1	85.2	39.5
河 北	208.3	56.2	124.0	144.8	63.5
山 西	128.7	31.6	73.9	95.3	33.4
内蒙古	103.4	26.8	63.4	68.9	34.5
辽 宁	235.3	66.6	136.1	171.5	63.8
吉 林	79.3	18.1	52.1	46.0	33.4
黑龙江	71.3	17.5	44.8	45.5	25.7
上 海	520.0	144.8	261.2	302.9	217.1
江 苏	527.9	151.6	241.1	355.0	172.8
浙 江	710.7	255.3	312.9	515.5	195.2
安 徽	172.4	58.0	81.9	116.3	56.1
福 建	222.5	70.2	104.4	128.0	94.5
江 西	114.7	30.6	55.9	61.4	53.3
山 东	362.3	106.0	197.7	237.7	124.6
河 南	204.8	67.0	102.8	141.5	63.3
湖 北	170.8	41.3	89.8	108.9	61.9
湖 南	264.1	58.2	149.6	173.4	90.7
广 东	1 029.7	364.3	462.2	744.9	284.8
广 西	138.5	35.3	78.4	97.0	41.5
海 南	224.6	92.8	82.7	167.4	57.3
重 庆	133.5	50.1	57.2	95.2	38.3
四 川	285.7	91.7	138.0	220.0	65.8
贵 州	49.5	13.6	27.8	30.9	18.7
云 南	178.2	49.0	96.0	94.7	83.6
西 藏	19.8	3.1	14.7	8.0	11.8
陕 西	170.2	47.0	91.9	124.8	45.4
甘 肃	57.0	13.4	33.6	31.5	25.5
青 海	21.1	6.3	11.7	8.5	12.5
宁 夏	14.9	4.4	14.5	10.3	4.5
新 疆	83.9	20.0	56.8	49.9	34.0

各地区限额以上餐饮业企业年末资产及负债（2010 年）

单位：亿元

地 区	资产总计	#流动资产合计	#固定资产合计	负债合计	所有者权益合计
全 国	**2 744.1**	**1 150.8**	**945.3**	**1 800.4**	**943.6**
北 京	285.0	158.2	57.0	215.0	69.9
天 津	64.3	32.3	15.8	45.0	19.3
河 北	37.7	15.2	16.4	27.8	9.9
山 西	95.9	37.5	33.8	66.4	29.6
内蒙古	69.8	23.3	30.3	36.9	32.9
辽 宁	91.4	32.3	44.8	57.1	34.3
吉 林	34.4	7.0	19.1	14.5	19.8
黑龙江	17.4	7.4	6.6	9.0	8.5
上 海	214.4	114.2	58.0	156.2	58.2
江 苏	219.7	95.5	73.3	157.3	62.5
浙 江	204.3	98.0	64.6	151.0	53.2
安 徽	70.8	29.9	25.8	47.7	23.1
福 建	69.1	26.9	24.3	39.0	30.1
江 西	31.9	8.4	13.1	14.2	17.6
山 东	294.6	100.8	129.9	177.4	117.1
河 南	76.1	30.0	30.9	41.9	34.3
湖 北	101.0	31.6	41.6	65.7	35.4
湖 南	62.2	17.2	25.3	30.3	32.0
广 东	287.4	130.0	93.7	194.5	92.9
广 西	14.6	5.6	5.4	8.6	6.0
海 南	9.6	4.5	3.3	6.9	2.7
重 庆	66.1	19.2	21.6	36.4	29.7
四 川	137.0	48.2	41.4	86.5	50.5
贵 州	13.9	6.2	4.3	8.3	5.6
云 南	25.1	9.9	8.5	15.8	9.2
西 藏	0.3	0.2	0.1	0.2	0.1
陕 西	93.4	37.5	31.5	53.6	39.8
甘 肃	19.2	7.7	7.6	10.6	8.6
青 海	5.1	2.5	2.1	3.9	1.1
宁 夏	25.9	10.5	12.6	18.5	7.4
新 疆	6.4	3.0	2.7	4.3	2.1

按登记注册类型分限额以上批发和零售业企业主要财务指标（2010 年）（1）

单位：亿元

指　　标	主营业务收入	主营业务成本	主营业务税金及附加	主营业务利润
总　　计	**248 874.4**	**228 663.1**	**1 050.2**	**18 202.6**
一、批发企业合计	**197 758.9**	**183 482.3**	**788.7**	**12 835.7**
内资企业	**175 111.1**	**163 741.2**	**768.3**	**9 959.5**
国有企业	40 479.3	36 770.1	448.8	3 090.0
集体企业	2 247.8	2 099.9	9.6	136.8
股份合作企业	722.6	691.2	1.5	29.4
联营企业	564.4	534.3	2.1	27.5
国有联营企业	286.6	271.7	1.8	13.1
集体联营企业	39.5	37.1	0.1	2.1
国有与集体联营企业	111.2	104.4	0.1	6.4
其他联营企业	127.2	121.1	0.2	5.9
有限责任公司	55 647.8	52 654.0	142.9	2 669.7
国有独资公司	7 388.0	7 083.5	24.7	271.8
其他有限责任公司	48 259.9	45 570.4	118.2	2 397.9
股份有限公司	24 748.6	23 490.6	38.1	1 177.5
私营企业	49 745.9	46 635.3	121.6	2 751.3
私营独资企业	2 021.5	1 825.8	17.5	182.7
私营合伙企业	570.8	526.2	2.2	38.1
私营有限责任公司	45 366.2	42 636.0	96.0	2 412.3
私营股份有限公司	1 787.4	1 647.3	5.8	118.1
其他企业	954.6	865.8	3.7	77.1
港、澳、台商投资企业	**5 046.6**	**4 416.0**	**4.1**	**626.5**
合资经营企业	1 052.2	972.0	0.5	79.1
合作经营企业	73.2	64.2	0.3	8.7
独资经营企业	3 685.4	3 180.2	3.2	502.5
港澳台商投资股份有限公司	235.8	199.5	0.2	36.2
外商投资企业	**17 601.2**	**15 325.1**	**16.3**	**2 249.8**
中外合资经营企业	4 879.0	4 503.1	1.9	369.0
中外合作经营企业	741.7	723.8	0.1	17.7
外资企业	11 921.0	10 052.3	14.3	1 849.3
外商投资股份有限公司	59.6	45.8	0.0	13.8

按登记注册类型分限额以上批发和零售业企业主要财务指标（2010 年）（2）

单位：亿元

指 标	主营业务收入	主营业务成本	主营业务税金及附加	主营业务利润
二、零售企业合计	**51 115.5**	**45 180.8**	**261.4**	**5 366.9**
内资企业	**44 715.8**	**39 732.2**	**242.5**	**4 453.2**
国有企业	3 965.2	3 522.6	16.8	371.9
集体企业	1 043.9	906.4	12.3	119.1
股份合作企业	277.0	241.9	1.6	30.2
联营企业	206.6	186.8	0.8	15.5
国有联营企业	108.2	98.5	0.2	6.5
集体联营企业	24.7	21.2	0.3	2.8
国有与集体联营企业	48.0	44.4	0.1	3.3
其他联营企业	25.7	22.6	0.2	2.9
有限责任公司	15 899.1	14 097.3	83.6	1 633.1
国有独资公司	261.2	221.8	1.3	37.1
其他有限责任公司	15 637.9	13 875.5	82.4	1 596.1
股份有限公司	7 487.6	6 664.5	33.6	719.0
私营企业	15 415.5	13 742.9	90.6	1 517.7
私营独资企业	1 514.1	1 265.0	24.6	206.8
私营合伙企业	277.3	233.2	4.4	36.6
私营有限责任公司	12 675.1	11 398.8	57.0	1 185.0
私营股份有限公司	949.0	845.8	4.7	89.3
其他企业	420.8	369.8	3.1	46.6
港、澳、台商投资企业	**2 674.9**	**2 286.2**	**9.8**	**370.5**
合资经营企业	757.8	646.0	4.3	100.4
合作经营企业	341.6	318.2	0.7	22.8
独资经营企业	1 501.9	1 266.0	4.3	230.4
港澳台商投资股份有限公司	73.6	56.1	0.5	16.9
外商投资企业	**3 724.9**	**3 162.4**	**9.1**	**543.2**
中外合资经营企业	1 764.6	1 531.8	4.6	222.5
中外合作经营企业	237.0	200.7	0.5	35.8
外资企业	1 607.0	1 330.5	3.7	268.4
外商投资股份有限公司	116.2	99.3	0.3	16.5

按行业分限额以上批发和零售业企业主要财务指标（2010 年）

单位：亿元

指 标	主营业务收入	主营业务成本	主营业务税金及附加	主营业务利润
总 计	**248 874. 4**	**228 663. 1**	**1 050. 2**	**18 202. 6**
批发业合计	**197 758. 9**	**183 482. 3**	**788. 7**	**12 835. 7**
农畜产品批发	3 749. 8	3 406. 1	9. 2	238. 0
食品、饮料及烟草制品批发	17 034. 8	13 705. 6	481. 6	2 761. 6
#米、面制品及食用油批发	1 959. 7	1 838. 4	3. 1	107. 9
烟草制品批发	9 370. 3	7 113. 0	445. 7	1 764. 2
纺织、服装及日用品批发	11 379. 9	10 065. 0	19. 0	1 287. 2
#服装批发	3 935. 8	3 463. 2	5. 9	462. 9
文化、体育用品及器材批发	2 400. 1	2 176. 1	5. 6	217. 7
医药及医疗器材批发	7 202. 8	6 530. 5	14. 7	627. 4
矿产品、建材及化工产品批发	116 099. 3	111 005. 2	176. 2	4 544. 3
#煤炭及制品批发	15 335. 5	14 186. 9	45. 8	1 008. 8
石油及制品批发	36 247. 7	34 668. 2	30. 3	1 460. 9
金属及金属矿批发	43 893. 2	42 638. 1	55. 1	1 137. 9
建材批发	5 443. 4	5 099. 8	14. 4	224. 9
化肥批发	2 379. 4	2 271. 9	8. 9	100. 9
机械设备、五金交电及电子产品批发	31 537. 8	28 728. 0	40. 5	2 732. 9
#汽车、摩托车及零配件批发	10 334. 2	9 487. 3	8. 2	829. 4
家用电器批发	5 380. 3	4 909. 5	5. 9	454. 5
计算机、软件及辅助设备批发	2 808. 2	2 668. 4	2. 7	134. 5
贸易经纪与代理	3 238. 5	3 020. 9	12. 0	208. 3
其他批发	5 115. 9	4 845. 0	30. 1	218. 3
零售业合计	**51 115. 5**	**45 180. 8**	**261. 4**	**5 366. 9**
综合零售	14 037. 6	12 008. 5	97. 7	1 834. 8
#百货零售	7 379. 8	6 230. 7	63. 3	1 027. 3
超级市场零售	5 977. 1	5 205. 2	26. 6	714. 0
食品、饮料及烟草制品专门零售	981. 7	803. 7	10. 9	158. 9
纺织、服装及日用品专门零售	1 753. 3	1 293. 2	13. 3	440. 9
#服装零售	1 172. 3	856. 3	9. 6	303. 1
文化、体育用品及器材专门零售	1 177. 2	919. 5	12. 0	237. 1
#体育用品零售	69. 1	54. 2	0. 4	14. 3
图书零售	537. 4	401. 2	3. 4	126. 8
医药及医疗器材专门零售	2 041. 7	1 771. 0	9. 5	245. 9
#药品零售	1 941. 4	1 687. 9	9. 0	230. 0
汽车、摩托车、燃料及零配件专门零售	24 755. 2	22 827. 5	71. 9	1 724. 1
#汽车零售	17 004. 4	15 751. 0	51. 4	1 109. 3
机动车燃料零售	7 247. 0	6 641. 1	16. 9	561. 9
家用电器及电子产品专门零售	4 166. 7	3 714. 0	19. 4	400. 9
#家用电器零售	2 955. 0	2 622. 1	14. 1	292. 8
计算机、软件及辅助设备零售	759. 0	699. 7	2. 7	58. 6
通讯设备零售	350. 5	301. 8	2. 3	39. 5
五金、家具及室内装修材料专门零售	1 129. 8	930. 3	18. 6	181. 4
无店铺及其他零售	1 072. 3	913. 1	8. 1	142. 9
#邮购及电子销售	284. 8	251. 6	0. 7	27. 9

各地区限额以上批发和零售业企业主要财务指标（2010 年）

单位：亿元

地 区	主营业务收入	主营业务成本	主营业务税金及附加	主营业务利润
全 国	**248 874.4**	**228 663.1**	**1 050.2**	**18 202.6**
北 京	31 933.8	29 474.2	52.4	2 407.2
天 津	11 864.6	11 371.5	15.6	475.8
河 北	4 979.3	4 633.5	23.5	304.4
山 西	5 312.1	4 860.0	38.2	354.8
内蒙古	2 937.8	2 481.6	25.3	306.6
辽 宁	9 294.0	8 696.6	36.2	488.3
吉 林	2 129.9	1 948.5	12.5	151.8
黑龙江	2 741.9	2 409.2	36.9	261.8
上 海	28 823.0	26 622.3	41.3	2 159.3
江 苏	24 034.3	22 184.2	84.0	1 681.1
浙 江	20 927.1	19 729.8	63.7	1 134.7
安 徽	4 438.7	4 050.9	31.8	343.8
福 建	7 548.2	7 006.5	32.8	503.8
江 西	1 847.0	1 642.6	23.1	150.3
山 东	15 634.9	13 939.2	106.4	1 536.3
河 南	5 724.8	5 240.9	59.7	424.3
湖 北	6 982.2	6 345.6	40.1	521.3
湖 南	3 537.5	3 033.1	40.8	275.2
广 东	28 695.5	26 555.7	78.1	2 045.2
广 西	2 303.5	2 097.3	15.8	169.2
海 南	1 255.4	1 167.6	5.3	75.6
重 庆	5 079.9	4 573.1	39.2	360.1
四 川	5 113.3	4 594.7	41.1	477.5
贵 州	1 411.1	1 159.1	18.2	220.6
云 南	3 939.2	3 512.7	23.3	404.4
西 藏	88.8	72.3	1.2	15.3
陕 西	3 927.3	3 293.1	35.6	588.9
甘 肃	1 992.0	1 852.5	10.8	129.1
青 海	353.0	325.5	5.9	25.3
宁 夏	531.4	488.6	3.1	38.9
新 疆	3 492.9	3 300.6	8.3	171.7

各地区限额以上批发业企业主要财务指标（2010 年）

单位：亿元

地 区	主营业务收入	主营业务成本	主营业务税金及附加	主营业务利润
全 国	**197 758. 9**	**183 482. 3**	**788. 7**	**12 835. 7**
北 京	27 376. 1	25 412. 6	40. 2	1 923. 3
天 津	10 585. 9	10 231. 6	12. 7	339. 9
河 北	3 800. 9	3 553. 2	19. 4	212. 3
山 西	4 121. 4	3 778. 0	25. 0	270. 9
内蒙古	1 939. 1	1 617. 2	20. 2	179. 5
辽 宁	7 261. 0	6 896. 7	24. 3	300. 7
吉 林	1 423. 0	1 300. 9	8. 8	100. 7
黑龙江	1 955. 1	1 734. 2	23. 8	167. 6
上 海	25 517. 9	23 766. 8	30. 2	1 720. 9
江 苏	19 564. 8	18 206. 6	68. 0	1 232. 4
浙 江	17 155. 2	16 268. 3	53. 9	834. 0
安 徽	3 222. 1	2 954. 2	25. 9	237. 4
福 建	6 155. 1	5 761. 6	26. 6	362. 9
江 西	1 329. 1	1 194. 2	19. 7	91. 6
山 东	10 709. 9	9 652. 6	68. 2	962. 6
河 南	3 865. 4	3 568. 3	41. 1	255. 9
湖 北	5 137. 8	4 770. 2	28. 4	323. 6
湖 南	1 879. 3	1 601. 3	30. 2	142. 1
广 东	23 141. 6	21 728. 3	60. 1	1 354. 4
广 西	1 713. 0	1 578. 3	13. 4	110. 0
海 南	952. 9	892. 0	4. 7	49. 6
重 庆	3 740. 2	3 375. 1	28. 7	232. 7
四 川	3 074. 5	2 780. 1	30. 8	263. 6
贵 州	974. 9	767. 4	17. 0	178. 9
云 南	3 005. 0	2 676. 9	20. 9	310. 9
西 藏	37. 1	28. 1	0. 9	8. 0
陕 西	2 822. 4	2 388. 7	25. 3	406. 9
甘 肃	1 618. 1	1 512. 6	8. 9	96. 6
青 海	271. 2	247. 2	2. 0	16. 6
宁 夏	369. 9	344. 4	2. 5	23. 0
新 疆	3 039. 0	2 894. 6	6. 6	125. 9

各地区限额以上零售业企业主要财务指标（2010 年）

单位：亿元

地 区	主营业务收入	主营业务成本	主营业务税金及附加	主营业务利润
全 国	**51 115.5**	**45 180.8**	**261.4**	**5 366.9**
北 京	4 557.7	4 061.6	12.1	483.9
天 津	1 278.7	1 140.0	2.9	135.9
河 北	1 178.4	1 080.2	4.1	92.1
山 西	1 190.7	1 082.0	13.3	83.9
内蒙古	998.7	864.5	5.0	127.2
辽 宁	2 033.0	1 800.0	11.9	187.5
吉 林	706.9	647.6	3.7	51.1
黑龙江	786.8	674.9	13.2	94.2
上 海	3 305.1	2 855.6	11.1	438.4
江 苏	4 469.6	3 977.6	16.0	448.7
浙 江	3 771.9	3 461.4	9.8	300.6
安 徽	1 216.7	1 096.7	5.8	106.4
福 建	1 393.1	1 244.9	6.1	140.9
江 西	517.8	448.4	3.4	58.7
山 东	4 924.9	4 286.6	38.1	573.7
河 南	1 859.5	1 672.5	18.5	168.4
湖 北	1 844.4	1 575.4	11.6	197.7
湖 南	1 658.2	1 431.8	10.5	133.1
广 东	5 553.9	4 827.4	18.0	690.7
广 西	590.5	519.0	2.4	59.2
海 南	302.5	275.6	0.6	26.0
重 庆	1 339.7	1 198.0	10.5	127.3
四 川	2 038.8	1 814.6	10.4	213.9
贵 州	436.2	391.6	1.2	41.7
云 南	934.1	835.7	2.4	93.5
西 藏	51.7	44.1	0.4	7.2
陕 西	1 104.9	904.4	10.4	182.0
甘 肃	373.9	339.9	1.8	32.4
青 海	81.8	78.3	3.9	8.7
宁 夏	161.5	144.2	0.6	15.9
新 疆	453.9	406.0	1.7	45.8

按登记注册类型和行业分限额以上住宿和餐饮业企业主要财务指标（2010 年）（1）

单位：亿元

项 目	主营业务收入	主营业务成本	主营业务税金及附加	主营业务利润
总 计	**5 991.9**	**2 577.9**	**314.9**	**3 029.4**
一、住宿业合计	**2 814.0**	**1 000.6**	**150.0**	**1 603.1**
（一）按登记注册类型分				
内资企业	**2 272.4**	**829.1**	**124.3**	**1 268.0**
国有企业	555.3	196.3	28.9	319.1
集体企业	74.6	31.2	4.0	37.9
股份合作企业	21.8	9.2	1.1	10.2
联营企业	13.4	4.7	0.7	7.6
国有联营企业	5.8	1.8	0.4	3.5
集体联营企业	2.3	1.1	0.1	1.0
国有与集体联营企业	3.4	1.1	0.2	2.0
其他联营企业	1.9	0.6	0.1	1.1
有限责任公司	729.2	240.8	41.2	429.2
国有独资公司	31.5	10.0	1.7	19.8
其他有限责任公司	697.6	230.8	39.5	409.4
股份有限公司	103.9	42.5	5.4	51.7
私营企业	737.3	289.4	41.0	393.1
私营独资企业	143.2	68.8	7.7	64.9
私营合伙企业	33.0	16.6	1.7	13.8
私营有限责任公司	518.9	186.4	29.2	293.2
私营股份有限公司	42.2	17.6	2.3	21.2
其他企业	37.0	15.0	1.9	19.1
港、澳、台商投资企业	**320.4**	**107.4**	**14.6**	**192.3**
合资经营企业	188.0	72.0	7.8	105.1
合作经营企业	42.0	10.6	2.2	28.1
独资经营企业	85.1	22.8	4.3	55.6
港澳台商投资股份有限公司	5.3	1.9	0.3	3.6
外商投资企业	**221.1**	**64.0**	**11.1**	**142.8**
中外合资经营企业	103.8	22.6	5.2	74.1
中外合作经营企业	36.2	14.1	1.8	19.3
外资企业	76.4	25.5	3.8	46.7
外商投资股份有限公司	4.8	1.7	0.3	2.8
二、按国民经济行业分				
旅游饭店	2 386.9	834.2	127.4	1 371.9
一般旅馆	379.9	149.0	20.1	205.1
其他住宿服务	47.2	17.3	2.5	26.2

按登记注册类型和行业分限额以上住宿和餐饮业企业主要财务指标（2010年）（2）

单位：亿元

项　目	主营业务收入	主营业务成本	主营业务税金及附加	主营业务利润
二、餐饮业合计	**3 178.0**	**1 577.4**	**164.9**	**1 426.3**
（一）按登记注册类型分				
内资企业	**2 386.4**	**1 280.7**	**124.5**	**956.4**
国有企业	78.5	41.8	4.0	31.5
集体企业	33.4	19.5	1.7	12.0
股份合作企业	29.6	16.0	1.4	11.4
联营企业	2.4	1.4	0.1	0.8
国有联营企业	0.2	0.1	0.0	0.0
集体联营企业	0.4	0.2	0.0	0.1
国有与集体联营企业	0.2	0.1	0.0	0.1
其他联营企业	1.6	1.0	0.1	0.6
有限责任公司	487.5	240.0	26.3	215.6
国有独资公司	8.9	3.3	0.4	5.1
其他有限责任公司	478.6	236.6	25.9	210.5
股份有限公司	100.5	48.5	4.8	46.4
私营企业	1 592.9	878.7	82.8	615.8
私营独资企业	411.3	246.2	19.4	141.2
私营合伙企业	70.0	40.9	3.5	24.6
私营有限责任公司	1 006.5	535.2	54.5	407.9
私营股份有限公司	105.1	56.5	5.4	42.0
其他企业	61.5	34.9	3.4	22.9
港、澳、台商投资企业	**246.7**	**103.7**	**12.7**	**132.0**
合资经营企业	74.3	30.3	3.8	39.2
合作经营企业	15.0	5.9	1.1	7.9
独资经营企业	148.4	64.5	7.4	79.4
港澳台商投资股份有限公司	9.0	2.9	0.4	5.6
外商投资企业	**544.9**	**193.0**	**27.8**	**337.9**
中外合资经营企业	123.1	44.5	6.3	72.1
中外合作经营企业	17.5	8.3	0.9	8.3
外资企业	388.8	134.6	19.8	248.5
外商投资股份有限公司	15.4	5.6	0.8	9.1
（二）按国民经济行业分				
正餐服务业	2 464.5	1 293.6	128.8	1 016.8
快餐服务业	571.1	218.4	28.8	340.5
饮料及冷饮服务业	32.7	10.2	1.7	20.8
其他餐饮服务业	109.8	55.3	5.7	48.2

各地区限额以上住宿和餐饮业企业主要财务指标（2010 年）

单位：亿元

地 区	主营业务收入	主营业务成本	主营业务税金及附加	主营业务利润
全 国	**5 991.9**	**2 577.9**	**314.9**	**3 029.4**
北 京	702.0	257.6	37.1	407.4
天 津	108.1	45.7	5.8	56.4
河 北	100.9	47.2	5.6	46.9
山 西	120.4	56.4	8.3	49.7
内蒙古	88.7	45.0	4.3	40.0
辽 宁	187.6	85.1	9.5	83.8
吉 林	46.5	22.9	2.3	20.6
黑龙江	62.7	25.5	4.6	31.3
上 海	554.1	197.6	29.0	327.5
江 苏	420.2	186.5	21.4	206.4
浙 江	506.9	227.7	25.7	253.4
安 徽	105.4	49.8	5.8	48.3
福 建	195.9	84.8	10.8	96.7
江 西	74.1	39.3	4.4	51.3
山 东	473.9	242.0	22.5	207.7
河 南	197.9	108.7	8.9	80.2
湖 北	166.7	79.0	8.5	75.5
湖 南	174.5	79.1	8.4	46.1
广 东	840.9	337.7	46.4	458.8
广 西	66.9	23.8	3.7	36.3
海 南	88.8	23.5	4.8	54.0
重 庆	131.3	72.8	4.9	48.1
四 川	213.0	85.0	11.7	116.3
贵 州	31.6	12.5	1.9	16.9
云 南	73.2	28.4	3.9	40.8
西 藏	4.4	1.3	0.2	2.8
陕 西	155.3	68.5	8.4	77.8
甘 肃	37.1	16.6	2.2	18.2
青 海	8.8	3.4	0.5	4.7
宁 夏	15.8	6.8	0.9	8.1
新 疆	38.4	17.6	2.2	17.2

各地区限额以上住宿业企业主要财务指标（2010 年）

单位：亿元

地 区	主营业务收入	主营业务成本	主营业务税金及附加	主营业务利润
全 国	**2 814.0**	**1 000.6**	**150.0**	**1 603.1**
北 京	305.7	83.6	16.2	205.9
天 津	32.4	11.2	1.8	19.2
河 北	64.6	26.9	3.6	33.1
山 西	52.8	23.6	3.9	24.2
内蒙古	41.6	19.7	2.0	19.4
辽 宁	84.8	34.1	4.3	38.6
吉 林	26.9	11.5	1.4	13.6
黑龙江	28.4	8.8	1.6	17.2
上 海	218.2	52.2	11.6	154.4
江 苏	184.5	70.5	9.4	101.8
浙 江	296.8	117.7	14.3	164.7
安 徽	54.1	22.5	3.0	28.0
福 建	93.1	33.4	5.2	54.2
江 西	39.6	18.6	2.8	17.6
山 东	162.3	69.1	8.4	84.3
河 南	97.9	47.8	4.5	45.5
湖 北	63.2	26.0	3.1	32.0
湖 南	102.2	40.6	5.0	27.6
广 东	395.5	126.3	22.3	247.2
广 西	46.9	14.2	2.6	27.2
海 南	76.8	17.3	4.1	49.1
重 庆	49.7	21.6	2.1	23.7
四 川	92.6	28.3	5.3	59.0
贵 州	20.1	6.4	1.2	12.3
云 南	50.2	16.3	2.8	30.9
西 藏	3.9	1.1	0.2	2.5
陕 西	68.8	26.4	3.7	38.6
甘 肃	19.1	7.6	1.1	10.4
青 海	5.4	1.6	0.3	3.5
宁 夏	5.6	2.1	0.3	3.3
新 疆	30.5	13.7	1.7	14.0

各地区限额以上餐饮业企业主要财务指标（2010 年）

单位：亿元

地 区	主营业务收入	主营业务成本	主营业务税金及附加	主营业务利润
全 国	**3 178.0**	**1 577.4**	**164.9**	**1 426.3**
北 京	396.3	174.0	20.8	201.5
天 津	75.7	34.6	4.0	37.2
河 北	36.3	20.3	2.0	13.9
山 西	67.7	32.8	4.4	25.5
内蒙古	47.1	25.3	2.4	20.6
辽 宁	102.8	51.0	5.3	45.2
吉 林	19.6	11.4	0.9	7.0
黑龙江	34.4	16.7	2.9	14.2
上 海	336.0	145.4	17.3	173.2
江 苏	235.7	116.0	12.0	104.6
浙 江	210.0	109.9	11.4	88.7
安 徽	51.4	27.3	2.8	20.3
福 建	102.8	51.5	5.6	42.5
江 西	34.5	20.8	1.6	33.7
山 东	311.6	173.0	14.1	123.4
河 南	100.0	60.9	4.4	34.7
湖 北	103.5	53.0	5.4	43.4
湖 南	72.3	38.4	3.4	18.5
广 东	445.3	211.4	24.1	211.5
广 西	20.0	9.6	1.2	9.1
海 南	11.9	6.2	0.7	4.8
重 庆	81.6	51.3	2.8	24.4
四 川	120.4	56.7	6.4	57.3
贵 州	11.5	6.1	0.7	4.6
云 南	23.1	12.0	1.1	9.9
西 藏	0.5	0.2	0.0	0.3
陕 西	86.5	42.1	4.8	39.2
甘 肃	18.0	9.0	1.1	7.8
青 海	3.4	1.8	0.2	1.3
宁 夏	10.2	4.8	0.6	4.9
新 疆	7.9	4.0	0.5	3.2

亿元以上商品交易市场情况（按市场类别分，2010 年）（1）

市　　场	市场数量（个）	摊位数（个）	营业面积（平方米）	成交额（万元）		
					批发	零售
全　　国	**4 940**	**3 193 365**	**248 323 113**	**727 035 303**	**609 549 340**	**117 485 963**
1. 综合市场	1 341	1 167 981	57 401 634	147 942 258	113 493 337	34 448 921
生产资料综合市场	62	59 080	8 103 183	17 553 203	16 823 586	729 617
工业消费品综合市场	310	20 114 897	48 431 265	36 493 575	11 937 690	
农产品综合市场	691	427 746	17 111 215	54 777 699	38 744 816	16 032 883
其他综合市场	278	235 201	12 072 339	27 180 091	21 431 360	5 748 731
2. 专业市场	3 599	2 025 384	190 921 479	579 093 045	496 056 003	83 037 042
生产资料市场	754	265 613	60 821 474	238 675 832	230 438 372	8 237 460
农业生产用具市场	17	4 855	146 0241	1 480 377	1 480 377	
农用生产资料市场	32	6 188	936 754	1 534 107	1 520 357	13 750
煤炭市场	16	2 111	5 879 492	8 936 684	8 936 684	
木材市场	56	17 612	4 506 084	5 452 430	5 452 430	
建材市场	212	83 541	15 354 058	17 557 120	10 645 268	6 911 852
化工材料及制品市场	43	19 810	2 319 937	25 823 959	25 823 959	
金属材料市场	287	85 637	23 542 663	157 593 107	157 593 107	
机械设备市场	48	23 436	2 766 653	5 571 088	4 904 681	666 407
其他生产资料市场	43	22 423	4 055 592	14 726 960	14 081 509	645 451
农产品市场	981	536 794	40 636 756	105 932 302	99 908 556	6 023 746
粮油市场	109	31 978	4 550 940	14 677 318	14 176 994	500 324
肉禽蛋市场	124	38 070	3 112 759	8 135 490	6 828 091	1 307 399
水产品市场	150	88 346	3 782 291	20 966 288	19 581 424	1 384 864
蔬菜市场	295	220 055	15 868 521	30 627 041	30 101 103	525 938
干鲜果品市场	147	76 665	5 791 758	16 821 904	16 627 096	194 808
棉麻土畜、烟叶市场	23	11 672	3 357 746	4 502 493	4 490 553	11 940
其他农产品市场	133	70 008	4 172 741	10 201 768	8 103 295	2 098 473
食品、饮料及烟酒市场	154	76 755	4 239 654	13 222 720	11 745 480	1 477 240
食品饮料市场	62	38 811	1 630 037	4 473 081	3 524 535	948 546
茶叶市场	26	10 227	714 370	1 712 840	1 603 461	109 379
烟酒市场	13	4 085	211 431	741 666	513 285	228 381
其他食品饮料及烟酒市场	53	23 632	1 683 816	6 295 133	6 104 199	190 934
纺织、服装、鞋帽市场	553	629 757	24 922 892	92 632 360	83 633 732	8 998 628
布料及纺织品市场	77	102 865	5 921 832	37 098 158	36 643 145	455 013
服装市场	344	379 172	13 687 703	39 605 239	34 074 154	5 531 085
鞋帽市场	41	23 040	1 452 953	3 715 536	3 568 324	147 212
其他纺织服装鞋帽市场	91	124 680	3 860 404	12 213 427	9 348 109	2 865 318
日用品及文化用品市场	105	71 284	2 793 196	11 695 028	9 988 422	1 706 606
小商品市场	35	36 962	942 973	2 857 162	2 655 686	201 476

亿元以上商品交易市场情况（按市场类别分，2010 年）（2）

市 场	市场数量（个）	摊位数（个）	营业面积（平方米）	成交额（万元）	批发	零售
箱包市场	7	5 627	578 000	1 939 498	1 939 498	
玩具市场	2	432	50 750	95 430	95 430	
文具市场	5	1 661	126 137	300 023	300 023	
图书、报刊杂志市场	12	1 777	101 289	325 381	202 114	123 267
音像制品及电子出版物市场	4	969	39 800	130 208	25 000	105 208
体育用品市场	1	80	6 700	13 000		13 000
其他日用品及文化用品市场	39	23 776	947 547	6 034 326	4 770 671	1 263 655
黄金、珠宝、玉器等首饰市场	19	10 150	688 071	3 286 350	2 985 792	300 558
电器、通讯器材、电子设备市场	160	68 824	2 674 744	1 1903 051	4 569 387	7 333 664
家电市场	40	12 782	799 545	3 054 198	2 225 241	828 957
通讯器材市场	24	14 950	371 574	1 094 083	569 406	524 677
照相、摄像器材市场	2	449	15 600	43 373	13 800	29 573
计算机及辅助设备市场	78	29 357	1 223 429	6 666 489	1 291 758	5 374 731
其他电器、通讯器材、电子设备市场	16	11 286	264 596	1 044 908	469 182	575 726
医药、医疗用品及器材市场	25	22 026	935 661	4 715 779	4 613 394	102 385
中药材市场	23	21 048	868 431	4 127 374	4 024 989	102 385
其他医药、医疗用品及器材市场	2	978	67 230	588 405	588 405	
家具、五金及装饰材料市场	480	218 743	32 021 780	39 614 183	25 337 508	14 276 675
家具市场	135	59 143	10 949 629	10 846 470	5 406 178	5 440 292
装饰材料市场	195	73 012	11 005 359	10 479 926	4 930 531	5 549 395
灯具市场	11	5 996	667 631	1 512 743	1 272 005	240 738
厨具、盥洗设备市场	4	1 169	104 730	150 495	138 505	11 990
五金材料市场	80	48 239	4 481 298	10 218 299	9 350 667	867 632
其他装修市场	55	31 184	4 813 133	6 406 250	4 239 622	2 166 628
汽车、摩托车及零配件市场	270	76 187	12 006 853	48 249 573	14 975 940	33 273 633
汽车市场	185	42 206	9 024 258	39 356 553	7 362 064	31 994 489
摩托车市场	13	4 853	330 528	1 159 684	934 371	225 313
机动车零配件市场	72	29 128	2 652 067	7 733 336	6 679 505	1 053 831
花、鸟、鱼、虫市场	27	16 812	6 458 933	2 926 179	2 841 364	84 815
花卉市场	24	15 766	6 406 464	2 831 644	2 809 864	21 780
鸟市场						
观赏鱼市场						
其他花鸟鱼虫市场	3	1 046	52 469	94 535	31 500	63 035
旧货市场	21	8 155	421 998	1 360 958	945 717	415 241
古玩、古董、字画市场	3	1 102	18 133	135 092	12 650	122 442
邮票、硬币市场						
其他旧货市场	18	7 053	403 865	1 225 866	933 067	292 799
其他专业市场	50	24 284	2 299 467	4 878 730	4 072 339	806 391

亿元以上商品交易市场情况（按摊位分，2010 年）

摊　　位	摊位数（个）	成交额（万元）	批发	零售
总　　计	**3 193 365**	**727 035 303**	**609 549 340**	**117 485 963**
食品、饮料、烟酒类	1 070 477	178 614 291	152 714 589	25 899 702
食品类	982 788	165 139 006	141 425 552	23 713 454
其中：粮油类	82 877	23 907 920	21 661 584	2 246 336
肉禽蛋类	132 833	22 472 132	15 375 638	7 096 494
水产品类	146 589	31 655 439	25 793 878	5 861 561
蔬菜类	414 909	47 893 846	42 966 829	4 927 017
干鲜果品类	147 940	31 606 842	29 363 165	2 243 677
饮料类	45 275	6 709 931	5 842 693	867 238
烟酒类	42 414	6 765 354	5 446 344	1 319 010
服装鞋帽、针、纺织品类	904 542	111 837 355	97 721 768	14 115 587
服装类	552 323	50 681 361	41 312 461	9 368 900
鞋帽类	141 054	12 833 395	10 466 167	2 367 228
针、纺织品类	211 165	48 322 599	45 943 140	2 379 459
化妆品类	27 752	2 482 560	1 850 097	632 463
金银珠宝类	13 205	3 596 592	3 110 631	485 961
日用品类	178 126	24 357 792	19 998 086	4 359 706
其中：洗涤用品类	42 521	4 360 571	3 662 546	698 025
儿童玩具类	28 203	2 757 914	2 334 647	423 267
五金、电料类	98 157	17 666 094	15 303 138	2 362 956
体育、娱乐用品类	11 860	1 413 270	1 040 761	372 509
书报杂志类	5 076	687 950	537 997	149 953
电子出版物及音像制品类	8 249	1 594 565	1 238 609	355 956
家用电器和音像器材类	32 933	6 888 358	4 931 084	1 957 274
中西药品类	23 736	5 024 141	4 791 990	232 151
其中：西药类	1 130	136 793	67 448	69 345
中草药及中成药类	21 420	4 334 184	4 205 110	129 074
文化办公用品类	62 725	11 287 430	5 338 502	5 948 928
家具类	80 748	14 676 433	7 550 318	7 126 115
通讯器材类	24 325	2 255 731	1 094 416	1 161 315
煤炭及制品类	2 615	9 030 457	9 007 615	22 842
木材及制品类	29 288	7 796 536	7 331 676	464 860
石油及制品类	1 328	16 068 338	16 050 221	18 117
化工材料及制品类	35 657	28 504 309	28 295 222	209 087
其中：化肥类	3 737	963 620	898 013	65 607
金属材料类	91 882	159 626 542	159 216 138	410 404
建筑及装潢材料类	198 648	36 333 982	22 355 014	13 978 968
机电产品及设备类	50 399	12 418 160	11 182 431	1 235 729
其中：农机类	4 950	1 475 132	1 444 509	30 623
汽车类	69 729	48 269 578	15 314 818	32 954 760
种子饲料类	6 952	1 088 724	1 034 085	54 639
棉麻类	5 863	5 406 068	5 349 979	56 089
其他类	159 093	20 110 047	17 190 155	2 919 892

亿元以上商品交易市场情况（按地区分，2010 年）

地　区	市场数量（个）	摊位数（个）	营业面积（平方米）	成交额（万元）	批发	零售
全　国	**4 940**	**3 193 365**	**248 323 113**	**727 035 303**	**609 549 340**	**117 485 963**
北　京	135	110 047	6 899 092	24 897 505	14 570 175	10 327 330
天　津	81	50 499	5 370 229	26 718 648	24 244 776	2 473 872
河　北	281	305 275	25 989 531	41 251 581	38 678 183	2 573 398
山　西	44	30 970	2 543 176	4 874 484	4 523 151	351 333
内蒙古	71	38 674	6 924 566	6 328 057	5 282 947	1 045 110
辽　宁	222	179 992	8 211 965	34 659 846	28 894 644	5 765 202
吉　林	71	57 856	2 983 063	5 340 331	4 218 068	1 122 263
黑龙江	89	57 049	3 072 320	8 527 770	6 826 522	1 701 248
上　海	179	73 576	7 847 399	64 798 737	59 754 908	5 043 829
江　苏	553	332 515	29 657 713	117 543 115	100 357 384	17 185 731
浙　江	695	401 164	25 114 588	115 922 400	94 859 873	21 062 527
安　徽	135	85 502	7 784 845	17 373 192	15 378 690	1 994 502
福　建	159	55 388	3 516 241	13 339 532	8 895 501	4 444 031
江　西	93	62 956	3 372 646	12 378 711	10 671 899	1 706 812
山　东	543	352 628	34 475 871	66 761 769	56 374 658	10 387 111
河　南	170	113 665	10 191 354	15 397 881	12 535 789	2 862 092
湖　北	160	79 159	5 932 370	12 687 659	10 019 746	2 667 913
湖　南	290	170 099	8 838 300	20 745 597	13 951 834	6 793 763
广　东	378	192 367	18 970 765	48 273 955	41 039 102	7 234 853
广　西	89	62 457	3 388 013	9 609 250	7 926 280	1 682 970
海　南	7	4 089	97 445	163 020	27 054	135 966
重　庆	119	80 570	5 860 050	24 579 490	20 231 882	4 347 608
四　川	105	98 122	5 458 848	11 520 108	9 918 591	1 601 517
贵　州	33	18 692	1 311 303	2 896 228	2 630 365	265 863
云　南	53	41 193	2 692 061	6 026 431	5 095 870	930 561
西　藏						
陕　西	41	24 812	983 631	1 994 411	1 576 315	418 096
甘　肃	42	41 033	2 093 605	3 751 695	3 423 808	327 887
青　海	9	5 984	445 015	308 808	275 595	33 213
宁　夏	26	17 492	3 000 868	2 034 801	1 849 496	185 305
新　疆	67	49 540	5 296 240	6 330 291	5 516 234	814 057

连锁零售业集团（企业）数（按登记注册类型与业态分，2010 年）

单位：个

注册类型	合 计	便利店	折扣店	超 市	大型超市	仓储会员店	百货店
总 计	**2 361**	**94**	**3**	**400**	**158**	**7**	**97**
内资企业	**2 134**	**83**	**2**	**384**	**83**	**5**	**85**
国有企业	171	7		7		1	3
集体企业	34	3		9	1		4
股份合作企业	19	2		6			
联营企业	5	1		1			
有限责任公司	838	40	1	145	39	3	30
股份有限公司	260	3		22	9		24
私营企业	788	26	1	190	33	1	24
其他企业	19	1		4	1		
港澳台商投资企业	**86**	**6**		**9**	**15**		**8**
外商投资企业	**141**	**5**	**1**	**7**	**60**	**2**	**4**

注册类型		专业店	#加油站	专卖店	家居建材商店	厂家直销中心	其 他
总 计		**1 269**	**225**	**294**	**13**	**4**	**22**
内资企业		**1 213**	**209**	**250**	**3**	**4**	**22**
国有企业		128	55	23			2
集体企业		16	1	1			
股份合作企业		6		4			1
联营企业		3	1				
有限责任公司		459	14	111	2	3	5
股份有限公司		181	134	17			4
私营企业		411	4	90	1	1	10
其他企业		9		4			
港澳台商投资企业		**17**	**1**	**31**			
外商投资企业		**39**	**15**	**13**	**10**		

连锁零售业集团（企业）数（按行业与业态分，2010 年）

单位：个

行 业	合 计	便利店	折扣店	超 市	大型超市	仓储会员店	百货店
总 计	**2 361**	**94**	**3**	**400**	**158**	**7**	**97**
批发业	**232**						
农畜产品批发	5						
食品、饮料及烟草制品专门批发	48						
纺织、服装及日用品批发	12						
文化、体育用品及器材批发	4						
医药及医疗器材批发	22						
矿产品、建材及化工产品批发	120						
机械设备、五金交电及电子产品批发	10						
贸易经纪与代理							
其他批发	11						
零售业	**2 129**	**94**	**3**	**400**	**158**	**7**	**97**
综合零售	841	78	2	399	158	3	87
食品、饮料及烟草制品专门零售	137	11					1
纺织、服装及日用品专门零售	130		1				7
文化、体育用品及器材专门零售	79						2
医药及医疗器材专门零售	538	4		1		4	
汽车、摩托车、燃料及零配件专门零售	171	1					
家用电器及电子产品专门零售	192						
五金、家具及室内装修材料专门零售	17						
无店铺及其他零售	24						

行 业		专业店	#加油站	专卖店	家居建材商店	厂家直销中心	其他
总 计		**1 269**	**225**	**294**	**13**	**4**	**22**
批发业		**178**	**86**	**38**		**1**	**15**
农畜产品批发		3					2
食品、饮料及烟草制品专门批发		27		17			4
纺织、服装及日用品批发		2		10			
文化、体育用品及器材批发		4					
医药及医疗器材批发		19		3			
矿产品、建材及化工产品批发		111	86	2		1	6
机械设备、五金交电及电子产品批发		4		5			1
贸易经纪与代理							
其他批发		8		1			2
零售业		**1 091**	**139**	**256**	**13**	**3**	**7**
综合零售		81		29		1	3
食品、饮料及烟草制品专门零售		55		68		1	1
纺织、服装及日用品专门零售		62		60			
文化、体育用品及器材专门零售		64		12			1
医药及医疗器材专门零售		492		37			
汽车、摩托车、燃料及零配件专门零售		155	139	14			1
家用电器及电子产品专门零售		159		31	1	1	
五金、家具及室内装修材料专门零售		4		1	12		
无店铺及其他零售		19		4			1

连锁零售业集团（企业）数（按行业与登记注册类型分，2010 年）

单位：个

行 业	合 计	内资企业	国有企业	集体企业	股份合作企业	联营企业
总 计	**2 361**	**2 134**	**171**	**34**	**19**	**5**
批发业	**232**	**228**	**48**	**5**	**3**	
农畜产品批发	5	5				
食品、饮料及烟草制品专门批发	48	46	20	1	1	
纺织、服装及日用品批发	12	12				
文化、体育用品及器材批发	4	4	2			
医药及医疗器材批发	22	22	4			
矿产品、建材及化工产品批发	120	119	22	3	2	
机械设备、五金交电及电子产品批发	10	10				
贸易经纪与代理						
其他批发	11	10		1		
零售业	**2 129**	**1 906**	**123**	**29**	**16**	**5**
综合零售	841	717	18	17	8	2
食品、饮料及烟草制品专门零售	137	123	11	1	4	
纺织、服装及日用品专门零售	130	94	3	2	1	
文化、体育用品及器材专门零售	79	76	26	2		
医药及医疗器材专门零售	538	532	24	6	3	2
汽车、摩托车、燃料及零配件专门零售	171	153	39			1
家用电器及电子产品专门零售	192	184				
五金、家具及室内装修材料专门零售	17	7				
无店铺及其他零售	24	20	2	1		

行 业	有限责任公司	股份有限公司	私营企业	其他企业	港澳台商投资企业	外商投资企业
合 计	**838**	**260**	**788**	**19**	**86**	**141**
批发业	**56**	**71**	**44**	**1**		**4**
农畜产品批发	2	1	2			
食品、饮料及烟草制品专门批发	16		7	1		2
纺织、服装及日用品批发	2	2	8			
文化、体育用品及器材批发	1		1			
医药及医疗器材批发	10	1	7			
矿产品、建材及化工产品批发	20	66	6			1
机械设备、五金交电及电子产品批发	2	1	7			
贸易经纪与代理						
其他批发	3		6			1
零售业	**782**	**189**	**744**	**18**	**86**	**137**
综合零售	295	67	303	7	42	82
食品、饮料及烟草制品专门零售	53	3	49	2	12	2
纺织、服装及日用品专门零售	36	3	49		27	9
文化、体育用品及器材专门零售	22	4	20	2		3
医药及医疗器材专门零售	258	15	219	5	3	3
汽车、摩托车、燃料及零配件专门零售	12	83	18		1	17
家用电器及电子产品专门零售	91	12	79	2		8
五金、家具及室内装修材料专门零售	6		1			10
无店铺及其他零售	9	2	6		1	3

连锁零售业集团（企业）数（按地区与业态分，2010 年）（1）

单位：个

地 区	合 计	便利店	折扣店	超 市	大型超市	仓储会员店	百货店
全 国	**2 361**	**94**	**3**	**400**	**158**	**7**	**97**
北 京	149	7	1	26	11	1	7
天 津	39	2		4	3		1
河 北	92	4		15	4		4
山 西	41	2		10	1		2
内蒙古	19			5			3
辽 宁	91	4		9	6		
吉 林	25	1		2	3	1	1
黑龙江	30	1		3	2		1
上 海	99	11	2	11	11	1	2
江 苏	172	11		32	12		4
浙 江	230	11		58	19		3
安 徽	66	1		32	1		5
福 建	125	6		19	6	1	3
江 西	66			6	3		4
山 东	116	1		24	6		15
河 南	153	3		19	19	1	4
湖 北	99	2		15	6		1
湖 南	90	2		8	9		4
广 东	206	9		24	21	1	16
广 西	52	2		4	4		1
海 南	4			1			
重 庆	83	5		22	2		4
四 川	91	2		29	3		3
贵 州	25	2		3		1	1
云 南	43	1		3	2		4
西 藏	1						
陕 西	26	2		5			3
甘 肃	27			2			
青 海	11	1			2		1
宁 夏	18			4			
新 疆	72	1		5	2		

连锁零售业集团（企业）数（按地区与业态分，2010 年）（2）

单位：个

地 区	专业店	#加油站	专卖店	家居建材商店	厂家直销中心	其他
全 国	**1 269**	**225**	**294**	**13**	**4**	**22**
北 京	66	2	26	2		2
天 津	16	3	12	1		
河 北	60	23	4		1	
山 西	24	5	2			
内蒙古	6	1	5			
辽 宁	57	13	12	1		2
吉 林	15	1	2			
黑龙江	23	2				
上 海	41	3	18	1	1	
江 苏	92	3	18	3		
浙 江	120	4	18			1
安 徽	22	4	2			3
福 建	57	24	31			2
江 西	46	19	7			
山 东	53	7	15	1		1
河 南	80	7	22		1	4
湖 北	64	10	11			
湖 南	57	30	10			
广 东	98	8	34	3		
广 西	38	16	3			
海 南	2		1			
重 庆	35	2	10			5
四 川	44	2	7	1	1	1
贵 州	15		3			
云 南	24	2	9			
西 藏			1			
陕 西	11		4			1
甘 肃	24	14	1			
青 海	6		1			
宁 夏	14	5				
新 疆	59	15	5			

连锁零售业集团（企业）数（按地区与登记注册类型分，2010 年）（1）

单位：个

地 区	合 计	内资企业	国有企业	集体企业	股份合作企业	联营企业
全 国	**2 361**	**2 134**	**171**	**34**	**19**	**5**
北 京	149	121	4	6	3	1
天 津	39	31	4		1	
河 北	92	90	13	1	1	
山 西	41	40	4		1	
内蒙古	19	19	1	1		
辽 宁	91	85	4			
吉 林	25	22	2			
黑龙江	30	28	3	1		
上 海	99	72	7	1		
江 苏	172	149	3	3		1
浙 江	230	214	3	1	1	
安 徽	66	64	6	1	1	
福 建	125	111	9	1		
江 西	66	65	15			
山 东	116	105	7	3	2	
河 南	153	148	14	3	1	
湖 北	99	90	6		2	1
湖 南	90	82	9	1		
广 东	206	162	7	5	3	2
广 西	52	52	3			
海 南	4	4				
重 庆	83	79	8	3	1	
四 川	91	86	3		1	
贵 州	25	24				
云 南	43	37	1	1		
西 藏	1	1				
陕 西	26	26	4			
甘 肃	27	27	6			
青 海	11	11			1	
宁 夏	18	18	2	1		
新 疆	72	71	23	1		

连锁零售业集团（企业）数（按地区与登记注册类型分，2010年）（2）

单位：个

地区	有限责任公司	股份有限公司	私营企业	其他企业	港澳台商投资企业	外商投资企业
全　国	**838**	**260**	**788**	**19**	**86**	**141**
北　京	61	10	36		8	20
天　津	14		11	1	3	5
河　北	36	20	19			2
山　西	12	6	17		1	
内蒙古	8	1	8			
辽　宁	31	13	37		2	4
吉　林	12	1	7		2	1
黑龙江	9	2	12	1		2
上　海	39	8	17		11	16
江　苏	60	7	71	4	7	16
浙　江	81	9	118	1	9	7
安　徽	20	10	25	1		2
福　建	45	15	40	1	4	10
江　西	22	18	10			1
山　东	39	18	35	1	1	10
河　南	52	25	52	1	2	3
湖　北	39	12	29	1	3	6
湖　南	17	25	28	2	4	4
广　东	74	12	58	1	20	24
广　西	19	15	13	2		
海　南	3		1			
重　庆	25	3	39		3	1
四　川	43	3	35	1	3	2
贵　州	16		7	1		1
云　南	15	2	18		3	3
西　藏	1					
陕　西	13	2	7			
甘　肃	7	9	5			
青　海	7	1	2			
宁　夏	5	5	5			
新　疆	13	8	26			1

连锁零售业集团（企业）数（按地区与行业分，2010 年）（1）

单位：个

地 区	合 计	批发业	农畜产品批发	食品饮料及烟草制品批发	纺织服装及日用品批发	文化体育用品及器材批发	医药及医疗器材批发	矿产品建材及化工产品批发	机械设备五金交电及电子产品批发	贸易经纪与代理	其他批发
全 国	**2 361**	**232**	**5**	**48**	**12**	**4**	**22**	**120**	**10**		**11**
北 京	149	4		1	1						2
天 津	39	2							2		
河 北	92	18		1			2	15			
山 西	41	1		1							
内蒙古	19	2					1	1			
辽 宁	91	10						9			1
吉 林	25										
黑龙江	30	1						1			
上 海	99	7		4	1			2			
江 苏	172	9	1	3	1		1	3			
浙 江	230	19	3	4	3		1	5	1		2
安 徽	66	4						4			
福 建	125	3		2				1			
江 西	66	10		9				1			
山 东	116	9		3				5	1		
河 南	153	18		1				15			2
湖 北	99	7		1			2	4			
湖 南	90	1			1						
广 东	206	23		5	5	4	1	5	2		1
广 西	52	16						16			
海 南	4										
重 庆	83	11	1	2			3	4			1
四 川	91	13		3			4	4	2		
贵 州	25										
云 南	43	9		1			4	2	2		
西 藏	1										
陕 西	26	5		4			1				
甘 肃	27	5						5			
青 海	11										
宁 夏	18	8		1				5			2
新 疆	72	17		2			2	13			

连锁零售业集团（企业）数（按地区与行业分，2010 年）（2）

单位：个

地 区	零售业	综合零售	食品饮料及烟草制品专门零售	纺织服装及日用品专门零售	文化体育用品及器材专门零售	医药及医疗器材专门零售	汽车摩托车燃料及零配件专门零售	家用电器及电子产品专门零售	五金家具及室内装修材料专门零售	无店铺及其他零售
全 国	**2 129**	**841**	**137**	**130**	**79**	**538**	**171**	**192**	**17**	**24**
北 京	145	61	16	23	7	22	3	8	4	1
天 津	37	12	7	5		5	3	4	1	
河 北	74	26	3	4		23	9	7		2
山 西	40	19	2	1		8	5	4		1
内蒙古	17	8				6		3		
辽 宁	81	20	2	4	3	38	8	5	1	
吉 林	25	7	2	3		8	1	4		
黑龙江	29	7			3	12	1	5		1
上 海	92	46	3	8	2	20	1	8	3	1
江 苏	163	81	21	2	4	32	5	15	3	
浙 江	211	96	20	10	3	67	5	10		
安 徽	62	38	3	1	1	10	2	5		2
福 建	122	35	15	7	4	12	26	22		1
江 西	56	15	2	3	2	7	21	3		3
山 东	107	51	4	2	7	30	4	7	1	1
河 南	135	58	6	8	3	34	6	15		5
湖 北	92	25	9	10	5	31	6	6		
湖 南	89	23	2	5	3	17	30	7		2
广 东	183	76	11	16	10	36	11	20	2	1
广 西	36	14	1		1	12	2	4		2
海 南	4	2				2				
重 庆	72	34	3	7	2	19	3	4		
四 川	78	36		3	2	26	1	9	1	
贵 州	25	8			1	14	2			
云 南	34	10	2	1	3	8	1	8		1
西 藏	1		1							
陕 西	21	11		2		6	1	1		
甘 肃	22	3				10	9			
青 海	11	5		2		3		1		
宁 夏	10	4			1	4		1		
新 疆	55	10	2	3	12	16	5	6	1	

连锁零售业基本情况

指 标	计量单位	合 计		直营店		加盟店	
		2010 年	2009 年	2010 年	2009 年	2010 年	2009 年
一、门店总数	个	176 792	166 031	103 166	95 600	73 626	70 431
二、营业面积	平方米	127 567 952	115 166 894	119 376 327	107 279 245	8 191 625	7 887 649
三、从业人员	人	2 251 633	2 072 237	1 911 375	1 752 623	340 258	319 614
四、商品购进总额	万元	240 446 070	191 747 563	228 457 740	181 117 854	11 988 329	10 629 709
#统一配送商品购进额	万元	174 124 604	145 866 898	166 410 254	138 870 181	7 714 349	6 996 717
#自有配送中心配送商品购进额	万元	109 102 766	92 467 026	103 694 726	87 779 607	5 408 040	4 687 420
非自有配送中心配送商品购进额	万元	33 734 263	28 131 068	32 469 592	26 872 808	1 264 670	1 258 260
五、商品销售额	万元	273 854 261	221 508 377	257 368 807	206 870 175	16 485 454	14 638 202
#零售额	万元	190 094 595	157 863 982	176 573 803	145 701 542	13 520 792	12 162 440

连锁零售业情况（按业态分）（1）

业 态	门店总数（个）		营业面积（平方米）		从业人员（人）	
	2010 年	2009 年	2010 年	2009 年	2010 年	2009 年
总 计	**176 792**	**166 031**	**127 567 952**	**115 166 894**	**2 251 633**	**2 072 237**
便利店	14 202	12 941	1 071 681	997 624	75 025	70 413
折扣店	701	728	214 217	210 723	6 935	6 964
超市	32 818	31 328	19 244 671	17 858 286	499 267	476 103
大型超市	6 322	5 555	18 437 377	15 564 218	386 275	344 546
仓储会员店	272	256	544 176	469 235	12 024	11 086
百货店	4 239	4 775	14 806 216	12 956 666	249 958	226 325
专业店	84 678	79 809	67 552 680	62 014 948	831 223	766 303
其中：加油站	31 040	29 919	47 415 976	43 545 183	285 446	278 488
专卖店	27 641	24 595	4 502 445	3 908 732	169 407	149 343
家居建材商店	108	111	624 868	601 211	6 521	6 513
厂家直销中心	66	58	40 454	36 780	1 394	1 133
其他	5 745	5 875	529 167	548 471	13 604	13 508

连锁零售业情况（按业态分）(2)

业 态	商品购进总额（万元）		#统一配送商品购进额		#自有配送中心配送商品购进额	
	2010 年	2009 年	2010 年	2009 年	2010 年	2009 年
总 计	**240 446 070**	**191 747 563**	**174 124 603**	**145 866 898**	**109 102 766**	**92 467 026**
便利店	2 245 839	1 952 236	1 112 432	902 515	530 471	398 424
折扣店	316 778	281 278	216 810	197 488	90 324	79 797
超市	23 119 082	20 325 884	19 075 504	16 627 582	12 518 758	11 247 023
大型超市	22 965 241	18 063 771	11 594 078	9 677 401	6 498 167	6 184 910
仓储会员店	1 553 502	402 570	323 051	286 552	10 908	10 734
百货店	21 328 671	17 680 744	10 115 358	8 388 527	6 080 190	5 328 339
专业店	157 104 541	123 730 397	122 227 915	102 472 859	76 813 945	63 992 158
其中：加油站	106 243 631	82 453 399	84 265 099	66 675 323	50 625 688	38 188 629
专卖店	9 509 057	7 483 250	7 299 218	5 709 813	4 991 643	4 056 994
家居建材商店	324 878	366 449	230 520	215 797	95 049	90 829
厂家直销中心	34 514	40 617	34 514	40 617	6 112	3 144
其他	1 943 967	1 420 366	1 895 202	1 347 747	1 467 200	1 074 673

连锁零售业情况（按业态分）(3)

业 态	#非自有配送中心配送商品购进额		商品销售额（万元）		#零售额	
	2010 年	2009 年	2010 年	2009 年	2010 年	2009 年
总 计	**33 734 263**	**28 131 068**	**273 854 261**	**221 508 377**	**190 094 595**	**157 863 982**
便利店	328 589	297 217	2 466 284	2 200 813	2 103 888	1 963 589
折扣店	361 130	318 408	360 821	318 153		
超市	3 868 557	2 831 066	27 668 692	25 235 861	23 187 829	21 108 033
大型超市	1 557 109	1 600 544	29 191 329	23 833 461	25 121 488	20 168 924
仓储会员店	310 773	274 804	1 718 494	1 517 768	1 718 494	1 517 768
百货店	1 765 848	1 263 053	26 715 393	21 970 582	23 241 883	18 747 633
专业店	25 237 099	21 288 226	172 332 336	135 568 637	106 555 648	87 224 553
其中：加油站	19 552 313	16 808 691	118 225 609	92 355 410	70 296 187	58 409 147
专卖店	389 070	343 654	10 728 960	8 713 954	7 197 253	6 245 283
家居建材商店	35 604	32 729	563 587	563 832	492 791	490 872
厂家直销中心	35 032	41 939	6 591	4 012		
其他	241 613	199 775	2 073 024	1 543 123	107 909	75 163

连锁零售业情况（按登记注册类型分）（1）

注册类型	门店总数（个）		营业面积（平方米）		从业人员（人）	
	2010 年	2009 年	2010 年	2009 年	2010 年	2009 年
总　计	**176 792**	**166 031**	**127 567 952**	**115 166 894**	**2 251 633**	**2 072 237**
内资企业	**158 196**	**149 626**	**107 264 452**	**98 228 739**	**1 796 925**	**1 669 015**
国有企业	15 497	14 950	10 867 170	9 902 169	151 349	140 331
集体企业	3 099	3 019	571 329	535 181	24 515	24 601
股份合作企业	1 317	1 293	404 842	398 753	11 044	10 656
联营企业	605	574	40 819	42 183	2 951	3 124
国有联营企业	392	375	33 256	34 768	2 594	2 775
集体联营企业						
国有与集体联营企业	5	4	928	780	52	52
其他联营企业	208	195	6 635	6 635	305	297
有限责任公司	55 696	52 099	22 597 841	20 787 158	577 788	534 166
国有独资公司	194	184	225 900	220 185	4 280	4 539
其他有限责任公司	55 502	51 915	22 371 941	20 566 973	573 508	529 627
股份有限公司	45 632	44 369	61 651 189	56 541 409	709 069	669 530
私营企业	35 687	32 673	10 838 501	9 743 922	312 027	279 662
私营独资企业	2 257	1 994	268 768	241 311	12 019	10 648
私营合伙企业	229	231	216 367	196 587	4 388	5 156
私营有限责任公司	28 307	25 912	8 782 104	7 842 236	258 028	232 020
私营股份有限公司	4 894	4 536	1 571 262	1 463 788	37 592	31 838
其他企业	663	649	292 761	277 964	8 182	6 945
港澳台商投资企业	**4 379**	**3 779**	**6 896 718**	**5 873 422**	**180 347**	**159 618**
港澳台合资经营企业	2 663	2 388	1 469 668	1 125 334	33 914	30 523
港澳台合作经营企业	273	263	3 319 885	2 761 763	70 135	59 789
港澳台独资经营企业	1 409	1 099	2 087 805	1 971 517	75 873	68 941
港澳台商投资股份有限公司	34	29	19 360	14 808	425	365
外商投资企业	**14 217**	**12 626**	**13 406 782**	**11 064 733**	**274 361**	**243 604**
中外合资经营企业	4 175	4 153	8 138 640	7 360 615	163 963	151 523
中外合作经营企业	1 206	758	896 417	820 875	20 676	18 650
外资企业	8 740	7 621	4 318 987	2 832 852	87 539	71 290
外商投资股份有限公司	96	94	52 738	50 391	2 183	2 141

连锁零售业情况（按登记注册类型分）（2）

注册类型	商品购进总额（万元）		#统一配送商品购进额		#自有配送中心配送商品购进额	
	2010 年	2009 年	2010 年	2009 年	2010 年	2009 年
总　计	**240 446 070**	**191 747 563**	**174 124 603**	**145 866 898**	**109 102 766**	**92 467 026**
内资企业	**207 181 754**	**165 425 713**	**152 730 467**	**128 033 109**	**98 312 863**	**82 389 795**
国有企业	34 664 517	26 764 402	29 343 150	22 243 010	14 515 165	11 278 108
集体企业	455 864	424 069	293 031	252 443	204 582	162 724
股份合作企业	350 351	292 798	208 180	179 292	177 617	147 341
联营企业	193 757	154 023	193 757	154 023	193 058	153 372
国有联营企业	171 980	128 197	171 980	128 197	171 980	128 197
集体联营企业						
国有与集体联营企业	699	652	699	652		
其他联营企业	21 079	25 174	21 079	25 174	21 079	25 174
有限责任公司	34 316 736	28 282 813	25 969 853	21 369 020	14 484 736	11 866 237
国有独资公司	571 136	546 399	563 163	534 954	515 624	492 175
其他有限责任公司	33 745 600	27 736 414	25 406 691	20 834 066	13 969 112	11 374 062
股份有限公司	123 878 023	97 900 822	86 804 072	74 807 206	62 952 360	53 679 512
私营企业	13 052 095	11 386 298	9 757 292	8 906 181	5 671 106	5 037 731
私营独资企业	165 975	133 933	99 753	88 280	57 324	49 912
私营合伙企业	125 195	112 417	124 883	112 119	124 883	112 119
私营有限责任公司	10 221 816	8 375 740	7 360 767	6 287 302	4010 460	3 364 150
私营股份有限公司	2 539 110	2 764 208	2 171 889	2 418 480	1 478 439	1 511 550
其他企业	270 409	220 487	161 132	121 934	114 238	64 770
港澳台商投资企业	**11 284 344**	**9 530 673**	**5 720 897**	**5 730 577**	**3 520 543**	**3 839 050**
港澳台合资经营企业	2 786 725	2 306 938	2 472 141	2 009 309	1 097 633	1 004 762
港澳台合作经营企业	4 189 879	3 472 734	202 326	1 117 086	147 998	838 086
港澳台独资经营企业	4 262 067	3 711 672	3 000 757	2 564 853	2 274 912	1 996 201
港澳台商投资股份有限公司	45 673	39 329	45 673	39 329		
外商投资企业	**21 979 972**	**16 791 178**	**15 673 240**	**12 103 213**	**7 269 361**	**6 238 182**
中外合资经营企业	13 200 981	10 370 013	9 350 579	8 035 687	4 808 626	4 297 546
中外合作经营企业	1 863 249	1 549 579	937 756	823 324	549 260	482 720
外资企业	6 869 302	4 809 629	5 350 532	3 193 855	1 894 383	1 407 570
外商投资股份有限公司	46 439	61 957	34 374	50 346	17 092	50 346

连锁零售业情况（按登记注册类型分）（3）

注册类型	#非自有配送中心配送商品购进额		商品销售额（万元）		#零售额	
	2010 年	2009 年	2010 年	2009 年	2010 年	2009 年
总　　计	**33 734 263**	**28 131 068**	**273 854 261**	**221 508 377**	**190 094 595**	**157 863 982**
内资企业	**29 638 544**	**24 494 983**	**233 246 310**	**188 280 627**	**154 853 700**	**129 223 836**
国有企业	10 926 277	8 595 660	36 435 355	28 837 421	22 543 584	18 517 035
集体企业	41 839	52 390	509 605	486 752	287 864	214 939
股份合作企业	1 944	1 578	361 022	310 848	332 085	281 161
联营企业			202 693	157 122	192 989	148 148
国有联营企业			174 342	132 407	174 342	132 407
集体联营企业						
国有与集体联营企业			869	867	869	867
其他联营企业			27 481	23 848	17 778	14 873
有限责任公司	4 504 752	3 360 054	39 053 343	32 875 345	31 354 436	26 460 642
国有独资公司	38 140	35 542	714 168	667 858	136 788	117 536
其他有限责任公司	4 466 613	3 324 512	38 339 176	32 207 487	31 217 648	26 343 106
股份有限公司	13 156 233	11 679 310	142 075 065	112 617 565	87 422 911	72 325 063
私营企业	1 003 425	796 453	14 325 877	12 752 602	12 440 494	11 039 277
私营独资企业	6 730	4 505	198 032	149 300	168 244	126 686
私营合伙企业			142 521	136 132	142 521	136 132
私营有限责任公司	989 215	784 677	11 231 049	9 576 692	9 542 103	8 195 617
私营股份有限公司	7 480	7 272	2 754 275	2 890 477	2 587 626	2 580 843
其他企业	4 074	9 537	283 350	242 972	279 337	237 572
港澳台商投资企业	**1 223 195**	**1 126 910**	**15 801 770**	**13 098 252**	**14 639 280**	**11 859 774**
港澳台合资经营企业	890 630	615 400	3 202 840	2 891 583	2 899 196	2 357 374
港澳台合作经营企业	54 329	279 000	6 559 250	50 44 827	6 559 250	5 044 827
港澳台独资经营企业	278 237	232 510	5 901 380	5 091 543	5 042 534	4 387 273
港澳台商投资股份有限公司			138 300	70 300	138 300	70 300
外商投资企业	**2 872 524**	**2 509 175**	**24 806 181**	**20 129 498**	**20 601 615**	**16 780 371**
中外合资经营企业	1 634 978	1 383 156	15 726 916	13 534 480	13 237 866	11 492 379
中外合作经营企业	265 426	215 382	2 218 186	1 762 599	1 317 593	1 198 051
外资企业	972 120	910 637	6 800 272	4 769 659	5 985 349	4 031 309
外商投资股份有限公司			60 807	62 761	60 807	588 633

连锁零售业情况（按行业分）（1）

注册类型	门店总数（个）		营业面积（平方米）		从业人员（人）	
	2010 年	2009 年	2010 年	2009 年	2010 年	2009 年
总 计	**176 792**	**166 031**	**127 567 952**	**115 166 894**	**2 251 633**	**2 072 237**
批发业	**40 164**	**38 912**	**25 105 538**	**23 857 364**	**244 299**	**233 759**
农畜产品批发	2 738	2 732	120 039	119 989	1 199	1 188
食品、饮料及烟草制品专门批发	2 398	2 176	299 743	282 608	30 430	29 991
纺织、服装及日用品批发	5 267	4 658	240 872	217 272	29 320	25 789
文化、体育用品及器材批发	20	20	49 887	49 584	871	954
医药及医疗器材批发	1 998	2 057	133 355	132 629	8 847	8 609
矿产品、建材及化工产品批发	23 437	23 309	23 837 971	22 687 641	159 285	154 667
机械设备、五金交电及电子产品批发	1 347	1 218	92 937	84 787	7 504	6 198
贸易经纪与代理						
其他批发	2 959	2 742	330 734	282 854	6 843	6 363
零售业	**136 628**	**127 119**	**102 462 414**	**91 309 530**	**2 007 334**	**1 838 478**
综合零售	62 657	59 132	59 694 584	52 862 530	1 376 664	1 263 798
食品、饮料及烟草制品专门零售	8 553	7 714	492 108	445 687	45 414	42 214
纺织、服装及日用品专门零售	12 184	10 707	1 278 089	894 847	62 931	57 403
文化、体育用品及器材专门零售	2 018	1 997	1 629 202	1 547 209	45 272	44 118
医药及医疗器材专门零售	31 049	28 317	3 487 363	3 125 953	175 973	154 386
汽车、摩托车、燃料及零配件专门零售	16 428	15 817	27 517 998	24 680 815	156 256	151 062
家用电器及电子产品专门零售	3 165	2 872	7 598 849	7 008 830	132 435	113 592
五金、家具及室内装修材料专门零售	116	117	693 458	673 820	8 518	8 093
无店铺及其他零售	458	446	70 763	69 839	3 871	3 812

连锁零售业情况（按行业分）（2）

注册类型	商品购进总额（万元）		#统一配送商品购进额		#自有配送中心配送商品购进额	
	2010 年	2009 年	2010 年	2009 年	2010 年	2009 年
总 计	**240 446 070**	**191 747 563**	**174 124 603**	**145 866 898**	**109 102 766**	**92 467 026**
批发业	**65 791 104**	**51 349 885**	**51 902 342**	**41 416 323**	**29 115 804**	**22 508 065**
农畜产品批发	430 680	422 676	430 680	422 676	49 446	42 868
食品、饮料及烟草制品专门批发	4 517 169	3 738 800	4 026 882	3 349 513	3 595 427	3 033 089
纺织、服装及日用品批发	450 600	381 403	431 444	377 423	362 539	317 537
文化、体育用品及器材批发	116 243	108 281	116 243	108 281		
医药及医疗器材批发	342 493	180 189	267 779	129 138	80 712	48 348
矿产品、建材及化工产品批发	59 023 082	45 624 137	45 859 275	36 277 202	24 913 093	18 953 633
机械设备、五金交电及电子产品批发	390 625	338 782	343 159	326 542	91 583	99 301
贸易经纪与代理						
其他批发	520 212	555 617	426 881	425 548	23 004	13 289
零售业	**174 654 966**	**140 397 678**	**122 222 261**	**104 450 575**	**79 986 962**	**69 958 961**
综合零售	90 265 269	72 407 889	53 204 176	48 626 617	35 995 107	35 497 814
食品、饮料及烟草制品专门零售	1 788 040	1 442 203	1 567 384	1 246 674	1 033 883	912 437
纺织、服装及日用品专门零售	1 873 757	1 662 447	1 436 010	1 272 021	803 978	736 818
文化、体育用品及器材专门零售	3 888 508	3 511 301	3 744 329	3 415 216	3 387 177	3 113 281
医药及医疗器材专门零售	3 843 570	3 069 396	3 387 910	2 681 216	2 348 156	1 857 747
汽车、摩托车、燃料及零配件专门零售	55 153 481	42 960 486	45 008 195	35 453 089	28 326 659	21 298 691
家用电器及电子产品专门零售	17 320 520	14 858 541	13 456 305	11 467 655	7 926 139	6 409 660
五金、家具及室内装修材料专门零售	385 449	381 358	289 723	192 123	125 771	113 183
无店铺及其他零售	136 372	104 058	128 229	95 965	40 093	19 330

连锁零售业情况（按行业分）(3)

注册类型	#非自有配送中心配送商品购进额		商品销售额（万元）		#零售额	
	2010年	2009年	2010年	2009年	2010年	2009年
总　计	**33 734 263**	**28 131 068**	**273 854 261**	**221 508 377**	**190 094 595**	**157 863 982**
批发业	**15 206 385**	**12 454 234**	**72 317 265**	**58 198 872**	**38 778 133**	**31 246 520**
农畜产品批发			517 496	500 539	2 418	972
食品、饮料及烟草制品专门批发	12 418	23 132	5 656 974	4 803 479	545 960	466 472
纺织、服装及日用品批发	52 651	36 953	569 006	563 137	442 412	455 784
文化、体育用品及器材批发	102 948	93 442	104 011	111 029	4 476	17 336
医药及医疗器材批发	65 095	42 957	398 248	229 342	213 651	93 817
矿产品、建材及化工产品批发	14 652 403	11 956 777	64 097 122	51 058 065	37 509 205	30 153 628
机械设备、五金交电及电子产品批发	249 123	225 011	422 330	347 135	39 026	34 830
贸易经纪与代理						
其他批发	71 749	75 962	552 078	586 146	20 985	23 681
零售业	**18 527 878**	**15 676 834**	**201 536 996**	**163 309 505**	**151 316 462**	**126 617 462**
综合零售	8 122 837	6 402 768	107 898 655	88 743 950	86 976 558	71 443 226
食品、饮料及烟草制品专门零售	200 380	175 542	2 144 256	1 644 661	1 624 748	1 337 590
纺织、服装及日用品专门零售	282 130	283 408	2 555 319	2 108 672	1 867 753	1 714 475
文化、体育用品及器材专门零售	40 991	38 518	3 768 248	3 310 535	2 564 972	2 196 178
医药及医疗器材专门零售	341 088	274 125	4 373 280	3 710 781	4 044 084	3 393 155
汽车、摩托车、燃料及零配件专门零售	7 727 730	6 892 002	62 286 128	47 844 415	36 759 973	31 677 613
家用电器及电子产品专门零售	1 671 525	1 536 292	17 688 388	15 196 144	16 761 744	14 205 127
五金、家具及室内装修材料专门零售	89 691	32 729	673 865	632 750	583 944	545 710
无店铺及其他零售	51 505	41 451	148 858	117 597	132 686	104 388

各地区连锁零售业情况（1）

地 区	门店总数（个）		营业面积（平方米）		从业人员（人）		商品购进总额（万元）	
	2010 年	2009 年	2010 年	2009 年	2010 年	2009 年	2010 年	2009 年
全 国	**176 792**	**166 031**	**127 567 952**	**115 166 894**	**2 251 633**	**2 072 237**	**240 446 070**	**191 747 563**
北 京	6 875	6 651	5 957 377	5 371 179	141 712	132 007	17 394 343	13 675 542
天 津	1 924	1 748	2 562 399	2 396 699	36 203	33 598	5 782 225	4 167 327
河 北	4 168	4 011	5 285 183	5 330 035	48 848	44 325	7 073 095	5 354 457
山 西	2 029	1 849	1 155 716	1 062 762	31 472	27 612	1 865 945	1 906 769
内蒙古	1 775	1 743	373 775	347 734	14 560	13 450	4 629 608	3 639 983
辽 宁	5 629	5 322	3 527 478	3 033 342	58 180	51 288	6 467 113	4 892 014
吉 林	852	799	1 557 870	1 534 323	12 541	11 327	1 033 580	854 761
黑龙江	1 082	951	577 187	490 855	17 874	16 004	1 803 957	1 473 611
上 海	19 196	18 987	8 957 337	8 626 848	303 818	295 930	22 495 725	20 072 638
江 苏	17 822	16 723	17 342 212	15 025 807	350 987	323 739	41 288 984	32 629 712
浙 江	24 147	21 693	10 222 122	9 433 994	151 159	148 256	15 890 103	12 778 949
安 徽	8 120	7 778	3 828 601	3 383 745	82 123	79 047	10 201 103	8 503 756
福 建	2 942	2 734	4 572 330	3 826 438	64 479	55 584	5 964 887	4 393 470
江 西	2 793	2 602	2 408 834	2 157 886	41 558	40 090	3 828 004	4 069 053
山 东	9 224	9 567	9 832 230	8 842 264	144 623	133 197	17 722 600	14 746 977
河 南	6 277	5 649	5 136 404	5 066 513	69 440	55 903	5 157 116	3 748 157
湖 北	4 919	5 095	4 922 222	4 474 229	94 143	91 005	8 757 136	6 900 434
湖 南	3 775	3 522	4 052 273	3 688 887	66 008	59 616	6 331 703	5 107 177
广 东	23 096	20 036	20 157 357	16 636 024	246 327	206 972	32 744 620	24 982 176
广 西	3 391	3 165	3 395 226	3 072 192	36 347	34 386	4 117 112	2 897 027
海 南	224	181	27 598	25 788	1 265	929	26 012	15 835
重 庆	10 672	10 524	2 872 709	2 631 378	77 206	72 494	5 416 367	3 997 375
四 川	6 401	6 001	1 916 697	1 721 235	60 054	54 087	3 131 423	2 557 303
贵 州	672	589	85 336	85 105	4 533	4 531	159 283	144 847
云 南	3 265	2 952	1 791 169	1 602 344	32 573	30 177	2 188 684	1 780 130
西 藏	13	12	4 130	3 346	75	73	6 594	4 666
陕 西	586	542	495 994	527 328	16 924	16 165	1 555 303	1 259 120
甘 肃	867	802	904 728	914 485	9 888	8 178	2 279 554	2 000 470
青 海	94	98	112 977	108 169	4 308	4 057	110 253	90 829
宁 夏	1 491	1 375	555 952	543 669	8 896	7 721	118 2671	633 457
新 疆	2 471	2 330	2 976 529	3 202 291	23 509	20 489	3 840 966	2 469 543

各地区连锁零售业情况（2）

地 区	#统一配送商品购进额		#自有配送中心配送商品购进额		#非自有配送中心配送商品购进额		商品销售额（万元）		#零售额	
	2010 年	2009 年	2010 年	2009 年	2010 年	2009 年	2010 年	2009 年	2010 年	2009 年
全 国	**174 124 603**	**145 866 898**	**109 102 766**	**92 467 026**	**33 734 263**	**28 131 068**	**273 854 261**	**221 508 377**	**190 094 595**	**157 863 982**
北 京	7 717 263	6 143 788	2 471 013	1 975 030	2 153 046	1 248 451	19 648 177	15 961 709	14 650 091	12 195 483
天 津	4 906 872	3 333 076	425 489	385 666	3 458 600	2 725 183	6 190 164	4 428 262	3 999 587	3 245 577
河 北	4 602 000	3 630 337	3 174 864	2 742 609	143 366	99 109	8 391 033	6 395 870	4 134 042	3 660 798
山 西	1 096 328	1 121 419	327 256	261 050	37 447	36 527	2 294 942	2 015 444	1 972 688	1 675 453
内蒙古	4 555 096	3 586 612	4 077 524	3 202 955	5 703	5 111	4 674 625	3 646 733	4 456 084	3 447 210
辽 宁	3 768 873	3 228 905	1 465 124	1 158 059	580 947	549 307	6 903 643	5 411 300	5 028 372	3 787 513
吉 林	883 405	721 542	724 127	570 556	20 323	21 853	1 047 000	898 371	1 038 673	890 272
黑龙江	1 671 881	1 390 098	1 149 545	908 118	207 880	163 383	1 702 389	1 485 378	1 579 703	1 402 098
上 海	1 4964 752	14 043 458	9 242 912	8 253 613	3 223 111	2 875 826	30 716 670	27 921 879	22 419 682	20 535 302
江 苏	32 542 920	30 649 249	29 837 488	28 300 287	668 132	512 617	43 926 150	35 167 473	25 910 466	22 894 824
浙 江	14 536 298	11 709 015	12 791 115	10 237 035	302 258	295 636	17 004 850	13 477 151	10 076 966	8 083 728
安 徽	4 779 278	3 499 615	3 293 710	2 282 430	335 738	274 635	10 385 593	8 786 573	7 154 004	6 207 125
福 建	3 239 194	3 366 577	907 828	1 357 984	331 636	515 245	7 072 575	5 568 210	6 127 606	4 811 182
江 西	3 283 196	3 579 895	2 612 288	2 221 642	150 605	979 799	7 134 469	5 720 767	3 443 708	2 749 244
山 东	13 771 685	11 273 656	11 785 436	9 647 501	422 842	292 498	20 985 099	17 244 839	13 584 897	11 829 133
河 南	3 332 416	2 649 816	2 375 565	1 929 263	212 012	132 531	5 891 286	4 677 033	4 351 933	3 507 802
湖 北	5 733 299	4 793 319	4 236 248	3 663 709	381 929	254 872	9 145 019	7 477 201	7 535 392	5 937 603
湖 南	4 072 736	3 472 775	3 194 539	2 772 936	426 298	365 691	7 345 571	5 507 806	6 136 367	5 031 936
广 东	27 298 645	20 691 045	5 024 480	3 893 604	19 424 210	15 801 917	35 020 791	27 321 335	29 803 621	22 778 443
广 西	2 702 661	1 744 192	2 233 095	1 323 646	18 741	14 211	5 672 938	4 665 887	2 936 893	2 433 567
海 南	26 012	15 835					18 513	15 611	18 324	15 537
重 庆	2 443 426	2 009 032	1 694 223	1 422 126	361 217	312 364	6 148 367	4 853 114	4 053 419	3 333 931
四 川	2 779 754	2 166 951	1 865 000	1 316 720	225 324	160 545	3 461 192	2 919 510	2 225 110	1 857 934
贵 州	105 175	94 409	52 144	53 035			199 470	183 332	150 687	136 188
云 南	2 114 076	1 718 075	819 919	601 347	93 797	78 056	3 463 773	2 836 363	1 957 024	1 609 712
西 藏	6 594	4 666					5 739	4 492	5 739	4 492
陕 西	907 758	705 247	654 505	559 290	66 292	64 443	1 943 882	1 620 691	699 845	599 852
甘 肃	1 589 484	1 609 989	4 270	2 995	643	4 146	2 345 403	1 726 679	1 790 156	1 274 877
青 海	84 506	69 010	29 104	22 925			142 064	120 653	142 064	120 653
宁 夏	821 312	469 159	780 034	421 109	30 999	39 589	1 269 606	725 877	561 889	237 884
新 疆	3 787 708	2 376 135	1 853 919	979 789	451 165	307 524	3 703 270	2 722 835	2 149 562	1 568 629

连锁餐饮业集团（企业）数（按登记注册类型与业态分，2010 年）

单位：个

注册类型	合计	正餐	快餐	茶馆	咖啡店	其他餐饮
总　计	**415**	**225**	**156**	**2**	**8**	**24**
内资企业	280	192	67	2	2	17
国有企业	5	3	1	1		
集体企业	4	2	1			1
股份合作企业	5	5				
联营企业						
有限责任公司	77	47	23			7
股份有限公司	12	9	3			
私营企业	175	125	38	1	2	9
其他企业	2	1	1			
港澳台商投资企业	48	11	30		5	2
外商投资企业	87	22	59		1	5

连锁餐饮业集团（企业）数（按行业与业态分，2010 年）

单位：个

注册类型	合计	正餐	快餐	茶馆	咖啡店	其他餐饮
总　计	**415**	**225**	**156**	**2**	**8**	**24**
正餐服务	238	217	17		1	3
快餐服务	144	4	137			3
饮料及冷饮服务	14	1		2	7	4
其他餐饮服务	19	3	2			14

连锁餐饮业集团（企业）数（按行业与登记注册类型分，2010 年）

单位：个

行　业	合计	内资企业				
			国有企业	集体企业	股份合作企业	联营企业
总　计	**415**	**280**	**5**	**4**	**5**	
正餐服务	238	198	3	2	5	
快餐服务	144	59	1	1		
饮料及冷饮服务	14	7	1			
其他餐饮服务	19	16		1		

行　业	有限责任公司	股份有限公司	私营企业	其他企业	港澳台商投资企业	外商投资企业
总　计	**77**	**12**	**175**	**2**	**48**	**87**
正餐服务	48	10	129	1	15	25
快餐服务	22	2	32	1	27	58
饮料及冷饮服务	2		4		5	2
其他餐饮服务	5		10		1	2

连锁餐饮业集团（企业）数（按地区与业态分，2010 年）

单位：个

地 区	合计	正餐	快餐	茶馆	咖啡店	其他餐饮
全 国	**415**	**225**	**156**	**2**	**8**	**24**
北 京	78	47	25	1	2	3
天 津	12	1	10			1
河 北	1	1				
山 西	7	5	2			
内蒙古	7	6	1			
辽 宁	9	3	6			
吉 林	1		1			
黑龙江	8	7	1			
上 海	27	10	11		1	5
江 苏	23	7	12			4
浙 江	34	21	9	1		3
安 徽	7	5	2			
福 建	16	8	6			2
江 西	8	6	2			
山 东	15	8	6		1	
河 南	17	13	4			
湖 北	25	20	4		1	
湖 南	9	5	3			1
广 东	56	24	28		2	2
广 西	2		2			
海 南						
重 庆	18	10	5			3
四 川	10	5	4		1	
贵 州	1	1				
云 南	7	2	5			
西 藏	1		1			
陕 西	4	3	1			
甘 肃	1	1				
青 海	4	4				
宁 夏	1		1			
新 疆	6	2	4			

连锁餐饮业集团（企业）数（按地区与登记注册类型分，2010 年）(1)

单位：个

地 区	合 计	内资企业	国有企业	集体企业	股份合企业
全 国	**415**	**280**	**5**	**4**	**5**
北 京	78	57			2
天 津	12	6	1		
河 北	1	1			
山 西	7	6			
内蒙古	7	6			
辽 宁	9	1			
吉 林	1	1			
黑龙江	8	2			
上 海	27	11	1		
江 苏	23	14			
浙 江	34	27	1	1	
安 徽	7	6			
福 建	16	10	2		
江 西	8	7			
山 东	15	10			
河 南	17	14		1	
湖 北	25	20			
湖 南	9	7			
广 东	56	34		2	2
广 西	2				
海 南					
重 庆	18	14			
四 川	10	6			1
贵 州	1	1			
云 南	7	4			
西 藏	1	1			
陕 西	4	3			
甘 肃	1	1			
青 海	4	4			
宁 夏	1	1			
新 疆	6	5			

连锁餐饮业集团（企业）数（按地区与登记注册类型分，2010 年）（2）

单位：个

地　区	有限责任公司	股份有限公司	私营企业	其他企业	港澳台商投资企业	外商投资企业
全　国	**77**	**12**	**175**	**2**	**48**	**87**
北　京	19	3	33		6	15
天　津	3		2		2	4
河　北			1			
山　西		1	4	1		1
内蒙古	4	1	1			1
辽　宁		1			3	5
吉　林			1			
黑龙江			2		2	4
上　海	5		5		7	9
江　苏	3		11		2	7
浙　江	6	2	17		1	6
安　徽			6		1	
福　建	3		5		3	3
江　西	1	1	5			1
山　东	1		9		2	3
河　南	4		9			3
湖　北	10		10		2	3
湖　南	1		6			2
广　东	6	1	22	1	12	10
广　西					1	1
海　南						
重　庆	3	2	9		1	3
四　川	1		4		1	3
贵　州			1			
云　南	3		1		2	1
西　藏	1					
陕　西	3					1
甘　肃			1			
青　海			4			
宁　夏			1			
新　疆			5			1

连锁餐饮业集团（企业）数（按地区与行业分，2010 年）

单位：个

地 区	合计	正餐服务	快餐服务	饮料及冷饮服务	其他餐饮服务
全 国	**415**	**238**	**144**	**14**	**19**
北 京	78	46	25	3	4
天 津	12	3	8		1
河 北	1	1			
山 西	7	5	2		
内蒙古	7	7			
辽 宁	9	3	6		
吉 林	1	1			
黑龙江	8	7	1		
上 海	27	14	8	3	2
江 苏	23	6	13	1	3
浙 江	34	23	8	2	1
安 徽	7	5	2		
福 建	16	10	6		
江 西	8	5	3		
山 东	15	9	5	1	
河 南	17	14	2		1
湖 北	25	22	3		
湖 南	9	5	3		1
广 东	56	22	28	3	3
广 西	2		2		
海 南					
重 庆	18	12	4		2
四 川	10	4	4	1	1
贵 州	1	1			
云 南	7	3	4		
西 藏	1		1		
陕 西	4	3	1		
甘 肃	1	1			
青 海	4	4			
宁 夏	1		1		
新 疆	6	2	4		

连锁餐饮业情况（按业态分）

业 态	门店总数（个）		营业面积（平方米）		从业人员（人）		餐位数（个）		商品购进总额（万元）	
	2010 年	2009 年	2010 年	2009 年	2010 年	2009 年	2010 年	2009 年	2010 年	2009 年
合 计	**15 333**	**13 756**	**7 426 457**	**6 636 853**	**706 099**	**634 712**	**2 637 968**	**2 384 429**	**4 558 321**	**3 881 777**
正餐	5 172	4 910	4 009 964	3 757 499	281 788	271 314	1 254 951	1 173 288	1 701 111	1 508 846
快餐	8 350	7 344	2 871 807	2 394 922	376 152	322 359	1 146 859	1 000 238	2 681 848	2 213 922
茶馆	10	11	2 843	3 491	167	170	1 103	1 303	272	329
咖啡店	397	335	50 058	39 433	4 813	3 543	22 369	18 832	40 996	38 630
其他餐饮	1 404	1 156	491 785	441 508	43 179	37 326	212 686	190 768	134 095	120 050

业 态	#统一配送商品购进额		#自有配送中心配送商品购进额		#非自有配送中心配送商品购进额		营业额（万元）		#餐费及商品销售收入	
	2010 年	2009 年	2010 年	2009 年	2010 年	2009 年	2010 年	2009 年	2010 年	2009 年
合 计	**2 987 571**	**2 450 584**	**1 594 945**	**1 267 931**	**514 216**	**459 580**	**9 554 184**	**8 729 661**	**9 529 082**	**8 722 246**
正餐	953 144	889 160	589 321	530 196	250 757	235 653	3 118 057	3 504 944	3 100 055	3498 886
快餐	1 904 020	1 443 556	974 869	714 458	195 990	158 124	5 913 128	4 792 894	5 907 603	4 791 537
茶馆	272	329	125	210	148	119	3 352	3 196	3 353	3 196
咖啡店	40 981	38 010	101	97	37 284	36 171	157 863	123 494	157 862	123 494
其他餐饮	89 153	79 529	30 529	22 970	30 038	29 514	361 785	305 133	360 209	305 134

连锁餐饮业情况（按登记注册类型分）(1)

注册类型	门店总数（个）		营业面积（平方米）		从业人员（人）		餐位数（个）	
	2010 年	2009 年	2010 年	2009 年	2010 年	2009 年	2010 年	2009 年
合 计	**15 333**	**13 756**	**7 426 457**	**6 636 853**	**706 099**	**634 712**	**2 637 968**	**2 384 429**
内资企业	**6 447**	**6 134**	**4 032 038**	**3 798 056**	**291 427**	**276 101**	**1 293 042**	**1 237 857**
国有企业	26	24	18 172	17 312	1 529	1 125	5 435	3 524
集体企业	20	20	49 439	49 439	1 243	1 067	8 015	8 015
股份合作企业	35	69	11 391	12 998	625	1 073	4 119	5 299
联营企业								
国有联营企业								
集体联营企业								
国有与集体联营企业								
其他联营企业								
有限责任公司	1 898	1 807	1 180 643	1 114 464	76 602	75 640	444 490	418 785
国有独资公司	35	34	27 566	27 189	315	323	9 795	9 883
其他有限责任公司	1 863	1 773	1 153 077	1 087 275	76 287	75 317	434 695	408 902
股份有限公司	1 011	885	935 961	837 965	74 548	73 139	203 913	195 601
私营企业	3 323	3 209	1 772 577	1 706 599	130 918	118 064	601 181	582 809
私营独资企业	109	114	92 010	87 790	3 920	3 991	26 274	24 823
私营合伙企业	69	65	4 925	2 715	696	616	1 657	1 359
私营有限责任公司	2 965	2 860	1 374 488	1 346 350	116 942	105 918	516 538	504 692
私营股份有限公司	180	170	301 154	269 744	9 360	7 539	56 712	51 935
其他企业	134	120	63 855	59 279	5 962	5 993	25 889	23 824
港澳台商投资企业	**2 037**	**1 656**	**607 925**	**544 280**	**64 835**	**57 399**	**229 354**	**201 555**
港澳台合资经营企业	484	444	203 064	180 418	27 724	25 844	66 269	60 482
港澳台合作经营企业	52	51	25 151	30 211	2 940	2 592	7 679	8 239
港澳台独资经营企业	1 154	958	344 531	307 375	32 353	27 738	139 140	121 208
港澳台商投资股份有限公司	347	203	35 179	26 276	1 818	1 225	16 266	11 626
外商投资企业	**6 849**	**5 966**	**2 786 494**	**2 294 517**	**349 837**	**301 212**	**1 115 572**	**945 017**
中外合资经营企业	1 303	1 214	599 818	572 136	63 721	59 753	193 647	184 026
中外合作经营企业	72	63	42 530	35 920	2 681	2 109	14 705	12 074
外资企业	5 326	4 557	2 074 966	1 627 061	278 740	234 733	882 467	732 671
外商投资股份有限公司	148	132	69 180	59 400	4 695	4 617	24 753	16 246

连锁餐饮业情况（按登记注册类型分）（2）

注册类型	商品购进总额（万元）		#统一配送商品购进额		#自有配送中心配送商品购进额	
	2010年	2009年	2010年	2009年	2010年	2009年
合 计	**4 558 321**	**3 881 777**	**2 987 571**	**2 450 584**	**1 594 945**	**1 267 931**
内资企业	**1 461 327**	**1 352 291**	**835 849**	**743 924**	**507 057**	**449 958**
国有企业	10 184	4 296	584	584		
集体企业	16 798	12 675	8 487	4 467	8 081	4 071
股份合作企业	2 724	4 904	892	781		
联营企业						
国有联营企业						
集体联营企业						
国有与集体联营企业						
其他联营企业						
有限责任公司	364 218	389 698	237 993	207 001	133 724	127 098
国有独资公司	12 599	10 018				
其他有限责任公司	351 620	379 680	237 993	207 001	133 724	127 098
股份有限公司	422 474	393 138	189 345	196 722	157 306	165 719
私营企业	612 933	519 913	370 698	310 864	180 096	129 565
私营独资企业	21 405	15 743	4 418	5 091	2 050	2 188
私营合伙企业	4 304	3 414	2 153	2 181	2 153	2 181
私营有限责任公司	522 673	463 462	304 554	270 750	130 172	103 942
私营股份有限公司	64 552	37 294	59 573	32 842	45 721	21 254
其他企业	31 996	27 668	27 850	23 505	27 850	23 505
港澳台商投资企业	**443 328**	**352 500**	**257 360**	**191 409**	**130 218**	**71 813**
港澳台合资经营企业	148 620	119 100	27 862	22 823	24 628	17 927
港澳台合作经营企业	16 643	17 161	15 055	14 203	6 945	6 226
港澳台独资经营企业	267 670	200 731	214 443	154 384	98 645	47 660
港澳台商投资股份有限公司	10 395	15 507				
外商投资企业	**2 653 667**	**2 176 986**	**1 894 362**	**1 515 251**	**957 670**	**746 161**
中外合资经营企业	376 795	308 357	308 028	248 051	161 064	117 078
中外合作经营企业	33 037	31 012	10 525	9 796		
外资企业	2 208 768	1 796 862	1 541 858	1 222 236	792 104	623 790
外商投资股份有限公司	35 066	40 756	33 952	35 168	4 502	5 293

连锁餐饮业情况（按登记注册类型分）(3)

注册类型	#非自有配送中心配送商品购进额		营业额（万元）		#餐费及商品销售收入	
	2010 年	2009 年	2010 年	2009 年	2010 年	2009 年
合 计	**514 216**	**459 580**	**9 554 184**	**8 729 661**	**9 529 082**	**8 722 246**
内资企业	**163 456**	**125 967**	**3 466 836**	**3 157 456**	**3 448 290**	**3 151 691**
国有企业	148	119	24 677	18 244	24 620	18 235
集体企业			28 306	19 979	27 676	19 339
股份合作企业			7 307	12 386	6 734	12 345
联营企业						
国有联营企业						
集体联营企业						
国有与集体联营企业						
其他联营企业						
有限责任公司	16 347	13 921	802 318	695 208	791 052	694 204
国有独资公司			32 679	26 595	32 679	26 595
其他有限责任公司	16 347	13 921	769 639	668 613	758 373	667 609
股份有限公司	25 233	24 388	1 090 841	1 148 374	1 090 841	1 145 522
私营企业	121 729	87 540	1 445 294	1 202 555	1 439 275	1 201 335
私营独资企业	156	77	40 420	32 886	39 930	32 825
私营合伙企业			6 402	8 816	6 402	8 816
私营有限责任公司	111 908	80 575	1 193 247	992 420	1 187 719	991 259
私营股份有限公司	9 664	6 888	205 225	168 434	205 224	168 434
其他企业			68 093	60 711	68 093	60 711
港澳台商投资企业	**44 693**	**42 975**	**1 220 349**	**979 068**	**1 219 854**	**978 506**
港澳台合资经营企业	2 735	2 101	408 239	324 107	408 169	323 852
港澳台合作经营企业	1 425	1 424	51 540	51 705	51 540	51 705
港澳台独资经营企业	40 533	39 450	689 363	551 347	688 939	551 040
港澳台商投资股份有限公司			71 207	51 910	71 207	51 910
外商投资企业	**306 068**	**290 638**	**4 867 000**	**4 593 136**	**4 860 937**	**4 592 049**
中外合资经营企业	64 956	60 532	1 049 494	941 992	1 048 149	941 979
中外合作经营企业	3 630	2 902	50 148	47 369	50 148	47 369
外资企业	237 482	227 205	3 696 572	3 538 596	3 695 266	3 537 523
外商投资股份有限公司			70 785	65 179	67 374	65 179

连锁餐饮业情况（按行业分）

行 业	门店数（个）		营业面积（平方米）		从业人员（人）		餐位数（个）		商品购进总额（万元）	
	2010 年	2009 年	2010 年	2009 年	2010 年	2009 年	2010 年	2009 年	2010 年	2009 年
合 计	**15 333**	**13 756**	**7 426 457**	**6 636 853**	**706 099**	**634 712**	**2 637 968**	**2 384 429**	**4 558 321**	**3 881 777**
正餐服务	6 329	5 929	4 665 358	4 365 127	351 309	331 735	1 507 798	1 402 698	2 017 569	1 745 880
快餐服务	7 274	6 334	2 395 335	1 936 562	313 953	267 377	955 592	814 641	2 351 012	1 959 762
饮料及冷饮服务	974	771	129 369	109 136	8 469	6 561	47 627	40 443	55 432	58 949
其他餐饮服务	756	722	236 395	226 028	32 368	29 039	126 951	126 647	134 308	117 187

行 业	统一配送商品购进额		#自有配送中心配送商品购进额		#非自有配送中心配送商品购进额		营业额（万元）		#餐费及商品销售收入	
	2010 年	2009 年	2010 年	2009 年	2010 年	2009 年	2010 年	2009 年	2010 年	2009 年
合 计	**2 987 571**	**2 450 584**	**1 594 945**	**1 267 931**	**514 216**	**459 580**	**9 554 184**	**8 729 661**	**9 529 082**	**8 722 246**
正餐服务	1 073 436	973 282	627 087	553 498	266 041	243 809	3 979 090	4 151 889	3 959 762	4 145 831
快餐服务	1 775 607	1 350 962	936 737	689 719	173 646	143 238	5 095 490	4 192 666	5 089 965	4 191 310
饮料及冷饮服务	48 878	46 420	319	403	43 379	42 334	225 313	173 428	225 313	173 428
其他餐饮服务	89 650	79 921	30 803	24 311	31 150	30 199	254 291	211 678	254 041	211 678

各地区连锁餐饮业情况（1）

地 区	门店总数（个）		营业面积（平方米）		从业人员（人）		餐位数（个）	
	2010 年	2009 年	2010 年	2009 年	2010 年	2009 年	2010 年	2009 年
全 国	**15 333**	**13 756**	**7 426 457**	**6 636 853**	**706 099**	**634 712**	**2 637 968**	**2 384 429**
北 京	2 316	2 049	1 303 275	1 144 692	83 225	84 814	346 656	312 307
天 津	307	269	67 363	60 011	23 500	18 133	32 798	28 797
河 北	7	6	14 930	13 305	887	807	4 644	2 664
山 西	93	84	83 710	80 107	5 081	4 794	23 688	22 352
内蒙古	1 153	1 045	622 320	580 359	79 433	77 990	194 500	169 309
辽 宁	394	397	158 294	49 570	15 462	6 904	79 883	68 591
吉 林	14	12	6 300	5 400	400	350	2 011	1 700
黑龙江	69	62	51 814	49 484	3 095	2 810	15 985	14 192
上 海	1 773	1 482	422 392	375 866	67 920	56 709	196 817	174 007
江 苏	1 065	992	388 231	361 924	48 541	43 136	128 908	124 971
浙 江	1 289	1 189	870 255	811 579	51 669	45 245	222 307	208 480
安 徽	186	144	261 366	252 277	8 323	6 731	50 645	46 352
福 建	764	750	180 662	163 944	26 314	24 589	74 505	70 466
江 西	69	59	45 516	42 789	3 514	2 907	18 275	17 317
山 东	290	270	144 647	111 694	16 828	14 037	45 770	45 276
河 南	183	168	92 367	71 124	7 071	6 220	33 771	29 332
湖 北	310	281	290 607	268 575	23 385	19 539	91 224	78 678
湖 南	160	147	81 045	78 514	6 954	9 475	22 634	21 882
广 东	1 990	1 659	714 166	586 319	80 744	71 110	267 058	214 807
广 西	63	58	23 999	21 649	3 447	2 693	8 575	5 989
海 南								
重 庆	2 038	1 890	1 286 561	1 218 043	118 351	107 010	654 294	620 548
四 川	369	348	141 360	135 800	13 213	12 493	59 820	50 957
贵 州	10	10	22 098	22 098	968	1 039	2 595	2 595
云 南	213	204	79 547	72 929	6 826	6 331	38 761	35 745
西 藏	3	3	480	440	84	83	170	156
陕 西	77	65	31 850	28 399	6 814	5 647	10 848	8 312
甘 肃	4	4	5 360	5 360	680	710	1 164	1 164
青 海	12	13	10 978	6 995	743	399	1 980	1 700
宁 夏	6	6	2 144	2 144	135	146	420	420
新 疆	106	90	22 820	15 463	2 492	1 861	7 262	5 363

各地区连锁餐饮业情况（2）

地 区	商品购进总额（万元）		#统一配送商品购进额		#自有配送中心配送商品购进额	
	2010 年	2009 年	2010 年	2009 年	2010 年	2009 年
全 国	**4 558 321**	**3 881 777**	**2 987 571**	**2 450 584**	**1 594 945**	**1 267 931**
北 京	637 062	520 197	354 644	276 250	139 543	85 448
天 津	254 147	224 306	2 665	3 152	2 533	3 005
河 北	11 321	5 080				
山 西	30 354	28 547	18 675	17 284		
内蒙古	558 398	499 741	355 131	354 965	267 289	259 111
辽 宁	324 896	294 302	286 713	258 367	4 346	4 190
吉 林	3 602	3 015	3 602	3 015		
黑龙江	14 143	11 194	11 243	8 993	2 632	1 437
上 海	329 614	279 355	196 453	169 834	23 425	22 421
江 苏	249 901	221 524	220 259	199 843	104 942	87 480
浙 江	328 102	233 128	299 197	208 458	266 276	184 093
安 徽	35 830	32 849	33 156	30 480	10 905	10 455
福 建	109 454	83 947	82 594	66 205	53 912	44 125
江 西	23 800	20 887	20 195	17 980	5 116	4 729
山 东	62 627	53 640	56 207	47 428	51 587	43 815
河 南	33 699	31 899	32 353	30 120	19 005	16 747
湖 北	197 222	197 335	188 069	187 315	143 529	126 594
湖 南	107 332	71 945	96 537	63 634	80 464	55 801
广 东	523 563	431 675	386 658	237 892	195 052	146 005
广 西	21 829	16 538	21 829	16 538	21 829	16 538
海 南						
重 庆	531 225	469 526	187 506	169 241	129 982	124 042
四 川	69 198	62 385	60 858	21 961	37 687	
贵 州	15 962	15 370				
云 南	28 155	28 218	26 304	26 592	16 975	16 249
西 藏	237	179				
陕 西	39 391	31 749	34 313	26 414	10 984	10 023
甘 肃	1 645	2 019	850	1 212		
青 海	2 850	1 734				
宁 夏	737	674	737	674		
新 疆	12 028	8 820	10 822	6 736	6 934	5 625

各地区连锁餐饮业情况（3）

地 区	#非自有配送中心配送商品购进额		营业额（万元）		#餐费及商品销售收入	
	2010 年	2009 年	2010 年	2009 年	2010 年	2009 年
全 国	**514 216**	**459 580**	**9 554 184**	**8 729 661**	**9 529 082**	**8 722 246**
北 京	118 318	105 280	1 608 198	1 376 054	1 602 706	1 372 458
天 津	22	44	310 324	266 080	310 285	266 071
河 北			17 797	13 216	17 367	13 216
山 西	177	187	84 444	76 315	84 444	76 315
内蒙古	87 842	95 855	491 567	1 200 387	491 546	1 200 387
辽 宁	21 046	19 580	384 803	345 794	384 732	345 539
吉 林			4 362	3 762	4 362	3 762
黑龙江	5 597	4 834	36 112	28 745	36 111	28 746
上 海	59 419	57 847	1 041 830	814 737	1 041 801	814 723
江 苏	89 432	82 758	640 633	551 903	640 574	551 903
浙 江	30 207	17 119	850 949	745 735	847 980	744 438
安 徽	12 529	9 700	77 717	66 410	77 717	66 410
福 建	14 492	8 607	377 840	279 278	377 783	279 278
江 西	14 797	12 935	55 616	49 140	55 617	49 140
山 东	1 620	1 403	219 115	200 529	214 854	200 230
河 南	921	691	85 822	76 852	85 226	76 315
湖 北	2 347	1 992	327 577	288 422	317 311	288 107
湖 南	1 362	1 320	123 650	91 105	123 497	90 904
广 东	4 882	2 405	1 338 152	1 002 321	1 337 501	1 001 636
广 西			46 467	42 165	46 467	42 165
海 南						
重 庆	32 737	21 618	992 347	847 496	992 336	847 333
四 川	4 738	5 428	216 979	184 605	216 979	184 591
贵 州			15 962	15 370	15 962	15 370
云 南	8 873	9 857	87 226	74 993	87 226	74 993
西 藏			327	337	327	337
陕 西			75 028	56 692	75 028	56 662
甘 肃			5 969	5 542	5 969	5 542
青 海			5 694	3 649	5 694	3 649
宁 夏			737	674	737	674
新 疆	2 857	121	30 941	21 356	30 942	21 357

2010 年中国商品零售价格增长率

（分月，与上年同期比）

月 份	1 月	2 月	3 月	4 月	5 月	6 月	7 月	8 月	9 月	10 月	11 月	12 月	全年
商品零售价格增长率（%）	1.8	2.5	2.3	2.8	3.1	2.7	2.8	3.0	3.0	3.9	4.7	4.1	3.1

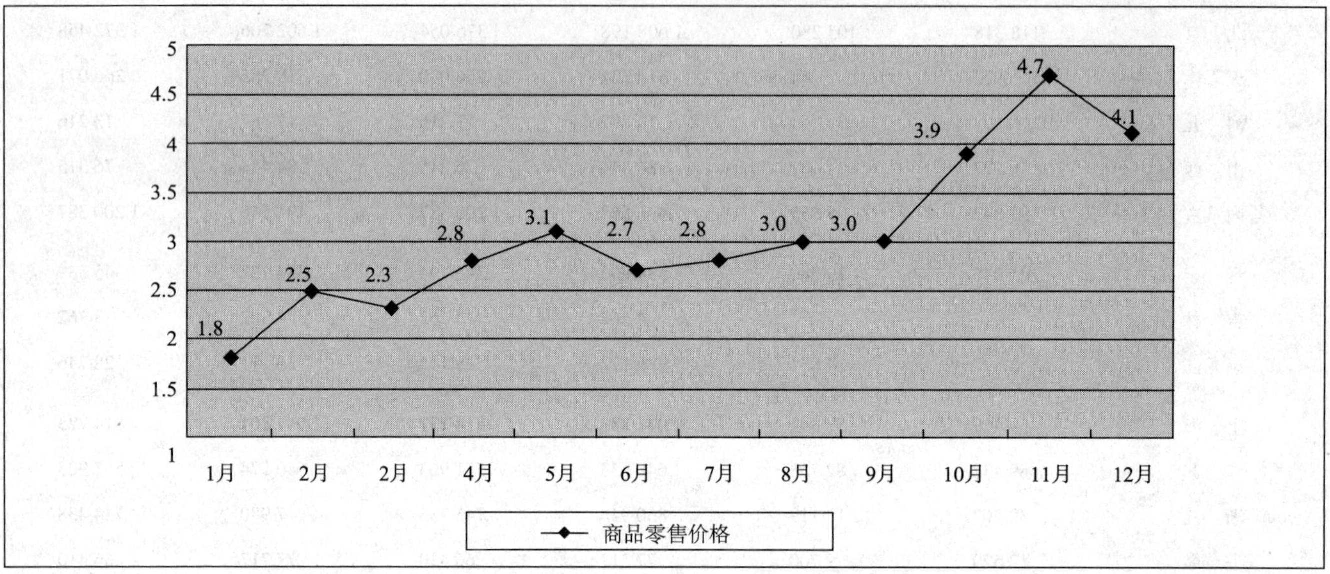

2010 年中国居民消费价格增长率

（分月，与上年同期比）

月 份	1 月	2 月	3 月	4 月	5 月	6 月	7 月	8 月	9 月	10 月	11 月	12 月	全年
居民消费价格增长率（%）	1.5	2.7	2.4	2.8	3.1	2.9	3.3	3.5	3.6	4.4	5.1	4.6	3.3

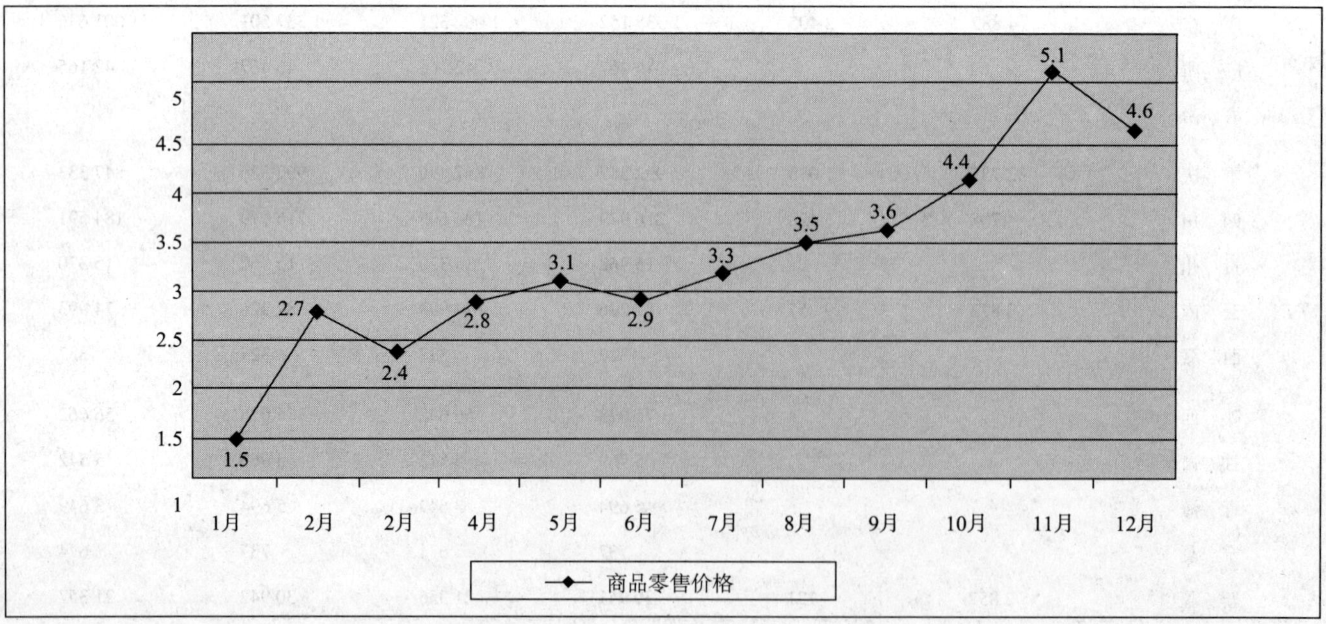

2010年中国30种主要生产资料新增资源情况

品种	单位	资源供应量					
		总计	同比（%）	生产量	同比（%）	进口量	同比（%）
煤炭	万吨	354 394.0	10.9	337 916.0	10.8	16 478.0	31.0
焦炭	万吨	38 768.0	13.9	38 757.0	9.1	11.0	-31.0
原油	万吨	44 232.0	12.7	20 301.0	6.9	23 931.0	17.5
汽油	万吨	7 675.0	11.3	7 675.3	5.1	0.0	-100.0
煤油	万吨	2 202.0	16.1	1 714.7	15.3	486.8	-16.0
柴油	万吨	16 067.0	11.3	15 887.4	12.0	179.9	-2.1
燃料油	万吨	4 422.0	7.1	2 115.4	11.6	2 306.8	-4.2
钢	万吨	62 729.0	15.2	62 665.0	9.3	63.7	-86.0
钢材	万吨	81 270.0	17.0	79 627.0	14.7	1 643.0	-6.8
铁矿石	万吨	169 020.0	11.7	107 156.0	21.6	61 864.0	-1.4
生铁	万吨	59 109.0	8.7	59 022.0	7.4	87.3	-76.0
铜	万吨	817.0	13.7	479.3	12.2	338.2	-2.5
铝	万吨	1 601.0	21.3	1 565.0	19.9	36.5	-79.0
氧化铝	万吨	3 325.0	21.8	2 893.9	22.4	431.2	-16.0
铅	万吨	438.0	15.6	431.6	9.8	6.2	-69.0
锌	万吨	574.0	15.3	526.5	19.7	47.8	-40.0
锡	万吨	18.0	14.9	16.4	11.6	1.9	-24.0
镍	万吨	33.0	12.7	21.4	24.0	11.3	11.9
铜材	万吨	1 158.0	17.7	1 067.1	10.8	91.1	10.9
铝材	万吨	2 297.0	17.1	2 237.5	26.5	59.1	1.6
水泥	万吨	186 974.0	16.6	186 796.0	15.5	178.5	118.0
硫酸	万吨	7 221.0	19.0	7 060.1	18.7	161.2	-43.0
烧碱	万吨	2 088.0	12.7	2 086.7	12.8	1.6	-34.0
纯碱	万吨	2 029.0	10.2	2 029.3	4.2	0.2	-95.0
塑料原料	万吨	6 751.0	18.0	4 360.9	18.3	2 390.6	0.4
天然橡胶	万吨	245.0	12.9	59.0	-7.2	186.1	8.8
合成橡胶	万吨	467.0	13.1	310.0	11.7	156.5	6.3
轮胎	万条	78 736.0	29.0	77 634.0	19.8	1 101.3	45.7
纸及纸板	万吨	10 367.0	14.5	10 036.0	11.4	331.2	0.2
汽车	万辆	1 946.0	33.3	1 865.4	31.9	81.0	93.0

中国进出口总额（1981—2010 年）

单位：百万美元

年　度	进出口	出　口	进　口	贸易差额	比上年±%		
					进出口	出　口	进　口
1981	44 022	22 007	22 015	－8	—	—	—
1982	41 606	22 321	19 285	3 036	－5.5	1.4	－12.4
1983	43 616	22 226	21 390	836	4.8	－0.4	10.9
1984	53 549	26 139	27 410	－1 271	22.8	17.6	28.1
1985	69 602	27 350	42 252	－14 902	30.0	4.6	54.1
1986	73 846	30 942	42 904	－11 962	6.1	13.1	1.5
1987	82 653	39 437	43 216	－3 779	11.9	27.5	0.7
1988	102 784	47 516	55 268	－7 752	24.4	20.5	27.9
1989	111 678	52 538	59 140	－6 602	8.7	10.6	7.0
1990	115 436	62 091	53 345	8 746	3.4	18.2	－9.8
1991	135 701	71 910	63 791	8 119	17.6	15.8	19.6
1992	165 525	84 940	80 585	4 355	22.0	18.1	26.3
1993	195 703	91 744	103 959	－12 215	18.2	8.0	29.0
1994	236 620	121 006	115 614	5 392	20.9	31.9	11.2
1995	280 864	148 780	132 084	16 696	18.7	23.0	14.2
1996	289 881	151 048	138 833	12 215	3.2	1.5	5.1
1997	325 162	182 792	142 370	40 422	12.2	21.0	2.5
1998	323 949	183 712	140 237	43 475	－0.4	0.5	－1.5
1999	360 630	194 931	165 699	29 232	11.3	6.1	18.2
2000	474 297	249 203	225 094	24 109	31.5	27.8	35.8
2001	509 651	266 098	243 553	22 545	7.5	6.8	8.2
2002	620 766	325 596	295 170	30 426	21.8	22.4	21.2
2003	850 988	438 228	412 760	25 468	37.1	34.6	39.8
2004	1 154 554	593 326	561 229	32 097	35.7	35.4	36.0
2005	1 421 906	761 953	659 953	102 001	23.2	28.4	17.6
2006	1 760 439	968 978	791 461	177 508	23.8	27.2	19.9
2007	2 174 572	1 220 456	956 116	264 340	23.6	26.0	20.8
2008	2 561 260	1 430 693	1 132 567	298 126	17.8	17.3	18.5
2009	2 207 535	1 201 612	1 005 923	195 689	－13.9	－16.0	－11.2
2010	2 972 761	1 577 932	1 394 829	183 104	34.7	31.3	38.7

中国出口总额占世界出口总额的比重和位次（1980—2010 年）

单位：亿美元

年 份	世界出口总额	中国出口总额	中国出口总额占世界出口总额比重（%）	位 次
1980	19 906	182.7	0.9	26
1981	19 724	220.1	1.1	19
1982	18 308	223.2	1.2	17
1983	18 078	222.3	1.2	17
1984	19 019	261.4	1.4	18
1985	19 277	273.5	1.4	17
1986	21 157	309.4	1.5	16
1987	24 969	394.4	1.6	16
1988	28 382	475.2	1.7	16
1989	30 361	525.4	1.7	14
1990	34 700	620.9	1.8	15
1991	35 300	719.1	2.0	13
1992	37 000	849.4	2.3	11
1993	36 870	917.6	2.5	11
1994	41 683	1 210.1	2.9	11
1995	50 200	1 487.8	3.0	11
1996	52 540	1 510.5	2.9	11
1997	54 550	1 827.9	3.3	10
1998	54 050	1 837.1	3.4	9
1999	54 600	1 949.3	3.6	9
2000	63 580	2 492.0	3.9	7
2001	61 624	2 661.0	4.3	6
2002	64 329	3 255.7	5.1	5
2003	74 820	4 383.7	5.9	4
2004	91 235	5 933.6	6.5	3
2005	103 931	7 620.0	7.3	3
2006	120 620	9 690.7	8.0	3
2007	135 700	12 180.1	8.8	2
2008	161 270	14 285.5	8.9	2
2009	124 610	12 016.6	9.6	1
2010	152 380	15 779.3	10.4	1

2010 年中国进出口商品国别（地区）总值表

单位：千美元

进口原产国（地） 出口最终目的国（地）	进出口	出 口	进 口	比上年 ±%		
				进出口	出 口	进 口
总 值	**2 972 760 961**	**1 577 932 252**	**1 394 828 709**	**34.7**	**31.3**	**38.7**
亚 洲	**1 566 675 178**	**732 065 742**	**834 609 437**	**33.7**	**28.7**	**38.3**
阿富汗	178 949	175 268	3 681	-16.7	-17.9	167.6
巴林	1 050 973	799 626	251 347	53.1	68.2	19.0
孟加拉国	7 059 276	6 790 998	268 278	54.1	52.9	91.2
不丹	1 599	1 586	13	-61.6	-61.5	-75.6
文莱	1 025 498	367 609	657 889	142.8	161.8	133.3
缅甸	4 444 310	3 480 257	964 053	53.2	54.4	49.2
柬埔寨	1 441 057	11 347 515	93 543	52.6	48.5	153.6
塞浦路斯	1 365 072	1 347 865	17 207	12.0	12.0	11.5
朝鲜	3 471 683	2 278 451	1 193 232	29.6	20.8	50.6
香港	230 575 472	218 317 220	12 258 253	31.8	31.3	40.9
印度	61 759 959	40 918 804	20 841 156	42.4	38.0	51.8
印度尼西亚	42 750 024	21 972 754	20 777 270	50.6	49.3	52.0
伊朗	29 382 370	11 096 221	18 286 149	38.5	40.1	37.5
伊拉克	9 859 548	3 590 311	6 269 237	91.5	95.3	89.4
以色列	7 645 053	5 037 769	2 607 284	47.6	37.9	70.9
日本	297 768 289	121 061 359	176 706 929	30.2	23.7	35.0
约旦	2 053 607	1 888 915	164 692	-0.8	-3.5	46.7
科威特	8 551 238	1 848 649	6 702 589	69.5	19.8	91.5
老挝	1 054 828	483 623	571 205	40.3	28.2	52.5
黎巴嫩	1 351 674	1 324 409	27 265	26.8	25.3	203.7
澳门	2 264 432	2 140 880	123 552	8.0	15.7	-49.8
马来西亚	74 215 410	23 805 517	50 409 893	42.8	21.3	55.9
马尔代夫	63 525	63 476	48	55.7	56.1	-62.1
蒙古	3 983 721	1 449 793	2 533 927	64.0	35.8	86.2
尼泊尔联邦民主共和国	743 665	732 249	11.416	79.6	79.1	115.8
阿曼	10 716 945	944 471	9 772 474	74.0	26.4	80.6
巴基斯坦	8 666 983	6 937 950	1 729 033	27.7	25.5	37.2
巴勒斯坦	26 371	26 008	363	8.4	10.3	-51.4
菲律宾	27 746 249	11 540 782	16 205 467	35.1	34.3	35.6
卡塔尔	3 311 637	855 444	2 456.193	46.9	-1.9	77.8
沙特阿拉伯	43 180 480	10 366 622	32 813 858	32.7	15.5	39.2
新加坡	57 057 643	32 347 944	24 709 699	19.2	7.6	38.8
韩国	207 170 587	68 771 134	138 399 453	32.6	28.1	35.0
斯里兰卡	2 097 508	1 995 014	102 494	28.0	27.2	45.6
叙利亚	2 483 834	2 443 484	40 350	11.9	10.5	302.8
泰国	52 946 530	19 746 999	33 199 531	38.6	48.6	33.3
土耳其	15 099 817	11 943 001	3 156 817	49.6	43.3	79.3
阿拉伯联合酋长国	25 690 228	21 236 650	4 453 578	21.0	14.0	71.6
也门共和国	4 003 035	1 223 958	2 779 077	66.4	4.8	124.6
越南	30 094 139	23 113 703	6 980 437	43.0	41.8	47.0
中华人民共和国	106 814 719	—	106 814 719	23.6	—	23.6
台湾省	145 370 451	29 676 555	115 693 896	36.9	44.8	35.0
东帝汶	43 082	42 832	250	85.0	84.1	1000.3
哈萨克斯坦	20 409 567	9 320 901	11 088 666	44.5	19.0	76.1
吉尔吉斯斯坦	4 199 709	4 127 787	71 921	-21.2	-21.8	46.2
塔吉克斯坦	1 432 620	1 376 597	56 023	1.8	12.7	-69.7
土库曼斯坦	1 569 787	525 268	1 044 519	64.0	-42.8	2596.8
乌兹别克斯坦	2 481 648	1 181 137	1 300 511	29.2	-24.8	270.6

2010年中国进出口商品国别（地区）总值表（续）

单位：千美元

进口原产国（地） 出口最终目的国（地）	进出口	出　口	进　口	比上年±%		
				进出口	出　口	进　口
亚洲其他国家（地区）	377	377	0	674.0	1227.4	-99.8
非洲	**126 910 579**	**59 958 298**	**66 952 282**	**39.4**	**25.6**	**54.5**
阿尔及利亚	5 176 313	3 999 819	1 176 493	1.0	-4.3	24.3
安哥拉	24 816 695	2 004 102	22 812 593	45.4	-16.0	55.4
贝宁	2 399 354	2 273 647	125 707	17.2	16.4	34.0
博茨瓦那	423 027	369 503	53 523	84.2	123.5	-16.7
布隆迪	36 819	33 361	3 458	5.3	-1.8	256.9
喀麦隆	1 001 889	540 997	460 892	23.2	30.1	15.9
加那利群岛	2 952	2 952	0	-50.0	-50.0	—
佛得角	34 347	34 335	12	-3.0	-3.0	6148.7
中非	48 006	22 857	25 149	75.4	79.5	71.7
塞卜泰（休达）	184	184	—	-2.7	0.5	-100.0
乍得	804 288	308 491	495 797	275.7	107.4	658.5
科摩罗	13 371	13.347	24	19.7	19.5	865.1
刚果（布）	3 474 853	353 763	3 121 089	65.2	-3.6	79.8
吉布提	444 906	444 215	691	51.0	50.8	530.4
埃及	6 959 690	6 041 755	917 935	19.1	18.3	24.5
赤道几内亚	1 054 724	456 067	598 657	-25.4	27.3	-43.3
埃塞俄比亚	1 483 486	1 209 628	273 858	1.1	-3.4	27.5
加蓬	1 173 043	205 828	967 215	34.4	33.0	34.6
冈比亚	201 777	186 784	14 993	15.9	11.5	125.8
加纳	2 055 991	1 932 609	123 382	27.4	26.0	54.9
几内亚	476 365	421 368	54 997	65.7	49.8	7a1.4
几内亚比绍	13 297	9 434	3 863	-46.4	-59.3	138.9
科特迪瓦共和国	658 846	548 340	110 507	16.1	8.6	76.1
肯尼亚	1 825 389	1 786 164	39 225	39.8	39.9	32.4
利比里亚	4 419 208	4 396 725	22 483	134.4	133.7	467.9
利比亚	6 576 048	2 061 463	4 514 586	27.0	3.0	42.1
马达加斯加	502 100	396 770	105 329	11.5	0.4	92.1
马拉维	111 549	80 074	31 476	36.1	23.2	85.8
马里	299 997	229 588	70 409	46.7	37.1	90.0
毛里塔尼亚	1 246 854	284 961	961 893	14.0	17.9	12.8
毛里求斯	403 425	393 331	10 095	35.4	34.6	72.4
摩洛哥	2 934 831	2 485 137	449 693	17.2	16.7	19.6
莫桑比克	697 756	496 391	201 365	35.1	46.3	13.5
纳米比亚	712 734	229 663	483 071	31.1	-13.2	73.1
尼日尔	272 309	272 138	171	-4.1	-4.1	255.4
尼日利亚	7 766 860	6 696 497	1 070 363	21.9	22.3	19.5
留尼汪	128 756	128 579	177	53.3	53.2	61.2
卢旺达	88 666	49 993	38 674	5.9	-13.9	50.5
圣多美和普林西比	2 065	2 054	10	-6.2	-6.5	142.9
塞内加尔	549 431	498 305	51 126	24.5	24.8	21.8
塞舌尔	14 867	14 856	11	-2.7	-2.5	-63.9
塞拉利昂	109 118	98 348	10 770	67.4	79.9	2.2
索马里	73 929	72 232	1 697	8.9	7.3	208.5
南非	25 648 492	10 802 761	14 845 731	59.5	46.7	70.4
西撒哈拉	27	27	—	-60.8	60.8	—
苏丹	8 631 057	1 952 605	6 678 452	35.1	14.5	42.6
坦桑尼亚	1 652 856	1 251 565	401 291	48.9	36.9	104.5
多哥	1 394 802	1 333 164	61 638	19.6	18.0	69.5

2010年中国进出口商品国别（地区）总值表（续）

单位：千美元

进口原产国（地） 出口最终目的国（地）	进出口	出 口	进 口	比上年±%		
				进出口	出 口	进 口
突尼斯	1 119 689	994 786	124 902	36.8	39.9	16.2
乌干达	284 043	257 539	26 504	13.0	11.4	31.8
布基纳法索	169 037	47 955	121 082	6.4	12.4	4.2
刚果（金）	2 961 097	473 959	2 487 138	100.8	47.9	115.5
赞比亚	2 849 699	301 675	2 548 024	98.2	97.8	98.3
津巴布韦	561 782	315 829	245 953	89.1	102.1	74.6
莱索托	63 891	59 363	4 529	22.7	17.8	169.1
梅利利亚	3 759	3 759	—	75.0	75.0	—
斯威士兰	31 376	28 872	2 504	-5.4	59.9	-83.4
厄立特里亚	39 850	38 795	1 054	-0.2	-1.8	149.7
马约特岛	6 828	6 824	4	31.7	31.7	771.6
非洲其他国家（地区）	2 181	2 166	15	42.4	41.4	—
欧洲	**573 097 789**	**355 204 212**	**217 893 576**	**34.3**	**34.2**	**34.5**
比利时	22 140 510	14 303 955	7 836 555	32.4	31.6	34.0
丹麦	7 831 256	5 184 918	2 646 339	20.2	22.7	15.6
英国	50 075 048	38 771 145	11 303 903	27.9	24.0	43.5
德国	142 389 299	68 047 366	74 341 933	34.8	36.3	33.4
法国	44 797 894	27 653 948	17 143 945	30.0	28.9	31.9
爱尔兰	5 402 893	1 992 744	3 410 149	3.6	0.7	5.3
意大利	45 151 317	31 140 552	14 010 765	44.5	53.8	27.2
卢森堡	1 245 377	987 463	257 915	-61.7	-67.6	26.0
荷兰	56 183 119	49 705 758	6 477 362	34.4	35.5	26.5
希腊	4 348 723	3 959 336	389 387	18.4	14.5	80.3
葡萄牙	3 267 487	2 513 240	754 247	35.9	30.7	56.7
西班牙	24 406 039	18 174 643	6 231 396	33.0	29.2	45.2
阿尔巴尼亚	348 374	199 385	148 989	28.3	-3.8	131.8
安道尔	3 406	3 372	34	27.1	35.0	-81.2
奥地利	6 087 615	1 854 196	4 233 419	26.0	29.8	24.4
保加利亚	983 899	660 906	322 993	33.5	10.9	128.9
芬兰	9 531 773	5 499 642	4 032 131	22.2	21.5	23.2
直布罗陀	5 856	5 846	9	-95.8	-95.9	8692.6
匈牙利	8 716 234	6 518 563	2 197 671	28.0	22.0	49.9
冰岛	112 339	71 008	41 331	28.4	31.0	24.3
列支敦士登	76 663	7 724	68 940	34.1	25.0	35.2
马耳他	2 414 053	1 844 910	569 144	45.2	46.1	42.3
摩纳哥	25 349	14 425	10 924	25.9	57.7	-0.6
挪威	6 066 968	2 836 689	3 230 279	5.8	6.0	5.6
波兰	11 135 143	9 439 398	1 695 745	23.8	26.1	12.6
罗马尼亚	3 761 444	3 006 178	755 266	33.8	26.5	74.4
圣马力诺	5 700	5 508	192	466.6	463.4	576.1
瑞典	11 611 410	5 709 a07	5 901 604	20.8	37.4	8.1
瑞士	20 070 028	3 031 032	17 038 995	110.3	14.0	147.4
爱沙尼亚	853 820	676 736	177 085	93.2	86.7	123.2
拉脱维亚	832 975	794 397	38 578	74.1	75.6	48.4
立陶宛	1 024 612	982 365	42 246	47.7	49.8	10.8
格鲁吉亚	316 709	274 907	41 802	51.0	43.2	133.9
亚美尼亚	163 833	117 129	46 703	47.1	34.0	95.1
阿塞拜疆	931 570	845 023	86 547	36.6	52.7	-32.6
白俄罗斯	1 271 739	795 651	476 088	57.0	183.8	-10.1
摩尔多瓦	87 234	80 523	6 712	15.0	11.0	106.0

2010年中国进出口商品国别（地区）总值表（续）

单位：千美元

进口原产国（地） 出口最终目的国（地）	进出口	出 口	进 口	比上年±%		
				进出口	出 口	进 口
俄罗斯联邦	55 448 787	29 612 523	25 836 264	43.1	69.0	21.7
乌克兰	7 731 942	5 564 522	2 167 420	33.8	54.4	-0.4
斯洛文尼亚	1 562 257	1 385 690	176 567	74.3	80.0	39.6
克罗地亚	1 394 502	1 343 620	50 882	16.8	20.1	-32.0
捷克	8 843 770	7 120 802	1 722 969	43.7	41.7	52.3
斯洛伐克	3 749 513	1 958 903	1 790 610	63.3	40.0	99.5
马其顿	144 521	52 784	91 738	80.2	-5.8	279.4
波斯尼亚和黑塞哥维那	55 011	37 415	17 597	10.3	4.9	23.9
梵蒂冈城国	20	3	16	389.3	2.6	1784.4
法罗群岛	15 404	1 466	13 938	121.1	418.0	108.5
塞尔维亚	400 207	345 016	55 191	18.6	11.9	88.8
黑山	74 147	71 083	3 064	-4.5	-7.6	311.5
欧洲其他国家（地区）	—	—	—	—	—	—
拉丁美洲	**183 067 429**	**91 820 844**	**91 246 585**	**50.2**	**60.8**	**40.9**
安提瓜和巴布达	806 213	806 161	53	63.3	63.3	-45.0
阿根廷	12 917 849	6 116 259	6 801 590	65.6	75.6	57.5
阿鲁巴岛	11 756	11 614	142	-0.8	-0.8	-2.6
巴哈马	627 874	627 721	153	48.5	48.6	3.2
巴巴多斯	75 165	71 357	3 808	-19.9	-22.1	70.5
伯利兹	40 561	40 304	257	22.8	22.0	1931.7
玻利维亚	361 222	173 761	187 461	40.5	34.4	46.7
博内尔	31	31	—	-52.9	-52.9	—
巴西	62 549 563	24 462 540	38 087 022	47.5	73.3	34.7
开曼群岛	13 916	13 600	316	-22.7	-24.4	4753.6
智利	25 829 829	8 026 489	17 803 340	44.8	62.9	37.9
哥伦比亚	5 914 903	3 820 219	2 094 684	75.2	59.4	113.9
多米尼克	43 421	40 892	2 529	84.9	83.2	118.0
哥斯达黎加	3 794 741	687 898	3 106 843	19.2	28.0	17.4
古巴	1 832 823	1 067 973	764 850	18.5	9.8	33.1
库腊索岛	15 631	15 606	25	-1.2	-1.4	—
多米尼加共和国	1 033 227	904 449	128 778	49.2	52.8	28.1
厄瓜多尔	2 003 302	1 496 186	507 117	13.4	49.1	-33.6
法属圭亚那	6 793	6 779	14	39.5	39.3	621.7
格林纳达	5 120	5 111	9	28.5	29.3	-71.0
瓜德罗普岛	30 905	30 885	20	2.8	2.7	508.0
危地马拉	1 054 300	1 018 242	36 059	54.6	54.6	54.6
圭亚那	100 749	83 470	17 280	44.3	41.3	60.8
海地	261 700	255 750	5 950	74.0	73.4	106.4
洪都拉斯	409 142	322 142	87 000	54.0	51.8	62.4
牙买加	239 439	235 702	3 738	9.6	19.7	-82.7
马提尼克岛	23 838	23 820	18	7.5	7.4	2835.0
墨西哥	24 689 688	17 872 785	6 816 903	52.5	45.4	74.9
蒙特塞拉特	35	11	24	-80.1	-74.0	-81.9
尼加拉瓜	306 672	299 554	7 119	56.1	55.0	119.9
巴拿马	11 996 657	11 971 370	25 287	83.1	83.5	-12.2
巴拉圭	1 096 219	1 050 604	45 615	102.5	104.5	66.2
秘鲁	9 719 687	3 550 640	6 169 047	48.4	69.2	38.6
波多黎各	1 143 785	495 440	648 346	44.6	3.4	107.9
萨巴	1	1	—	-99.3	-99.3	-100.0
圣卢西亚	8 238	8 115	123	18.3	19.6	-31.4
圣马丁岛	2 795	2 795	—	73.4	73.4	—
圣文森特和格林纳丁斯	73 791	73 769	22	-9.9	-9.8	-78.8
萨尔瓦多	372 697	365 229	7 468	43.3	42.3	115.1

2010年中国进出口商品国别（地区）总值表（续）

单位：千美元

进口原产国（地） 出口最终目的国（地）	进出口	出 口	进 口	比上年±% 进出口	出 口	进 口
苏里南	127 213	113 951	13 262	17.7	18.5	11.3
特立尼达和多巴哥	399 140	291 073	108 067	14.9	19.2	4.6
特克斯和凯科斯群岛	424	424	—	9.1	9.1	—
乌拉圭	2 629 410	1 477 633	1 151 777	69.3	80.3	57.0
委内瑞拉	10 263 000	3 648 932	6 614 069	42.7	29.8	50.9
英属维尔京群岛	141 829	141 798	31	793.0	804.2	-84.7
圣基茨和尼维斯	2 973	2 669	304	134.5	118.0	600.1
圣皮埃尔和密克隆	69	—	69	4 623.6	—	4 623.6
荷属安的列斯群岛	88 611	88 611	—	89.6	89.6	—
拉丁美洲其他国家（地区）	483	483	0	-18.1	-18.1	—
北美洲	**422 839 966**	**305 860 679**	**116 979 286**	**28.9**	**28.2**	**30.6**
加拿大	37 104 196	22 216 939	14 887 257	24.8	25.7	23.5
美国	385 341 353	283 303 720	102 037 633	29.2	28.3	31.7
格陵兰	54 911	516	54 396	23.1	50.7	22.9
百慕大群岛	339 368	339 368	—	344.0	344.0	-100.0
北美洲其他国家（地区）	136	136	—	-44.7	-44.7	—
大洋洲	**98 781 130**	**33 022 477**	**65 758 653**	**46.1**	**32.5**	**54.1**
澳大利亚	88 092 068	27 226 035	60 866 033	46.5	31.9	54.1
库克群岛	4.895	3 741	1 154	-33.0	-46.9	347.2
斐济	128 633	127 683	950	32.4	32.2	64.1
盖比群岛	354	354	—	108.3	127.6	-100.0
马克萨斯群岛	13	13	—	-56.8	-56.8	—
瑙鲁	22	22	—	8.9	8.9	—
新喀里多尼亚	463 608	407 155	56 453	145.5	631.7	-57.6
瓦努阿图	23 264	22 604	660	-52.3	-52.4	-51.7
新西兰	6 524 086	2 764 539	3 759 546	43.0	32.6	51.7
诺福克岛	228	221	7	-43.2	-44.9	—
巴布亚新几内亚	1 129 974	352 487	777 486	27.6	-33.2	117.3
社会群岛	3 294	3 294	—	1.8	1.8	—
所罗门群岛	315 468	28 414	287 054	62.4	76.1	61.2
汤加	9.760	9 754	6	21.2	22.0	-90.2
土阿莫土群岛	37	37	—	—	—	—
土布艾群岛	—	—	—	-100.0	-100.0	—
萨摩亚	70 075	70 052	23	56.2	88.1	-99.7
基里巴斯	11 396	11 390	5	189.2	189.3	21.4
图瓦卢	8 401	8 401	0	38.5	38.7	-99.8
密克罗尼西亚联邦	6 683	3 821	2 861	-22.3	-17.5	-27.8
马绍尔群岛共和国	1 951 204	1 945 964	5 241	42.8	43.7	-55.8
帕劳共和国	1 997	1 965	32	53.1	50.6	—
法属波利尼西亚	32 698	31 600	1 098	19.4	28.1	-59.8
瓦利斯和富图纳	280	280	—	35.0	35.0	—
大洋洲其他国家（地区）	2.693	2 650	43	-49.7	-50.4	109.4
国别（地区）不详	1 388 889	—	1 388 889	3 646.3	—	3 646.3
东南亚国家联盟	**292 775 689**	**138 206 703**	**154 568 986**	**37.5**	**30.1**	**44.8**
欧洲联盟	**479 712 552**	**311 235 423**	**168 477 128**	**31.8**	**31.8**	**31.9**
亚太经济合作组织	**1 907 414 680**	**965 647 734**	**941 766 946**	**33.0**	**30.6**	**35.6**

注释：

一、东南亚国家联盟包括：文莱、缅甸、柬埔寨、印度尼西亚、老挝、马来西亚、菲律宾、新加坡、泰国、越南。

二、欧洲联盟包括：比利时、丹麦、英国、德国、法国、爱尔兰、意大利、卢森堡、荷兰、希腊、葡萄牙、西班牙、奥地利、芬兰、瑞典、塞浦路斯、匈牙利、马耳他、波兰、爱沙尼亚、拉脱维亚、立陶宛、斯洛文尼亚、捷克、斯洛伐克、保加利亚、罗马尼亚。

三、亚太经济合作组织包括：文莱、香港、印度尼西亚、日本、马来西亚、菲律宾、新加坡、韩国、泰国、越南、中华人民共和国、台湾省、俄罗斯、智利、墨西哥、秘鲁、加拿大、美国、澳大利亚、新西兰、巴布亚新几内亚。

2010 年中国进出口商品构成表

单位：千美元

商品构成（按 SITC 分类）	出 口	进 口	比上年 ± %	
			出 口	进 口
总 值	**1 577 932 252**	**1 394 828 709**	**31.3**	**38.7**
一、初级产品	81 716 618	432 556 433	29.5	49.3
0 类 食品及活动物	41 152 864	21 565 705	26.1	45.4
00 章 活动物	453 963	269 224	2.7	91.8
01 章 肉及肉制品	2 466 237	2 275 116	27.9	30.7
02 章 乳品及蛋品	209 859	1 995 233	7.7	91.0
03 章 鱼、甲壳及软体类动物及其制品	13 199 571	4 411 676	29.1	22.0
04 章 谷物及其制品	1 327 366	1 748 075	2.8	66.2
05 章 蔬菜及水果	15 998 164	4 170 574	30.4	32.6
06 章 糖、糖制品及蜂蜜	1 412 540	1 046 208	36.9	116.5
07 章 咖啡、茶、可可、调味料及其制品	1 943 954	626 657	21.4	68.0
08 章 饲料（不包括未碾磨谷物）	1 978 469	3 300 908	9.1	77.5
09 章 杂项食品	2 162 742	1 722 034	17.6	25.6
1 类 饮料及烟类	1 906 134	2 428 830	16.2	24.3
11 章 饮料	885 832	1 638 125	16.1	47.6
12 章 烟草及其制品	1 020 302	790 706	16.2	-6.3
2 类 非食用原料（燃料除外）	11 601 656	211 117 540	42.3	49.4
21 章 生皮及生毛皮	6 600	2 415 274	47.3	41.9
22 章 油籽及含油果实	707 193	26 529 209	-3.8	28.3
23 章 生橡胶（包括合成橡胶及再生橡胶）	736 869	9 957 061	179.8	70.9
24 章 软木及木材	1 050 245	10 675 907	7.2	56.7
25 章 纸浆及废纸	140 102	14 170 683	53.9	33.2
26 章 纺织纤维及其废料	2 368 071	10 365 153	53.4	85.4
27 章 天然肥料及矿物（煤、石油及宝石除外）	2 603 736	4 866 853	59.3	69.7
28 章 金属矿砂及金属废料	835 688	131 027 592	275.8	51.6
29 章 其他动、植物原料	3 153 153	1 109 806	17.8	39.4
3 类 矿物燃料、润滑油及有关原料	26 700 428	188 703 955	31.1	52.1
32 章 煤、焦炭及煤砖	3 645 928	18 207 999	41.3	66.6
33 章 石油、石油产品及有关原料	20 393 570	163 855 314	29.2	49.8
34 章 天然气及人造气	1 487 739	6 366 283	59.8	88.5
35 章 电流	1 173 192	274 360	8.7	-12.0
4 类 动植物油、脂及蜡	355 536	8 740 403	12.4	14.4
41 章 动物油、脂	95 979	345 709	35.2	27.7
42 章 植物油、脂	171 217	8 228 625	-6.5	13.4
43 章 已加工的动植物油、脂及动植物蜡	88 341	166 068	42.1	46.4
二、工业制品	1 496 215 634	962 272 276	31.4	34.4
5 类 化学成品及有关产品	87 587 129	149 635 530	41.2	33.5
51 章 有机化学品	25 623 444	48 147 375	32.8	33.6

2010 年中国进出口商品构成表（续）

单位：千美元

商品构成（按 SITC 分类）	出　口	进　口	比上年 ± %	
			出　口	进　口
52 章　无机化学品	11 730 571	8 457 665	50. 6	72. 1
53 章　染料、鞣料及着色料	4 24d 876	4 401 975	40. 6	23. 0
54 章　医药品	10 704 817	8 040 511.	24. 0	19. 8
55 章　精油、香料及盥洗、光洁制品	3 791 029	2 796 433	30. 5	26. 0
56 章　制成肥料	5 385 867	2 558 860	110. 8	28. 8
57 章　初级形状的塑料	7 696 866	48 649 394	53. 7	26. 9
58 章　非初级形状的塑料	6 590 067	11 009 667	51. 0	56. 5
59 章　其他化学原料及产品	11 819 592	15 573 649	40. 1	38. 3
6 类　按原料分类的制成品	249 150 448	131 112 908	34. 8	21. 7
61 章　皮革、皮革制品及已鞣毛皮	1 325 084	4 200 879	28. 7	28. 9
62 章　橡胶制品	13 742 170	6 899 430	36. 5	53. 1
63 章　软木及木制品（家具除外）	8 617 704	600 180	27. 7	27. 1
64 章　纸及纸板；纸浆、纸及纸板制品	9 100 745	4 296 165	26. 4	19. 5
65 章　纺纱、织物、制成品及有关产品	76 882 019	17 672 114	28. 5	18. 2
66 章　非金属矿物制品	28 812 114	10 563 440	31. 8	57. 0
67 章　钢铁	39 567 418	25 058 090	67. 2	−5. 4
68 章　有色金属	17 947 172	49 210 667	48. 5	30. 4
69 章　金属制品	53 156 023	12 611 943	25. 6	26. 2
7 类　机械及运输设备	780 330 085	549 560 988	32. 2	34. 8
71 章　动力机械及设备	24 677 922	23 493 046	27. 1	24. 3
72 章　特种工业专用机械	23 187 884	42 704 070	35. 5	72. 3
73 章　金工机械	4 829 000	13 690 414	10. 8	46. 9
74 章　通用工业机械设备及零件	64 437 675	44 977 303	28. 1	24. 6
75 章　办公用机械及自动数据处理设备	196 240 286	56 031 355	33. 5	33. 1
76 章　电信及声音的录制及重放装置设备	190 175 117	41 021 210	19. 5	17. 1
77 章　电力机械、器具及其电气零件	189 221 891	262 297 680	41. 2	32. 0
78 章　陆路车辆（包括气垫式）	44 319 229	49 265 039	54. 1	74. 5
79 章　其他运输设备	43 241 081	16 080 871	43. 0	10. 3
8 类　杂项制品	377 679 958	113 525 823	26. 0	33. 3
81 章　活动房屋；卫生、水道、供热及照明装置	13 424 611	1 572 704	32. 2	126. 0
82 章　家具及其零件；褥垫及类似填充制品	38 928 435	1 640 250	29. 7	33. 9
83 章　旅行用品、手提包及类似品	18 136 566	917 098	40. 6	60. 9
84 章　服装及衣着附件	129 830 198	2 513 880	21. 0	36. 3
85 章　鞋靴	35 631 261	1 118 145	27. 1	27. 0
87 章　专业、科学及控制用仪器和装置	42 171 430	75 067 086	34. 2	35. 9
88 章　摄影器材、光学物品及钟表	11 881 876	14 372 948	31. 9	25. 9
89 章　杂项制品	87 675 581	16 323 712	23. 7	22. 5
9 类　未分类的商品	1 468 014	18 437 027	−10. 8	457. 5

2010 年中国进出口商品类章总值表

单位：千美元

类 章	出 口	进 口	比上年 ± %	
			出 口	进 口
总 值	**1 577 932 252**	**1 394 828 709**	**31.3**	**38.7**
第 1 类 活动物；动物产品	12 017 640	9 274 266	25.5	37.0
01 章 活动物	453 963	269 224	2.7	91.8
02 章 肉及食用杂碎	994 549	2 223 655	30.2	30.6
03 章 鱼、甲壳动物、软体动物及其他水生无脊椎动物	8 806 983	4 364 353	29.3	21.1
04 章 乳品；蛋品；天然蜂蜜；其他食用动物产品	404 477	1 999 651	18.9	91.1
05 章 其他动物产品	1 357 670	417 382	11.5	51.5
第 2 类 植物产品	15 868 031	33 233 075	28.8	31.1
06 章 活树及其他活植物；鳞茎、根及类似品；插花及装饰用簇叶	205 565	103 405	11.1	14.6
07 章 食用蔬菜、根及块茎	7 477 210	1 515 157	54.1	44.0
08 章 食用水果及坚果；甜瓜或柑橘属水果的果皮	2 679 594	2 138 835	12.5	24.2
09 章 咖啡、茶、马黛茶及调味香料	1 657 229	149 996	18.1	75.0
10 章 谷物	539 436	1 501 286	-11.9	11.4
11 章 制粉工业产品；麦芽；淀粉；菊粉；面筋	550 759	451 630	18.3	50.5
12 章 含油子仁及果实；杂项子仁及果实；工业用或药用植物；稻草、秸秆及饲料	2 047 884	27 050 528	11.1	28.8
13 章 虫胶；树胶、树脂及其他植物液、汁	646 674	120 905	25.0	0.5
14 章 编结用植物材料；其他植物产品	63 680	201 334	8.8	95.1
第 3 类 动、植物油、脂及其分解产品：精制的食用油脂；动、植物蜡	369 509	8 884 108	12.0	14.8
15 章 动、植物油、脂及其分解产品；精制的食用油脂；动、植物蜡	369 509	8 884 108	12.0	14.8
第 4 类 食品；饮料、酒及醋；烟草、烟草及烟草代用品的制品	19 375 240	9 608 148	21.0	49.8
16 章 肉、鱼、甲壳动物、软体动物及其他水生无脊椎动物的制品	5 865 422	100 245	28.2	88.9
17 章 糖及糖食	1 059 986	1 033 035	37.9	116.7
18 章 可可及可可制品	212 615	437 257	64.1	67.0
19 章 谷物、粮食粉、淀粉或乳的制品；糕饼点心	1 159 856	1 221 698	17.8	20.9
20 章 蔬菜、水果、坚果或植物其他部分的制品	5 545 982	462 205	16.7	38.7
21 章 杂项食品	1 561 821	682 183	20.2	40.9
22 章 饮料、酒及醋	995 066	1 646 411	19.7	47.7
23 章 食品工业的残渣及废料；配制的动物饲料	1 954 191	3 234 409	9.0	76.0
24 章 烟草、烟草及烟草代用品的制品	1 020 302	790 706	16.2	-6.3
第 5 类 矿产品	30 400 604	301 793 193	33.5	53.3
25 章 盐；硫磺；泥土及石料；石膏料、石灰及水泥	3 118 606	4 507 980	43.6	64.4
26 章 矿砂、矿渣及矿灰	580 048	108 573 098	164.4	54.9
27 章 矿物燃料、矿物油及其蒸馏产品；沥青物质；矿物蜡	26 701 950	188 712 114	31.1	52.1
第 6 类 化学工业及其相关工业的产品	74 989 831	93 152 299	38.8	34.2
28 章 无机化学品；贵金属、稀土金属、放射性元素及其同位素的有机及无机化合物	11 764 814	9 956 227	50.5	60.1
29 章 有机化学品	31 459 198	48 231 543	30.0	33.3
30 章 药品	4 485 095	7 235 921	30.0	20.2
31 章 肥料	5 431 233	2 572 040	110.2	29.0
32 章 鞣料浸膏及染料浸膏；鞣酸及其衍生物；染料、颜料及其他着色料；油漆及清漆；油灰及其他类似胶粘剂；墨水、油墨	4 310 488	4 425 569	40.5	23.2
33 章 精油及香膏；芳香料制品及化妆盥洗品	2 493 893	1 502 027	28.8	27.5
34 章 肥皂、有机表面活性剂、洗涤剂、润滑剂、人造蜡、调制蜡、光洁剂、蜡烛及类似品、塑型用膏、“牙科用蜡”及牙科用熟石膏制剂	2 026 018	2 779 611	27.2	33.6

2010年中国进出口商品类章总值表（续）

单位：千美元

类 章	出 口	进 口	比上年±%	
			出 口	进 口
35章 蛋白类物质；改性淀粉；胶；酶	1 750 351	2 199 441	22.4	42.3
36章 炸药；烟火制品；火柴；引火合金；易燃材料制品	651 599	74 138	0.1	68.8
37章 照相及电影用品	1 073 841	1 929 497	33.3	25.1
38章 杂项化学产品	9 543 300	12 246 283	47.0	35.6
第7类 塑料及其制品；橡胶及其制品	49 595 264	80 609 896	38.0	36.9
39章 塑料及其制品	34 697 706	63 692 868	37.3	31.3
40章 橡胶及其制品工	14 897 558	16 917 028	39.7	63.1
第8类 生皮、皮革、毛皮及其制品；鞍具及挽具；旅行用品、手提包及类似品；动物肠线（蚕胶丝除外）制品	23 247 272	7 690 270	39.5	36.4
41章 生皮（毛皮除外）及皮革	411 728	5 929 455	70.4	33.0
42章 皮革制品；鞍具及挽具；旅行用品、手提包及类似容器；动物肠线（蚕胶丝除外）制品	20 846 990	1 124 548	37.9	57.9
43章 毛皮、人造毛皮及其制品	1 988 554	636 267	52.3	36.9
第9类 木及木制品；木炭；软木及软木制品；稻草、秸秆、针茅或其他编结材料制品；篮筐及柳条编结品	11 187 578	11 285 419	20.9	54.8
44章 木及木制品；木炭	9 651 744	11 232 496	25.1	54.9
45章 软木及软木制品	16 204	43 591	2.7	31.8
46章 稻草、秸秆、针茅或其他编结材料制品；篮筐及柳条编结品	1 519 630	9 332	-0.2	59.1
第10类 木浆及其他纤维状纤维素浆；纸及纸板的废碎品；纸、纸板及其制品	12 408 208	20 051 610	23.8	28.8
47章 木浆及其他纤维状纤维素浆；纸及纸板的废碎品	140 102	14 170 683	53.9	33.2
48章 纸及纸板；纸浆、纸或纸板制品	9 562 851	4 610 579	26.4	18.8
49章 书籍、报纸、印刷图画及其他印刷品；手稿、打字稿及设计图纸	2 705 256	1 270 348	14.5	21.1
第11类 纺织原料及纺织品	199 554 145	29 566 812	23.6	35.8
50章 蚕丝	1 641 775	124 407	27.2	13.9
51章 羊毛、动物细毛或粗毛；马毛纱线及其机织物	2 361 754	2 827 487	45.3	27.7
52章 棉花	13 067 080	10 617 926	36.0	71.8
53章 其他植物纺织纤维；纸纱线及其机织物	869 525	559 335	46.7	41.3
54章 化学纤维长丝	10 090 673	3 782 938	34.6	17.9
55章 化学纤维短纤	7 957 430	3 018 565	31.3	20.3
56章 絮胎、毡呢及无纺织物；特种纱线；线、绳、索、缆及其制品	2 683 964	1 126 679	36.8	25.3
57章 地毯及纺织材料的其他铺地制品	1 956 350	130 274	31.3	27.4
58章 特种机织物；簇绒织物；花边；装饰毯；装饰带；刺绣品	3 804 882	693 954	7.9	11.9
59章 浸渍、涂布、包覆或层压的纺织物；工业用纺织制品	5 625 950	1 845 425	41.8	22.4
60章 针织物及钩编织物	8 668 165	2 344 888	34.9	9.7
61章 针织或钩编的服装及衣着附件	66 714 300	815 523	24.0	28.8
62章 非针织或非钩编的服装及衣着附件	54 367 266	1 418 441	16.3	39.1
63章 其他纺织制成品；成套物品；旧衣着及旧纺织品；碎织物	19 745 031	260 969	17.4	8.0
第12类 鞋、帽、伞、杖、鞭及其零件；已加工的羽毛及其制品；人造花；人发制品	43 908 419	1 371 256	27.4	26.1
64章 鞋靴、护腿和类似品及其零件	35 631 261	1 118 145	27.1	27.0
65章 帽类及其零件	2 798 051	29 170	25.7	40.2
66章 雨伞、阳伞、手杖、鞭子、马鞭及其零件	2 436 086	6 165	31.8	7.6
67章 已加工羽毛、羽绒及其制品；人造花；人发制品	3 043 021	217 776	29.3	20.7
第13类 石料、石膏、水泥、石棉、云母及类似材料的制品；陶瓷产品；玻璃及其制品	27 216 235	6 519 762	32.6	56.1
68章 石料、石膏、水泥、石棉、云母及类似材料的制品	5 788 130	1 063 757	19.1	46.4

2010 年中国进出口商品类章总值表（续）

单位：千美元

类 章	出 口	进 口	比上年±% 出 口	比上年±% 进 口
69 章 陶瓷产品	11 102 118	585 994	37.7	40.9
70 章 玻璃及其制品	10 325 987	4 870 011	35.8	60.4
第 14 类 天然或养殖珍珠、宝石或半宝石、贵金属、包贵金属及其制品；仿首饰；硬币	12 546 712	10 846 473	67.0	65.7
71 章 天然或养殖珍珠、宝石或半宝石、贵金属、包贵金属及其制品；仿首饰；硬币	12 546 712	10 846 473	67.0	65.7
第 15 类 贱金属及其制品	110 823 070	102 932 830	43.7	19.1
72 章 钢铁	28 931 548	25 324 050	114.5	-9.0
73 章 钢铁制品	39 153 827	9 155 401	15.9	3.0
74 章 铜及其制品	4 802 417	46 052 075	34.4	55.8
75 章 镍及其制品	1 299 043	5 901 114	97.0	16.1
76 章 铝及其制品	14 532 050	8 794 129	52.9	3.0
78 章 铅及其制品	173 111	133 209	40.5	-59.3
79 章 锌及其制品	286 414	1 217 732	24.5	-11.5
80 章 锡及其制品	173 552	553 288	150.9	18.2
81 章 其他贱金属、金属陶瓷及其制品	3 032 225	1 504 330	68.3	40.0
82 章 贱金属工具、器具、利口器、餐匙、餐叉及其零件	8 870 515	2 763 422	37.0	30.7
83 章 贱金属杂项制品	9 568 368	1 534 080	29.0	28.6
第 16 类 机器、机械器具、电气设备及其零件；录音机及放声机、电视图像、声音的录制和重放设备及其零件、附件	698 623 775	486 613 258	30.1	32.5
84 章 核反应堆、锅炉、机械器具及零件	309 833 421	172 256 872	31.4	39.4
85 章 电机、电气设备及其零件；录音机及放声机、电视图像、声音的录制和重放设备及其零件、附件	388 790 354	314 356 386	29.1	29.0
第 17 类 车辆、航空器、船舶及有关运输设备	88 879 793	65 591 313	47.9	52.7
86 章 铁道及电车道机车、车辆及其零件；铁道及电车道轨道固定装置及其零件、附件；各种机械（包括电动机械）交通信号设备	8 915 173	2 023 757	211.6	28.6
87 章 车辆及其零件、附件，但铁道及电车道车辆除外	38 402 180	49 500 174	37.5	74.5
88 章 航空器、航天器及其零件	1 265 232	12 391 046	34.5	17.7
89 章 船舶及浮动结构体	40 297 207	1 676 336	42.1	-32.4
第 18 类 光学、照相、电影、计量、检验、医疗或外科用仪器及设备、精密仪器及设备；钟表；乐器；上述物品的零件、附件	56 643 585	92 251 445	33.0	34.2
90 章 光学、照相、电影、计量、检验、医疗或外科用仪器及设备、精密仪器及设备；上述物品的零件、附件	52 127 894	89 835 116	34.0	34.1
91 章 钟表及其零件	3 048 959	2 187 409	24.3	39.2
92 章 乐器及其零件、附件	1 466 732	228 921	20.5	27.3
第 19 类 武器、弹药及其零件、附件	97 514	3 010	53.5	-38.2
93 章 武器、弹药及其零件、附件	97 514	3 010	53.5	-38.2
第 20 类 杂项制品	88 552 227	5 091 238	22.5	39.8
94 章 家具；寝具、褥垫、弹簧床垫、软坐垫及类似的填充制品；未列名灯具及照明装置；发光标志、发光名牌及类似品；活动房屋	50 591 817	3 119 012	30.0	69.5
95 章 玩具、游戏品、运动用品及其零件、附件	29 296 317	1 023 299	10.6	-0.4
96 章 杂项制品	8 664 093	948 927	26.1	22.4
第 21 类 艺术品、收藏品及古物	160 487	25 752	217.9	139.7
97 章 艺术品、收藏品及古物	160 487	25 752	217.9	139.7
第 22 类 特殊交易品及未分类商品	1 467 114	18 433 278	-9.9	457.7
98 章 特殊交易品及未分类商品	1 467 114	18 433 278	-9.9	457.7

2010 年中国进出口商品贸易方式总值表

单位：千美元

贸易方式	进出口	出 口	进 口
总 值	**2 972 760 961**	**1 577 932 252**	**1 394 828 709**
	(34.7)	**(31.3)**	**(38.7)**
一般贸易	1 488 711 166	720 733 435	767 977 732
	(39.9)	(36.0)	(43.7)
国家间、国际组织无偿援助和赠送的物资	315 828	293 793	22 035
	(-5.9)	(1.1)	(-51.2)
其他捐赠物资	187 209	2 599	184 610
	(31.0)	(-60.4)	(35.4)
补偿贸易	455	455	—
	(219.3)	(219.3)	—
来料加工装配贸易	211 611 487	112 316 810	99 294 676
	(24.9)	(20.2)	(30.7)
进料加工贸易	946 151 084	628 016 727	318 134 357
	(27.9)	(27.3)	(29.1)
寄售代销贸易	2 750	1 120	1 630
	(-61.6)	(-79.8)	(0.3)
边境小额贸易	26 041 671	16 407 515	9 634 156
	(24.3)	(19.4)	(33.8)
加工贸易进口设备	1 212 197	—	1 212 197
	(27.0)	—	(27.0)
对外承包工程出口货物	12 617 320	12 617 320	—
	(-5.5)	(-5.5)	—
租赁贸易	5 772 536	144 997	5 627 539
	(62.3)	(32.9)	(63.2)
外商投资企业作为投资进口的设备、物品	16 311 768	—	16 311 768
	(7.7)	—	(7.7)
出料加工贸易	310 993	185 451	125 542
	(151.7)	(303.1)	(61.9)
易货贸易	2 491	1 355	1 136
	(-71.7)	(44.0)	(-85.5)
免税外汇商品	10 280	—	10 280
	(88.6)	—	(88.6)
保税仓库进出境货物	96 464 867	35 366 356	61 098 511
	(18.9)	(32.0)	(12.4)
保税区仓储转口货物	145 743 017	36 501 707	109 241 309
	(70.0)	(70.0)	(70.0)
出口加工区进口设备	3 994 233	—	3 994 233
	(89.0)	—	(89.0)
其他	17 299 609	15 342 612	1 956 998
	(64.7)	(68.4)	(40.5)

注：括号内数为与上年同期比±%。

2010年中国出口商品贸易方式企业性质总值表

单位：千美元

企业性质 贸易方式	合计	国有企业	外商投资企业				集体企业	其他
			小计	中外合作	中外合资	外商独资		
	金额/±%	金额/±%	金额/±%	金额/±%	金额/±%	金额/±%	金额/±%	金额/±%
总值	**1 577 932 252**	**234 360 191**	**862 306 168**	**16 476 175**	**237 604 419**	**608 225 574**	**49 856 074**	**431 409 819**
	(31.3)	**(22.7)**	**(28.3)**	**(13.0)**	**(30.3)**	**(28.0)**	**(23.0)**	**(44.8)**
一般贸易	720 733 435	131 701 159	209 274 656	6 279 388	93 691 402	109 303 866	37 379 469	342 378 152
	(36.0)	(25.5)	(34.5)	(12.1)	(35.8)	(35.0)	(25.3)	(43.0)
国家间、国际组织无偿	293 793	249 363	786	—	718	68	5 645	37 999
援助和赠送的物资	(1.1)	(−1.2)	—	—	—	—	(−34.3)	(28.9)
补偿贸易	455	—	455	338	19	98	—	—
	(219.3)	—	(219.3)	(137.0)	—	—	—	—
来料加工装配贸易	112 316 810	29 345 583	66 402 275	4 041 570	13 020 415	49 340 290	3 746 712	12 822 240
	(20.2)	(8.2)	(28.4)	(11.0)	(51.8)	(25.0)	(16.7)	(12.4)
进料加工贸易	628 016 727	34 431 629	554 138 027	5 616 620	119 171 450	429 349 957	6 540 417	32 906 654
	(27.3)	(29.0)	(25.4)	(13.9)	(24.0)	(26.0)	(14.5)	(71.9)
寄售代销贸易	1 120	58	—	—	—	—	—	1 062
	(−79.8)	(−98.9)	—	—	—	—	—	(400.4)
边境小额贸易	16 407 515	804 747	—	—	—	—	221 771	15 380 997
	(19.4)	(−33.7)	—	—	—	—	(−25.7)	(25.7)
对外承包工程出口货物	12 617 320	12 240 575	53 942	871	50 758	2 313	37 387	285 416
	(−5.5)	(−4.2)	(−54.6)	(53.9)	(−54.0)	(−70.9)	(−26.5)	(−30.0)
租赁贸易	144 997	72 424	1 071	130	477	465	3 372	68 130
	(32.9)	(108.4)	(64.0)	—	(3587.8)	(−27.4)	(−69.7)	(9.0)
出料加工贸易	185 451	85 918	94 617	3 029	4 667	86 921	—	4 916
	(303.1)	(580.7)	(192.5)	(−57.3)	(127.0)	(274.7)	(−100.0)	(370.4)
易货贸易	1 355	7	—	—	—	—	—	1 349
	(44.0)	(−13.4)	—	—	—	—	—	(44.4)
保税仓库进出境货物	35 366 356	20 185 332	7 793 085	503 660	5 284 050	2 005 375	1 297 864	6 090 075
	(32.0)	(38.5)	(−0.5)	(33.1)	(2.9)	(−13.5)	(16.2)	(86.1)
保税区仓储转口货物	36 501 707	4 644 555	24 457 864	30 126	6 343 133	18 084 606	551 697	6 847 591
	(70.0)	(62.5)	(64.5)	(26.5)	(86.3)	(58.1)	(209.7)	(91.6)
其他	15 342 612	597 419	89 199	443	37 310	51 445	71 737	14 584 257
	(68.4)	(13.3)	(12.7)	(99.2)	(52.9)	(−5.6)	(−26.2)	(73.5)

注：括号内数为与上年累计同期比±%。

2010 年中国进口商品贸易方式企业性质总值表

单位：千美元

企业性质 贸易方式	合 计	国有企业	外商投资企业				集体企业	其他
			小 计	中外合作	中外合资	外商独资		
	金额/±%	金额/±%	金额/±%	金额/±%	金额/±%	金额/±%	金额/±%	金额/±%
总 值	**1 394 828 709**	**387 553 174**	**737 999 885**	**7 379 031**	**209 454 404**	**521 166 450**	**34 939 835**	**234 335 814**
	(38.7)	**(34.3)**	**(35.3)**	**(11.2)**	**(31.8)**	**(37.2)**	**(31.7)**	**(61.1)**
一般贸易	767 977 732	311 543 570	266 605 062	3 303 950	106 856 272	156 444 841	26 101 322	163 727 777
	(43.7)	(36.5)	(45.3)	(28.8)	(33.6)	(54.9)	(29.7)	(59.6)
国家间、国际组织无偿援助和赠送的物资	22 035	10 534	—	—	—	—	—	11.502
	(−51.2)	(−52.2)	—	—	—	—	(−100.0)	(−47.9)
其他捐赠物资	184 610	51 534	188	—	—	188	477	132.411
	(35.4)	(179.7)	(−53.3)	(−100.0)	—	(−51. 8)	(127.3)	(12.9)
补偿贸易	—	—	—	—	—	—	—	—
	—	—	—	—	—	—	—	—
来料加工装配贸易	99 294 676	25 220 763	62 167 972	706 580	9 344 561	52 116 831	1 852 406	10 053 535
	(30.7)	(16.0)	(42.2)	(38.3)	(64.0)	(39.0)	(12.1)	(13.5)
进料加工贸易	318 134 357	10 280 948	288 232 069	3 087 708	56 983 399	228 160 962	2 291 537	17 329 804
	(29.1)	(23.7)	(26.9)	(22.5)	(24.4)	(27.6)	(34.8)	(87.5)
寄售代销贸易	1 630	1 630	—	—	—	—	—	—
	(0.3)	(0.3)	—	—	—	—	—	—
边境小额贸易	9 634 156	2 844 240	—	—	—	—	301 305	6 488 611
	(33.8)	(48.3)	—	—	—	—	(−54.5)	(40.4)
加工贸易进口设备	1 212 197	218 570	838 171	8 117	62 002	768 052	31 943	123 513
	(27.0)	(−22.7)	(66.1)	(−1.6)	(59.8)	(67.8)	(−21.7)	(−2.4)
租赁贸易	5 627 539	3 504 757	1 195 721	126	1 003 671	191 924	326 864	600 197
	(63.2)	(77.5)	(18.9)	(−43.8)	(5.0)	(288.8)	(714.6)	(40.4)
外商投资企业作为投资进口的设备、物品	16 311 768	—	16 311 634	106 682	5 347 833	10 857 119	—	134
	(7.7)	—	(7.7)	(−88.2)	(3.0)	(19.9)	—	—
出料加工贸易	125 542	14 889	107 554	3 107	6 160	98 287	4	3.094
	(61.9)	(−50.7)	(131. 1)	(−57.8)	(10. 8)	(192.5)	—	(283.9)
易货贸易	1.136	262	—	—	—	—	—	874
	(−85.5)	(−96.3)	—	—	—	—	—	(15.7)
免税外汇商品	10 280	10 280	—	—	—	—	—	—
	(88.6)	(88.6)	—	—	—	—	—	—
保税仓库进出境货物	61 098 511	21 401 766	24 868 991	118 844	14 305 758	10 444 390	1 725 623	13 102 132
	(12.4)	(11.9)	(3.4)	(52.9)	(−7.7)	(23.2)	(6.2)	(37.0)
保税区仓储转口货物	109 241 309	12 074 935	73 047 005	32 495	14 966 474	58 048 036	2 294 602	21 824 768
	(70.0)	(80.4)	(53.0)	(15.4)	(174.8)	(37.4)	(245.5)	(138.2)
出口加工区进口设备	3 994 233	28 224	3 905 626	177	382 980	3 522 470	224	60.159
	(89.0)	(104.9)	(92.0)	(−57.4)	(277.5)	(82.3)	(252.2)	(−7.9)
其他	1 956 998	346 274	719 891	11 246	195 294	513 351	13 528	877 304
	(40.5)	(56.6)	(33.8)	(4.5)	(25.4)	(38.2)	(63.1)	(40.1)

注：括号内数为与上年累计同期比±%。

2010年中国进出口商品经营单位所在地总值表

单位：千美元

经营单位所在地	进出口	出 口	进 口	比上年±%		
				进出口	出 口	进 口
总 值	**2 972 760 961**	**1 577 932 252**	**1 394 828 709**	**34.7**	**31.3**	**38.7**
北京市	301 477 280	55 456 610	246 020 670	40.4	14.6	47.9
北京新技术产业开发实验区	4 406 140	1 922 239	2 483 901	28.5	24.7	31.7
北京经济技术开发区	15 331 985	4 420 710	10 911 275	40.1	36.2	41.7
天津市	82 200 892	37 517 278	44 683 614	28.8	25.5	31.7
天津新技术产业园区	1 812 754	758 551	1 054 203	11.3	7.0	14.6
天津经济技术开发区	33 803 062	16 418 964	17 384 098	26.9	24.4	29.3
天津港保税区	11 639 654	2 101 105	9 538 550	30.5	20.4	33.0
河北省	41 931 023	22 570 027	19 360 995	41.5	43.9	38.9
石家庄市	10 974 103	5 793 728	5 180 375	99.3	34.5	331.7
石家庄高新技术产业开发区	30 847	14 980	15 867	20.3	11.6	29.8
秦皇岛市	3 509 310	1 884 559	1 624 751	5.8	16.5	-4.4
秦皇岛经济技术开发区	1 986 265	594 923	1 391 342	4.3	36.8	-5.3
山西省	12 578 387	4 709 300	7 869 087	46.8	66.0	37.3
太原市	7 912 496	3 138 406	4 774 091	33.6	61.4	20.0
内蒙古自治区	8 719 053	3 334 850	5 384 203	28.7	44.0	20.8
呼和浩特	1 506 041	759 120	746 921	114.5	118.6	110.5
二连浩特	937 891	364 312	573 579	-0.6	-26.5	28.0
满洲里市	2 272 712	176 963	2 095 749	6.6	-8.6	8.2
辽宁省	80 666 879	43 119 784	37 547 094	28.2	29.0	27.2
沈阳市	7 856 036	4 077 168	3 778 867	19.5	15.7	24.0
沈阳南湖科技开发区	1 164 373	714 444	449 930	-9.7	-1.6	-20.1
大连市	50 862 475	26 424 138	24 438 338	23.0	21.9	24.2
大连经济技术开发区	17 731 759	7 139 933	10 591 826	30.6	33.7	28.6
大连市高新技术产业园区	923 511	649 636	273 875	18.3	12.9	33.4
大连大窑湾保税区	2 860 022	825 110	2 034 913	21.5	-3.2	35.5
丹东市	2 868 509	1 814 427	1 054 081	42.7	25.3	87.5
吉林省	16 846 368	4 476 402	12 369 966	43.5	43.2	43.5
长春市	13 220 221	2 003 752	11 216 469	54.7	85.4	50.3
长春高新技术开发区	624 478	214 001	410 477	48.5	68.6	39.8
珲春市	846 734	743 048	103 686	30.6	30.8	28.8
黑龙江省	25 503 823	16 281 756	9 222 067	57.1	61.5	50.0
哈尔滨市	4 343 691	1 978 088	2 365 603	18.4	34.9	7.4
哈尔滨高新技术开发区	160 615	69 113	91 502	-2.8	37.5	-20.5
黑河市	3 329 855	3 083 239	246 617	49.2	47.7	71.2
绥芬河市	7 121 627	2 033 285	5 088 342	85.2	50.6	1.03.9
上海市	368 892 419	180 724 130	188 168 289	32.8	27.5	38.4
上海漕河泾新兴技术开发区	3 520 772	1 887 709	1 633 062	54.6	57.7	51.1
上海经济技术开发区	6 574	3 883	2 692	223.7	128.2	717.8
上海浦东新区	163 570 689	60 740 351	102 830 338	32.5	24.3	37.8
上海外高桥保税区	72 995 766	16 123 154	56 872 612	40.5	35.6	41.9
江苏省	465 792 323	270 549 963	195 242 360	37.5	35.8	39.9
南京市	45 601 030	24 884 881	20 716 149	35.2	34.8	35.6
南京高新技术外向型开发区	2 278 874	1 226 396	1 052 478	59.7	94.7	32.1
苏州市	274 076 542	153 108 488	120 968 054	36.1	34.2	38.5
苏州工业园	63 583 813	28 610 707	34 973 106	43.5	41.6	45.1
南通市	18 490 284	12 166 507	6 323 777	26.4	22.2	35.2
南通经济技术开发区	3 309 414	1 777 242	1 532 172	25.2	38.8	12.4

2010年中国进出口商品经营单位所在地总值表（续）

单位：千美元

经营单位所在地	进出口	出 口	进 口	比上年±%		
				进出口	出 口	进 口
连云港市	5 071 887	2 600 322	2 471 565	31.5	33.4	29.6
连云港经济技术开发区	2 120 337	761 562	1 358 775	21.4	47.9	10.3
浙江省	253 474 661	180 479 802	72 994 859	35.0	35.7	33.4
杭州市	52 355 485	35 337 407	17 018 078	29.5	30.0	28.6
杭州高新技术产业开发区	1 216 385	895 484	320 900	27.0	33.5	11.8
宁波市	82 904 186	51 967 449	30 936 738	36.3	34.5	39.6
宁波经济技术开发区	13 536 076	5 755 277	7 780 799	33.1	29.8	35.7
温州市	14 324 572	12 234 822	2 089 750	26.6	31.2	5.1
温州经济技术开发区	982 488	850 045	132 443	40.8	41.3	38.0
安徽省	24 275 510	12 415 970	11 859 540	54.8	39.7	74.6
合肥市	9 957 553	5 625 680	4 331 873	54.9	26.5	118.9
合肥高新技术产业开发区	816 394	487 106	329 288	52.3	43.4	67.7
芜湖市	2 609 767	1 668 968	940 799	82.7	86.5	76.4
福建省	108 783 933	71 496 617	37 287 316	36.6	34.1	41.6
福州市	24 583 209	16 308 231	8 274 978	37.7	35.8	41.7
福州经济技术开发区	3 634 836	2 071 915	1 562 920	28.4	31.2	24.8
福州市科技园区	16 847	16 802	45	49.0	70.4	-96.9
厦门市	57 038 126	35 324 674	21 713 451	31.7	27.7	38.7
厦门特区	57 038 126	35 324 674	21 713 451	31.7	27.7	38.7
厦门火炬高技术产业开发区	2 246 581	1 058 113	1 188 469	11.3	9.7	12.7
江西省	21 466 520	13 416 031	8 050 489	68.0	82.1	48.8
南昌市	5 303 642	3 674 270	1 629 372	52.4	72.5	20.8
九江市	1 756 432	1 166 754	589 678	155.6	161.8	144.2
山东省	188 950 848	104 246 952	84 703 896	35.9	31.1	42.2
济南市	7 431 423	4 050 651	3 380 772	30.9	33.0	28.5
济南市高技术产业开发区	12 033	11 870	163	21.6	21.9	3.2
青岛市	57 059 725	33 889 966	23 169 759	26.8	24.3	30.1
青岛经济技术开发区	5 782 413	3 476 742	2 305 671	29.3	38.7	17.2
烟台市	40 780 857	23 636 083	17 144 774	27.2	28.5	25.4
烟台经济技术开发区	8 832 487	4 286 629	4 545 858	-7.0	-19.7	9.4
威海市	9 819 368	6 113 604	3 705 764	30.4	27.7	35.1
威海火炬高技术产业开发区	1 638 406	1 254 405	384 001	32.3	32.4	32.0
河南省	17 791 567	10 534 472	7 257 095	32.0	43.4	18.4
郑州市	5 174 320	3 473 270	1 701 051	46.7	58.7	27.2
郑州高新技术产业开发区	428 756	394 096	34 659	48.1	52.4	12.2
湖北省	25 906 588	14 441 581	11 465 007	50.2	44.7	57.7
武汉市	18 054 957	8 754 129	9 300 828	57.6	50.3	65.1
武汉东湖新技术开发区	5 465 897	2 537 777	2 928 120	144.0	171.6	124.3
湖南省	14 666 930	7 956 300	6 710 631	44.5	44.9	44.1
长沙市	6 081 644	3 551 752	2 529 891	47.7	45.2	51.4
长沙高新技术产业开发区	215 589	110 081	105 508	72.9	125.1	39.2
岳阳市	351 281	154 164	197 117	20.8	36.7	10.8
广东省	784 661 727	453 198 654	331 463 074	28.4	26.3	31.5
广州市	103 775 646	48 380 017	55 395 629	35.3	29.3	41.0
广州经济技术开发区	15 232 041	6 380 409	8 851 631	27.7	20.9	33.1
广州天河高新技术产业开发区	11 310 201	4 136 606	7 173 595	100.4	66.5	127.1
广州保税区	3 088 637	1 322 490	1 766 147	26.3	34.1	21.1
深圳市	346 748 443	204 183 550	142 564 893	28.3	26.1	31.8

2010年中国进出口商品经营单位所在地总值表（续）

单位：千美元

经营单位所在地	进出口	出 口	进 口	比上年±%		
				进出口	出 口	进 口
深圳特区	346 748 443	204 183 550	142 564 893	28.3	26.1	31.8
深圳科技工业园	1 537 903	767 254	770 650	-7.2	-6.4	-8.0
深圳保税区	45 572 200	19 645 670	25 926 529	27.4	15.0	38.7
珠海市	43 479 541	20 861 806	22 617 735	16.1	17.3	15.0
珠海特区	43 479 541	20 861 806	22 617 735	16.1	17.3	15.0
汕头市	7 364 239	4 934 501	2 429 739	22.2	22.9	20.7
汕头特区	4 231 158	2 375 482	1 855 676	25.1	26.0	23.9
湛江市	3 530 713	1 686 202	1 844 510	25.2	23.5	26.9
湛江经济技术开发区	652 225	487 245	164 980	22.6	15.7	48.8
中山市	31 119 037	22 505 052	8 613 984	27.2	26.9	27.9
中山火炬高技术产业开发区	10 832	1 310	9 522	9.2	-35.4	20.6
广西壮族自治区	17 702 065	9 602 830	8 099 235	24.2	14.7	37.8
南宁市	2 205 144	1 586 936	618 208	-21.0	-33.6	52.9
桂林市	905 919	622 305	283 614	23.0	20.7	28.3
桂林新技术产业开发区	369 536	255 104	114 432	34.1	65.3	-5.5
北海市	1 371 675	839 528	532 147	72.2	77.3	64.8
凭祥市	3 497 899	3 253 325	244 574	28.4	29.0	21.2
东兴县	588 025	312 825	275 200	38.4	169.6	-10.9
海南省（全省为特区）	8 634 080	2 320 325	6 313 755	76.9	77.3	76.7
海口市	3 923 516	1 285 116	2 638 399	3.4	30.7	-6.2
海南洋浦经济技术开发区	4 056 582	612 859	3 443 723	526.7	8283.8	438.1
四川省	32 779 058	18 845 036	13 934 022	35.6	33.0	39.4
成都市	24 568 477	13 779 454	10 789 022	38.6	31.9	48.1
成都高新技术产业开发区	2 133 717	1 017 457	1 116 260	40.6	90.0	13.7
重庆市	12 426 338	7 488 748	4 937 590	61.1	75.0	43.9
重庆高新技术产业开发区	131 840	98 437	33 403	88.5	101.7	58.0
贵州省	3 140 175	1 919 651	1 220 524	36.3	41.5	28.8
贵阳市	2 642 860	1 799 990	842 870	50.3	42.2	71.1
云南省	13 367 960	7 605 682	5 762 278	66.1	68.5	63.0
昆明市	10 109 281	5 326 926	4 782 355	78.9	79.4	78.2
畹町市	166 289	33 511	132 777	69.0	63.3	70.5
瑞丽县	615 796	536 929	78 866	33.1	43.1	-9.8
河口县	348 767	247 137	101 630	17.5	22.8	6.4
西藏自治区	835 946	771 029	64 918	107.9	105.4	143.8
拉萨市	826 150	764 561	61 589	113.7	109.1	193.0
陕西省	12 081 484	6 207 398	5 874 086	43.7	55.6	33.0
西安市	10 381 583	5 316 804	5 064 779	43.1	59.5	29.2
西安新技术产业开发区	2 658 574	1 458 894	1 199 679	8.4	39.5	-14.7
甘肃省	7 329 056	1 638 626	5 690 430	89.6	122.8	81.8
兰州市	1 158 922	912 887	246 034	137.4	198.1	35.2
兰州新技术产业开发区	26 298	22 550	3 748	0.1	-10.5	250.4
青海省	789 060	466 296	322 764	34.5	85.1	-3.6
西宁市	666 879	396 319	270 561	49.9	83.8	18.1
宁夏回族自治区	1 960 665	1 170 338	790 328	63.1	57.5	72.0
银川市	1 025 921	663 603	362 318	58.2	47.1	83.7
新疆维吾尔自治区	17 128 342	12 969 814	4 158 529	22.8	18.6	38.0
乌鲁木齐市	5 985 335	4 436 947	1 548 388	60.2	47.3	114.3
乌鲁木齐经济技术开发区	1 906 097	999 873	906 224	272.3	272.6	272.0
博乐市	610 446	361 026	249 420	-44.5	-10.2	-64.2
伊宁市	4 883 914	3 005 385	1 878 530	31.1	10.6	86.2

注：自2010年7月起，厦门经济特区范围扩大到厦门全市；自2010年10月起，珠海经济特区与深圳经济特区范围也分别扩大至珠海、深圳全市。同比指标相应调整。

2010 年中国进出口商品境内目的地/货源地总值表

单位：千美元

境内目的地/货源地	进出口	出 口	进 口	比上年±%		
				进出口	出 口	进 口
总 值	**2 972 760 961**	**1 577 932 252**	**1 394 828 709**	**34.7**	**31.3**	**38.7**
北京市	110 709 989	30 737 197	79 972 792	27.1	5.4	38.0
北京新技术产业开发实验区	2 996 347	1 316 932	1 679 415	17.2	11.9	21.9
北京经济技术开发区	15 735 414	5 953 712	9 781 702	23.5	11.0	32.6
天津市	91 691 308	37 804 390	53 886 917	27.3	24.5	29.4
天津新技术产业园区	1 238 153	475 964	762 190	19.8	15.6	22.6
天津经济技术开发区	29 936 578	15 127 447	14 809 131	23.8	28.6	19.3
天津港保税区	6 304 331	909 259	5 395 072	15.8	24.3	14.5
河北省	61 919 057	27 986 891	33 932 166	53.8	45.8	61.0
石家庄市	7 447 533	4 643 769	2 803 765	67.6	35.4	176.7
石家庄高新技术产业开发区	33 551	10 679	22 873	160.1	36.6	349.9
秦皇岛市	4 404 469	2 150 041	2 254 428	10.3	27.6	-2.4
秦皇岛经济技术开发区	1 427 842	503 166	924 676	7.0	58.4	-9.0
山西省	13 859 932	6 746 179	7 113 753	48.7	64.6	36.1
太原市	5 127 599	2 170 440	2 957 159	23.9	44.2	12.3
内蒙古自治区	11 601 114	4 357 841	7 243 273	22.6	13.5	28.8
呼和浩特	872 026	396 746	475 280	-0.5	-0.5	-0.5
二连浩特	1 067 706	333 390	734 316	-1.6	-30.7	21.6
满洲里市	1 997 917	47 464	1 950 453	4.9	-24.9	6.0
辽宁省	95 247 999	42 965 276	52 282 723	36.4	31.3	40.8
沈阳市	8 361 712	4 258 642	4 103 070	20.0	18.5	21.6
沈阳南湖科技开发区	875 848	530 253	345 595	-14.3	-9.6	-20.5
大连市	57 757 971	25 341 204	32 416 767	27.5	21.6	32.6
大连经济技术开发区	18 660 761	6 978 202	11 682 559	22.9	33.0	17.6
大连市高新技术产业园区	2 131 858	1 486 280	645 578	10.6	9.9	12.4
大连大窑湾保税区	2 188 770	314 493	1 874 277	37.7	0.2	47.0
丹东市	2 743 124	1 668 919	1 074 205	46.5	31.7	77.7
吉林省	17 023 839	4 506 970	12 516 870	43.3	34.7	46.6
长春市	12 638 044	1 558 428	11 079 616	55.9	79.4	53.1
长春高新技术开发区	542 433	142 290	400 143	42.7	55.3	38.7
珲春市	787 016	689 067	97 948	24.9	24.7	26.4
黑龙江省	18 301 989	8 506 380	9 795 609	37.0	33.9	39.8
哈尔滨市	6 266 498	4 375 372	1 891 126	33.8	48.5	8.9
哈尔滨高新技术开发区	121 135	47 252	73 883	8.3	52.4	-8.6
黑河市	492 557	288 911	203 645	47.9	33.9	73.7
绥芬河市	1 568 274	207 246	1 361 028	21.0	8.5	23.1
上海市	365 138 918	173 278 305	192 160 612	33.7	27.4	40.0
上海漕河泾新兴技术开发区	3 436 064	1 803 683	1 632 381	51.0	54.2	47.7
上海经济技术开发区	30 625	10 114	20 511	-38.0	-60.8	-13.1
上海浦东新区	149 206 360	49 769 597	99 436 763	35.5	20.7	44.4
上海外高桥保税区	65 452 467	14 027 314	51 425 154	40.0	33.9	41.8
江苏省	498 759 250	281 457 339	217 301 911	36.3	35.7	37.0
南京市	44 379 642	19 808 925	24 570 717	30.5	27.5	33.1
南京高新技术外向型开发区	2 194 740	1 155 045	1 039 695	65.2	108.1	34.4
苏州市	279 778 447	154 170 984	125 607 463	35.4	34.0	37.1
苏州工业园	64 076 020	28 741 928	35 334 092	41.2	39.6	42.5
南通市	23 609 207	14 975 684	8 633 523	25.9	28.1	22.2
南通经济技术开发区	3 138 904	1 327 199	1 811 704	4.6	19.0	-3.9

2010 年中国进出口商品境内目的地/货源地总值表（续）

单位：千美元

境内目的地/货源地	进出口	出　口	进　口	比上年±%		
				进出口	出　口	进　口
连云港市	8 009 563	2 274 917	5 734 646	38.9	36.3	40.0
连云港经济技术开发区	1 195 746	479 775	715 971	-0.4	45.5	-17.8
浙江省	287 157 951	200 957 385	86 200 565	36.3	36.1	36.7
杭州市	40 035 016	26 600 629	13 434 387	19.6	12.6	36.3
杭州高新技术产业开发区	1 067 136	759 063	308 073	23.4	32.1	6.2
宁波市	98 559 957	51 843 715	46 716 243	37.1	34.6	39.9
宁波经济技术开发区	10 041 979	2 989 834	7 052 145	30.5	21.6	34.7
温州市	15 311 941	13 262 177	2 049 763	32.3	29.9	49.7
温州经济技术开发区	240 294	161 628	78 666	33.8	18.3	83.3
安徽省	23 376 129	10 928 857	12 447 272	49.3	29.7	72.1
合肥市	6 550 125	2 716 317	3 833 807	74.7	21.3	153.9
合肥高新技术产业开发区	528 995	256 327	272 668	55.4	35.9	79.5
芜湖市	3 172 620	1 916 686	1 255 934	61.8	71.8	48.6
福建省	110 545 202	66 622 319	43 922 883	36.1	30.4	45.8
福州市	21 832 306	13 281 176	8 551 130	29.0	23.8	38.0
福州经济技术开发区	2 522 547	1 318 792	1 203 755	44.9	69.3	25.2
福州市科技园区	16 632	16 587	46	64.1	68.1	-83.0
厦门市	43 470 733	24 261 371	19 209 362	33.7	30.5	38.0
厦门特区	43 470 733	24 261 371	19 209 362	33.7	30.5	38.0
厦门火炬高技术产业开发区	2 195 321	1 021 330	1 173 990	11.6	13.0	10.4
江西省	20 796 309	11 805 413	8 990 896	50.4	56.0	43.6
南昌市	3 731 542	2 418 605	1 312 936	33.7	40.7	22.4
九江市	1 501 505	844 128	657 377	115.0	92.1	154.1
山东省	224 873 369	110 320 004	114 553 365	37.5	33.4	41.7
济南市	7 312 409	4 305 200	3 007 209	37.8	44.8	29.0
济南市高技术产业开发区	11 893	9 713	2 181	50.4	30.2	384.1
青岛市	77 479 884	33 168 325	44 311 559	29.5	26.1	32.2
青岛经济技术开发区	7 478 471	3 919 634	3 558 837	35.6	50.5	22.3
烟台市	44 748 383	25 070 260	19 678 123	29.3	33.0	24.9
烟台经济技术开发区	8 689 481	4 135 535	4 553 946	-7.7	-21.1	9.0
威海市	9 948 799	6 411 503	3 537 297	30.1	28.8	32.4
威海火炬高技术产业开发区	1 651 298	1 246 430	404 869	31.6	31.9	30.8
河南省	19 969 109	12 196 766	7 772 344	32.5	39.0	23.4
郑州市	4 267 925	2 679 184	1 588 741	47.1	58.0	31.8
郑州高新技术产业开发区	212 540	173 230	39 310	55.8	49.7	90.0
湖北省	25 995 903	13 905 086	12 090 817	47.1	47.4	46.7
武汉市	15 752 637	6 885 097	8 867 540	55.5	51.8	58.5
武汉东湖新技术开发区	5 197 608	2 397 062	2 800 545	151.6	179.1	132.0
湖南省	15 618 022	8 576 525	7 041 497	34.6	37.5	31.1
长沙市	4 657 871	2 337 152	2 320 719	37.4	30.2	45.5
长沙高新技术产业开发区	163 946	59 947	103 999	41.7	62.7	31.8
岳阳市	586 108	245 927	340 181	-14.5	21.5	-29.6
广东省	833 739 604	467 189 969	366 549 635	31.9	28.9	36.0
广州市	109 840 653	49 321 343	60 519 311	34.9	31.9	37.4
广州经济技术开发区	13 902 495	5 427 460	8 475 035	25.6	23.2	27.2
广州天河高新技术产业开发区	11 033 822	3 986 546	7 047 276	106.2	70.7	133.7
广州保税区	2 936 633	1 285 879	1 650 753	22.4	32.1	15.7
深圳市	352 253 185	196 668 813	155 584 373	35.2	30.4	41.8

2010年中国进出口商品境内目的地/货源地总值表（续）

单位：千美元

境内目的地/货源地	进出口	出 口	进 口	比上年±%		
				进出口	出 口	进 口
深圳特区	352 253 185	196 668 813	155 584 373	35.2	30.4	41.8
深圳科技工业园	29 279	13 814	15 465	-93.7	-93.5	-93.8
深圳保税区	45 100 688	19 327 753	25 772 935	26.7	13.8	38.5
珠海市	38 437 424	20 675 704	17 761 720	20.2	18.9	21.8
珠海特区	38 437 424	20 675 704	17 761 720	20.2	18.9	21.8
汕头市	9 115 142	5 962 773	3 152 369	34.6	35.0	34.0
汕头特区	4 328 725	2 333 524	1 995 201	23.0	28.5	17.1
湛江市	6 926 220	1 914 587	5 011 633	43.1	23.1	52.6
湛江经济技术开发区	555 434	420 800	134 634	34.4	28.7	55.8
中山市	32 260 283	23 755 256	8 505 027	27.9	28.3	26.9
中山火炬高技术产业开发区	38 867	25 595	13 272	64.4	114.6	13.3
广西壮族自治区	19 518 293	6 524 394	12 993 899	43.9	31.5	51.1
南宁市	2 034 675	1 328 557	706 118	24.0	10.4	61.5
桂林市	1 032 526	753 563	278 963	23.8	22.7	26.8
桂林新技术产业开发区	215 314	102 268	113 046	38.3	91.8	10.4
北海市	1 782 050	822 464	959 586	80.2	75.6	84.3
凭祥市	171 579	102 707	68 873	46.0	44.6	48.1
东兴县	19 850	12 909	6 941	71.4	174.0	1.0
海南省（全省为特区）	10 358 973	2 162 035	8 196 938	22.1	23.9	21.7
海口市	2 670 084	488 440	2 181 644	-2.0	34.4	-7.6
海南国际科技工业园	81	81	—	1 3977.6	—	-100.0
海南洋浦经济技术开发区	6 212 979	691 995	5 520 984	30.7	16.1	32.8
四川省	26 347 238	12 405 777	13 941 461	22.5	7.7	39.5
成都市	17 724 699	7 370 677	10 354 022	27.5	2.8	53.8
成都高新技术产业开发区	932 982	387 014	545 968	27.7	38.7	21.0
重庆市	11 830 778	6 995 282	4 835 496	53.3	70.0	34.2
重庆高新技术产业开发区	261 107	221 808	39 299	89.0	96.7	54.8
贵州省	3 448 928	2 014 330	1 434 598	26.5	31.8	19.6
贵阳市	2 634 457	1 702 205	932 252	36.2	32.9	42.7
云南省	10 298 507	5 107 613	5 190 B94	38.1	38.8	37.4
昆明市	7 009 913	3 086 540	3 923 372	39.0	34.0	43.1
畹町市	19 991	18 957	1 033	218.1	239.8	46.7
瑞丽县	206 296	10 373	195 923	45.9	48.3	45.8
河口县	32 301	19 317	12 984	-22.6	157.6	-62.1
西藏自治区	589 474	537 974	51 500	104.1	101.9	131.3
拉萨市	579 625	529 133	50 493	112.4	103.5	291.3
陕西省	11 685 049	5 635 104	6 049 945	34.7	37.7	32.0
西安市	8 043 535	3 774 200	4 269 336	37.1	53.8	25.1
西安新技术产业开发区	998 554	581 289	417 265	9.7	28.8	-9.1
甘肃省	7 312 125	1 275 760	6 036 365	63.1	53.6	65.2
兰州市	727 288	369 499	357 789	18.6	50.6	-2.7
兰州新技术产业开发区	9 220	7 563	1 657	-29.2	-26.3	-39.9
青海省	818 054	317 652	500 402	14.1	60.6	-3.6
西宁市	446 655	104 476	342 179	7.0	16.3	4.4
宁夏回族自治区	2 567 406	1 552 152	1 015 254	30.9	55.9	5.1
银川市	762 884	286 822	476 062	-16.4	29.4	-31.1
新疆维吾尔自治区	21 361 142	12 555 088	8 806 054	32.5	15.1	68.8
乌鲁木齐市	13 155 231	7 371 499	5 783 732	56.9	26.2	127.5
乌鲁木齐经济技术开发区	813 714	294 576	519 138	299.4	101.8	799.4
博乐市	445 199	82 512	362 687	-41.8	-32.4	-43.5
伊宁市	4 164 780	2 429 180	1 735 600	39.7	22.2	74.7

2010 年中国进出口商品关别总值表

单位：千美元

关 别	进出口	出 口	进 口	比上年 ± % 进出口	出 口	进 口
总 值	**2 972 760 961**	**1 577 932 252**	**1 394 828 709**	**34.7**	**31.3**	**38.7**
北京海关	71 900 264	25 328 575	46 571 689	25.2	21.0	27.6
天津海关	164 109 651	79 440 625	84 669 026	32.2	30.2	34.2
石家庄海关	27 353 825	5 446 709	21 907 116	61.4	41.1	67.3
太原海关	4 130 244	84 507	4 045 737	43.8	-5.4	45.4
满洲里海关	9 810 152	869 354	8 940 798	44.5	30.2	46.1
呼和浩特海关	5 224 319	1 399 445	3 824 873	52.2	47.3	54.1
沈阳海关	6 903 125	2 153 401	4 749 725	35.4	24.8	40.8
大连海关	98 323 769	45 974 914	52 348 855	36.0	31.2	40.5
长春海关	7 340 715	1 137 991	6 202 724	29.5	3.3	35.8
哈尔滨海关	6 217 223	4 211 013	2 006 211	50.6	57.2	38.6
上海海关	684 497 738	423 190 756	261 306 983	32.9	30.3	37.3
南京海关	288 365 740	131 609 770	156 755 971	34.7	35.0	34.4
杭州海关	64 613 504	25 784 204	38 829 300	50.3	62.7	43.1
宁波海关	161 363 308	100 526 246	60 837 062	38.0	37.4	38.9
合肥海关	10 476 967	1 763 524	8 713 443	109.1	60.0	123.0
福州海关	19 987 615	11 196 317	8 791 298	33.8	25.0	47.1
厦门海关	85 127 755	53 074 176	32 053 579	38.9	33.7	48.4
南昌海关	9 710 359	3 557 752	6 152 607	58.7	50.5	63.8
青岛海关	238 686 190	112 661 999	126 024 190	38.4	33.8	42.8
郑州海关	5 220 947	1 107 297	4 113 650	20.7	25.2	19.5
武汉海关	14 699 818	6 284 900	8 414 919	50.8	54.4	48.2
长沙海关	6 551 719	2 451 602	4 100 117	30.6	24.7	34.5
广州海关	108 890 730	56 216 819	52 673 912	34.1	31.0	37.5
黄埔海关	181 083 697	91 979 016	89 104 681	29.9	23.3	37.6
深圳海关	475 542 613	286 032 707	189 509 906	34.9	31.9	39.6
拱北海关	66 073 582	39 687 365	26 386 216	20.3	21.3	18.8
汕头海关	14 069 649	9 097 147	4 972 502	30.4	30.1	30.9
海口海关	10 027 877	2 039 832	7 988 045	19.5	23.4	18.5
湛江海关	21 222 114	3 106 926	18 115 188	46.0	42.1	46.6
江门海关	13 654 376	9 481 082	4 173 295	25.4	24.7	26.9
南宁海关	21 647 932	9 912 651	11 735 281	40.3	52.7	31.3
成都海关	15 119 660	3 882 038	11 237 623	33.6	-0.3	51.3
重庆海关	8 819 753	4 809 004	4 010 749	42.1	64.3	22.3
贵阳海关	589 080	117 415	471 665	65.2	19.5	82.6
昆明海关	5 269 354	3 528 893	1 740 461	31.3	44.7	10.5
拉萨海关	575 844	539 123	36 721	103.9	100.8	164.9
西安海关	7 228 402	2 321 035	4 907 367	59.7	85.3	49.8
乌鲁木齐海关	27 584 743	15 867 629	11 717 114	24.2	-0.3	86.0
兰州海关	3 706 769	44 839	3 661 930	46.6	-25.2	48.3
银川海关	730 318	4 689	725 628	-5.4	-56.3	-4.7
西宁海关	309 521	8 967	300 554	15.5	954.9	12.5

2010年中国特定地区进出口总值表

单位：千美元

特定经济地区	进出口	出 口	进 口	比上年±%		
				进出口	出 口	进 口
经济特区	460 131 348	265 065 837	195 065 511	28.1	25.9	31.3
厦门特区	57 038 126	35 324 674	21 713 451	31.7	27.7	38.7
深圳特区	346 748 443	204 183 550	142 564 893	28.3	26.1	31.8
珠海特区	43 479 541	20 861 806	22 617 735	16.1	17.3	15.0
汕头特区	4 231 158	2 375 482	1 855 676	25.1	26.0	23.9
海南特区	8 634 080	2 320 325	6 313 755	76.9	77.3	76.7
经济技术开发区和特殊开放区	302 322 808	137 816 958	164 505 851	32.0	27.3	36.2
其中：上海浦东新区	163 570 689	60 740 351	102 830 338	32.5	24.3	37.8
苏州工业园	63 583 813	28 610 707	34 973 106	43.5	41.6	45.1
海南洋浦经济技术开发区	4 056 582	612 859	3 443 723	526.7	8 283.8	438.1
高新技术产业开发区	110 688 458	58 505 182	52 183 276	38.5	37.9	39.2
保税区	155 850 095	46 762 318	109 087 776	36.2	25.9	41.1
天津港保税区	11 639 654	2 101 105	9 538 550	30.5	20.4	33.0
大连大窑湾保税区	2 860 022	825 110	2 034 913	21.5	-3.2	35.5
上海外高桥保税区	72 995 766	16 123 154	56 872 612	40.5	35.6	41.9
江苏张家港保税区	3 104 333	920 801	2 183 532	36.8	45.7	33.3
宁波北仑港保税区	6 459 100	1 675 928	4 783 172	74.9	67.1	77.8
福建马尾保税区	191 623	61 935	129 688	-21.8	57.4	-36.9
厦门象屿保税区	2 719 916	1 927 599	792 317	41.2	46.0	30.8
山东青岛保税区	5 349 741	1 312 916	4 036 825	68.3	40.9	79.6
广州保税区	3 088 637	1 322 490	1 766 147	26.3	34.1	21.1
深圳福田、沙头角、盐田保税区	45 572 200	19 645 670	25 926 529	27.4	15.0	38.7
珠海保税区	1 491 184	718 677	772 507	13.2	28.6	2.0
汕头保税区	255 084	68 770	186 314	18.2	125.8	0.5
海南海口保税区	122 834	58 164	64 671	-6.9	-10.6	-3.4
出口加工区	189 003 104	123 939 608	65 063 495	31.0	27.4	38.6
其中：天津出口加工区	159 152	123 929	35 223	-13.0	-9.7	-23.1
河北秦皇岛出口加工区	28 753	22 179	6 574	26.2	18.6	61.1
河北廊坊出口加工区	50 588	12 004	38 584	375.2	164.8	531.1
呼和浩特出口加工区	108 698	73 290	35 408	146.2	169.8	108.4
沈阳、张士出口加工区	122 824	52 581	70 243	71.2	27.0	131.4
吉林珲春出口加工区	103 739	84 517	19 223	91.2	76.2	205.3
辽宁大连出口加工区	1 006 460	676 907	329 553	49.7	35.3	91.5
上海漕河泾出口加工区	13 277 774	10 673 822	2 603 952	-12.1	-12.9	-8.8

2010 年中国特定地区进出口总值表（续）

单位：千美元

特定经济地区	进出口	出 口	进 口	比上年±%		
				进出口	出 口	进 口
上海嘉定出口加工区	204 613	124 922	79 691	203.8	109.0	954.3
上海闵行出口加工区	2 016 539	1 317 194	699 345	42.0	60.8	16.4
上海松江出口加工区	47 795 533	36 017 054	11 778 479	43.2	45.8	35.7
上海青浦出口加工区	502 101	270 026	232 075	74.5	41.6	139.3
上海金桥出口加工区南区	300 229	184 143	116 086	26.0	16.8	43.9
江苏南京出口加工区	1 164 911	647 355	517 556	-6.2	-6.7	-5.6
江苏无锡出口加工区	8 084 235	3 913 224	4 171 011	30.1	17.5	44.7
江苏常州出口加工区	530 614	195 366	335 247	440.2	269.1	640.2
江苏苏州高新出口加工区	8 656 237	6 133 392	2 522 845	-10.8	-12.0	-7.7
江苏吴中出口加工区	396 680	248 416	148 265	4 560.9	141 258.1	1 678.8
江苏南通出口加工区	213 518	116 099	97 419	-7.3	-5.8	-9.0
江苏连云港出口加工区	99 890	75 541	24 349	21.0	26.4	6.9
江苏淮安出口加工区	285 931	98 165	187 766	105.5	87.9	116.1
江苏扬州出口加工区	362 069	117 085	244 984	81.2	22.5	134.9
江苏镇江出口加工区	57 439	12 424	45 015	60.4	39.7	67.3
江苏常熟出口加工区	105 490	38 104	67 386	130.0	57.5	211.0
江苏昆山出口加工区	53 395 001	37 124 439	16 270 563	27.9	25.1	34.7
江苏吴江出口加工区	314 666	174 075	140 591	429.3	419.7	441.8
浙江杭州出口加工区	2 884 318	1 880 114	1 004 204	83.8	70.1	116.4
浙江宁波出口加工区	5 609 405	2 169 275	3 440 130	28.5	26.1	30.0
浙江嘉兴出口加工区	101 277	40 127	61 150	302.7	156.3	544.3
浙江慈溪出口加工区	33 826	429	33 397	111.8	-17.1	116.1
安徽芜湖出口加工区	279 172	156 523	122 649	709.1	559.0	1040.3
福州、福清出口加工区	74 159	3 264	70 895	0.0	0.0	0.0
福建厦门出口加工区	762 125	506 843	255 282	30.8	40.1	15.6
福建泉州出口加工区	21 396	4 244	17 152	244.5	292.2	234.4
江西南昌出口加工区	155 433	65 795	89 639	-11.1	66.6	-33.7
江西九江出口加工区	251 433	146 845	104 588	453.6	791.9	261.2
江西赣州出口加工区	3 478	871	2 607	0.0	0.0	0.0
山东济南出口加工区	183 794	81 608	102 187	99.7	50.3	170.7
山东青岛出口加工区	627 135	416 750	210 385	44.2	45.3	42.0
山东烟台出口加工区	20 271 654	11 937 210	8 334 445	48.4	54.6	40.4
山东潍坊出口加工区	59 306	45 582	13 724	151.5	250.8	29.6
山东威海出口加工区	1 043 031	440 079	602 953	55.4	37.4	72.0
河南郑州出口加工区	379 849	202 773	177 076	86.0	81.4	91.6

2010年中国特定地区进出口总值表（续）

单位：千美元

特定经济地区	进出口	出 口	进 口	比上年±% 进出口	比上年±% 出 口	比上年±% 进 口
湖北武汉出口加工区	43 793	3 351	40 441	23.8	-12.0	28.1
湖南郴州出口加工区	91 986	61 921	30 065	5.0	-7.1	43.6
广东广州出口加工区	373 907	334 049	39 858	-7.0	-6.5	-10.5
广东深圳出口加工区	3 280 370	2 179 138	1 101 232	39.0	38.1	41.0
广西北海出口加工区	662 128	445 451	216 677	103.5	173.9	33.1
重庆出口加工区	154 980	64 282	90 698	37.8	23.7	50.0
四川成都出口加工区	8 839 870	2 620 551	6 219 319	37.8	-4.2	69.0
四川绵阳出口加工区	119 487	106 592	12 895	78.9	93.1	11.4
云南昆明出口加工区	22 317	975	21 341	5 019.9	123.7	0.0
陕西西安出口加工区	3 099 382	1 269 639	1 829 742	165.7	207.9	142.7
新疆乌鲁木齐出口加工区	230 410	229 078	1 332	2 307.4	2 796.0	-19.8
保税物流园区	9 691 681	5 666 304	4 025 377	51.4	64.2	36.5
其中：天津保税物流园区	1 035 210	506 895	528 315	111.7	90.9	136.4
上海保税物流园区	3 997 351	1 542 360	2 454 991	27.7	65.9	11.6
宁波保税物流园区	131 790	127 454	4 336	13.0	19.3	-55.7
福州保税物流园区	60 016	4 538	55 478	-46.1	850.4	-50.0
厦门象屿保税物流园区	715 221	544 070	171 150	73.8	72.8	77.0
广州保税物流园区	653 557	160 008	493 550	225.4	198.9	235.0
深圳盐田保税物流园区	3 098 535	2 780 980	317 556	59.7	56.3	98.1
珠澳跨境工业园区	94 977	41 388	53 589	14.3	-26.6	100.7
保税港区	13 854 339	5 011 382	8 842 957	99.9	144.8	81.1
其中：天津东疆保税港区	657 154	89 789	567 365	39.8	188.7	29.3
洋山保税港区	3 553 875	1 178 837	2 375 038	128.2	232.5	97.5
大连大窑湾保税港区	2 503 964	1 495 784	1 008 180	50.6	28.7	101.8
青岛前湾保税港区	618 016	213 864	404 152	90.9	159.4	67.5
广州南沙保税港区	209 602	67 709	141 893	7 483.0	0.0	5 033.4
海南洋浦保税港区	6 251	170	6 081	1 322.0	36.4	1 832.4
深圳前海湾保税港区	1 722 692	1 263 732	458 960	1 352.4	1 473.4	1 098.7
广西钦州保税港区	—	—	—	—	—	—
张家港保税港区	4 266 432	521 182	3 745 250	52.7	55.1	52.3
综合保税区	20 000 776	12 009 612	7 991 164	82.1	72.0	99.9
其中：北京天竺综合保税区	1 132 159	262 413	869 746	358.5	109.5	614.9
天津滨海新区综合保税区	1 123 981	41 480	1 082 501	1 070.2	42 724.2	1 028.1
苏州工业园综合保税区	17 744 636	11 705 718	6 038 918	66.8	70.7	59.8

2010年中国外商投资企业进出口总值表

单位：千美元

外商投资企业	进出口	出　口	进　口	比上年±%		
				进出口	出　口	进　口
合　计	**1 600 306 053**	**862 306 168**	**737 999 885**	**31.4**	**28.3**	**35.3**
中外合作企业	23 855 206	16 476 175	7 379 031	12.4	13.0	11.2
中外合资企业	447 058 823	237 604 419	209 454 404	31.0	30.3	31.8
外商独资企业	1 129 392 024	608 225 574	521 166 450	32.1	28.0	37.2
北京市	69 841 859	22 161 852	47 680 007	30.9	10.3	43.4
中外合作企业	142 285	81 250	61 035	-82.6	662.5	-92.4
中外合资企业	25 453 780	14 744 812	10 708 968	8.5	4.1	15.3
外商独资企业	44 245 794	7 335 790	36 910 004	52.2	24.0	59.4
天津市	58 899 011	26 464 655	32 434 356	31.2	22.2	39.7
中外合作企业	563 472	255 943	307 528	28.5	16.3	40.7
中外合资企业	26 028 345	12 076 935	13 951 410	28.7	20.5	36.9
外商独资企业	32 307 195	14 131 777	18 175 418	33.4	23.8	41.9
河北省	17 501 832	9 223 595	8 278 237	30.3	40.3	20.7
中外合作企业	633 972	184 654	449 318	21.1	-14.7	46.3
中外合资企业	9 164 949	5 275 362	3 889 588	18.6	23.8	12.3
外商独资企业	7 702 911	3 763 580	3 939 331	48.5	79.3	27.6
山西省	2 200 970	880 342	1 320 628	34.9	27.3	40.5
中外合作企业	32 248	17 398	14 850	-4.3	-9.7	3.0
中外合资企业	1 442 098	434 022	1 008 075	51.3	109.8	35.1
外商独资企业	726 624	428 921	287 703	12.7	-7.8	65.7
内蒙古自治区	1 610 337	960 087	650 249	48.2	83.5	15.3
中外合作企业	1 085	1 084	1	-83.5	-66.6	-100.0
中外合资企业	872 244	378 046	494 198	40.0	83.7	18.5
外商独资企业	737 008	580 957	156 051	61.1	84.9	8.9
辽宁省	38 977 654	20 644 152	18 333 502	26.7	25.9	27.6
中外合作企业	598 740	483 743	114 998	8.4	13.5	-8.7
中外合资企业	20 938 835	10 783 689	10 155 147	21.1	21.5	20.7
外商独资企业	17 440 078	9 376 720	8 063 358	34.9	32.1	38.4
吉林省	7 606 010	1 277 868	6 328 142	36.9	25.3	39.4
中外合作企业	69 315	57 721	11 594	49.3	41.3	108.1
中外合资企业	6 171 249	673 561	5 497 688	36.1	15.7	39.1
外商独资企业	1 365 445	546 585	818 860	39.8	37.9	41.1
黑龙江省	1 112 427	698 737	413 690	42.0	41.7	42.4
中外合作企业	2 656	1 969	687	18.3	-11.8	5102.1
中外合资企业	723 764	492 420	231 344	52.5	45.3	70.5
外商独资企业	386 007	204 348	181 659	25.9	34.6	17.3
上海市	249 913 667	125 938 141	123 975 526	33.9	29.8	38.2
中外合作企业	4 224 864	2 500 012	1 724 853	27.9	14.2	54.9
中外合资企业	39 767 158	19 414 358	20 352 800	29.7	20.7	39.6
外商独资企业	205 921 644	104 023 771	101 897 873	34.8	32.1	37.7
江苏省	347 198 384	192 318 586	154 879 799	33.7	31.2	37.0
中外合作企业	1 701 555	864 168	837 387	26.4	17.9	36.7
中外合资企业	75 338 555	37 922 819	37 415 736	42.6	47.2	38.2
外商独资企业	270 158 274	153 531 599	116 626 675	31.4	27.8	36.6
浙江省	92 312 753	58 140 982	34 171 770	33.2	29.8	39.4
中外合作企业	734 718	547 999	186 719	24.0	24.7	21.8
中外合资企业	47 309 221	31 759 053	15 550 168	32.8	33.2	31.9

2010 年中国外商投资企业进出口总值表（续）

单位：千美元

外商投资企业	进出口	出 口	进 口	比上年±%		
				进出口	出 口	进 口
外商独资企业	44 268 814	25 833 931	18 434 883	33.9	26.0	46.7
安徽省	8 119 606	3 253 994	4 865 611	55.2	45.4	62.5
中外合作企业	92 282	45 865	46 417	129.0	31.2	769.3
中外合资企业	4 392 545	1 569 053	2 823 492	49.8	55.9	46.7
外商独资企业	3 634 778	1 639 076	1 995 702	60.9	37.1	87.7
福建省	58 339 955	34 953 672	23 386 283	33.3	27.6	42.8
中外合作企业	321 181	161 608	159 573	24.8	19.0	31.2
中外合资企业	13 707 932	8 018 084	5 689 848	41.5	32.9	55.7
外商独资企业	44 310 843	26 773 980	17 536 863	31.0	26.1	39.1
厦门经济特区	13 321 453	7 613 587	5 707 866	17.5	9.6	30.0
中外合作企业	212 495	68 489	144 006	46.4	57.2	41.7
中外合资企业	2 874 555	1 817 548	1 057 007	14.2	14.4	13.8
外商独资企业	10 234 403	5 727 550	4 506 853	17.9	7.7	34.2
江西省	11 779 230	4 994 627	6 784 603	52.9	54.8	51.4
中外合作企业	30 133	23 437	6 696	29.1	16.3	110.4
中外合资企业	6 888 482	1 704 054	5 184 427	87.7	90.3	86.9
外商独资企业	4 860 615	3 267 136	1 593 480	21.1	41.4	-6.5
山东省	96 280 338	56 567 885	39 112 454	27.4	26.3	28.9
中外合作企业	674 919	450 115	224 803	16.9	13.0	25.6
中外合资企业	45 093 671	26 723 660	18 370 011	34.0	41.3	24.6
外商独资企业	50 511 748	29 394 110	21 117 639	22.1	15.4	32.9
河南省	4 518 028	2 555 910	1 962 118	20.0	39.9	1.2
中外合作企业	42 314	10 337	31 977	-38.2	-4.2	-44.5
中外合资企业	2 892 466	1 530 076	1 362 389	10.4	38.0	-9.9
外商独资企业	1 583 248	1 015 497	567 752	47.1	43.5	54.0
湖北省	11 053 705	5 694 955	5 358 750	57.1	68.1	46.8
中外合作企业	16 614	16 358	256	90.7	100.9	-55.1
中外合资企业	8 215 376	3 904 735	4 310 641	67.6	92.6	50.0
外商独资企业	2 821 716	1 773 862	1 047 853	32.6	31.2	34.9
湖南省	3 099 504	1 291 823	1 807 681	70.1	50.1	88.1
中外合作企业	5 292	1 620	3 672	31.9	22.1	36.7
中外合资企业	1 745 526	589 572	1 155 954	61.2	24.0	90.3
外商独资企业	1 348 686	700 631	648 055	83.6	82.5	84.7
广东省	484 406 790	281 853 190	202 553 600	26.7	25.9	27.7
中外合作企业	13 436 896	10 287 527	3 149 369	10.8	10.7	11.3
中外合资企业	94 774 838	54 747 421	40 027 417	21.0	23.4	17.8
外商独资企业	376 195 056	216 818 243	1 59 376 813	28.9	27.4	30.8
深圳经济特区	211 443 037	120 775 969	90 667 068	25.5	26.8	23.8
中外合作企业	5 347 872	4 735 524	612 349	14.0	13.8	15.4
中外合资企业	35 352 678	19 639 661	15 713 018	26.0	34.0	17.3
外商独资企业	170 742 486	96 400 785	74 341 701	25.8	26.2	25.4
珠海经济特区	29 272 056	16 603 140	12 668 916	9.4	12.3	5.8
中外合作企业	457 951	339 698	118 252	14.3	15.2	11.6
中外合资企业	4 249 410	1 826 862	2 422 548	-21.6	-21.5	-21.6
外商独资企业	24 564 695	14 436 579	10 128 116	17.3	18.7	15.4
汕头经济特区	2 066 805	1 176 894	889 911	24.6	25.3	23.8
中外合作企业	82 652	61 334	21 319	39.9	29.2	83.7

2010 年中国外商投资企业进出口总值表（续）

单位：千美元

外商投资企业	进出口	出 口	进 口	比上年±% 进出口	出 口	进 口
中外合资企业	513 146	336 951	176 195	17.4	33.9	-5.0
外商独资企业	1 471 007	778 610	692 398	26.6	21.6	32.7
广西壮族自治区	4 921 677	2 033 148	2 888 529	33.8	59.1	20.3
中外合作企业	29 815	29 100	715	7.7	8.6	-20.5
中外合资企业	1 528 485	658 446	870 039	62.6	56.9	67.1
外商独资企业	3 363 377	1 345 602	2 017 774	24.1	61.9	7.4
海南省并经济特区	6 225 202	1 276 821	4 948 381	106.5	118.1	103.8
中外合作企业	437 480	416 434	21 046	29.8	27.2	120.9
中外合资企业	5 505 731	692 002	4 813 729	134.7	600.9	114.3
外商独资企业	281 991	168 385	113 606	-14.9	5.7	-34.0
四川省	12 785 911	4 442 964	8 342 948	36.5	6.1	61.2
中外合作企业	16 329	7 698	8 631	20.4	39.8	7.2
中外合资企业	2 717 900	1 004 570	1 713 330	42.1	21.1	58.3
外商独资企业	10 051 682	3 430 695	6 620 987	35.1	2.3	62.1
重庆市	4 757 661	1 650 904	3 106 758	61.3	106.5	44.4
中外合作企业	1 806	1 632	174	2.6	—	-90.1
中外合资企业	3 343 751	1 013 567	2 330 183	42.1	55.9	36.8
外商独资企业	1 412 105	635 705	776 400	137.2	325.7	74.1
贵州省	175 828	105 194	70 634	-5.7	8.0	-20.7
中外合作企业	4 526	2 665	1 861	-17.4	12.7	-40.2
中外合资企业	91 735	42 037	49 698	-5.6	-12.0	0.6
外商独资企业	79 567	60 492	19 075	-5.1	28.1	-47.9
云南省	644 992	330 027	314 965	48.0	21.2	92.6
中外合作企业	16 670	16 662	9	46.6	49.0	-95.5
中外合资企业	287 516	156 229	131 287	25.0	29.8	19.8
外商独资企业	340 806	157 136	183 669	75.1	11.6	241.4
西藏自治区	5 489	29	5 460	453.6	-97.0	80 370.7
中外合资企业	5 488	29	5 459	453.6	-97.0	80 356.3
陕西省	1	—	1	—	—	—
中外合作企业	5 061 538	2 156 665	2 904 873	100.4	94.6	104.8
中外合资企业	4 739	2 558	2 180	-22.9	11.8	-43.4
外商独资企业	1 955 936	975 500	980 436	34.1	29.6	38.8
甘肃省	3 100 864	1 178 607	1 922 256	192.2	233.8	171.5
中外合作企业	144 260	97 499	46 761	34.9	18.8	88.0
中外合资企业	101 302	60 945	40 357	71.1	43.4	141.8
外商独资企业	42 957	36 554	6 403	-8.4	-7.6	-12.7
青海省	134 673	9 840	124 832	-30.7	170.1	-34.5
中外合作企业	1 033	—	1 033	96.0	—	96.0
中外合资企业	133 585	9 786	123 799	-31.0	174.6	-34.9
外商独资企业	55	55	—	-59.2	-30.7	-100.0
宁夏回族自治区	321 578	149 295	172 283	45.2	21.9	74.1
中外合作企业	6 631	6 619	12	-64.6	-7.7	-99.9
中外合资企业	187 777	96 650	91 127	27.1	12.5	47.4
外商独资企业	127 170	46 026	81 144	131.3	56.6	217.3
新疆维吾尔自治区	355 184	178 729	176 455	29.8	16.9	46.1
中外合作企业	11 634	—	11 634	-65.2	—	-65.2
中外合资企业	278 584	152 925	125 658	58.7	21.0	155.6
外商独资企业	64 966	25 804	39 163	0.4	-2.6	2.4

2010 年中国出口主要商品量值表

单位：千美元

商品名称	计量单位	数 量	金 额	比上年±%	
				数 量	金 额
活猪（种猪除外）	万头	172	338 541	3.6	15.7
活家禽	万只	696	26 100	13.8	12.9
肉及杂碎	吨	443 306	1 826 701	17.0	28.5
其中：					
牛肉	吨	22 147	109 086	46.0	52.1
猪肉	吨	110 126	332 013	28.1	42.3
冻鸡	吨	104 357	208 275	40.5	56.7
水海产品	万吨	243	8 802 177	25.6	32.8
其中：					
活鱼	吨	94 358	450 323	5.7	27.4
冻鱼、冻鱼片	万吨	158	4 912 854	31.8	38.1
鲜、冻对虾	吨	38 858	232 435	49.0	85.7
冻虾仁	吨	105 802	685 709	-5.0	0.5
鲜蛋	百万个	1 298	97 886	0.1	21.4
粮食	万吨	275	1 845 405	-5.5	8.5
其中：					
谷物及谷物粉	万吨	120	660 662	-14.6	5.7
其中：					
稻谷和大米	吨	622 338	418 679	-7.6	-3.0
玉米	吨	127 320	33 348	-82.0	-78.1
薯类及含有淀粉的块茎	万吨	39	230 570	-16.4	6.7
豆类	万吨	116	954 173	10.0	10.8
蔬菜	万吨	655	7 980 933	17.5	54.3
其中：					
鲜或冷藏蔬菜	万吨	421	3 771 796	14.2	42.6
干的食用菌类	吨	65 911	996 833	110.0	129.7
鲜、干水果及坚果	万吨	300	2 411 153	-17.7	9.2
其中：					
橘、橙	吨	814 322	520 978	-19.1	15.4
苹果	吨	1 122 953	831 627	-14.6	12.7
梨	吨	437 804	243 265	-8.6	18.6
松子仁	吨	7 027	159 277	-3.5	-9.4
乳品	吨	33 761	43 942	8.5	30.1
果蔬汁	万吨	90	864 095	54.5	141.9
其中：					
橙汁	吨	22 061	15 260	19.4	3.0
苹果汁	万吨	79	747 089	52.9	148.8
食用油籽	万吨	53	621 705	-0.1	17.1
其中：					
大豆	万吨	16	118 254	-41.9	-39.9
花生、花生仁	万吨	19	241 756	43.8	73.4
食用植物油（包括棕榈油）	吨	92 461	122 616	-69.2	-63.7
其中：					
豆油	吨	59 297	65 081	-76.1	-73.0
菜籽油和芥子油	吨	3 804	5 206	-68.0	-71.8
花生油	吨	7 789	17 435	-46.1	-54.1
烘焙花生	吨	126 652	202 504	5.5	22.8
食糖	吨	94 348	63 857	-8.7	-4.7
天然蜂蜜	吨	101 138	182 513	44.7	59.8
茶叶	吨	302 525	784 118	8.2	20.8
辣椒干	吨	44 535	114 999	0.5	7.3
猪肉罐头	吨	41 932	106 039	0.7	3.1
制作或保藏的河鳗	吨	36 560	657 612	2.9	42.9

2010年中国出口主要商品量值表（续）

单位：千美元

商品名称	计量单位	数 量	金 额	比上年±%	
				数 量	金 额
番茄酱	万吨	103	811 705	-24.5	-26.3
蘑菇罐头	吨	329 621	461 850	5.3	27.6
啤酒	万升	19 410	112 343	-17.5	-16.1
肠衣	吨	74 961	829 300	5.5	19.0
填充用羽毛；羽绒	吨	32 087	366 762	-4.1	30.0
药材	吨	226 056	631 768	-7.8	59.8
烤烟	吨	90 784	438 622	-13.3	-5.8
纸烟	万条	9 841	311 537	31.2	57.6
肥料	万吨	1 657	5 473 163	189.2	260.0
其中：					
矿物肥料及化肥	万吨	1 614	5 395 058	194.7	266.0
其中：					
尿素	吨	7 027 044	2 096 099	200.7	271.3
锯材	万立方米	53	340 425	-2.2	10.4
胶合板及类似多层板	万立方米	755	3 402 172	15.7	19.5
印刷品	吨	1 063 024	2 705 256	-5.1	7.0
生丝	吨	8 509	338 850	1.3	49.1
羊绒	吨	2 740	219 631	-5.6	26.0
棉花	吨	6 453	9 208	-85.8	-94.9
黏土及其他耐火矿物	万吨	658	1 332 002	16.8	36.8
其中：					
天然石墨	万吨	59	207 192	3.1	15.7
天然碳酸镁；氧化镁	万吨	249	661 571	-1.6	22.9
萤石（氟石）	万吨	60	133 809	49.2	76.5
天然硫酸钡（重晶石）	万吨	257	174 671	4.2	4.3
滑石	万吨	59	118 041	-10.3	4.6
铝矿砂及其精矿	吨	24 497	479 094	263.5	386.1
煤	万吨	1 903	2 252 219	-29.6	4.6
焦炭及半焦炭	万吨	335	1 392 666	411.3	439.4
粗苯	万吨	—	—	—	—
原油	万吨	303	1 651 152	-32.7	-21.5
成品油	万吨	2 688	17 044 039	-48.2	-46.6
其中：					
汽油	万吨	517	3 769 989	-61.8	-60.3
煤油	万吨	605	4 495 038	-43.0	-35.7
柴油	万吨	464	3 253 163	-65.6	-63.3
其他燃料油	万吨	990	4 604 422	-27.6	-24.8
石脑油	万吨	87	629.234	-100.0	-100.0
液化石油气及其他烃类气	万吨	93	670 374	-5.3	15.9
石蜡	万吨	52	691 996	-2.4	16.0
电流	万千瓦时	1 905 940	1 173 192	-18.1	-19.7
稀土	吨	39 813	939 719	-64.3	298.6
氧化铝	吨	57 040	34 243	-42.8	-28.5
钨品	吨	26 364	688 538	2.1	57.2
其中：					
钨矿砂	吨	160	1.860	-39.9	29.0
仲钨酸铵	吨	5 475	109 357	-27.4	11.8
钨及其制品	吨	3 587	153 262	-5.6	32.5
氧化锌及过氧化锌	吨	16 581	27 240	-38.6	-29.6
碳酸钠（纯碱）	万吨	158	300 376	-27.8	18.5
柠檬酸	万吨	73	686 512	21.2	61.2
合成有机染料	吨	272 830	1 175 976	-12.4	3.0
锌钡白（立德粉）	吨	33 113	17 201	-13.8	-8.1

2010 年中国出口主要商品量值表（续）

单位：千美元

商品名称	计量单位	数 量	金 额	比上年 ± %	
				数 量	金 额
医药品	—	686 782	10 704 817	—	12. 4
其中：					
维生素 C	吨	114 712	798 450	32. 4	-26. 3
抗菌素（制剂除外）	吨	100 478	2 890 779	24. 7	26. 11
中式成药	吨	13 910	196 207	20. 5	20. 6
医用敷料	吨	157 116	949 977	3. 7	23. 4
美容化妆品及护肤品	吨	111 641	1 009 516	17. 8	32. 9
口腔及牙齿清洁剂	吨	88 355	180 092	12. 8	26. 5
洗衣粉	吨	294 172	183 959	-24. 2	-21. 3
烟花、爆竹	吨	301 104	553 462	10. 1	13. 9
松香及树脂酸	吨	249 802	486 751	-19. 9	92. 9
农药	吨	612 762	1 769 744	36. 8	53. 5
初级形状的聚氯乙烯	万吨	27	282 740	-61. 0	-49. 0
新的充气橡胶轮胎	万条	36 962	10 388 157	4. 4	28. 4
家用或装饰用木制品	万吨	55	1 302 169	2. 8	13. 7
纸及纸板（未切成形的）	万吨	380	3 791 198	-4. 9	9. 4
其中：					
新闻纸	吨	113 235	65 126	-9. 4	11. 3
牛皮纸	吨	148 287	65 181	-46. 2	-2. 7
纺织纱线、织物及制品	—	—	77 051 474	—	18. 4
其中：					
棉纱线	吨	525 104	2 250 996	-30. 5	16. 1
丝织物	—	—	998 832	—	47. 0
毛纺机织物	—	—	531 916	—	9. 5
棉机织物	—	—	11 386 500	—	26. 4
亚麻及苎麻机织物	万米	25 593	610 487	-2. 1	9. 7
合成短纤与棉混纺机织物	万米	250 072	2 306 961	-15. 9	23. 7
地毯	万平方米	56. 690	1 956 350	-4. 2	21. 8
塑料编织袋（周转袋除外）	万条	567 830	818 185	6. 3	13. 0
水泥及水泥熟料	万吨	1 616	723 070	-16. 4	-7. 8
花岗岩石材及制品	万吨	804	2 563 517	6. 2	10. 9
平板玻璃	万平方米	17 398	652 323	21. 0	52. 9
玻璃制品	—	3 129 206	4 594 469	—	15. 9
家用陶瓷器皿	万吨	189	2 436 796	2. 0	10. 5
珍珠、钻石、宝石及半宝石	—	—	2 278 540	—	41. 4
生铁及镜铁	万吨	71	303 003	-49. 0	-35. 5
铁合金	万吨	126	2 216 772	-43. 1	34. 4
钢坯及粗锻件	万吨	14	81. 3D4	-99. 3	-96. 4
钢材	万吨	4 256	36 819 320	-14. 5	14. 9
其中：					
钢铁棒材	万吨	519	3 788 371	4. 2	44. 3
角钢及型钢	万吨	208	1 358 452	-33. 9	-16. 6
钢铁板材	万吨	2 481	19 369 260	-29. 6	-3. 6
钢铁线材	万吨	152	1 623 608	-16. 2	12. 5
钢铁管配件	万吨	121	2 636 660	28. 4	45. 2
废钢	吨	372 831	161 209	3 662 5	3 457 0
未锻造的铜及铜材	吨	548 118	4 182 620	-8. 4	12. 0
其中：					
未锻造的铜（包括铜合金）	吨	39 538	310 773	-21. 7	4. 7
铜材	吨	508 580	3 871 847	-4. 5	14. 1
未锻造的铝及铝材	万吨	293	9 078 444	22. 9	24. 3
其中：					
未锻造的铝（包括铝合金）	吨	754 378	1 535 610	21. 8	50. 3

2010年中国出口主要商品量值表（续）

单位：千美元

商品名称	计量单位	数 量	金 额	比上年±%	
				数 量	金 额
铝材	万吨	218	7 542 834	23.4	18.8
未锻造的锌及锌合金	吨	43 395	101 742	-73.2	-74.3
未锻造的锡及锡合金	吨	714	18 402	5 157.4	4 718.5
未锻造的锑、粉末及废碎料	吨	5 173	39 910	-31.2	23.0
镁及其制品（包括废碎料）	吨	383 980	1 062 226	0.1	11.2
未锻造的锰	吨	102 890	294 411	-37.1	-13.2
钢铁或铜制标准紧固件	万吨	225	3 564 096	23.4	41.0
不锈钢厨具、餐具等家用器具	吨	356 860	1 840 750	0.5	9.8
餐桌、厨房及其他家用搪瓷器	吨	119 062	254 508	-1.1	4.9
手用或机用工具	万吨	135	5 650 954	4.6	21.3
电扇	万台	52 118	2 993 023	12.8	21.2
空气调节器	万台	4 269	7 812 454	55.5	78.9
冰箱	万台	3 066	3 803 616	7.2	13.8
洗衣机	万台	1 789	2 327 635	17.4	26.0
微波炉	万个	5 308	2 202 949	-3.4	7.9
纺织机械及零件	—	—	1 756 567	—	32.8
家用型缝纫机	万台	892	368 348	-4.6	-4.7
工业用缝纫机	万台	299	734 357	10.8	47.3
金属加工机床	万台	761	1 852 975	-10.4	38.1
其中：					
车床	台	77 836	372 053	34.8	9.1
铣床	台	29 418	65 011	35.6	78.3
电子计算器(包括具有计算功能的袖珍数据记录重现机)	万台	37 446	751 826	-7.5	-26.9
自动数据处理设备及其部件	万台	166 724	163 952 991	10.3	20.3
其中：					
自动数据处理设备	万台	21 823	106 714 332	65.2	28.2
其中：					
便携式电脑	万台	19 384	95 333 183	67.1	35.5
微型电脑	万台	1 046	7 257 897	-31.5	-44.5
中央处理部件	万台	2 909	11 113 606	-24.1	-4.9
显示器	万台	8 740	9 702 104	-4.7	-13.2
其中：					
液晶显示器	万台	8 669	9 618 695	-3.7	-12.2
阴极射线管显示器	万台	70	82.075	-82.5	-82.8
存储部件	万台	40 766	13 285 935	6.0	17.1
键盘、鼠标器	万个	56 328	2 409 164	-7.5	-3.8
自动数据处理设备的零件	万吨	96	30 687 594	-5.8	-3.4
打印机（包括多功能一体机）	万台	8 870	15 139 420	5.1	21.2
液晶显示板	万个	224 976	26 462 115	4.3	4.7
轴承	万套	409 997	2 360 740	16.9	40.9
电动机及发电机	万台	352 969	7 304 938	-1.4	18.6
变压器	万个	278 755	2 597 471	0.7	7.9
静止式变流器	万个	317 405	12 890 875	5.8	23.1
原电池	百万个	25 476	1 671 432	-11.3	-8.0
蓄电池	万个	256 168	6 486 011	-0.3	-13.4
电话机	万台	90 395	48 926 620	6.6	-9.3
其中：					
手持或车载无线电话机	万台	75 789	46 737 495	8.5	-9.5
扬声器	万个	183 223	3 773 135	2.3	19.8
激光唱机	万台	971	220 889	-12.3	-15.4
录、放像机	万台	18 078	8 640 471	-23.8	-36.3
其中：					
DVD 播放机	万台	13 070	5 561 609	0.3	13.3

2010年中国出口主要商品量值表（续）

单位：千美元

商品名称	计量单位	数 量	金 额	比上年±%	
				数 量	金 额
声音录制或重放设备	万台	4 068	994 969	3.1	8.1
收音设备（包括收录音组合机及整套散件）*	万台	25 731	3 811 489	22.4	66.4
电视机（包括整套散件）	万台	6 723	14 846 332	-4.2	15.0
其中：					
彩色电视机（包括整套散件）	万台	6 628	14 832 811	-3.3	15.0
黑白电视机（包括整套散件）	万台	95	13 521	-55.2	20.8
录放音、像机及唱机的零附件	—	—	3 580 520	—	-19.7
电视机、收音机及无线电讯设备的零附件	吨	784 149	12 426 559	-2.6	5.7
电容器	吨	89 661	3 043 925	5.8	7.1
印刷电路	百万块	27 012	11 212 173	5.9	9.8
通断保护电路装置及零件	—	—	14 765 965	—	21.8
节能灯	百万只	3 009	2 992 223	-13.5	-12.2
二极管及类似半导体器件	百万个	295 486	30 252 746	-6.6	74.2
集成电路	百万个	83 154	29 245 560	24.1	0.0
其中：					
处理器及控制器	万个	2 968 613	15 427 380	8.0	-15.4
存储器	万个	1 418 776	8 648 846	20.2	13.2
放大器	万个	253 644	577 770	48.2	37.9
电线和电缆	万吨	174	12 888 559	1.1	18.3
集装箱	万个	250	7 231 671	188.4	365.2
汽车（包括整套散件）	万辆	54	6 195 297	28.0	18.6
其中：					
小轿车（包括整套散件）	辆	179 940	1 276 317	36.1	43.6
四轮驱动轻型越野车（包括整套散件）	辆	22 502	193 620	41.7	65.6
小客车（九座及以下的）（包括整套散件）	辆	39 918	294 368	102.8	89.5
货车（包括整套散件）	辆	208 979	2 297 728	32.9	7.0
装有引擎的汽车底盘	台	6 977	86 983	-63.3	-68.4
汽车零件	—	—	18 652 403	—	24.1
摩托车	万辆	1 068	4 391 187	15.7	13.9
自行车	万辆	5 816	2 612 102	19.9	30.4
摩托车及自行车的零件	—	—	3 471 609	—	6.7
船舶	艘	2 034 908	39 202 555	35.4	-8.5
其中：					
液货船（包括成品油船、原油船和液化石油及天然气船）	艘	259	6 916 899	-34.4	-68.2
冷藏船	艘	1	2.212	—	—
集装箱船	艘	105	3 825 984	-61.5	-45.1
滚装船	艘	13	688.066	-100.0	-100.0
散货船	艘	586	20 950 054	67.7	59.6
照相机	万架	12 850	7 170 043	-22.1	-14.4
其中：					
数字式相机	万架	10 955	7 077 01.5	-16.0	-14.5
医疗仪器及器械	—	5 501 904	—	12.1	
手表	万只	67 138	1 420 976	-11.9	-10.3
其中：					
机械手表	万只	433	44 230	18.7	1.3
电动手表	万只	66 705	1 376 746	-12.1	-10.7
日用钟	万只	43 163	854 573	-0.4	4.6
家具及其零件	—	—	32 986 489	—	12.5
床垫、寝具及类似品	—	—	5 941 946	—	10.8
灯具、照明装置及类似品	—	—	10 108 863	—	16.6
箱包及类似容器	—	—	18 015 172	—	32.5
体育用品及设备	—	—	7 834 598	—	13.4

2010 年中国出口主要商品量值表（续）

单位：千美元

商品名称	计量单位	数 量	金 额	比上年±%	
				数 量	金 额
服装及衣着附件	—	—	129 478 318	—	18.3
其中：					
织物制服装	—	—	108 869 085	—	17.6
其中：					
非针织钩编织物服装	—	—	49 169 347	—	19.9
针织或钩编的服装	—	—	59 699 738	—	15.7
皮革服装	万件	1 842	855 561	-14.2	-10.2
裘皮服装	吨	3 135	1 035 724	9.5	19.7
裘皮服装	万件	293	1 035 724	8.8	19.7
皮革手套	万双	61 760	932 365	8.5	28.6
织物制手套	万双	491 491	1 856 727	11.3	30.7
织物制袜子	万双	1 201 323	4 422 655	6.2	19.8
帽类	万个	825 360	2 717 806	—	15.5
鞋类	—	—	35 631 261	—	21.3
其中：					
鞋	万双	992 987	33 662 230	10.0	20.4
其中：					
外底及鞋面均以橡胶或塑料制的鞋	万双	609 386	14 998 740	14.6	29.6
皮面鞋	万双	100 179	10 448 968	1.8	13.8
橡胶或塑料底纺织材料为面的鞋	万双	179 274	5 637 207	19.8	38.9
鞋靴零件；护腿及类似品	吨	325 544	1 969 031	15.0	36.2
塑料制品	吨	7 426 674	18 657 574	3.8	14.2
玩具	—	—	10 075 834	—	19.3
游戏机	万台	12 534	7 532 371	-16.9	1.5
圣诞用品	吨	447 197	1 696 298	-52.2	-31.4
足球、篮球、排球	万个	22 691	442 152	-1.3	5.8
打火机	百万个	5 562	485 693	-17.3	-13.1
艺术品、收藏品及古董	—	—	160 487	—	139.5
贵金属或包贵金属的首饰	千克	640 693	4 776 166	-9.0	87.5
伞	万把	50 163	2 175 130	0.7	7.7
竹编结品	吨	39 775	146 008	8.4	34.3
藤编结品	吨	18 689	120 503	-10.5	-15.4
草编结品	吨	35 675	167 829	-25.1	-12.5
柳编结品	吨	88 320	419 182	-24.2	-12.1
* 农产品	—	—	48 871 122	—	27.1
* 机电产品	—	—	933 434 046	—	16.3
金属制品	吨	23 843 493	57 327 293	3.9	15.6
机械设备	—	—	309 833 421	—	17.9
电器及电子产品	—	—	388 790 354	—	14.1
运输工具	—	—	88 879 793	—	28.6
仪器仪表	—	—	52 127 894	—	9.6
其他	—	—	36 475 292	—	10.5
* 高新技术产品	—	—	492 413 917	—	14.3
生物技术	—	—	355 234	—	11.0
生命科学技术	—	—	13 874 256	—	15.5
光电技术	—	—	28 625 632	—	6.2
计算机与通信技术	—	—	356 023 733	—	12.3
电子技术	—	—	77 475 128	—	23.7
计算机集成制造技术	—	—	7 720 326	—	16.4
材料技术	—	87 779	4 423 618	4.9	57.9
航空航天技术	—	—	3 493 857	—	60.0
其他技术	—	—	-422 134	—	49.3

注：*“农产品”、“机电产品”和“高新技术产品”包括本表中已列名的有关商品。

2010年中国进口主要商品量值表

单位：千美元

商品名称	计量单位	数 量	金 额	比上年±%	
				数 量	金 额
冻鱼	吨	2 003 384	3 132 084	3.8	2.0
鲜、干水果及坚果	吨	2 611 025	2 061 262	43.9	33.5
其中：					
香蕉（包括芭蕉）	吨	665 230	246 735	124.0	104.2
鲜龙眼	吨	291 336	193 166	50.4	59.9
粮食	万吨	6 695	28 087 616	0.3	25.5
其中：					
谷物及谷物粉	万吨	571	1 527 260	-58.2	-26.7
其中：					
玉米	吨	1 573 202	367 947	-55.1	-10.5
小麦	吨	1 230 665	315 836	-96.9	-95.5
其中：					
小麦粉	吨	11 943	6 733	-0.8	-3.3
大麦	吨	2 367 156	536 133	-50.2	-47.2
稻谷和大米	吨	388 161	271 359	7.6	42.2
大豆	万吨	5 480	25 081 233	13.5	32.2
食用植物油	万吨	687	6 026 715	11.8	46.3
其中：					
豆油	万吨	134	1 203 269	-30.5	-20.0
花生油	吨	68 458	86 675	690.2	680.2
橄榄油	吨	24 743	93 958	152.7	108.2
棕榈油	万吨	431	3 586 407	11.3	53.4
菜籽油和芥子油	吨	985 324	921 129	203.6	270.3
食糖	万吨	177	905 783	515.1	445.8
酒类	千升	394 978	1 569 258	87.5	47.9
其中：					
啤酒	千升	46 718	58 310	-6.7	4.8
葡萄酒	千升	304 903	1 333 347	103.6	51.2
饲料用鱼粉	万吨	104	1 663 882	-24.1	-18.5
豆饼、豆粕	吨	187 743	80 416	542.6	556.1
纸烟	万条	1 877	74 876	13.3	10.8
天然橡胶（包括胶乳）	万吨	186	5 666 878	-0.2	68.9
合成橡胶（包括胶乳）	吨	1 565 440	4 269 755	14.5	42.5
原木	万立方米	3 435	6 071 094	13.1	27.4
锯材	万立方米	1 476	3 868 635	46.2	53.9
胶合板及类似多层板	万立方米	21	116 042	11.0	24.8
其中：					
木质薄板制胶合板	万立方米	17	91 446	15.6	26.2
纸浆	万吨	1 137	8 817 786	10.3	37.7
羊毛	吨	317 940	1 962 899	-3.9	10.5
毛条	吨	15 422	80 094	-47.4	-41.2
棉花	万吨	284	5 655 856	113.3	245.5
二醋酸纤维丝束	吨	113 671	549 888	166.4	160.3
纺织用合成纤维	万吨	37	944 679	20.2	38.9
其中：					
聚酯纤维	吨	143 019	226 271	1.3	21.1
聚丙烯腈纤维	吨	196 425	556 810	43.0	73.0
人造纤维短纤	吨	102 239	302 736	40.2	58.8
铁矿砂及其精矿	万吨	61 863	79 427 005	-6.4	57.3
锰矿砂及其精矿	万吨	1 158	2 805 053	-9.6	-10.0
铜矿砂及其精矿	万吨	647	12 678 559	-3.5	18.0
铬矿砂及其精矿	万吨	866	2 398 089	25.0	61.7
氧化铝	万吨	431	1 498 562	17.0	46.4
煤	万吨	16 478	16 932 080	6.1	35.7

2010年中国进口主要商品量值表（续）

单位：千美元

商品名称	计量单位	数 量	金 额	比上年±%	
				数 量	金 额
原油	万吨	23 931	135 151 090	-1.9	7.2
成品油	万吨	3 688	22 343 018	19.9	41.2
其中：					
汽油	吨	133	448	—	—
煤油	万吨	487	3 506 5061	-23.7	-11.1
柴油	万吨	180	1 241 828	520.7	691.8
其他燃料油	万吨	2 299	11 053 647	-5.7	0.0
液化石油气及其他烃类气	万吨	1 263	5 373 204	31.5	11.1
其中：					
液化天然气	万吨	936	3 020 534	87.0	72.9
甲苯	吨	829 329	703 383	20.2	30.9
二甲苯	万吨	419	4 367 241	0.8	26.7
苯乙烯	吨	3 685 993	4 404 938	-6.6	9.8
乙二醇	吨	6 639 920	5 707 711	0.8	30.4
异氰酸酯	吨	262 291	675 507	28.5	28.5
对苯二甲酸	吨	6 641 616	6 245 561	-1.7	26.6
己内酰胺	吨	631 438	1 560 252	-6.7	24.4
医药品	—	75 423	8 040 511	—	30.1
其中：					
抗菌素（制剂除外）	吨	1 133	383 995	10.2	25.8
抗菌素制剂	吨	7 871	766 662	30.4	18.1
美容化妆品及护肤品	吨	23 091	806 389	32.9	33.6
肥料	万吨	718	2 596 498	112.7	113.6
其中：					
矿物肥料及化肥	万吨	708	2 558 938	110.8	111.6
其中：					
尿素	吨	13 256	3 043	-52.2	4.5
氮、磷、钾复合肥	万吨	108	445 864	-39.1	-12.6
磷酸氢二铵	万吨	42	157 676	-100.0	-100.0
氯化钾	万吨	524	1 840 566	689.4	517.4
硫酸钾	万吨	11	51 259	—	62.6
合成有机染料	吨	50 182	430 313	-10.6	9.0
钛白粉	吨	269 038	644 165	-6.4	6.5
聚合物油漆及清漆	吨	197 430	894 954	10.7	7.3
感光材料	—	—	873.087	—	1.9
初级形状的塑料	万吨	2 391	43 561 867	2.5	17.3
其中：					
初级形状的聚乙烯	吨	4 878 924	6 4177 225	-6.2	
初级形状的线型低密度聚乙烯	吨	2 480 946	3 265 753	15.8	26.3
初级形状的聚丙烯	吨	3 869 070	5 175 173	5.9	24.2
初级形状的苯乙烯聚合物	吨	3 697 742	6 674 155	-8.4	10.8
其中：					
ABS树脂	吨	2 169 958	4 216 110	-12.8	10.2
初级形状的聚氯乙烯	吨	1 509 812	1 624 688	20.7	34.1
初级形状的聚酯	吨	1 891 649	5 574 338	-1.1	17.8
其中：					
聚酯切片（PET）	吨	237 755	334 635	-29.9	-9.8
聚酰胺切片	吨	805 269	2 472 786	-4.3	17.1
非泡沫塑料的板、片、膜、箔	吨	902 492	6 871 030	13.5	44.0
废塑料	万吨	801	5 087 526	3.2	28.2
农药	吨	50 701	421 274	-23.3	12.5
牛皮革及马皮革	吨	869 956	3 221 448	-13.0	-5.6
废纸	万吨	2 435	5 352 897	2.4	42.5
纸及纸板（未切成形的）	万吨	331	3 696 411	-11.3	2.6

2010 年中国进口主要商品量值表（续）

单位：千美元

商品名称	计量单位	数 量	金 额	比上年±%	
				数 量	金 额
其中：					
新闻纸	万吨	4	18 642	-77.6	-70.5
牛皮纸	万吨	83	561 586	-20.9	1.3
瓦楞原纸	万吨	23	80 212	-25.0	-8.8
涂布纸	万吨	153	2 034 176	-1.8	3.2
纺织纱线、织物及制品	—	—	17 724 949	—	15.6
其中：					
毛纱线	吨	21 360	182 708	74.8	72.9
棉纱线	吨	1 112 460	3 213 128	0.6	56.3
合成纤维纱线	吨	506 244	1 869 681	5.3	29.3
其中：					
聚酰胺纤维长丝（缝纫线除外）	吨	198 469	762 565	-5.1	27.3
聚酯纤维长丝（缝纫线除外）	吨	172 716	422 256	7.3	24.4
丝织物	—	—	104.964	—	1.9
棉机织物	—	—	1 731 983	—	-2.9
合成纤维长丝机织物	万米	137 326	1 945 193	-7.9	4.6
合成短纤与棉混纺机织物	万米	11 363	183 555	-18.8	7.3
化纤起绒、绳绒及毛圈机织物	万米	1 830	51 025	30.4	17.8
涂覆浸渍塑料的织物	吨	174 601	1 180 954	-8.9	1.9
针织或钩编织物	万米	157 920	2 344 888	-1.5	-0.4
服装及衣着附件	—	—	2 514 994	—	62.7
玻璃纤维及其制品	吨	256 802	924 098	16.9	20.8
钻石	千克	3 624	3 998 101	22.0	77.0
废金属	万吨	1 310	19 612 324	-19.4	12.3
其中：					
废钢	万吨	585	3 004 974	-29.9	-12.0
废铜	万吨	436	12 236 478	-2.2	22.0
废铝	万吨	285	4 293 668	-16.1	8.5
钢坯及粗锻件	万吨	64	579 119	-25.6	15.0
钢材	万吨	1 643	20 112 471	-4.8	3.9
其中：					
钢铁棒材	万吨	113	1 635 302	4.6	27.1
角钢及型钢	万吨	46	418 424	50.1	75.3
钢铁板材	万吨	1 392	14 853 496	-6.6	3.3
钢铁管材及空心异形材	万吨	48	1 722 262	-9.1	-21.3
钢铁制标准紧固件	吨	258 761	2 666 164	7.0	2.6
未锻造的铜及铜材	吨	4 292 486	32 736 605	-6.7	16.7
其中：					
未锻造的铜（包括铜合金）	吨	3 381 942	25 136 457	-2.1	23.0
铜材	吨	910 545	7 600 148	-20.6	-0.8
未锻造的铝及铝材	吨	955 432	3 926 194	-29.1	-6.6
其中：					
未锻造的铝（包括铝合金）	吨	364 873	800 708	-47.5	-35.1
铝材	吨	590 560	3 125 486	-11.3	4.6
钢铁或铝制结构体及其部件	吨	118 421	498 492	-19.8	-6.6
蒸汽锅炉及过热水锅炉	台	384	70 519	5.6	34.6
活塞式内燃机的零件	吨	201 888	3 328 076	28.1	16.4
涡轮喷气发动机	台	342	1 290 490	36.4	34.9
液泵及液体提升机	台	69 525 943	3 461 770	14.4	29.6
制冷设备用压缩机	万台	1 339	1 066 829	7.5	13.4
空气调节器	台	280 912	229 055	121.5	7.1
冷冻机和制冷设备	—	—	756 904	—	63.9

2010年中国进口主要商品量值表（续）

单位：千美元

商品名称	计量单位	数 量	金 额	比上年±%	
				数 量	金 额
非家用型水的过滤、净化机器	台	722 072	184 262	85.7	-4.5
饮料及液体食品灌装设备	台	405	510 209	-5.9	9.5
机械提升搬运装卸设备及零件	—	—	3 704 578	—	13.3
其中：					
载客电梯	台	1 988	154 390	-23.8	-31.9
建筑及采矿用机械及零件	—	—	7 161 879	—	43.1
食品、饮料工业用加工机械及零件	—	—	362 082	—	27.8
制造纸及纸制品用机械及零件	—	—	1 368 839	—	44.3
印刷、装订机械及零件	—	—	10 925 305	—	12.5
纺织机械及零件	—	—	4 253 541	—	68.7
其中：					
纺织纱线生产及预处理机	台	5 655	679 174	64.6	50.7
织机	台	14 447	642 108	91.4	80.9
针织机及缝编机	台	26 307	961 680	42.1	3.1
纱线织物等后整理机器	台	13 118	519 433	47.5	63.5
工业用缝纫机	台	90 499	209 191	113.7	148.1
金属加工机床	台	114 496	9 424 386	63.0	85.3
其中：					
加工中心	台	30 637	3 407 326	117.9	153.1
数控机床	台	17 106	3 481 773	97.1	44.9
金属轧机及零件	—	—	1 094 362	—	-26.8
橡胶或塑料加工机械及零件	—	—	3 041 777	—	41.0
型模及金属铸造用型箱	—	—	1 354 518	—	6.3
阀门	万套	29 047	5 217 006	-20.4	22.9
自动数据处理设备及其部件	万台	73 451	29 280 677	7.1	7.8
其中：					
自动数据处理设备	台	1 615 421	2 009 986	223.8	58.6
中央处理部件	台	1 740 845	1 331 191	58.5	20.2
存储部件	万台	47 864	20 768 159	0.6	-0.6
自动数据处理设备的零件	吨	160 408	18 656 167	-1.0	-8.3
制造单晶柱或晶圆用的机器及装置	台	5 329	2 008 317	355.5	367.6
制造半导体器件或集成电路用的机器及装置	台	—	—	—	—
制造平板显示器用的机器及装置	台	5 976	2 369 814	17.2	107.0
电动机及发电机	万台	201 329	3 819 546	4.0	4.7
发电机组及旋转式变流机	台	81 087	899 246	339.6	-8.7
其中：					
风力发电机组	台	208	11 541	560.0	3 604.6
变压、整流、电感器及零件	—	—	11 881 567	—	25.8
蓄电池	万个	281 617	5 200 344	-7.4	-13.7
电话机	台	20 698 023	1 176 890	-38.3	-28.6
数字式程控电话或电报交换机	台	11 535	37 058	-39.9	-46.9
无线电导航雷达及遥控设备	台	7 338 311	687 197	61.4	62.0
激光视盘放像机	台	741 958	63 502	1.7	72.4
电视摄像机、数字照相机及视频摄录一体机	万台	25 748	4 422 062	50.1	37.5
声音录制或重放设备	万台	41	42 620	45.7	-3.5
收音设备（包括收录音组合机及整套散件）*	万台	152	265 060	124.3	-16.3
电视机（包括整套散件）	万台	3	12 165	-47.8	-58.2
其中：					
彩色电视机（包括整套散件）	万台	3	12 164	-47.8	-58.2
电视机、收音机及无线电讯设备的零附件	吨	84 844	7 303 769	-10.4	7.6
电容器	吨	92 335	7 899 341	4.4	13.7
电阻器	吨	18 321	1 739 121	1.0	12.2
印刷电路	万块	3 757 056	12 079 455	15.8	16.5
通断保护电路装置及零件	—	—	20 498 748	—	12.4

2010 年中国进口主要商品量值表（续）

单位：千美元

商品名称	计量单位	数 量	金 额	比上年±%	
				数 量	金 额
电视显像管	万只	390	113 924	-40.4	-35.3
其中：					
彩色显像管	万只	355	112 847	-38.8	-35.1
彩色数据/图形显示管	万只	1	464	—	—
二极管及类似半导体器件	百万个	312 465	16 080 357	-2.5	21.8
集成电路	百万个	200 957	156 985 671	17.5	5.9
电线和电缆	吨	322 422	4 640 611	-0.5	15.4
铁道电力机车	辆	9	55 707	—	—
汽车（包括整套散件）	辆	810 085	30 583 329	39.3	47.8
其中：					
小轿车（包括整套散件）	辆	343 653	14 147 735	50.9	53.4
四轮驱动轻型越野车（包括整套散件）	辆	351 408	12 711 217	13.5	25.5
小客车（九座及以下的）（包括整套散件）	辆	89 919	1 856 654	113.7	148.0
货车（包括整套散件）	辆	13 350	1 004 823	129.9	151.9
非公路用自卸车（包括整套散件）	辆	184	190 296	-22.2	-93.0
专用汽车	辆	333	257 626	116.0	211.9
30 座及以上的客车	辆	214	15 284	—	—
10 座至 29 座的客车	辆	4 878	216.401	26.9	18.1
装有引擎的汽车底盘	辆	1 817	81 283	-9.5	7.0
汽车零件	—	—	18 637 456	—	17. 4
飞机	架	344	10 870 376	41.7	-2.1
航空器零件	吨	2 994	1 445 116	-0.3	4.8
船舶	艘	3 347	875 883	-2.0	-79.7
液晶显示板	万个	249 785	46 777 540	21.9	0.2
医疗仪器及器械	—	—	4 636 227	—	21.1
计量检测分析自控仪器及器具	—	—	21 371 491	—	39.0
手表	万只	1 302	1 520 283	-37.6	37.6
其中：					
机械手表	万只	160	971.021	10.4	56.5
电动手表	万只	1 143	549 262	-41.6	10.5
已组装的完整表芯	万只	35 819	329 841	-19.2	-8.0
印刷品	吨	78 460	1 270 348	-9.0	-16.3
塑料制品	吨	446 346	3 995 448	1.4	9.6
*农产品	—	—	71 906 289	—	44.0
*机电产品	—	—	660 312 552	—	17.1
金属制品	吨	1 247 478	13 434 432	-0.1	9.5
机械设备	—	—	172 256 872	—	27.4
电器及电子产品	—	—	314 356 386	—	11.1
运输工具	—	—	65 591 313	—	22.9
仪器仪表	—	—	89 835 116	—	14.1
其他	—	—	4 838 433	—	61.7
*高新技术产品	—	—	412 673 100	—	13.9
生物技术	—	—	422 151	—	-25.6
生命科学技术	—	—	11 684 430	—	20.1
光电技术	—	—	52 321 628	—	6.8
计算机与通信技术	—	—	93 712 782	—	8.5
电子技术	—	—	196 174 441	—	8.3
计算机集成制造技术	—	—	34 971 818	—	92.8
材料技术	—	105 817	5 792 874	3.6	-1.3
航空航天技术	—	—	16 701 355	—	4.0
其他技术	—	—	891 322	—	1 067.3

注： *“农产品”、“机电产品”和“高新技术产品”包括本表中已列名的有关商品。

2010年中国对部分国家（地区）出口商品类章金额表

单位：千美元

类 章	缅 甸	香 港	印 度	印度尼西亚
总 值	**3 480 257**	**218 317 220**	**40 918 804**	**21 972 754**
第1类 活动物；动物产品	14 300	1 648 075	7 832	184 542
01章 活动物	—	379 413	235	—
02章 肉及食用杂碎	—	646.173	—	—
03章 鱼及其他水生无脊椎动物	—	481 377	247	170 539
04章 乳；蛋；蜂蜜；其他食用动物产品	4 695	128 006	750	2 208
05章 其他动物产品	9 604	13 105	6 601	11 795
第2类 植物产品	21 492	685 119	209 812	1 092 004
06章 活植物；茎、根；插花、簇叶	8 803	4 373	899	324
07章 食用蔬菜、根及块茎	1 473	256 647	63 921	614 918
08章 食用水果及坚果；甜瓜等水果的果皮	405	51 699	65 244	334 854
09章 咖啡、茶、马黛茶及调味香料	5 927	67 432	21 888	10 771
10章 谷物	139	29 637	0	9 342
11章 制粉工业产品；麦芽：淀粉等；面筋	4 380	69 354	2 894	90 508
12章 油籽；子仁；工业或药用植物；饲料	55	189 578	12 618	1 299
13章 虫胶；树胶、树脂及其他植物液、汁	311	10 945	42 136	19 919
14章 编结用植物材料；其他植物产品	—	5 453	213	69
第3类 动、植物油、脂、蜡；精制食用油脂	26	60 882	1 983	2 468
15章 动、植物油、脂、蜡；精制食用油脂	26	60 882	1 983	2 468
第4类 食品；饮料、酒及醋；烟草及制品	59 315	1 864 843	67 620	464 018
16章 肉、鱼及其他水生无脊椎动物的制品	97	454 622	452	18 682
17章 糖及糖食	1 526	56 730	20 775	74 266
18章 可可及可可制品	—	34 385	2 653	358
19章 谷物粉、淀粉等或乳的制品；糕饼	2 200	235 249	1 662	8 507
20章 蔬菜、水果等或植物其他部分的制品	86	101 121	17 710	65 950
21章 杂项食品	22 184	204 209	9 500	74 547
22章 饮料、酒及醋	23 732	586 350	1 919	6 285
23章 食品工业的残渣及废料；配制的饲料	358	7 346	10 118	34 677
24章 烟草、烟草及烟草代用品的制品	9 131	184 831	2 832	180 745
第5类 矿产品	180 927	5 371 810	561 372	2 053 988
25章 盐；硫磺；土及石料；石灰及水泥等	22 831	68 886	82 235	67 852
26章 矿砂、矿渣及矿灰	115	3 489	36 602	1 732
27章 矿物燃料、矿物油及其产品；沥青等	157 981	5 299 435	442 536	1 984 404
第6类 化学工业及其相关工业的产品	194 554	2 147 574	7 406 649	1 732 344
28章 无机化学品；贵金属等的化合物	21 134	218 819	446 199	320 773
29章 有机化学品	61 990	352 436	4 084 173	661 616
30章 药品	23 168	165 836	165 015	17 782
31章 肥料	38 249	1 417	1 931 336	140 068
32章 鞣料；着色料；涂料：油灰；墨水等	5 876	283 534	189 292	228 525
33章 精油及香膏；香料制品及化妆盥洗品	2 068	231 900	33 313	52 224
34章 洗涤剂、润滑剂、人造蜡、塑型膏等	9 199	127 961	27 359	36 316
35章 蛋白类物质；改性淀粉；胶；酶	5 033	208 892	58 202	42 230
36章 炸药；烟火；引火品；易燃材料制品	3 182	2 034	1 621	22 652
37章 照相及电影用品	2 642	165 954	81 898	28 603
38章 杂项化学产品	2 589	43 548	44 368	21 819
第7类 塑料及其制品；橡胶及其制品	136 489	3 727 410	1 229 553	640 123
39章 塑料及其制品	64 673	3 465 063	842 741	465 812
40章 橡胶及其制品	71 816	262 347	386 812	174 311
第8类 革、毛皮及制品；箱包；肠线制品	6 628	1 893 533	206 640	105 786
41章 生皮（毛皮除外）及皮革	669	161 764	5 545	14 031
42章 皮革制品；旅行箱包；动物肠线制品	1 306	1 226 337	199 967	89 087
43章 毛皮、人造毛皮及其制品	4 653	505 432	1 128	2 667
第9类 木及制品；木炭；软木；编结品	2 734	230 886	115 469	87 334
44章 木及木制品；木炭	2 680	220 896	100 126	68 110
45章 软木及软木制品	—	294	118	93
46章 编结材料制品；篮筐及柳条编结品	54	9 696	15 225	19 130
第10类 纤维素浆；废纸；纸、纸板及其制品	16 343	1 762 746	245 544	120 828
47章 木浆等纤维状纤维素浆；废纸及纸板	146	294	441	10 301
48章 纸及纸板；纸浆、纸或纸板制品	15 996	1 118 642	227 956	105 172
49章 印刷品；手稿、打字稿及设计图纸	200	643 810	17 147	5 355

2010 年中国对部分国家（地区）出口商品类章金额表（续）

单位：千美元

类 章	缅 甸	香 港	印 度	印度尼西亚
第 11 类 纺织原料及纺织制品	436 125	14 504 343	3 033 452	2 348 750
50 章 蚕丝	3 166	112 717	492 031	23 997
51 章 羊毛等动物毛；马毛纱线及其机织物	3 993	701 234	23 889	42 908
52 章 棉花	91 329	2 703 855	201 379	552 005
53 章 其他植物纤维；纸纱线及其机织物	2 225	114 035	70 979	28 694
54 章 化学纤维长丝	39 772	450 816	400 367	304 894
55 章 化学纤维短纤	175 708	618 161	197 663	244 753
56 章 絮胎、毡呢及无纺织物；线绳制品等	10 215	96 781	79 176	58 988
57 章 地毯及纺织材料的其他铺地制品	10 773	51 016	85 354	22 595
58 章 特种机织物；簇绒织物；刺绣品等	21 996	455 158	125 403	95 159
59 章 浸、包或层压织物；工业用纺织制品	19 422	400 345	733 678	228 824
60 章 针织物及钩编织物	25 908	1 932 157	283 350	364 792
61 章 针织或钩编的服装及衣着附件	2 807	4 147 527	129 447	294 114
62 章 非针织或非钩编的服装及衣着附件	1 520	2 504 973	41 539	33 821
63 章 其他纺织制品；成套物品；旧纺织品	27 289	215 569	169 197	53 205
第 12 类 鞋帽伞等；羽毛品；人造花；人发品	25 585	1 492 349	377 699	326 202
64 章 鞋靴、护腿和类似品及其零件	19 114	1 153 081	286 651	244 028
65 章 帽类及其零件	600	99 308	12 888	5 840
66 章 伞、手杖、鞭子、马鞭及其零件	5 142	94 479	55 184	61 365
67 章 加工羽毛及制品；人造花；人发制品	729	145 480	22 975	14 970
第 13 类 矿物材料制品；陶瓷品；玻璃及制品	56 153	935 939	826 879	326 615
68 章 矿物材料的制品	18 489	237 357	109 489	61 721
69 章 陶瓷产品	22 925	151 886	364 898	133 761
70 章 玻璃及其制品	14 739	546 697	352 492	131 133
第 14 类 珠宝、贵金属及制品；仿首饰；硬币	194	7 907 479	76 978	10 787
71 章 珠宝、贵金属及制品；仿首饰；硬币	194	7 907 479	76 978	10 787
第 15 类 贱金属及其制品	523 262	4 925 982	4 355 217	1 950 334
72 章 钢铁	217 721	708 880	2 029 465	592 759
73 章 钢铁制品	249 689	993 750	1 421 199	699 838
74 章 铜及其制品	2 109	1 210 010	170 358	61 485
75 章 镍及其制品	97	177 486	33 579	4 145
76 章 铝及其制品	29 688	986 570	277 179	277 260
78 章 铅及其制品	27	1 009	83	4 382
79 章 锌及其制品	7 078	17 281	3 459	8 105
80 章 锡及其制品	9	5 251	2 317	20
81 章 其他贱金属、金属陶瓷及其制品	2	61 546	69 528	17 025
82 章 贱金属器具、利口器、餐具及零件	5 325	285 109	172 545	102 245
83 章 贱金属杂项制品	11 516	479 090	175 506	183 070
第 16 类 机电、音像设备及其零件、附件	1 118 386	139 820 842	19 436 461	7 576 107
84 章 核反应堆、锅炉、机械器具及零件	731 760	41 138 506	9 690 327	4 232 472
85 章 电机、电气、音像设备及其零附件	386 627	98 682 336	9 746 133	3 343 634
第 17 类 车辆、航空器、船舶及运输设备	566 434	10 777 475	914 902	1 291 232
86 章 铁道车辆；轨道装置；信号设备	8 460	1 868 222	71 036	40 675
87 章 车辆及其零附件，但铁道车辆除外	486 682	494 201	771 883	565 072
88 章 航空器、航天器及其零件	48 924	176 568	6 419	86 999
89 章 船舶及浮动结构体	22 368	8 238 484	65 565	598 486
第 18 类 光学、医疗等仪器；钟表；乐器	42 340	14 933 549	846 652	771 821
90 章 光学、照相、医疗等设备及零附件	42 029	13 602 096	786 566	718 846
91 章 钟表及其零件	241	1 240 398	50 716	9 934
92 章 乐器及其零件、附件	69	91 054	9 370	43 041
第 19 类 武器、弹药及其零件、附件	—	8 341	49	14
93 章 武器、弹药及其零件、附件	—	8 341	49	14
第 20 类 杂项制品	78 885	3 444 192	958 171	882 660
94 章 家具；寝具等；灯具；活动房	50 934	1 098 653	606 905	665 834
95 章 玩具、游戏或运动用品及其零附件	6 052	1 772 650	155 239	77 393
96 章 杂项制品	21 899	572 889	196 027	139 433
第 21 类 艺术品、收藏品及古物	0	4 385	161	567
97 章 艺术品、收藏品及古物	0	4 385	161	567
第 22 类 特殊交易品及未分类商品	88	169 466	39 707	4 232
98 章 特殊交易品及未分类商品	88	169 466	39 707	4 232

2010年中国对部分国家（地区）出口商品类章金额表（续）

单位：千美元

类 章	伊 朗	日 本	澳 门	马来西亚
总 值	**11 096 221**	**121 061 359**	**2 140 880**	**23 805 517**
第1类 活动物；动物产品	9 860	1 795 696	95 829	297 432
01章 活动物	—	7 157	36 020	37
02章 肉及食用杂碎	160	407	26 855	59 705
03章 鱼及其他水生无脊椎动物	4 991	1 531 779	22 840	224 374
04章 乳；蛋；蜂蜜；其他食用动物产品	4 247	95 706	9 749	8 690
05章 其他动物产品	463	160 647	365	4 627
第2类 植物产品	58 985	2 172 417	27 399	898 451
06章 活植物；茎、根；插花、簇叶	75	78 812	1 083	4 355
07章 食用蔬菜、根及块茎	14 624	1 191 213	11 118	519 892
08章 食用水果及坚果；甜瓜等水果的果皮	7 191	163 667	4 660	219 262
09章 咖啡、茶、马黛茶及调味香料	6 576	172 605	2 451	91 899
10章 谷物	—	96 553	1 854	586
11章 制粉工业产品；麦芽；淀粉等；面筋	313	30 350	3 741	19 421
12章 油籽；子仁；工业或药用植物；饲料	27 667	305 200	1 873	35 912
13章 虫胶；树胶、树脂及其他植物液、汁	2 529	117 121	—	5 996
14章 编结用植物材料；其他植物产品	10	16 897	616	1 128
第3类 动、植物油、脂、蜡；精制食用油脂	1 722	25 579	3 038	9 693
15章 动、植物油、脂、蜡；精制食用油脂	1 722	25 579	3 038	9 693
第4类 食品；饮料、酒及醋；烟草及制品	65 427	5 019 007	99 846	452 645
16章 肉、鱼及其他水生无脊椎动物的制品	3 133	2 629 101	11 180	151 677
17章 糖及糖食	7 132	11 639	2 942	63 232
18章 可可及可可制品	1 211	4 024	44	6 178
19章 谷物粉、淀粉等或乳的制品；糕饼	1 523	236 173	8 985	24 608
20章 蔬菜、水果等或植物其他部分的制品	30 949	1 289 542	1 175	96 633
21章 杂项食品	1 212	196 811	4 697	40 770
22章 饮料、酒及醋	90	46 206	45 346	12 493
23章 食品工业的残渣及废料；配制的饲料	9 805	579 348	17	39 123
24章 烟草、烟草及烟草代用品的制品	10 373	26 163	25 461	17 931
第5类 矿产品	72 500	2 597 399	526 927	354 501
25章 盐；硫磺；土及石料；石灰及水泥等	11 227	506 314	5 825	51 906
26章 矿砂、矿渣及矿灰	2	59 646	84	2 522
27章 矿物燃料、矿物油及其产品；沥青等	61 271	2 031 439	521 019	300 073
第6类 化学工业及其相关工业的产品	704 707	6 797 412	32 963	1 530 543
28章 无机化学品；贵金属等的化合物	120 611	2 429 636	4 734	289 077
29章 有机化学品	268 867	2 271 169	10 490	432 971
30章 药品	20 405	220 789	3 561	35 327
31章 肥料	65 511	148 899	9	137 961
32章 鞣料；着色料；涂料；油灰；墨水等	70 741	223 453	2 805	83 415
33章 精油及香膏；香料制品及化妆盥洗品	2 712	223 980	3 685	44 407
34章 洗涤剂、润滑剂、人造蜡、塑型膏等	26 686	137 906	3 277	52 579
35章 蛋白类物质；改性淀粉；胶；酶	18 433	128 579	373	49 612
36章 炸药；烟火；引火品；易燃材料制品	1 213	17 157	564	2 778
37章 照相及电影用品	11 419	47 369	2 171	31 413
38章 杂项化学产品	98 109	948 176	1 295	371 003
第7类 塑料及其制品；橡胶及其制品	725 707	3 379 799	32 776	744 676
39章 塑料及其制品	505 835	2 921 194	31 468	508 053
40章 橡胶及其制品	219 873	458 606	1 08	236 623
第8类 革、毛皮及制品；箱包；肠线制品	84 044	1 750 449	7 796	262 468
41章 生皮（毛皮除外）及皮革	10	5 695	171	5 455
42章 皮革制品；旅行箱包；动物肠线制品	83 991	1 651 113	5 944	256 715
43章 毛皮、人造毛皮及其制品	43	93 640	1 681	298
第9类 木及制品；木炭；软木；编结品	88 410	1 476 148	15 015	126 263
44章 木及木制品；木炭	83 288	1 228 603	14 971	69 341
45章 软木及软木制品	—	1 184	—	110
46章 编结材料制品；篮筐及柳条编结品	5 122	246 361	44	56 812
第10类 纤维素浆；废纸；纸、纸板及其制品	166 296	1 035 364	24 769	236 172
47章 木浆等纤维状纤维素浆；废纸及纸板	—	12 068	—	—
48章 纸及纸板；纸浆、纸或纸板制品	161 638	919 759	22 258	218 753
49章 印刷品；手稿、打字稿及设计图纸	4 659	103 536	2 511	17 419

2010 年中国对部分国家（地区）出口商品类章金额表（续）

单位：千美元

类 章	伊 朗	日 本	澳 门	马来西亚
第 11 类 纺织原料及纺织制品	1 053 861	21 769 238	453 982	2 024 043
50 章 蚕丝	870	101 454	196	41 349
51 章 羊毛等动物毛；马毛纱线及其机织物	4 811	176 170	14 050	12 695
52 章 棉花	12 985	247 188	44 423	142 594
53 章 其他植物纤维；纸纱线及其机织物	4 442	32 235	712	4 598
54 章 化学纤维长丝	250 282	149 189	11 568	174 366
55 章 化学纤维短纤	93 890	140 904	10 293	94 477
56 章 絮胎、毡呢及无纺织物；线绳制品等	15 206	244 222	643	52 131
57 章 地毯及纺织材料的其他铺地制品	12 652	381 361	3 978	50 985
58 章 特种机织物；簇绒织物；刺绣品等	92 284	67 571	1 962	52 703
59 章 浸、包或层压织物；工业用纺织制品	97 059	124 829	2 353	128 641
60 章 针织物及钩编织物	25 636	27 648	152 403	70 376
61 章 针织或钩编的服装及衣着附件	243 001	9 350 930	168 080	784 531
62 章 非针织或非钩编的服装及衣着附件	80 207	8 391 487	39 536	257 612
63 章 其他纺织制品；成套物品；旧纺织品	120 536	2 334 050	3 785	156 983
第 12 类 鞋帽伞等；羽毛品；人造花；人发品	101 148	2 822 176	12 053	632 327
64 章 鞋靴、护腿和类似品及其零件	40 867	2 273 705	8 747	529 307
65 章 帽类及其零件	11 036	207 959	2 561	14 407
66 章 伞、手杖、鞭子、马鞭及其零件	17 417	179 088	663	64 035
67 章 加工羽毛及制品；人造花；人发制品	31 828	161 424	81	24 578
第 13 类 矿物材料制品；陶瓷品；玻璃及制品	507 139	1 730 799	42 271	487 466
68 章 矿物材料的制品	150 312	687 271	20 568	85 612
69 章 陶瓷产品	150 038	494 039	8 732	209 620
70 章 玻璃及其制品	206 789	549 489	12 972	192 234
第 14 类 珠宝、贵金属及制品；仿首饰；硬币	15 556	203 175	732	21 704
71 章 珠宝、贵金属及制品；仿首饰；硬币	15 556	203 175	732	21 704
第 15 类 贱金属及其制品	1 592 727	6 760 926	139 422	2 014 965
72 章 钢铁	329 672	1 725 943	7 337	608 205
73 章 钢铁制品	730 345	2 164 455	59 241	676 475
74 章 铜及其制品	21 339	241 339	21 557	132 057
75 章 镍及其制品	2 375	83 184	766	13 803
76 章 铝及其制品	209 264	1 239 753	29 524	270 463
78 章 铅及其制品	132	15 887	—	3 456
79 章 锌及其制品	2 182	15 901	56	3 679
80 章 锡及其制品	54	15 661	3 222	3 286
81 章 其他贱金属、金属陶瓷及其制品	8 022	484 652	18	5 563
82 章 贱金属器具、利口器、餐具及零件	153 354	355 486	15 199	129 206
83 章 贱金属杂项制品	135 989	418 666	2 501	168 771
第 16 类 机电、音像设备及其零件、附件	3 662 113	47 399 648	467 766	9 752 944
84 章 核反应堆、锅炉、机械器具及零件	2 259 569	20 378 586	55 995	3 864 453
85 章 电机、电气、音像设备及其零附件	1 402 544	27 021 062	411 771	5 888 491
第 17 类 车辆、航空器、船舶及运输设备	1 378 694	3 494 714	42 413	1 162 780
86 章 铁道车辆；轨道装置；信号设备	127 277	150 245	20	68 833
87 章 车辆及其零附件，但铁道车辆除外	1 229 201	2 855 727	11 983	595 722
88 章 航空器、航天器及其零件	309	49 440	5 180	647
89 章 船舶及浮动结构体	21 907	439 302	25 230	497 578
第 18 类 光学、医疗等仪器；钟表；乐器	291 231	4 185 921	69 145	1 721 264
90 章 光学、照相、医疗等设备及零附件	254 479	3 836 723	64 888	1 681 421
91 章 钟表及其零件	31 267	270 322	3 923	22 927
92 章 乐器及其零件、附件	5 485	78 876	335	16 916
第 19 类 武器、弹药及其零件、附件	1 541	81	1	14
93 章 武器、弹药及其零件、附件	1 541	81	1	14
第 20 类 杂项制品	513 961	5 751 601	41 292	1 072 418
94 章 家具；寝具等；灯具；活动房	265 946	3 288 802	33 488	767 749
95 章 玩具、游戏或运动用品及其零附件	110 325	1 865 269	6 261	160 861
96 章 杂项制品	137 690	597 529	1 544	143 808
第 21 类 艺术品、收藏品及古物	383	38 046	693	419
97 章 艺术品、收藏品及古物	383	38 046	693	419
第 22 类 特殊交易品及未分类商品	206	855 765	4 751	2 329
98 章 特殊交易品及未分类商品	206	855 765	4 751	2 329

2010年中国对部分国家（地区）出口商品类章金额表（续）

单位：千美元

类 章	阿 曼	巴基斯坦	菲律宾	沙特阿拉伯
总 值	**944 471**	**6 937 950**	**11 540 782**	**10 366 622**
第1类 活动物；动物产品	991	573	113 957	5 152
01章 活动物	—	—	1	—
02章 肉及食用杂碎	177	—	1 919	—
03章 鱼及其他水生无脊椎动物	259	436	111 147	3 461
04章 乳；蛋；蜂蜜；其他食用动物产品	555	129	658	1 692
05章 其他动物产品	—	8	233	—
第2类 植物产品	13 120	218 453	286 620	138 031
06章 活植物；茎、根；插花、簇叶	49	210	501	337
07章 食用蔬菜、根及块茎	8 363	120 204	124 821	63 254
08章 食用水果及坚果；甜瓜等水果的果皮	2 545	5 004	110 073	33 672
09章 咖啡、茶、马黛茶及调味香料	2 151	64 077	6 527	34 516
10章 谷物	—	15 086	3 253	287
11章 制粉工业产品；麦芽；淀粉等；面筋	—	59	25 991	148
12章 油籽；子仁；工业或药用植物；饲料	3	4 714	5 704	5 356
13章 虫胶；树胶、树脂及其他植物液、汁	9	9 098	9 747	353
14章 编结用植物材料；其他植物产品	0	—	2	107
第3类 动、植物油、脂、蜡；精制食用油脂	1 462	381	552	78
15章 动、植物油、脂、蜡；精制食用油脂	1 462	381	552	78
第4类 食品；饮料、酒及醋；烟草及制品	9 160	49 220	359 086	83 836
16章 肉、鱼及其他水生无脊椎动物的制品	22	—	48 702	814
17章 糖及糖食	334	7 472	71 621	17 016
18章 可可及可可制品	62	3 254	11 767	1 330
19章 谷物粉、淀粉等或乳的制品；糕饼	44	512	17 562	5 762
20章 蔬菜、水果等或植物其他部分的制品	7 612	14 308	59 137	48 107
21章 杂项食品	490	4 819	66 996	8 649
22章 饮料、酒及醋	510	256	19 622	39
23章 食品工业的残渣及废料；配制的饲料	88	18 594	20 310	2 065
24章 烟草、烟草及烟草代用品的制品	—	4	43 369	53
第5类 矿产品	29 003	42 826	499 092	20 001
25章 盐；硫磺；土及石料；石灰及水泥等	167	3 655	18 067	6 889
26章 矿砂、矿渣及矿灰	207	866	232	3 297
27章 矿物燃料、矿物油及其产品；沥青等	28 628	38 305	480 793	9 814
第6类 化学工业及其相关工业的产品	20 711	836 734	729 073	347 261
28章 无机化学品；贵金属等的化合物	5 724	73 608	124 525	79 190
29章 有机化学品	3 628	338 516	145 264	116 931
30章 药品	1 466	51 251	36 881	14 133
31章 肥料	195	127 604	173 667	4 373
32章 鞣料；着色料；涂料；油灰；墨水等	1 500	97 309	410 718	22 674
33章 精油及香膏；香料制品及化妆盥洗品	186	13 008	27 538	12 655
34章 洗涤剂、润滑剂、人造蜡、塑型膏等	1 738	23 860	34 648	15 021
35章 蛋白类物质；改性淀粉；胶；酶	3 073	6 949	25 351	18 507
36章 炸药；烟火；引火品；易燃材料制品	122	371	6 666	279
37章 照相及电影用品	12	11 849	18 740	2 287
38章 杂项化学产品	3 067	92 407	95 076	61 211
第7类 塑料及其制品；橡胶及其制品	28 969	403 064	550 544	588 118
39章 塑料及其制品	15 187	210 971	398 865	285 837
40章 橡胶及其制品	13 782	192 093	151 678	302 282
第8类 革、毛皮及制品；箱包；肠线制品	3 189	53 975	68 265	203 022
41章 生皮（毛皮除外）及皮革	—	198	1 672	105
42章 皮革制品；旅行箱包；动物肠线制品	3 189	53 068	66 039	201 533
43章 毛皮、人造毛皮及其制品	—	709	554	1 384
第9类 木及制品；木炭；软木；编结品	4 159	16 699	39 943	188 340
44章 木及木制品；木炭	4 056	16 261	35 185	180 343
45章 软木及软木制品	53	61	95	154
46章 编结材料制品；篮筐及柳条编结品	51	377	4 663	7 843
第10类 纤维素浆；废纸；纸、纸板及其制品	5 750	82 804	151 846	177 759
47章 木浆等纤维状纤维素浆；废纸及纸板	—	1 137	1 132	1 751
48章 纸及纸板；纸浆、纸或纸板制品	5 579	72 475	143 805	167 191
49章 印刷品；手稿、打字稿及设计图纸	171	9 192	6 909	8 518

2010年中国对部分国家（地区）出口商品类章金额表（续）

单位：千美元

类 章	阿 曼	巴基斯坦	菲律宾	沙特阿拉伯
第11类 纺织原料及纺织制品	36 765	1 625 556	1 518 909	2 158 869
50章 蚕丝	1 899	166 105	3 459	5 614
51章 羊毛等动物毛；马毛纱线及其机织物	845	697	2 035	7 559
52章 棉花	1 735	45 507	171 710	8 723
53章 其他植物纤维；纸纱线及其机织物	—	1 089	4 197	133
54章 化学纤维长丝	5 542	688 195	132 717	160 290
55章 化学纤维短纤	6 470	252 206	99 352	72 570
56章 絮胎、毡呢及无纺织物；线绳制品等	1 400	39 018	32 644	30 165
57章 地毯及纺织材料的其他铺地制品	716	9 112	9 127	49 885
58章 特种机织物；簇绒织物；刺绣品等	1 313	87 790	81 616	73 719
59章 浸、包或层压织物；工业用纺织制品	481	90 071	121 096	34 407
60章 针织物及钩编织物	843	46 958	171 904	38 078
61章 针织或钩编的服装及衣着附件	7 430	84 614	477 580	1 139 584
62章 非针织或非钩编的服装及衣着附件	5 126	46 427	81 360	409 414
63章 其他纺织制品；成套物品；旧纺织品	3 816	60 685	116 280	128 729
第12类 鞋帽伞等；羽毛品；人造花；人发品	3 526	81 960	345 786	222 180
64章 鞋靴、护腿和类似品及其零件	2 876	60 577	221 299	178 629
65章 帽类及其零件	450	10 129	10 033	20 328
66章 伞、手杖、鞭子、马鞭及其零件	59	3 823	105 917	9 872
67章 加工羽毛及制品；人造花；人发制品	141	7 431	8 536	13 351
第13类 矿物材料制品；陶瓷品；玻璃及制品	44 400	202 561	286 695	539 701
68章 矿物材料的制品	8 915	17 606	35 032	81 482
69章 陶瓷产品	23 792	79 353	148 546	293 594
70章 玻璃及其制品	11 693	105 603	103 118	164 624
第14类 珠宝、贵金属及制品；仿首饰；硬币	390	7 989	3 957	22 940
71章 珠宝、贵金属及制品；仿首饰；硬币	390	7 989	3 957	22 940
第15类 贱金属及其制品	188 976	692 376	1 402 864	1 412 114
72章 钢铁	62 664	300 540	726 115	347 110
73章 钢铁制品	107 530	201 283	352 718	673 389
74章 铜及其制品	954	16 798	29 300	58 068
75章 镍及其制品	373	1 060	2 336	68
76章 铝及其制品	10 012	51 478	138 020	159 881
78章 铅及其制品	—	67	7 264	33
79章 锌及其制品	14	783	4 397	9 810
80章 锡及其制品	—	5	95	4
81章 其他贱金属、金属陶瓷及其制品	716	1 337	13 806	3 157
82章 贱金属器具、利口器、餐具及零件	1 614	46 725	51 382	65 374
83章 贱金属杂项制品	5 099	72 297	77 431	95 219
第16类 机电、音像设备及其零件、附件	489 579	2 182 481	3 848 773	2 655 142
84章 核反应堆、锅炉、机械器具及零件	365 891	1 032 805	1 398 187	1 432 042
85章 电机、电气、音像设备及其零附件	123 688	1 149 676	2 450 586	1 223 100
第17类 车辆、航空器、船舶及运输设备	467 430	17 726 937	385 600	845 446
86章 铁道车辆；轨道装置；信号设备	15 654	176 346	396 538	613 209
87章 车辆及其零附件，但铁道车辆除外	234	15 496	3 365	307 033
88章 航空器、航天器及其零件	7 651	157 662	334 666	282 947
89章 船舶及浮动结构体	1	996	4 502	1 140
第18类 光学、医疗等仪器；钟表；乐器	5 479	112 675	215 990	117 019
90章 光学、照相、医疗等设备及零附件	5 044	104 961	184 666	93 756
91章 钟表及其零件	302	7 277	20 303	22 572
92章 乐器及其零件、附件	132	437	11 022	691
第19类 武器、弹药及其零件、附件	—	244	66	70
93章 武器、弹药及其零件、附件	—	244	66	70
第20类 杂项制品	43 129	144 997	720 939	871 548
94章 家具；寝具等；灯具；活动房	39 430	44 505	283 970	636 721
95章 玩具、游戏或运动用品及其零附件	2 022	23 843	360 332	130 274
96章 杂项制品	1 677	76 650	76 638	104 552
第21类 艺术品、收藏品及古物	3	24	138	385
97章 艺术品、收藏品及古物	3	24	138	385
第22类 特殊交易品及未分类商品	55	6 012	1 149	1 847
98章 特殊交易品及未分类商品	55	6 012	1 149	1 847

2010 年中国对部分国家（地区）出口商品类章金额表（续）

单位：千美元

类 章	新加坡	韩 国	泰 国	土耳其
总 值	**32 347 944**	**68 771 134**	**19 746 999**	**11 943 001**
第 1 类 活动物；动物产品	54 629	1 152 460	124 828	22 789
01 章 活动物	135	364	107	—
02 章 肉及食用杂碎	6 354	—	144	1 910
03 章 鱼及其他水生无脊椎动物	39 826	1 103 159	82 617	12 796
04 章 乳；蛋；蜂蜜；其他食用动物产品	8 265	4 412	2 387	718
05 章 其他动物产品	48	41 526	39 573	7 365
第 2 类 植物产品	215 240	1 118 622	736 851	78 380
06 章 活植物；茎、根；插花、簇叶	7 109	21 532	8 099	534
07 章 食用蔬菜、根及块茎	94 159	546 632	369 722	46 823
08 章 食用水果及坚果；甜瓜等水果的果皮	45 813	32 919	222 100	1 166
09 章 咖啡、茶、马黛茶及调味香料	24 337	33 881	20 009	2 334
10 章 谷物	77	152 289	1 283	9
11 章 制粉工业产品；麦芽；淀粉等；面筋	11 123	45 725	32 730	2 654
12 章 油籽；子仁；工业或药用植物；饲料	25 073	249 465	70 825	14 387
13 章 虫胶；树胶、树脂及其他植物液、汁	6 954	35 513	11 502	10 177
14 章 编结用植物材料；其他植物产品	594	666	580	296
第 3 类 动、植物油、脂、蜡；精制食用油脂	19 693	30 444	9 239	5 877
15 章 动、植物油、脂、蜡；精制食用油脂	19 693	30 444	9 239	5 877
第 4 类 食品；饮料、酒及醋；烟草及制品	234 209	1 151 647	292 964	44 583
16 章 肉、鱼及其他水生无脊椎动物的制品	77 620	243 260	46 739	1 138
17 章 糖及糖食	15 895	67 687	29 481	5 528
18 章 可可及可可制品	1 293	2 383	3 875	1 199
19 章 谷物粉、淀粉等或乳的制品：糕饼	21 275	100 632	22 402	826
20 章 蔬菜、水果等或植物其他部分的制品	31 266	292 662	100 660	21 210
21 章 杂项食品	35 314	121 317	42 321	5 882
22 章 饮料、酒及醋	22 928	61 484	4 182	31
23 章 食品工业的残渣及废料；配制的饲料	8 418	239 107	35 501	5 150
24 章 烟草、烟草及烟草代用品的制品	20 201	23 115	7 802	3 589
第 5 类 矿产品	3 136 023	2 483 298	268 406	84 689
25 章 盐；硫磺；土及石料；石灰及水泥等	19 843	293 357	57 592	29 255
26 章 矿砂、矿渣及矿灰	138	218 747	16 716	65
27 章 矿物燃料、矿物油及其产品；沥青等	3 116 042	1 971 194	194 098	55 369
第 6 类 化学工业及其相关工业的产品	1 005 176	4 834 683	2 082 646	782 972
28 章 无机化学品；贵金属等的化合物	122 436	1 290 837	439 203	92 834
29 章 有机化学品	436 713	1 948 039	731 708	366 968
30 章 药品	37 250	137 471	41 214	28 110
31 章 肥料	362	140 898	230 817	3 819
32 章 鞣料；着色料；涂料；油灰；墨水等	68 886	316 216	156 002	130 796
33 章 精油及香膏；香料制品及化妆盥洗品	119 461	27 837	32 692	15 009
34 章 洗涤剂、润滑剂、人造蜡、塑型膏等	32 343	52 268	49 731	12 787
35 章 蛋白类物质；改性淀粉；胶；酶	28 160	78 254	45 195	23 509
36 章 炸药；烟火；引火品；易燃材料制品	1 207	5 274	24 014	246
37 章 照相及电影用品	48 668	126 855	44 624	3 102
38 章 杂项化学产品	109 690	710 733	287 448	105 794
第 7 类 塑料及其制品；橡胶及其制品	538 097	1 324 138	718 655	473 847
39 章 塑料及其制品	371 809	1 068 840	539 398	388 079
40 章 橡胶及其制品	166 288	255 298	179 257	85 767
第 8 类 革、毛皮及制品；箱包；肠线制品	195 578	668 219	92 044	102 743
41 章 生皮（毛皮除外）及皮革	1 287	21 276	6 684	1 740
42 章 皮革制品；旅行箱包；动物肠线制品	194 030	502 861	85 132	67 222
43 章 毛皮、人造毛皮及其制品	261	144 081	228	33 781
第 9 类 木及制品；木炭；软木；编结品	126 555	357 350	141 617	37 247
44 章 木及木制品；木炭	95 150	329 647	113 597	28 080
45 章 软木及软木制品	194	255	12	27
46 章 编结材料制品；篮筐及柳条编结品	31 212	27 449	28 008	9 140
第 10 类 纤维素浆；废纸；纸、纸板及其制品	154 664	328 015	188 607	143 437
47 章 木浆等纤维状纤维素浆；废纸及纸板	7	23 430	10 863	—
48 章 纸及纸板；纸浆、纸或纸板制品	140 758	284 509	169 941	137 687
49 章 印刷品；手稿、打字稿及设计图纸	13 898	20 076	7 803	5 750

2010年中国对部分国家（地区）出口商品类章金额表（续）

单位：千美元

类 章	新加坡	韩 国	泰 国	土耳其
第11类 纺织原料及纺织制品	1 051 204	5 288 185	1 512 134	1 903 066
50章 蚕丝	31 182	106 479	10 389	24 645
51章 羊毛等动物毛；马毛纱线及其机织物	12 480	196 534	18 816	90 620
52章 棉花	43 229	573 524	293 780	312 478
53章 其他植物纤维；纸纱线及其机织物	6 357	155 713	9 516	18 701
54章 化学纤维长丝	37 317	383 904	164 558	360 918
55章 化学纤维短纤	25 537	393 089	219 752	266 853
56章 絮胎、毡呢及无纺织物；线绳制品等	21 208	162 390	47 257	42 599
57章 地毯及纺织材料的其他铺地制品	28 220	36 089	14 534	43 545
58章 特种机织物；簇绒织物；刺绣品等	29 836	38 136	57 283	46 601
59章 浸、包或层压织物；工业用纺织制品	62 749	164 015	192 403	129 358
60章 针织物及钩编织物	30 140	80 197	154 410	128 905
61章 针织或钩编的服装及衣着附件	415 013	1 239 920	186 300	141 677
62章 非针织或非钩编的服装及衣着附件	195 440	1 458 042	45 488	237 106
63章 其他纺织制品；成套物品；旧纺织品	112 496	300 154	97 647	59 059
第12类 鞋帽伞等；羽毛品；人造花；人发品	330 873	712 994	309 292	225 499
64章 鞋靴、护腿和类似品及其零件	286 555	537 970	219 268	164 722
65章 帽类及其零件	9 067	38 638	7 110	25 845
66章 伞、手杖、鞭子、马鞭及其零件	25 899	89 638	76 694	17 961
67章 加工羽毛及制品；人造花；人发制品	9 353	46 747	6 220	16 971
第13类 矿物材料制品；陶瓷品；玻璃及制品	423 693	1 761 639	402 016	345 929
68章 矿物材料的制品	77 107	834 619	64 649	68 229
69章 陶瓷产品	197 523	496 914	176 677	137 200
70章 玻璃及其制品	149 063	430 107	160 690	140 501
第14类 珠宝、贵金属及制品；仿首饰；硬币	29 853	84 962	131 475	16 913
71章 珠宝、贵金属及制品；仿首饰；硬币	29 853	84 962	131 475	16 913
第15类 贱金属及其制品	2 065 066	10 931 560	2 191 298	959 652
72章 钢铁	557 423	6 171 907	990 709	328 194
73章 钢铁制品	717 153	2 559 888	483 151	332 115
74章 铜及其制品	66 593	415 114	163 869	32 560
75章 镍及其制品	196 617	419 188	6 269	5 451
76章 铝及其制品	285 674	704 002	262 036	62 573
78章 铅及其制品	1 185	9 404	35 347	38
79章 锌及其制品	13 331	19 290	15 480	1 443
80章 锡及其制品	48 518	814	155	—
81章 其他贱金属、金属陶瓷及其制品	7 277	303 619	32 553	33 110
82章 贱金属器具、利口器、餐具及零件	80 232	194 358	92 325	100 219
83章 贱金属杂项制品	91 064	133 975	109 404	63 950
第16类 机电、音像设备及其零件、附件	15 603 142	28 722 758	7 819 426	4 797 974
84章 核反应堆、锅炉、机械器具及零件	6 885 241	8 715 768	4 192 006	2 764 555
85章 电机、电气、音像设备及其零附件	8 717 901	20 006 990	3 627 420	2 033 419
第17类 车辆、航空器、船舶及运输设备	5 394 511	3 295 880	525 162	656 963
86章 铁道车辆；轨道装置；信号设备	171 447	191 718	72 123	11 343
87章 车辆及其零附件，但铁道车辆除外	156 196	1 102 066	428 829	381 789
88章 航空器、航天器及其零件	16 150	58 029	3 697	101
89章 船舶及浮动结构体	5 050 718	1 944 067	20 513	263 730
第18类 光学、医疗等仪器；钟表；乐器	579 608	3 049 313	1 127 799	702 569
90章 光学、照相、医疗等设备及零附件	554 794	2 988 016	1 099 309	676 573
91章 钟表及其零件	16 309	16 206	15 905	12 163
92章 乐器及其零件、附件	8 505	45 090	12 585	13 833
第19类 武器、弹药及其零件、附件	37	209	2	86
93章 武器、弹药及其零件、附件	37	209	2	86
第20类 杂项制品	1 149 612	1 467 189	1 069 567	555 770
94章 家具；寝具等；灯具；活动房	847 096	887 018	881 803	270 099
95章 玩具、游戏或运动用品及其零附件	248 217	439 544	83 794	160 967
96章 杂项制品	54 298	140 628	103 970	124 703
第21类 艺术品、收藏品及古物	452	547	208	462
97章 艺术品、收藏品及古物	452	547	208	462
第22类 特殊交易品及未分类商品	40 031	7 023	2 763	1 552
98章 特殊交易品及未分类商品	40 031	7 023	2 763	1 552

2010 年中国对部分国家（地区）出口商品类章金额表（续）

单位：千美元

类 章	阿拉伯联合酋长国	越 南	台湾省	哈萨克斯坦
总 值	**21 236 650**	**23 113 703**	**29 676 555**	**9 320 901**
第 1 类 活动物；动物产品	26 404	71 632	444 253	4 912
01 章 活动物	1	143	310	—
02 章 肉及食用杂碎	11 413	—	—	—
03 章 鱼及其他水生无脊椎动物	13 656	52 133	353 098	1 140
04 章 乳；蛋；蜂蜜；其他食用动物产品	1 160	179	63	1 767
05 章 其他动物产品	174	19 177	90 782	2 005
第 2 类 植物产品	289 421	991 950	294 828	88 154
06 章 活植物；茎、根；插花、簇叶	1 081	1 867	343	16
07 章 食用蔬菜、根及块茎	114 111	543 154	61 394	16 135
08 章 食用水果及坚果；甜瓜等水果的果皮	49 401	260 319	24 301	65 282
09 章 咖啡、茶、马黛茶及调味香料	47 720	11 464	14 599	823
10 章 谷物	122	21 139	14 740	4 279
11 章 制粉工业产品；麦芽；淀粉等；面筋	28	40 179	37 903	106
12 章 油籽；子仁；工业或药用植物；饲料	73 260	111 301	123 932	1 183
13 章 虫胶；树胶、树脂及其他植物液、汁	3 562	2 450	12 419	299
14 章 编结用植物材料；其他植物产品	136	75	5 197	31
第 3 类 动、植物油、脂、蜡；精制食用油脂	1 250	9 495	5 841	113
15 章 动、植物油、脂、蜡；精制食用油脂	1 250	9 495	5 841	113
第 4 类 食品；饮料、酒及醋；烟草及制品	127 421	240 847	383 938	42 842
16 章 肉、鱼及其他水生无脊椎动物的制品	2 563	31 132	237 433	3 232
17 章 糖及糖食	13 890	59 795	9 783	846
18 章 可可及可可制品	1 214	778	3 475	518
19 章 谷物粉、淀粉等或乳的制品；糕饼	3 499	3 883	5 720	6 369
20 章 蔬菜、水果等或植物其他部分的制品	53 795	15 357	46 815	26 035
21 章 杂项食品	5 534	23 358	25 022	5 591
22 章 饮料、酒及醋	3 317	2 307	34 912	113
23 章 食品工业的残渣及废料；配制的饲料	459	88 169	19 605	137
24 章 烟草、烟草及烟草代用品的制品	43 150	16 068	1 175	—
第 5 类 矿产品	475 456	1 891 155	862 433	72 208
25 章 盐；硫磺；土及石料；石灰及水泥等	7 523	34 540	237 579	7 674
26 章 矿砂、矿渣及矿灰	9 626	6 906	3 630	667
27 章 矿物燃料、矿物油及其产品；沥青等	458 308	1 849 709	621 223	63 866
第 6 类 化学工业及其相关工业的产品	448 240	1 736 803	3 900 499	172 755
28 章 无机化学品；贵金属等的化合物	80 245	241 092	567 082	46 006
29 章 有机化学品	137 832	444 74 4	1 200 774	14 496
30 章 药品	21 615	43 683	22 026	7 536
31 章 肥料	4 162	471 229	100 764	21
32 章 鞣料；着色料；涂料；油灰；墨水等	25 451	140 392	181 956	14 142
33 章 精油及香膏；香料制品及化妆盥洗品	44 734	27 192	94 892	3 888
34 章 洗涤剂、润滑剂、人造蜡、塑型膏等	32 108	37 867	75 850	18 825
35 章 蛋白类物质；改性淀粉；胶；酶	28 911	65 468	65 072	12 731
36 章 炸药；烟火；引火品；易燃材料制品	906	1 084	18 436	5 651
37 章 照相及电影用品	7 240	27 384	75 794	3 620
38 章 杂项化学产品	65 035	236 668	1 497 854	45 840
第 7 类 塑料及其制品；橡胶及其制品	993 088	687 926	838 695	384 784
39 章 塑料及其制品	415 622	525 728	687 366	329 828
40 章 橡胶及其制品	577 466	162 198	151 329	54 955
第 8 类 革、毛皮及制品；箱包；肠线制品	422 093	104 797	97 410	150 543
41 章 生皮（毛皮除外）及皮革	1 207	26 800	4 446	412
42 章 皮革制品；旅行箱包；动物肠线制品	414 993	51 585	92 654	149 417
43 章 毛皮、人造毛皮及其制品	5 893	26 412	310	714
第 9 类 木及制品；木炭；软木；编结品	190 984	157 831	150 124	24 831
44 章 木及木制品；木炭	183 719	154 353	135 981	24 239
45 章 软木及软木制品	166	18	531	294
46 章 编结材料制品；篮筐及柳条编结品	7 099	3 461	13 612	298
第 10 类 纤维素浆；废纸；纸、纸板及其制品	155 649	145 564	324 181	57 346
47 章 木浆等纤维状纤维素浆；废纸及纸板	630	546	3 421	—
48 章 纸及纸板；纸浆、纸或纸板制品	148 818	130 882	296 771	52 893
49 章 印刷品；手稿、打字稿及设计图纸	6 201	14 136	23 989	4 453

2010年中国对部分国家（地区）出口商品类章金额表（续）

单位：千美元

类 章	阿拉伯联合酋长国	越 南	台湾省	哈萨克斯坦
第11类 纺织原料及纺织制品	4 380 169	4 952 575	1 084 367	3 562 686
50章 蚕丝	36 329	34 035	1 893	2
51章 羊毛等动物毛；马毛纱线及其机织物	20 533	66 179	11 478	79
52章 棉花	92 250	1 167 437	50 515	16 948
53章 其他植物纤维；纸纱线及其机织物	8 381	77 474	2 727	—
54章 化学纤维长丝	491 766	443 740	96 044	11 487
55章 化学纤维短纤	228 242	419 446	54 110	56 665
56章 絮胎、毡呢及无纺织物；线绳制品等	35 008	133 403	50 822	8 270
57章 地毯及纺织材料的其他铺地制品	55 482	19 551	24 780	5 334
58章 特种机织物；簇绒织物；刺绣品等	252 216	115 983	23 519	7 403
59章 浸、包或层压织物；工业用纺织制品	66 118	470 802	56 336	23 829
60章 针织物及钩编织物	109 137	740 853	8 950	7 309
61章 针织或钩编的服装及衣着附件	1 607 857	785 894	393 187	2 207 459
62章 非针织或非钩编的服装及衣着附件	936 893	380 620	185 231	638 773
63章 其他纺织制品；成套物品；旧纺织品	439 957	97 158	124 775	579 127
第12类 鞋帽伞等；羽毛品；人造花；人发品	601 173	233 906	193 184	1 040 771
64章 鞋靴、护腿和类似品及其零件	514 359	133 757	134 278	1 004 223
65章 帽类及其零件	22 810	7 681	9 655	13 505
66章 伞、手杖、鞭子、马鞭及其零件	38 574	80 275	37 646	2 761
67章 加工羽毛及制品；人造花；人发制品	25 429	12 193	11 605	20 282
第13类 矿物材料制品；陶瓷品；玻璃及制品	684 679	466 764	392 318	443 298
68章 矿物材料的制品	138 998	160 654	173 487	97 782
69章 陶瓷产品	331 674	165 372	83 237	135 256
70章 玻璃及其制品	214 007	140 737	135 594	210 260
第14类 珠宝、贵金属及制品；仿首饰；硬币	53 189	40 940	147 875	1 912
71章 珠宝、贵金属及制品；仿首饰；硬币	53 189	40 940	147 875	1 912
第15类 贱金属及其制品	2 161 596	2 860 952	2 611 892	702 854
72章 钢铁	471 697	1 631 453	1 132 420	97 238
73章 钢铁制品	771 606	589 193	394 185	332 050
74章 铜及其制品	43 572	53 143	280 463	3 338
75章 镍及其制品	702	2 152	213 218	—
76章 铝及其制品	465 470	214 109	190 026	49 109
78章 铅及其制品	47	30 849	48 105	201
79章 锌及其制品	5 322	1 502	49 249	162
80章 锡及其制品	52	24	12 675	11 586
81章 其他贱金属、金属陶瓷及其制品	19 119	4 225	91 613	1 136
82章 贱金属器具、利口器、餐具及零件	201 729	155 517	131 745	85 971
83章 贱金属杂项制品	182 280	178 786	68 193	122 065
第16类 机电、音像设备及其零件、附件	8 207 918	7 010 472	14 547 893	1 577 398
84章 核反应堆、锅炉、机械器具及零件	4 160 139	3 408 503	4 352 534	957 057
85章 电机、电气、音像设备及其零附件	4 047 779	3 601 968	10 195 359	620 341
第17类 车辆、航空器、船舶及运输设备	562 435	650 644	737 386	487 512
86章 铁道车辆；轨道装置；信号设备	9 124	14 167	116 333	84 027
87章 车辆及其零附件，但铁道车辆除外	433 456	629 453	614 002	402 979
88章 航空器、航天器及其零件	538	1 588	1 660	52
89章 船舶及浮动结构体	119 318	5 436	5 391	453
第18类 光学、医疗等仪器；钟表；乐器	208 589	344 375	2 027 278	145 807
90章 光学、照相、医疗等设备及零附件	156 538	329 099	2 003 805	122 720
91章 钟表及其零件	40 678	11 119	9 191	22 119
92章 乐器及其零件、附件	11 373	4 157	14 283	968
第19类 武器、弹药及其零件、附件	408	62	49	780
93章 武器、弹药及其零件、附件	408	62	49	780
第20类 杂项制品	1 243 670	514 547	581 599	358 306
94章 家具；寝具等；灯具；活动房	758 499	353 121	321 706	206 402
95章 玩具、游戏或运动用品及其零附件	290 009	39 732	159 475	48 677
96章 杂项制品	195 162	121 694	100 418	103 226
第21类 艺术品、收藏品及古物	1 392	260	758	42
97章 艺术品、收藏品及古物	1 392	260	758	42
第22类 特殊交易品及未分类商品	1 425	206	49 753	1 047
98章 特殊交易品及未分类商品	1 425	206	49 753	1 047

2010年中国对部分国家（地区）出口商品类章金额表（续）

单位：千美元

类 章	南 非	欧洲联盟	比利时	丹 麦
总 值	**10 802 761**	**311 235 423**	**14 303 955**	**5 184 918**
第1类 活动物；动物产品	57 224	2 527 910	144 781	45 058
01章 活动物	—	3 741	883	2
02章 肉及食用杂碎	—	28 519	15 712	—
03章 鱼及其他水生无脊椎动物	11 721	1 825 327	91 716	36 064
04章 乳；蛋；蜂蜜；其他食用动物产品	3 608	93 456	28 638	621
05章 其他动物产品	41 894	576 868	7 832	8 371
第2类 植物产品	88 425	1 975 532	105 384	23 650
06章 活植物；茎、根；插花、簇叶	168	44 120	1 620	1 158
07章 食用蔬菜、根及块茎	69 844	762 229	57 671	6 042
08章 食用水果及坚果；甜瓜等水果的果皮	1 446	310 779	16 963	3 792
09章 咖啡、茶、马黛茶及调味香料	3 563	224 402	10 753	551
10章 谷物	9 153	12 571	1 577	64
11章 制粉工业产品；麦芽；淀粉等；面筋	825	9 057	1 014	—
12章 油籽；子仁；工业或药用植物；饲料	2 771	430 985	9 703	3 613
13章 虫胶；树胶、树脂及其他植物液、汁	643	161 208	2 792	8 224
14章 编结用植物材料；其他植物产品	13	20 183	3 290	207
第3类 动、植物油、脂、蜡；精制食用油脂	725	50 743	531	—
15章 动、植物油、脂、蜡；精制食用油脂	725	50 743	531	—
第4类 食品；饮料、酒及醋；烟草及制品	104 666	2 075 847	206 691	49 325
16章 肉、鱼及其他水生无脊椎动物的制品	14 583	316 661	46 575	30 312
17章 糖及糖食	16 671	69 145	2 195	594
18章 可可及可可制品	1 540	54 109	130	19
19章 谷物粉、淀粉等或乳的制品；糕饼	7 185	121 351	3 749	1 741
20章 蔬菜、水果等或植物其他部分的制品	41 889	940 643	19 330	8 151
21章 杂项食品	7 689	92 466	3 688	1 189
22章 饮料、酒及醋	3 818	32 423	1 736	52
23章 食品工业的残渣及废料；配制的饲料	6 083	222 432	28 497	6 991
24章 烟草、烟草及烟草代用品的制品	5 208	226 618	100 791	277
第5类 矿产品	137 778	2 086 493	280 415	22 702
25章 盐；硫磺；土及石料；石灰及水泥等	15 358	574 566	37 123	661
26章 矿砂、矿渣及矿灰	11 737	156 847	113	0
27章 矿物燃料、矿物油及其产品；沥青等	110 683	1 355 080	243 179	22 041
第6类 化学工业及其相关工业的产品	620 279	13 671 233	1 335 460	137 330
28章 无机化学品；贵金属等的化合物	128 175	1 542 059	103 303	6 470
29章 有机化学品	282 427	7 034 279	799 580	72 777
30章 药品	18 499	1 506 243	79 306	10 015
31章 肥料	9 341	4 286	229	—
32章 鞣料；着色料；涂料；油灰；墨水等	23 220	736 962	101 711	13 984
33章 精油及香膏；香料制品及化妆盥洗品	9 691	552 492	27 739	2 771
34章 洗涤剂、润滑剂、人造蜡、塑型膏等	27 745	359 962	22 269	7 292
35章 蛋白类物质；改性淀粉；胶；酶	31 453	197 869	7 667	11 369
36章 炸药；烟火；引火品；易燃材料制品	7 660	219 677	3 758	7 281
37章 照相及电影用品	3 676	112 791	9 632	125
38章 杂项化学产品	78 392	1 404 614	180 266	5 246
第7类 塑料及其制品；橡胶及其制品	512 714	7 890 206	593 549	119 824
39章 塑料及其制品	286 337	5 438 453	371 701	96 967
40章 橡胶及其制品	226 377	2 451 753	221 847	22 857
第8类 革、毛皮及制品；箱包；肠线制品	255 874	5 871 047	401 285	77 880
41章 生皮（毛皮除外）及皮革	202	111 691	47	8
42章 皮革制品；旅行箱包；动物肠线制品	255 581	5 514 834	388 997	70 218
43章 毛皮、人造毛皮及其制品	91	244 523	12 240	7 654
第9类 木及制品；木炭；软木；编结品	53 724	2 764 614	255 072	55 143
44章 木及木制品；木炭	42 955	2 214 123	219 805	43 698
45章 软木及软木制品	25	3 899	0	53
46章 编结材料制品；篮筐及柳条编结品	10 743	546 592	35 267	11 392
第10类 纤维素浆；废纸；纸、纸板及其制品	95 354	1 976 346	101 075	29 135
47章 木浆等纤维状纤维素浆；废纸及纸板	1 132	57 032	8 935	—
48章 纸及纸板；纸浆、纸或纸板制品	83 650	1 326 256	65 277	24 189
49章 印刷品；手稿、打字稿及设计图纸	10 572	593 058	26 863	4 946

2010年中国对部分国家（地区）出口商品类章金额表（续）

单位：千美元

类 章	南 非	欧洲联盟	比利时	丹 麦
第11类 纺织原料及纺织制品	2 309 707	43 032 381	2 126 172	1 235 121
50章 蚕丝	223	328 438	2 284	236
51章 羊毛等动物毛；马毛纱线及其机织物	1 512	613 112	11 390	1 679
52章 棉花	60 603	703 744	53 188	2 099
53章 其他植物纤维；纸纱线及其机织物	3 735	152 662	14 909	467
54章 化学纤维长丝	158 377	1 189 712	104 467	9 138
55章 化学纤维短纤	101 307	704 459	33 840	2 961
56章 絮胎、毡呢及无纺织物；线绳制品等	28 389	385 798	22 328	7 714
57章 地毯及纺织材料的其他铺地制品	8 886	333 330	23 111	5 428
58章 特种机织物；簇绒织物；刺绣品等	51 129	415 780	28 565	6 656
59章 浸、包或层压织物；工业用纺织制品	53 181	539 819	21 558	581
60章 针织物及钩编织物	86 717	584 196	30 159	5 197
61章 针织或钩编的服装及衣着附件	868 858	16 363 195	828 993	451 664
62章 非针织或非钩编的服装及衣着附件	681 109	16 515 579	682 255	641 988
63章 其他纺织制品；成套物品；旧纺织品	205 681	4 202 557	269 124	92 311
第12类 鞋帽伞等；羽毛品；人造花；人发品	706 789	8 541 568	675 437	130 662
64章 鞋靴、护腿和类似品及其零件	568 981	6 639 189	565 890	103 175
65章 帽类及其零件	41 641	831 956	59 981	14 837
66章 伞、手杖、鞭子、马鞭及其零件	20 852	570 820	30 069	8 550
67章 加工羽毛及制品；人造花；人发制品	75 315	499 603	19 498	4 100
第13类 矿物材料制品；陶瓷品；玻璃及制品	292 202	5 184 188	436 647	85 189
68章 矿物材料的制品	21 761	1 028 168	120 420	15 150
69章 陶瓷产品	178 634	2 180 035	198 540	28 156
70章 玻璃及其制品	91 807	1 975 986	117 688	41 882
第14类 珠宝、贵金属及制品；仿首饰；硬币	28 222	1 224 638	723 826	5 295
71章 珠宝、贵金属及制品；仿首饰；硬币	28 222	1 224 638	723 826	5 295
第15类 贱金属及其制品	746 483	17 793 292	1 535 861	248 963
72章 钢铁	111 011	2 990 064	576 044	1 677
73章 钢铁制品	330 835	6 368 409	453 737	115 505
74章 铜及其制品	34 682	647 025	22 871	6 705
75章 镍及其制品	200	64 721	61	40
76章 铝及其制品	74 173	2 250 190	111 118	58 621
78章 铅及其制品	5 008	1 620	1	0
79章 锌及其制品	1 731	37 745	2 745	568
80章 锡及其制品	86	39 961	77	0
81章 其他贱金属、金属陶瓷及其制品	20 996	997 095	118 701	363
82章 贱金属器具、利口器、餐具及零件	85 539	2 179 655	153 783	24 863
83章 贱金属杂项制品	82 221	2 216 807	96 724	40 619
第16类 机电、音像设备及其零件、附件	3 642 835	144 959 129	3 607 760	1 427 817
84章 核反应堆、锅炉、机械器具及零件	1 649 495	69 929 003	1 520 356	887 373
85章 电机、电气、音像设备及其零附件	1 993 340	75 030 127	2 087 404	540 443
第17类 车辆、航空器、船舶及运输设备	467 430	17 726 937	385 600	845 446
86章 铁道车辆；轨道装置；信号设备	17 499	1 711 923	20 127	541 400
87章 车辆及其零附件，但铁道车辆除外	390 626	5 746 790	273 678	137 334
88章 航空器、航天器及其零件	19 273	283 098	98	274
89章 船舶及浮动结构体	40 033	9 985 127	91 697	166 438
第18类 光学、医疗等仪器；钟表；乐器	113 760	9 397 196	204 383	122 383
90章 光学、照相、医疗等设备及零附件	96 902	8 591 593	168 918	113 373
91章 钟表及其零件	8 905	397 278	21 359	4 854
92章 乐器及其零件、附件	7 953	408 325	14 106	4 156
第19类 武器、弹药及其零件、附件	322	11 694	469	195
93章 武器、弹药及其零件、附件	322	11 694	469	195
第20类 杂项制品	566 576	22 385 364	1 180 637	523 240
94章 家具；寝具等；灯具；活动房	406 177	13 014 362	752 810	383 447
95章 玩具、游戏或运动用品及其零附件	95 570	7 616 387	342 563	113 342
96章 杂项制品	64 829	1 754 615	85 264	26 452
第21类 艺术品、收藏品及古物	924	36 665	2 769	543
97章 艺术品、收藏品及古物	924	36 665	2 769	543
第22类 特殊交易品及未分类商品	751	52 397	151	18
98章 特殊交易品及未分类商品	751	52 397	151	18

2010 年中国对部分国家（地区）出口商品类章金额表（续）

单位：千美元

类 章	英 国	德 国	法 国	意大利
总 值	**38 771 145**	**68 047 366**	**27 653 948**	**31 140 552**
第 1 类 活动物；动物产品	279 008	780 745	148 367	123 343
01 章 活动物	0	590	277	628
02 章 肉及食用杂碎	—	9 545	—	—
03 章 鱼及其他水生无脊椎动物	237 503	491 775	137 790	93 247
04 章 乳；蛋；蜂蜜；其他食用动物产品	22 124	7 549	3 017	3 203
05 章 其他动物产品	19 382	271 285	7 283	26 266
第 2 类 植物产品	204 902	493 792	139 776	183 804
06 章 活植物；茎、根；插花、簇叶	888	5 182	1 015	2 834
07 章 食用蔬菜、根及块茎	75 682	154 214	64 464	127 293
08 章 食用水果及坚果；甜瓜等水果的果皮	34 442	69 441	15 441	15 800
09 章 咖啡、茶、马黛茶及调味香料	40 098	88 985	22 630	2 675
10 章 谷物	858	1 201	4 056	271
11 章 制粉工业产品；麦芽；淀粉等；面筋	626	2 331	250	309
12 章 油籽；子仁；工业或药用植物；饲料	42 426	123 411	16 265	19 693
13 章 虫胶；树胶、树脂及其他植物液、汁	6 935	47 089	14 429	12 694
14 章 编结用植物材料；其他植物产品	2 947	1 938	1 226	2 236
第 3 类 动、植物油、脂、蜡；精制食用油脂	13 170	15 073	3 723	1 196
15 章 动、植物油、脂、蜡；精制食用油脂	13 170	15 073	3 723	1 196
第 4 类 食品；饮料、酒及醋；烟草及制品	298 038	402 421	123 943	126 500
16 章 肉、鱼及其他水生无脊椎动物的制品	57 288	34 586	7 042	24 028
17 章 糖及糖食	18 932	6 791	3 183	2 113
18 章 可可及可可制品	6 762	17 744	16 370	1
19 章 谷物粉、淀粉等或乳的制品：糕饼	39 718	14 104	8 557	4 430
20 章 蔬菜、水果等或植物其他部分的制品	90 721	234 425	42 744	82 584
21 章 杂项食品	21 481	16 419	6 702	1 996
22 章 饮料、酒及醋	6 400	2 524	10 567	3 507
23 章 食品工业的残渣及废料；配制的饲料	47 181	40 427	8 281	6 893
24 章 烟草、烟草及烟草代用品的制品	9 554	35 402	20 498	946
第 5 类 矿产品	126 973	285 560	147 084	96 405
25 章 盐；硫磺；土及石料；石灰及水泥等	11 230	12 330	22 951	67 678
26 章 矿砂、矿渣及矿灰	655	321	—	272
27 章 矿物燃料、矿物油及其产品；沥青等	115 087	272 910	4 196	28 455
第 6 类 化学工业及其相关工业的产品	1 328 248	3 238 466	1 194 699	1 366 034
28 章 无机化学品；贵金属等的化合物	215 864	273 136	127 418	162 593
29 章 有机化学品	538 163	1 670 505	288 323	838 684
30 章 药品	99 755	347 661	516 781	121 807
31 章 肥料	175	454	188	886
32 章 鞣料；着色料；涂料；油灰；墨水等	77 714	152 947	24 714	98 267
33 章 精油及香膏；香料制品及化妆盥洗品	172 518	61 942	114 705	24 299
34 章 洗涤剂、润滑剂、人造蜡、塑型膏等	85 024	72 129	21 054	23 112
35 章 蛋白类物质；改性淀粉；胶；酶	16 107	45 452	14 307	6 800
36 章 炸药；烟火；引火品；易燃材料制品	24 469	83 245	10 224	18 649
37 章 照相及电影用品	3 174	16 769	4 835	4 818
38 章 杂项化学产品	95 286	514 227	72 149	66 119
第 7 类 塑料及其制品；橡胶及其制品	1 468 311	1 303 600	713 364	799 992
39 章 塑料及其制品	934 312	949 498	563 668	556 826
40 章 橡胶及其制品	533 998	354 102	149 696	243 167
第 8 类 革、毛皮及制品；箱包；肠线制品	861 222	1 095 023	698 408	908 591
41 章 生皮（毛皮除外）及皮革	450	1 576	2 603	67 914
42 章 皮革制品；旅行箱包；动物肠线制品	850 360	1 041 529	667 547	772 094
43 章 毛皮、人造毛皮及其制品	10 411	51 919	28 258	68 583
第 9 类 木及制品；木炭；软木；编结品	601 737	433 707	260 736	268 603
44 章 木及木制品；木炭	525 619	336 788	208 669	205 588
45 章 软木及软木制品	803	1 751	200	292
46 章 编结材料制品；篮筐及柳条编结品	75 315	95 169	51 867	62 723
第 10 类 纤维素浆；废纸；纸、纸板及其制品	644 881	276 259	186 612	165 257
47 章 木浆等纤维状纤维素浆；废纸及纸板	4 182	6 540	4 549	2 928
48 章 纸及纸板；纸浆、纸或纸板制品	373 599	183 579	112 186	134 335
49 章 印刷品；手稿、打字稿及设计图纸	267 101	86 141	69 877	27 995

2010年中国对部分国家（地区）出口商品类章金额表（续）

单位：千美元

类 章	英 国	德 国	法 国	意大利
第11类 纺织原料及纺织制品	6 383 230	9 607 260	4 803 840	5 772 419
50章 蚕丝	9 044	29 420	19 174	232 674
51章 羊毛等动物毛；马毛纱线及其机织物	57 538	142 389	2 538	350 301
52章 棉花	18 172	62 992	24 534	364 726
53章 其他植物纤维；纸纱线及其机织物	3 534	3 315	10 351	79 125
54章 化学纤维长丝	58 927	254 878	39 152	236 800
55章 化学纤维短纤	47 236	119 150	32 495	222 041
56章 絮胎、毡呢及无纺织物；线绳制品等	57 909	60 511	27 614	52 828
57章 地毯及纺织材料的其他铺地制品	49 411	79 967	22 477	25 321
58章 特种机织物；簇绒织物；刺绣品等	50 838	73 132	26 040	73 969
59章 浸、包或层压织物；工业用纺织制品	45 673	102 067	16 820	88 725 358
60章 针织物及钩编织物	65 484	57 977	47 950	253 542
61章 针织或钩编的服装及衣着附件	2 340 871	3 966 678	2 006 354	1 615 346
62章 非针织或非钩编的服装及衣着附件	2 717 629	3 784 460	2 115 767	1 850 621
63章 其他纺织制品；成套物品；旧纺织品	860 965	870 325	412 574	326 400
第12类 鞋帽伞等；羽毛品；人造花；人发品	1 523 027	1 664 445	908 226	710 905
64章 鞋靴、护腿和类似品及其零件	1 218 400	1 292 793	709 888	451 042
65章 帽类及其零件	133 482	174 937	96 103	104 625
66章 伞、手杖、鞭子、马鞭及其零件	67 432	105 685	49 208	85 244
67章 加工羽毛及制品；人造花；人发制品	103 714	91 029	53 026	69 994
第13类 矿物材料制品；陶瓷品；玻璃及制品	666 509	1 030 343	367 493	557 923
68章 矿物材料的制品	108 139	204 893	67 705	61 481
69章 陶瓷产品	275 634	410 922	145 490	277 051
70章 玻璃及其制品	282 735	414 528	154 298	219 391
第14类 珠宝、贵金属及制品；仿首饰；硬币	132 660	119 881	59 616	54 578
71章 珠宝、贵金属及制品；仿首饰；硬币	132 660	119 881	59 616	54 578
第15类 贱金属及其制品	2 335 949	3 033 118	1 088 018	2 476 536
72章 钢铁	186 708	130 340	21 861	998 554
73章 钢铁制品	913 060	1 236 263	418 550	703 490
74章 铜及其制品	123 388	93 599	66 433	82 762
75章 镍及其制品	857	3 683	4 683	998
76章 铝及其制品	325 664	483 418	154 881	289 872
78章 铅及其制品	435	114	138	154
79章 锌及其制品	6 387	8 827	3 328	3 731
80章 锡及其制品	480	494	4	1 343
81章 其他贱金属、金属陶瓷及其制品	91 709	93 853	26 842	29 340
82章 贱金属器具、利口器、餐具及零件	291 901	519 821	220 695	144 741
83章 贱金属杂项制品	395 359	462 705	170 603	221 550
第16类 机电、音像设备及其零件、附件	14 791 823	32 036 360	12 795 808	13 235 112
84章 核反应堆、锅炉、机械器具及零件	7 691 165	14 215 020	7 278 851	4 727 705
85章 电机、电气、音像设备及其零附件	7 100 659	17 821 340	5 516 958	8 507 408
第17类 车辆、航空器、船舶及运输设备	1 874 765	5 073 067	1 131 536	2 085 885
86章 铁道车辆；轨道装置；信号设备	467 961	423 022	68 241	45 969
87章 车辆及其零附件，但铁道车辆除外	683 517	1 407 486	506 240	753 072
88章 航空器、航天器及其零件	132 635	40 012	87 149	13 628
89章 船舶及浮动结构体	590 651	3 202 547	469 906	1 273 216
第18类 光学、医疗等仪器；钟表；乐器	773 259	2 142 762	473 244	662 502
90章 光学、照相、医疗等设备及零附件	666 037	1 898 4 12	396 267	599 592
91章 钟表及其零件	51 340	105 842	38 853	32 645
92章 乐器及其零件、附件	55 883	138 507	38 123	30 265
第19类 武器、弹药及其零件、附件	1 228	2 796	2 250	494
93章 武器、弹药及其零件、附件	1 228	2 796	2 250	494
第20类 杂项制品	4 448 847	4 991 543	2 395 997	1 537 630
94章 家具；寝具等；灯具；活动房	2 595 299	2 503 370	1 554 130	910 273
95章 玩具、游戏或运动用品及其零附件	1 562 669	2 167 044	680 099	493 605
96章 杂项制品	290 879	321 129	161 767	133 751
第21类 艺术品、收藏品及古物	5 754	8 018	5 534	2 614
97章 艺术品、收藏品及古物	5 754	8 018	5 534	2 614
第22类 特殊交易品及未分类商品	7 603	13 127	5 677	4 228
98章 特殊交易品及未分类商品	7 603	13 127	5 677	4 228

2010年中国对部分国家（地区）出口商品类章金额表（续）

单位：千美元

类 章	荷 兰	西班牙	奥地利	芬 兰
总 值	**49 705 758**	**18 174 643**	**1 854 196**	**5 499 642**
第1类 活动物；动物产品	231 325	352 512	10 446	3 622
01章 活动物	1 118	7	—	—
02章 肉及食用杂碎	1 640	—	—	—
03章 鱼及其他水生无脊椎动物	111 254	328 811	99	3 622
04章 乳；蛋；蜂蜜；其他食用动物产品	5 705	5 701	—	—
05章 其他动物产品	111 608	17 993	10 346	—
第2类 植物产品	439 429	187 762	4 119	2 993
06章 活植物；茎、根；插花、簇叶	28 852	939	96	65
07章 食用蔬菜、根及块茎	129 963	59 775	617	1 055
08章 食用水果及坚果；甜瓜等水果的果皮	118 902	6 843	233	740
09章 咖啡、茶、马黛茶及调味香料	36 638	12 666	1 042	355
10章 谷物	2 634	84	—	—
11章 制粉工业产品；麦芽；淀粉等；面筋	4 137	12	—	114
12章 油籽；子仁；工业或药用植物；饲料	101 652	54 285	1 426	566
13章 虫胶；树胶、树脂及其他植物液、汁	11 279	51 885	655	66
14章 编结用植物材料；其他植物产品	5 372	1 273	51	32
第3类 动、植物油、脂、蜡；精制食用油脂	11 914	940	32	—
15章 动、植物油、脂、蜡；精制食用油脂	11 914	940	32	—
第4类 食品；饮料、酒及醋；烟草及制品	378 190	186 480	7 839	13 680
16章 肉、鱼及其他水生无脊椎动物的制品	29 281	34 865	264	275
17章 糖及糖食	15 615	4 278	641	5 241
18章 可可及可可制品	5 590	4 216	—	—
19章 谷物粉、淀粉等或乳的制品；糕饼	31 770	4 902	417	1 048
20章 蔬菜、水果等或植物其他部分的制品	206 218	111 965	5 426	2 387
21章 杂项食品	18 448	2 432	750	831
22章 饮料、酒及醋	3 476	1 384	341	103
23章 食品工业的残渣及废料；配制的饲料	51 587	11 280	—	3 795
24章 烟草、烟草及烟草代用品的制品	16 206	11 159	—	—
第5类 矿产品	674 290	39 405	28 824	26 838
25章 盐；硫磺；土及石料；石灰及水泥等	359 350	24 425	17 081	368
26章 矿砂、矿渣及矿灰	154 043	1	—	19
27章 矿物燃料、矿物油及其产品；沥青等	160 897	14 979	11 743	26 451
第6类 化学工业及其相关工业的产品	2 356 272	1 191 991	156 292	80 908
28章 无机化学品；贵金属等的化合物	413 426	122 017	7 424	4 742
29章 有机化学品	1 363 121	776 895	24 910	38 789
30章 药品	38 579	52 086	85 501	8 454
31章 肥料	263	1 193	—	86
32章 鞣料；着色料；涂料；油灰；墨水等	154 490	55 283	2 477	3 778
33章 精油及香膏；香料制品及化妆盥洗品	55 731	38 493	672	1 945
34章 洗涤剂、润滑剂、人造蜡、塑型膏等	55 338	19 590	1 728	4 219
35章 蛋白类物质；改性淀粉；胶；酶	30 807	12 898	1 649	5 951
36章 炸药；烟火；引火品；易燃材料制品	28 382	8 307	2 318	3 883
37章 照相及电影用品	51 631	8 569	33	360
38章 杂项化学产品	164 505	96 660	29 580	8 701
第7类 塑料及其制品；橡胶及其制品	1 085 032	567 129	30 469	116 864
39章 塑料及其制品	709 854	380 556	19 937	87 603
40章 橡胶及其制品	375 178	186 573	10 532	29 261
第8类 革、毛皮及制品；箱包；肠线制品	536 629	663 070	19 597	76 652
41章 生皮（毛皮除外）及皮革	7 067	20 337	4	118
42章 皮革制品；旅行箱包；动物肠线制品	521 593	622 984	18 877	73 947
43章 毛皮、人造毛皮及其制品	7 969	19 749	715	2 587
第9类 木及制品；木炭；软木；编结品	323 856	172 108	10 477	34 254
44章 木及木制品；木炭	225 319	120 161	8 627	26 017
45章 软木及软木制品	338	92	10	0
46章 编结材料制品；篮筐及柳条编结品	98 198	51 856	1 841	8 237
第10类 纤维素浆；废纸；纸、纸板及其制品	190 817	112 066	4 343	22 513
47章 木浆等纤维状纤维素浆；废纸及纸板	16 268	44	—	2 627
48章 纸及纸板；纸浆、纸或纸板制品	123 298	84 234	3 833	16 702
49章 印刷品；手稿、打字稿及设计图纸	51 250	27 787	510	3 183

2010年中国对部分国家（地区）出口商品类章金额表（续）

单位：千美元

类 章	荷 兰	西班牙	奥地利	芬 兰
第11类 纺织原料及纺织制品	3 621 136	4 015 323	146 747	651 240
50章 蚕丝	794	7 708	174	56
51章 羊毛等动物毛；马毛纱线及其机织物	1 527	3 643	552	1 389
52章 棉花	24 360	74 502	580	4 064
53章 其他植物纤维；纸纱线及其机织物	19 794	10 829	97	135
54章 化学纤维长丝	94 577	98 795	861	84 208
55章 化学纤维短纤	26 837	68 256	346	31 570
56章 絮胎、毡呢及无纺织物；线绳制品等	40 185	31 881	2 331	11 554
57章 地毯及纺织材料的其他铺地制品	32 875	33 687	1 574	3 673
58章 特种机织物；簇绒织物；刺绣品等	24 876	46 031	1 491	7 813
59章 浸、包或层压织物；工业用纺织制品	71 332	43 975	1 206	15 938
60章 针织物及钩编织物	18 339	31 908	366	27 085
61章 针织或钩编的服装及衣着附件	1 478 044	1 667 064	42 506	169 843
62章 非针织或非钩编的服装及衣着附件	1 373 155	1 606 755	67 897	212 771
63章 其他纺织制品；成套物品；旧纺织品	414 441	290 290	26 765	81 142
第12类 鞋帽伞等；羽毛品；人造花；人发品	801 177	784 329	72 878	154 539
64章 鞋靴、护腿和类似品及其零件	617 491	622 364	57 457	111 849
65章 帽类及其零件	78 098	61 986	6 349	14 004
66章 伞、手杖、鞭子、马鞭及其零件	54 052	63 689	8 136	24 835
67章 加工羽毛及制品；人造花；人发制品	51 535	36 290	936	3 851
第13类 矿物材料制品；陶瓷品；玻璃及制品	626 563	427 809	19 599	48 576
68章 矿物材料的制品	185 949	62 474	4 317	7 372
69章 陶瓷产品	299 644	188 211	7 212	15 759
70章 玻璃及其制品	140 970	177 123	8 070	25 445
第14类 珠宝、贵金属及制品；仿首饰；硬币	30 028	36 766	4 481	5 261
71章 珠宝、贵金属及制品；仿首饰；硬币	30 028	36 766	4 481	5 261
第15类 贱金属及其制品	2 352 493	1 424 565	134 200	395 083
72章 钢铁	217 207	425 126	2 269	14 431
73章 钢铁制品	818 161	462 521	45 194	136 758
74章 铜及其制品	48 176	55 110	4 025	42 350
75章 镍及其制品	49 107	652	90	393
76章 铝及其制品	225 625	141 016	9 774	71 028
78章 铅及其制品	117	196	—	377
79章 锌及其制品	4 121	2 179	10	719
80章 锡及其制品	36 844	21	0	2
81章 其他贱金属、金属陶瓷及其制品	496 283	16 428	41 597	669
82章 贱金属器具、利口器、餐具及零件	280 333	126 151	16 495	61 361
83章 贱金属杂项制品	176 519	195 165	14 746	66 993
第16类 机电、音像设备及其零件、附件	31 311 569	5 866 981	930 053	3 354 866
84章 核反应堆、锅炉、机械器具及零件	18 096 200	2 610 353	314 016	1 653 895
85章 电机、电气、音像设备及其零附件	13 215 369	3 256 628	616 037	1 700 971
第17类 车辆、航空器、船舶及运输设备	1 370 038	295 947	40 713	94 499
86章 铁道车辆；轨道装置；信号设备	102 831	25 039	858	1 060
87章 车辆及其零附件，但铁道车辆除外	562 050	265 035	37 550	89 944
88章 航空器、航天器及其零件	4 766	362	2 154	113
89章 船舶及浮动结构体	700 391	5 510	151	3 381
第18类 光学、医疗等仪器；钟表；乐器	654 874	442 840	59 566	97 749
90章 光学、照相、医疗等设备及零附件	552 451	372 771	55 669	82 226
91章 钟表及其零件	40 537	51 406	2 517	6 831
92章 乐器及其零件、附件	61 886	18 662	1 379	8 692
第19类 武器、弹药及其零件、附件	178	320	—	259
93章 武器、弹药及其零件、附件	178	320	—	259
第20类 杂项制品	2 703 731	1 401 267	173 392	309 694
94章 家具；寝具等；灯具；活动房	1 397 426	873 787	124 214	156 442
95章 玩具、游戏或运动用品及其零附件	1 071 967	384 963	40 574	97 456
96章 杂项制品	234 338	142 516	8 604	55 796
第21类 艺术品、收藏品及古物	4 661	4 341	22	83
97章 艺术品、收藏品及古物	4 661	4 341	22	83
第22类 特殊交易品及未分类商品	1 556	693	105	9 468
98章 特殊交易品及未分类商品	1 556	693	105	9 468

2010年中国对部分国家（地区）出口商品类章金额表（续）

单位：千美元

类 章	瑞 典	罗马尼亚	瑞 士	俄罗斯
总 值	**5 709 807**	**3 006 178**	**3 031 032**	**29 612 523**
第1类 活动物；动物产品	45 865	26 357	6 643	181 125
01章 活动物	—	237	0	—
02章 肉及食用杂碎	—	—	—	5 787
03章 鱼及其他水生无脊椎动物	45 069	4 331	2 168	172 169
04章 乳；蛋；蜂蜜；其他食用动物产品	208	1 276	6	928
05章 其他动物产品	588	20 513	4 469	2 241
第2类 植物产品	11 852	17 383	8 205	620 982
06章 活植物；茎、根；插花、簇叶	106	19	29	1 040
07章 食用蔬菜、根及块茎	2 328	8 620	2 870	250 482
08章 食用水果及坚果；甜瓜等水果的果皮	5 796	2 075	818	250 885
09章 咖啡、茶、马黛茶及调味香料	1 892	169 686	7 615	718
10章 谷物	63	—	—	10 080
11章 制粉工业产品；麦芽；淀粉等；面筋	—	—	1	2 701
12章 油籽；子仁；工业或药用植物；饲料	2 907	5 524	850	41 205
13章 虫胶；树胶、树脂及其他植物液、汁	271	373	1 935	14 959
14章 编结用植物材料；其他植物产品	69	79	42	112
第3类 动、植物油、脂、蜡；精制食用油脂	405	181	—	3 699
15章 动、植物油、脂、蜡；精制食用油脂	405	181	—	3 699
第4类 食品；饮料、酒及醋；烟草及制品	67 365	21 843	15 427	638 307
16章 肉、鱼及其他水生无脊椎动物的制品	36 286	90	2 347	203 029
17章 糖及糖食	905	85	352	31 114
18章 可可及可可制品	41	—	2	5 238
19章 谷物粉、淀粉等或乳的制品；糕饼	4 843	44	1 192	15 176
20章 蔬菜、水果等或植物其他部分的制品	17 250	14 983	7 828	303 607
21章 杂项食品	4 382	2 030	293	41 721
22章 饮料、酒及醋	32	28	20	7 765
23章 食品工业的残渣及废料；配制的饲料	3 625	328	3 393	17 740
24章 烟草、烟草及烟草代用品的制品	—	4 256	—	12 918
第5类 矿产品	21 119	1 176	1 712	268 478
25章 盐；硫磺；土及石料；石灰及水泥等	1 547	1 095	39	46 160
26章 矿砂、矿渣及矿灰	1 298	—	—	525
27章 矿物燃料、矿物油及其产品；沥青等	18 274	82	1 673	221 793
第6类 化学工业及其相关工业的产品	112 319	70 426	336 976	989 547
28章 无机化学品；贵金属等的化合物	17 290	6 007	13 361	171 884
29章 有机化学品	37 098	28 560	222 649	398 671
30章 药品	13 198	7 249	47 239	45 830
31章 肥料	5	160	—	428
32章 鞣料；着色料；涂料；油灰；墨水等	9 025	2 437	31 228	25 124
33章 精油及香膏；香料制品及化妆盥洗品	4 071	1 766	4 874	57 175
34章 洗涤剂、润滑剂、人造蜡、塑型膏等	14 980	3 449	2 214	22 808
35章 蛋白类物质；改性淀粉；胶；酶	664	11 088	986	119 493
36章 炸药；烟火；引火品；易燃材料制品	5 257	652	1 294	6 391
37章 照相及电影用品	27	1 200	39	19 257
38章 杂项化学产品	10 704	7 857	13 093	122 486
第7类 塑料及其制品；橡胶及其制品	177 758	82 862	49 685	1 251 027
39章 塑料及其制品	124 815	66 486	38 691	912 400
40章 橡胶及其制品	52 943	16 376	10 994	338 627
第8类 革、毛皮及制品；箱包；肠线制品	116 233	25 040	41 375	1 575 610
41章 生皮（毛皮除外）及皮革	3	200	25	481
42章 皮革制品；旅行箱包；动物肠线制品	104 643	23 098	40 501	735 533
43章 毛皮、人造毛皮及其制品	11 587	1 742	849	839 596
第9类 木及制品；木炭；软木；编结品	72 443	49 622	13 213	199 766
44章 木及木制品；木炭	62 641	48 899	11 460	186 265
45章 软木及软木制品	205	—	—	1 770
46章 编结材料制品；篮筐及柳条编结品	9 596	722	1 753	11 731
第10类 纤维素浆；废纸；纸、纸板及其制品	52 222	20 227	6 845	220 482
47章 木浆等纤维状纤维素浆；废纸及纸板	8 500	—	363	108
48章 纸及纸板；纸浆、纸或纸板制品	35 674	18 995	5 015	145 440
49章 印刷品；手稿、打字稿及设计图纸	8 047	1 232	1 468	74 934

2010年中国对部分国家（地区）出口商品类章金额表（续）

单位：千美元

类 章	瑞 典	罗马尼亚	瑞 士	俄罗斯
第11类 纺织原料及纺织制品	947 447	301 239	528 081	5 094 892
50章 蚕丝	119	21 109	1 360	2 831
51章 羊毛等动物毛；马毛纱线及其机织物	529	602	93	19 323
52章 棉花	533	4 976	634	112 496
53章 其他植物纤维；纸纱线及其机织物	116	563	172	1 776
54章 化学纤维长丝	4 490	33 274	415	277 274
55章 化学纤维短纤	3 115	12 309	597	200 849
56章 絮胎、毡呢及无纺织物；线绳制品等	11 031	4 016	1 016	42 438
57章 地毯及纺织材料的其他铺地制品	10 648	1 431	2 675	19 461
58章 特种机织物；簇绒织物；刺绣品等	3 930	3 333	1 268	124 608
59章 浸、包或层压织物；工业用纺织制品	6 962	10 535	5 126	153 204
60章 针织物及钩编织物	1 000	4 652	563	121 584
61章 针织或钩编的服装及衣着附件	345 587	112 011	233 988	1 658 206
62章 非针织或非钩编的服装及衣着附件	453 427	40 562	249 930	1 811 744
63章 其他纺织制品；成套物品；旧纺织品	105 962	51 865	30 245	549 098
第12类 鞋帽伞等；羽毛品；人造花；人发品	167 140	63 896	288 633	2 517 853
64章 鞋靴、护腿和类似品及其零件	122 262	52 515	271 912	2 342 406
65章 帽类及其零件	25 688	4 147	8 206	95 843
66章 伞、手杖、鞭子、马鞭及其零件	8 826	4 739	7 492	24 193
67章 加工羽毛及制品；人造花；人发制品	10 364	2 496	1 022	55 411
第13类 矿物材料制品；陶瓷品；玻璃及制品	126 662	79 379	19 485	614 279
68章 矿物材料的制品	22 595	12 522	1 802	227 334
69章 陶瓷产品	47 013	30 665	12 341	204 790
70章 玻璃及其制品	57 054	36 192	341	182 155
第14类 珠宝、贵金属及制品；仿首饰；硬币	11 874	3 859	111 992	26 022
71章 珠宝、贵金属及制品；仿首饰；硬币	11 874	3 859	111 992	26 022
第15类 贱金属及其制品	367 053	193 938	81 845	2 693 699
72章 钢铁	7 363	52 942	2 864	642 623
73章 钢铁制品	169 971	74 499	28 440	1 014 581
74章 铜及其制品	14 326	3 911	5 866	59 214
75章 镍及其制品	78	115	95	2 759
76章 铝及其制品	59 599	9 630	11 084	314 362
78章 铅及其制品	14	—	—	451
79章 锌及其制品	541	189	114	2 646
80章 锡及其制品	15	79	0	521
81章 其他贱金属、金属陶瓷及其制品	10 726	10 590	1 320	111 316
82章 贱金属器具、利口器、餐具及零件	52 112	21 973	24 167	247 008
83章 贱金属杂项制品	52 308	20 011	7 894	298 218
第16类 机电、音像设备及其零件、附件	2 484 390	1 723 270	934 355	9 328 720
84章 核反应堆、锅炉、机械器具及零件	1 011 650	327 517	404 768	4 890 997
85章 电机、电气、音像设备及其零附件	1 472 741	1 395 752	529 587	4 437 723
第17类 车辆、航空器、船舶及运输设备	170 853	59 734	305 773	1 195 878
86章 铁道车辆；轨道装置；信号设备	4 718	149	90 195	9 577
87章 车辆及其零附件，但铁道车辆除外	139 389	59 130	59 331	969 150
88章 航空器、航天器及其零件	75	6	577	2 122
89章 船舶及浮动结构体	26 671	449	155 670	215 029
第18类 光学、医疗等仪器；钟表；乐器	97 003	124 174	168 129	899 323
90章 光学、照相、医疗等设备及零附件	82 400	120 069	131 251	857 000
91章 钟表及其零件	5 305	3 187	35 055	30 318
92章 乐器及其零件、附件	9 298	919	1 823	12 004
第19类 武器、弹药及其零件、附件	862	2	12	1 264
93章 武器、弹药及其零件、附件	862	2	12	1 264
第20类 杂项制品	658 403	141 257	112 116	126 220
94章 家具；寝具等；灯具；活动房	481 347	89 702	73 851	573 641
95章 玩具、游戏或运动用品及其零附件	133 537	36 016	28 223	460 664
96章 杂项制品	43 520	15 557	10 042	233 914
第21类 艺术品、收藏品及古物	470	56	300	16 520
97章 艺术品、收藏品及古物	470	56	300	16 520
第22类 特殊交易品及未分类商品	69	241	232	6 830
98章 特殊交易品及未分类商品	69	241	232	6 830

2010年中国对部分国家（地区）出口商品类章金额表（续）

单位：千美元

类 章	乌克兰	阿根廷	巴 西	智 利
总 值	**5 564 522**	**6 116 259**	**24 462 540**	**8 026 489**
第1类 活动物；动物产品	35 186	2 788	165 207	3 322
01章 活动物	—	—	—	—
02章 肉及食用杂碎	4 688	—	—	—
03章 鱼及其他水生无脊椎动物	28 862	—	135 047	2 306
04章 乳；蛋；蜂蜜；其他食用动物产品	280	416	11	1 016
05章 其他动物产品	1 356	2 372	30 149	
第2类 植物产品	52 802	9 135	253 505	23 502
06章 活植物；茎、根；插花、簇叶	22	16	81	121
07章 食用蔬菜、根及块茎	28 043	6 588	240 210	18 450
08章 食用水果及坚果；甜瓜等水果的果皮	3 059	106	2 026	448
09章 咖啡、茶、马黛茶及调味香料	9 377	334	933	1 978
10章 谷物	2 710	—	729	—
11章 制粉工业产品；麦芽；淀粉等；面筋	223	145	4 339	1 078
12章 油籽；子仁；工业或药用植物；饲料	5 557	312	877	814
13章 虫胶；树胶、树脂及其他植物液、汁	3 663	1 627	4 243	590
14章 编结用植物材料；其他植物产品	148	7	66	23
第3类 动、植物油、脂、蜡；精制食用油脂	175	—	872	65
15章 动、植物油、脂、蜡；精制食用油脂	175	—	872	65
第4类 食品；饮料、酒及醋；烟草及制品	83 929	22 902	81 278	57 389
16章 肉、鱼及其他水生无脊椎动物的制品	38 440	58	509	17 860
17章 糖及糖食	1 500	2 321	2 969	8 133
18章 可可及可可制品	342	2 116	6 458	3 421
19章 谷物粉、淀粉等或乳的制品；糕饼	651	85	2 027	829
20章 蔬菜、水果等或植物其他部分的制品	28 662	9 310	25 037	12 749
21章 杂项食品	3 223	2 886	14 603	6 040
22章 饮料、酒及醋	166	30	1 126	2 168
23章 食品工业的残渣及废料；配制的饲料	5 531	6 096	28 307	4 651
24章 烟草、烟草及烟草代用品的制品	5 416	—	242	1 538
第5类 矿产品	10 522	10 080	357 854	13 269
25章 盐；硫磺；土及石料；石灰及水泥等	10 260	8 858	23 988	1 311
26章 矿砂、矿渣及矿灰	—	117	1 339	963
27章 矿物燃料、矿物油及其产品；沥青等	262	1 105	332 526	10 995
第6类 化学工业及其相关工业的产品	269 264	765 262	1 902 864	369 549
28章 无机化学品；贵金属等的化合物	18 123	59 708	178 353	48 892
29章 有机化学品	65 010	514 603	1 085 743	145 572
30章 药品	9 084	10 720	52 584	22 682
31章 肥料	228	69 772	248 831	69 124
32章 鞣料；着色料；涂料；油灰；墨水等	5 644	24 766	152 131	13 328
33章 精油及香膏；香料制品及化妆盥洗品	12 215	3 055	20 718	6 637
34章 洗涤剂、润滑剂、人造蜡、塑型膏等	6 464	3 811	16 934	11 764
35章 蛋白类物质；改性淀粉；胶；酶	22 721	4 157	29 214	8 513
36章 炸药；烟火；引火品；易燃材料制品	3 883	14 194	2 599	4 538
37章 照相及电影用品	4 917	6 371	9 498	1 495
38章 杂项化学产品	120 975	54 107	106 259	37 005
第7类 塑料及其制品；橡胶及其制品	415 478	223 360	817 342	369 562
39章 塑料及其制品	351 356	162 527	456 635	181 723
40章 橡胶及其制品	64 123	60 833	360 707	187 839
第8类 革、毛皮及制品；箱包；肠线制品	92 028	132 590	493 919	126 080
41章 生皮（毛皮除外）及皮革	5 391	663	1 360	48
42章 皮革制品；旅行箱包；动物肠线制品	81 664	131 889	492 534	125 867
43章 毛皮、人造毛皮及其制品	4 973	38	25	165
第9类 木及制品；木炭；软木；编结品	34 258	25 745	29 897	31 973
44章 木及木制品；木炭	29 351	22 540	21 422	27 091
45章 软木及软木制品	24	5	37	51
46章 编结材料制品；篮筐及柳条编结品	4 883	3 200	8 438	4 831
第10类 纤维素浆；废纸；纸、纸板及其制品	58 219	38 672	132 920	45 591
47章 木浆等纤维状纤维素浆；废纸及纸板	—	2	2 004	—
48章 纸及纸板；纸浆、纸或纸板制品	56 201	34 672	117 289	41 236
49章 印刷品；手稿、打字稿及设计图纸	2 018	3 998	13 627	4 355

2010年中国对部分国家（地区）出口商品类章金额表（续）

单位：千美元

类 章	乌克兰	阿根廷	巴 西	智 利
第11类 纺织原料及纺织制品	1 207 231	658 396	2 441 082	2 099 678
50章 蚕丝	79	1 776	11 067	1 038
51章 羊毛等动物毛；马毛纱线及其机织物	3 963	798	2 215	1 494
52章 棉花	20 291	57 382	261 457	48 444
53章 其他植物纤维；纸纱线及其机织物	193	1 853	19 826	1 206
54章 化学纤维长丝	120 696	72 708	448 771	93 343
55章 化学纤维短纤	49 077	46 015	155 375	55 619
56章 絮胎、毡呢及无纺织物；线绳制品等	17 177	6 796	39 015	14 909
57章 地毯及纺织材料的其他铺地制品	3 687	1 565	37 870	15 775
58章 特种机织物；簇绒织物；刺绣品等	34 639	19 336	78 912	24 955
59章 浸、包或层压织物；工业用纺织制品	33 791	30 974	143 097	36 303
60章 针织物及钩编织物	41 140	184 212	459 888	93 271
61章 针织或钩编的服装及衣着附件	477 616	104 794	270 705	822 683
62章 非针织或非钩编的服装及衣着附件	258 760	85 786	401 047	657 500
63章 其他纺织制品；成套物品；旧纺织品	146 121	44 400	111 838	233 140
第12类 鞋帽伞等；羽毛品；人造花；人发品	499 133	120 189	318 748	529 477
64章 鞋靴、护腿和类似品及其零件	455 279	80 518	116 839	488 624
65章 帽类及其零件	4 865	18 214	35 670	20 952
66章 伞、手杖、鞭子、马鞭及其零件	10 332	11 222	124 635	12 908
67章 加工羽毛及制品；人造花；人发制品	28 656	10 235	41 604	6 993
第13类 矿物材料制品；陶瓷品；玻璃及制品	186 205	104 245	467 965	181 526
68章 矿物材料的制品	42 724	9 553	22 456	10 819
69章 陶瓷产品	85 259	49 001	239 121	91 148
70章 玻璃及其制品	58 222	45 691	206 388	79 559
第14类 珠宝、贵金属及制品；仿首饰；硬币	3 769	10 443	31 586	9 643
71章 珠宝、贵金属及制品；仿首饰；硬币	3 769	10 443	31 586	9 643
第15类 贱金属及其制品	488 112	269 307	2 415 750	1 005 205
72章 钢铁	69 135	39 484	1 106 582	449 800
73章 钢铁制品	188 570	87 472	683 308	316 826
74章 铜及其制品	14 288	20 614	86 622	16 561
75章 镍及其制品	317	288	2 027	966
76章 铝及其制品	80 122	21 999	169 958	98 007
78章 铅及其制品	2	0	9	657
79章 锌及其制品	697	518	568	448
80章 锡及其制品	4	4	394	22
81章 其他贱金属、金属陶瓷及其制品	7 473	9 151	22 931	1 355
82章 贱金属器具、利口器、餐具及零件	61 215	45 948	195 154	61 329
83章 贱金属杂项制品	66 288	43 829	148 196	59 235
第16类 机电、音像设备及其零件、附件	1 551 565	2 804 315	10 645 970	2 118 068
84章 核反应堆、锅炉、机械器具及零件	767 561	1 630 428	4 929 101	978 125
85章 电机、电气、音像设备及其零附件	784 004	1 173 886	5 716 868	1 139 943
第17类 车辆、航空器、船舶及运输设备	159 373	409 663	1 277 823	439 750
86章 铁道车辆；轨道装置；信号设备	5 870	2 296	6 036	1 458
87章 车辆及其零附件，但铁道车辆除外	152 841	406 789	835 373	432 986
88章 航空器、航天器及其零件	180	48	619	152
89章 船舶及浮动结构体	481	530	435 796	5 153
第18类 光学、医疗等仪器；钟表；乐器	77 371	189 324	1 926 040	91 700
90章 光学、照相、医疗等设备及零附件	64 570	165 866	1 823 532	64 309
91章 钟表及其零件	10 630	10 114	29 042	11 349
92章 乐器及其零件、附件	2 170	13 344	73 466	16 043
第19类 武器、弹药及其零件、附件	220	1 237	788	573
93章 武器、弹药及其零件、附件	220	1 237	788	573
第20类 杂项制品	338 851	318 341	699 223	510 216
94章 家具；寝具等；灯具；活动房	159 186	125 519	263 394	241 662
95章 玩具、游戏或运动用品及其零附件	112 702	130 340	270 477	191 562
96章 杂项制品	66 962	62 483	165 352	76 991
第21类 艺术品、收藏品及古物	59	219	116	165
97章 艺术品、收藏品及古物	59	219	116	165
第22类 特殊交易品及未分类商品	771	47	1 790	184
98章 特殊交易品及未分类商品	771	47	1 790	184

2010 年中国对部分国家（地区）出口商品类章金额表（续）

单位：千美元

类 章	加拿大	美 国	澳大利亚	新西兰
总 值	**22 216 939**	**283 303 720**	**27 226 035**	**2 764 539**
第 1 类 活动物；动物产品	226 306	1 962 710	95 329	18 810
01 章 活动物	2 345	20 066	—	—
02 章 肉及食用杂碎	—	5 388	—	—
03 章 鱼及其他水生无脊椎动物	214 758	1 692 315	88 817	15 790
04 章 乳；蛋；蜂蜜；其他食用动物产品	2 837	8 371	5 050	2 727
05 章 其他动物产品	6 366	236 570	1 469	292
第 2 类 植物产品	187 212	988 718	131 027	21 183
06 章 活植物；茎、根；插花、簇叶	1 220	12 879	1 274	73
07 章 食用蔬菜、根及块茎	87 556	512 856	60 018	12 084
08 章 食用水果及坚果；甜瓜等水果的果皮	47 710	108 648	29 045	2 986
09 章 咖啡、茶、马黛茶及调味香料	20 592	170 824	8 568	445
10 章 谷物	86	454	62	169
11 章 制粉工业产品；麦芽；淀粉等；面筋	803	12 798	14 471	1 060
12 章 油籽；子仁；工业或药用植物；饲料	18 989	84 141	10 555	3 314
13 章 虫胶；树胶、树脂及其他植物液、汁	9 421	78 390	6 455	818
14 章 编结用植物材料；其他植物产品	834	7 729	579	235
第 3 类 动、植物油、脂、蜡；精制食用油脂	9 481	56 692	5 352	2 416
15 章 动、植物油、脂、蜡；精制食用油脂	9 481	56 692	5 352	2 416
第 4 类 食品；饮料、酒及醋；烟草及制品	373 545	2 690 437	435 096	61 799
16 章 肉、鱼及其他水生无脊椎动物的制品	122 953	856 147	78 306	5 492
17 章 糖及糖食	20 716	148 437	56 406	8 230
18 章 可可及可可制品	4 709	8 250	7 407	438
19 章 谷物粉、淀粉等或乳的制品；糕饼	37 337	116 762	66 583	10 033
20 章 蔬菜、水果等或植物其他部分的制品	132 260	977 076	108 959	22 958
21 章 杂项食品	13 885	128 008	73 427	4 532
22 章 饮料、酒及醋	5 683	22 011	12 757	7 944
23 章 食品工业的残渣及废料；配制的饲料	24 313	427 034	13 210	1 496
24 章 烟草、烟草及烟草代用品的制品	11 691	6 714	18 040	675
第 5 类 矿产品	198 066	1 228 794	248 754	21 439
25 章 盐；硫磺；土及石料；石灰及水泥等	16 532	334 606	38 457	12 655
26 章 矿砂、矿渣及矿灰	4 478	23 882	5 553	853
27 章 矿物燃料、矿物油及其产品；沥青等	177 056	870 306	204 745	7 931
第 6 类 化学工业及其相关工业的产品	648 134	9 155 174	1 326 956	223 520
28 章 无机化学品；贵金属等的化合物	182 635	1 133 921	271 463	38 230
29 章 有机化学品	254 551	4 480 439	402 515	58 058
30 章 药品	67 098	940 384	71 594	14 899
31 章 肥料	833	313 262	145 164	69 169
32 章 鞣料；着色料；涂料；油灰；墨水等	22 011	360 124	42 235	4 626
33 章 精油及香膏；香料制品及化妆盥洗品	21 996	589 831	61 855	3 509
34 章 洗涤剂、润滑剂、人造蜡、塑型膏等	37 266	233 557	61 356	10 900
35 章 蛋白类物质；改性淀粉；胶；酶	7 995	205 322	27 798	3 200
36 章 炸药；烟火；引火品；易燃材料制品	74 111	180 181	19 305	2 746
37 章 照相及电影用品	891	64 279	36 500	5 478
38 章 杂项化学产品	45 449	653 875	187 171	12 704
第 7 类 塑料及其制品；橡胶及其制品	1 028 837	10 481 777	1 328 800	155 964
39 章 塑料及其制品	707 751	7 397 793	854 672	108 557
40 章 橡胶及其制品	321 086	3 083 984	474 129	47 407
第 8 类 革、毛皮及制品；箱包；肠线制品	471 545	5 592 852	318 381	35 358
41 章 生皮（毛皮除外）及皮革	336	18 795	333	367
42 章 皮革制品；旅行箱包；动物肠线制品	465 219	5 545 364	294 153	31 137
43 章 毛皮、人造毛皮及其制品	5 990	28 693	23 895	3 854
第 9 类 木及制品；木炭；软木；编结品	448 438	2 766 029	198 361	17 058
44 章 木及木制品；木炭	400 821	2 443 518	178 323	12 848
45 章 软木及软木制品	1 122	4 498	422	123
46 章 编结材料制品；篮筐及柳条编结品	46 496	318 014	19 615	4 087
第 10 类 纤维素浆；废纸；纸、纸板及其制品	180 371	2 438 341	435 122	62 803
47 章 木浆等纤维状纤维素浆；废纸及纸板	—	8 129	85	—
48 章 纸及纸板；纸浆、纸或纸板制品	138 369	1 578 154	362 016	58 448
49 章 印刷品；手稿、打字稿及设计图纸	42 002	852 058	73 021	4 355

2010年中国对部分国家（地区）出口商品类章金额表（续）

单位：千美元

类 章	加拿大	美 国	澳大利亚	新西兰
第11类 纺织原料及纺织制品	3 458 529	31 444 425	3 652 342	536 980
50章 蚕丝	1 454	36 014	5 705	1 806
51章 羊毛等动物毛；马毛纱线及其机织物	17 542	26 298	15 420	9 506
52章 棉花	12 390	292 453	16 258	2 056
53章 其他植物纤维；纸纱线及其机织物	1 068	22 773	1 392	138
54章 化学纤维长丝	44 536	313 232	42 521	8 648
55章 化学纤维短纤	33 087	425 631	32 447	4 998
56章 絮胎、毡呢及无纺织物；线绳制品等	34 734	368 643	56 992	7 712
57章 地毯及纺织材料的其他铺地制品	35 541	329 928	67 455	6 027
58章 特种机织物；簇绒织物；刺绣品等	29 696	295 572	18 079	3 253
59章 浸、包或层压织物；工业用纺织制品	61 979	3 12 055	55 131	7 403
60章 针织物及钩编织物	33 986	452 547	20 679	3 169
61章 针织或钩编的服装及衣着附件	1 281 546	11 246 522	1 518 588	244 275
62章 非针织或非钩编的服装及衣着附件	1 325 897	11 632 416	1 204 572	158 293
63章 其他纺织制品；成套物品；旧纺织品	545 073	5 660 340	597 105	79 695
第12类 鞋帽伞等；羽毛品；人造花；人发品	794 750	13 317 198	588 305	88 191
64章 鞋靴、护腿和类似品及其零件	649 602	10 990 561	483 974	70 361
65章 帽类及其零件	81 869	802 655	59 127	9 704
66章 伞、手杖、鞭子、马鞭及其零件	28 639	330 316	26 505	5 594
67章 加工羽毛及制品；人造花；人发制品	34 640	1 193 665	18 700	2 532
第13类 矿物材料制品；陶瓷品；玻璃及制品	589 654	3 838 594	567 979	87 430
68章 矿物材料的制品	95 729	534 333	94 165	12 681
69章 陶瓷产品	265 876	1 778 463	252 684	30 105
70章 玻璃及其制品	228 049	1 525 798	291 131	44 645
第14类 珠宝、贵金属及制品；仿首饰；硬币	34 073	2 053 746	29 185	2 480
71章 珠宝、贵金属及制品；仿首饰；硬币	34 073	2 053 746	29 185	2 480
第15类 贱金属及其制品	2 106 432	15 020 813	3 092 144	256 695
72章 钢铁	71 836	958 125	341 772	18 130
73章 钢铁制品	1 108 917	6 298 427	1 428 321	128 553
74章 铜及其制品	66 959	460 621	107 813	17 718
75章 镍及其制品	4 730	56 390	140	34
76章 铝及其制品	276 521	2 519 601	840 672	40 459
78章 铅及其制品	117	976	133	33
79章 锌及其制品	5 700	39 145	1 533	469
80章 锡及其制品	394	25 940	84	35
81章 其他贱金属、金属陶瓷及其制品	124 320	451 369	24 990	2 233
82章 贱金属器具、利口器、餐具及零件	220 010	2 036 615	173 910	24 903
83章 贱金属杂项制品	226 926	2 173 605	172 776	24 129
第16类 机电、音像设备及其零件、附件	7 573 738	132 873 658	10 774 538	801 868
84章 核反应堆、锅炉、机械器具及零件	3 942 531	71 632 677	5 793 748	425 007
85章 电机、电气、音像设备及其零附件	3 631 207	61 240 981	4 980 790	376 861
第17类 车辆、航空器、船舶及运输设备	877 989	1 0 437 945	1 299 397	79 773
86章 铁道车辆；轨道装置；信号设备	29 752	2 555 592	330 474	19 101
87章 车辆及其零附件，但铁道车辆除外	712 714	7 304 561	664 912	56 146
88章 航空器、航天器及其零件	48 079	419 222	1 641	283
89章 船舶及浮动结构体	87 444	158 571	302 370	4 243
第18类 光学、医疗等仪器；钟表；乐器	310 881	7 657 520	331 722	30 290
90章 光学、照相、医疗等设备及零附件	257 517	6 818 765	291 880	25 312
91章 钟表及其零件	21 981	440 314	14 713	1 657
92章 乐器及其零件、附件	31 383	398 441	25 129	3 322
第19类 武器、弹药及其零件、附件	940	60 923	237	518
93章 武器、弹药及其零件、附件	940	60 923	237	518
第20类 杂项制品	2 687 855	29 047 261	2 360 396	259 308
94章 家具；寝具等；灯具；活动房	1 806 329	15 916 133	1 598 714	185 092
95章 玩具、游戏或运动用品及其零附件	726 350	11 452 248	644 649	58 688
96章 杂项制品	155 176	1 678 879	117 033	15 528
第21类 艺术品、收藏品及古物	6 662	39 047	4 826	649
97章 艺术品、收藏品及古物	6 662	39 047	4 826	649
第22类 特殊交易品及未分类商品	3 498	151 066	1 784	8
98章 特殊交易品及未分类商品	3 498	151 066	1 784	8

2010年中国自部分国家（地区）进口商品类章金额表

单位：千美元

类 章	缅 甸	香 港	印 度	印度尼西亚
总 值	**964 053**	**12 258 253**	**20 841 156**	**20 777 270**
第1类 活动物；动物产品	66 466	658	158 041	76 030
01章 活动物	—	18	—	64
02章 肉及食用杂碎	—	86	—	—
03章 鱼及其他水生无脊椎动物	65 479	283	155 761	67 809
04章 乳；蛋；蜂蜜；其他食用动物产品	208	2	1. 398	836
05章 其他动物产品	779	268	882	7 320
第2类 植物产品	179 987	739	155 947	200 874
06章 活植物；茎、根；插花、簇叶	174	—	255	14
07章 食用蔬菜、根及块茎	63 560	0	28 861	30 490
08章 食用水果及坚果；甜瓜等水果的果皮	49 713	9	2 991	28 152
09章 咖啡、茶、马黛茶及调味香料	617	580	17 291	14 033
10章 谷物	5 305	0	524	—
11章 制粉工业产品；麦芽；淀粉等；面筋	—	21	114	1 686
12章 油籽；子仁；工业或药用植物；饲料	58 581	56	53 488	92 830
13章 虫胶；树胶、树脂及其他植物液、汁	47	72	12 482	3 020
14章 编结用植物材料；其他植物产品	1 990	—	39 942	30 649
第3类 动、植物油、脂、蜡；精制食用油脂	0	5 195	261 159	2 487 526
15章 动、植物油、脂、蜡；精制食用油脂	0	5 195	261 159	2 487 526
第4类 食品；饮料、酒及醋；烟草及制品	10 661	99 170	196 020	134 375
16章 肉、鱼及其他水生无脊椎动物的制品	20	33	305	310
17章 糖及糖食	3 154	8 735	141	1 320
18章 可可及可可制品	—	749	2 185	63 195
19章 谷物粉、淀粉等或乳的制品；糕饼	0	46 417	499	24 174
20章 蔬菜、水果等或植物其他部分的制品	—	1 132	4 932	2 566
21章 杂项食品	1	19 922	1 203	11 536
22章 饮料、酒及醋	28	4 990	61	1 732
23章 食品工业的残渣及废料；配制的饲料	7 458	436	186 246	21 108
24章 烟草、烟草及烟草代用品的制品	—	16 755	147	8 434
第5类 矿产品	246 388	343 196	12 515 168	10 030 609
25章 盐；硫磺；土及石料；石灰及水泥等	8 849	14	432 027	25 575
26章 矿砂、矿渣及矿灰	192 997	324	11 744 729	2 717 976
27章 矿物燃料、矿物油及其产品；沥青等	44 542	342 859	338 412	7 287 058
第6类 化学工业及其相关工业的产品	2 615	520 354	1 084 555	1 369 351
28章 无机化学品；贵金属等的化合物	—	17 011	108 869	52 334
29章 有机化学品	—	8 559	706 717	984 150
30章 药品	—	290 346	21 754	1 129
31章 肥料	—	12	2 486	30
32章 鞣料；着色料；涂料；油灰；墨水等	—	40 985	104 333	38 723
33章 精油及香膏；香料制品及化妆盥洗品	48	51 658	39 269	7 393
34章 洗涤剂、润滑剂、人造蜡、塑型膏等	0	16 718	13 513	44 016
35章 蛋白类物质；改性淀粉；胶；酶	0	9 463	8 441	5 862
36章 炸药；烟火；引火品；易燃材料制品	—	174	—	—
37章 照相及电影用品	—	1 310	36	24
38章 杂项化学产品	2 567	84 119	79 138	235 691
第7类 塑料及其制品；橡胶及其制品	72 484	1 852 589	435 661	1 736 149
39章 塑料及其制品	259	1 826 356	412 149	221 793
40章 橡胶及其制品	72 225	26 233	23 511	1 514 356
第8类 革、毛皮及制品；箱包；肠线制品	290	38 476	269 984	52 140
41章 生皮（毛皮除外）及皮革	288	18 819	257 305	48 307
42章 皮革制品；旅行箱包；动物肠线制品	—	5 410	12 541	3 828
43章 毛皮、人造毛皮及其制品	2	14 247	138	5
第9类 木及制品；木炭；软木；编结品	204 539	3 349	2 096	277 942
44章 木及木制品；木炭	204 529	3 339	2 013	277 116
45章 软木及软木制品	—	0	—	1
46章 编结材料制品；篮筐及柳条编结品	9	10	84	825
第10类 纤维素浆；废纸；纸、纸板及其制品	1 904	374 630	4 744	1 089 473
47章 木浆等纤维状纤维素浆；废纸及纸板	1 903	235 770	393	862 478
48章 纸及纸板；纸浆、纸或纸板制品	1	67 201	2 909	226 909
49章 印刷品；手稿、打字稿及设计图纸	—	71 659	1 442	86

2010年中国自部分国家（地区）进口商品类章金额表（续）

单位：千美元

类 章	缅 甸	香 港	印 度	印度尼西亚
第11类 纺织原料及纺织制品	2 776	827 564	2 354 443	387 457
50章 蚕丝	—	6 702	30 376	67
51章 羊毛等动物毛；马毛纱线及其机织物	—	9 082	10 314	47
52章 棉花	15	286 748	2 149 939	106 412
53章 其他植物纤维；纸纱线及其机织物	132	3 320	33 558	10 275
54章 化学纤维长丝	1	45 054	14 883	51 900
55章 化学纤维短纤	59	33 646	48 091	129 651
56章 絮胎、毡呢及无纺织物；线绳制品等	118	19 459	4 625	9 274
57章 地毯及纺织材料的其他铺地制品	—	672	5 921	116
58章 特种机织物；簇绒织物；刺绣品等	0	55 713	1 322	961
59章 浸、包或层压织物；工业用纺织制品	—	33 560	4 358	11 416
60章 针织物及钩编织物	—	159 232	240	15 261
61章 针织或钩编的服装及衣着附件	73	82 567	17 148	12 208
62章 非针织或非钩编的服装及衣着附件	1 722	76 464	23 786	24 768
63章 其他纺织制品；成套物品；旧纺织品	656	15 344	9 882	15 102
第12类 鞋帽伞等；羽毛品；人造花；人发品	965	12 184	153 093	77 665
64章 鞋靴、护腿和类似品及其零件	35	9 922	11 213	71 693
65章 帽类及其零件	—	164	87	336
66章 伞、手杖、鞭子、马鞭及其零件	—	274	3	1
67章 加工羽毛及制品；人造花；人发制品	930	1 824	141 790	5 634
第13类 矿物材料制品；陶瓷品；玻璃及制品	232	39 727	84 662	34 819
68章 矿物材料的制品	232	514	3 855	5 097
69章 陶瓷产品	—	179	1 190	5 405
70章 玻璃及其制品	0	39 034	79 617	24 317
第14类 珠宝、贵金属及制品；仿首饰；硬币	140 241	151 063	839 045	1 161
71章 珠宝、贵金属及制品；仿首饰；硬币	140 241	151 063	839 045	1 161
第15类 贱金属及其制品	21 248	958 707	1 381 646	685 573
72章 钢铁	—	167 071	369 417	9 885
73章 钢铁制品	0	19 649	24 215	18 733
74章 铜及其制品	21 245	388 983	862 844	296 224
75章 镍及其制品	—	540	438	157 659
76章 铝及其制品	—	344 895	48 268	5 541
78章 铅及其制品	—	307	2 783	1 322
79章 锌及其制品	—	1 965	47 598	295
80章 锡及其制品	—	8 893	523	192 383
81章 其他贱金属、金属陶瓷及其制品	—	3 654	260	281
82章 贱金属器具、利口器、餐具及零件	0	4 923	12 954	992
83章 贱金属杂项制品	2	17 826	12 347	2 258
第16类 机电、音像设备及其零件、附件	1 133	3 789 268	787 233	1 963 044
84章 核反应堆、锅炉、机械器具及零件	57	589 842	325 510	626 545
85章 电机、电气、音像设备及其零附件	1 076	3 199 426	461 723	1 336 499
第17类 车辆、航空器、船舶及运输设备	—	6 361	23 169	61 866
86章 铁道车辆；轨道装置；信号设备	—	309	376	—
87章 车辆及其零附件，但铁道车辆除外	—	2 573	22 772	61 773
88章 航空器、航天器及其零件	—	251	21	92
89章 船舶及浮动结构体	—	3 228	—	—
第18类 光学、医疗等仪器；钟表；乐器	9 997	394 300	113 449	68 614
90章 光学、照相、医疗等设备及零附件	9 997	349 756	113 032	45 698
91章 钟表及其零件	—	42 345	248	283
92章 乐器及其零件、附件	0	2 199	170	22 633
第19类 武器、弹药及其零件、附件	—	—	—	—
93章 武器、弹药及其零件、附件	—	—	—	—
第20类 杂项制品	137	71 554	9 183	42 572
94章 家具；寝具等；灯具；活动房	137	8 197	6 308	22 804
95章 玩具、游戏或运动用品及其零附件	—	4 695	925	11 956
96章 杂项制品	0	58 662	1 950	7 812
第21类 艺术品、收藏品及古物	18	1 686	18	30
97章 艺术品、收藏品及古物	18	1 686	18	30
第22类 特殊交易品及未分类商品	1 973	2 767 481	11 839	—
98章 特殊交易品及未分类商品	1 973	2 767 481	11 839	—

2010 年中国自部分国家（地区）进口商品类章金额表（续）

单位：千美元

类 章	伊 朗	日 本	澳 门	马来西亚
总 值	**18 286 149**	**176 706 929**	**123 552**	**50 409 893**
第 1 类 活动物；动物产品	6 558	310 501	—	56 321
01 章 活动物	—	3 274	—	—
02 章 肉及食用杂碎	—	—	—	—
03 章 鱼及其他水生无脊椎动物	6 551	298 525	—	43 876
04 章 乳；蛋；蜂蜜；其他食用动物产品	—	706	—	12 382
05 章 其他动物产品	6	7 997	—	63
第 2 类 植物产品	142 977	60 103	61	22 202
06 章 活植物；茎、根；插花、簇叶	3	5 501	—	167
07 章 食用蔬菜、根及块茎	—	813	—	50
08 章 食用水果及坚果；甜瓜等水果的果皮	142 880	8 766	—	2 593
09 章 咖啡、茶、马黛茶及调味香料	84	4 525	61	9 137
10 章 谷物	—	544	—	—
11 章 制粉工业产品；麦芽；淀粉等；面筋	—	3 053	—	267
12 章 油籽；子仁；工业或药用植物；饲料	1	33 370	—	186
13 章 虫胶；树胶、树脂及其他植物液、汁	9	3 479	—	5
14 章 编结用植物材料；其他植物产品	—	52	—	9 798
第 3 类 动、植物油、脂、蜡；精制食用油脂	—	9 612	133	3 085 377
15 章 动、植物油、脂、蜡；精制食用油脂	—	9 612	133	3 085 377
第 4 类 食品；饮料、酒及醋；烟草及制品	2 982	184 022	186	247 818
16 章 肉、鱼及其他水生无脊椎动物的制品	2 853	4 861	—	394
17 章 糖及糖食	0	7 337	8	10 145
18 章 可可及可可制品	—	4 549	—	78 933
19 章 谷物粉、淀粉等或乳的制品；糕饼	—	28 689	—	59 598
20 章 蔬菜、水果等或植物其他部分的制品	118	2 947	—	1 146
21 章 杂项食品	0	102 687	2	47 688
22 章 饮料、酒及醋	10	20 716	164	3 072
23 章 食品工业的残渣及废料；配制的饲料	—	10 074	—	37 206
24 章 烟草、烟草及烟草代用品的制品	—	2 162	12	9 636
第 5 类 矿产品	15 316 805	2 595 317	467	4 934 799
25 章 盐；硫磺；土及石料；石灰及水泥等	191 092	255 192	467	8 265
26 章 矿砂、矿渣及矿灰	2 044 612	14 273	—	355 075
27 章 矿物燃料、矿物油及其产品；沥青等	13 081 101	2 325 852	—	4 571 459
第 6 类 化学工业及其相关工业的产品	1 465 803	14 829 014	245	1 513 516
28 章 无机化学品；贵金属等的化合物	807	982 848	—	25 245
29 章 有机化学品	1 455 533	6 888 018	91	870 580
30 章 药品	—	374 092	0	261
31 章 肥料	—	4 473	—	81
32 章 鞣料；着色料；涂料；油灰；墨水等	357	1 062 155	148	87 927
33 章 精油及香膏；香料制品及化妆盥洗品	5	314 179	1	1 434
34 章 洗涤剂、润滑剂、人造蜡、塑型膏等	6 051	706 366	2	118 504
35 章 蛋白类物质；改性淀粉；胶；酶	—	649 635	—	15 371
36 章 炸药；烟火；引火品；易燃材料制品	—	29 531	—	—
37 章 照相及电影用品	29	906 130	—	6 318
38 章 杂项化学产品	3 021	2 911 587	3	387 795
第 7 类 塑料及其制品；橡胶及其制品	1 174 541	12 389 036	41 616	3 895 346
39 章 塑料及其制品	1 156 731	10 560 568	41 615	1 299 041
40 章 橡胶及其制品	17 810	1 828 467	1	2 596 305
第 8 类 革、毛皮及制品；箱包；肠线制品	1 879	93 802	25	2 647
41 章 生皮（毛皮除外）及皮革	1 879	71 809	0	852
42 章 皮革制品；旅行箱包；动物肠线制品	0	21 329	16	1 467
43 章 毛皮、人造毛皮及其制品	—	664	9	328
第 9 类 木及制品；木炭；软木；编结品	36	30 050	0	375 732
44 章 木及木制品；木炭	36	29 458	0	375 718
45 章 软木及软木制品	—	412	—	0
46 章 编结材料制品；篮筐及柳条编结品	—	179	—	14
第 10 类 纤维素浆；废纸；纸、纸板及其制品	22	2 191 754	6 427	27 677
47 章 木浆等纤维状纤维素浆；废纸及纸板	—	971 267	6 078	901
48 章 纸及纸板；纸浆、纸或纸板制品	15	851 757	125	23 984
49 章 印刷品；手稿、打字稿及设计图纸	7	368 729	223	2 792

2010年中国自部分国家（地区）进口商品类章金额表（续）

单位：千美元

类 章	伊 朗	日 本	澳 门	马来西亚
第11类 纺织原料及纺织制品	6 823	3 577 679	16 790	174 969
50章 蚕丝	301	13 322	32	—
51章 羊毛等动物毛；马毛纱线及其机织物	2 889	211 105	84	2 924
52章 棉花	2 210	391 728	233	56 489
53章 其他植物纤维；纸纱线及其机织物	—	13 438	93	4 314
54章 化学纤维长丝	59	864 147	68	40 077
55章 化学纤维短纤	120	683 539	479	32 379
56章 絮胎、毡呢及无纺织物；线绳制品等	0	305 684	32	9 634
57章 地毯及纺织材料的其他铺地制品	1 074	10 612	—	1 656
58章 特种机织物；簇绒织物；刺绣品等	0	177 769	237	669
59章 浸、包或层压织物；工业用纺织制品	0	375 943	0	5 902
60章 针织物及钩编织物	—	387 819	353	6 674
61章 针织或钩编的服装及衣着附件	36	40 409	9 406	4 677
62章 非针织或非钩编的服装及衣着附件	21	75 861	5 129	5 639
63章 其他纺织制品；成套物品；旧纺织品	112	26 302	645	3 937
第12类 鞋帽伞等；羽毛品；人造花；人发品	0	57 523	81	2 470
64章 鞋靴、护腿和类似品及其零件	—	22 773	81	2 131
65章 帽类及其零件	0	1 727	0	237
66章 伞、手杖、鞭子、马鞭及其零件	—	109	0	0
67章 加工羽毛及制品；人造花；人发制品	—	32 914	—	102
第13类 矿物材料制品；陶瓷品；玻璃及制品	212	1 786 258	1 923	88 789
68章 矿物材料的制品	208	414 468	—	6 466
69章 陶瓷产品	3	128 282	1	14 536
70章 玻璃及其制品	1	1 243 507	1 923	67 788
第14类 珠宝、贵金属及制品；仿首饰；硬币	—	1 287 337	—	37 787
71章 珠宝、贵金属及制品；仿首饰；硬币	—	1 287 337	—	37 787
第15类 贱金属及其制品	166 836	19 641 519	41 006	2 075 026
72章 钢铁	3 845	10 124 399	685	125 308
73章 钢铁制品	15	2 626 980	61	65 302
74章 铜及其制品	151 453	3 923 263	39 575	1 087 883
75章 镍及其制品	5	354 794	—	656
76章 铝及其制品	11 255	992 601	656	708 999
78章 铅及其制品	182	24 686	—	309
79章 锌及其制品	10	81 284	3	616
80章 锡及其制品	1	70 140	—	54 163
81章 其他贱金属、金属陶瓷及其制品	0	351 090	—	925
82章 贱金属器具、利口器、餐具及零件	29	778 368	0	5 320
83章 贱金属杂项制品	41	313 914	27	25 546
第16类 机电、音像设备及其零件、附件	4 22	84 812 742	5 422	32 888 170
84章 核反应堆、锅炉、机械器具及零件	119	39 805 565	1 595	4 271 789
85章 电机、电气、音像设备及其零附件	303	45 007 177	3 827	28 616 381
第17类 车辆、航空器、船舶及运输设备	42	16 711 699	5 251	113 001
86章 铁道车辆；轨道装置；信号设备	6	455 100	—	922
87章 车辆及其零附件，但铁道车辆除外	36	15 459 115	—	108 903
88章 航空器、航天器及其零件	—	8 531	—	3 090
89章 船舶及浮动结构体	—	788 952	5 251	85
第18类 光学、医疗等仪器；钟表；乐器	205	14 701 358	242	797 641
90章 光学、照相、医疗等设备及零附件	202	14 232 790	242	788 193
91章 钟表及其零件	2	371 269	—	8 797
92章 乐器及其零件、附件	1	97 299	—	651
第19类 武器、弹药及其零件、附件	—	1	—	—
93章 武器、弹药及其零件、附件	—	1	—	—
第20类 杂项制品	3	956 262	307	49 669
94章 家具；寝具等；灯具；活动房	0	458 903	34	23 126
95章 玩具、游戏或运动用品及其零附件	1	11 6 981	—	9 416
96章 杂项制品	2	380 378	273	17 126
第21类 艺术品、收藏品及古物	3	753	1 784	1
97章 艺术品、收藏品及古物	3	753	1 784	1
第22类 特殊交易品及未分类商品	—	480 590	1 586	20 935
98章 特殊交易品及未分类商品	—	480 590	1 586	20 935

2010年中国自部分国家（地区）进口商品类章金额表（续）

单位：千美元

类 章	阿 曼	巴基斯坦	菲律宾	沙特阿拉伯
总 值	**9 772 474**	**1 729 033**	**16 205 467**	**32 813 858**
第1类 活动物；动物产品	—	4 277	743	3 707
01章 活动物	—	—	—	—
02章 肉及食用杂碎	—	—	—	—
03章 鱼及其他水生无脊椎动物	0	37 152	3 747	3 707
04章 乳；蛋；蜂蜜；其他食用动物产品	—	—	24	—
05章 其他动物产品	—	388	1 488	—
第2类 植物产品	—	2 732	32 242	22
06章 活植物；茎、根；插花、簇叶	—	—	—	—
07章 食用蔬菜、根及块茎	—	220	42	—
08章 食用水果及坚果；甜瓜等水果的果皮	—	7 098	221 340	21
09章 咖啡、茶、马黛茶及调味香料	—	6	1	1
10章 谷物	—	410	12	—
11章 制粉工业产品；麦芽；淀粉等；面筋	—	836	296	—
12章 油籽；子仁；工业或药用植物；饲料	—	1 610	6 581	—
13章 虫胶；树胶、树脂及其他植物液、汁	—	7 599	4 172	—
14章 编结用植物材料；其他植物产品	—	4 548	804	—
第3类 动、植物油、脂、蜡；精制食用油脂	—	85	110 210	52
15章 动、植物油、脂、蜡；精制食用油脂	—	85	110 210	52
第4类 食品；饮料、酒及醋；烟草及制品	88	46 194	51 888	132
16章 肉、鱼及其他水生无脊椎动物的制品	—	—	36	0
17章 糖及糖食	79	177	131	66
18章 可可及可可制品	—	2	248	6
19章 谷物粉、淀粉等或乳的制品；糕饼	9	—	6 283	45
20章 蔬菜、水果等或植物其他部分的制品	—	1	13 321	5
21章 杂项食品	—	0	3 000	1
22章 饮料、酒及醋	—	—	1 120	9
23章 食品工业的残渣及废料；配制的饲料	—	46 013	27 582	—
24章 烟草、烟草及烟草代用品的制品	—	—	169	—
第5类 矿产品	9 311 283	227 403	1 185 385	26 178 865
25章 盐；硫磺；土及石料；石灰及水泥等	6 468	29 151	4 001	326 163
26章 矿砂、矿渣及矿灰	201 426	195 989	950 554	1 291
27章 矿物燃料、矿物油及其产品；沥青等	9 103 389	2 263	230 830	25 851 411
第6类 化学工业及其相关工业的产品	314 156	5 260	148 192	4 120 894
28章 无机化学品；贵金属等的化合物	1 161	1	8 112	63
29章 有机化学品	312 978	3 680	90 178	4 092 240
30章 药品	—	99	7	—
31章 肥料	—	—	915	—
32章 鞣料；着色料；涂料；油灰；墨水等	—	138	9 275	20 671
33章 精油及香膏；香料制品及化妆盥洗品	4	17	1 290	0
34章 洗涤剂、润滑剂、人造蜡、塑型膏等	—	46	9 687	5 663
35章 蛋白类物质；改性淀粉；胶；酶	—	49	1 027	25
36章 炸药；烟火；引火品；易燃材料制品	—	—	110	—
37章 照相及电影用品	—	—	7	—
38章 杂项化学产品	12	1 229	27 585	2 231
第7类 塑料及其制品；橡胶及其制品	92 892	25 919	440 082	2 372 657
39章 塑料及其制品	92 892	25 914	387 797	2 372 616
40章 橡胶及其制品	—	4	52 285	41
第8类 革、毛皮及制品；箱包；肠线制品	—	95 394	12 636	11 487
41章 生皮（毛皮除外）及皮革	—	93 650	10 355	11 450
42章 皮革制品；旅行箱包；动物肠线制品	—	1 454	2 271	1
43章 毛皮、人造毛皮及其制品	—	290	10	36
第9类 木及制品；木炭；软木；编结品	—	44	63 653	0
44章 木及木制品；木炭	—	44	63 302	0
45章 软木及软木制品	—	—	254	—
46章 编结材料制品；篮筐及柳条编结品	—	—	96	—
第10类 纤维素浆；废纸；纸、纸板及其制品	0	107	14 922	2 973
47章 木浆等纤维状纤维素浆；废纸及纸板	—	—	12 344	2 865
48章 纸及纸板；纸浆、纸或纸板制品	—	93	2 409	64
49章 印刷品；手稿、打字稿及设计图纸	0	14	169	44

2010年中国自部分国家（地区）进口商品类章金额表（续）

单位：千美元

类 章	阿 曼	巴基斯坦	菲律宾	沙特阿拉伯
第11类 纺织原料及纺织制品	12	1 113 197	69 761	25 054
50章 蚕丝	—	36	1	—
51章 羊毛等动物毛；马毛纱线及其机织物	—	347	0	9
52章 棉花	—	1 087 617	125	0
53章 其他植物纤维；纸纱线及其机织物	—	1	9 541	—
54章 化学纤维长丝	—	679	38 516	121
55章 化学纤维短纤	—	4 123	45	30
56章 絮胎、毡呢及无纺织物；线绳制品等	—	196	1 438	23 693
57章 地毯及纺织材料的其他铺地制品	—	441	9	1 029
58章 特种机织物；簇绒织物；刺绣品等	11	382	4 764	48
59章 浸、包或层压织物；工业用纺织制品	—	253	186	33
60章 针织物及钩编织物	—	718	111	—
61章 针织或钩编的服装及衣着附件	2	2 078	7 304	32
62章 非针织或非钩编的服装及衣着附件	—	4 628	6 260	53
63章 其他纺织制品；成套物品；旧纺织品	—	11 699	1 461	4
第12类 鞋帽伞等；羽毛品；人造花；人发品	—	129	191	2
64章 鞋靴、护腿和类似品及其零件	—	18	34	2
65章 帽类及其零件	—	3	155	0
66章 伞、手杖、鞭子、马鞭及其零件	—	0	0	—
67章 加工羽毛及制品；人造花；人发制品	—	108	1	—
第13类 矿物材料制品；陶瓷品；玻璃及制品	1 765	265	42 177	1 521
68章 矿物材料的制品	1 765	256	1 344	1 422
69章 陶瓷产品	—	1	268	1
70章 玻璃及其制品	—	7	40 565	99
第14类 珠宝、贵金属及制品；仿首饰；硬币	—	90	710	59
71章 珠宝、贵金属及制品；仿首饰；硬币	—	90	710	59
第15类 贱金属及其制品	51 502	139 188	688 681	84 820
72章 钢铁	—	1	8 251	183
73章 钢铁制品	2	95	5 636	304
74章 铜及其制品	—	135 732	627 468	82 243
75章 镍及其制品	123	0	0	—
76章 铝及其制品	51 156	1	38 019	259
78章 铅及其制品	—	—	3 885	—
79章 锌及其制品	—	81	86	—
80章 锡及其制品	—	—	21	—
81章 其他贱金属、金属陶瓷及其制品	219	93	10	1 830
82章 贱金属器具、利口器、餐具及零件	—	2 603	2 340	0
83章 贱金属杂项制品	2	582	2 966	0
第16类 机电、音像设备及其零件、附件	65	13 025	12 770 460	11 530
84章 核反应堆、锅炉、机械器具及零件	52	12 264	3 909 158	655
85章 电机、电气、音像设备及其零附件	14	761	8 861 302	10 875
第17类 车辆、航空器、船舶及运输设备	708	195	13 124	48
86章 铁道车辆；轨道装置；信号设备	—	—	2 573	—
87章 车辆及其零附件，但铁道车辆除外	708	2	9 747	28
88章 航空器、航天器及其零件	—	193	804	20
89章 船舶及浮动结构体	—	—	—	—
第18类 光学、医疗等仪器；钟表；乐器	—	1 744	253 727	6
90章 光学、照相、医疗等设备及零附件	—	1 744	252 556	4
91章 钟表及其零件	—	0	1 171	2
92章 乐器及其零件、附件	—	—	0	—
第19类 武器、弹药及其零件、附件	—	—	—	—
93章 武器、弹药及其零件、附件	—	—	—	—
第20类 杂项制品	2	890	100 522	29
94章 家具；寝具等；灯具；活动房	2	373	14 770	22
95章 玩具、游戏或运动用品及其零附件	—	512	85 329	1
96章 杂项制品	—	5	423	6
第21类 艺术品、收藏品及古物	—	2	19	—
97章 艺术品、收藏品及古物	—	2	19	—
第22类 特殊交易品及未分类商品	—	35	621	—
98章 特殊交易品及未分类商品	—	35	621	—

2010年中国自部分国家（地区）进口商品类章金额表（续）

单位：千美元

类 章	新加坡	韩 国	泰 国	土耳其
总 值	**24 709 699**	**138 399 453**	**33 199 531**	**3 156 817**
第1类 活动物；动物产品	12 071	157 547	139 383	842
01章 活动物	6	—	1 395	—
02章 肉及食用杂碎	—	246	—	—
03章 鱼及其他水生无脊椎动物	3 562	149 511	128 758	807
04章 乳；蛋；蜂蜜；其他食用动物产品	8 502	118	2 359	35
05章 其他动物产品	0	7 672	6 871	—
第2类 植物产品	2 957	41 225	2 010 559	17 645
06章 活植物；茎、根；插花、簇叶	16	2 637	16 820	36
07章 食用蔬菜、根及块茎	—	5 772	966 265	38
08章 食用水果及坚果；甜瓜等水果的果皮	49	16 063	495 177	5 280
09章 咖啡、茶、马黛茶及调味香料	1 381	654	1 371	52
10章 谷物	—	306	228 784	0
11章 制粉工业产品；麦芽；淀粉等；面筋	9	1 620	287 711	4
12章 油籽；子仁；工业或药用植物；饲料	18	10 547	13 506	821
13章 虫胶；树胶、树脂及其他植物液、汁	1 333	3 610	686	65
14章 编结用植物材料；其他植物产品	151	16	239	11 347
第3类 动、植物油、脂、蜡；精制食用油脂	12 321	5 264	16 664	7 619
15章 动、植物油、脂、蜡；精制食用油脂	12 321	5 264	16 664	7 619
第4类 食品；饮料、酒及醋；烟草及制品	473 405	213 589	176 927	14 398
16章 肉、鱼及其他水生无脊椎动物的制品	226	3 790	10 535	1 099
17章 糖及糖食	1 450	106 648	11 776	282
18章 可可及可可制品	35 627	546	605	2 778
19章 谷物粉、淀粉等或乳的制品；糕饼	365 697	26 286	15 871	2 621
20章 蔬菜、水果等或植物其他部分的制品	346	10 734	17 734	6 008
21章 杂项食品	24 173	27 555	17 400	1 167
22章 饮料、酒及醋	23	28 946	2 020	442
23章 食品工业的残渣及废料；配制的饲料	4 593	3 419	100 087	—
24章 烟草、烟草及烟草代用品的制品	41 271	5 665	900	1
第5类 矿产品	4 627 156	7 989 728	1 555 832	2 199 794
25章 盐；硫磺；土及石料；石灰及水泥等	705	81 618	26 130	749 300
26章 矿砂、矿渣及矿灰	1 887	71 461	237 368	1 249 849
27章 矿物燃料、矿物油及其产品；沥青等	4 624 564	7 836 649	1 292 334	200 644
第6类 化学工业及其相关工业的产品	2 714 620	12 136 363	1 995 152	274 982
28章 无机化学品；贵金属等的化合物	23 251	957 228	18 255	223 984
29章 有机化学品	1 954 897	9 192 494	1 574 001	5 231
30章 药品	5 729	95 364	6 208	61
31章 肥料	—	375	76	67
32章 鞣料；着色料；涂料；油灰；墨水等	107 442	489 418	54 685	27 776
33章 精油及香膏；香料制品及化妆盥洗品	31 064	60 467	43 710	544
34章 洗涤剂、润滑剂、人造蜡、塑型膏等	78 139	141 890	48 557	669
35章 蛋白类物质；改性淀粉；胶；酶	9 257	216 370	97 378	26
36章 炸药；烟火；引火品；易燃材料制品	55	33	1 504	1
37章 照相及电影用品	2 137	101 882	1 360	6
38章 杂项化学产品	502 648	880 842	149 419	16 617
第7类 塑料及其制品；橡胶及其制品	2 716 351	11 900 925	7 028 880	54 339
39章 塑料及其制品	2 647 022	10 685 623	2 661 475	28 725
40章 橡胶及其制品	69 329	1 215 302	4 367 405	25 614
第8类 革、毛皮及制品；箱包；肠线制品	869	446 358	203 663	34 657
41章 生皮（毛皮除外）及皮革	663	395 275	191 003	17 407
42章 皮革制品；旅行箱包；动物肠线制品	139	44 880	12 661	15 553
43章 毛皮、人造毛皮及其制品	67	6 203	—	1 696
第9类 木及制品；木炭；软木；编结品	437	6 291	676 426	833
44章 木及木制品；木炭	435	6 226	676 317	833
45章 软木及软木制品	1	24	0	—
46章 编结材料制品；篮筐及柳条编结品	1	42	109	—
第10类 纤维素浆；废纸；纸、纸板及其制品	67 558	535 615	102 034	4 084
47章 木浆等纤维状纤维素浆；废纸及纸板	1 281	64 953	47 054	3 474
48章 纸及纸板；纸浆、纸或纸板制品	21 489	454 335	54 056	582
49章 印刷品；手稿、打字稿及设计图纸	44 788	16 328	925	28

2010年中国自部分国家（地区）进口商品类章金额表（续）

单位：千美元

类 章	新加坡	韩 国	泰 国	土耳其
第11类 纺织原料及纺织制品	37 084	2 631 951	497 220	253 186
50章 蚕丝	19	12 891	53	704
51章 羊毛等动物毛；马毛纱线及其机织物	162	41 972	994	19 465
52章 棉花	785	174 592	78 985	34 080
53章 其他植物纤维；纸纱线及其机织物	2	5 901	18 865	498
54章 化学纤维长丝	27 840	686 087	126 809	11 241
55章 化学纤维短纤	605	402 453	92 138	58 052
56章 絮胎、毡呢及无纺织物；线绳制品等	1 061	111 943	36 650	495
57章 地毯及纺织材料的其他铺地制品	42	17 984	23 344	4 291
58章 特种机织物；簇绒织物；刺绣品等	227	137 504	16 330	2 462
59章 浸、包或层压织物；工业用纺织制品	4 490	395 770	15 532	2 812
60章 针织物及钩编织物	196	488 934	28 034	1 533
61章 针织或钩编的服装及衣着附件	877	63 157	29 815	49 209
62章 非针织或非钩编的服装及衣着附件	223	71 296	21 779	53 307
63章 其他纺织制品；成套物品；旧纺织品	553	21 467	7 894	15 036
第12类 鞋帽伞等；羽毛品；人造花；人发品	307	85 235	29 621	324
64章 鞋靴、护腿和类似品及其零件	83	68 070	28 901	294
65章 帽类及其零件	47	3 865	536	25
66章 伞、手杖、鞭子、马鞭及其零件	3	64	4	2
67章 加工羽毛及制品；人造花；人发制品	174	13 236	180	3
第13类 矿物材料制品；陶瓷品；玻璃及制品	34 706	333 105	167 016	15 411
68章 矿物材料的制品	2 342	109 404	9 541	8 504
69章 陶瓷产品	5 615	25 081	20 124	2 779
70章 玻璃及其制品	26 749	198 620	137 351	4 127
第14类 珠宝、贵金属及制品；仿首饰；硬币	30 192	72 892	264 896	450
71章 珠宝、贵金属及制品；仿首饰；硬币	30 192	72 892	264 896	450
第15类 贱金属及其制品	386 338	9 631 721	235 842	82 159
72章 钢铁	52 061	4 199 355	46 762	17 767
73章 钢铁制品	123 288	1 174 3 14	97 218	17 857
74章 铜及其制品	122 376	2 394 413	34 116	42 717
75章 镍及其制品	2 040	25 107	131	12
76章 铝及其制品	53 834	931 944	16 770	906
78章 铅及其制品	257	12 017	255	397
79章 锌及其制品	710	243 336	8 083	680
80章 锡及其制品	9 688	41 626	17 271	—
81章 其他贱金属、金属陶瓷及其制品	1 099	27 999	2 305	11
82章 贱金属器具、利口器、餐具及零件	11 670	371 980	6 532	1 008
83章 贱金属杂项制品	9 315	209 598	6 398	805
第16类 机电、音像设备及其零件、附件	12 793 573	63 814 911	17 370 960	167 716
84章 核反应堆、锅炉、机械器具及零件	4 138 203	15 118 266	9 781 979	101 823
85章 电机、电气、音像设备及其零附件	8 655 370	48 696 645	7 588 980	65 893
第17类 车辆、航空器、船舶及运输设备	80 544	4 109 311	97 968	21 952
86章 铁道车辆；轨道装置；信号设备	82	7 351	151	—
87章 车辆及其零附件，但铁道车辆除外	64 164	3 888 397	59 072	21 946
88章 航空器、航天器及其零件	7 193	9 850	26	6
89章 船舶及浮动结构体	9 106	203 713	38 719	—
第18类 光学、医疗等仪器；钟表；乐器	614 553	23 099 126	579 929	3 695
90章 光学、照相、医疗等设备及零附件	588 657	23 074 411	509 361	3 689
91章 钟表及其零件	25 895	4 859	68 359	1
92章 乐器及其零件、附件	1	19 856	2 209	6
第19类 武器、弹药及其零件、附件	—	0	—	0
93章 武器、弹药及其零件、附件	—	0	—	0
第20类 杂项制品	7 569	789 444	50 485	1 785
94章 家具；寝具等；灯具；活动房	5 996	700 507	17 609	1 471
95章 玩具、游戏或运动用品及其零附件	395	11 731	24 068	14
96章 杂项制品	1 179	77 206	8 808	300
第21类 艺术品、收藏品及古物	187	99	73	98
97章 艺术品、收藏品及古物	187	99	73	98
第22类 特殊交易品及未分类商品	96 902	398 754	—	848
98章 特殊交易品及未分类商品	96 902	398 754	—	848

2010 年中国自部分国家（地区）进口商品类章金额表（续）

单位：千美元

类　章	阿拉伯联合酋长国	越　南	台湾省	哈萨克斯坦
总　值	**4 453 578**	**6 980 437**	**115 693 896**	**11 088 666**
第 1 类　活动物；动物产品	43	33 912	43 559	2 979
01 章　活动物	—	546	1 084	43
02 章　肉及食用杂碎	—	—	863	—
03 章　鱼及其他水生无脊椎动物	43	32 481	17 614	562
04 章　乳；蛋；蜂蜜；其他食用动物产品	—	28	4 453	—
05 章　其他动物产品	—	857	19 546	2 374
第 2 类　植物产品	255	653 653	43 853	13 577
06 章　活植物；茎、根；插花、簇叶	—	804	4 187	—
07 章　食用蔬菜、根及块茎	—	210 597	2 157	—
08 章　食用水果及坚果；甜瓜等水果的果皮	254	317 908	19 967	—
09 章　咖啡、茶、马黛茶及调味香料	1	38 759	7 589	—
10 章　谷物	—	22 326	288	8 761
11 章　制粉工业产品；麦芽；淀粉等；面筋	—	59 694	896	167
12 章　油籽；子仁；工业或药用植物；饲料	—	1 632	2 365	1 433
13 章　虫胶；树胶、树脂及其他植物液、汁	—	1 259	2 716	—
14 章　编结用植物材料；其他植物产品	—	674	3 687	3 216
第 3 类　动、植物油、脂、蜡；精制食用油脂	63 890	12 849	15 775	—
15 章　动、植物油、脂、蜡；精制食用油脂	63 890	12 849	15 775	—
第 4 类　食品；饮料、酒及醋；烟草及制品	518	34 008	131 301	1 443
16 章　肉、鱼及其他水生无脊椎动物的制品	—	182	3 238	—
17 章　糖及糖食	84	4 631	5 571	51
18 章　可可及可可制品	16	246	1 255	580
19 章　谷物粉、淀粉等或乳的制品；糕饼	262	1 789	21 836	8
20 章　蔬菜、水果等或植物其他部分的制品	81	2 971	7 039	—
21 章　杂项食品	17	2 817	37 043	—
22 章　饮料、酒及醋	59	93	42 023	54
23 章　食品工业的残渣及废料；配制的饲料	—	21 189	12 210	750
24 章　烟草、烟草及烟草代用品的制品	—	89	1 086	—
第 5 类　矿产品	3 599 374	2 132 293	889 432	7 440 829
25 章　盐；硫磺；土及石料；石灰及水泥等	47 636	36 450	52 781	139 792
26 章　矿砂、矿渣及矿灰	12 416	317 854	22 410	1 492 606
27 章　矿物燃料、矿物油及其产品；沥青等	3 539 322	1 777 990	814 242	5 808 431
第 6 类　化学工业及其相关工业的产品	126 552	80 197	10 598 225	1 023 559
28 章　无机化学品；贵金属等的化合物	1 170	1 731	394 682	1 012 571
29 章　有机化学品	123 149	32 862	7 732 832	316
30 章　药品	—	64	76 168	—
31 章　肥料	—	1 550	3 134	8 337
32 章　鞣料；着色料；涂料；油灰；墨水等	1 551	1 436	563 258	1 864
33 章　精油及香膏；香料制品及化妆盥洗品	216	274	52 202	—
34 章　洗涤剂、润滑剂、人造蜡、塑型膏等	310	1 512	156 873	—
35 章　蛋白类物质；改性淀粉；胶；酶	90	5 967	245 871	—
36 章　炸药；烟火；引火品；易燃材料制品	—	—	24	—
37 章　照相及电影用品	0	104	101 346	—
38 章　杂项化学产品	66	34 697	1 271 834	472
第 7 类　塑料及其制品；橡胶及其制品	369 564	581 864	10 812 034	16 024
39 章　塑料及其制品	368 910	55 756	10 357 664	16 017
40 章　橡胶及其制品	654	526 108	454 370	7
第 8 类　革、毛皮及制品；箱包；肠线制品	959	103 223	435 067	12 872
41 章　生皮（毛皮除外）及皮革	940	86 492	428 585	12 763
42 章　皮革制品；旅行箱包；动物肠线制品	19	16 627	5 900	0
43 章　毛皮、人造毛皮及其制品	0	104	582	109
第 9 类　木及制品；木炭；软木；编结品	564	405 775	21 154	0
44 章　木及木制品；木炭	564	403 366	18 293	0
45 章　软木及软木制品	—	—	115	—
46 章　编结材料制品；篮筐及柳条编结品	—	2 410	2 746	—
第 10 类　纤维素浆；废纸；纸、纸板及其制品	2 872	5 155	524 570	1 416
47 章　木浆等纤维状纤维素浆；废纸及纸板	2 518	61	30 377	—
48 章　纸及纸板；纸浆、纸或纸板制品	273	5 058	404 661	4
49 章　印刷品；手稿、打字稿及设计图纸	82	36	89 531	1 412

2010 年中国自部分国家（地区）进口商品类章金额表（续）

单位：千美元

类 章	阿拉伯联合酋长国	越 南	台湾省	哈萨克斯坦
第 11 类 纺织原料及纺织制品	14 786	539 860	3 111 817	15 107
50 章 蚕丝	263	202	685	—
51 章 羊毛等动物毛；马毛纱线及其机织物	16	252	8 547	8 595
52 章 棉花	1 552	337 513	343 781	4 417
53 章 其他植物纤维；纸纱线及其机织物	—	25 550	1 434	—
54 章 化学纤维长丝	11 596	42 263	1 158 044	406
55 章 化学纤维短纤	174	23 979	367 192	865
56 章 絮胎、毡呢及无纺织物；线绳制品等	324	6 652	129 244	132
57 章 地毯及纺织材料的其他铺地制品	43	29	1 521	586
58 章 特种机织物；簇绒织物；刺绣品等	611	1 382	110 156	74
59 章 浸、包或层压织物；工业用纺织制品	1	10 009	397 801	—
60 章 针织物及钩编织物	24	13 871	539 595	31
61 章 针织或钩编的服装及衣着附件	69	22 844	19 863	1
62 章 非针织或非钩编的服装及衣着附件	64	52 199	10 271	0
63 章 其他纺织制品；成套物品；旧纺织品	45	3 115	23 682	1
第 12 类 鞋帽伞等；羽毛品；人造花；人发品	58	218 096	41 663	—
64 章 鞋靴、护腿和类似品及其零件	3	216 620	34 690	—
65 章 帽类及其零件	46	1 329	2 264	—
66 章 伞、手杖、鞭子、马鞭及其零件	7	102	3 207	—
67 章 加工羽毛及制品；人造花；人发制品	1	44	1 501	—
第 13 类 矿物材料制品；陶瓷品；玻璃及制品	1 934	70 068	1 232 641	0
68 章 矿物材料的制品	13	278	87 656	0
69 章 陶瓷产品	146	4 753	21 527	—
70 章 玻璃及其制品	1 775	65 036	1 123 458	—
第 14 类 珠宝、贵金属及制品；仿首饰；硬币	7 529	38	191 672	463
71 章 珠宝、贵金属及制品；仿首饰；硬币	7 529	38	191 672	463
第 15 类 贱金属及其制品	168 422	143 682	6 617 756	2 559 948
72 章 钢铁	12 975	83 392	2 535 767	821 947
73 章 钢铁制品	1 679	19 352	554 302	1 192
74 章 铜及其制品	99 132	30 205	2 520 294	1 606 625
75 章 镍及其制品	—	21	32 529	90
76 章 铝及其制品	53 101	3 653	409 735	4 620
78 章 铅及其制品	1 319	2 012	5 129	136
79 章 锌及其制品	—	1 523	39 930	114 607
80 章 锡及其制品	2	287	48 491	—
81 章 其他贱金属、金属陶瓷及其制品	0	454	44 582	10 675
82 章 贱金属器具、利口器、餐具及零件	195	1 943	249 849	49
83 章 贱金属杂项制品	20	839	177 149	8
第 16 类 机电、音像设备及其零件、附件	7 696	1 804 448	59 733 185	102
84 章 核反应堆、锅炉、机械器具及零件	2 203	639 561	8 862 025	6
85 章 电机、电气、音像设备及其零附件	5 493	1 164 887	50 871 160	96
第 17 类 车辆、航空器、船舶及运输设备	128	20 192	304 057	6
86 章 铁道车辆；轨道装置；信号设备	1	—	742	6
87 章 车辆及其零附件，但铁道车辆除外	120	19 803	294 522	—
88 章 航空器、航天器及其零件	7	—	250	—
89 章 船舶及浮动结构体	—	389	8 543	—
第 18 类 光学、医疗等仪器；钟表；乐器	437	53 550	20 304 644	309
90 章 光学、照相、医疗等设备及零附件	422	52 962	20 277 961	309
91 章 钟表及其零件	14	392	11 154	—
92 章 乐器及其零件、附件	0	196	15 530	—
第 19 类 武器、弹药及其零件、附件	—	—	—	—
93 章 武器、弹药及其零件、附件	—	—	—	—
第 20 类 杂项制品	609	87 563	638 622	32
94 章 家具；寝具等；灯具；活动房	579	65 977	408 811	—
95 章 玩具、游戏或运动用品及其零附件	6	16 952	145 767	—
96 章 杂项制品	24	4 634	84 045	32
第 21 类 艺术品、收藏品及古物	14	11	169	—
97 章 艺术品、收藏品及古物	14	11	169	—
第 22 类 特殊交易品及未分类商品	87 375	—	2 698	—
98 章 特殊交易品及未分类商品	87 375	—	2 698	—

2010 年中国自部分国家（地区）进口商品类章金额表（续）

单位：千美元

类 章	南 非	欧洲联盟	比利时	丹 麦
总 值	**14 845 731**	**168 477 128**	**7 836 555**	**2 646 339**
第 1 类 活动物；动物产品	18 502	1 238 085	16 598	455 910
01 章 活动物	2 624	16 381	50	4 812
02 章 肉及食用杂碎	—	536 412	38	357 942
03 章 鱼及其他水生无脊椎动物	15 031	239 226	640	21 442
04 章 乳；蛋；蜂蜜；其他食用动物产品	267	307 627	13 872	36 482
05 章 其他动物产品	581	138 439	1 998	35 232
第 2 类 植物产品	14 030	415 760	11 905	23 199
06 章 活植物；茎、根；插花、簇叶	359	56 730	1 015	2
07 章 食用蔬菜、根及块茎	—	2 559	110	—
08 章 食用水果及坚果；甜瓜等水果的果皮	10 756	48 700	17	—
09 章 咖啡、茶、马黛茶及调味香料	1 137	12 983	487	57
10 章 谷物	—	125 148	—	1 904
11 章 制粉工业产品；麦芽；淀粉等；面筋	4	78 150	3 152	5 805
12 章 油籽；子仁；工业或药用植物；饲料	1 774	57 886	2 351	11 938
13 章 虫胶；树胶、树脂及其他植物液、汁	—	32 264	4 774	3 493
14 章 编结用植物材料；其他植物产品	0	1 338	—	—
第 3 类 动、植物油、脂、蜡；精制食用油脂	4 330	108 875	1 163	63
15 章 动、植物油、脂、蜡；精制食用油脂	4 330	108 875	1 163	63
第 4 类 食品；饮料、酒及醋；烟草及制品	62 848	1 888 562	43 335	56 776
16 章 肉、鱼及其他水生无脊椎动物的制品	4	1 968	—	40
17 章 糖及糖食	174	27 425	5 462	313
18 章 可可及可可制品	1	123 303	15 597	219
19 章 谷物粉、淀粉等或乳的制品；糕饼	43	236 056	2 714	43 456
20 章 蔬菜、水果等或植物其他部分的制品	9 494	47 936	4 271	4 989
21 章 杂项食品	273	170 430	6 622	4 399
22 章 饮料、酒及醋	10 683	1 206 879	4 660	93
23 章 食品工业的残渣及废料；配制的饲料	42 176	65 110	4 009	3 265
24 章 烟草、烟草及烟草代用品的制品	—	9 456	—	3
第 5 类 矿产品	6 695 735	2 733 566	201 174	927
25 章 盐；硫磺；土及石料；石灰及水泥等	24 863	545 925	2 761	622
26 章 矿砂、矿渣及矿灰	5 959 950	884 505	36 431	0
27 章 矿物燃料、矿物油及其产品；沥青等	710 922	1 303 136	161 982	305
第 6 类 化学工业及其相关工业的产品	169 917	15 325 164	1 454 873	360 744
28 章 无机化学品；贵金属等的化合物	14 019	1 199 357	52 563	451
29 章 有机化学品	63 867	4 448 487	757 970	4 908
30 章 药品	8 284	4 360 585	240 374	255 346
31 章 肥料	354	244 893	54 833	—
32 章 鞣料；着色料；涂料；油灰；墨水等	12 574	892 176	21 614	5 249
33 章 精油及香膏；香料制品及化妆盥洗品	376	562 766	11 288	352
34 章 洗涤剂、润滑剂、人造蜡、塑型膏等	1 863	764 473	33 926	3 913
35 章 蛋白类物质；改性淀粉；胶；酶	44	382 542	22 315	56 768
36 章 炸药；烟火；引火品；易燃材料制品	0	2 206	—	—
37 章 照相及电影用品	—	284 654	165 293	1
38 章 杂项化学产品	68 536	2 183 024	94 697	33 755
第 7 类 塑料及其制品；橡胶及其制品	110 064	8 975 882	1 142 182	59 501
39 章 塑料及其制品	108 924	7 069 011	899 816	36 107
40 章 橡胶及其制品	1 140	1 906 871	242 366	23 394
第 8 类 革、毛皮及制品；箱包；肠线制品	129 325	2 364 948	26 766	190 821
41 章 生皮（毛皮除外）及皮革	129 019	1 218 080	17 155	5 458
42 章 皮革制品；旅行箱包；动物肠线制品	186	719 406	789	428
43 章 毛皮、人造毛皮及其制品	120	427 462	8 822	184 934
第 9 类 木及制品；木炭；软木；编结品	474	543 254	29 283	8 367
44 章 木及木制品；木炭	474	502 026	29 283	8 367
45 章 软木及软木制品	—	39 942	—	—
46 章 编结材料制品；篮筐及柳条编结品	—	1 286	0	0
第 10 类 纤维素浆；废纸；纸、纸板及其制品	97 431	3 575 149	155 556	12 053
47 章 木浆等纤维状纤维素浆；废纸及纸板	93 476	2 130 454	128 301	74
48 章 纸及纸板；纸浆、纸或纸板制品	3 947	1 163 689	26 827	10 767
49 章 印刷品；手稿、打字稿及设计图纸	8	281 006	427	1 212

2010年中国自部分国家（地区）进口商品类章金额表（续）

单位：千美元

类　章	南　非	欧洲联盟	比利时	丹　麦
第11类　纺织原料及纺织制品	115 903	2 565 919	116 499	8 947
50章　蚕丝	4	15 323	2	5
51章　羊毛等动物毛；马毛纱线及其机织物	111 107	346 607	16 633	295
52章　棉花	3 789	103 816	434	253
53章　其他植物纤维；纸纱线及其机织物	—	241 081	57 664	47
54章　化学纤维长丝	385	228 391	6 880	424
55章　化学纤维短纤	58	352 601	1 233	1 773
56章　絮胎、毡呢及无纺织物；线绳制品等	33	192 923	5 841	2 815
57章　地毯及纺织材料的其他铺地制品	11	27 143	9 467	924
58章　特种机织物；簇绒织物；刺绣品等	38	44 544	5 176	108
59章　浸、包或层压织物；工业用纺织制品	84	266 471	9 724	786
60章　针织物及钩编织物	2	73 258	1 031	62
61章　针织或钩编的服装及衣着附件	14	174 527	260	106
62章　非针织或非钩编的服装及衣着附件	314	466 498	1 325	460
63章　其他纺织制品；成套物品；旧纺织品	63	32 736	827	890
第12类　鞋帽伞等；羽毛品；人造花；人发品	125	297 991	168	168
64章　鞋靴、护腿和类似品及其零件	7	289 075	16	88
65章　帽类及其零件	27	5 896	49	34
66章　伞、手杖、鞭子、马鞭及其零件	—	926	100	0
67章　加工羽毛及制品；人造花；人发制品	91	2 094	3	46
第13类　矿物材料制品；陶瓷品；玻璃及制品	3 237	1 057 441	38 605	14 764
68章　矿物材料的制品	2 089	221 748	4 145	6 791
69章　陶瓷产品	1 020	210 866	2 364	483
70章　玻璃及其制品	128	624 827	32 096	7 490
第14类　珠宝、贵金属及制品；仿首饰；硬币	2 342 596	2 397 172	1 575 655	457
71章　珠宝、贵金属及制品；仿首饰；硬币	2 342 596	2 397 172	1 575 655	457
第15类　贱金属及其制品	1 561 182	16 425 969	1 066 872	102 072
72章　钢铁	1 085 786	2 134 213	82 619	3 013
73章　钢铁制品	4 325	2 789 605	32 680	46 608
74章　铜及其制品	152 151	7 570 227	853 108	19 109
75章　镍及其制品	174 305	402 099	3 955	739
76章　铝及其制品	98 050	2 058 194	69 305	19 722
78章　铅及其制品	0	15 068	1 103	2
79章　锌及其制品	475	54 418	6.021	76
80章　锡及其制品	0	3 501	275	134
81章　其他贱金属、金属陶瓷及其制品	28 873	135 873	6 855	106
82章　贱金属器具、利口器、餐具及零件	17 076	789 097	4 513	6 106
83章　贱金属杂项制品	139	473 674	6 438	6 455
第16类　机电、音像设备及其零件、附件	100 417	65 847 107	1 312 343	1 080 913
84章　核反应堆、锅炉、机械器具及零件	86 106	43 322 322	796 520	792 478
85章　电机、电气、音像设备及其零附件	14 311	22 524 784	515 823	288 435
第17类　车辆、航空器、船舶及运输设备	7 535	31 432 949	505 019	20 762
86章　铁道车辆；轨道装置；信号设备	661	1 236 819	1 094	1 656
87章　车辆及其零附件，但铁道车辆除外	5 780	23 875 631	483 964	1 892
88章　航空器、航天器及其零件	197	5 884 996	3 372	214
89章　船舶及浮动结构体	897	435 503	16 590	17 000
第18类　光学、医疗等仪器；钟表；乐器	10 945	10 066 964	129 492	235 331
90章　光学、照相、医疗等设备及零附件	10 939	10 011 472	129 430	235 249
91章　钟表及其零件	4	25 448	54	81
92章　乐器及其零件、附件	2	30 044	9	1
第19类　武器、弹药及其零件、附件	—	1 959	—	—
93章　武器、弹药及其零件、附件	—	1 959	—	—
第20类　杂项制品	299	1 168 522	8 292	14 373
94章　家具；寝具等；灯具；活动房	224	974 515	5 022	12 171
95章　玩具、游戏或运动用品及其零附件	8	73 595	3 039	1 882
96章　杂项制品	67	120 413	231	320
第21类　艺术品、收藏品及古物	177	11 089	707	45
97章　艺术品、收藏品及古物	177	11 089	707	45
第22类　特殊交易品及未分类商品	3 400 660	34 800	66	147
98章　特殊交易品及未分类商品	3 400 660	34 800	66	147

2010年中国自部分国家（地区）进口商品类章金额表（续）

单位：千美元

类 章	英 国	德 国	法 国	意大利
总 值	**11 303 903**	**74 341 933**	**17 143 945**	**14 010 765**
第1类 活动物；动物产品	24 449	111 768	189 091	7 475
01章 活动物	16	2 063	3 714	3
02章 肉及食用杂碎	—	42 949	67 993	125
03章 鱼及其他水生无脊椎动物	17 640	13 215	13 772	1 454
04章 乳；蛋；蜂蜜；其他食用动物产品	5 328	47 146	95 308	3 851
05章 其他动物产品	1 465	6 394	8 304	2 041
第2类 植物产品	7 198	41 650	155 817	18 374
06章 活植物；茎、根；插花、簇叶	91	84	570	334
07章 食用蔬菜、根及块茎	562	443	83	140
08章 食用水果及坚果；甜瓜等水果的果皮	34	842	2 061	2 556
09章 咖啡、茶、马黛茶及调味香料	2 727	2 295	534	5 893
10章 谷物	1 976	4 110	117 157	—
11章 制粉工业产品；麦芽；淀粉等；面筋	85	19 851	14 258	155
12章 油籽；子仁；工业或药用植物；饲料	547	10 798	7 995	7 282
13章 虫胶；树胶、树脂及其他植物液、汁	1 168	3 151	13 158	1 964
14章 编结用植物材料；其他植物产品	8	75	1	49
第3类 动、植物油、脂、蜡；精制食用油脂	987	3 235	2 307	36 514
15章 动、植物油、脂、蜡；精制食用油脂	987	3 235	2 307	36 514
第4类 食品；饮料、酒及醋；烟草及制品	151 840	95 598	1 029 778	146 730
16章 肉、鱼及其他水生无脊椎动物的制品	119	56	699	255
17章 糖及糖食	3 862	5 423	2 100	514
18章 可可及可可制品	823	12 344	11 334	70 139
19章 谷物粉、淀粉等或乳的制品；糕饼	14 239	20 977	40 815	10 887
20章 蔬菜、水果等或植物其他部分的制品	632	4 335	4 136	7 328
21章 杂项食品	13 620	7 417	29 785	4 501
22章 饮料、酒及醋	108 073	40 919	917 044	52 827
23章 食品工业的残渣及废料；配制的饲料	10 470	1 770	16 794	278
24章 烟草、烟草及烟草代用品的制品	2	2 358	7 072	—
第5类 矿产品	182 380	210 851	73 750	159 339
25章 盐；硫磺；土及石料；石灰及水泥等	4 739	33 313	21 201	133 537
26章 矿砂、矿渣及矿灰	517	45 415	3 609	7 309
27章 矿物燃料、矿物油及其产品；沥青等	177 124	132 123	48 941	18 492
第6类 化学工业及其相关工业的产品	1 159 220	5 572 268	2 002 109	1 234 762
28章 无机化学品；贵金属等的化合物	88 390	859 060	32 900	75 038
29章 有机化学品	1 16 726	1 258 570	522 745	177 029
30章 药品	415 127	1 257 117	590 904	604 201
31章 肥料	3 092	79 539	1 526	1 337
32章 鞣料；着色料；涂料；油灰；墨水等	89 380	449 711	78 175	93 058
33章 精油及香膏；香料制品及化妆盥洗品	50 797	48 876	381 042	23 370
34章 洗涤剂、润滑剂、人造蜡、塑型膏等	41 402	414 330	108 789	40 403
35章 蛋白类物质；改性淀粉；胶；酶	22 257	124 158	47 443	24 681
36章 炸药；烟火；引火品；易燃材料制品	113	332	128	—
37章 照相及电影用品	73 778	18 977	12 386	3 361
38章 杂项化学产品	228 157	1 061 598	226 073	192 283
第7类 塑料及其制品；橡胶及其制品	613 408	3 290 093	778 398	728 796
39章 塑料及其制品	453 171	2 687 953	500 460	544 493
40章 橡胶及其制品	160 237	602 140	277 939	184 303
第8类 革、毛皮及制品；箱包；肠线制品	122 471	120 944	364 129	1 026 444
41章 生皮（毛皮除外）及皮革	120 615	107 507	55 158	639 066
42章 皮革制品；旅行箱包；动物肠线制品	1 777	12 122	276 933	355 049
43章 毛皮、人造毛皮及其制品	79	1 316	32 039	32 329
第9类 木及制品；木炭；软木；编结品	2 692	178 348	83 905	27 083
44章 木及木制品；木炭	2 639	178 301	82 456	23 884
45章 软木及软木制品	52	38	776	2 717
46章 编结材料制品；篮筐及柳条编结品	1	9	674	482
第10类 纤维素浆；废纸；纸、纸板及其制品	758 757	444 586	225 099	199 881
47章 木浆等纤维状纤维素浆；废纸及纸板	561 700	127 656	126 512	119 366
48章 纸及纸板；纸浆、纸或纸板制品	83 446	220 031	89 532	69 158
49章 印刷品；手稿、打字稿及设计图纸	113 611	96 900	9 056	11 358

2010年中国自部分国家（地区）进口商品类章金额表（续）

单位：千美元

类 章	英 国	德 国	法 国	意大利
第11类 纺织原料及纺织制品	193 521	467 499	300 668	878 906
50章 蚕丝	258	2 047	529	12 276
51章 羊毛等动物毛；马毛纱线及其机织物	38 309	18 197	19 236	214 224
52章 棉花	3 472	7 920	4 011	66 775
53章 其他植物纤维；纸纱线及其机织物	550	167	159 362	9 513
54章 化学纤维长丝	35 092	62 689	13 420	49 776
55章 化学纤维短纤	46 455	124 849	7 614	22 923
56章 絮胎、毡呢及无纺织物；线绳制品等	11 601	72 633	17 593	9 489
57章 地毯及纺织材料的其他铺地制品	1 621	9 628	297	1 949
58章 特种机织物；簇绒织物；刺绣品等	4 526	11 274	6 650	10 977
59章 浸、包或层压织物；工业用纺织制品	28 412	122 924	10 763	46 123
60章 针织物及钩编织物	3 188	16 906	2 514	40 232
61章 针织或钩编的服装及衣着附件	2 102	2 306	6 773	114 148
62章 非针织或非钩编的服装及衣着附件	15 147	6 785	47 873	272 496
63章 其他纺织制品；成套物品；旧纺织品	2 787	9 173	4 034	7 954
第12类 鞋帽伞等；羽毛品；人造花；人发品	1 194	7 545	6 149	219 616
64章 鞋靴、护腿和类似品及其零件	758	5 928	4 917	216 090
65章 帽类及其零件	243	785	1 049	2 340
66章 伞、手杖、鞭子、马鞭及其零件	12	342	121	262
67章 加工羽毛及制品；人造花；人发制品	180	490	62	924
第13类 矿物材料制品；陶瓷品；玻璃及制品	45 665	446 708	127 501	103 912
68章 矿物材料的制品	15 249	87 263	18 092	22 572
69章 陶瓷产品	8 845	89 401	12 018	44 893
70章 玻璃及其制品	21 571	270 043	97 390	36 446
第14类 珠宝、贵金属及制品；仿首饰；硬币	403 693	243 233	68 581	76 942
71章 珠宝、贵金属及制品；仿首饰；硬币	403 693	243 233	68 581	76 942
第15类 贱金属及其制品	1 160 924	5 368 524	1 382 982	882 808
72章 钢铁	115 408	726 449	234 777	165 681
73章 钢铁制品	169 835	1 463 571	340 516	327 090
74章 铜及其制品	586 882	1 717 564	420 965	235 192
75章 镍及其制品	130 969	63 865	58 185	10 149
76章 铝及其制品	93 960	659 811	233 070	49 064
78章 铅及其制品	497	2 371	364	45
79章 锌及其制品	1 078	14 901	9 103	1 862
80章 锡及其制品	617	1 584	288	53
81章 其他贱金属、金属陶瓷及其制品	14 953	70 147	13 783	3 070
82章 贱金属器具、利口器、餐具及零件	26 323	446 744	38 277	48 138
83章 贱金属杂项制品	20 402	201 517	33 654	42 465
第16类 机电、音像设备及其零件、附件	3 163 283	31 981 942	5 250 376	7 028 896
84章 核反应堆、锅炉、机械器具及零件	2 017 319	22 065 284	2 699 349	5 745 139
85章 电机、电气、音像设备及其零附件	1 145 964	9 916 658	2 551 026	1 283 757
第17类 车辆、航空器、船舶及运输设备	2 417 002	19 987 943	4 180 466	472 342
86章 铁道车辆；轨道装置；信号设备	7 927	765 464	133 615	112 283
87章 车辆及其零附件，但铁道车辆除外	2 290 709	16 683 988	705 747	299 606
88章 航空器、航天器及其零件	88 549	2 406 996	3 314 391	32 334
89章 船舶及浮动结构体	29 817	131 494	26 712	28 119
第18类 光学、医疗等仪器；钟表；乐器	852 836	5 287 603	842 633	558 483
90章 光学、照相、医疗等设备及零附件	851 393	5 251 364	837 246	552 432
91章 钟表及其零件	1 192	15 549	3 228	2 313
92章 乐器及其零件、附件	251	20 690	2 159	3 738
第19类 武器、弹药及其零件、附件	92	1 131	—	539
93章 武器、弹药及其零件、附件	92	1 131	—	539
第20类 杂项制品	35 028	467 517	74 271	190 520
94章 家具；寝具等；灯具；活动房	25 865	397 080	45 816	151 391
95章 玩具、游戏或运动用品及其零附件	2 165	15 377	4 900	18 033
96章 杂项制品	6 998	55 060	23 554	21 096
第21类 艺术品、收藏品及古物	1 271	532	1 183	1 228
97章 艺术品、收藏品及古物	1 271	532	1 183	1 228
第22类 特殊交易品及未分类商品	5 994	12 415	4 752	11 178
98章 特殊交易品及未分类商品	5 994	12 415	4 752	11 178

2010年中国自部分国家（地区）进口商品类章金额表（续）

单位：千美元

类 章	荷 兰	西班牙	奥地利	芬 兰
总 值	**6 477 362**	**6 231 396**	**4 233 419**	**4 032 131**
第1类 活动物；动物产品	207 794	102 371	3 255	24 769
01章 活动物	5 140	0	—	—
02章 肉及食用杂碎	279	54 338	—	—
03章 鱼及其他水生无脊椎动物	116 357	29 725	—	—
04章 乳；蛋；蜂蜜；其他食用动物产品	38 409	1 234	3 238	24 761
05章 其他动物产品	47 609	17 074	17	9
第2类 植物产品	97 174	6 044	530	7 027
06章 活植物；茎、根；插花、簇叶	53 920	670	0	—
07章 食用蔬菜、根及块茎	60	1 032	—	—
08章 食用水果及坚果；甜瓜等水果的果皮	8	733	—	7 015
09章 咖啡、茶、马黛茶及调味香料	430	226	223	3
10章 谷物	—	—	—	—
11章 制粉工业产品；麦芽；淀粉等；面筋	32 765	96	296	5
12章 油籽；子仁；工业或药用植物；饲料	9 902	844	6	—
13章 虫胶；树胶、树脂及其他植物液、汁	88	2 404	5	4
14章 编结用植物材料；其他植物产品	0	39	—	—
第3类 动、植物油、脂、蜡；精制食用油脂	2 874	50 734	83	—
15章 动、植物油、脂、蜡；精制食用油脂	2 874	50 734	83	—
第4类 食品；饮料、酒及醋；烟草及制品	211 873	76 693	16 666	9 098
16章 肉、鱼及其他水生无脊椎动物的制品	0	736	—	—
17章 糖及糖食	5 110	542	74	1 145
18章 可可及可可制品	8 764	1 238	1 404	96
19章 谷物粉、淀粉等或乳的制品；糕饼	86 594	2 618	229	183
20章 蔬菜、水果等或植物其他部分的制品	4 430	12 236	1 752	60
21章 杂项食品	88 956	2 437	9 091	214
22章 饮料、酒及醋	3 608	53 125	1 659	425
23章 食品工业的残渣及废料；配制的饲料	14 393	3 760	2 457	6 977
24章 烟草、烟草及烟草代用品的制品	19	—	—	—
第5类 矿产品	470 102	449 297	3 150	111 523
25章 盐；硫磺；土及石料；石灰及水泥等	3 385	134 278	898	49 388
26章 矿砂、矿渣及矿灰	19 364	242 101	4	61 450
27章 矿物燃料、矿物油及其产品；沥青等	447 353	72 917	2 248	686
第6类 化学工业及其相关工业的产品	835 179	626 477	218 911	194 383
28章 无机化学品；贵金属等的化合物	18 107	3 495	10 325	35 779
29章 有机化学品	368 132	255 918	10 698	27 036
30章 药品	137 915	170 236	148 113	42 012
31章 肥料	12 119	1 022	1	42 966
32章 鞣料；着色料；涂料；油灰；墨水等	53 296	53 882	11 135	12 232
33章 精油及香膏；香料制品及化妆盥洗品	8 513	18 627	226	29
34章 洗涤剂、润滑剂、人造蜡、塑型膏等	37 320	59 081	5 211	354
35章 蛋白类物质；改性淀粉；胶；酶	48 362	4 691	7 870	11 081
36章 炸药；烟火；引火品；易燃材料制品	7	1	52	—
37章 照相及电影用品	3 568	140	0	0
38章 杂项化学产品	147 840	59 385	25 280	22 893
第7类 塑料及其制品；橡胶及其制品	751 833	610 744	277 142	53 398
39章 塑料及其制品	647 167	532 203	255 569	44 248
40章 橡胶及其制品	104 666	78 542	21 573	9 151
第8类 革、毛皮及制品；箱包；肠线制品	80 629	216 590	6 997	104 765
41章 生皮（毛皮除外）及皮革	79 944	97 029	5 712	2 699
42章 皮革制品；旅行箱包；动物肠线制品	175	63 601	1 268	24
43章 毛皮、人造毛皮及其制品	511	55 960	17	102 042
第9类 木及制品；木炭；软木；编结品	3 574	7 030	29 181	29 104
44章 木及木制品；木炭	3 214	4 288	29 179	29 090
45章 软木及软木制品	359	2. 723	1	13
46章 编结材料制品；篮筐及柳条编结品	1	19	—	—
第10类 纤维素浆；废纸；纸、纸板及其制品	392 763	147 220	54 655	472 082
47章 木浆等纤维状纤维素浆；废纸及纸板	346 493	121 169	—	291 222
48章 纸及纸板；纸浆、纸或纸板制品	28 219	25 116	53 591	180 234
49章 印刷品；手稿、打字稿及设计图纸	18 051	635	1 063	626

2010 年中国自部分国家（地区）进口商品类章金额表（续）

单位：千美元

类 章	荷 兰	西班牙	奥地利	芬 兰
第 11 类 纺织原料及纺织制品	90 680	101 935	130 721	12 611
50 章 蚕丝	1	190	3	—
51 章 羊毛等动物毛；马毛纱线及其机织物	8 572	20 222	104	29
52 章 棉花	495	7 711	2 716	19
53 章 其他植物纤维；纸纱线及其机织物	12 194	353	104	0
54 章 化学纤维长丝	34 403	12 885	800	263
55 章 化学纤维短纤	6 381	17 001	115 872	17
56 章 絮胎、毡呢及无纺织物；线绳制品等	16 182	4 395	1 117	171
57 章 地毯及纺织材料的其他铺地制品	1 974	62	9	—
58 章 特种机织物；簇绒织物；刺绣品等	912	1 251	1 623	118
59 章 浸、包或层压织物；工业用纺织制品	7 470	5 290	5 792	11 715
60 章 针织物及钩编织物	897	1 214	1 521	21
61 章 针织或钩编的服装及衣着附件	177	2 272	267	32
62 章 非针织或非钩编的服装及衣着附件	441	27 991	649	55
63 章 其他纺织制品；成套物品；旧纺织品	580	1 096	142	172
第 12 类 鞋帽伞等；羽毛品；人造花；人发品	606	22 540	871	70
64 章 鞋靴、护腿和类似品及其零件	358	22 269	809	65
65 章 帽类及其零件	207	39	37	3
66 章 伞、手杖、鞭子、马鞭及其零件	29	18	21	1
67 章 加工羽毛及制品；人造花；人发制品	12	214	4	1
第 13 类 矿物材料制品；陶瓷品；玻璃及制品	21 289	42 747	129 430	6 186
68 章 矿物材料的制品	6 610	12 980	21 486	3 474
69 章 陶瓷产品	3 162	21 615	16 860	405
70 章 玻璃及其制品	11 517	8 151	91 084	2 307
第 14 类 珠宝、贵金属及制品；仿首饰；硬币	665	5 826	10 181	45
71 章 珠宝、贵金属及制品；仿首饰；硬币	665	5 826	10 181	45
第 15 类 贱金属及其制品	840 262	2 472 807	257 891	433 199
72 章 钢铁	27 246	65 571	67 371	130 203
73 章 钢铁制品	62 85 1	53 436	75 456	23 213
74 章 铜及其制品	602 418	1 679 488	2 495	180 780
75 章 镍及其制品	5 822	137	9 638	92 398
76 章 铝及其制品	102 908	645 285	23 666	1 467
78 章 铅及其制品	8	219	0	0
79 章 锌及其制品	15 729	3 899	14	27
80 章 锡及其制品	371	57	107	2
81 章 其他贱金属、金属陶瓷及其制品	2 089	180	20 699	558
82 章 贱金属器具、利口器、餐具及零件	8 613	6 169	10 506	3 071
83 章 贱金属杂项制品	12 204	18 364	47 938	1 480
第 16 类 机电、音像设备及其零件、附件	1 762 918	902 321	2 129 969	2 141 508
84 章 核反应堆、锅炉、机械器具及零件	1 388 038	611 685	1 202 590	1 579 136
85 章 电机、电气、音像设备及其零附件	374 880	290 636	927 378	562 373
第 17 类 车辆、航空器、船舶及运输设备	255 699	260 538	616 390	110 500
86 章 铁道车辆；轨道装置；信号设备	11 223	11 686	98 552	72
87 章 车辆及其零附件，但铁道车辆除外	130 891	230 334	512 820	97 952
88 章 航空器、航天器及其零件	16 021	12 033	5 014	2
89 章 船舶及浮动结构体	97 564	6 484	3	12 474
第 18 类 光学、医疗等仪器；钟表；乐器	442 086	109 409	325 908	317 838
90 章 光学、照相、医疗等设备及零附件	441 440	108 872	324 220	316 585
91 章 钟表及其零件	68	213	1 001	1 248
92 章 乐器及其零件、附件	578	323	687	5
第 19 类 武器、弹药及其零件、附件	—	—	196	—
93 章 武器、弹药及其零件、附件	—	—	196	—
第 20 类 杂项制品	9 319	20 015	20 892	3 734
94 章 家具；寝具等；灯具；活动房	5 478	16 223	16 920	2 465
95 章 玩具、游戏或运动用品及其零附件	2 269	430	2 341	810
96 章 杂项制品	1 572	3 362	1 630	459
第 21 类 艺术品、收藏品及古物	43	59	404	176
97 章 艺术品、收藏品及古物	43	59	404	176
第 22 类 特殊交易品及未分类商品	—	—	—	114
98 章 特殊交易品及未分类商品	—	—	—	114

2010 年中国自部分国家（地区）进口商品类章金额表（续）

单位：千美元

类 章	瑞 典	罗马尼亚	瑞 士	俄罗斯
总 值	**5 901 604**	**755 266**	**17 038 995**	**25 836 264**
第 1 类 活动物；动物产品	265	25	6 053	1 269 613
01 章 活动物	1	—	1	3 796
02 章 肉及食用杂碎	—	—	—	—
03 章 鱼及其他水生无脊椎动物	42	—	—	1 261 646
04 章 乳；蛋；蜂蜜；其他食用动物产品	222	25	4 053	22
05 章 其他动物产品	0	—	2 000	4 150
第 2 类 植物产品	24 397	1 228	2 208	13 451
06 章 活植物；茎、根；插花、簇叶	—	—	—	253
07 章 食用蔬菜、根及块茎	—	—	—	1 017
08 章 食用水果及坚果；甜瓜等水果的果皮	22 947	1 222	0	10 980
09 章 咖啡、茶、马黛茶及调味香料	62	0	1 687	0
10 章 谷物	0	—	—	176
11 章 制粉工业产品；麦芽；淀粉等；面筋	51	—	97	454
12 章 油籽；子仁；工业或药用植物；饲料	169	6	—	569
13 章 虫胶；树胶、树脂及其他植物液、汁	0	0	424	—
14 章 编结用植物材料；其他植物产品	1 167	—	—	—
第 3 类 动、植物油、脂、蜡；精制食用油脂	1 040	—	3 657	—
15 章 动、植物油、脂、蜡；精制食用油脂	1 040	—	3 657	—
第 4 类 食品；饮料、酒及醋；烟草及制品	8 972	2 798	36 142	96 139
16 章 肉、鱼及其他水生无脊椎动物的制品	—	—	—	180
17 章 糖及糖食	158	—	3 860	44
18 章 可可及可可制品	797	22	7 534	58
19 章 谷物粉、淀粉等或乳的制品；糕饼	1 977	51	12 133	21
20 章 蔬菜、水果等或植物其他部分的制品	1 019	—	1 579	7
21 章 杂项食品	1 326	14	9 010	23
22 章 饮料、酒及醋	3 641	2 710	381	1 936
23 章 食品工业的残渣及废料；配制的饲料	53	—	939	93 869
24 章 烟草、烟草及烟草代用品的制品	—	—	706	—
第 5 类 矿产品	272 222	40 454	2 346	14 099 328
25 章 盐；硫磺；土及石料；石灰及水泥等	2 347	884	546	110 820
26 章 矿砂、矿渣及矿灰	250 027	39 570	—	1 212 239
27 章 矿物燃料、矿物油及其产品；沥青等	19 847	—	1 801	12 776 269
第 6 类 化学工业及其相关工业的产品	621 907	56 645	1 201 495	2 405 206
28 章 无机化学品；贵金属等的化合物	4 249	99	18 282	536 153
29 章 有机化学品	310 654	4 637	422 692	811 355
30 章 药品	233 728	4	502 495	1
31 章 肥料	—	48 320	—	1 006 487
32 章 鞣料；着色料；涂料；油灰；墨水等	8 449	3 374	117 747	51
33 章 精油及香膏；香料制品及化妆盥洗品	134	11	23 533	56
34 章 洗涤剂、润滑剂、人造蜡、塑型膏等	16 142	—	16 222	35 216
35 章 蛋白类物质；改性淀粉；胶；酶	3 337	0	8 086	159
36 章 炸药；烟火；引火品；易燃材料制品	18	—	44	—
37 章 照相及电影用品	9	—	10 397	102
38 章 杂项化学产品	45 189	199	81 997	15 625
第 7 类 塑料及其制品；橡胶及其制品	182 044	65 204	187 509	977 246
39 章 塑料及其制品	156 195	36 831	159 367	419 320
40 章 橡胶及其制品	25 850	28 373	28 142	557 926
第 8 类 革、毛皮及制品；箱包；肠线制品	4 539	2 809	12 525	13 402
41 章 生皮（毛皮除外）及皮革	4 113	34	1 629	9 719
42 章 皮革制品；旅行箱包；动物肠线制品	363	2 660	10 892	13
43 章 毛皮、人造毛皮及其制品	63	115	4	3 670
第 9 类 木及制品；木炭；软木；编结品	20 117	56 516	7 195	2 756 628
44 章 木及木制品；木炭	20 017	56 516	6 949	2 756 627
45 章 软木及软木制品	0	—	246	—
46 章 编结材料制品；篮筐及柳条编结品	100	0	—	0
第 10 类 纤维素浆；废纸；纸、纸板及其制品	563 529	562	35 907	772 372
47 章 木浆等纤维状纤维素浆；废纸及纸板	200 178	368	54	657 332
48 章 纸及纸板；纸浆、纸或纸板制品	361 583	124	21 707	89 222
49 章 印刷品；手稿、打字稿及设计图纸	1 768	70	14 145	25 819

2010年中国自部分国家（地区）进口商品类章金额表（续）

单位：千美元

类 章	瑞 典	罗马尼亚	瑞 士	俄罗斯
第11类 纺织原料及纺织制品	17 064	70 531	50 063	9 081
50章 蚕丝	—	—	32	—
51章 羊毛等动物毛；马毛纱线及其机织物	769	900	174	5 869
52章 棉花	45	878	4 255	1 534
53章 其他植物纤维；纸纱线及其机织物	—	61	10	108
54章 化学纤维长丝	859	826	3 290	1 114
55章 化学纤维短纤	153	1 662	4 982	126
56章 絮胎、毡呢及无纺织物；线绳制品等	849	1	2 010	34
57章 地毯及纺织材料的其他铺地制品	286	246	257	1
58章 特种机织物；簇绒织物；刺绣品等	533	791	1 126	0
59章 浸、包或层压织物；工业用纺织制品	11 784	35	21 360	44
60章 针织物及钩编织物	145	2	956	—
61章 针织或钩编的服装及衣着附件	26	14 017	674	1
62章 非针织或非钩编的服装及衣着附件	565	50 450	10 346	34
63章 其他纺织制品；成套物品；旧纺织品	1 049	663	591	216
第12类 鞋帽伞等；羽毛品；人造花；人发品	948	5 425	14 439	29
64章 鞋靴、护腿和类似品及其零件	62	5 400	14 384	19
65章 帽类及其零件	882	23	32	9
66章 伞、手杖、鞭子、马鞭及其零件	3	2	23	—
67章 加工羽毛及制品；人造花；人发制品	0	—	0	0
第13类 矿物材料制品；陶瓷品；玻璃及制品	18 315	826	50 907	942
68章 矿物材料的制品	10 923	1	14 926	1
69章 陶瓷产品	137	412	27 064	21
70章 玻璃及其制品	7 255	413	8 917	921
第14类 珠宝、贵金属及制品；仿首饰；硬币	1 166	5	765 366	489 048
71章 珠宝、贵金属及制品；仿首饰；硬币	1 166	5	765 366	489 048
第15类 贱金属及其制品	884 595	93 851	200 960	2 555 414
72章 钢铁	466 864	3 814	13 005	320 977
73章 钢铁制品	93 413	7 735	79 799	43 859
74章 铜及其制品	104 890	78 535	24 869	414 384
75章 镍及其制品	25 916	—	1 198	1 512 335
76章 铝及其制品	11 175	2 205	26 659	222 857
78章 铅及其制品	40	—	23	5 798
79章 锌及其制品	182	99	1 834	9 595
80章 锡及其制品	1	—	54	96
81章 其他贱金属、金属陶瓷及其制品	504	—	1 550	25 195
82章 贱金属器具、利口器、餐具及零件	161 279	7	46 162	263
83章 贱金属杂项制品	20 331	1 455	5 806	56
第16类 机电、音像设备及其零件、附件	2 385 274	267 986	3 555 573	259 593
84章 核反应堆、锅炉、机械器具及零件	1 533 884	139 633	2 642 644	207 956
85章 电机、电气、音像设备及其零附件	851 390	128 353	912 929	51 636
第17类 车辆、航空器、船舶及运输设备	398 618	61 505	43 623	72 9 11
86章 铁道车辆；轨道装置；信号设备	29 866	103	24 773	3 819
87章 车辆及其零附件，但铁道车辆除外	359 082	35 659	16 312	359
88章 航空器、航天器及其零件	172	17	2 537	52 855
89章 船舶及浮动结构体	9 497	25 727	—	15 907
第18类 光学、医疗等仪器；钟表；乐器	350 375	23 147	2 165 017	39 711
90章 光学、照相、医疗等设备及零附件	350 292	23 039	835 182	39 710
91章 钟表及其零件	72	7	1 329 748	1
92章 乐器及其零件、附件	11	101	88	0
第19类 武器、弹药及其零件、附件	0	—	244	70
93章 武器、弹药及其零件、附件	0	—	244	70
第20类 杂项制品	140 994	5 749	29 595	2 695
94章 家具；寝具等；灯具；活动房	137 469	5 700	3 614	2 643
95章 玩具、游戏或运动用品及其零附件	2 769	27	7 390	49
96章 杂项制品	756	22	18 591	4
第21类 艺术品、收藏品及古物	5 088	—	119	44
97章 艺术品、收藏品及古物	5 088	—	119	44
第22类 特殊交易品及未分类商品	135	—	8 668 052	3 313
98章 特殊交易品及未分类商品	135	—	8 668 052	3 313

2010 年中国自部分国家（地区）进口商品类章金额表（续）

单位：千美元

类 章	乌克兰	阿根廷	巴 西	智 利
总 值	**2 167 420**	**6 801 590**	**38 087 022**	**17 803 340**
第 1 类 活动物；动物产品	3 939	266 859	563 681	89 091
01 章 活动物	—	709	—	250
02 章 肉及食用杂碎	—	229 228	561 265	30 947
03 章 鱼及其他水生无脊椎动物	—	16 067	280	52 043
04 章 乳；蛋；蜂蜜；其他食用动物产品	3 240	20 648	1 465	5 497
05 章 其他动物产品	698	207	670	354
第 2 类 植物产品	7 941	4 992 137	8 165 494	316 288
06 章 活植物；茎、根；插花、簇叶	—	—	99	4 623
07 章 食用蔬菜、根及块茎	—	116	—	—
08 章 食用水果及坚果；甜瓜等水果的果皮	5 111	3 375	463	253 379
09 章 咖啡、茶、马黛茶及调味香料	—	296	2 844	—
10 章 谷物	52	98	1	154
11 章 制粉工业产品；麦芽；淀粉等；面筋	8	—	3 522	1 383
12 章 油籽；子仁；工业或药用植物；饲料	2 769	4 985 485	8 146 437	55 009
13 章 虫胶；树胶、树脂及其他植物液、汁	—	—	7 895	1 360
14 章 编结用植物材料；其他植物产品	—	2 765	4 234	380
第 3 类 动、植物油、脂、蜡；精制食用油脂	20 025	304 628	839 111	15 176
15 章 动、植物油、脂、蜡；精制食用油脂	20 025	304 628	839 111	15 176
第 4 类 食品；饮料、酒及醋；烟草及制品	967	80 638	976 204	315 021
16 章 肉、鱼及其他水生无脊椎动物的制品	—	—	2	2 779
17 章 糖及糖食	—	1 265	503 678	695
18 章 可可及可可制品	65	1 314	928	—
19 章 谷物粉、淀粉等或乳的制品；糕饼	195	82	189	0
20 章 蔬菜、水果等或植物其他部分的制品	—	5 871	110 485	421
21 章 杂项食品	1	3	14 767	74
22 章 饮料、酒及醋	587	9 792	250	77 489
23 章 食品工业的残渣及废料；配制的饲料	118	23 539	12 107	233 563
24 章 烟草、烟草及烟草代用品的制品	—	38 771	333 797	—
第 5 类 矿产品	1 631 841	650 121	22 761 880	4 975 031
25 章 盐；硫磺；土及石料；石灰及水泥等	4 489	978	204 407	8 961
26 章 矿砂、矿渣及矿灰	1 619 415	35 300	18 321 794	4 960 728
27 章 矿物燃料、矿物油及其产品；沥青等	7 937	613 843	4 235 680	5 342
第 6 类 化学工业及其相关工业的产品	153 691	104 836	236 725	268 521
28 章 无机化学品；贵金属等的化合物	1 449	27 744	5 021	162 304
29 章 有机化学品	145 880	8 859	1. 04 599	53 483
30 章 药品	—	32 884	82 303	—
31 章 肥料	—	4	—	50 883
32 章 鞣料；着色料；涂料；油灰；墨水等	447	11 981	16 235	172
33 章 精油及香膏：香料制品及化妆盥洗品	7	8 439	9 245	24
34 章 洗涤剂、润滑剂、人造蜡、塑型膏等	945	770	5 182	2
35 章 蛋白类物质；改性淀粉；胶；酶	950	1 617	721	3
36 章 炸药；烟火；引火品；易燃材料制品	—	—	—	732
37 章 照相及电影用品	—	11 288	—	
38 章 杂项化学产品	4 013	1 251	13 419	918
第 7 类 塑料及其制品；橡胶及其制品	10 536	26 843	256 018	6 066
39 章 塑料及其制品	8 985	25 933	226 610	6 035
40 章 橡胶及其制品	1 551	910	29 408	31
第 8 类 革、毛皮及制品；箱包；肠线制品	1 302	244 313	491 001	6 224
41 章 生皮（毛皮除外）及皮革	557	242 517	489 304	6 211
42 章 皮革制品；旅行箱包；动物肠线制品	456	264	40	13
43 章 毛皮、人造毛皮及其制品	289	1 532	1 658	—
第 9 类 木及制品；木炭；软木；编结品	22 589	20 290	82 314	56 736
44 章 木及木制品；木炭	22 589	20 290	82 314	56 736
45 章 软木及软木制品	—	—	—	—
46 章 编结材料制品；篮筐及柳条编结品	—	—	—	—
第 10 类 纤维素浆；废纸；纸、纸板及其制品	3 022	19 804	1 749 041	727 440
47 章 木浆等纤维状纤维素浆；废纸及纸板	340	19 292	1 648 345	726 908
48 章 纸及纸板；纸浆、纸或纸板制品	63	505	100 645	432
49 章 印刷品；手稿、打字稿及设计图纸	2 619	7	51	100

2010 年中国自部分国家（地区）进口商品类章金额表（续）

单位：千美元

类 章	乌克兰	阿根廷	巴 西	智 利
第 11 类 纺织原料及纺织制品	4 136	61 278	193 586	10 695
50 章 蚕丝	—	—	713	2
51 章 羊毛等动物毛；马毛纱线及其机织物	10	58 987	410	10 459
52 章 棉花	279	1 530	177 180	0
53 章 其他植物纤维；纸纱线及其机织物	721	—	8 189	5
54 章 化学纤维长丝	—	696	58	—
55 章 化学纤维短纤	96	2	265	16
56 章 絮胎、毡呢及无纺织物；线绳制品等	—	3	2 566	7
57 章 地毯及纺织材料的其他铺地制品	—	—	—	—
58 章 特种机织物；簇绒织物；刺绣品等	6	12	1 165	0
59 章 浸、包或层压织物；工业用纺织制品	—	20	2 590	49
60 章 针织物及钩编织物	—	—	122	7
61 章 针织或钩编的服装及衣着附件	316	14	132	23
62 章 非针织或非钩编的服装及衣着附件	2 706	9	166	111
63 章 其他纺织制品；成套物品；旧纺织品	1	6	31	15
第 12 类 鞋帽伞等；羽毛品；人造花；人发品	132	5	8 467	5
64 章 鞋靴、护腿和类似品及其零件	131	4	8 457	1
65 章 帽类及其零件	0	1	4	4
66 章 伞、手杖、鞭子、马鞭及其零件	—	1	1	—
67 章 加工羽毛及制品；人造花；人发制品	1	—	6	—
第 13 类 矿物材料制品；陶瓷品；玻璃及制品	5 071	76	11 048	9
68 章 矿物材料的制品	185	0	5 418	8
69 章 陶瓷产品	1	67	96	—
70 章 玻璃及其制品	4 884	8	5 533	1
第 14 类 珠宝、贵金属及制品；仿首饰；硬币	0	12	33 522	241
71 章 珠宝、贵金属及制品；仿首饰；硬币	0	12	33 522	241
第 15 类 贱金属及其制品	139 298	12 853	994 796	10 990 376
72 章 钢铁	65 950	109	606 549	256
73 章 钢铁制品	1 454	12 338	10 838	137
74 章 铜及其制品	58 388	121	307 070	10 976 941
75 章 镍及其制品	5	—	5 539	—
76 章 铝及其制品	1 173	1	439	3 108
78 章 铅及其制品	—	—	402	9，452
79 章 锌及其制品	—	15	16 519	—
80 章 锡及其制品	—	—	1	477
81 章 其他贱金属、金属陶瓷及其制品	12 325	52	9 573	—
82 章 贱金属器具、利口器、餐具及零件	1	56	31 424	4
83 章 贱金属杂项制品	2	161	6 442	1
第 16 类 机电、音像设备及其零件、附件	117 848	14 169	285 139	16 149
84 章 核反应堆、锅炉、机械器具及零件	93 598	13 481	218 177	803
85 章 电机、电气、音像设备及其零附件	24 250	689	66 962	15 346
第 17 类 车辆、航空器、船舶及运输设备	25 570	272	401 684	10 119
86 章 铁道车辆；轨道装置；信号设备	112	1	37	—
87 章 车辆及其零附件，但铁道车辆除外	177	271	24 447	9 411
88 章 航空器、航天器及其零件	23 335	—	370 856	708
89 章 船舶及浮动结构体	1 945	—	6 343	—
第 18 类 光学、医疗等仪器；钟表；乐器	3 688	2 417	36 956	89
90 章 光学、照相、医疗等设备及零附件	3 688	2 395	36 951	37
91 章 钟表及其零件	—	0	2	—
92 章 乐器及其零件、附件	—	23	3	52
第 19 类 武器、弹药及其零件、附件	—	—	—	—
93 章 武器、弹药及其零件、附件	—	—	—	—
第 20 类 杂项制品	521	39	336	34
94 章 家具；寝具等；灯具；活动房	36	30	116	3
95 章 玩具、游戏或运动用品及其零附件	485	3	2	0
96 章 杂项制品	0	6	218	30
第 21 类 艺术品、收藏品及古物	—	—	19	29
97 章 艺术品、收藏品及古物	—	—	19	29
第 22 类 特殊交易品及未分类商品	15 304	—	—	—
98 章 特殊交易品及未分类商品	15 304	—	—	—

2010年中国自部分国家（地区）进口商品类章金额表（续）

单位：千美元

类 章	加拿大	美 国	澳大利亚	新西兰
总 值	**14 887 257**	**102 037 633**	**60 866 033**	**3 759 546**
第1类 活动物；动物产品	474 297	1 475 115	449 972	1 542 720
01章 活动物	988	34 233	146 579	31 705
02章 肉及食用杂碎	223 612	404 362	107 052	97 949
03章 鱼及其他水生无脊椎动物	213 977	720 467	45 048	96 609
04章 乳；蛋；蜂蜜；其他食用动物产品	4 451	178 956	129 278	1 301 142
05章 其他动物产品	31 269	137 097	22 016	15 316
第2类 植物产品	1 267 352	12 354 349	558 336	45 691
06章 活植物；茎、根；插花、簇叶	64	4 900	534	2，153
07章 食用蔬菜、根及块茎	150 109	38 353	6 765	2 822
08章 食用水果及坚果；甜瓜等水果的果皮	4 976	385 422	11 710	36 189
09章 咖啡、茶、马黛茶及调味香料	157	10 666	1 051	57
10章 谷物	194 358	379 894	520 976	—
11章 制粉工业产品；麦芽；淀粉等；面筋	240	6 115	3 658	98
12章 油籽；子仁；工业或药用植物；饲料	917 210	11 490 257	13 445	4 371
13章 虫胶；树胶、树脂及其他植物液、汁	222	20 938	193	1
14章 编结用植物材料；其他植物产品	16	17 804	4	—
第3类 动、植物油、脂、蜡；精制食用油脂	855 497	280 154	190 181	76 357
15章 动、植物油、脂、蜡；精制食用油脂	855 497	280 154	190 181	76 357
第4类 食品；饮料、酒及醋；烟草及制品	249 976	1 556 752	433 077	232 113
16章 肉、鱼及其他水生无脊椎动物的制品	4 260	3 893	278	181
17章 糖及糖食	1 550	39 599	37 720	1 205
18章 可可及可可制品	31	32 806	1 718	608
19章 谷物粉、淀粉等或乳的制品；糕饼	1 022	33 510	154 977	177 929
20章 蔬菜、水果等或植物其他部分的制品	4 915	169 848	2 539	795
21章 杂项食品	9 492	132 273	29 399	8 290
22章 饮料、酒及醋	6 662	47 879	150 365	11 667
23章 食品工业的残渣及废料；配制的饲料	222 046	942 207	56 083	31 438
24章 烟草、烟草及烟草代用品的制品	—	154 738	—	—
第5类 矿产品	2 545 505	3 293 619	47 410 073	176 849
25章 盐；硫磺；土及石料；石灰及水泥等	254 119	251 886	145 311	550
26章 矿砂、矿渣及矿灰	1 149 624	1 399 219	39 220 898	66 417
27章 矿物燃料、矿物油及其产品；沥青等	1 141 761	1 642 515	8 043 864	109 882
第6类 化学工业及其相关工业的产品	1 009 161	10 902 716	1 850 570	116 865
28章 无机化学品；贵金属等的化合物	34 436	1 599 054	1 507 325	198
29章 有机化学品	478 272	3 507 273	1 773	42 405
30章 药品	50 214	1 048 319	113 559	350
31章 肥料	330 793	123 868	56	—
32章 鞣料；着色料；涂料；油灰；墨水等	9 462	408 847	159 997	1 550
33章 精油及香膏；香料制品及化妆盥洗品	9 507	242 297	13 686	161
34章 洗涤剂、润滑剂、人造蜡、塑型膏等	6 512	551 061	11 395	2 695
35章 蛋白类物质；改性淀粉；胶；酶	24 256	345 271	22 856	67 049
36章 炸药；烟火；引火品；易燃材料制品	3 061	34 350	2 310	—
37章 照相及电影用品	4 968	429 067	4	—
38章 杂项化学产品	57 678	2 613 309	17 607	2 458
第7类 塑料及其制品；橡胶及其制品	602 358	7 387 151	193 068	48 116
39章 塑料及其制品	466 243	6 297 696	183 266	47 198
40章 橡胶及其制品	136 115	1 089 455	9 802	918
第8类 革、毛皮及制品；箱包；肠线制品	161 997	1 101 149	4 98 327	79 668
41章 生皮（毛皮除外）及皮革	115 895	1 073 938	497 562	76 011
42章 皮革制品；旅行箱包；动物肠线制品	119	5 597	327	13
43章 毛皮、人造毛皮及其制品	45 983	21 614	439	3 644
第9类 木及制品；木炭；软木；编结品	949 990	1 186 755	304 264	937 627
44章 木及木制品；木炭	949 987	1 186 111	304 166	937 627
45章 软木及软木制品	2	526	98	—
46章 编结材料制品；篮筐及柳条编结品	1	117	1	—
第10类 纤维素浆；废纸；纸、纸板及其制品	2 477 340	4 496 037	247 156	187 417
47章 木浆等纤维状纤维素浆；废纸及纸板	2 441 303	3 518 805	177 224	142 602
48章 纸及纸板；纸浆、纸或纸板制品	30 416	728 381	67 453	44 785
49章 印刷品；手稿、打字稿及设计图纸	5 621	248 851	2 479	30

2010 年中国自部分国家（地区）进口商品类章金额表（续）

单位：千美元

类 章	加拿大	美 国	澳大利亚	新西兰
第 11 类 纺织原料及纺织制品	36 321	3 058 157	1 861 542	199 220
50 章 蚕丝	5	376	19	5
51 章 羊毛等动物毛；马毛纱线及其机织物	1 844	16 543	1 428 866	195 981
52 章 棉花	415	2 044 491	418 198	45
53 章 其他植物纤维；纸纱线及其机织物	8	210	14	0
54 章 化学纤维长丝	14 195	102 296	2 232	250
55 章 化学纤维短纤	1 471	470 457	2 864	157
56 章 絮胎、毡呢及无纺织物；线绳制品等	2 486	219 760	760	51
57 章 地毯及纺织材料的其他铺地制品	175	22 518	358	374
58 章 特种机织物；簇绒织物；刺绣品等	668	18 827	200	46
59 章 浸、包或层压织物；工业用纺织制品	11 254	96 568	2 111	345
60 章 针织物及钩编织物	650	19 291	4 918	1 725
61 章 针织或钩编的服装及衣着附件	177	9 812	486	108
62 章 非针织或非钩编的服装及衣着附件	2 430	11 404	98	24
63 章 其他纺织制品；成套物品；旧纺织品	542	25 605	417	110
第 12 类 鞋帽伞等；羽毛品；人造花；人发品	2 585	91 695	831	37
64 章 鞋靴、护腿和类似品及其零件	1 012	86 206	718	20
65 章 帽类及其零件	1 562	619	67	16
66 章 伞、手杖、鞭子、马鞭及其零件	1	71	17	0
67 章 加工羽毛及制品；人造花；人发制品	10	4 798	28	—
第 13 类 矿物材料制品；陶瓷品；玻璃及制品	19 686	882 156	7 777	3 162
68 章 矿物材料的制品	16 681	133 193	1 591	34
69 章 陶瓷产品	482	82 737	1 681	46
70 章 玻璃及其制品	2 522	666 226	4 505	3 082
第 14 类 珠宝、贵金属及制品；仿首饰；硬币	38 426	259 491	58 812	103
71 章 珠宝、贵金属及制品；仿首饰；硬币	38 426	259 491	58 812	103
第 15 类 贱金属及其制品	1 317 063	6 504 501	5 348 181	37 432
72 章 钢铁	50 810	938 775	92 857	4 177
73 章 钢铁制品	54 285	936 805	24 538	1 386
74 章 铜及其制品	261 841	2 519 162	2 726 682	22 202
75 章 镍及其制品	772 182	173 007	1 385 438	—
76 章 铝及其制品	107 634	1 264 962	714 768	8 632
78 章 铅及其制品	3 645	3 357	22 852	1
79 章 锌及其制品	29 903	42 573	346 771	3
80 章 锡及其制品	272	7 612	41	1
81 章 其他贱金属、金属陶瓷及其制品	19 550	187 532	29 557	11
82 章 贱金属器具、利口器、餐具及零件	10 241	295 744	2 128	83
83 章 贱金属杂项制品	6 698	134 972	2 549	936
第 16 类 机电、音像设备及其零件、附件	1 987 908	28 721 094	626 601	67 107
84 章 核反应堆、锅炉、机械器具及零件	642 029	13 568 979	438 311	27 185
85 章 电机、电气、音像设备及其零附件	1 345 879	15 152 115	188 289	39 922
第 17 类 车辆、航空器、船舶及运输设备	437 914	10 426 302	51 225	1 575
86 章 铁道车辆；轨道装置；信号设备	6 938	251 121	25 224	6
87 章 车辆及其零附件，但铁道车辆除外	284 533	4 272 906	22 860	1 501
88 章 航空器、航天器及其零件	141 881	5 876 779	781	19
89 章 船舶及浮动结构体	4 562	25 496	2 360	49
第 18 类 光学、医疗等仪器；钟表；乐器	327 665	7 007 947	126 998	6 726
90 章 光学、照相、医疗等设备及零附件	325 280	6 992 024	126 732	6 722
91 章 钟表及其零件	33	5 869	173	3
92 章 乐器及其零件、附件	2 353	10 054	93	1
第 19 类 武器、弹药及其零件、附件	—	535	192	—
93 章 武器、弹药及其零件、附件	—	535	192	—
第 20 类 杂项制品	25 107	301 888	6 680	689
94 章 家具；寝具等；灯具；活动房	14 787	170 513	5 801	641
95 章 玩具、游戏或运动用品及其零附件	9 391	76 335	675	23
96 章 杂项制品	928	55 041	204	25
第 21 类 艺术品、收藏品及古物	802	4 242	235	74
97 章 艺术品、收藏品及古物	802	4 242	235	74
第 22 类 特殊交易品及未分类商品	100 307	745 829	641 936	—
98 章 特殊交易品及未分类商品	100 307	745 829	641 936	—

2010年中国服务贸易进出口额统计

金额单位：亿美元

行 业	进出口		出 口		进 口		差 额
	金额	同比（%）	金额	同比（%）	金额	同比（%）	
合 计	**3 624.2**	**26.4**	**1 702.5**	**32.4**	**1 921.7**	**21.5**	**-219.3**
运输	974.7	39.0	342.1	45.2	632.6	35.8	-290.5
旅游	1 006.9	20.8	458.1	15.5	548.8	25.6	-90.7
通讯服务	23.6	-2.1	12.2	1.8	11.4	-6.0	0.8
建筑服务	195.7	27.6	144.9	53.2	50.7	-13.6	94.2
保险服务	174.8	35.5	17.3	8.2	157.5	39.3	-140.3
金融服务	27.2	133.8	13.3	204.6	13.9	91.2	-0.6
计算机和信息服务	122.2	25.4	92.6	42.1	29.7	-8.3	62.9
专有权利使用费和特许费	138.7	20.7	8.3	93.4	130.4	17.8	-122.1
咨询	378.6	18.2	227.7	22.3	150.9	12.5	76.8
广告、宣传	29.3	15.4	28.9	24.8	20.4	4.4	8.4
电影、音像	4.9	31.4	1.2	26.4	3.7	33.2	-2.5
其他商业服务	527.6	21.4	355.9	44.1	171.8	-8.5	184.1

中国服务贸易进出口额及占世界的比重（1982—2010 年）

年份	中国进出口额			中国出口额			中国进口额		
	金额（亿美元）	同比增长（%）	占世界比重（%）	金额（亿美元）	同比增长（%）	占世界比重（%）	金额（亿美元）	同比增长（%）	占世界比重（%）
1982	44.0	—	0.6	25.0	—	0.7	19.0	—	0.5
1983	43.0	-2.3	0.6	25.0	0.0	0.7	18.0	-5.3	0.5
1984	54.0	25.6	0.7	28.0	12.0	0.8	26.0	44.4	0.7
1985	52.0	-3.7	0.7	29.0	3.6	0.8	23.0	-11.5	0.6
1986	56.0	7.7	0.6	36.0	24.1	0.8	20.0	-13.0	0.4
1987	65.0	16.1	0.6	42.0	16.7	0.8	23.0	15.0	0.4
1988	80.0	23.1	0.7	47.0	11.9	0.8	33.0	43.5	0.5
1989	81.0	1.3	0.6	45.0	-4.3	0.7	36.0	9.1	0.5
1990	98.0	21.0	0.6	57.0	26.7	0.7	41.0	13.9	0.5
1991	108.0	10.2	0.6	69.0	21.1	0.8	39.0	-4.9	0.5
1992	183.0	69.4	1.0	91.0	31.9	1.0	92.0	135.9	1.0
1993	226.0	23.5	1.2	110.0	20.9	1.2	116.0	26.1	1.2
1994	322.0	42.5	1.6	164.0	49.1	1.6	158.0	36.2	1.5
1995	430.0	33.5	1.8	184.0	12.2	1.6	246.0	55.7	2.1
1996	430.0	0.0	1.7	206.0	12.0	1.6	224.0	-8.9	1.8
1997	522.0	21.4	2.0	245.0	18.9	1.9	277.0	23.7	2.2
1998	504.0	-3.4	1.9	239.0	-2.4	1.8	265.0	-4.3	2.0
1999	572.0	13.5	2.1	262.0	9.6	1.9	310.0	17.0	2.3
2000	660.0	15.4	2.2	301.0	14.9	2.0	359.0	15.8	2.5
2001	719.3	9.0	2.4	329.0	9.3	2.2	390.3	8.7	2.6
2002	855.0	18.9	2.7	394.0	19.7	2.5	461.0	18.1	3.0
2003	1 013.0	18.5	2.8	464.0	17.8	2.5	549.0	19.1	3.1
2004	1 337.0	32.0	3.1	621.0	33.8	2.8	716.0	30.4	3.4
2005	1 571.0	17.5	3.2	739.0	19.0	3.0	832.0	16.2	3.5
2006	1 917.0	22.0	3.5	914.0	23.7	3.2	1 003.0	20.6	3.8
2007	2 509.0	30.9	3.9	1 216.0	33.0	3.6	1 293.0	28.9	4.1
2008	3 045.0	21.4	4.1	1 464.5	20.5	3.9	1 580.0	22.2	4.5
2009	2 867.1	-5.8	4.5	1 286.0	-12.2	3.9	1 581.1	0.1	5.1
2010	3 624.2	26.4	5.1	1 702.5	32.4	4.6	1 921.7	21.5	5.5

注：遵循 WTO 有关服务贸易的定义，中国服务进出口数据不含政府服务。

数据来源：WTO 国际贸易统计数据库（International Trade Statistics Database）；中国商务部。

中国服务贸易出口分项目表（1997—2010年）（1）

年 份		总 计	运 输	旅 游	通讯服务	建筑服务	保险服务
1997	金额（亿美元）	245.0	29.5	120.7	2.7	5.9	1.7
	占比（%）	100.0	12.1	49.3	1.1	2.4	0.7
1998	金额（亿美元）	238.8	23.0	126.0	8.2	5.9	3.8
	比上年增长（%）	-2.5	-22.1	4.4	201.4	0.7	120.5
	占比（%）	100.0	9.6	52.8	3.4	2.5	1.6
1999	金额（亿美元）	261.6	24.2	141.0	5.9	9.9	2.0
	比上年增长（%）	9.6	5.2	11.9	-28.0	65.8	-47.0
	占比（%）	100.0	9.2	53.9	2.3	3.8	0.8
2000	金额（亿美元）	301.5	36.7	162.3	13.5	6.0	1.1
	比上年增长（%）	15.2	51.7	15.1	128.2	-38.9	-47.1
	占比（%）	100.0	12.2	53.8	4.5	2.0	0.4
2001	金额（亿美元）	329.0	46.4	177.9	2.7	8.3	2.3
	比上年增长（%）	9.1	26.3	9.6	-79.8	37.8	110.9
	占比（%）	100.0	14.1	54.1	0.8	2.5	0.7
2002	金额（亿美元）	393.8	57.2	203.9	5.5	12.5	2.1
	比上年增长（%）	19.7	23.4	14.6	102.9	50.1	-8.1
	占比（%）	100.0	14.5	51.8	1.4	3.2	0.5
2003	金额（亿美元）	463.7	79.1	174.1	6.4	12.9	3.1
	比上年增长（%）	17.8	38.2	-14.6	16.1	3.5	49.7
	占比（%）	100.0	17.0	37.5	1.4	2.8	0.7
2004	金额（亿美元）	620.6	120.7	257.4	4.4	14.7	3.8
	比上年增长（%）	33.8	52.6	47.9	-31.0	13.8	21.7
	占比（%）	100.0	19.4	41.5	0.7	2.4	0.6
2005	金额（亿美元）	739.1	154.3	293.0	4.9	25.9	5.5
	比上年增长（%）	19.1	27.8	13.8	10.2	76.7	44.3
	占比（%）	100.0	20.9	39.6	0.7	3.5	0.7
2006	金额（亿美元）	914.2	210.2	339.5	7.4	27.5	5.5
	比上年增长（%）	23.7	36.2	15.9	52.1	6.2	-0.3
	占比（%）	100.0	23.0	37.1	0.8	3.0	0.6
2007	金额（亿美元）	1 216.5	313.2	372.3	11.7	53.8	9.0
	比上年增长（%）	33.1	49.1	9.7	59.2	95.3	64.9
	占比（%）	100.0	25.7	30.6	1.0	4.4	0.7
2008	金额（亿美元）	1 464.5	384.2	408.4	15.7	103.3	13.8
	比上年增长（%）	20.4	22.6	9.7	33.7	92.1	53.0
	占比（%）	100.0	26.2	27.9	1.1	7.1	0.9
2009	金额（亿美元）	1 286.0	235.7	396.8	12.0	94.6	16.0
	比上年增长（%）	-12.2	-38.7	-2.9	-23.7	-8.4	15.4
	占比（%）	100.0	18.3	30.9	0.9	7.4	1.2
2010	金额（亿美元）	1 702.5	342.1	458.1	12.2	144.9	17.3
	比上年增长（%）	32.4	45.2	15.5	1.8	53.2	8.2
	占比（%）	100.0	20.1	26.9	0.7	8.5	1.0

中国服务贸易出口分项目表（1997—2010年）（2）

年份		金融服务	计算机和信息服务	专有权利使用费和特许费	咨询	广告、宣传	电影、音像	其他商业服务
1997	金额（亿美元）	0.3	0.8	0.5	3.5	2.4	0.1	76.8
	占比（%）	0.1	0.3	0.2	1.4	1.0	0.0	31.3
1998	金额（亿美元）	0.3	1.3	0.6	5.2	2.1	0.2	62.1
	比上年增长（%）	-1.3	59.7	14.3	49.5	-11.4	53.0	-19.1
	占比（%）	0.1	0.6	0.3	2.2	0.9	0.1	26.0
1999	金额（亿美元）	1.1	2.7	0.7	2.8	2.2	0.1	69.1
	比上年增长（%）	310.8	98.8	18.9	-45.9	4.6	-56.7	11.2
	占比（%）	0.4	1.0	0.3	1.1	0.8	0.0	26.4
2000	金额（亿美元）	0.8	3.6	0.8	3.6	2.2	0.1	70.8
	比上年增长（%）	-29.7	34.1	7.8	26.9	1.3	69.8	2.5
	占比（%）	0.3	1.2	0.3	1.2	0.7	0.0	23.5
2001	金额（亿美元）	1.0	4.6	1.1	8.9	2.8	0.3	72.8
	比上年增长（%）	27.3	29.6	37.0	150.0	24.1	146.8	2.8
	占比（%）	0.3	1.4	0.3	2.7	0.8	0.1	22.1
2002	金额（亿美元）	0.5	6.4	1.3	12.8	3.7	0.3	87.6
	比上年增长（%）	-48.5	38.3	20.6	44.5	34.5	6.4	20.3
	占比（%）	0.1	1.6	0.3	3.3	0.9	0.1	22.2
2003	金额（亿美元）	1.5	11.0	1.1	18.8	4.9	0.3	150.6
	比上年增长（%）	197.9	72.7	-19.5	46.7	30.4	12.7	71.8
	占比（%）	0.3	2.4	0.2	4.1	1.0	0.1	32.5
2004	金额（亿美元）	0.9	16.4	2.4	31.5	8.5	0.4	159.5
	比上年增长（%）	-38.2	48.5	120.9	67.2	74.5	22.6	5.9
	占比（%）	0.2	2.6	0.4	5.1	1.4	0.1	25.7
2005	金额（亿美元）	1.5	18.4	1.6	53.2	10.8	1.3	168.8
	比上年增长（%）	54.6	12.4	-33.4	68.8	26.8	226.5	5.9
	占比（%）	0.2	2.5	0.2	7.2	1.5	0.2	22.8
2006	金额（亿美元）	1.5	29.6	2.1	78.3	14.5	1.4	196.9
	比上年增长（%）	-0.2	60.7	30.2	47.2	34.3	2.3	16.6
	占比（%）	0.2	3.2	0.2	8.6	1.6	0.1	21.5
2007	金额（亿美元）	2.3	43.4	3.4	115.8	19.1	3.2	269.1
	比上年增长（%）	59.0	46.9	67.1	47.8	32.3	130.9	36.7
	占比（%）	0.2	3.6	0.3	9.5	1.6	0.3	22.1
2008	金额（亿美元）	3.2	62.5	5.7	181.4	22.0	4.2	260.1
	比上年增长（%）	36.7	43.9	66.7	56.7	15.2	32.2	-3.4
	占比（%）	0.2	4.3	0.4	12.4	1.5	0.3	17.8
2009	金额（亿美元）	4.4	65.1	4.3	186.2	23.1	1.0	246.9
	比上年增长（%）	38.7	4.2	-24.8	2.7	5.0	-76.7	-5.1
	占比（%）	0.3	5.1	0.3	14.5	1.8	0.1	19.2
2010	金额（亿美元）	13.3	92.6	8.3	227.7	28.9	1.2	355.9
	比上年增长（%）	204.6	42.1	93.4	22.3	24.8	26.4	44.1
	占比（%）	0.8	5.4	0.5	13.4	1.7	0.1	20.9

中国服务贸易进口分项目表（1997—2010年）（1）

年 份		总 计	运 输	旅 游	通讯服务	建筑服务	保险服务
1997	金额（亿美元）	277.2	99.4	81.3	2.9	12.1	10.5
	占比（%）	100.0	35.9	29.3	1.0	4.4	3.8
1998	金额（亿美元）	264.7	67.6	92.1	2.1	11.2	17.6
	比上年增长（%）	-4.5	-32.0	13.2	-28.3	-7.4	68.1
	占比（%）	100.0	25.6	34.8	0.8	4.2	6.6
1999	金额（亿美元）	309.7	79.0	108.7	1.9	15.4	19.2
	比上年增长（%）	17.0	16.8	18.0	-7.0	37.5	9.3
	占比（%）	100.0	25.5	35.1	0.6	5.0	6.2
2000	金额（亿美元）	358.6	104.0	131.1	2.4	9.9	24.7
	比上年增长（%）	15.8	31.6	20.7	25.1	-35.4	28.6
	占比（%）	100.0	29.0	36.6	0.7	2.8	6.9
2001	金额（亿美元）	390.3	113.2	139.1	3.3	8.5	27.1
	比上年增长（%）	8.8	8.9	6.1	34.7	-14.8	9.7
	占比（%）	100.0	29.0	35.6	0.8	2.2	6.9
2002	金额（亿美元）	460.8	136.1	154.0	4.7	9.6	32.5
	比上年增长（%）	18.1	20.2	10.7	44.3	13.8	19.7
	占比（%）	100.0	29.5	33.4	1.0	2.1	7.0
2003	金额（亿美元）	548.5	182.3	151.9	4.3	11.8	45.6
	比上年增长（%）	19.0	33.9	-1.4	-9.1	22.8	40.6
	占比（%）	100.0	33.2	27.7	0.8	2.2	8.3
2004	金额（亿美元）	716.0	245.4	191.5	4.7	13.4	61.2
	比上年增长（%）	30.5	34.6	26.1	10.5	13.1	34.2
	占比（%）	100.0	34.3	26.7	0.7	1.9	8.6
2005	金额（亿美元）	831.7	284.5	217.6	6.0	16.2	72.0
	比上年增长（%）	16.2	15.9	13.6	27.8	21.0	17.6
	占比（%）	100.0	34.2	26.2	0.7	1.9	8.7
2006	金额（亿美元）	1 003.3	343.7	243.2	7.6	20.5	88.3
	比上年增长（%）	20.6	20.8	11.8	26.6	26.6	22.7
	占比（%）	100.0	34.3	24.2	0.8	2.0	8.8
2007	金额（亿美元）	1 292.6	432.7	297.9	10.8	29.1	106.6
	比上年增长（%）	28.8	25.9	22.5	41.6	41.9	20.8
	占比（%）	100.0	33.5	23.0	0.8	2.3	8.3
2008	金额（亿美元）	1 580.0	503.3	361.6	15.1	43.6	127.4
	比上年增长（%）	22.2	16.3	21.4	39.6	49.9	19.5
	占比（%）	100.0	31.9	22.9	1.0	2.8	8.1
2009	金额（亿美元）	1 581.1	465.7	437.0	12.1	58.7	113.1
	比上年增长（%）	0.1	-7.5	20.9	-19.9	34.5	-11.3
	占比（%）	100.0	29.5	27.6	0.8	3.7	7.2
2010	金额（亿美元）	1 921.7	632.6	548.8	11.4	50.7	157.5
	比上年增长（%）	21.5	35.8	25.6	-6.0	-13.6	39.3
	占比（%）	100.0	32.9	28.6	0.6	2.6	8.2

中国服务贸易进口分项目表（1997—2010 年）（2）

年 份		金融服务	计算机和信息服务	专有权利使用费和特许费	咨 询	广告、宣传	电影、音像	其他商业服务
1997	金额（亿美元）	3.2	2.3	5.4	4.7	2.4	0.4	52.5
	占比（%）	1.2	0.8	2.0	1.7	0.9	0.2	18.9
1998	金额（亿美元）	1.6	3.3	4.2	7.6	2.7	0.4	54.4
	比上年增长（%）	-49.7	44.0	-22.8	62.0	9.8	-11.1	3.5
	占比（%）	0.6	1.3	1.6	2.9	1.0	0.1	20.5
1999	金额（亿美元）	1.7	2.2	7.9	5.2	2.2	0.3	65.9
	比上年增长（%）	2.1	-32.8	88.6	-30.8	-17.4	-13.0	21.2
	占比（%）	0.5	0.7	2.6	1.7	0.7	0.1	21.3
2000	金额（亿美元）	1.0	2.7	12.8	6.4	2.0	0.4	61.2
	比上年增长（%）	-41.6	18.5	61.8	22.0	-7.6	10.2	-7.2
	占比（%）	0.3	0.7	3.6	1.8	0.6	0.1	17.1
2001	金额（亿美元）	0.8	3.4	19.4	15.0	2.6	0.5	57.4
	比上年增长（%）	-20.6	30.1	51.3	134.8	27.5	34.2	-6.1
	占比（%）	0.2	0.9	5.0	3.8	0.7	0.1	14.7
2002	金额（亿美元）	0.9	11.3	31.1	26.3	3.9	1.0	49.3
	比上年增长（%）	16.1	228.6	60.7	75.1	52.9	91.2	-14.1
	占比（%）	0.2	2.5	6.8	5.7	0.9	0.2	10.7
2003	金额（亿美元）	2.3	10.4	35.5	34.5	4.6	0.7	64.6
	比上年增长（%）	158.8	-8.6	13.9	31.1	16.1	-27.6	31.1
	占比（%）	0.4	1.9	6.5	6.3	0.8	0.1	11.8
2004	金额（亿美元）	1.4	12.5	45.0	47.3	7.0	1.8	84.8
	比上年增长（%）	-40.6	20.9	26.7	37.2	52.5	152.9	31.2
	占比（%）	0.2	1.7	6.3	6.6	1.0	0.2	11.8
2005	金额（亿美元）	1.6	16.2	53.2	61.8	7.2	1.5	93.9
	比上年增长（%）	15.9	29.5	18.3	30.6	2.4	-12.4	10.7
	占比（%）	0.2	2.0	6.4	7.4	0.9	0.2	11.3
2006	金额（亿美元）	8.9	17.4	66.3	83.9	9.6	1.2	112.6
	比上年增长（%）	456.9	7.2	24.7	35.7	33.5	-21.4	20.0
	占比（%）	0.9	1.7	6.6	8.4	1.0	0.1	11.2
2007	金额（亿美元）	5.6	22.1	81.9	108.6	13.4	1.5	182.4
	比上年增长（%）	-37.5	27.0	23.5	29.4	40.0	27.0	62.0
	占比（%）	0.4	1.7	6.3	8.4	1.0	0.1	14.1
2008	金额（亿美元）	5.7	31.7	103.2	135.4	19.4	2.6	231.2
	比上年增长（%）	1.6	43.3	26.0	24.7	45.2	65.9	26.8
	占比（%）	0.4	2.0	6.5	8.6	1.2	0.2	14.6
2009	金额（亿美元）	7.3	32.3	110.7	134.2	19.5	2.8	187.7
	比上年增长（%）	28.2	2.1	7.2	-0.9	0.7	9.2	-18.8
	占比（%）	0.5	2.0	7.0	8.5	1.2	0.2	11.9
2010	金额（亿美元）	13.9	29.7	130.4	150.9	20.4	3.7	171.8
	比上年增长（%）	91.2	-8.3	17.8	12.5	4.4	33.2	-8.5
	占比（%）	0.7	1.5	6.8	7.9	1.1	0.2	8.9

中国服务贸易进出口差额（1997—2010年）

单位：亿美元

年 份	1997	1998	1999	2000	2001	2002	2003	2004	2005	2006	2007	2008	2009	2010
总 计	**-32.2**	**-25.9**	**-48.0**	**-57.1**	**-61.3**	**-67.0**	**-84.8**	**-95.5**	**-92.6**	**-89.1**	**-76.0**	**-115.6**	**-295.1**	**-219.3**
运输服务	-69.9	-44.6	-54.8	-67.3	-66.9	-78.9	-103.3	-124.8	-130.2	-133.5	-119.5	-119.1	-230.1	-290.5
旅游	39.4	34.0	32.3	31.2	38.8	49.9	22.2	65.9	75.4	96.3	74.5	46.9	-40.3	-90.7
通讯服务	-0.2	6.1	4.0	11.0	-0.5	0.8	2.1	-0.3	-1.2	-0.3	0.9	0.6	-0.1	0.8
建筑服务	-6.2	-5.3	-5.5	-3.9	-0.2	2.8	1.1	1.3	9.7	7.0	24.7	59.7	36.0	94.2
保险服务	-8.7	-13.7	-17.2	-23.6	-24.8	-30.4	-42.5	-57.4	-66.5	-82.8	-97.6	-113.6	-97.1	-140.3
金融服务	-3.0	-1.4	-0.6	-0.2	0.2	-0.4	-0.8	-0.4	-0.1	-7.5	-3.3	-2.5	-2.9	-0.6
计算机和信息服务	-1.5	-2.0	0.4	0.9	1.2	-4.9	0.7	3.8	2.2	12.2	21.4	30.9	32.8	62.9
专有权利使用费和特许费	-4.9	-3.6	-7.2	-12.0	-18.3	-29.8	-34.4	-42.6	-51.6	-64.3	-78.5	-97.5	-106.4	-122.1
咨询	-1.2	-2.4	-2.4	-2.8	-6.1	-13.5	-15.6	-15.8	-8.6	-5.6	7.2	46.1	52.1	76.8
广告、宣传	0.0	-0.5	0.0	0.2	0.2	-0.2	0.3	1.5	3.6	4.9	5.8	2.6	3.6	8.4
电影、音像	-0.3	-0.2	-0.3	-0.3	-0.2	-0.7	-0.4	-1.3	-0.2	0.2	1.6	1.6	-1.8	-2.5
其他商业服务	24.3	7.8	3.2	9.7	15.4	38.3	85.9	74.7	75.0	84.3	86.8	28.9	59.2	184.1

注：遵循 WTO 有关服务贸易的定义，中国服务进出口数据不含政府服务。

数据来源：中国商务部。

2010年世界主要国家（地区）服务贸易统计

金额单位：10亿美元

出口					进口				
排名	国别（地区）	出口额	比重（%）	年增长率（%）	排名	国别（地区）	出口额	比重（%）	年增长率（%）
1	美国	515	14.1	8	1	美国	358	10.2	7
2	德国	230	6.3	2	2	德国	256	7.3	1
3	英国	227	6.2	0	3	中国	192	5.5	22
4	中国	170	4.6	32	4	英国	156	4.5	-1
5	法国	140	3.8	-1	5	日本	155	4.4	6
6	日本	138	3.8	9	6	法国	126	3.6	0
7	西班牙	121	3.3	-1	7	印度	117	3.3	…
8	新加坡	112	3.0	20	8	荷兰	109	3.1	1
9	荷兰	111	3.0	0	9	意大利	108	3.1	1
10	印度	110	3.0	…	10	爱尔兰	106	3.0	2
11	香港	108	2.9	25	11	新加坡	96	2.7	21
12	意大利	97	2.6	3	12	韩国	93	2.7	17
13	爱尔兰	95	2.6	3	13	加拿大	89	2.6	15
14	韩国	82	2.2	13	14	西班牙	86	2.4	-1
15	比利时	81	2.2	2	15	比利时	76	2.2	4
16	瑞士	76	2.1	6	16	俄罗斯	70	2.0	18
17	卢森堡	68	1.9	13	17	巴西	60	1.7	35
18	加拿大	66	1.8	15	18	香港	51	1.5	15
19	瑞典	64	1.7	9	19	澳大利亚	50	1.4	22
20	丹麦	58	1.6	7	20	沙特阿拉伯	49	1.4	…
21	奥地利	53	1.5	-1	21	丹麦	49	1.4	-1
22	澳大利亚	48	1.3	17	22	瑞典	48	1.4	6
23	俄罗斯	44	1.2	6	23	泰国	45	1.3	21
24	台湾省	41	1.1	29	24	阿联酋	42	1.2	…
25	挪威	40	1.1	5	25	挪威	41	1.2	12
26	希腊	37	1.0	-1	26	瑞士	38	1.1	-1
27	泰国	34	0.9	15	27	卢森堡	38	1.1	8
28	土耳其	33	0.9	0	28	台湾省	37	1.1	28
29	马来西亚	33	0.9	13	29	奥地利	36	1.0	-2
30	波兰	32	0.9	11	30	印度尼西亚	33	0.9	18
	以上合计	**3 290**	**89.8**	**—**		**以上合计**	**3 035**	**86.7**	**—**
	世 界	**3 665**	**100.0**	**8**		**世 界**	**3 505**	**100.0**	**9**

资料来源：世界贸易组织《新闻简报》2010年4月7日。

世界服务贸易额及增长率（1981—2009 年）

年份	贸易额（百万美元）			增减率（%）		
	出口	进口	总额	出口	进口	总额
1981	413 000	412 000	825 000	—	—	—
1982	405 000	400 000	805 000	-1.9	-2.9	-2.4
1983	391 000	384 000	775 000	-3.5	-4.0	-3.7
1984	403 000	397 000	800 000	3.1	3.4	3.2
1985	380 900	401 600	782 500	-5.5	1.2	-2.2
1986	449 600	452 700	902 300	18.0	12.7	15.3
1987	532 800	536 500	1 069 300	18.5	18.5	18.5
1988	600 100	618 200	1 218 300	12.6	15.2	13.9
1989	657 000	679 400	1 336 400	9.5	9.9	9.7
1990	782 700	818 300	1 601 000	19.1	20.4	19.8
1991	826 100	845 900	1 672 000	5.5	3.3	4.4
1992	924 200	939 100	1 863 300	11.9	11.0	11.4
1993	940 600	958 300	1 898 900	1.8	2.0	1.9
1994	1 031 100	1 041 800	2 072 900	9.6	8.7	9.2
1995	1 185 100	1 200 700	2 385 800	14.9	15.3	15.1
1996	1 270 600	1 266 600	2 537 200	7.2	5.5	6.3
1997	1 307 100	1 282 900	2 590 000	2.9	1.3	2.1
1998	1 340 800	1 312 500	2 653 300	2.5	2.3	2.4
1999	1 394 600	1 367 000	2 761 600	4.0	4.2	4.1
2000	1 483 900	1 460 500	2 944 400	6.4	6.8	6.6
2001	1 487 200	1 478 600	2 965 800	0.2	1.2	0.7
2002	1 599 200	1 564 200	3 163 400	7.5	5.8	6.7
2003	1 836 000	1 786 100	3 622 100	14.8	14.2	14.5
2004	2 222 100	2 124 100	4 346 200	21.0	18.9	20.0
2005	2 487 900	2 364 000	4 851 900	12.0	11.3	11.6
2006	2 822 800	2 645 700	5 468 500	13.5	11.9	12.7
2007	3 387 900	3 131 700	6 519 600	20.0	18.4	19.2
2008	3 826 400	3 555 000	7 381 400	12.9	13.5	13.2
2009	3 350 200	3 142 600	6 492 800	-12.4	-11.6	-12.0

资料来源：世界贸易组织《年度报告》。

世界部分国家(地区)服务贸易出口额

金额单位:百万美元

国别(地区)/年份	1995	2000	2001	2002	2003	2004	2005	2006	2007	2008	2009
世界	**1 185 100**	**1 483 900**	**1 487 200**	**1 599 200**	**1 836 000**	**2 222 100**	**2 487 900**	**2 822 800**	**3 387 900**	**3 826 400**	**3 350 200**
北美洲	**233 500**	**330 900**	**317 100**	**325 200**	**339 800**	**393 200**	**432 700**	**479 400**	**552 200**	**603 200**	**546 800**
美国	198 501	278 089	266 660	273 207	284 171	330 185	362 134	404 127	470 790	518 316	473 899
加拿大	25 425	39 271	37 862	39 567	43 131	49 058	54 418	58 880	63 785	66 378	57 476
墨西哥	9 585	13 567	12 550	12 474	12 477	13 973	16 098	16 372	17 598	18 474	15 420
中南美洲	**34 600**	**46 600**	**45 600**	**44 500**	**49 400**	**57 300**	**69 900**	**79 600**	**94 000**	**108 800**	**100 100**
巴西	6 005	8 961	8 718	8 790	9 570	11 615	14 856	17 946	22 615	28 822	26 245
阿根廷	3 676	4 775	4 469	3 428	4 419	5 202	6 519	7 899	10 233	11 918	10 818
智利	3 249	3 995	4 071	4 315	4 990	5 949	7 040	7 726	8 851	10 677	8 401
巴拿马	1 298	1 961	1 958	2 241	2 503	2 758	3 193	3 957	4 887	5 756	5 382
多米尼加共和国	1 894	3 143	3 024	2 982	3 401	3 435	3 865	4 496	4 722	4 866	4 868
哥伦比亚	1 641	1 984	2 122	1 799	1 852	2 188	2 594	3 301	3 559	4 058	4 104
哥斯达黎加	957	1 911	1 899	1 841	1 990	2 207	2 585	2 933	3 521	4 055	3 735
秘鲁	1 042	1 445	1 326	1 342	1 600	1 872	2 164	2 532	3 021	3 515	3 517
牙买加	1 568	1 988	1 867	1 881	2 103	2 262	2 296	2 613	2 670	2 762	2 703
巴哈马	1 523	1 946	1 776	2 035	2 028	2 211	2 460	2 403	2 566	2 503	2 234
乌拉圭	1 309	1 249	1 099	745	746	1 086	1 285	1 361	1 807	2 192	2 133
荷属安的列斯	1 465	1 593	1 605	1 575	1 648	1 753	1 791	1 936	2 048	2 028	2 004
委内瑞拉	1 529	1 057	1 242	913	791	1 024	1 247	1 441	1 646	2 003	1 805
阿鲁巴	626	995	978	986	1 034	1 237	1 287	1 306	1 495	1 675	1 581
危地马拉	628	702	948	1 053	954	1 015	1 221	1 410	1 619	1 732	1 406
萨尔瓦多	342	673	680	750	907	1 039	1 097	1 387	1 456	1 483	1 159
厄瓜多尔	687	793	799	820	812	940	940	959	1 112	1 223	1 116
巴拉圭	566	573	525	531	550	597	610	726	883	1 052	1 103

世界部分国家(地区)服务贸易出口额(续)

金额单位:百万美元

国别(地区)/年份	1995	2000	2001	2002	2003	2004	2005	2006	2007	2008	2009
洪都拉斯	221	487	488	525	573	635	684	727	778	903	979
玻利维亚	174	207	221	242	348	401	473	462	484	482	498
尼加拉瓜	94	187	188	191	222	250	271	305	333	357	429
巴巴多斯	844	998	977	951	1 063	1 111	1 290	1 428	1 607	1 731	…
特立尼达和多巴哥	331	543	563	598	672	838	883	800	910	…	…
欧洲	**597 100**	**718 600**	**738 200**	**809 900**	**969 200**	**1 167 400**	**1 289 700**	**1 450 800**	**1 754 600**	**1 971 200**	**1 690 500**
英国	76 536	118 567	118 786	132 937	155 455	194 026	204 062	233 615	280 565	285 123	233 316
德国	73 575	79 659	84 270	96 785	116 430	139 462	160 224	188 433	222 778	256 240	226 639
法国	83 108	82 115	81 699	87 900	100 791	113 772	121 363	128 051	148 539	166 429	142 487
西班牙	40 019	52 112	55 292	59 599	73 679	85 303	93 853	105 869	127 185	142 515	122 126
意大利	61 173	55 998	57 098	59 562	70 602	83 302	88 094	97 554	110 682	118 398	101 237
爱尔兰	4 799	18 326	23 267	29 666	41 785	52 213	59 402	68 659	93 239	101 580	96 745
荷兰	44 646	48 361	50 121	54 700	61 317	71 782	78 182	82 700	94 217	102 710	90 897
比利时	…	…	…	36 285	43 352	50 621	54 092	57 209	72 380	85 373	78 791
瑞士	25 179	29 443	27 888	29 747	34 529	42 608	48 512	53 460	64 258	76 349	68 822
瑞典	15 336	20 014	21 758	23 757	30 337	38 624	42 474	49 342	62 812	71 829	60 797
卢森堡	…	…	…	20 291	25 237	33 638	40 507	50 372	65 230	70 927	60 789
丹麦	15 171	23 721	25 134	26 667	31 672	36 304	43 372	52 308	61 965	72 468	55 040
奥地利	31 692	22 865	23 734	25 566	32 090	37 572	42 201	45 675	53 708	61 447	52 576
俄罗斯	10 568	9 565	11 215	13 450	16 088	20 469	24 741	30 866	38 960	50 551	41 244
挪威	13 458	17 528	18 152	19 228	21 357	24 964	29 620	33 114	40 357	45 595	37 976
希腊	9 528	19 181	19 384	20 044	24 202	32 986	33 806	35 671	42 984	50 377	37 690
土耳其	14 475	19 267	15 084	13 979	17 909	22 706	26 450	25 269	28 624	34 536	32 759
波兰	10 637	10 395	9 745	10 030	11 170	13 437	16 212	20 530	28 818	35 428	28 815
芬兰	7 334	7 669	9 148	10 350	11 383	15 064	16 898	17 414	23 326	31 729	24 984

世界部分国家(地区)服务贸易出口额(续)

金额单位:百万美元

国别(地区)/年份	1995	2000	2001	2002	2003	2004	2005	2006	2007	2008	2009
葡萄牙	8 161	8 896	9 256	10 226	12 216	14 460	14 993	18 264	23 071	26 045	22 539
捷克共和国	6 638	6 751	7 034	7 024	7 754	9 607	11 730	13 906	16 895	21 751	20 278
匈牙利	5 086	5 836	6 949	7 336	9 131	10 704	12 732	13 598	17 163	20 134	18 101
乌克兰	2 846	3 800	3 897	4 583	5 013	7 460	8 913	10 822	13 651	17 302	13 324
克罗地亚	2 223	4 056	4 883	5 581	8 568	9 372	9 920	10 800	12 470	15 160	11 846
罗马尼亚	1 476	1 720	2 007	2 326	3 000	3 590	5 056	7 005	9 392	12 818	9 713
保加利亚	1 431	2 129	2 120	2 162	2 921	3 984	4 389	5 287	6 826	7 988	6 837
斯洛伐克共和国	2 378	2 218	2 454	2 787	3 270	3 713	4 380	5 403	7 022	8 435	6 259
斯洛文尼亚	2 016	1 883	1 958	2 311	2 786	3 449	3 970	4 337	5 684	7 417	6 027
爱沙尼亚	868	1 458	1 576	1 672	2 189	2 806	3 191	3 572	4 337	5 105	4 368
哈萨克斯坦	535	905	1 093	1 363	1 528	1 817	1 999	2 584	3 251	3 981	3 792
拉脱维亚	718	1 131	1 161	1 221	1 487	1 751	2 134	2 613	3 666	4 496	3 787
立陶宛	482	1 052	1 147	1 451	1 864	2 431	3 074	3 583	3 980	4 767	3 740
白俄罗斯	466	989	1 124	1 317	1 477	1 726	2 055	2 385	3 244	4 151	3 462
马耳他	1 023	1 081	1 108	1 220	1 421	1 669	1 977	2 635	3 386	3 680	3 346
阿尔巴尼亚	94	429	495	552	695	997	1 154	1 481	1 924	2 420	2 348
冰岛	588	936	1 003	1 034	1 281	1 527	1 952	1 812	2 264	2 184	2 257
非洲	**25 700**	**31 500**	**32 200**	**34 600**	**43 100**	**52 300**	**56 100**	**62 700**	**74 100**	**85 800**	**78 300**
埃及	8 262	9 687	8 815	9 127	10 837	14 046	14 449	15 834	19 660	24 688	21 302
摩洛哥	2 020	2 854	3 787	4 098	5 126	6 304	7 570	9 269	11 490	12 840	12 057
南非	4 414	4 888	4 728	4 863	8 261	9 634	11 041	11 912	13 499	12 394	11 645
突尼斯	2 401	2 680	2 829	2 603	2 842	3 520	3 901	4 162	4 757	5 831	5 231
阿尔及利亚	793	910	910	1 300	1 570	1 853	2 510	2 582	2 839	3 480	3 072
毛里求斯	773	1 066	1 218	1 146	1 274	1 449	1 604	1 663	2 194	2 530	2 225
坦桑尼亚	566	575	854	860	900	1 074	1 215	1 467	1 836	2 136	2 220

世界部分国家(地区)服务贸易出口额(续)

金额单位:百万美元

国别(地区)/年份	1995	2000	2001	2002	2003	2004	2005	2006	2007	2008	2009
尼日利亚	608	1 833	1 653	2 524	3 473	3 336	1 433	1 938	1 097	1 834	1 769
加纳	139	490	515	539	612	684	1 083	1 243	1 614	1 559	1 722
喀麦隆	242	575	844	921	593	1 056	857	900	1 239	1 355	1 158
博茨瓦纳	236	306	326	439	626	774	844	771	559	878	903
科特迪瓦	426	415	509	513	560	641	697	706	775	856	816
马达加斯加	219	314	273	279	253	358	420	534	832	906	592
莫桑比克	242	325	249	336	300	246	316	355	404	488	544
塞舌尔	261	273	280	297	311	308	347	409	446	472	403
安哥拉	113	267	203	207	201	323	177	…	311	329	302
加蓬	191	171	143	74	167	136	120	148	168	195	172
肯尼亚	851	727	824	773	876	1 227	1 523	1 979	2 409	2 520	…
埃塞俄比亚	310	387	391	450	588	800	789	890	1 183	1 775	…
塞内加尔	364	330	345	389	488	604	690	716	1097	1470	…
中东	**…**	**33 800**	**32 900**	**34 800**	**43 800**	**50 800**	**64 400**	**78 300**	**90 400**	**98 500**	**94 500**
以色列	7 741	15 319	12 811	12 159	13 622	15 990	17 391	19 145	21 073	24 061	21 670
科威特	1 143	1 571	1 401	1 373	1 763	2 516	3 840	7 495	9 104	10 301	10 385
沙特阿拉伯	3 476	4 779	5 008	5 177	5 713	5 852	11 179	13 973	15 745	9 132	9 335
约旦	1 689	1 602	1 396	1 743	1 717	2 052	2 239	2 850	3 436	4 353	4 192
叙利亚	1 632	1 480	1 566	1 347	1 181	2 343	2 560	2 649	3 562	3 770	3 746
巴林	683	933	950	1 068	1 260	2 676	3 048	3 322	3 524	3 740	3 653
伊朗	533	1 429	2 257	3 740	4 369	4 362	4 912	5 544	6 790	7 285	…
亚洲(包括大洋洲)	**257 800**	**304 900**	**301 400**	**326 900**	**363 900**	**466 300**	**533 300**	**620 500**	**757 200**	**875 100**	**770 800**
中国	18 430	30 146	32 901	39 381	46 375	62 056	73 909	91 421	121 654	146 446	128 600
日本	68 803	69 430	64 769	66 054	71 784	89 668	102 071	115 140	127 060	146 514	125 858

世界部分国家(地区)服务贸易出口额(续)

金额单位:百万美元

国别(地区)/年份	1995	2000	2001	2002	2003	2004	2005	2006	2007	2008	2009
新加坡	27 739	28 083	27 562	29 591	36 423	46 992	54 057	64 115	81 453	97 307	87 805
印度	6 763	16 030	16 799	19 125	23 633	37 931	52 199	69 456	86 648	10 262	87 434
香港	34 338	40 362	41 056	44 546	46 500	55 103	63 651	72 674	84 643	92 048	86 306
韩国	22 133	29 746	28 103	27 345	31 753	40 505	43 711	48 382	61 729	75 973	57 304
澳大利亚	15 983	19 413	17 689	19 161	23 227	27 841	30 378	32 438	39 728	44 513	41 246
台湾省	14 927	19 890	19 760	21 501	23 028	25 545	25 574	28 860	31 015	34 490	30 635
泰国	14 652	13 785	12 932	15 304	15 694	18 932	20 011	24 636	30 124	33 056	29 934
马来西亚	11 438	13 812	14 331	14 753	13 459	16 999	19 463	21 572	29 384	30 283	28 108
澳门	3 154	3 280	3 768	4 758	5 605	7 856	8 393	10 159	13 873	17 517	18 528
印度尼西亚	5 342	5 061	5 361	6 519	5 143	11 755	12 571	11 093	12 074	14 731	13 242
菲律宾	9 323	3 377	3 072	3 428	3 389	4 043	4 525	6 444	9 766	9 715	10 101
新西兰	4 400	4 355	4 388	5 338	6 819	8 149	8 589	8 062	9 251	8 997	7 468
越南	2 147	2 702	2 810	2 948	3 272	3 867	4 232	5 060	6 415	6 956	5 666
巴基斯坦	1 432	1 284	1 302	1 496	1 476	1 719	2 043	2 245	2 224	2 529	2 416
斯里兰卡	800	915	1 334	1 247	1 389	1 506	1 519	1 604	1 755	1 981	1 874
孟加拉国	469	283	243	305	398	420	474	603	685	899	935
马尔代夫	230	345	351	360	429	505	317	549	638	687	629
尼泊尔	592	410	303	192	302	356	271	252	340	494	548
瓦努阿图	75	118	112	90	108	118	135	140	177	213	217
巴布亚新几内亚	321	243	285	162	219	181	285	316	360	363	148
缅甸	353	459	387	403	228	232	237	256	…	…	…

注:由于服务贸易数据的频繁修订,一些国家和地区的贸易值序列出现多处中断。

资料来源:世界贸易组织《年度报告》2010。

中国历年吸收外商直接投资统计

金额单位：亿美元

年 份	项目数（个）	实际使用外资金额
总 计	**710 747**	**11 078.58**
1979—1982	920	17.69
1983	638	9.16
1984	2 166	14.19
1985	3 073	19.56
1986	1 498	22.44
1987	2 233	23.14
1988	5 945	31.94
1989	5 779	33.93
1990	7 273	34.87
1991	12 978	43.66
1992	48 764	110.08
1993	83 437	275.15
1994	47 549	337.67
1995	37 011	375.21
1996	24 556	417.26
1997	21 001	452.57
1998	19 799	454.63
1999	16 918	403.19
2000	22 347	407.15
2001	26 140	468.78
2002	34 171	527.43
2003	41 081	535.05
2004	43 664	606.30
2005	44 019	724.06
2006	41 496	727.15
2007	37 892	835.21
2008	27 537	1 083.12
2009	23 442	940.65
2010	27 420	1 147.34

2010 年中国吸收外商直接投资分方式统计

金额单位：亿美元

方 式	项目数		实际使用外资金额	
	个 数	比重（%）	金 额	比重（%）
总 计	**27 420**	**100.00**	**1 147.34**	**100.00**
中外合资企业	4 970	18.13	224.98	19.60
中外合作企业	300	1.09	16.16	1.41
外资企业	22 085	80.54	809.75	70.58
外商投资股份有限公司	51	0.19	6.46	0.56
其他	14	0.05	89.99	7.84

2010 年中国吸收外商直接投资分产业统计

金额单位：亿美元

行业名称	项目数（个）	比重（%）	实际使用外资金额	比重（%）
总 计	**27 420**	**100.00**	**1 147.34**	**100.00**
第一产业	929	3.39	19.12	1.67
第二产业	11 625	42.40	538.60	46.94
第三产业	14 866	54.21	589.62	51.39

2010 年中国吸收外商直接投资分行业统计

金额单位：亿美元

行业名称	项目数（个）	比重（%）	实际使用外资金额	比重（%）
总 计	**27 420**	**100.00**	**1 147.34**	**100.00**
农、林、牧、渔业	929	3.39	19.12	1.67
采矿业	92	0.34	6.84	0.60
制造业	11 047	40.29	495.91	43.22
电力、燃气及水的生产和供应业	210	0.77	21.25	1.85
建筑业	276	1.01	14.61	1.27
交通运输、仓储和邮政业	396	1.44	22.44	1.96
信息传输、计算机服务和软件业	1 046	3.81	24.87	2.17
批发和零售业	6 786	24.75	65.96	5.75
住宿和餐饮业	579	2.11	9.35	0.81
金融业	99	0.36	101.22	8.82
房地产业	689	2.51	239.86	20.91
租赁和商务服务业	3 418	12.47	71.30	6.21
科学研究、技术服务和地质勘查业	1 299	4.74	19.67	1.71
水利、环境和公共设施管理业	143	0.52	9.09	0.79
居民服务和其他服务业	217	0.79	20.53	1.79
教育	12	0.04	0.08	0.01
卫生、社会保障和社会福利业	12	0.04	0.90	0.08
文化、体育和娱乐业	168	0.61	4.36	0.38
公共管理和社会组织	2		0.00	

2010年中国吸收外商直接投资分国家（地区）统计

金额单位：亿美元

国别（地区）	项目数（个）	增幅（%）	比重（%）	实际使用外资金额	增幅（%）	比重（%）
总 计	**27 420**	**16.94**	**100.00**	**1 147.34**	**17.44**	**100.00**
亚洲十国（地区）	21 003	20.26	76.60	764.62	27.69	66.64
香港	13 070	22.14	47.67	605.67	31.45	52.79
印度尼西亚	40	-18.37	0.15	0.77	-31.22	0.07
日本	1 762	38.20	6.43	40.84	-0.52	3.56
澳门	274	-6.80	1.00	6.55	-19.57	0.57
马来西亚	229	17.44	0.84	2.94	-31.35	0.26
菲律宾	40	2.56	0.15	1.38	24.37	0.12
新加坡	781	22.03	2.85	54.28	50.58	4.73
韩国	1 695	1.56	6.18	26.92	-0.29	2.35
泰国	40	-16.67	0.15	0.51	5.51	0.04
台湾省	3 072	20.23	11.20	24.76	31.65	2.16
欧盟主要国家	1 527	5.97	5.57	54.84	8.19	4.78
比利时	37	-2.63	0.13	0.38	-32.19	0.03
丹麦	67	21.82	0.24	3.65	15.80	0.32
英国	278	2.21	1.01	7.10	4.61	0.62
德国	364	20.13	1.33	8.88	-26.98	0.77
法国	183	-8.50	0.67	12.38	89.43	1.08
爱尔兰	27	28.57	0.10	0.66	-34.44	0.06
意大利	181	2.84	0.66	3.96	12.63	0.35
卢森堡	22	37.50	0.08	2.46	52.86	0.21
荷兰	117	8.33	0.43	9.14	23.37	0.80
希腊	7	75.00	0.03	0.05	-49.72	0.00
葡萄牙	2	-85.71	0.01	0.11	-9.96	0.01
西班牙	110	-0.90	0.40	2.54	-15.97	0.22
奥地利	41		0.15	1.25	41.48	0.11
芬兰	24	-4.00	0.09	0.65	21.87	0.06
瑞典	67	17.54	0.24	1.61	-50.77	0.14
北美洲	1 892	-4.49	6.90	36.52	6.89	3.18
加拿大	390	-13.53	1.42	6.35	-26.33	0.55
美国	1 502	-1.83	5.48	30.17	18.10	2.63
部分自由港	1 396	21.71	5.09	160.04	-8.87	13.95
毛里求斯	102	24.39	0.37	9.29	-15.85	0.81
巴巴多斯	15	36.36	0.05	3.56	-36.18	0.31
开曼群岛	109	5.83	0.40	24.99	-3.22	2.18
英属维尔京群岛	761	7.49	2.78	104.47	-7.53	9.11
萨摩亚	409	68.31	1.49	17.73	-12.21	1.55
其他	2 158	16.08	7.87	131.32	61.35	11.45

截至2010年中国吸收外商直接投资分方式统计

金额单位：亿美元

方 式	项目数		实际使用外资金额	
	个 数	比重（%）	金 额	比重（%）
总 计	**710 747**	**100.00**	**11 078.58**	**100.00**
中外合资企业	292 154	41.11	3 245.47	29.29
中外合作企业	59 856	8.42	1 005.20	9.07
外资企业	358 053	50.38	6 099.83	55.06
外商投资股份有限公司	355	0.05	77.23	0.70
合作开发	191	0.03	75.07	0.68
其他	138	0.02	575.78	5.20

截至2010年中国吸收外商直接投资分产业统计

金额单位：亿美元

产业名称	项目数（个）	比重（%）	合同外资金额	比重（%）
总 计	**710 747**	**100.00**	**24 016.12**	**100.00**
第一产业	20 262	2.85	492.70	2.05
第二产业	491 788	69.19	14 908.44	62.08
第三产业	198 697	27.96	8 614.98	35.87

截至2010年中国吸收外商直接投资分行业统计

金额单位：亿美元

行业名称	项目数（个）	比重（%）	合同外资金额	比重（%）
总 计	**710 747**	**100.00**	**24 016.12**	**100.00**
农、林、牧、渔业	20 262	2.85	492.70	2.05
采矿业	1 837	0.26	123.97	0.52
制造业	474 631	66.78	14 001.41	58.30
电力、燃气及水的生产和供应业	2 994	0.42	339.84	1.42
建筑业	12 326	1.73	443.22	1.85
交通运输、仓储和邮政业	9 244	1.30	622.61	2.59
信息传输、计算机服务和软件业	9 298	1.31	341.81	1.42
批发和零售业	56 609	7.96	919.13	3.83
住宿和餐饮业	6 093	0.86	169.52	0.71
金融业	502	0.07	657.43	2.74
房地产业	50 380	7.09	3 702.03	15.41
租赁和商务服务业	36 924	5.20	1 192.08	4.96
科学研究、技术服务和地质勘查业	12 038	1.69	401.37	1.67
水利、环境和公共设施管理业	1 053	0.15	118.85	0.49
居民服务和其他服务业	12 048	1.70	312.38	1.30
教育	1 690	0.24	32.91	0.14
卫生、社会保障和社会福利业	1 320	0.19	64.41	0.27
文化、体育和娱乐业	1 488	0.21	80.10	0.33
公共管理和社会组织	9		0.35	
国际组织	1			

截至2010年中国吸收外商直接投资分国家（地区）统计

金额单位：亿美元

国别（地区）	项目数（个）	比重（%）	实际使用外资金额	比重（%）
总　计	**710 747**	**100.00**	**11 078.58**	**100.00**
亚洲十国（地区）	546 480	76.89	6 994.37	63.13
香港	322 391	45.36	4 562.12	41.18
印尼	1 646	0.23	20.57	0.19
日本	44 163	6.21	735.65	6.64
澳门	12 556	1.77	97.03	0.88
马来西亚	4 875	0.69	56.51	0.51
菲律宾	2 736	0.38	27.81	0.25
新加坡	18 793	2.64	468.59	4.23
韩国	52 172	7.34	473.03	4.27
泰国	4 015	0.56	32.90	0.30
台湾省	83 133	11.70	520.16	4.70
欧盟主要国家	31 242	4.40	721.29	6.51
比利时	815	0.11	11.35	0.10
丹麦	675	0.09	19.81	0.18
英国	6 749	0.95	170.84	1.54
德国	6 943	0.98	171.81	1.55
法国	4 121	0.58	107.50	0.97
爱尔兰	220	0.03	5.10	0.05
意大利	4 383	0.62	50.95	0.46
卢森堡	290	0.04	11.70	0.11
荷兰	2 508	0.35	109.16	0.99
希腊	101	0.01	0.90	0.01
葡萄牙	174	0.02	1.60	0.01
西班牙	1 790	0.25	20.15	0.18
奥地利	983	0.14	11.98	0.11
芬兰	397	0.06	7.19	0.06
瑞典	1 093	0.15	21.23	0.19
北美洲	71 374	10.04	730.91	6.60
加拿大	11 732	1.65	78.68	0.71
美国	59 642	8.39	652.23	5.89
部分自由港	32 177	4.53	1 625.28	14.67
毛里求斯	2 203	0.31	93.69	0.85
巴巴多斯	297	0.04	36.17	0.33
开曼群岛	2 613	0.37	215.88	1.95
英属维尔京群岛	20 943	2.95	1 118.46	10.10
萨摩亚	6 121	0.86	161.08	1.45
其他	30 030	4.15	1 006.70	9.09

中国实际使用外资金额占全社会固定资产投资比重统计（1992—2010年）

年 份	全社会固定资产投资		实际使用外资金额（亿美元）	占固定资产投资比重（%）
	（亿元人民币）	（折合亿美元）		
1992	8 080.1	1 465.22	110.08	7.51
1993	13 072.3	2 268.71	275.15	12.13
1994	17 042.3	1 977.34	337.67	17.08
1995	20 019.3	2 397.23	375.21	15.65
1996	22 974.0	2 763.22	417.26	15.10
1997	25 300.0	3 059.97	452.57	14.79
1998	28 457.0	3 437.29	454.62	13.23
1999	29 876.0	3 608.00	403.18	11.17
2000	32 619.0	3 944.26	407.15	10.32
2001	36 898.0	4 458.11	468.46	10.51
2002	43 202.0	5 223.94	527.43	10.10
2003	55 118.0	6 664.81	535.05	8.03
2004	70 073.0	8 466.20	606.30	7.16
2005	88 604.0	10 816.30	724.06	6.69
2006	109 870.0	13 782.51	727.15	5.28
2007	137 239.0	18 048.26	835.21	4.63
2008	172 291.0	24 811.49	1 083.12	4.37
2009	224 846.0	32 915.41	940.65	2.86
2010	278 140.0	41 087.23	1 147.34	2.79

注：按当年平均汇率折合成美元。

中国外商投资企业工业产值占全国工业总产值比重统计（1990—2010年）

金额单位：亿元人民币

年 份	全国工业总产值	外商投资企业工业产值	所占比重（%）
1990	19 701.04	448.95	2.28
1991	23 135.56	1 223.32	5.29
1992	29 149.25	2 065.59	7.09
1993	40 513.68	3 704.35	9.14
1994	76 867.25	8 649.39	11.25
1995	91 963.28	13 154.16	14.30
1996	99 595.55	15 077.53	15.14
1997	56 149.70	10 427.00	18.57
1998	58 195.23	14 162.00	24.34
1999	63 775.24	17 696.00	27.75
2000	73 964.94	23 145.59	31.29
2001	94 751.78	26 515.66	27.98
2002	101 198.73	33 771.09	33.37
2003	128 306.14	46 019.55	35.87
2004	187 220.66	58 847.08	31.43
2005	249 625.00	78 399.40	31.41
2006	315 630.14	99 420.83	31.50
2007	404 489.06	125 036.94	30.91
2008	496 248.67	147 584.30	29.74
2009	546 320.04	152 673.60	27.95
2010	707 772.20	191 792.80	27.10

中国以外商投资税收为主的涉外税收统计（不包括关税和土地费）(1992—2010 年)

金额单位：亿元人民币

年 份	全国工商税收总额	增幅（%）	其中：涉外税收总额	增幅（%）	占全国（%）
1992	2 876.10	—	122.26	—	4.25
1993	3 970.52	38.05	226.56	85.31	5.71
1994	4 728.74	19.10	402.64	77.72	8.51
1995	5 515.51	16.64	604.46	50.12	10.96
1996	6 436.02	16.69	764.06	26.40	11.87
1997	7 548.00	17.28	993.00	29.96	13.16
1998	8 551.74	13.30	1 230.00	23.87	14.38
1999	10 311.89	20.58	1 648.86	34.05	15.99
2000	12 665.00	22.82	2 217.00	34.46	17.50
2001	15 165.00	19.74	2 883.00	30.04	19.01
2002	17 004.00	12.13	3 487.00	20.95	20.52
2003	20 461.60	20.33	4 268.00	22.40	20.86
2004	25 723.00	25.71	5 355.00	25.47	20.81
2005	30 866.00	19.99	6 391.34	19.35	20.71
2006	37 636.00	21.93	7 976.94	24.81	21.19
2007	49 451.80	31.39	9 972.60	25.02	20.17
2008	57 861.80	17.01	12 118.93	21.52	20.94
2009	63 103.60	9.06	13 615.22	12.35	21.58
2010	77 394.44	22.65	16 389.91	20.38	21.18

注：来源于外商投资企业的税收占涉外税收的 98% 以上。

中国外商投资企业进出口商品总值统计（1986—2010 年）

金额单位：亿美元

年 份	进出口			进 口			出 口		
	全 国	外商投资企业	比重（%）	全 国	外商投资企业	比重（%）	全 国	外商投资企业	比重（%）
1986	738.46	29.85	4.04	429.04	24.03	5.60	309.42	5.82	1.88
1987	826.53	45.84	5.55	432.16	33.74	7.81	394.37	12.10	3.07
1988	1 027.84	83.43	8.12	552.68	58.82	10.64	475.16	24.61	5.18
1989	1 116.78	137.10	12.28	591.40	87.96	14.87	525.38	49.14	9.35
1990	1 154.36	201.15	17.43	533.45	123.02	23.06	620.91	78.13	12.58
1991	1 357.01	289.55	21.34	637.91	169.08	26.51	719.10	120.47	16.75
1992	1 655.25	437.47	26.43	805.85	263.87	32.74	849.40	173.60	20.44
1993	1 957.03	670.70	34.27	1 039.59	418.33	40.24	917.44	252.37	27.51
1994	2 366.21	876.47	37.04	1 156.15	529.34	45.78	1 210.06	347.13	28.69
1995	2 808.48	1 098.19	39.10	1 320.78	629.43	47.66	1 487.70	468.76	31.51
1996	2 899.04	1 371.10	47.29	1 388.38	756.04	54.45	1 510.66	615.06	40.71
1997	3 250.60	1 526.20	46.95	1 423.60	777.20	54.59	1 827.00	749.00	41.00
1998	3 239.23	1 576.79	48.68	1 401.66	767.17	54.73	1 837.57	809.62	44.06
1999	3 606.49	1 745.12	48.39	1 657.18	858.84	51.83	1 949.31	886.28	45.47
2000	4 743.09	2 367.14	49.91	2 250.97	1 172.73	52.10	2 492.12	1 194.41	47.93
2001	5 097.68	2 590.98	50.83	2 436.13	1 258.63	51.67	2 661.55	1 332.35	50.06
2002	6 207.85	3 302.23	53.19	2 952.16	1 602.86	54.29	3 255.69	1 699.37	52.20
2003	8 512.10	4 722.55	55.48	4 128.36	2 319.14	56.18	4 383.74	2 403.41	54.83
2004	11 547.93	6 631.63	57.43	5 614.24	3 245.57	57.81	5 933.68	3 386.06	57.07
2005	14 221.18	8 317.22	58.48	6 601.19	3 875.13	58.70	7 619.99	4 442.09	58.29
2006	17 606.86	10 364.44	58.87	7 916.14	4 726.16	59.70	9 690.73	5 638.28	58.18
2007	21 744.35	12 568.52	57.80	9 562.84	5 609.54	58.66	12 181.51	6 958.98	57.13
2008	25 616.32	14 105.76	55.08	11 330.86	6 199.56	54.73	14 285.46	7 906.20	55.35
2009	22 072.66	12 174.37	55.16	10 056.03	5 452.07	54.22	12 016.63	6 722.30	55.94
2010	29 727.62	16 003.07	53.83	13 948.30	7 380.01	52.91	15 779.32	8 623.06	54.65

中国对外直接投资流量情况表（分国家地区）（2003—2010 年）

单位：万美元

国别（地区）	2003 年	2004 年	2005 年	2006 年	2007 年	2008 年	2009 年	2010 年
合　计	**285 465**	**549 799**	**1 226 117**	**1 763 397**	**2 650 609**	**5 590 717**	**5 652 899**	**6 881 131**
亚洲	**150 503**	**301 399**	**448 417**	**766 325**	**1 659 315**	**4 354 750**	**4 040 759**	**4 489 046**
阿富汗	30	—	—	25	10	11 391	1 639	191
巴林	5	—	7	–192	—	12	—	—
孟加拉国	141	76	18	531	364	450	1 075	724
文莱	—	—	150	—	118	182	581	1 653
塞浦路斯	—	—	—	—	30	—	—	—
柬埔寨	2 195	2 952	515	981	6 445	20 464	21 583	46 651
东帝汶	—	10	—	—	—	—	—	—
香港	114 898	262 839	341 970	693 096	1 373 235	3 864 030	3 560 057	3 850 521
印度	15	35	1 116	561	2 202	10 188	–2 488	4 761
印度尼西亚	2 680	6 196	1 184	5 694	9 909	17 398	22 609	20 131
伊朗	782	1 755	1 160	6 578	1 142	–3 453	12 483	51 100
伊拉克	—	—	—	35	36	–166	179	4 814
以色列	32	—	600	100	222	–100	—	1 050
日本	737	1 530	1 717	3 949	3 903	5 862	8 410	33 799
约旦	—	—	101	–618	60	–163	11	7
哈萨克斯坦	294	231	9 493	4 600	27 992	49 643	6 681	3 606
吉尔吉斯斯坦	244	533	1 374	2 764	1 499	706	13 691	8 247
朝鲜	112	1 413	650	1 106	1 840	4 123	586	1 214
韩国	15 392	4 023	58 882	2 732	5 667	9 691	26 512	–72 168
科威特	—	169	—	406	–625	244	292	2 286
老挝	80	356	2 058	4 804	15 435	8 700	20 324	31 355
黎巴嫩	—	2	—	—	—	—	—	42
澳门	3 171	2 658	834	–4 251	4 731	64 338	45 634	9 604
马来西亚	197	812	5 672	751	–3 282	3 443	5 378	16 354
蒙古	443	4 016	5 234	8 239	19 627	23 861	27 654	19 386
缅甸	—	409	1 154	1 264	9 231	23 253	37 670	87 561
尼泊尔	—	168	135	32	99	1	118	86
阿曼	—	—	522	2 668	259	–2 295	–624	1 103
巴基斯坦	963	142	434	–6 207	91 063	26 537	7 675	33 135
菲律宾	95	5	451	930	450	3 369	4 024	24 409
卡塔尔	100	80	—	352	981	1 000	–374	1 114
沙特阿拉伯	24	199	2 145	11 720	11 796	8 839	9 023	3 648
新加坡	–321	4 798	2 033	13 215	39 773	155 095	141 425	111 850
斯里兰卡	23	25	3	25	–152	904	–140	2 821
叙利亚	—	—	20	13	–1 126	–117	343	812
塔吉克斯坦	—	499	77	698	6 793	2 658	1 667	1 542
台湾省	—	—	—	–3	–5	–6	4	1 735
泰国	5 731	2 343	477	1 584	7 641	4 547	4 977	69 987
土库曼斯坦	—	—	—	–4	126	8 671	11 968	45 051
土耳其	153	158	24	115	161	910	29 326	782

中国对外直接投资流量情况表（分国家地区）（2003—2010 年）（续）

单位：万美元

国别（地区）	2003 年	2004 年	2005 年	2006 年	2007 年	2008 年	2009 年	2010 年
阿联酋	937	831	2 605	2 812	4 915	12 738	8 890	34 883
乌兹别克斯坦	72	108	9	107	1 315	3 937	493	−463
越南	1 275	1 685	2 077	4 352	11 088	11 984	11 239	30 513
也门共和国	3	343	3 516	761	4 347	1 881	164	3 149
非洲	**7 481**	**31 743**	**39 168**	**51 986**	**157 431**	**549 055**	**143 887**	**211 199**
阿尔及利亚	247	1 121	8 487	9 893	14 592	4 225	22 876	18 600
安哥拉	19	18	47	2 239	4 119	−957	831	10 111
贝宁	209	1 377	131	—	632	1 456	9	176
博茨瓦纳	80	27	369	276	187	1 406	1 844	4 385
布隆迪	—	—	—	—	—	—	69	—
喀麦隆	28	37	19	73	205	169	82	1 488
佛得角	—	—	32	23	9	48	—	−46
中非	—	—	—	—	—	—	—	2 581
乍得	—	—	271	161	75	947	5 121	213
科摩罗	—	—	—	—	—	—	—	−1
刚果（金）	6	1 191	507	3 673	5 727	2 399	22 716	23 619
刚果（布）	—	51	811	1 324	250	979	2 807	3 438
科特迪瓦	62	675	874	−291	174	−702	151	−502
吉布提	—	—	—	—	100	—	340	423
埃及	210	572	1 331	885	2 498	1 457	13 386	5 165
赤道几内亚	48	169	635	1 019	1 282	−486	2 088	2 208
厄立特里亚	—	—	—	1	45	−49	23	294
埃塞俄比亚	98	43	493	2 395	1 328	971	7 429	5 853
加蓬	—	560	208	553	331	3 205	1 188	2 344
冈比亚	4	—	—	—	—	—	—	—
加纳	289	34	257	50	185	1 099	4 935	5 598
几内亚	120	1 444	1 634	75	1 320	832	2 698	974
肯尼亚	74	268	205	18	890	2 323	2 812	10 122
莱索托	—	3	60	—	—	62	10	56
利比里亚	40	58	865	−703	—	256	112	2 989
利比亚	10	6	25	−851	4 226	1 054	−3 855	−1 050
马达加斯加	68	1 364	14	117	1 324	6 116	4 256	3 358
马拉维	—	—	—	—	20	544	—	986
马里	541	—	—	260	672	−128	799	305
毛里塔尼亚	170	9	36	478	−498	−65	653	577
毛里求斯	1 027	44	204	1 659	1 558	3 444	1 412	2 201
摩洛哥	19	180	85	178	264	688	1 642	175
莫桑比克	—	66	288	—	1 003	585	1 585	28
纳米比亚	62	—	18	85	91	759	1 162	551
尼日尔	—	153	576	794	10 083	−1	3 987	19 625
尼日利亚	2 440	4 552	5 330	6 779	39 035	16 256	17 186	18 489
卢旺达	—	—	142	299	−41	1 288	862	1 272
塞内加尔	65	—	—	—	24	360	1 104	1 896
塞舌尔	—	—	5	6	9	5	36	1 228

中国对外直接投资流量情况表（分国家地区）（2003—2010 年）（续）

单位：万美元

国别（地区）	2003 年	2004 年	2005 年	2006 年	2007 年	2008 年	2009 年	2010 年
塞拉利昂	—	592	49	371	285	1 142	90	—
南非	886	1 781	4 747	4 074	45 441	480 786	4 159	41 117
苏丹	—	14 670	9 113	5 079	6 540	－6 314	1 930	3 096
坦桑尼亚	—	162	96	1 254	－382	1 822	2 158	2 572
多哥	3	185	31	458	270	420	891	1 177
突尼斯	—	22	—	173	－34	—	－130	－29
乌干达	100	15	17	23	401	－670	129	2 650
赞比亚	553	223	1 009	8 744	11 934	21 397	11 180	7 505
津巴布韦	3	71	147	342	1 257	－72	1 124	3 380
圣多美和普林西比	—	—	—	—	—	—	—	2
欧洲	**14 503**	**15 721**	**39 549**	**59 771**	**154 043**	**87 579**	**335 272**	**676 019**
阿尔巴尼亚	—	—	—	1	—	—	—	8
奥地利	40	—	—	4	8	—	—	46
阿塞拜疆	35	20	—	394	－115	－66	173	37
比利时	30	5	—	13	491	—	2 362	4 533
波斯尼亚和黑塞哥维那	146	—	—	—	—	—	151	6
保加利亚	35	35	172	—	—	—	－243	1 629
白俄罗斯	—	—	—	—	—	210	210	1 922
克罗地亚	—	—	—	—	120	—	26	3
捷克	—	46	—	910	497	1 279	1 560	211
丹麦	7 388	－778	1 079	－5 891	27	133	264	161
芬兰	—	—	—	—	1	266	111	1 804
法国	45	1 031	609	560	962	3 105	4 519	2 641
格鲁吉亚	—	484	—	994	821	1 000	778	4 057
德国	2 506	2 750	12 874	7 672	23 866	18 341	17 921	41 235
希腊	—	20	—	—	3	12	—	—
匈牙利	118	10	65	37	863	215	821	37 010
冰岛	—	—	—	—	—	—	—	－5
爱尔兰	14	—	—	2 529	20	4 233	－95	3 288
意大利	29	310	746	763	810	500	4 605	1 327
拉脱维亚	158	—	—	—	－174	—	－3	—
列支敦士登	—	—	—	—	28	—	7	355
卢森堡	—	—	—	—	419	4 213	227 049	320 719
马耳他	—	37	—	10	－10	47	22	－237
荷兰	447	191	384	531	10 675	9 197	10 145	6 453
挪威	—	—	—	14	360	9	360	13 473
波兰	155	10	13	—	1 175	1 070	1 037	1 674
罗马尼亚	61	268	287	963	680	1 198	529	1 084
俄罗斯联邦	3 062	7 731	20 333	45 211	47 761	39 523	34 822	56 772
塞尔维亚	—	—	—	—	—	—	—	210
斯洛伐克	—	—	—	—	—	—	26	46
西班牙	—	170	147	730	609	116	5 986	2 926
瑞典	17	264	100	530	6 806	1 066	810	136 723
瑞士	—	58	59	101	121	1	2 099	2 725

中国对外直接投资流量情况表（分国家地区）（2003—2010 年）（续）

单位：万美元

国别（地区）	2003 年	2004 年	2005 年	2006 年	2007 年	2008 年	2009 年	2010 年
乌克兰	6	120	203	183	565	241	3	150
英国	211	2 939	2 478	3 512	56 654	1 671	19 217	33 033
拉丁美洲	**103 815**	**176 272**	**646 616**	**846 874**	**490 241**	**367 725**	**732 790**	**1 053 827**
阿根廷	100	112	35	622	13 669	1 082	－2 282	2 723
巴哈马	－103	4 356	2 295	272	3 899	－5 591	100	—
巴巴多斯	—	—	—	185	41	82	87	－211
伯利兹	—	—	—	—	—	6	—	－8
玻利维亚	—	—	8	1 800	197	414	1 801	306
巴西	667	643	1 509	1 009	5 113	2 238	11 627	48 746
开曼群岛	80 661	128 613	516 275	783 272	260 159	152 401	536 630	349 613
智利	20	55	180	658	383	93	778	3 371
哥伦比亚	—	453	96	－336	22	676	574	694
哥斯达黎加	—	—	—	—	—	—	—	8
古巴	143	—	158	3 037	658	556	1 293	－1 635
多米尼加共和国	—	—	—	—	—	6	6	—
厄瓜多尔	27	30	907	246	358	－942	1 790	2 206
格林纳达	—	—	—	—	—	12	—	—
圭亚那	—	—	—	—	6 000	—	—	2 837
洪都拉斯	13	138	—	—	－438	－90	—	—
牙买加	—	—	—	—	—	214	—	221
墨西哥	3	2 710	355	－369	1 716	563	82	2 673
巴拿马	1	10	836	—	833	652	1 369	2 606
巴拉圭	—	—	—	—	—	300	647	2 783
秘鲁	12	22	55	540	671	2 455	5 849	13 903
英属维尔京群岛	20 968	38 552	122 608	53 811	187 614	210 433	161 205	611 976
委内瑞拉	622	466	740	1 836	6 953	978	11 572	9 439
乌拉圭	55	—	—	—	48	—	498	36
圣文森特和格林纳丁斯	560	—	282	291	588	946	－946	905
苏里南	65	113	277	—	1 757	242	110	635
北美洲	**5 775**	**12 649**	**32 084**	**25 805**	**112 571**	**36 421**	**152 193**	**262 144**
加拿大	－730	512	3 244	3 477	103 257	703	61 313	114 229
美国	6 505	11 993	23 182	19 834	19 573	46 203	90 874	130 829
百慕大群岛	—	145	5 658	2 494	－10 259	－10 484	6	17 086
大洋洲	**3 388**	**12 015**	**20 283**	**12 636**	**77 008**	**195 187**	**247 998**	**188 896**
澳大利亚	3 039	12 495	19 307	8 760	53 159	189 215	243 643	170 170
斐济	—	—	25	465	249	797	240	557
新西兰	307	－490	347	349	－160	646	902	6 375
巴布亚新几内亚	—	10	588	2 862	19 681	2 992	480	533
萨摩亚	42	—	—	—	－12	—	63	9 893
密克罗尼西亚联邦	—	—	16	—	625	－16	—	—
马绍尔群岛共和国	—	—	—	200	3 416	800	2 670	1 318
帕劳共和国	—	—	—	—	50	752	—	50

注：2003—2006 年各年流量为非金融类直接投资流量。

中国对外直接投资存量情况表（分国家地区）（2003—2010年）

单位：万美元

国别（地区）	2003年	2004年	2005年	2006年	2007年	2008年	2009年	2010年
合　计	**3 322 222**	**4 477 726**	**5 720 562**	**7 502 555**	**11 791 050**	**18 397 071**	**24 575 538**	**31 721 059**
亚洲	**2 660 346**	**3 347 955**	**4 095 431**	**4 797 804**	**7 921 793**	**13 131 699**	**18 554 720**	**22 814 597**
阿富汗	43	45	45	67	77	11 469	18 132	16 859
巴林	15	15	199	27	75	87	87	87
孟加拉国	845	866	3 296	3 966	4 330	4 814	6 030	6 758
文莱	13	13	190	190	438	651	1 737	4 566
塞浦路斯	—	—	106	106	136	136	136	136
柬埔寨	5 949	8 989	7 684	10 366	16 811	39 066	63 326	112 977
东帝汶	—	10	10	45	45	45	745	745
香港*	2 463 226	3 039 289	3 650 708	4 226 991	6 878 132	11 584 528	16 449 894	19 905 557
印度	96	455	1 462	2 583	12 014	22 202	22 127	47 980
印度尼西亚	5 426	12 175	14 093	22 551	67 948	54 333	79 906	115 044
伊朗	2 215	4 668	5 608	11 059	12 235	9 427	21 780	71 516
伊拉克	43 696	43 487	43 487	43 618	2 245	2 079	2 258	48 345
以色列	32	32	632	865	1 087	987	1 137	2 187
日本	8 931	13 949	15 070	22 398	55 827	50 969	69 286	110 563
约旦	100	592	1 747	1 106	1 195	1 032	1 054	1 263
哈萨克斯坦	1 971	2 478	24 524	27 624	60 993	140 230	151 621	159 054
吉尔吉斯斯坦	1 579	1 926	4 506	12 476	13 975	14 681	28 372	39 432
朝鲜*	117	2 174	3 104	4 555	6 713	11 863	26 152	24 010
韩国	23 538	56 192	88 222	94 924	121 414	85 034	121 780	63 725
科威特	17	253	123	631	51	296	588	5 087
老挝	911	1 542	3 287	9 607	30 222	30 519	53 567	84 575
黎巴嫩	—	2	17	44	44	44	157	201
澳门*	44 686	62 483	59 870	61 247	91 067	156 078	183 723	222 929
马来西亚	10 066	12 324	18 683	19 696	27 463	36 120	47 989	70 880
蒙古	1 342	7 595	13 063	31 467	59 217	89 556	124 166	143 552
缅甸	1 022	2 018	2 359	16 312	26 177	49 971	92 988	194 675
尼泊尔	181	332	299	359	866	867	1 413	1 594
阿曼	—	1	653	3 387	3 717	1 422	797	2 111
巴基斯坦	2 748	3 645	18 881	14 824	106 819	132 799	145 809	182 801
巴勒斯坦	—	61	—	—	—	—	—	
菲律宾	875	980	1 935	2 185	4 304	8 673	14 259	38 734
卡塔尔*	190	270	270	848	3 979	4 979	3 628	7 705
沙特阿拉伯	24	209	5 845	27 284	40 403	62 068	71 089	76 056
新加坡	16 483	23 309	32 548	46 801	144 393	333 477	485 732	606 910
斯里兰卡	654	679	1 543	846	774	1 678	1 581	7 274
叙利亚	—	33	376	1 681	555	438	849	1 661
塔吉克斯坦*	512	2 154	2 279	3 028	9 899	22 717	16 279	19 163
台湾省	—	—	—	20	15	9	13	1 819
泰国*	15 077	18 188	21 918	23 267	37 862	43 716	44 788	108 000
土库曼斯坦	20	20	20	16	142	8 813	20 797	65 848
土耳其*	153	289	423	1 038	1 199	2 236	38 617	40 363
阿联酋	3 117	4 656	14 453	14 463	23 431	37 599	44 029	76 429
乌兹别克斯坦	327	423	1 198	1 497	3 082	7 764	8 522	8 300
越南	2 873	16 032	22 918	25 363	39 699	52 173	72 850	98 660
也门共和国	1 276	3 102	7 777	6 376	10 723	14 054	14 930	18 466

中国对外直接投资存量情况表（分国家地区）（2003—2010）（续）

单位：万美元

国别（地区）	2003 年	2004 年	2005 年	2006 年	2007 年	2008 年	2009 年	2010 年
非洲	**49 123**	**89 955**	**159 525**	**255 682**	**446 183**	**780 383**	**933 227**	**1 304 212**
阿尔及利亚	570	3 449	17 121	24 737	39 389	50 882	75 126	93 726
安哥拉*	30	47	879	3 723	7 846	6 889	19 554	35 177
贝宁	771	2 051	1 900	2 212	3 560	5 315	5 401	3 933
博茨瓦纳	210	380	1 812	2 552	4 339	6 526	11 925	17 852
布隆迪	—	2	—	165	165	165	464	651
喀麦隆	573	698	787	1 646	1 851	2 034	2 505	5 961
佛得角	—	1	60	165	465	513	504	458
中非*	—	—	200	398	398	398	1 671	4 654
乍得	—	—	271	1 278	1 353	2 536	7 657	8 000
科摩罗	—	1	1	405	405	405	405	404
刚果（金）	24	1 569	2 511	3 761	10 440	13 414	39 743	63 092
刚果（布）	—	565	1 332	6 290	6 540	7 542	11 517	13 588
科特迪瓦	805	1 410	2 911	2 504	2 818	2 116	3 765	3 299
吉布提	—	40	40	60	160	160	703	1 247
埃及	1 429	1 428	3 980	10 043	13 160	13 135	28 507	33 672
赤道几内亚	864	1 021	1 656	3 044	4 463	4 062	6 150	8 625
厄立特里亚	188	12	12	663	722	673	960	1 254
埃塞俄比亚*	478	787	2 982	9 560	10 888	12 645	28 344	36 806
加蓬	2 405	3 127	3 536	5 128	5 559	8 814	10 005	12 534
冈比亚	4	20	119	119	119	119	119	119
加纳*	660	631	733	809	4 187	5 802	18 504	20 200
几内亚	1 434	2 577	4 422	5 463	6 997	9 637	12 932	13 641
几内亚（比绍）	—	—	—	—	—	—	2 700	2 700
肯尼亚	2 553	2 846	5 825	4 623	5 513	7 836	12 036	22 158
莱索托	24	3	60	760	760	822	832	888
利比里亚	580	638	1 595	2 951	2 978	3 736	5 639	8 167
利比亚	86	87	3 306	2 857	7 083	8 158	4 269	3 219
马达加斯加	2 813	4 063	4 994	5 434	7 601	14 652	19 622	22 987
马拉维*	72	72	73	96	116	659	1 454	3 240
马里	1 209	1 316	1 328	1 983	3 222	3 095	4 472	4 777
毛里塔尼亚	182	213	240	2 012	1 514	2 476	3 129	4 588
毛里求斯	1 259	1 263	2 681	5 116	11 590	23 007	24 284	28 329
摩洛哥	431	906	2 059	2 701	2 965	2 806	4 878	5 585
莫桑比克	242	560	1 468	1 468	3 424	4 300	7 496	7 524
纳米比亚	72	221	236	643	724	1 995	4 618	4 711
尼日尔	1 250	1 403	2 044	3 299	13 453	13 650	18 420	37 936
尼日利亚	3 198	7 561	9 411	21 594	63 032	79 591	102 596	121 085
卢旺达	330	330	472	771	730	2 018	2 880	4 163
圣多美和普林西比	—	—	—	—	—	—	—	31
塞内加尔	251	258	235	415	439	1 061	2 607	4 503
塞舌尔	42	42	419	646	655	660	700	1 936
塞拉利昂	—	574	1 845	1 489	3 228	4 370	5 123	4 148
南非*	4 477	5 887	11 228	16 762	70 237	304 862	230 686	415 298
苏丹	55	17 161	35 153	49 713	57 485	52 825	56 389	61 336
坦桑尼亚	746	5 380	6 202	11 193	11 092	19 022	28 179	30 751
多哥	473	624	478	1 172	1 442	2 312	3 302	5 811
突尼斯	156	128	215	391	357	357	227	253
乌干达*	133	23	497	1 467	1 868	1 198	5 856	11 368

中国对外直接投资存量情况表（分国家地区）（2003—2010）（续）

单位：万美元

国别（地区）	2003 年	2004 年	2005 年	2006 年	2007 年	2008 年	2009 年	2010 年
赞比亚	14 370	14 775	16 031	26 786	42 936	65 133	84 397	94 373
津巴布韦	3 674	3 806	4 163	4 615	5 915	6 001	9 975	13 454
欧洲	**48 745**	**67 665**	**127 293**	**226 982**	**445 854**	**513 396**	**867 678**	**1 571 031**
阿尔巴尼亚	—	—	50	51	51	51	435	443
亚美尼亚	—	—	125	125	125	125	132	132
奥地利*	70	70	7	32	404	404	155	201
阿塞拜疆	35	371	265	1 092	1 019	953	1 200	1 238
白俄罗斯	—	—	29	29	29	239	449	2 371
比利时	41	164	234	267	3 398	3 330	5 691	10 101
波斯尼亚和黑塞哥维那	146	401	351	351	351	351	592	598
保加利亚	60	146	299	474	474	474	231	1 860
克罗地亚	—	—	75	75	784	784	810	813
捷克	33	111	138	1 467	1 964	3 243	4 934	5 233
丹麦	7 443	6 720	9 659	3 648	3 675	3 808	4 079	4 247
爱沙尼亚*	0	—	126	126	126	126	750	750
芬兰	—	—	90	93	94	359	904	2 725
法国	1 312	2 168	3 382	4 488	12 681	16 713	22 103	24 362
格鲁吉亚	—	484	2 215	3 209	4 293	6 586	7 533	13 017
德国*	8 361	12 921	26 835	47 203	84 541	84 550	108 224	150 229
希腊	—	35	35	35	38	168	168	423
匈牙利	543	542	281	5 365	7 817	8 875	9 741	46 570
冰岛	—	—	110	5	5	5	5	0
爱尔兰	24	4	4	2 530	2 923	10 777	10 682	13 991
意大利	1 918	2 084	2 160	7 441	12 713	13 360	19 168	22 380
拉脱维亚	161	161	161	231	57	57	54	54
列支敦士登	—	—	—	—	28	28	36	391
立陶宛	—	—	393	393	393	393	393	393
卢森堡	—	—	—	—	6 702	12 283	248 438	578 675
马其顿	—	—	20	20	20	20	20	20
马耳他	37	37	137	197	187	481	503	266
摩尔多瓦	—	—	78	78	78	78	78	78
荷兰	590	897	1 495	2 043	13 876	23 442	33 587	48 671
挪威	—	—	—	16	375	385	1 295	14 776
波兰	272	287	1 239	8 718	9 893	10 993	12 030	14 031
葡萄牙*	20	20	—	20	171	171	502	2 137
罗马尼亚	2 975	3 110	3 943	6 563	7 288	8 566	9 334	12 495
俄罗斯联邦	6 164	12 348	46 557	92 976	142 151	183 828	222 037	278 756
塞尔维亚和黑山	—	—	200	200	—	—	—	
塞尔维亚	—	—	—	—	200	200	268	484
黑山	—	—	—	—	32	32	32	32
斯洛伐克	10	10	10	10	510	510	936	982
斯洛文尼亚*	—	—	12	140	140	140	500	500
西班牙	10 181	12 767	13 012	13 672	14 285	14 501	20 523	24 776
瑞典*	607	644	2 246	2 002	14 693	15 759	11 189	147 912
瑞士	221.00	186	245	758	888	891	3 030	5 854
乌克兰	6	131	278	654	1 351	1 592	2 079	2 229
英国	7 515	10 846	10 797	20 187	95 031	83 766	102 828	135 835
拉丁美洲	**461 932**	**826 837**	**1 146 961**	**1 969 437**	**2 470 091**	**3 224 015**	**3 059 548**	**4 387 564**
安提瓜和巴布达	20	20	40	125	125	125	125	125

中国对外直接投资存量情况表（分国家地区）（2003—2010）（续）

单位：万美元

国别（地区）	2003年	2004年	2005年	2006年	2007年	2008年	2009年	2010年
阿根廷	105	1 927	422	1 134	15 719	17 336	16 905	21 899
巴哈马	4 445	8 010	1 469	1 752	5 651	60	160	160
巴巴多斯	—	187	165	201	242	325	600	388
伯利兹	—	—	—	2	2	8	8	0
玻利维亚	—	—	8	2 106	2 303	2 862	5 565	6 485
英属维尔京群岛*	53 264	108 938	198 358	475 040	662 654	1 047 733	1 506 069	2 324 276
巴西	5 219	7 922	8 139	13 041	18 955	21 705	36 089	92 365
开曼群岛*	369 068	665 991	893 559	1 420 919	1 681 068	2 032 745	1 357 707	1 725 627
智利	75	148	371	1 084	5 680	5 809	6 602	10 958
哥伦比亚	79	672	736	570	677	1 371	2 050	2 297
哥斯达黎加	—	—	—	—	—	—	200	208
古巴	1 395	1 485	3 359	5 991	6 649	7 205	8 532	6 898
多米尼克	—	—	—	70	70	70	70	415
多米尼加共和国	—	—	—	—	—	6	12	12
厄瓜多尔	55	219	1 812	3 904	4 918	8 860	10 660	12 958
格林纳达	—	—	—	403	753	765	765	1 452
圭亚那*	1 404	1 286	560	860	6 860	6 950	14 961	18 317
洪都拉斯	893	561	528	528	90	—	—	
牙买加	—	—	—	2	2	216	216	437
墨西哥	9 718	12 529	14 186	12 861	15 144	17 308	17 390	15 287
巴拿马	16	41	3 477	3 692	5 531	6 738	8 109	23 658
巴拉圭	—	—	—	—	—	478	1 125	3 907
秘鲁	12 618	12 582	12 922	13 040	13 711	19 434	28 454	65 449
圣文森特和格林纳丁斯	560	560	1 227	1 492	2 080	3 249	2 303	3 619
苏里南	1 006	1 025	1 302	3 221	6 528	6 770	6 880	7 884
特立尼达和多巴哥	—	—	—	80	80	80	80	80
乌拉圭	53	55	56	163	211	211	715	751
委内瑞拉	1 939	2 678	4 265	7 158	14 388	15 596	27 196	41 652
北美洲	**54 850**	**90 921**	**126 323**	**158 702**	**324 089**	**365 978**	**518 470**	**782 926**
加拿大*	4 618	5 879	10 329	14 072	125 452	126 843	167 034	260 260
美国	50 232	66 520	82 268	123 787	188 053	238 990	333 842	487 399
百慕大	—	18 522	33 726	20 843	10 584	145	17 594	35 267
大洋洲	**47 226**	**54 394**	**65 029**	**93 948**	**183 040**	**381 600**	**641 895**	**860 729**
澳大利亚	41 649	49 458	58 746	79 435	144 401	335 529	586 310	786 775
斐济	—	177	955	1 867	2 242	3 060	3 300	3 943
马绍尔群岛共和国	—	—	—	200	3 616	4 416	8 086	7 352
密克罗尼西亚联邦	30	34	50	116	741	725	725	725
新西兰	4 425	3 322	3 518	5 127	5 117	6 965	9 385	15 911
帕劳共和国	—	10	—	—	50	850	852	902
巴布亚新几内亚	1 022	331	843	6 130	25 811	28 993	31 511	32 326
所罗门群岛	8	—	—	—	—	—	—	—
汤加	—	303	554	711	711	711	711	711
瓦努阿图	—	3	273	273	273	273	775	1 284
萨摩亚	92	90	90	90	78	78	240	10 133
大洋洲其他国家地区	—	667	—	—	—	—	—	667

注：1. “*”表示该国家（地区）2010 年末存量数据中包含对以往历史数据进行调整部分。

2. 2003—2006 年末数据为中国非金融类对外直接投资存量数据。

中国各省市自治区非金融类对外直接投资流量情况表（2003—2010 年）

单位：万美元

省、市、自治区	2003 年	2004 年	2005 年	2006 年	2007 年	2008 年	2009 年	2010 年
一、中央合计	**209 751**	**452 517**	**1 020 369**	**1 523 692**	**2 125 268**	**3 598 284**	**3 819 275**	**4 243 698**
二、地方合计	**75 714**	**97 282**	**205 748**	**239 705**	**525 341**	**587 633**	**960 250**	**1 774 542**
北京市	30 054	15 739	11 306	5 612	15 295	47 299	45 185	76 614
天津市	544	1 754	1 887	2 808	7 993	8 200	20 992	34 132
河北省	110	1 286	8 538	4 880	5 394	5 363	21 993	53 237
山西省	4 562	411	562	1 849	8 347	2 702	33 295	7 926
内蒙古自治区	220	667	2 181	2 522	4 235	6 190	15 547	8 042
辽宁省	847	4 141	3 019	9 701	12 833	10 600	75 786	193 566
其中：大连市	646	3 554	1 144	6 748	6 542	4 427	46 384	163 229
吉林省	163	2 887	1 083	2 948	8 322	10 673	29 814	21 340
黑龙江省	744	5 645	16 643	21 796	17 851	22 797	12 131	23 780
上海市	5 224	20 564	66 680	44 863	52 266	33 714	120 869	158 468
江苏省	2 490	5 733	10 828	12 403	51 899	49 384	85 061	137 119
浙江省	3 665	7 225	15 817	21 528	40 346	38 768	70 226	267 915
其中：宁波市	659	2 481	3 285	3 674	5 253	22 515	21 097	39 460
安徽省	200	614	1 902	3 412	5 079	6 051	5 782	81 365
福建省	6 162	1 591	4 253	9 584	36 847	16 169	36 582	53 495
其中：厦门市	477	795	623	90	19 099	4 159	12 389	22 881
江西省	320	93	654	48	1 536	2 587	2 265	9 470
山东省	8 883	7 523	15 904	12 666	18 928	47 478	70 441	189 001
其中：青岛市	392	18	864	2 237	4 898	1 547	10 472	46 197
河南省	607	469	8 538	763	7 036	13 128	12 075	11 864
湖北省	176	131	485	286	903	350	4 116	8 061
湖南省	255	296	3 067	5 921	14 088	25 446	100 568	27 477
广东省	9 555	13 893	20 708	62 997	114 101	124 251	92 298	159 977
其中：深圳市	8 821	15 063	9 200	45 288	92 433	76 375	41 447	60 878
广西壮族自治区	208	450	321	390	2 620	3 844	8 169	18 682
海南省	—	—	6	343	122	82	6072	22179
重庆市	—	985	590	1 691	8 713	10 448	4 747	36 109
四川省	147	506	2 666	2 831	29 120	8 107	10 740	69 097
贵州省	—	—	—	—	51	25	522	289
云南省	251	491	2 072	2 907	13 641	28 467	27 008	51 339
西藏自治区	—	—	—	—	—	—	—	29
陕西省	21	234	302	115	2 058	14 063	22 462	26 055
甘肃省	83	317	3 770	2 087	15 364	35 808	18 52	10 176
青海省	102	—	100	80	110	202	209	138
宁夏回族自治区	—	137	109	1 818	569	502	1 509	711
新疆维吾尔自治区	27	216	861	172	8 535	6 934	18 057	4 776
新疆生产建设兵团	94	3 284	896	684	21 139	7 999	3 877	12 111
合 计	**285 465**	**549 799**	**1 226 117**	**1 763 397**	**2 650 609**	**4 185 917**	**4 779 525**	**60 182 340**

中国各省市自治区非金融类对外直接投资存量情况表（2004—2010 年）

单位：万美元

省、市、自治区	2004 年	2005 年	2006 年	2007 年	2008 年	2009 年	2010 年
一、中央合计	**3 828 755**	**4 787 544**	**6 162 823**	**9 616 366**	**11 974 085**	**16 014 326**	**20 178 790**
二、地方合计	**648 971**	**933 018**	**1 339 732**	**2 174 684**	**2 753 598**	**3 961 809**	**6 016 948**
北京市	70 086	92 940	91 873	159 195	251 019	375 865	480 882
天津市	2 149	6 078	15 900	25 200	32 161	58 116	96 729
河北省	17 153	26 154	32 770	38 248	52 415	88 692	137 724
山西省	5 312	8 869	18 702	27 200	18 159	53 339	63 654
内蒙古自治区	1 430	4 116	8 875	13 984	20 405	40 100	47 055
辽宁省	7 715	8 221	27 970	44 395	60 554	149 230	340 696
其中：大连市	5 252	4 343	16 344	25 539	34 888	83 094	247 520
吉林省	6 694	7 945	10 784	21 554	37 929	70 767	89 958
黑龙江省	13 057	32 672	60 171	71 144	99 353	106 235	128 044
上海市	145 042	184 081	261 273	302 538	218 611	358 937	609 433
江苏省	27 369	39 098	58 871	116 499	172 677	249 872	388 814
浙江省	19 456	40 708	70 268	116 259	154 716	295 923	584 528
其中：宁波市	6 452	10 283	14 834	23 510	46 039	65 048	106 430
安徽省	2 237	4 183	10 062	15 351	20 379	27 594	110 842
福建省	19 212	20 873	52 371	91 608	113 231	158 800	196 773
其中：厦门市	4 232	1 360	5 417	21 242	31 666	38 813	60 443
江西省	608	881	2 022	5 478	9 126	12 905	22 136
山东省	48 780	67 673	110 340	161 360	208 025	262 255	495 823
其中：青岛市	15 752	19 752	39 067	69 325	59 636	46 487	123 774
河南省	5 640	17 624	8 666	21 703	33 001	57 655	70 689
湖北省	1 510	2 292	4 031	4 972	5 600	9 992	17 794
湖南省	721	3 481	10 329	29 344	67 427	204 782	271 626
广东省	224 885	318 040	417 318	724 311	868 514	954 523	1 162 951
其中：深圳市	35 706	112 804	212 350	400 271	480 619	473 986	615 287
广西壮族自治区	1 619	5 269	4 434	9 629	13 780	30 111	52 505
海南省	1 164	1 170	1 383	4 342	4 423	11 260	33 566
重庆市	12 033	6 300	7 419	16 071	27 674	30 323	65 565
四川省	2 891	8 740	14 339	44 322	39 758	53 524	125 352
贵州省	194	394	194	445	1 866	2 229	2 035
云南省	1 692	5 314	10 329	26 113	56 996	94 784	155 504
西藏自治区	160	160	160	100	152	152	180
陕西省	859	1 365	2 864	5 667	19 299	41 518	69 786
甘肃省	2 024	5 976	8 175	24 550	59 291	61 085	71 158
青海省	102	203	283	340	492	751	890
宁夏回族自治区	149	1 179	2 934	2 645	3 729	3 979	4 672
新疆维吾尔自治区	1 811	4 301	8 994	14 212	38 419	51 601	68 983
新疆生产建设兵团	5 217	6 718	5 628	35 905	44 416	44 910	50 598
合　计	**4 477 726**	**5 720 562**	**7 502 555**	**11 791 050**	**14 727 683**	**19 976 135**	**26 195 738**

中国对外直接投资流量行业分布情况表（2004—2010 年）

单位：万美元

	行业分类	2004 年	2005 年	2006 年	2007 年	2008 年	2009 年	2010 年
A	农、林、牧、渔业	28 866	10 536	18 504	27 171	17 183	34 279	53 398
B	采矿业	180 021	167 522	853 951	406 277	582 351	1 334 309	571 486
C	制造业	75 555	228 040	90 661	212 650	176 603	224 097	466 417
D	电力、煤气及水的生产和供应业	7 849	766	11 874	15 138	131 349	46 807	100 643
E	建筑业	4 795	8 186	3 323	32 943	73 299	36 022	162 826
F	交通运输、仓储和邮政业	82 866	57 679	137 639	406 548	265 574	206 752	565 545
G	信息传输、计算机服务和软件业	3 050	1 479	4 802	30 384	29 875	27 813	50 612
H	批发和零售业	79 969	226 012	111 391	660 418	651 413	613 575	672 878
I	住宿和餐饮业	203	758	251	955	2 950	7 487	21 820
J	金融业	—	—	352 999	166 780	1 404 800	873 374	862 739
K	房地产业	851	11 563	38 376	90 852	33 901	93 814	161 308
L	租赁和商务服务业	74 931	494 159	452 166	560 734	2 171 723	2 047 378	3 028 070
M	科学研究、技术服务和地质勘查业	1 806	12 942	28 161	30 390	16 681	77 573	101 886
N	水利、环境和公共设施管理业	120	13	825	271	14 145	434	7 198
O	居民服务和其他服务业	8 814	6 279	11 151	7 621	16 536	26 773	32 105
P	教育	—	—	228	892	154	245	200
Q	卫生、社会保障和社会福利业	1	—	18	75	0	191	3 352
R	文化、体育和娱乐业	98	12	76	510	2 180	1 976	18 648
S	公共管理和社会组织	4	171	—	—	—	—	—
	合　计	**549 799**	**1 226 117**	**2 116 396**	**2 650 609**	**5 590 717**	**5 652 899**	**6 881 131**

注：2004 年、2005 年金融业对外直接投资流量暂无统计。

中国对外直接投资存量行业分布情况表（2004—2010 年）

单位：万美元

	行业分类	2004 年	2005 年	2006 年	2007 年	2008 年	2009 年	2010 年
A	农、林、牧、渔业	83 423	51 162	81 670	120 605	146 762	202 844	261 208
B	采矿业 *	595 137	865 161	1 790 162	1 501 381	2 286 840	4 057 969	4 466 064
C	制造业 *	453 807	577 028	752 962	954 425	966 188	1 359 155	1 780 166
D	电力、煤气及水的生产和供应业	21 967	28 731	44 554	59 539	184 676	225 561	341 068
E	建筑业	81 748	120 399	157 032	163 434	268 070	341 322	617 328
F	交通运输、仓储和邮政业	458 055	708 297	756 819	1 205 904	1 452 002	1 663 133	2 318 780
G	信息传输、计算机服务和软件业 *	119 237	132 350	144 988	190 089	166 696	196 724	840 624
H	批发和零售业	784 327	1 141 791	1 295 520	2 023 288	2 985 866	3 569 499	4 200 645
I	住宿和餐饮业	2 081	4 640	6 118	12 067	13 669	24 329	44 986
J	金融业	—	—	1 560 537	1 671 991	3 669 388	4 599 403	5 525 321
K	房地产业	20 251	149 520	201 858	451 386	409 814	534 343	726 642
L	租赁和商务服务业 *	1 642 824	1 655 360	1 946 360	3 051 503	5 458 303	7 294 900	9 724 605
M	科学研究、技术服务和地质勘查业	12 398	60 431	112 129	152 103	198 189	287 413	396 712
N	水利、环境和公共设施管理业	91 109	91 002	91 839	92 121	106 289	106 508	113 343
O	居民服务和其他服务业 *	109 314	132 338	117 420	129 885	71 468	96 137	322 974
P	教育	—	—	228	1 740	1 749	2 123	2 394
Q	卫生、社会保障和社会福利业	22	11	281	369	369	610	3 616
R	文化、体育和娱乐业	592	538	2 614	9 220	10 733	13 565	34 583
S	公共管理和社会组织	1 434	1 803	—	—	—	—	—
	合 计	**4 477 726**	**5 720 562**	**9 063 091**	**11 791 050**	**18 397 071**	**24 575 538**	**31 721 059**

注：“ * ”表示该行业 2010 年末存量数据中包含对以往历史数据进行调整部分。

2004 年、2005 年金融业对外直接投资存量暂无统计。

2010 年中国对外承包工程、劳务合作业务分国家（地区）统计表

单位：万美元

国别（地区）	对外承包工程		对外劳务合作	
	新签合同额	完成营业额	新签合同额	完成营业额
合 计	**13 436 696**	**9 217 025**	**872 492**	**887 990**
亚洲	**7 107 407**	**4 265 811**	**356 396**	**330 483**
阿富汗	544	3 766	0	0
巴林	2 344	8 873	0	28
孟加拉国	133 829	35 500	199	37
不丹	0	0	5	5
文莱	14 241	3 843	0	0
缅甸	349 435	133 316	126	41
柬埔寨	134 365	64 818	83	512
塞浦路斯	0	4 338	0	41
朝鲜	772	3 018	150	482
香港	294 065	159 148	56 885	30 416
印度	1 017 482	525 532	397	227
印度尼西亚	868 315	351 773	458	53
伊朗	129 355	186 068	0	0
伊拉克	172 055	67 165	0	0
以色列	79	149	100	1 258
日本	22 857	25 781	155 443	160 836
约旦	5 989	11 006	503	2 155
科威特	144 087	40 754	0	204
老挝	83 457	57 310	321	154
黎巴嫩	2 066	3 743	10	8
澳门	116 920	113 538	39 512	31 257
马来西亚	169 055	130 840	1 586	1 398
马尔代夫	7 168	825	0	0
蒙古	142 562	25 124	429	221
尼泊尔	24 090	6 667	5	0
阿曼	12 040	45 627	0	3
巴基斯坦	142 748	210 848	410	207
菲律宾	153 546	177 258	11	65
卡塔尔	82 975	104 330	3 819	2 370
沙特阿拉伯	662 743	322 705	2 413	1 784
新加坡	205 105	226 734	46 785	56 422
韩国	19 001	9 871	16 174	16 154
斯里兰卡	255 909	76 868	44	0
叙利亚	15 747	20 143	0	0
泰国	72 513	46 165	1 224	555
土耳其	266 071	81 928	456	12
阿拉伯联合酋长国	207 510	297 160	4 494	7 896
也门	31 796	37 252	0	21
越南	440 557	310 961	2 054	2 186

2010 年中国对外承包工程、劳务合作业务分国家（地区）统计表（续）

单位：万美元

国别（地区）	对外承包工程		对外劳务合作	
	新签合同额	完成营业额	新签合同额	完成营业额
台湾省	5 931	16 515	22 108	13 383
东帝汶	4 075	5 362	87	4
哈萨克斯坦	239 655	146 447	60	88
吉尔吉斯斯坦	15 358	15 611	35	0
塔吉克斯坦	11 713	26 459	5	0
土库曼斯坦	368 822	73 770	0	0
乌兹别克斯坦	58 460	50 042	5	0
亚洲其他国家（地区）	0	860	0	0
非洲	**3 834 435**	**3 583 027**	**45 719**	**41 873**
阿尔及利亚	470 994	494 736	11 143	7 206
安哥拉	357 979	496 407	15 197	13 284
贝宁	3 697	2 524	14	18
博茨瓦纳	177 454	158 497	20	85
布隆迪	491	1 435	0	0
喀麦隆	122 611	13 308	29	42
佛得角	2 209	1 061	0	4
中非共和国	16 348	3 663	0	0
乍得	81 959	147 476	22	22
科摩罗	3 000	1 977	0	12
刚果（布）	181 799	107 768	803	1 221
吉布提	919	2 060	0	2
埃及	57 438	116 881	4	124
赤道几内亚	128 028	174 836	3 516	870
埃塞俄比亚	118 238	154 966	12	399
加蓬	83 624	28 583	8	10
冈比亚	545	150	0	0
加纳	86 307	77 077	60	0
几内亚	9 517	12 759	197	13
几内亚（比绍）	2 432	3 284	0	200
科特迪瓦	16 504	4 673	174	19
肯尼亚	106 952	88 512	68	204
利比里亚	3 355	10 038	0	1 507
利比亚	187 195	344 930	5 182	5 933
马达加斯加	10 355	11 883	0	78
马拉维	29 343	11 555	0	2
马里	26 415	38 860	16	2
毛里塔尼亚	87 637	18 586	475	544
毛里求斯	13 689	13 618	2 388	4 662
摩洛哥	86 232	59 041	500	498

2010 年中国对外承包工程、劳务合作业务分国家（地区）统计表（续）

单位：万美元

国别（地区）	对外承包工程		对外劳务合作	
	新签合同额	完成营业额	新签合同额	完成营业额
莫桑比克	50 661	38 760	63	184
纳米比亚	18 279	10 567	0	36
尼日尔	31 061	89 407	35	35
尼日利亚	368 952	292 981	1 487	653
卢旺达	20 660	14 173	285	76
圣多美和普林西比	0	25	0	0
塞内加尔	37 179	20 492	6	0
塞舌尔	1 359	3 064	0	103
塞拉利昂	15 872	3 688	87	58
索马里	0	0	0	0
南非	38 788	36 690	143	216
苏丹	363 397	233 696	302	157
坦桑尼亚	185 584	81 153	133	119
多哥	8 667	5 296	1 528	1 648
突尼斯	15 840	14 802	0	4
乌干达	7 597	15 152	229	160
布基纳法索	782	389	0	0
赞比亚	102 989	40 412	389	504
津巴布韦	34 467	13 805	0	60
莱索托	1 498	1 905	548	425
斯威士兰	0	0	5	162
厄立特里亚	14 414	2 659	392	213
刚果（金）	43 123	62 767	259	99
欧洲	**586 541**	**498 723**	**14 799**	**18 223**
比利时	11 543	11 322	0	0
丹麦	160	241	68	68
英国	22 818	43 241	336	879
德国	37 229	34 556	6 733	7 152
法国	65 592	46 848	65	50
爱尔兰	62	11	0	660
意大利	7 449	7 790	154	130
卢森堡	49	44	0	0
荷兰	13 944	11 927	205	374
希腊	5 587	3 333	629	1 117
葡萄牙	5 226	4 377	0	0
西班牙	28 390	22 156	0	63
阿尔巴尼亚	270	1 945	0	0
奥地利	2 402	1 788	0	0
保加利亚	16 351	13 209	0	0

2010 年中国对外承包工程、劳务合作业务分国家（地区）统计表（续）

单位：万美元

国别（地区）	对外承包工程		对外劳务合作	
	新签合同额	完成营业额	新签合同额	完成营业额
芬兰	72	105	0	0
匈牙利	2 902	4 429	0	52
冰岛	11	1 410	0	0
马耳他	0	0	168	184
摩纳哥	0	0	27	39
挪威	45	3 529	209	245
波兰	1 648	5 898	120	181
罗马尼亚	4 727	5 727	0	142
瑞典	2 018	1 291	210	65
瑞士	3 531	366	0	0
爱沙尼亚	66	66	0	5
立陶宛	5	6	18	10
格鲁吉亚	32 109	3 925	0	0
亚美尼亚	0	1 136	0	0
阿塞拜疆	45 060	55 097	0	1
白俄罗斯	108 292	48 876	0	40
摩尔多瓦	252	284	0	0
俄罗斯联邦	113 442	143 128	5 837	6 710
乌克兰	17 902	12 915	0	36
斯洛文尼亚	3	3	0	3
克罗地亚	0	0	0	0
捷克	4 846	6 468	0	0
斯洛伐克	5 680	75	0	2
马其顿共和国	60	57	0	0
波斯尼亚和黑塞哥维那	0	0	0	0
塞尔维亚	26 080	426	20	15
黑山	718	718	0	0
拉丁美洲	**1 581 374**	**627 449**	**2 681**	**3 488**
安提瓜和巴布达	184	3 423	0	0
阿根廷	239 952	10 470	5	25
巴哈马	8 965	2 292	0	0
巴巴多斯	302	1 180	0	34
伯利兹	27	926	0	2
玻利维亚	165	205	0	0
巴西	258 479	101 997	0	28
智利	15 773	6 888	244	422
哥伦比亚	14 092	8 093	0	0
多米尼克	4 260	1 720	0	0
哥斯达黎加	1 186	5 330	0	0

2010 年中国对外承包工程、劳务合作业务分国家（地区）统计表（续）

单位：万美元

国别（地区）	对外承包工程		对外劳务合作	
	新签合同额	完成营业额	新签合同额	完成营业额
古巴	19 600	6 991	0	0
厄瓜多尔	307 744	21 886	0	0
格林纳达	1 388	700	0	0
危地马拉	45 013	8 484	0	0
圭亚那	147	688	0	0
海地	441	0	0	0
洪都拉斯	381	84	0	0
牙买加	14 630	16 178	0	5
墨西哥	32 861	39 047	48	117
尼加拉瓜	0	0	20	24
巴拿马	4 689	3 837	2 074	2 224
巴拉圭	37	37	0	0
秘鲁	32 286	11 071	0	62
圣卢西亚	0	0	0	0
圣文森特和格林纳丁斯	952	466	164	317
苏里南	1 594	8 121	0	0
特立尼达和多巴哥	4 643	16 097	11	52
特克斯和凯科斯群岛	0	0	0	72
乌拉圭	3 596	3 277	0	0
委内瑞拉	567 987	347 961	7	9
英属维尔京群岛	0	0	108	95
北美洲	**105 151**	**88 832**	**1 033**	**3 321**
加拿大	4 555	5 025	149	642
美国	100 359	83 607	884	2 679
百慕大群岛	237	200	0	0
大洋洲	**220 184**	**153 039**	**1 658**	**1 105**
澳大利亚	159 443	93 323	48	709
库克群岛	2 400	120	0	8
斐济	10 914	14 166	72	70
新喀里多尼亚	3 476	12 762	0	0
瓦努阿图	927	1 087	0	36
新西兰	5 073	2 884	18	11
巴布亚新几内亚	29 752	20 157	0	0
汤加	4 662	5 390	0	0
萨摩亚	431	328	0	10
密克罗尼西亚联邦	0	31	0	0
马绍尔群岛共和国	0	0	1 520	261
东萨摩亚	3 106	2 791	0	0
其他国家	1 604	144	450 206	489 497

2010年中国对外承包工程业务新签合同额前50家企业

单位：万美元

序 号	企 业 名 称	新签合同额
1	华为技术有限公司	830 604
2	中国水利水电建设集团公司	669 127
3	中国建筑工程总公司	526 094
4	中国中铁股份有限公司	480 000
5	中国土木工程集团公司	465 370
6	中国葛洲坝集团股份有限公司	456 834
7	中工国际工程股份有限公司	404 451
8	山东电力建设第三工程公司	404 400
9	中国电工设备总公司	348 472
10	上海电气集团股份有限公司	344 374
11	中国石油集团川庆钻探工程有限公司	328 802
12	中国港湾工程有限责任公司	306 155
13	中国机械设备进出口总公司	280 308
14	山东电力基本建设总公司	263 744
15	中铁国际经济合作有限公司	213 243
16	中国石油工程建设（集团）公司	186 592
17	中国石化集团国际石油工程有限公司	175 095
18	中信建设有限责任公司	171 370
19	上海贝尔股份有限公司	166 363
20	中国石化集团炼化工程有限公司	157 282
21	上海建工（集团）总公司	155 629
22	上海振华重工（集团）股份有限公司	155 030
23	中国水利电力对外公司	152 008
24	中国石油天然气管道局	132 450
25	中国冶金科工集团有限公司	131 427
26	中石油集团长城钻探工程有限公司	129 813
27	中国铁建股份有限公司	127 000
28	长江岩土工程总公司（武汉）	124 271
29	中国重型机械总公司	117 452
30	中国路桥工程有限责任公司	110 713
31	中国海外工程有限责任公司	110 545
32	中国技术进出口总公司	109 863
33	国家电网公司	98 900
34	中地海外建设集团有限公司	96 932
35	中国机械进出口（集团）有限公司	96 640
36	安徽省外经建设（集团）有限公司	95 072
37	中兴通讯股份有限公司	93 697
38	东方地球物理勘探有限责任公司	91 955
39	东方电气股份有限公司	87 500
40	中冶成工上海五冶建设有限公司	73 565
41	沈阳远大铝业工程有限公司	71 969
42	中国华电工程（集团）有限公司	66 797
43	中国电力投资集团公司	60 296
44	中国中材国际工程股份有限公司	59 840
45	中国石化集团胜利石油管理局	51 606
46	中国石化集团中原石油勘探局	49 216
47	中国江西国际经济技术合作公司	49 186
48	中国万宝工程公司	48 683
49	中铝国际工程有限责任公司	47 355
50	中国河南国际合作集团有限公司	46 244

2010年中国对外承包工程业务完成营业额前50家企业

单位：万美元

序 号	企 业 名 称	完成营业额
1	华为技术有限公司	692 316
2	中国建筑工程总公司	487 172
3	中国水利水电建设集团公司	401 685
4	中国石油工程建设（集团）公司	329 606
5	中信建设有限责任公司	325 287
6	中国电工设备总公司	215 421
7	中国港湾工程有限责任公司	210 020
8	上海振华重工（集团）股份有限公司	161 561
9	上海建工（集团）总公司	161 179
10	山东电力建设第三工程公司	157 988
11	中国机械设备进出口总公司	149 722
12	中国中铁股份有限公司	123 051
13	中国葛洲坝集团股份有限公司	120 410
14	上海贝尔股份有限公司	118 919
15	中国路桥工程有限责任公司	117 860
16	中石油集团长城钻探工程有限公司	117 354
17	东方地球物理勘探有限责任公司	107 494
18	上海电气集团股份有限公司	104 234
19	国家电网公司	103 500
20	中国石化工程建设公司	101 809
21	中国土木工程集团公司	98 686
22	哈尔滨电站工程有限责任公司	88 609
23	中兴通讯股份有限公司	82 040
24	中国中材国际工程股份有限公司	81 580
25	中国石油天然气管道局	78 691
26	山东电力基本建设总公司	74 406
27	东方电气股份有限公司	71 681
28	中铁十八局集团有限公司	71 378
29	中地海外建设集团有限公司	65 039
30	中国石油集团川庆钻探工程有限公司	61 600
31	中国水利电力对外公司	61 026
32	中铁四局集团有限公司	60 356
33	中国石化集团中原石油勘探局	60 042
34	中国海外工程有限责任公司	59 275
35	北京建工集团有限责任公司	58 347
36	天津水泥工业设计研究院有限公司	55 658
37	中国地质工程集团公司	55 477
38	青建集团股份公司	54 515
39	中工国际工程股份有限公司	50 626
40	中材建设有限公司	42 461
41	中国江苏国际经济技术合作公司	42 268
42	中国大连国际经济技术合作集团有限公司	41 472
43	中国十五冶金建设有限公司	37 996
44	中国技术进出口总公司	37 077
45	中铁十二局集团有限公司	34 643
46	安徽省外经建设（集团）有限公司	34 234
47	中国河南国际合作集团有限公司	34 231
48	中国石油天然气管道工程有限公司	33 823
49	中国寰球工程公司	32 242
50	中国机械进出口（集团）有限公司	31 329

2010 年中国对外劳务合作业务派出人数前 20 家企业

单位：人

序号	企业名称	派出人数	期末在外人数
1	中海海员对外技术服务有限公司	5 890	4 026
2	泉州中泉国际经济技术合作（集团）有限公司	5 702	4 241
3	中国大连国际合作（集团）股份有限公司	4 419	6 056
4	长沙市对外经济贸易有限公司	4 097	6 115
5	中国河南国际合作集团有限公司	3 725	3 825
6	威海国际经济技术合作股份有限公司	3 637	6 183
7	珠海国际经济技术合作公司	3 112	6 132
8	广州对外经济发展总公司	3 104	3 496
9	湖南国际工程建设有限责任公司	3 083	5 679
10	厦门海隆对外劳务合作有限公司	2 663	2 050
11	河南君诚对外经济技术合作有限公司	2 457	2 060
12	上海远洋对外劳务有限公司	2 435	2 266
13	中国山东对外经济技术合作集团有限公司	2 337	4 674
14	中远对外劳务合作公司	2 311	3 129
15	中国厦门国际经济技术合作公司	2 300	4 384
16	北京鑫裕盛船舶管理有限公司	2 266	2 081
17	中海国际船舶管理有限公司	2 208	1 516
18	烟台国际经济技术合作有限责任公司	2 201	4 635
19	中国国际技术智力合作公司	2 005	4 958
20	中建国际劳务有限公司	1 916	3 316

2010年中国对外承包工程、劳务合作业务分企业统计表

单位：万美元

企业名称	对外承包工程		对外劳务合作	
	新签合同额	完成营业额	新签合同额	完成营业额
合 计	**13 436 696**	**9 217 025**	**872 492**	**887 990**
中央企业	**6 134 452**	**3 468 478**	**394 551**	**405 335**
中国重型机械总公司	117 452	9 874	0	0
中国石油工程建设公司	186 592	329 606	0	0
中国路桥工程有限责任公司	110 713	117 860	0	0
中国电线电缆进出口有限公司	7 462	3 858	0	0
中国国际工程咨询公司	21	21	0	0
中国冶金科工集团有限公司	131 427	22 838	0	0
中国地质工程集团公司	43 417	51 235	0	0
中国建筑工程总公司	526 094	487 172	0	0
中国电子进出口总公司	6 752	6 187	0	0
中国化学工程集团公司	0	853	0	0
中国铁路通信信号集团公司	44 690	740	0	0
中国通信建设集团有限公司	12 310	9 137	0	0
保利科技有限公司	135	1 876	0	0
中国技术进出口总公司	109 863	37 077	0	0
中国出国人员服务总公司	0	0	370	644
中国有色金属建设股份有限公司	0	10 488	0	0
中国水利电力对外公司	152 008	61 026	0	0
中国中原对外工程有限公司	5 757	23 691	0	0
中国南光进出口总公司	0	0	886	885
中国机械工业成套工程总公司	6 510	1 230	0	0
中国万宝工程公司	48 683	12 788	0	0
中国海洋航空集团公司	0	0	0	116
中国农业发展集团总公司	0	5 067	0	0
中国国际经济技术合作咨询公司	0	0	138	374
中国海洋工程公司	0	0	233	233
中国机械工业建设总公司	0	8 351	0	0
中国公路工程咨询集团有限公司	965	324	0	0
中外运国际经济技术合作公司	0	0	3 320	1 027
中民国际经济合作公司	0	0	0	43
中远对外劳务合作公司	0	0	3 281	2 846
中国石化集团新星石油有限责任公司	2 374	12 309	0	0
中国水产总公司	14 500	13 071	950	867
国网国际技术装备有限公司	0	0	0	0
中国汽车工业国际合作总公司	13 872	1 717	0	0
国际中富达实业总公司	0	0	0	0
中建国际劳务有限公司	0	0	3 125	2 770
中交公路规划设计院有限公司	2 144	3 445	0	0
中国华电工程（集团）有限公司	66 797	714	0	0
中国对外建设总公司	0	277	0	0

2010年中国对外承包工程、劳务合作业务分企业统计表（续）

单位：万美元

企业名称	对外承包工程		对外劳务合作	
	新签合同额	完成营业额	新签合同额	完成营业额
中国海外经济合作总公司	0	25 346	568	668
中国航空规划建设发展有限公司	42	42	0	0
中钢设备有限公司	16 243	6 713	0	0
中国医疗卫生对外技术合作公司	0	0	0	0
中国水利水电建设集团公司	669 127	348 685	0	0
中国机械工业集团有限公司	0	26 473	0	0
中国建筑技术集团有限公司	650	2 860	0	0
中国海外工程有限责任公司	110 545	59 275	0	0
中国中元国际工程公司	441	1 845	0	0
中国广播电视国际经济技术合作总公司	219	0	0	0
中国地质矿业总公司	12 500	1 559	0	0
中国电力建设工程咨询公司	560	15	0	0
中国国际技术智力合作公司	0	0	372 147	378 383
中建材集团进出口公司	26 944	6 889	0	0
中国恩菲工程技术有限公司	0	3 269	0	0
中国中铁股份有限公司	480 000	123 051	0	0
中国寰球工程公司	8 000	32 242	0	0
中国石化工程建设公司	0	101 809	0	0
中国中信集团公司	0	2 087	0	0
中国电工设备总公司	348 472	215 421	0	0
中国体育国际经济技术合作有限公司	408	447	138	232
中国交远国际经济技术合作公司	0	0	626	627
中国电力工程顾问集团公司	14 300	348	0	0
国家电网公司	98 900	103 500	0	0
中国电力投资集团公司	60 296	15 320	0	0
中信建设有限责任公司	171 370	325 287	0	0
中工国际工程股份有限公司	404 451	50 626	0	0
中商集团经济合作有限公司	0	0	1 013	300
中成进出口股份有限公司	30 880	90	0	0
长江三峡技术经济发展有限公司	0	17 342	0	0
中铁建工集团有限公司	16 053	11 742	0	0
中铁十九局集团有限公司	0	6 170	0	0
中铁建电气化局集团有限公司	0	0	0	0
中冶京诚工程技术有限公司	211	2 128	0	0
中国铁建股份有限公司	127 000	28 500	0	0
中国石化集团炼化工程有限公司	157 282	3 232	0	0
中国交通建设股份有限公司	19 777	2 564	0	0
中铝国际工程有限责任公司	47 355	21 200	0	0
中国石化集团国际石油工程有限公司	175 095	0	0	0
中国石油集团长城钻探工程有限公司	129 813	117 354	0	0
中铁国际经济合作有限公司	213 243	23 601	0	0

2010年中国对外承包工程、劳务合作业务分企业统计表（续）

单位：万美元

企业名称	对外承包工程		对外劳务合作	
	新签合同额	完成营业额	新签合同额	完成营业额
中煤国际工程设计研究总院	156	79	0	0
建设综合勘察研究设计院有限公司	204	915	0	0
北方国际合作股份有限公司	0	13 637	0	0
中海海员对外技术服务有限公司	0	0	3 635	7 303
中国建材工业对外经济技术合作公司	2 222	1 145	190	227
中国京冶工程技术有限公司	8 764	7 685	0	0
中国轻工业对外经济技术合作公司	0	0	0	4 500
中国航空技术国际工程有限公司	7 367	19 855	0	0
中国成套设备进出口（集团）总公司	16 551	15 541	3 339	1 692
中国机械进出口（集团）有限公司	96 640	31 329	0	0
中国土木工程集团有限公司	465 370	98 686	483	1 469
中国机械设备进出口总公司	280 308	149 722	109	129
中国港湾工程有限责任公司	306 155	210 020	0	0
地方企业	**7 302 244**	**5 748 547**	**477 941**	**482 655**
北京市	**251 114**	**222 514**	**35 065**	**37 282**
中国建材装备有限公司	0	6 168	0	0
中铁六局集团有限公司	6 129	330	0	0
北京城建亚泰建设工程有限公司	0	0	0	0
北京泽辉建筑装饰工程有限公司	10 071	373	0	0
北京房修二古代建筑工程有限公司	0	0	0	0
北京中水远洋渔业发展公司	0	0	469	89
北京市建筑设计研究院	287	198	0	0
北京建工集团有限责任公司	41 427	58 347	0	0
北京市政建设集团有限责任公司	1 239	927	0	0
中国首钢国际贸易工程公司	0	3 453	571	429
北京国经伟业经济技术有限公司	0	0	160	21
中地海外建设集团有限公司	96 932	65 039	0	0
北京中钢联工贸有限责任公司	4 424	1 123	0	0
北京城建北方建设有限责任公司	0	4 219	0	0
中外建华诚城市建设有限公司	826	2 244	0	0
泛华建设集团有限公司	1 576	25 317	0	0
北京城建一建设发展有限公司	0	31	0	0
中化岩土工程股份有限公司	0	111	0	0
同方威视技术股份有限公司	4 497	5 688	0	0
中矿资源勘探股份有限公司	3 786	3 886	0	0
北京江河幕墙股份有限公司	0	0	0	0
北京建工国际建设工程有限责任公司	9 645	0	0	0
北京泛华新兴体育发展有限公司	0	0	0	0
北京地矿工程建设有限责任公司	51	18	0	0
国都建设（集团）有限公司	0	6 955	0	0
中凯国际工程有限责任公司	0	0	0	0

2010年中国对外承包工程、劳务合作业务分企业统计表（续）

单位：万美元

企业名称	对外承包工程		对外劳务合作	
	新签合同额	完成营业额	新签合同额	完成营业额
金诚信矿业建设集团有限公司	0	2 626	0	0
中铁电气化局集团有限公司	10 097	448	0	0
北京鑫裕盛船舶管理有限公司	0	0	8	2 160
北京市市政工程设计研究总院	0	2	0	0
中交水运规划设计院有限公司	420	507	0	0
中国对外友好合作服务中心	0	0	668	72
北京城建集团有限责任公司	2 296	3 776	0	1 372
北京宏福建工集团有限公司	0	11 260	0	0
北京嘉寓门窗幕墙股份有限公司	0	972	0	0
中昊海外建设工程有限公司	42 958	6 678	0	0
燕兴基业（北京）国际科贸有限责任公司	0	0	0	0
北京房地集团有限公司	632	596	0	0
北京华远富邦船舶企业管理有限公司	0	0	139	89
北京城建安装工程有限公司	0	0	0	0
北京六建集团有限责任公司	6 230	6 398	0	0
北京首华建设经营有限公司	731	673	0	0
北京外企服务集团有限责任公司	0	0	33 050	33 050
北京住总集团有限责任公司	5 513	2 364	0	0
中蓝国际化工有限公司	0	0	0	0
中国友发国际工程设计咨询公司	1 347	1 787	0	0
天津市	**173 753**	**245 205**	**6 486**	**3 702**
中远散货运输有限公司	0	0	3 329	1 047
铁道第三勘察设计院集团有限公司	690	769	0	0
中国天辰工程有限公司	22 150	15 158	0	0
天津海河国际劳务工程公司	0	0	369	187
天津港海员对外技术服务有限责任公司	0	0	0	0
天津水泥工业设计研究院有限公司	25 436	55 658	0	0
中冶天工集团有限公司	16 339	13 407	0	0
天津中信境外就业服务有限公司	0	0	360	92
天津市外国企业专家服务有限公司	0	0	0	0
天津众力杰境外就业服务有限公司	0	0	0	0
天津亿利达境外就业服务有限公司	0	0	220	150
天津大港油田集团工程建设有限责任公司	0	15 304	0	0
天津市建工工程总承包有限公司	0	2 800	0	0
海洋石油工程股份有限公司	2 237	9 398	0	0
中海油田服务股份有限公司	26 534	26 534	0	0
中材节能股份有限公司	2 819	3 628	0	0
北方国际集团有限公司	0	0	0	0
中国石油集团渤海钻探工程有限公司	18 440	16 038	0	0
中交第一航务工程勘察设计院有限公司	1 183	886	0	0
天津市化工设计院	72	51	0	0

2010 年中国对外承包工程、劳务合作业务分企业统计表（续）

单位：万美元

企业名称	对外承包工程		对外劳务合作	
	新签合同额	完成营业额	新签合同额	完成营业额
中水北方勘测设计研究有限责任公司	388	428	0	0
天津二十冶建设有限公司	0	197	0	0
中国石化集团第四建设公司	0	1 787	0	0
天津华勘集团有限公司	2 550	832	0	0
天津电力建设公司	0	9 194	0	0
天津和平建工集团建筑工程有限公司	0	0	0	0
中国天津国际经济技术合作集团公司	1 104	414	2 189	2 204
天津市管道工程集团有限公司	0	29	0	0
天津机械设备进出口公司	0	0	0	0
天津机械进出口有限公司	8 750	924	0	0
天津市天海集团有限公司	0	0	19	22
大港油田集团有限责任公司	0	0	0	0
中国水电基础局有限公司	0	391	0	0
中铁十八局集团有限公司	45 061	71 378	0	0
河北省	**294 596**	**285 351**	**3 661**	**2 823**
华北有色工程勘察院有限公司	0	1 134	0	0
中国石油天然气管道工程有限公司	34 738	33 823	0	0
河北省水利水电勘测设计研究院	0	0	0	0
廊坊开发区中油龙慧自动化工程有限公司	0	0	0	0
廊坊中油朗威工程项目管理有限公司	211	131	0	0
沧州市对外经济技术合作有限公司	0	0	719	762
中国石油集团东方地球物理勘探有限责任公司	91 955	107 494	0	0
河北省圣仑进出口集团公司	0	0	84	14
河北建设集团有限公司	2 264	587	0	0
秦皇岛工秦国际人才交流有限公司	0	0	504	504
中国二十二冶集团有限公司	5 741	11 692	0	0
河北省电力勘测设计研究院	0	505	0	0
河北省水利工程局	2 668	433	0	0
河北路桥集团有限公司	40	40	0	0
河北省电力建设第二工程公司	0	0	0	0
秦皇岛国际经济技术合作公司	3 470	812	110	5
中国石油天然气管道通信电力工程总公司	3 522	3 033	0	0
承德对外经济合作公司	0	0	32	3
河北辛建建设集团有限公司	0	0	0	0
中国化学工程第十三建设有限公司	3 385	241	0	0
保定国际经济技术合作公司	0	0	0	0
河北港口集团有限公司	0	2	0	0
冀东发展集团有限责任公司	0	210	0	0
河北省芦台农场	0	0	0	0
中材建设有限公司	13 925	42 461	0	0
河北海外工程总公司	0	0	0	0

2010 年中国对外承包工程、劳务合作业务分企业统计表（续）

单位：万美元

企业名称	对外承包工程		对外劳务合作	
	新签合同额	完成营业额	新签合同额	完成营业额
保定东方境外就业技术合作有限公司	0	0	0	0
沧州市国际经济技术合作有限公司	0	0	0	59
保定市万国出入境服务有限公司	0	0	0	0
华都国际建设集团有限公司	0	0	0	0
衡水燕南国际经济技术合作有限公司	0	0	12	12
河北光金国际经济技术合作有限公司	0	0	784	5
邯郸中材建设有限公司	0	1 597	0	0
唐山钢铁设计研究院有限公司	0	338	0	0
衡水国际经济合作有限责任公司	0	0	0	0
河北圣泽基境外劳动就业有限公司	0	0	44	4
河北远洋运输集团股份有限公司	0	0	1 184	1 184
河北省宏远国际经贸集团公司	174	54	77	127
北方设计研究院	53	43	0	0
石家庄天海国际经济技术合作有限责任公司	0	0	111	111
河北建工集团有限责任公司	0	2 030	0	33
华北石油管理局	0	0	0	0
中国石油天然气管道局	132 450	78 691	0	0
山西省	**47 517**	**71 999**	**662**	**229**
中化二建集团有限公司	0	0	0	0
山西省电力公司电力建设三公司	0	2 772	0	0
山西省地矿建设工程总公司	0	0	0	0
中铁十七局集团有限公司	5 028	19 925	0	0
太原路桥建设有限公司	0	0	0	0
中铁三局集团有限公司	0	4 583	0	0
山西省天利实业有限公司	0	0	0	196
山西省第二地质工程勘察院	0	0	0	0
中铁十七局集团电气化工程有限公司	10 835	4 409	0	0
中铁建电气化局集团第二工程有限公司	0	0	0	0
山西天利经济合作交流中心（有限公司）	0	0	0	2
山西康博人才就业服务有限公司	0	0	612	21
山西建筑工程（集团）总公司	21 047	3 307	0	0
大同煤矿集团有限责任公司	0	600	0	0
赛鼎工程有限公司	0	98	0	0
晋铝建设有限公司	332	462	0	0
太原市国际经济技术合作公司	0	0	0	0
中铁十二局集团有限公司	0	34 643	0	0
山西路桥建设集团有限公司	0	0	0	0
山西六建集团有限公司	10 275	1 000	0	0
中国山西国际经济技术合作公司	0	200	50	10
内蒙古自治区	**681**	**3 159**	**391**	**98**
中国内蒙古国际经济技术合作公司	0	0	0	0

2010年中国对外承包工程、劳务合作业务分企业统计表（续）

单位：万美元

企业名称	对外承包工程		对外劳务合作	
	新签合同额	完成营业额	新签合同额	完成营业额
二连国际经济技术合作有限公司	0	0	98	0
陈巴尔虎旗天成边境贸易有限责任公司	0	0	0	0
内蒙古义龙建设（集团）有限责任公司	0	0	12	10
满洲里市驰御经贸有限责任公司	0	0	5	0
满洲里东扬经贸有限责任公司	0	0	0	0
中冶东方工程技术有限公司	681	1 937	0	0
满洲里国际经济技术合作有限公司	0	0	276	88
中国内蒙古森林工业集团有限责任公司	0	1 222	0	0
赤峰国际经济技术合作有限公司	0	0	0	0
中铁六局集团呼和浩特铁路建设有限公司	0	0	0	0
辽宁省	**172 372**	**132 250**	**24 178**	**21 651**
辽宁四方国际合作有限公司	0	0	920	450
辽宁省机电设备成套有限公司	0	0	0	0
特变电工沈阳变压器集团有限公司	16 153	1 000	0	0
沈阳力达境外就业服务有限公司	0	0	0	204
沈阳盛通境外就业服务有限公司	0	0	77	80
辽宁北方国际劳务服务有限公司	0	0	4	4
辽宁力拓国际经济技术合作有限公司	0	0	8	8
朝阳北方重型机械有限公司	0	160	0	0
抚顺万方境外就业交流有限公司	0	0	0	0
中国水电建设集团辽宁工程局有限公司	0	3 064	0	0
营口国际经济技术合作公司	0	0	0	1
日林建设集团有限公司	4 780	2 359	92	70
鞍山九建工程有限公司	0	0	0	0
辽宁外贸食品海运有限公司	0	0	33	22
辽宁省建筑设计研究院项目管理咨询公司	93	85	0	0
沈阳丰泽国际交流有限公司	0	0	23	23
沈阳海外建设集团有限公司	0	0	0	0
沈阳对外经济建设有限公司	2 015	440	107	242
沈阳远大铝业工程有限公司	71 969	27 545	0	0
辽宁邮电规划设计院有限公司	0	0	0	0
丹东国际经济技术合作有限公司	0	0	0	14
辽宁省国际交流中心	0	0	56	86
营口三诚国际合作有限公司	0	0	100	43
辽宁迈克集团股份有限公司	2 052	913	36	36
辽宁利德国际劳务交流有限公司	0	0	0	0
抚顺对外建设经济合作（集团）股份有限公司	0	636	0	123
中国鞍山国际经济技术合作公司	0	0	126	420
辽宁慧缘国际合作有限公司	0	0	21	39
沈阳国际经济技术合作有限公司	0	0	0	315
辽宁国贸经济技术合作有限公司	0	0	0	340

2010 年中国对外承包工程、劳务合作业务分企业统计表（续）

单位：万美元

企业名称	对外承包工程		对外劳务合作	
	新签合同额	完成营业额	新签合同额	完成营业额
辽宁精英网络管理信息系统有限公司	0	0	314	20
辽宁境外就业咨询服务有限公司	0	0	0	0
中石油东北炼化工程有限公司	0	0	0	0
辽宁方日国际交流合作有限公司	0	0	0	0
桓仁满族自治县环球经济合作有限公司	0	0	92	0
辽宁省国际经济技术合作集团有限责任公司	1 591	1 120	1 734	1 712
北方国际电力工业有限公司	0	460	0	0
辽宁帝立国际商贸发展有限公司	0	0	33	0
辽宁虹顺对外劳务合作有限公司	0	0	0	0
本溪大成境外就业服务有限公司	0	0	146	19
中国三冶集团有限公司	0	375	0	0
鞍钢集团国际经济贸易公司	3 089	3 089	0	0
中铁九局集团有限公司	0	11 961	0	0
沈阳市工程监理咨询有限公司	220	419	0	0
铁岭市国际经济技术合作公司	0	0	202	70
辽河石油勘探局	0	1 073	0	0
辽阳市境外就业交流有限公司	0	0	0	218
辽阳国际经济技术合作公司	0	0	1 087	221
辽宁境外发展服务有限公司	0	0	0	0
辽宁金帝建工集团有限责任公司	0	883	0	0
辽宁国际建设工程集团有限公司	0	0	0	0
辽宁华曦集团公司	0	0	49	103
辽宁成大股份有限公司	0	0	0	0
辽宁国际事务发展有限公司	0	0	0	0
辽宁时代万恒控股集团有限公司	0	0	0	0
中粮辽宁粮油进出口公司	0	0	0	0
抚顺惠工境外就业交流有限公司	0	0	0	0
中冶焦耐工程技术有限公司	0	3 535	0	0
辽宁华邦境外就业服务有限公司	0	0	124	85
铁岭海外交流境外就业服务有限公司	0	0	327	409
沈阳外企境外就业服务有限公司	0	0	6	12
沈阳智成境外就业服务有限公司	0	0	24	24
锦州北斗国际经济合作有限公司	0	0	208	0
辽宁森特境外就业服务有限公司	0	0	0	0
北方重工集团有限公司	19 749	0	0	0
辽宁省水利水电勘测设计研究院	256	59	0	0
鞍钢建设集团有限公司	4 055	4 055	0	0
中国沈阳国际经济技术合作公司	13 498	6 336	1 015	1 174
沈阳海外建设集团有限公司	0	0	0	0
沈阳远大铝业集团有限公司	0	14	0	0
沈阳北方建设股份有限公司	1 267	1 267	0	0

2010年中国对外承包工程、劳务合作业务分企业统计表（续）

单位：万美元

企业名称	对外承包工程		对外劳务合作	
	新签合同额	完成营业额	新签合同额	完成营业额
其中：大连市	**31 585**	**61 402**	**17 214**	**15 064**
大连船舶工业公司（集团）	0	0	671	518
大连船舶重工集团有限公司	0	8 650	0	0
中智（大连）对外服务有限公司	0	0	365	553
大连经济技术开发区金山水产有限公司	0	0	0	0
大连华锐重工国际贸易有限公司	1 931	2 064	0	0
中国成套设备进出口大连公司	0	0	288	264
大连新达纺织品进出口有限公司	0	0	431	16
辽宁省大连海洋渔业集团公司	0	0	730	310
大连经济技术开发区劳务有限公司	0	0	26	22
大连黎明国际劳务合作有限公司	0	0	169	7
大化国际经济贸易公司	0	0	0	0
大连港宏国际经济技术合作有限公司	0	0	36	36
大连冰山集团有限公司	515	608	0	0
大连华南国际经济技术合作公司	0	0	519	733
中国大连国际合作（集团）股份有限公司	0	5 890	7 659	7 020
大连三阳渔业有限公司	0	0	11	0
大连三川建设集团股份有限公司	0	0	0	0
大连通达货运有限公司	0	0	0	0
大连筑成建设集团有限公司	0	0	0	0
大连天德泰境外就业服务有限公司	0	0	0	0
大连新世界境外就业服务有限公司	0	0	156	85
辽宁同宏达国际经济技术合作有限公司	0	0	77	82
大连海富境外就业服务有限公司	0	0	12	20
辽宁天城境外就业服务有限公司	0	0	0	0
大连新桥境外就业服务有限公司	0	0	203	16
大连通产经济技术交流有限公司	0	0	232	99
大连勇真国际劳务有限公司	0	0	119	61
大连新干线境外就业服务有限公司	0	0	12	4
大连市普兰店北方境外职业交流有限公司	0	0	94	13
大连天邦劳务服务有限公司	0	0	15	0
大连筑成建设国际经济合作有限公司	0	0	76	62
大连同仁国际合作有限公司	0	0	0	0
大连金辰国际合作有限公司	0	0	128	33
大连恒山国际合作有限公司	0	0	372	674
大连万国国际经济合作有限公司	0	0	11	11
大连万顺达国际物流有限公司	0	0	199	76
大连通远对外劳务合作有限公司	0	0	68	2
大连好来屋国际合作有限公司	0	0	28	82
大连国合盛达森国际工程承包有限公司	6 941	3 425	0	0
大连邦盛发展有限公司	0	0	0	0

2010年中国对外承包工程、劳务合作业务分企业统计表（续）

单位：万美元

企业名称	对外承包工程		对外劳务合作	
	新签合同额	完成营业额	新签合同额	完成营业额
大连华瑞国际经济技术合作有限公司	0	0	100	114
大连新华国际经济合作有限公司	0	0	177	182
大连经济技术开发区五环国际劳务合作有限公司	0	0	807	647
大连兰格国际经济技术合作有限公司	0	0	91	112
大连华龙国际劳务合作有限公司	0	0	304	726
大连重工起重集团有限公司	5 367	3 863	0	0
大连盛和国际货运有限公司	0	0	25	71
大连华世国际经济技术合作有限公司	0	0	186	74
大连阿达尼船务有限公司	0	0	0	0
大连中服对外经济贸易有限公司	0	0	84	11
辽宁国际技术服务有限公司	0	0	336	66
大连远洋对外劳务合作有限公司	0	0	1 199	1 138
大连达瑞境外就业服务有限公司	0	0	0	0
大连荣鹤劳务合作有限公司	0	0	246	365
大连吉瑞国际劳务合作有限公司	0	0	0	0
大连鑫泉科教咨询有限公司	0	0	0	0
大连三铃经济合作有限公司	0	0	18	5
大连奔腾经济技术合作有限公司	0	0	431	149
中国大连国际经济技术合作集团有限公司	12 954	35 582	249	354
大杨集团有限责任公司	0	0	91	76
大连西姆五矿有限公司	3 877	1 320	0	0
大连建工国际合作有限公司	0	0	27	72
大连五洲国际人才派遣有限公司	0	0	74	79
大连华成境外就业服务有限公司	0	0	62	24
吉林省	**38 178**	**26 364**	**18 004**	**30 857**
吉林省轻工业品进出口公司	0	0	0	0
吉林省高等级公路工程有限责任公司	0	0	0	0
中国吉林国际经济技术合作公司	0	0	0	0
中国电力工程顾问集团东北电力设计院	0	0	0	0
吉林省对外经济贸易有限公司	0	0	2 589	610
吉林建工集团有限公司	0	0	0	0
吉林省农业对外经济技术合作公司	0	0	1 550	942
中水东北勘测设计研究有限责任公司	13	9	0	0
长春普晨实业有限公司	0	0	113	113
华煤集团有限公司	7 200	820	0	0
长春建工集团有限公司	0	0	0	0
长春市境外就业服务有限公司	0	0	300	800
吉林新润对外经济贸易合作有限公司	0	0	500	454
吉林市天兴国际贸易有限公司	0	0	0	0
吉林省长白经济开发区远东工贸有限公司	0	0	150	146
长春市境外劳务人才培训储备服务中心	0	0	992	619

2010年中国对外承包工程、劳务合作业务分企业统计表（续）

单位：万美元

企业名称	对外承包工程		对外劳务合作	
	新签合同额	完成营业额	新签合同额	完成营业额
吉林省创业经济合作有限公司	0	0	750	2 100
长春对外经济技术合作有限公司	0	0	0	4 924
长春国际经济技术合作公司	0	0	0	0
吉林省海外经济技术合作有限公司	0	0	150	2 655
长春星宇集团股份有限公司	0	0	0	0
吉林省朗天嘉际对外经济合作有限公司	0	0	0	0
吉林省世茂对外经济技术合作有限公司	0	0	0	21
吉林省对外人才技术交流有限责任公司	0	0	306	307
吉林省程宇对外经贸有限公司	0	0	0	719
吉林信隆对外商贸有限公司	0	0	230	75
吉林市东晨境外就业有限公司	0	0	722	220
吉林明洋境外就业有限公司	0	0	5	112
吉林省平安境外就业服务有限公司	0	0	138	68
吉林省华晟商务有限公司	0	0	0	0
吉林吉利境外职业技能开发有限公司	0	0	1 078	972
吉林省天旨经济技术合作有限公司	0	0	16	658
吉林省芳州对外经济技术合作有限公司	0	0	0	0
吉林省对外经济合作有限公司	0	0	0	0
松原市国际经济技术合作有限公司	0	0	1 600	279
吉林省华融经贸有限公司	0	0	0	70
吉林省世和国际经济技术合作有限公司	0	0	2 943	43
吉林省三龙对外经贸有限公司	0	0	180	475
延边美通国际经济贸易合作有限公司	0	0	0	12
吉林冶建有限公司	800	80	1 200	277
吉林天宇建设集团股份有限公司	430	1 128	0	0
白城市第一建筑工程总公司	0	0	0	0
四平市国信对外经济技术合作有限公司	0	0	0	0
中国水利水电第一工程局有限公司	0	178	0	0
吉林市第一建筑工程有限责任公司	0	0	0	0
中油吉林化建工程有限公司	15 613	7 008	0	0
吉林省送变电工程公司	4 255	4 500	0	0
吉林国际人才技术交流公司	0	0	942	983
吉林省对外合作发展公司	0	0	0	553
吉林省国际人才技术合作有限公司	0	0	0	554
通化金宝国际经济技术合作有限公司	0	0	500	2 443
吉林石油集团有限责任公司	0	10 668	0	0
吉林建设开发集团公司	0	0	0	0
吉林省兴业国际有限公司	0	0	15	2
吉林海天国际劳务合作有限公司	0	0	200	3 657
吉林省万洋出国服务有限公司	0	0	0	144
延边大洋国际经济技术合作有限公司	0	0	0	2 074

2010 年中国对外承包工程、劳务合作业务分企业统计表（续）

单位：万美元

企业名称	对外承包工程		对外劳务合作	
	新签合同额	完成营业额	新签合同额	完成营业额
延边国际经济技术合作有限公司	0	0	3	1 166
延边海外经济技术合作有限公司	0	0	0	483
长春建设股份有限公司	0	320	0	0
吉林市国际经济技术合作有限公司	0	0	197	34
吉林省吉富境外人才交流有限公司	0	0	85	24
吉林省中天对外经济技术合作有限公司	0	0	500	524
吉林省金田人力资源有限公司	0	0	0	346
延边出国人员培训院	0	0	50	199
吉林省交通建设集团有限公司	0	0	0	0
中铁十三局集团有限公司	9 867	1 653	0	0
吉林省工程建设有限公司	0	0	0	0
黑龙江省	**17 601**	**105 093**	**2 696**	**1 959**
黑龙江边境小额贸易企业	0	0	0	0
中国黑龙江国际经济技术合作公司	947	3 204	277	463
黑龙江省瑞驰建设公司	0	0	0	35
黑龙江祥业国际经济技术合作有限公司	0	0	48	239
中国哈尔滨国际经济技术合作公司	0	0	0	0
大庆石油国际工程公司	7 536	5 686	0	0
黑龙江省粮油食品进出口（集团）公司	0	0	0	0
黑龙江省火电第三工程公司	0	1 038	0	0
哈尔滨电站工程有限责任公司	0	88 609	0	0
哈尔滨市第二建筑工程公司	0	0	0	0
黑龙江诚通人才交流服务有限公司	0	0	0	50
东宁县宏达国际物流有限公司	0	0	0	0
嘉荫县华新工贸有限责任公司	0	0	199	292
嘉荫县欧邦德木业有限公司	0	0	86	10
黑河市仕隆经贸有限责任公司	0	0	0	0
东宁吉信工贸（集团）有限责任公司	0	0	0	0
黑河市鸿鹏经贸有限公司	0	0	0	0
鸡西市润乾商贸有限公司	0	0	32	17
黑龙江省兴邦国际资源投资股份有限公司漠河分公司	0	0	0	0
黑龙江越海国际经济技术合作有限公司	0	0	136	21
龙建路桥股份有限公司	9 118	6 556	0	0
黑龙江电信国脉工程股份有限公司	0	0	0	0
黑龙江省宝泉岭农垦远东农业开发有限公司	0	0	0	0
东宁县宏达经济贸易公司	0	0	0	0
绥芬河市成业经贸有限公司	0	0	536	329
萝北县腾鹤经贸有限公司	0	0	0	0
黑龙江金山峰经济技术合作有限公司	0	0	0	0
漠河阿木尔森永经济贸易有限责任公司	0	0	0	0
黑龙江国际工程技术合作集团股份有限公司	0	0	0	0

2010 年中国对外承包工程、劳务合作业务分企业统计表（续）

单位：万美元

企业名称	对外承包工程		对外劳务合作	
	新签合同额	完成营业额	新签合同额	完成营业额
绥芬河龙江商联进出口有限公司	0	0	0	0
绥芬河市宝国经贸有限责任公司	0	0	0	0
大庆油田有限责任公司	0	0	0	0
黑龙江省华诚国际经济技术合作集团有限公司	0	0	0	0
海林市大运国际经济技术合作有限公司	0	0	0	0
嘉荫县华泰经济贸易有限责任公司	0	0	808	0
牡丹江对外经济技术合作有限公司	0	0	0	0
逊克县财源经贸有限责任公司	0	0	0	0
绥芬河市鸿雁经贸有限责任公司	0	0	0	0
饶河县金库经贸有限责任公司	0	0	0	0
黑龙江弘博国际经济技术合作有限公司	0	0	223	223
同江市龙健经济贸易有限责任公司	0	0	0	0
东宁华信经济贸易有限责任公司	0	0	351	280
上海市	**1 010 276**	**689 616**	**56 701**	**64 547**
上海中洋境外就业服务有限公司	0	0	0	0
上海申工境外就业服务有限公司	0	0	0	3
上海才华境外就业服务有限公司	0	0	328	517
中海国际船舶管理有限公司	0	0	43 384	3 923
中国二十冶集团有限公司	2 262	10 117	0	0
中国铁路通信信号上海工程集团有限公司	5 640	2 082	0	0
中国航空技术上海有限公司	0	1 798	0	0
上海海程经贸有限公司	0	0	419	473
上海服装（集团）有限公司	0	0	0	0
华东建筑设计研究院有限公司	187	25	0	0
上海久隆电力（集团）有限公司	162	86	0	0
中交上海航道局有限公司	3 367	2 522	0	0
上海建工（集团）总公司	155 629	161 179	0	0
上海隧道工程股份有限公司	0	11 868	0	0
上海大通国际商务服务有限公司	0	0	58	61
上海市机械设备成套（集团）有限公司	7 714	7 714	0	0
长江经济联合发展（集团）股份有限公司	0	0	0	0
中国海底电缆建设有限公司	0	0	0	0
上海核工程研究设计院	0	0	0	0
上海邮电设计咨询研究院有限公司	0	167	0	0
上海电信工程有限公司	0	0	0	0
上海黄浦对外经济技术合作有限公司	0	0	6	84
上海育海航运公司	0	0	0	0
中国电力工程顾问集团华东电力设计院	0	0	0	0
上海华谊集团建设有限公司	660	660	0	0
东方国际集团对外经济技术合作有限公司	0	0	0	12
中国海诚工程科技股份有限公司	0	1 918	0	0

2010年中国对外承包工程、劳务合作业务分企业统计表（续）

单位：万美元

企业名称	对外承包工程		对外劳务合作	
	新签合同额	完成营业额	新签合同额	完成营业额
上海勘测设计研究院	0	25	0	0
中国石化集团上海工程有限公司	0	0	0	0
上海市城市建设设计研究院	0	47	0	0
上海市隧道工程轨道交通设计研究院	0	0	0	0
中国核工业第五建设公司	0	1 807	0	0
上海市崇明县对外经济技术发展有限公司	0	0	0	0
上海青浦外经国际劳务有限公司	0	0	0	0
上海金山外经国际劳务有限公司	0	0	0	0
上海建筑设计研究院有限公司	63	35	0	0
上海万谷境外就业服务有限公司	0	0	1 548	616
上海浦东新区国际经济技术合作有限公司	0	0	0	0
上海扬子江建设（集团）有限公司	1 140	610	0	310
上海神工环保股份有限公司	0	0	0	0
上海城建（集团）公司	7 846	7 026	0	0
上海杰思工程实业有限公司	1 528	537	0	0
上海 ABB 工程有限公司	9 164	9 164	0	0
上海中远川崎重工钢结构有限公司	2 938	2 219	0	0
上海新桥境外就业服务有限公司	0	0	8	0
上海环球境外就业服务有限公司	0	0	0	0
上海宇振境外就业服务有限公司	0	0	124	124
上海境外就业服务有限公司	0	0	0	0
中曼石油天然气集团有限公司	12 704	1 563	0	0
上海外经贸人力资源有限公司	0	0	255	0
上海长发对外经济合作有限公司	0	0	0	0
上海雯迪对外劳务合作有限公司	0	0	91	91
上海宝冶集团有限公司	5 930	10 215	0	0
上海电气集团股份有限公司	344 374	104 234	0	0
正泰电气股份有限公司	4 435	3	0	0
上海诚信境外就业服务有限公司	0	0	765	1 001
上海外经境外就业服务有限公司	0	0	0	0
上海汉森投资发展有限公司	0	0	0	0
伯利休斯（上海）工程技术有限公司	5 690	5 690	0	0
上海力进铝质工程有限公司	0	0	0	0
中国船舶工业集团公司	12 319	12 319	0	0
中冶成工上海五冶建设有限公司	73 565	12 057	0	0
上海现代建筑设计（集团）有限公司	174	77	0	0
上海中波国际船舶管理有限公司	0	0	1 260	1 151
上海远洋对外劳务有限公司	0	0	963	5 703
上海美建钢结构有限公司	1 883	1 868	0	0
上海宝信软件股份有限公司	707	681	0	0
宝钢钢构有限公司	8 485	1 533	0	0

2010 年中国对外承包工程、劳务合作业务分企业统计表（续）

单位：万美元

企业名称	对外承包工程		对外劳务合作	
	新签合同额	完成营业额	新签合同额	完成营业额
上海贝尔股份有限公司	166 363	118 919	0	0
上海振华重工（集团）股份有限公司	155 030	161 561	0	0
宝钢工程技术集团有限公司	264	1 157	0	0
上海市政工程设计研究总院	36	34	0	0
中船第九设计研究院工程有限公司	568	339	0	0
上海外高桥地质工程有限公司	480	310	0	0
上海海洋石油局第一海洋地质调查大队	476	476	0	0
上海三航奔腾建设工程有限公司	0	3 050	0	0
上海龙元建设工程有限公司	0	547	0	0
上海电力安装第一工程公司	0	0	0	0
上海市园林工程有限公司	462	102	0	0
上海欣达电梯工程有限公司	285	285	0	0
上海建筑装饰（集团）有限公司	0	0	0	0
上海电气输配电工程成套有限公司	1 105	7 929	0	0
中国成套设备进出口上海公司	0	0	302	582
上海轻纺工业对外经济技术合作有限公司	0	0	128	773
中国华源集团有限公司	0	0	0	0
上海电气（集团）总公司	0	6 586	0	0
上海对外劳务经贸合作有限公司	0	0	2 428	2 458
中国上海外经（集团）有限公司	12 506	4 227	1 382	3 795
上海市对外服务有限公司	0	0	3 252	42 695
华东送变电工程公司	0	1 552	0	0
上海水产（集团）总公司	0	0	0	175
中铁二十四局集团有限公司	0	0	0	0
中国建材国际工程集团有限公司	4 135	5 831	0	0
中电投电力工程有限公司	0	4 865	0	0
江苏省	**544 726**	**516 738**	**80 378**	**76 976**
常林股份有限公司	3 610	3 552	0	0
南京交通工程有限公司	17 404	3 026	0	0
中煤第五建设有限公司	3 966	3 651	0	0
苏州国际经济技术合作有限公司	0	0	498	153
苏州二建建筑集团有限公司	0	0	0	0
苏州园林发展股份有限公司	103	20	0	0
江苏恒通建设工程有限公司	6 000	3 000	0	0
江苏华能建设工程集团有限公司	1 586	1 106	0	0
江苏天目建设集团有限公司	1 155	1 128	0	0
金坛国际经济技术合作公司	0	0	0	66
金坛市建昌建筑安装工程有限公司	0	0	2 030	900
江苏省华建建设股份有限公司	3 711	2 500	0	0
宿迁国际经济技术合作有限公司	0	0	2 107	2 368
宿迁市建设工程（集团）有限公司	0	0	0	0

2010 年中国对外承包工程、劳务合作业务分企业统计表（续）

单位：万美元

企业名称	对外承包工程		对外劳务合作	
	新签合同额	完成营业额	新签合同额	完成营业额
启东市八方劳务经济技术有限公司	0	0	261	6
泰州市第七建筑安装工程公司	0	0	534	1 308
江苏科林集团有限公司	1 308	492	0	0
科林环保装备股份有限公司	1 538	1 618	0	0
正太集团有限公司	8 326	6 015	0	0
徐州飞虹网架（集团）有限公司	1 150	1 400	0	0
徐州中煤钢结构建设有限公司	600	850	0	0
海澜国际贸易有限公司	0	0	319	310
江苏南通六建建设集团有限公司	11 069	12 762	0	6 096
南通中远川崎船舶工程有限公司	0	0	0	0
中国中材国际工程股份有限公司	59 840	81 580	0	0
盐城经纬国际集团有限公司	0	0	0	355
江苏广宇建设集团有限公司	4 100	2 374	0	0
江苏大都建设工程有限公司	0	27	0	0
江苏五洲对外劳务合作有限公司	0	0	3 712	973
江苏江都建设集团有限公司	6 495	5 993	101	457
江苏建业建设集团有限公司	0	659	0	0
江苏盐城二建集团有限公司	0	1 324	0	0
南通兴江建建安集团有限公司	1 194	680	0	0
江苏省日兴境外就业服务有限公司	0	0	410	421
江苏鑫宇装饰有限公司	1 522	1 446	0	0
江苏国泰国际集团国贸股份有限公司	0	0	2 038	2 294
常熟古建园林建设集团有限公司	278	385	0	0
徐州运成建设（集团）有限公司	250	300	0	0
江苏火花钢结构集团有限公司	1 700	1 750	0	0
无锡天亿国际贸易有限公司	0	0	24	85
泰州市鸿昊建设工程有限公司	0	0	0	180
南通汇川境外就业服务有限公司	0	0	214	66
江苏中澜境外就业服务有限公司	0	0	2 620	1 275
南京爱立信熊猫通信有限公司	1 990	1 990	0	0
江苏省江建集团有限公司	1 534	137	0	0
江苏江都安装工程有限公司	0	190	0	0
江苏原野建筑安装工程有限公司	1 250	6 047	0	0
常州宝菱重工机械有限公司	4 024	3 217	0	0
江苏华艺装饰工程有限公司	0	40	0	0
江苏盐城水利建设有限公司	0	56	0	0
苏州园林设计院有限公司	166	15	0	0
江苏省地质工程勘察院	603	603	0	0
江苏连云港地质工程勘察院	0	0	0	0
中核华誉工程有限责任公司	0	180	0	0
南通苏中建设有限公司	3 485	1 967	0	0

2010年中国对外承包工程、劳务合作业务分企业统计表（续）

单位：万美元

企业名称	对外承包工程		对外劳务合作	
	新签合同额	完成营业额	新签合同额	完成营业额
常熟建工建设集团有限公司	6 635	3 075	0	0
常熟国际经济技术合作有限责任公司	0	0	236	261
江苏金土木建设集团有限公司	115	519	0	0
苏州东吴国际经济技术合作有限公司	0	0	66	119
无锡中正锅炉有限公司	79	79	0	0
红豆集团有限公司	0	0	0	151
中煤国际工程集团南京设计研究院	697	122	0	0
江苏金厦建设集团有限公司	1 126	640	0	0
春兰（集团）公司	1 440	2 420	0	0
镇江华星国际贸易集团有限公司	0	0	0	38
镇江国际经济技术合作有限公司	1 700	2 817	332	220
镇江市对外贸易集团公司	0	0	0	397
中交二航局第三工程有限公司	45 770	16 527	0	0
镇江建工建设集团有限公司	1 206	3 855	0	0
锦宸集团有限公司	7 265	8 367	0	0
江苏牧羊集团有限公司	0	660	0	0
江苏邗建集团有限公司	1 800	2 352	0	628
扬州市苏中安装防腐有限公司	0	5	0	0
泰兴市第一建筑安装工程有限公司	0	1 060	0	0
扬州市富扬对外经济贸易有限公司	0	0	1 395	1 364
中机环建建设工程有限公司	0	215	0	0
中国扬州国际经济技术合作有限公司	0	0	0	285
江苏国安建筑安装工程有限公司	0	305	0	0
盐城市天虹建设集团有限公司	0	305	0	0
江苏中厦集团有限公司	0	210	0	0
盐城国际经济技术合作公司	0	0	1 170	708
江苏建兴建工集团有限公司	0	390	0	0
江苏金建建设集团有限公司	2 701	2 714	0	0
涟水县建筑工程公司	0	0	0	0
江苏南通三建集团有限公司	9 072	18 969	150	2 675
江苏省宇通国际经济技术合作有限公司	0	0	1 481	258
南京对外经济合作有限公司	1 003	971	292	75
长江南京航道工程局	0	0	0	0
金城集团进出口有限公司	1 600	1 640	0	0
南京大地建设（集团）股份有限公司	5 336	9 817	0	0
中国石化集团南京工程有限公司	13 451	14 521	0	0
中交三航局第三工程有限公司	0	0	0	0
南京市住宅建设总公司	0	3 210	0	0
泰州市码也通信器材有限公司	0	0	550	200
江苏大汉建筑有限公司	100	50	0	0
江苏亿涛境外就业服务有限公司	0	0	293	197

2010年中国对外承包工程、劳务合作业务分企业统计表（续）

单位：万美元

企业名称	对外承包工程		对外劳务合作	
	新签合同额	完成营业额	新签合同额	完成营业额
江苏领驭境外就业服务有限公司	0	0	879	306
江苏中盛人力资源有限公司	0	0	1 866	570
泰兴市海外经济技术合作有限公司	0	0	366	220
江苏中海国际经济技术合作有限公司	0	0	1 092	2 672
无锡市对外友好服务中心	0	0	45	163
泰州海建建设工程有限公司	0	0	7 312	10 405
建湖县清华建筑工程劳务有限公司	0	0	0	405
江苏大唐明治境外就业有限公司	0	0	0	0
连云港国航经济技术合作有限公司	0	0	406	150
江苏常青对外经济合作有限公司	0	0	283	39
连云港沃的实业有限公司	0	0	82	71
江苏同创国际人力资源合作有限公司	0	0	767	628
徐州通域空间结构有限公司	2 000	2 300	0	0
南通云峰建筑安装工程有限公司	0	0	1 876	300
无锡国联华光电站工程有限公司	9 371	1 464	0	0
江苏苏兴建设工程有限公司	2 550	2 206	0	0
盐城市苏明外经合作有限公司	0	0	1 790	240
东海华夏国际经济合作有限公司	0	0	320	169
江苏友邦境外就业咨询服务有限公司	0	0	704	4 064
连云港陆桥国际经济技术合作有限公司	0	0	111	17
江苏省淮海建设集团有限公司	350	250	0	0
连云港兴业商务经纪有限公司	0	0	33	12
南京中兴软创科技股份有限公司	2 941	2 337	0	0
苏州中材建设有限公司	29 474	13 176	0	0
苏州金澄经济技术研究发展有限公司	0	0	2 490	1 380
连云港市东方国际经济技术合作有限公司	0	0	1 075	378
溧阳市新联劳务工程有限公司	0	0	1 193	705
中城建第二工程局集团有限公司	0	29	0	0
新誉集团有限公司	14 068	17 346	0	0
南京西普水泥工程集团有限公司	2 695	2 695	0	0
江苏鹏飞集团股份有限公司江苏	2 680	1 856	0	0
江苏恒远机械制造有限公司	0	1 224	0	0
江苏汉中建设集团有限公司	600	1 000	0	0
淮安金泰国际经济技术合作有限公司	0	0	842	1 254
江苏中兴建设有限公司	7 066	7 893	0	0
南京凯盛国际工程有限公司	800	800	0	0
江苏广宇建设集团有限公司	0	0	0	106
江苏远东海运有限公司	0	0	107	67
苏州市对外服务中心	0	0	30	21
江苏天宇建设工程有限公司	0	545	0	0
泰州市高港建筑安装工程有限公司	2 458	1 620	0	0

2010年中国对外承包工程、劳务合作业务分企业统计表（续）

单位：万美元

企业名称	对外承包工程		对外劳务合作	
	新签合同额	完成营业额	新签合同额	完成营业额
南京华特国际旅游交流服务有限公司	0	0	280	14
江苏天龙建设工程有限公司	0	0	0	1 538
江苏长安建设集团有限公司	0	0	0	0
南京鸿业建设工程有限公司	26	0	0	0
中地南通国际劳务合作有限公司	0	0	394	532
江苏省丹阳东方国际经济技术合作有限公司	0	0	119	516
无锡市大方对外劳务经贸合作有限公司	0	0	4 493	294
江阴市海联对外合作咨询有限公司	0	0	77	2
南通三箭烟塔工程有限公司	400	400	0	0
江苏淮阴建设工程集团有限公司	470	1 180	0	0
江苏通州四建集团有限公司	3 154	2 677	0	0
通州建总集团有限公司	8 104	7 110	0	0
南通四建集团有限公司	10 871	10 690	0	114
南通五建建设工程有限公司	3 381	6 193	4 039	1 383
江苏省苏中建设集团股份有限公司	676	595	0	1 827
江苏帝奥控股集团股份有限公司	0	0	2 000	350
南通帝奥国际经济技术合作有限公司	0	0	582	210
南通市经济技术开发区总公司	0	0	0	0
江苏天成建设工程有限公司	0	0	0	0
江苏中淮建设集团有限公司	2 465	1 307	0	0
江苏三兴建工集团有限公司	400	156	0	0
连云港市建筑工程公司	0	0	0	0
中蓝连海设计研究院	1 597	726	0	0
启东市对外经济技术合作有限公司	0	0	931	1 679
启东建筑集团有限公司	290	7 930	0	0
龙信建设集团有限公司	6 039	7 650	0	0
南通国际经济技术合作公司	0	0	1 398	1 844
南通远洋渔业有限公司	2 300	2 300	0	0
南通建筑工程总承包有限公司	0	1 796	0	0
南通建工集团股份有限公司	5 825	19 415	0	0
吴江市对外贸易有限公司	0	0	82	124
苏州香山古建园林工程有限公司	520	600	0	0
苏州国信集团有限公司	0	0	401	313
苏州进出口（集团）有限公司	0	360	243	35
徐州矿务集团有限公司	200	1 500	0	0
江苏省建筑工程集团有限公司	10 931	11 288	0	0
江苏省邮电建设工程有限公司	1 310	822	0	0
江苏神龙海洋工程有限公司	2 660	1 849	0	0
江苏省建工集团有限公司	12 398	300	6 024	1 830
中国石化集团江苏石油勘探局	800	6 150	0	0
江苏省水利建设工程有限公司	0	635	0	0

2010年中国对外承包工程、劳务合作业务分企业统计表（续）

单位：万美元

企业名称	对外承包工程		对外劳务合作	
	新签合同额	完成营业额	新签合同额	完成营业额
江苏省电力建设第一工程公司	0	54	0	0
江苏苏润建设集团有限公司	500	450	0	0
徐州市水利工程建设有限公司	0	0	0	0
江苏永业集团公司	200	100	0	0
徐州工程机械集团进出口有限公司	0	0	0	0
徐州国际经济技术合作有限公司	400	500	32	159
徐州市公路工程总公司	100	100	0	0
无锡国际经济技术合作公司	0	0	0	0
无锡华光电力工程有限公司	0	3 200	0	0
南京华夏天成建设有限公司	127	65	0	0
中国化学工程第十四建设有限公司	1 146	725	0	0
化学工业岩土工程有限公司	1 000	1 070	0	0
中铁大桥局集团第四工程有限公司	2 646	4 842	0	0
南京南瑞集团公司	0	0	0	0
江苏天地钢结构工程集团有限公司	300	100	0	0
江苏省对外交流公司	0	0	1 012	0
中国江苏国际经济技术合作公司	30 016	42 268	2 602	7 063
江苏省地质工程有限公司	498	543	0	0
中国核工业华兴建设有限公司	0	1 120	0	0
中国电子系统工程第二建设有限公司	2 297	372	0	0
南京南化建设有限公司	1 598	1 402	0	0
江苏省交通工程集团有限公司	0	4 780	0	0
江苏远洋运输有限公司	0	0	223	912
江苏水利外经公司	0	0	0	0
江苏省建设集团公司	14 061	10 667	200	538
江苏交通建设集团有限公司	54	27	0	0
江苏圣通建设工程有限公司	2 300	200	8 650	4 281
金坛建工集团有限公司	11 058	8 585	0	0
常州国际经济技术合作（集团）有限公司	0	0	840	984
常州市对外经济技术贸易（集团）公司	0	0	870	819
常州机械设备进出口有限公司	77	77	0	0
常州钢构建设工程有限公司	1 050	1 050	0	0
徐州东大钢结构建筑有限公司	200	150	0	0
南京纺织品进出口股份有限公司	0	0	384	384
江苏东恒国际集团有限公司	0	0	0	0
江苏建达建设股份有限公司	20 044	2 397	0	0
江苏永鼎股份有限公司	17 533	5 865	0	0
江苏长江机械化基础工程公司	1 211	986	0	0
江苏省海外企业集团有限公司	4 673	2 561	0	0
江苏沙钢集团有限公司	24 188	20 071	0	0
江苏省第一建筑安装有限公司	4 526	4 146	0	0

2010 年中国对外承包工程、劳务合作业务分企业统计表（续）

单位：万美元

企业名称	对外承包工程		对外劳务合作	
	新签合同额	完成营业额	新签合同额	完成营业额
浙江省	**241 543**	**275 057**	**4 563**	**16 019**
温州市境外劳务合作有限公司	0	0	220	262
舟山市鑫亚船舶修造有限公司	0	0	0	0
浙江万达建设集团有限公司	0	0	0	0
舟山海兴远洋渔业有限公司	0	0	32	251
台州平翔国际经济技术合作有限公司	0	0	222	146
嘉兴市百翎对外劳务合作有限公司	0	0	0	397
浙江海天建设集团有限公司	0	4 974	0	0
湖州金钉子对外经济交流服务有限公司	0	0	16	1
湖州市对外经济技术合作有限公司	0	0	0	278
浙江省兰溪欧亚对外劳务合作有限公司	0	0	198	52
中宇建设集团股份有限公司	588	412	0	0
中博建设集团有限公司	0	31 096	0	0
浙江浙大网新机电工程有限公司	5 653	2 863	0	0
浙江浙大网新集团有限公司	10 905	9 100	0	0
中天建设集团浙江安装工程有限公司	0	0	0	0
浙江宝业建设集团有限公司	410	174	0	0
浙江省对外服务公司	0	0	37	315
浙江鸿翔钢结构有限公司	225	225	0	0
浙江新鑫钢结构有限公司	655	150	0	0
浙江省正邦水电建设有限公司	0	934	0	0
浙江省水电建筑安装有限公司	1 748	6 505	0	0
浙江城建建设集团有限公司	10 646	10 271	0	0
浙江金华时代对外服务有限公司	0	0	187	1 112
杭州国际经济合作有限公司	0	0	150	405
绍兴国际经济技术合作有限公司	0	0	31	550
蓝天环保设备工程有限公司	3 580	2 150	0	0
舟山东方国际经贸有限公司	0	0	0	1 520
浙江省交通工程建设集团有限公司	0	3 904	0	0
浙江省远洋渔业集团股份有限公司	0	0	0	4
浙江中富建筑集团股份有限公司	931	1 038	0	0
浙江精工钢结构有限公司	723	3 179	0	0
杭州林森建设集团有限公司	1 348	559	0	0
潮峰钢构集团有限公司	0	29	0	0
浙江省建工建筑设计院有限公司	294	188	0	0
浙江华立国际发展有限公司	5 098	3 538	0	0
浙江中大对外经济技术合作有限公司	0	0	0	369
浙江振华外派劳务服务有限公司	0	0	329	89
绍兴市国际交流服务中心有限公司	0	0	132	10
浙江大地钢结构有限公司	1 908	201	0	0
杭州市交通工程集团有限公司	1 760	3 217	0	0

2010 年中国对外承包工程、劳务合作业务分企业统计表（续）

单位：万美元

企业名称	对外承包工程		对外劳务合作	
	新签合同额	完成营业额	新签合同额	完成营业额
浙江省电力设计院	1 904	1 017	0	0
浙江省水利水电勘测设计院	212	61	0	0
浙江省交通规划设计研究院	0	116	0	0
人民电器集团有限公司	16 830	0	0	0
杭州恒达钢构股份有限公司	1 411	100	0	0
杭州钱江电气集团股份有限公司	1 000	1 000	0	0
浙江省第一水电建设集团有限公司	2 074	953	0	0
舟山国际经济技术合作有限公司	0	0	0	199
宏远建设有限公司	441	0	0	0
宇杰建设集团有限公司	0	20	0	0
金厦建设集团有限公司	3 574	357	0	0
浙江省东阳第三建筑工程有限公司	4 065	6 806	0	0
中天建设集团有限公司	2 400	3 617	0	0
浙江金轮机电实业有限公司	3 284	3 005	0	0
晟元集团有限公司	4 101	433	0	0
浙江乔兴建设工程有限公司	1 800	300	0	0
嘉兴市对外经济技术合作有限公司	0	0	0	836
浙江越烽建筑有限公司	3 249	3 041	0	0
浙江海滨建设集团有限公司	0	650	0	0
华升建设集团有限公司	1 280	1 559	0	0
长业建设集团有限公司	0	454	0	0
浙江华冶矿建集团有限公司	2 000	110	0	0
温州国际经济技术合作公司	0	0	14	868
浙江杭萧钢构股份有限公司	0	3 210	0	0
浙江中南建设集团有限公司	822	404	0	0
杭州之江市政建设有限公司	3 450	6 299	0	0
杭州汽轮动力集团有限公司	9 281	3 051	0	0
杭州市对外经济贸易服务有限公司	0	0	28	738
华信邮电咨询设计研究院有限公司	1 548	516	0	0
杭州市市政工程集团有限公司	1 456	868	0	0
浙江国贸集团东方机电工程有限公司	5 208	4 279	0	0
浙江省长城建设集团股份有限公司	5 649	353	0	0
广厦建设集团有限责任公司	0	12 011	0	0
浙江省粮油食品进出口股份有限公司	0	0	188	188
中国水电顾问集团华东勘测设计研究院	9 458	3 021	0	0
中国水产舟山海洋渔业公司	0	1 222	0	0
浙江省建设投资集团有限公司	21 900	17 788	599	1 091
浙江省机械设备进出口有限责任公司	1 745	1 220	0	0
中国浙江国际经济技术合作有限责任公司	0	0	2 135	3 059
万向集团公司	0	9 741	0	0
浙江省火电建设公司	3 677	237	0	0

2010 年中国对外承包工程、劳务合作业务分企业统计表（续）

单位：万美元

企业名称	对外承包工程		对外劳务合作	
	新签合同额	完成营业额	新签合同额	完成营业额
浙江省工业设备安装集团有限公司	1 979	668	0	0
浙江省邮电工程建设有限公司	4 760	1 520	0	0
浙江省送变电工程公司	1 145	321	0	0
其中：宁波市	**73 368**	**100 022**	**45**	**3 279**
浙江造船有限公司	0	1 327	0	0
宁波市工艺品进出口有限公司	0	0	0	513
宁波建工股份有限公司	1 552	4 862	0	0
宁波市建设集团股份有限公司	4 200	3 828	0	0
中国宁波国际合作有限责任公司	426	426	0	358
浙江天时国际经济技术合作有限公司	3 174	4 654	0	0
宁波第二设备安装有限公司	0	1 400	0	0
宁波市慈溪进出口股份有限公司	0	0	0	402
中达建设集团股份有限公司	7 500	4 955	0	0
中国石化集团宁波工程有限公司	2 063	21 525	0	0
余姚市对外贸易有限公司	6 116	9 191	0	0
宏润建设集团股份有限公司	12 000	0	0	0
宁波海天股份有限公司	809	949	0	0
华丰建设股份有限公司	1 350	14 359	0	0
宁波华星钢构股份有限公司	0	596	0	0
宁波东海集团有限公司	13 771	13 558	0	0
浙江大丰实业有限公司	234	763	0	0
宁波中策动力机电集团有限公司	5 253	5 742	0	0
龙元建设集团股份有限公司	8 000	7 803	0	0
浙江省电力建设有限公司	5 400	1 984	0	0
宁波泰联国际经贸有限公司	0	0	0	597
宁波乐惠食品设备制造有限公司	327	355	0	0
浙江天鸿钢结构有限公司	112	1 065	0	0
浙江华业电力工程股份有限公司	60	60	0	0
宁波亿泰控股有限公司	643	355	0	0
宁波汇星境外就业服务有限公司	0	0	45	228
中成宁波进出口有限公司	378	265	0	1 181
安徽省	**151 147**	**192 716**	**6 625**	**12 119**
安徽建工集团有限公司	24	27 746	0	0
合肥水泥研究设计院	18 061	22 889	0	0
安徽省第一建筑工程公司	0	45	0	0
安徽省电力设计院	65	88	0	0
中国机械工业第五建设工程公司	1 364	1 052	0	0
合肥建工集团有限公司	0	4 647	0	0
中国十七冶集团有限公司	156	10 990	0	0
安徽电力建设第二工程公司	0	454	0	0
中国化学工程第三建设有限公司	2 700	9 522	0	0

2010 年中国对外承包工程、劳务合作业务分企业统计表（续）

单位：万美元

企业名称	对外承包工程		对外劳务合作	
	新签合同额	完成营业额	新签合同额	完成营业额
淮南国际经济技术合作公司	0	0	0	346
安徽电力建设第一工程公司	0	120	0	0
蚌埠市国际经济技术合作公司	1 649	1 658	0	0
芜湖市天润建设实业有限公司	0	408	0	0
中铁四局集团有限公司	15 106	60 356	0	0
合肥对外经济技术合作有限公司	0	0	350	592
马钢集团设计研究院有限责任公司	0	10	0	0
安徽电信规划设计有限责任公司	0	254	0	0
长江精工钢结构（集团）股份有限公司	0	368	0	0
安徽国合承包工程技术发展有限责任公司	0	0	4	11
淮南中发电力实业总公司	0	0	891	0
安徽国禾国际贸易有限公司	0	0	0	186
安徽电信工程有限责任公司	0	2 428	0	0
安徽省宿州国际经济技术合作公司	0	0	0	93
中冶华天工程技术有限公司	1 301	9 004	0	0
安徽省中安对外经济技术合作有限公司	0	0	0	0
安徽港湾对外劳务合作有限公司	0	0	0	918
安徽国经劳务经济技术合作有限公司	0	0	84	38
安庆中和对外经济技术交流有限公司	0	0	100	6
马鞍山建诚国际经济技术合作有限公司	0	0	244	1 163
安庆市东浩对外经济合作有限公司	0	0	1 500	1 749
安徽三建工程有限公司	2 602	59	0	0
安徽省外经建设（集团）有限公司	95 072	34 234	0	132
安徽致宸建筑工程有限公司	0	0	0	725
安徽省远洋劳务有限公司	0	0	0	113
安徽建工海外劳务有限责任公司	0	0	0	18
铜陵市中成外贸劳务有限责任公司	0	0	0	34
铜陵中都矿山建设有限责任公司	1 689	1 436	0	0
安徽水安建设集团股份有限公司	0	882	0	0
安徽中天国际经济合作有限责任公司	0	0	24	427
马钢集团建设有限责任公司	7	1 325	0	0
马钢设计研究院有限责任公司	351	322	0	0
芜湖市外经服务有限公司	0	0	2 347	4 215
东华工程科技股份有限公司	11 000	240	0	0
安徽省建筑设计研究院	0	204	0	1 002
安徽省池州对外贸易有限责任公司	0	0	610	11
中煤第三建设（集团）有限责任公司	0	525	0	0
安徽中徽对外经济技术合作有限公司	0	0	240	226
太和县对外贸易公司	0	0	231	37
安徽阜阳建工集团有限公司	0	1 070	0	0
铜陵有色金属集团控股有限公司	0	380	0	0

2010年中国对外承包工程、劳务合作业务分企业统计表（续）

单位：万美元

企业名称	对外承包工程		对外劳务合作	
	新签合同额	完成营业额	新签合同额	完成营业额
马鞍山慈欣国际经济技术合作有限公司	0	0	0	77
安徽省古建园林市政建设有限公司	0	0	0	0
福建省	**8 607**	**23 531**	**20 580**	**23 209**
中国福州国际经济技术合作公司	0	0	330	1 552
福建省漳州轮船有限公司	0	0	111	48
漳州国际经济技术合作公司	0	0	1 150	432
泉州中泉国际经济技术合作（集团）有限公司	0	0	4 750	2 899
福建莆田对外经济技术合作公司	0	0	6	0
漳浦国际经济技术合作公司	0	0	0	0
福建省轮船总公司	0	0	82	65
福建华源国际贸易经济合作公司	0	0	0	44
福建福通对外经济合作有限公司	0	0	415	823
福建省电力工程承包公司	925	129	0	0
福建建工集团总公司	0	3 312	0	0
中国武夷实业股份有限公司	5 072	15 397	0	0
福建省建筑设计研究院	0	0	0	0
福建省对外劳务合作公司	0	0	2 586	1 510
惠安县惠新贸易公司	0	0	72	12
霞浦县同兴贸易公司	0	0	46	34
厦门汇贤境外就业服务有限公司	0	0	290	14
莆田市国际经济合作有限公司	0	0	1 176	420
福建向荣建设集团有限公司	0	274	0	0
福建中福对外劳务合作有限公司	0	0	2 711	4 894
福建省工业设备安装有限公司	2 610	4 349	0	0
福建地矿建设集团公司	0	0	0	0
福建南平国际经济技术合作有限公司	0	0	0	0
其中：厦门市	**0**	**70**	**6 855**	**10 462**
厦门海隆对外劳务合作有限公司	0	0	4 156	3 991
厦门市泉海船务有限公司	0	0	0	9
厦门新长诚钢构浪板有限公司	0	70	0	0
中国厦门国际经济技术合作公司	0	0	1 600	5 219
厦门诚毅船务公司	0	0	1 075	1 140
厦门经济特区船务有限公司	0	0	24	103
江西省	**135 697**	**104 334**	**3 718**	**6 331**
江西省建工集团公司	1 303	1 339	0	0
江西洪都航空工业集团有限责任公司	234	78	0	0
江西华昌基建工程有限公司	2 223	1 337	0	0
江西煤田地质局普查综合大队	490	5 765	0	0
江西省地质工程（集团）公司	0	2 473	0	0
赣州亿通对外经济技术合作有限公司	0	0	566	489
中国第四冶金建设有限责任公司	4 746	800	0	0

2010年中国对外承包工程、劳务合作业务分企业统计表（续）

单位：万美元

企业名称	对外承包工程		对外劳务合作	
	新签合同额	完成营业额	新签合同额	完成营业额
九江市对外经济合作公司	0	0	84	183
中鼎国际工程有限责任公司	18 021	18 577	0	0
江西省水利水电建设有限公司	1 915	1 638	0	0
南昌市第一建筑工程公司	0	0	0	0
南昌对外工程总公司	0	12 990	0	0
江西三才境外就业服务有限公司	0	0	0	45
江西久盛国际机电设备有限责任公司	19 643	5 801	0	0
江西世和实业有限公司	0	0	474	474
中铁九桥工程有限公司	0	0	0	0
南昌诚鑫经贸有限公司	0	0	56	86
江西中煤建设工程有限公司	24 229	13 035	0	0
江西江联能源环保股份有限公司	3 825	1 548	0	0
赣州发电设备成套制造有限公司	1 310	0	0	0
景德镇市国际经济技术合作公司	0	0	0	97
江西省电力工程总承包有限公司	0	0	0	0
江西对外劳务经济合作有限公司	0	0	0	221
南昌国际经济技术合作公司	530	6 959	350	1 373
泰豪科技股份有限公司	5 757	5 757	0	0
宜春海程经贸发展有限公司	0	115	0	0
江西省电力设计院	0	0	0	0
中国江西国际经济技术合作公司	49 186	25 743	1 294	2 048
中国瑞林工程技术有限公司	2 285	379	0	0
江西省轻工业对外经济技术合作公司	0	0	894	1 315
江西省火电建设公司	0	0	0	0
江西建工第二建筑有限责任公司	0	0	0	0
山东省	**1 008 411**	**523 767**	**84 093**	**78 648**
中铁十局集团有限公司	700	6 463	0	0
山东省路桥集团有限公司	11 306	4 516	0	0
山东省瀚森国际经贸合作有限公司	0	0	788	1 389
山东高速齐鲁建设集团公司	100	2 688	0	0
山东省地矿工程勘察院	0	0	0	0
山东电力基本建设总公司	263 744	74 406	0	0
山东省劳务合作公司	0	0	227	818
山东朝阳建设工程有限公司	0	0	0	0
威海连心桥境外就业服务有限公司	0	0	833	301
山东科瑞石油装备有限公司	1 218	37	0	0
山东国信国际经济技术合作有限公司	0	0	0	0
莒县恒昌境外就业服务中心	0	0	495	418
潍坊交运国际贸易有限公司	0	0	638	409
威海人和劳务服务有限公司	0	0	128	105
威海迪尚国际经济合作有限公司	0	0	23	533

2010年中国对外承包工程、劳务合作业务分企业统计表（续）

单位：万美元

企业名称	对外承包工程		对外劳务合作	
	新签合同额	完成营业额	新签合同额	完成营业额
山东丽达信息交流服务有限公司	0	0	80	80
烟台和盛出国劳务服务有限公司	0	0	64	171
东营大海国际经济咨询服务有限公司	0	0	0	28
东营九州人力资源开发有限公司	0	0	37	4
威海富华劳务合作有限公司	0	0	643	303
特变电工山东鲁能泰山电缆有限公司	5 327	227	0	0
山东国立经济技术合作有限公司	0	0	3 799	163
文登市三洋国际经济技术合作有限公司	0	0	440	177
潍坊交远经济技术合作服务有限公司	0	0	721	83
荣成鑫泰国际经济技术合作有限公司	0	0	32	16
烟台华天国际人才技术合作有限公司	0	0	216	75
莱芜凯悦经贸服务有限公司	0	0	127	20
济宁安吉经济技术合作有限公司	0	0	0	49
聊城鲁西国际经济技术合作有限公司	0	0	28	18
日照市华通境外就业服务中心	0	0	0	0
中国山东对外经济技术合作集团有限公司	9 746	6 914	5 762	8 522
山东斯凯特经贸发展有限公司	0	0	2 181	228
威海兴达境外就业服务有限公司	0	0	158	43
威海新正经贸合作有限公司	0	0	322	57
威海宏信国际人才交流有限公司	0	0	68	25
山东金桥劳务合作服务有限公司	0	0	78	38
德州德仁劳务集团有限公司	0	0	75	75
荣成宏业实业有限公司	0	0	7	48
兖矿集团东华建设有限公司	5 200	0	0	0
山东中海国际经济合作有限公司	0	0	1 590	1 397
山东华夏国际经济技术合作有限公司	0	0	932	403
胜利油田胜利勘察设计研究院有限公司	30	0	0	0
泰安市弘盛房地产开发有限责任公司	0	0	0	0
泰安市锦亿贸易有限公司	0	0	37	168
莱芜佐洋国际劳务合作有限公司	0	0	352	352
山东宁建建设集团有限公司	5 000	510	0	0
山东润泽国际经济技术合作有限公司	0	0	840	1 697
威海中远国际会展有限公司	0	0	154	60
山东宏昌路桥集团有限公司	0	0	100	0
山东国际合作联合有限公司	0	0	435	3 325
莱芜日昇国际经济合作有限公司	0	0	7 278	2 514
山东海华国际经济技术合作有限公司	0	0	828	1 028
威海联创进出口有限公司	0	0	0	4
日照五洲贸易有限公司	0	0	11	4
日照市振兴房地产开发有限公司	0	0	900	2 086
烟台市土畜产对外贸易有限公司	0	0	40	366

2010 年中国对外承包工程、劳务合作业务分企业统计表（续）

单位：万美元

企业名称	对外承包工程		对外劳务合作	
	新签合同额	完成营业额	新签合同额	完成营业额
威海富田劳务合作有限公司	0	0	600	315
山东世纪纵横国际经济技术合作有限公司	0	0	1 569	837
威海方正国际人才技术合作有限公司	1 200	0	1 554	832
山东康瑞集团有限公司	0	0	1 441	259
荣成神农实业发展有限公司	0	0	0	463
泰安市鲁樱对外经济贸易有限公司	0	0	85	385
威海远大国际经济技术合作有限公司	0	0	141	66
泰安昌达国际经济技术合作有限公司	0	0	3 412	541
山东滨州对外经济技术合作有限公司	0	0	31	16
迪尔集团有限公司	0	200	0	0
威海费斯克国际经济技术合作有限公司	0	0	148	93
烟建集团有限公司	298	10 920	0	0
山东省昆仑路桥工程有限公司	1 600	10	0	0
山东电力工程咨询院有限公司	18 105	5 579	0	0
山东雄狮建筑装饰工程有限公司	586	2 105	0	0
山东凯银集团股份有限公司	0	0	0	154
山东德建集团有限公司	5 394	3 872	0	0
潍坊惠源国际劳务有限公司	0	0	900	1 230
威海市上洋境外就业服务有限公司	0	0	0	2
威海立派国际经济技术合作有限公司	0	0	72	0
山东泰开电力建设工程有限公司	920	0	0	0
威海源成境外就业服务有限公司	0	0	720	194
烟台丰源境外人力资源合作有限公司	0	0	80	30
济南四建（集团）有限责任公司	0	807	0	0
烟台中集来福士海洋工程有限公司	3 000	550	0	0
山东省冶金设计院股份有限公司	14 000	0	0	0
山东省第四地质矿产勘查院	0	450	0	0
山东博泵科技股份有限公司	562	482	0	0
山东东岳国际经贸合作股份有限公司	0	0	0	0
山东景芝建设股份有限公司	0	178	0	0
海阳市国际经济技术合作公司	0	0	134	35
山东中通钢构建筑股份有限公司	0	0	0	0
胜利油田胜利工程建设（集团）有限责任公司	4 037	6 914	0	0
兖矿集团博洋对外经济贸易有限公司	0	0	0	560
威海易兴国际经济技术合作有限公司	0	0	224	109
威海富桥国际人力资源合作有限公司	0	0	112	48
荣成远方境外就业服务有限公司	0	0	1	0
荣成汇洋境外就业服务有限公司	0	0	18	3
威海市信拓境外就业服务有限公司	0	0	312	167
威海宇志国际经济技术合作有限公司	0	0	132	128
东营上泽咨询服务有限责任公司	0	0	268	191

2010 年中国对外承包工程、劳务合作业务分企业统计表（续）

单位：万美元

企业名称	对外承包工程		对外劳务合作	
	新签合同额	完成营业额	新签合同额	完成营业额
山东金正境外就业服务有限公司	0	0	0	75
山东木森经贸有限公司	0	0	122	92
日照亚东国际贸易有限公司	0	0	410	457
烟台恒力国际经济技术合作有限公司	0	0	9	499
乳山市胶东境外就业服务有限公司	0	0	276	75
威海金瀚境外就业服务有限公司	0	0	209	136
山东嘉泰国际劳务合作有限公司	0	0	656	150
山东万通国际经济合作有限公司	0	0	440	936
山东才华国际经济合作有限公司	0	0	189	134
威海佳信国际人力资源有限公司	0	0	540	511
山东博瑞志国际经贸有限公司	0	0	555	57
潍坊锦源水利建筑安装工程有限公司	0	0	0	0
威海顺昌国际经济技术合作有限公司	0	0	13	58
山东荣庆国际经济技术合作有限公司	0	0	0	0
山东欣荣人才服务有限公司	0	0	622	106
威海恒德国际经济技术合作有限公司	0	0	565	188
日照华东国际经济技术合作有限公司	0	0	619	469
威海市中大进出口有限公司	0	0	13	7
威海市联桥国际合作集团有限公司	10 300	1 435	1 726	2 289
济南国际经济技术合作总公司	0	0	0	0
煤炭工业济南设计研究院有限公司	448	0	0	0
龙大食品集团有限公司	0	0	244	187
山东莱芜建设集团有限公司	0	0	0	0
青州市水利建筑总公司	1 990	1 410	0	0
胜利油田东胜精攻石油开发集团股份有限公司	0	0	0	0
东营国际经济技术合作公司	0	0	36	110
中国石化集团胜利石油管理局	51 606	8 803	0	0
枣庄矿业（集团）有限责任公司	1 790	1 664	0	0
山东天泰建工有限公司	12 400	6 170	0	0
淄博国际经济技术合作有限公司	0	0	0	0
山东淄建集团有限公司	11 600	11 300	0	0
中国石化集团第十建设公司	1 086	6 250	0	0
普利置业有限公司	6 680	6 680	0	0
山东省鲁南地质工程勘察院	0	0	0	0
山东电力建设第二工程公司	0	0	0	0
山东巨龙建工集团公司	1 799	1 579	0	0
山东寿光第一建筑有限公司	2 410	1 510	0	0
山东潍柴进出口有限公司	0	0	0	0
潍坊中潍国际劳务有限公司	0	0	6 222	4 781
山东电力建设第三工程公司	404 400	157 988	0	0
潍坊昌大建设集团有限公司	1 100	5	0	0

2010年中国对外承包工程、劳务合作业务分企业统计表（续）

单位：万美元

企业名称	对外承包工程		对外劳务合作	
	新签合同额	完成营业额	新签合同额	完成营业额
烟台国际经济技术合作有限责任公司	12 500	4 603	3 984	4 460
华岳集团有限公司	12 000	0	0	0
威海建设集团股份有限公司	2 350	3 865	46	14
威海国际经济技术合作股份有限公司	15 055	14 851	8 438	10 538
威海市国际交流服务有限公司	0	0	803	620
威海樱泉国际经济技术合作有限公司	0	0	1 545	1 403
山东兴润建设有限公司	5 500	3 990	320	702
泰安国际经济技术合作有限公司	1 071	1 842	5	423
山东泰安建筑工程集团有限公司	3 152	7 916	0	0
兖矿集团有限公司	16 000	14 000	0	0
菏泽市对外经济技术合作有限公司	0	0	1 121	744
菏泽交通集团总公司	0	0	727	365
日照国际经济技术合作公司	0	0	141	123
山东省临沂市劳务合作公司	0	0	25	663
山东东方路桥建设总公司	4 560	4 680	0	0
临沂国际经济技术合作有限责任公司	0	0	0	1 490
天元建设集团有限公司	12 660	10 100	0	0
德州市国际经济技术合作公司	0	0	342	342
荣成汇成国际经济技术合作有限公司	0	0	1 990	1 570
中铁十四局集团有限公司	4 343	27 026	0	0
其中：青岛市	**59 538**	**98 272**	**7 719**	**9 616**
山东凯丰国际合作有限公司	0	0	449	449
青岛清华恒安进出口有限公司	0	0	8	10
山东省新迈特五金矿产有限公司	0	0	15	15
新华锦集团山东海诚进出口有限公司	0	0	0	0
青岛海洋渔业公司	1 200	1 365	0	0
青岛国际交流中心	0	0	0	88
青岛市建筑设计研究院集团股份有限公司	50	27	0	0
青岛海川建设集团有限公司	0	1 293	0	0
青岛一建集团有限公司	0	3 968	0	0
海信集团有限公司	0	0	0	0
中国青岛国际经济技术合作（集团）有限公司	0	0	837	2 767
青岛市外国企业服务总公司	0	0	2	275
青岛市出国人员服务有限公司	0	0	1 176	156
青岛经济技术开发区国际经济技术合作有限公司	0	0	363	360
青岛安装建设股份有限公司	960	364	0	0
青建集团股份公司	28 415	54 515	0	0
青岛远洋对外劳务合作有限公司	0	0	0	513
青岛开源国际经济技术合作有限公司	0	0	0	716
青岛益佳国际贸易集团有限公司	0	0	57	54
青岛东方国际劳务合作有限公司	0	0	112	2

2010 年中国对外承包工程、劳务合作业务分企业统计表（续）

单位：万美元

企业名称	对外承包工程		对外劳务合作	
	新签合同额	完成营业额	新签合同额	完成营业额
青岛太平洋海洋工程有限公司	15 874	2 512	0	0
青岛九同国际经贸有限公司	0	0	0	0
中国石油天然气第七建设公司	0	11 620	0	0
青岛辛迪加国际经济技术合作有限公司	0	0	142	742
青岛环太经济合作有限公司	0	0	466	1 287
青岛鹏腾船舶管理有限公司	0	0	108	108
青岛三诚国际经济技术合作有限公司	0	0	0	184
青岛国合对外经济技术合作有限公司	0	0	431	371
中铁二十局集团第四工程有限公司	0	1 710	0	0
山东普民和生国际经济技术合作有限公司	0	0	2	2
青岛第一市政工程有限公司	11 328	410	0	0
青岛华桑科技有限公司	0	0	69	62
青岛协同经济技术合作有限公司	0	0	337	0
青岛日研经济技术合作有限公司	0	0	148	251
青岛海伦出国服务有限公司	0	0	0	0
青岛泰成对外经济技术合作有限公司	0	0	169	5
青岛盛田国际经济技术合作有限公司	0	0	304	133
青岛中浩对外交流服务有限公司	0	0	427	389
山东朝日国际经济技术合作有限公司	0	0	337	85
山东省对外贸易集团有限公司	0	0	141	70
青岛慧源国际经济技术合作有限公司	0	0	63	36
山东电建铁军电力工程有限公司	1 711	20 488	0	0
青岛民丰国际经济技术合作有限公司	0	0	224	189
青岛凯瑞丰国际经济技术合作有限公司	0	0	656	14
青岛凯顺对外经济技术合作有限公司	0	0	0	203
青岛海纳知行国际经济技术合作有限公司	0	0	323	5
青岛祥源国际经济技术合作有限公司	0	0	353	75
河南省	**237 489**	**207 085**	**16 782**	**25 403**
河南省建设集团有限公司	525	576	0	0
中南输变电设备成套有限公司	1 590	1 420	0	0
河南第二火电建设公司	0	300	0	0
河南送变电建设公司	0	700	0	0
河南第一火电建设公司	0	5 929	0	0
中国石化集团河南石油勘探局	6 718	8 425	0	0
河南省对外劳务合作公司	0	0	0	1 104
河南省水利电力对外有限公司	0	1 057	0	0
中铁十五局集团有限公司	63 878	12 770	0	0
河南省轻工业品进出口集团有限公司	0	0	290	260
中国机械工业机械化施工公司	3 476	5 233	0	0
中国石化集团中原石油勘探局	49 216	60 042	0	0
河南服装进出口集团有限责任公司	0	0	0	0

2010年中国对外承包工程、劳务合作业务分企业统计表（续）

单位：万美元

企业名称	对外承包工程		对外劳务合作	
	新签合同额	完成营业额	新签合同额	完成营业额
中国一拖集团有限公司	0	0	0	0
中国洛阳浮法玻璃集团有限责任公司	0	0	0	0
河南省电力勘测设计院	342	18	0	0
中信重工机械股份有限公司	0	1 345	0	0
河南建总国际工程有限公司	1 799	4 751	0	0
黄河勘测规划设计有限公司	383	903	0	0
河南电力实业集团有限公司	0	1 624	0	0
河南省地矿建设工程（集团）有限公司	0	124	0	0
河南金城国际经济技术合作有限公司	0	0	0	1 085
河南省大河筑路有限公司	0	3 481	0	0
河南国基建设集团有限公司	0	950	0	0
河南省第五建筑安装工程（集团）有限公司	0	1 072	0	0
机械工业第六设计研究院	113	105	0	0
中讯邮电咨询设计院有限公司	0	0	0	0
核工业第五研究设计院	780	680	0	0
中铁七局集团有限公司	3 182	27 086	0	0
中国长城铝业公司建设公司	1 500	1 510	0	0
中国化学工程第十一建设有限公司	4 661	2 814	0	0
机械工业第四设计研究院	0	0	0	0
中色科技股份有限公司	0	0	0	0
中铁隧道集团有限公司	0	3 723	0	0
中国石化集团洛阳石油化工工程公司	0	107	0	0
中国石油天然气第一建设公司	0	10 102	0	0
河南省水文地质工程地质勘察院	1 587	1 937	0	0
河南省第二建设集团有限公司	377	683	0	0
濮阳国际经济技术合作有限公司	0	0	2 500	4 062
许继集团有限公司	0	261	0	0
商丘国际经济技术合作公司	0	0	1 760	50
郑州中懋实业有限公司	0	0	24	17
河南省水利勘测设计研究有限公司	0	0	0	0
一拖国际经济贸易有限公司	0	0	0	0
安阳利浦筒仓工程有限公司	220	50	0	0
郑州市八方人才资源开发有限公司	0	0	0	1 091
信阳三友境外就业服务有限公司	0	0	105	56
河南蒲源防腐科技股份有限公司	0	470	0	0
南阳市国际经济技术合作有限公司	0	0	723	508
中机新能源开发有限公司	45 000	8 456	0	0
新乡市海外合作有限责任公司	0	0	0	754
中国河南国际合作集团有限公司	46 244	34 231	4 432	3 410
焦作市外派劳务服务有限公司	0	0	325	1 105
河南红革玻璃幕墙装饰工程有限公司	0	104	0	0

2010 年中国对外承包工程、劳务合作业务分企业统计表（续）

单位：万美元

企业名称	对外承包工程		对外劳务合作	
	新签合同额	完成营业额	新签合同额	完成营业额
河南中成机电集团有限公司	5 598	1 044	0	0
河南华元路桥工程有限公司	0	0	4	22
河南省地质矿产勘查开发局第二地质队	0	1 839	0	0
河南省发展就业服务有限公司	0	0	375	542
河南粮油食品进出口集团国际经济合作有限公司	0	0	32	4
郑州宇通集团有限公司	0	13	0	0
河南省境外就业服务中心	0	0	72	52
开封市对外经济技术合作有限公司	0	0	0	0
河南中材环保有限公司	0	0	0	0
河南君诚对外经济技术合作有限公司	0	0	3 232	2 926
河南省中州地矿工程勘察院	300	1 150	0	0
洛阳威通劳务输出有限公司	0	0	0	0
洛阳佳的工贸有限公司	0	0	3	3
河南中信对外经济技术合作有限公司	0	0	0	149
河南省信阳市境外就业服务有限责任公司	0	0	2 430	1 132
河南华宇对外经济技术合作有限公司	0	0	230	2 937
河南华创对外劳务合作有限公司	0	0	0	1 116
周口龙兴对外劳务有限公司	0	0	0	505
郑州东工实业有限公司	0	0	120	219
河南中龙国际劳务合作有限公司	0	0	0	0
周口市境外就业服务有限公司	0	0	0	33
河南吉星对外劳务合作有限公司	0	0	125	2 261
湖北省	**765 531**	**381 301**	**11 414**	**6 399**
中国核工业第二二建设有限公司	0	6 319	0	0
湖北电信工程有限公司	0	20	0	0
武汉地质勘察基础工程有限公司	0	80	0	0
中国电力工程顾问集团中南电力设计院	8 636	4 638	0	0
中国石化集团江汉石油管理局	1 257	1 257	0	0
中南建筑设计院股份有限公司	127	24	0	0
中国化学工程第十六建设公司	910	1 472	0	0
中国化学工程第六建设有限公司	2 195	3 675	0	0
湖北中宇国际合作有限责任公司	0	0	0	0
中国十五冶金建设有限公司	16 843	37 996	0	0
湖北晴川国际海员劳务开发有限公司	0	0	512	442
中国葛洲坝集团股份有限公司	456 834	120 410	0	0
湖北省工业建筑集团有限公司	0	13 053	0	0
湖北大地国际经济技术合作有限公司	427	391	0	0
长江水利委员会长江勘测规划设计研究院	0	0	0	0
湖北纵横装饰工程有限责任公司	294	452	0	0
中交第二公路勘察设计研究院有限公司	453	373	0	0
中交第二航务工程勘察设计院有限公司	6 627	418	0	0

2010 年中国对外承包工程、劳务合作业务分企业统计表（续）

单位：万美元

企业名称	对外承包工程		对外劳务合作	
	新签合同额	完成营业额	新签合同额	完成营业额
中铁大桥勘测设计院有限公司	0	69	0	0
中交第二航务工程局有限公司	0	33 701	0	0
中铁大桥局股份有限公司	9 459	4 974	0	0
武汉电信工程有限责任公司	88	238	0	0
武汉贝斯特通信集团有限公司	0	197	0	0
十堰国际经济技术合作公司	0	0	721	42
湖北中天国际经济技术合作有限公司	0	0	107	57
中铁十一局集团有限公司	0	33 422	0	0
湖北中兴国际经济技术合作有限公司	0	0	0	368
湖北省水文地质工程地质勘察院	266	283	0	0
宜昌国际经济技术合作有限公司	400	238	0	155
山河建设集团有限公司	7 600	0	0	0
武汉理工大产业集团有限公司	0	0	0	0
武汉凯迪电力股份有限公司	0	6 449	0	0
长江岩土工程总公司（武汉）	124 271	15 527	0	0
湖北省电力建设第二工程公司	0	7 138	0	0
武汉邮电科学研究院	0	0	0	0
武汉建筑材料工业设计研究院有限公司	274	504	0	0
武汉环球锦程对外劳务合作有限公司	0	0	0	0
十五冶对外工程有限公司	8 000	1 025	0	0
湖北新世纪对外经济技术合作有限公司	0	0	4 619	631
宝业湖北建工集团有限公司	2 397	3 764	0	0
湖北省电力建设第一工程公司	0	12 461	0	0
湖北宏源电力工程股份有限公司	4 334	10 248	0	0
湖北泛亚国际劳务有限公司	0	0	0	0
武汉凌云建筑装饰工程有限公司	0	7 026	0	0
东风设计研究院有限公司	0	3 300	0	0
湖北住宅建设工程有限公司	0	0	0	0
中国轻工业武汉设计工程有限责任公司	0	528	0	0
武汉天地国际劳务合作有限公司	0	0	4 657	4 577
武汉全盛对外经济技术合作有限公司	0	0	270	3
湖北中科对外科技合作有限公司	0	0	41	8
襄樊益宝劳务服务有限公司	0	0	162	2
武汉船用机械有限责任公司	0	0	0	0
武汉凯迪电力环保有限公司	0	4 927	0	0
武汉旭日劳务信息咨询有限公司	0	0	223	29
武汉广信境外就业服务有限公司	0	0	88	45
中国长江动力公司（集团）	2 880	2 879	0	0
长江武汉航道工程局	0	123	0	0
中冶南方工程技术有限公司	10 568	5 029	0	0
中国一冶集团有限公司	58 921	12 532	0	0

2010 年中国对外承包工程、劳务合作业务分企业统计表（续）

单位：万美元

企业名称	对外承包工程		对外劳务合作	
	新签合同额	完成营业额	新签合同额	完成营业额
中国长江航运集团对外经济技术合作总公司	0	0	14	40
中国武汉国际经济技术合作公司	0	6	0	0
武汉市水务建设工程公司	433	209	0	0
华中电力国际经贸有限责任公司	1 435	358	0	0
武汉市建筑设计院	0	0	0	0
中煤国际工程集团武汉设计研究院	25	25	0	0
五环科技股份有限公司	39 577	23 543	0	0
湖南省	**62 645**	**109 065**	**15 004**	**8 524**
湖南环达公路桥梁建设总公司	0	5 409	0	0
湖南交通国际经济工程合作公司	2 023	13 434	0	0
湖南省送变电建设公司	0	89	0	0
湖南省建筑工程集团总公司	24 150	18 400	0	0
中国水利水电第八工程局有限公司	12 055	51 350	0	0
湖南省通信建设有限公司	368	594	0	0
湖南路桥建设集团公司	1 950	4 933	0	0
湖南省机械设备进出口公司	1 661	34	0	0
中国化学工程第四建设公司	0	0	0	0
二十三冶建设集团有限公司	374	4 310	0	0
湖南省电力建设开发总公司	0	480	0	0
中国轻工业长沙工程有限公司	283	105	0	0
湖南环球（集团）公司	0	0	0	0
湖南省交通规划勘察设计院	8 700	0	0	0
湖南机械进出口有限公司	0	0	0	0
湖南国际工程建设有限责任公司	0	0	8 519	5 879
湖南中扬建设工程有限责任公司	1 860	8 033	0	0
长沙市对外经济贸易有限公司	0	0	5 994	2 154
湖南省电力勘测设计院	176	81	0	0
湖南省工业设备安装有限公司	0	0	0	0
湖南省第四工程有限公司	0	0	0	0
湖南省郴州建设工程集团有限公司	0	0	0	0
湖南省水利水电勘测设计研究总院	9	54	0	0
湖南省建筑设计院	9	9	0	0
湖南省建筑工程集团设计研究院	20	6	0	0
中国水电顾问集团中南勘测设计研究院	0	320	0	0
湖南省沙坪建筑有限公司	0	0	0	0
中冶长天国际工程有限责任公司	9 007	1 424	0	0
湖南国湘人力资源劳务责任有限公司	0	0	491	491
广东省	**986 740**	**820 815**	**76 575**	**58 428**
广东省建筑工程集团有限公司	5 851	3 546	0	0
广东省长大公路工程有限公司	3 000	2 750	0	0
广东省新技术进出口珠海公司	0	507	0	0

2010 年中国对外承包工程、劳务合作业务分企业统计表（续）

单位：万美元

企业名称	对外承包工程		对外劳务合作	
	新签合同额	完成营业额	新签合同额	完成营业额
广东海外建设集团有限公司	135	2 665	0	0
广东广机国际招标股份有限公司	3 249	932	0	0
珠海国际经济技术合作公司	0	66	3 676	3 539
江门市对外劳动服务公司	0	0	3 932	1 776
广州珠江装修工程有限公司	770	4 710	0	0
广州中煤江南基础工程公司	184	0	0	0
广州珠江外资建筑设计院	248	188	0	0
珠海对外经济劳务合作有限公司	0	0	3 245	1 672
广东省水利水电第三工程局	953	681	0	0
广东省机械进出口股份有限公司	4 020	522	0	0
广州杰赛科技股份有限公司	232	151	0	0
广州无线电集团有限公司	1 263	625	0	0
广州市番禺珠江实业集团有限公司	7 575	3 029	0	0
广东省水利电力勘测设计研究院	0	0	0	0
广东省有色金属地质勘查局地质勘查研究院	21	0	0	0
广东火电工程总公司	21 614	19 396	0	0
中远航运股份有限公司	0	0	2 020	1 916
广东新广国际集团有限公司	282	1 851	7 977	14 157
广州五羊钢结构有限公司	0	650	0	0
广东建工对外建设有限公司	13 042	3 640	0	0
中国广州国际经济技术合作公司	0	550	48 091	24 945
广州对外经济发展总公司	0	0	7 634	10 423
其中：深圳市	**924 301**	**774 356**	**0**	**0**
深圳市对外劳动服务有限公司	0	0	0	0
华为技术有限公司	830 604	692 316	0	0
中兴通讯股份有限公司	93 697	82 040	0	0
深圳市孺子牛建设工程有限公司	0	0	0	0
广西壮族自治区	**61 019**	**56 429**	**50**	**163**
广西壮族自治区水电工程局	36 989	25 524	0	0
广西送变电建设公司	1 884	1 275	0	0
中国广西国际经济技术合作公司	0	0	50	163
广西建工集团第一安装有限公司	119	3 887	0	0
广西华蓝设计（集团）有限公司	168	20	0	0
广西壮族自治区公路桥梁工程总公司	0	4 209	0	0
广西建工集团第二建筑设备安装工程有限责任公司	0	239	0	0
广西建工集团第五建筑工程有限责任公司	0	336	0	0
桂林桂冶实业有限公司	1 970	196	0	0
中国石油天然气第六建设公司	0	17	0	0
广西壮族自治区冶金建设公司	0	60	0	0
广西电力工业勘察设计研究院	9 323	5 415	0	0
广西壮族自治区水利电力勘测设计研究院	286	116	0	0

2010 年中国对外承包工程、劳务合作业务分企业统计表（续）

单位：万美元

企业名称	对外承包工程		对外劳务合作	
	新签合同额	完成营业额	新签合同额	完成营业额
广西交通科学研究院	1 341	52	0	0
广西五鸿建设集团有限公司	72	43	0	0
中国轻工业南宁设计工程有限公司	1 705	512	0	0
广西建工集团桂港建筑装饰有限公司	0	0	0	0
广西电力工程建设公司	0	1 228	0	0
广西建工集团海外工程有限责任公司	7 162	8 988	0	0
十一冶建设集团有限责任公司	0	2 133	0	0
广西路桥建设有限公司	0	2 179	0	0
海南省	**1 916**	**825**	**0**	**0**
海南省建筑工程总公司	1 916	825	0	0
重庆市	**79 035**	**35 987**	**576**	**704**
广厦重庆第一建筑（集团）有限公司	1 174	1 560	0	0
重庆国际科技合作交流有限公司	0	0	0	0
重庆市公路工程（集团）股份有限公司	2 576	2 280	0	0
重庆华绣劳务有限公司	0	0	0	0
重庆城建控股（集团）有限责任公司	0	681	0	0
重庆美联海外劳务有限公司	0	0	0	0
重庆市巴渝对外经济技术合作有限公司	0	0	0	0
重庆金满洋对外劳务合作有限公司	0	0	9	9
重庆五矿机械进出口有限公司	11 683	1 059	0	0
重庆渝万劳务服务有限公司	0	0	65	65
中交二航局第二工程有限公司	21 403	8 113	0	0
中冶建工有限公司	0	687	0	0
重庆对外建设总公司	6 910	12 126	0	0
中国重庆国际经济技术合作公司	6 138	3 150	502	630
机械工业第三设计研究院	0	0	0	0
重庆市万州国际经济技术合作有限公司	0	0	0	0
中冶赛迪工程技术股份有限公司	29 151	6 331	0	0
四川省	**684 878**	**399 299**	**4 924**	**2 838**
中铁八局集团有限公司	6 122	3 702	0	0
四川省机械设备进出口有限责任公司	575	29 865	0	0
四川华西集团有限公司	1 148	1 226	0	0
中国四川国际合作股份有限公司	360	460	0	0
四川公路桥梁建设集团有限公司	1 860	1 200	0	0
中国水利水电第七工程局有限公司	0	17 042	0	0
四川非亚实业有限公司	0	0	0	0
东方电气集团国际合作有限公司	19 618	42 333	0	0
四川电力进出口公司	0	0	0	0
四川省外国企业服务有限责任公司	0	0	0	0
四川省外经实业股份有限公司	0	0	0	0
中国五冶集团有限公司	6 717	6 383	0	0

2010年中国对外承包工程、劳务合作业务分企业统计表（续）

单位：万美元

企业名称	对外承包工程		对外劳务合作	
	新签合同额	完成营业额	新签合同额	完成营业额
四川石油管理局	0	0	0	0
成都建筑材料工业设计研究院有限公司	19 300	7 093	0	0
中国成达工程有限公司	14 503	17 447	0	0
四川星城外经合作公司	0	0	124	0
中国水利水电第十工程局有限公司	0	41 223	0	0
中国十九冶集团有限公司	0	1 000	0	0
攀钢集团冶金工程技术有限公司	0	0	0	0
东方电气股份有限公司	87 500	71 681	0	0
中国水利水电第五工程局有限公司	0	33 090	0	0
四川省隆昌乾亨建设有限公司	50 583	11 047	0	0
四川省水利水电勘测设计研究院	2 611	1 318	0	0
中铁二院工程集团有限责任公司	15	407	0	0
中国电力工程顾问集团西南电力设计院	4 335	2 110	0	0
中铁二局集团有限公司	92 032	17 058	0	0
川铁国际经济技术合作有限公司	14 705	11 227	0	55
中国石油集团川庆钻探工程有限公司	328 802	61 600	0	0
四川川北数码港建设股份有限公司	720	2 022	0	0
四川省遂宁市寰宇对外劳务合作有限公司	0	0	186	32
四川通信建设工程有限公司	5 039	5 071	0	0
四川电力设计咨询有限责任公司	0	3 373	0	0
四川鹏捷国际经济技术合作有限公司	0	0	32	0
四川天顺人力资源管理有限责任公司	0	0	1 500	554
中铁二十三局集团有限公司	28 333	5 400	0	0
四川外联经济合作有限责任公司	0	0	860	2
四川川宝经济贸易有限公司	0	0	123	123
南充兴运劳务开发有限公司	0	0	1 500	1 500
四川绵阳伍诚对外劳务服务有限公司	0	0	0	0
四川天立宏科技有限公司	0	0	0	0
四川省仪陇永春劳务开发有限公司	0	0	0	0
广元泰和对外经济技术合作有限公司	0	0	0	0
成都国际经济技术合作股份有限公司	0	0	599	572
中国化学工程第七建设有限公司	0	4 921	0	0
贵州省	**32 431**	**22 003**	**0**	**0**
中铁五局（集团）有限公司	18 181	14 786	0	0
贵州送变电工程公司	2 570	502	0	0
中国汽车工业进出口贵州有限公司	0	0	0	0
中国有色金属工业第七冶金建设公司	0	0	0	0
贵州建工集团第七建筑工程有限责任公司	662	1 252	0	0
瓮福（集团）有限责任公司	0	1 020	0	0

2010年中国对外承包工程、劳务合作业务分企业统计表（续）

单位：万美元

企业名称	对外承包工程		对外劳务合作	
	新签合同额	完成营业额	新签合同额	完成营业额
七冶建设有限责任公司	11 018	4 443	0	0
云南省	**106 102**	**99 194**	**546**	**538**
云南小额边境企业汇总	44 778	23 948	0	0
中国石化集团滇黔桂石油勘探局	0	0	0	0
中国云南国际经济技术合作公司	0	2 036	0	462
云南建工集团有限公司	21 224	16 464	0	0
云南机械设备进出口有限公司	0	0	0	0
中国云南路建集团股份公司	0	0	0	0
中国有色金属工业第十四冶金建设公司	10 208	100	0	0
云南省瑞丽市进出口公司	0	0	0	0
中国水利水电第十四工程局有限公司	0	20 318	0	0
云南省交通规划设计研究院	0	0	0	0
中国水电顾问集团昆明勘测设计研究院	9 064	2 302	0	0
云南阳光基础建设有限公司	0	4 550	0	0
中电投云南国际电力投资有限公司	10 000	10 000	0	0
云南省玉溪市进出口公司	0	0	0	0
文山国际经济技术合作有限公司	0	0	11	10
云南电网公司	675	549	0	0
云南阳光道桥股份有限公司	2 379	13 607	0	0
云南联合外经股份有限公司	7 641	5 074	0	0
云南路桥股份有限公司	133	130	0	0
昆明钢铁控股有限公司	0	0	0	0
大理州国际经济技术合作有限责任公司	0	0	535	66
云南联合电力开发有限公司	0	116	0	0
陕西省	**88 786**	**81 022**	**3 951**	**2 741**
秦海国际工程总公司	0	5 357	0	0
陕西电力建设总公司	0	260	0	0
中国新时代国际工程公司	0	160	0	0
中铁一局集团有限公司	9 102	1 199	0	0
中铁二十局集团有限公司	0	5 363	0	0
中国水利水电第三工程局有限公司	0	20 255	0	0
陕西路桥集团有限公司	0	0	0	0
宝鸡石油机械有限责任公司	39	39	0	0
中国陕西国际经济技术合作公司	0	0	613	581
中国三安建设工程公司	1 406	1 457	0	0
陕西省机械设备进出口公司	0	0	0	21
中十冶集团有限公司	2 117	3 205	0	0
中交第一公路勘察设计研究院有限公司	0	1 618	0	0
陕西高速交通工贸有限公司	25	25	0	0

2010年中国对外承包工程、劳务合作业务分企业统计表（续）

单位：万美元

企业名称	对外承包工程		对外劳务合作	
	新签合同额	完成营业额	新签合同额	完成营业额
华山国际工程公司	23 183	16 825	0	0
西安天宝国际工程有限公司	0	521	0	0
西安西电国际工程有限责任公司	40 207	12 148	0	0
西北电力建设第三工程公司	1 452	403	0	0
中铁第一勘察设计院集团有限公司	2 000	500	0	0
陕西中基建设监理咨询有限公司	0	294	0	0
西安汇诚电信有限责任公司	1	60	0	0
陕西工程勘察研究院	51	52	0	0
中国电力工程顾问集团西北电力设计院	410	3 423	0	0
中国水电顾问集团西北勘测设计研究院	0	1 301	0	0
西安协力动力科技有限公司	20	0	0	0
陕西中科网络科技发展有限公司	225	108	0	0
陕西省外经贸实业集团有限公司	972	382	0	0
煤航（集团）实业发展有限公司	7	7	0	0
陕西泽信对外经济技术有限公司	0	0	34	73
陕西大成国际贸易有限责任公司	0	0	38	9
西安西航集团铝业有限公司	0	0	0	0
西安赛尔通信有限责任公司	1 600	915	0	0
陕西化建工程有限责任公司	0	1 068	0	0
中国石油集团测井有限公司	1 255	249	0	0
华陆工程科技有限责任公司	368	0	0	0
中国轻工业西安设计工程有限责任公司	96	33	0	0
陕西环球人力资源有限公司	0	0	327	29
陕西华洋对外经济技术合作有限公司	0	0	1 340	979
陕西英华实业有限公司	4 250	3 795	0	0
陕西盛唐对外经济技术合作有限公司	0	0	449	199
陕西华洋境外就业服务有限公司	0	0	9	1
陕西万隆境外就业服务有限公司	0	0	2	2
陕西前程境外就业服务有限公司	0	0	740	191
九冶建设有限公司	0	0	0	0
陕西善通对外合作交流有限公司	0	0	2	68
西安国际经济技术合作有限公司	0	0	397	588
甘肃省	**41 084**	**22 403**	**0**	**45**
甘肃第七建设集团股份有限公司	0	187	0	0
甘肃地质工程有限责任公司	225	1 197	0	0
甘肃海外工程总公司	23 109	8 069	0	0
中铁二十一局集团有限公司	13 701	3 094	0	0
中国甘肃国际经济技术合作公司	0	3	0	45
甘肃省建筑设计研究院	72	0	0	0

2010年中国对外承包工程、劳务合作业务分企业统计表（续）

单位：万美元

企业名称	对外承包工程		对外劳务合作	
	新签合同额	完成营业额	新签合同额	完成营业额
甘肃第一建设集团有限责任公司	7	5 251	0	0
中国石化集团第五建设公司	0	2 667	0	0
八冶建设集团有限公司	3 970	1 935	0	0
青海省	**0**	**0**	**75**	**2**
西宁国际经济技术合作公司	0	0	75	2
宁夏回族自治区	**3 003**	**1 711**	**243**	**420**
宁夏二建集团有限责任公司	0	207	0	0
宁夏新月建筑有限公司	2 583	520	0	0
宁夏中建工程公司	0	0	27	198
宁夏建工集团有限责任公司	0	464	0	0
银川国际经济技术合作有限公司	0	0	3	27
宁夏伊建国际经济技术发展有限公司	420	520	213	195
新疆维吾尔自治区	**46 948**	**62 945**	**0**	**0**
新疆国际经济合作公司	1 002	370	0	0
中国石油天然气运输公司	0	4 080	0	0
新疆建工（集团）有限责任公司	7 595	2 325	0	0
新疆维吾尔自治区送变电工程公司	1	2 624	0	0
新疆城建（集团）股份有限公司	0	233	0	0
吐哈石油勘探开发指挥部	255	1 576	0	0
水利部新疆维吾尔自治区水利水电勘测设计研究院	20	128	0	0
新疆电力设计院	0	143	0	0
新疆轻工业设计研究院有限责任公司	52	29	0	0
特变电工股份有限公司	3 690	14 080	0	0
中国石油集团西部钻探工程有限公司	19 200	25 119	0	0
新疆建工集团第三建设工程有限责任公司	3 700	3 055	0	0
新疆炼化建设集团有限公司	3 010	2 900	0	0
新疆七星建工集团有限责任公司	0	631	0	0
新疆石油工程建设有限责任公司	6 500	4 485	0	0
光正钢结构股份有限公司	0	10	0	0
新疆忠泰工程有限责任公司	0	858	0	0
新疆三宝实业集团有限公司	1 923	299	0	0
新疆兵团	**8 418**	**30 769**	**0**	**0**
新疆北新建设工程（集团）有限责任公司	5 799	19 953	0	0
新疆生产建设兵团勘测规划设计研究院	0	0	0	0
博乐赛里木建筑安装工程有限责任公司	0	0	0	0
新疆北新路桥建设股份有限公司	2 540	10 684	0	0
新疆环宇建设工程（集团）有限责任公司	0	60	0	0
新疆昆仑工程监理有限责任公司	79	72	0	0

中国国民经济与社会发展总量指标（一）

指 标	单 位	1978 年	1990 年	2000 年	2009 年	2010 年
人口						
总人口（年末）	万人	96 259.0	114 333.0	126 743.0	133 474.0	133 972.0
城镇人口	万人	17 245.0	30 195.0	45 906.0	62 186.0	66 557.0
乡村人口	万人	79 014.0	84 138.0	80 837.0	71 288.0	67 415.0
就业和失业						
就业人员	万人	40 152.0	64 749.0	72 085.0	77 995.0	
#城镇就业人员	万人	9 514.0	17 041.0	23 151.0	31 120.0	
城镇登记失业人员	万人	530.0	383.0	595.0	921.0	908.0
国民经济核算						
国内生产总值	亿元	3 645.2	18 667.8	99 214.6	340 902.8	397 983.3
第一产业	亿元	1 027.5	5 062.0	14 944.7	35 226.0	40 497.0
第二产业	亿元	1 745.2	7 717.4	45 555.9	157 638.8	186 480.9
第三产业	亿元	872.5	5 888.4	38 714.0	148 038.0	171 005.4
支出法国内生产总值	亿元	3 605.6	19 347.8	98 749.0	346 316.6	394 307.6
最终消费支出	亿元	2 239.1	12 090.5	61 516.0	166 820.1	186 905.3
资本形成总额	亿元	1 377.9	6 747.0	34 842.8	164 463.2	191 690.8
货物和服务净出口	亿元	−11.4	510.3	2 390.2	15 033.3	15 711.5
固定资产投资						
全社会固定资产投资总额	亿元		4 517.0	32 917.7	224 598.8	27 8139.8
城 镇	亿元		3 274.4	26 221.8	193 920.4	241 414.9
#房地产开发	亿元		253.3	4 984.1	36 241.8	48 267.1
农 村	亿元		1 242.6	6 695.9	30 678.4	36 724.9
对外贸易和实际利用外资						
货物进出口总额	亿美元	206.4	1 154.4	4 742.9	22 075.4	29 727.6
出口额	亿美元	97.5	620.9	2 492.0	12 016.1	15 779.3
进口额	亿美元	108.9	533.5	2 250.9	10 059.2	13 948.3
外商直接投资	亿美元		34.9	407.2	900.3	1 057.3
外商其他投资	亿美元		2.7	86.4	17.7	30.9
财政和金融						
国家财政收入	亿元	1 132.3	2 937.1	13 395.2	6 8518.3	83 080.3
国家财政支出	亿元	1 122.1	3 083.6	15 886.5	76 299.9	89 575.4
金融机构人民币各项存款余额	亿元	1 155.0	13 943.0	123 804.0	597 741.0	718 238.0
金融机构人民币各项贷款余额	亿元	1 890.0	17 511.0	99 371.0	399 684.82	479 196.0
主要农业、工业产品产量						
粮食	万吨	30 476.5	44 624.3	46 217.5	53 082.1	54 647.7
棉花	万吨	216.7	450.8	441.7	637.7	596.1
油料	万吨	521.8	1 613.2	2 954.8	3 154.3	3 230.1
肉类	万吨			6 013.9	7 649.9	7 925.8
原煤	亿吨	6.18	10.8	13.84	29.73	32.4
原油	万吨	10 405.0	13 831.0	16 300.0	18 949.0	20 301.0
发电量	亿千瓦/小时	2 566.0	6 212.0	13 556.0	37 147.0	42 065.0
粗钢	万吨	3 178.0	6 635.0	12 850.0	57 218.0	62 696.0
水泥	万吨	6 524.0	20 971.0	59 700.0	164 397.78	188 000.0

中国国民经济与社会发展总量指标（二）

指 标	单 位	1978 年	1990 年	2000 年	2009 年	2010 年
建筑业						
建筑业企业从业人员	万人		1 011.0	1 994.0	3 673.0	4 043.0
建筑业总产值	亿元		1 345.0	12 498.0	76 808.0	95 206.0
交通和邮电						
客运量	万人	253 993.0	772 682.0	1 478 573.0	2 976 898.0	3 269 508.0
货运量	万吨	248 946.0	970 602.0	1 358 682.0	2 825 222.0	3 241 807.0
沿海主要港口货物吞吐量	万吨	19 834.0	48 321.0	125 603.0	475 481.0	548 358.0
邮电业务总量	亿元	34.1	155.5	4 792.7	27 193.5	32 940.2
移动电话年末用户	万户		1.8	8 453.3	74 721.4	85 900.3
固定电话年末用户	万户	192.5	685.0	14 482.9	31 373.2	29438.3
国内贸易和旅游						
社会消费品零售总额	亿元	1 559.0	8 300.0	39 106.0	132 678.0	156 998.0
入境过夜旅游者人数	万人次	71.6	1 048.4	3 122.9	5 087.5	5 566.5
国际旅游外汇收入	亿美元	2.6	22.2	162.2	396.8	458.1
教育、科技、文化、卫生						
在校学生数						
#普通高等学校	万人	85.6	206.3	556.1	2 144.7	2 231.8
普通中学	万人	6 548.3	4 586.0	7 368.9	7 867.9	7 703.2
普通小学	万人	14 624.0	12 241.4	13 013.3	10 071.5	9 940.7
研究与试验发展经费支出	亿元			895.7	5 802.1	6 980.0
技术市场成交额	亿元		75.0	651.0	3 039.0	3 906.0
图书总印数	亿册（张）	37.7	56.4	62.7	70.4	74.0
期刊总印数	亿册	7.6	17.9	29.4	31.5	32.0
报纸总印数	亿份	127.8	211.3	329.3	439.1	448.0
医院、卫生院数	个	64 311.0	62 126.0	66 095.0	59 918.0	59 681.0
执业（助理）医师	万人	97.8	176.3	207.6	232.9	241.3
医院、卫生院床位数	万张	184.7	259.2	290.8	408.1	440.1

注：1. 由于计算误差的影响，按支出法计算的国内生产总值不等于按生产法计算的国内生产总值。

2. 本表价值量指标中，邮电业务总量2000年及以前按1990年不变价格计算，2001年起按2000年不变价格计算，其余按当年价格计算。

中国国民经济与社会发展速度指标（一）

指 标	2010 年为下列各年（%）				平均每年增长（%）		
	1978 年	1990 年	2000 年	2009 年	1979—2010 年	1991—2010 年	2001—2010 年
人口							
总人口（年末）	139.2	117.2	105.7	100.4	1.0	0.8	0.6
城镇人口	386.0	220.4	145.0	107.0	4.3	4.0	3.8
乡村人口	85.3	80.1	83.4	94.6	-0.5	-1.1	-1.8
就业和失业							
就业人员							
#城镇就业人员							
城镇登记失业人员	171.3	237.1	152.6	98.6	1.7	4.4	4.3
国民经济核算							
国内生产总值	2 056.8	730.1	270.7	110.3	9.9	10.5	10.5
第一产业	419.1	219.8	151.3	104.3	4.6	4.0	4.2
第二产业	3 196.4	1051.1	295.5	112.2	11.4	12.5	11.4
第三产业	2 762.3	762.9	288.9	109.5	10.9	10.7	11.2
固定资产投资							
全社会固定资产投资总额		6 157.6	845.0	123.8		22.6	23.0
城 镇		7 372.8	920.7	124.5		23.8	24.2
#房地产开发		19 059.1	968.4	133.2		31.2	25.5
农 村		2 955.5	548.5	119.7		18.3	17.3
对外贸易和实际利用外资							
货物进出口总额	14 402.9	2 575.2	626.8	134.7	16.8	17.6	20.1
出口额	16 183.9	2 541.4	633.2	131.3	17.2	17.6	20.3
进口额	12 808.3	2 614.5	619.7	138.7	16.4	17.7	20.0
外商直接投资		3 032.1	259.7	117.4		18.6	10.0
外商其他投资		1 153.0	35.8	174.5		13.0	-9.8
财政和金融							
国家财政收入	7 337.6	2 828.7	620.2	121.3	14.4	18.2	20.0
国家财政支出	7 982.9	2 904.9	563.8	117.4	14.7	18.3	18.9
金融机构人民币各项存款余额	62 185.1	5 151.3	580.1	120.2	22.3	21.8	19.2
金融机构人民币各项贷款余额	25 348.9	27 36.5	482.2	119.9	18.9	18.0	17.0
主要农业、工业产品产量							
粮食	179.3	122.5	118.2	102.9	1.8	1.0	1.7
棉花	275.1	132.2	134.9	93.5	3.2	1.4	3.0
油料	619.0	200.2	109.3	102.4	5.9	3.5	0.9
肉类			131.8	103.6			2.8
原煤	524.3	300.0	234.1	109.0	5.3	5.6	8.9
原油	195.1	146.8	124.5	107.1	2.1	1.9	2.2
发电量	1 639.3	677.2	310.3	113.2	9.1	10.0	12.0
粗钢	1 972.8	944.9	487.9	109.6	9.8	11.9	17.2
水泥	2 881.7	896.5	314.9	114.4	11.1	11.6	12.2

中国国民经济与社会发展速度指标（二）

指 标	2010 年为下列各年（%）				平均每年增长（%）		
	1978 年	1990 年	2000 年	2009 年	1979—2010 年	1991—2010 年	2001—2010 年
建筑业							
建筑业企业从业人员		400.1	202.7	110.1		7.2	7.3
建筑业总产值		7 078.4	761.8	124.0		23.7	22.5
交通和邮电							
客运量	1 287.2	423.1	221.1	109.8	8.3	7.5	8.3
货运量	1 302.2	334.0	238.6	114.7	8.4	6.2	9.1
沿海主要港口货物吞吐量	2 764.7	1 134.8	436.6	115.3	10.9	12.9	15.9
邮电业务总量	129 688.9	28 422.6	922.4	121.1	25.1	32.6	24.9
移动电话年末用户		4 694 005	1 016.2	115.0		71.2	26.1
固定电话年末用户	15 289.1	4 297.4	203.3	93.8	17.0	20.7	7.4
国内贸易和旅游							
社会消费品零售总额	10 073.0	1 891.5	401.5	118.3	15.5	15.8	14.9
入境过夜旅游者人数	7 774.4	530.9	178.2	109.4	14.6	8.7	6.0
国际旅游外汇收入	17 418.3	2 065.4	282.4	115.5	17.5	16.3	10.9
教育、科技、文化、卫生							
在校学生数							
#普通高等学校	2 607.2	1 081.8	401.3	104.1	10.7	12.6	14.9
普通中学	117.6	168.0	104.5	97.9	0.5	2.6	0.4
普通小学	68.0	81.2	76.4	98.7	-1.2	-1.0	-2.7
研究与试验发展经费内部支出			779.3	120.3			22.8
技术市场成交额		5 201.1	600.2	128.5		21.8	19.6
图书总印数	196.3	131.2	118.0	105.1	2.1	1.4	1.7
期刊总印数	421.1	178.8	108.8	101.6	4.6	2.9	0.9
报纸总印数	350.5	212.0	136.0	102.0	4.0	3.8	3.1
医院、卫生院数	92.8	96.1	90.3	99.6	-0.2	-0.2	-1.0
执业（助理）医师	246.7	136.9	116.2	103.6	2.9	1.6	1.5
医院、卫生院床位数	238.3	169.8	151.3	107.8	2.8	2.7	4.2

注：本表价值量指标中，除国内生产总值和邮电业务总量按可比价格计算，其他按当年价格计算；平均每年增长速度除固定资产投资额按累计法计算外，其他按水平法计算。

中国国民总收入和国内生产总值（一）

年 份	国民总收入（亿元）	国内生产总值（亿元）			
			第一产业	第二产业	
					工 业
1978	3 645. 2	3 645. 2	1 027. 5	1 745. 2	1 607. 0
1979	4 062. 6	4 062. 6	1 270. 2	1 913. 5	1 769. 7
1980	4 545. 6	4 545. 6	1 371. 6	2 192. 0	1 996. 5
“六五”时期	**32 490. 0**	**32 401. 7**	**10 195. 7**	**14 257. 0**	**12 824. 0**
1981	4 889. 5	4 891. 6	1 559. 5	2 255. 5	2 048. 4
1982	5 330. 5	5 323. 4	1 777. 4	2 383. 0	2 162. 3
1983	5 985. 6	5 962. 7	1 978. 4	2 646. 2	2 375. 6
1984	7 243. 8	7 208. 1	2 316. 1	3 105. 7	2 789. 0
1985	9 040. 7	9 016. 0	2 564. 4	3 866. 6	3 448. 7
“七五”时期	**73 081. 1**	**73 036. 8**	**19 215. 0**	**31 326. 9**	**27 672. 0**
1986	10 274. 4	10 275. 2	2 788. 7	4 492. 7	3 967. 0
1987	12 050. 6	12 058. 6	3 233. 0	5 251. 6	4 585. 8
1988	15 036. 8	15 042. 8	3 865. 4	6 587. 2	5 777. 2
1989	17 000. 9	16 992. 3	4 265. 9	7 278. 0	6 484. 0
1990	18 718. 3	18 667. 8	5 062. 0	7 717. 4	6 858. 0
“八五”时期	**191 942. 5**	**193 030. 5**	**39 881. 1**	**88 381. 0**	**76 990. 9**
1991	21 826. 2	21 781. 5	5 342. 2	9 102. 2	8 087. 1
1992	26 937. 3	26 923. 5	5 866. 6	11 699. 5	10 284. 5
1993	35 260. 0	35 333. 9	6 963. 8	16 454. 4	14 188. 0
1994	48 108. 5	48 197. 9	9 572. 7	22 445. 4	19 480. 7
1995	59 810. 5	60 793. 7	12 135. 8	28 679. 5	24 950. 6
“九五”时期	**417 707. 3**	**423 443. 5**	**72 989. 7**	**196 971. 6**	**172 282. 5**
1996	70 142. 5	71 176. 6	14 015. 4	33 835. 0	29 447. 6
1997	78 060. 9	78 973. 0	14 441. 9	37 543. 0	32 921. 4
1998	83 024. 3	84 402. 3	14 817. 6	39 004. 2	34 018. 4
1999	88 479. 2	89 677. 1	14 770. 0	41 033. 6	35 861. 5
2000	98 000. 5	99 214. 6	14 944. 7	45 555. 9	40 033. 6
“十五”时期	**705 543. 1**	**710 626. 3**	**93 532. 7**	**327 347. 8**	**288 398. 3**
2001	108 068. 2	109 655. 2	15 781. 3	49 512. 3	43 580. 6
2002	119 095. 7	120 332. 7	16 537. 0	53 896. 8	47 431. 3
2003	135 174. 0	135 822. 8	17 381. 7	62 436. 3	54 945. 5
2004	159 586. 8	159 878. 3	21 412. 7	73 904. 3	65 210. 0
2005	183 618. 5	184 937. 4	22 420. 0	87 598. 1	77 230. 8
“十一五”时期	**1 539 012. 3**	**1 535 056. 2**	**162 092. 0**	**722 674. 0**	**627 375. 6**
2006	215 883. 9	216 314. 4	24 040. 0	103 719. 5	91 310. 9
2007	266 411. 0	265 810. 3	28 627. 0	125 831. 4	110 534. 9
2008	315 274. 7	314 045. 4	33 702. 0	149 003. 4	130 260. 2
2009	341 401. 5	340 902. 8	35 226. 0	157 638. 8	135 239. 9
2010	400 041. 2	397 983. 3	40 497. 0	186 480. 9	160 029. 6

注：本表按当年价格计算。

中国国民总收入和国内生产总值（二）

年 份	建筑业	第三产业	#交通运输、仓储和邮政业	#批发和零售业	人均国内生产总值（元）
1978	138.2	872.5	182.0	242.3	381
1979	143.8	878.9	193.7	200.9	419
1980	195.5	982.0	213.4	193.8	463
“六五”时期	**1 433.0**	**7 948.9**	**1 502.7**	**1 767.0**	**631**
1981	207.1	1 076.6	220.7	231.1	492
1982	220.7	1 163.0	246.9	171.4	528
1983	270.6	1 338.1	274.9	198.7	583
1984	316.7	1 786.3	338.5	363.5	695
1985	417.9	2 585.0	421.7	802.4	858
“七五”时期	**3 654.9**	**22 494.8**	**3 732.7**	**6 200.7**	**1 321**
1986	525.7	2 993.8	498.8	852.6	963
1987	665.8	3 574.0	568.3	1 059.6	1 112
1988	810.0	4 590.3	685.7	1 483.4	1 366
1989	794.0	5 448.4	812.7	1 536.2	1 519
1990	859.4	5 888.4	1 167.0	1 268.9	1 644
“八五”时期	**11 390.1**	**64 768.4**	**11 315.5**	**15 608.2**	**3 258**
1991	1 015.1	7 337.1	1 420.3	1 834.6	1 893
1992	1 415.0	9 357.4	1 689.0	2 405.0	2 311
1993	2 266.5	11 915.7	2 174.0	2 816.6	2 998
1994	2 964.7	16 179.8	2 787.9	3 773.4	4 044
1995	3 728.8	19 978.5	3 244.3	4 778.6	5 046
“九五”时期	**24 689.1**	**153 482.3**	**23 927.7**	**34 490.0**	**6 816**
1996	4 387.4	23 326.2	3 782.2	5 599.7	5 846
1997	4 621.6	26 988.1	4 148.6	6 327.4	6 420
1998	4 985.8	30 580.5	4 660.9	6 913.2	6 796
1999	5 172.1	33 873.4	5 175.2	7 491.1	7 159
2000	5 522.3	38 714.0	6 161.0	8 158.6	7 858
“十五”时期	**38 949.5**	**289 745.8**	**42 246.9**	**56 704.3**	**11 017**
2001	5 931.7	44 361.6	6 870.3	9 119.4	8 622
2002	6 465.5	49 898.9	7 492.9	9 995.4	9 398
2003	7 490.8	56 004.7	7 913.2	11 169.5	10 542
2004	8 694.3	64 561.3	9 304.4	12 453.8	12 336
2005	10 367.3	74 919.3	10 666.2	13 966.2	14 185
“十一五”时期	**95 298.4**	**650 290.2**	**78 842.1**	**126 998.1**	**23 149**
2006	12 408.6	88 554.9	12 183.0	16 530.7	16 500
2007	15 296.5	111 351.9	14 601.0	20 937.8	20 169
2008	18 743.2	131 340.0	16 362.5	26 182.3	23 708
2009	22 398.8	148 038.0	16 727.1	28 984.5	25 605
2010	26 451.3	171 005.4	18 968.5	34 362.8	29 762

注：各时期人均国内生产总值为该时期各年的平均数。

中国国内生产总值构成

（国内生产总值=100）

年 份	第一产业	第二产业			第三产业		
			工 业	建筑业		#交通运输、仓储和邮政业	#批发和零售业
1978	28.2	47.9	44.1	3.8	23.9	5.0	6.6
1979	31.3	47.1	43.6	3.5	21.6	4.8	4.9
1980	30.2	48.2	43.9	4.3	21.6	4.7	4.3
1981	31.9	46.1	41.9	4.2	22.0	4.5	4.7
1982	33.4	44.8	40.6	4.2	21.8	4.6	3.2
1983	33.2	44.4	39.9	4.5	22.4	4.6	3.3
1984	32.1	43.1	38.7	4.4	24.8	4.8	5.0
1985	28.4	42.9	38.3	4.6	28.7	4.7	8.9
1986	27.2	43.7	38.6	5.1	29.1	4.9	8.3
1987	26.8	43.6	38.0	5.5	29.6	4.7	8.8
1988	25.7	43.8	38.4	5.4	30.5	4.6	9.9
1989	25.1	42.9	38.2	4.7	32.0	4.8	9.0
1990	27.1	41.3	36.7	4.6	31.6	6.3	6.8
1991	24.5	41.8	37.1	4.7	33.7	6.5	8.4
1992	21.8	43.4	38.2	5.3	34.8	6.3	8.9
1993	19.7	46.6	40.2	6.4	33.7	6.2	8.0
1994	19.8	46.6	40.4	6.2	33.6	5.8	7.8
1995	19.9	47.2	41.1	6.1	32.9	5.3	7.9
1996	19.7	47.5	41.4	6.1	32.8	5.3	7.9
1997	18.3	47.5	41.7	5.8	34.2	5.3	8.0
1998	17.6	46.2	40.3	5.9	36.2	5.5	8.2
1999	16.5	45.8	40.0	5.8	37.7	5.8	8.4
2000	15.1	45.9	40.3	5.6	39.0	6.2	8.2
2001	14.4	45.1	39.7	5.4	40.5	6.3	8.3
2002	13.7	44.8	39.4	5.4	41.5	6.2	8.3
2003	12.8	46.0	40.5	5.5	41.2	5.8	8.2
2004	13.4	46.2	40.8	5.4	40.4	5.8	7.8
2005	12.1	47.4	41.8	5.6	40.5	5.8	7.6
2006	11.1	47.9	42.2	5.7	40.9	5.6	7.6
2007	10.8	47.3	41.6	5.8	41.9	5.5	7.9
2008	10.7	47.4	41.5	6.0	41.8	5.2	8.3
2009	10.3	46.2	39.7	6.6	43.4	4.9	8.5
2010	10.2	46.9	40.2	6.6	43.0	4.8	8.6

注：本表按当年价格计算。

中国固定资产投资概况

指 标	单 位	1990年	1995年	2000年	2009年	2010年
全社会固定资产投资额	**亿元**	**4 517.0**	**20 019.3**	**32 917.7**	**224 598.8**	**278 139.8**
按城乡划分						
城镇	亿元	3 274.4	15 643.7	26 221.8	193 920.4	24 1414.9
农村	亿元	1 242.6	4 375.6	6 695.9	30 678.4	36 724.9
按登记注册类型分						
内资	亿元		17 790.3	30 311.5	209 111.0	260 952.5
港、澳、台商投资	亿元		673.6	1 293.0	7 091.7	8 294.3
外商投资	亿元		1 555.3	1 313.2	8 396.0	8 893.0
按资金来源分						
国家预算内资金	亿元	393.0	621.1	2 109.5	12 685.7	14 672.7
国内贷款	亿元	885.5	4 198.7	6 727.3	39 302.8	47 022.8
利用外资	亿元	284.6	2 295.9	1 696.2	4 623.7	5 025.3
自筹资金	亿元	2 954.4	13 409.2	22 577.1	153 514.8	197 552.1
其他资金	亿元				40 102.6	46 060.8
按隶属关系分						
中央项目	亿元		4 533.7	6 433.8	20 697.4	22 605.0
地方项目	亿元		15 485.6	26 483.9	203 901.4	255 534.8
按构成分						
建筑安装工程	亿元	3 008.7	13 173.3	20 536.3	138 758.3	171 539.0
设备工器具购置	亿元	1 165.5	4 262.5	7 785.6	50 844.2	61 627.8
其他费用	亿元	342.7	2 583.5	4 595.9	34 996.2	44 973.0
新增固定资产	**亿元**	**3 995.3**	**14 521.7**	**26 842.2**	**138 613.3**	**163 872.5**
房屋建筑面积						
施工面积	万平方米	137 171.0	215 085.0	263 294.0	754 189.0	884 988.0
#住宅	万平方米		140 452.0	180 634.0	431 463.0	493 120.0
竣工面积	万平方米	107 952.0	145 600.0	181 974.0	302 117.0	294 276.0
#住宅	万平方米	86 425.0	107 433.0	134 529.0	184 210.0	179 213.0
房地产开发						
房地产开发投资额	亿元	253.3	3 149.0	4 984.1	36 241.8	48 267.1
新增固定资产	亿元		1 434.7	3 698.6	18 630.7	21 654.9
开发房屋竣工住宅面积	万平方米	3 527.0	12 525.0	20 603.0	59 629.0	61 216.0

中国黄金和国家外汇储备

年 份	黄金储备（万盎司）	国家外汇储备（亿美元）	年 份	黄金储备（万盎司）	国家外汇储备（亿美元）
1978	1 280	1.67	1995	1 267	735.97
1979	1 280	8.40	1996	1 267	1 050.29
1980	1 280	-12.96	1997	1 267	1 398.90
1981	1 267	27.08	1998	1 267	1 449.59
1982	1 267	69.86	1999	1 267	1 546.75
1983	1 267	89.01	2000	1 267	1 655.74
1984	1 267	82.20	2001	1 608	2 121.65
1985	1 267	26.44	2002	1 929	2 864.07
1986	1 267	20.72	2003	1 929	4 032.51
1987	1 267	29.23	2004	1 929	6 099.32
1988	1 267	33.72	2005	1 929	8 188.72
1989	1 267	55.50	2006	1 929	10 663.40
1990	1 267	110.93	2007	1 929	15 282.49
1991	1 267	217.12	2008	1 929	19 460.30
1992	1 267	194.43	2009	3 389	23 991.52
1993	1 267	211.99	2010	3 389	28 473.38
1994	1 267	516.20			

注：本表资料由国家外汇管理局提供。

中国历年外汇储备总表（1950—2010 年）

单位：10 亿美元

年 份	外汇储备	年 份	外汇储备	年 份	外汇储备
1950	0.157	1970	0.088	1990	11.093
1951	0.045	1971	0.037	1991	21.712
1952	0.108	1972	0.236	1992	19.443
1953	0.090	1973	-0.081	1993	21.199
1954	0.088	1974	0.000	1994	51.620
1955	0.180	1975	0.183	1995	73.597
1956	0.117	1976	0.581	1996	105.049
1957	0.123	1977	0.952	1997	139.890
1958	0.070	1978	0.167	1998	144.959
1959	0.105	1979	0.840	1999	154.675
1960	0.046	1980	-1.296	2000	165.574
1961	0.089	1981	2.708	2001	212.165
1962	0.081	1982	6.986	2002	286.407
1963	0.119	1983	8.901	2003	403.251
1964	0.166	1984	8.220	2004	609.932
1965	0.105	1985	2.644	2005	818.872
1966	0.211	1986	2.072	2006	1 066.300
1967	0.215	1987	2.923	2007	1 528.249
1968	0.246	1988	3.372	2008	1 946.300
1969	0.483	1989	5.550	2009	2 399.200
				2010	2 847.300

中国国家财政收支总额和指数

年 份	财政收入（亿元）	财政支出（亿元）	指数（上年=100）		财政收入相当于国内生产总值的比重（%）	财政支出相当于国内生产总值的比重（%）
			财政收入	财政支出		
1978	1 132.26	1 122.09	129.5	133.0	31.1	30.8
1979	1 146.38	1 281.79	101.2	114.2	28.2	31.6
1980	1 159.93	1 228.83	101.2	95.9	25.5	27.0
“六五”时期	**7 402.75**	**7 483.18**	**111.6**	**110.3**		
1981	1 175.79	1 138.41	101.4	92.6	24.0	23.3
1982	1 212.33	1 229.98	103.1	108.0	22.8	23.1
1983	1 366.95	1 409.52	112.8	114.6	22.9	23.6
1984	1 642.86	1 701.02	120.2	120.7	22.8	23.6
1985	2 004.82	2 004.25	122.0	117.8	22.2	22.2
“七五”时期	**12 280.60**	**12 865.67**	**107.9**	**109.0**		
1986	2 122.01	2 204.91	105.8	110.0	20.7	21.5
1987	2 199.35	2 262.18	103.6	102.6	18.2	18.8
1988	2 357.24	2 491.21	107.2	110.1	15.7	16.6
1989	2 664.90	2 823.78	113.1	113.3	15.7	16.6
1990	2 937.10	3 083.59	110.2	109.2	15.7	16.5
“八五”时期	**22 442.10**	**24 387.46**	**116.3**	**117.2**		
1991	3 149.48	3 386.62	107.2	109.8	14.5	15.5
1992	3 483.37	3 742.20	110.6	110.5	12.9	13.9
1993	4 348.95	4 642.30	124.8	124.1	12.3	13.1
1994	5 218.10	5 792.62	120.0	124.8	10.8	12.0
1995	6 242.20	6 823.72	119.6	117.8	10.3	11.2
“九五”时期	**50 774.39**	**57 043.46**	**116.5**	**118.4**		
1996	7 407.99	7 937.55	118.7	116.3	10.4	11.2
1997	8 651.14	9 233.56	116.8	116.3	11.0	11.7
1998	9 875.95	10 798.18	114.2	116.9	11.7	12.8
1999	11 444.08	13 187.67	115.9	122.1	12.8	14.7
2000	13 395.23	15 886.50	117.0	120.5	13.5	16.0
“十五”时期	**115 050.69**	**128 022.85**	**118.8**	**116.4**		
2001	16 386.04	18 902.58	122.3	119.0	14.9	17.2
2002	18 903.64	22 053.15	115.4	116.7	15.7	18.3
2003	21 715.25	24 649.95	114.9	111.8	16.0	18.1
2004	26 396.47	28 486.89	121.6	115.6	16.5	17.8
2005	31 649.29	33 930.28	119.9	119.1	17.1	18.3
“十一五”时期	**303 010.95**	**318 672.05**	**121.3**	**121.4**		
2006	38 760.20	40 422.73	122.5	119.1	17.9	18.7
2007	51 321.78	49 781.35	132.4	123.2	19.3	18.7
2008	61 330.35	62 592.66	119.5	125.7	19.5	19.9
2009	68 518.30	76 299.93	111.7	121.9	20.1	22.4
2010	83 080.32	89 575.38	121.3	117.4	20.9	22.5

注：各时期指数为该时期年平均发展速度。

中国金融、证券、保险基本情况

（年底数）

项　目	单　位	2005 年	2006 年	2007 年	2008 年	2009 年	2010 年
金融							
金融机构人民币存款余额	亿元	287 163.0	335 460.0	389 371.0	466 203.0	597 741.0	718 238.0
金融机构人民币贷款余额	亿元	194 690.0	225 347.0	261 691.0	303 468.0	399 685.0	479 196.0
金融机构现金收入和支出							
现金收入	亿元	626 978.0	705 733.0	824 836.0	807 613.0	866 418.0	
现金支出	亿元	629 542.0	708 774.0	828 139.0	811 456.0	870 445.0	
投放（+）回笼（-）	亿元	2 563.0	3 041.0	3 303.0	3 844.0	4 027.0	6 381.0
货币供应量							
货币和准货币（M_2）	亿元	298 756.0	345 604.0	403 442.0	475 167.0	606 225.0	725 852.0
狭义货币（M_1）	亿元	107 279.0	126 035.0	152 560.0	166 217.0	220 002.0	266 622.0
流通中现金（M_0）	亿元	24 032.0	27 073.0	30 375.0	34 219.0	38 246.0	44 628.0
黄金储备	万盎司	1 929.0	1 929.0	1 929.0	1 929.0	3 389.0	3 389.0
外汇储备	亿美元	8 189.0	10 663.0	15 282.0	19 460.0	23 992.0	28 473.0
证券							
境内上市公司（A、B 股）	家	1 381.0	1 434.0	1 550.0	1 625.0	1 718.0	2 063.0
境外上市公司（H 股）	家	122.0	143.0	148.0	153.0	159.0	165.0
股票发行量	亿股	567.1	1 287.8	637.2	180.3	416.0	561.7
股票筹资额	亿元	1 882.5	5 594.3	8 680.2	3 852.2	6 124.7	8954.9
保险							
保险系统职工人数	万人	36.6	43.4	50.0	59.9	63.1	68.6
保险公司业务经济技术指标							
保费	亿元	4 929.0	5 640.0	7 036.0	9 784.0	11 137.0	14 528.0
赔款及给付	亿元	1 137.0	1 438.0	2 265.0	2 971.0	3 125.0	3 200.0

中国保险业基本情况

年　份	机构数（个）	职工人数（人）	保　费（亿元）	财产保险公　司	人寿保险公　司	赔款及给付（亿元）	财产保险公　司	人寿保险公　司
1994			376					
1995			453					
1996			538					
1997			773	382	390	247	215	32
1998		172 892	1 256	506	750	532	290	242
1999		171 865	1 406	527	879	508	280	228
2000	33	166 602	1 598	608	990	526	308	218
2001	35	185 502	2 109	685	1 424	597	333	264
2002	44	194 383	3 054	780	2 274	707	403	304
2003	62	199 705	3 880	869	3 011	841	476	365
2004	68	262 429	4 318	1 125	3 194	1 004	579	426
2005	93	366 559	4 932	1 283	3 649	1 137	691	446
2006	107	434 001	5 643	1 579	4 061	1 438	825	614
2007	120	500 441	7 036	2 086	4 950	2 265	1 064	1 201
2008	130	599 344	9 784	2 446	7 338	2 971	1 475	1 496
2009	138	630 734	11 137	2 993	8 144	3 125	1 638	1 487
2010	142	685 856	14 528	4 027	10 501	3 200	1 815	1 385

中国交通运输业基本情况

指 标	单 位	1990 年	1995 年	2000 年	2005 年	2009 年	2010 年
运输线路长度							
铁路营业里程	万公里	5.8	6.2	6.9	7.5	8.6	9.1
公路里程	万公里	102.8	115.7	140.3	334.5	386.1	400.8
内河航道里程	万公里	10.9	11.1	11.9	12.3	12.4	12.4
民航航线里程	万公里	50.7	112.9	150.3	199.9	234.5	276.5
客运量	**万人**	**772 682.0**	**1 172 596.0**	**1 478 573.0**	**1 847 018.0**	**2 976 898.0**	**3 269 508.0**
#铁路	万人	95 712.0	102 745.0	105 073.0	115 583.0	152 451.0	167 609.0
公路	万人	648 085.0	1 040 810.0	1 347 392.0	1 697 381.0	2 779 081.0	3 052 738.0
旅客周转量	**亿人公里**	**5 628.0**	**9 002.0**	**12 261.0**	**17 467.0**	**24 835.0**	**27 894.0**
#铁路	亿人公里	2 613.0	3 546.0	4 533.0	6 062.0	7 879.0	8 762.0
公路	亿人公里	2 620.0	4 603.0	6 657.0	9 292.0	13 511.0	15 021.0
货运量	**万吨**	**970 602.0**	**1 234 938.0**	**1 358 682.0**	**1 862 066.0**	**2 825 222.0**	**3 241 807.0**
#铁路	万吨	150 681.0	165 982.0	178 581.0	269 296.0	333 348.0	364 271.0
公路	万吨	724 040.0	940 387.0	1 038 813.0	1 341 778.0	2 127 834.0	2 448 052.0
水运	万吨	80 094.0	113 194.0	122 391.0	219 648.0	318 996.0	378 949.0
货物周转量	**亿吨公里**	**26 208.0**	**35 909.0**	**44 321.0**	**80 258.0**	**122 133.0**	**141 838.0**
#铁路	亿吨公里	10 622.0	13 049.0	13 770.0	20 726.0	25 239.0	27 644.0
公路	亿吨公里	3 358.0	4 695.0	6 129.0	8 693.0	37 189.0	43 390.0
水运	亿吨公里	11 592.0	17 552.0	23 734.0	49 672.0	57 557.0	68 428.0
铁路机车数量	**台**	**13 981.0**	**15 554.0**	**15 253.0**	**17 473.0**	**18 922.0**	**19 431.0**
国家铁路	台	13 592.0	15 146.0	14 472.0	16 547.0	17 825.0	18 349.0
地方铁路	台	389.0	408.0	327.0	348.0	271.0	279.0
合资铁路	台			454.0	578.0	826.0	803.0
铁路客车数量	**辆**	**27 538.0**	**32 663.0**	**37 249.0**	**41 974.0**	**49 354.0**	**50 246.0**
铁路货车数量	**辆**	**368 561.0**	**436 414.0**	**443 902.0**	**548 368.0**	**601 412.0**	**622 284.0**
民用汽车拥有量	**万辆**	**551.4**	**1 040.0**	**1 608.9**	**3 159.7**	**6 280.6**	**7 796.4**
#载客汽车	万辆	162.2	417.9	853.7	2 132.5	4 845.1	6 124.1
载货汽车	万辆	368.5	585.4	716.3	955.6	1 368.6	1 597.6
#私人汽车	万辆	81.6	250.0	625.3	1 848.1	4 574.9	5 938.7
民用运输船舶拥有量	**艘**	**425 934.0**	**364 968.0**	**229 676.0**	**207 294.0**	**176 932.0**	**178 407.0**
#机动船	艘	325 888.0	299 717.0	185 018.0	165 900.0	149 367.0	155 624.0
驳船	艘	82 482.0	57 998.0	44 658.0	41 394.0	27 565.0	22 783.0
#私人运输船舶	艘	231 168.0	196 736.0	142 117.0	95 838.0	52 645.0	45 786.0
沿海规模以上港口							
货物吞吐量	**万吨**	**48 321.0**	**80 166.0**	**125 603.0**	**292 777.0**	**475 481.0**	**548 358.0**

注：1. 1993 年起铁路货物运输增加行包运量。

2. 2005 年起公路里程含村道。

3. 2008 年起全国公路水路运输统计口径有调整。

4. 2009 年起沿海规模以上港口统计范围有调整。

中国民用航空航线及飞机架数

指 标	单 位	1990 年	1995 年	2000 年	2005 年	2008 年	2009 年	2010 年
民用航空航线条数	**条**	**437.0**	**797.0**	**1 165.0**	**1 257.0**	**1 532.0**	**1 592.0**	**1880.0**
国际航线	条	44.0	85.0	133.0	233.0	297.0	263.0	302.0
国内航线	条	385.0	694.0	1 032.0	1 024.0	1 235.0	1 329.0	1 578.0
#港澳地区航线	条	8.0	18.0	42.0	43.0	49.0	72.0	85.0
民用航空航线里程	**万公里**	**50.7**	**112.9**	**150.3**	**199.9**	**246.2**	**234.5**	**276.5**
国际航线	万公里	16.6	34.8	50.8	85.6	112.0	92.0	107.0
国内航线	万公里	32.9	75.1	99.5	114.3	134.2	142.5	169.5
#港澳地区航线	万公里	1.1	3.0	5.6	6.1	6.9	10.7	12.1
民航国内通航机场	**个**	**94.0**	**139.0**	**139.0**	**135.0**	**152.0**	**165.0**	**175.0**
民用飞机架数	**架**	**503.0**	**852.0**	**982.0**	**1 386.0**	**1 961.0**	**2 181.0**	**2 203.0**
运输飞机	架	204.0	416.0	527.0	863.0	1 259.0	1 417.0	1 597.0
大中型飞机	架		330.0	462.0	785.0	1 155.0	1 297.0	1 453.0
小型飞机	架		86.0	65.0	78.0	104.0	120.0	144.0
通用航空飞机	架	217.0	306.0	301.0	383.0	484.0	555.0	606.0
教学校验飞机	架	82.0	130.0	154.0	140.0	218.0	209.0	202.0

注：1. 1992 年以前，民航机场和飞机架数为民航总局直属企业数，1992 年起为民航全行业数据。
2. 1997 年以前，港澳地区航线与国内航线、国际航线并列统计。1997 年起，民航所属至香港航线统计在国内航线中，航线里程及运输量统计口径也做同样调整。1999 年起，港澳地区航线为国内航线的其中项，包含民航至香港、澳门航线及运输量。
3. 民航国内通航机场不包含香港、澳门特别行政区。

中国沿海主要港口货物吞吐量

单位：万吨

港 口	1990 年	1995 年	2000 年	2005 年	2008 年	2009 年	2010 年
总 计	48 321	80 166	125 603	292 777	429 599	475 481	548 358
大 连	4 952	6 417	9 084	17 085	24 588	27 203	31 399
营 口	237	1 156	2 268	7 537	15 085	17 603	22 579
秦皇岛	6 945	8 382	9 743	16 900	25 231	24 942	26 297
天 津	2 063	5 787	9 566	24 069	35 593	38 111	41 325
烟 台	668	1 361	1 774	4 506	11 189	12 351	15 033
青 岛	3 034	5 103	8 636	18 678	30 029	31 546	35 012
日 照	925	1 452	2 674	8 421	15 102	18 131	22 597
上 海	13 959	16 567	20 440	44 317	50 808	49 467	56 320
连云港	1 137	1 716	2 708	6 016	10 060	10 843	12 739
宁波—舟山	2 554	6 853	11 547	26 881	52 048	57 684	63 300
福 州	561	1 032	2 426	7 443	6 703	8 094	7 125
厦 门	529	1 314	1 965	4 771	9 702	11 096	12 728
深 圳	1 258	3 080	5 697	15 351	21 125	19 365	22 098
广 州	4 163	7 299	11 128	25 036	34 700	36 395	41 095
湛 江	1 557	1 885	2 038	4 647	6 682	11 838	13 638
海 口	288	468	808	2 118	2 614	4 855	5 700
八 所	431	275	378	486	554	652	893
其他港口	3 060	10 019	22 723	58 515	77 786	95 305	118 480

注：1. 2006 年起，宁波—舟山港统计范围包括原宁波港和舟山港，以往年度数据为原宁波港数据。
2. 2007 年起，烟台港统计范围包括原烟台港和龙口港，以往年度数据为原烟台港数据。
3. 2009 年起，湛江港和海口港港区范围有调整。

中国邮电业务基本情况

指 标	单 位	1990 年	1995 年	2000 年	2005 年	2009 年	2010 年
邮电业务量							
邮电业务总量	亿元	155.5	988.9	4 792.7	12 028.5	27 193.5	32 940.2
邮政业务总量	亿元	46.0	113.3	232.8	625.5	1 639.9	1 985.3
电信业务总量	亿元	109.6	875.5	4 559.9	11 403.0	25 553.6	30 954.9
函件	亿件	54.9	79.6	77.7	73.5	75.3	74.0
快递	万件	343.0	5 563.0	11 031.0	22 880.0	185 785.0	233 892.0
报刊期发数	万份	20 078.0	21 689.0	20 090.0	14 601.0	13 910.0	17 158.0
固定长途电话通话时长	亿分钟		309.9	671.5	894.2	823.4	729.2
移动电话年末用户	万户	1.8	362.9	8 453.3	39 340.6	74 721.4	85 900.3
移动短信业务量	亿条				3 046.3	7 726.5	8 250.4
固定电话年末用户	万户	685.0	4 070.6	14 482.9	35 044.5	31 373.2	29 438.3
城市电话	万户	538.4	3 263.6	9 311.6	23 975.3	21 190.0	19 662.2
#住宅	万户	152.7	2 358.4	7 219.4	17 201.2	12 969.5	11 973.4
农村电话	万户	146.6	807.0	5 171.3	11 069.2	10 183.2	9 776.1
#住宅	万户	30.7	551.4	4 597.8	10 023.9	8 813.3	8 325.0
#公用电话	万部	4.6	85.0	352.0	2 681.2	2 708.8	2 584.8
邮政局所及邮电通信电路							
营业网点	处	53 629.0	61 898.0	58 437.0	65 917.0	65 672.0	72 863.0
邮路及农村投递路线总长度	万公里	498.3	523.2	643.8	697.1	770.4	832.6
长途光缆线路长度	公里	3 334.0	106 882.0	286 642.0	723 040.0	831 011.0	818 161.0
邮电通信设备拥有量							
长途自动交换机容量	万路端	16.1	351.9	563.5	1 371.6	1 684.9	1 643.9
局用电话交换机容量	万门	1 232.0	7 204.0	17 826.0	47 196.0	49 266.0	46 559.0
移动电话交换机容量	万户	5.0	797.0	13 986.0	48 242.0	144 085.0	150 518.0
邮电通信服务水平							
电话普及率（含移动）	部/百人	1.11	4.66	19.10	57.22	79.89	86.41
移动电话普及率	部/百人	0.002	0.30	6.72	30.26	56.27	64.36

注：1. 邮电业务总量 2000 年及以前按 1990 年不变价格计算，2001 年起按 2000 年不变价格计算。
2. 1997 年及以前城市电话用户为市内电话用户数。
3. 1998 年及以前邮政局所为邮电局所。
4. 2006 年及以前邮政业务总量、特快专递和邮政局所统计口径为中国邮政集团；2007 年起包括规模以上（年业务收入 200 万元以上）邮政业法人企业数据。

中国旅游人数和收入

指 标	单 位	2005 年	2006 年	2007 年	2008 年	2009 年	2010 年
旅游人数							
入境旅游人数	**万人次**	**12 029.2**	**12 494.2**	**13 187.3**	**13 002.7**	**12 647.6**	**13 376.2**
外国人	万人次	2 025.5	2 221.0	2 611.0	2 432.5	2 193.8	2 612.7
#日本	万人次	339.0	374.6	397.8	344.6	331.8	373.1
韩国	万人次	354.5	392.4	477.7	396.0	319.8	407.6
菲律宾	万人次	65.4	70.4	83.3	79.5	74.9	82.8
新加坡	万人次	75.6	82.8	92.2	87.6	89.0	100.4
英国	万人次	50.0	55.2	60.5	55.2	52.9	60.9
德国	万人次	45.5	50.1	55.7	52.9	51.9	57.5
俄罗斯	万人次	222.4	240.5	300.4	312.3	174.3	237.0
加拿大	万人次	43.0	50.0	57.7	53.5	55.0	68.5
美国	万人次	155.5	171.0	190.1	178.6	171.0	201.0
澳大利亚	万人次	48.3	53.8	60.7	57.2	56.2	66.1
港澳同胞	万人次	9 592.8	9 831.8	10 113.6	10 131.7	10 005.4	10 249.5
台湾同胞	万人次	410.9	441.4	462.8	438.6	448.4	514.1
#过夜旅游者	万人次	4 680.9	4 991.3	5 472.0	5 304.9	5 087.5	5 566.5
国内居民出境人数	**万人次**	**3 102.6**	**3 452.4**	**4 095.4**	**4 584.4**	**4 765.6**	**5 738.6**
#因私出境	万人次	2 514.0	2 879.9	3 492.4	4 013.1	4 221.0	5 150.8
国内旅游人数	**亿人次**	**12.1**	**13.9**	**16.1**	**17.1**	**19.0**	**21.0**
旅游收入							
国际国内旅游总收入	亿元	7 686.0	8 935.0	10 956.5	11 585.8	12 893.9	15 681.1
国际旅游外汇收入	亿美元	293.0	339.5	419.2	408.4	396.8	458.1
国内旅游收入	亿元	5 285.9	6 229.7	7 770.6	8 749.3	10 183.7	12 579.8

注：本表数据由国家旅游局提供。

2010 年中国国际收支平衡表

单位：亿美元

项 目	行次	差额	贷方	借方
一、经常项目	**1**	**3 054**	**19 468**	**16 414**
A. 货物和服务	2	2 321	17 526	15 206
a. 货物	3	2 542	15 814	13 272
b. 服务	4	−221	1 712	1 933
1. 运输	5	−290	342	633
2. 旅游	6	−91	458	549
3. 通讯服务	7	1	12	11
4. 建筑服务	8	94	145	51
5. 保险服务	9	−140	17	158
6. 金融服务	10	−1	13	14
7. 计算机和信息服务	11	63	93	30
8. 专有权利使用费和特许费	12	−122	8	130
9. 咨询	13	77	228	151
10. 广告、宣传	14	8	29	20
11. 电影、音像	15	−2	1	4
12. 其他商业服务	16	184	356	172
13. 别处未提及的政府服务	17	−2	10	11
B. 收益	18	304	1 446	1 142
1. 职工报酬	19	122	136	15
2. 投资收益	20	182	1 310	1 128

2010年中国国际收支平衡表（续）

单位：亿美元

项　目	行次	差额	贷方	借方
C. 经常转移	21	429	495	66
1. 各级政府	22	−3	0	3
2. 其他部门	23	432	495	63
二、资本和金融项目	**24**	**2 260**	**11 080**	**8 820**
A. 资本项目	25	46	48	2
B. 金融项目	26	2 214	11 032	8 818
1. 直接投资	27	1 249	2 144	894
1.1 我国在外直接投资	28	−602	76	678
1.2 外国在华直接投资	29	1 851	2 068	217
2. 证券投资	30	240	636	395
2.1 资产	31	−76	268	345
2.1.1 股本证券	32	−84	115	199
2.1.2 债务证券	33	8	154	146
2.1.2.1（中）长期债券	34	19	128	110
2.1.2.2 货币市场工具	35	−11	25	36
2.2 负债	36	317	368	51
2.2.1 股本证券	37	314	345	32
2.2.2 债务证券	38	3	22	19
2.2.2.1（中）长期债券	39	3	22	19
2.2.2.2 货币市场工具	40	0	0	0
3. 其他投资	41	724	8 253	7 528
3.1 资产	42	−1 163	750	1 912
3.1.1 贸易信贷	43	−616	5	621
长期	44	−43	0	43
短期	45	−573	4	578
3.1.2 贷款	46	−210	197	407
长期	47	−277	0	277
短期	48	66	197	131
3.1.3 货币和存款	49	−580	303	883
3.1.4 其他资产	50	244	245	1
长期	51	0	0	0
短期	52	244	245	1
3.2 负债	53	1 887	7 503	5 616
3.2.1 贸易信贷	54	495	583	88
长期	55	35	41	6
短期	56	460	542	81
3.2.2 贷款	57	791	5 860	5 069
长期	58	100	264	163
短期	59	691	5 596	4 906
3.2.3 货币和存款	60	603	1 038	435
3.2.4 其他负债	61	−3	22	25
长期	62	−4	1	5
短期	63	1	22	20
三、储备资产	**64**	**−4 717**	**0**	**4 717**
3.1 货币黄金	65	0	0	0
3.2 特别提款权	66	−1	0	1
3.3 在基金组织的储备头寸	67	−21	0	21
3.4 外汇	68	−4 696	0	4 696
3.5 其他债权	69	0	0	0
四、净误差与遗漏	**70**	**−597**	**0**	**597**

注：1. 本表计数采用四舍五入原则。

2. 从2010年三季度开始，按照国际标准，将外商投资企业归属外方的未分配利润和已分配未汇出利润同时记入国际收支平衡表中经常账户收益项目的借方和金融账户直接投资的贷方。2010年各季度以及2005—2009年年度数据也按此方法进行了追溯调整。

2010年世界主要国家（地区）货物贸易额

金额单位：10亿美元

出口					进口				
排名	国别（地区）	出口额	比重（%）	年增长率（%）	排名	国别（地区）	进口额	比重（%）	年增长率（%）
1	中国	1 578	10.4	31	1	美国	1 968	12.8	23
2	美国	1 278	8.4	21	2	中国	1 395	9.1	39
3	德国	1 269	8.3	13	3	德国	1 067	6.9	15
4	日本	770	5.1	33	4	日本	693	4.5	25
5	荷兰	572	3.8	15	5	法国	606	3.9	8
6	法国	521	3.4	7	6	英国	558	3.6	15
7	韩国	466	3.1	28	7	荷兰	517	3.4	17
8	意大利	448	2.9	10	8	意大利	484	3.1	17
9	比利时	411	2.7	11	9	香港	442	2.9	25
10	英国	405	2.7	15	10	韩国	425	2.8	32
11	香港	401	2.6	22	11	加拿大	402	2.6	22
12	俄罗斯	400	2.5	32	12	比利时	390	2.5	11
13	加拿大	387	2.5	22	13	印度	323	2.1	25
14	新加坡	352	2.3	30	14	西班牙	312	2.0	6
15	墨西哥	298	2.0	30	15	新加坡	311	2.0	26
16	台湾省	275	1.8	35	16	墨西哥	311	2.0	29
17	沙特阿拉伯	254	1.7	32	17	台湾省	251	1.6	44
18	西班牙	245	1.6	8	18	俄罗斯	248	1.6	30
19	阿联酋	235	1.5	27	19	澳大利亚	202	1.3	22
20	印度	216	1.4	31	20	巴西	191	1.2	43
21	澳大利亚	212	1.4	38	21	土耳其	185	1.2	32
22	巴西	202	1.3	32	22	泰国	182	1.2	38
23	马来西亚	199	1.3	26	23	瑞士	176	1.1	13
24	瑞士	195	1.3	13	24	波兰	174	1.1	16
25	泰国	195	1.3	28	25	阿联酋	170	1.1	13
26	瑞典	158	1.0	21	26	马来西亚	165	1.1	33
27	印度尼西亚	158	1.0	32	27	奥地利	159	1.0	11
28	波兰	156	1.0	14	28	瑞典	148	1.0	23
29	奥地利	152	1.0	11	29	印度尼西亚	132	0.9	46
30	捷克	133	0.9	18	30	捷克	126	0.8	20
	以上合计	12 541	82.3	—		以上合计	12 712	82.7	—
	世界	15 238	100.0	22		世界	15 376	100.0	21

资料来源：世界贸易组织《新闻简报》2010年4月7日。

世界货物贸易额及增长率

年 份	贸易额（亿美元）			增减率（%）		
	出 口	进 口	总 额	出 口	进 口	总 额
1950	554.00	580.00	1 134.00	—	—	—
1955	843.00	892.00	1 735.00	52.2	53.8	53.0
1960	1 131.00	1 194.00	2 325.00	34.2	33.9	34.0
1961	1 183.00	1 245.00	2 428.00	4.6	4.3	4.4
1962	1 241.00	1 321.00	2 562.00	4.9	6.1	5.5
1963	1 354.00	1 435.00	2 789.00	9.1	8.6	8.9
1964	1 522.00	1 610.00	3 132.00	12.4	12.2	12.3
1965	1 643.00	1 743.00	3 386.00	8.0	8.3	8.1
1966	1 808.00	1 921.00	3 729.00	10.0	10.2	10.1
1967	1 898.00	2 015.00	3 913.00	5.0	4.9	4.9
1968	2 124.00	2 248.00	4 372.00	11.9	11.6	11.7
1969	2 434.00	2 565.00	4 999.00	14.6	14.1	14.3
1970	3 145.81	3 289.21	6 435.02	—	—	—
1971	3 883.90	3 663.84	7 547.74	23.5	11.4	17.3
1972	4 155.34	4 340.21	8 495.55	7.0	18.5	12.6
1973	5 729.67	5 999.35	11 729.02	37.9	38.2	38.1
1974	8 417.57	8 607.16	17 024.73	46.9	43.5	45.2
1975	8 745.99	9 045.12	17 791.11	3.9	5.1	4.5
1976	9 894.95	10 135.73	20 030.68	13.1	12.1	12.6
1977	11 255.42	11 605.20	22 860.62	13.7	14.5	14.1
1978	12 973.87	13 471.30	26 445.17	15.3	16.1	15.7
1979	16 390.50	16 868.07	33 258.57	26.3	25.2	25.8
1980	19 936.25	20 474.25	40 410.50	21.6	21.4	21.5
1981	19 763.11	20 360.88	40 123.99	-0.9	-0.6	-0.7
1982	18 575.50	19 222.31	37 797.81	-6.0	-5.6	-5.8
1983	18 124.94	18 718.42	36 843.36	-2.4	-2.6	-2.5
1984	19 093.15	19 799.69	38 892.84	5.4	5.8	5.6
1985	19 300.05	20 005.50	39 305.55	1.1	1.0	1.1
1986	21 280.93	21 979.05	43 259.98	10.3	9.9	10.1
1987	24 908.05	25 596.64	50 504.69	17.0	16.5	16.7
1988	28 253.38	29 118.79	57 372.17	13.4	13.8	13.6
1989	30 213.46	31 347.24	61 560.70	6.9	7.7	7.3
1990	34 250.43	35 565.09	69 815.52	13.4	13.5	13.4
1991	34 299.09	35 517.42	69 816.51	0.1	-0.1	0.0
1992	36 856.45	37 986.12	74 842.57	7.5	7.0	7.2
1993	37 079.21	37 556.27	74 635.48	0.6	-1.1	-0.3
1994	42 235.99	42 615.22	84 851.21	13.9	13.5	13.7
1995	50 513.09	50 905.31	101 418.40	19.6	19.5	19.5
1996	52 571.03	53 275.63	105 846.66	4.1	4.7	4.4
1997	53 054.78	53 576.22	106 631.00	0.9	0.6	0.7
1998	52 136.57	52 860.84	104 997.41	-1.7	-1.3	-1.3
1999	54 133.65	55 036.98	109 170.63	3.8	4.1	4.0
2000	60 669.42	62 276.17	122 945.59	12.1	13.2	12.6
2001	57 523.23	59 352.08	116 875.31	-5.2	-4.7	-4.9
2002	60 277.48	61 538.36	121 815.84	4.8	3.7	4.2
2003	70 218.33	71 751.17	141 969.50	16.5	16.6	16.5
2004	85 509.26	87 716.84	173 226.10	21.8	22.3	22.0
2005	97 422.73	99 827.05	197 249.78	13.9	13.8	13.9
2006	112 743.69	114 762.08	227 505.77	15.7	15.0	15.3
2007	129 999.10	132 356.73	262 355.83	15.3	15.3	15.3
2008	150 589.96	153 007.82	303 597.78	15.8	15.6	15.7
2009	115 254.73	116 243.67	231 498.40	-23.5	-24.0	-24.0

注： * 1970 年以前不包括前中央计划经济国家。

资料来源： 联合国《统计月报》，世界贸易组织《新闻简报》。

世界部分国家（地区）货物贸易进口额

金额单位：百万美元

国别（地区）/年份	1990	2000	2005	2006	2007	2008	2009
世界	**3 556 509**	**6 227 617**	**9 982 705**	**11 476 208**	**13 235 673**	**15 300 782**	**11 624 367**
发达的市场经济国家	**2 573 572**	**4 294 275**	**6 692 080**	**7 579 358**	**8 551 762**	**9 525 061**	**7 091 093**
发展中的市场经济国家	**787 376**	**1 933 342**	**3 290 625**	**3 896 850**	**4 683 911**	**5 775 721**	**4 533 274**
石油输出国组织	**109 621**	**173 894**	**312 996**	**369 578**	**462 451**	**582 876**	**521 697**
美洲	**734 660**	**1 788 457**	**2 452 162**	**2 748 436**	**2 985 820**	**3 303 388**	**2 457 217**
美国	516 987	1 259 300	1 735 060	1 918 080	2 020 400	2 169 490	1 605 300
加拿大	123 247	238 812	323 365	348 958	379 794	407 165	320 287
墨西哥	31 147	174 500	221 414	256 130	283 264	310 561	234 385
巴西	22 524	58 631	77 628	95 838	126 645	182 377	133 673
智利	7 678	18 507	32 735	38 406	47 164	61 903	41 364
委内瑞拉	7 443	16 213	24 027	33 615	46 097	49 602	40 597
阿根廷	4 076	25 280	28 693	34 158	44 707	57 413	39 105
哥伦比亚	5 590	11 539	21 204	26 046	33 164	39 320	32 898
秘鲁	3 470	7 407	12 084	14 897	19 580	28 373	21 006
厄瓜多尔	1 862	3 721	10 287	12 114	13 565	18 692	15 093
哥斯达黎加	1 990	6 389	9 812	11 520	12 952	15 366	11 460
危地马拉	1 649	5 171	8 810	10 157	11 861	12 835	10 066
多米尼加	2 062	6 416	7 366	9 559	11 289	13 564	9 958
巴拿马	1 539	3 379	4 180	4 831	6 872	9 050	7 801
萨尔瓦多	1 263	3 795	6 834	7 628	8 677	9 754	7 255
特立尼达和多巴哥	1 109	3 308	5 725	6 484	7 456	9 576	6 944
乌拉圭	1 343	3 466	3 879	4 757	5 667	8 943	6 209
洪都拉斯	935	2 855	4 853	5 695	6 762	8 831	6 133
牙买加	1 924	3 302	4 458	5 314	6 394	7 734	5 064
欧洲	**1 848 213**	**2 610 362**	**4 356 037**	**5 047 839**	**5 954 654**	**6 712 802**	**4 942 171**
德国	345 032	495 450	780 514	922 376	1 055 997	1 186 681	939 132
法国	233 207	311 029	490 611	546 505	631 436	714 695	556 106
英国	224 550	334 371	483 066	547 543	622 125	641 303	485 238
意大利	181 983	238 071	384 837	440 852	509 937	563 436	414 725
荷兰	126 485	198 882	310 600	358 510	421 084	495 043	382 268
比利时	…	176 992	319 798	351 575	412 012	467 636	352 181
西班牙	87 555	152 901	287 610	326 046	382 651	417 049	290 744
俄罗斯	…	33 884	98 708	137 807	199 754	267 101	167 411
波兰	8 413	48 970	100 759	127 260	162 437	204 873	149 723
瑞士	69 691	76 104	119 784	132 030	153 181	173 683	147 894
奥地利	49 092	68 986	119 950	130 945	156 760	176 174	136 081
瑞典	54 266	72 982	111 324	126 609	153 463	168 993	120 298
捷克	…	32 180	76 343	93 453	118 467	142 172	105 256
丹麦	32 230	44 364	74 265	85 103	97 324	109 158	81 926
匈牙利	8 671	31 955	65 783	77 206	94 375	106 380	78 034
葡萄牙	25 358	38 192	53 398	65 609	76 371	94 726	71 729
挪威	27 219	34 351	55 472	64 272	80 378	90 293	69 292
爱尔兰	20 682	51 444	69 177	83 889	85 624	82 658	62 595
芬兰	27 003	33 900	58 474	69 448	81 756	92 160	60 822
希腊	19 780	29 221	49 817	59 121	75 100	77 831	59 293
斯洛伐克	…	13 413	36 168	47 250	62 102	74 034	54 807
罗马尼亚	9 843	13 055	40 463	51 106	69 602	82 965	54 256
保加利亚	13 089	6 505	18 162	23 270	30 086	37 018	23 518
卢森堡	…	10 718	17 565	19 434	22 168	25 514	18 652
马耳他	1 961	3 400	3 807	4 073	4 508	5 049	3 803
冰岛	1 679	2 591	4 554	5 077	6 354	5 614	3 604
非洲	**96 665**	**125 997**	**242 343**	**278 363**	**365 761**	**430 496**	**356 788**
南非	17 665	28 980	54 848	67 644	79 873	94 901	64 439
埃及	16 783	14 010	19 816	20 722	27 063	48 775	44 946

世界部分国家（地区）货物贸易进口额（续）

金额单位：百万美元

国别（地区）/年份	1990	2000	2005	2006	2007	2008	2009
尼日利亚	5 692	8 721	21 314	26 760	37 576	42 378	39 000
摩洛哥	6 925	11 534	20 805	23 977	30 149	40 566	32 777
突尼斯	5 513	8 567	13 177	14 865	18 980	24 612	19 100
肯尼亚	2 124	3 105	6 149	7 311	8 989	11 074	10 207
利比亚	5 599	3 731	6 057	6 053	6 753	9 116	10 150
埃塞俄比亚	1 081	1 261	4 127	4 805	5 307	8 036	7 963
坦桑尼亚	1 364	1 523	2 661	4 254	5 337	7 081	6 296
科特迪瓦	2 098	2 395	5 864	5 821	6 684	7 856	6 050
喀麦隆	1 400	1 278	2 725	3 161	3 776	4 326	4 250
毛里求斯	1 621	2 091	3 157	3 627	3 894	4 655	3 729
马达加斯加	651	733	1 689	1 747	2 452	3 837	3 250
加蓬	922	996	1 473	1 726	2 198	2 542	2 200
马拉维	575	533	1 163	1 206	1 380	1 700	2 096
亚洲	**813 202**	**1 613 684**	**2 801 949**	**3 261 081**	**3 791 183**	**4 647 099**	**3 703 269**
中国	53 345	225 094	659 953	791 605	956 284	1 131 620	1 004 170
日本	235 423	379 491	514 988	579 609	619 662	762 629	550 550
香港	82 490	212 805	299 533	334 681	367 864	388 505	347 311
韩国	69 844	160 481	261 238	309 383	356 648	435 275	322 843
印度	23 583	51 563	142 865	178 485	229 349	321 026	256 321
新加坡	60 774	134 546	200 050	238 711	263 155	319 781	245 785
台湾省	54 716	140 011	182 569	203 017	219 649	240 448	174 371
土耳其	22 302	54 503	116 774	139 576	170 063	201 964	140 928
阿联酋	11 199	35 009	84 654	97 864	121 100	158 900	140 000
泰国	33 031	61 923	118 158	128 654	140 812	178 776	134 832
马来西亚	29 259	81 963	114 410	131 085	146 767	164 410	123 693
沙特阿拉伯	24 069	30 197	59 458	69 800	90 215	115 133	95 576
印度尼西亚	21 837	43 595	75 631	80 659	93 101	127 451	92 672
伊朗	15 716	14 347	40 041	40 772	45 000	57 230	51 450
以色列	16 803	37 686	47 142	50 334	59 039	67 656	49 278
菲律宾	13 041	36 887	46 963	54 077	57 708	60 492	45 743
巴基斯坦	7 376	10 864	25 356	29 828	32 590	42 326	31 648
卡塔尔	1 695	3 252	10 061	16 441	23 430	27 900	23 000
孟加拉国	3 618	8 358	12 881	14 964	17 263	22 473	20 631
科威特	3 923	7 157	15 534	17 243	21 353	24 875	17 921
阿曼	2 681	5 040	8 827	10 915	15 978	22 925	17 865
叙利亚	2 400	4 055	10 862	11 488	14 655	18 320	15 443
约旦	2 603	4 597	10 506	11 447	13 511	16 764	14 534
斯里兰卡	2 689	6 281	8 833	10 259	11 301	13 953	10 207
塞浦路斯	2 569	3 846	6 282	6 951	8 687	10 873	7 882
巴林	3 712	4 634	8 790	9 022	11 293	12 530	7 300
澳门	1 534	2 255	3 913	4 565	5 366	5 365	4 622
缅甸	270	2 401	1 927	2 564	3 277	4 299	4 393
尼泊尔	672	1 573	2 093	2 386	2 948	3 157	3 681
大洋洲	**54 866**	**89 116**	**162 346**	**177 899**	**210 548**	**251 388**	**206 607**
澳大利亚	42 024	71 537	125 283	139 279	165 364	200 564	165 470
新西兰	9 501	13 906	26 234	26 431	30 886	34 374	25 578
巴布亚新几内亚	1 192	1 151	1 728	2 287	2 945	3 550	3 200
新喀里多尼亚	883	918	1 774	2 117	2 836	3 213	2 580
法属波利尼西亚	929	930	1 723	1 656	1 863	2 237	1 740
斐济	754	857	1 607	1 802	1 801	2 245	1 470
瓦努阿图	96	87	149	160	202	265	294
所罗门	95	98	185	210	250	293	239

资料来源：联合国《统计月报》2010 年 12 月，世界贸易组织《世界贸易发展年度报告》2010 年。

世界部分国家（地区）货物贸易出口额

金额单位：百万美元

国别（地区）	1990	2000	2005	2006	2007	2008	2009
世界	**3 425 043**	**6 066 942**	**9 742 273**	**11 274 369**	**12 999 910**	**15 058 996**	**11 525 473**
发达的市场经济国家	**2 455 142**	**3 956 753**	**5 963 634**	**6 732 389**	**7 707 953**	**8 573 487**	**6 572 454**
发展中的市场经济国家	**798 557**	**1 860 095**	**3 778 639**	**4 541 980**	**5 291 957**	**6 485 509**	**4 953 019**
石油输出国组织	**176 680**	**361 429**	**653 391**	**781 263**	**879 758**	**1 218 469**	**793 934**
美洲	**627 708**	**1 327 262**	**1 702 830**	**1 961 475**	**2 189 870**	**2 468 885**	**1 908 401**
美国	393 592	781 918	907 158	1 038 270	1 162 980	1 301 110	1 056 750
加拿大	127 634	276 645	359 411	389 513	416 432	452 170	313 982
墨西哥	27 131	166 367	213 891	250 441	272 055	291 827	229 683
巴西	31 414	55 086	118 529	137 807	160 649	197 942	152 995
委内瑞拉	17 783	31 413	51 859	59 208	69 165	95 138	57 595
阿根廷	12 353	26 341	40 351	46 568	55 779	705 588	56 065
智利	8 373	19 210	41 267	58 680	67 666	66 456	51 963
哥伦比亚	6 766	13 043	21 146	24 388	29 786	38 265	32 784
秘鲁	3 231	6 955	17 368	23 830	27 882	31 529	26 885
厄瓜多尔	2 714	4 927	10 100	12 728	13 852	18 511	13 799
特立尼达和多巴哥	1 960	4 274	9 611	14 155	14 697	18 600	9 138
哥斯达黎加	1 448	5 850	7 026	8 216	9 340	9 575	8 711
乌拉圭	1 693	2 295	3 405	3 953	4 490	6 421	5 417
危地马拉	1 163	2 711	3 477	3 665	4 468	5 412	3 836
萨尔瓦多	582	1 332	3 387	3 513	3 977	4 579	3 797
洪都拉斯	831	1 380	1 892	2 054	2 120	2 883	2 304
多米尼加	735	966	1 398	1 933	2 635	2 394	1 678
牙买加	1 158	1 295	1 499	1 874	2 070	2 542	1 316
巴拿马	340	859	1 018	1 093	1 164	1 247	948
欧洲	**1 779 109**	**2 650 321**	**4 469 663**	**5 101 369**	**5 937 426**	**6 679 628**	**5 041 928**
德国	409 958	550 222	977 970	1 122 112	1 323 818	1 451 390	1 127 636
法国	210 169	300 083	443 619	490 702	550 452	608 441	474 598
荷兰	131 787	213 447	349 844	399 635	476 787	541 398	431 839
意大利	170 383	239 934	372 962	416 231	499 933	544 962	406 685
比利时	…	187 876	335 738	366 758	431 118	473 636	369 934
英国	185 326	281 525	371 381	428 261	434 790	468 244	356 538
俄罗斯	…	103 093	241 473	301 244	351 930	467 581	301 656
西班牙	55 528	113 348	191 021	213 350	246 752	277 695	220 848
瑞士	63 793	74 867	126 099	141 679	164 809	191 810	166 847
波兰	13 627	31 684	89 214	110 941	138 756	168 674	136 786
瑞典	57 542	86 962	130 205	147 236	168 979	183 907	131 043
奥地利	41 138	64 167	117 722	130 376	157 317	173 394	130 791
挪威	34 045	60 063	103 738	122 112	136 371	172 621	120 880
爱尔兰	23 747	77 097	109 605	104 639	122 622	126 144	117 092
捷克	…	29 057	77 988	95 165	122 760	146 406	113 175
丹麦	35 135	50 390	83 569	91 703	101 954	116 069	92 843
匈牙利	9 597	28 016	62 179	74 217	93 377	107 466	84 586
芬兰	26 572	45 482	65 238	77 287	90 091	96 890	62 859
斯洛伐克	…	11 889	31 997	41 939	57 766	70 982	55 549
葡萄牙	16 419	23 279	32 129	42 894	50 241	57 565	44 343
罗马尼亚	5 775	10 367	27 730	32 336	40 042	49 539	40 621
希腊	8 106	10 747	15 511	20 180	23 472	25 231	19 868
保加利亚	13 428	4 809	11 739	15 101	18 575	22 485	16 467
卢森堡	…	7 950	12 699	14 172	16 021	17 590	12 786
冰岛	1 591	1 891	2 944	3 241	4 509	5 191	4 057
马耳他	1 130	2 443	2 376	2 705	2 985	2 993	2 195
非洲	**100 488**	**141 254**	**298 324**	**341 498**	**399 064**	**526 514**	**343 937**
南非	22 834	29 267	51 640	58 197	69 787	84 488	62 627
尼日利亚	12 961	20 975	55 145	57 444	65 133	80 615	52 500

世界部分国家（地区）货物贸易出口额（续）

金额单位：百万美元

国别（地区）	1990	2000	2005	2006	2007	2008	2009
利比亚	13 877	10 415	23 746	27 712	32 504	44 696	35 600
埃及	4 957	4 691	10 652	13 694	16 200	26 246	23 062
突尼斯	3 527	5 850	10 494	11 513	15 029	19 319	14 449
摩洛哥	4 265	7 423	11 185	12 744	13 864	18 525	13 681
科特迪瓦	3 128	3 897	7 248	8 140	8 068	9 741	8 900
刚果（布）	999	2 477	4 788	6 796	6 116	9 018	5 600
加蓬	2 213	2 465	4 863	5 254	5 943	8 324	5 100
肯尼亚	1 031	1 734	3 293	3 437	4 080	4 972	4 463
喀麦隆	2 002	1 534	2 785	3 590	3 769	4 312	3 000
坦桑尼亚	331	663	1 479	1 655	2 022	2 674	2 368
毛里求斯	1 196	1 551	2 138	2 329	2 238	2 386	1 943
埃塞俄比亚	298	486	903	1 036	1 290	1 602	1 596
马拉维	417	379	501	541	670	790	1 186
亚洲	**867 639**	**1 869 632**	**3 168 956**	**3 753 393**	**4 338 137**	**5 200 343**	**4 085 766**
中国	62 091	249 203	761 953	969 380	1 217 815	1 428 660	1 201 790
日本	287 648	479 227	594 986	649 948	714 211	782 052	580 719
韩国	65 016	172 267	284 419	325 465	371 554	422 007	361 614
香港	82 160	201 860	289 337	316 816	344 629	362 675	318 510
新加坡	52 730	137 806	229 652	271 809	299 270	338 176	269 832
台湾省	67 214	148 321	197 776	223 766	246 377	255 629	203 675
沙特阿拉伯	44 417	77 480	180 736	211 306	233 300	313 427	192 296
阿联酋	11 199	49 878	117 287	142 505	154 000	231 550	175 000
印度	17 970	42 378	99 618	121 812	150 160	194 816	164 928
马来西亚	29 453	98 230	140 870	160 571	176 028	209 673	157 484
泰国	23 071	68 963	110 178	130 795	153 092	172 822	152 065
印度尼西亚	25 675	65 403	86 721	103 493	118 014	139 606	119 483
土耳其	12 959	27 775	73 476	85 535	107 272	132 027	102 142
伊朗	15 716	28 461	56 252	77 012	83 000	116 350	78 050
科威特	6 956	19 436	45 189	56 016	62 702	87 467	50 330
以色列	11 573	31 404	42 770	46 789	54 065	60 825	47 934
卡塔尔	3 529	11 594	25 763	34 052	42 020	56 593	40 500
菲律宾	8 068	39 794	39 879	47 413	50 270	49 205	38 308
阿曼	5 508	11 319	18 692	21 585	24 136	37 719	28 053
巴基斯坦	5 589	9 028	16 050	16 932	17 837	20 323	17 523
孟加拉国	1 671	4 787	7 233	9 103	10 233	11 777	12 443
巴林	3 761	6 195	10 160	11 625	13 394	18 865	11 874
叙利亚	4 212	4 674	9 174	10 919	11 546	14 300	10 559
斯里兰卡	1 613	5 433	6 347	6 886	7 740	8 137	7 085
缅甸	325	1 647	3 813	4 585	6 313	6 950	6 731
约旦	1 063	1 899	4 302	5 175	5 725	7 788	6 531
塞浦路斯	948	951	1 303	1 153	1 254	1 755	1 342
澳门	1 694	2 539	2 476	2 557	2 543	1 997	961
尼泊尔	204	804	822	828	895	848	868
大洋洲	**50 100**	**78 470**	**134 619**	**154 043**	**177 705**	**228 014**	**187 338**
澳大利亚	39 760	63 878	105 833	123 316	141 122	187 249	153 884
新西兰	9 394	13 297	21 728	22 437	26 946	30 582	24 931
巴布亚新几内亚	1 177	2 095	3 313	4 198	4 683	5 718	4 625
新喀里多尼亚	449	573	1 090	1 349	2 071	1 344	969
斐济	498	537	701	679	755	907	650
所罗门	70	65	105	120	166	211	163
法属波利尼西亚	111	197	217	235	197	207	160
瓦努阿图	19	26	38	37	30	35	58

资料来源：联合国《统计月报》2010 年 12 月，世界贸易组织《世界贸易发展年度报告》2010 年。

世界初级产品出口价格指数

（2005 年 = 100）

产品＼年份	1999	2000	2001	2002	2003	2004	2006	2007	2008	2009
食品、饮料	81	80	81	83	87	98	110	127	157	136
食品	79	81	82	84	88	100	111	127	157	134
谷物	81	78	82	94	95	102	122	159	222	161
小麦	74	75	83	97	96	103	126	167	214	147
玉米	92	90	91	101	107	114	124	166	227	168
大米	87	71	60	67	69	85	106	116	243	205
大麦	80	81	99	115	110	104	123	181	211	135
油籽、油及油脂、油籽饼及粉	75	72	70	82	96	111	103	143	193	154
肉类	72	79	85	80	82	100	95	99	103	98
牛肉	70	74	81	80	76	96	97	99	102	101
羊肉	72	70	81	91	99	103	96	101	106	91
猪肉	66	88	91	70	79	105	94	94	96	82
禽肉	81	80	86	85	90	102	94	106	115	116
海产品	109	112	99	85	84	88	121	113	113	114
鱼类	88	90	71	72	74	82	125	112	119	121
虾类	172	180	181	124	117	105	105	116	91	85
糖	71	81	82	70	77	83	133	102	117	152
香蕉	65	73	101	91	65	91	118	117	146	147
橙子	52	43	71	67	81	101	98	114	132	108
饮料	92	78	66	76	80	83	108	123	152	154
咖啡	97	76	54	54	59	70	112	129	150	132
可可豆	73	59	70	115	114	100	103	127	167	187
茶叶	107	115	92	83	90	92	112	98	125	145
农业原料	89	93	88	90	93	98	109	114	113	94
原木	92	90	83	82	86	96	108	107	109	102
棉花	96	107	87	84	115	112	105	115	129	114
羊毛	73	83	78	101	113	105	104	144	138	115
橡胶	42	46	40	51	72	87	140	153	174	128
皮革及革皮	110	122	129	123	104	102	105	110	98	68
矿石及有色金属（不包括原油）	53	59	53	52	58	79	156	183	169	120
铜	43	49	43	42	48	78	183	194	189	141
铝	72	82	76	71	75	90	135	139	136	88
铁矿砂	42	44	46	45	49	58	119	130	216	155
锡	73	74	61	55	66	115	119	196	250	184
镍	41	58	40	46	65	94	163	251	143	99
锌	78	82	64	56	60	76	237	235	137	120
铅	52	47	49	46	53	91	132	265	215	177
磷酸盐石	36	30	31	35	40	65	171	355	230	167
以上总计	71	74	71	72	76	91	123	140	151	123
能源	34	54	47	47	55	72	119	132	185	185
天然气	34	60	60	48	63	70	115	117	174	110
原油	34	53	46	47	54	71	121	133	182	116
煤炭	51	53	65	54	57	113	104	138	266	149
初级产品总计	45	59	54	54	61	77	121	135	172	119

注：以美元计算的指数。

资料来源：世界贸易组织《年度报告》。

世界部分国家（地区）工业制成品出口价格指数[①]

（2000 年 = 100）

国别（地区）＼年份	2003	2005	2006	2007	2008	2009
世界[②]	104	111	114	125	131	121
市场经济发达国家	108	120	123	133	139	132
美洲	103	108	111	115	118	112
加拿大	103	119	128	135	…	…
美国	103	104	107	110	116	113
欧洲	112	125	130	142	149	139
奥地利	…	…	…	…	…	…
比利时	125	148	156	178	186	172
丹麦	122	138	141	145	157	144
芬兰	117	131	141	166	177	158
法国	101	111	109	118	124	…
德国	118	128	132	143	155	145
希腊	…	…	…	…	…	…
冰岛	…	…	…	…	…	…
爱尔兰	…	…	…	…	…	…
意大利	104	118	125	136	139	136
荷兰	120	139	144	175	…	…
挪威	110	131	145	169	177	148
葡萄牙	…	…	…	…	…	…
西班牙	…	…	…	…	…	…
瑞典	…	…	…	…	…	…
瑞士	…	…	…	…	…	…
英国	108	120	123	133	135	124
其他市场经济发达国家	97	113	114	119	128	129
澳大利亚	101	151	203	245	223	155
以色列	95	109	118	124	126	120
日本	97	112	112	117	129	133
新西兰	112	136	140	155	163	131
南非	…	…	…	…	…	…
发展中国家（地区）	97	98	102	110	117	103
香港	93	96	93	94	99	100
印度	…	…	…	…	…	…
韩国	83	96	101	106	99	84
巴基斯坦	101	106	108	108	108	101
新加坡	99	78	81	109	109	105
土耳其	108	130	127	137	171	…

注：①用美元计价的出口单价指数。

②不包括东欧和前苏联。

资料来源：联合国《统计月报》。

世界主要国家（地区）国内生产总值

（估计数字）

金额单位：百万美元

国别（地区）＼年份	2003	2004	2005	2006	2007	2008
世界	**37 291 961**	**41 975 038**	**45 424 395**	**49 178 037**	**55 276 671**	**60 819 579**
发达的市场经济国家	**28 603 453**	**31 789 108**	**33 345 483**	**35 041 213**	**38 377 405**	**40 939 756**
发展中的市场经济国家	**8 048 272**	**9 329 402**	**10 988 905**	**12 741 928**	**15 078 202**	**17 540 755**
转轨市场经济国家	**640 235**	**856 529**	**1 090 007**	**1 394 897**	**1 821 064**	**2 339 068**
非洲	**697 990**	**842 035**	**979 810**	**1 117 914**	**1 290 199**	**1 522 761**
南非	166 653	216 012	242 790	257 728	283 745	276 446
尼日利亚	67 656	87 845	112 248	145 430	165 921	219 192
阿尔及利亚	68 017	85 351	103 220	117 288	134 304	170 453
埃及	77 109	82 429	98 323	112 152	137 520	165 546
利比亚	26 236	33 293	45 451	55 077	62 668	90 822
摩洛哥	49 823	56 948	59 524	65 640	75 223	86 591
苏丹	22 197	26 637	33 153	43 888	56 101	70 276
突尼斯	24 968	28 276	29 097	31 092	35 617	39 415
安哥拉	13 956	15 963	19 881	24 331	30 051	34 999
肯尼亚	14 905	16 091	18 769	22 479	26 950	30 552
埃塞俄比亚	8 539	10 035	12 286	15 134	19 200	25 727
科特迪瓦	13 738	15 701	16 354	17 369	19 789	23 406
喀麦隆	13 622	15 775	16 588	17 953	20 619	23 247
坦桑尼亚	11 659	12 826	14 142	14 331	16 826	20 745
加纳	7 628	8 877	10 726	12 729	15 156	16 558
乌干达	7 050	8 436	10 040	11 011	13 572	15 829
赞比亚	4 305	5 440	7 272	10 886	11 613	14 441
加蓬	6 055	7 178	8 666	9 546	11 412	14 320
塞内加尔	6 860	8 031	8 708	9 358	11 283	13 288
博茨瓦纳	7 915	9 065	9 748	9 913	11 598	11 734
刚果（布）	5 641	6 591	7 104	8 545	9 648	11 613
刚果（金）	3 565	4 342	5 972	7 422	7 810	10 605
莫桑比克	4 666	5 698	6 579	7 096	8 114	9 840
毛里求斯	5 641	6 386	6 284	6 507	7 522	9 535
马达加斯加	5 474	4 364	5 039	5 515	7 417	9 330
纳米比亚	4 931	6 607	7 261	7 979	8 843	8 825
马里	4 222	4 982	5 486	6 123	7 145	8 599
布基纳法索	4 325	5 029	5 426	5 771	6 757	7 949
贝宁	3 557	4 051	4 358	4 705	5 512	6 643
尼日尔	2 640	2 897	3 369	3 647	4 247	5 210
几内亚	3 621	4 014	3 257	3 285	4 039	4 970
卢旺达	1 776	1 971	2 390	2 835	3 412	4 457
马拉维	2 425	2 625	2 755	3 065	3 470	4 128
津巴布韦	5 004	4 725	4 687	4 575	4 412	3 912
多哥	1 674	1 935	2 082	2 197	2 541	2 877
斯威士兰	1 854	2 421	2 588	2 951	3 062	2 767
索马里	2 100	2 213	2 316	2 532	2 684	2 660
美洲	**13 787 788**	**14 936 422**	**16 284 932**	**17 663 711**	**18 981 122**	**20 017 486**
美国	10 908 000	11 630 900	12 376 100	13 116 500	13 741 600	14 096 717
巴西	552 384	663 733	882 044	1 089 398	1 334 121	1 595 498
加拿大	865 907	992 230	1 132 754	1 278 682	1 429 710	1 502 198
墨西哥	700 323	758 224	844 138	945 644	1 019 354	1 081 683
阿根廷	129 596	153 129	183 196	214 267	262 451	333 322
委内瑞拉	83 529	112 451	145 514	183 477	228 071	319 889
哥伦比亚	91 702	113 774	144 580	162 347	207 786	243 744
智利	73 990	95 653	118 250	146 437	163 915	169 573

世界主要国家（地区）国内生产总值（续）

（估计数字）

金额单位：百万美元

国别（地区） \ 年份	2003	2004	2005	2006	2007	2008
秘鲁	61 356	69 701	79 389	92 319	107 329	128 933
波多黎各	79 209	82 809	86 157	88 902	93 263	97 466
古巴	35901	38203	42 644	52 743	58 604	62 705
厄瓜多尔	28 636	32 642	37 187	41 763	45 789	52 572
多米尼加	20 045	21 582	33 542	35 660	41 013	45 523
危地马拉	21 918	23 965	27 211	30 193	34 031	38 977
乌拉圭	12 046	13 686	17 363	20 023	24 254	32 186
哥斯达黎加	17 518	18 595	19 965	22 526	26 267	29 822
特立尼达和多巴哥	11 305	13 280	15 935	19 345	21 717	24 205
巴拿马	12 933	14 179	15 465	17 137	19 485	23 088
萨尔瓦多	15 047	15 798	17 070	18 654	20 373	22 115
玻利维亚	8 082	8 773	9 549	11 452	13 120	16 701
巴拉圭	5 552	6 950	7 473	9 275	12 222	16 101
牙买加	9 399	10 135	11 152	11 989	12 894	15 084
洪都拉斯	8 234	8 871	9 757	10 918	12 417	14 321
巴哈马	5 942	6 032	6 509	6 876	7 234	7 463
海地	2 711	3 511	3 985	4 758	6 441	7 077
尼加拉瓜	4 406	4 790	5 215	5 634	6 239	6 961
荷属安的列斯	3 020	3 104	3 271	3 438	3 648	3 810
巴巴多斯	2 695	2 832	2 986	3 191	3 409	3 681
亚洲	**9 618 016**	**10 848 178**	**11 864 386**	**12 846 684**	**14 535 658**	**16 735 241**
日本	4 229 098	4 605 936	4 552 188	4 362 580	4 380 378	4 910 692
中国	1 647 918	1 936 502	2 302 719	2 779 871	3 460 288	4 327 024
印度	591 332	694 981	813 321	911 376	1 142 338	1 253 860
韩国	643 760	721 976	844 866	951 773	1 049 239	929 124
土耳其	303 008	392 156	482 986	530 917	657 277	741 448
印度尼西亚	234 772	256 837	285 869	364 599	432 929	510 779
沙特阿拉伯	214 573	250 339	315 583	356 630	383 638	467 601
伊朗	136 646	162 747	194 175	226 531	290 021	346 611
阿联酋	87 611	105 251	139 711	170 081	198 702	286 882
泰国	142 640	161 340	176 352	206 993	246 053	282 158
马来西亚	110 202	124 749	137 954	156 409	186 720	221 437
香港	158 572	165 886	177 772	190 003	207 169	215 558
以色列	117 845	125 773	133 203	143 807	163 958	199 497
新加坡	93 206	109 668	120 953	139 177	166 950	181 939
巴基斯坦	97 669	111 569	128 090	144 732	172 513	178 762
菲律宾	79 634	86 930	98 829	117 566	144 062	168 580
科威特	47 874	59 437	80 798	101 559	111 712	158 075
塔吉克斯坦	30 834	43 152	57 124	81 004	104 850	132 474
卡塔尔	23 534	31 734	42 463	56 770	71 041	113 984
越南	39 553	45 428	52 917	60 914	71 016	90 645
孟加拉国	51 690	55 950	57 628	60 309	68 599	78 999
叙利亚	20 724	24 473	28 158	32 573	40 205	54 602
阿曼	21 543	24 674	30 905	36 804	41 639	52 584
阿塞拜疆	7 276	8 680	13 245	20 982	33 049	46 257
斯里兰卡	18 882	20 662	24 406	28 280	32 348	40 713
也门	12 321	14 460	17 708	21 298	24 748	31 070
缅甸	10 000	10 254	11 931	13 739	18 443	28 663
黎巴嫩	19 802	21 465	21 558	22 100	24 668	28 504
乌兹别克斯坦	10 155	12 016	13 751	17 077	22 355	25 712
塞浦路斯	13 303	15 804	16 978	18 410	21 421	24 827
伊拉克	10 621	16 844	18 159	20 647	21 288	23 709

世界主要国家（地区）国内生产总值（续）

（估计数字）

金额单位：百万美元

国别（地区） \ 年份	2003	2004	2005	2006	2007	2008
巴林	9 747	11 235	13 459	15 852	18 472	21 902
约旦	10 196	11 411	12 629	14 839	17 005	21 268
文莱	6 557	7 872	9 531	11 470	12 283	14 533
尼泊尔	7 049	8 000	9 165	9 994	12 359	13 406
朝鲜	11 051	11 168	13 031	13 764	14 375	13 337
格鲁吉亚	3 991	5 126	6 411	7 745	10 173	12 792
阿富汗	4 786	5 700	6 840	8 166	10 120	12 679
亚美尼亚	2 807	3 577	4 900	6 384	9 204	11 929
柬埔寨	4 665	5 338	6 293	7 275	8 639	11 193
土库曼斯坦	4 779	5 162	6 026	6 929	7 940	8 845
欧洲	**12 545 294**	**14 570 404**	**15 425 294**	**16 633 025**	**19 367 369**	**21 372 213**
德国	2 442 118	2 745 215	2 789 633	2 912 283	3 316 145	3 649 469
法国	1 799 942	2 061 413	2 146 533	2 266 137	2 593 146	2 856 529
英国	1 860 893	2 198 167	2 277 289	2 432 185	2 802 332	2 666 266
意大利	1 507 109	1 727 825	1 777 695	1 863 385	2 114 482	2 303 059
俄罗斯	431 488	591 666	764 568	989 428	1 294 382	1 676 588
西班牙	883 633	1 044 299	1 130 170	1 232 283	1 437 916	1 604 224
荷兰	538 292	609 890	638 471	677 332	776 125	870 998
波兰	216 801	252 769	303 912	341 597	424 598	527 929
比利时	310 063	359 625	375 705	399 205	458 390	504 202
瑞士	325 052	362 992	371 946	388 439	426 655	491 691
瑞典	311 038	357 192	366 009	393 154	453 318	478 961
挪威	225 110	258 579	302 013	336 732	388 475	451 830
奥地利	252 024	289 039	304 001	322 771	370 686	413 500
希腊	193 458	230 766	245 790	267 465	312 303	355 874
丹麦	212 623	244 728	257 676	273 868	310 063	341 247
芬兰	164 548	188 922	195 332	209 510	245 893	272 698
爱尔兰	157 378	184 978	201 671	222 402	260 872	272 049
葡萄牙	156 407	178 960	185 449	195 005	223 338	243 495
捷克	91 358	109 525	124 549	142 313	173 958	217 077
罗马尼亚	59 466	75 795	99 173	122 696	169 286	203 317
乌克兰	50 133	64 881	86 142	107 753	142 719	180 335
匈牙利	84 326	102 076	110 196	113 006	138 757	154 668
斯洛伐克	33 267	42 225	47 897	55 877	75 029	94 957
克罗地亚	33 857	40 692	44 437	49 050	58 574	69 333
白俄罗斯	17 825	23 142	30 210	36 962	45 276	60 302
斯洛文尼亚	29 058	33 724	35 695	38 899	47 179	54 383
卢森堡	29 157	34 171	37 603	42 553	49 835	53 704
保加利亚	19 985	24 648	27 188	31 656	39 551	49 904
立陶宛	18 609	22 548	25 977	30 082	38 886	47 304
拉脱维亚	11 186	13 762	16 042	19 935	28 766	33 782
爱沙尼亚	9 816	11 989	13 790	16 448	20 897	23 204
波黑	7 100	10 022	10 763	12 264	15 148	18 389
冰岛	10 968	13 234	16 303	16 646	20 317	16 559
阿尔巴尼亚	5 696	7 305	8 159	9 082	10 871	13 119
马耳他	4 994	5 616	5 959	6 417	7 459	8 253
大洋洲	**642 873**	**777 999**	**869 973**	**916 704**	**1 102 323**	**1 171 877**
澳大利亚	545 654	660 151	738 812	787 418	947 365	1 016 897
新西兰	812 261	99 390	111 144	107 585	130 429	126 388
新喀里多尼亚	4 904	5 884	6 248	6 802	7 994	9 280
巴布亚新几内亚	3 716	4 177	4 866	5 528	6 199	8 007
法属波利尼西亚	3 204	3 614	3 712	3 833	4 279	4 724
斐济	2 312	2 723	2 939	3 151	3 269	3 599

资料来源：联合国《国民核算统计年鉴》。

世界主要国家（地区）人均国内生产总值

（估计数字）

金额单位：美元

国别（地区） \ 年份	1970	1980	1990	2000	2003	2004	2005	2006	2007	2008
世界	**893**	**2 683**	**4 209**	**5 248**	**5 871**	**6 526**	**6 977**	**7 462**	**8 288**	**9 012**
发达的市场经济国家	**2 875**	**9 717**	**19 092**	**25 471**	**29 208**	**32 274**	**33 664**	**35 184**	**38 332**	**40 685**
发展中的市场经济国家	**216**	**800**	**995**	**1 481**	**1 587**	**1 813**	**2 106**	**2 407**	**2 809**	**3 223**
转轨市场经济国家	**1 702**	**3 496**	**2 738**	**1 297**	**2 114**	**2 834**	**3 614**	**4 631**	**6 053**	**7 780**
非洲	**236**	**892**	**785**	**728**	**795**	**937**	**1 065**	**1 188**	**1 339**	**1 545**
赤道几内亚	58	242	351	2 226	4 778	8 059	11 836	13 632	16 666	27 130
利比亚	2 234	13 013	7 435	7 196	4 615	5 737	7 674	9 111	10 159	14 430
塞舌尔群岛	427	2 707	6 215	9 251	10 382	10 361	11 096	12 290	12 308	11 044
加蓬	696	7 147	5 857	4 135	4 601	5 346	6 329	6 840	8 026	9 888
毛里求斯	235	1 186	2 450	3 835	4 583	5 142	5 018	5 156	5 917	7 450
博茨瓦纳	124	1 008	2 581	3 215	4 413	4 993	5 301	5 316	6 129	6 108
南非	796	2 770	3 048	2 961	3 557	4 550	5 050	5 290	5 770	5 566
阿尔及利亚	376	2 251	2 448	1 796	2 133	2 637	3 142	3 517	3 967	4 959
纳米比亚	741	2 283	1 891	2 143	2 549	3 352	3 614	3 895	4 234	4 143
突尼斯	281	1 354	1 499	2 057	2 572	2 888	2 945	3 118	3 537	3 875
佛得角	240	492	870	1 228	1 760	1 967	2 108	2 479	2 962	3 439
刚果	197	940	1 144	1 061	1 093	1 300	1 748	2 129	2 199	2 934
摩洛哥	289	1 075	1 163	1 284	1 671	1 889	1 952	2 128	2 409	2 740
斯威士兰	293	1 171	1 205	1 411	1 673	2 171	2 301	2 596	2 659	2 369
埃及	213	541	682	1 419	1 038	1 089	1 274	1 427	1 718	2 031
安哥拉	471	689	966	640	892	989	1 196	1 424	1 712	1 942
苏丹	139	438	589	376	598	703	857	1 110	1 388	1 700
喀麦隆	169	977	968	585	800	906	931	984	1 105	1 218
吉布提	409	886	816	758	808	842	881	939	1 016	1 155
赞比亚	432	673	473	309	384	474	619	906	943	1 144
科特迪瓦	287	1 209	943	618	744	833	850	883	983	1 137
塞内加尔	228	577	823	473	641	731	772	808	949	1 088
毛里塔尼亚	177	544	528	413	452	511	584	842	905	1 017
莱索托	72	300	344	415	508	653	690	753	823	788
肯尼亚	195	564	471	401	438	461	524	611	714	788
贝宁	108	386	385	354	483	532	554	579	657	767
加纳	253	295	416	255	364	414	489	568	663	709
冈比亚	224	820	792	601	354	356	412	440	509	636
几内亚	135	294	458	371	408	444	353	349	420	505
多哥	124	406	455	247	294	331	347	358	403	446
津巴布韦	290	733	838	452	400	378	376	367	354	314
美洲	**2 509**	**6 254**	**10 456**	**15 127**	**15 841**	**16 964**	**18 287**	**19 617**	**20 853**	**21 759**
百慕大	5 027	16 394	33 400	53 735	58 559	46 602	50 885	54 102	90 698	99 383
英属维尔京群岛	1 036	2 519	6 356	36 985	34 610	38 265	42 293	46 726	50 313	53 302
美国	4 893	12 067	22 589	33 924	36 736	38 793	40 841	42 907	44 518	45 230
加拿大	3 974	10 968	21 037	23 623	27 362	31 027	35 062	39 189	43 396	45 166
波多黎各	2 079	4 992	9 152	18 123	20 432	21 260	22 019	22 619	23 624	24 583
巴哈马	3 455	6 920	12 385	18 136	18 722	18 764	19 996	20 864	21 684	22 102
安圭拉	435	1 284	6 482	9 681	9 311	11 310	12 419	15 194	18 397	19 291
特立尼达和多巴哥	847	5 765	4 158	6 296	8 636	10 110	12 088	14 620	16 351	18 153
巴巴多斯	800	3 474	6 624	10 168	10 696	11 213	11 789	12 568	13 393	14 422
安提瓜和巴布达	401	1 523	6 324	8 611	9 268	9 884	10 397	11 859	13 484	14 048
委内瑞拉	1 275	4 588	2 385	4 800	3 238	4 282	5 445	6 748	8 247	11 376
智利	970	2 636	2 540	4 877	4 637	5 931	7 256	8 893	9 853	10 091
墨西哥	837	3 306	3 453	6 397	6 788	7 273	8 014	8 887	9 484	9 964
乌拉圭	903	3 650	2 971	6 872	3 622	4 117	5 221	6 012	7 264	9 610
阿根廷	1 306	2 681	4 350	7 698	3 408	3 991	4 730	5 479	6 646	8 358
巴西	441	1 871	3 200	3 702	3 043	3 610	4 740	5 790	7 017	8 311
巴拿马	761	2 078	2 519	3 938	4 146	4 465	4 785	5 213	5 828	6 793
哥斯达黎加	687	2 614	2 357	4 057	4 191	4 369	4 613	5 125	5 891	6 599

世界主要国家（地区）人均国内生产总值（续）

（估计数字）

金额单位：美元

国别（地区） \ 年份	1970	1980	1990	2000	2003	2004	2005	2006	2007	2008
格林纳达	177	841	2 299	4 245	4 713	4 593	5 404	5 459	5 892	6 221
古巴	653	2 025	2 706	2 757	3 217	3 417	3 810	4 709	5 230	5 596
牙买加	849	1 423	2 040	3 485	3 573	3 824	4 180	4 469	4 783	5 571
苏里南	783	2 435	1 512	2 025	2 614	2 991	3 571	4 228	4 752	5 569
多米尼克	356	809	2 430	3 983	3 880	4 218	4 439	4 702	5 008	5 447
哥伦比亚	450	1 653	1 614	2 365	2 197	2 684	3 358	3 715	4 684	5 415
多米尼加	399	1 380	1 273	2 679	2 167	2 298	3 518	3 686	4 179	4 574
伯利兹	206	1 354	2 136	3 307	3 657	3 821	3 949	4 208	4 335	4 569
秘鲁	445	966	1 345	2 051	2 261	2 536	2 852	3 277	3 765	4 471
厄瓜多尔	295	1 551	1 094	1 094	2 242	2 527	2 847	3 163	3 432	3 900
萨尔瓦多	90	252	901	2 209	2 501	2 617	2 818	3 067	3 336	3 605
危地马拉	313	1 001	765	1 531	1 813	1 933	2 141	2 317	2 548	2 848
巴拉圭	211	1 229	1 095	1 326	977	1 200	1 266	1 542	1 995	2 581
洪都拉斯	306	842	742	1 154	1 243	1 313	1 416	1 553	1 731	1 957
玻利维亚	240	503	730	1 010	915	974	1 040	1 224	1 378	1 723
圭亚那	378	762	529	942	977	1 033	1 080	1 197	1 407	1 543
尼加拉瓜	404	3 213	731	812	829	889	956	1 020	1 115	1 228
海地	70	243	368	406	298	379	423	497	663	717
亚洲	**240**	**952**	**1 699**	**2 458**	**2 503**	**2 789**	**3 014**	**3 225**	**3 607**	**4 106**
卡塔尔	4 841	34 161	15 747	28 793	32 171	39 815	47 957	56 736	62 451	88 990
阿联酋	3 173	29 182	18 093	21 779	23 267	26 762	34 167	40 184	45 533	63 966
科威特	3 860	20 867	8 619	16 926	18 916	22 712	29 925	36 550	39 182	54 152
新加坡	914	4 853	12 234	23 073	22 437	26 119	28 346	31 890	37 228	39 423
日本	1 943	9 035	24 501	36 837	332 331	36 158	35 718	34 229	34 384	38 578
文莱	1 565	28 943	13 698	17 996	18 445	21 700	25 755	30 390	31 917	37 048
塞浦路斯	925	4 384	9 970	13 399	18 461	21 441	22 399	23 878	27 498	31 551
香港	967	5 720	13 479	25 385	23 270	24 220	25 829	27 475	29 818	30 872
以色列	2 064	6 209	12 611	20 328	18 260	19 136	19 906	21 113	23 654	28 292
巴林	1 681	9 487	8 709	12 350	14 007	15 787	18 499	21 320	24 320	28 240
韩国	295	1 776	6 397	11 488	13 649	15 242	17 762	19 926	21 876	19 296
阿曼	359	5 268	6 270	8 097	8 529	9 601	11 806	13 784	15 273	18 879
沙特阿拉伯	873	17 107	7 173	9 056	9 538	10 856	13 365	14 766	15 544	18 555
土耳其	675	2 003	3 611	4 011	4 371	5 582	6 786	7 365	9 003	10 031
哈萨克斯坦	…	…	1 794	1 223	2 056	2 859	3 760	5 295	6 805	8 535
马来西亚	331	1 848	2 525	4 030	4 459	4 956	5 382	5 994	7 031	8 197
黎巴嫩	609	1 463	945	4 421	4 994	5 329	5 282	5 356	5 926	6 797
阿塞拜疆	…	…	903	649	876	1 036	1 567	2 457	3 829	5 298
伊朗	346	2 321	1 593	1 539	1 974	2 326	2 744	3 165	4 004	4 728
泰国	192	685	1 506	1 968	2 211	2 472	2 674	3 112	3 674	4 187
马尔代夫	201	339	917	2 293	2 434	2 692	2 564	3 087	3 509	4 131
亚美尼亚	…	…	609	621	917	1 168	1 599	2 081	2 996	3 877
中国	114	318	361	958	1 295	1 512	1 786	2 142	2 649	3 292
格鲁吉亚	…	…	1 545	644	873	1 134	1 436	1 756	2 334	2 970
叙利亚	281	1 456	877	1 190	1 154	1 322	1 473	1 646	1 961	2 572
印度尼西亚	83	541	706	804	1 099	1 187	1 304	1 643	1 927	2 247
斯里兰卡	196	284	475	891	984	1 067	1 250	1 435	1 627	2 030
蒙古	133	344	656	456	583	721	904	1 235	1 504	1 991
菲律宾	183	674	710	977	967	1 036	1 156	1 350	1 624	1 866
土库曼斯坦	…	…	837	923	1 016	1 081	1 244	1 411	1 595	1 754
印度	111	267	379	449	540	624	719	794	981	1 061
越南	65	45	98	396	483	547	629	716	825	1 041
巴基斯坦	211	414	494	530	615	688	772	854	996	1 010
乌兹别克斯坦	…	…	717	555	395	462	522	642	831	946
伊拉克	228	890	943	680	395	611	643	715	722	788
缅甸	102	176	127	156	210	214	247	282	375	578
朝鲜	388	642	735	462	471	473	549	578	601	555

世界主要国家（地区）人均国内生产总值（续）

（估计数字）

金额单位：美元

国别（地区）＼年份	1970	1980	1990	2000	2003	2004	2005	2006	2007	2008
欧洲	**1 930**	**6 640**	**11 666**	**12 709**	**17 199**	**19 954**	**21 103**	**22 732**	**26 442**	**29 151**
摩纳哥	12 372	52 849	84 904	82 741	111 015	126 914	131 885	143 346	183 151	211 501
列支敦士登	4 220	21 212	49 021	75 583	90 297	100 503	105 380	113 838	123 970	141 114
卢森堡	4 262	16 391	33 181	46 392	64 332	74 510	81 035	90 633	104 907	111 743
挪威	3 283	15 595	27 732	37 531	49 289	56 221	65 152	72 012	82 298	94 791
瑞士	3 699	17 738	35 478	34 787	44 294	49 098	49 986	51 927	56 787	65 200
丹麦	3 366	13 607	26 428	30 004	39 468	45 300	47 567	50 423	56 943	62 520
圣马力诺	2 836	10 696	23 371	28 720	38 777	44 411	45 479	47 894	54 483	60 925
荷兰	2 711	12 776	19 720	24 196	33 303	37 552	39 131	41 328	47 153	52 699
冰岛	2 542	14 601	25 012	30 942	38 066	45 419	55 127	55 232	65 935	52 490
瑞典	4 407	15 904	28 592	27 716	34 677	39 607	40 370	43 142	49 494	52 035
芬兰	2 440	11 113	27 988	23 543	31 568	36 139	37 246	39 808	46 542	51 409
奥地利	2 044	10 792	21 492	23 886	30 980	35 308	36 928	39 019	44 623	49 596
比利时	2 737	12 740	20 405	22 754	30 066	34 705	36 073	38 123	43 529	47 609
法国	2 831	12 526	21 342	21 830	29 023	33 012	34 152	35 836	40 774	44 675
德国	2 672	11 747	21 583	23 152	29 667	33 323	33 851	35 346	40 273	44 363
安道尔	3 227	11 957	19 497	17 068	25 855	30 072	31 837	34 543	38 991	43 975
英国	2 260	9 686	17 590	25 082	31 188	36 662	37 791	40 152	46 016	43 544
意大利	2 048	8 166	19 886	19 213	26 017	29 642	30 313	31 592	35 655	38 640
西班牙	1 178	6 022	13 413	14 422	21 104	24 580	26 246	28 277	32 642	36 061
希腊	1 437	5 673	9 271	11 614	17 553	20 899	22 216	24 124	28 106	31 954
斯洛文尼亚	…	…	9 390	10 018	14 571	16 884	17 837	19 397	23 471	26 987
葡萄牙	893	3 221	7 543	11 016	15 009	17 065	17 584	18 401	20 988	22 805
捷克	…	…	3 595	5 547	8 974	10 758	12 217	13 919	16 941	21 036
马耳他	828	3 857	7 073	10 010	12 567	14 034	14 803	15 863	18 366	20 254
斯洛伐克	…	…	3 125	3 791	6 181	7 843	8 893	10 368	13 909	17 585
爱沙尼亚	…	…	3 595	4 107	7 256	8 884	10 239	12 232	15 561	17 298
克罗地亚	…	…	6 442	4 738	7 597	9 144	10 002	11 058	13 225	15 677
匈牙利	611	2 351	3 545	4 688	8 324	10 103	10 935	11 240	13 831	15 448
拉脱维亚	…	…	3 325	3 300	4 820	5 969	6 999	8 744	12 679	14 956
立陶宛	…	…	2 681	3 266	5 388	6 559	7 604	8 877	11 587	14 244
波兰	847	1 626	1 694	4 456	5 663	6 610	7 956	8 951	11 135	13 855
俄罗斯	1 785 *	3 542 *	3 848	1 771	2 984	4 113	5 340	6 942	9 119	11 858
罗马尼亚	596	1 558	1 659	1 672	2 724	3 488	4 584	5 696	7 892	9 518
保加利亚	1 060	2 101	2 350	1 574	2 549	3 164	3 513	4 117	5 176	6 573
白俄罗斯	…	…	1 836	1 036	1 799	2 346	3 078	3 783	4 656	6 230
波黑	…	…	1 800	1 226	1 877	2 650	2 846	3 243	4 009	4 874
阿尔巴尼亚	1 099	831	675	1 186	1 845	2 357	2 623	2 909	3 470	4 174
乌克兰	…	…	1 749	640	1 052	1 372	1 835	2 312	3 083	3 921
大洋洲	**2 620**	**8 598**	**13 677**	**15 064**	**19 919**	**23 751**	**26 180**	**27 208**	**32 283**	**33 877**
澳大利亚	3 375	11 302	18 169	20 845	27 415	32 757	36 226	38 172	45 429	48 253
新喀里多尼亚	3 592	8 285	14 786	15 852	21 586	25 470	26 601	28 495	32 965	37 678
新西兰	2 283	7 266	12 971	13 613	20 249	24 459	27 038	25 903	31 108	29 879
法属波利尼西亚	1 543	6 712	11 885	10 363	12 929	14 364	14 538	14 807	16 311	17 781
库克群岛	398	1 184	3 292	4 600	7 780	9 133	9 642	9 311	10 789	10 907
帕劳	1 394	2 128	5 150	6 218	6 165	6 671	7 188	7 799	8 380	8 812
斐济	419	1 875	1 825	2 101	2 827	3 309	3 549	3 782	3 897	4 264
图瓦卢	147	564	1 072	1 286	1 939	2 341	2 548	2 623	3 050	3 213
汤加	145	677	1 425	1 572	1 700	1 951	2 136	2 303	2 445	2 891
马绍尔群岛	414	877	1 665	2 063	2 272	2 353	2 426	2 483	2 633	2 737
瑙鲁	1 145	2 739	3 191	1 875	2 470	2 478	2 786	1 999	2 283	2 396
瓦努阿图	404	968	1 049	1 292	1 365	1 565	1 708	1 869	2 225	2 388
密克罗尼西亚	310	842	1 505	2 027	2 102	2 058	2 121	2 170	2 162	2 154

注： * 前苏联数字。

资料来源： 联合国《国民核算统计年鉴》。

世界主要国家（地区）外汇储备

（期末数）

金额单位：百万美元

国别（地区） \ 年份	2000	2005	2006	2007	2008	2009	2010*
世界	**1 967 090**	**4 174 556**	**5 135 684**	**6 489 238**	**7 527 228**	**8 031 564**	**9 209 614**
中国	165 574	818 872	1 066 344	1 528 249	1 946 030	2 399 152	2 767 809
日本	347 212	828 813	874 936	948 356	1 003 674	996 955	1 042 130
俄罗斯	24 263	175 690	295 277	466 376	410 695	405 825	438 237
沙特阿拉伯	18 036	152 573	224 483	304 003	440 130	396 748	425 513
台湾省	16 740	353 290	261 820	270 311	291 710	341 220	379 257
韩国	95 855	209 968	238 388	261 771	200 479	265 202	285 669
巴西	32 488	53 216	85 148	179 431	192 842	231 888	277 885
香港	107 540	124 244	133 168	152 637	182 469	255 768	265 962
印度	37 264	131 018	170 187	266 553	246 603	258 583	263 281
瑞士	30 854	35 421	37 364	43 867	44 151	91 614	216 847
新加坡	79 685	115 712	135 814	162 517	173 649	186 005	215 748
泰国	31 933	50 502	65 147	85 110	108 317	133 599	161 660
阿尔及利亚	11 910	56 178	77 781	110 180	143 102	147 221	157 238
墨西哥	35 142	73 015	75 448	86 309	93 994	94 103	111 866
马来西亚	27 432	69 377	81 724	100 635	90 605	92 865	101 692
波兰	26 320	40 487	46 107	62 720	58 931	73 394	89 612
印度尼西亚	28 280	32 926	40 866	54 737	49 339	60 572	86 653
土耳其	22 313	50 402	60 710	73 156	70 231	69 178	77 442
丹麦	14 469	32 510	29 160	32 029	39 823	71 259	69 061
以色列	23 163	27 839	29 011	28 406	42 324	59 091	66 684
菲律宾	12 975	15 800	19 891	30 071	33 047	37 504	52 294
美国	31 240	37 840	40 940	45 800	49 580	50 520	50 590
挪威	26 707	46 377	56 181	60 294	50 214	45 719	46 997
英国	34 160	35 850	38 890	47 500	41 550	38 030	46 580
阿根廷	24 414	22 742	30 421	44 175	44 360	42 922	46 466
加拿大	29 019	30 664	33 198	39 314	41 537	42 602	44 715
匈牙利	10 915	18 296	21 316	23 773	33 620	42 479	42 065
罗马尼亚	2 469	19 872	28 066	37 194	36 747	39 344	41 720
阿联酋	13 304	20 868	27 512	77 162	31 557	35 070	40 935
秘鲁	8 373	13 599	16 732	26 853	30 263	31 000	40 621
捷克	13 016	29 138	31 054	34 445	36 472	39 670	39 309
瑞典	13 757	21 382	24 074	26 382	25 127	38 543	37 513
德国	49 667	39 765	37 719	40 768	38 557	36 928	37 356
意大利	22 423	23 528	24 413	27 319	35 306	34 521	36 041
南非	5 793	18 260	22 720	29 234	30 238	32 432	35 103
法国	32 114	23 996	40 287	43 587	30 382	27 729	33 554
澳大利亚	16 782	40 972	52 821	24 237	29 867	33 002	32 561
乌克兰	1 104	18 987	21 843	31 783	30 792	25 493	32 323
埃及	12 913	20 508	24 341	30 054	32 108	30 947	31 907
哥伦比亚	8 409	14 206	14 673	20 096	22 810	23 158	25 789
智利	14 686	16 689	19 225	16 695	22 849	23 849	24 502
科威特	6 504	8 380	12 178	16 286	16 611	17 608	19 696
新西兰	3 619	8 694	13 916	17 124	10 855	13 982	14 170
保加利亚	3 028	7 992	10 892	16 424	16 757	16 117	13 760
西班牙	29 516	8 594	10 088	10 792	11 540	12 787	13 361
荷兰	7 004	7 078	9 327	8 749	9 369	8 613	8 911
比利时	7 988	6 815	7 619	9 298	7 767	7 801	7 769
委内瑞拉	12 633	23 454	28 933	23 686	32 581	17 687	7 522
奥地利	13 492	6 298	6 573	10 261	8 244	4 781	5 832
芬兰	7 341	10 076	6 135	6 689	6 492	7 403	4 983
巴布亚新几内亚	274	718	1 400	2 053	1 953	2 378	2 761
葡萄牙	8 539	3 173	1 835	1 044	1 022	811	2 074
爱尔兰	4 983	514	494	591	609	517	517
希腊	13 116	309	408	518	159	199	85
尼日利亚	9 910	28 279	42 298	51 333	53 000	42 382	…
突尼斯	1 781	4 406	6 741	7 817	8 813	10 647	…

注： * 仅 1 月—11 月数字。

资料来源： 国际货币基金组织《国际金融统计》（月刊和年鉴）、联合国《统计月报》中国台湾省《统计月报》。

世界主要国家（地区）黄金储备

（期末数）

单位：万盎司

国别（地区）\年份	1985	1990	1995	2000	2004	2005	2006	2007	2008	2009	2010*
世界	**95 145**	**93 901**	**90 706**	**95 289**	**1 007.69**	**988.40**	**976.71**	**960.48**	**960.36**	**977.20**	**981.99**
美国	26 265	26 191	26 170	26 161	261.59	261.55	261.50	261.50	361.50	361.50	361.50
德国	9 518	9 518	9 518	11 152	110.38	110.21	110.04	109.87	109.72	109.53	109.37
意大利	6 667	6 667	6 667	7 883	78.83	78.83	78.83	78.83	78.83	78.83	78.83
法国	8 185	8 185	8 185	9 725	95.98	90.85	87.44	83.69	80.13	78.30	78.30
中国	1 270	1 270	1 270	1 270	19.29	19.29	19.29	19.29	19.29	33.89	33.89
瑞士	8 328	8 328	8 328	7 779	43.54	41.48	41.48	36.82	33.44	33.44	33.44
俄罗斯	…	…	941	1236	12.44	12.44	12.91	14.48	16.71	20.87	25.21
日本	2 423	2 423	2 423	2 455	24.60	24.60	24.60	24.60	24.60	24.60	24.60
荷兰	4 394	4 394	3 477	2 932	25.00	22.34	20.61	19.98	19.69	19.69	19.69
印度	940	1 069	1 278	1 150	11.50	11.50	11.50	11.50	11.50	17.93	17.93
葡萄牙	2 023	1 583	1 607	1 951	14.86	13.42	12.30	12.30	12.30	12.30	12.30
委内瑞拉	1 146	1 146	1 146	1 024	11.49	11.47	11.48	11.47	11.46	11.60	11.76
沙特阿拉伯	460	460	460	460	4.60	4.60	4.60	4.60	10.38	10.38	10.38
英国	1 903	1 894	1 843	1 567	10.04	9.99	9.97	9.98	9.98	9.98	9.98
黎巴嫩	922	922	922	922	9.22	9.22	9.22	9.22	9.22	9.22	9.22
西班牙	1 465	1 561	1 563	1 683	16.83	14.72	13.40	9.05	9.05	9.05	9.05
奥地利	2 114	2 039	1 199	1 214	9.89	9.73	9.28	9.00	9.00	9.00	9.00
比利时	3 418	3 023	2 504	830	8.29	7.32	7.32	7.32	7.32	7.32	7.31
阿尔及利亚	558	558	558	558	5.58	5.58	5.58	5.58	5.58	5.58	5.58
菲律宾	148	289	358	723	7.12	4.97	4.62	4.23	4.95	4.99	5.00
利比亚	360	360	…	462	4.62	4.62	4.62	4.62	4.62	4.62	4.62
瑞典	607	607	470	596	5.96	5.41	5.10	4.78	4.40	4.04	4.04
南非	484	409	425	590	3.98	3.99	3.99	4.00	4.01	4.01	4.02
土耳其	386	409	375	374	3.73	3.73	3.73	3.73	3.73	3.73	3.73
希腊	412	340	346	426	3.46	3.47	3.59	3.62	3.62	3.62	3.59
罗马尼亚	382	221	270	337	3.38	3.37	3.37	3.33	3.33	3.33	3.33
波兰	47	47	47	331	3.31	3.31	3.31	3.31	3.31	3.31	3.31
泰国	249	248	247	237	2.70	2.70	2.70	2.70	2.70	2.70	3.20
澳大利亚	793	793	790	256	2.56	2.57	2.57	2.57	2.57	2.57	2.57
科威特	254	254	254	254	2.54	2.54	2.54	2.54	2.54	2.54	2.54
埃及	243	243	243	243	2.43	2.43	2.43	2.43	2.43	2.43	2.43
印度尼西亚	310	310	310	310	3.10	3.10	2.35	2.35	2.35	2.35	2.35
哈萨克斯坦	…	…	136	184	1.84	1.92	2.16	2.24	2.31	2.27	2.16
丹麦	163	165	165	214	2.14	2.14	2.14	2.14	2.14	2.14	2.14
巴基斯坦	190	195	205	209	2.10	2.10	2.10	2.10	2.10	2.10	2.07
阿根廷	437	423	437	2	1.77	1.76	1.76	1.76	1.76	1.76	1.76
芬兰	191	200	160	158	1.58	1.58	1.58	1.58	1.58	1.58	1.58
保加利亚	…	…	102	128	1.28	1.28	1.28	1.28	1.28	1.28	1.28
马来西亚	234	235	239	117	1.17	1.17	1.17	1.17	1.17	1.17	1.17
秘鲁	195	221	112	110	1.12	1.12	1.11	1.11	1.11	1.11	1.11
巴西	310	457	458	189	1.08	1.08	1.08	1.08	1.08	1.08	1.08
斯洛伐克	…	…	129	129	1.13	1.13	1.13	1.13	1.13	1.02	1.02
加拿大	2011	1476	341	118	0.11	0.11	0.11	0.11	0.11	0.11	0.11
智利	…	186	186	7	0.01	0.01	0.01	0.01	0.01	0.01	0.01
乌拉圭	262	240	172	108	0.01	0.01	0.01	0.01	0.01	0.01	0.01
挪威	118	118	118	118	1.18	…	…	…	…	…	…

注： * 仅 1 月—10 月数字。

资料来源： 国际货币基金组织《国际金融统计》、联合国《统计月报》。

国际直接投资流量

金额单位：百万美元

年 份	发达经济体		发展中经济体		中东欧		所有国家	
	流入	流出	流入	流出	流入	流出	流入	流出
1999—2003（平均）	696 562	748 726	200 644	72 743	24 967	8 574	911 269	825 016
2004	358 539	514 806	175 138	35 566	24 192	10 731	557 869	561 104
2005	396 145	686 262	275 032	112 833	39 577	13 973	710 755	813 068
2006	972 762	1 157 910	433 764	215 282	54 548	23 724	1 461 074	1 396 916
2007	1 358 628	1 809 531	529 344	285 486	90 866	51 505	1 978 838	2 146 522
2008	962 259	1 506 528	620 733	292 710	114 361	58 496	1 697 353	1 857 734
2009	565 892	820 665	478 349	229 159	69 948	51 170	1 114 189	1 100 993
占世界比重（%）								
1998—2003（平均）	76.44	90.75	0.22	0.09	0.03	0.01	100	100
2004	55.74	84.40	38.70	13.88	5.57	1.72	100	100
2005	63.76	85.02	33.01	13.35	3.23	1.63	100	100
2006	66.58	82.89	29.69	15.41	3.73	1.7	100	100
2007	68.66	84.30	26.75	13.30	4.59	2.4	100	100
2008	56.69	81.09	36.57	15.76	6.74	3.15	100	100
2009	50.79	74.54	42.93	20.81	6.27	4.65	100	100
增长率（%）								
2004	-34.55	-14.18	12.61	-25.56	88.69	137.89	-22.10	-13.96
2005	10.49	33.30	57.04	217.25	63.60	30.21	27.41	44.91
2006	54.31	9.13	15.06	4.21	-21.74	2.66	34.88	8.33
2007	59.13	54.62	37.07	83.10	76.13	65.38	52.40	58.59
2008	39.67	56.28	22.04	32.61	66.58	117.10	35.44	53.66
2009	-41.19	-45.52	-22.94	-21.71	-38.84	-12.52	-34.36	-40.73

资料来源：联合国贸发会议《世界投资报告》2003—2010 年。

发达国家向发展中国家和国际多边机构提供的官方发展援助

按当前价格和汇率计算的净交付额

年份 国别（地区）	百万美元					占国民总收入的百分比				
	1998—1999 平均值	2006	2007	2008	2009	1998—1999 平均值	2006	2007	2008	2009
澳大利亚			2 669	2 954	2 762			0.32	0.32	0.29
奥地利			1 808	1 714	1 142			0.50	0.43	0.30
比利时		2 123	1 951	2 386	2 610		0.30	0.43	0.48	0.55
加拿大	971	1 498	4 080	4 795	4 000	0.26	0.47	0.29	0.33	0.30
丹麦	476	1 977	2 562	2 803	2 810	0.23	0.47	0.81	0.82	0.88
芬兰	821	3 683	981	1 166	1 290	0.33	0.29	0.39	0.44	0.54
法国	1 706	2 236	9 884	10 908	12 600	0.29	0.80	0.38	0.39	0.47
德国	1 719	834	12 291	13 981	12 079	1.00	0.40	0.37	0.38	0.35
希腊	406	10 601	501	703	607	0.32	0.47	0.16	0.21	0.19
爱尔兰	5 690	10 435	1 192	1 328	1 006	0.38	0.36	0.55	0.59	0.54
意大利	5 548	424	3 971	4 861	3 297	0.26	0.17	0.19	0.22	0.16
日本	187	1 022	7 697	9 601	9 469	0.15	0.54	0.17	0.19	0.18
韩国	222	3 641	696	802	816	0.30	0.20	0.07	0.09	0.10
卢森堡	2 042	11 136	376	415	415	0.17	0.25	0.92	0.97	1.04
荷兰	11 401	455	6 224	6 993	6 426	0.27	0.05	0.81	0.80	0.82
新西兰	250	291	320	348	309	0.06	0.89	0.27	0.30	0.28
挪威	115	5 452	3 735	4 006	4 086	0.65	0.81	0.95	0.89	1.06
葡萄牙	3 088	259	471	620	513	0.27	0.89	0.22	0.27	0.23
西班牙	1 346	396	5 140	6 867	6 584	0.88	0.21	0.37	0.45	0.46
瑞典	267	3 814	4 339	4 732	4 548	0.25	0.32	0.93	0.98	1.12
瑞士	1 369	3 955	1 685	2 038	2 310	0.24	1.02	0.38	0.44	0.45
英国	1 601	1 646	9 849	11 500	11 491	0.71	0.39	0.36	0.43	0.52
美国	941	12 459	21 787	26 842	28 831	0.34	0.51	0.16	0.19	0.21
	3 645	23 532				0.25	0.18			
总计	**8 966**	**104 814**	**104 206**	**122 359**	**120 000**	**0.10**	**0.30**	**0.27**	**0.30**	**0.31**
						0.22				
其中：										
欧盟国家	**52 910**	59 034	61 538	70 974	67 418	0.32	0.43	0.39	0.43	0.44

资料来源： 经济合作与发展组织发展援助委员会2010年12月公布的《2011年发展合作报告》。

发达国家援助的部门分布

国别（地区） \ 年份	社会公共基础设施		经济基础设施		农业		工业和其他产业		物资援助和方案援助		紧急援助		其他领域		备注:非政府组织援助额所占比例①
	1988—1989	2008—2009	1988—1989	2008—2009	1988—1989	2008—2009	1988—1989	2008—2009	1988—1989	2008—2009	1988—1989	2008—2009	1988—1989	2008—2009	2008—2009
澳大利亚	27.9	46.9	12.1	6.7	10.2	4.2	2.1	0.6	38.9	2.7	1.1	12.2	7.6	26.7	7.6
奥地利	25.5	31.7	44.2	5.7	2.6	1.3	15.5	1.6	0.7	0.6	4.9	4.4	6.6	54.6	5.3
比利时	46.5	42.4	12.5	12.7	11.6	7.3	12.5	3.1	1.8	0.8	0.4	6.3	14.7	27.3	11.5
加拿大	19.4	47.1	12.4	4.5	12.2	7.0	4.5	1.7	14.8	5.2	2.5	8.7	34.1	25.9	10.8
丹麦	15.1	39.0	17.7	9.3	25.0	4.8	17.5	3.0	0.2	2.1	0.2	7.9	24.3	33.9	13.8
芬兰	25.0	34.5	22.6	13.8	13.5	8.5	8.1	3.0	7.7	2.2	4.6	10.0	18.5	27.9	1.4
法国	39.6	33.0	20.1	14.9	8.6	5.4	3.3	0.8	5.6	8.3	..	0.3	22.8	37.2	0.3
德国	27.7	41.6	31.0	20.3	8.6	2.7	10.8	2.3	8.3	2.0	0.7	3.4	12.9	27.8	6.2
希腊	..	63.1	..	3.4	..	1.3	..	0.7	..	1.5	..	5.3	..	24.7	0.9
爱尔兰	42.4	55.2	2.3	0.9	22.0	6.8	5.3	0.9	..	5.5	6.3	17.0	21.8	13.6	38.5
意大利	24.9	27.9	20.9	3.8	17.3	7.6	14.2	4.3	10.8	7.7	4.7	6.5	7.3	42.2	2.8
日本	17.2	22.6	35.8	35.2	9.5	5.4	8.9	4.8	18.4	6.7	0.1	2.1	10.1	23.3	1.7
韩国	17.7	37.8	76.0	49.0	..	3.4	..	1.2	..	0.1	..	2.4	6.3	6.2	1.0
卢森堡	..	46.9	..	6.2	..	5.6	..	0.9	..	2.0	..	13.3	..	25.2	16.9
荷兰	23.6	39.5	19.7	8.0	18.1	2.6	5.2	1.7	16.6	6.7	2.9	7.1	14.0	34.3	20.2
新西兰	31.0	43.4	1.5	5.7	3.5	3.4	3.8	2.7	6.9	9.2	0.3	8.3	53.1	27.3	11.2
挪威	17.4	41.1	10.5	7.6	16.6	5.5	5.0	1.6	6.8	5.9	12.5	10.1	31.3	28.3	..
葡萄牙	..	52.5	..	11.1	..	1.1	..	0.1	..	24.3	..	0.3	..	10.5	1.7
西班牙	..	43.9	..	12.6	..	3.7	..	1.1	..	4.1	..	8.6	..	25.9	17.0
瑞典	18.4	31.9	15.7	6.8	7.8	2.8	5.9	2.4	14.3	4.8	13.7	12.0	24.3	39.3	12.6
瑞士	22.1	21.7	8.2	6.3	21.3	4.2	4.4	2.1	14.1	2.0	9.0	9.8	20.9	53.9	11.7
英国	25.4	42.1	24.4	15.3	8.8	1.4	2.6	1.6	16.9	8.9	1.9	8.9	20.0	21.8	5.5
美国	22.2	52.6	3.8	11.7	9.5	5.0	5.6	1.1	43.0	3.2	2.0	14.9	13.9	11.5	..
总计	**24.8**	**40.7**	**21.5**	**15.9**	**10.6**	**4.5**	**7.2**	**2.0**	**18.4**	**4.8**	**1.8**	**8.2**	**15.6**	**23.9**	**5.9**

注：①按净交付额计算。

发达国家官方发展援助协议额的财政条件①

（2008—2009 年平均值）

国别（地区）	官方发展援助总额中的赠与成分标准：86%②		无偿援助所占比例（%）		官方发展援助贷款中赠与成分所占比例（%）	向最不发达国家提供的官方发展援助中赠与成分所占比例③（%）	向最不发达国家提供的双边援助中赠与成分所占比例（%）
	1998—1999 年	2008—2009 年	双边援助	援助总额			
澳大利亚	100.0	99.6	98.7	98.8	87.4	100.0	100.0
奥地利	100.0	100.0	98.8	99.4	–	100.0	100.0
比利时	99.7	99.7	97.3	98.4	83.6	99.8	99.7
加拿大	100.0	100.0	100.0	100.0	–	100.0	100.0
丹 麦	100.0	100.0	98.4	98.9	–	100.0	100.0
芬 兰	99.9	100.0	96.6	97.4	30.1	99.9	99.9
法 国	93.0	89.4	60.6	73.2	54.9	94.6	93.2
德 国	96.0	92.7	73.4	84.0	47.0	100.0	100.0
希 腊	100.0	100.0	100.0	100.0	–	100.0	100.0
爱尔兰	100.0	100.0	100.0	100.0	–	100.0	100.0
意大利	99.5	98.9	77.1	93.5	82.4	99.3	99.0
日 本	83.6	85.8	36.0	47.2	73.1	98.4	98.0
韩 国	100.0	89.8	29.6	44.0	81.8	89.2	89.2
卢森堡	100.0	100.0	100.0	100.0	–	100.0	100.0
荷 兰	100.0	100.0	100.0	100.0	–	100.0	100.0
新西兰	100.0	100.0	100.0	100.0	–	100.0	100.0
挪 威	99.7	100.0	95.2	96.3	–	100.0	100.0
葡萄牙	96.8	96.4	76.7	87.0	72.2	95.7	95.6
西班牙	91.4	95.9	78.9	85.2	67.5	97.3	97.3
瑞 典	99.8	99.9	97.8	98.5	33.0	100.0	100.0
瑞 士	100.0	100.0	98.9	99.2	–	100.0	100.0
英 国	100.0	100.0	92.5	95.0	–	100.0	100.0
美 国	99.4	100.0	100.0	100.0	–	100.0	100.0
总 计	**94.3**	**96.1**	**82.6**	**86.9**	**67.1**	**99.3**	**99.2**

注：①不包括债务重组。

②官方援助与国民总收入的比例低于发展援助委员会平均值的国家被认为没有达到财政条件标准。据此，2009 年希腊、意大利、韩国和美国没有达标。

③包括多边援助中的赠与成分。

非发展援助委员会国家的官方援助净交付额

金额单位：百万美元

国别（地区） \ 年份	2005	2006	2007	2008	2009	2009 年 ODA 占 GNI %
非发展援助委员会国家						
捷克共和国	135	161	179	249	215	0.12
匈牙利	100	149	103	107	117	0.10
冰岛	27	41	48	48	34	0.32
以色列①②	95	90	111	138	124	0.06
波兰	205	297	363	372	375	0.09
斯洛伐克共和国	56	55	67	92	75	0.09
斯洛文尼亚	35	44	54	68	71	0.15
土耳其	601	714	602	780	707	0.11
阿拉伯国家						
科威特	218	158	110	283	221	..
沙特阿拉伯	1 026	2 025	1 551	4 979	3 134	..
阿联酋	141	219	429	88	834	0.33
其他国家（地区）						
台湾省	483	513	514	435	411	0.13
泰国	..	74	67	178	40	0.02
其他国家（地区）③	**51**	**77**	**134**	**275**	**313**	..
总计	**3 175**	**4 617**	**4 333**	**8 094**	**6 672**	..
其中：双边援助						
非发展援助委员会国家						
捷克共和国	64	78	81	117	101	
匈牙利	40	84	33	15	30	
冰岛	20	28	37	36	25	
以色列①②	80	75	96	119	108	
波兰	48	119	156	84	92	
斯洛伐克共和国	31	25	28	41	20	
斯洛文尼亚	14	18	21	29	25	
土耳其	532	643	545	736	665	
阿拉伯国家						
科威特	218	157	109	282	220	
沙特阿拉伯	980	1 980	1 526	4 958	2 925	
阿联酋	141	219	429	88	834	
其他国家（地区）						
台湾省	465	494	495	407	402	
泰国	..	65	61	166	35	
其他国家（地区）③	8	25	67	94	99	
总　计	**2 641**	**4 008**	**3 684**	**7 173**	**5 580**	

①以色列的统计数据由以色列当局提供并责任。根据国际法律条款，经合组织使用这些资料不代表对戈兰高地，东耶路撒冷和以色列在约旦河西岸定居点地位的偏见。

②包括向来自发展中国家的人员（这些国家大部分都发生了国内战争或局势动荡），或者是那些由于人道主义或政治原因离开本国的难民提供的第一年的生活费。这些费用2004 年为 4 790 万美元，2005 年为 4 920 万美元，2006 年为 4 550 万美元，2007 年为 4 290 万美元，2008 年为 4 360 万美元，2009 年为 3 540 万美元。

③包括塞浦路斯、爱沙尼亚、拉脱维亚、列支敦士登、立陶宛、马耳他和罗马尼亚。

注：不包括几个主要新兴非经合组织援助国的援助数据，因为其信息未公布。

2009 年世界最大 225 家国际工程承包公司营业额的市场分布

单位：百万美元

设计商国籍	公司数量	国外营业额		中东		亚洲		非洲		欧洲		美国		加拿大		拉美/加勒比	
		金额	%	金额	%	金额	%	金额	%	金额	%	金额	%	金额	%	金额	%
美国	20	49 732.8	13.0	14 407.7	18.6	9 547.1	13.0	4 307.4	7.6	7 829.3	7.8	NA	NA	10 386.7	77.6	3 254.7	12.0
加拿大	4	3 905.3	1.0	304.5	0.4	32.5	0.0	572.0	1.0	211.8	0.2	2 577.8	7.4	NA	NA	206.8	0.8
欧洲	62	200 013.0	52.1	26 801.2	34.6	27 169.2	37.1	20 253.7	35.7	82 253.9	81.6	24 731.7	70.9	2 823.8	21.1	15 979.7	58.9
英国	4	12 912.5	3.4	3 938.1	5.1	1 074.2	1.5	870.8	1.5	2 585.1	2.6	4 368.0	12.5	25.3	0.2	51.0	0.2
德国	4	35 245.9	9.2	1 327.2	1.7	17 379.7	23.7	952.7	1.7	6 146.2	6.1	8 492.6	24.3	558.2	4.2	389.3	1.4
法国	5	42 722.5	11.1	3 018.1	3.9	3 468.4	4.7	5 663.3	10.0	23 457.0	23.3	3 557.8	10.2	1 717.3	12.8	1 840.6	6.8
意大利	22	28 409.1	7.4	6 025.1	7.8	3 156.4	4.3	8 830.5	15.5	3 971.7	3.9	356.2	1.0	213.4	1.6	5 855.7	21.6
荷兰	2	7 849.0	2.0	740.2	1.0	516.6	0.7	193.6	0.3	6 256.5	6.2	0.0	0.0	0.0	0.0	142.1	0.5
西班牙	11	28 378.9	7.4	2 649.7	3.4	446.6	0.6	2 123.2	3.7	14 312.8	14.2	2 428.5	7.0	171.6	1.3	6 246.5	23.0
其他	14	44 495.2	11.6	9 102.8	11.7	1 127.2	1.5	1 619.7	2.9	25 524.6	25.3	5 528.6	15.9	137.9	1.0	1 454.4	5.4
澳大利亚	4	12 011.2	3.1	1 502.7	1.9	3 894.6	5.3	0.0	0.0	2 051.8	2.0	4 436.3	12.7	125.8	0.9	0.0	0.0
日本	13	17 574.1	4.6	5 413.6	7.0	6 936.2	9.5	1 589.1	2.8	425.4	0.4	2 549.1	7.3	0.4	0.0	660.4	2.4
中国	54	50 573.3	13.2	8 386.9	10.8	18 210.6	24.9	20 799.1	36.6	1 608.8	1.6	175.9	0.5	46.9	0.4	1 345.1	5.0
韩国	12	16 343.8	4.3	9 530.9	12.3	3 929.4	5.4	1 610.7	2.8	334.3	0.3	55.6	0.2	0.0	0.0	883.0	3.3
土耳其	33	14 114.3	3.7	4 257.7	5.5	1 738.5	2.4	2 763.5	4.9	5 269.2	5.2	81.0	0.2	0.0	0.0	4.4	0.0
所有其他	23	19 464.4	5.1	6 951.7	9.0	1 725.1	2.4	4 916.2	8.7	822.2	0.8	270.9	0.8	0.0	0.0	4 778.4	17.6
全部公司	255.0	383 732.0	100.0	77 557.0	100.0	73 183.1	100.0	56 811.6	100.0	100 807.0	100.0	34 878.2	100.0	13 383.4	100.0	27 112.4	100.0

资料来源：美国《工程新闻记录》。

2009 年世界最大 200 家国际工程设计咨询公司营业额的市场分布

单位：百万美元

设计商国籍	公司数量	国外营业额		中东		亚洲		非洲		欧洲		美国		加拿大		拉美	
		金额	%	金额	%	金额	%	金额	%	金额	%	金额	%	金额	%	金额	%
美国	70	18 169.6	34.6	3 577.5	37.5	4 804.4	43.8	1 028.8	25.2	4 346.7	35.0	NA	NA	3 220.6	57.4	1 191.5	33.2
加拿大	8	3 969.4	7.6	429.8	4.5	660.2	6.0	589.4	14.5	567.7	4.6	1 275.3	20.4	NA	NA	447.1	12.5
欧洲	61	20 303.7	38.7	3 243.9	34.0	2 353.3	21.4	1 388.8	34.1	6 864.8	55.2	3 613.8	57.9	1 496.7	26.7	1 342.3	37.5
英国	8	6 097.2	11.6	1 114.7	11.7	928.7	8.5	344.7	8.5	1 159.3	9.3	827.4	13.3	1 334.7	23.8	387.8	10.8
德国	8	1 372.2	2.6	140.1	1.5	78.4	0.7	118.7	2.9	177.5	1.4	832.5	13.3	0.1	0.0	25.0	0.7
法国	7	1 918.6	3.7	332.9	3.5	353.6	3.2	382.8	9.4	521.9	4.2	112.3	1.8	35.5	0.6	179.5	5.0
荷兰	7	5 975.9	11.4	327.3	3.4	546.6	5.0	261.1	6.4	2 636.7	21.2	1 718.9	27.5	96.7	1.7	388.8	10.9
意大利	12	863.6	1.6	199.4	2.1	197.5	1.8	98.3	2.4	223.0	1.8	1.5	0.0	2.0	0.0	141.9	4.0
其他	19	4 076.1	7.8	1 129.5	11.9	248.6	2.3	183.3	4.5	2 146.4	17.3	121.3	1.9	27.7	0.5	219.4	6.1
澳大利亚	8	3 784.6	7.2	292.3	3.1	797.3	7.3	101.9	2.5	512.3	4.1	932.6	14.9	851.3	15.2	296.9	8.3
日本	12	1 279.7	2.4	335.3	3.5	569.7	5.2	115.6	2.8	12.8	0.1	17.0	0.3	0.0	0.0	229.1	6.4
中国	21	2 045.3	3.9	184.8	1.9	1 324.4	12.1	474.3	11.6	44.9	0.4	0.7	0.0	0.0	0.0	16.2	0.5
韩国	6	272.2	0.5	87.7	0.9	95.7	0.9	48.6	1.2	9.7	0.1	8.0	0.1	0.1	0.0	22.3	0.0
所有其他	14	2 620.0	5.0	1 378.8	14.5	367.6	3.4	328.4	8.1	72.0	0.6	396.4	6.3	38.6	0.7	38.2	1.1
全部公司	**200**	**52 444.4**	**100.0**	**9 530.4**	**100.0**	**10 972.5**	**100.0**	**4 075.8**	**100.0**	**12 430.9**	**100.0**	**6 243.8**	**100.0**	**5 607.4**	**100.0**	**3 583.5**	**100.0**

资料来源：美国《工程新闻记录》。

2009 年世界最大 100 家国际工程承包公司名录

金额单位：百万美元

排名	公司名称	国别（地区）	国外营业额	总营业额	新签合同额
1	霍克蒂夫公司	德国	23 769.5	26 068.8	30 176.3
2	维西公司	法国	17 237.7	45 247.1	37 477.7
3	斯特拉巴格公司	奥地利	15 860.1	18 706.0	13 045.0
4	柏克德集团公司	美国	14 849.0	22 637.0	19 312.0
5	布依格集团公司	法国	13 509.0	34 271.0	33 867.0
6	斯勘斯卡公司	瑞典	12 880.0	16 322.0	16 827.9
7	SAIPEM 公司	意大利	10 884.0	11 710.1	12 209.6
8	比尔芬格柏格建筑公司	德国	9 861.4	14 503.1	15 514.8
9	福陆公司	美国	9 629.4	17 235.8	18 500.0
10	泰克尼普集团	法国	8 865.0	8 995.0	9 998.0
11	Fomento de constr. y Contratas（FCC）	西班牙	7 847.0	17 713.4	26 165.3
12	凯洛格布朗路特公司	美国	7 824.6	9 949.8	12 961.4
13	中国交通建设集团有限公司	中国	7 477.8	33 462.5	56 611.3
14	宝维士联盛	澳大利亚	6 787.8	8 677.2	6 093.3
15	欧德布莱克特公司	巴西	6 549.0	9 405.0	11 637.0
16	鲍佛贝蒂公司	英国	6 461.0	15 109.0	14 597.0
17	皇家 BAM 集团公司	荷兰	6 176.0	11 335.0	NA
18	ACS 集团	西班牙	5 863.5	22 496.3	24 997.2
19	联合承包商国际公司	希腊	5 739.1	5 739.1	5 725.6
20	福斯特惠勒公司	美国	4 401.6	5 056.3	3 481.7
21	礼顿控股有限公司	澳大利亚	4 209.0	18 276.0	23 327.0
22	中国建筑工程总公司	中国	4 185.0	33 196.3	67 268.9
23	现代工程建筑公司	韩国	3 704.0	7 946.7	13 446.0
24	PETROFAC 公司	英国	3 655.4	3 655.4	6 337.0
25	中国铁道建设集团有限公司	中国	3 542.0	53 990.0	82 701.0
26	中国机械装备（集团）公司	中国	3 422.3	4 606.8	8 873.5
27	特钦特集团	意大利	3 410.3	3 715.0	2 251.3
28	麦克德莫特国际公司	美国	3 370.3	4 661.3	3 626.2
29	特克尼塔斯雷乌尼达斯集团	西班牙	3 093.0	3 951.0	3 991.0
30	EIFFAGE，REUNIDAS 公司	西班牙	2 965.8	16 209.0	15 016.8
31	中国冶金科工集团公司	中国	2 965.0	25 531.7	31 561.8
32	中信建设有限责任公司	中国	2 941.5	2 966.2	2 146.0
33	鹿岛建设株式会社	日本	2 896.7	16 154.4	12 653.5
34	法罗里奥集团	西班牙	2 699.0	6 305.2	6 699.5
35	三星工程公司	韩国	2 618.3	3 506.7	8 781.8
36	MAIRE TECNIMONT 公司	意大利	2 608.2	3 018.8	3 595.6
37	Joannou & Paraskevaides 有限公司	英国	2 581.1	2 581.1	1 200.0
38	芝加哥桥梁钢铁公司	美国	2 537.0	3 775.0	5 442.0
39	ABEINSA 公司	西班牙	2 288.6	3 725.6	5 316.8
40	英波基洛公司	意大利	2 268.4	3 454.1	4 031.3
41	中国水利水电建设集团公司	中国	2 233.2	11 062.7	13 707.1
42	大林实业有限公司	韩国	2 225.0	5 600.7	7 648.0
43	PCL 建筑商公司	加拿大	2 157.4	5 428.6	3 414.0
44	JAN DE NUL 集团公司	卢森堡	2 156.0	2 924.0	2 603.9
45	大林组株式会社	日本	2 096.0	13 510.0	10 440.0
46	中国石油工程建筑集团	中国	2 092.9	3 280.2	3 948.0
47	大成建设株式会社	日本	2 044.0	13 863.0	11 825.0
48	BESIX 公司	比利时	1 926.0	2 724.0	1 987.0
49	基威特公司	美国	1 913.0	8 820.0	11 713.2
50	IMPREGILO SPA 公司	意大利	1 910.1	1 959.5	2 192.2
51	JGC 公司	日本	1 842.0	2 596.0	6 064.0

2009年世界最大100家国际工程承包公司名录（续）

金额单位：百万美元

排名	公司名称	国别（地区）	国外营业额	总营业额	新签合同额
52	雅可伯工程集团公司	美国	1 801.3	5 558.2	10 000.0
53	中国铁路集团有限公司	中国	1 781.4	52 869.7	88 111.3
54	大宇 E&C 公司	韩国	1 746.0	6 055.5	9 977.4
55	清水建设株式会社	日本	1 733.7	15 570.5	11 959.6
56	ISOLUX CORSAN SA 集团	西班牙	1 674.0	4 249.4	15 297.6
57	凡奥德公司	荷兰	1 673.0	2 036.0	2 005.9
58	Punji Lloyd 公司	印度	1 656.3	2 280.8	2 280.8
59	IBERDOLA INGENIERIA Y 建筑公司	西班牙	1 642.7	2 076.3	2 426.7
60	A. PORR AG 公司	奥地利	1 560.8	4 121.6	4 296.2
61	千代田株式会社	日本	1 558.0	2 573.0	4 146.0
62	拿丁集团	印度	1 551.5	7 760.9	15 494.9
63	GS 工程和建筑公司	韩国	1 490.1	6 398.1	11 154.8
64	SACYR VALLEHERMOSO 公司	西班牙	1 468.2	6 990.8	9 943.3
65	阿斯塔尔迪公司	意大利	1 432.5	2 590.0	3 417.1
66	阿拉伯建筑公司	黎巴嫩	1 422.9	1 477.2	2 413.7
67	东洋工程公司	日本	1 321.9	1 869.3	1 423.5
68	GAMA 公司	土耳其	1 283.1	1 326.3	1 227.3
69	中石化工程公司	中国	1 279.8	2 114.8	3 972.2
70	ACCIONA SA 公司	西班牙	1 254.1	511.0	5 614.5
71	萨利尼 Costruttori SpA 公司	意大利	1 232.0	1 655.0	1 141.9
72	三星 C&T 公司	韩国	1 200.6	5 226.0	8 484.3
73	SNC－LAVALIN 国际公司	加拿大	1 198.6	2 104.9	NA
74	西松建筑有限公司	日本	1 143.6	4 096.0	2 683.6
75	复兴建筑公司	土耳其	1 092.6	1 125.6	2 064.2
76	中国石油管道局（廊坊）	中国	1 052.8	2 825.2	1 433.3
77	安德拉德建筑公司	巴西	1 049.7	3 035.3	4 480.8
78	上海电气集团有限公司	中国	1 042.0	1 510.0	4 670.0
79	山东电力建设第三工程公司	中国	1 013.0	1 171.0	2 962.0
80	东方电气集团	中国	1 011.0	5 486.1	8 823.5
81	旭普林公司	德国	1 002.0	3 533.0	3 095.0
82	安萨尔多公司	意大利	964.1	1 728.5	685.4
83	竹中公司	日本	939.0	12 037.0	10 715.0
84	中国石油管道建设公司（北京）	中国	932.5	4 071.1	7 918.0
85	ELLAKTOR 公司	希腊	918.7	3 268.1	940.3
86	中国土木工程集团公司	中国	911.2	1 121.0	5 611.8
87	POSCO 建筑工程公司	韩国	909.0	5 683.5	8 280.0
88	奥拉斯建筑实业公司	埃及	903.6	1 504.5	2 049.6
89	上海建工集团	中国	840.5	11 037.9	11 270.6
90	五洋建设有限公司	日本	840.0	3 182.8	2 761.7
91	CHELLA SPA 公司	意大利	836.0	910.0	1 484.0
92	中鼎公司	中国台湾	817.9	1 271.7	27.2
93	ANT YAPI 建筑、工业和贸易有限公司	土耳其	797.5	896.8	286.0
94	SK 工程建筑公司	韩国	788.9	3 163.3	13 359.5
95	PJSC STROYTRANSGAZ 公司	俄罗斯	781.0	1 419.0	NA
96	STFA 建筑集团	土耳其	771.8	803.2	147.0
97	泰克芬建筑安装有限公司	土耳其	759.0	867.0	23.0
98	CONTRATING & RADING 公司	黎巴嫩	746.9	747.8	748.8
99	双龙建设有限公司	韩国	734.7	1 790.0	2 512.4
100	TAV 建筑公司	土耳其	730.5	788.2	2 213.3

资料来源：美国《工程新闻记录》。

2009 年世界最大 100 家国际工程设计咨询公司名录

金额单位：百万美元

排 名	公司名称	国别（地区）	国际市场营业额	占总营业额（%）
1	福格勒公司	荷兰	2 665.0	93
2	沃利派森斯公司	澳大利亚	2 584.5	78
3	AECOM 技术公司	美国	2 388.5	47
4	美国福陆股份有限公司	美国	2 115.6	52
5	阿莫克公司	英国	1 946.7	66
6	ARCADIS 公司	荷兰	1 896.0	76
7	雅可伯工程集团公司	美国	1 875.8	44
8	SNC 拉瓦林国际公司	加拿大	1 718.0	61
9	达艾尔汉德莎咨询公司	埃及	1 628.5	100
10	凯洛格布朗路特公司	美国	1 504.6	81
11	TECNICAS REUNIDAS	西班牙	1 205.0	93
12	柏克德集团公司	美国	1 114.0	52
13	莫特麦克唐纳公司	英国	1 037.1	63
14	霍克蒂夫股份公司	加拿大	927.8	94
15	泰克尼普集团	法国	908.0	98
16	CH2M 希尔公司	美国	904.8	25
17	路易斯伯杰集团公司	美国	879.9	81
18	阿路普公司	英国	873.4	63
19	赫氏工程咨询有限工程	加拿大	777.6	64
20	芝加哥桥梁钢铁公司	美国	743.4	95
21	雅可保利集团	芬兰	736.0	78
22	WSP 集团公司	英国	733.5	65
23	帕森斯普林克赫夫公司	美国	688.6	50
24	优斯咨询	德国	685.5	14
25	Ramboll 集团	丹麦	653.5	63
26	JGC 公司	日本	642.0	81
27	GRONTMIJ 公司	荷兰	634.0	58
28	绍尔集团公司	美国	599.9	36
29	阿特金斯集团	英国	596.8	27
30	高达集团	加拿大	590.1	66
31	斯坦泰克公司	加拿大	574.0	44
32	COWI 工程规划咨询公司	丹麦	457.7	60
33	Egis 集团	法国	449.3	57
34	美国美华集团	美国	443.3	47
35	海科路集团有限公司	英国	435.9	53
36	麦克德蒙特国际有限公司	美国	434.6	70
37	中国石化工程建设公司	中国	420.6	46
38	Saipem 公司	意大利	376.7	35
39	德和威集团	荷兰	343.3	50
40	布莱克韦奇公司	美国	336.3	30
41	西斯塔集团	法国	286.3	81
42	中国成达化学工程公司	中国	283.7	29
43	鲍佛贝蒂公司	英国	279.0	63
44	环境资源管理公司	美国	262.7	56
45	KA 联合工程公司	黎巴嫩	262.4	98
46	MAIRE TECNIMONT 公司	意大利	253.4	100
47	AF 公司	瑞典	237.0	36
48	瑞豪集团	荷兰	233.1	46
49	辛克莱奈特莫兹公司	澳大利亚.0	231.0	27
50	PARSONS 公司	美国	228.4	17

2009 年世界最大 100 家国际工程设计咨询公司名录（续）

金额单位：百万美元

排　名	公司名称	国别（地区）	国际市场营业额	占总营业额（%）
51	COFFEY 国际公司	澳大利亚	224.8	44
52	利乐科技公司	美国	213.0	10
53	WL MEINHARDT 公司	澳大利亚	199.9	85
54	AEDAS 公司	美国	199.8	86
55	霍克集团公司	美国	197.0	42
56	伟信顾问集团	英国	194.8	36
57	ILF 工程咨询公司	澳大利亚	191.7	81
58	GHD 公司	澳大利亚	183.0	24
59	奥森科公司	澳大利亚	181.5	80
60	日本科恩有限公司	日本	180.0	34
61	Fichtner GmbH & Co. KG	德国	177.5	65
62	澳昱冠工程咨询公司	澳大利亚	175.9	23
63	斯哥德默尔公司	美国	171.5	6
64	中国交通建设集团	中国	171.3	13
65	中国石油管道工程公司（廊坊）	中国廊坊	167.0	60
66	CDI Business Solutions	美国	156.5	35
67	德泊亭工程设计有限公司	荷兰	154.0	54
68	雪山工程公司	澳大利亚	152.4	49
69	现代工程有限公司	韩国	152.0	57
70	特罗全球	加拿大	136.6	35
71	联合咨询工程公司	希腊	136.5	98
72	巴黎机场公司	法国	136.4	99
73	愈奇工程公司	美国	136.0	15
74	千代田株式会社	日本	133.0	88
75	根斯勒公司	美国	132.2	24
76	斯坦利工程顾问公司	美国	131.8	49
77	中国电力工程顾问集团有限公司	中国	127.7	14
78	中国铁路建设集团	中国	119.0	12
79	拉米耶国际公司	德国	117.3	84
80	DESSAU - SOPRIN INC.	德国	114.0	19
81	KPF 公司	美国	112.1	91
82	贝卡集团	新西兰	110.6	45
83	中国机械装备（集团）公司	中国	106.3	38
84	中国石油管道工程公司（北京）	中国	105.8	41
85	东方咨询公司	日本	102.1	31
86	CDM 公司	美国	101.0	14
87	KEO 国际咨询顾问公司	科威特	9 901.0	89
88	PM 集团	爱尔兰	87.6	53
89	Conestoga - Rovers & Assoc	美国	85.0	31
90	HDR	美国	79.3	5
91	SA 技术与项目公司	西班牙	77.0	34
92	中国水电工程顾问集团公司	中国	76.0	6
93	巴马丹拿建筑及工程师有限公司	中国香港	75.6	82
94	ENVIRON 公司	美国	74.6	33
95	中鼎股份有限公司	中国台湾	73.0	36
96	山东电力建设工程公司	中国	65.4	79
97	索格利	法国	64.0	42
98	Opus 国际咨询公司	新西兰	63.0	29
99	BURT HILL 集团	美国	61.0	48
100	INSITUFORM 科技公司	美国	58.4	37

资料来源：美国《工程新闻记录》。

2008 年按国外资产排序的世界最大 100 家非金融类跨国公司名录

（100 万美元和雇员数）

排名		公司名称	国别（地区）	行 业	资 产		销售额		雇 员		跨国指数（%）
国外资产	跨国指数				国外	总计	国外	总计	国外	总计	
1	75	通用电气	美国	电子电气设备	401 290	797 769	97 214	182 515	171 000	323 000	52.2
2	32	皇家壳牌石油	英国/荷兰	炼油	222 324	282 401	261 393	458 361	85 000	102 000	73.0
3	6	沃达丰	英国	电讯	201 570	218 955	60 197	69 250	68 747	79 097	88.6
4	20	英国石油公司	英国	炼油	188 969	228 238	283 876	365 700	76 100	92 000	81.0
5	74	丰田汽车公司	日本	汽车行业	169 569	296 249	129 724	203 955	121 755	320 808	52.9
6	42	埃克森美孚	美国	炼油	161 245	228 052	321 964	459 579	50 337	79 900	67.9
7	27	道达尔	法国	炼油	141 442	164 662	177 726	234 574	59 858	96 959	74.5
8	67	德国意昂集团	德国	电、气、水	141 168	218 573	53 020	126 925	57 134	93 538	55.8
9	90	法国电力集团	法国	电、气、水	133 698	278 759	43 914	94 044	51 385	160 913	42.2
10	10	安塞乐米塔尔公司	卢森堡	金属产品	127 127	133 088	112 689	124 936	239 455	315 867	87.2
11	53	大众汽车	德国	汽车行业	123 677	233 708	126 007	166 508	195 586	369 928	60.5
12	64	法国燃气公司	法国	电、气、水	119 374	232 718	68 992	99 377	95 018	196 592	56.4
13	8	安豪则布施公司	荷兰	食品、饮料、烟草	106 247	113 170	18 699	23 558	108 425	119 874	87.9
14	59	雪弗龙	美国	汽车行业	106 129	161 165	153 854	273 005	35 000	67 000	58.1
15	33	西门子	德国	电子电气设备	104 488	135 102	84 322	116 089	295 000	427 000	73.0
16	71	福特汽车	美国	汽车行业	102 588	222 977	85 901	146 277	124 000	213 000	54.3
17	62	埃尼	意大利	炼油	95 818	162 269	95 448	158 227	39 400	78 880	56.4
18	39	Telefónica SA 公司	西班牙	电讯	95 446	139 034	54 124	84 778	197 096	251 775	70.3
19	79	德国电信	德国	电讯	95 019	171 385	47 960	90 221	96 034	227 747	50.3
20	37	本田汽车公司	日本	汽车行业	89 204	120 478	80 861	99 458	111 581	181 876	72.2
21	70	戴姆勒克莱斯勒	德国/美国	汽车行业	87 927	184 021	108 348	140 268	105 463	273 216	54.5
22	77	法国电信	法国	电讯	81 378	132 630	36 465	78 256	83 795	186 049	51.0
23	88	康菲石油	美国	炼油	77 864	142 865	74 346	240 842	15 128	33 800	43.4
24	63	伊维尔德罗拉公司	瑞典	多元化（电力、燃气、水资源）	73 576	119 467	19 785	36 863	17 778	32 993	56.4
25	18	和记黄埔	香港	多元化	70 762	87 745	25 006	30 236	182 148	220 000	82.0
26	36	欧洲宇航防务集团	荷兰	飞行器部件	66 950	105 989	57 890	63 299	73 969	118 349	72.4
27	11	雀巢	瑞士	食品饮料	66 316	99 854	99 559	101 466	274 043	283 000	87.1
28	78	宝马	德国	汽车行业	63 201	140 690	62 119	77 830	26 125	100 041	50.3
29	55	宝洁	美国	多元化	62 942	134 833	47 949	79 029	99 019	135 000	60.2
30	97	沃尔玛	美国	零售	62 514	163 429	98 645	401 244	648 905	2 100 000	31.2
31	21	罗氏	瑞士	医药品	60 927	71 532	42 114	42 590	45 510	80 080	80.3
32	96	三菱商事	日本	汽车行业	59 160	111 295	6 634	61 063	18 027	60 095	31.3
33	48	索尼公司	日本	电子电气设备	57 116	122 462	58 185	76 795	107 900	171 300	61.8
34	56	日产汽车	日本	汽车行业	57 080	104 379	60 693	83 819	81 249	160 422	59.2
35	40	法罗里奥集团	法国	建筑、地产	54 322	67 088	13 156	20 667	64 309	106 596	68.3
36	92	莱茵集团	德国	电、气、水	53 557	130 035	26 710	71 617	26 688	65 908	39.7
37	1	斯特拉塔	英国	采矿、采石	52 227	55 314	25 215	27 952	37 883	39 940	93.2
38	50	IBM	美国	电子电气设备	52 020	109 524	66 944	103 630	283 455	398 455	61.1
39	57	赛诺菲－安万特	法国	医药品	50 328	100 191	22 636	40 334	69 990	98 213	59.2
40	3	诺基亚	芬兰	电讯	50 006	55 090	73 662	74 192	101 559	125 829	90.3
41	16	拉法基	法国	非金属矿产	50 003	56 518	23 865	27 846	65 520	83 438	84.2
42	72	辉瑞制药	美国	医药品	49 151	111 148	27 861	48 296	49 929	81 800	54.3
43	45	三井物产	日本	批发贸易	48 653	85 262	23 299	54 991	37 810	39 864	64.8
44	58	惠普	美国	电子电气设备	48 258	113 331	81 432	118 364	209 708	321 000	58.9
45	85	力拓	澳大利亚/英国	采矿、采石	47 064	89 616	21 649	58 065	54 156	105 785	47.0
46	9	英美资源集团	英国	采矿、采石	44 413	49 738	21 766	26 311	95 000	105 000	87.5
47	47	威立雅环境集团	法国	水供给	43 990	68 373	31 723	52 971	220 106	336 013	63.2
48	100	中信集团	中国	多元化	43 750	238 725	5 427	22 230	18 305	90 650	21.0
49	35	Compagnie De Saint－Gobain SA	法国	非金属矿产	43 597	60 397	45 834	64 082	153 614	209 175	72.4
50	41	诺华制药	瑞士	制药	43 505	78 299	40 928	41 459	48 328	96 717	68.1
51	66	巴斯夫公司	德国	医药/化学品	43 020	70 786	50 925	91 154	49 560	96 924	55.9

2008 年按国外资产排序的世界最大 100 家非金融类跨国公司名录（续）

（100 万美元和雇员数）

排名		公司名称	国别（地区）	行　业	资　产		销售额		雇　员		跨国指数（%）
国外资产	跨国指数				国外	总计	国外	总计	国外	总计	
52	52	菲亚特	意大利	汽车行业	40 851	85 974	65 931	86 876	115 977	198 348	60.6
53	84	通用汽车	美国	汽车行业	40 532	91 047	73 597	148 979	127 000	243 000	48.7
54	76	强生	美国	医药品	40 324	84 912	31 438	63 747	69 700	118 700	51.8
55	19	墨西哥水泥集团	墨西哥	非金属矿产	40 258	45 084	17 982	21 830	41 586	56 791	81.6
56	94	挪威国家石油公司	挪威	炼油	37 977	82 645	28 328	116 318	11 495	29 496	36.4
57	17	沃尔沃	瑞典	零售	37 582	47 472	43 946	46 047	73 190	101 380	82.3
58	14	阿斯利康英国制药	英国	医药品	36 973	46 784	29 691	31 601	54 183	65 000	85.4
59	80	威望迪	法国	多元化	35 879	78 867	13 789	37 150	30 135	44 243	50.2
60	61	必和必拓	澳大利亚	采矿、采石	34 393	78 770	34 784	50 211	24 730	40 990	57.8
61	13	自由媒体国际有限公司	美国	电讯	33 904	33 986	10 561	10 561	13 128	22 300	86.2
62	54	英国国家电力供应公司	英国	能源	33 680	63 761	17 373	26 379	17 429	27 886	60.4
63	23	英国航天国防	英国	运输设备	33 285	37 427	25 249	30 583	61 200	94 000	78.9
64	81	雷普索尔	西班牙	炼油	32 720	68 795	43 970	84 477	18 403	36 302	50.1
65	24	飞利浦公司	荷兰	电子电气设备	32 675	45 986	37 122	38 603	83 946	121 398	78.8
66	4	Pernod Ricard SA	法国	饮料	32 237	35 159	8 845	9 850	16 260	18 975	89.1
67	5	WPP 集团	英国	商业服务	31 567	35 661	11 966	13 717	88 467	97 438	88.9
68	60	蒂森克虏伯	德国	金属制品	31 422	59 557	51 441	80 207	114 277	199 374	58.1
69	46	Vattenfall 公司	瑞典	能源	31 288	56 829	16 079	24 952	23 675	32 801	63.9
70	86	德国邮政股份公司	德国	运输储藏	30 765	365 990	55 170	79 699	283 699	451 515	46.8
71	38	联合利华公司	荷兰/英国	多元化	30 236	50 302	40 483	59 287	144 000	174 000	70.4
72	7	林德集团	德国	运输设备	29 847	33 158	16 574	18 527	44 278	51 908	88.3
73	26	英国天然气集团	英国	电力、燃气、水资源	29 832	36 437	18 239	23 053	3 639	5 395	76.1
74	43	皮诺春天	法国	批发贸易	29 362	37 617	18 056	29 555	55 169	88 025	67.3
75	34	瑞典电信局	瑞典	电讯	29 067	33 688	10 265	15 707	19 885	30 037	72.6
76	73	三星电子公司	韩国	电子电气设备	28 765	83 738	88 892	110 321	77 236	161 700	54.2
77	51	麦德龙公司	德国	零售	28 729	47 077	60 410	99 424	161 925	265 974	60.9
78	99	马来西亚石油	马来西亚	炼油	28 447	106 416	32 477	77 094	7 847	39 236	29.6
79	93	现代汽车	韩国	汽车行业	28 359	82 072	33 874	72 523	22 066	78 270	36.5
80	83	中国远洋运输(集团)公司	中国	运输	28 066	36 253	18 041	27 431	4 581	69 648	49.9
81	65	家乐福	法国	零售	28 056	72 487	71 688	127 238	363 311	495 287	56.1
82	22	CRH Plc	爱尔兰	木材建筑	27 787	29 396	28 926	30 559	46 248	93 572	79.5
83	44	霍尔森集团公司	瑞士	非金属矿产	27 312	42 487	14 323	23 225	63 156	86 713	66.3
84	89	葡萄牙电力公司	葡萄牙	多元化(电力、燃气、水资源)	27 104	49 699	7 679	20 328	4 543	12 245	43.1
85	49	美国铝业公司	美国	金属制品	26 973	37 822	12 566	26 901	57 000	87 000	61.2
86	68	葛兰素史克	英国	医药品	26 924	57 424	28 030	44 674	54 326	99 003	54.8
87	2	ABB 公司	瑞士	工程	26 875	33 181	33 166	34 912	113 900	119 600	90.4
88	12	液化空气公司	法国	化工，非金融矿产生产	26 647	28 678	15 292	19 170	37 876	43 000	86.9
89	69	美国联合技术公司	美国	交通设备	26 451	56 469	30 729	58 681	145 015	223 100	54.7
90	91	住友商事	日本	商业贸易	26 448	70 890	18 238	35 470	26 397	70 755	42.0
91	30	路易威登	法国	其他消费品	26 377	43 949	21 549	25 154	57 350	77 087	73.4
92	87	拜耳公司	德国	医药品	25 696	73 084	24 979	48 161	53 100	108 600	45.3
93	82	卡夫食品	美国	食品饮料	25 638	63 078	20 765	42 201	59 000	98 000	50.0
94	28	SAB Miller	英国	消费品饮料	25 139	31 619	12 585	18 703	52 362	68 635	74.4
95	29	可口可乐	美国	饮料	25 136	40 519	23 930	31 944	79 400	92 400	74.3
96	95	丸红株式会社	日本	批发贸易	25 049	47 985	13 824	39 762	653	3 856	34.6
97	25	斯伦贝谢公司	美国	其他消费品	24 821	31 991	20 483	27 163	67 502	87 000	76.9
98	98	日立集团	日本	电子电气设备	24 282	95 858	32 956	99 350	127 277	361 796	31.2
99	31	帝亚吉欧公司	英国	饮料	24 264	29 965	17 086	19 603	12 379	24 270	73.0
100	15	Teva 制药公司	以色列	制药	24 213	32 904	10 609	11 085	32 146	38 307	84.4

资料来源：联合国贸发会议《2010 世界投资报告》。

跨国指数为以下三个比率的平均数：国外资产与总资产比率、国外销量与总销量比率、国外雇员与总雇员比率。

2008年按国外资产排序的发展中国家（地区）最大50家非金融类跨国公司名录

（100万美元和雇员数）

排名		公司名称	国别（地区）	行业	资产额		销售额		雇员		跨国指数（%）
国外资产	跨国指数				国外	总计	国外	总计	国外	总计	
1	9	和记黄埔有限公司	香港	多元化	70 762	87 745	25 006	30 236	182 148	220 000	82.0
2	88	中国中信集团公司	中国	多元化	43 750	238 725	5 427	22 230	18 305	90 650	21.0
3	11	墨西哥水泥公司	墨西哥	非金属矿产	40 258	45 084	17 982	21 830	41 586	56 791	81.6
4	41	三星电子	韩国	电子电气设备	28 765	83 738	88 892	110 321	77 236	161 700	54.2
5	79	马来西亚国家石油	马来西亚	炼油	28 447	106 416	32 477	77 094	7 847	39 236	29.6
6	71	现代	韩国	汽车工业	28 359	82 072	33 874	72 523	22 066	78 270	36.5
7	46	中国远洋运输(集团)总公司	中国	运输储存	28 066	36 253	18 041	27 431	4 581	69 648	49.9
8	61	卢克石油	俄罗斯	石油天然气	21 515	71 461	87 637	107 680	23 000	152 500	42.2
9	67	淡水河谷	巴西	采矿勘探	19 635	79 931	30 939	37 426	4 725	62 490	38.3
10	85	委内瑞拉石油公司	委内瑞拉	炼油	19 244	131 832	52 494	126 364	5 140	61 909	21.5
11	30	科威特电信	科威特	电讯	18 746	19 761	6 034	7 452	1 151	15 000	61.2
12	22	怡和集团	香港	多元化	17 544	22 098	16 831	22 362	79 276	150 000	69.2
13	29	新加坡电讯	新加坡	电讯	17 326	21 887	6 745	10 374	9 058	20 000	63.2
14	64	台塑集团	台湾省	化学制品	16 937	76 587	17 078	66 259	70 519	94 268	40.9
15	18	塔塔钢铁	印度	金属制品	16 826	23 868	26 426	32 168	45 864	80 782	69.8
16	91	巴西石油公司	巴西	炼油	15 075	125 695	40 179	146 529	6 775	74 240	16.2
17	35	鸿海精密	台湾省	电子产品	14 664	26 771	21 727	61 810	515 626	611 000	58.1
18	49	盖尔道冶金	巴西	金属制品	13 658	25 750	10 274	23 182	22 315	46 000	48.6
19	21	阿布扎比能源公司	阿联酋	多元化(电力、天然气、水资源)	13 519	23 523	3 376	4 576	1 839	2 383	69.5
20	82	印度石油天然气公司	印度	石油天然气	13 477	30 456	4 238	27 684	3 921	33 035	23.8
21	24	MTN 集团	南非	电讯	13 266	18 281	7 868	12 403	10 870	16 452	67.4
22	58	LG 集团	韩国	电子电气设备	13 256	51 517	44 439	82 060	32 962	64 000	43.8
23	53	Evraz 公司	俄罗斯	金属和金属制品	11 196	19 448	12 805	20 380	29 480	134 000	47.5
24	20	卡塔尔电讯	卡塔尔	电讯	10 598	20 412	4 077	5 582	1 539	1 832	69.7
25	44	墨西哥电话公司	墨西哥	电讯	10 428	31 481	17 323	31 026	36 353	52 879	52.6
26	33	新加坡嘉德置地集团	新加坡	房地产	9 852	17 429	1 355	1 946	5 935	10 500	60.9
27	100	中国国家石油公司	中国	炼油	9 409	264 016	4 384	165 224	20 489	1 086 966	2.7
28	69	新世界发展有限公司	香港	多元化	9 061	22 775	1 304	3 144	17 262	55 000	37.5
29	17	新德里工业有限公司	印度	多元化	8 564	12 653	11 371	14 338	13 447	19 867	71.6
30	74	STX 公司	韩国	其他装备产品	8 308	18 338	1 668	12 914	246	544	34.5
31	23	Axiata 集团公司	马来西亚	电讯	8 184	10 783	1 746	3 406	18 975	25 000	67.7
32	77	Severstal 公司	俄罗斯	金属制品	8 066	22 480	9 325	22 393	12 662	96 695	30.2
33	34	风益国际	新加坡	食品、饮料烟草	7 812	17 869	22 144	29 145	12 906	23 313	58.4
34	7	中国资源企业	香港	炼油	7 371	9 013	7 483	8 299	136 800	144 000	89.0
35	2	招商局国际	香港	多元化	7 154	7 388	564	595	4 988	5 055	96.8
36	27	Ternium 公司	阿根廷	金属制品	7 063	10 671	5 357	8 465	10 042	15 651	64.5
37	90	中国建筑工程总公司	中国	建筑	7 015	29 873	3 619	29 080	15 765	113 251	16.6
38	51	杨忠礼集团	马来西亚	公用设备	7 014	11 102	968	1 966	1 931	6 232	47.8
39	1	第一太平洋有限公司	香港	电子设备	6 998	7 199	4 105	4 105	66 416	66 452	99.0
40	48	塔塔汽车有限公司	印度	汽车工业	6 767	14 359	9 869	15 635	17 998	49 473	48.9
41	38	华硕电脑	台湾省	电子设备	6 746	10 998	9 522	21 157	63 974	104 294	55.9
42	28	Orascom 电信公司	埃及	电讯	6 718	9 757	2 947	5 305	11 376	16 522	64.4
43	62	广达电脑公司	台湾省	计算机设备	6 711	9 250	4 930	25 946	20 297	60 900	41.6
44	78	沙索集团	南非	化工原料	6 679	18 977	7 781	21 676	6 041	34 000	29.6
45	32	香格里拉亚洲有限公司	香港	酒店	6 587	6 923	1 120	1 353	1 274	25 100	61.0
46	25	东方海外国际有限公司	香港	运输储存	6 412	7 702	2 196	6 545	7 012	8 236	67.3
47	70	中化集团	中国	炼油	6 409	19 825	34 218	44 280	225	26 632	36.8
48	72	中电控股	香港	电、气、水	6 071	17 138	3 060	6 972	1 589	5 717	35.7
49	8	萨佩有限公司	韩国	造纸	5 933	6 109	5 483	5 863	9 850	15 156	85.2
50	89	Sistema 公司	俄罗斯	电讯	5 698	29 159	3 983	16 671	11 000	80 000	19.1

资料来源：联合国贸发会议《2010 世界投资报告》。

跨国指数为以下三个比率的平均数：国外资产与总资产比率、国外销量与总销量比率、国外雇员与总雇员比率。

文　献

DOCUMENTS ↘

{记录历史 启迪未来}
中国商务年鉴
中国商务年鉴编辑委员会
2011·总第二十八期

全面提升开放型经济水平

商务部部长　陈德铭

胡锦涛总书记在深圳特区建立30周年庆祝大会上的重要讲话，深刻阐述了兴办经济特区的重大意义，充分肯定了30年来深圳等经济特区取得的巨大成就，同时对把特区办得更好提出了明确要求。胡锦涛总书记的重要讲话，全面深刻，内涵丰富，具有很强的理论性、战略性和指导性，是丰富和发展中国特色社会主义理论体系的重要文献，更加坚定了我们进一步扩大开放的信心和决心，必将对我国在新的历史条件下推进改革开放事业产生重大而深远的影响。

兴办经济特区是党和国家为推进我国改革开放和社会主义现代化作出的一项重大决策，经济特区取得的成就是改革开放以来我国各领域不断取得辉煌成就的生动缩影。经过30多年的探索和实践，我国已经形成了全方位、多层次、宽领域的对外开放格局和具有中国特色的开放型经济体系。开放型经济成为我国发挥比较优势、促进经济发展和扩大就业的重要途径，也成为推动我国技术创新、体制改革、社会进步和国际地位提升的必然选择。30多年来，伴随对外开放进程的逐步深化，我国对外经贸事业蒸蒸日上。我国已经成为世界第二大贸易国和第一大出口国，净出口对经济增长的年均贡献率超过10%，对外贸易吸纳的就业人数超过1亿人。我国累计利用外资规模超过1万亿美元，成为全世界吸收外商直接投资最多的国家之一。我国累计对外直接投资规模接近2 500亿美元，居发展中国家前列。对外开放使我国经济与世界经济相互依存、深刻互动，通过技术外溢效应、学习效应和竞争效应，增强了企业活力，带动了技术进步，加快了我国工业化和现代化进程。实践充分证明，改革开放是决定当代中国命运的关键抉择，符合党心民心、顺应时代潮流，只有改革开放才能发展中国、发展社会主义、发展马克思主义。

我国对外开放已经走过32年历程，正站在新的历史起点上。当前，对外开放面临的国际环境和国内条件发生了复杂而深刻的变化。从国际看，和平与发展仍然是时代主题，我国发展的外部环境总体有利，但国际金融危机深刻改变了世界，危机影响的严重性和经济复苏的曲折性超过预期，国际政治经济格局加速变革和调整，各种国际力量博弈更加激烈。我国综合国力和国际影响力不断上升，同时面临的外部压力也有所增加，近期外界对我国自主创新、人民币汇率、投资环境等问题关注和议论不断，进一步扩大开放面临十分复杂的外部环境。从国内看，我国经济社会发展取得长足进步，当前仍处于重要战略机遇期，但随着我国逐步跨入中等收入国家行列，劳动力等要素成本持续上升，传统比较优势面临严峻挑战，各种结构性、深层次矛盾和问题集中显现，加快转变经济发展方式的任务十分艰巨。

在新的历史时期，只有坚持对外开放，适应国际环境和国内条件变化的新要求，充分发挥我国的比较优势，大力培育我国的竞争优势，充分用好两个市场、两种资源，不断提出新的对外开放战略举措，才能动态解决我们所面临的挑战和问题。面对错综复杂的国际形势，面对艰巨繁重的改革发展稳定任务，我们要把胡锦涛总书记的重要讲话精神作为推进对外开放工作的强大动力，发扬勇于变革、勇于创新、大胆探索、先行先试的特区精神，不为任何风险所惧，不被任何干扰所惑，继续深化改革开放，全面提升开放型经济水平，完善内外联动、互利共赢、安全高效的开放型经济体系，实现对外开放的新跨越。

第一，加快转变外贸发展方式，提升对外贸易质量和效益。继续毫不动摇地发展对外贸易，以培育品牌和壮大主体为抓手，推动外贸由大变强。要在保持合理增长速度的同时，把着力点更多转移到提升综合效益上来，着眼于提升我国在全球产业分工中的地位，提高我国产品竞争力和外贸综合效益，巩固贸易大国地位，推动贸易强国进程。要以自主创新为核心，以研发、品牌和营销渠道为重点，鼓励进出口企业向微笑曲线两端升级，支持企业根据自身实力租品牌、买品牌、创品牌，开发具有自主知识产权的产品，自建或并购营销网络，提高出口核心竞争力。抓住国际服务业加快转移的重要机遇，完善管理体制，创造良好环境，促进我国服务贸易加快发展。

第二，推动“引进来”与“走出去”相协调，提高利用两个市场两种资源水平。利用外资和对外投资协调发展，是提高全球资源配置能力和提升对外开放层次的重要途径。要提高利用外资质量和水平，发挥外资在自主创新和产业升级方面的作用，引导外资投向高端制造、新能源、节能环保、现代服务业等领域，不断优化外资产业结构和区域结构。从贸易大国走向投资大国，从商品输出走向资本输出，是对外经济转型升级的普遍经验和客观规律。要科学规划、突出重点、集成政策，推动“走出去”实现更大发展。要继续健全相应的政策促进体系、服务保障体系和风险控制体系，优化“走出去”的制度环境，培育和发展我国的跨国公司，为扩大市场份额、提升核心技术和管理水平创造条件。

第三，促进区域经济协调发展，优化对外开放空间布局。要按照统筹区域协调发展的要求，因地制宜制订不同地区的对外开放战略，形成均衡协调的对外开放新格局。鼓励东部地区发挥信息、人才、区位等优势，推动对外开放向集约化开放转型，加快提升东部地区参与全球分工的层次。鼓励西部地区以承接国内外产业转移为契机，突出地域开放特色，尽快形成特色鲜明、定位合理的陆路开放带，打造新的开放增长极。充分发挥中部地区比较优势，加强与东、西部地区对外开放的分工合作，加快中部地区开放型经济的发展。制定实施沿边开放战略，加快沿边地区产业聚集园区等平台建设，努力把沿边地区打造成我国对外开放的重要门户。

第四，加强全球战略谋划，营造更加有利的外部环境。从维护和发展国家根本利益的战略高度出发，积极营造和谐稳定的国际经贸环境、平等互利的合作环境。作为世贸组织的成员国，要利用我国日益上升的国际地位和影响力，努力从国际经贸规则的“参与者”向“制定者”转变，积极谋划和充分利用好各种多边机制，维护我国经贸利益。稳步实施自贸区战略，按照平等互惠、形式多样、注重实效的原则，统筹规划，分步实施，逐步建立起布局合理、区域协调的全球自贸区网络。加强区域经济合作，扩大与区域内各国的贸易投资往来。

第五，完善对外开放的机制保障，提高驾驭对外开放的能力。增强内外经济政策的协调性，加强外贸、外资、对外投资政策与财政、货币、产业政策的相互配合。健全对外开放的风险防范机制，完善产业损害预警制度和摩擦应对机制，提高摩擦应对能力和贸易救济能力。加强与有关部门的有效配合，建立健全境外安全风险防范和应急处理机制，保障境外人员和财产安全。进一步转变政府职能，减少和规范行政审批，提高行政透明度。加快培养适应对外开放需要的各类人才，为对外开放提供强有力的组织保证和人才保障。

（原载 2010 年 9 月 29 日《经济日报》）

反对贸易保护主义　推动经济全球化进程

商务部国际贸易谈判代表　高虎城

当前，世界经济总体呈现复苏态势，经济全球化继续发展，国际资本跨境流动加快，但保护主义依然是经济全球化和世界经济复苏的重要障碍。胡锦涛主席在二十国集团领导人首尔峰会上指出，“我们应该坚定不移推进自由贸易，坚定不移恪守历次峰会承诺，坚定不移反对各种形式的保护主义，取消已有的贸易保护措施”。这是我国政府向世界的宣示，我们要深刻领会胡锦涛总书记的讲话精神，认清形势，积极应对，旗帜鲜明地反对保护主义，促进贸易投资便利化，为世界经济全面复苏和可持续发展做出我们的贡献。

经济全球化在曲折中发展

国际金融危机导致国际贸易、投资严重萎缩，引发了一部分人对经济全球化的质疑和反思。部分国家民众出现“经济民族主义”、“排外主义”等各种反全球化行为，实施自由贸易和开放政策的民意基础受到削弱。西方主导的经济全球化面临严峻挑战，发达国家与新兴国家围绕重塑全球化展开激烈较量，加强全球经济治理成为共同任务。

全球多边贸易体系发展坎坷。危机后，各国加强经贸往来的愿望更加迫切。世界贸易组织在协调各国贸易政策、平衡国际贸易关系以及避免贸易摩擦方面仍起到不可替代的作用。由于多边贸易体制中各成员经济发展不平衡，发达成员主导着国际贸易规则的制订，发展中成员的利益常常被忽视。如何协调成员间经贸利益关系成为多边贸易体制未来发展的重大挑战，现阶段世界贸易组织各成员面临的首要任务是如何能顺利完成多哈回合发展谈判及其相关协议。但是，在事关多哈回合成败的削减农业补贴、降低非农产品关税和开放服务业等关键领域，8年多来发达成员与发展中成员一直没能达成共识。多边贸易体系一再遭遇挫折，贸易自由化进程受阻，有可能加剧全球贸易保护主义。

区域经济一体化加深推进。在多边贸易体系进展不顺的背景下，以自由贸易区为核心的区域经济一体化建设方兴未艾。绝大多数世界贸易组织成员参加了一个以上的自由贸易协定，建立自由贸易区成为区域经济一体化的主要实现形式。迄今已向世界贸易组织通报和生效的区域贸易安排超过200个，遍及五大洲。区域经济贸易合作由浅层次的贸易和生产一体化向包括服务贸易、投资、知识产权保护、政府采购和竞争政策等在内的深层次一体化加速转变，其对国际贸易和世界经济的影响也日趋明显。

新兴国家在多边机制中的作用有所加强。危机后，新兴大国经济复苏普遍较快，与发达国家实力差距继续缩小，争取平等地位的意识进一步上升，对国际事务的影响力日益增强。以二十国集团领导人峰会和哥本哈根气候变化会议为标志，国际力量对比朝着相对均衡的方向发展。发达国家难以对国际事务进行完全垄断和操控，通过让渡部分权利和责任，希望将新兴国家纳入现行体系为其分忧，但又不愿其主导地位受到挑战，国际体系改革将在斗争与妥协中艰难推进。

从长期看，经济全球化的大趋势没有根本改变，在经历一轮恢复调整后，国际贸易与投资仍将成为世界经济的发动机。

国际贸易增长推动世界经济复苏

从历史经验看，国际贸易能深化社会分工，提高劳动效率，革新经济体制，扩大内外市场，对经济发展起到至关重要的作用。荷兰、英国、美国等大国崛起的发展历程表明，贸易中心国家都是经济强国。国际贸易增速一般是世界经济增速的1.5倍左右，1948年至2007年，世界出口年均增长9.7%，明显超过同期世界经济和人口增长速度。国际金融危机后，出口前所未有地迅速成为世界经济的引擎，创造了经济全球化条件下贸易拉动经济复苏的典型案例。

世界贸易成为世界经济复苏的关键动力。此次国际金融危机严重打击了国际贸易，进而导致世界经济深度下跌。2009年二季度，世界贸易额同比下降33%，世界经济陷入谷底。2010年以来，国际贸易复苏不断超过预期，实现迅速回升，据世界贸易组织统计，前三季度同比增长23%，预计2010年世界贸易量增长13.5%。发达经济体和新兴经济体出口均出现显著增长，1月—8月俄罗斯甚至增长了65.6%。

出口拉动了发达国家经济增长。2010年以来，部分发达国家经济依靠较强的出口能力实现较快复苏，不仅缓解了经济失衡压力，也使净出口成为经济的重要拉动因素。美国1月—10月出口同比增长21.5%，高于美国经济三季度的增速2.6%；德国1月—9月出口增长14.1%，净出口为二季度德国经济贡献了1.4个百分点；日本1月—11月出口增长33.9%，实现贸易顺差686亿美元。

新兴市场内需大幅增加带动贸易伙伴出口回升。危机后，新兴市场工业生产和销售明显快于发达国家，“金砖四国”尤为突出，进口增速快于美国、日本和欧盟。2010年前11个月，中国进口同比增长40.3%，其中来自美国、欧盟和日本的进口分别增长32.2%、32.6%和36.9%，来自俄罗斯、巴西、东盟、南非、印度等的进口分别增长21%、32.8%、47.5%、64.1%和53.6%，对促进相关国家的经济增长发挥了积极效应。

贸易保护主义出现新的特点

危机后，随着国际贸易活动的恢复增长，贸易摩擦接连不断，贸易保护主义呈现新的发展趋势。

一是将贸易摩擦与国内政治挂钩。在西方部分选举政治国家，贸易政策更多地被用来缓解国内矛盾和政治压力。为取悦选民，转嫁国内矛盾，一些国家的立法机构甚至政府经常动议或者采取贸易保护措施，从而捞取政治资本，国外进口产品成为这些国家转移国内民众不满情绪、谋取政治利益的对象。

二是企图利用贸易摩擦影响和改变贸易伙伴经济体制和政策。部分国家和地区频繁发起反补贴调查，滥用贸易救济措施，指责一些新兴经济体的国内汇率机制，声称低估汇率是贸易保护主义，质疑和挑战贸易伙伴的财政、税收、金融、产业发展、资源配置管理等政策措施，甚至用劳工、低碳等标准对进口产品设限，意在借此推行西方人权价值观和经济发展模式。

三是不断挑拨新兴经济体之间的贸易关系。一些国家在经贸领域中挑起新“冷战”，企图遏制新兴经济体快速发展，在拉美和非洲地区煽动“外贸威胁论”，声称进口产品冲击当地产业，投资目的是掠夺当地能源、资源，挑拨发展中国家之间的关系。

四是挑起贸易摩擦制造谈判筹码。一些国家不顾双边贸易现实和国际产业转移的客观规律，主动挑起贸易摩擦，甚至诉诸世界贸易组织的争端机制，在国内严格贸易救济执法，借此换取贸易伙伴在其关注的经贸问题上做出让步。

后金融危机时期，贸易摩擦形势依然严峻，贸易摩擦的政治化倾向有可能进一步加大，对国际贸易活动构成障碍。作为贸易大国，我国出口产品近年来在海外市场遭遇了反倾销、反补贴、保障措施、特殊保障措施、产品召回或通报等各种形式的贸易限制措施。我国已连续15年成为全球反倾销调查的重点，每年涉案损失300多亿美元。2009年我国出口占全球的9.6%，而遭受的反倾销案件却占全球40%左右。反倾销和反补贴“双反”调查成为个别国家对华调查的主要形式，2009年国外对华启动13起的反补贴调查案件中，12起伴随反倾销调查。涉华保障措施和特别保障措施案件增多，2009年占国外对华贸易救济调查案件总数的25.4%。2004年以来，国外将我国诉诸世界贸易组织争端机制，涉及集成电路、汽车、原材料等领域的产业政策以及金融、关税政策。

积极维护自由开放的全球贸易体系

随着经济规模扩大和对外贸易增长，我国与主要贸易伙伴的贸易摩擦还会继续出现。在党中央、国务院的领导下，商务部将积极应对贸易摩擦，推动经济全球化和全球贸易体制向自由、开放、公正的方向发展。

秉持开放的发展理念。开放既是指一个国家对国际交往和经济合作采取积极推进的态度，也是指政府放宽管制，注重发挥市场对资源配置的基础性作用。过去30多年我国对外开放的历程，实际上也是我国参与经济全球化的过程，取得的成就是有目共睹的。今后一个时期，我国仍将坚定开放信念，与国际社会共享合作发展机遇，积极推动贸易投资自由化、便利化进程，制定并实施鼓励经济发展的贸易政策，反对各种形式的贸易保护主义，在自身获得发展的同时，与其他国家一起共同促进世界经济增长。

加快推动多哈回合谈判。中国坚定支持多边贸易体制，始终将之作为国际贸易政策的基石。完成多哈谈判是抵制贸易保护主义的“保单”。多哈谈判早日取得公正、平衡的结果，既是建立合理的国际经济秩序的客观要求，也是促进全球经济平衡发展的根本路径。无论是发达成员还是发展中成员，均应着眼长远，拿出更大的诚意和决心，在尊重授权的前提下，锁定现有成果，推动谈判早日取得全面、均衡的结果，尽早实现发展回合目标。

加大交涉力度，维护合法权益。倡导和坚决支持自由贸易，各国应严格践行在二十国集团多伦多峰会上的承诺，不对商品、投资、服务设置新的限制措施，以更加开放的态度促进国际贸易发展。本着互利共赢、共同发展的原则，坚持以对话协商妥善处理贸易摩擦。我们将认真制定应对贸易摩擦的策略，坚持有理、有利、有节的原则，在不同双边场合将我国企业关注的利益诉求作为重要议题进行交涉，表达我方关切，切实维护中国企业利益。同时，要对国外进口产品加大反倾销、反补贴、保障措施立案和调查、裁决工作力度，切实维护国内受损产业的合法权益，也对国外对我产品滥用贸易救济措施起到威慑和反制作用。

大力实施自由贸易区战略。党的十七大报告明确提出要实施自由贸易区战略。商务部积极稳妥地推进自贸区工作，并取得良好效果。截至目前，我国已签署自由贸易协定10个，正在谈判的4个，涉及27个国家和地区，同时完成了与韩国、瑞士的自贸区官产学联合可行性研究。商签自贸协定是我国提高对外开放水平、建设和谐世界的重要抓手，也是我国实施市场多元化的重要途经，有助于化解国际贸易争端，树立我国开放、负责任的大国形象。去年初，中国—东盟自贸区的建成促进了双边贸易投资加速增长，带动双边经贸合作重新回到快速增长的轨道。2010年1月—11月中国与东盟双边贸易同比增长40.6%，高于我国进出口增速，东盟成为我国第四大贸易伙伴；前三季度中国与东盟双向投资额约61亿美元。今后，我们将继续积极稳妥地推进自贸区工作，逐步形成全球自贸区合作格局，同时引导国内企业利用这些优惠协定，扩大与区域内国家的贸易投资往来。

（原载2011年1月16日出版的《求是》杂志2011年第2期）

认清形势 明确责任 依法全力做好商务系统食品安全工作

商务部副部长 姜增伟

一、充分认识保障食品安全的重要性和紧迫性

党中央、国务院历来高度重视食品安全工作，采取了一系列强化监管的政策措施，取得了明显成效，我国食品安全形势总体趋于稳定。但也必须清醒地认识到，我国食品安全的基础仍比较薄弱，影响和制约食品安全的因素很多，部分领域食品安全问题比较突出，形势相当严峻。近年来，“三聚氰胺问题奶粉”、“毒豇豆”、“发光肉”、“地沟油”等问题的发生，充分说明我国目前处于食品安全风险隐患凸显期和食品安全事故高发易发阶段。我们必须要充分认识保障食品安全的重要性和紧迫性，切实增强责任感和使命感。

（一）保障食品安全是落实科学发展观的必然要求

科学发展观的核心是以人为本。健康是人的基本权利，食品直接关系人民群众的生命健康安全。随着经济发展和社会进步，人民群众对食品的需求已经由“吃得饱”向“吃得好、吃得安全”转变，更多地考虑是否有营养，是否有利于健康，食品安全已经成为人们最关心、最直接、最现实的利益问题之一。调查表明，城乡消费者食品安全关注度分别达到95.8%和94.5%。要“让人民生活得更加幸福、更有尊严”，必须要切实保障食品安全。对此，党中央、国务院高度重视。党的十七大和十七届二中、三中、四中全会都把确保食品安全作为改善民生的重要内容作出部署。胡锦涛总书记多次强调要把人民群众的生命安全放在至高无上的地位，要求切实做好食品安全工作。温家宝总理指出“三鹿奶粉这个教训应该说是很深刻的，不是一个企业，也不是一个地方，是我们整个民族应该汲取的”，决不能以牺牲人的生命健康来换取经济发展。我们必须要深刻领会，结合贯彻落实科学发展观，把保障食品安全融合到商务工作中来，时刻把人民群众的生命健康安全放在心上，切实把食品安全这一重大民生工程抓紧抓好。

（二）保障食品安全是建设责任政府的重要举措

食品安全工作涉及政府市场监管、社会管理和公共服务等诸多职能，能否让群众吃上安全放心食品，是衡量政府工作水平的重要标尺。我国已经建立了分段监管综合协调的食品安全监管体系。农业、质检、工商和食药监等部门分段监管农产品及食品生产、流通、餐饮服务；工业和信息化、商务部门分别负责食品生产、经营行业管理；国务院卫生行政部门承担食品安全综合协调职责。为进一步加强统筹协调，国务院成立了食品安全委员会，李克强、回良玉、王岐山三位副总理任正副主任，负责研究部署、指导协调全国食品安全工作。《食品安全法》规定县级以上地方人民政府统一负责、领导、组织、协调本行政区域的食品安全监督管理工作。食品安全监督管理责任制和评议、考核制度也日趋完善。地方各级政府把食品安全工作摆上了重要议事日程，一级抓一级，层层抓落实，责任到人；将食品监管纳入了政绩考核范围，与奖惩及职级晋升直接挂钩。《食品安全法》实施当年，全国人大常委会就组织了专项执法检查，这在我国人大执法检查史上还是第一次，充分体现了对各级政府落实食品安全监管责任的高度关注。作为政府组成部门，商务主管部门要认真理解建设责任政府的相关要求，切实转变职能，认真解决工作中存在的突出问题，加强食品流通和餐饮的行业管理工作，履行好法律赋予的神圣职责。

（三）保障食品安全是经济发展、社会稳定的现实需要

扩大内需是转变经济发展方式的重要内容，也是我国经济长远发展的战略方向。扩大内需最主要的就是扩大消费需求。食品人人都消费，每天都消费，促进食品消费对于扩大内需具有重要意义。同时，食品产业链条长，涉及利益群体广，社会关注度高，一旦出现食品安全事件，一经媒体披露，就迅速扩散、放大成为社会热点，产生连锁反应，不仅会使广大消费者身体受害、经济受损，而且往往导致企业产品滞销，甚至导致企业关闭破产、职工失业，成为引发社会矛盾、影响和谐稳定的导火索。“毒豇豆”曝光后，豇豆价格大幅下降，一些地方甚至出现了零交易，菜农损失惨重，豇豆产地遭遇信用危机，消费者深受其害。一些食品安全事件影响范围广、处置难度大，都不同程度地引发了经济纠纷、群体上访、媒体炒作、社会恐慌等社

会问题。我们一定要深刻吸取教训，把保障食品安全作为流通、餐饮行业发展的重要工作，以实际行动维护好改革发展稳定大局。

二、商务主管部门在食品安全方面负有重要职责

依据食品安全法及其实施条例，商务部门负责促进食品流通、餐饮行业健康发展；加强生猪屠宰监督管理，做好酒类流通行业管理工作；配合相关监管部门做好食品安全标准制订、事故处置、信息通报、监测评估等工作。这些职能之所以赋予商务主管部门，是由商务部门的性质和食品流通行业的特点决定的，必须要依法履行职责，突出工作重点，针对主要矛盾，攻艰克难，有序推进。

（一）督促流通、餐饮企业依法规范经营

食品的价值通过流通和餐饮实现。相关食品经营企业是保障食品安全的第一责任人，必须严格执行食品安全标准和相关管理制度，把问题食品堵在流通环节之外；要按照相关规范要求，配备保障食品安全的基本设施、设备，防止出现二次食品污染；要严格诚信经营，主动承担社会责任，力争食品在批发市场、货架期、餐饮饭店不出问题，出现问题立即依法处置。真正实现以上目标，仅靠监管是不够的，关键还要靠行业发展、靠企业道德把关，这些都是行业主管部门的责任所在。一要督促企业真正落实食品安全管理制度。要发挥商务主管部门熟悉行业、了解法律和政策的优势，通过推动商务信用建设、指导企业改造升级、采用可追溯等先进管理技术和方法、加强宣传培训等多种方式，督促企业建立并执行进货查验登记、货架库存期定期巡查、从业人员健康管理等制度。二要制订并推动执行标准化操作规范。要根据农产品批发市场、连锁超市、农贸市场、菜市场及餐饮企业等不同流通业态的特点，制定相应的食品安全操作规范，为经营者规范经营、政府部门实施监管提供指引和依据。要出台配套措施，对切实做到规范经营的，要给予必要的政策支持。三要把保障食品安全作为落实搞活流通扩大消费政策的重要内容。在推进“万村千乡市场工程”、“双百市场工程”、“三绿工程”、“早餐示范工程”、“农超对接”、“标准化菜市场改造”等政策时，将食品安全作为一项重要考核指标，督促企业完善管理制度，改善食品安全设施。对制度不健全、执行不到位、设施陈旧落后的，要指导其及时整改，消除安全方面的隐患。

（二）促进食品流通、餐饮行业健康发展

食品行业产业化、组织化、规模化程度低是导致食品安全风险的重要原因。小企业、小作坊仍是我国食品生产的主体，流通、餐饮领域小摊贩、小饭店、小店铺数量居多。受经营状况、资金实力、税收制度等诸多因素影响，大部分企业无力或不愿改进生产经营条件，食品安全控制水平低，监督管理困难，大大增加了食品安全风险。同时，我国食品批发体系不健全、购销渠道混乱、集中配送不成规模、连锁经营水平偏低，一些不法分子趁虚而入，致使一些假冒伪劣食品进入流通、餐饮领域。从长远看，要真正提高食品安全保障水平，必须要鼓励发展大型商贸流通、餐饮企业，鼓励、引导食品连锁经营、配送，引导食品摊贩进入固定交易场所经营。

各地要按照国家有关文件精神，结合实际制订促进食品规模化生产和连锁经营、配送的具体办法，出台鼓励食品摊贩进入集中交易市场、店铺等固定场所经营的具体措施。建立政府投资为引导、企业投资为主体的多元投入机制，支持农产品批发市场、农贸市场、菜市场、生鲜超市等配备必要的检验检测、冷藏保鲜和冷链物流等食品安全设施，餐饮企业配备食品加工、冷藏、陈列及清洗消毒等设施，提高流通、餐饮行业食品安全保障水平。

（三）加强行业自律，推进行业诚信体系建设

诚实守信是流通、餐饮企业履行社会责任、保障食品安全的基础。从全国人大食品安全执法检查情况看，一些食品经营领域行业协会缺失，行业自律水平低；一些食品经营者责任意识淡漠，不严格依照法律、法规和食品安全标准从事经营活动，经营不符合安全标准的食品，有的甚至制假售假，扰乱正常的市场经济秩序，严重损害人民群众的身体健康和社会稳定。商务主管部门不是食品安全监管部门，但要在引导行业协会发展、督促行业严格自律、推动信用体系建设上下功夫。

要引导行业协会围绕规范食品安全这一中心，健全自律性管理制度，制订并组织实施行业、职业道德准则，大力推动行业诚信评价和“诚信经营示范创建”活动，建立完善行业自律性管理约束机制，规范会员行为，协调会员关系，营造食品安全诚信环境。要依法加强自我约束和自我管理，在为会员提供各项服务、维护会员利益的同时，及时发现和举报违反法律法规或者行规行约、危害食品安全的经营者，提升整个行业的自律和诚信品质。要积极配合有关部门，建立食品流通、餐饮企业信用档案，配套相应的征信、评价、披露、服务、奖惩制度，发挥对食品安全工作的规范、引导和督促作用。要加强统筹协调，加强沟通合作，推动信用资源共享，建立统一的食品安全信用制度。

（四）加强与相关部门的协同配合

依据《食品安全法实施条例》，商务部门在食品安全风险监测评估、标准制定、事故处置、信息通报等方面，负有配合监管部门的法定责任。一要做好食品安全信息通报工作。政府部门如果对食品安全信息不保持高度敏锐，不采取果断措施，小问题有可能演化为大的公共卫生事件。商务部门发现或获知食品安全相关信息，要立即通报相关部门，做到早发现、早预防、早整治、早解决。二要配合有关部门做好食品安全风险监测评估工作。要发挥12312商务公共服务及举报投诉中心作用，加强对流通领域食品安全的动态监测，及时提出将有关食源性疾病、食品污染以及食品中有害因素纳入国家或地方食品安全风险监测计划的建议，并配合做好相关工作。三要按照本地政府食品安全事故应急预案的总体要求，制订流通领域食品安全事故应急预案，明确规定适用范围、工作原则、应急处理指挥机构、监测预警报告制度、应急响应、后期处置及应急保障等。要督促有关商贸、餐饮企业制订企业内部食品安全事故处置方案，定期检查本企业各项食品安全防范措施落实情况，及时消除食品安全隐患。四要完善落实食品安全召回制度。商务主管部门在日常工作中发现或接到投诉举报获知安全隐患信息的，要及时通报有关监管部门，并督促企业履行社会责任。食品经营者发现其经营的食品不符合食品安全标准的，要立即停止销售，通知相关生产经营者和消费者，并记录停止销售和通知情况，配合生产者做好召回工作；发现可能存在风险但一时难以定性的食品，也要停止销售，及时报有关部门进行检验、评估。

（编注：本文系姜增伟副部长2010年4月1日在全国商务系统食品安全暨屠宰行业管理工作会议上的讲话节录）

坚定不移地加快外贸发展方式转变

商务部副部长兼国际贸易谈判副代表　钟　山

转变经济发展方式是党的十七大提出的一项重要战略任务。加快转变外贸发展方式，既是转变经济发展方式的内在要求，也是实现外贸科学发展的根本途径。

一、我国外贸发展方式正处在加快转变的关键时期

这次国际金融危机对我国外贸的冲击，表面上看是对外贸增长速度的冲击，实质上是对外贸发展方式的冲击。加快转变外贸发展方式，应着眼于推动经济发展方式转变，着眼于推动外贸自身科学发展，着眼于推动贸易强国进程。

从我国外贸与国民经济关系看，外贸发展方式需要适应性转型。对外贸易是国民经济的重要组成部分。在理论上，经济发展方式决定外贸发展方式，外贸发展方式转变要适应经济发展方式转变；同时，外贸发展方式转变对经济发展方式转变也有先导作用。当前，我国外贸还有一些不适应国民经济发展要求的地方，主要表现在“三高三低”：一是对有形要素投入依赖程度高，对无形要素投入依赖程度低。我国外贸国际竞争力主要依赖资源、能源、土地、环境、劳动力等有形要素投入，科技、管理、创新等无形要素投入不足。二是对二次产业发展贡献度高，对一、三次产业发展贡献度低。2008年，工业制成品出口占我国总出口比重达到86.3%，服务性产品出口占我国总出口比重只有10.6%，比世界平均水平低7.4个百分点，比美国低9.8个百分点。三是对东部发达地区发展贡献度高，对中西部欠发达地区发展贡献度低。地区经济发展差距越来越体现在开放型经济发展差距，2008年，东部10省市外贸占全国外贸比重达到90.5%。要推动经济发展方式转变，外贸发展方式必须进行适应性转变。

从我国外贸与世界贸易关系看，外贸发展方式需要主动性转型。经过多年的发展，我国外贸已成为推动世界贸易增长的重要力量。但在影响力逐渐增强的同时，我国外贸也存在一些应引起高度重视的问题：一是贸易摩擦明显增多。我国出口与发达国家和发展中国家竞争加剧，已成为贸易保护主义的“重灾区”。2009年，我国遭遇的贸易摩擦案件116起，涉案金额127亿美元；我国出口占全球9.6%，而遭受的反倾销却占全球40%左右、反补贴占全球75%。二是贸易比较利益较少。当前，我国处在国际贸易分工价值链低端，自主知识产权、自主品牌、自主营销渠道和高技术含量、高附加值、高效益的产品比重低。据测算，我国自主品牌产品出口金额比重不足10%。三是贸易不平衡较为突出。2009年我国贸易顺差为1 960.7亿美元，今年1月—5月贸易顺差为353.9亿美元。长期贸易不平衡既不是我国的政策选择，也不利于我国外贸的可持续发展。要推动经济全球化朝着均衡、普惠、共赢方向发展，我国外贸发展方式必须进行主动性转变。

从贸易大国与贸易强国的关系看，外贸发展方式需要战略性转型。贸易大国是贸易强国的基础。实现贸易强国是我国外贸发展的战略目标。2009年我国出口居世界第一，进口居世界第二，已是贸易大国，但大而不强。国际经验表明，贸易强国最显著的特征是其全球资源配置能力强，在政府、行业、企业、商品四个层次上均具有强大的协调能力和竞争力。我国在“四个能力”上与贸易强国还有较大差距，亟待提高。一是出口商品竞争力有待提高，需要更加注重从量的扩张向质的提升转变，培育一批拥有自主知识产权、自主品牌、自主营销渠道和高技术含量、高附加值、高效益的出口产品；二是企业国际竞争力有待提高，需要更加注重从数量价格竞争向质量品牌竞争转变，培育一批组织化程度高、国际竞争能力强的跨国公司；三是行业组织协调能力有待提高，需要更加注重从价格接受者向价格制定者转变，培育一批在国际上有影响、行业内有威信的商协会组织；四是政府参与国际贸易规则制定能力有待提高，需要更加注重从接受既定规则向主动参与国际规则转变。

二、转变外贸发展方式关键要在“加快”上下功夫

转变外贸发展方式既是一场深刻的经济变革，也是一场深刻的思想观念变革。我们要以科学发展观为指导，进一步解放思想，完善政策环境，建立工作机制，在“加快”上下功夫。

进一步解放思想。解放思想是加快转变外贸发展方式的重要前提。要强化“四种意识”：一是改革意识。改革是加快转变的根本途径，僵化守旧没有出路。要加快改革制约外贸发展的管理体制、促进体制、公共服务体制等体制机制。二是开放意识。开放是加快转变的外部条件，关起门来没有出路。要继续统筹国内国际两个大局，提高利用“两个市场、两种资源”的能力；准确把握全球需求结构和产业结构调整趋势，拓展外贸发展的深度和广度。三是创新意识。创新是加快转变的不竭动力，墨守成规没有出路。要结合客观实际，创新工作思路，创新发展模式，创新体制机制，增强外贸发展后劲。四是发展意识。发展是加快转变的根本目的，停滞不前没有出路。发展中出现的问题，只能用发展的方法去解决，在发展中求转变，在转变中促发展。

完善政策环境。政策是加快转变外贸发展方式的重要支撑。要加快完善“四方面政策”，形成有利于加快外贸发展方式转变的政策环境。一是在财税政策上，稳定财政对外贸的支持力度，重点支持外贸结构调整和转型升级；保持出口退税政策的连续性和稳定性；进一步优化关税结构，发挥关税的宏观调控作用。二是在货币政策上，保持人民币汇率基本稳定；扩大跨境贸易人民币结算试点地区和规模，积极开展海外人民币业务，稳步推进人民币区域化、国际化进程。三是在金融政策上，完善金融政策，支持外贸发展；扩大出口信用保险规模，提高出口信用保险覆盖率，降低保费费率水平，扩大对风险国别和市场的承保范围。四是在贸易政策上，不断提高贸易便利化水平，推进多双边和自贸区谈判；积极研究全球气候谈判对我国外贸发展带来的影响，提前研究调整相关贸易政策。

建立工作机制。工作机制是加快转变外贸发展方式的重要保障。要进一步加快构建“四个机制”。一是建立质量提高、效益改善、结构优化、资源节约的外贸绩效评价机制，引导各地区外贸科学发展，在“十二五”期间要建立分类指导的全国外贸绩效评价机制。二是建立纵向联动、横向合作、高效协调的工作服务机制，增强政策制定的针对性和执行的协调性，提升公共服务能力和贸易便利化水平。三是建立分工合理、相互协作、运转高效的贸易促进机制，形成较为完善的法律法规和贸易促进体系，完善中小外贸企业促进机制。四是建立反应迅速、应对有效、反制有力的贸易摩擦应对协调机制，提高贸易摩擦应对能力。

三、转变外贸发展方式重点要在“转变”上求实效

加快转变外贸发展方式，巩固贸易大国地位，推动贸易强国进程，既是一场攻坚战，也是一场持久战。我们要按照科学发展观的要求，真正在“转变”上求得实效。

努力优化贸易结构，实现“四个优化”。优化贸易结构是转变发展方式的重要内容。优化贸易结构既要着眼于解决外贸运行中的深层次矛盾，更要致力于增强外贸发展的长期动力，使外贸发展建立在结构优化的基础之上。要努力实现“四个优化”：一是优化主体结构，做强大企业，扶持中小企业发展；二是优化商品结构，稳定传统优势产品出口，扩大高附加值产品出口，争创新的竞争优势产品出口，保障重要资源和关键技术设备及零部件进口；三是优

化市场结构，巩固传统市场，开拓新兴市场，培育周边市场；四是优化贸易方式结构，做强一般贸易，提升加工贸易，发展其他贸易。

积极推动外贸协调发展，促进“六个协调”。促进外贸协调发展是转变外贸发展方式的根本路径。促进外贸协调发展既要发挥我国现有比较优势，又要进一步提升动态比较优势，还要创建新的竞争优势，实现对外贸易均衡协调可持续发展。要积极推动“六个协调”：一是出口和进口协调发展，促进贸易平衡；二是货物贸易和服务贸易协调发展，提升规模效益；三是外贸和外资、外经协调发展，增强互动作用；四是外贸和内贸协调发展，实现有效互补；五是多种所有制主体协调发展，发挥各自优势；六是东部和中西部协调发展，实现共同发展。

大力创新工作抓手，实施“八项举措”。创新工作抓手是转变外贸发展方式的基本要求。创新工作模式既要继承改革开放30多年来我国促进外贸发展的主要做法，也要积极创新工作思路，体现加快转变的工作要求。因此，需要大力实施“八项举措”：一是积极扩大进口。稳定各项进口促进政策，完善进口促进体系。提高进口贸易便利化程度，清理不适应形势的进口管理措施。利用自贸区、零关税优惠、贸易投资促进等平台，加强与重点国家贸易对接。二是打造商务平台。打造若干国际知名度高、影响力大的国家级会展平台；培育若干技术力量强、信誉好的电子商务平台；建立若干辐射力强、管理水平高的境外贸易中心。三是建立出口基地。依托产业集聚区和开发区、保税区和海关特殊监管区，建立一批出口基地。加快培育战略性新兴产业，形成新的出口增长点。四是提升商品质量。扩大具有自主知识产权、自主品牌、自主营销渠道和高技术含量、高附加值、高效益的出口产品，提升传统优势产品出口附加值。五是拓展新兴市场。按照经济规模、人口总量、消费能力、市场环境等指标分类，形成拓展的重点地区、重点国别。深度拓展拉美、中东欧、东南亚及我周边等市场。扩大边境贸易，在管理权限和贸易便利化等方面给予边境地区政策倾斜，推动边贸人民币结算出口退税政策的落实。六是提升加工贸易。引导加工贸易延长产业链，提高附加值。推动加工贸易转型升级。鼓励加工贸易向中西部转移。七是扶持服务贸易。积极承接国际服务业转移，扩大服务外包规模。培育国产服务品牌出口，加大对软件、文化、动漫等产品出口的扶持力度。八是发展“走出去”带动贸易。鼓励有实力的企业开展对外工程承包、投资办厂、建立销售网络。稳步推进境外经贸合作区建设，积极推动海外资源开发合作。发挥优买优贷等政策支持大型成套设备、技术对出口的带动作用。

“四个优化”、“六个协调”和“八项举措”三者关系相辅相成，互为补充，是加快转变外贸发展方式的内容、方法和途径。在“十二五”期间，要本着协调推进、重点突破、务求实效的原则，创新工作模式，优化贸易结构，促进外贸发展方式转变，开创我国外贸工作的新局面。

（原载2010年8月16日出版的《求是》杂志2010年第16期）

以信息化推进流通体系现代化

商务部副部长　蒋耀平

我国经济正处于回升向好的关键期，调整优化经济结构、转变发展方式任务十分紧迫。作为生产与消费桥梁的流通环节，对于引导生产、扩大消费具有重要作用。紧紧抓住后国际金融危机时期国际产业转移和新科技革命机遇，充分利用信息化手段改造商贸流通业，已成为当前的一项重要任务。

一、信息化是推动未来经济社会发展的重要动力

在科技热点频出的今天，我们要充分重视信息化在社会经济发展中的重要推动作用。信息技术由于其具有渗透性、倍增性和带动性的基本特征，一直是现代先进科学技术体系中的重要前导要素，扮演着技术创新的引领者与带动者的角色。20世纪90年代以来，以互联网为标志的新科技革命推动了世界经济的迅猛发展，引起了社会各个方面、

各个领域的深刻变革。发达国家广泛采用信息技术改造提升传统产业，极大地提高了产业技术水平，优化了社会资源配置，引领了全球产业调整和发展潮流。新兴国家抓住国际产业转移机遇，大力推动信息化，改善了发展条件，实现了经济的快速增长。信息网络已经成为承载现代社会信息流、商品流、资金流的神经系统，有效地降低了社会交易成本，促进整个市场体系的高效运转。可以预见，信息技术创新将成为推动世界经济最终走出国际金融危机、实现增长模式转型的重要动力。当前“物联网”、“智慧地球”、“未来城市”等概念的提出，已经预示着信息技术的创新将继续引领未来经济社会的发展走向。

转变经济发展方式，推动产业结构优化升级，是关系我国国民经济发展全局的重大战略任务。尤其是在国际金融危机造成外部市场萎缩、国内产能过剩矛盾加剧的情况下，加快经济发展方式转变的任务更加紧迫。信息化作为一种高附加值、高增长、高效率、低能耗、低污染的社会经济发展方式，不仅自身是现代生产力的代表，而且通过与传统产业的融合，可以改善传统产业的结构和质量，提高企业采购、设计、生产和流通效率，实现对资源的高效配置与管理水平的快速提升。发展信息化，提高信息产业在国民经济中的比重，既是经济发展新的增长点，也有利于国民经济整体产业结构的优化。因此，充分发挥信息化在科技体系中的先导作用，把信息化作为产业优化升级的关键环节，已成为促进我国经济社会协调发展的必然选择。

二、信息化是构建现代流通体系的有效途径

商品流通是商品交换的发达形式，贸易流通是商品交换活动的总和，是社会再生产过程的关键环节。市场经济以需定产，在很大程度上可以说就是消费决定流通、流通决定生产。现代流通充当生产与消费媒介，一方面面向生产者，通过价格和信息传递，引导生产；另一方面面向消费者，通过把产品便捷、安全地传递到消费者手中，服务消费。可以说，流通在整个社会再生产和国民经济运行中居于组织者、引导者和调节者的地位，现代市场经济需要一个高效的现代流通体系。

随着经济全球化的不断发展，现代市场流通已经从过去局部的、断续的、国内的商品流转过程，变成了全球化营销过程，流通的全球化已经成为经济全球化的重要内容与特征；流通对象从过去只有实体商品货物的流通，发展到有形商品与无形商品、有形资本与无形资本、有形货币与无形货币、有形产权与无形产权的并存和交融；流通主体从生产与流通相对分离、相对独立，加快向日益融合的大流通状态发展。现代流通体系的复杂性对流通效率提出了更高的要求。

当前，我国要着力扩大居民消费需求，促进经济增长由过去主要依靠投资与出口拉动向投资、消费、出口相协调发展转变，为此，必须下大力气建设一个能够适应消费、出口和投资协调发展的现代流通体系。现代流通体系是由商流、物流、信息流、资金流共同构成，尤其是基于信息化技术支撑的信息流已经成为现代流通区别于传统流通的最重要标志。信息流通的规模越大、速度越快、被重复使用的次数越多，对经济社会的价值就越大。因此，要实现商流、物流、信息流、资金流的有效协同，实现生产企业和流通企业协作顺畅，生产者有序、高效生产，消费者安全、便捷消费，整个社会循环处于一种高效运行的状态，信息技术的应用是不可或缺的。我国要以实现整个流通系统的现代化为发展目标，必须加快流通信息化改造，提升流通体系信息化水平，积极创造良好的市场环境，鼓励重点领域、重点企业实现跨越式发展，有效推进商贸流通体系的现代化进程。

三、以信息化加快推进我国商贸流通体系现代化

经过多年建设，我国商贸流通领域信息化工作已取得了重要进展。行业主管部门重视利用信息化手段加强和改善公共服务，市场流通企业信息化应用水平不断提高。但从总体上看，信息化的作用仍局限在解决局部、个别问题的阶段，从整体上流通体系与信息化还未实现有效衔接和互动支撑。同时，发达地区和中西部地区、城市和农村、大型流通企业与中小流通企业、流通企业与生产企业之间的信息化发展不平衡问题比较突出。当前，要按照现代市场经济建设的要求，坚持前瞻性与可行性相结合，突出重点、以点带面，推进商贸流通业信息化建设，促进现代流通体系的全面发展。

建设国家级流通领域数据库，夯实流通行业管理基础。数据分析是政府部门把握形势、科学决策的基础。特别是在国内外经济形势复杂多变、不确定性增多的情况下，准确把握行业运行态势、提高政府调控的预见性、主动性，更加离不开行业基础数据收集。要充分发挥信息化对业务系统的支撑作用，逐步建立起完善的内贸、外贸、外资、对外合作、对外投资等领域的信息搜集与统计体系，形成国家级数据库，并以此为基础，研究建立国内情况变化和国际经济波动对我国经济影响的预测预警机制，打造智能服务型政府。

发展农村电子商务，建立和完善农产品流通服务体系。

扩大国内需求，最大潜力在农村；实现经济平稳较快发展，基础支撑在农业；保障和改善民生，重点难点在农民。多年来，由于农产品流通信息服务不完善，农民的分散生产存在一定的盲目性，造成农产品“买难”、“卖难”现象时有发生。在农产品流通方面，物流成本高，产品损耗大，造成大量损失和浪费。针对我国农产品小生产、大市场的流通特点，建设一个全面、准确、快捷的现代化农产品流通服务体系，对保护农民利益、实现农民增收至为关键。要尽快建设农村流通信息综合服务支撑体系，使市场需求与供给信息有效衔接，加强市场动态监测，及时调剂余缺，从根本上降低农业生产的盲目性，促进订单农业、现代物流和农业产业化发展。

建立城市便民服务网络平台，构建现代生活服务体系。发展便民服务业，不仅能够满足人民群众日益增长的生活需求，破解家庭小型化、人口老龄化带来的社会问题，而且可以吸纳社会就业，促进社会和谐稳定。近年来，在国家有关部门和地方政府的支持下，我国部分城市已经开始利用手机、互联网、电话等终端，建设城市便民服务网络中心，统一受理居民服务需求，有力地促进了家政服务消费的规范化和便利化，带动了服务人员就业，取得了良好的社会经济效益。在已有城市便民服务网络中心基础上，要进一步利用信息化手段促进城市现代便民服务体系的形成与完善，实现便民服务资源跨地域发展，促进行业信用体系建设，打造城市便民的安全消费、放心消费、便利消费环境。

支持网络购物，加快发展新型流通模式。商务部最近发布了《关于加快流通领域电子商务发展的意见》，从多方面鼓励支持流通领域电子商务发展，提出到“十二五”期末，力争网络购物交易额占我国社会消费品零售总额的比重提高到5%以上。当前，积极发展网络销售，以信息化推动流通转型升级，已成为众多流通服务企业的共识。不仅第三方的电子商务服务企业蓬勃发展，北京王府井、武汉中百、上海百联等大型传统商贸企业，也在积极发展自身电子商务系统，推动网络购物平台建设。在这些流通大企业的带动下，包括零售企业、批发企业在内的传统流通业态正在进入网络购物加快发展的新时期。要加快流通领域电子商务应用推广进程，积极扶持第三方电子商务企业和传统流通企业应用电子商务，促进传统流通体系向现代化转型。

大力发展“走出去”信息化与电子商务服务，完善服务保障体系。实施“走出去”战略，是党中央为统筹国内发展和对外开放、有效地利用国际国内两个市场、两种资源和实现可持续发展而作出的重大决策。针对国外投资环境信息少、对外投资成功率低等问题，要加快“走出去”信息化服务平台建设，为“走出去”企业提供实时的海外商情、项目信息、政策咨询、法律支持、翻译保障等综合信息服务，逐步建立境外投资和跨国经营风险评估与预防机制，疏通资本流动渠道，引导和促进企业更有成效地“走出去”。

开展电子商务国际交流与合作，改善国际电子商务发展环境。在国际贸易领域，电子商务作为一种新兴的贸易操作方式，以其特有的优势为众多贸易主体所接受和使用。要加强电子商务国际合作，扩大多、双边交流渠道，积极参与联合国贸发会议、亚太经合组织、亚欧会议等国际与区域组织中的电子商务相关工作，积极参与电子商务相关国际标准、规范和制度的制定，与世界更多国家和地区建立基于多、双边经贸关系的电子商务合作机制。积极推动与已经同我国达成自由贸易协定的国家或地区建立区域经贸合作促进网络平台，提供信息、物流、贸易、单证等综合性电子商务服务，优化贸易环境。同时，大力发挥国际贸易第三方电子商务服务平台的作用，建设以数据对接为核心的全球贸易促进机制，推动跨境贸易平台的互联互通，创新电子化贸易流程与结算方式，推动我国国际贸易环境的便利化和无纸化。

（原载2010年8月1日出版的《求是》杂志2010年第15期）

在第九届中国企业实施“走出去”战略论坛上的讲话

商务部副部长 陈 健

各位来宾、女士们、先生们：

大家好！非常高兴出席欧美同学会组织的第九届中国企业实施走出去战略论坛，借此机会，我就中国企业实施“走出去”战略情况，以及与当地文化融合等问题谈一些看法和探讨。

自本世纪初中国实施走出去战略以来，对外投资合作取得较快发展，已经成为新时期我国对外开放新的重大战略举措，特别是近年来“走出去”呈现跨越式发展势头，即使在2009年全球投资大幅下滑的背景下，我国企业对外投资仍实现了逆势上扬，投资规模居发展中国家首位，全球第五位。截至2009年底，我国有1.2万家境内投资者累计对外直接投资2 457亿美元，分布在全球177个国家和地区，境外企业资产总额超过1万亿美元。中国海外企业并购日益活跃，集群式走出去不断推进，民营及地方企业异军突起，一批具有世界眼光和国际竞争力的跨国企业正在形成。

多年来，“走出去”在有力促进中国经济发展的同时，为深化与世界各国在经济和文化等领域的友好合作关系，实现中外双方和谐发展作出了重要贡献。2009年境外中资企业纳税达到106亿美元，雇佣当地员工43.8万人，我国企业在境外开展属地化经营，为当地培养了大批人才，提高了东道国的自主发展能力；通过资源能源合作，帮助东道国提高资源附加值，将资源优势转化为发展动力；通过基础设施合作，帮助东道国建设交通网络，通讯设施，城市给排水以及学校医院等等，改善了当地的生产生活条件；通过提供金融信贷支持，很大程度上弥补了东道国建设资金的缺口，为当地提供了发展机遇。实践证明，中国对外投资合作给双方人们带来了实实在在的利益和好处，促进了各自经济社会的可持续发展。

女士们、先生们，

今天论坛的主题是文化产业走出去，这里面有若干个概念，一个是文化产品走出去，一个是文化产业走出去，还有一个就是文化走出去，我很赞成刚才傅志寰先生谈到的观点，也就是经济走出去，必然导致文化走出去，而文化走出去又是经济走出去的最高形式。因此我想借此机会，谈谈庞大的中国企业群落，在走向世界的过程中，如何加速与当地社会、经济、文化融合问题。

一个国家的文化只有在经济强大的情况下才可能走出去。否则，走出去也就是文物的被盗和流失等。我们实施对外开放，发展开放型经济，本身就是将本国经济融入全球经济的过程。中国作为负责任的国家，在这一过程中，始终坚持互利共赢原则，尽量扩大与当地经济、社会发展的利益共同点，实现和平发展、共同发展和可持续发展。近几年来，国家把为企业营造和谐的发展空间和稳定的外部环境，作为一项长期任务，积极倡导和推动走出去企业与当地社会深入融合、协调发展。融合问题，既包括利益融合，也包括文化融合。我们大部分企业，在当地受到欢迎和肯定，也是因为在融合方面取得了成效。一是与当地人民和谐相处。表现在遵守当地法律，尊重当地风俗习惯，加强企业文化建设，虚心学习当地文化，主动履行社会责任。同时，注重中外文化交流，积极促进当地社会对中国文化的了解，使尊老爱幼，勤勉做事，平实做人，扶正祛邪等中华文化优良品质，得到很高的认同和弘扬。二是积极参与当地公益事业。表现在为当地改善基础设施、医疗教育等条件，使东道国百姓共享我国企业走出去成果。据不完全统计，在非洲的1 407家企业，为所在国捐款捐物共计5 551万美元，义务修建道路218公里，无偿修建学校50所和79家医院。三是注重资源节约，做好环境保护。走出去企业通过科学设计，合理施工，努力实现节能减排，并将项目对环境的污染和危险降到最低程度。例如，国机集团在土耳其、马来西亚承担的火电站项目，大幅度提高能效比，为东道国节约了大量资源。四是注意保护员工利益。走出去企业对当地员工实行同工同酬，并大量投入为当地培养具有专业技能的管理和技术人员。如中兴通讯公司，在埃塞俄比亚建了七个实验室，并与哥伦比亚、巴西等国家的著名大学合作建设实验室，帮助培养当地的通讯人才。五是积极为当地社会排忧解难。在金融危机期间，很多企业想当地之所想，急当地之所急，与当地国家共同渡过难关，确保员工福利待遇不降低，为当地社会早日走出困境作出了积极的贡献。我们相信，随着“走出去”战略的进一步实施，我国企业在实现自身发展的同时，将更多的造福当地社会和人民。

女士们、先生们，

尽管这些年中国企业走出去发展较快，但总体看，仍处于起步阶段。与世界成熟跨国公司相比，中国企业还有很长的路要走，还需要在长期的实践中不断锻炼和成长。前不久召开的十七届五中全会强调，要加快实施走出去战略，积极创造参与国际经济合作和竞争新优势。按照中央的要求，综合考虑未来发展趋势和条件，我们力争到“十二五”末，“走出去”战略对国民经济的贡献率有明显提高，对外投资合作的规模和层次实现飞跃发展，一批大型跨国公司初具有规模，中国作为全球投资大国的地位进一步巩固，在国际合作中的影响力，进一步提升。

在这一过程中，政府主要做好三件事。第一是加快制度设计、政策制定和环境营造；第二是做好重大战略项目的规划布局和统筹协调；第三是加快中国企业与当地的融合进程。企业走出去在实现与当地社会和文化交融的过程中，应着力强化六种意识：

第一是战略意识。企业应当根据国际形势和国家政策导向，结合自己的主业，制定切合实际的中长期国际化发展战略，选好跨国经营的重点领域和优先发展方向；第二是守法意识。要主动了解和遵守我国和驻在国的相关法律法规和有关政策，依法经营、重信守约；第三是合作意识。一方面要避免中资公司之间的不正当竞争，国有和民营企业、中央和地方企业都可以优势互补、互利合作。另一方面要加强与当地各方的合作，妥善处理与政府、社会各阶层和各社会群体的利益关系；第四是责任意识。要主动履行应尽的社会责任，定期向社会公布履行海外社会责任情况。第五是秩序意识。要主动接受我国驻外使领馆的指导，及时反映问题和困难；应主动加入商协会等中介组织，服从行业协调，共同维护良好的市场秩序；第六是安全意识。安全是发展前途，要牢固树立安全第一思想，将境外安全作为海外发展战略规划的必备内容，制定境外突发事件预防和应对处置方案。

女士们、先生们，

刚刚很多朋友们讲到的文化产业走出去的观点，我都赞成，而且认为应该采取必要的措施来实现。利用这个机会，我想再次强调，在加快中国企业与当地融合进程中，文化所起的作用是十分重大的。文化是民族的精神和灵魂，是国家发展和民族振兴的强大力量，我相信随着“走出去”战略的加快实施，随着企业与当地社会融合进程的加速，中华文化与世界优秀文化之间的相互交流，相互融合，也将更加深入，中华文化和谐包容的精神内涵，将被世界所认同和弘扬，一定能为深化我国与世界各国的友好关系，推动世界和谐作出应有的贡献。

(2010 年 12 月 10 日，北京)

继往开来　讲求实效
进一步做好我国对外援助工作
——纪念我国对外援助工作 60 周年

商务部副部长　傅自应

自 1950 年以来，我国对外援助工作走过了 60 载风雨历程，在党中央、国务院的高度重视和广大援外工作人员的共同努力下，我国对外援助事业取得了举世瞩目的成就，开辟了一条具有中国特色的援外发展道路，在总体对外工作中发挥了至关重要的作用。值此我国对外援助 60 周年之际，我们应该认真总结过去的经验，不断加强和改进工作，站在新的历史起点上，展望未来发展，推动我国对外援助事业迈上新的台阶。

一、历史回顾

我国 60 年对外援助大致可以划分为五个阶段。

第一阶段是 20 世纪 50 年代。我国对外援助始于抗美援朝前夕。当时新中国刚刚建立，面临着国内经济的恢复重建和国外帝国主义的封锁。在自身经济十分困难的情况下，我国首先向处于战争中的朝鲜和越南无偿提供大量人道主义紧急物资援助，并对两国战后经济恢复和重建提供多方面的帮助，包括提供生产设备和物资、修复和新建基础设施、派遣专家以及培训技术人员等。1955年万隆亚非会议后，随着对外关系的发展，我国对外经济技术援助的范围逐步扩大。其间，共向朝鲜、蒙古、越南、老挝、柬埔寨、印度尼西亚、斯里兰卡、巴基斯坦、尼泊尔、伊拉克、也门、阿尔巴尼亚、匈牙利、埃及、阿尔及利亚、突尼斯、几内亚、古巴等18个亚、非、欧国家提供援助，建成项目67个。

第二阶段是20世纪60—70年代。1964年初，周恩来总理在访问亚非十四国期间，首次提出并公开宣布“中国对外经济技术援助八项原则”，充分体现了我国同发展中国家进行经济技术合作的真诚愿望，受到国际社会普遍欢迎，也赢得了广大发展中国家的大力支持。1971年我国恢复在联合国的合法席位后，对外关系有了很大发展，要求援助的国家迅速增多。其间，我共向56个亚洲、非洲、欧洲和拉美国家提供援助，累计建成项目近900个，援建了一批大中型生产性项目和基础设施项目，如坦赞铁路、马里上卡拉糖厂、坦桑尼亚纺织厂、也门萨那公路、也门塔兹医院、塞拉利昂13个水稻技术推广站、索马里贝莱特温—布劳公路、毛里塔尼亚首都供水工程、朝鲜平壤地下铁道等。

第三阶段是20世纪80年代。十一届三中全会以后，在改革开放总方针指引下，我国同其他发展中国家的经济技术合作由过去单纯提供援助发展为包括承包工程、劳务合作、合资合作在内的多种形式的互利合作。我国在总结经验的基础上，根据国情适度调整了对外援助的规模、布局、结构、方式和领域，进一步巩固已建成援助项目成果，同受援国开展多种形式的技术和管理合作，包括代管经营、租赁经营和合资经营等。其间，我共向101个国家和地区提供了援助，建成成套项目350多个，主要有马里糖联、卢旺达水泥厂、贝宁纺织厂、刚果（布）农场等合资合作项目，尼日尔打井工程、马耳他干船坞、突尼斯麦热尔德—崩角水渠等基础设施项目等。

第四阶段是20世纪90年代。根据受援国的需求和国内市场化改革的需要，我国适时推动一系列援助方式改革，逐步扩大资金渠道和规模。1993年，我国设立援外合资合作项目基金。1995年，中国政府开始通过指定银行在资本市场筹措贷款本金、政府贴息的方式，向发展中国家提供援外优惠贷款。1998年，我国在与联合国开发计划署合作举办发展中国家间技术合作（TCDC）培训班的基础上，首次独自承办发展中国家经济管理官员研修班，从此接受受援国官员和技术人员来华培训成为我国对外援助重要内容之一。其间，我共向146个国家提供了援助，建成300多个成套项目，主要有加纳国家剧院、津巴布韦奇诺伊医院、加蓬议会大厦、马里体育场、苏丹辛加大桥、厄瓜多尔3个小水电站、柬埔寨干丹省打井工程项目等。

第五阶段是进入21世纪以后。我国在力所能及的范围内，积极响应联合国的号召，主动回应广大发展中国家期望，多次在联合国、中非合作论坛等重大场合，宣布对发展中国家的重大援助举措，包括援建医院、学校、农业技术示范中心、疟疾防治中心、清洁能源项目、提供优惠性质贷款、免除政府债务、给予零关税待遇等，更加关注受援国民生改善和经济社会发展。我国政府本着“言必信、行必果”的原则，保质保量如期加以落实，受到国际社会和广大发展中国家广泛赞誉。近年来，我国对外援助规模和领域逐步扩大，方式和内容日益丰富，和其他新兴大国一道成为国际发展援助重要力量之一。

二、主要成效

截至2009年底，我国共向164个国家和区域组织提供了无偿援助、无息贷款和优惠贷款，减免了50个重债穷国和最不发达国家380笔对华政府债务，援建成套项目2 100多个，培训各类人才12万余名，派出援外专家和技术人员60万余人次、医疗队2万多人次、青年志愿者400余人。60年的对外援助工作成效显著，主要表现在四个方面：

一是促进了广大发展中国家经济社会发展。我国援建的各类项目重在帮助受援国改善基础设施，提高产业发展和促进民生。如我援建的坦赞铁路、毛里塔尼亚友谊港、孟加拉国大桥、巴基斯坦瓜达尔港口等项目，已成为受援国重要的交通中枢；我援建的医院、学校、体育场馆、低造价住房等公益性和社会福利项目，对改善当地民生状况、促进受援国社会文化事业发展发挥了重要作用；我援建的生产性项目，对缓解受援国就业压力、增加政府税收、推动当地经济发展和消除贫困都产生了积极作用。

二是增进了与发展中国家友好关系。我国向发展中国家提供援助、开展多种形式的经济交流与合作，发展了友好关系，增进了信任和友谊，一些发展中国家成为我国的“全天候”朋友，许多发展中国家在不同场合，都对我国给予宝贵支持。2008年我国汶川地震发生后，巴基斯坦、萨摩亚等一大批发展中国家，在自身十分困难的条件下，仍竭尽所能，在第一时间给予我国宝贵援助。

三是深化了与发展中国家的互利合作。我国为发展中国家实施生产性项目、基础设施、技术合作、人力培训、派遣专家等援助项目，在帮助受援国经济社会发展的同时，也帮助受援国了解中国企业、产品和技术，推动双边贸易、投资的发展，有效深化了双方互利合作。我国为发展中国家援建了2 000多公里铁路、6 000多公里公路，改善了有关国家的市场环境，也有效带动了双边经贸往来和合作。

四是树立了我国负责任大国良好国际形象。我国对外援助领域宽、举措实，真心实意帮助受援国改善民生，促进发展，得到发展中国家的拥护和国际社会的赞誉，有力地提升了我国国际地位，树立了良好国际形象。为应对全球金融危机，我国在联合国、中非合作论坛等重大场合，宣布的一系列重大援助举措，与广大发展中国家同舟共济、共渡难关。2000年以来，我国已累计开展紧急人道主义援助60余次，当其他发生重大自然灾难时，我们都在第一时间施以援手，提供紧急援助物资，派出救援队和医疗队，充分体现我国“急人所急，雪中送炭”的负责任大国形象。

60年来，我国对外援助取得了显著成效，受到各方高度好评。联合国秘书长潘基文称赞说，“中国政府一直努力与所有非洲国家发展合作伙伴关系，这令人鼓舞”。世界银行行长佐利克表示，“在推动全球发展问题上，中国是重要的合作伙伴”。赞比亚前总统姆瓦纳瓦萨说，“中国的援助真诚无私，成效显著，是南南合作的典范”。

三、经验总结

中国的国情决定了中国的发展道路，也决定了中国对外援助的性质和基本政策。经过多年的实践和发展，中国对外援助走出了一条具有中国特色的发展道路。

第一，我国对外援助是发展中国家之间的相互帮助，属于“南南合作”范畴。我国一直将向发展中国家提供力所能及的援助作为一项重要国策和履行国际主义义务的重要内容，始终把落脚点放在平等互信、共同发展上。无论在国际事务中，还是在多边体制中，我们始终同广大发展中国家站在一起，全力维护发展中国家的利益。

第二，我国对外援助尊重受援国主权和意愿，不附带任何政治条件。60年来，我国不断继承和发展对外援助八项原则，并坚持奉行和平发展外交政策，尊重受援国主权，不干涉内政，不附带任何政治条件。这是我国对外援助与西方国家援助在本质上的区别，深受受援国欢迎。

第三，我国对外援助坚持以项目援助、实物交付为主，切实让受援国人民受益。为更好地保障援助效果，我国不将援助资金直接划拨给受援国政府，采取“实物交付”的援助方式，向受援国提供我国质量上乘、技术成熟的产品和工艺，花钱少，见效大。在援助资金有限的情况下，尽可能为受援国当地人民带来了实实在在的好处。

第四，我国对外援助坚持形式多样、务求实效，充分考虑受援国实际需求。我国通过实施成套项目、一般物资、技术合作、人力资源培训、紧急人道主义援助、派遣医疗队和青年志愿者等多种方式，有针对性地开展援助。在项目实施过程中，紧密结合受援国国情，在我力所能及的范围内，最大限度满足受援国意愿和实际需要，注重提高受援国自主发展能力，促进项目持久发挥效益。

第五，我国对外援助工作者吃苦耐劳、甘于奉献，体现了国际主义精神。60年的对外援助实践造就了一支理想信念坚定、业务精湛、作风过硬的援外管理干部和工程技术人员队伍，广大援外人员在受援国气候炎热、疾病肆虐、物资匮乏、生活单调等艰苦环境下，团结一致，艰苦奋斗，成为传播中外友谊的友好使者。据初步统计，有700多名同志为援外事业献出了宝贵生命。2000年以来，有70多位援外人员（含集体）获得受援国政府总统勋章、骑士勋章或其他嘉奖，为祖国赢得了荣誉。

四、未来展望

进入新世纪以来，世界多极化和经济全球化深入发展，席卷全球的金融危机使发展问题更加突出，需要全世界各国加强协调与合作，共同面对挑战。我国作为国际社会的重要成员，将继续坚持量力而行、尽力而为，为建设和谐世界做出我们应有的贡献。

（一）进一步推动人类文明进步与和平发展。2008年爆发的金融危机，使国际援助供需矛盾进一步加大。后国际金融危机时期，气候变化、粮食安全、能源资源安全、环境污染、重大自然灾害、重大传染性疾病等全球性问题进一步凸显，国际发展矛盾和经济发展不平衡现象日益严重，贫富差距加大。我国将积极承担应尽的国际责任，在力所能及的范围内，帮助落后国家消除贫困，提高自身发展能力，推动落实联合国千年发展目标。

（二）进一步促进我国与世界各国的共同发展。30多年改革开放使我国经济社会发展取得了巨大成就，社会生产力和综合国力不断增强，全方位、宽领域、多层次的开放格局已形成，各项事业又好又快发展，为中国与世界各国开展全方位合作开辟了更为广阔的空间。我国将在和平、发展、合作的旗帜指引下，积极与其他发展中国家分享发展经验，加强人员往来、经验交流和互利合作，实现共同发展。

（三）进一步提高我国对外援助工作质量和效益。对外援助是一项复杂的经济技术工作。新的形势对我国对外援助工作提出了更高要求。在坚持中国特色援外发展道路的同时，我们将深入贯彻落实科学发展观，与时俱进，开拓创新，进一步健全对外援助管理体制机制，提高管理水平，优化援助结构，丰富援助方式，强化质量管理，不断提升对外援助工作的整体效益。

当前，和平与发展仍是时代主题，国际合作更加紧密，随着我国综合国力不断增强，我们将逐步加大对外援助投入，与世界各国一道为推动落实联合国千年发展目标，建设持久和平、共同繁荣的和谐世界而不懈努力。

（编注：本文于2010年8月发表在《中国经贸》杂志的《中国对外援助60年特刊》上）

携手合作　互利共赢　推动进口持续发展

商务部国际贸易谈判副代表　崇　泉

在经济全球化的背景下，特别是在应对金融危机的过程中，世界各国应当共同反对贸易保护主义，相互开放市场，才能推动全球贸易的持续平稳发展，进而促进世界经济的全面复苏。中国作为一个贸易大国，我们既重视出口，也重视进口，将积极推动中国进出口贸易的平衡发展，为全球贸易和世界经济的发展做出应有的贡献。

开放的贸易是促进经济增长的重要力量。重视利用外部市场，大力发展对外贸易，是一个国家经济增长的重要因素。中国自身的实践就是一个很好的例证，改革开放31年来，中国外贸年均增长17.5%，比经济增长平均快7—8个百分点，出口成为拉动经济增长的“三驾马车”之一。

与此同时，开放市场，扩大进口，对一国经济发展也具有不容忽视的重要作用。通过进口，可以弥补国内资源不足，引进先进的技术设备，引入竞争，实现资源的优化配置，将资本转化为生产力，提高生产效率和技术水平。根据中国国家统计局相关课题组的研究，进口对中国生产率进步的贡献率约达46%。即使是进口消费品，也可以产生相应的示范效应，进而传导到生产环节，促进一国生产的发展。

在评价外贸对国民经济的作用时，大家常常用支出法来测算，即以净出口来计算外贸对GDP增长的贡献率。但也需要指出，这种方法更多是统计意义上的计算尺度，不能全面反映外贸对一国经济发展的贡献度，更不能据此就认为进口对GDP增长是负贡献。前不久，中国国务院发展研究中心的有关专家通过调整后的模型进行测算，认为从1987—2007年的20年间，外贸出口和进口对GDP增长率的年均贡献分别达到2.7个和1.5个百分点。

因此，中国政府积极鼓励扩大进口不是一时的权宜之计，是根据中国自身经济发展的实际需要作出的决策，有利于中国加快经济发展方式转变，调整经济结构。

中国扩大进口不仅推动了自身经济发展，更为世界各国带来了巨大的市场机会。这主要表现在：

一是进口规模急剧扩大。中国货物进口贸易从1978年的109亿美元，上升到2009年的1万亿美元，增长了92倍。加入世贸组织9年来，中国每年新增进口规模均接近或超过千亿美元，这么大的进口增量是举世罕有的。中国进口贸易在世界进口贸易中所占份额也由过去的1%左右上升到2009年的8%，中国不仅是世界第一大出口国，也是世界第二大进口国。

二是市场开放程度不断提高。改革开放特别是加入世贸组织以来，中国市场开放在广度和深度上都不断提高。2010年中国进口关税总水平降至9.8%，远远低于发展中国家46.6%的平均关税水平。今年，中国还进一步降低了部分原材料以及最终消费品进口关税，同时从7月1日起，分步对最不发达国家给予零关税待遇。在非关税措施方面，中国近年来不断加快推进贸易便利化措施，目前已全部取消了进口配额管理商品。

三是市场潜力巨大。作为一个拥有13亿人口的全球最大的发展中大国，中国正处于工业化、城镇化快速推进的阶段，有广阔的市场空间和巨大的发展潜力，有丰富的人力资源和较为充裕的资金要素，有不断改善的基础设施和产业配套条件。2009 年，中国实现社会消费品零售总额 12.53 万亿元人民币，扣除价格因素实际增长 16.9%，创 1986 年以来的最高实际增速，对 GDP 贡献率达到 52.5%。预计 2010 年中国国内市场规模将达到 2 万亿美元，远远高于中国的出口总额。

在应对金融危机的过程中，来自中国的进口为稳定世界经济发挥了应有的作用。在危机肆虐的 2009 年，澳大利亚、巴西、南非等不少国家对华出口增幅仍在 20% 以上，中国一举成为日本、澳大利亚、巴西、南非的第一大出口市场。今年上半年，中国进口呈现快速增长，据中方统计，1 月—7 月，中国进口 7 665.6 亿美元，同比增长 47.2%，增速高于出口 11.6 个百分点，顺差减少 21.2%。根据有关国家统计，1 月—6 月，美国对华出口增长 35.7%，高于其同期总体出口增速 13 个百分点；澳大利亚对华出口增长 45%，高于其同期总体出口增速 15 个百分点；日本对华出口增长 47.9%，高于其同期总体出口增速 3.5 个百分点；韩国对华出口增长 48.7%，高于其同期总体出口增速 14 个百分点。

可以预见，随着中国工业化、城镇化进程的加快推进，将为经济增长释放出一个长期而庞大的内需市场，同时也会给其他国家扩大对华出口带来更多的市场机遇。中国将一如既往，稳步推动市场开放，积极采取措施扩大进口，促进贸易平衡发展。

首先，我们将继续调整和优化进口结构。积极鼓励进口国内经济社会发展和人民生活需要的商品和技术，特别是国内短缺的资源、先进技术和关键装备等；妥善处理贸易摩擦和争端，努力扩大自主要贸易顺差国进口，尽可能促进贸易平衡；不断优化进口关税结构，目前中国进口关税总水平已降至 9.8%，低于发展中国家整体水平，今后，我们还将继续推动相关工作，引导企业扩大进口。

其次，我们将进一步提高贸易便利化水平。今后，中国将进一步清理非关税措施，并对当前不符合经济发展需要的政策措施进行修改和完善，继续简化和放宽部分进口管理措施，减少进口环节和手续，降低进口费用和成本。近 5 年来，中国已分批取消了约 800 多个税目商品的自动进口许可证管理，今后，我们将进一步改善进口检验检疫程序和海关通关环境，提高货物进口通关的便利化程度。

再次，我们将不断完善进口促进体系。一是建立和完善进口公共信息服务体系，宣传介绍中国有关进口法律法规，提高政策透明度，设立进口商品供求信息平台，为国内外企业营造公开、公平、公正的贸易环境。二是举办各类进口商品展览会、博览会、推介会，积极为扩大进口搭建更多的平台。其中，商务部将于今年 11 月在浙江义乌设立非洲产品展销中心，向非洲国家的企业提供优惠条件。帮助非洲国家扩大对华出口。三是积极研究运用各种金融、税收等手段支持扩大进口，包括为企业提供进口融资便利等等。四是支持和组织各种形式的投资贸易促进团，积极赴有关国家开展投资贸易促进活动，有效减少贸易顺差。

当今时代，各国经济相互依存，只有合作发展才能互利互惠。国际贸易更是相辅相成，一荣俱荣，一损俱损，只有相互开放市场，才有全球贸易的持续发展。19 世纪以前，世界上有过一种“重商主义”的理论，认为一国应当尽可能地多出口，少进口，积累贸易顺差，才能获取财富。这种观点，在理论上和实践上早已被证明是根本行不通的。今年早些时候，我们注意到西方个别经济学家也给中国贴上“重商主义”的标签，借此机会，我也希望通过我以上的介绍向各位表明，这种指责是不符合实际情况的。

当前，世界经济正处于复苏的关键时期，中国愿意通过自己的实际行动，为世界经济的发展做出自己的贡献。我们也希望世界各国都能共同致力于反对贸易保护主义，消除各种形式的贸易壁垒，放宽种种贸易限制，齐心协力，携手促进世界经济健康复苏和持续发展。

（编注：本文节录自崇泉同志 2010 年 9 月 6 日在“2010 中国进口论坛”的演讲）

在中国轻工工艺品进出口商会第五届会员代表大会上的致辞

商务部副部长　王　超

各位代表、各位来宾：

大家好！很高兴参加轻工商会第五届会员代表大会。在此，我代表商务部对大会的召开表示热烈祝贺，对出席会议的各位代表表示热烈欢迎，对长期工作在轻工工艺品外贸领域的广大同志表示诚挚问候！

2001年，轻工商会第四届理事会履新之时，正值我国加入世贸组织之际。八年多来，我国轻工产业走过的道路并不平坦。其间，经历了SARS肆虐、冰雪灾害和汶川地震，日益增多的贸易摩擦，节节攀升的原材料价格等不利因素困扰，尤其是一年多前的国际金融危机，对我国轻工出口形成了巨大冲击。我国轻工进出口行业抓住入世带来的良好机遇，创造有利条件，化解不利因素，紧紧围绕中央提出的“保增长、扩内需、调结构”经济发展大局，努力完成对外贸易“保市场、保份额”的重要任务，使轻工工艺品对外贸易实现了跨越式发展。主要体现在以下方面：一是增长快。尽管受到国际金融危机的冲击，2009年1月—11月，我国轻工工艺品进出口总额达3 502亿美元，比入世当年总额几乎翻两番，占全国进出口总额的16.5%。二是基础厚。目前从事轻工工艺品进出口的企业达13.2万余家，是入世当年的3.4倍。三是份额大。出口的产品遍及全球236个国家和地区。在大宗出口商品中，鞋类已占全球出口市场份额的34%，家具占21%，箱包占35%。四是结构优。全国尤其是沿海地区形成了许多富有特色的出口产业集群，拥有自主品牌、自主知识产权和高附加值的产品不断涌现，境外销售渠道多元化，企业社会责任意识提高。近年来，一些有实力的企业开始收购发达国家二线品牌，开设境外专营店，在“走出去”方面迈出了可喜步伐。更为重要的是，轻工行业对外贸易的发展，不仅为全球消费者提供了物美质优价廉的产品，也为我国吸纳就业，推动经济增长和构建和谐社会作出了巨大贡献。

在取得喜人成绩的同时，我国轻工行业的发展也面临着新的挑战。首先，金融危机对世界经济的影响仍未消退，全球经济复苏基础还不稳固，大宗产品价格和美元汇率的震荡还有可能加剧，针对中国的贸易保护主义措施将会增多，我国外贸依然面临诸多变数。其次，行业自身的矛盾日益突出，比如产能过剩，产品雷同，低价竞销，部分产品市场趋于饱和，贸易摩擦不断升级，交涉难度加大等等。面对困难，希望广大轻工进出口企业能够坚定信心，不畏挑战，积极进取，勇于开拓。通过加强市场培育和提升企业形象，逐步形成以创新、质量、品牌为主要内容的发展模式，实现轻工对外贸易转型升级。

各位代表、同志们、朋友们，

轻工商会第四届理事会在商务部的坚强领导下，在各有关部门、单位关心支持下，八年来，认真贯彻国家方针政策，开展轻工行业进出口协调与服务，发挥行业组织各项职能，做了大量卓有成效的工作。

一是为政府决策建言献策。多年来，轻工商会履行为政府提供决策依据、代言企业诉求的职责，一直坚持深入开展行业调查研究。2006年以来，针对行业产能过剩、企业经营成本上升、国际金融危机等新情况、新问题，商会通过重点企业走访、举办座谈会等途径，广泛倾听企业呼声，撰写了一批有分量的调研文章，推动了出口退税政策的调整和行业有关问题的解决。

二是拓展行业服务领域。商会在秉承“协调、指导、咨询、服务”原则基础上，不断优化协调方式，拓宽服务领域，提升服务层次，摸索出一些有特色的服务项目。如联手科研院所，为企业提供技术、检测与培训服务；联手银行、保险等机构，为企业提供信贷保险服务；丰富信息载体，为会员企业提供多层次、多渠道的信息服务；与地方政府共建出口基地，培育地方外向型的产业集群。

三是搭建贸易促进平台。广交会是商会服务行业的一项重要工作。商会积极协调有关部门，不断满足广大中小企业对摊位的需求，同时利用广交会的行业引领和示范作用，培育自主知识产权产品和品牌出口。近年来，商会在商务部支持下，先后组织多批企业，赴境外开展贸易投资促进活动，促进了与有关国家的贸易平衡。商会还与地方政府及国外有关机构合作，培育了杭州户外产品展、上海国际文具展等多个行业展会，在业内形成了一定的知名度。

四是营造公平贸易环境。针对明显增多的贸易摩擦，轻工商会充分发挥自身作用，积极参与美国对中国塑料袋反倾销案、欧盟对中国皮鞋反倾销案等重要案件的应对工作。通过对话与磋商，成功化解欧盟对我输欧家具提起反倾销诉讼，制止了巴西政府将玩具贸易摩擦问题转变成特保案。通过妥善应对一系列质量安全事件，努力维护了中国制造形象。

五是加强商会自身建设。在商务部指导下，商会加强科学管理，建立健全各项制度。注重队伍建设，着力提高人员服务意识和业务素质。积极开展抗震救灾、扶贫助困活动，在履行社会责任方面起到了良好的示范作用。目前，轻工商会会员企业已从2001年的4 043家企业发展到9 700家，商品分会建设不断完善，商会理事对商会工作的参与度进一步加强，商会在行业中的亲和力进一步提升。

各位代表、同志们、朋友们，

服务好行业，服务好广大会员企业，是商会建会的基本宗旨。商会的可持续发展，离不开各位理事的参与，离不开广大会员的支持。希望新一届理事会总结经验，积极探索商会发展的规律，以服务的理念、创新的精神、科学的方法办会，为我国外贸事业新发展作贡献，为完成今年的外贸发展目标任务作贡献。在此，我提几点希望：

第一，要加强调查研究。商会作为进出口行业组织，不仅要懂市场，还要懂产业，不仅要懂贸易，还要懂生产。商会贴近企业，了解一线情况更直接。当前轻工行业难点热点问题较多，要多调研、多倾听、多分析，及时反映行业新动态、新问题和新建议，为政府决策提供依据。要与商务、财税、质检、海关等政府部门建立联系机制，参与行业法律法规、行业标准、发展规划和产业政策的研究制定。要培育一支调研队伍，充分利用外脑，在引导轻工进出口行业发展方面有更多声音。

第二，要夯实基础工作。市场机制越完善，商会的角色越重要。在行业公共服务方面，商会要发挥自身作用，当好企业的参谋和政府的助手，放开手脚，多做实事。基础工作是行业公共服务的支撑，看似简单，做起来不易，需要下大功夫。要做好行业基础信息积累，逐步建立并完善供应商、采购商数据库。要有效利用中国及全球贸易统计数据资源，探讨建立并发布具有行业运行导向的指标体系。要逐步建成以商会网站、会刊、贸易报告等为主体的多层次信息载体，提供有针对性、时效性的信息服务。

第三，要拓展服务抓手。轻工行业企业数量多、规模小，商品种类多、差异大，市场空间广、分布散。要针对这些行业特点，充实服务内容，拓展服务抓手，做到抓得起、聚得拢、留得住。商会已经形成了一些好的做法，比如推动建立研发设计、质量标准服务平台，开展出口基地工作，推广信用等级评价。今后要针对行业需求，整合各方面资源，在市场开拓、营销渠道，自主品牌、自主设计、节能环保等方面，搭建更多更好的服务平台。

第四，要加强国际交流。商会长期与国外打交道，熟悉国际市场。许多企业加入商会，看中的就是商会引领他们走向国际市场的能力。商会要发挥这一优势，多渠道、多方式组织企业开展贸易促进活动，担当我国对外经贸交往的重要一极。特别要与那些在所在国具有影响力、话语权的国外同业组织，建立友好合作关系与工作机制，做到传递行业信息，扩大交流层面，组建销售平台，开展磋商游说，化解贸易摩擦。

第五，要增强自身能力。今年是建设学习型机构的重要一年。轻工商会要以此为契机，加强对商会人员和行业从业人员的培训，探索培养干部队伍、提升行业人员素质的新路子。要进一步转变工作作风，增强服务意识，营造良好工作氛围，提升商会整体形象。要广泛吸纳业内有代表性企业入会，充分调动各位理事参与商会工作的积极性；要进一步明确商会各级组织机构的职能职责，理顺各方面关系，逐步形成具有中国商务特色的商会发展模式。

展望刚刚跨入的2010年，随着全球经济的逐步复苏，中国经济的发展也进入了关键时期。在新的一年中，希望轻工商会在商务部的领导下，认真贯彻中央关于保持经济平稳较快发展的指示精神，深入落实科学发展观，开拓进取、扎实工作，为我国商务事业的平稳健康发展作出更大的贡献。

（2010年1月21日，北京）

大力推进农产品现代流通综合试点 加快完善农产品现代流通体系

商务部部长助理 房爱卿

一、农产品现代流通综合试点的意义

今年，经过认真研究，财政部和商务部决定在8个省份开展农产品现代流通综合试点。希望试点省份各级商务主管部门充分认识肩负的使命，充分认识试点的重要意义，以高度的责任感，集中精力创造性地做好试点工作，为下一步扩大试点、在全国范围内完善农产品现代流通体系打好基础、积累经验。

（一）开展农产品现代流通综合试点、完善农产品现代流通体系，对解决农产品卖难买难、探索建立农产品产销平衡机制具有重要意义。农产品市场波动不仅在我国、在世界上任何国家都比工业品市场波动大。工业品一旦出现缺口，可以及时组织生产，但农产品有生产周期，自然和市场的双重约束对农产品的供求平衡影响非常大。除个别品种外，我国大部分农产品市场波动比美国、日本和欧盟要大很多。这与我们千家万户生产、千家万户批发和零售、现代化水平低，以及信息不对称有直接关系。一些地方既存在农产品卖难现象，又有买难问题。主要原因是我国各个地区农产品流通模式差别很大，有的农产品是局部生产、局部消费，有的是全国生产、全国消费。但无论哪种模式，流通平衡都容易受到各方面因素的影响。比如受韩国泡菜事件和日本大白菜短缺影响，吉林、辽宁、黑龙江的大白菜出口增加，需要其他地区的白菜向东北流通。今年小宗农产品价格出现剧烈波动，被老百姓戏称为“豆你玩”、“蒜你狠”、“辣翻天”、“姜你军”和“糖高宗”等。解决这些问题应当依靠不断完善农产品现代流通体系，形成大市场、大流通和大贸易，建立起解决买难、卖难的长效机制和符合中国特色的农产品现代流通模式，这是农产品现代流通综合试点需要解决的重要课题。

（二）开展农产品现代流通综合试点、完善农产品现代流通体系，对保障食品安全、改善民生具有重要意义。随着生活水平提高，以前简单的白菜、萝卜、土豆几个品种已经不能满足广大群众多样化的消费需求。同时，随着人口流动性提高，个性化需求增大。尽管我国农产品质量已有很大改善，但农产品质量安全问题还是经常困扰着广大群众，影响正常生活。这些问题都需要通过建立农产品现代流通体系来解决。绝大部分农产品通过市场销售，把好市场关对保障农产品质量安全非常重要，对改善民生、落实执政为民宗旨意义重大。

（三）开展农产品现代流通综合试点、完善农产品现代流通体系，对解决三农问题、促进农民增收、转变农业发展方式具有重要意义。农产品从田间到餐桌，价格有很大差距，不仅消费者负担加大，农民收益也并未增加，流通企业也未获得更大利益，主要原因是流通成本过高。如果建立起现代流通体系，就会减少流通环节，提高流通效率，降低农产品损耗，农民就能增加收入，消费者也能多受益，流通企业也能获得更好的经济效益。因此，加快建设农产品现代流通体系对实现现代农业、促进农业发展方式转变具有不可或缺的作用。试点省份商务主管部门主要负责同志对此应有充分的认识，要高度重视这项工作，决不能将试点搞成简单的项目建设，要与财政等部门互相配合，共同把工作做好。

二、农产品现代流通综合试点的思路和重点

农产品现代流通综合试点工作既是以往“双百市场工程”、“农超对接”等工作的发展和深化，又是一项全新的工作。商务部与财政部已联合下发指导意见，对试点工作提出了明确要求。试点省份在开展综合试点工作时，要加强研究，实现四个转变，把握好四个重点。

（一）工作思路要实现四个转变。一要实现从单纯流通节点建设向流通链条和流通网络建设转变。以往我们开展的农产品批发市场、农贸市场升级改造，大型流通企业建设，只是节点的建设。这次试点不能仅体现在点上，要体现在线上和面上，体现流通链条怎么建立以及市场和企业如何布局。要综合考虑各方面的因素，设计试点方案，要统筹规划、统筹布局，不能简单停留在单一的项目建设上。

二要实现由改造提升流通设施向推进现代流通模式转变。应当从以往重点关注农产品批发市场和农贸市场硬件

升级改造，转向推广现代流通模式。要改变以往农产品流通盲目性大的状况，推行订单农业，建立稳定的供求关系。不仅要改造流通设施，采用冷链物流等现代流通手段，更要减少流通环节，继续推广农超对接、产销衔接等现代流通模式。

三要实现由分步设计、分步实施向总体设计、分步实施转变。以往升级改造农贸市场只涉及农贸市场，缺少通盘和总体框架的考虑。此次综合试点不同，试点县、市和省份都要有总体规划和方案设计，在此基础上分步实施。

四要实现由完全的市场化运作向政府引导和市场化相结合转变。以往开展农超对接和批发市场改造，企业或市场建成项目，政府只负责拨付补贴资金，项目运行完全是市场化运作。此次试点要充分发挥商务、财政等部门的作用，引导和推动农产品批发市场和连锁企业等试点承办单位推进现代流通模式，既要实现农产品流通公益功能，又要坚持市场规律，保持项目生命力。

（二）把握好四个工作重点。一是统筹制定和实施规划，构建布局合理的农产品现代流通网络。没有规划和蓝图，现代流通网络就难以形成。做好规划的前提条件，是充分了解当地的现状。试点地区要从农产品生产、加工、流通和消费的实际出发，树立大市场、大流通的观念，着力做好试点城市的农产品流通网络建设改造，科学规划，稳步实施。列入试点的市县要制定试点方案和农产品流通体系发展规划，试点省份应在市县方案和规划的基础上，结合专家指导意见，完善省级试点方案和农产品流通体系建设规划。

二是加快农产品流通基础设施建设，打造现代化流通节点。流通节点有三种，第一种是收购节点，包括农产品集配中心、农业合作社和农产品经纪人等。目前农产品经纪人是主要形式，然而经纪人收购关系较为脆弱，要采取措施向合作社、集配中心、大企业建基地发展。第二种是批发节点，包括产地批发市场、销地批发市场、集散地批发市场。有的批发市场兼具产地、销地和集散地特征。批发市场既要加强加工配送、冷藏仓储、预选、分级、包装、配送等设施建设，也要改进交易模式，引入会员制、拍卖模式。究竟该选取哪种模式，试点省份应组织批发市场认真研究。第三种是零售节点。目前标准化菜市场和连锁超市在城市社区有所发展，但农贸市场依然是农产品零售主要形式。试点省份应结合当地特点和社会发展需要，研究探索建设改造农产品零售网点。在节点建设过程中，既要加强冷藏保鲜和物流建设，也要充分发挥电子信息平台作用，为复杂的多式联运找到好的解决方案。

三是建立稳定的产销关系，形成完整的农产品供应链。农产品具有特殊性，供应链建设是一个难点。引导大型连锁超市、农产品批发市场、农业产业化龙头企业在农产品产地建设采购基地、加工中心、配送中心、冷藏仓储设施，推进“订单农业”；在农产品重要集散地或消费地开设农产品专卖店或销售专柜，与学校、餐饮、酒店、食堂建立直接供货关系；通过提供市场信息、销售渠道或生产服务等多种方式来引导农民专业合作社发展，带动农民加入合作社或由大企业统一组织生产，扩大生产规模。综合试点应该采取多种模式减少流通环节，由原来的随机卖，变成一种长期稳定的供销关系。政府应该引导各方通过经济关系和利益协调机制形成供应链，产地投资建设销地专卖店，销地投资建设产地集配中心。出现卖难的时候，销地优先销售产地投资方的蔬菜；出现买难的时候，产地优先将蔬菜供给销地投资方。农超对接项目原则上应同时包含大型连锁超市承建的子项目和农民专业合作社、农业产业化龙头企业承建的子项目。试点区域内如无符合资质条件的大型连锁超市，应在全国范围内选择，如无合适的农民专业合作社，应在周边地区选择。

四是加快制订实施标准，促进农产品流通的标准化、品牌化和包装化。目前我国大部分农产品都没有包装，没有品牌，直接影响食品安全。实现农产品标准化、包装化、品牌化，建立追溯体系，对农产品质量安全是一个强有力保障。陈德铭部长十分重视农产品流通标准化建设工作，商务部正在组织制订洋葱、土豆、青椒、黄瓜、西红柿、豇豆和冬瓜等7个农产品流通标准，将对这些产品的分级、包装、标签、贮运和购销等作出规范性要求。农产品流通标准化是试点工作的重要内容。试点省份选择项目承办单位时应优先选择积极贯彻标准的单位。要采取多种方式引导试点项目承办单位，参与农产品流通标准制修订工作，并认真实施已出台或即将出台的有关标准。推动农产品流通主体将管理流程标准化，提高管理水平和农产品流通效率。

三、农产品现代流通综合试点的工作要求

（一）抓紧工作进度，细化实施方案。各试点省份要按照本次会议的要求，结合当地实际，进一步细化完善试点工作方案，确保切实可行。方案既要反映总体要求，又要发挥大家的创造性；既符合标准化、规范化的总体工作要求，又能充分反映地方特色。只有这样的方案在实施时才能达到预期目的。

（二）明确目标责任，加强动态监管。此次农产品流通综合试点的第一责任人是试点省份商务主管部门的主要负责同志，具体责任人是分管负责同志。相关处室要有专人负责，全程跟踪。对项目实施状况进行动态监管，保证项目工程进度。制定详细的项目验收标准及操作办法，组织相关领域专家和专业审计人员组成验收组，确保项目质量。严格信息报送制度，要求试点承办企业及时准确填报工程进度和市场经营信息，把信息填报情况作为项目验收的重要参考。

（三）严肃财经纪律，加强资金管理。试点工作责任重大，要保障实施效果和资金安全。要加强项目资金管理和审计工作，拨付和使用补贴资金严格遵守国家规定，将补助资金切实用在农产品现代流通综合试点上。任何单位不得骗取、挪用或者截留财政专项资金，对于违反规定，弄虚作假，存在严重问题的单位，商务部、财政部不仅要全额收回资金，而且将取消其以后年度申请资格，触犯法律的，将依法追究有关单位和个人的责任。

（四）加强组织领导，争取地方配套政策。加大协调力度，积极争取试点省、市、县各级人民政府和有关部门在规划、用地、用水、用电、资金等方面出台配套优惠政策，按工业用地政策落实农产品批发市场用地，引导金融机构加大信贷支持力度，采取措施吸引社会资金投入农产品流通基础设施建设。中央财政支持力度虽然比历年都大，但与实际需要相比仍然有很大缺口，希望地方财政也相应加大配套支持力度，引导试点单位加大投入，形成中央、省、市、县和企业共同加大投入的局面，为试点提供强大的资金和政策支持。

（五）深入调研，及时总结和推广先进经验。试点工作是一项新工作，大家一定要重视调研。在调研的基础上完善方案，在实施的过程中总结经验。商务部将对8个省份的试点进度和质量进行比较，宣传好的经验，整改出现的问题，逐步探索出一套适合中国国情的农产品现代流通体系并在全国范围推广。

（编注：本文系房爱卿部长助理2010年10月26日在农产品现代流通综合试点座谈会上的讲话节录）

在第三届中国服务贸易大会新闻发布会上的讲话（节录）

商务部部长助理　仇　鸿

近年来，全球服务贸易快速发展，已经成为世界经济增长的新动力。根据世界贸易组织统计，过去五年，全球服务进出口从4.9万亿美元增长到7.2万亿美元，年均增长8.0%，比全球货物进出口年均增幅高出0.5个百分点；服务进出口在全球贸易中的地位继续巩固，占全球货物和服务进出口总额的比重从18.6%增长到19.0%。其间，随着全球经济的复苏，世界货物和服务进出口在2009年创下历年最大降幅之后，2010年均出现了恢复性增长，货物进出口增长21.3%，服务进出口增长8.6%。服务贸易已经成为加强国际合作、改善人民生活、促进经济发展的新动力，其发展水平已经成为衡量一个国家经济实力和国际竞争力的重要标志。

在经济全球化的今天，服务贸易对中国和世界经济都具有重要意义。发展服务贸易，有利于开拓新的经济增长领域。当前，服务业国际合作的步伐加快，制造业与服务业融合发展的趋势强化，服务业和服务贸易领域不断出现新需求、产生新业态、衍生出新的经济增长点。发展服务贸易，有利于探索新的经济发展方式。长期以来，中国制造业发展迅速，对能源资源的依存较重。服务业和服务贸易具有附加价值高、资源消耗少、环境污染小、就业容量大等优势，是创新经济发展方式的重要途径。发展服务贸易，有利于促进贸易协调发展。目前，中国是货物贸易第二大国，服务贸易全球排位第四，但服务贸易占贸易总额的比重只有10.9%，仅相当于全球平均水平的一半。大力发展服务贸易，促进货物贸易与服务贸易协调发展，是“十二五”期间中国对外贸易的重要课题之一。发展服务贸易，有利于搭建新的国际合作平台。“十二五”时期，中国将实施更加主动、互利共赢的开放战略，把服务贸易作为参与国际经济合作的新平台，为中国经济乃至世界经济发展开拓更广阔的国际合作空间。

中国政府将发展服务贸易作为“十二五”时期加快外贸发展方式转变、促进经济结构调整的重要战略举措。《国民经济和社会发展第十二个五年规划纲要》明确提出，要优化对外贸易结构，培育出口新优势，提升进口综合效应，大力发展服务贸易。具体包括要“促进服务出口，扩大服务业对外开放，提高服务贸易在对外贸易中的比重”。为实现《国民经济和社会发展第十二个五年规划纲要》的要求，商务部正在会同有关部门制定《服务贸易发展“十二五”规划纲要》，提出力争到2015年，服务进出口总额达到6 000亿美元，年均增速超过10%。

2010年，中国货物进出口达到2.97万亿美元，同比增长15.9%。累计使用外资达到4 260亿美元，连续19年居发展中国家首位。对外投资合作实现跨越式发展，累计对外直接投资达到2 200亿美元。中国服务贸易虽然起步较晚，但发展潜力巨大。2010年，中国服务贸易进出口总额达到3 624亿美元，比“十五”末期翻了一番。世界排位从2000年的第12位，上升到2010年的第4位。但同时我们也应该看到，与其他服务贸易大国相比，中国服务贸易在中国对外贸易中的占比仍然不高，服务贸易的结构也有待进一步完善。

举办中国服务贸易大会，是中国政府促进服务贸易发展的重要举措。为探索促进服务贸易发展的有效途径，近年来，商务部在搭建服务贸易促进平台、推动服务贸易发展方面做出了许多有益的尝试。2007年11月，首届中国服务贸易大会在上海成功举办，为中国服务贸易与世界接轨迈出了探索的第一步。2009年11月，第二届中国服务贸易大会在北京隆重召开，并成功地将洽谈交易的内容引入大会，为中国建设服务贸易促进平台迈出了坚实的第二步。明天，第三届中国服务贸易大会将在北京中国国际贸易中心隆重开幕。本届大会将论坛、展示、洽谈、交易紧密结合，并且更加突出交易洽谈的功能。本届大会将是中国在“十二五”开局之初促进服务贸易快速发展的一场重要会议，将为中国未来建设国家级、国际性、综合型的服务贸易交易平台奠定坚实的基础。

第三届服务贸易大会以“服务贸易：推动世界经济新增长”为主题，以“追求实效、提升影响、搭建平台”为目标，由开幕大会和交易洽谈两个部分组成。相比于前两届大会，本届大会有三方面特点：

一是国际化程度进一步提高。“国际化”是中国服务贸易大会最重要的特点，只有将“走出去”和“引进来”密切结合，中国服务贸易大会才能真正成为海内外企业共享商机、互通资讯、洽谈交易的交易平台。大会邀请了联合国贸易和发展会议、经济合作与发展组织作为永久支持单位。除了中国商务部部长陈德铭先生、北京市市长郭金龙先生、中国服务贸易协会会长魏家福先生将出席6月1日上午的大会并演讲外，澳大利亚贸易部长埃默森先生、韩国知识经济部部长崔重卿先生、菲律宾贸工部副部长兼投资署署长潘里里奥先生、世界贸易组织副总干事哈沙·辛格先生、联合国贸发会议副秘书长佩特科·德拉甘诺夫先生、经合组织副秘书长鲍彻先生、欧盟委员会企业和工业总司副总司长丹尼尔·加列哈先生、国际广告协会主席阿兰·卢瑟福先生等重要外国嘉宾将在开幕式上发表重要演讲。埃及工贸部第一副部长胡赛因·奥姆兰先生、美国服务业联盟主席鲍勃·瓦斯汀先生也将出席开幕式。另外，来自德国经济技术部、英国贸易投资总署、德国东欧之桥协会、首尔设计财团、澳大利亚工业设计协会、美国工业设计师协会、联合国贸易网络、国际视觉传媒协会等多个政府和机构组织的代表也将出席大会并参加洽谈交易。来自设计、数字动漫、法律、会计、金融、商务信息、服务外包等领域的国际一流知名企业也都将参加大会。

二是各部门、各地方参与度进一步加强。本届大会由商务部主办，北京市人民政府协办。支持单位基本涵盖了本届大会洽谈交易活动涉及的行业领域，包括教育部、工业和信息化部、司法部、文化部、国家工商总局、国家质检总局、国家广电总局、新闻出版总署、中国贸促会等九个部门和单位，以及天津、上海、重庆、深圳、广州等五个城市。本届大会首次设立了国内城市交易洽谈板块，北京、天津、上海、重庆、深圳、广州等六个国内服务贸易发展较快的城市将以城市为单位单独设置展区并组团参加大会。

三是服务贸易的优势特点得到进一步体现。服务贸易对推动世界经济增长具有重要作用已经成为普遍共识，本届大会专业交易洽谈的七个板块就是当前服务贸易发展的关键领域和关键环节。设计服务是整个制造产业链的关键环节，数字动漫游戏是服务贸易发展最快的新兴领域之一，法律、会计与评估、金融服务是为产业和贸易提供支撑性专业服务的重要领域，商务信息、服务贸易人才培养是推动服务贸易发展的两个基本要素，这些领域都反映了中国和世界服务贸易的发展前沿和发展重点。

（2011年5月31日，北京）

深化金砖国家经贸合作

商务部部长助理 俞建华

一、深化金砖国家经贸合作具有重要现实意义

中国、巴西、俄罗斯、印度、南非是新兴市场国家中最有代表性的国家。五国人口总和近30亿人，占全球人口的43%，经济总量11万亿美元，占全球经济的16%，贸易总量4.6万亿美元，占全球贸易的15%。金砖国家在全球经济中具有举足轻重的地位。五国资源禀赋各异、产品技术层次不同，产业互补性较强。

面对上世纪30年代大萧条以来最严重的金融危机和经济衰退，金砖国家表现出色，引领世界经济走出危机泥沼，成为全球复苏“起搏器”。其中的关键就是，危机中金砖国家加强了彼此间双边和多边经贸合作，共克时艰。当前，世界经济总体呈继续复苏态势，市场信心有所回升，国际贸易投资渐趋活跃，但仍面临诸多问题，发达经济体公共债务风险上升，欧洲内部失衡加剧，全球流动性过剩问题突出，大宗商品市场价格大幅上扬。近期中东北非局势及日本地震海啸也为世界经济带来了新的不确定性。金砖国家尽管表现出良好的增长势头，但同时也面临全球流动性泛滥，通胀压力、资产泡沫等问题的挑战。鉴于此，金砖国家需要密切协调宏观政策，充分发挥相互间在资本、资源、市场、科技和人力资源上的优势互补性，提升经贸合作水平。

二、金砖国家开展经贸合作具有良好基础和巨大潜力

近年来，金砖国家间经贸关系呈现良好发展势头。2001至2010年，五国间贸易年均增长28%，十年间增长了15倍，2010年贸易额约为2 300亿美元。其中，中国同俄罗斯、印度、巴西、南非的双边贸易增长迅速，2010年增速分别达到43.1%、42.4%、47.5%和59.5%，均高于同期中国对外贸易总体增速34.7%的水平；同时，其他四国之间贸易也具有很强的发展潜力。截至目前，中国已分别成为俄罗斯、巴西、南非的第一大贸易伙伴，印度第二大贸易伙伴；是巴西和南非的第一大出口市场，印度第三大出口市场和俄罗斯的第六大出口市场。

从以上数据可以看出，金砖国家间经贸合作已经有了很好的基础，发展势头也很好，但考虑到五国的国土面积、人口规模、经济总量以及资源禀赋优势，仍有巨大的经贸合作潜力与发展空间。我们高兴地看到，金砖国家的工商界为本国经济发展作出了巨大贡献，他们必将能在金砖国家间的合作中发挥创造性作用。

三、深化金砖国家经贸合作的具体建议

面对良好的基础和发展前景，金砖国家应本着互利共赢，协商合作的精神，加强沟通，妥善应对各种问题和挑战，推动金砖国家经贸合作迈上新台阶。我个人认为，现阶段五国可按照循序渐进，务求实效的原则，在以下领域深化合作：

一是促进相互贸易。五国应共同努力扩大相互间贸易交流，积极开展五国间贸易促进活动，进一步促进贸易便利化合作，推动五国间贸易发展跃上一个新台阶，在条件成熟时，还可探讨商建自贸区的可能性。此外，金砖国家还应积极支持开放的贸易体制，共同反对各种形式的贸易保护主义，倡导通过对话和协商妥善解决各种贸易摩擦。

二是推动产业合作和相互投资。金砖国家资源禀赋各异，产业互补性较强，中国是“世界制造基地”，巴西是“世界原料国”，俄罗斯是“世界加油站”，印度是“世界办公室”，南非是“黄金之国”。由此，五国应大力推动相互投资，推动产业合作，实现优势互补，互利共赢。

三是加强与贸易相关的金融合作。从国际金融危机的教训中，我们可以看到，贸易融资紧缩是造成全球贸易深度下滑的主要原因之一。因此，加强与贸易相关的金融合作对促进金砖国家经贸发展具有重要意义。金砖国家应积极推动贸易本币结算，共同探讨通过货币互换促进贸易与投资的可行性；鼓励金融机构和企业使用本币开展业务，通过创建本币融资机制降低跨境贸易的汇率风险。

四是加强在多边合作中的沟通与协调。一直以来，金砖国家都团结一致，在联合国气候变化谈判、G20机制、WTO多哈回合谈判等多边合作中保持密切沟通、协调与合作。未来，金砖国家应继续保持良好沟通协调，积极推动

建立更为公正、公平、合理的国际经济新秩序，推动实现“发展的南北再平衡”。

先生们，女士们，借此机会，我还想向大家通报，今天上午金砖国家召开了首次经贸部长会议，主题就是深化经贸合作。五国的部长们达成了许多共识。部长们重点强调，金砖国家应加强沟通协调，共同努力，通过多种途径，推动五国的经贸合作迈上一个新台阶。本次会议的一个重要成果就是，金砖国家将就经贸合作加强机制化方面的合作。各方同意将于近期成立金砖国家经贸合作联络组，认真分析金砖国家经贸合作现状，科学研判金砖国家经贸合作发展趋势，在此基础上提出未来经贸合作的机制框架和具体措施，为扩大金砖国家间经贸合作明确方向，制订目标。

最后，我愿借此机会向各位工商界朋友提出建议：希望出席今天论坛的各位商界精英，充分发挥自己的睿智，深入发掘增进金砖国家经贸合作的新领域、新商机，并就此向政府提出合理化意见和建议，以便我们更好地改善贸易投资环境，提供优质公共服务，推动金砖国家经贸关系的进一步发展，实现共同繁荣。

（编注：本文系俞建华部长助理2011年4月13日在三亚出席金砖国家工商论坛时的讲话节录，标题系编者所加）

在第九届中国进出口企业年会上的演讲

商务部部长助理　李荣灿

刚刚过去的2010年，是应对国际金融危机、巩固经济回升势头的关键一年。面对复杂多变的国内外环境和来自多方面的重大挑战，在党中央、国务院的坚强领导下，各地区、各部门和广大进出口企业通力合作，认真落实稳外需的各项政策措施，积极拓展国际市场份额，巩固和扩大应对国际金融危机冲击成果，对外贸易快速恢复。2010年，我国进出口总额达到2.97万亿美元，同比增长34.7%。贸易顺差1 831亿美元，同比下降6.4%。我国进出口总额已经超过危机前2008年的水平，预计出口继续保持全球第一，占世界份额有望进一步提高。

当前和今后一个时期，国际政治经济格局处于大变革大调整期，国内经济发展进入转型升级的关键阶段，我国外贸发展具备不少有利条件，但面临的国内外环境仍然极其复杂，绝不能轻言乐观。

从国际上看，国际金融危机导致的急剧动荡逐渐缓解，发达国家投资者和消费者信心有所恢复，新兴经济体内需复苏势头明显，世界经济有望继续恢复增长。但同时应该看到，国际金融危机的深层次影响尚未根本消除，刺激政策效应减弱，全球经济下行风险仍然存在。

一是世界经济可能进入持续低速增长期。根据国际货币基金组织预测，2011年世界经济增长4.2%，比2010年低0.6个百分点；世界贸易量增长7.0%，比2010年低5.5个百分点。这场由国际金融危机引发的经济衰退，不只是简单的周期性调整，而是经济结构失衡和发展模式的危机，这种复合型的经济衰退时间和严重程度可能超出预期。这主要是因为，在信贷泡沫破灭后，发达国家消化庞大的个人和主权债务短时间不可能完成，金融领域去杠杆化还在持续，新兴产业短期内还难以成为新的经济增长点。外部市场需求放缓，将对今后一个时期我国外贸发展形成明显制约。

二是失业率居高不下拖累世界经济复苏。虽然世界经济持续缓慢增长，但各国就业市场并未出现实质性好转，无就业复苏现象暂时难以改观。目前，许多国家的失业率仍处于历史高位，有关机构预计，美国2010年失业率高达9.7%，欧盟达到10%，日本为5.1%。国际货币基金组织预测，2011年发达国家总体失业率仍将高达8.2%。就业市场低迷不仅直接影响个人消费支出，迟滞世界经济复苏进程，还会在一定程度上助长各国政策内顾倾向，加剧宏观政策协调难度，这些都不利于国际贸易和投资的持续恢复。

三是国际市场竞争加剧导致保护主义抬头。国际金融危机爆发后，不少发达国家提出“产业回归”、“再工业化”等新的经济发展战略。美国提出五年出口倍增计划，希望以此带动就业。德国和日本等传统外向型经济体促进出口的热情更加高涨。发达国家在振兴出口产业同时，施压中国等新兴经济体要求其货币升值，更加频繁地动用贸易保护措施，打压新兴经济体出口。新兴经济体在群体性崛起过程中，由于产业结构高度重合，在深化合作同时，竞争也不断加剧，相互间采取的贸易救济措施明显增多。

四是发达国家公共债务负担加重阻碍经济增长。国际金融危机以来，发达经济体采取大规模刺激计划恢复经济，导致财政赤字水平居高不下。2010 年，美国财政赤字占国内生产总值的比重接近 10%，美国政府预计，2011 财年联邦财政赤字将继续上升。从目前情况看，欧盟未来几年公共债务占国内生产总值的比重将远超 60% 上限，冰岛、希腊、爱尔兰等国相继出现主权债务危机，严重威胁到欧盟乃至世界经济复苏进程。目前，欧盟绝大多数国家相继推出财政赤字削减计划，国际货币基金组织预计，这会导致本已疲弱的欧洲经济再度下降 0.25%。当前，主要发达国家负债已临近“债务极限”，这将给世界经济持续复苏埋下重大隐患。

从国内看，我国人均国内生产总值已超过 4 000 美元，国际经验表明，这个阶段既是中低收入国家向中高收入国家转型的重要阶段，又是矛盾增多、爬坡过坎的关键阶段。期间，生产要素综合成本上升，经济和社会转型进程中需要解决的矛盾和问题增多，“中等收入陷阱”风险增大。

就对外贸易的影响而言，近两年来，随着要素成本上升、能源资源和生态环境约束强化，建设用地供应紧张，出口企业生产经营压力增大。我国劳动力供求结构正在发生深刻变化，劳动力供给由全面过剩向局部短缺转变，“人口红利”正在衰减。有专家预测，到 2015 年我国劳动力供应可能达到“刘易斯拐点”。劳动力是最基础的生产要素，劳动力价格和供求关系变化将对外贸、外资乃至国民经济发展带来深刻影响，传统依靠要素简单投入的低价格竞争模式已经难以为继。

面对一系列复杂而严峻的挑战，我们必须深刻分析、正确判断世界经济发展趋势，牢牢把握机遇，妥善应对挑战，科学制定新时期对外贸易发展战略，促进对外贸易可持续发展，更好地发挥对外贸易对国民经济增长的带动作用。

第一，应当着眼于加快转变外贸发展方式。与改革开放初期相比，我国出口商品实现了以资源及农副土特产品为主，到以轻纺产品为主，再到以机电产品及高新技术产品为主的历史性跨越；进口商品则实现了以机械设备等资本货物为主，到以资本货物及能源、资源产品为主的结构性转变。进出口商品结构的这种历史性变化，是我国工业化进程的外在表现，更是我国扩大对外开放，积极参与国际分工与交换，充分发挥比较优势，大力发展开放型经济的必然结果。今后，必须把推动外贸发展由粗放外延型向集约内涵型转变作为主攻方向，更加注重质量和效益，实现增长与发展的内在统一，进一步增进国民的贸易福利。要立足以质取胜和科技兴贸，推动出口从传统的生产成本优势，向技术、品牌、质量、服务等新的竞争优势转化，实现由“中国制造”向“中国创造”跨越。支持企业建立海外营销网络、营销服务中心和技术支持中心，推动贸易链条和增值链条从国内向国外延伸。大力发展服务贸易，积极主动承接国际服务外包，引导服务贸易与货物贸易有机融合，实现协调发展。

第二，应当着眼于提升我国国际竞争能力。在开放条件下，一国的对外经济是整个国民经济的有机组成部分，而对外贸易是对外经济活动的基础与核心。我国对外贸易发展及结构的演进，实质是我国产业结构发展与演进在对外经济活动中的具体体现。必须清醒地看到，我国虽然已经是贸易大国，但大而不强是我们的软肋。究其原因，就是我国经济和产业国际竞争力不强。因此，要进一步发挥外贸对国内产业结构升级的促进作用，抓紧实施传统产业振兴和战略性新兴产业规划，依托各类开发区和已经形成的产业集聚区，加快轻纺、汽车及零部件、船舶、机床、电力、软件等重点行业出口商品基地建设，扩大有助于战略性新兴产业发展的关键技术和设备进口，提升战略性新兴产业国际化水平。要注重培育更具活力的跨国经营主体，推动上下游企业间的协作和配合，提高产业整体竞争实力，打造跻身世界顶级跨国公司行列的产业领导者。当然，还要大力扶持中小企业发展，提高中小企业开拓国际市场能力，提升中小企业的核心竞争力。

第三，应当着眼于促进贸易基本平衡。从国内来看，在不断提高出口产业国际竞争力的同时，应当更加关注和重视进口，发挥中国作为世界重要市场的优势，通过适度增加进口，增加国民福利。为此，要实施更积极、更有效的进口促进战略。制订进口促进政策，继续推进进口贸易便利化。大力推动进口市场多元化，建立稳定的进口来源和渠道。积极推动发达国家放宽高技术产品出口限制。完善重要资源进口储备体系，提升我国在大宗战略资源国际市场上的话语权和定价权，确保国家利益。要通过扩大进口改善我国与主要贸易伙伴的贸易不平衡状况，缓解贸易摩擦。

（2011 年 1 月 14 日，北京）

专 文

SPECIAL ARTICLES ↘

A MUST-HAVE FO
INTERNATIONAL BUSINES
CHINA COMMERCE YEARBOOK 2011
www.yearbook.org.cn
CHINA COMMERCE YEARBOOK·2011
Published in separate Chinese and English editions

加强队伍建设　服务商务中心工作

商务部人事司

2010年，人事司在部党组领导下，以科学发展观为指导，大力推进干部人事制度改革，切实加强各级干部队伍建设，积极服务商务中心工作。

一、推进干部人事制度改革

（一）坚持和完善竞争性选拔制度。一是完成了副司级领导职位竞争上岗和驻外参赞民主选拔工作。1月，对拟任人选进行了差额考察。在充分酝酿的基础上，党组研究确定了18名副司级领导职务和10名驻外参赞人选。二是在2008年、2009年竞争性选拔实践的基础上研究制订《副司级职位竞争性选拔实施办法》，并在全部范围内四次集中征求意见，部领导指示进一步修改后提交党组会讨论。三是充分利用竞争性选拔工作成果，对进入差额考察但未当时任用的干部，根据工作需要和干部表现情况，部党组提拔任用了部分干部。

（二）规范干部选拔任用提名制度。一是根据部领导指示，拟订提任正司级职务人选的推荐办法。二是在司局级干部调配中，对空缺职位进行不预提人选的会议投票推荐和谈话推荐。三是印发《提任机关处级职务工作程序（试行）》，规定处长岗位报名2人以上通过竞争上岗产生任职人选，仅有1人报名或提任其他处级职务一律实行不预提人选的民主推荐，进一步提高了干部工作民主。同时据此调整提拔担任特办处级职务的民主推荐程序。

（三）大力推进干部交流。2010年，处级以下干部累计交流577人次，选派5名干部援藏援青，选派6名司处级干部到地方挂职。开展部机关处长跨司局交流意向调查，195名处长参加了调查并提交了问卷，为下一步推动现职处长跨司局交流提供了重要参考。根据中组部统一安排，推荐财务司司长徐加爱同志到浙江省交流任职，并接收浙江省团省委书记周柳军到我部任职。

（四）落实四项监督制度。一是抓好宣传和学习。分别召开党组通气会、各直属单位负责人及办公室主任（人事处长）会议，传达四项监督制度主要内容和中组部有关要求，部署贯彻落实工作。向机关副处级以上和直属单位中层副职以上干部发送四项监督制度单行本。以部党组文件形式转发《党政领导干部选拔任用工作责任追究办法》。二是在部机关各司局、各直属事业单位、7家进出口商会和外资协会范围内建立“一报告两评议”制度，以提高选人用人工作和新提拔干部的群众满意度。三是制定《直属单位新提拔中层干部选拔任用过程记实办法（试行）》，进一步规范各单位中层干部选拔任用工作。

（五）推进人事工作信息公开。一是召开人事工作通气会，通报政策，听取意见和建议，全年累计召开综合和专题通气会14次。二是加强人事政策宣传。在机关内网设立“人事工作问答平台”和“学习与思考”等栏目，就群众关心的热点问题进行解答，共发布有关信息40余条，并转发组工刊物上的优秀文章。

二、加强司处级干部队伍建设

（一）加强机关、特办和直属单位干部队伍建设。根据我部中心工作需要和业务特点，深入研究司局级干部调配，向部党组提出有关调配建议。提拔处级干部117人，任免处级干部449人次。研究修订《特办人员管理办法》，轮换特办干部66人次。

（二）加强领导班子和领导干部考核评价。一是在2009年底至2010年初，对直属单位领导班子和领导干部进行年度考核，向主管部领导报告结果并向有关单位、个人反馈结果，对群众评价不高的同志进行了提醒谈话。二是完成对五矿商会、交流中心等4家单位的日常考核。三是细化和完善考核指标体系，进一步改进直属单位班子考核方法。

（三）完善后备干部选拔和培养机制。根据中央精神，按照后备干部“重在培养，同样使用”的原则，开展我部机关和直属单位司局级副职后备干部选拔工作。在各单位上报初步名单的基础上，研究提出我部2010年度司局级副职后备干部人选名单报部领导批准。

三、加强驻外经商机构干部队伍建设

（一）加强参赞队伍建设。一是公布参赞级空缺岗位，并提出部分参赞调整配备方案。二是尝试对非外语专业参赞进行语言测试，根据部领导指示，总结经验，改进工作，近期正在完善相关实施办法。三是在全国援外工作会议后，组织参会参赞分赴浙江、辽宁、广东进行考察，加深了参赞对国内市场、新能源发展现状的了解。

（二）加强秘书级队伍建设。坚持新公务员驻外锻炼制度，共派出230名秘书级干部充实驻外经商机构队伍。目前驻外经商机构我部派出干部占比达65.6%。在直属单位和商协学会的支持下，培训中心等7家单位共储备5个语种的干部18名。研究在驻外人员提职（一秘、二秘）程序中增加在馆考察环节，拟订商务部驻外人员晋升外交职衔在馆考察办法。

（三）做好突发事件处理及有关工作。及时有序地应对驻乍得使馆经商参处病员紧急医疗转运救助、马达加斯加首都骚乱和新西兰南部地区地震等18次突发事件，并总结经验制定《商务部人事司处置驻外经商机构突发事件应急程序》。二是发出《关于驻外经商机构加强内务管理的通知》，改善办公秩序，提振精神面貌。

四、扎实做好教育培训工作

（一）积极推进两部共建对外经贸大学。为充分借助该校优势，为商务事业发展提供支持，积极协商教育部实施共建，已于12月28日签署共建协议。

（二）全方位、多层次培训干部。一是组织4期地方商务厅局级干部培训，共170余名地方商务部门主要负责参加。二是选派干部参加中央党校、国家行政学院和干部学院培训项目，其中5位部领导、26名司处级干部参加。三是举办10期能力建设培训班，分别有司局级52名、处级146名、一般干部140名参加了培训。四是选派我部20名同志参加了各类国外培训项目，与欧委会翻译总司合作在全国招录了20名同传新学员。五是加强部机关干部英语培训。65名干部参加了斯坦福英语培训，19名拟驻外干部参加了为期6周的英语强化培训；举办3期英语学习研讨会，90余名同志参加。六是分赴美洲、西亚非洲和欧洲对48名参赞和47名主管秘书进行了境外培训。七是安排28个商务领域性业务培训项目，累计举办62个班次，培训7 600余人。

（三）开展远程在线培训。商务培训网正式投入运行，共10个培训栏目，120门课程。目前共有503名干部点击了108门培训课程，总学习时间为1 699.2小时。

五、加强机构编制工作，推进事业社团单位改革发展

（一）机构编制工作。一是开展职能机构调研。按照“理顺关系、优化结构、提高效能”的总体要求，做好“三定”回头看调研工作，起草《关于我部职责机构调整的初步设想》。二是为进一步规范商务部内设机构和编制管理，提高管理科学化、规范化、系统化水平，修订商务部内设机构和编制管理暂行办法。

（二）推进事业社团单位改革发展。一是落实中央精神，做好出版社转制、国际商报社发展改革等相关工作。二是跟踪、研究事业单位改革总体部署，结合我部实际，推动投促局、贸发局申请变更为财政补助事业单位工作。三是根据商务事业发展需要，筹备组建新的事业单位和社团。基本完成组建中国服务外包研究中心有关工作，配合组建中国技术进出口交易中心、服务外包协会，研究组建中国对外投资服务中心、中日经济交流协会等。

六、积极招聘人才

择优录用73名新公务员，其中硕士研究生及以上学历的53名（占72.6%），有工科背景的复合型人才及海外留学归国人员18名（25%）。具有两年基层工作经历人员的比例达到70%。完成军转安置任务，择优接收军转干部7人（机关4人，直属单位3人）。

七、做好安全保卫工作

一是顺利完成全国援外工作会议、投洽会、中博会、绿博会、广交会等大型活动安保任务。二是完成了我部《关于开展反恐工作“十二五”规划和发展战略的情况报告》并上报国家反恐办。三是积极推进部机关消防、安防设备和车禁、考勤管理系统的升级改造工程。四是加强对敏感时期、重大节日对部属单位安保工作的检查，续签并督促各单位落实安保工作责任制。

八、做好综合研究工作

一是根据部领导指示，分赴28个司局和16家直属单位开展干部思想动态调研，并召开机关处长、青年干部和拟驻外干部座谈会，起草部机关和直属事业社团单位干部思想动态调研报告呈送部领导。二是根据中组部要求，结合我国商务事业发展实际，起草国际商务人才中长期（2010—2020）发展规划。

九、加强司内建设

一是深入开展创先争优活动。组织党员赴吉林参观学习杨靖宇将军事迹、赴天津滨海新区参观，开展青年国防主题教育活动。司领导分别就自身建设和廉政等主题讲党

课。二是推进学习型党组织建设。开展“每周一课”活动，邀请业务司局领导讲解商务热点问题，2010年共举办3期。组织办文办事经验座谈会，研讨案例、总结经验。筹建读书角并开展推荐精品图书活动。三是加强廉政建设。积极组织观看廉政教育警示片和预防职务犯罪展览，并以支部为单位展开讨论。结合学习《廉政准则》、四项监督制度等党内规定，制定《人事司干部外出考察的纪律规定》。四是加强团队建设，通过各种活动锻炼队伍。在我部广播体操比赛和青年外语风采大赛中分别获得第1名和第3名的好成绩。

多措并举促转变　内外统筹谋发展

商务部政策研究室副主任　张国庆

2010年是我国“十一五”的收官之年，也是应对国际金融危机、巩固我国经济回升势头、加快转变经济发展方式的关键一年。一年来，在党中央、国务院的坚强领导下，按照中央经济工作会议精神，商务部深入贯彻落实科学发展观，坚持实施应对危机的一系列政策措施和加强改善宏观调控的总体要求，保持政策的连续性和稳定性，提高政策的针对性和灵活性，奋发进取，狠抓落实，商务事业实现平稳较快发展，全面完成了“十一五”商务发展规划的各项目标任务。

一、坚持搞活流通和促进消费

认真落实国务院关于搞活流通、扩大消费的各项政策，着力构建长效机制。深入实施并完善家电、汽车摩托车下乡和家电、汽车以旧换新政策，截至2010年底，家电、汽车摩托车下乡合计拉动农村消费5 018亿元，家电、汽车以旧换新合计拉动消费1 279亿元。推动网络购物等新的消费方式迅速发展，全年网络零售总额达到5 131亿元，比上年翻一番。

加快城乡网络和服务体系建设。全年支持新建10万家连锁化农村超市，累计建设或改造农村超市52万个，已覆盖80%的乡镇和65%的行政村。全年支持新建1 200个农村商品配送中心，累计建设2 667个。在海南等9个省份25个市县开展以“农超对接”为重点的农产品现代流通综合试点，累计支持2 000多家零售企业与1.1万家农民专业合作社开展“农超对接”。确定了46个商贸物流体系建设示范城市。全年社会消费品零售总额15.5万亿元，同比增长18.4%，消费对国民经济的拉动作用进一步增强。

二、坚持稳外需与调结构相结合

积极贯彻中央“拓市场、调结构、促平衡”的总体要求。认真落实稳外需的各项政策措施，利用外贸发展基金支持企业开拓国际市场，会同有关部门进一步提高出口信保覆盖率，落实大型成套设备出口融资保险专项安排，扩大人民币跨境贸易结算试点范围。进一步优化出口结构，推动建立农轻纺、汽车及零部件、船舶、软件等一批出口基地，鼓励各地开展自主创新设计平台建设，开展加工贸易转型升级和梯度转移试点，取消406个“高耗能、高污染”产品出口退税，禁止44个商品开展加工贸易，完善稀土等战略稀缺资源出口管制体系。

落实并完善进口促进政策。利用进口贴息和国别政策资金，积极组织贸易投资促进活动，会同海关、质检等部门进一步提高进口便利化水平，扩大关键设备、技术、原材料及与我有较大逆差国家进口，促进贸易平衡。对外贸易实现快速恢复，全年进出口增长34.7%，总额达2.97万亿美元，超出金融危机前2008年2.56万亿美元的水平。进口增幅高于出口7.4个百分点，全年顺差1 831亿美元，贸易平衡状况继续改善。

三、坚持利用外资与对外投资协调发展

深入贯彻落实《国务院关于进一步做好利用外资工作的若干意见》。大幅下放外资审批管理权限，减少审批层级，大大提高了投资便利化水平。及时修订外资产业政策，会同有关部门进一步主动扩大旅行社、医疗机构、网络销售等领域的开放，鼓励积极有效合理利用外资。推动出台

财政、金融等20项政策措施，加快承接服务外包。加强外资投向引导，推动符合条件的省级开发区升级，加大对西藏、新疆产业园区建设的支持力度。针对自主创新、政府采购、知识产权保护等问题增信释疑，积极宣传我国外资政策。全年实际使用外资1 057.4亿美元，增长17.4%。利用外资结构进一步优化，服务业利用外资比重提升，中西部地区吸收外资的比重有所提高，跨国公司在华设立研发中心、地区总部等功能性机构增多。

不断完善“走出去”制度体系，加快企业“走出去”步伐。会同有关部门加大财税、金融和外汇等政策支持力度，推动企业开展跨国并购，推进周边大通道建设和境外经贸合作区建设。与多个国家签署投资保护协定、基础设施及劳务合作协议。起草《境外中资企业员工管理指引》，指导企业履行社会责任，逐渐融入当地企业和经济发展。开展《对外承包工程管理条例》专项检查，并推动相关配套政策出台，对外承包工程秩序得到规范，10多起境外安全事件得到妥善处理。修改完善《对外劳务合作管理条例》，并制定10项配套政策措施。全年共在129个国家和地区投资设立了3 125家境外企业，非金融类对外直接投资590亿美元，对外工程承包营业额922亿美元，派出各类劳务人员41.1万人。对外直接投资结构明显改善，对美国、欧盟、日本等主要经济体投资快速增长，以并购方式投资的大项目增多，越来越多的企业注重通过投资境外来获取技术、品牌和营销网络。

四、坚持不断深化国际经贸合作

积极参与全球经济治理，顺利通过世贸组织对我第三次贸易政策审议。积极参与区域合作，扎实推进自贸区建设，确保中国—东盟自贸区顺利实施，启动中日韩自贸区官产学联合研究。与美日欧的经济高层对话取得丰硕成果，与发展中国家各领域的互利合作进一步加强。签署了海峡两岸经济合作框架协议，两岸四地经贸关系更加密切。中葡论坛、中阿论坛第四届部长级会议和首届中阿经贸论坛成功举行。积极配合高访，筹划好经贸活动和经贸议题，并认真抓好经贸成果后续落实。发布了美国、欧盟、日本等重点国家和地区涉华经贸利益分析报告。以我国开展对外援助60周年为契机，研究拟订了支持发展中国家发展的6项新举措，研究改善项目质量管理长效机制，推动对外援助工作迈上新台阶。

五、坚持为企业、地方和群众办实事

坚决反对保护主义，积极开展贸易摩擦应对工作。积极运用世贸组织争端解决机制，我起诉美对我禽肉限制案、欧对我金属紧固件反倾销案均被世贸组织裁定获胜。妥善应对中美知识产权案等被诉案件，在阻止美国对人民币汇率发起反补贴调查等大案要案上取得初步成效。

精心服务地方经济发展。与西藏、新疆、青海、陕西、山西、江西、甘肃等7个省（区）建立部省（区）合作机制。批准51家省级开发区升级为国家级经济技术开发区，加快培育21个服务外包示范城市。参与区域发展规划的制定和对外开放政策研究，支持14个沿边开放城市边境经济技术合作区建设。圆满完成上海世博会招展和协调服务工作，接待了大批各国和国际组织领导人来访，促进了“世博外交”。

及时有效保障市场供应。密切跟踪市场需求变化，城乡市场信息系统基本覆盖反映市场变化的相关信息，应急商品数据库重点联系企业超过1 600家，涉及58个商品品种。分批次投放中央储备肉、糖，组织召开蔬菜产销衔接会，保障了市场供应，对抑制价格过快上涨发挥了重要作用。积极应对西南地区旱情、玉树地震和甘肃舟曲泥石流等严重自然灾害，及时启动市场应急机制，保障灾区市场供应。着力改善市场和消费环境，开展全国药品流通管理工作、打击侵犯知识产权和制售假冒伪劣商品专项行动，继续开展“放心肉”服务体系建设，启动“一荤一素”肉菜流通追溯体系建设试点工作，增强质量安全保障能力。

2011年是我国“十二五”开局之年，是我国加入世界贸易组织十周年。我国商务发展具备不少有利条件，但也面临世界经济复苏缓慢、通胀压力加大、贸易摩擦可能升温、生产要素成本集中上升、市场竞争日趋激烈等多种压力。2011年的商务政策将以科学发展为主题，以加快商务领域结构调整和发展方式转变为主线，进一步提升对外开放水平，加强商贸流通工作，着力培育参与国际合作与竞争的新优势，巩固和扩大应对国际金融危机冲击成果，保持国内外贸易和国际经济合作平稳较快发展，为“十二五”规划开好局、起好步。

切实做好商务法律工作　促进商务事业快速发展

商务部条约法律司司长　李成钢

2010年是“十一五”规划的最后一年，面对复杂多变的国际经济形势和自然灾害频发等困难和挑战，商务法律工作充分发挥保障作用，为“十二五”商务事业开好局起好步创造良好的法治环境，促进了商务事业平稳较快发展。

一、围绕商务重点工作立法，弥补商务法律体系空白

配合扩大内需，积极推动商务领域法律、行政法规出台。启动内贸基础性立法研究工作，完成内贸基础性立法与流通促进条例课题研究以及国外流通立法翻译与汇编工作。配合国务院法制办审议《报废机动车回收管理条例》(修订)、《典当管理条例》及《商业网点条例》。深度参与《粮食法》、《旅游法》立法工作。

优化对外贸易结构，出台许可证发证机构管理方面的规章，积极推动《货物进出口管理条例》修订。

加快实施“走出去”战略等商务重点工作，配合国务院法制办审议《对外劳务合作管理条例》，出台有关对外劳务合作方面的规章，配合最高院、最高检起草对外劳务合作刑事案件司法解释。

配合最高院出台司法解释《审理外商投资企业纠纷案件若干问题的规定（一）》。

二、深入推进商务系统依法行政，保障商务事业健康发展

妥善应对行政案件，加强工作制度建设。贯彻落实全国依法行政会议精神。应对行政诉讼案件1起、民事诉讼案件1起；处理行政复议案件8起。进一步规范行政复议法律文书；更新行政处罚指南及流程图，使行政处罚程序更清晰、科学。

全面推进规章及规范性文件清理工作。共清理部门规章188件，规范性文件559件。其中现行有效规章183件，废止规章3件，宣布失效规章1件，修改规章1件；现行有效的规范性文件502件，废止文件21件，宣布失效文件36件。

推进普法，提高商务人员法律素质。开展商务系统“五五”普法总结验收工作。继续举办中德经济法培训班。在宁夏举办专题普法培训班。编辑出版《商务立法年编2009》。

三、积极运用世贸组织争端解决机制，维护国家和产业利益

妥善应对，为我核心利益积极抗辩。截至2010年底我在世贸组织被诉案件累计达12起。面对严峻形势，妥善应对世贸组织争端解决案件。如：美诉我知识产权案，美诉我出版物案，美、欧、墨诉我出口限制案，美诉我电子支付服务措施案，美诉我取向电工钢“双反”措施案。

主动运用，反击贸易保护主义。截至2010年底我在世贸组织起诉案件累计达7起。其中，诉美禽肉限制措施案，专家组报告明确裁决美“727条款”违反世贸规则，美已被迫修改相关立法。诉欧紧固件反倾销措施案，专家组裁决欧盟反倾销法“分别税率”规则不符合世贸规则，标志我在反击欧盟对华歧视性反倾销措施方面取得初步胜利。诉欧皮鞋反倾销措施案已进入专家组审理阶段。诉美反倾销反补贴措施案，专家组裁定美涉案4起双反措施违反世贸规则，我挑战美滥用贸易救济措施工作取得阶段性成果。诉美轮胎特保措施案，充分阐明我反对贸易保护主义及维护出口企业合法权益的一贯立场。

四、稳妥推进多双边法律工作，构建良好的国际法律环境

商签双边投资保护协定。与乍得、利比亚签署协定；启动与乌兹别克斯坦、博茨瓦纳、苏丹的协定修订工作；草签中朝经济特区协定；与委内瑞拉就文本达成一致。进行与加拿大、土耳其、智利、日韩的谈判；启动中欧投资保护协定可行性研究。牵头进行两岸投资协议商谈。

积极参与中澳、中挪等自贸协定、《海峡两岸经济合作框架协议》谈判以及中瑞（士）自贸区、中日韩自贸区可行性研究。

参与国际经贸规则制定。全面参与联合国贸法会企业集团破产处理办法和动产担保权益登记、国际统一私法协

会中介持有证券统一实体法公约、空间资产议定书、全球导航卫星系统服务第三方责任等议题的讨论；参与世贸组织《关于争端解决规则与程序的谅解》修改谈判；深入开展"《鹿特丹规则》对我国进出口贸易影响"课题研究。

开展国际法律交流与对话。成功举办第十五届中美法律交流活动；开展中日资本市场法制完善项目研修活动；同亚太经合组织、国际统一私法协会、国际发展法律组织等国际组织开展法律交流与合作。

五、大力加强知识产权保护工作，健全完善知识产权海外维权机制

推动多双边知识产权交流与合作。召开对美、欧、俄等知识产权工作组会议。认真执行中欧知识产权合作二期项目。牵头启动中欧地理标志等多项双边知识产权议题谈判，推动签署海峡两岸知识产权保护协议，积极参加亚太经合组织、世贸组织知识产权议题谈判。

开展打击侵犯知识产权和制售假冒伪劣商品专项行动，健全完善知识产权海外维权机制。统筹协调开展打击侵犯知识产权和制售假冒伪劣商品专项行动；在海外知名展会设立"中国参展企业知识产权服务站"；指导和支持商协会牵头对我企业知识产权纠纷集中的技术进行专利分析；召开知识产权海外维权论坛；举办《与贸易有关的知识产权协定》15周年国际研讨会；举办知识产权海外维权宣传和培训活动。

2011年，商务法律工作将紧密围绕商务中心工作，创新思路，锐意进取，为提高经济增长质量和效益、推动经济发展方式转变和结构调整、推进改革开放和自主创新、增强经济增长活力和动力、改善民生、保持社会和谐稳定、统筹国内国际两个大局、努力实现经济平稳较快发展提供有力的法治保障。

加强商务领域信用建设　切实规范市场秩序

商务部市场秩序司司长　向　欣

市场经济是信用经济，社会信用体系是现代市场经济制度的重要基石。商务领域信用建设作为社会信用体系建设的组成部分，既是建立统一开放竞争有序市场体系的基础工程，也是规范市场秩序的治本之策。

一、商务领域信用建设的主要内容和特点

（一）商务领域信用建设的主要内容

一是商务信用文化建设。通过宣传弘扬"诚信兴商"的理念，增强企业和从业人员的诚信经营意识，规范职业操守，使得"讲诚信"成为企业生存发展的基础。具体包括诚信创建、诚信宣传教育和人才培训等内容。

二是商务信用制度建设。通过制度框架的构建和信用信息的交换共享，逐步形成鼓励守信和惩罚失信的市场约束机制。具体包括健全商务信用政策法规和标准体系，充实完善商务信用信息系统，引导行业和企业加强信用建设，培育和发展商务信用服务业等内容。

三是信用建设成果的应用。"信"是为了"用"，只有"用"才能突显"信"的价值。具体包括促进商务信用交易，支持诚信企业融资等内容，切实让企业"守信得益、失信受制"。

（二）商务领域信用建设的特点

一是具备基础性和广泛性。商业信用不同于金融信用，它是以商品和服务为标的物的信用交易及相关服务。因此，商务领域信用建设与企业生产经营和公众消费活动息息相关，直接或间接地影响到广大企业和消费者的实际利益。

二是以企业为主体，充分发挥行业组织和信用服务中介的作用。随着商务领域信用建设的不断深入，政府、行业组织及市场中介组织的角色定位更加明确。政府机构以建立健全制度规范及相关标准为主要职责，引导和推动各类市场主体积极参与，通过行业组织的自律和信用服务机构的市场导向作用，提升企业的诚信经营意识和信用管理水平。

三是注重信用建设成果的实际应用。目前，商务领域信用建设正逐步从制度规范和诚信宣传教育等基础建设为主，转向强化基础和注重应用并重的阶段。在成果应用方面，重点加强与保险、担保及银行的合作，推广和开发新的信用产品，为企业拓展国内外市场、开展贸易融资、防范信用风险、降低交易成本提供服务。

二、商务领域信用建设的进展情况

近年来，在商务部信用体系建设领导小组的统一指导下，各级商务主管部门、各行业商协会、信用服务机构和广大企业积极参与商务领域信用建设，取得了一定成绩。

（一）商务信用文化建设方兴未艾

从2005年开始，商务部会同中宣部、发展改革委等15个部门和单位，以“诚信兴商”宣传月活动为平台，在全国开展诚信宣传教育活动，每年约有600万人次参与，刊发新闻报道数万篇次，受到商贸企业和广大消费者的欢迎，对树立商业诚信意识起到了积极推动作用。

同时，在商务领域重点开展了“诚信经营”示范创建活动，目前已有25个省市开展了此项活动，涉及批发、零售等13个行业。不少商协会和企业还自发开展了“诚信创建”、“信用评价”等活动，商业诚信道德文化得到大力弘扬。

（二）商务信用制度和技术手段不断完善

“十一五”期间，《商务领域信用信息管理办法》、《商会协会行业信用建设工作指导意见》、《商贸企业信用管理技术规范》等规范性文件和标准制度陆续出台，为商务领域信用建设提供了政策指导和执行依据。商务信用分类管理制度初步建立。在国内贸易方面，发布了规范零售商供应商公平交易和零售商促销行为等办法和标准；在外经外贸方面，出台了企业信用风险监测预警、不良行为信息记录和披露等制度和办法。

商务领域信用信息系统数据库初步建成，数据覆盖国内外贸易、外资和国际经济合作等19个业务领域，拥有近92万家企业的相关信息，已累计接受公众查询400多万次。商务部对外贸易信用信息管理（深圳）试点系统投入使用，初步实现了外贸企业信息查询、分类管理、异动监测和综合信用评价等功能。中国反商业欺诈网公共服务平台逐步实现了接受举报投诉、提供信用信息查询等方面的公共服务功能。

（三）商务信用建设工作组织化程度提高，信用服务业市场化步伐加快

经过多年努力，已有135家全国性行业协会开展了行业信用评价工作，评出A级以上企业近4 000家，基本涵盖国民经济主要领域，企业总体信用管理水平有所提高。

部分地方商务主管部门在推动本地商务领域信用建设的同时，积极探索在更大范围内建立区域信用体系。上海、江苏、浙江等省市商务主管部门积极推动建立区域性信用体系建设合作机制，力争形成“信用长三角”区域合作发展模式。

商业化的信用服务行业快速发展。目前，我国各类商业性征信机构已发展至100多家，资信评级机构80多家，信用担保机构近1.5万家，商业信用服务产品逐年增加，交易日益活跃。

（四）商业信用的应用取得积极成效

信用销售得到促进。在商务领域加强信用建设的基础上，商务部会同财政部、人民银行、银监会、保监会出台了《关于推动信用销售健康发展的意见》，鼓励发展企业之间、企业与消费者之间的信用销售，并建立了包含政府补贴在内的风险分担机制。2009年和2010年，以财政对内贸信用险业务的专项补贴为杠杆，打破了信用销售难以发展的“瓶颈”，共支持信用销售2 187亿元，创新了销售方式，扩大了国内消费。

内贸融资有所扩大。在内贸企业信用建设的基础上，2009年和2010年争取中央财政专项资金，以信用信息收集为基础，对中小商贸企业融资担保业务予以补助，帮助企业获得融资1 500亿元，缓解了中小商贸企业融资困难，对扩大内需、活跃市场、增加就业发挥了积极作用。

行业信用评价结果得到广泛应用。各行业商协会开展的信用评级工作在帮助企业获得政府采购、项目招标、融资以及拓展业务、扩大品牌形象等方面，发挥了积极作用。

三、商务领域信用建设的下一步工作重点

近期，商务部正在研究制订《关于加强商务领域信用建设的指导意见》，以系统地指导和推动各地区、各行业未来五年内的商业信用工作，也为进一步落实信用成果应用提供依据和保障。下一步，我们将重点做好五方面的工作。

（一）深入开展商务信用宣传教育，弘扬商业诚信文化

继续以“诚信兴商”宣传月活动为平台，开展形式多样、体现行业特点的宣传教育活动。在商务领域重点行业全面开展“诚信经营”示范创建活动，加大对“诚信经营”示范单位的宣传推广力度。普及现代商业信用知识，帮助商贸企业降低交易成本，提高交易效率，防范信用风险。

（二）建立健全相关法律、法规、规章和标准，完善各类信用信息系统

研究制订全国统一的行业信用评价基础标准及部分行业的信用评价标准体系。完善商务领域信用信息系统的功能，拓展信用信息采集范围，增加征信亟需的信息内容，积极建立守信奖励、失信惩戒的制度和机制。逐步建立跨部门外贸企业信用信息共享和联合监管系统。推动条件成

熟的商圈和供应链群体建立信用信息的内外交换和共享系统。

（三）充分发挥行业组织的作用，引导本行业和会员企业加强信用管理

指导行业商协会制订并实施行业信用自律公约，帮助企业提升信用管理水平和信用销售能力。规范行业商协会对会员进行的信用评价工作，促进信用评价结果在部门间、上下游行业间的有效应用。指导行业商协会归集行业内企业信用信息，建立会员企业信用档案，制作和发布守信企业红名单和失信企业黑名单。指导行业商协会建立重点岗位从业人员的执业行为记录，建立诚信评估制度以及严重违规退出禁入制度。

（四）积极促进信用服务业发展，培育信用服务市场需求

研究、制订商业保理、履约担保等信用服务业的行为规范。引导商贸企业更多地运用商业信用产品，促进信用服务市场的发展。推动信用服务业建立行业组织，开展行业自律，营造守法经营、有序竞争的信用服务市场环境。

（五）大力发展信用销售，支持商贸企业信用融资，规范预付消费行为

推动企业与金融机构合作，发展企业之间的信用销售。鼓励有条件的零售企业面向消费者开展信用销售。完善贸易信用险补助政策，进一步推动内贸信用险业务发展。巩固并完善中小商贸企业融资担保支持政策，重点支持商品交易市场、商业街、物流园区等商圈内的经营主体融资。研究制订商务领域预付消费行为规范，强化行业自律和市场监督，切实防范商业欺诈和市场风险，保障消费者权益。

2010 年市场体系建设迈上新台阶

商务部市场体系建设司司长　常晓村

2010 年，全国市场体系建设系统深入贯彻落实科学发展观和党中央、国务院关于搞活流通扩大消费的精神，按照商务部党组的统一部署，出台了一系列政策措施，全力推进市场体系建设工作取得明显成效，为“十二五”市场体系建设实现良好开局打下了坚实基础。

一、农村市场体系建设成效显著

大力实施“万村千乡市场工程”，中央财政资金安排 16 亿元支持新建 10 万家连锁化农村超市，建设 1 200 个农村商品配送中心。截至 2010 年底，已累计建设 52 万个农村超市、2 667 个配送中心，覆盖全国 80% 的乡镇和 65% 的行政村，农村连锁经营网络初步形成，为农民创造了安全、便利、实惠的消费环境。一是召开全国“万村千乡市场工程”工作会议，加大了政策实施力度，完善了资金扶持政策，重点支持建设一批配送中心。二是加强规范管理及监督考核。下发了《关于进一步加强万村千乡市场工程规范管理的通知》，要求重视项目建设质量，规范农家店形象，严格考核制度，稳步提高农家店生命力。三是提升现代化水平。与中国农业银行、中国移动通信集团公司达成合作意向，整合三方资源，实现农村超市物流采购、刷卡消费、移动业务办理、信息服务等功能，促进农家店物流、信息流、金融流融合。

二、农产品现代流通综合试点正式启动

农产品现代流通综合试点是“双百市场工程”和农超对接工作的深化、发展和创新，是商务领域支持完善农产品流通体系各项改革的又一重点工程。2010 年，中央财政资金安排 6.8 亿元，支持 8 个省份 31 个市县进行农产品批发市场、农贸市场等流通基础设施升级改造，打造农产品流通链条。一是组织专家评审试点方案，召开试点省份座谈会，印发工作指导意见，开展试点工作。二是研究制定全国农产品批发市场规划，起草批发市场发展指导意见，指导地方摸查农产品批发市场底数和做好地方发展规划。三是开发建立“农超对接信息服务系统”，实现项目网上运转；组织“农村流通合作组织培训会”，鼓励大型超市开展“农超对接”。四是同农业部

签署合作协议，建立战略合作机制，共同推进农产品流通领域合作。截至2010年底，累计升级改造284家农产品批发市场和457家农贸市场，初步发挥了产销地市场农产品价格形成和集散功能；部分“农超对接”试点企业直采率达30%，减少流通成本15%。

三、农村消费潜力逐渐释放

一是加大家电下乡政策实施力度。提高家电下乡产品最高限价，新增实施品种，扩大实施范围，开展家电下乡产品第七次招标，引导企业开发生产适合农村消费特点的商品；加强对家电下乡流通环节和产品标识卡管理，开展防骗补检查、家电下乡质量行、售后维修服务体系建设，对中标企业进行动态考核。二是研究完善汽车摩托车下乡政策，及时公布进展情况，就补贴车型、范围、简化补贴程序等提出政策建议。三是安排专项资金完善下乡产品销售和服务网络。全国经备案的家电下乡销售网点超过20万个，已基本覆盖所有县乡。2010年，家电下乡销售7 718万台，销售额1 732.3亿元，同比分别增长126%和170%；汽车摩托车下乡补贴1 201万辆，发放补贴资金177亿元，销售额1 700亿元。

四、汽车已成为拉动消费的重点

我国汽车市场延续良好发展势头，特别是汽车以旧换新提高补贴标准后，拉动消费政策效应开始显现。2010年，汽车产销量分别达到1 826万辆和1 806万辆，其中限额以上汽车类零售额达1.67万亿元，占限额以上企业商品零售额的比重最高，达到29%；以旧换新办理补贴车辆45.9万辆，发放补贴资金64.1亿元，带动新车消费496亿元。一是完善汽车以旧换新政策。组织召开汽车以旧换新部际协调会和座谈会，提高补贴标准，允许同时享受车辆购置税减征与以旧换新补贴，延长政策实施期限，完善汽车以旧换新管理信息系统。二是积极推进升级改造试点。召开回收拆解企业升级改造经验交流现场会，安排专项资金支持26个省（区、市）的37个报废汽车回收拆解企业、12个省（市）的50家二手车交易市场进行升级改造试点。三是大力培育二手车市场。组织起草《二手车鉴定评估技术规范》，开发建设全国二手车交易信息管理系统并开展相关培训。

五、规划法规标准体系建设稳步推进

一是加强规划工作。组织起草了《国内贸易发展规划（2011—2015）》（征求意见稿），总结了“十一五”期间国内贸易的发展情况，分析了“十二五”时期国内贸易的发展环境，明确了指导思想，提出了发展目标、任务和保障措施；指导、督促地方开展城市商业网点规划工作，全国279个地级以上城市、172个县级城市完成商业网点规划，完成率分别达99%和47%。二是健全流通法规体系。积极推进《商业网点条例》、《报废机动车回收拆解管理条例》、《典当管理条例》等立法工作，推动制订《汽车品牌销售管理办法》、《旧货流通管理办法》和《旧电器电子产品经营管理办法》等部门规章。三是完善流通标准体系。全年下达内贸行业标准项目计划186项，提出急需制订修订的农产品流通标准目录，发布《青椒流通规范》等行业标准21项、完成国家标准报批25项；组织赴美国、加拿大考察农产品标准化工作，筹备与国家标准委签署战略合作协议。四是改善零供关系。开展课题研究，组织建立零售商供应商合作信息交流平台。

六、灾后恢复重建工作取得阶段性成果

一是在青海玉树抗震救灾中承担生产恢复组任务，司领导带队两次赴灾区实地指导灾区恢复商业网点；组织板房、帐篷商店和流动售货车，满足灾区群众基本生活需求；参与编制《玉树地震灾后恢复重建总体规划》，组织有关单位支持青海省编制《玉树地震灾后恢复重建市场服务体系专项规划》。二是积极参加舟曲抗洪救灾工作，指导灾区商业网点恢复营业，开展受灾评估及商业网点规划布局等重建规划工作。三是继续做好汶川地震灾后恢复重建工作。在成都召开市场服务体系灾后恢复重建座谈会，推动汶川灾后重建进程；做好《汶川特大地震抗震救灾志·地震灾害志》和《灾后重建志》的编纂工作。截至2010年底，四川、甘肃、陕西在汶川地震受灾的51个重灾县（区、市）累计开工项目1 563个，完工项目1 435个，分别占项目总数的98%和90%，累计完成投资148.3亿元，约占投资总额的93.4%。玉树地震灾区商业网点数量已基本恢复到灾前水平。

七、特殊行业规范发展

一是加强典当业监管。召开全国典当业监管工作会议，完善监管措施，升级监管信息系统，规范信息披露制度。二是规范拍卖、直销业发展。印发《拍卖业信息报送管理办法》，正式发布并贯彻实施拍卖业第一个行业标准《文物艺术品拍卖规程》；建立内资直销企业信息报送制度，强化地方直销审核监管职责。三是继续开展融资租赁试点。鼓励装备制造企业开展融资租赁业务，研究融资租赁单机单船公司政策。四是开展大宗商品市场整顿规范工作。对北京等10个省市工作进行督查，研究修改有关法规，完善制度环境。五是规范旧货经营秩序。下发通知督查寄卖行非法经营活动，开展二手设备市场调研，研究促进旧货业发展的政策措施。2010 年，全国 4 433 家典当企业累计发放当金 1 801 亿元，同比增长 23%；5 222 家拍卖企业实现成交额 6 565.6 亿元，同比增长 41.6%；8 家内资直销企业实现直销销售额 1.8 亿元；旧货市场 2 000 多家，旧货企业及个体经营门店上万家，个体流动商贩近 500 万人，估计全年旧货交易额达 1 800 亿元。

2011 年是“十二五”开局之年，市场体系建设工作的总体思路是：在商务部党组的领导下，贯彻落实党的十七届五中全会和中央经济工作会议精神，以科学发展为主题，以加快转变经济发展方式为主线，以扩大城乡居民消费为重点，制定和实施好国内贸易发展“十二五”规划，完善流通法规标准体系，着力加强流通基础设施建设，加快农村现代市场和农产品现代流通体系建设，大力开拓农村消费市场，促进汽车循环消费，规范特殊行业发展，推动市场体系建设开创新局面。

商贸服务行业加快发展　居民消费持续扩大

商务部商贸服务管理司司长　邸建凯

2010 年，商贸服务司在商务部党组的正确领导下，按照中央扩大内需的总体要求，着力贯彻落实搞活流通扩大消费政策，大力推进商贸服务行业节能减排，积极推动现代流通方式快速发展，不断加强行业管理基础，商贸服务行业取得快速发展，对完善市场流通体系、扩大居民消费发挥了重要作用。2010 年全国社会消费品零售总额 156 998 亿元，比上年增长 18.3%，其中，商品零售额 139 350 亿元，增长 18.4%；餐饮收入额 17 648 亿元，增长 18.1%。人均社会消费品零售总额进入万元时代，达到 1.1 万元。

一、居民生活服务体系更加完善

针对我国居民生活服务体系中的薄弱环节，商务部会同财政部等部门继续贯彻落实相关政策，特别是通过财政资金引导扶持，不断建立和完善居民生活服务体系。

（一）大力推进城市家政服务体系建设。继续安排中央财政资金扶持 35 个试点城市家政服务行业发展，强化中心城市家政服务网络中心功能，培育一批龙头企业提高经营管理水平，在全国开展面向农民工和下岗人员的家政技能培训。两年来，已累计在 103 个地级以上城市各建设一个家政服务网络中心，整合 5 万多家家政服务企业资源，培育近 150 家龙头企业，培训 40 万城镇下岗失业人员和农村劳动力从事家政服务，有效带动家政服务行业的品牌化、规模化、连锁化发展，一定程度上缓解了社会就业压力，较好地满足了居民家庭服务消费需求，试点地区家政服务满意度提高到 95% 以上，家政服务消费提高了 40% 以上，实现消费额超过 500 亿元。

（二）不断健全大众化早餐供应体系。选择 5 个城市继续开展早餐工程试点，以大型龙头餐饮企业为主体，以现代化的主食加工配送中心为支撑，以标准化的早餐销售网点为载体，不断健全大众化餐饮供应体系。三年来，已累计在 53 个大中城市新建或改造了 91 个主食加工配送，配套建设 1.8 万多个标准化早餐网点，每天能够为 1 000 万人提供放心早餐，人均消费价格仅 3—5 元，基本满足了试点城市居民早餐吃得放心、吃得便利、吃得健康的消费需求。

（三）加快完善社区标准化菜市场网络。为解决城市社区居民买菜难、买菜贵问题，完善蔬菜流通渠道，2010 年中央财政继续安排资金在 5 个城市开展标准化菜市场建设试点。两年来，已累计在 111 个城市新建或改造社区菜市场 1 248 个，带动各方面投资超过 40 亿元。新建成的标准化菜市场有效改善了居民购物环境，大多数社区居民把其作为购买农副产品的首选场所；企业经营管理水平普遍提升，品牌经营和超市化的经营模式快速发展，居民食品安全得到有效保障。

二、热点消费和新兴消费快速增长

（一）全面推广实施家电以旧换新政策。按照国务院批准的《家电以旧换新推广工作方案》，从 2010 年 6 月 1 日开始，在总结试点经验基础上，将家电以旧换新政策向全国推广实施。截至 2010 年底，累计回收旧家电 3 344 万台，销售新家电 3 215 万台，销售金额 1 208 亿元，受惠家庭超过 1 000万户，带动新增就业岗位 40 多万个。通过拆解处理废旧家电，有效回收利用废旧家电中含有的钢铁、塑料、有色金属等资源近 50 万吨。通过淘汰高能耗的旧家电，每年可节约电能约 61 亿千瓦，相当于一个中型电厂发电量。

（二）促进网络购物健康快速发展。2010 年商务部出台了《关于促进网络购物健康发展的指导意见》，制定了《网络购物商品配送服务规范》等行业标准，积极促进网络购物健康快速发展。2010 年我国网络购物消费人群超过 1.7 亿人，约占网民总数的 38%；网络购物交易额达到 5 231 亿元，相当于全社会消费品零售总额的 3.3%，交易额较 2009 年实现翻番增长。

（三）积极开拓加油站非油品业务新领域。商务部出台了《商务部关于促进加油站非油品业务发展的指导意见》，将加油站非油品业务作为成品油零售体系整体发展战略的重要组成部分，因地制宜组织实施，推动加油站非油品业务发展开始提速。截至 2010 年底，中石油、中石化系统开展便利店、快餐、洗车等服务的加油站已达 2.82 万座，占两大集团加油站总数的 61%，年销售额超过 100 亿元，增幅超过 80%，加油站便利店正在逐步成为便利居民消费的新渠道。

三、行业节能减排水平进一步提高

（一）加快完善再生资源回收体系。2010 年商务部会同财政部继续深入推进再生资源回收体系建设，安排中央财政资金支持 32 个试点城市规范建设社区再生资源回收站点、分拣中心和集散市场。两年来，已累计支持 40 个城市建设和改造了 3.3 万个社区回收站点、181 个分拣中心、22 个集散市场和 36 个区域性再生资源回收加工利用基地。这些城市的再生资源回收率平均由 40% 提高到 70% 左右，资源回收量约 6 000 万吨，占全国再生资源回收总量的 40% 左右，初步形成了社区回收网点、分拣加工中心、集散市场三位一体的回收发展模式。

（二）推进进零售业和服务业节能降耗。商务部积极联合发展改革委、环保部等部门采取抽查、暗访等方式对部分地区塑料袋有偿使用情况进行检查，积极开展减少一次性筷子和一次性餐盒使用专项整治，推动商贸服务行业减少一次性用具使用，避免环境污染和资源浪费。在餐饮住宿行业大力推广应用节能新技术，支持行业协会在全国创建了 400 余家“绿色饭店”和“绿色餐饮企业”。发布了《2010 年中国零售业节能环保绿皮书》，全面总结我国零售业节能环保工作现状，提出了零售业未来节能减排工作的重点和主要措施。大力推广使用散装水泥及预拌混凝土和砂浆，2010 年全国散装水泥供应量达到 8.98 亿吨，同比增长 19.3%；全国水泥散装率 48.1%，比上年提高了 1.83 个百分点，有效节约了包装材料，降低了建筑粉尘污染。

四、现代流通方式快速普及和发展

（一）大力促进电子商务发展。启动了电子商务示范工作，力争用 3 到 5 年时间，培育一批网络购物平台、行业电子商务平台和传统企业电子商务应用示范骨干企业，充分发挥其示范引导作用，促进电子商务健康有序发展。

（二）加快推进商贸物流体系建设。根据国务院《物流业调整和振兴规划》要求，组织编制了《商贸物流专项规划》。对各地物流调整与振兴规划实施情况进行了检查。继续推进流通领域现代物流示范工作，确定了 46 个现代物流示范城市，组织召开了全国流通领域现代物流示范城市经验交流会。积极推动两岸物流产业合作。出版了《中日韩流通及物流联合报告书》（第二版）。

（三）保护和促进中华老字号创新发展。出台了《关于进一步做好中华老字号保护和促进工作的通知》，完善相关政策措施。中央财政安排专项资金支持京、津、沪、江、浙 5 省市老字号企业开展连锁经营、品牌保护和技艺传承。积极推动老字号申遗，全国已有 112 家中华老字号的相关技艺列入国家非物质文化遗产保护名录。

五、行业管理基础进一步增强

（一）继续加强行业统计工作。建立了由 8 个方面、215 项指标构成的中国流通业统计与评价指标体系，积极研究在部分省市开展体系运行试点的方案。首次发布了《中国商贸服务行业发展报告（2009）》，印发了《商贸服务典型企业统计报表制度（2010—2012）》，将典型企业数量扩充至近 3 000 家。完成了 2010 年商贸服务典型企业统计年报工作，上报数据的企业增长了 10%。

（二）加快完善法规标准体系。起草了家庭服务业和废弃电器电子产品回收管理办法。制定了《百货店等级划分技术要求》国家标准及一批相关行业标准。依法加强商业特许经营监管，新增备案企业 161 家（累计共 1 491 家），共处理书面投诉 17 件，受理电话咨询投诉信息 3 900 条。组织开展了特许经营秩序专项整治。按照国务院要求，积极部署开展商贸流通企业、中华老字号、国内展会、网络购物、电视购物、电话购物等领域打击侵犯知识产权和制售假冒伪劣商品专项行动。

（三）加强行业规划和指导。出台了住宿业、家政服务业、洗染业、沐浴业、生产资料流通、加油站非油品业务、人像摄影、美容美发等多个行业指导意见。研究制定了完善工业消费品批发体系的方案，确定了第五批全国社区商业示范社区125家，审定达标大型超市786家。建立了生产资料流通行业重点企业联系制度。加强石油市场管理，召开了全国石油市场管理工作会议，下发《商务部关于加强当前成品油市场供应保障工作的紧急通知》，保障成品油特别是柴油市场供应和价格稳定。配合财政部等部门推动出台海南购物离境退税和离岛免税政策。

不断加强市场运行调控 切实保障市场供应

商务部市场运行调节司司长 王炳南

2010年，市场运行司在商务部党组的正确领导下，深入贯彻党中央、国务院关于“保增长、调结构、管通胀”的方针，不断加强和完善市场监测和运行调控，积极应对重大自然灾害、突发事件和市场波动，为保障市场供应、扩大城乡消费、促进国民经济平稳较快发展做出了积极贡献。

一、市场调控能力不断提高，有效促进经济平稳运行

以服务宏观经济平稳运行为出发点，建立完善提高市场调控能力的长效机制。2010年以来，异常天气导致自然灾害和突发事件增多，商品市场波动较大，市场调控常态化特征明显。面对新的市场变化和宏观经济形势，市场运行司不断健全调控工作机制，积极创新思路，变事后调控为事前调控，变被动调控为主动调控，更好地服务于宏观调控大局。进一步规范储备管理。落实《中央储备肉管理办法实施细则》、《中央储备糖管理规则》等规章，完善承储企业资质、入储、投放等工作制度，严格管理流程和程序，储备管理科学化、规范化水平明显提高。继续创新和完善调控方式。在2010年中央储备肉、糖和厂丝收储投放工作中，按照公开、公平、公正的原则，全部采用公开电子竞价交易方式，提高了工作效率，推进了储备管理透明化和政务公开。不断提高调控的灵活性和针对性。根据市场情况，通过收储与投放的有效组合，把握调控的时机、力度、节奏和方式，分期、分批实施，竞价和定向结合，避免了市场的过度反应，取得良好效果；同时，利用两种资源、两个市场，抓住有利时机，组织进口一批原糖，有效弥补供给缺口。继续强化应急管理。完善应急预案，制定《保障今冬明春生活必需品市场供应工作方案》，召开会议及时部署，组织开展应急管理培训；注重发挥骨干企业和应急商品数据库在市场调控中的积极作用，调整一批经营条件差、报送信息不及时的企业，增加了经营条件好、社会责任心强的企业，应急调控能力不断增强。

以重要商品为抓手，切实做好通胀预期管理工作。根据2010年猪肉、食糖、蔬菜等市场频繁波动状况，市场调控更趋策略化、柔性化，更加符合调控预期目的和经济发展的需要。做好肉类市场调控。针对2010年初猪肉价格持续下跌情况，在4月—6月份分5批实施冻猪肉收储，既避免了猪价过度下跌影响生产，稳定了农民增收，又没有对物价上涨造成压力，同时，还以较低的成本增加了储备。下半年为满足节日市场需求，9月—12月份，分3批组织投放中央储备冻猪肉10万吨；新疆肉孜节期间，及时组织投放中央储备活羊500吨。肉类投放既考虑了消费者承受能力，保障了居民消费，又抑制了价格过快上涨，为管理好通胀预期做出了贡献，同时，也兼顾了生猪生产周期，稳定了生产，促进生猪市场可持续发展。组织储备食糖和厂丝的投放。2010年先后分5批加工中央储备原糖171万吨，分8批投放中央储备糖162万吨，极大地缓解了市场供求矛盾，国内食糖价格由最高时每吨7 500元降至6 800元左右。分5批向企业投放储备厂丝1 912.6吨，确保了企业生产和出口秩序的稳定。积极维护蔬菜等农副产品市场稳定。为保障蔬菜市场供应，积极落实国务院26号文件精神，研究印发《关于做好新时期蔬菜流通工作的指导意见》，提出《小品种农产品市场调控建议》，与农业部门共同召开蔬菜产销工作会议，组织主产区和主销区大型流通企业开展产销衔接，签订蔬菜购销合同212万吨，金额达48.6亿元，有效保障了蔬菜流通渠道的稳定。

以应对突发事件为重要职责，有效保障市场应急供应。

针对2010年突发事件频发状况，市场运行司加强组织协调，采取积极措施，确保应急供应。年初低温雨雪灾害期间，指导河北、山西、北京等地加强产销衔接，保障蔬菜供应。根据西南地区严重旱情需要，组织对云南、广西、贵州开展定向收储中央储备冻猪肉6 000吨，通过应急商品数据库重点联系企业，筹措净水设备、背水桶等货源，做好紧急调运的准备。青海玉树地震发生后，立即成立抗震救灾工作组，连夜开展市场调查，火速组织落实生活必需品和应急救灾物资，启动日报监测，及时做好救灾物资的联络和调运工作，累计调运方便面、矿泉水等生活物资1 400多吨，联系青稞、糌粑、酥油等藏族特色商品货源4 600余吨，分批投放中央储备肉600吨，紧急筹集调运煤炉3 000台，并以最快速度送到灾民手中。舟曲泥石流灾害期间，会同有关部门迅速投放中央储备边销茶20吨，帮助协调落实生活必需品货源，组织有关企业向灾区捐助价值50余万元的矿泉水、方便面、饼干等物资。针对海南出现泡椒“卖难”问题，及时组织北方经销商对接收购，积极协调落实过海运费补贴等措施，组织销售泡椒9万余吨。通过积极的努力和措施保障，应急保供取得良好效果，得到党中央、国务院领导的充分肯定。

二、积极推进海南农产品现代流通综合试点，探索建立农产品流通长效机制

为发挥海南地域优势，保障北方冬季果蔬市场供应，探索适合我国国情的农产品现代流通新模式，按照国务院领导批示精神和部党组要求，2010年市场运行司启动了海南农产品现代流通综合试点工作，拟用三年时间形成产销关系稳定、流通渠道畅通、质量可追溯的现代农产品流通长效机制。

确定试点方案。按照部领导要求，在充分调研和论证基础上，年初起草了《海南农产品现代流通综合试点方案》，多次听取专家、经销大户、批发市场等各方对试点方案的意见，组织专家进行评审，为试点工作的启动打好了基础。落实政策支持。通过与相关部门的积极沟通与协调，落实了试点工作相关政策和资金支持，与财政部联合下发《关于海南农产品现代流通综合试点指导意见的通知》和《关于2010年农产品现代流通综合试点项目资金的通知》等文件，保证了试点工作的顺利开展。加大推进力度。为做好试点推动工作，及时下发《关于推荐海南农产品现代流通综合试点项目承办企业的通知》，部署落实试点参与企业和流通渠道建设项目的申报工作，并于2010年11月8日在海南召开农产品现代流通综合试点工作推进会，明确2010年试点工作任务，重点在北京、天津、沈阳等建设完成10条产销链条和10个产地集配中心，完成海南农产品物流综合服务平台和公共信息服务平台的系统开发。商务部与参与试点的16个省区市商务主管部门签署合作协议，积极推进、共同做好海南农产品综合试点工作。

经过各方努力，2010年海南试点工作开局良好，进展顺利。从实施方式上，实现了四个转变。即：从过去单项网点向完善产销渠道和网络转变；从注重改造提升基础设施向发展先进的流通模式转变；从分步设计、分步实施，向总体设计、同步实施转变；从单一市场化运作，向政府引导的市场化运作转变。从政策支持上，形成了中央与地方配套，财政、金融、土地等全方位支持的有利格局。中央财政安排专项资金，是近年来内贸流通方面支持最大的一个单体试点项目。支持海南通过信用担保等方式，为上下游企业提供担保，并给予担保补助和信用风险补贴；引导海南对试点企业投资集配中心等项目建设优先安排土地指标、优惠出让土地。与铁道、交通运输等部门合作，进一步加大“绿色通道”政策的支持力度，完善果菜运输车辆通过琼州海峡收费的优惠政策。从组织保障上，建立起分工细、约束强、责任明的工作框架。商务部、财政部负责指导监督，海南省人民政府负责协调，试点省（市区）商务部门牵头组织实施，财政、农业、发展改革、农垦等多部门共同参与，保障试点工作的有序开展，保质保量完成试点预定目标。

三、继续加强市场监测与分析，宏观调控服务功能不断增强

2010年国内商品市场，特别是农产品市场波动较大，继年初“蒜你狠”、“豆你玩”、“辣翻天”、“姜你军”等小品种农产品轮番波动后，粮食、蔬菜等主要农副产品和部分生产资料价格又出现持续上涨态势。面对复杂多变的市场形势，市场运行司把加强监测预警和信息引导作为进一步转变职能、加强通胀预期管理、服务宏观调控的一项重要工作来抓。

完善样本结构，代表性进一步增强。2010年修订了生活必需品、生产资料和重点流通企业报表制度，从行业、业态、地域、规模等方面入手，大力优化监测样本结构，重点加强对涉农、涉外、居民服务业以及茧丝绸和酒类流通等市场监测，不断提升监测数据报送质量。截至2010年底，全国市场监测样本企业总数达到2.9万家，其中新增8 000余家，直报系统数据准确及时率已达89%以上，较上年提高4个百分点。推进信息泵安装，监测智能性进一步提升。2010年重点推进地方信息泵安装工作，加强对安装企业的技术指导和服务，加快信息泵数据开发与利用，提高数据采集和处理智能化水平，确保数据及时、连续和稳定。截至年底，新增信息泵安装企业457家，累计安装817家，监测的系统及时性与稳定性大大提高。完善指数体系，系统预测预警的功能性进一步强化。今年指导编制并发布了江苏海门中国叠石桥家纺指数和中国中关村电子信息产品市场指数；在深入调研基础上，做好山东寿光蔬菜价格指数和成都中国中药材价格指数编制发布前期准备工作。目前，已初步形成了一套系统完整的指数体系，增强了监测信息综合服务功能。加大培训力度，监测分析工作能动性进一步增强。为进一步提高监测分析能力和水平，充分发挥特约信息员的应急快速反应作用，分别在宁夏和浙江举办两期市场监测培训工作现场会，在北京举办一期特约信息员业务培训，培训监测分析人员和信息员900多人次。同时，指导江西、黑龙江、青岛、广东、贵州、湖南等地方开展监测业务培训，监测队伍综合能力明显提升。加大分析力度，服务宏观调控的作用进一步显现。充分发挥城乡市场统计监测系统作用，从商品市场入手，针对宏观经济运行中的热点、难点问题，深刻分析，小中见大、以小见大，及时向党中央、国务院报送专报信息，2010年共上报各类市场分析报告700余篇，其中，多篇得到中央国务院领导同志批示，服务宏观决策的支持作用越来越突出。同时，利用“商务预报”平台，加大信息发布和公共服务力度，及时向社会发布生活必需品和重要生产资料等商品市场信息22万余条，撰写消费品市场月度、季度市场报告，编发2010年度中国流通产业、消费品市场和生产资料市场等年度发展报告，对企业经营和居民消费的引导作用不断增强。

四、认真做好扩大消费工作，促进国民经济协调发展

消费是拉动经济增长最稳定、最持久的动力，扩大消费是我国经济发展的长期战略方针。2010年市场运行司在继续落实搞活流通扩大消费政策的同时，重点加强消费政策措施的基础研究工作，探索建立发挥流通功能扩大消费需求的长效机制，努力促进消费市场平稳较快增长，不断提高消费对经济增长的拉动作用。

继续贯彻落实国办134号文件。根据部领导安排，系统总结134号文件政策执行落实情况和取得的成效，形成向国务院领导同志汇报稿，并研究起草进一步落实134号文件的政策措施。组织开展134号文件贯彻落实与内贸专项资金使用的督查工作，撰写《2009年中央内贸专项资金使用管理监督检查情况的报告》。积极培育和发展新的消费热点，指导北京、上海、青岛等地围绕地方名特优商品大集、“世博”主题以及“消费购物节”等主题开展促销活动，及时编发各地搞活流通扩大消费简报，加大宣传引导。134号文件政策措施的进一步落实，有力地促进消费市场快速增长。2010年社会消费品零售总额首次突破15万亿元大关，达到15.45万亿元，增长18.4%，增速比上年加快2.9个百分点。研究提出扩大消费的思路和建议。在深入调查研究基础上，完成“十二五”扩大消费战略研究，提出新形势下进一步扩大消费的政策建议。根据部领导要求，研究起草《关于发展现代流通促进城乡居民消费的意见》。结合消费发展趋势，提出促进消费升级和绿色环保消费的工作思路，为可持续消费打下基础。做好扩大消费专题研究工作。加强国内高端精品市场研究，完成《我国高端精品市场有关情况的调研报告》，提出促进和规范我国高档消费品市场发展的政策建议。大力推进三绿工程。截至年底，全国培育绿色市场试点、示范单位4 000多家，已通过绿色市场认证336家，覆盖20多个省（市、区）；开展农产品流通相关法规标准修订，编制《三绿工程食品流通标准框架体系》。结合建设环保节约型社会和低碳经济要求，制定低碳商店行动框架标准及工作方案，推进流通行业节能降耗。

五、特殊行业管理力度继续加大，促进行业健康发展

2010年市场运行司继续加强了对茧丝绸和酒类流通等等特殊行业的管理，进一步促进农民增收、产业升级和消费安全。

茧丝绸行业管理得到推进。2010年茧丝绸业坚持“调结构、创品牌、促升级”的发展方向，继续完善“产业链、科技链、组织链、信息链”四大链条，六大优势蚕茧生产带的产业格局初步形成，行业管理得到加强。积极推进储备管理制度改革，修订《厂丝储备管理办法》，探索建立国家储备与地方储备、政府储备与商业储备相结合的新型储备体系；推进国家厂丝储备投放改革，借鉴招标方法，采用竞价购买、靶心中标的方式，由具备资格的企业自主报价，评审委员会评审，网上公告，实行阳光操作。开展丝绸营销网络和品牌建设，落实品牌建设支持资金，在江苏、浙江、安徽、山东、广东和四川开展试点，支持35个丝绸品牌企业拓展丝绸营销网络，打造丝绸领军品牌。成功举办2010中国丝绸交易会和2010中国国际丝绸博览会，促进丝绸消费，扩大丝绸贸易。有序推进标准制定工作，推动《生丝电子检测分级规定和试验方法》在ISO成功立项。做好行业生产指导和收购管理工作，促进蚕农增收。

酒类流通管理进一步加强。继续完善酒类流通管理制度，酒类备案登记企业已超过37万家，90%以上大中型酒类流通企业使用酒类流通随附单，已有700余家酒类企业纳入酒类流通统计监测系统，初步形成经营主体备案、酒类商品溯源、销售市场监测三位一体的酒类流通管理新体系。稳步推进酒类立法工作，全国已有15个省（市、区）颁布实施了酒类管理地方性法规或政府令，为全国酒类立法打下基础；连续两年协助全国政协开展酒类立法调研，积极推进全国酒类立法进程。积极探索酒类流通管理新模式，起草了《酒类流通溯源体系建设试点实施方案》和《关于推进酒类流通溯源体系建设的指导意见》，研究采用现代信息技术，按照“分层管理、分步实施，政府引导、企业自愿”的原则，积极开展酒类流通溯源管理信息化试点工作。继续加强农村市场和散装酒市场管理规范力度，进一步完善“放心酒”服务体系，“规范、建设”两手抓的局面已初步形成。

2010年市场运行司在认真抓好业务工作的同时，按照部党组的部署，根据机关党委的要求，深入开展创先争优活动，将创先争优活动与组织建设结合起来，与业务工作结合起来，积极开展岗位建功和党员公开承诺，坚持“两手抓、两促进”，打造坚强有力的基层党组织，不断提高战斗力。同时，狠抓廉政建设，完善监督制度，形成促进市场运行调控工作健康发展的体制和机制，保证了市场运行调控工作的有力、有序、有效，为保障市场供应、促进居民消费做出了贡献。

深入贯彻反垄断法　积极维护竞争秩序

商务部反垄断局局长　尚　明

2010年，在部党组的领导下，反垄断局认真履行职责，团结协作，开拓进取，紧紧围绕国家的中心工作大局，以邓小平理论和“三个代表”重要思想为指导，深入落实科学发展观，积极推进《反垄断法》配套立法，依法加强反垄断执法，大力开展《反垄断法》宣传培训，积极开展国际交流与合作，加强对基础问题的调查研究，取得了一定成效。

一、积极推进《反垄断法》配套立法

2010年，反垄断局在《反垄断法》相关配套立法方面的工作有序推进。

（一）起草并发布了《经营者集中申报办法》、《经营者集中审查办法》和《关于实施经营者集中资产或业务剥离的暂行规定》等三个部门规章。其中，《经营者集中申报办法》规范了经营者集中申报和反垄断执法机构受理申报工作，明确了营业额的计算、申报前商谈、申报文件资料要求、自愿申报制度以及申报中的保密义务等问题；《经营者集中审查办法》明确了申报的撤回、审查程序、限制性条件的提出和修改、当事方的陈述与申辩权、进一步审查决定及其监督实施等经营者集中反垄断审查程序问题；《关于实施经营者集中资产或业务剥离的暂行规定》为规范经营者集中附加资产或业务剥离限制性条件决定的实施提供了更细化和明确的依据，明确规定了监督受托人、剥离受托人的资质和确定程序等，确保了资产或业务剥离顺利完成。

目前，这些部门规章和规范性文件实施情况良好，受理和审查程序更加规范，相对人的权利得到更好的保障，审查决定和执行情况更加公开和透明。

（二）完成了《关于评估经营者集中竞争影响的规定》、《经营者集中附加限制性条件规定》和《关于确定参与集中的经营者的指导意见》等3项配套立法草案。其中，《关于评估经营者集中竞争影响的规定》将对评估经营者集中竞争影响的考虑因素、分析思路作进一步明确；《经营者集中附加限制性条件规定》是在2010年公布的《关于实施经营者集中资产或业务剥离的暂行规定》基础上起草的，将对附加限制性条件的分类、适用对象及相关步骤和程序等作出进一步明确的规定；《关于确定参与集中的经营者的指导意见》为如何准确界定参与集中的经营者提供了指引，从而为经营者的营业额计算提供了更明确的依据。

二、依法加强反垄断执法

在反垄断执法方面，反垄断局依法加强对经营者集中案件的反垄断审查，有效落实对附加限制性条件批准案件的后续监督，加强经营者集中监察执法，取得了良好成效。

（一）加强经营者集中案件审查。自2010年1月1日至12月31日，商务部共立案118件，共审结110件，申报方撤回申报4件。在审结的案件中，无条件通过审查的有109件，占99%，附加条件不予禁止的1件，占1%。在上述案件中，社会影响大、案情复杂的案件包括诺华收购爱尔康案等。在处理这些案件的过程中，通过积极的审查工作，有效地保护了市场公平竞争秩序。

（二）有效落实对附加限制性条件批准案件的后续监督。自2008年《反垄断法》实施到2010年12月31日，商务部共附条件批准6件经营者集中，分别是：英博公司收购AB公司案、通用收购德尔福案、三菱丽阳收购璐彩特案、辉瑞收购惠氏案、松下收购三洋案、诺华收购爱尔康案。2010年，商务部积极对这些案件附加限制性条件的执行情况进行了后续调查，目前这些附条件审查决定的执行状况良好，得到了有关各方的认可。尤其对一些实施行为救济的案件，通过监控，发现这些救济措施得到了实施，没有收到有关方面不满的申诉。

（三）加强经营者集中监察执法。2010年，反垄断局跟踪了解国内外企业的并购信息和经营者集中依法申报情况，妥善处理了多起举报案件。反垄断局还加强了对我国企业目前遭遇的维生素C、镁砂、钒土等国外反垄断案件抗辩理由及应对策略的分析，为商会和涉案企业提供应诉指导；通过召开由商务主管部门、商协会和企业参加的“反垄断法域外适用”研讨会，提高应对海外反垄断诉讼的法律意识和能力。

三、大力开展《反垄断法》宣传培训

为让社会各界进一步了解《反垄断法》的基本内容和准确含义，使相关部门和人员充分认识到反垄断工作对维护公平的市场竞争秩序和保护消费者权益的重要意义，反垄断局继续大力开展了《反垄断法》宣传培训工作。

（一）组织“反垄断法实施两周年及商务部反垄断工作”专题新闻发布会。反垄断局会同相关部门组织了“反垄断法实施两周年及商务部反垄断工作”专题新闻发布会，就社会公众和媒体关心的问题回答了中外记者的提问，澄清有关认识误区，有力宣传了反垄断执法工作。

（二）在全国范围内举办《反垄断法》普法活动。2010年，反垄断局先后举办了全国范围的国有企业、外资企业反垄断法培训班，对相关经济管理官员和企业负责人进行了深入的反垄断法培训；牵头组织企业、商协会反垄断法宣传培训工作，分别成功举办了中南、西北、东北、华东共4期《反垄断法》宣传培训班，为反垄断法的顺利实施创造了良好条件。

（三）形式多样地开展反垄断法宣传活动。反垄断局在宣传挂图的基础上设计了宣传手册，并在全国范围内进行发放，进一步让社会各界了解反垄断法的基本内容。反垄断局相关人员多次应邀参加其他政府部门、高等院校和研究机构举办的反垄断法培训和研讨会，并作专题讲座和报告，深入宣传了《反垄断法》。

四、积极开展国际交流与合作

2010年，反垄断局积极开展国际交流与合作，及时掌握了国际反垄断的动态和最新进展，在向国际社会有效宣传我国《反垄断法》的同时，也大力推动了中国执法机构的能力建设，取得了良好效果。

（一）牵头组织相关竞争政策谈判。反垄断局牵头举办了第六轮中欧竞争政策对话，牵头进行中欧《1985年中欧经贸协定》竞争章节的磋商，牵头参加了中国—瑞士自由贸易协定可行性谈判的竞争条款谈判，就世界贸易组织第四次对华贸易政策审议中的竞争问题予以了答复。

（二）积极开展反垄断国际交流与合作。2010年，反垄断局大力加强与有关国际组织和国家的反垄断交流与合作，与英、德、韩等国竞争当局多次进行互访和交流，对外宣传反垄断法，加强彼此了解与互信；派员参加了联合国贸发会议竞争工作组会议、亚太经合组织竞争政策和法律工作组年会、经合组织竞争政策会议、东亚竞争政策高官会、亚洲竞争论坛等国际会议，并就我加入国际竞争网络工作开展了可行性研究。

五、加强对基础问题的调查研究

2010年，反垄断局加强了对工作相关问题的基础研究，为经营者集中执法提供参考。

（一）就反垄断工作中的重大问题开展课题研究，多次召开研讨会，为工作提供智力支撑。委托国内知名专家学者，开展了《中国竞争政策问题研究》等多项课题研究；就难点和焦点问题，与经合组织、亚洲开发银行、欧盟及其成员国、日本和美国的竞争官员和专家举办多场国际研讨会和座谈会，并在此基础上形成研究报告供执法工作参考。

（二）在广泛调研基础上形成动态、专刊、简报和报告等材料，供相关单位参阅。同时，在总结案件经验、分析行业竞争状况的基础上形成行业研究报告、行业竞争评估指南等成果，并将其作为经营者集中案件审查的基础评估材料和工作指引。

加快转变外贸发展方式 促进外贸协调可持续发展

商务部对外贸易司

一、“十一五”期间转变外贸发展方式取得初步成效

2005年，中共中央在“十一五”规划建议中明确提出要加快转变外贸增长方式。近年来，我国外贸领域落实科学发展观，坚持改革开放，大力实施“以质取胜、科技兴贸、市场多元化”战略，转变外贸发展方式工作取得了初步成效。

（一）进出口规模进一步扩大

“十一五”前三年，我国外贸继续快速扩张。金融危机爆发后，在党中央、国务院的正确领导下，全国商务系统千方百计稳外需、保市场、保份额，成功实现了对外贸易“一稳两保”的目标。2009年我国出口总额上升至世界第一位，占全球出口比重由“十五”末的7.3%提高到9.6%；进口总额上升至世界第二位。2010年以来，在各方面共同努力下，我国进出口实现了较快恢复性增长。2010年进出口规模超过2.9万亿美元，再创历史新高。我国外贸出口占全球市场的份额估计达10%，我贸易大国地位进一步巩固。

（二）对外贸易结构持续优化

深入实施以质取胜战略和科技兴贸战略，对外贸易结构进一步优化。工业制成品出口占出口总额比重由“十五”末93.6%提高到94.8%。劳动密集型产品出口持续增长，质量和效益逐步提高，稳固占据国际市场。机电产品、高新技术产品出口保持较快增长态势，占出口总额比重分别由“十五”末的56.0%和28.6%提高到59.2%和31.2%。“两高”产品出口得到有效控制，汽车、船舶、飞机、铁路装备、通讯产品等大型机电产品和成套设备出口均有新的突破。外贸经营主体数量不断扩大，民营企业经营活力进一步发挥，进出口占比由“十五”末15.8%提高到25.2%。一般贸易增速超过加工贸易，出口占比由“十五”末41.4%提高到45.7%。中西部地区进出口潜力显现，增长加快，进出口占比由“十五”末7.2%提高到9.6%。服务贸易和货物贸易相互促进、协调发展，服务贸易出口世界排名由“十五”末的第八位升至第五位，进口由第七位升至第四位。

（三）市场多元化格局更趋合理

“十一五”期间，我国出口市场格局发生了积极的重要变化，布局渐趋合理。对发达国家市场依赖程度明显下降，对欧、美、日三大主要贸易伙伴进出口占我国进出口总额的比重由“十五”末43.1%下降到39.2%。对新兴经济体和发展中国家进出口持续快速增长，占我国进出口总额比重进一步扩大。其中对东盟进出口占比由“十五”末9.2%提高到9.8%，对“金砖四国”其他三国进出口占比由“十五”末4.4%提高到6.0%，对拉美和非洲进出口占比分别由“十五”末3.5%和2.8%提高到6.2%和4.3%。

（四）扩大进口取得积极成效

过去五年，我国认真履行开放国内市场的承诺，进口关税总水平降至9.8%，进口管理进一步简化，进口促进体系进一步完善，贸易便利化程度进一步提高。基本取消了进口配额管理，分批取消了800多个税目商品的自动进口许可证管理。先进技术、设备、关键零部件和工业品进口持续增长，促进了国内技术进步和产业升级。大宗资源能源产品进口规模不断扩大，满足了国内经济发展的需要。在遭遇金融危机之时，中国大宗商品进口规模保持稳定，对拉动全球经济回稳和复苏做出了巨大贡献。在扩大进口、扩大内需战略的指导下，我国外贸顺差在2008年达到2 981.3亿美元历史高点后连续2年回落，进出口格局更趋平衡。

二、2011年外贸发展的主要任务

2011年是我国“十二五”规划的第一年，起好步、开好局至关重要。我们将按照中央经济工作会议精神和商务

工作总体要求，深入落实科学发展观，以“稳出口、扩进口、促平衡”为中心，加快转变外贸发展方式，加大结构调整和转型升级力度，在巩固传统优势的同时增创外贸竞争新优势，努力保持外贸稳定增长，着力促进贸易基本平衡，切实提升外贸发展质量和水平。

2011 年，外贸司将具体开展八方面的工作。

（一）扩大进口促进贸易平衡

一是完善进口促进体系，全面梳理进口管理框架和政策。继续简化和放宽部分进口管理措施，减少进口环节和手续，引导企业扩大进口。完善进口公共信息服务体系，为国内外企业营造公开、公平、公正的贸易环境。指导和推动部分地方商务主管部门结合实际，积极开展独具特色进口促进活动，鼓励地方建立多种进口促进示范基地。二是优化进口结构。增加短缺工业品和生活消费品进口。扩大重要商品战略储备进口。三是开展进口贸易促进活动。加强与国外官方贸易促进机构合作，办好第二届进口论坛。指导办好广交会、亚欧博览会、东盟博览会进口展。

（二）开展提升外贸质量效益工作

一是开展外贸商品质量提升年活动。提高出口产品的质量，提升外贸出口效益，加快外贸发展从量的扩张到质的提高的转变，推动我国外贸由大到强的进程。二是做好对非出口产品“打假保知”工作。对非出口产品质量安全事关国家利益和形象，也关系到非洲进口国消费者的生命健康。根据我部总体部署，我司将落实好“打假保知”专项行动。三是实施品牌形象提升工程。加强品牌建设，继续组织好在美国和英国举行的商品展，进一步提升中国企业和品牌形象。分重点行业、重点市场做好“中国制造”宣传工作，推动出口企业开展质量承诺。

（三）推动外贸发展平台建设

一是利用专业市场开展对外贸易。鼓励基础较好的专业市场内外并举，突破专业市场目前外贸能力不强、对外宣传推介不够、服务功能不全的制约，帮助中小外贸企业借助专业市场走向国际市场。二是利用电子商务开展对外贸易。电子商务优势明显，潜力巨大。我部将协同有关部门研究出台相关措施，支持企业利用电子商务平台发展外贸。加大宣传推介，吸引优质企业通过电子商务扩大交易。三是推进境内外展览会平台建设。提高广交会的服务能力和水平。第 109 届广交会拟邀请国外设计团队参会，与出口企业开展对接，促进 OEM 向 ODM 转变。培育打造一批境外经贸展览会。推动与主要省市平台共享，部省共同主办或支持有条件的省市独自举办海外展。四是研究培育境外展示营销中心、物流基地的可行路径和措施。

（四）培育外贸转型升级基地

一是培育外贸转型升级示范基地。初步选择农产品、轻工产品、医保产品、纺织品及专业化工和新型材料中的大类商品，开展基地培育，推动产业集聚、研发设计、品牌销售、质量服务水平的提升。二是扶持六大公共服务平台。与地方有关部门、行业商协会联手，多渠道、全方位支持和鼓励专业性外贸转型基地开展公共服务平台建设，包括研发设计、认证检测、公共培训、展示营销、信息和便利化服务平台，形成产业集聚、设计、品牌、人才、营销和信息等竞争新优势。三是加强转型升级相关培训和宣传。分行业、分地区做好转型升级相关工作的培训指导。

（五）维护能源资源供应安全

一是协同有关部门进一步促进矿产品源头治理和产业集中，完善资源性商品出口管理。二是加强大宗产品进口协调，规范行业秩序，维护行业利益。三是调控能源进出口供应。密切跟踪今年国内产需情况，视情调控进口数量和节奏，做好煤炭等能源进口组织工作。

（六）做好农产品进出口调节

一是做好农产品进出口监控。完善大宗农产品进口报告制度，加强进口流向监测；加强行业自律，配合相关部门及时采取有效措施，完善农产品进出口调节，保障国内农产品市场供应。二是做好保供应、稳价格工作。组织好大豆、植物油、猪肉、鸡肉等通胀影响大、与人民生活密切相关产品进口，维护价格稳定，保障充足供应。三是做好重点农产品进口总量调控。协同有关部门做好大宗农产品进口节奏调控，缓解国内供需缺口，维护市场平稳运行。

（七）构建和谐贸易发展关系

一是积极推进与各国建立以民间组织为主、官民结合的磋商机制。二是开展产业对话。适时开展与美、欧非正式钢铁对话，开展中日、中韩钢铁官民对话，加强国内外纺织、化工、矿产品、农产品等行业的业界交流对话，增进相互理解，减少贸易摩擦。

（八）完善进出口管理政策环境

一是简化进出口管理程序。按照公开、公平、公正原则，简化重点商品配额、关税配额、配额招标、国营贸易等管理工作程序，方便地方和企业。进一步下放对外贸易经营者备案事权，便利企业申请。二是完善进出口管理政策。改进非国营贸易企业准入门槛、考核及退出机制。落实沿边开放战略，加快修订完善边境贸易政策。

中国服务贸易政策和发展情况

商务部服务贸易司司长　胡景岩

一、中国服务贸易政策环境

2010年是中国“十一五”规划实施的最后一年。五年来，中国服务贸易法规政策体系逐步完善，逐步形成了以“法律法规”为保障、以“发展规划”为统领、以“宏观指导和管理政策”为基础、以“重点行业促进政策”为支撑的政策体系，基本符合服务贸易管理和促进工作的系统性、连续性、开放性要求。

（一）保障服务贸易发展的法律体制更加健全

加入世界贸易组织以来，中国及时修订各服务行业立法，确保相关法律法规与WTO规则接轨。近年来，商务部陆续修订了技术进出口管理等方面的法律文件。2010年，商务部等部门继续推动服务贸易促进立法工作，研究制订了《服务贸易促进条例》、《软件和信息服务业促进条例》等法规草案，为服务贸易发展提供立法保障。

（二）统领服务贸易发展的规划体系更加完善

2007年，商务部印发《服务贸易发展“十一五”规划纲要》。2010年，编撰完成《服务贸易发展“十二五”规划纲要（征求意见稿）》，内容包括“十二五”时期服务贸易发展的指导思想、基本原则、发展目标、主要任务、重点领域、保障措施等。

（三）指导和管理服务贸易发展的宏观政策体系基本成型

“十一五”以来，国务院陆续出台《关于加快发展服务业的若干意见》、《关于加快发展服务业若干政策措施的实施意见》等促进服务业发展的政策措施，为夯实服务业产业基础、促进服务贸易发展创造了政策环境。各服务行业主管部门迈出改革开放的新步伐，国有银行股份制改革、电信企业调整重组、文化新闻出版体制改革、完善社会保障制度、深化医药卫生体制改革以及税收、价格、收费等方面的改革稳步推进，对突破服务业体制机制约束、加快服务业和服务贸易发展产生了积极作用。

2007年、2008年，商务部每年下发《关于加强服务贸易工作的指导意见》；2009年开始，商务部每年下发《服务贸易工作要点》，对全年服务贸易管理和促进工作做出部署。

为切实加强服务贸易管理和促进工作，为服务贸易政策制定提供科学依据，商务部会同有关部门加强服务贸易统计制度及相关政策的完善。2007年，商务部、国家统计局联合发布《国际服务贸易统计制度》；中国服务贸易统计数据库建立；服务外包统计制度建立。2010年，商务部、国家统计局联合修订《国际服务贸易统计制度》，并于2010年8月1日起正式施行。在新的服务贸易统计制度中，统计内容更加全面，能够覆盖世贸组织的四种服务贸易提供模式，服务进出口数据采集由使用部门数据改为综合利用企业调查数据、相关部门资料以及其他统计资料。2010年，商务部还会同有关部门研究起草了《关于进一步加强服务外包统计管理的通知（草稿）》，拟建立服务外包三级负责制。

（四）促进重点领域服务贸易发展的政策体系更加开放，政策力度也更加大

近年来，为了推动重点领域服务贸易快速发展，商务部会同有关部门制订了《关于做好文化出口重点企业和项目目录工作的指导意见》、《鼓励技术出口的若干意见》、《关于支持会计师事务所扩大服务出口的若干意见》、《关于做好文化出口资金管理工作的通知》等一系列政策文件，在重点领域逐步形成了“指导目录”加“配套政策”的政策体系。

2010年，重点领域服务贸易促进政策内容更加丰富。中宣部组织商务部等部门开展了《国家“十二五”时期文化体制改革和发展规划纲要》编制工作。商务部组织启动《文化出口产品和服务指导目录》修订工作，支持范围将进一步扩大。技术进出口贴息政策力度进一步加大，有效地促进了技术出口。研究制订促进政策措施，加强动漫出口体系和品牌建设。修改和完善《关于促进中医药服务贸易发展的若干意见（送审稿）》。

（五）各地服务贸易发展政策逐步完善

近年来，各地也加大了服务业和服务贸易发展的政策支持力度，很多省（区、市）出台了加快发展服务业的政策文件，上海研究制定了《上海服务贸易中长期发展规划纲要》、《关于促进上海服务贸易全面发展的实施意见》等。

二、2010 年中国服务贸易恢复快速发展势头

2010 年，中国服务贸易进出口大幅增长，逆差缩减，重点领域服务贸易发展态势良好。中国服务贸易进出口已经恢复到快速增长的轨道。

2010 年，中国服务进出口总额为 3 624.2 亿美元，比上年增长 26.4%；其中，出口 1 702.5 亿美元，同比增长 32.4%；进口 1 921.7 亿美元，同比增长 21.5%。逆差规模缩减，由上年的 295.1 亿美元减少至 219.3 亿美元，同比下降 25.7%。服务进出口的快速增长主要源于运输、旅游等传统服务，以及金融服务、专有权利使用与特许服务、计算机和信息服务等高附加值服务的大幅增加。全年运输、旅游服务进出口总额均达历史最高值，分别为 974.7 亿美元、1 006.9 亿美元，同比增长 39.0%、20.8%；金融服务、专有权利使用与特许服务、计算机和信息服务同比增幅分别达 133.8%、25.4%、20.7%。

2010 年，全国登记技术出口合同金额 145 亿美元，同比增长 30.1%；全国登记技术进口合同金额 256.4 亿美元，同比增长 18.8%。

2010 年底，全国服务外包企业已发展到 12 706 家，从业人员达 232.8 万人，承接离岸服务外包合同执行额达到 144.5 亿美元。同时，服务外包产业集聚发展成效显著，截至 2010 年底，北京、天津、上海等 21 个服务外包示范城市的服务外包企业数量、从业人员分别占全国的 76.5%、75.4%；2010 年全年，21 个服务外包示范城市承接离岸服务外包合同执行额占全国的 93.7%。

三、2011 年中国服务贸易政策将更加开放和完善

2011 年是中国“十二五”规划实施的第一年，也是中国加入世界贸易组织的第十个年头。“十二五”时期，中国将实施更加主动、互利共赢的开放战略。《服务贸易发展“十二五”规划纲要》即将出台。在此基础上，技术贸易、文化服务、软件和服务外包、中医药服务等重点领域的促进政策将更加完善，推动服务贸易继续保持快速发展，为中国“十二五”期间进一步优化对外贸易结构、加快转变经济发展方式开好局、打好基础。

一是要进一步加强服务贸易政策的统筹协调。充分利用服务贸易跨部门联系机制在服务贸易统筹规划、综合协调、宏观指导等方面的作用，加强服务贸易发展政策协调。

二是进一步完善服务贸易法规体系。争取尽快出台服务贸易促进立法；修订《技术进出口管理条例》；研究制订《国际服务贸易统计管理办法》。

三是进一步完善服务贸易指导和管理政策体系。贯彻落实《服务贸易“十二五”发展规划纲要》，制订行业发展配套政策措施，积极争取更加优惠的财税、金融扶持政策。完善服务贸易统计政策体系，推进执行企业直报系统，为制订服务贸易发展政策提供科学依据。

四是进一步完善重点领域服务出口扶持政策。落实《关于进一步推进国家文化出口重点企业和项目目录相关工作的指导意见》，修订并发布《文化出口产品和服务指导目录》。继续落实《促进中医药服务贸易发展若干意见》。完善促进软件出口政策措施，落实《鼓励软件产业和集成电路产业发展的若干政策》。组织落实《关于鼓励技术出口的若干意见》，积极促进成熟的产业化技术出口。尽快出台《技术引进消化吸收再创新促进措施》，研究建立技术引进的消化吸收再创新统计体系。

调整结构 转变方式
推动机电和高新技术产品进出口持续健康发展

商务部机电和科技产业司司长 张 骥

2010 年，面对国内外环境的复杂变化和重大风险挑战，全国机电科技产业商务系统紧紧围绕国家大局和“拓市场、调结构、促平衡”的中心任务，积极落实各项政策措施，加大结构调整力度，实施积极进口促进战略，稳步推进加工贸易转型升级，为全面完成“十一五”商务工作作出重要贡献。

把握机遇　开拓进取

東方國際集團

上海市对外贸易有限公司

ORIENT INTERNATIONAL HOLDING

SHANGHAI FOREIGN TRADE CO.,LTD.

公司简介

东方国际集团上海市对外贸易有限公司，前身是上海市对外贸易公司，成立于1988年1月，是进出并举的地方性外贸企业，以代理、自营或转口贸易等方式，经营五金矿产、化工、粮油、纺织、轻工、机械、仪器、设备、医疗器械等产品的进出口业务；承办来料加工、来样加工、来件装配业务和补偿贸易；承接国际招标、投标业务；经营国内外各类商品的批发、零售、邮购及汽车进口销售（含小轿车）业务。

公司在成立之初就积极加入中国机电、五矿、纺织、轻工、医保和食品土畜各个商会，并成为各个商会的最早一批会员单位之一。公司拥有一批长期从事国际贸易的业务骨干，积极发展与国内外用户、客商的贸易关系，并通过了国际质量管理标准（ISO9001）的认证，在国内外享有良好的声誉和较高的知名度。

90年代以来，上海加快实施“建设国际经济、金融、贸易、航运中心”的发展战略。为更好适应市场经济环境，公司对原有业务部门进行改制，先后成立了上海市对外贸易浦东有限公司、上海商都贸易有限公司、上海东松国际贸易有限公司和上海久茂贸易有限公司等子公司，吸纳了上海荣恒国际贸易有限公司，使公司的经营更具活力和创造力，进一步扩展了公司的业务，保持了公司进出口业务规模与效益的持续稳定增长。2008年公司的进出口贸易额达到了29.28亿美元，已连续多年名列上海外贸企业之首。

1996年11月，本公司加盟东方国际（集团）有限公司，实行了现代企业制度改革，并更名为“东方国际集团上海市对外贸易有限公司”。面对国内外经济形势和市场的风云变幻，本公司将继续弘扬诚实守信、开拓进取的企业文化，实施“以贸为主，多元化延伸与专业化经营相结合”的战略，并以东方国际（集团）有限公司为依托，充分发挥集团的贸易、金融、信息、服务、开发等多种功能和强大优势，立足上海，面向全国，走向世界。

BRIEF INTRODUCTION

Orient International (Holding) Shanghai Foreign Trade Co., Ltd. grew out of Shanghai Foreign Trade Corporation founded in January 1988. It is a local import and export trade enterprise, engaged in import and export of products such as metals, minerals, chemical industrial products, cereal and oil, textiles, light industrial products, machinery, instruments and equipment, medical apparatus and instruments by means of commission trade, self-managed trade or entrepot trade, in processing and fabricating with materials, samples, designs or parts provided by clients and engaging in compensation trade, in international bidding, and in wholesale, retail and mail order of domestic and foreign commodities of all kinds and import and sales of cars (including sedans).

In the initial stage after the foundation of the corporation, it actively joined China's chambers of commerce for import and export such as mechanical and electrical products, metals and minerals, textiles, light industrial products, medicine and health products and foodstuffs, native produce & animal by-products and became one of the earliest member units of such chambers of commerce. The company has had a number of professional backbones long engaged in international trade, positively developed trade relations with domestic and foreign customers and visiting businesspeople, and passed the certification of ISO9001, enjoying good reputation and great popularity both at home and abroad.

Since the 1990s, Shanghai has accelerated the implementation of the development strategy of building itsel into an international economic, financial, trade and shipping center. To better adapt itself to the circumstances of market economy, this company reorganized its business departments and set up subsidiaries in succession such as Shanghai Foreign Trade (Pudong) Co., Ltd., Shangha Shantra Trading Co., Ltd., Shanghai Dong Song International Trading Co., Ltd., Shanghai Jiu Mao Foreigr trade Co., Ltd. and Shanghai Rong Heng Internationa Trading Co., Ltd., which has made the company more energetic and creative, further extended its business anc maintained the sustained and steady growth of its impor and export scale and results. In 2008, the company's impor and export trade volume reached US$ 2.928 billion, and the company has ranked first among Shanghai foreign trade enterprises for many years running.

In November 1996, this company became a member o Orient International (Holding) Co., Ltd., conducted the reforms to convert itself into a standard company ir compliance with the requirements of the modern enterprise system and changed its name into Orient Internationa (Holding) Shanghai Foreign Trade Co., Ltd.. Faced with the changeable domestic and foreign economic situation anc market, this company will continue to carry forward the corporate culture of honesty and pioneering, implement the strategy of giving priority to trade and combining diversifiec extension with specialized operation and rely on Orien International (Holding) Co., Ltd., give full play to the functions and advantages of the group in trade, finance information, service and development, have a foothold ir Shanghai, be geared to the needs of the whole country anc advance towards the world.

地址：中国上海市娄山关路85号东方国际大厦B座　邮政编码：200336
电话：(86-21) 62786500　传真：(86-21) 62786588
邮箱：business@cnsftc.com　网址：http://www.cnsftc.com

ADD:Building B Orient International Plaza 85 Lou Shan Guan Road, Shanghai 200336 China
TEL: (86-21) 62786500 FAX: (86-21) 62786588
E-mail:business@cnsftc.com INTERNET: http://www.cnsftc.com

ICBC 金融@家

绿色金融 环保典范

Green Finance Environment Protection Model

绿色是一种态度，一份责任，更需要行动！“金融@家”电子银行历经十载磨砺，倾心打造绿色金融，为您节省纸张油墨，省却路途奔波。

“金融@家”为您提供一站式企业和个人金融业务，更有电子渠道专享的多重优惠。

Green represents both the attitude and the responsibility, but it more needs actions! After 10 years of efforts, “Banking@Home” has been committed to the green finance, saving paper and ink for you and without need to hurry on road.

“Banking@Home” provides you the one-stop corporate and personal financial services and even more discounts only available to electronic channels.

网站 www.icbc.com.cn 服务热线 95588（香港地区：21895588）

您身边的银行 可信赖的银行

ICBC 中国工商银行

中国银行 BANK OF CHINA | 贸易金融 TRADE SERVICES

中国银行成立于1912年，拥有近11000家国内分支机构以及遍布全球31个国家和地区的900多家海外分行、子公司和代表处，是中国历史最悠久、国际化程度最高的商业银行之一。近百年来，中国银行凭借专业服务和创新精神成为中国最知名的品牌之一，在国内外各界享有盛誉。

贸易金融业务是中国银行的核心优势业务。作为中国率先从事贸易金融服务的金融机构，中国银行拥有健全的贸易金融产品体系、突出的专业技术优势、强大的产品创新能力，首家开办市场上绝大多数贸易金融业务，并在多项业务上保持长期市场领先。中国银行拥有大批在国际商会等各类国际、国内组织担任重要职务的业务专家，代表中国为国际贸易与银行贸易金融业务发展行使话语权。凭借出色的市场表现与权威的专业优势，中国银行先后多次获得《财资》、《贸易金融》、《金融亚洲》等各类境内外杂志颁发的贸易融资相关奖项，在业界树立了鲜明的品牌形象。

2010年，中国银行集团完成国际结算量近1.97万亿美元，在全球银行业中继续保持领先地位。境内行国际贸易结算量、外币贸易融资余额、外币保函余额三项重要指标市场份额遥遥领先，出口双保理业务量继续稳居全球榜首。

中国银行已将"贸易金融世界一流"确定为长期战略目标，未来将继续发挥现有优势，不断扩大业务规模，始终如一地为各类客户提供优质、全面、高效的贸易金融服务。

Bank of China (BOC) was established in 1912, having about 11000 domestic outlets and over 900 overseas branches, subsidiaries and representative offices in 31 countries and regions. BOC is one of the most time-honored and most internationalized Chinese commercial banks. Over the past century, BOC grew into one of the most influential brands in China based on its professional services as well as innovative spirits, winning a high reputation at home and abroad.

Trade finance is considered the core competitiveness of BOC. As the earliest financial institution in China providing trade finance services, BOC owns complete trade finance product portfolio, comprehensive expertise and powerful product innovation capability. BOC pioneers in launching most brand new trade finance services among domestic peers and has been leading the market in terms of kinds of products for a long period. A large number of experts of BOC are holding important posts in various international and domestic institutions, to express, on behalf of China, our opinions over the development of international trade and the trade finance business of banks. In virtue of its outstanding market performances and authoritative expertise advantages, BOC has won awards in terms of Trade Finance by many domestic and foreign magazines such as 'The Asset', 'Trade Finance', 'Finance Asia' for several times, and set up its impressive and distinguished brand image in this field.

In 2010, BOC recorded international settlement of nearly USD1.97 trillion, maintaining a leading role in the global banking industry. Domestic operations still hold the top position with regard to 3 key indices describing market shares, that is international trade settlement volume, foreign-currency trade finance balance and foreign-currency letter of guarantee balance. The volume of its two-factor export factoring services kept the No.1 in the global market as well.

BOC has chosen providing world-class trade finance services as one of its key long-term development strategies. It aims to further develop its traditional advantages, continues to expand business scale and consistently provides a full range of high-quality, comprehensive and efficient trade finance services for all customers in the future.

中国银行 BANK OF CHINA | 贸易金融 TRADE SERVICES

中国银行全球门户网站 www.boc.cn

国际结算 | 贸易融资 | 保理和福费廷 | 供应链融资 | 保函

中国进出口银行
THE EXPORT-IMPORT BANK OF CHINA
want to be the best
in a better world?
伴你走向世界 助你领先全球
中国北京市西城区复兴门内大街30号
No.30, Fuxingmennei Street, Xicheng District, Beijing, China
邮编(ZIP):100031
电话(TEL):(8610) 83579988
传真(FAX):(8610) 66060636
SWIFT: EIBCCNBJ
网址(Website): http://www.eximbank.gov.cn

中国出口信用保险公司
SINOSURE
China Export & Credit Insurance Corporation

海外风险变幻莫测　信用保险保驾护航

中国出口信用保险（简称“中国信保”）是由国家出资设立、支持中国对外经济贸易发展与合作、具有独立法人地位的国有政策性保险公司，经营宗旨是：“通过为对外贸易和对外投资合作提供保险等服务，全面支持对外经济发展，促进经济增长、就业与国际收支平衡”。中国信保积极配合国家外交、外经贸、产业、财政和金融等政策，通过政策性出口信用保险手段，支持货物、技术和服务等出口，特别是高科技、附加值大的机电产品等资本性货物出口，支持中国企业向海外投资，为企业开拓海外市场提供收汇风险保障。

责任　助力企业“走出去”

业务范围：
短期出口信用保险业务；中长期出口信用保险业务；海外投资（租赁）保险业务；进口信用保险业务；来华投资保险业务；国内信用保险业务；国内投资保险业务；与对外贸易、对外投资与合作相关的担保业务；国内担保业务；与信用保险、投资保险、担保相关的再保险业务；保险资金运用业务；应收账款管理、商账追收和保理业务；信用风险咨询、评级业务。

担出口风险
Sharing Your Export Risks
保障收汇安全
Securing Your Credit Payment

地址：北京市西城区丰汇园11号丰汇时代大厦（100032）
电话：010-66582288　网址：www.sinosure.com.cn

沈北新区

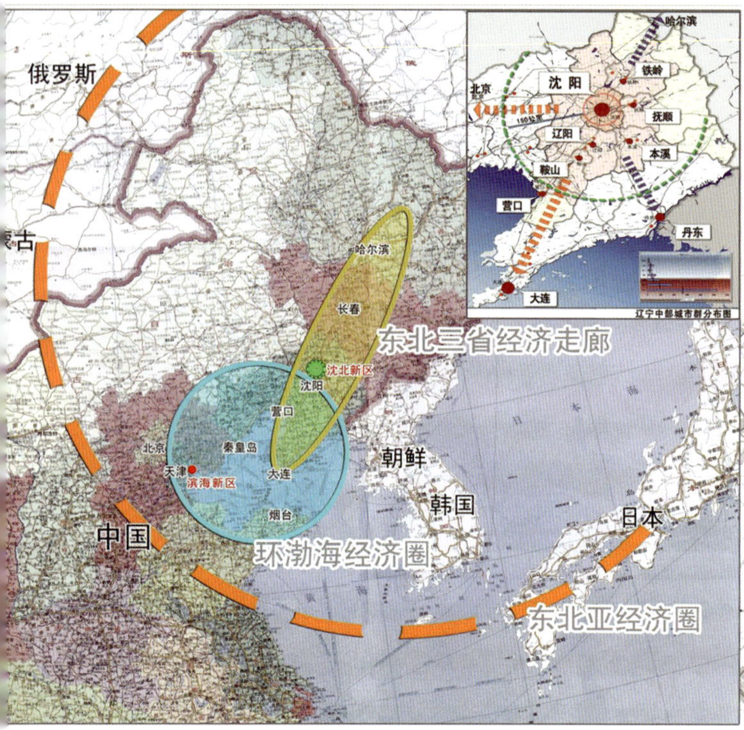

沈北新区区位图

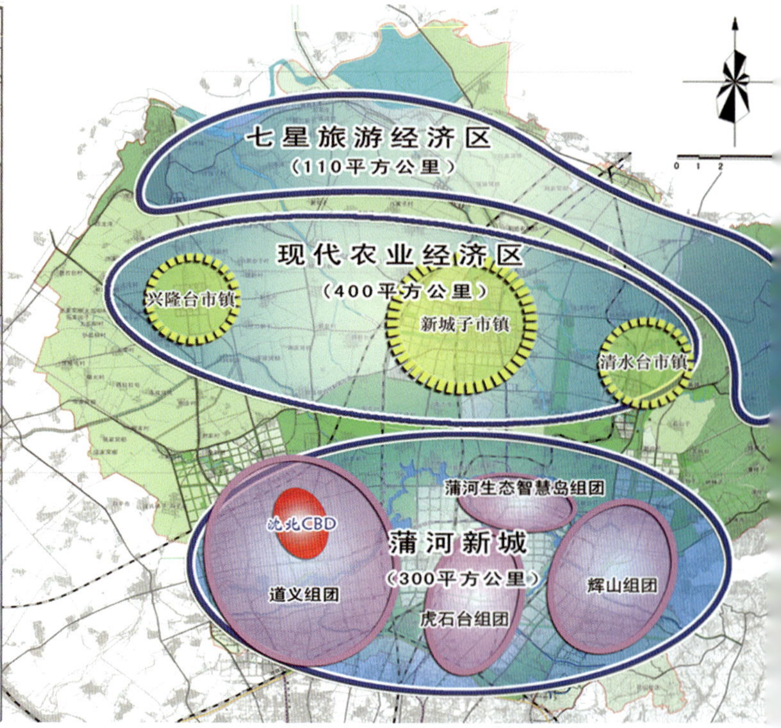

沈北新区空间布

沈北新区位于沈阳市北部，南依沈阳母城，北接铁岭、东邻抚顺、西连沈西工业走廊。区域总面积810平方公里，下辖13个乡镇街、76个行政村、108个社区，总人口42万，是沈阳中心城区向北拓展的新空间。在未来建设成为："国际新型工业化综合配套改革先导示范区；现代化的生态新城区；新兴产业集聚区；国家农产品深加工基地；文化创意产业基地"。到2020年，沈北新区主要经济指标比2010年翻三番，各项生态指标达到国家建设生态文明城市标准，各项社会发展指标超过国家全面建设小康社会标准，各项综合实力进入全国先进城区行列。

按照在沈阳北部"再造一座生态'沈阳城'"的战略部署，沈北新区在前几年高速发展的基础上，在未来的发展战略上，将实施"南拓、北扩、中突破"，实现新区城乡统筹协调发展。"南拓"即南部蒲河新城拓展城市空间、城市功能和产业规模。城市空间向北部财落地区拓展；城市功能向生态宜居之城、科技创新之城拓展；产业规模不断扩大，重点建设"一城四园"，包括中新国际城、光电信息产业园、农产品深加工产业园、文化创意产业园、新兴工业园。"北扩"，即北部旅游风景区扩大规模，将七星山、石佛寺水库、怪坡等旅游资源连为一体，整体包装策划。"中突破"，即全面加快中部新城子现代农业经济区的发展步伐，实现思想解放的突破、区域功能的突破、产业规模的突破、体制机制的突破。围绕这一发展战略，沈北新区在产业发展上，重点发展新兴产业，努力将自己打造成为一个新兴产业集聚区。

沈北新区根据"国家新型工业化综合配套改革先导示范区，现代化的生态新城区、新兴产业集聚区、国家农业产品深加工基地、文化创意产业基地"这样的发展定位，确立了以新兴产业、现代服务业和现代农业为主要发展方向的产业发展定位，即重点发展四大主导产业——农产品深加工产业、以光电信息为重点的新兴产业、文化创意产业、商贸旅游服务业。农产品深加工产业，重点发展粮油加工、乳品加工、畜禽加工、果蔬（饮料）加工、饲料加工、农产品物流等产业，建成全国较大的农产品深加工基地、全国较大的农产品批发交易中心。以光电信息产业为重点的新兴产业，重点发展现代通信、电子产品、激光制造、家电产品、航空及零部件、汽车及零部件、新能源、新材料等产业，建设以手机产业为重点的"北方光谷"。文化创意产业，重点发展数字内容、软件、工业设计、艺术创作等产业，建设全国有影响的文化创意产业基地。商贸旅游服务业，重点发展总部经济、商贸物流、金融商务、旅游休闲、教育医疗、生态居住等产业，建设立足沈阳经济区、辐射东北的现代服务业集聚区。

新区交通"九横九纵"和"轨道交通"网络辐射东北地区各城市。九横：由南向北依次为沈北大道、蒲南路、蒲河大道、蒲北路（四环）、现代副城大道、新兴大道、城北大道、五环高速、旅游大道。九纵：由西向东依次为101国道、梅江北街、陵园北街、鸭绿江北街、203国道、北大营北街、102国道、沈哈高速路、通顺街。轨道交通：规划建设地铁2号线北延长线、地铁4号线、轻轨11号线以及沈阳——铁岭城际铁路为主的"两纵一横"轨道交通体系。交通枢纽：规划建设京哈客运专线沈阳新北站。

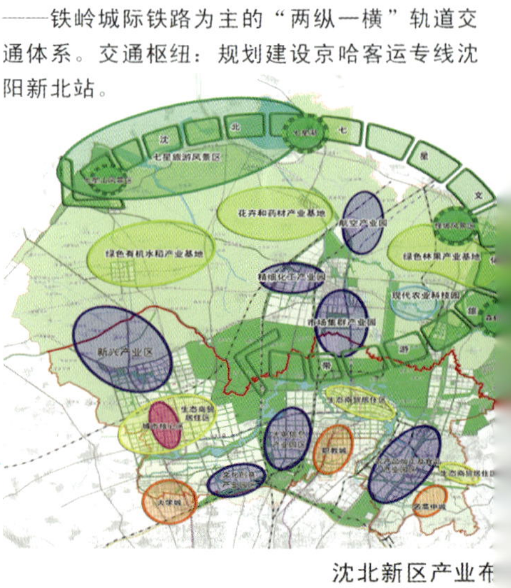

沈北新区产业布

Shenbei New District

沈北新区
www.sbxq.gov.cn

Located in North of Shenyang, the Shenbei New District is adjacent to Shenyang in the south, Tieling in the north, Fushun in the east and Shenxi Industry Corridor in the west. With a total area of 810 square kilometers, Shenbei New District governs 13 county streets, 76 administrative villages and 108 communities with a total population of 420,000. As a new place for Shenyang's central zone to extend towards the north, Shenbei New District is to grow into "a pilot district of comprehensive reform of international new industrialization", "a modern ecological new district", "an emerging industry gathering district", "a national deep processing base of farm products", and "a cultural creativity industrial base". By 2020, Shenbei New District aims to triple its key economic indicators in 2010, ecological indicators reach the state standards for ecologically civilized cities, all social development indicators exceed the state criteria for the wellbeing society, and the comprehensive strength lists among the nationwide advanced districts.

According to the strategic deployment to "establish another 'Ecological Shenyang City' in the north of Shenyang", Shenbei New District will implement the future development strategy of "south expansion, north extension and central breakthroughs" after the high-speed development of the past several years, achieving the harmonious development between urban and rural areas in the new district. "South expansion" refers to the Puhe New City in the south to expand the city space, city functions and industry scale. The city space will extend towards the Cailuo area in the north; the city functions will move towards the direction of being a city of ecologically comforting city and a technological innovation city; the industry scale will continue to be increased, putting emphasis on constructing "one city and four parks", namely, Zhongxin International City, PV Information Industry Park, Deep Processing Industry Zone for Farm Products, Cultural Creativity Industrial Park and Emerging Industry Park. The north extension refers to expanding the scale of the northern tourism zone to connect such tourism resources as Qi Xing Mountain, Shifoshi Reservoir and Guaipo. The central breakthroughs refer to fully accelerating the development of the sub-modern agricultural economic zone in the central new district, realizing the breakthroughs in thoughts, regional functions, industry scales and mechanisms. Focusing on this strategy, Shenbei New District will put the emphasis on emerging industries based on the industry development, striving to build itself into a gathering area of emerging industries.

In accordance with its development positioning of "a pilot district of comprehensive reform of international new industrialization", "a modern ecological new district", "an emerging industry gathering district", "a national deep processing base of farm products" and "a cultural creativity industrial base", Shenbei New District has decided the industry development positioning focusing on the emerging industries, modern service industry and modern agricultural industry. This means that it will give the priority to four leading industries: deep processing of agricultural products, emerging industries led by PV information, cultural creativity industry and trade & tourism service. The deep processing of agricultural products will put emphasis on grain and oil processing, dairy processing, meat processing, vegetable and fruit (beverage) processing, foodstuff processing, and agricultural product logistics, and it will construct a large deep processing base for agricultural products and a large wholesale trading center for agricultural products. The emerging industries led by the PV information will put the emphasis on such sectors as modern communications, electronic products, laser product manufacturing, home appliances, aviation and spare parts, auto and parts, new energy, and new material, etc.; a "northern silicon" will be built with the mobile phone industry as the focus. The cultural creativity industry will give priority to such sectors as digital contents, software,

碧桂园

industrial design, and art creation, etc., building a well-known cultural creativity base. The trade & tourism service industry will focus on developing such sectors as the headquarter economy, trade logistics, financial business, tourism, education, medical healthcare, and ecological living, and in this way it will become a gathering zone of modern service industries covering the whole Northeast China with a solid foothold in Shenyang.

The traffic of the new district will lead to all cities in Northeast China. From the south to the north, there are Shenbei Avenue, Punan Road, Puhe Avenue, Pubei Road (4th ring), Modern Fucheng Avenue, Xinxing Avenue, Chengbei Avenue, 5th-Ring Expressway, and Tourism Avenue. From the west to the east, there are the No. 101 National Road, Meijiang North Street, Lingyuan North Street, Yalujiang North Street, No. 203 National Road, Beidaying North Street, No. 102 National Road, Shenyang-Harbin Expressway, and Tongshun Street. For the track traffic, Shenbei New District plans to build a northern extension line of the Line 2 Subway, Line 4 Subway, the Light Track No. 11 Line, and the track traffic system between Shenyang and Tieling. Regarding the traffic hub, the Shenyang Xinbei Railway Station is planned for the Beijing-Harbin Passenger Railway.

蒲河生态水系

沈北新区

中新国际城

新区在空间形态上，重点规划建设“五横、五纵、五区”的绿化骨架网络和大型生态空间，实现全域生态化。五横：即三环沿线绿带、沈北大道绿带、蒲河大道绿带、四环路绿带、107省道绿带。五纵：即101国道绿带、盛京大街绿带、哈大客运专线绿带、203国道绿带、102国道绿带。五区：即15平方公里蒲河生态森林公园、道义北部地区50平方公里道义森林公园、东部50平方公里山地森林、北部60平方公里七星湖森林公园、东南部20平方公里辉山森林公园。沈北新区境内有蒲河、长河、左小河等七条河流。蒲河、长河城市段规划建设为城市景观内河。

几年来，沈北新区在国家、省、市的大力支持下，紧紧抓住东北老工业基地振兴重大机遇，充分发挥技术、人才和环境等资源优势，大力发展以手机为重点的光电信息产业，现已引进新邮通讯、晨讯科技、德信科技等16家重点手机制造企业以及一大批配套企业。在未来的几年中，这些项目全部建成投产后，可拥有手机生产线35条，实现年生产能力3500万部、年产值150 亿元。

围绕壮大农产品深加工产业、光电信息产业和文化创意产业集群，沈北新区2010年已引进工业项目71个，投资总额达1130亿元。总投资150亿元的雨润农副产品全球采购交易中心、投资150亿元的江苏红太阳商贸城、投资100亿元的北京首开会议中心、投资60亿元的明发创意产业园和城市综合体、投资55亿元的苏泊尔生产基地、30亿元的明发创意产业园、20亿元的苏泊尔卫浴生产基地、12亿元的上航发沈阳航空工业园、11亿元的三洋重工工业园、10亿元的益海嘉里食品产业园等纷纷落地。

东北总部基地、道义龙湖生态城、中兴通讯产业园、亚泰建材产业园、华晨金杯专用车生产基地、台湾六合汽车零部件产业园、中恒碳纤维、大润发东北区物流仓储基地、海尔物流园、华强科技园、联东U谷、东北电子商城、上海晨讯通讯科技园、辉山龙湖生态城、荣盛商住、香港置地商业广场等项目将像一颗颗璀璨的明珠镶嵌在沈北大地上。

With respect to the space format of the new district, it has planned the greenization framework and large ecological space, featuring “five horizontal zones, five vertical zones and five parks”. The five horizontal zones refer to the green belt along the 3rd ring, the green belt along the Shenbei Avenue, the green belt along the Puhe Avenue, the green belt along the 4th-Ring Road, and the green belt along the No. 107 National Road. The five vertical zones refer to the green belt along the No. 101

华强科技园

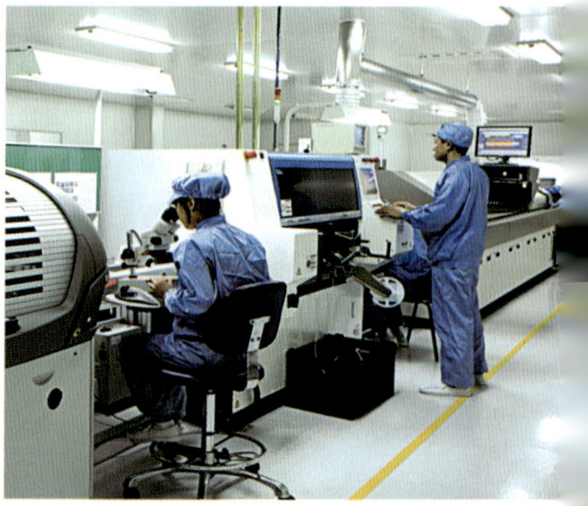

德信手

Shenbei New District

百事可乐

中粮集团

蒙牛乳业

National Road. The five vertical zones refer to the green belt along the No. 101 National Road, the green belt along the Shengjing Street, the green belt of the Hada Passenger Line, the green belt of the No. 203 National Road, and the green belt along the No. 102 National Road. The five parks refer to the 15 square meters of Puhe Ecological Forest Park, the 50 square kilometers of Daoyi Forest Park, the 50 square kilometers forest in the east, the 60 square kilometers of Qixing Lake Forest Lake in the north, and the 20 square kilometers of Huishan Forest Park in the southeast. There are seven rivers including Puhe River, Changhe River and Zuoxiaohe River across Shenbei New District. The segments of Puhe River and Changhe River are planned as the city sight.

In recent years, with the strong support of the state, Liaoning Province and the Shenyang City, Shenbei New District takes the advantage of the reviving of the old Northeastern Industry Base and the leverages of the resource edges in technology, talents and environments to develop the PV industry led by the mobile phones. It has introduced 16 key mobile phone manufacturers including New Postcom Equipment Co., Sim Technology and Tak Shun Technology, as well as a large number of auxiliary enterprises. Upon the completion of these projects in the next few years, there will be 35 mobile phone production lines with annual capacity of 35 million units and annual production value of CNY 15 billion.

When expanding the deep processing industry of farm products, the PV information industry and the cultural creativity industry, Shenbei New District introduced 71 industrial projects with the total investment of CNY 113 billion in 2010, of which include Yurun Global Sourcing & Trade Center for Farm Products with the total investment of RMB 15 billion, Jiangsu Red Sun Shopping Mall with the total investment of CNY 15 billion, Beijing Shoukai Conference Center with the total investment of 10 billion, Mingfa Creativity Industry Park and City Complex with the total investment of CNY 6 billion, Supor Production Base with the total investment of CNY 5.5 billion, Sanyo Heavy Industry Park with the investment of CNY 1.1 billion, and Yihai Kerry Food Industry Park with the investment of CNY 1 billion.

Other projects in Shenbei New District include Northeast Headquarters Base, Daoyi Longhu Ecological City, ZTE Industry Park, Yatai Building Materials Park, Brilliance Jinbei Auto Production Base, Taiwan Liuhe Auto Parts Industry Park, Zhongheng Carbon Fibre, Darunfa Northeast Logistics Warehousing Base, Haier Logistics Park, Huaqiang Technology Park, Liandong U Valley, Northeast Electronic Shop, Shanghai Sim Technology Park, Huishan Longhu Ecological City, Rongsheng Commercial, and Hong Kong Landmark Plaza, all flourishing in the Shenbei New District.

东北总部基地

地址：沈北新区辉山农业高新区明珠路1号

Address：No.1, Mingzhu Road, Huishan Agriculture High-Tech Zone, Shenbei New District

联系人：侯前　Contact: Hou Qian

电话(Tel)：024-88048819 手机（Tel）：15998222767

网址(Website)：www.sbxq.gov.cn

西安国际港务区
XI'AN INTERNATIONAL TRADE & LOGISTICS PARK

西部雄心
West Ambition

西安国际港务区是陕西省、西安市调整产业结构，转变经济发展方式，提升现代服务业发展水平，打造内陆地区开发开放战略高地的创新举措，是国家深入实施西部大开发战略和《关中—天水经济区发展规划》中明确支持发展的重点区域。

西安国际港务区位于西安市主城区东北部，园区规划控制面积120平方公里，规划建设面积44.6平方公里，与2011年世界园艺博览会址毗邻。园区规划六大功能主轴、八大功能分区，依托西安综合保税区、西安铁路集装箱中心站和西安公路港三大核心支撑平台，目前正在着力打造国际贸易组团、国内贸易组团、临港产业组团、信息产业组团、生产服务业组团、生活服务业组团等六大百亿产业组团，最终形成一座国际化、生态化的，以现代服务业为主要产业特色的宜商、宜居、宜创业的新城。

西安国际港务区区位优势明显，交通便利，通过公、铁、空、海多式联运，承接沿海港口功能内移，将迅速形成商贸、物流、加工、服务等产业聚集，成为西北地区连接珠三角经济圈、长三角经济圈、环渤海经济圈的门户和桥梁，成为服务陕西、覆盖西北、辐射欧亚大陆桥节点城市的物流体系平台。园区以建设中国最大的国际内陆港和黄河中上游商贸物流集散中心打造服务业新城为目标，将率先成为实现中西部地区“第二次现代化转型”的城市综合新区，打造全球商贸物流中心和内陆型开发开放的战略高地。

地址:西安市西安国际港务区港务大道六号
Address:No.6 of port Avenue, Xi'an Intemational Logistcs &Trade Part
邮编/P.C:710026
电话/Tel: +86(29)83591918　　传真/Fax:029-83453501
官方网站:Http:// www.itl.gov.cn

西安综合保税区

西安公路港

全球视野
Global Vision

Xi'an International Trade & Logistics Park is a creative move by Shaanxi provincial committee and government as well as Xi'an Municipal committee and government to adjust industrial structure, modify economic development mode, promote modern service industry and set up a strategic highland for both development and opening-up. It is also a key region in the West Development strategy of the Central Committee of the Party and in the Guanzhong-Tianshui Economic Zone Development Program.

Xi'an International Trade & Logistics Park, neighboring 2011 International Horticultural Exposition, is located in the northeast of Xi'an, with a total controlled area of 120 km^2 of which 44.6 km^2 are planned in the 1st phase. The park plans 6 functional axes and 8 functional zones. Relying on the 3 core supporting platforms, namely Xi'an Comprehensive Free Trade Zone, Xi'an Railway Container Terminal and Xi'an Highway Port, it aims at forming 6 ten-billion-worth industrial clusters including international trade cluster, domestic trade cluster, port-adjacent industrial cluster, information technology industrial cluster, producer service industrial cluster and life service industrial cluster, and becoming an internationalized, ecologicalized new city featuring modern service industry and friendly with commerce, living and business.

Xi'an International Trade & Logistics Park enjoys an obvious locational advantage. It will rapidly accumulate industries such as commerce, trade, logistics, processing, services, etc., by multi-modal transportations of highway, railway, airway and ocean shipping, and by port functions transferred inland, and become a gateway as well as a bridge connecting northwest China with Pearl River Delta Economic Circle, Yangtze River Delta Economic Circle and Bohai Sea Economic Circle. It will also become a systematic logistics platform serving Shaanxi, northwest China and node cities along the Eurasia Continental Bridge. Xi'an International Trade & Logistics Park will target at constructing the largest international inland port in China and a distribution center of commerce, trade and logistics along the upper and middle reaches of the Yellow River, in order to be a new city of modern service industry, a new comprehensive urban area realizing the 2nd round transformation of modernization in the central and west region, a global center for commerce, trade and logistics, and an inland strategic highland for both development and opening-up.

西安国际港务区三大核心支撑平台

西安铁路集装箱中心站

您想拓展您的业务，寻找优质的出口产品和服务吗？从这里开始。

在马来西亚您将会有很多选择。特别是我们的产品和服务在全球众所皆知，因为其卓越的品质和可靠性达到了世界级标准。这一点可以在我们提供产品和服务的200个国家得到认证。在世界上，马来西亚是出口排名前20的国家。在全球供应链，马来西亚公司更喜欢寻找合作伙伴。在很多领域我们名列前茅，比如半导体，一次性医疗用品和设备，食品加工，建材，医疗，教育，外包服务，信息和通讯技术和工程服务。所有这些都证明了我们对国际业务的高度信心和信任。

在全球我们有 40 个办事处，您可以联系任何一间办事处，我们会为您推荐最合适的马来西亚出口商。欢迎您到离您最近的 MATRADE 办公室，或者登陆我们的网站 www.matrade.gov.my

马来西亚驻华大使馆商务处（马来西亚对外贸易促进机构）

北京朝阳区东三环北路霞光里 18 号
佳程广场 B 座，11 层 E 单元
邮编：100027
电话：010-84515109/5113
传真：010-84515112
网址：www.matrade.gov.my
电子信箱：beijing@matrade.gov.my

Searching for quality export products and services to grow your business? Start here.

There are plenty to choose from in Malaysia. Especially when our products and services are well-known all around the globe for their superior quality and reliability in meeting world class standards. Just ask the 200 countries we are supplying to. Which is why it's not surprising that Malaysia is rated among the top 20 exporting nations in the world. In the global supply chain, Malaysian companies have become preferred sourcing partners. We are ranked as one of the leading exporters worldwide for semiconductors, medical disposables and devices, processed food, building materials, healthcare, education, outsourcing services, information and communication technology (ICT) and engineering services. All these testify to the high level of confidence and trust that international businesses have in us.

Call us at any of our 40 offices around the globe so we can connect you with suitable Malaysian exporters. Visit your nearest MATRADE office, or go to www.matrade.gov.my

Embassy of Malaysia Trade Section (MATRADE)
(Malaysia External Trade Development Corporation)
Unit E, 11th Floor, Tower B, Gateway Plaza
No. 18, Xiaguangli, North Road Dongsanhuan
Chaoyang District, Beijing 100027
People's Republic of China
Tel: 86-10-84515109/5113
Fax: 86-10-8451 5112
Website: www.matrade.gov.my
E-mail: beijing@matrade.gov.my

MATRADE

CMEC
中国机械设备工程股份有限公司
China Machinery Engineering Corporation
CMEC
中国机械设备进出口总公司
中国机械设备工程股份有限公司（简称：CMEC）由中国机械设备进出口总公司通过整体改制更名，CMEC成立于1978年，是中国首家大型工贸公司。
CMEC以工程承包为核心业务，以进出口贸易和科研设计及国际服务为主营业务的大型国际化综合性企业，是国际知名的工程承包商。业务范围涉及到能源、电子通讯、交通运输、港口、船舶、冶金、电工、重型矿山、通用机械、轻工、纺织、食品、建材和广播电视等多个领域。承接的国际工程成套业务和一般国际贸易已经遍及世界120多个国家和地区。
China Machinery Engineering Corporation (CMEC) was restructured and renamed from "China National Machinery & Equipment Import & Export Corporation", and founded in 1978, as the first large national corporation integrating foreign trade with industry.
CMEC is a large global conglomerate with the engineering contracting as its core business and its main business includes import and export trade, R & D work and design as well the international service. CMEC is a well-known international engineering contractor. Its business sectors involve in power generation, transmission and transformation, light industry, textiles, food, building materials, communication, railway, harbour, telecommunication, broadcasting and TV, ship-building, metallurgy and mining. CMEC is engaged in the business of acting as main contractor of the international engineering contracting and the export of complete plant, its business scope covers over 120 countries in five continents worldwide.
地址：中国北京市西城区广安门外大街178号　邮编（P.C）：100055
Add：No.178 Guang'anmenwai Street, Xicheng District, Beijing 100055, China
电话(Tel)：86-10-63451188　传真(Fax)：86-10-63261865 63268203
电子信箱（E-mail）：cmec@mail.cmec.com　网址（Website）：http://www.cmec.com

SUNING 苏宁电器

苏宁电器举办行业论坛

苏宁易购速递车队

促进商贸流通 致力扩大内需

Promote Trade Exchange, Expand Domestic Demands

苏宁电器1990年创立于江苏南京，是国家重点培育的"全国15家大型商业企业集团"之一。目前，苏宁电器在中国内地300多个城市、香港和日本地区拥有超过1500家门店，品牌价值728.16亿元。2010年苏宁销售规模1560亿元，蝉联中国连锁百强榜首。先后主办"2010中国节能空调产业发展高峰论坛"、"2010中国PC行业发展高峰论坛"，探讨家电产业机遇与挑战，推动中国制造发展与升级。苏宁积极响应国家"家电下乡"、"以旧换新"政策，"以旧换新"总销售、总回收数量位居行业前列。旗下网购平台苏宁易购上线仅一年，销售规模即达到20亿元。目前，苏宁已经形成实体零售、网络购物、对公销售多渠道与Expo超级旗舰店、旗舰店、邻里店、精品店多业态相结合的发展格局。

Founded in 1990 in Nanjing, Jiangsu Province, Suning Appliance is one of China's top 15 large commercial enterprise groups supported by the government. Currently, Suning Appliance has over 1,500 stores in over 300 cities in Chinese Mainland, Hong Kong and Japan, with its brand value of CNY 72.816 billion. The company achieved sales of CNY 156 billion in 2010, ranking the No.1 in China Top 100 Chain Stores. It has held the "2010 China Energy-Saving Air Conditioning Development Forum" and "2010 China PC Industry Development Forum" to discuss the opportunities and challenges faced by the home appliance industry, and promote the development and upgrade of China's manufacturing industry. Besides, Suning Appliance actively responds to the state's policies of "home appliances going to the countryside" and "home appliances trade-in"; its sales and reclaimed appliances related to the "home appliances trade-in" are among the top in the industry. Its online shopping platform suningyigou.net realized the sales of CNY 2 billion only one year after its inception. Currently, Suning Appliance has established a development pattern with multiple models including physical retails, online shopping, multiple sales channels for corporate business, Expo super flagship stores, flagship stores, convenience stores and premium stores.

苏宁智慧总部

合力同行
创新共赢

WORK TOGETHER WIN TOGETHER

机械装备研发与制造
R&D and Manufacture of Machinery and Equipment

工程承包
Project Contracting

贸易与服务
Trade and Service

中国机械工业集团有限公司
China National Machinery Industry Corporation

TEL:8610-82688888
URL:http://www.sinomach.com.cn/

南光(集團)有限公司

NAM KWONG (GROUP) COMPANY LIMITED

南光（集团）有限公司是总部设在澳门的国资委直属中央企业，集团前身南光贸易公司，成立于1949年8月，是澳门最早的中资机构。在逾半个世纪的历程中，南光积极进取，勇于开拓，走过了一段艰苦创业、自强不息的不平凡里程；并较好地完成了各个历史时期国家所赋予的不同使命，为澳门回归祖国、发展内地与澳门的经贸关系、推动祖国的对外经济贸易事业、团结澳门同胞、促进澳门社会的繁荣稳定做出了应有的贡献，赢得了良好的声誉。

南光集团主营业务包括日用消费品贸易、酒店旅遊及配套服务业、地产经营开发和综合物流服务四大类；主要经营商品有：石油化工产品、五金矿产、粮油食品、轻纺服装、医药保健品等；拥有大型油库、加油站、酒店、百货商场、写字楼、码头、货仓冷库、运输车队等资产。

南光集团是澳门目前最大的石油化工产品和主要的鲜活冷冻食品、酒店旅遊、物流服务供应商之一；拥有澳门油气中转储运和航煤专供设施；分别在澳门、杭州、桂林和加拿大投资有7家星级酒店；有澳门最大的内港码头、干冻仓库和跨境运输车队；与美国、欧盟、独联体、韩国、东南亚等几十个国家和地区有长期贸易往来。

南光集团拥有12家二级企业，分别为南光石油化工有限公司、澳门中旅（国际）酒店管理有限公司、澳门中国旅行社股份有限公司、南光实业有限公司、南光恒丰置业有限公司、南光贸易有限公司、南光物流有限公司、广东南光实业贸易公司、南光（上海）投资有限公司、上海实华国际旅行社、上海华高房地产开发经营有限公司、北京南光石油化工有限公司；在北京、上海、广州设有代表处。

展望未来，南光集团将抓住机遇，加快发展，牢固树立“求发展、讲诚信、比业绩”企业核心价值观；认真落实以人为本，全面、协调、可持续的科学发展观，不断提升企业核心竞争力，实现可持续发展；努力把南光打造成为澳门最具实力的石化燃料、粮油食品、酒店旅遊及综合物流供货商，内地专业地产、农副产品、特色物流行业的有力竞争者，参与全球化经营的大型多元化控股企业集团。

南光集团继承和发扬爱国爱澳的优良传统，坚决贯彻“一国两制”方针和《澳门基本法》，大力支持澳门特区政府的依法施政，为澳门的经济繁荣、社会稳定做出新的贡献。

澳门罗理基博士大马路南光大厦十六楼 Tel: (853) 83911600 Fax: (853) 28330853 http://www.namkwong.com.mo

中国国际贸易中心
CHINA WORLD TRADE CENTER

锐意进取・铸就非凡

中国国贸地处北京中央商务区的核心地段，
由酒店、写字楼、公寓、展厅和商城等高档商业建筑形态组成，
是众多跨国公司和商社进驻北京的首选之地，
是目前中国规模最大的综合性高档商务服务企业之一。
经过20多年的建设与发展，随着北京第一高楼——国贸大厦的投入及运营，
中国国贸又步入了新的发展阶段。

Inspiring Excellence

Located in the heart of Beijing's Central Business District,
China World Trade Center consisting of hotels, offices, apartments,
exhibition halls and shopping mall,
is the first choice for many multinational companies based in Beijing
and probably the largest up-market commercial multi-use development in China.
After more than 20 years of operation,
China World Trade Center entered a new phase of development
with the opening of China World Tower, Beijing's tallest building.

国贸写字楼
CHINA WORLD
OFFICES

中国大饭店
China World Hotel
BEIJING
AT CHINA WORLD TRADE CENTER
A SHANGRI-LA HOTEL

国贸公寓
CHINA WORLD
Apartments

国贸大酒店
China World Summit Wing
BEIJING
AT CHINA WORLD TRADE CENTER
A SHANGRI-LA HOTEL

CHINA WORLD
Mall
国贸商城

国贸饭店
Traders Hotel
BEIJING
AT CHINA WORLD TRADE CENTER
By Shangri-La

国贸展览
CHINA WORLD
EXHIBITIONS

京建国门外大街1号 国贸大厦29层 邮政编码：100004 Level 29, China World Tower, No. 1 Jian Guo Men Wai Avenue, Beijing 100004, China

TISCO 太原钢铁（集团）国际经济贸易有限公司

TAIGANG GROUP INTERNATIONAL TRADE CO., LTD.

世界先进的不锈钢冷轧生产线

厂门一角

4350立方米高炉雄姿

太钢新冷轧宽幅纵切区域全景图

原料

太原钢铁（集团）有限公司是全球规模最大、工艺技术装备水平最高、品种规格最全的不锈钢企业之一。本着“以人为本、用户至上、质量兴企、全面开放、不断创新”的核心价值观，肩负“为全球消费者提供最精美的不锈钢产品”的企业使命，努力实现“建设全球最具竞争力的不锈钢企业”的战略目标。

Taiyuan Iron & Steel (Group) Company Co., Ltd. is one of the enterprises in the world with the largest scale and the highest level of technology and equipment and the most manifold varieties and specifications of stainless steel products. It holds the core value – “people oriented, user first, rejuvenate our company by quality, all-round opening to the world, continuous innovation”, shouldering the mission – “We supply premium stainless steel products to the world”, and striving to achieve the strategic objective – “building Tisco into the most competitive stainless steel producer in the world”.

太原钢铁（集团）国际经济贸易有限公司是太原钢铁（集团）有限公司的全资子公司，于1986年成立，在中国香港、美国、欧洲、俄罗斯、南非设5个子公司。太钢国贸公司作为集团公司国际化的窗口，实施国际化战略的平台，从事冶金原辅料、设备、备件、技术及产品的进出口贸易及国内贸易，开展第三国贸易，开展国际招标业务，具有国际招标甲级资质。以诚信为本，在平等互利的原则下，广泛开展“双赢”和“多赢”合作。

Taigang Group International Trade Co., Ltd., a wholly owned subsidiary of Taiyuan Iron and Steel (Group) Co., Ltd., was established in 1986. It had set up five subsidiaries in Hong Kong, the United States, Europe, Russia and South Africa. As the window for internationalization of this Group Company and the platform for its implementation of internationalization strategy, Taigang Group International Trade Co., Ltd. is engaged in the imports/exports and domestic trade for metallurgy-use raw materials, auxiliary materials, equipment, spare parts, technologies and products, carrying out third-party trade and international bidding business with class A qualification in international bidding, and expanding “win-win” and “all-win” cooperation based on the principle of honesty, equality and mutual benefit

2010年太钢国贸公司进出口额为17.27 亿美元，占山西省进出口总额 13.73%，在全国进口200强企业中排名80位。

Its import and export sales in 2010 totaled USD 1.727 billion, which accounted for 13.73% of the total import and export sales of Shanxi Province and ranked the 80th among the top 200 national importing companies.

本着“夯实、对标、创新、满意”的工作方针，我公司愿与国内外各界人士精诚合作，为中国和世界钢铁行业尤其为不锈钢行业的发展和繁荣做出贡献。

With the guiding principle of “steadfastness, benchmarking, innovation and satisfaction”, our company is ready to cooperate with people from all circles at home and abroad and make a contribution to the development and prosperity of world steel industry, especially the stainless steel industry in China and the whole world.

地址：中国 山西省太原市尖草坪2号 邮编：030003
Address: No. 2, Jiancaoping,Taiyuan City, Shanxi Province, China 030003
电话(Tel)：0351-3012383
传真(Fax)：0351-3130574

萧山经济技术开发区

Xiaoshan Economic and Technological Development Zone

（杭州江东新城）

(Hangzhou Jiangdong New City)

萧山经济技术开发区于1993年5月经国家批准设立，下辖市北、桥南、江东三大区块，总规划面积181平方公里，内设杭州江东国家新能源高新技术产业化基地、装备制造国家新型工业化产业示范基地、杭州软件产业基地萧山扩展区块和江东新城、萧山高新技术产业园区两个省级开发区。开发区坚持先进制造业、高新技术产业、现代服务业“三业并举”，历经18年发展，已累计引进外资总投资70亿美元，世界500强企业12家。

Approved by the state in May 1993 and with a planned area of 181 square kilometers, Xiaoshan Economic and Technological Development Zone governs three districts: Shibei, Qiaonan and Jiangdong. The Zone consists of Hangzhou Jiangdong National New Energy High-tech Industrialization Base, National New Industrialization Demonstration Base for Equipment Manufacturing, Xiaoshan Expansion Zone of Hangzhou Software Industry Base, and Jiangdong New City High-tech Industrial Park and Xiaoshan High-tech Industrial Park, two provincial-level development zones. The Zone has been focusing on developing the advanced manufacturing industry, high-tech industry and modern service industry at the same time. After 18 years of development, this zone has introduced foreign investment of USD 7 billion in aggregation and 12 members of the World Top 500 enterprises.

江东工业园区（江东新城）占钱塘江沿江广阔优势，据江东大桥、钱江通道两翼交通便利，挟杭州萧山国际机场空港近邻，是浙江省大江东产业集聚区的重要组成部分。全面推进“3+1”新一轮发展战略（3个城市综合体和18平方公里产业集聚区建设），目标建成以先进制造业为主体，高新技术产业和现代服务业为主导，集总部科研、金融信息、高端商贸、现代物流、人居休闲、文化创意等功能于一体的都市型、生态型、综合型现代化工业新城。

With the advantage bringing by Qiantang River, Jiangdong Industrial Park (Jiangdong New City) is very convenient in transportation, easily accessible to Jiangdong Bridge and Qianjiang Path and adjacent to Xiaoshan International Airport. As an important part of the Zhejiang Province's Broad Jiangdong Industry Zone, Jiangdong Industrial Park is making its efforts to propel the new “3+1” development strategy (construction of 3 urban complexes and an industry zone covering an area of 18 square kilometers). With advanced manufacturing, high-tech industry and modern service industry as key focuses, it aims to build a brand-new ecological and industrial urban city with such functionalities as headquarter scientific research, financial information, high-end trade, modern logistics, leisure & entertainment as well as cultural creativity.

开工仪式

江东新城

长沙经济技术开发区

Changsha Economical & Technological Development Zone

长沙经济技术开发区创建于1992年8月，2000年2月被批准为国家经济技术开发区。全区共引进和培育企业400余家，形成了工程机械、汽车及零部件两大主导产业，初步建立了横向成群、纵向成链的产业集群。三一重工、中联浦沅、远大空调、山河智能、广汽菲亚特、北汽福田、中铁轨道、日本住友等一批知名企业先后落户园区，并迅速发展壮大。截至目前，在区投资的世界500强企业达23家，上市公司18家。2010年，全区完成工业总产值915.3亿元，实现各类税收50亿元。

近年来，园区围绕打造"世界工程机械之都"和"中国汽车产业集群新版块"的宏伟目标，心无旁骛、突出主业，全力推进新型工业化发展进程，先后获得"湖南省优化经济发展环境示范区和测评点"、"国家新型工业化产业示范基地"、"国家知识产权试点园区"、"中国投资潜力百强开发区"、"湖南省加速推进新型工业化先进单位"和"湖南省加速推进新型工业化千亿工业园区"等荣誉称号。

Established in August 1992, Changsha Economic & Technological Development Zone was ratified as a state-level economic and technological development zone in February 2000. Having introduced and developed more than 400 enterprises and established two dominant industries: engineering machinery and auto & parts, the Zone initially shaped an industry cluster featuring horizontal clustering and vertical chain. A batch of well-known enterprises settled in the zone and grew fast, including SANY Heavy Industry, Zoomlion, Broad Air Conditioning, Sunward, GAC Fiat Automobiles, Futian Automobile, China Railway Track Systems Group and Sumitomo, etc. By so far, 23 of the World Top 500 enterprises and 18 listed companies have invested in the zone. In 2010, the Zone completed the gross industrial output of RMB 91.53 billion and paid taxes of RMB 5 billion.

In recent years, the Zone has been striving to develop its core business and propel the new industrialization process by focusing on its aggressive goal of becoming "the city of world's engineering machinery" and the "new segment of China's auto industry cluster". The Zone has been granted a lot of awards, including "Pilot Zone and Testing Place of Hunan Province for Optimizing Economic Development Environment", "Pilot Base of State New Industrialization Industry", "National Pilot Zone of Intellectual Property Rights", "China Top 100 Development Zones of Investment Potentials", "Advanced Unit of Hunan Province for Accelerating New Industrialization" and "RMB 100 billion Industrial Parks of Hunan Province for Accelerating New Industrialization", etc.

日本住友轮胎落户园区签约仪式

园区主办的工程机械配套产业发展座谈会

杭州经济技术开发区前进园区

Qianjin Park of Hangzhou Economic and Technological Development Zone

众泰汽车

松下工业园

品字形写字楼

杭州经济技术开发区前进工业园区（原江东杭州市本级区块），是大江东新城“三城一区”的重要“一区”，是开发区的战略拓展区、产业结构调整和产业提升的示范引领区、杭州市汽车产业发展的重要集聚区。前进工业园区充分依托开发区的政策、环境和产业等优势，发挥国家开发区的辐射、带动作用，规划总面积约 40 平方公里，一期启动面积 5.35 平方公里目前已全面启动建设。

依托杭州经济技术开发区电子信息、生物医药、食品饮料、机械制造四大支柱产业的发展优势，园区着力构建交通运输设备制造业集群、高技术产业集群、现代物流产业集群和现代服务业产业集群的“3+1”产业体系。

The Qianjin Industrial Park of Hangzhou Economic and Technological Development Zone (former zone of Hangzhou in Jiangdong) is the important “zone” of the Greater Jiangdong New City’ s “Three Cities and One Zone” which is the strategic expansion zone, a pilot zone for industrial structure adjustment and improvement, and an important gathering zone of Hangzhou’ s automobile industry. Taking advantage of Hangzhou Economic and Technological Development Zone in policies, environment and industry and playing its influential and leading role as a state-level development zone, Qianjin Industrial Park covers a planning area of about 40 square kilometers, and its Phase-I project of 5.35 square kilometers has commenced construction.

Relying on the advantage of Hangzhou Economic and Technological Development Zone in developing the four pillar industries -- electronic information, biological pharmaceuticals, food & beverage and machinery manufacturing, Qianjin Industrial Park aims to build a “3+1” industry system consisting of transportation equipment manufacturing cluster, high-tech industry cluster, modern logistic industry cluster and modern service industry cluster.

杭州经济技术开发区前进园区

地址：杭州市萧山区前进街道江东一路前进园区开发区建设指挥部

Address: Command Headquarter of Qianjin Industrial Park Construction, Jiangdong No.1 Road, Qianjin Street, Xiaoshan District, Hangzhou

邮编（Zipcode）：311228

招商热线（Hotline）：+86-571-82195822

网站（Website）：www.hedajd.gov.cn

马鞍山经济技术开发区

Ma'anshan Economic & Technological Development Zone

达利

安徽华菱重型汽车有限公司

蒙牛公司

马鞍山科达机电有限公

马鞍山经济技术开发区位于城市的主城区和副城区之间，规划区总面积11.44平方公里，是首批全国模范劳动关系和谐工业园区。2007年3月通过ISO14000区域环境管理体系认证，2009年2月通过ISO9000质量管理体系认证。2010年3月，升级为国家经济技术开发区，同年5月份，安徽省批准设立为省级高新技术产业开发区。

开发区自1999年3月启动建设以来，经过12年的发展，已进入规模体量扩张和内涵质量提升加速发展的新时期，“十一五”末主要经济指标较“十五”末实现翻两番的目标。近年来，开发区良好的环境和高效的服务吸引了一大批中外知名企业如日本大同、蒙牛乳业、江苏雨润、广东科达、福建达利、中钢天源等来此投资兴业并获得长足发展。目前，开发区已经形成了以星马、华菱为代表的汽车及汽车零部件业、以蒙牛乳业、雨润和达利食品为代表的食品加工业、科达机电、泰尔重工、惊天液压和统力回转为代表的装备制造业等三大优势主导产业。

Located between the main urban area and the subsidiary urban area Ma'anshan City, Ma'anshan Economic & Technological Development Zone is one of China's first-batch national industrial parks of harmonious labor relations, which has a planning area of 11.44 square kilometers. The Zone passed the certification of ISO14000 regional environmental management system in March 2007 and the certification of ISO9000 quality management system in February 2009. In March 2010, the Zone was ratified as a state-level economic and technological development zone. In May 2010, it was approved by the Anhui Province as a provincial high-tech industry development zone.

Since the construction commencement in March 1999, the Zone has entered a new accelerating stage of scale expansion and quality improvement after 12 years of development. At the end of the 11th Five-year Plan period, key economic indicators achieved the goal of doubling those at the end of the 10th Five-year Plan period. In recent years, good environment and effective services of the Zone have attracted many well-known Chinese and foreign enterprises, including Japan-based DAIDO, Mengniu Dairy, Jiangsu Yurun, Guangdong Keda, Fujian Dali and Sinosteel Anhui Tianyuan to make investment and achieve long-term development. Currently, the Zone has established three leading industries: auto & parts industry led by CAMC Xingma and CAMC Hualing, food processing industry led by Mengniu Dairy, Yurun and Dali, and equipment manufacturing industry led by Keda, Taier Heavy Industry, Giant Hydraulic China and Tongli Slewing Ring.

萍乡经济技术开发区

Pingxiang Economic & Technological Development Zone

优美城市风景

科研中心

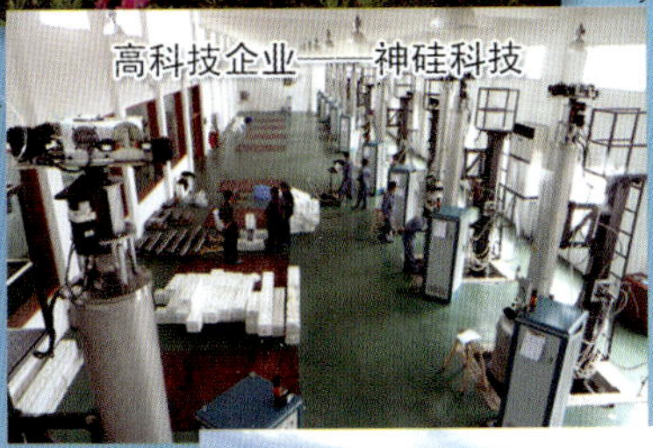
高科技企业——神硅科技

完善的基础设施建设

新材料产业——三瑞科技

萍乡经济技术开发区地处鄱阳湖生态区与长株潭经济圈交汇处，拥有“国家经济技术开发区”“全国中小企业信用体系试验区”、“国家新材料产业化示范基地”等七张名片。区内交通便捷，浙赣铁路、杭昌长高铁贯穿全境，杭昌长高铁在区内设有车站；319、320 国道在区内交汇，沪昆高速、萍洪高速出口设在区内，至长沙黄花机场仅需一小时车程；年吞吐量 250 万吨的海铁联运铁路货站、出入境检验检疫办事处和海关联络办公室都设在区内。

萍乡经济技术开发区规划建设了洪山新能源产业基地、高丰汽车及零配件产业基地、清泉生物医药食品产业基地、白源金属材料产业基地、上柳源非金属材料产业基地、万新国家新材料产业基地等六大产业基地，先后引进和培育了神硅科技、宝瑞能源、日普升太阳能等新能源企业，希尔康泰、天顺医药、心正药业、青山堂医药等新生物医药企业，安源客车、安源万向等汽车零配件企业，三瑞科技、飞虎炭黑、维新树脂等新材料企业，安源钢铁、蓝翔重工、九州压机等金属材料企业。目前，区内拥有现代工业企业 270 余家，预计到“十二五”末六大产业将实现主营业务收入 1000 亿元、工业增加值 250 亿元、利税 150 亿元。

Located at the convergence area of Poyang Lake Biological Zone and Changsha-Zhuzhou-Xiangtan Economic Zone, Pingxiang Economic & Technological Development Zone has won seven awards including the “National Economic & Technological Development Zone”, “National SME Credit System Pilot Zone”, and the “National New Material Industrialization Pilot Base”. It is easily accessible as the Zhejiang-Jiangxi Railway and the Hangzhou-Nanchang-Changsha High-speed Railway cross the zone, and the latter has station in the zone. It is close to the intersection of the No. 319 and No. 320 National Highway, as well as the exits of the Shanghai-Kunming Expressway and Pingxiang-Hongkoujie Expressway, and is only one-hour journey by cars from the Changsha Huanghua Airport. Moreover, the Zone has the shipping-railway station with the annual throughput of 2.5 million tons, the entry/exit inspection and quarantine office and customs contact office.

The Zone has built six major industry bases including Hongshan New Energy Industry Base, Gaofeng Auto & Parts Industry Base, Qingquan Biological Medicine & Food Industry Base, Baiyuan Metal Materials Industry Base, Shangliu Non-metal Materials Industry base and Wanxin National New Material Industry Base. It has introduced and developed such new energy enterprises as Shengui Technology, Baorui Energy and Ripusheng Solar, and such new biological medical enterprises such as Xi’ er Kangtai, Tianshun Pharmaceutical, Xinzheng Pharmaceutical and Qingshantang Pharmaceutical; auto parts enterprises including Anyuan Bus and Anyuan Wanxiang; new material enterprises such as Sunrise Technology, Feihu Tanhei and Weixin Resin; and metal material enterprises including Anyuan Iron & Steel, Lanxiang Heavy Industry and Jiuzhou Precision Hydraulic Machinery. Currently, the Zone has over 270 industrial enterprises, and it is estimated that the six major industries will generate core business revenue of CNY 100 billion, industrial added value of CNY 25 billion and profits and tax of CNY 15 billion by the end of the 12th Five Plan period.

青岛经济技术开发区

Qingdao Economic and Technological Development Zone

青岛开发区是1984年10月经国家批准设立的首批十四个沿海国家开发区之一，区内拥有国家前湾保税港区、新技术产业开发试验区、西海岸出口加工区及省级凤凰岛旅游度假区。“十一五”末，全区经济迈上“315”新平台，工业总产值突破3000亿元，增长24.5%；地区生产总值突破1000亿元，增长15.9%；辖内地方财政一般预算收入突破50亿元，增长26.1%。投资环境综合评价总指数连续7年居55个国家开发区前5强。

今后一个时期，开发区将抓住打造山东半岛蓝色经济区和“桥隧时代”来临的机遇，以科学发展为主题，以加快转变经济发展方式为主线，高水平推进东部港口区、南部凤凰岛国际旅游岛、中部国际生态智慧城、石化产业循环经济示范区和黄岛老城区、北部产业新城五大城市板块作为转方式调结构的重要载体，优化区域发展布局，打造新的发展平台，促进科学发展、转型发展、和谐发展。

Approved by the state in October 1984, Qingdao Economic and Technological Development Zone is one of the first-batch 14 state-level coastal development zones. Currently the Zone consists of the state-level Qianwan Bonded Zone, New Technology Industry Development Pilot Zone, West Coast Export Processing Zone and the Provincial Phoenix Tourism Zone. At the end of the 11th-Five Plan, the economy of the zone reached a new platform of “315”: gross industrial output value exceeded RMB 300 billion, up by 24.5%; regional gross production value exceeded RMB 100 billion, up by 15.9%; and the general budget incomes of the local government finance exceeded RMB 5 billion, up by 26.1%. Its comprehensive assessment index for investment environments ranked in the top 5 among 55 state-level development zones for 7 consecutive years.

In the coming period, the Zone will take the opportunity of building the blue economic zone in Shandong Peninsular and the upcoming of the “Bridge & Tunnel Era” to accelerate the economic development, with the scientific development as its basis and the speeding-up of the transformation of economic development as the mainline. The portal zone in the east, the Phoenix International Tourism Island in the south, the international ecological city in the central area, petrochemical recycling economic pilot zone and the existing Huangdao city and the new industry city in the north will act as an important carrier of the restructuring to optimize the regional development layout, build a new development platform and promote the scientific development, transforming and harmonious development.

湛江经济技术开发区

Zhanjiang Economic and Technological Development Zone

中海油湛江燃料油公司

龙腾物流球团项目厂房

景色迷人的观海长廊

湛江经济技术开发区是1984年11月经国家批准设立的全国首批国家经济技术开发区，地处广东、广西、海南三省（区）交汇处，具有独特的区位优势和深水良港交通优势。湛江经济技术开发区管辖面积354平方公里，由位于湛江市中心建成区和东海岛发展区组成。湛江经济技术开发区继续致力于发展临港工业、港口物流业、海洋经济和海岛旅游业。

Zhanjiang Economic and Technological Development Zone is one of the first-batch state-level economic and development zones approved by the state in November 1984. Located in the intersection of Guangdong, Guangxi and Hainan, Zhanjiang Economic and Technological Zone boasts of unique regional advantage and the deepwater port transportation advantage. With an area of 354 square kilometers, the Zone consists of the established district of Zhanjiang City and the Donghai Island development district. This Zone will continue focusing on developing port industry, port logistic industry, ocean economy and island tourism.

湛江开发区中央商务区一隅

江西省赣州开发区

Jiangxi Ganzhou Economic & Technological Development Zone

国家经济技术开发区---------江西省赣州开发区2010年生产总值、工业主营业务收入、固定资产投资、财政总收入等主要经济指标均实现两年翻一番，综合实力跻身全省县区综合实力30强、全省开发区前三甲。

2011年将继续按照“突出主导产业、兼顾配套，强攻外资、主攻内资，抓大选小、抓主选次”的招商思路，围绕新能源、有色金属、电子电器和机械制造四大主导产业，在引进世界500强企业伟创力，“国字号”企业中国五矿、中国华星氟化学投资集团、中烟集团等基础上，主攻投资超百亿元的主导产业项目，加快产业转型升级，着力把开发区打造成为赣州区域经济发展的核心增长极，经济与生态协调发展的示范区。

As a state economic & technological development zone, Jiangxi Gangzhou Economic & Technological Development Zone realized the doubling of key economic indicators including gross production, revenues of core industrial business, fixed asset investment and fiscal revenues in 2010 in two years. The Zone is among the top 30 counties and districts in the province by comprehensive strength and the top 3 development zones in Jiangxi Province.

In 2011, the Zone will insist on its philosophy of “highlighting core industries, paying attention to auxiliary facilities, attracting both foreign and domestic investment and carefully selecting projects”. Focusing on the four key industries of new energy, non-ferrous metals, electronic appliances and machinery manufacturing, the Zone will put more efforts into the major industry projects with investment of over RMB 10 billion, based on the introduction of Flextronics International, one of the world's Top 500, the state-owned China Minmetals Corporation, China Huaxing Fluorine Investment Group and China Tobacco Group, etc. By accelerating the industry transformation and upgrade, the Zone will strive to build itself into a core growth source for the regional economic development and a demonstration zone with the balance between economy and biology in Ganzhou City.

世界500强企业伟创力生产车间一角

总投资60亿元、生产汽车用电池的赣州孚能科技有限公司车间

中烟集团赣州卷烟厂异地技术改造项目奠基开工

赣州开发区名片

国家开发区

国家出口加工区

全国加工贸易梯度重点转移承接地

国家钨与稀土新材料科技兴贸出口创新基地

国家火炬计划赣州钨与稀土新材料特色产业基地

国家新型工业化产业示范基地

台资企业转移承接基地

江西钨和稀土产业基地

江西省县区综合实力30强

江西省开发区综合实力前三甲

热忱欢迎海内外客商前来投资兴业！

Welcome to Ganzhou!

招商热线(Tel)：0797---8378089　15970978888

网址(Website)：http：//www.gzkfq.gov.cn

全力推进世界汽车产业基地建设

Build World-class Auto Industry Base in Full Swing

长春西新经济技术开发区

Changchun Xixin Economic & Technological Development Zone

长春西新经济技术开发区（原长春汽车产业开发区）是2005年9月29日经吉林省批准成立、是长春市与一汽集团合作共建的开发区，是全国独家以汽车产业为核心的专业开发区。2010年12月30日，经批准正式晋升为国家经济技术开发区。该区位于长春市西南部，面积118.59平方公里，总人口25万。

建区五年来，GDP累计实现1325亿元，财政收入累计实现112亿元，工业总产值累计实现4268亿元，累计引进重点项目达110个，投资总额达540亿元，累计实现利用外资11.7亿美元，累计实现利用内资256.7亿元，各项经济指标每年实现30%以上的增长。连续三年被评为长春市经济目标责任制优秀奖。

目前全区已经形成了具有较强实力的汽车产业集群，整车生产能力超百万辆。几年来，先后被授予国家汽车零部件出口基地、国家汽车电子产业基地、国家新型工业化产业示范基地等称号。

“十二五”期间，西新区计划完成35平方公里新区建设，主要经济指标翻一番以上。

Approved on Sept. 29, 2005, Changchun Xixin Economic & Technological Development Zone (the former Changchun Auto Industry Development Zone) was China's only development zone especially committed to the auto industry, which was built with the cooperation between Changchun City and FAW Group. On Dec. 30, 2010, the Zone was officially ratified as a national economic & development zone. Located in the southwest of Changchun City, the Zone has a land area of 118.59 km^2 and a population of 250,000 people.

Since its establishment five years ago, the Zone has created the GDP of CNY 132.5 billion in aggregation, fiscal revenues of CNY 11.2 billion in aggregation, and the gross industrial production of CNY 426.8 billion. The zone has introduced 110 key projects in total, realized a total investment of CNY 54 billion, actually utilized foreign investment of USD 1.17 billion and actually utilized domestic investment of CNY 25.67 billion in aggregation. All economic indicators achieved an over 30% of annual growth. The Zone won the Excellence Award of Changchun for Economic Objectives for three consecutive years.

Currently the Zone has formed a strong auto industry cluster with the whole-car production capacity of over million vehicles. The Zone has ever won many titles including the National Auto Parts Export Base, National Auto Electronic Industry Base and National New Industrialization Demonstration Base, etc. in recent years.

During the “12th Five-Year Plan” period, the Zone plans to complete the construction of 35 km^2 and make the key economic indicators grow by over 100%.

潍坊滨海经济技术开发区

Weifang Binhai Economic and Technological Development Area

开发区已形成了以潍柴动力、山东海化为代表的大规模产业集群

Large-scale industrial clusters, including Weichai Power and Shandong Haihua Group, has been established

潍坊滨海经济技术开发区位于山东省潍坊市北部，渤海莱州湾南畔，陆域面积677平方公里，人口15万。成立于1995年8月，2010年4月升级为国家经济技术开发区。是山东半岛蓝色经济区九个集中集约用海片区和黄河三角洲高效生态经济区“四点四区一带”优先发展区域之一，先后被确定为国家科技兴贸创新基地、国家生态工业示范园区、全国科技兴海示范区，山东省科学发展园区、循环经济示范区和理想投资开发区。当前潍坊滨海经济技术开发区紧抓“蓝黄”国家战略，加快项目聚集，大力发展蓝色高端产业集群，加快基础设施建设，现代化、国际化高效生态滨海新城建设拉起框架，潍坊发展阔步迈入“滨海时代”。

Weifang Binhai Economic and Technological Development Area (BEDA) is located in northern Weifang of Shandong Peninsula, and southern Laizhou coast of Bohai Sea. Covering an area of 677 square kilometers, BEDA has a population of 150,000. Established in August 1995, BEDA is upgraded as a National Economic and Technological Development Area in April 2010. Presently, BEDA is one of Blue Economic Zones in Shandong Peninsula, one of Nine areas focusing in intensive use of sea, one of Yellow River Delta Efficiency Ecological Economic Zones and one of “four dots, four zones and one region” priority development areas. Continuously, BEDA has been accredited as National Innovation Base for Rejuvenating Trade through Science and Technology, National Demonstration Eco-Industry Park, National Demonstration Zone Invigorating the Sea by Science and Technology, Shandong Scientific Development Park, Demonstration Zone with Circular Economy and Ideal Investment Zone. Seizing the opportunity of “Blue-Yellow” national strategy, BEDA is speeding up the bringing together of projects, developing high-end marine industry, accelerating infrastructure construction. Modern,international, high-efficient, and ecological marine city is constructed. Weifang is striding into the Age of BEDA.

第二届中国潍坊滨海国际风筝冲浪邀请赛比赛现场

Large-scale industrial clusters, including Weichai Power and Shandong Haihua Group, has been established

2010年4月，开发区10所高职院校集中奠基，为滨海跨越发展储备人才

2010 10 april,Ground-breaking ceremony of 10 higher vocational colleges, reserving talents for fast development of BEDA

许昌经济技术开发区

Xuchang Economic & Technological Development Zone

许昌经济技术开发区于2010年12月经国家批准，升级为国家经济技术开发区。该区位于许昌市市区西南部，与市区紧密相邻。许昌是古代许国都邑和曹魏发祥地，享有“魏都”之称。郭沫若曾说：“闻昕三国事，每欲到许昌。”许昌地理位置优越，交通极为便利。距省会郑州80公里，距新郑国际机场50公里，特别是高速公路郑许段双向8车道开通后，车程只需二十多分钟。107国道、京珠高速、京广铁路、石武高铁在许昌穿越而过，加上在许昌境内已经建成的6条高速公路，使许昌成为河南省高速公路密度较高的地区。随着许昌异地航站楼的建设，铁路、公路、航空组成的立体交通网络已经形成。

作为许昌市对外开放的窗口，许昌经济技术开发区主营业务收入、进出口总值、财政一般预算收入等主要经济指标以年均30%以上的速度递增。已初步形成了装备制造及电气机械、发制品、生物科技“一主导两特色”的产业集群。先后培育出了许继变压器有限公司、许昌恒源发制品股份有限公司、许昌西继电梯有限公司、许昌阳光光电线缆有限公司等一批国内外知名企业。高新技术产业发展迅速，先后被认定为“河南省高新技术特色产业基地”、“河南省创新型产业集聚区”（试点）、“河南省高新技术产业标准化示范区”、“河南省对外开放先进单位”。

明显的区位优势，完善的基础设施，优惠的招商政策，突出的产业优势，“一站式”的便捷服务，打造了务实、高效的亲商品牌，给广大客商留下了良好印象。今年，开发区结合自身产业特色，谋划启动了“一区五园”建设（即双龙湖2.5平方公里核心区，发制品工业园、电梯工业园、韩国工业园、科技创业园、现代物流园），为海内外客商来开发区投资兴业提供了新的发展平台。

Xuchang Economic & Technological Development Zone was upgraded to a national economic & technological development zone in December 2010 upon the approval of the state. Located in the southeast of Xuchang City, the Zone is closely adjacent to the downtown of Xuchang City. Xuchang is a city with a long history, and the advantageous and easily accessible location. The Zone is 80 km from Zhenzhou, the capital city of Henan Province, and 50 km from the Xinzheng International Airport. In particular, it only takes over 20 minutes from Xuchang to Zhengzhou following the operation of the Zhengzhou-Xuchang Expressway. It is also only 5-hours drive to the nearest outlet Lianyuangang. Moreover, railways including Beijing-Guangzhou Railway and Shijiazhuang-Wuhan Express Railway, and the expressways including Beijing-Hong Kong-Macao, Yongcheng-Dengfeng and Xuchang-Pingdingshan-Nanyang expressways all cross the Zone. With the construction of Xuchang Remote Terminal, a comprehensive transportation network consisting of railways, highways and aviation has been established.

As a window of Xuchang City's opening up, the Zone has seen the average growth of over 30% in such key economic indicators as core business revenues, total import & export value and general fiscal budgets, etc. It has basically formed an industry cluster of electrical machinery, hair products and biological technology. The Zone attracted a large number of well-know enterprises at home and abroad, including Xuji Transformer Co., Ltd., Xuchang Hengyuan Hair Product Inc., Xuchang XJ Elevator Co., Ltd. and Xuchang Yangguang Electric & Optical Cable Co. Ltd. With the robust growth of the high-tech industry, the Zone has been rated as “Henan High-Tech Characteristic Industry Base”, “Henan Innovative Industry Clustering Zone (Pilot)”, “Henan High-Tech Industry Standardization Demonstration Zone” and “Henan's Advanced Unit for Opening Up”.

The Zone has established its brand and deeply impressed the customers with its significant geographical advantages, comprehensive infrastructure, attractive preferential policies, superior industrial advantages, one-stop services. This year, the Zone, based on its own industrial characteristics, commenced the construction of the “one zone and five parks” (2.5 km2 core zone around Shuanglong Lake, and hair product industrial park, elevator industrial park, South Korea industrial park, technology park and modern logistics park) to provide a new platform for domestic and overseas investors to make investment in Xuchang.

上海金桥出口加工区

Shanghai Jinqiao Export Processing Zone

上海金桥出口加工区规划图

上海金桥出口加工区积极创建国家
新型工业化产业示范基地（信息通信产业ICT）

碧云国际社区

上海金桥出口加工区已成为上海重要的生产性服务业基地

上海金桥出口加工区（以下简称金桥开发区）是1990年9月被批准设立为国家经济技术开发区，规划面积27.38平方公里。经过20年的开发建设，金桥从昔日的农村崛起为高科技、现代化、生态型、多功能的现代产业新城，累计实现工业总产值15150亿元、销售收入20260亿元、引进项目1247个、吸收投资总额194.6亿美元。

金桥开发区是中国成熟的先进制造业基地，形成了电子信息、汽车制造及零部件、现代家电、生物医药与食品加工四大主导产业。近年来，以“总部经济、研发设计、商贸营运和服务外包”为代表的生产性服务业已成为金桥产业升级特色和新一轮发展的方向。金桥率先建立了全国再生资源公共服务平台、上海市首家电子废弃物处置基地，是ISO14000国家示范区和国家生态工业示范园区。享誉中外的碧云国际社区已成为众多外籍人士到沪投资、工作、生活的理想之选和留在金桥的又一个理由。

展望未来，金桥开发区将以“创新驱动、转型发展”为主线，聚焦新能源汽车和汽车电子、ICT（信息通讯）、总部经济、研发设计、服务外包、网络文化等新兴战略产业，精心打造先进“智”造和高端生产性服务融合发展的新型产业高地，积极构建产业功能与城市化功能融合发展的绿色生态新城区，努力把金桥建设成为高科技、复合型、生态化的国际一流水平新型经济技术开发区。

With a planned area of 27.38 square kilometers, Shanghai Jinqiao Export Processing Zone (Jinqiao Development Zone) was rated as the National Economic & Technological Development Zone in September 1990. After 20 years of development and construction, the Zone has grown from the original village into a high-tech, modernized, biological and multi-functional new industrial city. In aggregation, it has realized the gross production value of CNY 1.515 trillion and sales revenue of CNY 2.026 trillion, and has introduced 1,247 projects and absorbed total investment of USD 19.46 billion.

Jinqiao Development Zone is a well-developed and advanced manufacturing base in China, which has formed four major industries, namely electronic information industry, auto & parts manufacturing, modern home appliances, and biological medicine and food processing. In recent years, the production-oriented service featuring “headquarter economy, R&D design, trading and service outsourcing” has become a characteristic of industry upgrade and the direction of the new-round development of the Zone. As the ISO14000 national biology demonstration zone and the national biology industry demonstration park, Jinqiao took the lead in establishing the public service platform for national recycled resources and Shanghai's first electronic waste disposal base. The well-known Biyun International Community has become an ideal choice for many foreigners to invest, work and live in Jinqiao and another reason for them to stay in Jinqiao.

Looking forward to the future, Jinqiao Development Zone will focus on the “Innovation and Transformation” to develop the emerging strategic industries including new energy automobiles and auto electronics, ITC, headquarters economy, R&D design, service outsourcing and web culture, etc. It will strive to build a new industry base combining the intelligent manufacturing with the high-end production services, a green new city with harmonious industrial functions and city functions. Jinqiao Development Zone will finally grow into a high-tech, compound and biological world-class new economic and technological zone.

安徽铜冠铜箔有限公司电子铜箔项目

勤上光电鸟瞰图

池州经济技术开发区

Chizhou Economic & Technological Development Area

池州经济技术开发区是经国家批准的国家经济技术开发区，是安徽省第7家、全国第127家国家经济技术开发区，是“全国百佳科学发展示范园区”、“安徽省投资环境十佳开发区”、“苏商全国首选投资价值开发区”和“皖江城市带承接产业转移示范区池州集中区”。区内拥有长江岸线30公里，境内的池州港是溯江而上长江南岸最后一个万吨级深水港，国家一类开放口岸，皖江第二大集装箱专用码头，全国“十佳集装箱港口”。区内海关、边防、出入境检验检疫等设施完备，通关便利。

池州经济技术开发区紧紧抓住皖江城市带承接产业转移示范区的机遇，结合开发区产业布局和产业基础现状，已形成了电子信息、新能源、先进装备制造、新材料和以文化创意、物流为主的现代服务业五大主导产业，努力将池州经济技术开发区打造成为皖江城市带科学发展示范区。

Chizhou Economic and Technological Development Zone is a National Economic and Technological Development Zone approved by the State Council, the 7th state-level economic and technological development zone in Anhui Province and the 127th state-level economic and technological development zone in China. It is also one of the “Top 100 Scientific Development Demonstration Areas”, “Top 10 Development Zones with Best Investment Environment in Anhui Province”, “The Development Zone of First Choice for Jiangsu Merchants with Best Investment Potentials” and “Chizhou Centralization Area of the Industrial Transfer Matchmaking Demonstration Base of Anhui Along-Yangtze-River City Belt”. Chizhou Economic and Technological Development Zone has a 30kms of Yangtze River waterfront, and Chizhou Port is the last 10,000-ton deepwater port up the south of Yangtze River. As the state's Class-A open port, Chizhou Port is also the 2nd largest container port along Yangtze River City Belt in Anhui Province and one of “China Top 10 Container Ports”. Chizhou Economic and Technological Zone has comprehensive facilities for Customs, Frontier Inspection and Exit/Entry Inspection and Quarantine.

Taking the opportunities of being “the Industrial Transfer Matchmaking Demonstration Base of Anhui Along-Yangtze-River City Belt”, Chizhou Economic and Technological Development Zone has established five key industries of electronic information, new energy, advanced equipment manufacturing, new materials, and modern service industry with emphasis on cultural creativity and logistics, based on Chizhou Development Zone's industry layout and industry basis. Chizhou Economic and Technological Development Zone strives to build itself into scientific development demonstration area along Yangtze River in Anhui Province.

香港远航江口物流基地

秦皇岛经济技术开发区

Qinhuangdao Economic & Technological Development Zone

艾尔姆风电叶片开业典礼（张洋摄）

领先科技院士专家企业工作站揭牌（张洋摄）

两艘9.3万吨散货船在山船重工建造完成（谷玉强摄）

秦皇岛数据产业研究院揭牌（张洋 摄）

2010年，以科学发展观为指导，以转变发展方式为主线，以发展数据产业、服务外包和新兴产业为主题，解放思想，奋勇攻坚，推进经济社会又好又快发展，迈出转型发展的历史性一步。综合实力持续增强。完成地区生产总值180.29亿元，规模以上工业总产值481.04亿元，主营业务收入522.67亿元，财政收入25.38亿元，进出口总额23.83亿美元，实际利用外资1.47亿美元，分别同比增长16.6%、24.1%、18.6%、24.7%、3.1%、10.1%。结构调整取得实效。科技贡献率提高。高新技术企业27家，实现工业总产值119.5亿元，销售收入177.3亿元，分别占规模以上工业的25%、34%。数据产业集群初步形成。入驻企业20多家，数据产业研究院、研发中心落户，为产业发展提供了技术支撑平台、信息化培训平台和网络基础设施服务效能。服务外包规模扩大。数据产业园内入驻企业21家，实现业务收入5800万元。战略新兴产业崛起。哈电秦装核岛主设备、艾尔姆风电叶片等项目投产，瑞晶科技、宏点电子、普丰新能源、诺贝尔生物医药等项目入驻，壮大了新能源、生物技术产业。

In 2010, guided by the scientific outlook on development and centering around the transformation of development mode, Qinhuangdao Economic & Technological Development Zone focuses on developing the digital industry, service outsourcing and emerging industries. Emancipating the mind, courageously tackling difficulties, and promoting sound and rapid economic development, the Zone has taken a historic step in the restructuring and development. As a result, its comprehensive strength has been significantly enhanced. The Zone completed the regional GDP of RMB 18.029 billion, gross industrial output of RMB 48.104 billion by enterprises above the designated size, core business revenue of RMB 52.267 billion, fiscal revenue of RMB 2.538 billion, total import and export value of USD 2.383 billion and actually utilized foreign investment of USD 147 million, up by 16.6%, 24.1%, 18.6%, 24.7%, 3.1% and 10.1% year on year respectively. Its structural adjustment has paid off, and contribution to the science and technology has increased. Now the zone has 27 high-tech enterprises, achieving the gross industrial output of RMB 11.95 billion and sales revenue of RMB 17.73 billion, accounting for 25% and 34% respectively in the enterprises above the designated size. Data industry cluster formed primarily. Over 20 enterprises have settled in the zone, including the Data Industry Research Institute and R&D center, providing technology support platform, informatization training platform and network infrastructure services for the industry development. The size of the service outsourcing industry has been expanded. There are 21 enterprises in the digital industry park, which realized the business revenue of RMB 58 million. The strategic emerging industry has risen. The commencement of Harbin Power Equipment Company Qinhuangdao Branch's nuclear equipment and LM Wind Power's turbine projects, and the settlement of such enterprises as Risun Solar, Hongdian Electronics, Pufeng New Energy and Nobel Biological Medicine enhance the new energy and bio-tech industries.

地址：秦皇岛秦皇西大街69号

Address: No. 69, Qinhuang West Street, Qinhuangdao, Hebei Province

电话(Tel)：0355-8019189

传真(Fax)：0355-8019200

网址(Website)：www.qetdz.com

日照经济技术开发区

Rizhao Economic & Technological Development Zone

日照经济技术开发区于1991年8月正式开工建设，规划管理范围15.6平方公里，现辖2个街道，人口16万。是中欧环境管理合作计划在我国重点援助的四个环保实验区之一，先后被国家列为全国省级开发区特别联系点，为全国22个行政管理体制和机构改革试点单位，被山东省列为全省8个重点扶持的省级开发区，也是全省首批5家科学发展示范区之一。2008年、2009年，连续两年在省级开发区综合评价中居榜首；连续五年被表彰为省级先进开发区；去年正式升级为国家经济技术开发区，并成功创建全国第7家、山东省第2家国家生态工业示范园区。

2011年，是山东半岛蓝色经济区上升为国家战略的开局之年，也是我们升级为国家开发区后实现跨越发展的关键一年，基于对区情、机遇、形势的把握，管委会提出了坚持“一个主题”、打造“三个新亮点”、突破“一条主线”的发展思路，即围绕加快科学发展这一主题，突出打造蓝色产业发展、城市建设、民生保障“三个新亮点”，突破加速转型升级、加快发展方式转变这一主线，凝心聚力、真抓实干，早日把开发区打造成现代化的工业新区、靓丽的城市新区、具有强大经济实力和综合竞争力的一流开发区。

亚太森博浆纸有限公司二期一角

瑞盛海洋工程鸟瞰图

Being constructed in August 1991, Rizhao Economic & Technological Development Zone has a planning area of 115.6 square kilometers and now manages two streets with a population of 160,000. As one of the four environmental protection experimental zones aided by the EU-China Environmental Management Cooperation Program in China, the Zone has ever been the special contact point of the national provincial development zones, one of 22 national pilots for administrative management system and institutional reform, one of the eight key provincial development zones of Shandong Province and one of the first-batch of 5 demonstration zones for scientific development in Shandong Province. Ranking No.1 in 2008 and 2009 in a row in the rating of provincial development zones, and awarded as the provincial advanced development zone for five consecutive years, the Zone was upgraded formally to be a national economic and technological development zone last year, and successfully established to be a national biological demonstration zone, the 7th in China and the 2nd in Shandong Province.

The year 2011 marks the beginning for the Shandong Peninsular Blue Economic Zone to be upgraded as the national strategy, and also a key year for the Zone to achieve the great-leap development after it became a national development zone. Based on the considerations for the situations of the Zone, the opportunities and the conditions, the Management Commission of the Zone puts forward the development thought focusing on “one theme”, “three highlights” and “one main line”. With the theme of accelerating the scientific development, the Zone will be committed to the blue industry development, urban construction and livelihood assurance (the three highlights), accelerating the transformation and upgrade and speeding up the change of the development method with gathered strength and earnest working spirit. In this way, the Zone will be built into a modern industrial zone, a beautiful new city district and a top-class development zone with strong economic strength and comprehensive competitiveness.

现代威亚汽车发动机（山东）有限公司

临港物流业发展平台——

鲁南国际贸易与航运服务中心

蓝色休闲之都 现代产业新城
Blue Capital of Leisure New City of Modern Industry

——威海经济技术开发区
Weihai Economic & Technological Development Zone

威海经济技术开发区地处山东半岛最东端，与日、韩隔海相望，是威海市改革开放的桥头堡和现代产业的聚集区，享受国家经济技术开发区和出口加工区双重政策，拥有海陆统筹、配套完善的基础设施，全区经济繁荣、社会安定、产业发达，是山东半岛重要的造船产业基地、通用与专用设备制造产业基地、汽车及零部件制造产业基地、电子信息产业基地、食品医药产业基地、能源产业基地、新材料产业基地和威海市现代商贸中心、城郊休闲度假旅游中心、物流集散中心、韩国人创业消费居住文化中心、商务运营中心。

Located in the east tip of Shandong Peninsula, facing Japan and Republic of Korea across the sea,Weihai Economic & Technological Development Zone is a frontier of reform and opening forward in Weihai and a conglomeration area of modern industry. It enjoys the preferential policies both for the state economic & technological development zone and the export and processing zone. With perfect infrastrusture in both land and sea, it features booming economy, stable society and well developing industries. It has been built up into a manufacturing base for ship building industry, automobile industry, universal and special equipment industry, electronic information industry, food and pharmaceutical industry, new energy industry and new material industry in Shandong Peninsula, as well as a modern commercial and trade center, tourism and leisure center, logistics center, Korean people working, consumption, living and culture center, and business operation center in Weihai.

威海出口加工区

威海中心商贸区

威海华夏城4A级旅游风景区

威海国际新港

山东省船舶产业聚集区

银川经济技术开发区
Yinchuan Economic & Technological Development Zone

机械装备制造基地
Machinery Manufacturing Base

西部硅谷
Western Silicon Valley

适宜创业的开发区
Development Zone Most Suitable For Enterprising Start Up

银川经济技术开发区于2001年7月经国家批准设立，是宁夏回族自治区确定的“二号工程”。行使与开发区建设有关的省级经济管理权限，为投资者提供“一站式”优质服务。目前，建设了宁夏国家技术创业服务中心、宁夏留学人员创业园、宁夏软件园、宁夏中小企业创业基地、银川动漫基地等一批创新创业平台。重点发展装备制造、新能源、新材料、现代服务业、精细化工五大产业，打造全国知名的数控机床制造、新能源装备制造、特种铸钢生产和轮胎生产四大基地，一批投资规模大、科技含量高、市场效益好的项目相继入驻发展，使开发区成为宁夏发展速度快、经济效益好、开放条件优、发展潜力大、科技创新能力强的工业新区。

Yinchuan Economic & Technological Development Zone was established in July 2001 upon the approval of the state, which was the No. 2 Project of the Ningxia Hui Autonomous Region. The Zone exercises the provincial economic administration power related to the construction of the development zone and provides the one-stop quality services for investors. Currently, the Zone has established a series of innovative entrepreneur platforms including Ningxia National Technology & Entrepreneur Service center, Ningxia Business Incubator For Returned Presonnel, Ningxia Software Park, Ningxia SME Base and Yinchuan Animation Base, etc. It focuses on machinery manufacturing, new energy, new materials, modern service industry and fine chemistry, while establishing four nationally well-known bases such as: digital-control machinery manufacturing, new energy equipment manufacturing, special casting steel and tire production. A number of projects with large investment, high technology content and attractive market benefits have settled in the Zone, making it a new industrial zone in Ningxia with fast development, large economic benefits, attractive opening conditions, great development potentials and strong technological innovation capability。

地址：中国宁夏银川市黄河东路创新园48号
Address: No.48 Science and Technology park，East Huanghe Street，Yinchuan，Ningxia，P.R.A
电话（Tel）：0951-5062826 5062862 5062856 邮编（P.C.）：750002

传真（Fax）：0951-5062856 5062845
邮箱（E-mail）：zhaoshangjv@126.com
网址（Web）：http://www.ycda.gov.cn

成都经济技术开发区

Chengdu Economic & Technological Development Zone

四川一汽丰田新工厂庆典暨新普拉多下线仪式

投资7亿欧元的一汽大众成都轿车建设项目在成都经开区正式启动

成都神钢工程机械（集团）创百亿建设项目正式开工

吉利成都生产基地首款SUV下线

易初明通卡特彼勒西部技术支持及再制造中心工程启动仪式

成都经济技术开发区是2000年经国家批准成立的四川省首家国家经济技术开发区，2005年国家有关部门批准的国家电子元器件产业园，2010年国家有关部门批准的国家新型工业化产业示范基地（汽车产业）。总规划面积160平方公里，是四川省和成都市确定的以汽车及关键零部件为主导的先进制造业基地。区域经济综合实力连续2年位居四川省十强县第2名，被达沃斯论坛评为中国综合实力百强区（第26名）、中国发展潜力区、中国30年改革开放模范区。2009年被四川省确定为全省重点打造的两大千亿产业园区之一，2010年被成都市确定为汽车产业综合功能区的主体区。在国家最新公布的国家经济技术开发区综合投资环境考评中，成都经开区在全国名列26位，西部前茅。

截止目前，已累计引进工业项目364个，其中世界500强企业30家，上市公司及分支机构40余家；建成投产240家。已聚集一汽大众、一汽丰田、吉利高原、大运汽车、一汽专汽、一汽客车、一汽商用车、瑞华特纯电动汽车和神钢集团、卡特比勒、普什重机、南车集团等重大整车（机）生产项目，以及麦格纳、富奥江森、一汽富维、丰田纺、天兴山田等180余家汽车配套项目。初步形成了"九车七机"产业体系，车型涵盖轿车、大中型客车、越野车、皮卡车、旅行车、专用车、载货车等主体车型。

成都经济技术开发区热忱欢迎国内外客商考察、投资这片充满希望的热土！

Chengdu Economic & Development Zone is the first national economic & technological development zone in Sichuan Province approved by the state in 2000, the national electronic component industry zone approved by the relevant state department in 2005 and the national new industrialization demonstration base (auto industry) by the relevant state department in 2010. With a total planned area of 160 km^2, the zone is an advanced manufacturing base determined by Sichuan Province and the Chengdu City, which is mainly committed to autos and their key parts. It ranks the No. 2 among Sichuan Province's top 10 counties by regional economic strength for two years consecutively and is also one of the China Top 100 Zones by Comprehensive Strength (ranking No. 26), China Development Zones with Potentials and the China Demonstration Zones for 30-year Opening Up and Reform by the Davos Forum. In 2009, the Zone was ratified by the Sichuan Province as one of the two key industrial parks with gross industrial production of CNY 100 billion, and also the main body of the auto industry comprehensive function zone by Chengdu City in 2010. In the most recent comprehensive investment environment evaluation for national economic and technological development zones, the Zone ranked No. 26 among the national peers and the No. 2 among the peers in West China.

By so far, the Zone has introduced 364 industrial projects in aggregation, including 30 from the World Top 500 and over 40 listed companies and their branches; 240 projects have been completed and commenced the operation. Important whole-car production projects include those of FAW, Tianjin FAW Toyota, Geely Gaoyuan, Dayun Motor, FAW Special Vehicle, FAW Bus, FAW Commercial Vehicle, Ruihuate Electric Motor, Kobelco, Caterpillar Inc., Push Heavy Machinery and CSR Corporation Ltd. The Zone also has introduced over 180 auto parts supporting projects including Magna, Fawer Johnson, FAW Faway, Toyota Boshoku and Chengdu Tianxing Shantian. It has initially established an industry system, with the auto models covering sedans, large and medium-sized passenger vehicles, SUVs, pick-up cars, sedan wagons, special purpose vehicles and cargo trucks, etc.

Chengdu Economic & Technological Development Zone is welcoming domestic and foreign investors to invest in this promising land!

招商电话(Tel)：028-84852308　传真(Fax)：028-84868719　网址(Website)：www.cdetdz.gov.cn

德阳经济技术开发区

Deyang Economic & Technological Development Zone

开发区企业生产的大型燃气轮机转子

德阳经济技术开发区于1992年8月由四川省批准成立，幅员面积78.5平方公里，规划建设面积38.5平方公里，2010年6月26日经国家批准升级为国家经济技术开发区。德阳经开区立足于“工业立区、科技兴区、统筹强区”的发展宗旨，致力于发展“新能源、新装备、新材料”产业和现代服务业，努力建成科学技术先进、制造能力强大、城市功能完善、生态环境优良、社会稳定和谐的多功能综合性经济技术开发区，德阳经开区是国家授予的首批“国家新型工业化（装备制造业）示范基地”和联合国“清洁技术与新能源装备制造业国际示范城市”挂牌园区。现已进驻各类企业和项目1100余家，拥有工业企业400余家。2010年全区实现工业总产值500亿元，力争近期实现工业总产值1000亿元，用3-5年时间，打造世界知名的新能源设备研发、生产制造基地。

Deyang Economic & Technological Development Zone (DETDZ) was established with the approval of the Sichuan Provincial Government in August, 1992, with the dimensional area of 78.5 km^2 and the planned construction area of 38.5 km^2. It was upgraded to national-level by the State Council on June 26, 2010. Following the guideline of “founding on industry, booming with science and technology, and enhancing with planning the advantages”, the development zone commits itself to develop new energy source industry, new equipment industry, new material industry and modern service industry, and to become a multi-functional development zone with advanced technology, powerful manufacture, well-established urban functions, good ecological environment and social harmony. DETDZ has the honor of being in the first batch of “national new industrialization demonstration base for equipment manufacturing” awarded by the Ministry of Industry and Information Technology (MIIT), and the honor of an industrial park in an “international demonstration city of clean technology and new energy source equipment manufacturing industry” awarded by the United Nation. Till now, there are totally over 1,100 enterprises and projects in the development zone, among which more than 400 are industrial enterprises. The Gross Industrial Output (GIO) has reached 50 billion by the end of 2010 and our recent goal is for the GIO to reach 100 billion in 2015, as well as to build a R&D and manufacturing base of new energy source equipment with worldwide fame.

地址：四川省德阳市珠江东路99号
Address: No 99, Zhujiang Donglu, Deyang City, Sichuan Province, China 618000
邮编：618000
电话(Tel)：86-838-2902790　传真(Fax)：86-838-2902790

绍兴袍江经济技术开发区

Shaoxing Paojiang Economic and Technological Development Zone

绍兴袍江经济技术开发区成立于2000年7月，2010年4月升级为国家经济技术开发区，是绍兴中心城市新组团和以高新技术产业为主导的现代化工业新城区。

2010年开发区规上工业企业实现产值500.59亿元，同比增长35.2%，在浙江省开发区中名列前茅。截止2010年底，已累计实现工业性投入471.61亿元，合同外资22.14亿美元，实到外资12.5亿美元。初步形成了“电子机械、新材料、节能环保、食品饮料、现代轻纺”等特色产业。与此同时，开发区城市建设日新月异，城乡统筹协调发展，已成为绍兴市区经济发展的主要增长极。

Founded in July 2000 and upgraded to a national economic and technological zone in April 2010, Shaoxing Paojiang Economic and Technological Development Zone is part of the Shaoxing Central City New Group and a new modern industrial district focusing on the high-tech industry.

In 2010, the industrial enterprises above the designated size in Paojiang development zone achieved the output value of RMB 50.059 billion, up 35.2% year on year and holding in a leading position among the development zones in Zhejiang Province. As of the end of 2010, the development zone has made industrial investment of RMB 47.161 billion, contracted foreign investment of USD 2.214 billion and realized foreign investment of USD 1.25 billion in aggregation. Such feature industries as electronic machinery, energy efficiency and environmental protection, food & beverage, and modern light textile have been preliminarily established. Meanwhile, the city construction in Paojiang development zone has been making significant progresses with the coordinated development between urban and suburban areas, which has become a key growth source for the economic development in the urban areas of Shaoxing.

国内十大太阳能光伏生产企业——上市公司浙江向日葵太阳能

年销售70亿的聚炳烯生产企业——浙江三圆石化

兰州经济技术开发区

Lanzhou Economic & Technological Development Zone

兰州经济技术开发区（以下简称“经济区”）始建于1993年3月，2002年3月，经批
升级为国家经济技术开发区，规划面积9.53平方公里，核心区域位于兰州市安宁区。
1年1月，为贯彻落实国家《关于进一步支持甘肃经济社会发展的若干意见》精神，
州市批准经济区在现有基础上，在安宁、西固、红古和皋兰4个县区增容扩区，设立
宁园区、西固园区和红古园区三个二级园区，规划面积102.12平方公里，享有市一
的经济管理权限。

产业发展：形成了总部经济、医药、轻工食品、先进装备制造、现代商贸服务、科
文化、生态旅游、航空航天、现代物流、精细化工、新能源、新材料、有色冶金和
化工等产业集群。

科技资源：区内有30余所大中专院校和科研单位，近三万人各类科技人才，是甘肃
校集聚区和高科技人才密集区。

基础设施：区内拥有分布合理、便捷高效的现代化立体交通网络，水、电、热、气
配套设施完善。交通便捷，距离兰州中川机场仅40公里，高速公路可直达。西北地
规模较大的铁路货运编组站兰渝铁路编组站正在区内建设。

管理服务：积极为投资者实行“绿色通道”，“三个服务体系”（项目审批‘一条
服务体系、项目建设‘全方位’服务体系、企业投产后‘经常化’服务体系）完
营造了亲商、富商、安商的良好环境。于2010年1月1日起颁布实施的《兰州经济
术开发区条例》，更为经济区的开发建设提供了坚实的制度保障。

“十二五”期间，兰州经济区将坚持以科学发展观为指导，紧紧围绕“创新创业、
放开发、务实高效、跨越发展”这一主题，按照打造省市“机制体制创新区、新兴
业聚集区、经济增长示范区、科学发展先行区”四大目标，牢牢把握“招商引资、
目建设、基础设施、环境提升、科学发展”五大重点，不断强化“增容扩区进位，
区多园发展，加大基础投入，完善服务功能，打造政策洼地，推进产业聚集”六大
措，努力把经济区建设成为富有创新活力、极具发展潜力，在全省具有较强辐射带
力、在西部乃至全国具有较强影响力的国家开发区，成为实施“再造兰州”战略、
现兰州率先跨越发展的重要支撑点和增长极。

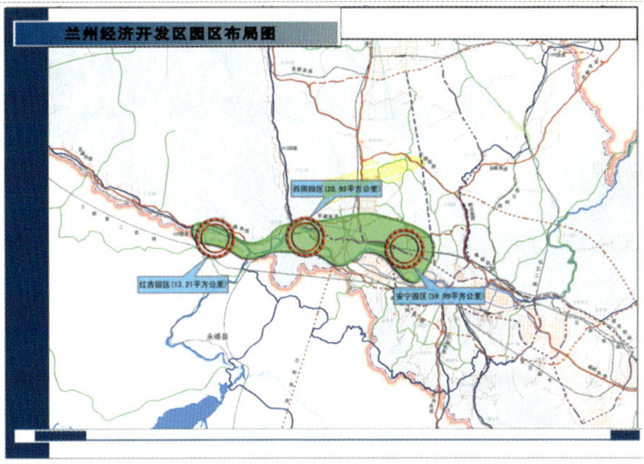

经济区总体布局

Founded in March 1993, Lanzhou Economic & Technological Development Zone (hereafter referred to as the Zone) was upgraded to a state-level economic and technological development zone in March 2002. With a planned area of 9.53 square kilometers, the Zone is located in Anning District, Lanzhou City. In January 2011, in order to act in the spirit of the state's Several Opinions on Further Supporting Economic and Social Development of Gansu Province, Lanzhou approved the Zone to expand in four districts and counties, namely Anning, Xigu, Honggu and Gaolan, establishing three 2nd-level parks of Anning Park, Xigu Park and Honggu Park, which have the planned area of 102.12 square kilometers with the economic administration authority at the city level.

Industry development: The Zone has established such industry clusters as the headquarters economy, pharmaceuticals, light industry & foods, advanced equipment manufacturing, modern trade services, science, education & culture, biological tourism, aeronautics and astronautics, modern logistics, fine chemistry, new energy, new materials, nonferrous metallurgy and coal chemistry, etc.

Technology resources: The Zone has attracted more than 30 colleges and scientific research institutes with nearly 30,000 technology talents, making it a gathering zone of universities and high-tech talents in Gansu Province.

Infrastructure: The Zone boasts of the rationally distributed modern transportation network and complete auxiliary facilities of water, electricity, heat and gas. It is easily accessible, as it is only 40km away from Lanzhou Zhongchuan Airport and can be directly accessed through the expressway. The Lanzhou-Chongqing railway marshalling station, one of the large cargo railway marshalling stations in Northwest China, is being constructed in the Zone.

Administration services: The Zone actively implements and improves the "green path" and the "three service systems" ("one-stop" services for project approval, "all-round" services for project construction and "normalized" services for the production), creating a good environment for business development. The Regulations of Lanzhou Economic & Technological Development Zone, enforced from Jan. 1, 2010, has further provided a solid systematic guarantee for the development and construction of the Zone.

During the 12th Five-year Plan period, the Zone will stick to the guidance of the scientific outlook on development and focus on the theme of "innovation & entrepreneur, opening-up & development, pragmatic & effective, and leap-forward development". In accordance with the four objectives of "a zone of system innovation, a clustering zone of emerging industries, a demonstration zone of scientific development and a pioneering zone in scientific development", the Zone will firmly grasp the five priorities, namely "investment attraction, project construction, infrastructure establishment, environment improvement and scientific development", and further enhances such measures as "expansion, multi-parks, more infrastructure development, service improvement, preferential policies, and industry clustering". The Zone will strive to build itself into a state-level development zone with innovation energy and development potentials, which shall be a driving force in the province and exert great influences in the West China and even across the country. As a result, it will finally become an important support and a growth source to implement the strategy of "Reviving Lanzhou" and achieve the great leap-forward development of Lanzhou.

兰州经济技术开发区风貌

兰州经济技术开发区西固园区

黄河风情好风光

华润雪花啤酒甘肃有限公司

众邦电缆城

众友物流

科学城

广州开发区

Guangzhou Development District (GDD)

广州经济技术开发区于1984年经国家批准设立。是中国最早设立也是最成功的开发区之一。广州开发区实行独特的四个功能区统一管理模式，包括广州经济技术开发区、广州高新技术产业开发区、广州保税区、广州出口加工区，总面积为78.92平方公里。

开发区设立以来，注重发展开放型经济，以招商引资为龙头，以现代工业产业集聚形成规模效应为主体，把利用外资作为“立区之本”。截止到2010年，全区累计引进60多个国家和地区的投资项目2700个，其中世界500强跨国公司投资项目105个，形成了电子信息、汽车、金属冶炼、生物、精细化工、食品饮料等六大支柱产业集群。

2010年广州开发区实现地区生产总值1617.8亿元，同比增长19.42%；工业总产值4227.52亿元亿元，同比增长21.45%；出口总额136.77亿美元，同比增长16.95%；实际使用外资12.26亿美元，同比增长5.23%。主要经济效益指标继续在全国国家开发区中保持领先地位。

Guangzhou Development District (GDD), established in 1984, is one of the earliest and most successful state-level development districts approved by the State Council. Operated under a unique “Four-in-One” administration system, GDD, with a total area of 78.92 km^2, is consisted of four functional zones -- Guangzhou Economic & Technological Development District (GETDD), Guangzhou Hi-Tech Industrial Development Zone (GHIDZ), Guangzhou Bonded Area (GBA) and Guangzhou Export Processing Zone（GEPZ）.

Since its establishment, GDD has been practicing the open economy development strategy, focusing on FDI promotion and modern industrial agglomeration effect and taking the utilization of foreign capital as the foundation. By the end of 2010, GDD has attracted over 2,700 investment projects from more than 60 countries and regions worldwide; 105 out of them are from Fortune 500 companies. GDD has clustered six pillar industries including IT, automobile, metal refining, biology, fine chemicals, and food & beverage.

In 2010, the GDP of GDD reached CNY 161.78 billion, up 19.42% year on year; the gross industrial output totaled CNY 422.752 billion, up 21.45% year on year; the export volume totaled USD 13.677 billion, up 16.95% year on year; and the actual utilization of foreign capital registered USD 1.226 billion, up 5.23 % compared with that of the previous year. The key economic indices ranked top places among state-level development districts in China.

广州开发区合成图

上饶经济技术开发区

Shangrao Economic & Technological Development Zone

晶科能源有限公司新投130亿
扩建3000兆瓦光伏一体化项目开工

上饶经济技术开发区行政中心

上饶经济技术开发区生态园白鹭栖息地

上饶经济技术开发区座落在赣浙闽皖四省交界的江西省上饶市，江西省开发区（工业园）综合排名第5位，建成面积11.1平方公里，投产工业企业176家，产业工人4.5万余人，上市公司4家。以光伏、光学和机电制造为主导产业，是国家光伏、光学高新技术产业化基地和江西省高新技术产业园。晶科能源、凤凰光学、大自然木业、圣达威电工、上饶客车等一批骨干企业进入了国内乃至国际同行业第一方阵。2011年将实现工业主营业务收入400亿元，“十二五”末达到千亿元目标。日益集聚人才、技术、资金、土地、电力等要素的上饶经济技术开发区正在快速崛起。

Shangrao Economic and Technological Development Zone is located in Shangrao city, the northeast of Jiangxi province in China, being close to Zhejiang in the east, and connecting Anhui in the north and Fujian in the south. Being ranked No.5 among the Development Zones (Industrial Parks) of Jiangxi Province, it has been established with an area of 11.1 square kilometers, in which 176 enterprises, including 4 listed corporations, have been put into operation, with 45,000 employees working here. Having formed leading industries as photovoltaic solar energy, optic instruments, and electric mechanic manufacturing, it is the National Photovoltaic, Optical High-tech Industrial Base and the High-tech Industrial Park in Jiangxi Province. Jinko Solar Co., Ltd., Phoenix Optical Co., Ltd., Nature Wood Industry Co., Ltd., Shengdawei Electrical Material Co., Ltd. and Shangrao Bus Factory and a number of key enterprises have entered into the first phalanx of domestic and even international industries. In 2011, it will realize CNY 40 billion of the main business income of industry and achieve the goal of CNY 100 billion at the end of the 12th Five Year Plan period. With increasingly gathering such elements as talents, technologies, funds, land, electric power, Shangrao Economic and Technical Development Zone is growing up at a rapid speed.

鹤壁经济技术开发区

Hebi Economic & Technological Development Zone

深圳电子工业园

深圳航盛汽车电子工业园奠基

中科院年产400万个光分路芯片项目奠基

鹤壁经济技术开发区创建于1992年，2010年11月经批准升级为国家经济技术开发区，总体规划面积26.7平方公里，已入驻企业350余家，初步形成了电子信息（汽车电子、光电子、植保电子、消费类电子）、金属镁精深加工（镁合金汽车零部件、电动自行车整车及零部件、机电装备）、节能环保（地源热泵、建筑节能一体化、循环经济和节能环保装备制造）等三大特色产业集群。

今后一个阶段，鹤壁经济技术开发区将以建设国家电子信息和金属镁精深加工两大产业基地为目标，坚持走新型工业化和可持续发展之路，努力把开发区打造成为“发展高新技术产业、构建新型产业基础的增长极，推进自主创新、转变发展方式的示范区，扩大改革开放、加快率先崛起的排头兵”，成为国内特色明显、独具影响的一流开发区。

热情、务实、诚信、高效的“一站式”快捷服务，竭诚欢迎海内外客商来鹤兴业、共谋发展。

Founded in 1992, Hebi Economic & Technological Development Zone was upgraded as a state-level economic & technological development zone in November 2010, which has a planning area of 26.7 square kilometers. With over 350 enterprises having settled, the Zone has preliminarily established three feature industry clusters: electronic information (auto electrics, optic electronics, plant protection electronics and consumer electronics), deep processing of magnesium (magnesium alloy auto parts, whole electric bicycles and parts made of magnesium alloy, electromechanical equipment), and energy efficiency and environmental protection (geothermal heat pump, building energy-efficiency integration, recycling economy and energy-saving and environmental-friendly equipment manufacturing).

In the future stage, aiming to build two state-level industry bases for electronic information and deep processing of magnesium and focusing on the new industrialization and the sustainable development, the Zone is striving to build itself into “a demonstration zone in developing high-tech industry, establishing a growth source for new industry base, and promoting independent innovation and development method transformation, and also the vanguard in expanding opening-up and reformation and accelerating growth”, thus becoming a domestically top-class development zone with unique features and influence.

Hebi Economic & Technological Development Zone is welcoming domestic and overseas enterprises to seek common development with its passionate, pragmatic, honest and effective “one-stop” services.

地址：河南·鹤壁国家经济技术开发区淇滨大道167号　　邮编：458030

Address: No. 167, Qibin Street, Hebi National Economic & Technological Development Zone, Henan Province, China 458030

电话(Tel): (86 392)3311888　3311008

传真(Fax): (86 392)3321753

网址(Website): http://www.hbkfq.gov.cn

中国·四平红嘴经济技术开发区

Siping Hongzui Economic & Technological Development Zone

吉林省省领导（右）对湖南中烟四平厂３０万大箱易地技术改造项目落户红嘴开发区向四平开发区管委会主任杨文表示祝贺。

四平红嘴经济技术开发区是在振兴东北老工业基地大潮中快速崛起的国家经济技术开发区，位于东北亚经济圈中心城市——吉林省四平市。秉承“诚信是基石、速度是品牌、服务是天职”的理念，坚持特色发展，不断扩大开放，已成为中外投资者兴业的沃土。“十二五”发展目标是，打造先进装备制造、动漫原创出版“两大基地”，建设换热器及先进装备制造、动漫及现代服务、新型建材及冶金、化工及生物制药、食品及农副产品深加工“五大园区”，产值实现1000亿元，成为现代新兴产业区和充满活力科技新城。

吉林省省领导（右），四平市市领导（中）在四平开发区管委会主任杨文陪同下出席在红嘴开发区举行的“四平市21个亿元以上项目开工仪式暨红嘴开发区年产5万套重型卡车变速箱制造项目奠基仪式”。

Locate in Siping City, the central city in the Northeast Asia economic circle, Jilin Province, Siping Hongzui Economic & Technological Development Zone is a rapidly growing state-level economic & technological development zone amid the rejuvenation of the Northeast China industrial base. Committed to the concept of “integrity as cornerstone, speed as brand, service as natural duty”, the Zone has been sticking to the development with unique characteristics and expanding its opening to provide opportunities for domestic and foreign investors to grow their business. During the 12th Five-year Plan period, the Zone aims to build two bases of advanced equipment manufacturing and animation creation, and five parks of heat exchanger and advanced equipment manufacturing, animation & modern services, new building materials & metallurgy, chemicals & biological medicine, and deep processing of food & agriculture, thus generating output of RMB100 billion. As a result, the Zone will become a new modern emerging industrial zone and a new high-tech city full of energy.

四平市领导（中）在管委会主任杨文（右）的陪同下视察红嘴开发区规划区基础设施建设工地

四平市领导（右二）率领市相关部门深入红嘴开发区调研

星湖101广场

南通经济技术开发区

Nantong Economic & Technological Development Zone

科技园一角

南通经济技术开发区是1984年成立的首批国家开发区之一，是国家相关部委授予的“ISO14000”国家示范区，是江苏省授予的社会治安安全区。辖区面积146.98平方公里，户籍人口14万多。

至2010年底，全区兴办外商投资企业700余家，总投资约105亿美元，实际到帐外资约35亿美元；共有世界500强公司来区设立的外商投资企业近60家；初步形成了现代纺织、现代装备制造、新材料、新医药、新能源、服务外包等六大产业集群。

今后一个阶段，南通经济技术开发区将着力推动产业转型升级，加快转变经济发展方式，努力把开发区建设成为先进产业集聚区、科技进步先导区、体制创新示范区、现代化新城区和全国一流开发区。

Founded in 1984, Nantong Economic & Technological Development Zone is one of the first-batch state-level development zones, a national demonstration zone of "ISO14000" rated by relevant ministries, and also a public security zone granted by Jiangsu Province. With an area of 146.98 square meters, the Zone has over 140,000 registered permanent residents.

By the end of 2010, there were over 700 foreign-funded enterprises in the Zone, with the total investment of USD 10.5 billion and the actually-utilized foreign investment of USD 3.5 billion; and nearly 60 enterprises from the Global Top 500 have made investment in the Zone. Six major industry clusters have initially taken a shape, namely, modern textile, modern equipment manufacturing, new materials, new medicine, new energy and service outsourcing.

Next, the Zone will strive to drive the industry to transform and upgrade, change the economic development mode and build itself into a gathering zone of advanced industries, a pioneering zone of technology progress, a demonstration zone of system innovation, a modernized new city, and a top-class national development zone.

图为江西宜春经济开发区规划展示

江西宜春经济开发区

Jiangxi Yichun Economic Development Zone

图为江西宜春经济开发区企业香港上市公司“中国铝型材企业十强榜首”广东兴发铝业有限公司全资子公司——广东兴发铝业（江西）有限公司

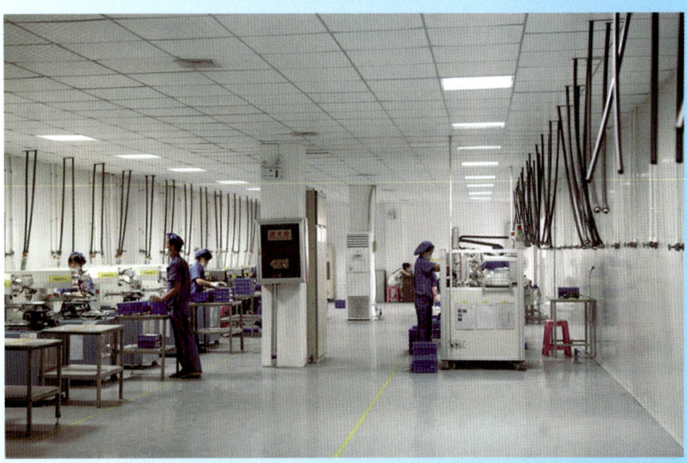

图为江西宜春经济开发区国家锂能基地企业——江西鸿兴能源有限公司

江西宜春经济开发区是江西省省级开发区，该区按照“新型产业园、新型生态园、新型低碳园、新型效益园”的要求，依托宜春工业基础和资源优势，确立并形成了锂电新能源、机电、医药、新型材料等四大主导产业，经批准并建立了国家锂电新能源高新技术产业化基地和省级机电产业基地、省级医药产业基地、省级服务业基地等四大产业基地。目前入园企业500多家。

As a provincial development zone in Jiangxi Province, Jiangxi Yichun Economic Development Zone has established the four leading industries of lithium battery new energy, electro-machinery, medicine and new materials, abiding by the requirements of “new industry park, new biological park, new low-carbon park and new benefit-focused park” by leveraging the industrial base and resources of Yichun City. In addition, it has been approved to establish four industry bases, namely the national lithium battery new energy high-tech base, the provincial electromechanical base, the provincial medicine industry base and the provincial service base. Currently, there are over 500 enterprises in the Zone.

汉中经济开发区

汉中经济开发区（高新技术产业园区）是经省政府批准设立，并历经中、省多次清理整顿后保留的省级经济开发区，位于陕西省汉中市中心城区南北出入口，分南、北两区，规划总面积14.42平方公里。108国道、316国道及西汉高速、宝巴高速、十天高速穿境而过，宝成、襄渝、阳安铁路联通全国各地，建设中的西汉蓉高速铁路毗邻开发区，汉中航班直抵西安等地，交通便捷。区内供电、供水、道路、排污、通信等具备“九通一平”基础条件，工商、税务、公安、金融、保险、学校、医院、住宅等支撑服务体系健全，开发建设环境日益完善，成功引进广东恒大集团、重庆战友集团、杨凌绿方集团等企业入园建设。全面落实副科级以上干部包抓重点项目责任制，相继建成汉王药业、东方仪器厂、安中机械、汉中烟草物流中心等一批重大建设项目。中航电测公司在深圳创业板成功上市，实现了汉中乃至陕南上市公司零的突破。 优化产业结构，加大特色园区建设，以中航电测股份公司、东方仪器厂为代表的航空配套制造产业园，以陕西汉王药业有限公司为代表的陕南现代中药产业园，以汉中天达航空标准件有限公司为代表的非公装备制造业园等特色园区建设已经初具规模。目前，入园工商企业635家，其中规模以上企业21户。“十一五”期间工业总产值年均增长25%；固定资产投资年均增长40%；财政总收入和地方财政收入年均分别增长40%和34%。先后获得“陕西省极具发展潜力园区”、“亚洲博鳌•中国极具投资价值开发区”和陕西省“文明机关”等殊荣，与西高新签署“西安高新总部—汉中经济开发区生产配套基地”战略合作协议，实现了与国家开发区“牵手联姻”。

2010年3月16日，省领导到开发区视察
March 16th, 2010, provincial officials came to inspect.

2010年8月27日汉中中航A股股票在深交所成功上市。图为中航工业总经理林左鸣、陕西省政协主席马中平等敲响开市宝钟。
August 27, 2010, Zhonghang Electronic Measuring Instrument Co., Ltd. issued A shares at Shenzhen Stock Exchanges. Lin Zuoming, General Manager of Zhonghang Electronic Measuring Instrument Co.Ltd, and Ma Zhongping, the President of the Chinese People's Political Consultative Conference of Shaanxi Province, rang the bell to celebrate.

2011年1月28日，汉中恒大城项目在开发区奠基。
January 28, 2011, Hangzhong Evergrande Real Estate Group held the cornerstone-laying ceremony for the project.

2010年3月27日，杨凌绿方公司畜禽疫苗产业化开发项目在开发区奠基。
March 27th, 2010, Lvfang Biological Engineering Co., Ltd. in Yangling of Shaanxi province held the cornerstone-laying ceremony for the project of livestock vaccine industrial development.

Hanzhong Economic Development Zone

Hanzhong Economic Development Zone (Hanzhong High-tech Industrial Park) is approved as a provincial-level industrial zone by the people's government of Shaanxi province, covering a total planned area of 14.42 km^2. It consists of the north zone and the south zone, which is located in the north and south entrance of the central area of Hanzhong city respectively.

Xi'an to Hanzhong, Baoji to Bazhong, and Shiyan to Tianshui Expressways and No.108 and No. 316 national highways pass through the zone; the railway lines of Baocheng, Xiangyu, Yang'an that pass through the zone extend to all directions of China; the Xihanrong high-speed railway in construction is close to the zone, and there are Hanzhong air flights flying regularly to the major cities in China. The traffic of the zone is very convenient.

In the zone, the electric power, telecommunication, water supply and drainage systems have been built up and constructed with proper functions. Also, some basic facilities for industry and commerce, public security, finance, insurance, schools, hospitals and residence have been correspondingly provided. The excellent conditions and beautiful surroundings have attracted some enterprises to invest in this area, such as Evergrande Real Estate Group of Gangdong, Zhanyou Group of Chongqing, Lvfang Biological Engineering Co., Ltd. in Yangling of Shaanxi, etc.z

By carrying out the responsibility system of managers taking charge of the dominant projects, major projects of a large number of companies like Shaanxi Hanwang Pharmaceutical Co., Ltd., East Precision Instrument Co., Ltd., Anzhong Machinery Co., Ltd., and Hanzhong Tabacoo Distribution Center have been established one after another. Zhonghang Electronic Measuring Instrument Co., Ltd. has been successfully listed on the Growth Enterprise Board of the Shenzhen Stock, which realized the a zero-breakthrough in the south area of Shaanxi province.

Through the optimization of industrial structures, some specialized industrial parks have been initially formed, such as the Modern Traditional Chinese Medicine Industrial Park in the South Shaanxi area and the Non-public Equipment and Manufacturing Industrial Park, represented respectively by Shaanxi Hanwang Pharmaceutical Co., Ltd. and Hanzhong Tianda Aviation Standard Parts Co., Ltd.

At present, 635 enterprises have offices in the zone, 21 of which are above designated size. During the 11th Five-Year Plan period, the annual total industrial output value has increased by 25%, and investment in fixed assets has been raised by 40%. The annual total fiscal revenue and the local government revenue have increased by 40% and 34% respectively. The zone was honored as the one with the greatest development potential in Shaanxi province, the most valuable investment zone in Boao Forum for Asia, and was awarded Model Unit by the Shannxi provincial government. The zone has also established strategic partnership with Xi'an High-Tech Industrial Development Zone, becoming its base for accessory production.

2010年3月24日，原省委领导到开发区调研。
March 24, 2010, the former Shannxi Provincial Party Committee leaders conducted a survey in the zone.

由汉中经济开发区组织建设的汉中天汉大道北段道路。
The north part of the Tianhan Avenue constructed by the zone.

团结务实的开发区党工委管委会领导班子
Consolidated and pragmatic leadership of the zone

汉中经济开发区管委会办公大楼
The office building of the administrative committee of Hanzhong economic development zone

湘潭九华示范区
Xiangtan Jiuhua Demonstration Zone

湘潭九华示范区是长株潭城市群国家"两型"社会建设综合配套改革试验区的示范区，也是湖南省重点规划建设的"千亿园区"和台商投资区。

示范区地处长株潭核心区域，总面积138平方公里，由具有国际一流水准的新加坡裕廊国际工程有限公司编制总体规划和产业发展规划。按照总体规划，九华示范区分为三个组团，即工业新区40平方公里，滨江新城60平方公里，生态环境保育区38平方公里。目前，已有德国西门子、法国佛吉亚、韩国三星、日本美达王、中国台湾联电等世界500强和吉利控股集团、中冶京诚等国内500强共176家企业先后入驻，总投资830亿元，形成了汽车及零部 件、电子信息、先进装备制造三大产业集群。到2015年，九华示范区将实现工业总产值1000亿元，财政收入60亿元。

"工业新区、滨江新城"，九华示范区受到社会各界的高度关注，许多国家领导人先后视察园区，中国台湾重要人士先后考察园区，对九华的快速发展给予了肯定。

Xiangtan Jiuhua Demonstration Zone is the comprehensive reform pilot area of national resource-preserving and environment-friendly society (two-oriented society) in Changsha-Zhuzhou-Xiangtan Urban Agglomeration. Hunan Province also specially plans to build the zone into "a park with gross industrial production of CNY 100 billion" and the investment region for the Taiwan businessmen.

The demonstration zone is located in the core area of Changsha, Zhuzhou and Xiangtan region with the total planning area of 138 square kilometers. The Singapore-based Jurong International Construction, a world-class enterprise, prepared the overall plan and the industry development plan. In accordance with the overall plan, Jiuhua Demonstration Zone consists of three groups: the new industry zone with an area of 40 km^2, the Binjiang New city with an area of 60 km^2 and a biological environment protection zone with an area of 38 km^2. At present, 176 enterprises from Fortune 500 enterprises such as Siemens from Germany, Faurecia from France, United Microelectronics from Taiwan Province, Samsung Electronics from ROK, Metal One from Japan, as well as Geely Holding Group and Capital Engineering & Research Incorporation Ltd (CERI) in the China Top 500 enterprises, have settled down in Jiuhua Demonstration Zone with the total investment amount of CNY 83 billion. Three industrial clusters such as automotive & parts, electronic information and advanced equipment manufacturing have taken shape. By the year of 2015, Jiuhua Demonstration Zone will accomplish the gross industrial production of CNY 100 billion and fiscal revenue of CNY 6 billion.

With the aim of building a "new industrial area and new coastal city", Jiuhua Demonstration Zone wins the close attention from all circles of the society. Many state leaders and important figures from Taiwan Province have inspected the Zone in succession and acknowledged the rapid development of Jiuhua Demonstration Zone.

伟人故里，热土九华，它宛如一颗璀璨的明珠，正从湘江之滨冉冉升起！

Like a brilliant pearl, the dynamic land of Jiuhua, the hometown of our great leader Chairman Mao, is rising up gradually from the coast of Xiangjiang River.

六安经济技术开发区

Liu'an Economic and Technological Development Zone

彩铝板生产基地墙煌彩铝生产车间

冰箱销售名列前茅的索伊电器生产线

六安经济技术开发区始建于1992年，1993年5月经安徽省批准，被确定为全省首批9个省级开发区之一。园区规划面积7.94平方公里，功能定位为"工业园、生态园、科技园和新城区"。

经过多年发展，园区已形成了先进装备制造、电子信息、新型建材、食品医药、现代纺织服装和现代服务等六大主导产业，拥有国内较大的彩铝板生产基地墙煌彩铝、集国际先进的涡流纺、气流纺和环锭纺于一体的宝利嘉（安徽）纺织工业园、冰箱家电下乡全国排名前列的索伊电器、中部地区汽车贸易中心六安国际汽车城等一批骨干企业。同时，以石斛产业园为龙头的战略新兴产业正在快速成长，为开发区加快发展奠定了坚实基础。

Liu'an Economic and Technological Development Zone was established in 1992. In May 1993, the Zone was ratified as one of the nine provincial-level development zones in Anhui Province. With a planning area of 7.94 square kilometers, this Zone is positioned as an "industrial park, ecological park, high-tech park and new city district".

After years of development, the Zone has established six key industries of advanced equipment manufacturing, electronic information, new building materials, foods & medicine, modern textile services and modern services. Currently many leading enterprises have settled in the zone, including Anhui Qianghuang Color Aluminum Painting Technology Company, a large color aluminum plate production base, Bao Li Jia (Anhui) Textile Industry Park integrating the internationally advanced vortex spinning, rotor spinning and ring spinning, Soyea Electrical Appliance, a leading company in the national project of "refrigerators going to countryside", and Liu'an International Automobile Marketplace, an auto trading center in Central China. Meanwhile, the strategic emerging industries led by the Shihu Industrial Park are growing fast, laying a solid foundation for the accelerated growth of the Zone.

"服务零缺陷，满意在园区。"

开发、开放、开明、开心的六安经济技术开发区欢迎您！

Liu'an Economic and Technological Development Zone will provide "Perfect Services and High Satisfaction".

Welcome to this open and passionate Zone!

宝利嘉（安徽）纺织工业园生产车间

安徽省宁国经济技术开发区

Anhui Ningguo Economic and Technological Development Zone

宁国经济技术开发区于2000年12月经省政府批准设立。园区现有企业553家，其中亿元以上企业26家，高新技术企业28家，外商投资企业32家，上市公司4家。2010年，开发区完成工业总产值186.2亿元，完成财政收入10.6亿元，实现税收7.1亿元，完成进出口总额2.8亿美元。

开发区自成立以来，不断加快产业结构调整，着力优化产业布局和资源配置，在提升壮大汽车橡胶零部件、耐磨铸件、电子元器件三大优势产业基础上，大力发展节能建材与新能源应用、生物医药、电子信息、金融、文化创意、现代物流等新兴产业，培育了“鼎湖”密封圈、“凤形”耐磨材料等一批中国驰名商标和名牌产品，被授予“全国百佳科学发展示范园区”、“安徽省创新开发区”荣誉称号。

Ningguo Economic and Technological Development Zone was approved to be established by the government of Anhui Province in December, 2000. There were 553 enterprises in the zone including 26 enterprises, of which the output value exceeds CNY 100 million, 28 high- and new- tech enterprises, 32 foreign invested enterprises and 4 listed companies. In 2010, enterprises in the zone got the gross industrial output value of CNY 18.62 billion; the financial income added up to CNY 1.06 billion; revenue realized was CNY 710 million; and the total volume of foreign trade reached USD 280 million.

Since its establishment, the zone constantly accelerates industrial structure adjustment, and focuses on the optimization of industrial layout and resource allocation. On the basis of promoting and strengthening the traditional advantage industries such as automotive parts, electronic components, wear-resisting castings, the zone strives to develop energy-saving building materials and new energy application, biological medicine, electronic information, finance, culture creativity modern logistics and other emerging industries.Dinghu Seal Ring, Feng Xing Wear-resisting Materials and some famous trademarks of China and brand products are cultivated. Ningguo Economic and Technological Zone was selected as one of “the Top Hundred Model Parks of Scientific Developmen and the “Innovation Development Zones of Anhui Province”.

联系电话：05634189688
网　　址：www.ngkfq.cc

安徽大扬工艺品有限公司

保隆集团

安徽天目兰普照明有限公司

中鼎集团

淮北经济开发区

Huaibei Economic Development Zone

华润三九安徽金蟾生化股份有限公司

安徽龙波电气有限公司

淮北经济开发区是1996年2月经安徽省批准设立的省级开发区。区域规划面积37.5平方公里，由新城综合区和龙湖工业项目区组成。经过多年的建设发展，新城综合区已成为淮北市政治、经济、商贸、文化、体育中心，龙湖工业项目区正在成为承接东部地区产业转移的重要平台和招商引资载体，发展现代工业的重要基地，对外开放的窗口、经济发展的重要增长极。规划面积70平方公里的开发区新区正在进行基础设施建设，基本具备项目入驻条件。

开发区自成立以来，不断加快产业结构调整，着力优化产业布局和资源配置，现已经初步形成电气制造、生物医药、服装纺织、机械制造、新能源新材料五大优势产业，被授予“全国十大诚信开发区”、“安徽省生物医药及电气制造新型工业化产业示范基地”等荣誉称号。

Huaibei Economic Development Zone is a provincial development zone founded in February, 1996 upon the approval of the Anhui Province. With a planned area of 37.5 km2, this Zone consists of the mixed-used district of new town and Longhu industrial project area. After ten years of development, the mixed-used district of new town has grown into the political, economical, commercial, culture and sports center of Huaibei City. The Longhu industrial project area is becoming an important platform for the industry shift from the East China and also a carrier for investment attraction. The Longhu industrial project area also acts as an important base for developing modern industry, a window of opening-up and reform, and a significant source of economic development. The new district of the Zone with a planned area of 70km2 is constructing the infrastructure, with basic conditions in place for projects to settle in.

The Zone has been speeding up its industrial structure adjustment since its inception and focusing on optimizing the industry layout and resource allocation. Currently the Zone has established five advantageous industries: electric manufacturing, biomedicine, apparel & textile, machinery manufacturing and new energy & new materials. It has won many awards, including the National Top 10 Development Zones in Terms of Integrity and the Demonstration Base of Anhui Province for New Industrialization of Biomedicine and Electric Manufacturing.

美丽的董子园景区

德州经济开发区

Brief Introduction of Dezhou Economic Development Zone

董子读书台

德州经济开发区辖5个镇街，70个社区，管辖面积320平方公里，建成区50平方公里，总人口30万。近年来，开发区GDP、财政总收入连续以高于20%的增幅大幅攀升，2010年以德州市3.2%的土地面积，创造了8.4%的GDP和9.6%的财政收入，先后被评为“国家太阳能光伏发电集中应用示范区”、“国家太阳能光热综合利用产业示范基地”、“国家科技兴贸创新基地”、“国家知识产权产业化试点基地”、“国家火炬计划新能源产业基地”、“国家生物高技术产业基地”等国字号品牌。

Dezhou Economic Development Zone is a provincial-level economic development zone, which was established with approval from Shandong Provincial Government and checked by the National Development and Reform Commission. It occupies 5 townships with 70 communities. The total area is 320 km^2, constructed area is 50 km^2, and the total population is 300,000. In recent years, the GDP and total financial income of the Zone have increased strongly by 20%. In 2010, covering 3.2% of the total land of Dezhou city, the Zone realized 8.4% of the city's GDP and 9.6% of the financial income of the whole Dezhou city. Many national honors were awarded to the Zone, including “National Solar PV Power Application Demonstration Base”, “National Solar Photo-thermal Comprehensive Utilization Demonstration Base”, “National Torch Plan Industrial Base for New Resources”, and “National Biological High-tech Industrial Base”, etc.

位于经济开发区的京沪高铁德州东站

云南嵩明杨林工业园区
Yunnan Chonqming Yanglin Industrial Park

云南嵩明杨林工业园区位于昆明市生态卫星城、“空港新城”嵩明，成立于1992年，距“中国第四大国家门户机场”昆明新机场10公里，园区管委会始终坚持科学发展，创新思路，开拓奋进，凭借良好的资源禀赋、创优的投资环境，在创建省级一流园区、国家经济技术开发区“两创”中不断新突破、新跨越，成为云南省“桥头堡”、区域化“国际昆明”建设中现代化新型工业园区的标杆之一。

Located in Songming County, the ecological satellite town and the “airport new town” of Kunming, Yunnan Songming Yanglin Industrial park was founded in 1992, which is 10 kilometers away from the Kunming Airport, China’s fourth largest state gateway airport. The Administration Committee of the Park has been sticking to the scientific development with innovative ideas and enterprising spirit. With abundant resources and attractive investment environment, the Park has been making progresses while building itself into a first-class park in the province and the state economic & technological development zone. As a result, it becomes the “bridgehead” of Yunnan Province and one of the benchmark modern industrial parks during the construction of the regional “international Kunming”.

云南省领导出席园区项目建设动工仪式

嵩明县领导王春燕（前）、徐毅清（后）
在项目建设启动现场

1+4” 的产业布局，即：以汽车制造及零部件配套产业为核心支柱，以装备制造、食品饮料、新材料、信息化4大产业为引导

EXPO
CENTRAL
CHINA
中部博览会

第六届中国中部投资贸易博览会

第六届中部博览会定于2011年9月26日—28日在山西太原举行。本届博览会以“转型跨越、中部崛起”为主题，以项目推介、招商引资、展览展示、战略研讨等活动为主要内容，抓住国家加快建设中部地区“三个基地（粮食生产基地、能源原材料基地、现代装备制造及高技术产业基地）、一个枢纽（综合交通运输枢纽）”、建设资源型经济转型综合配套改革试验区和世界经济复苏、国际资本重组、国内外产业转移加快等历史机遇，坚持把改革开放作为转变经济发展方式的强大动力，发挥中部地区自身优势，在开放中促发展，在发展中谋转型，进一步提高中部地区发展的全面性、协调性和可持续性，实现经济社会又好又快发展。

本届博览会将围绕新能源、新材料、高新技术、装备制造、现代煤化工、节能环保新技术、现代农业、食品深加工、文化旅游等重点，通过展览展示、投资贸易洽谈、项目对接、专题论坛等形式，为中外客商搭建交流合作平台，实现互利共赢，促进共同发展。

本届博览会的重大活动共有7项重大活动19场专题论坛及推介洽谈活动。

The 6th Central China Investment and Trade Fair

The 6th Expo Central China is to be held in Taiyuan, Shanxi Province on Sept. 26-28, 2011. With the "Transformation for Exceeding, Emergence of Central China" as the theme, the Expo will mainly hold such activities as project recommendation, project docking meeting, exhibition and strategic discussion. Historic opportunities have emerged, as China is accelerating the construction of "three bases (grain production base, energy raw material base, and modern equipment manufacturing and high-tech industrial base) and one hub (comprehensive transportation hub)", and the construction of the pilot area for the resource-based economic comprehensive reform, together with the world economic recovery, international capital restructuring, and the accelerated industry shift at home and abroad. Therefore, the Expo will stick to the reform and opening-up as a strong driver to transfer the economic development mode, and leverage the advantages of the Central China itself, so as to develop through opening-up, seek transformation during the development, further improve the comprehensiveness, coordination and sustainability of the Central China's development, and realize a good and fast development of the economic society.

This Expo will focus on such industries as new energy, new materials, high-tech, equipment manufacturing, modern coal mining, energy-saving and environment-friendly technology, modern agriculture, deep processing of foods, and culture & tourism, etc. Through exhibitions, negotiation for investment and trade, project docking and special forums, the Expo will build a cooperation platform for Chinese and foreign enterprises, thus realizing mutual benefit and win-win, and promote common development.

This Expo will hold eight important events, 19 special forums and other promotion and discussion activities for investment projects.

中国西部国际博览会

Western China International Fair

——打造西部地区开放开发窗口和重要平台

Building the Window and Important Platform for the Openness and Development of Western China

中国西部国际博览会（以下简称“西博会”）由中国15个国家部委和西部12个省（区、市）及新疆生产建设兵团共同主办，每年在中国成都举办。西博会立足中国西部、辐射全国、面向世界，是中国政府设在中国西部地区重要的首脑外交平台、投资促进平台和贸易合作平台；是中国政府实现西部合作、东西合作、中外合作的重要载体；是中国西部地区开放开发的窗口和重要平台。

近年来，西博会展览坚持市场化，突出专业化、国际化，注重品牌形象和展览服务提升，在重点国家、重点区域、重点企业、重点产品上实现突破，充分发挥了西博会经贸平台作用，贸易合作取得丰硕成果。第十一届西博会，展览面积16万平方米，44个国家和地区、31个省（区、市）和新疆生产建设兵团的3153家企业参展，主展场观众流量70余万人次；2.35万名供应商，1.82万家专业采购商参加展会活动，贸易成交额达2241.8亿元人民币（330亿美元）。其中，境外成交86亿美元。西博会贸易成交额仅次于中国进出口商品交易会。期间，参会的西部12省（区、市）和新疆生产建设兵团共签约项目1581个，签约投资额7523.16亿元人民币（1106亿美元）。在中国博览会中，西博会投资签约额连续多届位居榜首。

2011年是“十二五”规划和新一轮西部大开发的开局之年，第十二届西博会将以“引领国际合作，拓展市场空间”为主题，于10月18日-22日在成都举办。

The Western China International Fair (hereinafter "WCIF") is hosted by 15 Chinese ministries and commissions,12 western provinces (autonomous regions and municipalities) together with Xinjiang Production and Construction Corps every year in Chengdu, China. Keeping its foothold in western China, radiating nationwide, facing to the world, WCIF is an important summit diplomacy platform, an investment promoting platform and a trade cooperating platform set up in western China by Chinese government; it is an important carrier for Chinese government to realize west cooperation, east-west cooperation and Chinese-foreign cooperation; it is the window and important platform for the openness and development of western China.

In recent years, WCIF has adhered to marketization and highlighted professionalization and internationalization, paid much attention to the improvement of brand image and fair services, fulfilled the breakthroughs in key countries, key regions, key enterprises and key products, made full use of the economy and trade platform of WCIF, and obtained substantial results in trading cooperation. As for the 11th WCIF, the fair area was 160,000 square meters, in which 3153 enterprises from 44 countries and regions, and 31 provinces (autonomous regions and municipalities) and Xinjiang Production and Construction Corps participated the fair, and the flow of people around the main fair area was more than 700,000. There were 23,500 suppliers and 18,200 special purchasers taking part in the fair and the trade turnover reached CNY 224.18 billion (USD 33 billion), among which the foreign trade volume was USD 8.6 billion. The trade turnover of WCIF ranks only second to that of China Import and Export Fair. During the fair, the 12 participating western provinces (autonomous regions and municipalities) and Xinjiang Production and Construction Corps signed about 1,581 contracts and the contractual investment value was CNY 752.316 billion (USD 110.6 billion). The contractual investment value of WCIF has ranked the first successively among China national fairs.

The year 2011 is the beginning year of the 12th Five-Year plan period and the new round of China's west development strategy, and the 12th WCIF will be held from October 18 to 22 in Chengdu, with the theme of "Leading International Cooperation, Expanding Market Space".

第三届中国西部国际论坛

第十一届西博会投资说明会

2010全球贸易论坛

第四届中国-拉美企业家高峰会

第五届中国-欧盟投资贸易合作洽谈会

首届中印商务论坛

以色列馆

四川馆

2011中国（宁夏）国际投资贸易洽谈会暨第二届中国·阿拉伯国家经贸论坛

2011 China (Ningxia) International Investment and Trade Fair & the 2nd China-Arab States Economics and Trade Forum

2011中国（宁夏）国际投资贸易洽谈会暨第二届中国•阿拉伯国家经贸论坛（以下简称“2011宁洽会暨第二届中阿经贸论坛”）是中国和阿拉伯国家经贸领域高级别的多边、双边国际合作盛会，以阿拉伯国家和其他伊斯兰国家为主体，同时向世界其他国家和地区开放。

2011宁洽会暨第二届中阿经贸论坛将于2011年9月21日至25日在宁夏银川市举办，由2011中国（宁夏）国际投资贸易洽谈会、第二届中国•阿拉伯国家经贸论坛、中国一阿拉伯文化艺术节三大板块构成。主要内容包括中国国际清真食品穆斯林用品展、中国一阿拉伯国家能源化工产品展等6个商品展览类活动，阿拉伯国家、其他伊斯兰国家和中国各省（市、自治区）经贸推介会等5个投资洽谈类活动；中阿经贸论坛高峰会议、贸易经济合作分会、能源合作分会、金融合作分会、青年领袖分会等5个论坛类活动，以及2011中国（银川）国际穆斯林企业家峰会、第四届中国（宁夏）回商大会等13项其他活动。届时，异彩纷呈的中国-阿拉伯文化艺术节也将绚丽呈现，热情迎接各方宾朋的到来。

2011 China (Ningxia) International Investment and Trade Fair & the 2nd China-Arab States Economics and Trade Forum (hereinafter referred to as “The Fair & Forum”) is the top bilateral and multi-lateral event for business cooperation between China and Arab States. The Fair & Forum is not only open to Arab States and Islamic regions, but also to other countries and regions in the world.

The Fair & Forum will be organized in Yinchuan, Ningxia from September 21 to 25, 2011, which consists of China (Ningxia)-Arab States International Investment and Trade Fair, the 2nd China-Arab States Economic and Trade Forum and China-Arab States Culture and Art Festival. There will be six exhibitions of commodities including China International Halal Food and Muslim Commodities Exhibition, and China-Arab States Energy & Chemical Products Exhibition, etc., and five events as investment briefings by Arab States, Islamic countries and Chinese provinces, municipalities and autonomous regions, etc. The Fair & Forum also includes five workshops which are Summit Meeting of China-Arab States Economic and Trade Forum, Workshop on China-Arab States Trade & Economic Cooperation, Workshop on China-Arab States Energy Cooperation, Workshop on China-Arab States Financial Cooperation, Workshop on China-Arab States Youth Leaders, and also includes other thirteen activities, which are 2011 Summit Meeting of China (Yinchuan) International Muslim Entrepreneurs and the Fourth China (Ningxia) Hui Merchants Fair, etc. On the occasion of the Fair & Forum, the China-Arab States Culture and Art Festival with diversified performances will also be put on stage. We are looking forward to your presence.

中国兰州投资贸易洽谈会

China Lanzhou Investment & Trade Fair

中国兰州投资贸易洽谈会（简称兰洽会）是甘肃规格高、规模大、影响广的大型经贸活动，旨在促进投资扩大贸易、增强合作交流，是推介宣传的窗口，交流合作的桥梁。兰洽会紧密围绕“开放、开发、合作、展”的主题，不断地调整、探索和创新办会理念、办会内容、办会方式，形成了以投资洽谈为重点，以资促进活动、专业展会、商贸论坛、系列文化旅游活动为主要活动内容，具有浓郁西部特色的新格局，成为在国内有一定影响和知名度的品牌盛会。通过举办兰洽会有力地促进了甘肃与国内外的技术合作、信沟通、贸易往来，取得了良好的经济、社会效益，也加深了国际间、省际间、地区间的交流合作，同时也兰洽会具有了更加广泛的影响力和巨大的生命力。

19年来，美国、英国、德国、日本、韩国等40多个国家和地区的政府官员、驻华使节和商界人士曾参加洽会，30多个省市近30万客商在兰洽会上洽谈合作，兰洽会已成为广大国内外投资商、贸易商开拓西市场，开展商易合作，拓展发展空间的重要途径和理想场所。2011年举办的第十七届兰洽会取了圆满成功。会期邀请和接待了168个省外、境外代表团组，参会宾客达2万多人，招商引资签约合同项目金额1822.38亿元，引进资金1648.38亿元商品展销成交额达13.88亿元。

China Lanzhou Investment & Trade Fair is a large-scale economic trade fair with high standard, large size and extensive influence, which aims attract investment, expand trade and enhance cooperation & exchange. It is a window of publicity and recommendation, and also a bridge for exchan and cooperation. Focusing on the theme of “Opening-up, Exploration, Cooperation, Development”, China Lanzhou Investment & Trade Fair h been adjusting, exploring and innovating its concepts, contents and organizing methods, establishing a new layout with investment and negotiati as the priority, and the professional exhibitions, business forums and series of culture & tourism activities as the key content. With typical weste features, the fair has become a famous fair in China with certain influence and reputation. The holding of Lanzhou Investment & Trade Fair strong promotes the technology cooperation, information communication and trade between Gansu, China, and even the world, gains great economic a social benefits, and deepens the cooperation and communication between regions, provinces, and countries. Lanzhou Investment and Trade Fa as a result, becomes more influential and more vigorous.

During the past 19 years, government officials, ambassadors in China and business people from over 40 countries and regions, including US, U Germany, Japan and ROK, attended the fair; and nearly 300,000 business people from over 30 provinces and cities negotiated cooperation at t fair. Lanzhou Investment & Trade Fair has become an important means and an ideal platform for investors and traders at home and abroad to explo the West China market, develop trade cooperation and expand development space. The 17th Lanzhou Investment & Trade Fair in 2011 achiev great success. During the Fair, 168 domestic and foreign delegations were invited and entertained, with over 20,000 participating guests, the contractual investment value of CNY 182.238 billion, the introduced capital of CNY 164.838 billion, and the trading merchandise amount at the fair of CNY 1.388 billion.

中国昆明进出口商品交易会
CHINA IMPORT & EXPORT FAIR, KUNMING
南亚国家商品展
SOUTH ASIAN COUNTRIES TRADE FAIR

中国昆明进出口商品交易会由国家相关部委、西南6省市联合主办，每年在云南昆明举办。展会以“互联互通、合作共赢”为宗旨，内容涵盖商品贸易、招商引资及经济合作，是中国与东南亚、南亚经贸交流的桥梁。

南亚国家商品展由国家相关部委、云南省共同主办，每年与昆交会同期举办。展会是中国与南亚国家经贸合作的重要平台，在促进与南亚的友好往来，推动贸易增长和深化互利合作等方面发挥了重要作用。

China Import & Export Fair, Kunming is held annually in Kunming, Yunnan, jointly sponsored by the relevant ministries and commissions of China and six southwest China's provincial governments. With the aim to improve inter-connectivity for win-win cooperation, the Kunming Fair covers merchandise trade, investment promotion, and economic cooperation, which has been acknowledged as a bridge for trade and economic exchange between Southeast Asia, South Asia and China.

The South Asian Countries Trade Fair is held annually in Kunming, Yunnan, sponsored by the relevant ministries and commissions of China and the Peoples' Government of Yunnan Province and opened simultaneously with China Import & Export Fair, Kunming. The Fair is the significant platform for economic and trade cooperation between South Asia and China, and plays a crucial role in enhancing the friendly intercourse with South Asia, and further strengthening the trade flow and deepening mutual benefit and cooperation.

第三届中国国际服务外包交易博览会

The 3rd China International Service Outsourcing Trade Fair

由中国4个国家部委和浙江省共同主办、中国国际投资促进会、杭州市承办的第三届中国国际服务外包交易博览会于4月18日至21日在杭州举行。会议以“外包商业模式与增长”为主题，举办了开幕式、高峰论坛、欢迎晚宴、专题研讨会等一系列活动，包括IBM、微软、惠普、埃森哲、简伯特、凯捷等在内的跨国服务供应商和国内服务供应商，以及有关国家部委、各地商务主管部门、服务外包园区、国内有关行业机构、企业演讲嘉宾等800余人参加会议，是一届规模大、有一定影响、体现了高端性、国际性和专业性的国际服务外包交易博览会。

The 3rd China International Service Outsourcing Trade Fair, co-organized by China's four commissions and ministries and Zhejiang Provincial Government and co-sponsored by China Council for International Investment Promotion, and Hangzhou Municipal Government, was held on April, 18-21 in Hangzhou. Themed as "Outsourcing Business Mode and Growth", the fair held a series of events including opening ceremony, summit forum, welcoming dinner and special symposiums. Over 800 attendees participated in the fair, including multinational and domestic service providers such as IBM, Microsoft, HP, Accenture, Genpact and Capgemini, as well as guests from relevant state ministries, local commerce administration authorities, service outsourcing parks, domestic industry institutions and enterprises. With the large scale and significant influence, this is a high-level, international and professional international service outsourcing trade fair.

中国日用消费品博览会
China International Consumer Goods Fair
中国浙江投资贸易洽谈会
China International Consumer Goods Fair, China Zhejiang Investment & Trade Symposium
中国开放论坛
and China Opening-up Forum

中国日用消费品博览会、中国浙江投资贸易洽谈会和中国开放论坛（简称"两会一坛"）于每年6月8日-11日在浙江宁波举行，已形成商品贸易、融资本合作、思想交流为一体的大型涉外展会。

商品贸易以精品、名品的日用消费品进出口展览洽谈为平台，提供参展商和采购商交流渠道。资本合作，选择若干领域以中国产业国际合作洽谈、海外双向投资对接、重点产业项目信息交流为主题。中国开放论坛以全球经济热点—中国元素为核心，组织互动性强、实效性好、论坛层次高的专业论坛和系列活动。

Held during June 8-11 every year in Ningbo City of Zhejiang Province, China Zhejiang Investment and Trade Symposium (Symposium), China International Consumer Goods Fair (Fair), China Opening-up Forum (Forum) have become large exhibitions combining capital investment cooperation, consumer goods trade and thoughts exchange.

The Symposium themes at capital global cooperation with Chinese industries, investment match-up, and information exchanges on key industrial projects. The Fair offers high-quality consumer goods import & export exhibitions, serving as a platform for trade between China and the world. The Forum centers on global hot spots -- Chinese elements, organizing the high-level forum and series of activities with good interaction and efficiency.

网址 (Website)：www.cicgf.com www.zjits.com

GREEN WOOD

莫斯科格林伍德国际贸易中心

Moscow Greenwood International Trade Center

莫斯科格林伍德国际贸易中心项目，是中国诚通控股集团有限公司支持所属欧洲商业开发投资管理中心在俄联邦莫斯科州红城区投资建设的。国贸中心占地面积20多公顷，使用面积132567.7平方米，停车面积110000平方米，地上15栋高品质建筑。旨在为在俄华商、中资企业和有意拓展俄联邦市场的中国企业及其他国家在俄经营中国商品的企业搭建起俄联邦及东欧地区规模大、档次高、功能全的中国品牌商品交易平台，发挥商品流通、展示批发、功能服务、投资促进等功能，并提供专业的翻译、法律、财务、海关、物流等咨询服务。俄联邦质检、海关、移民部门将在此设立办事机构。入驻企业通过格林伍德国际贸易中心平台，可构建起一个立足于俄罗斯，辐射东欧、独联体地区的国际化营销网络。

The Moscow Greenwood International Trade Center project is invested and constructed by the Europe Business Development & Investment Management Center with the support of China Chengtong Holdings Group. Located in the Great Ring, Krasnogorsky district, Moscow Region, Russia Federation, this trade center has a land area of over 20 hectares, usable area of 132567.7 m2, a parking area of 110,000 m2 and 15 high-quality buildings. It aims to form the largest, the most upscale and the most multi- functional trading platform for Chinese brand commodities in Russian Federation and east Europe for Chinese businessmen in Russia, Chinese-funded enterprises, Chinese enterprises intended to explore Russian markets and other foreign companies operating Chinese commodities in Russia. The center is designed with four functions, namely, commodity circulation, commodity exhibition, auxiliary services and investment promotion. It also provides joining enterprises with "package services" such as registration, legal support, marketing planning, finance trust, customs clearance and logistic, etc. Russia' s quality inspection, customs and migration authorities will establish offices in the center. Through this center, joining enterprises can construct a global marketing network, which covers the east Europe and the region of CIS with Russia as the basis.

北京招商办公室：　联系电话：010-66094027　400-057-8880
莫斯科招商办公室：　联系电话：007-495-287 1981
地址：北京市西城区复兴门内大街45号
http: //www.greenwood-park.ru
http: //www.europe-centre.com

Comba
京信通信 未来无限延伸……
为客户提供卓越的无线覆盖与传输整体解决方案
• 室内优化覆盖解决方案
• 小区微波拉远覆盖方案
• 校园话务消峰解决方案
• 商务区话务精确覆盖方案
• 楼宇密集区立体综合覆盖方案
• 大型场馆覆盖解决方案
• 家庭入户覆盖解决方案
• 高层导频污染治理方案
• 高铁光纤专网覆盖方案
• 高速公路连续覆盖方案
• 村通分布式光纤远端覆盖方案
• 无线网络覆盖方案
• 无线基站高效节能方案
• 隐蔽天线一体化解决方案
• 多频共用天线解决方案
京信通信致力在无线通信领域中创新发展，为客户提供卓越的无线覆盖与传输整体解决方案，并付诸实施。
"为客户创造理想价值"，是京信通信企业文化的灵魂和价值观的根基。京信通信始终不渝地践行这一承诺，通过富有成本效益的解决方案、优质的产品和服务，与客户共同书写无限延伸的未来……
产品系列
无线优化产品
天馈产品
无线传输与接入产品
京信通信系统(中國)有限公司
COMBA TELECOM SYSTEMS (CHINA) LTD.
地址：广东省广州市科学城神舟路10号
No.10 Shenzhou Road, Guangzhou Science City
Tel: +8620 28390000 Fax: +8620 28390001
http://www.comba.com.cn

安徽省外经建设（集团）有限公司

Anhui Foreign Economic Construction (Group) Co.,Ltd

简　介　AFECC Profile ▶▶▶

近年来，公司积极响应国家“走出去”的战略号召，大力拓展国际工程承包、房地产开发、境外矿产资源开发、进出口贸易、国际连锁超市、宾馆旅游业等各项业务，已先后在非洲、欧洲、亚洲、中南美洲以及加勒比等地区二十二个国家注册成立了分公司，在三十多个国家承建了近百个大中型对外援助项目和优惠贷款项目、驻外大使馆、经商处馆舍项目及国际工程承包项目，受到了所在国的普遍赞誉，得到了我国相关部委以及各级领导的充分肯定和表扬，为增进中外友谊、树立中国企业的良好形象做出了积极努力。

公司先后两次被评为全国文明单位和全国优秀施工企业、全国外经贸先进企业、全国商务系统先进单位、对外工程承包及劳务输出“AAA”级信用企业等光荣称号。2009、2010年，公司均位列ENR全球225家国际承包商排行榜。2010年，被评为“中非友好贡献奖——感动非洲十大中国企业”。

我公司2010年承建的援哥斯达黎加国家体育场

Costa Rica National Stadium contracted and constructed by AFECC in 2010

In recent years, AFECC abides by national “Going Global” strategy and is fully engaged in international project contracting, real estate development, overseas mineral resources exploitation, import & export trade, international supermarket chain, hotel tourism, etc. AFECC branches are registered successively in 22 countries over Africa, Europe, Asia, Central & South America, and the Caribbean region, etc. It has undertaken nearly 100 large and medium China-aided projects, the construction of Chinese Embassies, Economic and Commercial Counselors' offices and a number of international contracting projects and concessional loan projects over thirty countries. All those projects have been highly praised by local government and people, and fully affirmed by relevant Chinese commissions and ministries and leaders at all levels as well. AFECC has actively devoted effort to deepening international friendship and establishing the image of Chinese enterprises.

AFECC has been awarded as the National Civilized Unit twice consecutively, National Excellent Construction Enterprise, National Foreign Trade Advanced Enterprise, National Advanced Enterprise of Commerce System, AAA Credit Enterprise of Foreign-oriented Contracting and Labor Service Cooperation, etc. In both 2009 and 2010, it ranked among the World Top 225 Largest International Contractors by ENR. In 2010, it was honored with China-Africa Friendship Award – the Top 10 Chinese Enterprises That Moved Africa.

集团公司总部大楼

AFECC Headquarter Building

毕马威是一家网络遍布全球的专业服务机构，专门提供审计、税务和咨询等服务。一九九二年，毕马威在中国内地成为首家获准合资开业的国际会计师事务所。目前毕马威中国在北京、上海、沈阳、南京、杭州、福州、厦门、青岛、广州、深圳、成都、香港特别行政区和澳门特别行政区共设有十三家机构，专业人员约9,000名。

毕马威的专家队伍由多个领域的专业人员组成。我们已建立起金融服务；信息、通讯和娱乐业；房地产和基建；私募投资；零售和消费品业及工业市场等行业专责团队。

随着中国企业融入全球经济和境外企业大举进入中国市场，毕马威将结合其丰富的国际经验和对市场的全面认识等优势，在日趋复杂但又机遇处处的中国市场为客户提供高质量的服务。

KPMG is a global network of professional firms providing Audit, Tax and Advisory services. In 1992, KPMG became the first international accounting firm to be granted a joint venture licence in China. KPMG China has 13 offices in Beijing, Shanghai, Shenyang, Nanjing, Hangzhou, Fuzhou, Xiamen, Qingdao, Guangzhou, Shenzhen, Chengdu, Hong Kong and Macau, with around 9,000 professionals.

KPMG professionals operate in multi-disciplinary groups and we have established industry groups for banking and finance; information, communications and entertainment; property and infrastructure; private equity; consumer markets and industrial products.

As China businesses join the global economy and international companies seek to enter the China market, KPMG's blend of international experience and local knowledge makes us well-positioned to serve our clients in this increasingly complex, but exciting market.

kpmg.com/cn

KPMG

cutting through complexity

© 2011 KPMG Advisory (China) Limited, a wholly foreign owned enterprise in China and a member firm of the KPMG network of independent member firms affiliated with KPMG International Cooperative ("KPMG International"), a Swiss entity. All rights reserved.

同方威视技术股份有限公司

Nuctech Company Limited

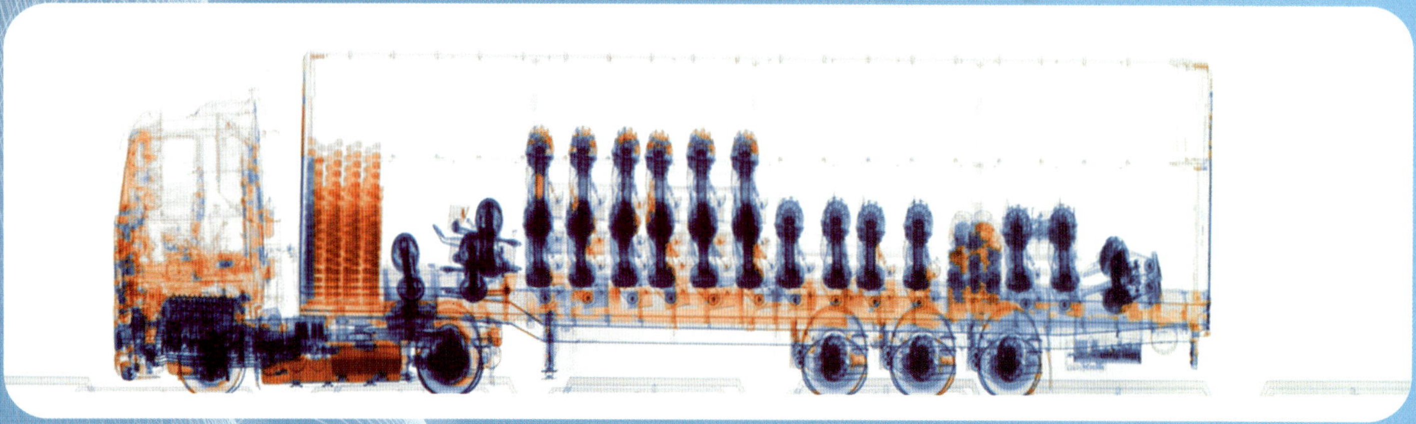

同方威视技术股份有限公司，简称“威视股份”，是一家源于清华大学，以辐射成像技术为核心，以提供自主知识产权的高科技安检产品为主要特征的安检解决方案和服务供应商。威视股份的产品及服务已遍布五大洲一百多个国家和地区，涵盖民航、海关、铁路、港口等行业，在全球市场上占据重要地位。

威视股份充分利用国家出口支持政策，积极拓展产品推广渠道，推动海外业务发展。自2006年1月以来，威视股份共承担了33个援外项目，涉及16个型号，130多台套设备，遍布非洲、欧洲、亚洲及南美洲等20多个国家和地区。威视股份承担的援外大小型安检设备，曾先后查获了大量违禁物品，赢得了全球客户的充分信任和高度赞赏。

Nuctech Company Limited, originating out of Tsinghua University, is a security inspection solution and service provider specializing in radiation imaging technology to provide high-tech security products with independent intellectual property rights. Nuctech's products have been sold to over 100 countries and regions in five continents, covering the fields of civil aviation, customs, railways, and ports, etc. and occupying an important position in the global market.

Taking advantage of China's export-supportive policies, Nuctech actively expands product promotion channels to drive its overseas operations. Since January 2006, Nuctech has accepted a total of 33 foreign-aid projects, with over 130 units of equipment in 16 models sent to more than 20 countries and regions in Africa, Europe, Asia, and South America. The arge and small security inspection equipment for foreign aid has discovered a lot of prohibited items, winning trust and appreciation of global customers.

中航工业陕西飞机工业（集团）有限公司

AVIC Shaanxi Aircraft Industry (Group) Corporation Ltd.

董事长 总经理：李广兴

中航工业陕西飞机工业（集团）有限公司是1969年经国家批准建设，定点研制大、中型军民用运输机的大型国有企业，是国家重点保军企业之一。

陕飞公司集飞机设计、试验验证、零件加工、部件装配，总装、试飞等于一体，具有完整的飞机研制生产体系。

公司的主产品是运八系列飞机，运八飞机是目前国产最大的运输机之一，自1975年首架飞机研制成功以来，经不断改进改型，现已形成运输机和特种机两大系列，开发出三种平台、二十四个机型，累计生产交付100余架，并出口亚洲、非洲、拉丁美洲多个国家。

陕飞公司始终坚持“质量第一，用户至上”的发展理念，发扬“激情进取，挑战极限”的精神，充分利用国内外有效资源，不断提升产品性能和质量，为全球客户提供更多更好的航空产品与服务。

Established in 1969 with the approval of the government, AVIC Shaanxi Aircraft Industry (Group) Corporation Ltd. (hereinafter AVIC SAC) is a large state-owned enterprise focusing on developing and manufacturing large- and medium-sized commercial and military airplanes in China, which is also one of key enterprises serving the military.

AVIC SAC boasts of the complete airline R&D and manufacturing system, covering airplane design, testing, parts processing, component assembling, assembly, and test flight, etc.

The Y-8 transport aircraft is AVIC SAC's major project, which is currently one of the largest transport airplanes in China. Since the successful development of the first Y-8 airplane in 1975, Y-8 now consists of transport airplanes and special-use airplanes after continual improvement. With 24 models running on three platforms, over 100 Y-8 airplanes have been delivered in aggregation and exported to many countries in Asia, Africa and Latin America.

By insisting on the development concept of “Quality First, User Centric” and inspiring the spirit of “progressing passionately and challenging limits”, AVIC SAC has been making efforts to utilize the domestic and foreign resources to improve product performance and quality, thus providing more and better aero products and services for global customers.

中航工业西飞

The Introduction of AVIC XAC

新舟
Modern ark

与世界一起飞翔
Flying with the world

中航工业西安飞机工业（集团）有限责任公司（简称：中航工业西飞）是集科研、生产一体化的特大型航空工业企业，是中国大中型军民用飞机的研制生产基地。中航工业西飞自1958年创建以来，先后研制生产了30多种型号的军、民用飞机，军用飞机主要有“中国飞豹”、轰六系列飞机等，民用飞机主要有运七系列飞机、新舟系列飞机等。

AVIC Xi'an Aircraft Industry (Group) Company Limited (hereinafter referred to as AVIC XAC), the super-size aviation industry enterprise integrated with the scientific research and production, is the nation's development and production base of large and medium-type military and commercial aircraft. Since established in 1958, AVIC XAC has successively developed and manufactured more than 30 types of military and commercial aircraft, such as FBC-1 and B6 series military aircraft and Y7 and MA60 series commercial aircraft.

新舟60飞机是严格按照与国际接轨的中国民航规章CCAR25部进行设计、生产和验证，具有中国自主知识产权的双发涡桨支线客机。飞机为两人驾驶体制，标准载客56名，主要机载电子设备选用了世界著名厂商的产品，其安全性、舒适性、经济性、易维护性，均达到了当代先进涡桨支线飞机的水平。新舟60飞机于2005年成功飞出国门，远销非洲、亚洲及南美洲等多个国家，目前已累计获得订单近两百架，在世界上树立起了中国民用客机良好的品牌形象。

Modern Ark 60 (MA60) aircraft is a regional passenger aircraft powered by twin turbo-prop engines with the nation's independent intellectual property right. MA60 aircraft is strictly designed, manufactured and certified according to the Chinese Civil Aviation Regulations Part 25 (CCAR25), which meets the international aviation practices. MA60 aircraft is configured as a two-pilot system and has a standard seating capacity of 56 passengers, its major airborne electronic equipment are selected from the world-famous manufacturers. The safety, comfort, economical efficiency and maintainability of MA60 aircraft have reached the contemporary advanced level of turboprop aircraft. MA60 aircraft has successfully flown out of China since 2005 and has subsequently been exported to many countries in Africa, Asia and South America. Up to now, the number of MA60 aircraft purchase orders has been accumulated about 200, which built up the favorable brand image of China's passenger aircraft.

中航工业西飞于上世纪八十年代初率先走出国门，开展国外航空零部件转包生产，目前已与美国波音、欧洲空客等多家世界著名企业建立了转包业务合作关系，成为世界级飞机制造商的大部件主要供应商。中航工业西飞非航空制造业有汽车、建材、电子等产品；现代服务业有进出口贸易、房地产、酒店服务等。

AVIC XAC took its first step to abroad in the early 1980s, subcontracted the production of overseas aircraft components. Currently, AVIC XAC has already established the business relationship with U.S. Boeing, European AIRBUS and other world famous enterprises, which becomes the leading supplier of large components for the world-class aircraft manufacturer. The non-aviation manufacturing industry sector of AVIC XAC includes the automobile, architectural material, electronics and other products. Its modern service industry sector includes the import and export trade, real estate, hotel service and so on.

CHINA COMMERCE YEARBOOK 2005
中國商務年鑒
CHINA COMMERCE YEARBOOK 2011
政府年度出版物　中、英文分册出版
Published in separate Chinese and English editions
www.yearbook.org.cn 电话:(010)64246856

一、2010年机电、高新技术产品进出口实现恢复性增长

2010年，我国机电、高新技术产品进出口和加工贸易实现快速增长，为全国外贸快速恢复发挥了重要作用。机电产品进出口总额达到1.6万亿美元，同比增长32.3%，比历史最高的2008年超出2 335亿美元。高新技术产品进出口9 050.8亿美元，同比增长31.8%。加工贸易进出口1.16万亿美元，同比增长27.3%。其中，机电产品出口连续16年保持第一大类出口商品地位，出口跃居全球第一，出口额达到9 334.3亿美元，同比增长30.9%，占全国外贸出口总量的59.2%、增量的60%。推动出口快速恢复增长主要有以下四个因素：

一是近半数的机电产品出口市场高速增长。2010年，机电产品出口的225个国家和地区中，101个国家和地区出口增幅超过31%，占比达到49%。其中，发达市场中欧盟、澳大利亚、香港出口分别增长32.3%、34.6%和32.5%，占比达到40.3%。新兴市场份额提高到33.1%，增量占比超过40%，对俄罗斯、巴西、南非出口分别增长86.8%、63.6%和52.3%。

二是传统优势产品出口高速增长。2010年，在计算机、通信设备等电子产品出口快速增长的同时，传统优势产品如铁路机车、电子元器件、船舶、汽车、电工器材等类产品出口增速达到80.5%、47.3%、41.1%、42.8%和37.8%，占机电产品出口比重超过35%。

三是一般贸易出口高速增长。2010年，受欧美经济复苏带动，机电产品产业内加工贸易出口增长26.7%，占出口的63%；同时，产业间的一般贸易出口增长39.3%，占出口的30%。

四是民营企业出口高速增长。2010年，机电产品外资企业、国有企业出口分别增长29.7%、20.3%的同时，民营企业出口增长43.7%，占比19.4%，比上年提高了1.7个百分点。

回顾一年来进出口形势可以看出，金融危机对我国出口的严重冲击，表面上是对增长速度的冲击，实质上是对发展方式的冲击。但是，机电产品出口的比较优势并没有改变，主要指标均超过危机前水平，国际市场份额不降反升，表明国家应对金融危机出台的一系列政策措施成效显著，有力推动了为对外贸易快速恢复增长。

二、2010年机电科技产业商务工作成绩显著

一年来，全国机电科技产业商务系统紧紧围绕国家大局和商务中心任务，努力工作，克服困难，创造性地开展工作，为拓市场、调结构、促平衡做了大量艰苦细致、卓有成效的工作，在以下几个方面取得了实质性进展：

（一）稳定完善各项政策措施。会同有关部门认真落实各项支持政策措施，进一步提高出口信用保险覆盖率，支持出口基地搭建研发、认证、检测、培训、信息服务等公共服务平台建设。保持出口退税和加工贸易政策的基本稳定，严格控制“两高一资”产品出口。贯彻国务院节能减排工作要求，将44个“两高”商品列入加工贸易禁止类目录，涉及加工贸易出口3 500万美元，出口企业近30家。

（二）积极落实大型成套设备出口融资保险专项。继续利用大型成套设备出口融资保险专项支持大型成套设备出口，有力推动了电力、通信、铁路、船舶、冶金、石化等大型成套设备开拓国际市场，2010年我国大型成套设备出口签约金额增长了30.7%，不仅对保增长作出了重要贡献，而且对调结构发挥了重要作用。

（三）加强出口基地建设。与工业和信息化部共同启动了国家船舶出口基地的评审及认定工作。联合科技部出台了国家科技兴贸创新基地建设和管理办法，明确规定了科技兴贸创新基地认定、考核和管理办法。与发展改革委共同组织专家，对汽车出口基地进行了考核。目前，58个创新基地涵盖电子信息、生物医药、新能源、新材料等十大领域，部分产品世界领先；12个汽车基地覆盖全国汽车产值的45%，产量的60%，出口的40%。各类基地已成为调结构、转方式、推动创新的重要载体。

（四）加大规范出口秩序力度。联合工业和信息化部、质检总局等部门，调整汽车出口经营企业准入条件，2010年共424家经营企业获得汽车出口资质，比上年减少113家，下降21%，汽车出口经营队伍得到了进一步优化。指导机电商会组织电信设备出口企业完善竞争自律公约，中兴、华为等公司对修订后的公约进行了全员培训。首次指导机电商会组织专家评审会，对个别企业违约行为进行认定，并监督有关企业接受处罚。规范电信设备出口秩序取得初步成效，企业海外市场恶性竞争案例下降30%，出口效益明显提升。

（五）稳步推进加工贸易转型升级。会同人力资源和社会保障部、海关总署，选择苏州、东莞作为全国加工贸易转型升级试点城市，取得初步成效，为全国加工贸易转型升级积累了成功经验。会同人力资源和社会保障部、海关总署开展承接地的培育和认定工作，确定锦州、马鞍山等13个地区为第三批承接地并授牌。全国共44个承接地在中西部加工贸易占比超过4成，增速高于全

国20个百分点。

（六）大力实施积极的进口促进战略。继续利用进口贴息政策扩大关键设备和技术进口，推动引进消化吸收再创新，增强企业创新能力。2010年，对技术、装备和关键零部件进口支持的比重提高到71.7%，增长了9.2%。进口贴息政策在促进国内产业结构调整、促进对外贸易平衡发展、提升企业技术装备水平，促进企业技术进步等方面发挥了积极作用。

（七）积极促美欧等发达国家放宽对华高技术出口管制。为国家领导人访美磋商出口管制问题做了大量卓有成效的工作。密切跟踪研究美出口管制改革进程。成功召开中美高技术与战略贸易工作组第五次会议，签署了中欧高技术贸易工作组的谅解备忘录，为扩大我自欧美进口高新技术产品创造了条件。

（八）继续完善产业联系机制。与机械、机床、汽车等42个重点行业协会和商会建立联系机制，推荐近百名专家进入专家库，确定1 320家核心层企业，定期沟通产业发展情况、交流信息，对600家企业开展了问卷调查，在年初对全年进出口走势及顺差规模等作出了准确判断。及时了解企业遇到的困难和问题，为形势分析和判断提供了支撑。

在努力拓市场、调结构、促平衡，实现进出口恢复性增长的同时，我们积极研究“十二五”期间机电、高新技术产品进出口和加工贸易发展方向和政策措施，并成功举办了首届中国绿色产业和绿色经济高科技国际博览会。

一是研究制订四个指导性文件。会同发展改革委、财政部等部门研究制订“十二五”期间促进机电产品出口持续健康发展的意见、促进加工贸易转型升级的指导意见、实施积极的机电产品进口促进战略的若干意见、促进战略性新兴产业国际化发展的指导意见，明确了“十二五”期间机电产品出口、进口、加工贸易转型升级和培育战略性新兴产业的指导思想、发展目标和政策措施。

二是组织编制“十二五”发展规划。在广泛征求意见的基础上，认真编制机电和高新技术产品进出口“十二五”发展规划，并组织计算机、汽车、船舶、工程机械等25个重点行业编制了进出口发展规划。明确了指导思想、发展目标和政策措施。

三是成功举办2010绿博会。遵照中央领导同志指示精神，克服诸多困难，联合十一个部门成功举办2010中国绿色产业和绿色经济高科技国际博览会，200多家一流企业展示了一流的技术、一流的产品和一流的理念，得到党中央、国务院领导的充分肯定、各部门的充分认可和社会各界的高度评价。

目前，机电科技产业商务领域中一些深层次矛盾和结构性问题尚未根本解决，企业创新能力不强，出口主体过多，产品同质化严重，境外营销网络和品牌缺失，核心技术缺乏等，增长方式总体上还比较粗放，出口增长的质量和效益不够，必须增强自主创新能力，加快结构调整，加速转变发展方式。百年不遇金融危机的严重冲击，给我们诸多的启示和感悟，也更加印证了这一转变的必要性和紧迫性。

“十二五”时期，机电和高新技术产品进出口既面临难得的历史机遇，也面临诸多风险和挑战，机遇存在于应对之中。我们要深入贯彻落实科学发展观，坚持出口和进口并重，务实推进科技兴贸、市场多元化和以质取胜战略，加快结构调整和发展方式转变，加强出口基地建设，培育品牌，推动诚信体系建设，大力规范出口秩序，加强境外营销体系建设，扩大先进技术装备进口，推动战略性新兴产业国际化发展，稳步推进加工贸易转型升级，着力培育国际竞争新优势，提高机电和高新技术产品进出口增长的质量和效益。

我们要加大工作力度，努力稳出口、扩进口、调结构、促平衡，力争通过五年时间，实现“五个新突破”：一是结构调整取得新突破。支持汽车、机床、工程机械等25个行业的100个排头兵企业在境外建立营销网络，培育和认定船舶、铁路机车等200个出口基地和2 000家基地企业。二是市场多元化取得新突破。推动市场结构从以传统市场为主向多元化市场转变，力争新兴市场的出口占比由30%提高到40%，出口增量占比提高到65%以上。三是加工贸易转型升级取得新突破。转型升级试点取得实质性进展，一大批企业实现转型升级；中西部承接转移进入新阶段，在全国的占比从4%提高到8%。四是战略性新兴产业国际化发展取得新突破。重点产业、重点企业竞争优势显著增强，贸易规模稳步增长，在国际分工地位显著提升。五是积极的进口战略取得新突破。进口结构继续优化，进口规模进一步扩大，进口对贸易平衡和结构调整的作用显著增强。

2010 年中国吸收外商直接投资概况和 2011 年前景展望

商务部外国投资管理司司长　刘亚军

2010 年，中国吸收外资保持了较快增长势头。全国非金融领域（不含银行、保险、证券）新批准设立外商投资企业 27 406 家，同比增长 16.9%；实际使用外资 1 057.4亿美元，首度突破 1 000 亿美元，同比增长 17.4%（参见附表 1）。同期，金融领域新批设立中外合资银行、中外合资非银行业金融机构、基金公司和保险公司 14 家，实际使用外资金额 89.99 亿美元，同比增长 123.2%。合计本年度中国实际使用外资 1 147.3 亿美元，同比增长 22.0%。

一、农业和服务业领域吸收外资增长较快，制造业止跌回升

2010 年，农、林、牧、渔业新批准设立外商投资企业 929 家，同比增长 3.7%；实际使用外资 19.1 亿美元，同比增长 33.8%，占全国总量（非金融领域，下同）的比重由上年同期的 1.6% 升至 1.8%。

制造业新批准设立外商投资企业 11 047 家，同比增长 13.1%；实际使用外资 495.9 亿美元，同比增长 6.0%，占全国总量的比重为 46.9%，较上年同期下降 5.1 个百分点。

服务业新批准设立外商投资企业 13 905 家，同比增长 21.3%；实际使用外资 487.1 亿美元，同比增长 28.6%，占全国总量的比重为 46.1%，较上年同期上升 4.0 个百分点（参见附表 2）。

二、主要投资来源地对华投资总体上均保持增长

2010 年，亚洲十国/地区（香港、澳门、台湾省、日本、菲律宾、泰国、马来西亚、新加坡、印尼、韩国）对华投资新设立企业 22 058 家，同比增长 20.4%，实际投入外资金额 881.8 亿美元，同比增长 20.6%。美国对华投资新设立企业 1 576 家，同比下降 0.8%，实际投入外资金额 40.5 亿美元，同比增长 13.3%。欧盟 27 国对华投资新设立企业 1 688 家，同比增长 7.0%；实际投入外资金额 65.9 亿美元，同比增长 10.7%（参见附表 3）。

三、国内主要区域均已恢复增长势头

2010 年，东部地区新设立外商投资企业 22 992 家，同比增长 16.7%，实际使用外资金额 898.6 亿美元，同比增长 15.8%，分别占全国总额的 83.9% 和 85.0%；中部地区新设立外商投资企业 3 056 家，同比增长 16.4%，实际使用外资金额 68.6 亿美元，同比增长 28.6%，分别占全国总额的 11.2% 和 6.5%；西部地区新设立外商投资企业 1 358 家，同比增长 22.3%，实际使用外资金额为 90.2 亿美元，同比增长 26.9%，分别占全国总额的 5.0% 和 8.5%（参见附表 4）。

四、开发区的产业集聚作用明显

2010 年，全国已纳入统计范围的 90 个国家级开发区新批准设立外商投资企业 2 205 家，占全国总量的 8.1%；实际使用外资金额 305.9 亿美元，占全国总量的 28.9%，同比增幅为 19.6%，高于全国平均水平 2.2 个百分点。

同期，上述 90 个国家级开发区实现地区生产总值（GDP）26 849 亿元人民币（如无说明，币种下同），财政收入 5 627 亿元，税收收入 4 650 亿元，依次分别占全国相应总量的 6.7%、6.77% 和 6.01%，分别比上年同期增长 25.7%、37.6% 和 29.4%，增幅分别大于全国同期平均水平（10.3%、21.3%、22.6%）15.4 个百分点、16.3 个百分点和 6.8 个百分点。工业总产值 77 542 亿元，进出口总额 4 966 亿美元，同比分别增长 25.8% 和 32.6%。

五、外商投资企业运营情况趋好

2010 年度，约占全国企业总数 3% 的外商投资企业创造了 19 万亿元（人民币，如无说明币种下同）的工业产值，同比增长 26%，占全国工业产值的 27%；纳税总额 16 390 亿元，同比增长 20%，占全国的 21%，其中，缴纳的增值税、企业所得税、营业税分别为 8 353 亿元、4 089 亿元、1 259亿元，同比分别增长 11%、37% 和 19%，占全国相应总量的比重依次为 27%、28% 和 11%；进出口额 16 003 亿

美元，同比增长32%，占全国进出口总值的54%，其中出口8 623亿美元，同比增长28%，占全国出口总值的55%；直接吸纳就业人员4 500万人，占全国城镇就业总人口的14%。

综合上述情况分析，目前我吸收外资已经初步走出了国际金融危机的阴影，开始进入新一轮相对平稳的发展期。尽管现阶段国际上仍存在主要经济体复苏步伐减慢、部分欧洲国家发生主权债务危机、美国实行量化宽松货币政策、中东和北非形势不稳等不确定因素，但由于中国国内政治稳定、宏观经济形势明显好转、投资环境持续改善，对外资的吸引力仍将进一步增强。如近期全球范围内不出现较大的经济波动，预计2011年度中国吸收外资将有望实现一定幅度的增长，质量和水平也将得到进一步提高。

附表1

2010年全国吸收外商直接投资统计简表

金额单位：亿美元

利用外资方式	项目个数			实际使用外资		
	本年累计	上年同期	同比（±%）	本年累计	上年同期	同比（±%）
总　计	**27 406**	**23 435**	**16.94**	**1 057.35**	**900.33**	**17.44**
中外合资企业	4 970	4 283	16.04	224.98	172.73	30.24
中外合作企业	300	390	-23.08	16.16	20.34	-20.52
外资企业	22 085	18 741	17.84	809.75	686.82	17.90
外商投资股份有限公司	51	21	142.86	6.46	20.44	-68.38
合作开发	0	0		0.00	0.00	
其他	0	0		0.00	0.00	

附表2

2010年外商投资分领域简况

金额单位：亿美元

行　业	项目数		实际使用外资金额	
	个　数	比重（%）	金　额	比重（%）
总　计	**27 406**	**100.00**	**1 057.35**	**100.00**
农　业	929	3.39	19.12	1.81
制造业	11 047	40.31	495.91	46.90
服务业	13 905	50.74	487.09	46.07
其　他	1 525	5.56	55.23	5.22

附表3

2010年对华投资前15位资金来源地简况

金额单位：亿美元

国别（地区）	企业数		实际使用外资金额	
	个　数	同比（±%）	金　额	同比（±%）
总　计	**27 406**	**16.94**	**1 057.35**	**17.44**
香　港	13 612	21.22	674.74	24.97
台湾省	3 555	24.47	67.01	2.10

2010 年对华投资前 15 位资金来源地简况（续）

金额单位：亿美元

国别（地区）	企业数		实际使用外资金额	
	个 数	同比（±%）	金 额	同比（±%）
新加坡	802	22.63	56.57	45.57
日 本	1 763	38.17	42.42	3.04
美 国	1 576	-0.76	40.52	13.31
韩 国	1 695	1.56	26.93	-0.35
英 国	359	8.79	16.42	11.81
法 国	184	-8.00	12.39	88.11
荷 兰	118	7.27	9.52	27.39
德 国	367	19.93	9.33	-24.02
加拿大	400	-13.04	7.25	-24.45
澳 门	278	-6.08	6.57	-34.34
沙特阿拉伯	11	-8.33	4.84	325.84
意大利	181	2.84	3.96	12.59
马来西亚	230	15.58	3.90	-14.92
其 他	2 275	9.66	75.00	-8.67

注：自由港数据按实际来源地纳入后按实际使用外资排序。

附表 4

2010 年外商直接投资按地区分类同期对比表

金额单位：万美元

地 区	项 目		实际使用外资	
	个 数	同比（±%）	金 额	同比（±%）
总 计	**27 406**	**16.94**	**10 573 524**	**17.44**
东部地区	22 992	16.71	8 985 458	15.81
中部地区	3 056	16.42	685 813	28.55
西部地区	1 358	22.34	902 253	26.91

2010 年中国对外援助综述

商务部对外援助司司长 廖建成

2010 年，中国政府同 94 个国家和区域组织签署了援助协议 262 笔，广泛开展发展中国家间的经济技术合作。全年在 44 个国家新承担援外成套项目 63 个，正在实施成套项目 109 个；向 58 个国家提供一般物资 109 批；在 31 个国家新承担技术合作项目41个，正在执行106个；向海地、巴基斯坦等16个国家提供了紧急人道主义援助；在华举办391期培训班，为146个国家和地区组织培训10 241人；向3个国家派遣青年志愿者41名；新承担优惠贷款项目44个。截至2010年底，在80个国家有234个援外项目组或专家组，在外专家5 563人。

一、召开全国援外工作会议

2010年8月13日—14日，国务院在北京成功召开全国援外工作会议。胡锦涛总书记等中央领导同志亲切接见与会代表，温家宝总理亲自作大会主旨讲话，李克强副总理等国家领导人亲临参观援外60周年纪念展，王岐山副总理、戴秉国国务委员出席会议并发表讲话。党中央、全国人大、国务院、全国政协、军队和有关部门、各地方政府、部分驻外使馆、人民团体共330多名代表参加会议。会议系统总结了60年来中国对外援助工作基本经验，全面部署了今后一个时期中国对外援助工作重点。为配合会议召开，商务部举办了“中国援外奉献奖”表彰活动，制作并在中央电视台播放了《新中国援外60年》专题宣传片，发行了援外60周年纪念邮资封。

二、出台一揽子重大援助举措

2010年9月，温家宝总理在联合国千年发展目标高级别会议上，宣布了2011—2015年中国支持发展中国家加快发展的6项援助举措。其主要内容包括：为发展中国家建设200所学校；援建200个清洁能源和环保项目；为100所医院提供医疗器械、药品；派遣3 000名医疗专家、3 000名农业专家和技术人员；培训8万名各类人员；增加来华留学奖学金名额和在职人员硕士学历教育名额；提供优惠贷款融资支持；减免最不发达国家债务；向全球艾滋病、结核病和疟疾基金捐款1 400万美元；扩大零关税产品和受惠国家范围等。当年11月，温家宝总理在中国—葡语国家经贸合作论坛第三届部长级会议上，宣布了2010—2013年中国支持论坛亚非与会葡语国家经济社会发展的6项举措。其主要内容包括：设立中葡合作发展基金；提供16亿元人民币优惠贷款；支持葡语国家农业发展；培训1 500名官员和技术人员；提供1 000个来华留学政府奖学金名额；向各国提供医疗设备及器械等。上述举措引起国际社会强烈反响，深化了中国与广大发展中国家友好合作关系。

三、推动各项援助承诺落实

2010年，商务部会同外交部、财政部、农业部、卫生部和教育部等，做好2008年联合国千年发展目标高级别会议6项举措、2009年中非合作论坛第四届部长级会议对非新8项举措落实工作。援建农业技术示范中心、提供医疗物资及抗疟药品、援建学校、清洁能源、打井供水、派遣农业专家和医护人员等各类民生领域项目全面启动，人力资源培训、免除最不发达国家和重债穷国政府到期无息贷款债务、提供优惠贷款、给予最不发达国家输华产品零关税待遇等援助举措落实进展迅速。中国政府各有关部门密切协作，建立专项工作机制，定期督办、检查和评估，确保各项承诺如期兑现，发挥各类援助项目的政治、经济和社会效益。

四、组织紧急人道主义救援

2010年，中国政府共对海地、巴基斯坦、智利、蒙古、坦桑尼亚、尼日尔、乌兹别克斯坦、朝鲜、俄罗斯等16个受灾国家实施紧急救援行动，提供各类紧急人道主义援助5.4亿元人民币，累计派出救援人员258名，包机运输30余架次，陆路运输200多车次，派遣直升机4架。其中，对巴基斯坦洪灾援助是中国迄今最大的对外紧急救援，宣布将向巴基斯坦提供3.2亿元人民币和2亿美元的紧急人道主义援助，并已在最短时间内组织发运了帐篷、发电机、纯净水等救灾物资；对海地地震援助开创了中国对未建交国紧急救援的先河，采用包机空运和海运方式先后运送4批共202吨救灾物资，并派出40人组成的医疗防疫救护队，展现了中国负责任大国形象。

五、提升援外培训质量效果

2010年，中国政府根据广大发展中国家的需要，共为146个国家和地区组织培训官员8 106人、技术人员2 052人，在华培养在职人员硕士研究生83人。随着受援国对人才需求层次的不断提高，中国政府加大高级别和专业人才培养力度，全年共举办部级班17期，有276位部级官员参加研讨。同时，注重结合受援国特点和需要，创新培训方式，为莫桑比克和埃塞俄比亚分别“量身定做”经济特区和领导力提升部级研讨班，更加有效地与广大发展中国家分享中国发展的成功经验，帮助受援国加强能力建设。

六、加强援外法规制度建设

在认真总结援外工作经验的基础上，重新修订了《对外援助物资项目管理办法》和《对外援助物资项目实施企业资格管理办法》；出台了《对外援助培训项目管理规定》、《商务部国际官员研修基地管理规定》、《对外援助成套项目技术资料管理规定》、《援外项目突发事件应急预案》等规范性文件。加大了重大援外工程项目巡检工作力度。首次引入专家论证制度，首批60名受聘专家均为教授级高级工程师，并完成3个重大项目论证工作，进一步提高了援外项目管理的科学性和可持续性。

七、促进援外国际交流与合作

根据国际政治经济形势变化和对外工作需要，中国政府稳步开展援外国际交流与合作。2010年，积极参加联合国千年发展目标高级别会议等重大国际多边活动，与联合国有关机构、世界银行、经合组织、巴黎俱乐部等国际组织以及美国、法国、日本、德国、阿根廷等国家开展交流和对话，派员赴世界银行交流工作，赴韩国参加国际发展援助研讨会。同时，以更加积极开放的姿态与有关国际组织探讨三方合作，与世界银行、联合国工发组织等开展人力资源培训合作，与联合国开发计划署签订三方合作框架协议。

2010年中国对外投资合作情况

商务部对外投资和经济合作司司长　王沈阳

随着我国对外开放程度的不断加深，特别是中央适时提出实施“走出去”战略后，我国对外投资合作业务迎来快速增长时期。在政府、社会和企业的共同努力下，我国对外投资合作快速增长并呈跨越式发展势头。特别是“十一五”期间，虽然受到全球金融危机的不利影响，对外投资合作仍实现了“逆势上扬”。对外投资合作已与对外贸易、利用外资相互融合、相互促进，共同构成当前我国开放型经济的重要组成部分，对促进国家经济社会发展、营造平等和谐的对外关系做出了重要贡献。

2010年，为应对国际金融危机，商务部会同有关部门加大工作力度，进一步完善政策促进体系、制定风险控制体系、健全服务保障体系，推动“走出去”健康快速发展。随着国内外形势和发展环境日趋好转，“走出去”企业积极实施全球化经营战略，我国对外投资合作实现了跨越式发展。

一、对外投资合作发展情况

（一）对外投资稳定增长

受世界经济和金融危机的持续影响，2010年全球外国直接投资流出量较2009年仅增长0.7%，从1.11万亿美元增加到1.12万亿美元。面对后金融危机时代挑战和机遇并存的局面，我国政府和企业审时度势、积极应对，2010年非金融类对外直接投资保持了稳定增长的势头。

2010年，我国非金融类对外直接投资流量为590亿美元，同比增长36.3%。截至2010年底，我国对外直接投资累计超过3 000亿美元，广泛分布在全球177个国家和地区，共设立境外企业1.5万家，资产总额累计超过万亿美元。

从投资方式来看，以收购方式实现的对外直接投资（非金融类）已经成为对外直接投资的主要方式，获取国外先进技术、营销网络和能源资源成为并购投资新的重点。2010年主要跨国并购项目有中石化集团以71.39亿美元收购西班牙雷普索尔公司巴西公司40%股权，中石油集团35亿澳元与澳洲壳牌能源控股有限公司联合体收购澳大利亚Arrow能源有限公司100%股权，浙江吉利控股集团公司17.88亿美元收购瑞典沃尔沃轿车公司100%股权等。

（二）对外承包工程水平提升，企业实力不断增强

据初步统计，2010年，对外承包工程完成营业额922亿美元，同比增长18.7%；新签合同额1 344亿美元，同比增长6.5%。对外承包工程开始进入转变发展方式的关键时期，结构和领域不断优化，石化、交通、电力和电子通讯等领域项目合同额占同期合同总额的六成以上，带动出口和盈利水平进一步提升。对外承包工程逐步实现从数量规模型向质量效益型转变，EPC总承包项目越来越多，以投融资为先导的特许经营方式（BOT）有所尝试。企业实力不断增长，具有对外承包工程经营资格的企业已超过2 600家，2010年入选美国ENR国际承包商225强的中国企业增加到54家，完成海外工程营业总额占225强海外营业总额的13.2%，首次跃居全球首位。

（三）对外劳务合作发展平稳，市场秩序进一步规范

据初步统计，2010年末我国在外各类劳务人员约84万人，2010年新签合同额87.2亿美元，完成营业额88.8亿美元。外派劳务市场经营秩序不断好转，境外劳务纠纷增加势头得到进一步遏制，案件数量及涉及人数均呈下降趋势。从外派劳务市场分布来看，我国对外劳务合作业务完成营业额主要来自日本、新加坡、澳门、香港、韩国等国家（地区）。

二、支持企业“走出去”的政策措施

（一）完善管理制度，推进立法进程

会同有关部门制定新形势下加快实施“走出去”战略的政策措施，研究完善相关政策促进体系、服务保障体系和风险控制体系。出台《境外投资管理办法》、《关于大陆企业赴台投资管理办法》等政策法规，进一步加快实现对外投资便利化。颁布施行《对外承包工程管理条例》及《对外承包工程资格管理办法》等配套文件，积极研究对外承包工程投标（议标）管理办法。加快对外劳务合作管理体制改革，推动出台《对外劳务合作管理条例》，相继制定了《对外劳务合作公共服务平台试行办法》、《对外劳务合作不良信用记录制度试行办法》，将对外劳务合作经营资格核准下放至地方商务主管部门，与外交部、公安部等多部门组织开展清理整顿外派劳务市场秩序专项行动，遏制外派劳务纠纷频发势头。

（二）加强宏观规划指导，落实各项支持政策

编制《对外投资合作“十二五”发展规划》，研究制定“十二五”时期对外投资合作的指导思想、基本原则、主要任务和政策措施。进一步深化与周边发展中国家的经贸合作，积极商签双边经贸合作中长期发展规划，推动落实规划重点合作项目。落实安排对外经济技术合作专项资金、对外承包工程保函风险专项资金和境外经济贸易合作区发展资金，加强优惠信贷支持。完善境外直接投资外汇管理，鼓励金融保险机构为合作项目提供信贷支持和金融保险服务。

（三）改进服务促进工作，提供境外权益保障

增强政府在对外投资合作方面的公共服务职能和政策信息透明度。发布并更新涉及165个国家和地区的《对外投资合作国别（地区）指南》，定期发布《对外投资国别产业导向目录》、《国别投资经营障碍报告》、《国别贸易投资环境报告》等指导性文件。建立并完善“对外投资合作信息服务系统”，加强中国国际投资贸易洽谈会、中国工程和技术展览会等各类对外投资促进平台建设，加大“走出去”人才培训力度。加强政府间沟通合作，积极商签投资保护协定、自贸区协定和基础设施及劳务合作协议，积极参与国际投资合作规制磋商。引导企业在中资企业相对集中的国别和地区组建境外中资企业商会，提高行业自律水平。建设境外安全保障体系，制定下发《境外中资企业机构和人员安全管理规定》，建立对外投资合作境外安全风险预警和信息通报制度、在外人员相关信息备案制度。加强对外宣传和舆论引导，编写发布《中国对外投资合作发展报告2010》，制作对外劳务合作公益广告。创造良好外部发展环境，帮助企业更好地融入当地社会。

2010年我国进出口公平贸易工作概况

商务部进出口公平贸易局局长　周晓燕

2010年，是新世纪以来我国面临贸易摩擦形势最复杂、经受考验最严峻的一年，摩擦范围扩大，应对难度增加；国外企业以不公平贸易方式抢占我国市场份额的做法增多，运用贸易救济措施维护公平贸易秩序的压力加大。商务部进出口公平贸易局深入贯彻落实科学发展观，牢牢抓住妥善应对贸易摩擦、依法实施贸易救济两条主线，努力营造良好外部环境，全力维护国内产业安全，各项工作取得积极进展。

一、国务院领导高度重视贸易摩擦应对工作

2010年，我国共遭遇来自20个国家（地区）发起的贸易救济调查案件66起，其中反倾销42起，反补贴6起，保障措施16起，特保1起，涉案金额达71亿美元，美国还对我发起337调查19起，301调查1起，贸易壁垒、技术壁垒

等限制措施层出不穷。美欧等联手在人民币汇率、自主创新政策、新能源政策、知识产权保护、投资环境、稀土出口等问题上，频繁对我施压。贸易摩擦不断增多，不仅损害我出口利益，恶化外贸发展环境，而且触及我法律法规、政策措施、体制机制，甚至威胁我核心利益。国务院领导对此高度重视，王岐山副总理年初专门听取商务部关于贸易摩擦应对工作的专题汇报，并对全年应对工作作出部署。2010年，国务院领导对贸易摩擦应对工作做出批示33次。

二、力阻美国对人民币汇率发起反补贴调查

金融危机爆发以来，围绕货币问题的斗争日趋激烈，美、欧、日等将矛头直指人民币汇率。美国试图通过对人民币汇率发起反补贴调查来打开缺口，进而为诉诸WTO争端解决机制、对中国产品加征特别关税等一系列后续行动铺平道路。阻止美国对人民币汇率发起反补贴调查成为2010年贸易摩擦应对工作的焦点。在国务院及商务部党组的统一部署下，在相关单位的支持配合下，公平贸易局以高度的责任感和使命感全力以赴开展多层次、全方位应对工作。经多方努力，我们成功阻止了美国商务部在对华铝挤压材、铜版纸和多层木地板等三起反倾销反补贴合并调查案件（“双反”案）中对人民币汇率发起反补贴调查。至此，美国商务部已驳回了申请人在所有对华“双反”案中提出的人民币汇率补贴指控。

三、积极应对美对华清洁能源政策301调查

2010年10月，美国启动对华清洁能源政策措施的301调查，试图遏制打压我新能源产业发展，维护其在该领域的全球领先地位。新能源是我国确立的战略性新兴产业，美国此举对我新能源领域的发展战略、政策实施、产业发展和企业出口均将造成严重不利影响。我们一方面深入了解我国清洁能源相关政策措施执行情况，会同有关部门研究制定应对方案，另一方面利用多双边场合与美方开展交涉。2010年12月，美国将我国风能补贴措施诉诸世贸组织争端解决机制，正式启动争端解决程序。我们将继续密切跟踪做好应对工作。

四、迄今我国遭遇最大贸易救济调查案成功化解

应比利时申诉企业和比利时政府申请，欧委会于2010年6月底和9月中旬相继对我国无线数据卡产品发起反倾销、保障措施和反补贴调查，案值41亿美元，是迄今我国遭遇涉案金额最大且三种调查方法并用的贸易救济案件，涉及我华为、中兴等大型企业出口的高科技通信产品。国务院领导对此案高度重视，温家宝总理在第十三次中欧领导人会晤期间向欧方进行交涉，王岐山副总理专门就此案应对做出批示。陈德铭部长通过信函和会谈等方式多次向欧方表达我严正立场。公平贸易局数次深入地方、企业调研，了解情况；指导协调各有关方面开展工作，争取同盟军、媒体的支持；尤其是积极推动华为、中兴同申诉方保持接触，寻求通过业界协商与合作化解摩擦。10月底，比利时申诉企业与华为达成合作和解协议后向欧委会提出撤销反倾销和反补贴调查申请，并通过比政府向欧委会提出撤销保障措施调查申请。2011年1月25日，欧委会终止该案保障措施调查，3月3日，欧委会发布公告，宣布终止该案反倾销和反补贴调查。至此，我迄今遭遇最大贸易救济调查案圆满结案，成为中欧双方通过业界合作化解摩擦的成功范例。

五、协调指导我国高科技产品反倾销第一案

印度对华同步数据传输设备反倾销案是国外首次对我高科技产品发起贸易救济调查，涉案金额大，调查对象包括华为、中兴等骨干通信企业。公平贸易局高度重视，积极指导协调企业和行业应对，组织和参与应诉协调会多达15次，统一了涉案企业的思想，提高了他们应对贸易摩擦的主动性和积极性。经多方努力，印度调查机关在终裁中将我国同步数据传输设备的高端产品和零部件排除，并为今后我们应对高科技产品贸易摩擦进行了有益探索。

六、337调查应对工作取得新突破

随着我国产业结构不断升级，中美产业界在知识产权领域的交锋更加激烈，337调查成为美国限制我高科技产品出口的重要手段之一。2010年，美国国际贸易委员会共发起337调查58起，其中涉及中国企业及产品的案件19起，立案总数和涉华案件数量均创历史最高，其中大部分为专利案件，主要涉及机电产品。商务部高度关注我国企业在国际贸易中遭遇的知识产权纠纷，为维护我国企业权益并为其开展国际化经营提供保障与支持，2010年10月商务部在北京和广州与美国国际贸易委员会成功举办了首次交流研讨会。本次活动为中美双方就337调查创立了交流平台，为应对337调查开辟了新的工作方式和途径。

七、为企业应对贸易摩擦提供信息、咨询和培训服务

国务院领导高度重视贸易摩擦预警信息工作，为此我们不断改进和提高信息服务质量，在商务部网站设立贸易摩擦应对专栏，全年发布各类预警、立案、调查、裁决等案件信息千余条，成为公众获取贸易摩擦资讯的网络主渠道；定期编发半月刊《应对贸易摩擦动态》，分别发送地方商务主管部门、商协会并委托其通知广大会员企业；编写和发布了《国别贸易投资环境报告2010》，首次推出了《国别贸易投资环境报告（农产品分册）》，为企业提供防范国外贸易投资壁垒风险的大量实用信息。我们在应对案件过程中不断加强对涉案企业的应诉指导，多次举办个案应诉动员培训会、案情分析会，帮助企业提高应对贸易摩擦的意识和能力。我们长期坚持开展公平贸易人才培训工作，全年举办境内外培训班共5期，为国务院有关部门、地方商务主管部门、商协会、研究机构和企业等单位培训人员数百名。

八、加强多双边规则谈判和双边对话磋商

多年来应对“不利条款”的经历使我们深刻领会到规则平等的重要性和通过规则制订维护我国利益的重大意义。为此，我们积极参与新一轮多哈回合规则谈判并不断加大参与力度，提高我们对谈判走向的影响力。我们千方百计克服困难，推动改进、澄清规则，加严纪律，增强透明度，力阻美欧将针对我国反倾销、反补贴调查采用的歧视性及不合理做法纳入多边规则。我们在谈判中的能力和表现得到各方认可，成为规则谈判核心成员之一，并已从国际贸易规则的被动接受者成为对规则的制订和修改产生实质影响的重要成员。在自贸区谈判中，我们妥善设置贸易救济条款，既避免自贸区伙伴滥用贸易救济措施阻碍贸易自由化进程，又有效保护国内产业。我们继续推动其他国家承认我市场经济地位，在国际规则层面维护我核心利益。我们主动与主要贸易伙伴加强对话与磋商，目前已与美国、欧盟、加拿大、俄罗斯、印度、韩国、澳大利亚、南非、埃及、土耳其、阿根廷、沙特阿拉伯等14个主要贸易伙伴的调查机关建立起贸易救济合作机制，定期举行会议，增信释疑，力争化解摩擦。

九、依法妥善灵活运用贸易救济措施

2010年，我国共对外发起反倾销调查4起、反补贴调查1起，涉案产品分别为非色散位移单模光纤、己内酰胺、未曝光的摄影感光纸及纸板、干玉米酒糟和马铃薯淀粉；共对9起反倾销原审调查、3起反倾销复审调查和2起反补贴原审调查做出裁决。贸易救济立案调查的惠及面进一步拓展，产品领域由传统的化工产业领域扩大到通讯材料、轻工和农产品领域，共涉及10余个省份的67家企业。

2010年8月，我们对原产于欧盟的马铃薯淀粉发起反补贴调查，这是我国首次对欧盟产品发起反补贴调查，也是自2009年对原产于美国的取向电工钢、白羽肉鸡和小轿车及越野车产品发起反补贴调查以来，发起的第4起反补贴调查。

通过贸易救济措施，及时缓解了国外不公平贸易产品对国内产业的冲击，为企业发展营造了公平竞争的市场环境。据国内申诉企业反映，采取贸易救济措施后，企业经营状况普遍获得改善，开工率提高，稳定了生产和就业，同时提升了产品质量，保障了产业健康发展。

2011年，是“十二五”开局之年，做好今年的工作对于完成“十二五”各项目标任务至关重要。今后一段时期，进出口公平贸易工作面临的形势将更加严峻，贸易摩擦的政治化倾向将进一步加大我应对难度，贸易救济工作面临的国内外局面也更趋复杂，须统筹经济、外交、法律等各种资源综合开展相关工作。公平贸易局将深入贯彻落实科学发展观，深入研究后金融危机时期面临的挑战，切实加强能力建设，奋力拼搏，不辱使命，不断提高工作水平，切实维护广大企业的合法权益。

认真开展产业损害调查　依法实施贸易救济措施

商务部产业损害调查局局长　顾春芳

2010年我局认真开展产业损害调查工作，依法实施贸易救济措施。共办理贸易救济原审、复审案件24起（包括2009年延续的案件）。其中反倾销13起，反补贴4起，反倾销期终复审7起。已办结10起，其中原审终裁7起，期终复审终裁3起。14起案件正在调查审理中。2010年我局开始赴境外开展实地核查，为产业损害的认定和评估工作提供了更充分的基础；首次单独发起了反补贴调查马铃薯淀粉案；首次开展了产业损害危胁调查光纤反倾销案。总体看来，贸易救济措施取得较好效果，涉案国内产业生产经营和经济效益趋于好转，如已二酸反倾销措施实施后，价格由2009年的11 800元/吨升至目前的17 500元/吨左右。

一、严格按程序办理贸易救济案件

我局注重按相关程序办理贸易救济案件，在规定时间内完成产业损害调查活动登记、成立产业损害调查组、发放和收回调查问卷，进行实地核查和产业损害分析，召开陈述会、专家论证会和听证会，起草产业损害调查初裁/终裁意见，向贸易救济措施协调委员汇报终裁意见，进行信息披露，发布初裁/终裁公告等工作，做到每个案件一个环节不少。2010年我局整理完成各类案件相关文件共计66 916页。

二、认真听取利害关系方意见

2010年我局根据案件情况或应利害关系方申请共召开陈述会、专家论证会以及举办听证会等十余场。听取国外生产者、出口商或国内进口商、下游用户、消费者对案件的意见及理由，了解国外相关产业的状况和营销情况，了解涉案产品进口情况及进口对国内产业、进口商和消费者利益的影响等。如我局主动召开核苷酸类食品添加剂反倾销案上下游企业意见陈述会，主动召开白羽肉鸡产品反倾销案上下游意见陈述会；应中国普天信息产业股份有限公司、成都大唐线缆有限公司等的申请召开了国内非色散位移单模光纤反倾销案下游意见陈述会，应帝斯曼化学品北美公司、霍尼韦尔树脂和化学有限责任公司等的申请召开了已内酰胺反倾销案产业损害调查听证会，为贸易救济案件利害关系方提供了充分表达意见的机会，得到方方面面一致肯定。

三、依照法律法规作出公正裁决

2010年我局继续秉承依法审慎的原则，认真做好案件裁决工作，裁决质量不断提高。面对案件情况日益复杂，我局调查官员严格依照中国法律法规，并参照WTO规则和其他国家做法，对案件调查和裁决活动中的程序和实体问题深入分析，谨慎认定。充分考虑经核实的证据和各利害关系方意见，通过科学客观的分析方法得出结论。在对案件事实的充分掌握和法律要点的深入分析基础上起草裁决意见。在裁决意见中充分披露案件事实和调查机关分析过程，对利害关系方意见给予充分回应，做到要件齐备、事实确凿、程序严密。

四、积极参加对外交流、磋商和谈判工作

在认真开展产业损害调查工作的同时，我局还积极开展对外磋商谈判工作，包括参加WTO规则谈判，为涉及我国的WTO争端解决案件提供法律意见并参加磋商和听证会，答复WTO对华贸易政策审议相关问题，定期提供通报信息并参加对其他成员审议工作。此外，我局组织参加OECD钢铁委员会例会及双边钢铁对话，促进国际上对我产业快速发展的理解，缓解出口领域贸易摩擦压力。2010年我局积极帮助国内产业拓展对外合作、交流的空间，与乌克兰、沙特等国开展重要敏感商品预警磋商和数据交换机制建设。促进业界与乌克兰、沙特等国的对口行业组织和企业进行了交流和磋商，努力化解贸易摩擦。

为加强贸易救济知识的普及和宣传，2010年我局先后在四川和辽宁举办了2期全国贸易救济业务培训班；在山东、上海、深圳、湖北、广西、厦门举办了6期针对地市级商务主管部门的培训班，共培训地方商务主管部门处级领导及业务骨干1 200余人。组织了赴美贸易救济业务培训班，山东、江苏、浙江、湖北、山西、甘肃、新疆、广东、云南、贵州、宁波等地商务主管部门的处长和业务骨干参加了这次境外培训。上述培训工作取得了较好的培训效果。

2010年，我局围绕贸易救济问题，依托商务部主网站、中国贸易救济信息网和中国产业安全指南网以及主流媒体，继续向社会和公众提供公共信息服务。中国贸易救济信息网2010年信息上载量710万字，13 458条；中国产业安全指南网上载信息40 296条，1 292万字。在商务部公共服务子站排名分别为第7位和第10位。组织全局的力量开展了贸易救济案例编纂工作，使社会各界认识到贸易救济措施的作用。

2010年商务信息化建设概况

商务部信息化司司长　李晋奇

2010年商务信息化工作在商务部党组的领导下，紧紧围绕“调结构、转方式、促平衡”的工作思路，重点加强了信息化宏观指导，深化完善电子政务体系建设。同时，着力营造电子商务发展环境，不断加大电子商务应用推广力度。商务信息化工作在保障商务中心工作，促进商务现代化发展方面取得了积极进展，为商务部门转变政府职能、提高管理决策水平、提升公共服务能力发挥了应有的作用。

一、深化推进电子政务建设

（一）建设综合经济信息库

按照国务院领导指示，我部于2010年初正式建成综合经济信息库并开始运行。该系统从宏观经济、国内贸易、对外贸易等九个方面，为宏观经济调控提供决策支持。2010年，通过对综合经济信息库深度数据分析，组织编写《综合经济信息库分析报告——全球投资专刊》和《重点国家（地区）进出口数据分析简报》供部领导和司局参考。截至2010年底，综合经济信息库的数据信息达11亿条，文本信息达2万多篇，文本信息每周更新约260篇。为部机关分析数据、开展谈判、制定政策提供了大量背景材料，其建设和应用取得很好的成效，得到了国办和部领导肯定。

（二）不断优化政府网站建设

2010年，我们对商务部网站进行改版，重点强化网站“信息公开”、“在线办事”和“交流互动”功能。针对网站在线办事事项多、分类杂等特点，网站试点推出了多个系统的场景式服务，引导用户完成所办事项，提高了办事效率。截至2010年底，我部网站主站共收到留言4 293件，直接答复3 235件，转阅316件，转办801件，获得了网民和相关司局的充分肯定。全年共完成158个驻外经商机构的参赞访谈，反响强烈。在此基础上，又开办了各地特派员访谈，目前已进行了10多次。按照国务院领导要求，我部还建设了“‘走出去’服务专网”，为在海外从事贸易、投资、劳务合作的企业和个人做好政策指导和信息服务。据统计，2010年商务部网站点击量约220亿次，目前，我部网站已连续8年在中央部委级政府网站绩效评估中获得第一名。

（三）升级内网办公平台

2010年，通过广泛调研和征求意见，商务部对内网办公平台进行改版升级，突出了网上办公、信息共享、互动交流等功能，并实现统一身份认证和灵活的权限控制。同时，配合办公厅做好公文网上签批系统建设相关工作，目前已实现所有文种的网上签批和各司局网上会签功能。并进一步优化系统，提高了用户访问速度，组织开展多批次应用培训，提高了广大公务员的应用水平。

（四）建设手机政务平台和视频会议系统

2010年，我部建设开通了手机政务平台，该平台包括商务部政务短信、手机报和部网站手机版三部分内容。建设商务部手机政务平台，是适应我国经济社会发展和信息通讯技术进步，创新公共管理模式和政府信息发布模式的一项重要举措。随着商务部手机政务平台功能的完善和覆盖范围的扩大，对提高部机关办公效率、提升公共服务水平、做好对外宣传和政府信息公开将起到积极的推动作用，并成为传统电子政务手段的一个有力补充。

同时，为贯彻落实国务院关于“尽量开电视电话会议”的要求，节约会议开支，提高工作效率，2010年，我部建设完成了视频会议系统，现已投入使用。商务部视频会议系统依托国家电子政务外网，实现了部机关与省、自治区、直辖市、新疆生产建设兵团及计划单列市共45个商务主管部门的连接，既节约了建设成本，又提高建设效率。

（五）高度重视网络安全

近年，我部积极推进我机关涉密内网安全保密改造和外网等级保护建设，为我部商务中心工作提供了有力支撑。2010年，按照国家对涉密网络分级保护的要求，制定了内网安全保密改造方案（二期），并对内网24个应用系统进行了风险评估；完成了内网机房的屏蔽改造，并于2010年6月通过了国家保密局有关检测。同时，坚持专业维护、技术防范和制度保障并重，对外网重要信息系统安全漏洞和隐患进行了深入排查，加强了安全措施，有力地保障了部外网安全平稳运行。

二、大力推动电子商务应用

近年来，我国电子商务快速发展，在“扩内需、保增长”中发挥了积极作用。据统计，2010年，电子商务交易额超过4万亿元。其中，网络零售交易额达到4 980亿元，同比增长92.6%。党中央和国务院高度重视，多次强调要大力发展电子商务，商务部也将其纳入2010年商务重点工作之一，并在环境建设和示范引导等多个层面，加以推动和规范。

（一）以营造环境为主线，研究提出多项发展措施与服务规范

为营造良好的电子商务发展环境，2010年，我们编写发布的《中国电子商务报告（2008—2009）》，总结了我国电子商务发展现状，分析了存在问题，提出了进一步促进电子商务发展的有关建议。报告公布的2008年和2009年我国电子商务数据，已被各部门及社会各届广泛采用。同时，组织起草《第三方电子商务交易平台服务规范》，拟对电子商务第三方经营平台的经营活动进行规范，以促进电子商务健康有序发展。启动开展了我国“电子商务统计指标体系”研究和组织起草“商务部电子商务十二五发展指导意见”，以进一步加强研究和宏观规划。

（二）以促进应用为重点，创新模式，开展试点

1. 推进农村商务信息服务工程

2010年，我们积极推进与全国农村党员干部现代远程教育工作领导协调小组办公室合作，依托农村党员干部现代远程教育网开展农村商务信息服务。两部门联合下发了《关于依托农村党员干部现代远程教育网络开展农村商务信息服务试点工作的通知》，并于郑州市召开了“农村商务信息服务业务培训暨试点工作推进会议”，正式启动在吉林、山东、河南、湖南、广西、四川、贵州、宁夏等8个省、自治区有效利用现有资源，共同开展农村商务信息服务的试点工作。2010年，新农村商网累计访问量13亿人次，日均访问量近370万人次。共发布政策、市场等信息290多万条，促成农产品成交超过180亿元。

2. 开展电子商务示范城市创建工作

2010年，我部还加强与有关部委之间的合作，先后指导深圳市出台了《深圳互联网产业振兴发展规划》和《深圳互联网产业振兴发展政策》，启动了移动电子商务便民服务、可信交易环境基础支撑平台等重点工程建设，开展了以税收和信息安全为主要内容的软课题研究。为在全国开展电子商务示范城市创建工作，与国家发展和改革委、中国人民银行、国家税务总局和国家工商行政管理总局等5部委联合起草并发布《国家电子商务示范城市创建工作指导意见》，明确了示范城市创建的重要意义、总体要求、基本原则、主要任务和组织实施的要求。

（三）以国际交流合作为桥梁，推动电子商务发展国内外接轨

近年来，为跟踪了解国际电子商务发展的最新进展，借鉴部分发达国家和地区在推动电子商务发展方面的经验和做法，提高中国电子商务发展的整体水平，商务部积极参与联合国贸易法委员会、亚太经合组织、上海合作组织等多边国际与地区组织中的电子商务工作，并且与俄罗斯、韩国、新加坡等10个国家合作建立了经贸合作网站，向中外企业提供全面及时的商务信息服务。在此基础上，2010年，商务部还与日本经产省合作建立了“中日电子商务政策协议会”，这是中外政府间建立的第一个双边电子商务交流合作机制，为推动两国间电子商务交流发挥了积极作用。

2010年中国海关工作综述

海关总署办公厅主任　赵福地

2010年是海关工作很不平凡的一年。在党中央、国务院的坚强领导下，全国海关坚决贯彻中央的决策部署，认真落实中央领导同志的重要指示精神，面对艰巨任务和复杂局面的严峻考验，进一步优化海关监管和服务，着力巩固和扩大应对国际金融危机成果，海关业务建设、队伍建设、反腐倡廉建设和改革创新取得重要进展，尤其是海关税收跨越万亿元大关、打私连破大要案、服务区域经济发展成效突出、上海世博会和广州亚运会海关安保与通关服

务成绩显著，为实现我国经济平稳较快发展和社会和谐稳定作出了应有的贡献。

一、深化综合治税，海关税收为国家建设作出重要贡献

2010 年，随着我国经济回升向好趋势不断巩固，外贸进出口快速增长，各主要税源商品进口均呈增长态势，为海关税收提供了稳定的税源保证。全国海关坚决贯彻温家宝总理年初关于加强海关税收征管工作的重要指示，坚持综合治税，加强税收监控和考评，完善加工贸易内销征税制度，强化稽查验核工作，开展对减免税设备违规使用、出口骗退税等专项治理，税收质量不断提高，税收的财政和经济调节作用进一步增强，海关税收成为国家宏观调控的有力手段之一，实现了全年税收过万亿元的历史性重大突破。2010 年我国进出口总值为 29 727.6 亿美元，同比增长 34.7%；海关税收净入库 12 518.31 亿元，同比增长 35.9%。其中，通过海关归类、审价、稽查补税 140.63 亿元；通过加工贸易和海关特殊监管区域及保税监管场所内销征税 1 611.07 亿元。

二、严厉打击走私，有力维护我国贸易秩序和社会稳定

去年以来，全国海关坚持打击走私不动摇、不松懈、不麻痹，着力加强对重点区域、敏感时期特别是宏观经济和市场环境发生变化时的打私形势研判，加大对涉税走私特别是资源性产品出口走私的打击力度，加强对广西北仑河沿线非设关地走私、粤港澳“水客”走私、珠三角水域走私等顽症的综合治理，严厉打击毒品、废物、武器弹药等危害国家安全、社会稳定和人民健康的走私违法活动，成功侦破了一系列大案要案。“6·26”国际禁毒日前夕海关在广东虎门开展了公开销毁毒品活动，取得了良好的社会效果。2010 年海关查获的走私案件案值呈现较大幅度增长，共立案侦办涉税走私犯罪案件 833 起，案值 237.3 亿元，涉嫌偷逃税款 33.3 亿元，同比分别增长 10.3%、61.1% 和 51.6%，其中偷逃税款千万元以上大要案 45 起。

三、优化通关监管服务，全面落实国家进出口政策

全国海关克服人力资源紧张，一线人员长期处于高强度、超负荷工作状态等困难，不断紧固海关监管链条，努力提升实际监管水平，做到“管得住、通得快”。积极创新监管模式，完善以风险分析和企业分类管理为基础的分类通关监管模式，以运输工具监管为源头，以舱单管理为主线，以监管场所管控为基础，加强对进出境货物、物品和运输工具的查验、检查，实现对实际物流的有效监控。落实国家战略性资源进出口、防扩散、反恐等贸易管制政策和措施，加强重点商品审核、取样化验、查验等工作。完善行邮监管政策法规，优化和加强进出境快件实际监管。不断完善海关后续管理工作机制，通过不同稽查方式之间的相互衔接与配合，全面提升稽查工作效能。认真做好上海世博会和广州亚运会海关安保与通关服务工作。世博会期间海关实现“零投诉”，海关系统 4 个集体和 7 名个人受到中央表彰。加强知识产权执法，年内查获侵权货物 1.1 亿件，价值 2.5 亿元，海关知识产权保护工作多年来连续得到国内外的广泛认可和好评。

四、发挥统计监测预警作用，有效服务国家宏观经济决策

围绕国家宏观决策需要，进一步发挥海关统计监测预警作用。推进监测预警应急机制常态化，在旬报的基础上增加对热点敏感问题的监测预警专题，同步加强进出口价格、数量和国际市场份额变动情况的分析。2010 年，全国海关共上报中办、国办各类监测预警信息 759 篇次，海关监测预警提出的不少建议直接转化为国家应对国际金融危机的政策措施，为科学监测、动态预警外经贸走势，服务宏观决策发挥了应有的作用。

五、支持地方经济发展，积极落实国家区域发展总体战略

充分发挥保税政策优势，促进加工贸易转型升级，推动海关特殊监管区域的发展。坚持海关特殊监管区域增量向中西部地区倾斜，为中西部地区打造承接国际国内产业转移的平台，年内推动设立了重庆西永、成都、郑州综合保税区和合肥出口加工区、南昌出口加工区 B 区，促成了一批大项目在当地落户。在海关日常监管工作中，努力为中西部地区营造与沿海一样便利的通关环境。支持海南国际旅游岛建设，推动离境退税政策顺利实施。认真参与横琴、平潭开发开放政策研究，参加《两岸经济合作框架协议》谈签，积极提出政策建议。加大署地合作和粤港、粤澳海关合作力度，年内与 10 个省（区、市）政府签署了合作备忘录，海关与省（区、市）政府签署的合作备忘录达到 21 个，有针对性地支持各地区对外开放和重点项目建设。

六、加强海关国际合作，努力服务国家外交外贸大局

针对贸易摩擦加剧的形势和企业开拓国际市场遇到的

困难，积极加强海关国际合作，有力配合我国“走出去”战略。加强双边务实合作，在第二轮中美战略与经济对话中，同时在战略和经济两个轨道展开对话，签署了中美海关关于供应链安全与便利合作的谅解备忘录。在第三次中欧经贸高层对话中，签署了以我方提出的“监管互认、执法互助、信息互换（3M）”为基础的中欧海关战略合作框架。中俄海关合作围绕规范通关监管秩序继续推进，中俄海关合作分委会的作用有效发挥。加大多边参与力度，我国海关推荐的候选人成功当选世界海关组织守法便利司司长。在上海成功承办世界海关组织第64届政策委员会会议，扩大了中国海关在国际海关的影响力。

七、着力开拓创新，全面推进海关各项重大改革

现代海关制度第二步发展战略规划各项任务顺利完成。以海关大监管体系建设为载体的海关改革有序推进：分类通关改革取得阶段性成果，企业稽查、减免税核查和保税中后期核查“三查合一”积极推开，风险管理运行机制继续优化和完善，海关监管综合效能不断提升；现代海关综合管理系统（H2010工程）总体设计和实施进展顺利，综合业务管理平台顶层设计和一期项目需求设计基本完成，海关信息化水平不断提高；关警融合全面深化，提升了海关管理的整体效能；大力创新海关服务保障体制机制，海关科技、财务、关务保障工作为海关改革发展提供了有力支持和保障。口岸开放布局不断优化，口岸“大通关”和电子口岸建设稳步推进，口岸通关环境进一步改善。

八、坚持从严治关，切实加强准军事化海关纪律部队建设

发挥垂直管理体制优势，全面加强和改进海关系统党的建设。认真开展创先争优活动，海关基层党组织的战斗堡垒作用和党员的先锋模范作用进一步发挥。认真贯彻依法治国基本方略，扎实推进海关法制建设，海关执法依据得到健全完善，执法行为得到进一步规范，普法工作取得显著成效，依法行政能力有效提升。加强海关内部管理和队伍建设，广大关员大局观念、组织纪律性进一步增强，领导班子党性修养、工作作风明显改进。积极探索海关系统干部人事工作规律，干部人事制度改革取得新进展。不断健全干部选拔任用制度，加大竞争上岗工作力度。积极推进大规模培训干部工作，教育培训成效显著。认真开展“感动海关——我身边的故事”评选活动，海关文化建设生动活泼。扎实推动内控机制建设，初步形成了内控执行、监控、评估、监督体系；海关巡视、干部监督、督察、审计工作统筹推进。反腐倡廉领导体制和工作机制逐步健全，多层次、全方位监督体系日趋完善，海关反腐败与反走私联动机制进一步健全，执法风险和廉政风险防控能力有效提升。

2010年中国质量监督检验检疫工作综述

国家质量监督检验检疫总局办公厅主任　李元平

2010年，全国质检系统全面贯彻党的十七届四中全会和中央经济工作会议精神，深入贯彻落实科学发展观，紧紧围绕提升质量安全水平、服务经济平稳较快发展这条主线，以开展质量提升活动为抓手，认真履行职责，一手抓业务，一手抓队伍，创造性开展工作，努力为促进经济社会又好又快发展作出积极贡献。

一、服务大局，努力促进经济平稳较快发展

全系统立足质检职能，制定政策措施，积极服务经济发展方式转变和经济平稳较快发展。一是围绕服务经济结构调整和节能减排，制定了一批涉及十大产业振兴和节能减排国家标准，加快建立能源计量监督管理机制，加大节能环保认证工作力度，加强高耗能特种设备节能工作，加强对涉及节能减排产品的监督抽查和生产许可证管理。二是围绕服务国家区域发展战略，又与10个省（区、市）签署合作备忘录，建立紧密合作机制。部署推进和开展质检系统援藏、援疆工作。三是围绕保障和服务民生，开展“推进诚信计量、建设和谐城乡”活动，对化肥等农资类定量包装商品、农资市场在用计量器具加强计量监督。四是围绕服务外贸发展大局，扩大绿色通道、直通放行范围，签发普惠制证书和优惠原产地证书367.2万份，共为企业获得进口国关税减免约213亿美元。继续落实出口农产品、纺织品减免费政策，对新纳入检验检疫监管范围的357种商品延长过渡期。五是围绕国家重大活动，圆满完成世博会、亚运会等质检服务保障工作。

二、精心组织，认真开展质量提升活动

全系统以35项重要活动为载体，广泛深入开展质量提升活动，发现和解决了一批质量安全问题，增强了全社会质量安全意识。一是推动工作重心下移，全国开展质量兴市活动的市（县）达到80%以上，共有21个、新增5个省（区、市）开展质量兴省活动，有22个、新增4个省（区、市）设立政府质量奖，13个省（区、市）政府建立质量考核评价机制，省级名牌产品达到1.7万个。全系统都建立了质量状况分析报告制度，加强质量状况分析结果运用，采取有针对性的监管措施，为各级领导决策提供参考。二是推动企业发挥质量主体作用，深化中央企业重点联系制度，组织8.3万家企业开展质量标杆对比提升活动，16.3万家企业开展“质量月”活动，20多万家企业参加“质量提升服务进万企”活动。组织专家巡回为3万家出口企业提供培训和咨询，对近千家重点用能单位提供节能降耗技术服务。三是推动部门间加强合作联动，与5个部委签署合作备忘录，联合有关部门共同开展17项质量咨询、服务和专项整治等活动。四是推动规范检验检测行为，把检测工作整顿作为质量提升活动的重中之重，开展检测技能大比武，总局对150个国家检测重点实验室、100个国家质检中心、80个国家型式评价实验室进行监督检查，培训实验室管理及技术人员共9.3万人。五是推动营造质量工作社会氛围，组织开展实验室集中展示月、检验检疫窗口建设等活动，全系统举办专题质量宣传活动5 700余次。组织26个国家32名驻华使节考察出口食品、农产品质量安全体系，组织2万多消费者代表参加“质检邀您看企业、食品安全大家行”活动，提高了公众质量参与热情。

三、严格监管，深入开展专项整治

全系统采取有效措施，全面加强质量监管和质量安全风险管理，全年没有发生系统性、区域性和行业性产品质量安全问题。一是加强生产监管，加大市场准入、生产许可、强制认证、监督抽查、执法打假、缺陷产品召回和市场退出等工作力度，注销6 905家企业的生产许可证，查处无证生产企业700多家，报请当地政府取缔严重违法企业340家。对132类重点产品实施国家监督抽查，对1 967批次不合格产品及其生产企业依法进行了查处。二是按照国务院关于食品整顿的工作部署，始终保持食品安全监管高压态势，注销4 036家食品企业的生产许可证，对35个问题食品的生产企业、食品包装材料生产企业开展专项监督检查和全面清理，对23类3 857批次食品开展国家监督抽查。加强进出口食品安全监管，撤销1 194家出口食品备案生产企业的注册备案资格。推动27个省（区、市）建成出口食品农产品质量安全示范区共261个，出口食品合格率达到99.95%，进口食品不合格检出率达2.2%。特别是对乳制品采取不间断的三聚氰胺跟踪监测措施，共发现26起问题乳粉线索，全部报请国务院食安办进行查处。三是加强执法打假，认真开展打击侵权假冒专项行动和农资、建材、家电下乡产品等专项行动，对136个重点区域进行集中整治，查处质量违法案件15万起、涉案货值57.4亿元。四是加强进出口商品质量监管，全面落实出口企业分类管理，对出口非洲、中东商品加严实施监管，加强对目录外进出口商品的监督抽查，共检出不合格进出口工业产品6.14万批、货值383亿美元。五是加强特种设备安全监察，开展特种设备“安全生产年”活动，对起重机械和气瓶充装站进行专项治理，全年事故数下降21.9%。

四、严密防控，防范口岸疫情疫病传入传出

全系统完善口岸检验检疫设施建设标准，推进口岸核心能力建设，共检疫查验出入境人员3.6亿人次，发现患有传染病症状3万人次、疑似病例8 302例，确诊各种传染病7 323例，发现核和辐射有害因子超标案例861起，有效提升了口岸疫情疫病防控水平。加强进出境动植物疫病防控和疫情监测，推行进境植物种苗、水果等指定口岸建设，严格农产品检疫准入，实施风险分类监管，共截获各类动植物有害生物3 431种33.9万次，其中检疫性有害生物225种2.6万次，有效维护了国家经济、农业生产和生态安全。

五、夯实基础，大力提升基层保障能力

一是加强法治建设，组织修订《计量法》、《标准化法》和《国家卫生检疫法》等3法2条例，全面清理规章和规范性文件，取消行政许可项目5项、下放21项，修改完善101个工业产品生产许可证实施细则。二是深入实施科技兴检战略，成立总局科学技术委员会，新批准筹建国家检测重点实验室86个、国家质检中心52个、国家城市能源计量中心9个、国家型式评价实验室21个。全面完成金质工程

（一期）等信息化项目。三是加强标准化、计量、认证认可等质检基础工作，新批准发布国家标准 1 673 项，新增农业标准化示范区 440 个，时间频率体系规划被列入国家规划，审核并批复 139 种国家一级标准物质和 496 种国家二级标准物质，认证认可国际标准转换率达到 100%。四是强化基层建设，落实工作联系点制度，加强对基层工作的指导和支持，在全系统组织开展基层能力建设达标活动，推动基层建设标准化、规范化。

六、加强合作，努力扩大质检国际交流

质检系统是涉外部门，在维护国家利益、促进外贸发展方面承担着重要的职责。我们积极参加 WTO 贸易政策审议，帮助企业妥善应对国外技术性贸易措施，推动木质工艺品、水果、花卉、饲料、禽肉、乳制品等产品开拓新兴市场，促使日本、加拿大、韩国等对我部分产品解除不合理检验检疫要求，新增对外注册食品生产企业 283 家。积极配合高访，签署双边协议 52 项，新建立合作机制 8 个，与日本、俄罗斯等国建立合作机制。承担国际标准化组织技术机构秘书处达到 50 个，我国提出和主导制定国际标准 227 项。举办海峡两岸标准化合作论坛，积极服务国家港澳台工作大局。

七、创先争优，全面加强自身建设

高质量的产品，必须依靠高质量的质检工作和高素质的质检队伍。质检总局一直高度重视自身建设，努力提升质检队伍服务科学发展的能力和水平。一是加强和改进党的建设，举办专题培训班和专题研讨班，制订《关于加强和改进新形势下质检系统党的建设的意见》，编制《质检事业发展“十二五”规划》，与有关部门共同编制《质量发展纲要（2011—2020 年）》，推动我国由制造大国向质量强国转变。二是扎实开展创先争优活动，明确提出“以质取胜、创先争优”活动主题，在提高产品质量、工作质量和队伍质量上营造创先争优氛围。组织先进事迹巡回报告会，加强对全系统各地两局创先争优活动的行业指导。三是加大竞争性选拔干部力度，竞争提拔 20 名副厅级领导干部，首次竞争选调 4 名总局机关干部。组织 248 名干部圆满完成司局级干部自主选学试点工作。四是严格落实党风廉政建设责任制，深入推进以惩防体系建设为重点的反腐倡廉建设。开展“质量提升、服务先行”、文明服务窗口和窗口服务文明标兵创建、党员质量示范岗等活动，11 家单位获中央国家机关文明单位称号。五是科学规范机关内部管理，推进总局和两委机关实行质量管理体系建设。

2011 年，国家质检总局将在党中央、国务院的正确领导下，带领全系统以服务科学发展为主题，以促进转变经济发展方式为主线，以从严治检、强化监管为着力点，抓质量、保安全、促发展、强质检，为促进经济平稳较快发展和社会和谐稳定提供坚实的质量保障。

2010 年中国旅游行业发展情况综述

国家旅游局政策法规司司长　刘小军

2010 年，我国旅游业三大市场实现了全面恢复并较快增长。国内旅游人数达 21 亿人次，比上年增长 10.6%；国内旅游收入 1.26 万亿元，增长 23.5%；入境旅游人数 1.34 亿人次，增长 5.8%；入境过夜旅游人数 5 566 万人次，增长 9.4%；旅游外汇收入 458 亿美元，增长 15.5%；出境旅游人数 5 739 万人次，增长 20.4%；全国旅游业总收入 1.57 万亿元，增长 21.7%。

2010 年，我国旅游业行业政策和业务发展围绕以下几个方面取得了长足进展：

一、全面贯彻落实国发 41 号文件，形成了全国旅游业发展的新格局

1. 确立了实现旅游业“两大战略目标”的工作思路。国家旅游局和各级旅游部门经过深入调查研究，提出了要通过加强旅游业与一二三产业融合发展来培育战略性支柱产业，要通过信息化带动旅游业发展成为现代服务业的工作思路。全国旅游行业按照建设大产业、推进大融合、加快市场化、促进产业化、提升现代化的要求，在服务国家大局中找准旅游业的工作定位，在服务国家战略发展中找准旅游业的发展方向，不断争创旅游业发展新优势。

2. 各级党委、政府和相关部门推进旅游业发展的积极性主动性明显增强。国务院办公厅下发了国办121号文件，将41号文件的各项重点工作分解到中央国家机关47个部门分工负责抓落实。20个省区市已经出台或即将出台贯彻落实的实施意见，19个省区市已经召开或近期将召开旅游产业发展大会。省级旅游产业领导小组组长大都调整为主要领导担任，各级财政对旅游业投入较大幅度增加。发改、财政、农业、工信、交通、铁道、民航、金融、通信、文化、外宣、广电等相关部门切实加大了对旅游业的支持力度，国家旅游局与9个部门签订了支持旅游业发展的合作文件。旅游业发展的软硬件环境明显改善，各类资本和企业进入中国旅游业的热情普遍高涨。我国旅游业正在由小产业向大产业转变，"大旅游"发展格局正在加速形成。

3. 重点工作加快推进。积极配合全国人大财经委做好《旅游法》起草工作。完成了设立"旅游日"的方案征集工作。启动了《国民旅游休闲纲要》编制。完善了安全保障机制，旅行社责任险统保范围稳步扩大。大力提升旅游服务质量，规范旅游市场秩序，在全国组织开展了"旅游服务质量提升年"系列活动。组织了《旅行社条例》宣贯工作和全国执法大检查，开展旅游市场秩序专项检查。组织制订修订了9项旅游业国家标准和行业标准，在全国11个省市县、67家企业开展了旅游标准化试点工作。完善了五星级饭店和5A级景区退出机制。首次召开全国旅游饭店业发展暨五星级饭店质量提升工作会议，对全国五星级饭店服务质量进行了一次全面督导。开展了"品质旅游伴你远行"、"旅游服务进社区"活动。按季度开展并公布了全国50个旅游重点城市游客满意度调查结果，初步建立起以游客为主体的旅游目的地评价机制。按季度开展旅游经济形势分析和市场预测，认真完成了黄金周等假日旅游市场预测、安全保障和组织协调工作。

二、着力深化旅游业改革创新，在促进旅游业科学发展上迈出了新步伐

1. 改革开放深入推进。启动了全国首批旅游综合改革城市试点工作，推进了广东、云南、海南、重庆、福建等省市旅游改革先行先试。深化了旅游管理体制改革，新一轮省级机构改革中，旅游局（委）都进入行政序列，并相应增加了职能。积极探索不同形式和发展模式的旅游产业园区建设，设立了广东南海西岸旅游产业园和苏州国家商务旅游示范区。进一步推动了旅游国有企业改革改制步伐，外资、民资等各类资本和各类企业投资旅游业的积极性明显增强。制定颁布了中外合资旅行社经营中国公民出境旅游试点办法。

2. 转型升级稳步推进。加强了对乡村旅游、休闲度假旅游、商务会展旅游、邮轮游艇旅游、医疗健康旅游、文化体育旅游的指导和引导，举办了中国旅游产业节、旅游商品博览会，推动了旅游装备制造业和旅游新业态发展。在全行业广泛开展节能减排，制定下发了宾馆饭店、景区景点节能减排指导意见和工作指南，与相关部门建立了加强旅游资源环境保护的工作机制，研究制定了促进乡村旅游、生态旅游、文化文物旅游健康发展的措施。

3. 旅游培训创新发展。各级旅游部门和旅游企业大规模开展从业人员培训，国家旅游局直接组织举办了各类培训班90期，全行业培训总量超过400万人次。开展了高级导游员考试试点。在34个城市举办了46场"名导进课堂"专题讲座，120名导游为3.3万名在校学生及一线导游员授课，38名知名导游被旅游院校聘为客座教授或兼职讲师。在全国自下而上开展了导游员大赛和饭店服务技能大赛，评选出12名全国模范导游员、285名全国优秀导游员，推出了一批全国岗位服务技能标兵。

4. 规划体系不断健全。适应新时期新阶段中国旅游业发展的新情况新特点新要求，精心组织了"十二五"旅游规划编制工作。完成了一批区域旅游规划，开展了旅游基础设施建设、旅游公共服务、旅游信息化发展等专项规划编制工作，形成了国家规划纲要、要素专项规划、重点区域规划、各省区市地方规划相互衔接、有机结合的"十二五"旅游规划体系。

三、贯彻中央重大部署，认真完成上海世博旅游等重要任务

1. 圆满完成上海世博旅游各项任务。按照上海世博组委会的要求，在海内外广泛开展世博旅游宣传推广活动。在全球27个国家、237个城市推出"全球百城世博旅游推广月"，组织了1 000多场世博旅游推广活动，在国内123座城市组织开展"全国百城世博旅游推广周"和世博旅游大篷车等系列大型活动。实现了上海世博入园游客7 308万人次，其中海外游客425万人次、团队游客2 088万人次，超过预期目标。认真做好世博旅游接待服务，广泛开展了"文明观博旅游团队"活动，旅游团队实现了旅游安全和服务质量零责任事故，为上海世博会的成功举办作出了积极贡献。特别要指出的是，上海市旅游局和全市旅游系统在世博会前后全力以赴、顾全大局、真诚奉献，江苏、浙江、安徽、江西等周边省份和全国旅游行业与上海密切配合，共同为世博会的成功举办做出了重要贡献。全国旅游系统涌现出了一批先进集体和先进个人，受到党中央、国务院的表彰，为全行业赢得了荣誉。

2. 积极开展旅游对外交流合作。扩大开放中国公民出境旅游目的地国家和地区，目前已达 140 个、其中已实施 110 个。与 6 个国家签署了 7 项旅游交流合作协议。胡锦涛主席先后出席了中国与加拿大旅游目的地协议签字仪式、中国与葡萄牙旅游合作协定签字仪式。组织召开了第十届世界旅游旅行大会、第五届中日韩旅游部长会议、第四届中美省州旅游局长对话会议、海南博鳌国际旅游论坛，积极参加了世界旅游组织执委会会议、T20 旅游部长会议、中美商贸联委会和中俄人文分委会旅游工作组会议。中国在国际旅游事务中的话语权进一步增强，国际影响力进一步提升。

3. 进一步深化两岸四地旅游交流合作。成立了海峡两岸旅游协会台北办事处，举办了一系列海峡两岸旅游交流活动。沉着应对和妥善处理了大陆赴台游客“10·21”灾害事故，赢得海峡两岸的好评。有序推进大陆居民赴台旅游，新开放内蒙古、西藏、甘肃、青海、宁夏、新疆六省区赴台旅游业务，全年大陆居民赴台旅游达到 122 万人次，比上年增长 103%。进一步完善了内地与香港、澳门旅游工作磋商机制，开展了高层互访和业界的深度交流，加大了对港澳地区的旅游宣传推广，推进了 CEPA 补充协议中旅游条款的全面落实。

4. 积极推动红色旅游健康发展。全面完成了第一期红色旅游规划纲要确定的各项任务，红色旅游发展水平不断提升。推进红色旅游区域合作，推动了全国红色旅游城市战略合作和重点区域联合。统筹推进红色旅游融合发展，推出了一批内涵丰富、特色鲜明的红色旅游精品线路。加强红色旅游人才队伍建设，各地组织培训班 1 100 多期，培训了 9 万余人。会同国家发改委、中宣部、财政部等部门，组织力量在深入调研的基础上，完成第二期全国红色旅游规划纲要和第二期全国红色旅游经典景区名录编制工作。全年红色旅游接待游客 4.27 亿人次，增长 21%，综合收入达 1 302 亿元。

此外，全国旅游系统，特别是青海、甘肃两省旅游部门，全力参加青海玉树地震抗震救灾和甘肃舟曲特大泥石流抢险救灾工作，为灾后旅游业恢复发展，做出了积极贡献。

2010 年中国航运业发展概况

交通运输部水运局局长　宋德星

2010 年是全面完成交通运输“十一五”发展规划的最后一年。水运行业以推进水路交通运输科学发展为主题，以加快转变发展方式为主线，大力发展现代水路交通运输业，加快内河水运发展，调整水运结构，强化行业管理，积极推进畅通高效平安绿色的水路交通运输体系建设，不断提升“三个服务”的能力和水平，为经济社会发展提供了有力支撑。

一、水路运输及船舶发展情况

2010 年，我国水上运力规模继续稳步增长，运输船舶结构不断优化。截至年底，全国拥有水上运输船舶 17.84 万艘、18 040.86 万吨净载重量，同比分别增长 0.8% 和 23.5%。运输船舶平均吨位达到 1 011.37 吨，运输船舶拥有载客量 100 万客位，集装箱箱位 132.44 万 TEU，船舶功率 5 330.44 万千瓦。

2010 年，水路货物运输量快速增长，全年完成货运量 37.89 亿吨、货物周转量 68 427.53 亿吨公里，同比分别增长 18.8% 和 18.9%；水路旅客运输量较快增长，全年完成客运量 2.24 亿人、旅客周转量 72.27 亿人公里，同比分别增长 0.3% 和 4.2%。

在水路货物运输量中，内河完成 18.86 亿吨、货物周转量 5 535.74 亿吨公里；沿海完成 13.23 亿吨、货物周转量 16 892.63 亿吨公里；远洋完成 5.81 亿吨、货物周转量 45 999.15亿吨公里。长江干线货物承载量达 15.12 亿吨，同比增长19.9%，其中，干线到干线货运量2.95亿吨，增长20.4%；海上到干线运量6.83亿吨，增长22.1%。西江航运干线货物承载量达1.52亿吨，同比增长11.0%，其中，干线到干线货运量3 746万吨，增长19.1%；干线到珠江三角洲货运量8 509万吨，增长4.9%。

二、港口生产情况

2010年，全国港口货物吞吐量增长较快。全年完成货物吞吐量89.32亿吨，同比增长16.7%，其中，沿海港口完成56.45亿吨，内河港口完成32.88亿吨，分别增长15.8%、18.1%。货物吞吐量超过亿吨的港口由上年的20个增加到22个，沿海和内河分别有16个和6个。全国港口货物吞吐量中，外贸货物吞吐量25.01亿吨，同比增长14.7%，其中，沿海港口完成22.88亿吨，内河港口完成2.13亿吨。

2010年，港口集装箱吞吐量快速增长。全年完成集装箱吞吐量1.46亿TEU，同比增长19.4%，其中，沿海港口完成1.31亿TEU，增长19.3%；内河港口完成1 468万TEU，增长20.3%。年集装箱吞吐量超过100万TEU的港口由上年的16个增加到18个，沿海和内河分别有14个和4个。

2010年，全国港口旅客吞吐量持续萎缩。全年完成旅客吞吐量1.77亿人次，同比减少1.7%，其中，沿海港口完成0.73亿人次，内河港口完成1.04亿人次。

三、水运基础设施建设情况

2010年，我国水运基础设施建设完成投资1 171.41亿元，比上年增长10.5%。其中，沿海完成836.87亿元，比上年增长10.4%；内河完成334.53亿元，比上年增长10.9%。沿海港口新建及改（扩）建码头泊位142个，新增吞吐能力21 393万吨，其中万吨级以上泊位69个，新增吞吐能力19 094万吨；内河港口新建及改（扩）建码头泊位325个，新增吞吐能力9 767万吨，其中，万吨级以上泊位25个，新增吞吐能力3 827万吨。全年新增及改善内河航道里程924公里。

（一）沿海水运基础设施建设

沿海港口码头泊位持续增加。截至2010年底，全国沿海港口拥有生产用码头泊位5 453个，比上年增加133个，比“十五”末增加1 155个。其中，万吨级及以上泊位1 343个，比上年增加82个，比“十五”时期末增加496个。

1. 大型专业化码头建设。沿海港口万吨级及以上泊位中，1万—3万吨级、3万—5万吨级、5万—10万吨级、10万吨级以上泊位分别为538个、207个、407个和191个，比上年分别增加5个、14个、36个和27个，比“十五”时期末分别增加62个、52个、240个和142个。

2. 深水航道建设。长江口深水航道治理三期工程交工验收，全长92.2公里、水深12.5米、底宽350米至400米深水航道正式进入试通航期，可满足第三代、第四代集装箱船舶和5万吨级散货船舶全潮双向通航，同时兼顾第五代、第六代大型远洋集装箱船、10万吨级满载散货船和20万吨级减载散货船乘潮进出长江口的需要。营口港鲅鱼圈港区15万吨级航道工程、广州港出海航道三期工程等深水航道建设进展顺利。

（二）内河水运基础设施建设

1. 港口建设。内河港口建设步伐明显加快，荆州港盐卡三期综合码头、苏州港京杭运河高新港区一期、镇江港丹阳港区吕城作业区码头、重庆港果园二期、四川广安港新东门作业区一期等工程开工建设；武汉新港阳逻集装箱二期、宜昌港云池一期综合码头，以及重庆港主城果园一期、茄子溪一期、东港一期码头等项目建成投入使用；重庆港主城寸滩三期、武汉新港金口重件码头、泸州港二期续建工程等在建项目进展顺利。

2. 航道建设。长江干线航道整治步伐不断加快，一批航道治理工程相继开工建设和完成竣工验收。长江中游藕池口水道航道整治一期、长江下游福姜沙水道航道治理双涧沙守护等9项整治工程全面开工建设；长江干线宜宾合江门至泸州纳溪航道建设一期、二期和长江中游戴家洲河段航道整治一期、长江下游马当水道航道整治一期等14项工程进展顺利，主体工程如期完工；长江下游东流水道航道整治工程、长江中游马家咀水道航道整治一期工程、长江中游嘉鱼至燕子窝河段航道整治工程建设完成。

长江三角洲、珠江三角洲高等级航道网及主要支流高等级航道建设加快，连申线东台至长江段航道整治工程、钱塘江中上游衢江（衢州段）航运开发工程枢纽及船闸工程、长湖申线航道扩建工程、湖嘉申线嘉兴段一期工程、苏南运河航道整治工程、柳江航道整治工程等在建项目工程进展正常；西江航运干线贵港至梧州航道工程进入试运行阶段；京杭运河浙江段航道改造工程、杭平申线航道改造工程等前期工作全面启动。

3. 航电枢纽建设。航电枢纽建设项目保持平稳进展态势，湘江长沙综合枢纽工程、广西鱼梁航运枢纽等工程正式开工建设；赣江石虎塘航电枢纽工程进展顺利，已经完成主体工程量的30%多；汉江崔家营航电枢纽工程主体工程建设完成，引江济汉通航工程的控制性工程——高石碑船闸主体工程基本完工，保证了整个工程建设的顺利实施，嘉陵江苍溪、亭子口航电枢纽等在建项目如期建设；广西那吉航运枢纽工程主体工程完成并进入试运行阶段；嘉陵江草街枢纽船闸通航，首台机组开始发电；嘉陵江沙溪、凤仪场航电枢纽建成并投入使用。

四、航道管理

（一）航道维护

依托航道整治工程，加强航道维护管理，2010 年 8 月起提高了宜宾至重庆段中洪水期航道维护尺度，改善航道条件 384.0 公里；11 月起提高了宜昌至武汉段枯水期航道维护尺度，改善航道条件 612.5 公里，长江干线航道维护水深得到全面提升。

海轮航道进一步延伸。2010 年，延长了芜湖至武汉河段海轮航道通航期和海轮进江航道至城陵矶（简称“双延”）的工作。积极做好“双延”后的日常维护工作，确保海轮航道安全畅通。

长江干线船舶定线制航道长度进一步上延，有效改善了船舶航行安全条件。2010 年 10 月 1 日起，长江干线芜湖至安庆段、丰都至涪陵段航道实施船舶定线制，至此，长江干线船舶定线制航道达 1 120 公里，占总里程的 42%。

航道维护的信息化工作稳步推进。2010 年，组织协调了长江电子航道图的测试、制作、发布和推广应用工作，完成了竣工验收。

（二）通航管理

加强跨河桥梁的通航论证审批管理，积极探索建立审批管理的长效机制，布置开展了跨越长江干线航道选址技术暂行规定的研究工作。

加强三峡通航管理，组织编制了三峡后续工作规划的航运部分，完成了三峡水库变动回水区航道和港口清淤工作方案，指导完成了三峡 175 米试验性蓄水期和上海世博会、广州亚运会期间三峡通航管理工作，确保了特殊时期的通航安全。

五、航运事业发展取得明显成效

（一）内河航运发展不断加快

水运行业认真落实国务院副总理张德江同志赴长江调研内河水运发展座谈会精神，全面推进内河航运发展。交通运输部迅速贯彻国务院常务会关于加快长江等内河水运发展的工作部署，起草交通运输部贯彻落实国务院《关于加快推进长江等内河水运发展的意见》的实施意见。《航道法》列入国务院立法计划，与国务院法制办协商建立了工作机制和联合工作组，配合开展调研、审核修改工作，推动了立法进程。

以长江干线为重点积极推进内河船型标准化工作。组建了交通运输部推进内河船型标准化工作领导小组，召开了第一次领导小组会议。与财政部联合下发《长江干线船型标准化补贴资金管理办法》，部署长江干线船型标准化推进工作。发布《川江及三峡库区运输船舶标准船型主尺度系列（2010 修订版）》，三峡库区非标准载货汽车滚装船逐步退出市场。开展西江船型标准化工作调研，起草标准化工作方案。

（二）应对国际金融危机的政策措施进一步完善

实施无船承运人运价报备制度，出台无船承运业务经营者保证金责任保险政策。交通运输部与国家有关部委联合出台《促进老旧运输船舶和单壳油轮报废更新实施方案》，起草《促进老旧运输船舶和单壳油轮报废更新中央财政补助专项资金管理办法》。联合发布并实施《岛际和农村水路客运油价补贴管理办法》，开展水路客运补贴用油量审核报送工作。发布国内沿海跨省运输危险品船舶运输市场分析报告。

交通运输部与上海市人民政府联合主办了国际航运上海论坛，建立联合推进上海国际航运中心建设制度。出台《船舶交易管理规定》，规范船舶交易市场，公布第一批 7 家船舶交易服务机构名单。配合国家发展改革委研究保障我国进口石油、铁矿石运输的措施，研究加强方便旗船公司、船舶备案管理的措施，做好护航值班和信息报送工作，配合完成护航舰队综合补给。建立沿海主要港口企业联系机制，研究制定港口收费管理机制改革方案。与国家质检总局联合签署《加强进出口监管提高口岸工作效率合作备忘录》，不断完善口岸合作机制。

（三）水运法规体系建立并完善

交通运输部积极配合国务院法制办审核修改《国内水路运输条例》并取得实质性进展；形成了《外商独资船务公司审批管理暂行办法》（修订）、《外商投资国内航运业管理规定》、《交通运输部支持系统建设管理规定》送审稿；《航道法》立法取得重大推进，启动《航运法》立法研究工作；组织开展《鹿特丹规则》宣讲和对我国港口、航运影响评估工作，为我国是否批准公约提供决策依据。同时，对现行有效的水路运输规章、规范性文件进行全面清理。

（四）水路运输服务保障得到强化

加强煤炭、原油、铁矿石、粮食、化肥等国家重点运输和春运、“两会”、黄金周、抗震救灾、上海世博会、广州亚运会等特殊时期客货水路运输的组织协调，圆满完成了水路运输保障工作。完善水运经济运行分析机制，加强经济运行分析和监测工作。加快水运信息化建设，起草加快交通电子口岸建设的指导意见，启动长江航运综合信息服务管理办法制定工作，积极推进全国港口经营管理信息系统建设。认真落实《海峡两岸海运协议》，进一步加强海峡两岸航运交流与合作，与台湾方面就海上直航运力调控、市场准入、船舶技术标准等方面达成共识，首次实现两岸互动共庆“航海日”活动。

针对“7·16”大连输油管道爆炸安全事故，及时下发《关于加强港口危险货物作业安全管理的通知》，开展石油化工码头风险源调查评估和安全隐患排查治理。积极推进三峡库区载货汽车滚装码头大型安检设施的建设。圆满完成上海世博会和广州亚运会期间的港口安保任务，出台《港口设施保安评估报告导则》和《港口设施保安计划制定导则》。

（五）水运市场监管和服务能力稳步提升

交通运输部组织开展国内水路运输及服务业年度核查工作，加强对国内水运企业经营资质的动态管理。发布《关于加强国内沿海化学品液化气运输市场宏观调控的公告》，进一步实施沿海化学品、液化气运输市场宏观调控。进一步加强国际海运市场监管，加强对无船承运人价格行为的监管，发布实施《关于无船承运业务经营者运价备案实施办法》，出台无船承运业务经营者保证金责任保险政策；进一步规范海运市场秩序，对4家违规无船承运企业、集装箱班轮运输企业实施行政罚款。加强两岸航运市场监管，严厉打击未经批准从事两岸间海上运输、非法直航、提供虚假申请材料、伪造证书等违规违法行为，对13家公司的违规经营行为实施行政处罚，维护了市场秩序。加强港口经营市场秩序监管，下发《关于做好〈港口经营管理规定〉实施工作的通知》、《关于加强引航机构管理的通知》，开展新版《港口经营许可证》的换证工作和港口理货人员资格的考试认定工作；加强引航机构管理，保障引航体制平稳过渡和港口安全生产。

严把水运建设市场准入关，规范市场主体行为。进一步加强对水运施工、设计、监理等企业资质的审查，组织完成对水运工程监理资质已满4年企业的复查工作；开展全国水运建设市场检查工作，成立专项治理领导小组和工作机构，制定工作方案，印发检查意见，督促问题单位制订整改措施、及时整改。下发《关于加强工程招标备案管理的通告》，加强招投标管理，进一步规范招标文件、资格审查、评标结果备案管理行为。组织开发全国水运工程建设市场信用信息管理系统，加快推进省级水运工程建设市场信用信息管理系统的建设。

（六）工程技术与节能减排工作再上新台阶

大力推进水运工程建设技术研发与新成果推广应用工作。推动规范标准的外文翻译工作，有序开展黄金水道通过能力提升技术、西部港口物流枢纽建设和运营技术开发与示范等重大课题。发布《水运工程工法管理办法》，组织发布《航道工程地质勘查规范》、《港口工程地基规范》等8项标准，完成国标《内河通航标准》修订工作立项，启动《水运工程施工监理规范》等13项标准的制订修订工作。

港口节能减排工作稳步推进。交通运输部召开了全国资源节约型和环境友好型港口建设经验现场交流会、港航共建绿色水运技术交流现场会，联合发表了《港航共建绿色水运宣言》。开展港口“油改电”示范项目和靠泊船舶使用岸电试点项目，安排9 000万元资金对上海港等8个港口288台轮胎式集装箱起重机“油改电”示范项目和连云港等3个靠泊船舶使用岸电试点项目进行补助，组织开展了针对集装箱码头、散货装卸工艺系统的7个研究方向的港口节能减排联合技术攻关工作。

（七）水运对外交流与合作进一步深化

认真履行WTO承诺，进一步深化我国水运对外交流与合作。交通运输部积极推进双边合作和区域合作，与欧盟、美国、韩国、日本分别举行了双边海运会谈，与加拿大、丹麦就完善应对国际金融危机的措施、市场竞争秩序监管、航运安全等进行双边海运磋商并建立了年度定期会谈机制，与巴西就修订双边海运协定举行了事务级磋商。召开中俄界河航道航行例会、中朝鸭绿江界河航行例会。积极参与国际事务交流与合作，参加中俄运输分委会第十四次会议、中国—挪威自由贸易区谈判、第十一届东北亚港湾局长会议和港口论坛，与日本航运界、比利时安特卫普港开展航运管理人员培训项目合作。

国家开发银行2010年业务综述

国家开发银行政策研究室主任 李小涛

截至2010年末，国家开发银行资产总额51 123亿元，较上年增长12.6%。本外币贷款余额45 097亿元，不良贷款率0.68%，贷款减值准备对不良贷款比率307.04%，资本充足率10.87%。实现净利润371亿元，较上年增长16.3%，ROA为0.77%，ROE为9.49%，均较上年有所提高；普华永道会计师事务所连续10年出具无保留意见的审计报告。

开行的经营业绩得到国际审计机构和评级机构的认可。国际评级机构继续给予开行与中国主权相同的长期外币债信评级。标准普尔国际评级有限公司对开行的评级由A+提升为AA-，穆迪投资者服务公司对开行的评级由A1提升为Aa3，惠誉国际信用评级公司为A+，日本评级投资信息公司为A+。标准普尔、惠誉和日本评级投资信息公司对开行的评级展望均为稳定，穆迪对开行的评级展望为正面。

开行按照国务院批准的改革方案，继续完善国有全资银行公司治理结构，探索党的领导与现代公司治理有机结合。股东大会、董事会、监事会、高管层各司其职，通力合作，把新型治理结构和运行机制与开行的战略发展目标、风险防范体系、业务发展模式等相结合，保障各项业务顺利推进。根据国务院批准的商业化转型方案，成立国开证券有限责任公司并积极开展业务，国开金融等已有子公司业务稳健运行，初步形成投资、贷款、债券、租赁、证券业务协同发展局面。

一、贯彻落实宏观经济政策，服务经济发展方式转变

开行以科学发展观为指导，认真贯彻落实宏观经济政策，按照“控总量、保重点、调结构、防风险、促协同”的原则，均衡统筹贷款发放，助力巩固和扩大应对金融危机冲击成果，服务加快转变经济发展方式，为我国经济平稳较快发展和社会和谐作出新贡献。

（一）以规划先行促进科学发展。以“十二五”规划编制为契机，与国家部委和地方政府加强合作，推动国家能源、兴边富民、东北振兴等20余项重大规划编制；开展援藏、援疆规划和各地防洪、水资源综合治理等专项规划工作；推进海南国际旅游岛、兴安岭生态保护等8项地方规划上升为国家战略，完成长株潭城市群、海峡西岸经济区等6项系统性融资规划；参与110项省级、130项市级、280项县级规划编制，完成6 840个村镇规划，村镇规划覆盖率达到36%；推进与五矿集团、中煤集团等一批重点行业龙头企业规划合作；开展国际规划咨询，打破欧美国家对国际咨询领域的长期垄断，规划引领业务发展的作用初步显现。

（二）“两基一支”等国家重点项目。支持煤电油运、农林水、通讯和公共基础设施等领域建设，人民币贷款新增4 219亿元，占比73.7%，支持了南水北调、京沪高铁、国家高速公路网、石油储备等一批国家重点项目。积极促进区域协调发展，中西部地区人民币贷款新增3 218亿元，占比56.2%；东北老工业基地人民币贷款新增728亿元，占比12.7%。贯彻中央西藏、新疆工作座谈会精神，建立与中央援藏、援疆体制相对应的开发性金融合作机制，西藏和四省藏区人民币贷款新增199亿元，同比增长56%，新疆人民币贷款新增151亿元，同比增长23%。

（三）产业升级和自主创新。支持鞍钢重组攀钢、五矿并购、江苏熔盛转型升级等结构调整项目和京东方等自主创新项目，推动大飞机项目等产业链融资，开展湖南装备制造等6个国家新型工业化产业示范基地融资试点。推进生物、“三网融合”、新能源汽车等战略性新兴产业发展，促进国家科技重大专项成果产业化，战略性新兴产业贷款新增663亿元。与有关部委及省市建立文化、旅游产业合作机制，成功运作上海世博文化中心等重大项目，文化产业贷款余额928亿元。

（四）绿色经济和低碳金融。服务“资源节约型、环境友好型社会”建设，支持太湖、滇池等重点流域和城乡环境综合治理，推进建筑节能融资和循环产业园区建设，发放环保及节能减排贷款2 320亿元，推动发展绿色经济和低碳金融。荣获中华环保联合会授予的“低碳经济发展突出贡献企业”称号。

（五）“三农”和民生。加大基层金融支持力度，推进

普惠金融体系建设。发放新农村建设和县域贷款 1 824 亿元，其中 63% 投向农村公路网络、电网、饮水等农村基础设施建设；16% 投向农业产业化龙头企业和县域小企业项目建设；19% 投向农村安居工程；2% 投向应急贷款和农民工培训基地建设等领域。累计发放中低收入家庭住房贷款 2 995亿元，总建筑面积 3.2 亿平方米，惠及人口 1 581 万人，成为中低收入家庭住房建设贷款主力银行。发放助学贷款 80 亿元，占全国助学贷款市场份额的 70%，惠及 146 万名学生。支持青海、山西等地中小学“校安工程”建设，得到社会高度评价。与民政部建立应急信息共享机制，发放应急贷款 24.15 亿元，融资支持应对玉树地震、舟曲泥石流等重大自然灾害。组建山东龙口和湖南汨罗村镇银行，控股村镇银行 8 家，参股村镇银行 1 家，资产总额 32.1 亿元，贷款总额 13.9 亿元，其中涉农贷款 11.3 亿元，近 6 万农户受益，社会效益显著。

二、大力开展国际合作业务

（一）融资推动重大项目。成功运作中委大额融资、中玻卫星、中巴石油和国家大型成套设备出口融资保险“421 专项”等国际合作重大项目。全年新增外汇贷款 372 亿美元，资产质量继续保持优良。

（二）大力开展境外人民币业务。积极参与香港人民币离岸市场建设，通过香港分行发放人民币贷款 103 亿元，受到香港金融管理局和市场的高度重视和欢迎。境外人民币贷款余额 236 亿元，占我国全部境外人民币贷款的 95% 以上。

（三）加强国际金融合作。牵头组建中国—东盟银联体，有力配合我国周边外交、经贸战略实施，温家宝总理称赞这是重要的金融创新。推动建立“金砖国家”银行合作机制。推动设立总额 10 亿美元的中葡发展基金、50 亿美元的中国—希腊船舶发展专项资金安排。研究上合开发银行设立方案，促进上合银联体实体化。加强同世界银行、国际货币基金等国际金融组织，巴克莱银行、法国信托储蓄银行以及开行发起设立的多边金融合作框架下成员行之间的合作交流。成立莫斯科代表处，扩大全球业务网络。

（四）配合高访。积极配合国家领导人出访欧洲、亚太、非洲、拉丁美洲等地区的国家，配合出访 13 次。在国家领导人的见证下，与五大洲 51 个国家签订了 79 项金融合作协议和备忘录，合作金额 903 亿美元，认真落实陪同国家领导人高访的签约成果，推动重大项目开展。配合接待外国领导人来华访问，在阿根廷总统克里斯蒂娜、智利总统皮涅拉、南非总统祖马、乌克兰总统亚努科维奇等外国领导人访华期间，签署贷款协议，涉及融资金额 78.67 亿美元。

（五）积极开展对外交流与培训。主办中巴投资推介会、中委融资合作高级联席会第三次会议、上合银联体高官会和协调员会等国际会议活动，深化各方在经贸、金融等领域的合作。举行国家开发银行国际顾问委员会第 11 次会议，围绕全球和中国经济金融形势、开发性金融机构在金融危机和经济复苏中的作用等议题，展开广泛而深入的讨论。与日本政策投资银行举办第八届交流研讨会。2010 年，为亚非拉发展中国家政府部门、金融机构及企业提供培训 548 人次，培训先行在国际合作中的作用和成效日益显现。

三、资金筹集与金融市场创新

发行人民币金融债券 8 500 亿元，发行香港人民币债券 50 亿元，筹集外汇资金 862 亿美元。积极推动资金交易业务发展，获得国债一级承销商和公开市场业务一级交易商资格，资金交易量人民币 24.72 万亿元，在银行间市场排名第一，荣获“银行间本币市场最具影响力奖”。深化金融合作与创新，加强与银行、保险、信托、社保基金等机构合作，以银团贷款、信托合作、企业理财、资产证券化等方式，引导社会资金人民币 4 173 亿元用于重点项目建设，银团贷款余额继续保持同业第一。

四、强化全面风险管理

根据中长期业务特点，加强全面风险管理体系建设，完善主要风险统一集中管理模式，推进经济资本模型开发和应用，提升风险管理专业化水平，形成以治理结构引领、数据系统支撑、计量技术保障、关键指标监控的有效运行架构。强化内审机制建设，实现资产负债损益全方位审计。及时制定风险防控和化解预案，完善社会化联合监督机制，打造“阳光工程”，坚持依法收贷。全面风险管理成效不断提高，整体风险保持较低水平。截至 2010 年末，不良贷款额为 301.54 亿元，不良贷款率为 0.68%，连续 23 个季度保持在 1% 以内。

充分发挥自身优势 积极促进外贸发展

中国银行

2010年，伴随着世界经济逐步复苏，我国经济向好势头得到进一步巩固，在内外部因素共同带动下，我国对外贸易延续了2009年底以来的恢复性增长态势，出现较大幅度回升。中国银行认真贯彻国家关于转变经济增长方式的各项政策措施，紧抓宏观经济有利契机，充分发挥国际结算及贸易融资业务传统优势，持续推进产品创新，不断提升核心竞争能力，积极促进我国对外贸易发展，重点在以下几方面取得优异成绩。

一、借助贸易金融传统优势，发挥主渠道作用

2010年，作为传统外汇外贸专业银行，中国银行积极响应国家大力发展对外贸易的政策方针，深入贯彻“贸易金融服务一流”的战略发展目标，通过增加资源投入、完善授信政策、强化服务质量等一系列措施帮助进出口企业顺利完成资金结算，及时获取融资支持，充分发挥了支持我国进出口业务发展的主渠道作用。2010年，中国银行集团整体完成国际结算量超过1.97万亿美元，居全球领先地位；其中境内行国际贸易结算量9 059亿美元，同比增长41.54%，高于全国外贸增幅6.84个百分点；截至2010年末，中国银行境内行国际贸易结算市场份额31.06%，继续保持国内同业第一；境内行外币贸易融资余额475.02亿美元、外币保函余额562.21亿美元，保持国内绝对领先地位；出口双保理业务量24.15亿美元，稳居全球第一。

在实现传统业务快速增长的同时，中国银行还凭借突出的专业技术水平和专家队伍优势，积极参与国际商会银行委员会、S.W.I.F.T组织、国际福费廷协会、国际保理商联合会等专业组织活动，在国际惯例修订、应对巴塞尔新协议对贸易融资的影响等各个方面代表中国行使话语权，为中国企业更好地参与国际贸易创造了良好环境。

二、加强产品创新，提高服务水平

在日趋复杂的市场环境中，中国银行积极跟进企业和市场需求的变化，不断加大贸易金融产品创新力度，努力满足客户的差异化需求，持续提高服务水平与服务能力。

2010年，中国银行以重点行业为导向推广“N+1”和“1+N”供应链融资，与各行业重点客户签署供应链战略合作协议，同时加快标准仓单质押融资、动态质押监管商品融资、国内应付账款融资、经销商融资等大宗商品融资产品的研发与应用，实现了供应链融资业务的跨越式发展，业务规模增长达100%以上；针对企业在赊销项下的应收款融资需求，中国银行积极研发并推广出口保理、进口保理、租赁保理、保理池融资、隐蔽型国内综合保理、CDM项目碳交易融资（碳排放额度保理业务）、应返税款融资等一系列创新产品，协助企业降低交易风险；通过将传统贸易融资产品与资金交易工具相结合，中国银行研发的汇利达系列产品帮助企业在有效控制汇率风险的同时提高财务收益，切实满足了企业在汇率波动的市场环境中的实际需求；此外，中国银行率先通过跨国贸易服务设施平台TSU试点推广国际结算和融资电子化处理新模式，取得国际领先优势。

在做大做强单个产品的基础上，中国银行进一步加强贸易金融综合解决方案的研发与设计能力，为进出口企业的个性化需求提供量体裁衣的服务，近年来连续获得香港《财资》杂志“最佳结构化贸易融资解决方案”、最佳贸易融资项目等奖项，贸易金融产品创新能力赢得了客户、市场、媒体的一致认可。

三、紧跟客户步伐，服务“走出去”企业

2010年，中国银行把支持企业“走出去”作为重要发展战略之一，着力将自身打造成为国内“走出去”企业的首选合作银行。针对目前“走出去”企业境外融资难的问题，中国银行通过全球统一授信、并购贷款、内保外贷等产品为优质企业的海外融资需求提供担保和资金，并配套财务顾问服务和综合方案设计，成功参与了山东兖州煤业股份有限公司收购澳大利亚最大的煤炭生产商之一Felix Resources Ltd、五矿集团收购澳大利亚OZ Minerals公司、华能集团并购新加坡大士能源有限公司等国内企业的海外并购项目。

为配合对外承包工程企业的“走出去”战略，发挥中行

在对外投标、履约、预付款保函等业务上的优势，中国银行接受财政部与商务部的委托，独家办理对外承包工程风险专项资金保函业务。自2001年开始运作以来，中国银行充分发挥风险资金的政策优势，积极配合对外承包工程企业的各类业务需求，对扩大我国对外承包工程规模、缓解对外承包工程企业的资金压力、提升我国企业的国际竞争力和促进项目东道国的经济和社会发展都起到了十分重要的作用。

四、响应国家号召，助力中小企业

为响应国家发展中小企业金融的号召，促进中小企业的持续健康发展，中国银行坚持“以客户为中心，以市场为导向”的核心理念，充分发挥贸易融资产品特点，破解中小企业融资难题，帮助其有效应对汇率、外贸政策变化，成为中小企业专业、高效的合作伙伴。首先，中国银行通过“信贷工厂”模式，提高审批效率，优化授信体系，着力扩大贸易融资业务中的中小企业客户群体；其次，中国银行通过信用险融资积极扶持中小企业出口，较好地缓解了企业的融资困难，2007—2010年，中国银行叙做出口信用保险项下融资超过120亿美元，短期出口信保融资以37.5%的市场份额居国内同业首位；再次，通过供应链融资综合方案，中国银行以汽车、装备制造、大宗商品、电子等行业为切入点，围绕核心企业有效服务供应链条上下游的中小型供应商及经销商，较好满足了上下游中小企业的结算、融资、避险等金融需求。

五、把握历史机遇，大力发展跨境人民币业务

人民币国际化是中国经济实力不断增强，以及全球货币体系重塑的必然结果，也是中国逐步扩大影响力，增强经济独立性的必然选择。作为跨境人民币业务的首发银行，中国银行充分发挥海内外联动优势，积极研发新型服务模式，推动跨境人民币业务加快发展步伐。截至2010年末，中国银行境内行办理跨境人民币结算业务超过1 600亿元，市场份额近30%，中银香港以参加行和清算行身份共办理业务近3 500亿元（未含拆借和兑换业务），服务客户遍布港澳、东盟、欧美、非洲、大洋洲、东亚、中亚、俄罗斯、拉美等70多个国家和地区。紧跟跨境人民币试点政策的变化，中国银行还推出了跨境人民币结算项下贸易融资、中长期项目融资、人民币债券发行（企业债和金融债）、结构性存款、人民币保险等投资理财产品，大大拓宽了人民币投资渠道，成为人民币国际化的开路先锋。

2010年，中国银行把握外贸进出口回暖的有利时机，在做好自身经营管理的同时加大对外贸企业的支持力度，实现了银企双赢。2011年，中国银行将认真贯彻国家“十二五”发展规划，继续坚持“贸易金融服务一流”的战略发展目标，以质量和效益为中心，充分发挥品牌、渠道、产品、技术等优势，为客户提供更为高效、便捷的服务，为中国的对外贸易发展和国民经济增长提供更强有力的金融支持。

“十一五”时期及2010年我国消费品市场运行发展特点

中国商业联合会

一、“十一五”时期我国消费品市场发展特点

“十一五”时期我国经济和社会发展取得巨大成就，综合国力和影响力得到明显的快速提升，令世界瞩目。“十一五”期间，我国国内生产总值以年均11.2%的速度增长，达39.8万亿元，比“十五”期末翻一番，人均国内生产总值突破4 000美元。中国经济对世界经济增长的贡献率2007年为19.2%，2008年为22%，2009年超过50%已连续三年保持第一。我国国内生产总值，2007年超过德国，成为第三大经济体，2010年超过日本，成为世界第二大经济体。

2008年我国在北京成功地举办了第二十九届夏季奥林匹克运动会，成为有史以来参赛国家和地区最多的一届奥运会，“是一届真正的无与伦比的奥运会！”2010年我国在上海成功地举办了第41届世界博览会，246个国家和国际组织，全国31个省（区、市）和港澳台地区全部参展，累计7 308万人次的参观者，“创造和演绎了一场精彩纷呈、美轮美奂的世界文明大展示”。不仅“向世界展示了中华民族五千年灿烂文明”，也很好地、有效地增深了世界对中国的了解和认可，进一步扩大、提高了我国国际地位和影响力，“增强了全国各族人民的民族自豪感、自信心、凝聚力”。

“十一五”期间，我国重大自然灾害频发，但在党中央的坚强领导下，全国人民团结一心，众志成城，战胜了汶川大地震、玉树地震、南方雪灾、舟曲泥石流等自然灾害。高度体现出中华民族不怕任何困难，能够战胜克服任何艰难险阻的坚强意志和能力，激发并充分展示出中华民族的博爱精神和凝聚力。2008下半年开始，遭受了20世纪30年代经济大萧条以来最严重的金融危机的冲击，但党中央及时、果断、有力的经济刺激措施，有效地、较快地扭转了经济下滑的趋势，率先实现经济的回升向好。

“十一五”期间，在科学发展观的统领下，促进经济增长方式的步伐持续加快，由依靠投资、出口拉动向扩大国内需求特别是国内消费需求转变，直接或间接扩大国内居民消费需求的政策措施接连出台，一些政策的力度之大，是新中国成立以来罕见的。如，取消农业税，实施“万村千乡市场工程”，提高个人所得税标准，实施家电下乡，汽车、摩托车下乡，小排量汽车购置税优惠，家电以旧换新等政策措施。在国家良好的经济发展环境下和政策的促进下，“十一五”期间，我国消费品市场也进入一个新的发展期，活力进一步增强，呈现繁荣活跃的发展态势，表现出新的发展特点。

（一）消费品市场增速大幅加快

“十一五”期间我国社会消费品零售总额年均名义增长速度为18.1%，比“十五”期间增长速度加快6.3个百分点，“十一五”期末社会消费品零售总额是“十五”的2.3倍；“十一五”期间我国社会消费品零售总额平均实际增长速度为15.2%，比“十五”期间的平均实际增长速度快3.7个百分点。

“十一五”我国社会消费品零售总额年均名义增长速度是我国各五年规划期中的次高水平；年均实际增长速度是各五年规划期中的最高水平。

（二）农村消费品市场创佳绩

1987年以来，我国农村社会消费品零售额的名义增长速度持续低于城市的增长速度，为了扩大国内需求特别是居民的消费需求，中央把扩大居民消费需求的政策重点放在农村。“十一五”期间，中央一号文件又连续5年聚焦“三农”，支持“三农”，2006年1月取消了“农业税”，这都是我国史无前例的。“十一五”期间，其他许多扩大消费的政策也都直接“下乡”。在密集而大力度的政策促进下，农村消费品市场创出佳绩。2006年至2008年，农村社会消费品零售额名义增长速度连年加快，由2005年的11.5%加快至2008年的20.7%，与城市增长速度的差距也由“十五”的平均4.2个百分点减少到2008年的1.4个百分点。2009年又创出23年来（1987年以来）首次名义增长速度超过城市，32年来（1978年以来）实际增长速度（16.9%）最高的喜人佳绩。

（三）促消费政策功绩显著

“十一五”期间，国家直接促进居民消费的政策措施，取得了显著成效。截至2010年底，家电下乡达1.14亿台，销售额达2 418亿元；全国汽车、摩托车下乡共补贴车辆1 792万辆，拉动消费突破2 600亿元，家电以旧换新累计共销售3 322万台，汽车以旧换新共淘汰老旧汽车、黄标车47.4万辆，拉动新车消费518亿元①。

（四）消费结构全面转型升级

从国际经济发展的经验规律来看，一个国家或地区的经济发展到人均国内生产总值超过3 000美元后，居民的消费将进入一个新的发展期，消费结构、消费行为将发生明显的、全面的、重大的转型，由温饱型向享受型、服务型、发展型转变。2008年我国人均国内生产总值突破了3 000美元，因而“十一五”期间，我国居民消费结构也表现出明显的、全面的升级转型特征。恩格尔系数进一步降低，食品消费讲究绿色、安全，衣着追求时尚、健康，汽车消费出现“井喷”式增长，高端家电消费成为主流，住房需求持续增强，休闲娱乐快速增长。

农村居民家庭食品消费支出占生活性消费总支出的比重由“十五”期末的45.5%下降到“十一五”期末的41.1%，城镇由“十五”期末的36.7%下降到“十一五”期末的35.7%。城镇居民家庭生活性消费支出中，交通所占比重由2005年的6.29%提高到2009年的8.49%，耐用消费品所占比重由2.69%提高到2.93%，服装由7.26%提高到7.53%，文化娱乐服务由3.10%提高到3.63%，在外用餐由7.64%提高到7.96%。农村居民家庭生活性消费支出中，居住所占比重由2005年的14.49%提高到2009年的20.16%，家庭设备用品及服务所占比重由4.36%提高到5.13%，交通及通讯由9.59%提高到10.09%，医疗保健由6.58%提高到7.20%。

① 数据来源于商务部。

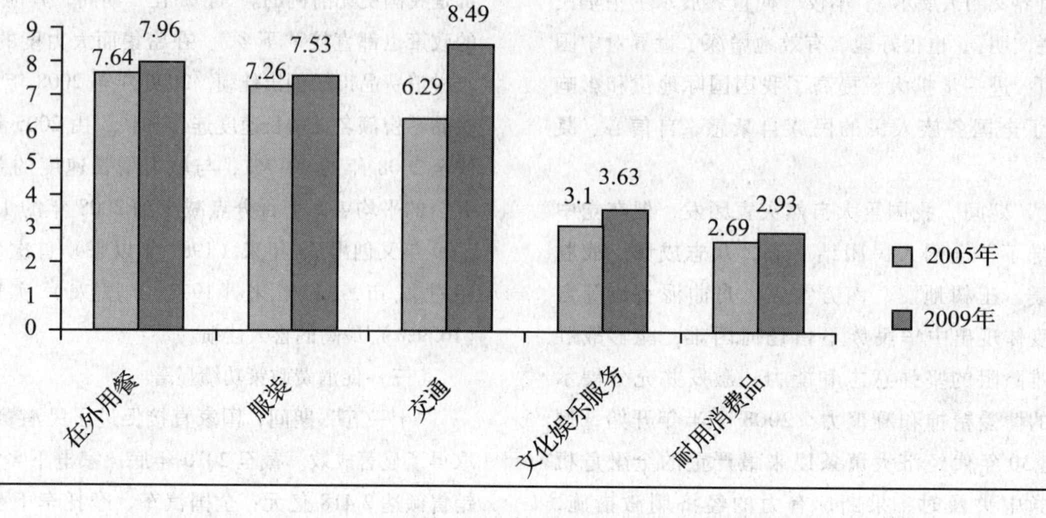

图表1 2005—2009年我国城镇居民生活消费支出结构变化（%）

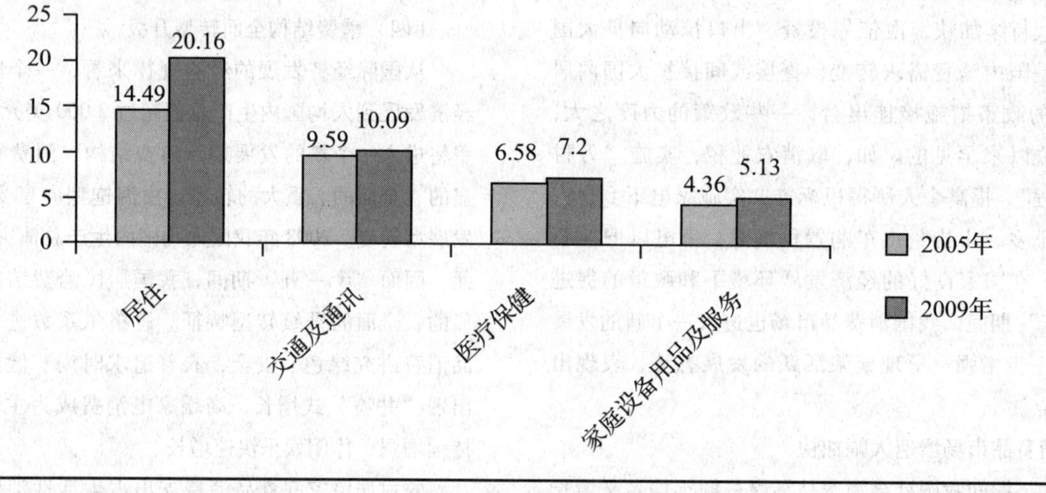

图表2 2005—2009年我国农村居民生活消费支出结构变化（%）

（五）热点商品引领拉动增长

“十一五”期间我国居民消费进入结构升级期，以汽车为代表的升级商品的消费高速增长，汽车消费增长呈现出“井喷”特征。2010年我国汽车销量达1 806.19万辆，比“十五”期末增长213.7%，其中乘用车销量达1 376万辆，比“十五“期末增长246.5%[①]，汽车的销售增长速度大幅高于社会消费品零售总额133.7%的增长速度（2010年比2005年增长），因此对消费的增长产生强有力的拉动。2006—2010年，限额以上企业零售额中，汽车类、石油及制品类零售额增长对社会消费品零售总额的贡献率分别为21.4%、18.7%、17.9%、19.7%和28.7%，分别拉动社会消费品零售总额增长2.9个、3.1个、3.9个、3.1个和5.3个百分点，其中汽车分别拉动增长1.28个、2.02个、1.62个、2.59个和3.24个百分点。另外，2010年与2005年相比，限额以上企业零售额中，家用电器类和音像器材类增长151.45%，通讯器材类增长174.4%，金银珠宝类增长394.1%，均明显高于社会消费品零售总额的增速，对消费增长也形成了有力的拉动。

① 数据来源于中国汽车工业协会。

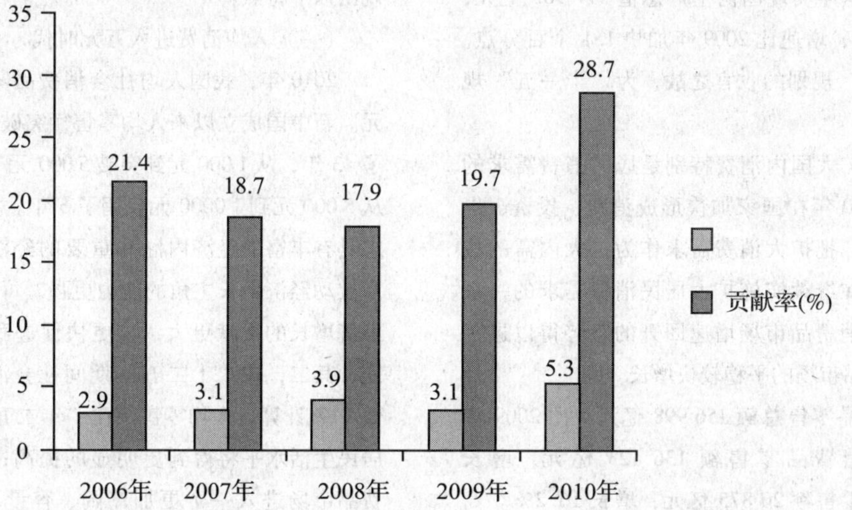

图表 3 “十一五”时期限额以上企业汽车类和石油及制品类对社会消费品零售总额增长的贡献率和拉动率

（六）80 后 90 后跃升消费主力

目前，我国 1980 年以后和 1990 年以后出生的，仅年龄在 18—31 岁的人口就超过 2.9 亿人①，约占我国总人口的 22%。这部分群体，大多已走上工作岗位，或是在校的大学生、研究生、高中生，在“十一五”期间他们已经成为消费的主力。

这部分群体是在我国改革开放后出生，生活、成长在：生活水平快速提高，消费结构多次升级；开放程度持续扩大，东西方文化交流不断加深；科技创新不断加快，IT 产品日新月异；信息化快速发展，网络全面深入社会的年代。这部分群体，多是独生子女，大多数文化程度高（2001 年以来我国已经毕业的、目前在校的本专科以上的学生共计 5 706万人②）。这些因素，决定了 80 后、90 后消费群体已形成了新的消费观念、新的消费行为、新的消费方式。他们大多消费的主动性强，即期花钱消费，即期享受生活；他们大多接受新事物快，追逐流行时尚；他们彰显个性化消费，崇尚品牌。

80 后、90 后消费群体明显的消费特点，在“十一五”期间，推动我国消费品市场向时尚化、个性化、品牌化、信息化、绿色化转变，促进消费品市场更加活跃、更加丰富、更加繁荣。

（七）电子商务注添新活力

2010 年底，互联网上网人数 4.57 亿人，比 2005 年增加 3.46 亿人，其中宽带上网人数 4.50 亿人，比 2005 年增加 3.85 亿人，互联网普及率达到 34.3%，比 2005 年提高 25.8 个百分点③。上网人数的飞速增长及群体的巨大，为网上开店和网上购物提供了先决、有利的环境条件。“十一五”期间，在 CtoC 快速增长的同时，BtoC 也快速增长；众多的传统零售商、生产企业、代理商、经销商纷纷网上开店零售，越来越多的餐饮企业和服务企业也加入网上销售；网上“百货店”、“专业店”、“专卖店”、“品牌折扣店”等业态云集；营销方式快速创新，“秒杀”、“限时抢购”、“团购”、“网货品牌”各放异彩。低价、方便及新奇的销售方式，迅速为以 80 后、90 后为主体的庞大群体所接受，推动着网上销售额持续高速增长。2010 年中国网上零售市场交易规模达 5 131 亿元④，占社会消费品零售总额的比重达 3.3%。

网店、网购的快速发展，为我国消费品市场注入一股新的、生机勃勃的活力，进一步推动我国零售业态、购物消费方式向多元化发展。

二、2010 年消费品市场运行发展特点

2010 年是“十一五”规划的最后一年，处于承上启下的时期，担负着“十一五”国家经济和社会发展各项规划目标顺利完成，和为“十二五”规划的良好开局创造良好的基础条件的重任。在曲折复杂的国内外经济环境下，进一步巩固经济回升向好，保持国民经济稳定较快增长的任务更加艰巨。面对各种重大挑战，党中央、国务院以科学发展观为主题，继续实施应对金融危机的一系列政策措施，坚持政策的灵活性，加快经济发展方式转变，保持了国民

① 根据 1990 年人口普查数据计算。
② 根据国家统计局数据计算。
③ 数据来源于中国互联网络信息中心。
④ 数据来源于商务部中国电子商务研究中心。

经济稳定较快发展，全年实现国内生产总值397 983亿元，比2009年增长10.3%，增速比2009年加快1.1个百分点。顺利完成了“十一五”规划的收官之战，为“十一五”规划画上了圆满的句号。

金融危机以来，扩大国内消费特别是居民消费需求的任务进一步加重。2010年在国家加快形成消费、投资、出口协调拉动经济增长，把扩大消费需求作为扩大内需的战略重点的新形势下，在继续实施扩大居民消费需求的一系列政策措施促进下，消费品市场增速回升的态势得以进一步稳固，保持了消费品市场的平稳较快增长。

2010年社会消费品零售总额156 998亿元，比2009年增长18.3%。城镇消费品零售额136 123亿元，增长18.7%；乡村消费品零售额20 875亿元，增长16.2%。商品零售额139 350亿元，增长18.4%；餐饮收入额17 648亿元，增长18.1%。从全年消费品市场运行发展情况看，表现出以下特点：

（一）人均消费进入万元时代

2010年，我国人均社会消费品零售总额已超过1.1万元。新中国成立以来人均零售额突破1 000元（1993年）用了43年，从1 000元到突破5 000元（2005年）用了12年，从5 000元到1 0000元仅用了5年。突破1.1万元，这一标志具有丰富的经济内涵和重要的经济意义。其一，消费担当拉动经济增长主角的能力更强，每增长1个百分点对拉动经济增长的贡献更大，将更快促进我国经济发展方式的转变；其二，按“十二五”期间社会消费品零售总额年均增长14%计算，人均零售额在“十二五”期间将突破2万元，居民生活水平将得到更明显的提高；其三，标志着我国消费品市场进入一个更加广阔、容量更加巨大的发展平台，居民消费需求更加升级化、丰富化、多元化，市场充满更多新商机。

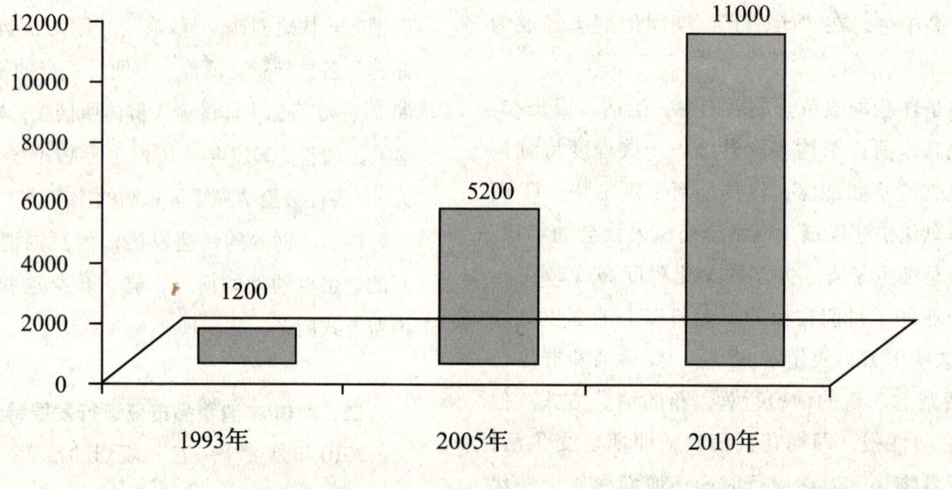

图表4 我国人均社会消费品零售额发展变化（金额：元）

（二）消费保持平稳较快增长

2010年社会消费品零售总额同比增长18.3%，继续保持平稳较快增长的良好基本态势。从整个“十一五”期间趋势看，18.3%的增速是期内次高水平，高于年均增长18.1%的速度；从金融危机以来的趋势看，比2009年加快2.8个百分点，进一步稳固向好；从全年运行态势看，除去不可对比的1月和2月份，各月增长速度在17.9%和19.1%的区间平稳运行；从物价走势看，在物价走高的情况下，各月增长速度保持平稳，下半年以后微幅加快；从实际增长速度看，2010年实际增长14.8%，虽比2009年降低2.1个百分点，但仍快于2006年和2007年。

（三）乡村增长进一步加快

2010年我国乡村社会消费品零售额同比增长16.2%，虽然统计口径发生了变化，但与2009年农村（统计口径为县及县以下15.3%，其中县增长16.4%）增长15.7%的速

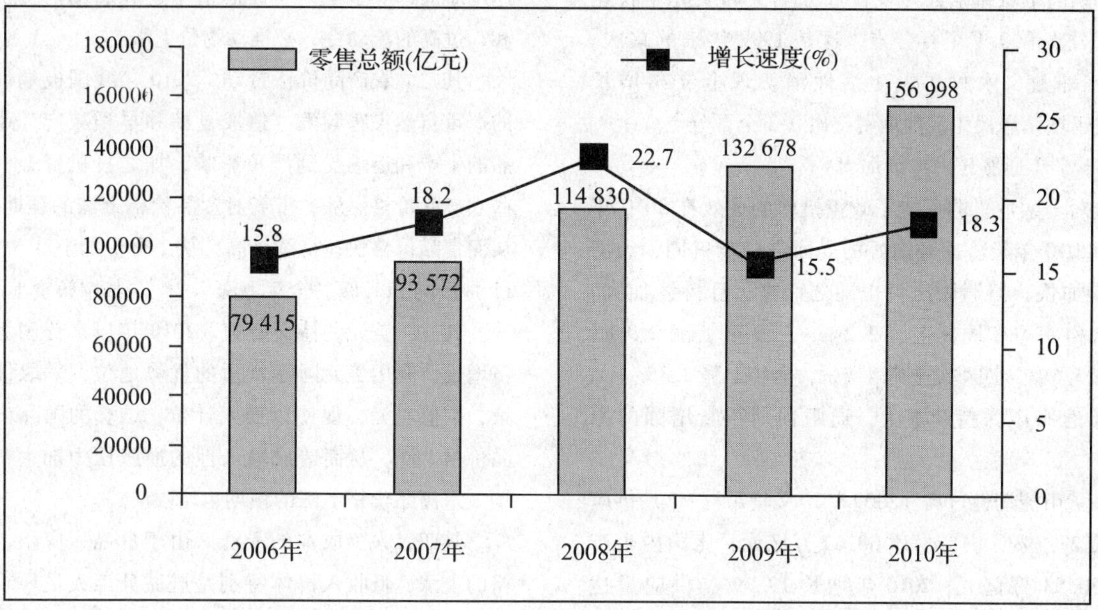

图表 5 2006—2010 年社会消费品零售总额及增长速度

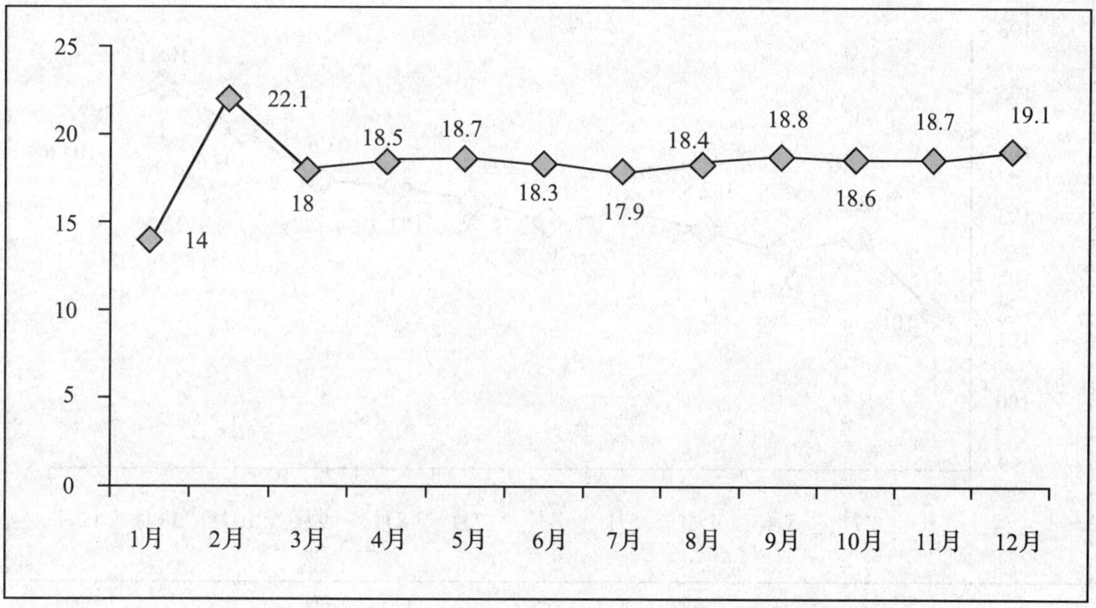

图表 6 2010 年各月社会消费品零售总额同比增长速度（%）

度相比，仍表现出增速进一步加快的态势。2010 年农村增长速度与城镇相比，低于城镇 2.5 个百分点，但这不并能说明乡村与城镇增长差距又在扩大。从实际市场情况分析，国家“家电下乡”、“汽车下乡”、家电以旧换新等政策措施带动的乡村居民的消费，由于统计口径的变化，大多统计在城镇中，同时其他许多商品的消费，由于乡村零售网点服务功能较弱，乡村居民也在周边的城镇购买；另外，从人口数量来看，每年平均 1 000 万左右乡村居民转移到城镇。因此，实际上乡村居民消费的增长速度含金量较高，增长速度在进一步加快。从 2010 年农村居民收支情况，也可以反映出农村或乡村居民消费增长速度进一步加快的态势。2010 年农村居民人均纯收入增长 14.9%，实际增长

10.9%，分别高于城镇居民可支配收入名义和实际增长速度3.6个百分点和3.1个百分点，这是1997年来的首次。2010年前三季度，农村居民生活性消费现金支出增长10.1%，快于城镇居民生活性消费支出0.3个百分点。

（四）下半年通胀压力持续加大

国家应对金融危机的一揽子政策措施的成效在2010年继续扩大，2010年经济回升向好的局面进一步巩固，经济增长进一步加快，但通胀压力也随之而来，且持续加大。居民消费价格一季度同比上涨2.2%，二季度上涨2.9%，三季度上涨3.5%，四季度上涨4.7%，全年上涨3.3%。

2010年通胀压力持续加大，通胀预期不断增强的原因是：

其一，货币流动性过高。2009年广义货币（M2）供应量同比增长27.7%，供应量达60.62万亿元，比国内生产总值多出30.53万亿元；2010年增长19.7%，供应量达72.6万亿元，比国内生产总值多出32.8万亿元。M2增长速度应大约等于国内生产总值增速和居民消费价格水平之和，过高的流动性，必推动物价上涨。

其二，农产品价格带动。2010年我国极端性气候造成的严重自然灾害频发，造成夏粮和早稻减产，蔬菜等农产品的生产和运输受到严重影响，加之投机资金的炒作，一些农产品价格爆涨，市场对食品价格上涨的预期也在增强，从而食品价格快速持续走高，从1月份的上涨3.7%提高到11月份的11.7%，全年上涨7.2%。其中粮食上涨11.8%。

其三，美元的持续贬值。2010年以来美国为促本国经济增长，利用美元国际货币的优势地位，采取量化宽松政策，贬值美元，促使以美元计价、结算的国际市场大宗商品价格上涨，从而造成输入性的通胀压力加大，对国际市场大宗商品价格上涨的预期也增强。

其四，人工成本的上涨。由于食品、房租、商品房价格的上涨，低收入群体特别是进城务工人员要求提高工资的意愿强烈，企业雇工工资上涨较快。

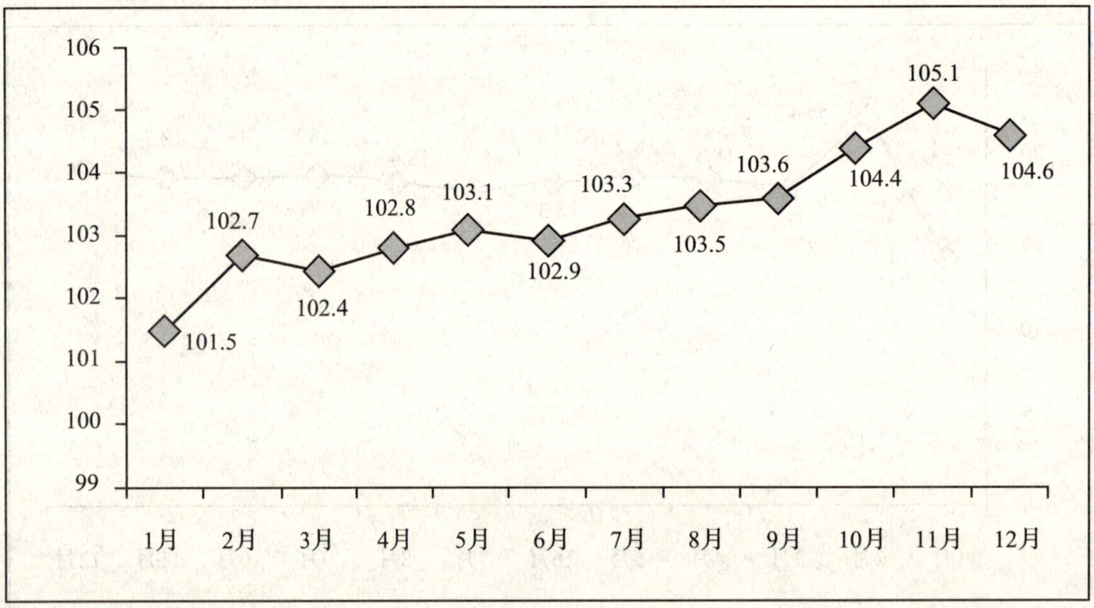

图表7 2010年各月居民消费价格指数（上年同期为100）

（五）热点商品销售旺盛

2010年在促消费政策效应放大，商品市场繁荣、价格快速上涨的环境下，热点商品消费进一步升温，销售增长速度明显加快，市场呈现旺盛景象。2010年，限额以上企业商品零售额中，汽车类增长34.8%，增速加快2.5个百分点；石油及制品类增长34.3%，加快27.5个百分点；家用电器及音像器材类增长27.7%（“十一五”期间最高增长速度），加快15.4个百分点；通讯器材类增长21.8%（2009年是下降1.3%）；金银珠宝增长46%，加快30.1个百分点；建筑及装潢材料类增长32.3%，加快5.7个百分点。热点商品的旺销，销售增长速度的进一步加快，使对消费增长的贡献和拉动率进一步提高，创“十一五”期间最高水平。2010年，仅限额以上企业，上述几类商品销售增长对社会消费品零售总额增长的贡献率合计达35.2%，拉动社会消费品零售总额增长6.4个百分点（2010年社会消费品零售总额增长18.3%），其中，汽车类、石油及制品类对社会消费品零售总额增长的贡献率28.7%，拉动社会消费品零售总额增长5.3个百分点，比2008年提高2.2个百分点。

（六）餐饮消费拉动作用较大

随着人民生活水平的不断提高，居民在外就餐消费也持续增长，我国城镇居民在外就餐占生活性消费支出的比重，由2005年的7.64%提高到2009年的7.96%。随着全球经济的回升，2010年，我国旅游也保持稳定较快发展，特别是上海世博会的举办，累计7 308万人次的参观者，有力地拉动了旅游的增长，全年国内旅游收入增长23.5%，比2009年提高7.1个百分点；入境旅游人数增长5.8%（2009年是下降2.7%）。居民在外就餐、旅游的稳定较快增长，有力地带动了餐饮消费。2010年餐饮收入额17 648亿元（不包括住宿和餐饮业的商品零售额）增长18.1%，快于“十一五”期间年均增长16.1%的速度，对消费增长起到较强的拉动作用，拉动社会消费品零售总额增长2个百分点。

（七）网络购物爆发火热

2010年，什么最热？网购，什么最火？团购，什么企业最牛？BtoC，这是2010年我国消费品市场及零售业中的一幅独特、光彩夺目的风景。

2010年，一些BtoC企业或上市，或被风投，或疯狂扩张；大量传统零售商、生产商网上开店，大量的个人开网店创业；“网货品牌”、“团购”风光无限。2010年，我国网络购物呈现出爆发式、井喷式的增长，网络购物用户增长了48.6%①，2010年淘宝网注册用户达到3.7亿②，网络团购企业数量达1 880家，中国网上零售市场交易规模达5 131亿元③，占社会消费品零售总额的比重达3.3%。

2010年，网络购物的爆发火热，不仅促进了消费的快速增长，也对我国零售业格局、品牌商品格局的变革产生了积极、重要而深远的影响。

三、2011年我国消费品市场发展环境及趋势

“十二五”期间，国家经济和社会发展的主题是科学发展，主线是加快经济发展方式转变，把扩大消费需求作为扩大内需的战略重点，促进经济增长向依靠消费、投资、出口协调拉动转变。可以说，“十二五”将是消费扩大期，但从目前国民经济增长情况来看，“十二五”期间，扩大国内消费需求的任务非常艰巨。

2010年最终消费对GDP增长的贡献为37.3%，拉动增长3.9个百分点（资本形成对国内生产总值增长的贡献率是54.8%，拉动国内生产总值增长5.6个百分点；货物和服务的净出口对国内生产总值增长的贡献率是7.9%，拉动国内生产总值增长5.6个百分点），不仅低于2009年45.4%的贡献、拉动增长4.1个百分点的水平，也低2005年37.9%的贡献、拉动增长4.3个百分点的水平。因此，“十二五”亦是加快经济发展方式转变，将消费提升为拉动经济增长主角的攻坚期。

2011年是“十二五”规划的开局之年，我国经济发展仍将面对复杂的国内外经济环境和诸多不确定因素，有利因素和不利因素并存，消费品市场的发展也亦如此。

（一）经济增长速度将有所降低

“十一五”期间，我国国内生产总值年均增长11.2%，是“九五”以来增长最快的时期。但经济发展方式不协调，过度依靠投资及出口拉动的问题也比较突出，这种发展方式是不可能长期持续的。“十二五”期间加快经济发展方式的转变，必需一个经济和社会平稳发展的环境，“十二五”期间，国家制订的国内生产总值的目标是年均增长7%左右，比“十一五”降低0.5个百分点。减慢经济增长速度，一方面是党中央、国务院宏观调控的方向，是主动、自觉的政策；另一方面，也是资源、环境等的客观约束。2011年，政府工作报告中，国内生产总值的目标是增长8%左右，虽然这一目标与近几年的目标一样，但内涵已经变化，对提高经济增长质量的信心、决心增强，对8%左右的增长速度认可、满意。综合考虑，预计，2011年我国国内生产总值增长速度将回落到8.5%—9%之间。

（二）投资增速继续降低

2003年以来，我国全社会固定资产投资增长均超过23%。带动资本形成额对经济增长的贡献率攀高，2009年的贡献率高达94.6%，2010年的贡献率是54.8%。从目前经济增长构成状况看，减慢经济增长速度、提高经济增长质量、加快经济发展方式转变任务的重点是一增一降，降低投资增长速度，相对提高消费品增长速度，加快服务消费增长速度。2010年下半年特别是四季度以来国家货币政策出现了由积极到稳健的变化。2011年国家对广义货币供应量的调控目标是16%左右（2009年调控目标是17%左右），安排财政赤字9 000亿元，比上年预算减少1 500亿元，赤字率下降到2%左右。政府投资优先保证重点在建、

① 数据来源于中国互联网信息中心（CNNIC）。

② 数据来源于淘宝网。

③ 数据来源于商务部中国电子商务研究中心。

续建项目的资金需求，防止盲目投资和重复建设，严格控制党政机关办公楼等楼堂馆所建设，这些政策将会影响投资的增长。同时在国家严格的房地产政策调控下，商品房建设投资增长速度将会明显降低。因此，2011 年，固定资产投资增长速度会进一步减慢，预计增长 20% 左右。

（三）出口增速将大幅降低

2011 年我国外贸出口的环境仍将具有极其复杂性和不确定、不稳定性。2010 年，世界经济虽缓慢复苏，但曲折复杂，复苏的基础并不牢固。2011 年世界经济复苏增长的前景并不乐观，金融危机和主权债务的隐患仍然存在；美国采取量化宽松、贬值美元的政策仍可能继续实施，将带动一些国家也采取货币贬值政策，加之日本大地震的影响，将进一步推动以石油为代表的国际大宗产品价格的快速上涨，增加全球通胀的压力；贸易保护主义、贸易磨擦也呈增强态势；一些国家或地区社会的动荡，也将影响国际市场需求的增长。从国内环境看，国家加快经济发展方式转变政策力度的加强，主观上、客观上也将影响出口的快速增长。

2010 年，我国外贸出口增长 34.7%，是“十一五”期间的最高增速，但这是在 2009 年下降 1.6% 的基础上实现的，与 2008 年相比，仅增长 10.3%，与 2007 年相比也仅增长 29.3%。

从上述情况分析，尽管日本大地震后重建，会增加我国一些产品对日本的出口，但总体上，2011 年我国外贸出口的增长速度将比 2010 年大幅回落，预计增长 17% 左右。

（四）延续通胀压力加大的趋势

2011 年国家对物价调控的目标是居民消费价格总水平涨幅控制在 4% 左右，比 2009 年调高了 1 个百分点，同时，把管理通胀预期，稳定物价总水平作为宏观调控的首要任务。这充分反映出，2011 年通胀预期增强，物价上涨压力加大的严重形势。2011 年通胀压力主要来源于：

其一，翘尾因素影响大，2010 年居民消费价格上涨对 2011 年居民消费价格的影响大概是 2.6%。

其二，市场流动性仍然较强，2011 年，广义货币供应量达 72.6 万亿，2011 年按国家预期增长速度 16% 计算，其供应量将达 84.2 万亿。

其三，食品价格上涨的拉动，2011 年国家对小麦、水稻等粮食最低收购价的提高，将客观上增强食品价格上涨的预期，引起其他食品价格上涨的连锁反应。同时，近年来极端灾害性气候的频发，也将是一个重要的、不稳定的因素。

其四，输入性通胀压力加大，美国量化宽松、贬殖美元政策的继续实施，将推动国际市场石油等大宗商品价格的继续上涨，日本大地震所造成的日本出口的减少，进口的增长，以及核电站事故的影响，也将推动石油等商品价格的上涨，将进一步增加我国输入性通胀的压力。

其五，2010 年年底以来“雇工荒”加重，用工成本快速上涨，加之房租的上涨、国内其他物价上涨因素的叠加和相互影响，将推动原材料、工业品价格的上涨。2010 年工业品出厂价格上涨 5.5%。原材料、燃料、动力购进价格上涨 9.6%，农产品生产价格上涨 10.9%。而 2009 年的情况是，工业品出厂价格下降 5.4%，原材料、燃料、动力购进价格下降 7.9%，农产品生产价格下降 2.4%。

预计 2011 年居民消费价格上涨 4.5% 左右。

（五）居民收入增速加快

“十二五”期间，国家对居民收入增长的预期目标是，城镇居民人均可支配收入和农村居民人均纯收入年均实际增长超过 7%，低于“十一五”城镇居民人均可支配收入和农村居民人均纯收入年均分别实际增长 9.7% 和 8.9% 的水平。

2011 年，国家促进居民收入平稳较快增长的主要措施有：城镇新增就业 900 万人以上，城镇登记失业率控制在 4.6% 以内；小麦最低收购价每 50 公斤提高 5 到 7 元，水稻最低收购价每 50 公斤提高 9 到 23 元，中央财政用于“三农”的投入拟比上年增加 1 304.8 亿元，继续增加对农民的生产补贴；稳步提高职工最低工资、企业退休人员基本养老金和城乡居民最低生活保障标准，提高个人所得税工薪所得费用扣除标准等。另外，2010 年年底以来“雇工荒”加重，已推动雇工工资较快上涨。

在商品价格上涨、用工难、及国家各项政策的推动下，2011 年居民收入实际增速比 2010 年要高出 1—2 个百分点。

（六）房价过快上涨将有效遏制

目前我国商品房价格不仅关系居民消费需求的扩大、经济发展方式的转变，也关系到社会的稳定，因此党中央、国务院坚决遏制部分城市房价过快上涨势头，抑制投机性购房的决心是坚定的，政策措施是严厉的。2010 年下半年以来，国家和一些大城市相继出台了更为严厉的房地产调控措施，从目前来看，效果已开始显现。同时 2011 年，国家进一步扩大保障性住房建设规模，再开工建设保障性住房、棚户区改造住房共 1 000 万套（“十二五”期间，新建保障性住房 3 600 万套）。国家和地方政府的政策措施，明显减弱了市场对房价快速上涨的预期，还原了被商品房价格过快上涨挤出的对消费品和服务的消费能力，同时，保障性住房供应量的扩大，也将有利于带动其住户居民——

中低收入家庭的生活消费。

在各项政策有效抑制房价的同时，一定时期内客观上会促使房租价格上涨。

（七）汽车等热点商品增速回落

近年来，以汽车为代表的热点商品旺销，高速增长，一方面是居民消费结构升级的内生需求，另一方面是国家为应对金融危机、扩大国内消费需求所采取的鼓励、刺激城乡居民消费政策的推动。目前，我国经济回升向好的态势已基本稳固，“十二五”期间国家对扩大国内消费需求特别是居民消费需求，更加注重构建长效机制，全国范围、全民范围内用财政补贴直接鼓励居民消费某种商品的政策或退出，或减弱。2010年，国家继续实施“家电下乡”、“家电以旧换新”，但由于对比基数的变化，时效的变化等因素的影响，所体现出的对消费增长的拉动作用将减弱。2011年国家取消了对购置小排量汽车的购置税优惠政策、“汽车下乡”政策；对党政机关购置车辆及运行费原则上控制零增长。加之汽油价格的上涨，及一些大城市因交通严重拥堵已采取，或将采取限购、提高停车费等措施，将对汽车、石油及制品等消费的快速增长产生抑制影响，如北京市，每月放2万辆牌照的政策，使北京市的汽车消费将比2010年减少近60万辆。

汽车市场将呈现新的特点：1. 高档名车变相加价出售；2. 国产品牌受各地限制政策影响较大；3. 一线城市增速快速回落（如北京市，每月放2万辆牌照的政策，使北京市的汽车消费将比2010年减少近60万辆），二三线城市保持较快增长。

（八）餐饮消费增长将降速

我国消费品市场的快速增长，餐饮业起到较强的拉动作用。1978年以来住宿餐饮业零售额增长速度一直快于批发零售业的增长速度，众所周知，其中有较大的社会集团、公款消费的贡献。2011年，温总理政府工作报告中指出，党政机关公务接待费等支出原则上零增长，要精简会议、清理和规范各种达标、评比、表彰以及论坛、庆典等活动，从经费上严加控制。另外，餐饮业食品安全问题的增多，食品原材料价格及人工成本的上涨，也将对餐饮消费增长产生不利影响。

（九）购物消费将更加便利

把扩大消费需求作为扩大内需战略重点的“十二五”规划的实施，为我国零售业的发展提供了难得发展机遇期。2011年，国家将加强农村和中小城市商贸流通、宽带网络等基础设施建设；推动农村商业连锁经营和统一配送，优化城镇商业网点布局；积极开展“农超对接”，畅通鲜活农产品运输“绿色通道”；积极发展电子商务、网络购物。

2011年，国家积极发展电子商务、网络购物。网络消费将继续保持快速增长，会有越来越多的品牌和企业上网销售。

同时，信用消费体系、网上支付体系、物流配送体系将进一步得到完善，市场秩序也将进一步规范。这将使居民购物消费更加便利、安全。

（十）消费品市场增速进一步加快压力加大

虽然，2011年以至“十二五”期间，消费将加快向拉动经济增长的主角转变，但并不意味着消费品市场增长速度，亦即社会消费品零售总额增长速度进一步加快。消费对经济增长贡献的提高，一方面是体现在经济增长速度减慢，投资、出口对经济增长的贡献下降的情况下，消费品消费增长对经济增长的贡献相对提高；另一方面是消费需求对经济增长贡献的提高，将更多地体现在对服务性消费的快速增长上。因此，并综合上述情况分析，2011年我国消费品市场增速进一步加快，特别是实际增速加快的压力加大。

预计2011年社会消费品零售总额增长17%左右。

2010年中国物流业发展综述

中国物流与采购联合会

2010年我国物流业运行态势总体良好，物流需求显著增加，运行效率有所提高，为保证国民经济平稳较快发展发挥了重要的支撑和保障作用。

从几个主要运行指标来看：一是社会物流总额较快增长。2010年全国社会物流总额实现125.4万亿元，同比增长15%，增幅比上年提高3.7个百分点。二是物流业增加值稳步上升。2010年全国物流业增加值为2.7万亿元，同比增长13.1%，增幅比上年提高2.5个百分点。物流业增加值占GDP的比重为6.9%，占服务业增加值的比重为16%。三是社会物流总费用与GDP的比率稳中有降。2010年全国社会物流总费用7.1万亿元，同比增长16.7%。社会物流总费用与GDP的比率为17.8%，同比下降0.3个百分点，比2005年下降0.5个百分点。对比计算，等于新增近2 000亿元的经济效益。

一、物流业发展的政策环境进一步改善

2010年，各部门、各地方为贯彻国务院《物流业调整和振兴规划》（国发〔2009〕8号），加大对物流业的支持力度。在中央政府层面：国家发改委、商务部、财政部等设立专项资金，支持商贸、物流等服务业聚集功能区的建设和升级改造。国家发改委、国家税务总局扩大税收试点，公布了第六批、106家试点物流企业名单。交通运输部、国家发改委启动甩挂运输试点，明确提出对甩挂运输车辆实行通行费优惠。铁道部推进铁路货运网络建设，创新铁路货运组织方式，进一步完善铁路物流产品服务体系。工业和信息化部开展物流信息化典型发现和试点示范工作。海关总署在出口货物分类通关改革试点的基础上，在全国海关进一步深化分类通关改革。国家邮政局出台多项规章制度，加强行业监管工作。国务院《物流业调整和振兴规划》要求编制的专项规划《农产品冷链物流发展规划》和《全国物流标准专项规划》分别由国家发改委和国家标准委牵头编制出台。

与此同时，地方政府积极跟进。通过地方立法，出台政策，设立专项资金，扶持重点物流企业和项目等办法，积极支持物流业发展，物流业发展的政策环境进一步改善。

二、物流基础服务供需两旺

（一）公路货运市场

2010年，公路货运市场上，中小企业占绝大多数的局面没有改变，但在市场竞争的推动下，公路快运加快推广，货运模式开始转型。公路货运企业加快延伸服务，增强门到门配送、仓储等服务能力，为客户提供一体化服务。

（二）铁路货运市场

“十一五”期间，我国铁路建设全面提速，高速铁路营业里程已达8 358公里，在建高铁1.7万公里。目前已经运营的高铁可年增货物运输能力2.3亿吨。随着高速铁路陆续开通，将使既有铁路运能得到大幅释放。铁道部门组织开发了限时运达、水铁联运、空铁联运、公铁联运、国际联运等特色产品。

（三）航空货运市场

2010年，我国航空货运市场增速明显高于全球平均水平。一是申请筹建的友和道通航空公司与顺丰航空有限公司得以开航，国内航空货运市场出现了新的竞争主体；二是各家公司都根据2010年的航空货运发展情况调整了相应的运力引入计划，机队规模增长较快。

（四）水运市场

港口货物吞吐量稳步回升。全年规模以上港口完成货物吞吐量80.2亿吨，比上年增长15%。2010年上海港集装箱吞吐量完成2 905万标准箱，首次跃居世界第一位。目前我国已有22个港口进入亿吨大港行列。世界排名前20位的亿吨大港和集装箱大港，中国大陆分别占12个和9个。内河水运迎来发展机遇。到2010年末，全国内河货运运力可达6 500万载重吨，是“十五”末的1.46倍；货运船舶平均吨位可达480吨，是“十五”末的1.85倍。

（五）仓储市场

2010年仓储业各项经济指标均取得较高增长速度。据中国物资储运协会对全国60个大型仓储企业的调查，54家企业盈利；实现主营业务收入234.5亿元，比上年增长

22.1%；实现利润总额4.69亿元，比上年增长22.5%，收入利润率为2%，比上年略有增加；完成货物吞吐量8 430万吨，同比降低1.5%；期末社会库存438万吨，比上年减少45万吨；货物周转次数9.6次，比上年增加0.35次。

（六）快递市场

据中国快递协会统计，2010年，全国规模以上快递服务企业业务量累计完成23.4亿件，同比增长25.9%；业务收入累计完成574.6亿元，同比增长20%。初步测算，全国日均快递业务量突破1 000万件。全国邮政管理部门共受理快递经营许可申请5 990件，颁发经营许可证4 898件，获证企业占快递市场90%以上的份额。

三、物流企业加速成长

据中国物流与采购联合会发布的“2010年中国物流企业50强排名”显示，前50强物流企业主营业务收入达4 506亿元，比2005年增长26%。其中，中国远洋运输（集团）总公司主营业务收入超过千亿元，中国外运长航集团有限公司等9家企业主营业务收入超过百亿元。所有50强企业主营业务收入均超过10亿元，排名第50名的物流企业主营业务收入达到12.2亿元，同比增加4.6亿元。

从2005年开始，中国物流与采购联合会依据《物流企业分类与评估指标》国家标准开展A级物流企业评估工作。到年底，全国拥有A级物流企业1 061家，其中，5A级企业76家，4A级企业330家，3A级企业450家，2A级企业195家，1A级企业10家。目前，A级物流企业已覆盖除西藏外大陆的所有地区，涉及国有、民营、外资企业，吸纳了各领域、各行业、各地区的代表性企业，初步形成了我国物流企业的核心群体。

四、企业物流整合联动

制造企业物流外包需求增长。据国家发展改革委、国家统计局和中国物流与采购联合会发布的《2010年全国重点企业物流统计调查报告》显示，在企业货运总量中，委托代理货运量占货运总量的57.4%，同比提高7.6个百分点。其中，工业企业委托代理货运量占货运总量的57.2%，批发和零售业企业委托代理货运量占货运总量的58.5%。

调查企业汇总数据显示，2009年工业、批发和零售业企业物流成本比上年增长8.2%，增幅低于销售总额增长0.7个百分点，表明企业物流效率有所提高。其中，运输成本同比增长1.8%，增幅同比回落28.9个百分点；保管成本增长11.9%，增幅同比回落24个百分点。在保管成本中，配送成本、仓储成本、货物损耗成本和利息成本同比增长17.4%、7.2%、2.4%和3.6%，增幅均有较大回落。此外，物流管理成本增长10.7%，增幅同比提高2.1个百分点。受企业物流成本增幅减缓，物流效率有所提高等因素影响，2009年工业、批发和零售业企业物流成本费用率为9%，同比下降0.3个百分点。其中，工业企业物流成本费用率为9.8%，下降0.1个百分点；批发和零售业企业物流成本费用率为8.1%，下降0.2个百分点。

五、行业物流专业配套

（一）农业物流

农业物流在政策推动下较快发展。2010年1月，中央一号文件明确提出：发展农产品大市场、大流通，加大力度建设粮棉油糖等大宗农产品仓储设施，完善鲜活农产品冷链物流体系。到2010年年底，商务部开展的“万村千乡市场工程”连锁化农家店达52万家，覆盖全国80%乡镇和65%行政村。2010年中央财政安排专项资金，支持农产品现代流通综合试点，在8省市31个市县推进“农超对接”等农产品市场体系建设。根据《2010年流通领域猪肉质量安全监测方案》的安排，食品质量安全与可追溯体系建设迈开步伐。

（二）钢铁物流

钢铁物流形成了多元化的经营模式：一是贸易加物流的模式；即一些具有资金实力的大型流通企业开始探索供应链集成供应模式。即从原材料采购与供应为源头，为钢铁企业提供原材料采购、仓储转运、流通加工、信息服务、集成配送的全程物流服务模式；二是物流加金融的模式；即一些具有仓储物流条件的物流企业开始发展仓单质押等物流金融业务，延伸了物流增值链；三是贸易加流通加工的模式；即一些与最终客户联系密切的企业开始发展流通加工与配送服务，拓展了钢铁物流业务领域。钢铁电子商务打破区域界限，使从生产、流通到终端用户的供应链变短，成本降低，流通效率提高。新建设的钢铁物流园区（中心、基地）通过对现有钢铁物流市场的规划布局调整，提供多元化服务，除进行传统贸易外，还具有仓储、剪切加工、运输配送、物流金融、信息处理、保税物流、中转分拨等功能，成为满足供需双方交易的有效平台。

（三）汽车物流

汽车产销的繁荣为我国汽车物流行业带来成长机遇。目前，80%以上的汽车物流市场份额集中在十余家大型企业。这些物流公司与国内主流汽车制造企业形成了稳定的合作关系。同时，整车物流和零部件物流两大领域继续高速发展，行业售后服务备件物流和商用车物流两个细分市场进入快速整合阶段。随着能源价格的持续上涨，目前主导的公路运输模式开始引入水路、铁路资源，走多式联运的道路，但公路运输仍然占据 80% 以上的汽车物流运输市场。

（四）医药物流

医药物流投资门槛提高。2009 年 12 月，国家药监局发布了新版 GSP 标准的征求意见稿。新版 GSP 对现代医药物流企业资质提出了明确的规定，提高了投资医药物流行业的进入门槛，对现有医药流通企业的业务量、投资能力也提出更高的要求。新版 GSP 在硬件建设上首次明确提出，医药物流企业必须满足“仓储作业面积不少于 10 000 平方米、自动仓库堆垛机不少于 5 台；高架仓库总高不低于 8 米，货架不少于 3 层，货架层高不低于 1.5 米，托盘货位不少于 2 000 个，货架叉车不少于 2 台；拆零拣选应选用数码拣选系统（DPS 至少 300 枚）或无线射频技术（RF 至少 20 台）等”。受 GSP 新规（征求意见稿）、基本药物招标配送制度引导和影响，由医药企业自行投资兴建现代化物流中心的新一轮物流项目方兴未艾。

（五）冷链物流

规划出台提振行业信心。2010 年 7 月，国家发改委印发《农产品冷链物流发展规划》，规划全面分析了农产品冷链物流发展的现状以及面临的形势，并提出了今后 5 年冷链物流发展的具体目标：果蔬、肉类、水产品冷链流通率分别提高到 20%、30%、36% 以上。为完成这个目标，国家发改委还制定了相应的七项任务、八大工程以及七项保障措施等，并对一些重点项目予以扶持。8 月，为应对蔬菜价格上涨、供应紧张的现状，国务院下发《关于进一步促进蔬菜生产保障市场供应和价格基本稳定的通知》。11 月，为稳定物价，国务院出台稳定物价的十六项措施，再一次强调加强农产品收储制度建设、冷链物流建设和绿色通道建设。其中，全国收费公路对于整车合法装载鲜活农产品车辆实行免费政策，从 12 月 1 日开始实施。

（六）电子商务物流

电子商务物流规模快速上升。中国互联网络信息中心（CNNIC）发布的《第 27 次中国互联网络发展状况统计报告》显示，截至 2010 年 12 月底，我国网民规模达到 4.57 亿，较 2009 年底增加 7 330 万人。电子商务类互联网应用则成为我国互联网经济发展最快的主力军。2010 年，网络购物用户年增长 48.6%，是用户增长最快的应用。据艾瑞咨询统计，2010 年中国电子商务全年交易规模达 4.8 万亿元，同比增长 33.5%。在市场细分行业构成中，针对企业级用户的 B2B 类电子商务交易额占比 88.3%，针对个人消费者的 B2C 类电子商务交易额占比 11.7%。中小企业的 B2B 仍然是电子商务交易中最主要的组成部分。电子商务的快速发展，对物流、交易、售后服务等配套服务体系提出了更高的要求。

六、区域物流加强合作

（一）产业集群带动区域物流集聚

近年来，国务院密集批复上升为国家战略的区域经济发展规划，加大区域经济统筹协调力度。西部大开发、东部率先发展、中部崛起、东北振兴等总体战略，以及“哈（尔滨）、大（庆）、齐（齐哈尔）”、“长（沙）、株（洲）、（湘）潭”、“广（州）、佛（山）同城”，“郑（州）汴（开封）一体化”、“长三角”等区域发展战略，催生了物流业集聚区的形成和快速发展。此外，中国的城镇化建设也促进了物流业集聚。由于政府在城镇化规划和建设上的力度不断加大，势必对物流业集聚区的形成产生重大影响。

区域物流中心加快形成。2010 年，上海国际航运中心建设各项工作全面推进，在优化航运集疏运体系、完善航运服务功能、建设国际航运发展综合试验区等方面，取得了一定进展。航运发展综合实验区免征营业税政策等建设上海国际航运中心建设的十大配套措施逐步到位，国际航运中心建设全面提速。天津着力打造国际物流中心“桥头堡”，天津滨海新区先后建设了保税物流园区、空港国际物流园区、泰达普洛斯国际保税物流园（开发区保税物流中心）、天津港散货物流中心和集装箱物流中心，东疆保税港区，正在加速形成现代立体物流网络。此外，成都、重庆、郑州、西安等城市也提出了打造区域物流中心的目标。

（二）区域物流一体化全面推进

长三角地区物流一体化持续推进。自 2007 年两省一市签署《长三角区域大通关建设协作备忘录》以来，两省一市政府及各口岸部门全面落实《备忘录》的各项要求，使大通关建设协作的综合效应进一步放大，“属地申报、口岸验放”、“出口商品直通放行”、“产地监装、口岸快速验放”等通关新模式给进出口企业带来了极大便利。12 月，长三角区域大通关协作第三次联席会议在嘉善召开，两省一市签署《关于长三角区域海事大通关建设合作备忘录》和《关贸紧密合作机制备忘录》，对下一步加快大通关建设作了进一步部署。11 月，现代物流联动发展大会在上海举行，回顾总结长三角地区一年来物流发展情况和江、浙、沪区域物流合作及联动发展的新进展。

珠三角地区物流合作走向深入。8 月，第六届泛珠三角区域合作与发展论坛暨经贸洽谈会在福州召开，合作各方共同签署了《加强泛珠区域综合交通大通道建设合作备忘录》。根据《合作备忘录》，各方将在泛珠三角区域综合运输大通道建设、泛珠三角区域交通规划衔接、规范统一的交通运输市场、信息技术和科技创新、提升区域交通运输安全应急保障能力等方面加强合作。

西部地区物流合作开始起步。11月，第六次西南“五省八方”铁路运输协调联席会议在昆明召开，会议签订了《滇桂黔川渝铁路运输战略合作协议》。按照协议，企业在滇、桂、黔、川、渝五省（区、市）内运输煤炭、焦炭、磷矿、铁矿、铝土等物资将享受同等待遇。

东北地区物流取得实质性进展。11月，辽宁、吉林、黑龙江、内蒙古出入境检验检疫局在沈阳签署了《关于加强区域合作 促进通关便利化合作备忘录》，四局将进一步加强区域协作，共同促进东北地区口岸与腹地及内地干港的便捷通关，携手服务东北老工业基地外向型经济发展。

（三）跨区域物流合作取得进展

北部湾物流合作受到关注；粤港澳物流合作不断深入；大陆桥物流合作潜力巨大；东北亚物流合作取得突破；海峡两岸物流合作启动。

七、基础设施加紧建设

（一）综合运输体系初具规模

1. 公路路网格局基本形成。截至2010年底，全国公路网总里程达到398.4万公里，五年新增63.9万公里。高速公路由“十五”期末的4.1万公里发展到7.4万公里。“五纵七横”12条国道主干线提前13年全部建成，西部开发8条省际通道基本贯通。

2. 铁路建设高速推进。全年完成基建投资7 091亿元，一批重点项目建成投产。截至2010年，全国铁路营业里程达到9.1万公里。规划中的18个铁路集装箱中心站，已有9个建成投用。

3. 水运网络初步形成。2010年，全国港口拥有生产用码头泊位31 429个，其中万吨级及以上泊位1 554个，比上年底分别增加379个和138个。

4. 民航设施初具规模。

“十一五”时期，民航基础设施五年投资2 500亿元，相当于前25年民航建设资金的总和。定期航班机场达到176个，初步形成了规模适当、功能完善的机场体系。

5. 综合运输体系逐步完善，多式联运快速发展。

（二）物流园区热度不减

物流园区需求潜力巨大。一是随着国内企业积极寻求产业结构升级和布局转移，开始将生产制造基地由一线城市向二、三线城市搬迁，企业为保证生产服务能力必然需要更多的生产和仓储设施。二是基于对中国宏观经济和消费市场的良好预期，许多知名第三方物流企业、货运代理公司以及大型零售企业继续加快在中国市场的扩张步伐，逐步深入到二、三线城市开拓市场和扩充业务，需要物流仓储设施和配送中心支持。三是中国对外贸易继续保持快速增长，大量资源性原材料的进口和加工制成品的出口，都需要仓储设施和物流园区提供支撑服务。四是电子商务的发展以及网络购物的大众化，推动物流业务量显著增长，形成对物流仓储和园区的旺盛需求。外资地产开发企业凭借其雄厚的资金实力和先进的技术加快布局中国市场，国内商业地产开发企业开始涉足物流地产，网络化布局初步显现。

八、物流装备高速增长

（一）叉车生产与销售出现“爆发式”增长

中国叉车行业自2010年一季度开始进入产销两旺的爆发增长阶段，产销总量比上年同期增长60%以上，与历史上产销最高年份的2008年相比，也有了较大增长，创出了历史新高。

（二）托盘与货架快速增长

托盘与货架行业也是在2010年一季度出现快速增长，二季度继续保持快速增长势头，三季度增速环比有所下降，但仍保持了较快增长，全年预计同比增长26%以上。

（三）物流装备业热点频现

2010年中国物流装备业需求热点较多，主要体现在医药物流、电子商务物流、服装物流、冷链物流等方面，这些热点市场机遇较大，具有可持续发展特征，为物流装备业今后的快速发展提供了需求基础。

九、物流信息化创新发展

（一）企业信息化成效初显

中国物流与采购联合会发布的《2010年物流信息化调研报告》显示，约78.2%的企业建立了独立的IT部门；80%的企业拥有专职的信息系统管理和维护人员；约70.5%的企业建立了自己的管理信息系统。

（二）公共信息平台仍需加强

目前我国物流公共信息平台的建设情况不容乐观。根据调查显示，17.9%企业经常使用公共信息平台，但大部分企业是与银行和客户进行联网。企业希望建立和使用的信息平台是物流公共信息平台。

（三）物联网技术拉开应用序幕

物流行业物联网应用主要体现在三个方面：一是物流技术装备智能化。2010 年我国物流技术装备市场不断涌现传统物流装备与现代物联网感知相结合的新型产品，如带感知芯片的周转箱等；二是物流信息系统的网络化。2010 年我国部分物流企业的物流信息化优秀案例表明，物流行业基于物联网技术的局部智能系统在企业的物流管理方面取得了显著效果；三是智能追溯系统获得大发展，食品、药品的 RFID 双向追溯系统得到普及应用。

（四）关键技术逐步推广

针对提高运输组织效率、保障交通运输安全、提升公共信息服务水平等物流业发展需求，国家有关部门在综合枢纽智能管理与建设、多式联运与甩挂运输、智能化集装箱运输、港口集疏运体系、跨国运输、重点营运车辆和船舶实时监管、电子不停车收费、治理超限超载监控网络以及交通运输信息资源整合等方面开展了一系列关键技术的研究，加快了科技成果的推广应用。

十、基础工作稳步推进

（一）物流统计工作

中国物流与采购联合会按月度发布的制造业、非制造业采购经理指数（PMI），已经成为政府部门加强宏观调控的重要依据，在国内外具有广泛的影响力。联合会定期开展的物流统计分析报告、生产资料市场流通统计分析报告，不仅得到政府部门的充分肯定和大力支持，也成为企业经营决策的重要参考依据。

（二）物流标准化工作

国家标准委、国家发展改革委等 11 个政府部门 2010 年 6 月联合颁发《全国物流标准专项规划》。这个《专项规划》确定了近期内物流标准化工作的指导思想、主要目标，建立了由通用基础、公共类物流、专业类物流构成的新的物流标准体系框架，提出了 13 个重点物流领域标准修订计划项目。

（三）企业评估认证、诚信、示范评审工作

按照《物流企业分类和评估指标》国家标准，2010 年中国物流与采购联合会开展了第十、第十一两批 A 级物流企业的评估工作。按照《物流企业信用评级管理办法》，中国物流与采购联合会评审出 A 级物流信用企业累计已有 125 家。2010 年，经中国物流与采购联合会评审命名，共有 19 家优秀物流企业和具有特色的物流企业获得中国物流示范基地和中国物流实验基地称号，目前，全国共有 70 家企业获此称号。

（四）物流教育培训工作

截至 2010 年底，全国共有 200 余所大学开展物流研究生的培养；经教育部批准开设“物流管理”和“物流工程”专业的本科院校数量已达 378 所；开设物流专业的高等职业院校 824 所；开设物流专业的中等专业学校超过 1 000 所。不同学历层次的物流专业在校生突破 100 万人。在物流师培训和考试方面，目前累计获得各级物流师资格证书的约有 12 万人。

（五）学术研究和科技创新工作

2010 年新评出“中国物流与采购联合会科学技术奖”获奖项目 55 项。2010 年的中国物流学术年会参会代表超过 1 000 人，设立分论坛 20 个，共收到参评论文 881 篇，参评课题 186 个，参评优秀案例 103 个，累计设立产学研基地 87 个。

加快转变发展方式　促进行业健康发展

中国轻工工艺品进出口商会

2010 年，在商务部党组领导下，全行业共同努力，扎实工作，克服了人民币升值，原材料价格快速攀升，“用工难”等诸多不利因素，进出口贸易大幅增长，行业转型升级取得进展，商会建设得到加强。

一、2010 年轻工工艺品进出口情况分析

2010 年轻工工艺品进出口呈以下特点：

（一）进出口贸易额大幅增长

2010 年，轻工产品进出口总额 5 097.3 亿美元，占全国进出口总额的 17.15%，同比增长 29.8%。其中出口 3 934.3

亿美元，占全国出口 24.93%，同比增长 27.45%；进口 1 163亿美元，占全国进口 8.34%，同比增长 38.44%。

（二）对新兴市场出口大幅增加

受益于中国—东盟自贸区建设成果正式启动，2010 年对东盟出口累计达 253 亿美元，同比增长 29.07%。对拉美国家出口累计达 217 亿美元，同比增长 57%，对中东、非洲国家的增幅也超过二成。

（三）民营企业出口占比进一步加强

2010 年，民营企业出口额占比进一步增加，由 2009 年的 36.58% 增加到 2010 年的 40.22%，国营企业和三资企业出口占比分别由 2009 年的 14.63% 和 48.48% 下降到 2010 年的 13.65% 和 45.87%。

（四）对主要市场出口数量均下降

2010 年，排在我出口市场前 4 位的仍然是美国、欧盟、香港和日本。但对这些市场出口产品数量出现不同程度下降。

（五）中西部省市出口增长较快

排在出口前 6 名的省市分别是：广东、浙江、江苏、上海、山东和福建。这 6 省市比上年都有大幅增长。部分中西部省市由于原来基数较低，呈现快速增长。增长较快的有甘肃 568.43%、西藏 144.80%、云南 136.27%、江西 110.55%、四川 95.7%、青海 88.63%。

（六）大宗产品进出口情况

2010 年大宗轻工工艺品出口总额排名前 8 位的分别是：鞋 356.3 亿美元，家具 333.2 亿美元，塑料制品 204.1 亿美元，箱包 180.2 亿美元，珠宝首饰 114.4 亿美元，陶瓷制品 111 亿美元，玻璃制品 103.3 亿美元，玩具 100 亿美元。

进口额最大的是纸张、纸浆 187.81 亿美元，其次是珠宝首饰 53.3 亿美元，再次为玻璃制品 48.7 亿美元。

二、轻工行业进出口在转变中谋发展

（一）轻工行业对外贸易面临的困难

轻工产品出口中遇到的来自国际市场的问题是贸易摩擦频发：2010 年，全球对我轻工产品提起贸易救济措施调查案件 11 起。涉及的主要产品有长丝玻璃纤维、鞋、木制卧室家具、纸杯、玻璃、木质地板和厨房不锈钢器皿等，涉案金额 6 亿美元。数量较前年的 9 起有所提升。

此外国内市场，原材料价格上涨、劳动力成本上升、人民币升值；产业大而不强，产能过剩，企业研发、设计和营销能力不强，缺少自有品牌，产品质量和档次有待进一步提高，企业在发展的关键期普遍遭遇"用工难"。这些都给企业带来了巨大的成本压力和市场风险。

（二）我国出口增长模式转型出现可喜变化

一是技改研发投入增加。部分企业在国际金融危机背景下，仍拿出销售总额的 3%—5% 作为技术研发资金投入，行业技改研发能力明显增强。二是重视节能环保。一些企业开发设计新型箱包面料，新产品、新设计节能环保产品深受国际市场青睐；陶瓷企业投入大笔资金，引进国内外先进的节能窑炉和工艺技术，将燃料结构从煤气转为天然气，节能环保水平显著提高。三是品牌建设成效显著。一些企业自主品牌已占到产品的 15%—20%，有些企业甚至可以占到 60%—70%。四是开拓境外营销渠道取得突破。有企业通过购买国际品牌的全球特许经营权，为公司建立全球品牌分销渠道，为产品拓展市场开辟了新途径。

三、2010 年商会主要工作回顾

为贯彻落实中央提出的"保增长、扩内需、调结构"的指导方针，按照商务部的工作部署，我会积极开展贸易促进活动，针对行业中普遍存在的问题和困难，向政府部门建言献策，协助企业培育新的出口增长点。在全体会员支持下，开展了一系列卓有成效的工作。

（一）加强国际交流合作，开展贸易投资促进活动

2010 年，我会先后 6 次组织贸易投资促进团，分赴巴西、丹麦、奥地利、意大利、美国、西班牙、法国、葡萄牙、土耳其等国开展贸易投资促进工作。此外，商品分会组织企业赴比利时、意大利、巴西考察家具市场；赴西班牙、埃塞俄比亚、南非及肯尼亚考察箱包市场；赴土耳其开展陶瓷业务交流；赴马来西亚考察巴生港自贸区；赴捷克、希腊、土耳其考察玻璃制品市场。通过这些活动，企业与当地企业签署多项合作协议。包括收购家具品牌、采购原材料及食品、开展陶瓷及玻璃研发设计合作、并购股权、设立分销公司等项目，总金额约 2 亿美元。商会还同国外有关同行业协会签署了合作协议。

（二）发挥桥梁纽带作用，积极反映行业意见建议

积极开展行业调研。针对轻工行业出口遇到的新情况、新问题，我会多次赴主产区进行调研，撰写调研文章上报商务部，一些调研文章被刊载到商务部《商务参阅》、《政务信息》和《调研参考》等刊物。主要调研有《福建省培育产品出口基地发挥产业聚集效应》、《应将政策稳定作为轻工出口行业转型升级的基础和条件》、《完善内外贸市场对接机制，助力外贸企业开拓内销市

场》、《采用硅胶取代部分塑料原料，以减少国外对我出口产品的技术壁垒》、《日用陶瓷出口企业承受人民币升值有限》、《传统陶瓷产业转变出口增长模式的情况及建议》、《牢牢稳住出口增长，科学谋划转型升级》等。其中《完善内外贸市场对接机制，助力外贸企业开拓内销市场》得到部领导的重视和批示。

（三）及时上报政务信息，认真做好信息服务工作

2010年，我会上报政务信息400余条，在部各直属事业单位中名列前茅。我会通过网站、期刊及其他出版物为会员企业提供展览、市场、法律、统计分析、行业动态等多种信息。到年底，我会期刊《协调与服务》已出版350期，形式和内容不断改进，并开通电子版。出版第六册《中国日用消费品年度对外贸易报告》。制作轻工大类产品月度进出口统计报告，在商务部及商会网站公布。

（四）积极应对贸易壁垒，努力营造良好外贸环境

2010年，全球对我轻工产品提起贸易救济措施调查案件11起。涉及的主要产品有长丝玻璃纤维、鞋、木制卧室家具、纸杯、玻璃、木质地板和厨房不锈钢器皿等，涉案金额6亿美元。为确保出口市场，我会积极组织企业开展抗辩活动。为应对欧盟对我长丝玻璃纤维反倾销案，会领导率团赴欧盟参加听证会，与有关组织和机构开展对话，进行游说。通过努力，终裁结果较初裁有很大好转。在出口哥伦比亚鞋预警、欧盟日用陶瓷反倾销预警、印尼自贸区交流中我会也发挥了积极作用。

（五）提升会展服务水平，协助企业开拓内外市场

我会充分利用广交会平台，做好品牌展区服务工作，维护交易秩序，开展保护知识产权工作，针对行业热点问题进行调研。第107届广交会期间，我会主办发制品展示会；第108届广交会期间，承办外贸司“转变外贸增长方式”企业经验交流会；针对行业热点问题，尤其是人民币升值问题，向企业发放调查问卷，将汇总分析情况上报商务部。

为帮助企业保住传统市场，发展新兴市场，同时开拓内贸市场，我会2010年共举办或组织企业参加国内外展会17个，累计展出面积约6万多平方米，参展企业500余家。

（六）注重产品质量安全，丰富公共服务相关内容

2010年，我会完成《与食品接触材料（涂层、金属、橡胶）出口质量安全手册》的统稿和印刷工作，着手编写了《与食品接触纸制品质量安全手册》、《与食品接触竹木制品质量安全手册》和《日用玻璃制品质量安全手册》。在广州组织出口家具质量安全培训，在义乌举办输美仿真首饰专题培训。《手册》不仅为企业提供了切实帮助，在应对产品质量安全事件时也发挥了重要作用，得到广大中小企业的好评。

（七）开展共建基地工作，推动行业转型升级进程

2010年，我会同浙江富阳共建球拍出口基地、同安溪共建藤铁出口基地、同山东菏泽共建木草柳出口基地，同山东淄博共建玻璃陶瓷出口基地。2011年初，经过考察和磋商，我会已确定和潮州共建陶瓷出口基地，同泉州共建包袋出口基地，同南通共建体育健身器材出口基地，同温州共建鞋出口基地。截至目前，商会与地方政府共建出口基地已达20个。

（八）加强宣传交流工作，扩大行业国内外影响力。

我会协助商务部外贸司征集企业LOGO，制作《中国制造》广告，在上海F1方程赛做宣传。在部新闻办指导下，就人民币升值问题代表广大出口企业在媒体发出声音，并向多家媒体提供相关稿件。向外贸中心广交会会刊、《国际商报》、《商务年鉴》等报刊杂志提供宣传稿件。

过去一年中，在政府部门大力支持和各理事共同努力下，商会不断改革创新，探索发展道路，开辟新的服务领域，立足本职工作，服务行业大局，较好地完成了各项任务。

今年是“十二五”规划的开局之年，行业发展面临新形势、新挑战、新任务，轻工商会将按照科学发展观这一主题，与全行业一道，加快转型外贸发展方式，推动我国外贸由大到强的进程，为实现我国外贸全面、协调、可持续发展而努力奋斗！

2010年中国五矿化工行业进出口情况

中国五矿化工进出口商会

2010年是“十一五”规划的收官之年，我国对外贸易在2009年经受全球金融危机严重冲击出现低谷后，逐渐企稳并呈现新一轮的增长态势，出口、进口均创历史新高。2010年全国对外贸易总额为29 727.6亿美元，比2009年增长（下同）34.7%。其中出口15 779.3亿美元，增长31.3%；进口13 948.3亿美元，增长38.7%。

2010年五矿化工行业进出口总额为8 593.8亿美元，占全国进出口总额的28.9%，增长41.3%。其中出口2 729.5亿美元，占全国出口总额的17.3%，增长39.7%；进口5 864.3亿美元，占全国进口总额的42.0%，增长42.1%。贸易逆差为3 134.8亿美元。

一、五矿化工行业外贸运行主要特点

1. 五矿化工行业出口、进口均呈逐月波动上升趋势。

2010年五矿化工行业出口逐月波动上升。2月份出口额最低，为158.5亿美元，12月份出口额最高，为258.9亿美元，但较历史最高水平（2008年7月五矿化工行业出口318.8亿美元）仍有很大差距。

2010年五矿化工行业进口逐月波动上升，并屡创历史新高。2月份进口额最低，为396.0亿美元，12月份进口额最高，为595.2亿美元，较2月份增长50.3%。

2. 五矿化工行业出口主要大类商品为五金制品、黑色金属，进口主要大类商品为石油、金属矿物及废料。

2010年五矿化工行业出口主要大类商品为：五金制品（出口614.5亿美元，占行业出口总额22.5%，增长26.5%）、黑色金属（出口395.7亿美元，占14.5%，增长67.2%）、有机化学品（出口252.5亿美元，占9.3%，增长32.7%）、非金属矿产及制品（出口236.0亿美元，占8.6%，增长31.8%）、塑料及制品（出口219.5亿美元，占8.0%，增长41.3%）。

2010年五矿化工行业进口主要大类商品为：石油（进口1 572.2亿美元，占行业进口总额26.8%，增长49.1%）、金属矿物及废料（进口1 311.2亿美元，占22.4%，增长54.0%）、塑料及制品（进口611.7亿美元，占10.4%，增长31.3%）、有色金属（进口493.0亿美元，占8.4%，增长30.7%）、有机化学品（进口474.2亿美元，占8.1%，增长33.7%）。

3. 欧盟、日本、韩国、美国、澳大利亚是五矿化工行业前五大贸易伙伴。

欧盟为五矿化工行业第一大贸易伙伴，双边贸易额为852.6亿美元，占行业贸易额的9.9%，增长34.5%。其中出口417.5亿美元，占行业出口额的15.3%，增长41.3%；进口435.1亿美元，占行业进口额的7.4%，增长28.6%。日本为第二大贸易伙伴，双边贸易额为716.8亿美元，占8.3%，增长31.2%。其中出口203.3亿美元，占7.4%，增长44.9%；进口513.5亿美元，占8.8%，增长26.5%。韩国为第三大贸易伙伴，双边贸易额为627.8亿美元，占7.3%，增长28.4%。其中出口210.7亿美元，占7.7%，增长35.5%；进口417.1亿美元，占7.1%，增长25.1%。美国为第四大贸易伙伴，双边贸易额为621.3亿美元，占7.2%，增长31.1%。其中出口341.9亿美元，占12.5%，增长29.5%；进口279.4亿美元，占4.8%，增长33.1%。澳大利亚为第五大贸易伙伴，双边贸易额为605.3亿美元，占7.0%，增长52.1%。其中出口60.8亿美元，占2.2%，增长41.8%；进口544.5亿美元，占9.3%，增长53.4%。

4. 五矿化工行业出口、进口仍集中在东部地区，但增速明显低于中西部地区。

2010年五矿化工行业东部十一省市出口2 288.4亿美元，占全国五矿化工行业出口总额的83.8%，增长37.0%。其中广东出口428.0亿美元，增长23.5%；江苏出口392.2亿美元，增长48.2%；浙江出口334.2亿美元，增长44.6%；上海出口261.0亿美元，增长35.7%；山东出口244.7亿美元，增长41.5%；北京出口181.4亿美元，增长26.1%；辽宁出口162.8亿美元，增长40.6%。中部八省市出口257.8亿美元，占9.4%，增长61.3%。西部十二省市出口183.3亿美元，占6.7%，增长48.4%。

2010年五矿化工行业东部十一省市进口5 206.4亿美

元，占全国五矿化工行业进口总额的88.8%，增长41.0%。其中北京进口1 552.0亿美元，增长47.3%；广东进口941.3亿美元，增长32.5%；上海进口616.6亿美元，增长41.8%；江苏进口578.9亿美元，增长41.1%；浙江进口464.8亿美元，增长31.3%；山东进口399.9亿美元，增长57.2%；辽宁进口208.7亿美元，增长22.7%。中部八省市进口380.8亿美元，占6.5%，增长53.6%。西部十二省市进口277.1亿美元，占4.7%，增长48.7%。

5. 五矿化工行业出口以私营企业、三资企业为主，进口以国有企业、三资企业为主。

2010年五矿化工行业出口总额中，私营企业出口961.2亿美元，占行业出口总额的35.2%，增长50.8%。三资企业出口951.0亿美元，占34.8%，增长33.9%。国有企业出口696.3亿美元，占25.5%，增长33.2%。私营企业出口增幅大幅高于三资企业、国有企业。

2010年五矿化工行业进口总额中，国有企业进口2 695.6亿美元，占行业进口总额的46.0%，增长41.8%。三资企业进口1 867.2亿美元，占31.8%，增长37.6%。私营企业进口1 074.1亿美元，占18.3%，增长54.0%。私营企业进口增幅大幅高于三资企业、国有企业。

二、重点商品进出口情况

1. 原油出口萎缩、进口激增，贸易逆差进一步扩大。

原油是五矿化工行业第一大进口商品，进口占行业进口总额的23.0%。2010年原油进口2.4亿吨，增长17.4%，金额1 349.4亿美元，增长51.8%，平均单价564美元/吨，增长29.3%。进口主要市场：沙特阿拉伯（4 464万吨，255.1亿美元）、安哥拉（3 938万吨，227.4亿美元）、伊朗（2 132万吨，120.4亿美元）。原油进口呈现量价齐增的主要原因：一是原油价格的恢复性上涨和美元超发带来的国际大宗原材料价格上涨。二是我国原油需求不断增加。随着国民经济的复苏，我国工业生产、物流、出行活动日益频繁，燃料需求不断增加。三是我国原油加工能力不断提高，为提升装置开工率，加工量加大。

原油出口303万吨，减少41.5%，金额16.5亿美元，减少25.5%，平均单价544美元/吨，增长27.3%。出口主要市场：日本（60万吨，3.4亿美元）、朝鲜（53万吨，3.3亿美元）、韩国（62万吨，2.8亿美元）。

原油对外贸易呈巨额贸易逆差，是我行业贸易逆差的主要来源。2010年原油贸易逆差额为1 332.9亿美元，占行业贸易逆差额的比重为42.5%。

2. 钢材出口激增，进口数量略有下降、金额微增。

钢材是五矿化工行业第一大出口商品，出口占行业出口总额的13.5%。2010年钢材出口4 255万吨，增长73.0%，金额368.2亿美元，增长65.3%。钢材2010年出口激增，但仍未恢复至金融危机前水平，与2008年相比仍有较大差距。2010年钢材，出口量较2008年减少28.2%，出口金额较2008年减少42.0%。

2010年钢材出口主要市场：韩国（数量844万吨，增长51.7%，金额61.7亿美元，增长55.7%）、欧盟（数量389万吨，增长136.0%，金额37.1亿美元，增长115.2%）、印度（数量340万吨，增长187.1%，金额27.4亿美元，增长175.9%）。对印出口钢材激增的主要原因：近年来印度政府不断加大对基础设施建设方面的投入，同时印度汽车产业、白色家电业、建筑业也保持强劲增长势头，印度国内钢材需求大幅增长。

2010年钢材进口1 643万吨，减少6.8%，金额201.1亿美元，增长3.2%，进口主要来自日本、韩国、欧盟。自日本进口778万吨，增长27.3%，金额88.3亿美元，增长24.9%；自韩国进口412万吨，减少9.9%，金额43.3亿美元，增长4.7%；自欧盟进口110万吨，增长8.6%，金额28.1亿美元，减少10.2%。

3. 铁矿石进口量略降，进口价格大幅飙升。

2010年铁矿石进口6.2亿吨，减少1.5%，金额791.4亿美元，增长57.7%，平均单价128美元/吨，增长60.2%。铁矿石进口主要市场：澳大利亚（2.7亿吨，343.5亿美元）、巴西（1.3亿吨，178.1亿美元）、印度（1.0亿吨，112.7亿美元）。

4. 初级形状的塑料出口激增。

初级形状的塑料出口388万吨，金额76.8亿美元，分别增长30.7%和53.7%。主要出口市场：香港（63万吨，16.9亿美元）、欧盟（24万吨，5.6亿美元）、韩国（23万吨，5.3亿美元）。

初级形状的塑料进口2 391万吨，金额435.6亿美元，分别增长0.4%和25.2%。主要进口市场：韩国（473万吨，81.9亿美元）、台湾省（427万吨，78.4亿美元）、日本（219万吨，53.8亿美元）。

5. 煤炭呈现“出口不断萎缩，进口不断增长”局面。

中国是世界上最大的煤炭生产国，自20世纪90年代开始中国煤炭出口量一度快速增长。2001年中国煤炭出口9 012万吨，净出口8 763万吨，成为全球排名第二的煤炭出口国。同时，煤炭成为我行业第一大出口商品，所占比重为6.3%。随后由于中国经济的快速发展，对煤炭的需求不断增长，不少地区出现了“煤荒”，煤炭价格不断上涨，煤炭对外贸易呈现“出口不断萎缩，进口不断增长”局面。2009年煤炭出口锐减，进口激增，出现巨额贸易逆差。2009年煤炭出口2 235万吨，减少50.7%，金额23.6亿美元，减少54.6%；进口12 664万吨，增长210.7%，金额105.8亿美元，增长198.4%。贸易逆差为82.2亿美元，超过了2005—2009年四年的贸易顺差。

2010年煤炭出口萎缩，进口激增，贸易逆差进一步扩大。2010年煤炭出口1 895万吨，减少15.2%，金额22.3亿美元，减少5.6%；进口16 627万吨，增长31.3%，金额170.2亿美元，增长60.9%。贸易逆差达147.9亿美元，较2009年增长79.9%。

2010年中国农产品进出口情况

中国食品土畜进出口商会

2010年，我国农产品贸易总额突破1 000亿美元大关，达到历史最高水平。农产品进出口额为1 207.9亿美元，比上年增长32.2%。其中，出口488.8亿美元，增长24.7%，进口719亿美元，增长37.8%。

一、2010年我国农产品出口概况

自2010年7月份起，我国农产品月度出口规模已连续6个月保持在40亿美元以上水平，其中2010年12月达到56.3亿美元的历史峰值。

（一）大类农产品出口大幅增长

2010年，大类农产品出口均比上年有较大幅度增长，如蔬菜类产品增长41.8%，水产品增长29.1%，肉类产品增长27.8%。

表1 2010年大类农产品出口情况

单位：亿美元

商品名称	2010年出口额	同比（%）
水产品	132.3	29.1
蔬菜及制品	100.6	41.8
其他农产品	83.1	16.4
水果、坚果及制品	55.2	15.2
其他食品	40.5	27.2
肉类及制品	24.4	27.8
谷物及淀粉类产品	22.5	8.7
酒饮	18.8	14.5

（二）部分重要农产品出口量价齐升

2010年，在商务部监测的30种重要出口农产品中，16种商品量价齐升。均价增长最快的是烤鳗，累计出口3.6万吨，均价18 009美元/吨，同比分别增长13.7%和41.2%。其他量价增长较快的产品包括食糖、羽毛羽绒、蘑菇罐头等。

（三）亚洲地区仍位居出口市场首位

2010年，我农产品对亚洲地区出口292亿美元，占农产品出口总额的59.8%，位居各大洲之首；对南美洲地区出口增速最快，超过50%。

表2 2010年前六大农产品出口市场情况

单位：亿美元

排名	出口市场	出口额	同比（%）	比重（%）
1	日 本	91.5	19.0	18.7
2	东 盟	74.6	39.6	15.3
3	欧 盟	68.6	19.1	14.0
4	美 国	57.8	23.0	11.8
5	香 港	42.8	20.3	8.7
6	韩 国	35.3	24.6	7.2

（四）山东是我农产品出口第一大省

2010年，全国主要农产品出口省市增势良好。前十大农产品出口省市出口额为382亿美元，同比增长27.3%，占农产品出口总额的78.2%。山东继续保持农产品出口第一大省的地位，占全国出口份额超过1/4。

表3　2010年前十大农产品出口省市情况

单位：亿美元

排名	出口省市	出口额	同比（%）	比重（%）
1	山东	127.1	30.1	26.0
2	广东	56.7	16.1	11.6
3	福建	49.6	44.9	10.1
4	浙江	36.7	22.0	7.5
5	辽宁	35.9	17.0	7.3
6	江苏	25.2	28.2	5.2
7	上海	14.9	23.0	3.0
8	云南	13.1	34.3	2.7
9	河北	12.3	20.8	2.5
10	湖北	10.9	50.5	2.2

（五）出口企业数量有所增长，私营企业是农产品贸易的主力军

2010年，我国农产品出口企业达到19 123家，同比增长了548家，增速为3%，其中70%以上的企业出口额有不同程度的增长。从企业性质来看，私营企业成为农产品出口的主力军，全年出口219.4亿美元，同比增长37.8%，占出口比重44.9%；三资企业出口187亿美元，同比增长17.2%；国有企业出口65.8亿美元，同比增长9.5%。

（六）一般贸易出口居主导地位，加工贸易稳步增长

2010年，一般贸易累计出口391.8亿美元，同比增长29.4%，占农产品出口总额的80.2%；加工贸易累计出口79.2亿美元，同比增长7.7%。

二、2010年我国农产品出口的主要特点

（一）加工农产品的国际市场需求开始恢复

2009年，农产品出口呈恢复性增长的态势，但只是初级农产品的需求在恢复，加工农产品出口几乎为零增长。2010年，我初级农产品对全球出口278.9亿美元，比上年增长27.4%；加工农产品对全球出口209.9亿美元，比上年增长21.2%。这说明国际市场中高端的食品需求开始恢复，对农产品出口构成实质性利好。

（二）农产品出口成本持续上涨

2007—2009年，三种粮食（小麦、玉米、大米）总生产成本年均增长率达11.7%。蔬菜等园艺产品机械化程度低，生产成本上涨较快。政府加强了对肉类、奶制品的质量监管，导致其质量成本提高。工业化、城市化的发展导致务农的机会成本上升，优质劳动力流向工业等利润率更高的行业，给农产品出口企业用工带来很大困难。2010年，我农产品出口企业的用工成本增长10%—20%不等。

（三）出口利润微薄，不利企业转型升级

从全行业情况看，2010年出口利润增长的企业约占1/3，出口利润持平或下降的占到2/3。多数农产品出口企业的利润率在2%—3%。总体看，农产品出口以中小企业为主，这些企业自有资金少，而出口竞争十分激烈，微薄的利润使其转型升级的难度很大。

（四）支持出口的优惠政策逐渐削弱

随着中西部经济的发展和内需的扩大，优质人力资源和市场资源开始从沿海城市流向内地。在节能减排、环保、维稳等硬性指标考核下，劳动密集型行业不再受到地方政府青睐。沿海地方政府对出口加工企业的诸多优惠措施慢慢回收，企业在税收、用地指标、用电指标、信贷安排等方面不再享受优惠待遇。

（五）贸易壁垒因素对出口影响越来越大

美国“2009年食品安全加强法案”对农产品质量安全全程控制提出了很高的要求，提高了进口门槛。欧盟开始实施“反海洋渔业非法捕捞法”，对进入欧盟的渔获物进行溯源、认证，并对国际海域的渔业捕捞活动均作了严格规定。德国是我水产品原料出口第四大市场，2010年我对其水产品原料出口额达4.9亿美元，同比仅增长2.2%。此外，碳关税、劳工标准、动物福利、环境标准正成为市场准入标准，我农产品出口增长方式仍较为粗放，应对各种新贸易壁垒非常被动。

三、2010年我国农产品进口概况

（一）经济复苏、国内自然灾害、通胀预期等多重推力，刺激农产品进口快速增长

2010年，我国经济处于上升轨道，油脂、纺织、酿酒、皮革等行业的进口需求回暖。同时，我国北方霜冻、西南旱灾、南方洪水等灾害天气频繁，给农业生产造成重大损失，供需缺口随之扩大。在成本推动、流动性充裕、输入性通胀等因素共同作用下，农产品通胀预期强烈。以上因素大大刺激了农产品进口，再加上2009年农产品进口基数较低，2010年我农产品进口表现为快速增长。

（二）消费升级和自贸区的建立成为农产品进口的新动力

2010年，我加工农产品比初级农产品的进口增速约高出10个百分点，这显示出国内食品消费升级正成为农产品进口的新动力。

随着我国和新西兰、东盟等国家和地区签订自贸区协议，来自自贸区国家的农产品进口大幅增长。我自新西兰农产品进口额同比增长6成，自东盟农产品进口额同比增长25%。

（三）中国超过墨西哥成为美国农产品第二大进口国

美国农业部12月21日发布的农业贸易展望报告显示，2011财年，预计中国将从美国购买150亿美元农产品，超过墨西哥成为美国农产品第二大进口国，而2009年中国排名第四。随着中美农产品贸易的发展，美国玉米、大豆、棉花和牛肉等农产品顺利进入到中国市场，这为缓解美国贸易逆差和人民币升值压力起到一定作用。

四、2011年农产品贸易展望

从内部环境看，2011年，中央财政"三农"预算安排近1万亿元，增幅超过15%，其中用于农业生产方面的支出近4 000亿元。2010年，银行业金融机构涉农贷款余额11.8万亿元，比上年增长22.3%。民间资本大力发展现代农业。据山西有关方面统计，目前从煤炭行业退出的民间资本投资现代农业过亿元的企业就有25家。政府部门将保持外贸政策的稳定性，并在出口信保、贸易便利化、进口促进、"走出去"、出口基地、电子商务等方面加大政策支持力度，促进农产品贸易转型升级。

从外部环境看，国际金融危机正在从私人银行危机向主权债务危机演变，全球经济复苏仍存在反复的可能性。同时，全球流动性依然充盈，大量资金进入商品期货市场，各国政府面临保增长和控制通胀的两难局面。美国、欧盟分别出台了食品安全和水产品捕捞的新法案，日本和韩国加强进口食品检验力度，国际农产品贸易自由化进程依然不容乐观。

整体看，受世界经济形势好转、加工农产品需求恢复、政府调高部分农产品出口退税率、东盟自贸区"红利"效应等多种因素的影响，我国农产品出口回升势头明显。但目前国际订单小额化、短期化成为常态，受自然灾害和国内通胀影响，原材料、物流、劳动力等要素成本大幅上升，我农产品出口企业依然处于微利化经营的状态，转型升级仍面临较大挑战。

2011年是挑战和机遇并存的一年。全行业上下将加快外贸转型升级，推进农产品生产经营的产业化、标准化、规模化、集约化，推动出口、进口、内销、"走出去"协调发展，为"十二五"农产品贸易发展开好局，打好基础。

2010年我国医药外贸形势分析和2011年展望

中国医药保健品进出口商会

2010年，我国医药对外贸易运行平稳，整体上延续了2009年以来的增长势头，进出口额累计达601.97亿美元，同比增长24.57%，已恢复到危机前的水平。其中，出口397.33亿美元，同比增长24.87%，进口204.64亿美元，同比增23.98%，贸易顺差达192.69亿美元，同比大幅增长25.83%。2011年是"十二五"的开局之年，医药对外贸易将迎来新的发展机遇期。但受国际各种不确定和不稳定因素影响，医药外贸运行面临的复杂性也明显增大。

一、西药类产品呈现进出口两旺的态势，价格整体低迷的状态未有改观

西药类产品是我国医药外贸的主力产品，进出口额占全行业总额比重高达60.42%。2010年我国西药类产品进出口总额为363.7亿美元，同比增长25.45%。其中，出口239.30亿美元，同比增长28.17%；进口124.41亿美元，同比增长20.53%；贸易顺差114.89亿美元，同比增长37.62%。

在西药三大分类商品中，原料药和西成药出口量价齐升，生化药虽出口量同比明显萎缩，但在价格因素的强势带动下出口整体仍呈增长态势，贸易结构有所优化。西药各大类商品出口全线增长折射出我国西药产品的良好竞争性和国际医药市场需求仍然趋旺，也为医保行业整体实现全年增长目标奠定了重要基础。需要注意的是，大宗西药产品出口价格总体呈下跌趋势，企业出口利润有所萎缩。

就出口额排名前20位的西药类大宗品种看，出口量涨幅超过30%的品种占总数的一半，氨基酸类产品出口量增幅最高，达54.46%，维生素C的增幅也达到46.87%。但从出口价格上看，10种出口均价下降的产品中，维生素C出口价格下降幅度高达31.36%。大宗西药出口的量涨价跌表明，不少产品的市场维护和增长是以牺牲价格实现的。价格的激烈竞争既有国际竞争对手的压力，更多是国内重复建设产能过剩、企业间低价竞销所致，短期内难有较大改观。与维生素C的表现呈鲜明对比的是肝素的出口，2010年肝素的出口数量同比仅增长2.42%，出口价格却飙升71.68%，使得肝素最终以11.92亿美元出口额的优异表现稳居西药类产品的榜首。

2010年，我国西药类产品进口平稳增长，进口数量同比上升2.45%，均价同比上涨17.65%，进口金额同比上升20.53%。其中，一半以上的西药类产品进口金额实现两位数增长，且平均涨幅超过35%。究其原因，一方面体现了我国医改新政促进国内需求释放效果明显，另一方面也表明外资对华市场布局进一步加快。

二、医疗器械产品进出口持续增长，贸易不平衡状况依然存在

作为占医药贸易1/3以上份额的医疗器械产品，2010年进出口额首次突破200亿美元大关，达211.94亿美元，同比增长23.30%。其中，出口138.59亿美元，同比增长19.83%；进口73.35亿美元，同比增长30.45%，贸易顺差65.23亿美元，同比增长9.77%。

从出口来看，医院诊断与治疗设备和保健康复用品继续领跑器械产品出口，出口额分别为45.44亿美元和24.16亿美元，同比分别增长25.56%和30.87%。需要指出的是，诊疗设备出口已向中高端方向发展，彩超、B超、病员监护仪等自主品牌占据优势的产品的出口大幅增长，同比分别增长37.27%、23.56%、40.68%。

从进口来看，2010年医疗器械进口超过3亿美元的产品已经有9个，另有10个品种进口超过1亿美元。进口排名前十位的重点商品中首次出现医用耗材产品——针、导管、插管及类似产品，其进口额为4.41亿美元，同比增长23.54%。

三、中药类产品进出口量价齐增，中成药贸易连续第三年出现逆差

2010年，我国中药类产品外贸增长良好，进出口额达26.32亿美元，同比增长22.74%。其中，出口19.44亿美元，同比增加22.78%。中药出口依然以植物提取物和中药饮片等原料类产品占比最大，两项合计占中药总出口额的81.84%。

2010年，我国药材主产区气候异常，先后经历冻灾、干旱及洪涝灾害，药材产量受到较大影响，加之劳动力成本上升、部分企业囤积和游资炒作等因素的共同作用，导致中药材和饮片产品价格普遍大幅上涨，其中太子参、党参、三七、黄芪、当归等品种上涨明显。原材料成本的上升则推动了出口价格的节节攀升，2010年中药类产品出口均价上升13.56%，其中中药饮片等原料类产品均价上升22.39%。

中成药作为中药类高附加值产品2010年进出口额为4.11亿美元，同比增长20.99%。其中，出口1.93亿美元，同比增长18.05%；进口2.18亿美元，同比增幅高达23.71%；逆差金额达到2 460.77万美元，同比增长98.24%，我中成药进出口已连续第三年出现逆差，形势不容乐观。

从中药进口来看，2010年，中药产品进口6.88亿美元，同比增长22.61%。中成药、保健品、中药材及饮片、提取物进口额占比较为平均。其中，保健品进口增幅最大，达30.33%，中药材及饮片增幅也达27.12%。

四、出口区位格局稳定，增长动力实现质的提升

2010年，我国医药外贸行业既有格局未出现明显变化，传统大省优势依然明显。进出口排名前五位的分别是上海、江苏、浙江、广东、北京，五省市进出口额合计417.32亿美元，占外贸总额的69.33%。外贸涨幅以山东省为首，达37.05%，其余各省市涨幅均处于20%—30%区间内。纵观全国各省市进出口贸易情况，除海南、贵州两省同比贸易额有所下降，湖北、山西增速在10%以下外，其余各省市皆实现两位数增长。

就出口而言，江苏、浙江、广东、上海、山东雄踞榜首，合计出口274.02亿美元，占全部出口额的68.97%。其中，广东省出口额有27.32%的增长，但出口价格有6.25%的回落，增长主要还是依赖于传统的出口数量扩张。而山东省出口额涨幅最高，达37.172%，但出口数量同比下降4.25%，增长动力主要来源于产品附加值的提高和贸易结构的优化。

五、对新兴经济体出口增速提高，自欧美主要贸易伙伴进口增加

2010年，亚洲、欧洲和北美洲作为我国医药外贸主要市场，其三足鼎立的局面继续得以保持，共占据了90.63%的份额。其中亚洲、欧洲平分秋色，分别以213.78亿美元和211.18亿美元位列前两名，北美洲稍逊，以120.61亿美元位居第三。与2009年同期相比，亚洲、欧洲和北美洲的进出口同比增长分别为23.64%、22.61%和27.39%，反映出国际市场需求有所回升。

从出口目的国或地区看，美国、印度、日本、德国和韩国依次为我国前五大出口地，占我国对外出口45.81%的市场份额，其中，对美国出口75.52亿美元，占我出口贸易的19.00%。2010年以来，我对新兴市场出口增长加速，出口市场继续保持多元化趋势。2010年，我对东盟、印度、巴西、俄罗斯、南非出口分别增长了29.15%、34.55%、30.01%、39.16%和27.71%。由于新兴市场出口增幅高于传统市场，新兴市场出口占比有所提高，多元化市场格局进一步确立。

从进口国家或地区看，我国自美、欧、日等主要经济体的进口规模进一步扩大。2010年我国进口前五位分别为美国、德国、日本、瑞士、法国，五国合计占我国医药类进口份额的55.76%。其中，美国以39.95亿美元的进口额继续稳坐我国自单一国别进口第一位置，进口增速为32.3%，高于我对美出口增速24.88%。此外，我自台湾省进口也出现激增，进口额同比上涨42.51%，出口额同比增长37.39%，两岸经济合作架构协议的签署对贸易的促进效果显著。

六、企业“走出去”步伐加快，国际化进程呈现多元化

2010年，我国医药企业的国际化步伐明显加快，取得了若干成果。如国药集团的中国医药外贸公司2008年在越南合资设立VCP药品股份公司，生产抗生素粉针，生产能力达到1亿支/年，投产以来一直实现赢利。2010年，国药决定进一步扩大越南工厂的生产规模，以扩大在越南的市场份额。天津天士力公司的复方丹参滴丸在美国的注册工作顺利推进，7月已完成二期临床试验，正式进入三期临床，成为我国首例进入美国FDA三期临床试验的中药产品。海正药业则通过参股美国赛金药业，扩大在美国的销售。

七、对2011年医药外贸形势的初步判断

当前，世界经济正逐步复苏，我国医药外贸环境持续好转，增长态势良好。但是，全球主要经济体复苏进程依然曲折，各种积极变化和不利因素同时存在，受到国内外诸多不利因素的多重制约，可能产生的负面影响不容忽视。

总体来看，2011年医药外贸将面临“高通胀、低增长”的国际经济环境，发达国家失业率居高不下，欧债危机继续蔓延，新兴经济体通胀风险上升，“货币战”已成为世界经济复苏中的新风险。未来国际医疗开支与保健消费将适度紧缩，不仅抑制对我国医药产品的进口需求，对进口价格也将更为敏感。国际贸易摩擦也将呈常态化趋势发展，在全球范围内，规则博弈、标准竞争、准入选择和汇率之变将成为今后一段时间内医药贸易摩擦的主要特征。另外，国内要素价格上升已严重影响我国产品的国际竞争力。在局部市场，中国制造产品将首先面临来自印度企业的强大冲击。

但是，我们也应该看到，我国医药外贸的发展也有不少积极变化和有利条件。2011年是“十二五”的开局之年。随着生物医药产业被列为国家战略性新兴产业，可以预见未来五年医药行业将得到国家的重点培育与支持。我们既要充分估计形势的复杂性、严峻性和不确定性，更应该进一步增强发展的信心，把握机遇，借着医疗体制改革的东风，通过科技创新和产业升级，优化产业结构与行业布局，转变外贸发展方式，保持医药外贸平稳较快均衡发展。

2010年中国机电产品进出口情况

中国机电产品进出口商会

2010年，受国际经济复苏、国外买家回补库存、我国采取稳定外贸发展的一系列政策措施等因素影响，我国机电产品进出口额均创历史新高，进出口额达到1.59万亿美元，比上年增长（下同）32.3%，比2008年增长17.1%，占全国外贸出口比重达到53.2%。其中出口9 334.3亿美元，增长30.9%，占外贸出口比重达59.2%。2010年机电产品顺差为2 731.2亿美元，同比增长23.2%。同期全商品顺差1 831亿美元，同比下降129.6亿美元。机电产品顺差超过全商品顺差约900亿美元。

一、自动数据处理设备、通信设备、家电及消费类电子产品、电工器材和汽车等产品进出口全面快速恢复

2010年，出口额领先的机电产品依次是自动数据处理设备（1 812.1亿美元）、通信设备（1 092.9亿美元）、家电和消费类电子（804.6亿美元）、电子元器件（782.7亿美元）和电工器材（657.7亿美元）等，以上产品占我机电产品出口额的55.2%。其中自动数据处理设备增长33%、通信设备增长23%、家电及消费类电子产品增长28%、电子元器件增长51%、电工器材增长38%，发展较快，全面超越2008年出口的峰值水平20%—30%，是带动出口增长的主要力量。从具体产品看，增长显著的有半导体器件增长107%，小轿车出口17.99万辆、出口额12.8亿美元，增长58.7%，大中型客车3.65万辆、出口额10.3亿美元，增长63%，集装箱出口250万个、出口额72.3亿美元，增长275%，滚动轴承43.6亿套、出口额33亿美元，增长64%，空调器出口4 240万台，出口额77.1亿美元，增长52%；增长平稳的有笔记本电脑，出口1.9亿台、出口额953.3亿美元，增长43%，手机出口7.58亿台、出口额467.4亿美元，增长18%，彩电6 628万台、出口额148.3亿美元，增长38%，数码相机出口1.09亿台、出口额70.7亿美元，增长12%，电线电缆出口1 683万吨、出口额124.2亿美元，增长41%。

2010年，进口额领先的机电产品依次是电子元器件（2 031.5亿美元）增长32%，自动数据处理设备及零件（525.8亿美元）增长34%，电工器材（519.2亿美元）增长32%，通信设备（236.9亿美元）增长19%，汽车及零配件（565.1亿美元）增长71%，以上产品占我机电产品进口额的58.7%。从具体产品来看，集成电路和微电子组件进口1 579.7亿美元、增长31%，计算机零附件和磁盘驱动器进口393亿美元、增长35%，移动通信设备零件进口169亿美元、增长22%，汽车关键件进口132.1亿美元、增长50%，汽车零附件进口125.9亿美元，增长42%。在整机进口中，小轿车34.4万辆，进口额141.6亿美元，增长115%，越野车35.1万辆，进口额127亿美元，增长80%，加工中心3.1万台、进口额34.1亿美元，增长119%，挖掘机4.2万台、进口额31.9亿美元，增长109%。进口下降的有小型计算机33.8%，移动通信设备2 083万台，进口额12.1亿美元，下降36%，程控电话或电话交换机1.2万台，进口额3 706万美元，下降33%。

值得关注的是，2010年进出口中涌现出新的增长点：出口方面，半导体器件、铁道电力机车、飞机、集装箱等均保持快速增长态势，增幅超过100%，计算机中央处理器（CPU）、空调、滚动轴承、非车用柴油发动机、焊接机器、缝纫机等增幅超过50%；进口方面，小轿车、大中型客车、激光打印机、加工中心、挖掘机、拖拉机、缝纫机等增长在100%以上。

二、一般贸易较快发展，加工贸易顺差依旧保持较高水平

一般贸易出口保持旺盛增势，进口增速大幅回升：2010年全年出口额2 828.8亿美元，增幅高达39.2%；进口额2 498.4亿美元，增长42.5%。加工贸易依旧保持机电产品贸易的主体地位，出口5 906.1亿美元，占比63.3%，增长26.6%；进口额2 834.8亿美元，占比为42.9%，增长26.6%，顺差高达3 072亿美元，约为全国外贸1 831亿美元顺差的1.7倍；加工增值率为52%，基本稳定在往年平

均水平。

三、粤、苏、沪牢牢占据前三甲，中西部地区进出口稳步加速

从具体省市来看，广东、江苏、上海分列进出口前三位，其出口额分别为 3 156.9 亿美元、1 884.1 亿美元、1 311亿美元，分别增长 26.2%、35.7%、27.8%，占机电产品出口的 68%；进口额分别为 2 053.5 亿美元、1 210.9 亿美元、1 092 亿美元，分别增长 30.3%、39.4%、38.7%，占机电产品进口的66%。

值得注意的是，除贵州外的中西部地区的进出口总体呈稳步增长态势。中部省市中（按出口额由大至小排列，下同），湖北出口增长 54.7%、安徽增长 43%、江西 134.9%、湖南 62.3%、河南 28.4%、内蒙古 73.5%，西部省市中，四川 16.2%、重庆 70.5%、陕西 79.9%、广西 32.1%、云南 90.5%、甘肃 166.2%、西藏 118.3%、青海 68.5%，显示出中西部出口增长的良好态势；进口方面（按进口额由大至小排列），四川进口增长 40%、湖北增长 47.1%、安徽 142%、陕西 50.3%、重庆 52.6%、湖南 31.8%、山西 107.9%、江西 10.9%成为中西部地区进口的主要力量。

四、与亚洲贸易稳定增长，自欧洲和北美洲进口大幅增长，与拉美和非洲贸易的迅速发展成为亮点

2010 年我国与主要的贸易地区进出口均稳步回升，出口方面，对亚洲出口明显复苏，全年出口 4 331 亿美元、增长 27.6%、占比 46.6%；传统欧美出口市场增速较快，对欧洲出口 2 138 亿美元、增长 34.8%、占比 22.9%，对北美出口 1 847.3 亿美元、增长 28.5%、占比 19.8%；拉丁美洲、非洲等新兴市场增速也逐步提高，对拉美出口 525.4 亿美元、增长 57.6%，非洲 306.2 亿美元、增长 27.2%。进口方面，亚洲仍在我进口来源地中占绝对份额，2010 年全年进口 4 815.1 亿美元、增长 35.9%、占比 72.9%；欧洲 1 194.3亿美元、增长 32.6%、占比 18.1%，北美洲 505.3 亿美元、增长 25.1%、占比 7.7%，显示欧美厂商与我贸易关系进一步增强。拉丁美洲和非洲虽增势较快，但所占份额仍然很小，自拉美进口 75.2 亿美元、增长 31.1%、占比 1.1%，自非洲进口 3.9 亿美元、增长 37.9%、占比 0.06%，

从具体出口目的地来看，欧盟（1 939.1 亿美元）、美国（1 773.6 亿美元）、香港（1 687.5 亿美元）、东盟（735 亿美元）、日本（604.4 亿美元）前五位出口市场总计占比 71.8%。对非洲、拉丁美洲的出口共占比 8.91%，分别增长 27.2%、57.6%，显示出较强的增长后劲。从进口来源地看，日本（1 199.8 亿美元）、欧盟（1 115.1 亿美元）、中国（962.6 亿美元，属于“国货复进口”）、韩国（934 亿美元）、东盟（829.4 亿美元）前五位进口市场总计占比 76.4%。

2010 年中国对外承包工程和劳务合作发展概况

中国对外承包工程商会

2010 年，世界经济延续复苏态势，特别是一些新兴国家的经济增长令人瞩目，国际市场逐渐走出萧条，呈现出勃勃生机。在这一年中，中国对外承包工程和劳务合作行业表现不俗，业务发展取得了新的成绩。

一、对外承包工程方面

（一）业务规模继续扩大，增势有所放缓

近年来，我国对外承包工程一直保持快速增长的势头。“十一五”期间（2006 至 2010 年），我国对外承包工程完成营业总额是“十五”期间（2001 至 2005 年）的四倍，年均增长 32.5%；新签合同总额是“十五”期间的五倍，年均增长 20%。相比起来，2010 年的业务增长率有所回调：完成营业额 922 亿美元，同比增长 18.7%；新签合同额 1 344 亿美元，同比增长 6.5%。

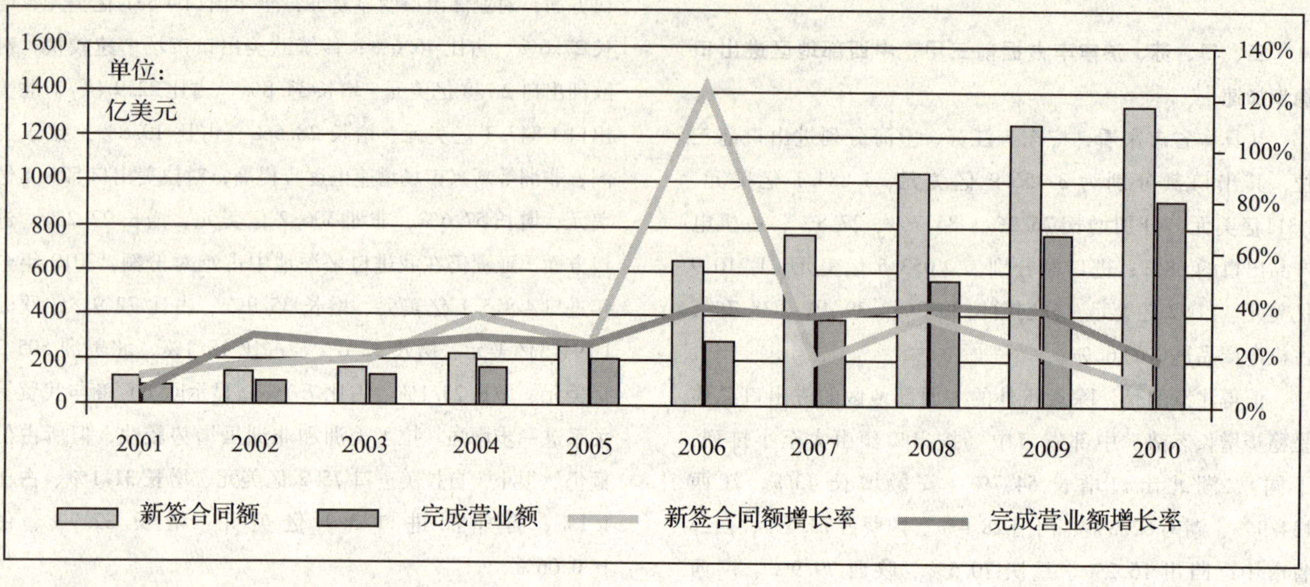

图1 2001至2010年中国对外承包工程业务走势图

2010年新签业务增势下滑的原因主要有如下三个方面。一是金融危机的后续影响。危机导致石油等资源价格下降，资源型国家的不少项目被取消或搁置，非洲的此类情形直接影响到我国企业的合同额。二是国际市场的需求不足。私营领域的投资大幅下降，导致项目明显减少，如制造加工业合同较上年下降了15亿美元。三是偶然性因素。2009年有两个超过70亿美元的超大型项目，致使2009年的合同额激增，也导致了2010年增长率偏低的现象。

（二）市场格局出现新动向，拉美、欧洲表现突出，非洲市场热度下降

得益于委内瑞拉、巴西、厄瓜多尔等国工程投资的大幅增加，拉美市场在2010年快速发展，营业额同比增长了72.18%，新签合同总额增长20.82%，显示拉美国家将成为对外承包工程发展的下一个重点区域。在东欧市场取得突破的推动之下，欧洲市场增长显著，合同额上升31.44%，营业额更是上涨57.10%。亚洲市场稳步发展，合同额、营业额均继续增加，在各地区中占据最大份额。而非洲市场，由于其主要依赖原材料和资源出口型的经济，受金融危机的严重影响，财政支付能力下降，基建出现下滑；尽管营业额实现增长，新签合同总额却较2009年下降12.08%。亚非传统市场的业务仍占据重要份额，但比重呈现下降趋势，由2008年的86%、2009年的87.4%下降至2010年的85.2%。同样呈现出下降趋势的是北美市场，新签合同总额10.52亿美元，较上年下降24.89%。

共有43个国家（地区）市场的新签合同额超过10亿美元，较2009年增加7个，合同金额总计1 133.7亿美元，占2010年新签合同总额的84.37%；新签合同额超过1亿美元的国家（地区）99个，比上年增加10个，合同金额总计1 324.94亿美元，占当年新签合同总额的98.61%。

（三）公共工程领域保持规模，交通、房建、电力项目继续领跑

在金融危机的影响下，制造加工等私人领域呈现下降态势，而交通、电力、电子通信、供排水等公共领域保持规模。从新签合同额看，交通运输、房建和电力工业仍位居前三甲，供排水工程领域2010年增长率最大，较2009年增长65.65%，而制造及加工业和石油化工业合同签署情况则不及上年。从完成营业额看，房建领域仍然稳居当前我国对外承包工程行业的首要地位。电力工业领域的营业额增速最快，制造及加工业、环保产业建设、矿山建设均出现了负增长。

（四）大型、新型模式不断增多，高端业务取得突破

2010年，新签合同金额在1亿美元以上的项目有261个，较上年增加21个，合计金额907.09亿美元，占新签合同总额的67.51%；10亿美元以上的特大项目14个，较上年增加3个，合计金额275.59亿美元，占新签合同总额的20.52%。其中，中国中铁股份有限公司承接的印尼苏达纳煤炭运输项目，合同额超过48亿美元。

中国冶金科工集团有限公司在澳大利亚签署了价值7亿美元的澳煤项目EPCM（设计采购与施工管理）合同，丰富了工程总承包的模式。投资与承包工程相结合的BOT/PPP等特许经营类项目、境外房地产开发、资源合作开发类项目逐渐增多，还有的企业通过参与区域规划、勘探和设计咨询获得项目，探索海外企业并购等方式开拓发达国家市场，推动对外承包工程业务向高端发展。

（五）企业综合实力继续提升

“中国军团”在国际市场上的竞争力继续巩固。2010年，54家中国承包商入选美国《工程新闻纪录》（ENR）的“全球最大国际承包商225强”榜单（比2009年增加4家），又以505.9亿美元的营业总额，超过美国和法国，捧得上榜企业数量和营业总量双料冠军。其中，共有38家企业排名相比上届有所提升。从我国商务部的统计看，中央大企业签署的合同额仍占到合同总额的近一半。近年来，越来越多的企业在提高业务能力的同时，也积极投身到环保、公益和相关方利益保护、社会责任履行的工作中。

（六）对外承包工程管理继续加强

2010年5月至12月，商务部、外交部等七部委联合开展《对外承包工程管理条例》专项检查。要求企业逐条对照《对外承包工程管理条例》规定，从履行合同规定、落实质量安全生产责任、保障派出劳务人员权益、履行社会责任等方面进行排查自检。专项检查有利于企业针对发现的问题，采取切实有效措施改进措施，提高守法合规的意识、提高企业和工程项目管理水平。2010年8月，商务部会同外交部等部门印发《境外中资企业机构和人员安全管理规定》，在境外安全教育和培训、防范境外安全风险、处置境外安全突发事件等方面提出了明确的要求。

二、对外劳务合作方面

（一）整体业务止跌回升，各项指标稳中有升

2010年，我国对外劳务合作稳中有升。对外劳务合作完成营业额89亿美元，与上年持平；新签合同额87.2亿美元，同比增长16.8%。全年累计派出各类劳务人员41.1万人，同比增长4%，年末在外各类劳务人员84.7万人，较上年同期增加6.9万人，增长8.8%。

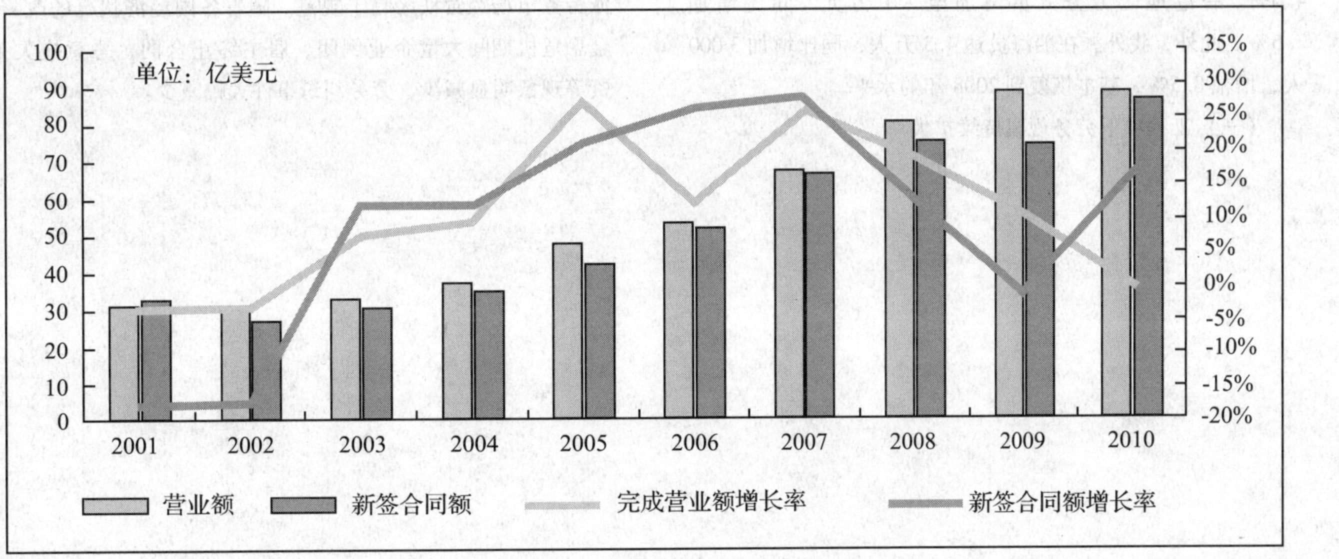

图2 2001至2010年中国对外劳务合作业务走势图

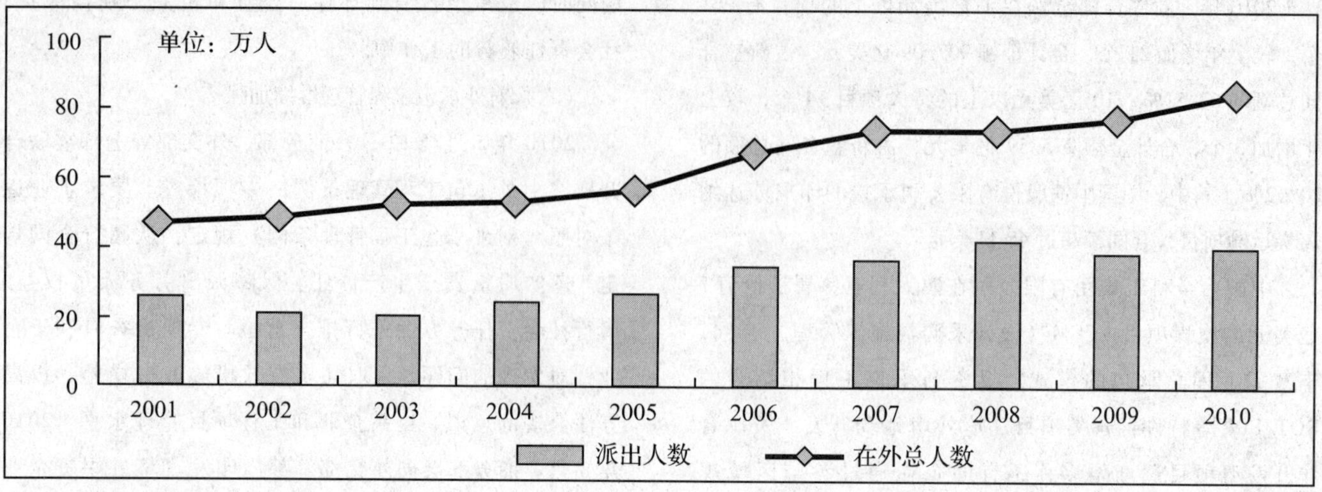

图 3 2001 至 2010 年中国对外劳务合作外派人数和年末在外总人数走势图

（二）亚、非市场继续巩固，传统国别市场业务恢复

从地区分布来看，亚洲、非洲的主导地位得到进一步巩固。亚洲市场年末在外人数 55.5 万人，非洲市场 23 万人，合计占在外总人数的 92.7%。其中，亚洲市场同比增加 2.6 万人，涨幅 5%；非洲市场同比增加 4.3 万人，增长 22.7%。欧洲、美洲、大洋洲地区在外人数与 2009 年基本持平或略有增加，占我在外总人数比例仍然维持较低的水平。

2010 年，我对日本、新加坡等传统市场的外派劳务业务规模继续扩大。在日本市场，年末在外人数达 17.2 万人，同比增加近 1 万人，增幅 6%。在新加坡和韩国市场，我在外劳务人员达到 8.6 万人和 3.9 万人，分别同比增长 3% 和 4.6%。香港地区劳务人员增加至 2.1 万元，同比增加 7.6%。此外，我外派在船海员达 4.3 万人，同比增加 3 000 人，增幅 8.5%，基本恢复到 2008 年的水平。

（三）工程项下劳务规模持续扩大

2010 年，我国对外承包工程业务继续保持较快增长，受其拉动，工程项下外派劳务人员规模持续增长。2010 年，共派出 22.5 万人，占我外派劳务人员总人数的 54.6%，同比增加 1 万人；年末在外人数 37.6 万人，占在外总人数的 44.5%，同比增加 5 万人。受重大项目开工等因素带动，一些承包工程市场，如赤道几内亚、埃塞俄比亚、尼日利亚、缅甸、沙特、越南等国的在外人数大幅增加。

（四）外派劳务市场秩序趋于规范，劳务纠纷事件大幅减少

2009 年七部委联合开展外派劳务市场秩序清理整顿专项行动以来，一些违规经营企业和个人受到查处、外派劳务政策宣传得到加强、各地政府的管理措施日益完善、外派劳务市场经营秩序趋于规范。随着各国经济状况的改善，金融危机期间大量企业倒闭、雇主终止合同、恶意拖欠工资等现象明显减少，劳务纠纷事件大幅减少。

国别（地区）经贸

ECONOMIC AND TRADE RELATIONS WITH COUNTRIES AND REGIONS ↘

中国商务年鉴
CHINA COMMERCE YEARBOOK
政府年度出版物 中、英文分册出版
Published in separate Chinese and English editions
www.yearbook.org.cn 电话：(010)64246856
K LINE
K LINE
EVERGREEN
EVERGREEN
EVERGREEN
CHINA COMMERCE YEARBOOK 2011
A MUST-HAVE FOR INTERNATIONAL BUSINESS
现代商务需要……

2010 年中国内地与香港、澳门特别行政区的经济贸易关系

商务部台港澳司港澳处

2010 年，随着国际金融经济形势的稳定，国际金融危机对港澳的冲击已大为减弱，港澳地区经济实现全面持续复苏。虽然港澳地区经济的好转与世界经济的加快复苏有关，但内地经济的蓬勃增长、内地与香港、澳门《关于建立更紧密经贸关系的安排》（以下简称《安排》）及七个补充协议的签署和实施，起到了重要的推动作用。内地与港澳间进一步减少和消除了贸易投资障碍，经贸合作与交流的水平进一步提高，内地与港澳在进出口贸易总额、内地对港澳出口等方面均大幅增长。内地吸收香港资金继续呈现增长态势。

一、内地与港澳进出口贸易统计分析

（一）内地与香港

据国家海关总署统计，2010 年，香港成为内地第五大贸易伙伴（前四位依次为欧盟、美国、日本、东盟）、第三大出口市场和第一大顺差来源地。2010 年，内地与香港进出口总额 2 305.8 亿美元，同比上升 31.8%。其中，内地对香港出口 2 183.2 亿美元，同比上升 31.3%；自香港进口 122.6 亿美元，同比上升 40.9%；内地对香港贸易顺差 2 060.6亿美元，上升 30.8%。

2010 年内地对香港出口的前十五种主要商品及金额

商品名称	金额（亿美元）	同比（%）
机电产品（包括本表已具体列名的机电产品）	1 687.3	32.43
高新技术产品（包括本表已具体列名的高新技术产品）	1 160.8	30.77
自动数据处理设备及其部件	244.9	57.70
电话机	180.5	54.07
自动数据处理设备的零件	114.8	25.99
集成电路	114.6	15.06
液晶显示板	91.8	15.06
船舶	82.4	77.47
纺织纱线、织物及制品	78.7	14.22
服装及衣着附件	70.7	0.19
印刷电路	69.7	31.19
农产品	42.7	21.12
二极管及类似半导体器件	40.1	40.40
通断保护电路装置及零件	39.4	30.82
静止式变流器	37.2	68.32

2010 年内地从香港进口的前十五种主要商品及金额

商品名称	金额（亿美元）	同比（%）
机电产品（包括本表已具体列名的机电产品）	42.5	6.75
高新技术产品（包括本表已具体列名的高新技术产品）	35.6	12.82
集成电路	14.4	2.20
废塑料	12.0	50.86
废金属	7.3	45.63
纺织纱线、织物及制品	6.6	-8.22
初级形状的塑料	4.9	27.47
医药品	2.9	14.06
废纸	2.4	67.07
二极管及类似半导体器件	1.7	14.81
服装及衣着附件	1.6	-6.05
电视机、收音机及无线电讯设备的零附件	1.6	-5.63
成品油	1.6	43.29
液晶显示板	1.4	122.78

（二）内地与澳门

2010 年，内地与澳门贸易额为 22.6 亿美元，同比上升 8.0%。其中，内地对澳门出口为 21.4 亿美元，同比上升 15.7%；自澳门进口为 1.2 亿美元，同比下降 49.8%。

2010 年内地对澳门出口的前十五种主要商品及金额

商品名称	金额（万美元）	同比（%）
机电产品（包括本表已具体列名的机电产品）	68 091.6	10.45
高新技术产品（包括本表已具体列名的高新技术产品）	37 916.2	1.78
电流	25 687.0	29.57
纺织纱线、织物及制品	24 694.6	2.47
农产品（包括本表已具体列名的农产品）	22 612.3	5.48
服装及衣着附件	21 295.5	52.96
成品油	18 481.0	36.93
照相机	9 789.7	-11.84
印刷电路	7 623.5	53.90
集成电路	5 980.9	-26.54
液化石油气及其他烃类气	2 858.0	65.12
肉及杂碎	2 695.4	9.72
船舶	2 518.7	244.19
家具及其零件	2 499.4	-16.70
水海产品	2 284.0	1.18

2010 年内地从澳门进口的前十五种主要商品及金额

商品名称	金额（万美元）	同比（%）
废塑料	4 056.0	－25.63
未锻造的铜及铜材	2 338.6	38.28
废金属	1 745.1	－86.59
服装及衣着附件	1 454.7	－33.19
机电产品（包括本表已具体列名的机电产品）	1 102.5	0.32
废纸	607.8	101.29
船舶	525.1	25.12
高新技术产品（包括本表已具体列名的高新技术产品）	433.5	－18.36
纺织纱线、织物及制品	408.9	23.89
玻璃纤维及其制品	192.0	49.77
初级形状的塑料	95.6	79.51
纺织机械及零件	74.1	14 378.31
印刷、装订机械及零件	57.5	10.41
二极管及类似半导体器件	39.2	204.23
农产品	38.1	－71.11

二、内地吸收港澳投资

2010 年，内地吸收香港直接投资项目 13 070 个，同比增加 22.1%，实际使用港资金额 605.7 亿美元，同比上升 31.5%。香港继续是内地吸收境外投资的最大来源地。截至 2010 年底，内地累计批准港资项目 322 391 个，实际利用港资 4 562.1 亿美元。按实际使用外资统计，港资在内地累计吸收境外投资中占 43.4%。

2010 年，内地吸收澳门直接投资项目 274 个，同比减少 6.8%，实际使用澳资金额 6.6 亿美元，同比减少 19.6%。截至 2010 年底，内地累计批准澳门投资项目 12 556个，实际利用澳资 97.0 亿美元，澳资在内地累计吸收境外投资中占 0.9%。

三、内地在港澳开展的承包工程与劳务合作情况

2010 年，内地在香港承包工程、劳务合作合同数共计 1 632份，合同金额 35.1 亿美元，完成营业额 19.0 亿美元，年底在港劳务人数 21 052 人。截至 2010 年底，内地在港累计完成营业额 395.8 亿美元。

2010 年，内地在澳门承包工程、劳务合作共计 10 426 份，合同金额 15.6 亿美元，完成营业额 14.5 亿美元，年底在澳劳务人数 48 951 人。截至 2010 年底，内地在澳累计完成营业额 115.5 亿美元。

四、内地企业赴港澳投资情况

2010 年，内地对香港非金融类直接投资为 337.7 亿美元，占内地对外非金融类直接投资总额的 57.2%。截至 2010 年底，内地对香港非金融类累计直接投资为 1 670.8 亿美元，占内地对外非金融类累计直接投资存量总额的 60.1%。

2010 年，内地对澳门非金融类直接投资 7 109 万美元。截至 2010 年底，内地累计对澳门非金融类直接投资 6.9 亿美元。

五、重要经贸往来大事记

2010 年内地与港澳经贸交流依然取得了丰硕成果。

（一）内地与香港、澳门之间的《安排》实施十分顺利

货物贸易领域：香港统计，截至 2010 年底，香港发证机构共签发 63 899 份原产地证书，货物离岸价总值为 286.3 亿港元。中国海关统计，2010 年《安排》项下内地进口香港零关税货物货值为 8.8 亿美元，关税优惠额 4.7 亿元人民币。截至 2010 年底，内地累计进口香港《安排》项下受惠货物 35.7 亿美元，关税优惠额 21 亿元人民币。

澳门统计，截至 2010 年底，澳门经济局共发出 1 400

张“零关税原产地证书”，其中1 247张使用的证书总出口额1.7亿澳门元。中国海关统计，2010年《安排》项下内地进口澳门零关税货物货值为839.6万美元，关税优惠额402万元人民币。截至2010年底，内地累计进口澳门《安排》项下受惠货物1 985.4万美元，关税优惠额1 220万元人民币。

服务贸易领域：截至2010年底，香港工贸署共签发香港服务提供者证明书2 324份，主要涉及运输、航空、分销、电信、视听、银行、旅游等，其中运输服务及物流服务共签发证明书1 221份，占核发总数的52.5%。

截至2010年底，澳门经济局核发410张“澳门服务提供者证明书”，主要涉及货代、运输、仓储、物流、电信、广告、零售、法律、会议服务和展览服务等。

金融领域：经中国人民银行允许，自2004年2月25日起，香港银行开始全面办理个人人民币存款、兑换、银行卡和汇款业务。截至2010年底，香港共有155家银行与清算行签订了清算协议，其中111家已开办人民币业务。香港人民币存款总额3 149.37亿元。

截至2010年底，澳门共有18家银行与清算行签订了清算协议，其中16家已开办人民币业务。澳门人民币存款总额132.6亿元。

个人游：截至2010年底，内地赴港“个人游”旅客累计达5 942.9万人次，占内地游客的50.3%。内地赴澳“个人游”旅客累计达3 891.1万人次，占内地游客总数的43.2%。

个体工商户：截至2010年底，内地共注册香港个体工商户3 981户，从业人员11 029人，注册资金2.8亿元。内地共注册澳门个体工商户725户，从业人员1 656人，注册资金4011万元。

（二）内地与香港、澳门签署了《〈安排〉补充协议七》

经国务院批准，2010年5月，商务部副部长姜增伟分别与香港特别行政区政府财政司司长曾俊华、澳门特别行政区政府经济财政司司长谭伯源签署了《〈安排〉补充协议七》。这次签署的《〈安排〉补充协议七》，是继2003年、2004年、2005年、2006年、2007年、2008年、2009年内地七次对香港、澳门开放货物贸易和服务贸易领域之后，进一步扩大开放的成果。根据该协议，内地将从2011年1月1日起对香港采取35项开放措施，对澳门采取31项开放措施。其中，服务贸易领域，在建筑、医疗、视听、分销、银行、证券、社会服务、旅游、文娱、航空运输、专业技术人员资格考试和个体工商户等12个领域开放力度进一步加大；新增了技术检验分析与货物检验、专业设计2个领域的开放内容。贸易投资便利化领域，增加了教育合作以及文化、环保、创新科技产业合作，并在检测和认证、会展领域增加了合作内容，以支持香港推动六大新兴优势产业的提升，配合澳门产业结构适度多元发展。《安排》补充协议七获得港澳社会各界高度评价。

《〈安排〉补充协议七》签署后，内地服务贸易对香港开放领域达到44个，优惠措施累计278项；对澳门开放领域已达到43个，优惠措施累计262项。

（三）举办了2010年商务部落实《安排》的系列活动

为充分发挥“落实《安排》示范城市”的平台作用，2010年6月29日和10月19日，商务部在佛山市和重庆市分别举办了“内地与港澳落实《安排》加强物流领域合作研讨会”和“利用《安排》平台，推进港澳与中西部服务业合作研讨会”等一系列活动，推动内地与港澳业界在相关领域的对接。11月15日，商务部还在香港举办了《安排》宣讲会，就《安排》相关内容进行宣传和解读，帮助香港业界更好的利用《安排》。

（四）成功举办了中国—葡语国家经贸合作论坛（澳门）第三届部长级会议

2010年11月13日—14日，商务部在澳门成功举办了以“多元合作，和谐发展”为主题的中国—葡语国家经贸合作论坛（澳门）第三届部长级会议。温家宝总理出席了开幕式并作主旨演讲。本届部长级会议是中葡论坛成立以来规模最大、级别最高的会议，也是澳门有史以来开展国事活动最多的一次盛会。4位葡语国家首脑和18位部级官员与会，提升了中葡论坛的层次，增进了中国和葡语国家战略的互信与合作。在开幕式上，温家宝总理宣布的设立中葡论坛合作发展基金等六项举措超出葡语国家预期，得到葡语国家的高度赞赏，中方务实精神增强了论坛的凝聚力。会议通过的《经贸合作行动纲领》合作领域更加多元，发展目标更加明确。

2010年中国与亚洲的经济贸易关系

商务部亚洲司综合处

2010年，亚洲各国经济大幅增长，复苏势头超出预期。我国与亚洲经贸合作迅速走出金融危机的不利局面，实现强劲发展，相互间贸易和投资已超过金融危机前的水平。经过金融危机的洗礼，我国与亚洲经贸合作的基础更加巩固、关系更加密切。

一、我与亚洲经贸合作总体情况

（一）我与亚洲进出口贸易额大幅增长。据海关统计，2010年，我与亚洲进出口贸易额为1.57万亿美元，同比增长33.7%；其中，我出口7 321亿美元、进口8 346亿美元，同比分别增长28.7%和38.3%；我方逆差1 025亿美元，同比增长1.94倍，创历史新高。在2010年我国前10大贸易伙伴中，亚洲国家和地区有6个，除我国的香港特区（5）和台湾省（7）外，日本、东盟、韩国、印度分别排在第3、4、6、10位。

（二）亚洲对华直接投资保持较快增速。据商务部统计，2010年，亚洲国家和地区对华直接投资项目2.14万个、实际对华投资769亿美元，分别同比增长17.9%和26.7%，增幅均高于同期全国整体水平。截至2010年底，亚洲国家和地区对华直接投资项目55.4万个、外资实际到位7 056亿美元，分别占全国累计批准外资项目的77.9%和实际利用外资金额的67.1%。在2010年我国前10大实际利用外资来源地中，有5个来自亚洲，除我国的香港特区（1）和台湾省（5）外，还包括日本（3）、韩国（6）、新加坡（7）。

（三）我对亚洲非金融类直接投资全面恢复。2010年，我对亚洲非金融类直接投资383亿美元，同比增长19.1%，其中对泰国、柬埔寨、日本、韩国、菲律宾、越南、老挝、印尼、马来西亚、孟加拉国、塞浦路斯等国投资均大幅增长。截至2010年底，我对亚洲非金融类直接投资存量1 814亿美元，占同期我国境外投资存量的70.1%。

（四）亚洲仍为我对外经济技术合作重要市场。2010年，我与亚洲新签工程承包与劳务合作合同金额746亿美元，同比增长14.2%；完成营业额460亿美元，同比增长6.5%，其中对印度、印尼、越南、新加坡、巴基斯坦、香港、日本等国家和地区完成营业额居我国企业开展境外工程承包和劳务合作国家和地区的前列。截至2010年底，我与亚洲累计签订工程承包和劳务合作合同金额4 002亿美元、完成营业额2 609亿美元，分别占同期我对外承包工程和劳务合作合同总额、完成营业总额的51.6%和51.2%。

二、我与亚洲经贸合作主要特点

（一）亚洲在我对外经贸合作中占重要地位。根据海关和商务部统计，2010年，我国与亚洲贸易额占全国外贸总额的52.7%，其中对亚洲出口占全国出口总额的46.4%，自亚洲进口占全国进口总额的59.8%；亚洲国家和地区对华实际投资金额占全国实际利用外资总额的72.8%；我国对亚洲非金融类直接投资占全国非金融类境外直接投资总额的64.9%；对亚洲工程承包和劳务合作完成营业额占全国总额的45.5%。

（二）高层互访有力促进我与亚洲经贸合作。2010年，我国与亚洲国家和地区的领导人高层互访十分活跃，经贸合作是历次高访的重要议题。党和国家领导人先后访问亚洲多个国家，以及出席在亚洲国家举行的二十国集团领导人会议、亚太经合组织领导人非正式会议、东亚领导人系列峰会及中日韩领导人会议等多边和地区重要活动，与各国领导人就扩大和深化双边及地区经贸合作深入交换意见，达成广泛共识，推动我国与亚洲经贸合作取得新发展。此外，印度、孟加拉国、阿富汗、蒙古、朝鲜等亚洲约20个国家的元首或政府首脑访问我国或专程来华出席世博会、博鳌亚洲论坛等活动，进一步密切了我国与有关国家的经贸合作。

（三）我对亚洲经济的引领作用进一步增强。2010年，我国积极扩大内需，保持经济平稳、较快增长，已成为公认的亚洲经济增长的主要动力。一是我国自亚洲进口增幅远高于对亚洲出口，贸易逆差持续扩大。2010年，我方逆差达到1 025亿美元，创历史同期最高水平。二是对华出口在主要贸易伙伴对外出口中所占比重显著上升。根据各国统计，2010年对华出口已分别占日本、韩国、泰国、新加坡、马来西亚对外出口总额的19.4%、25.1%、11.0%、10.3%和12.7%。三是我国在亚洲各国和地区对外贸易中的地位不断提高。2009年，我国成为东盟最大的域外贸易伙伴。2010年，我国继续保持日本、韩国、朝鲜、蒙古、越南、马来西亚等国最大贸易伙伴地位，并成为印尼最大的贸易伙伴（非油气产品）和泰国最大的出口市场。

三、我与重要伙伴合作主要亮点

（一）中日经贸关系内涵逐渐变化。一是中日成功举行第3次经济高层对话，进一步促进了两国在经贸领域的战略互惠关系。二是中国市场对日本经济的重要性日益突出。对华出口的大幅增长对日本经济较快走出金融危机、实现温和复苏起到了关键作用。三是日本对华投资转型升级，扎根中国市场的当地销售型投资迅速增长，绿色经济、能源环保、电子商务等逐渐成为日对华投资新的重点领域。四是我国企业尤其民营企业对日“走出去”的步伐不断加快，对日中小企业的并购逐渐成为我企业对日投资的一项重要内容。

（二）中韩经贸合作培育新增长点。据海关统计，2010年，中韩双边进出口额达到2 072亿美元，同比增长32.6%，提前两年实现两国领导人共同确定的2 000亿美元的贸易目标。双方正式完成历时6年的双边自贸区官产学联合研究，力争尽快启动政府间谈判；推动在重庆两江新区设立“中韩产业园”，促进韩与我中西部地区投资合作；大力推进高新技术、绿色经济、循环经济等重点合作领域和项目，努力培育新的经贸合作增长点。

（三）中日韩经贸合作取得新进展。中日韩自贸区官产学联合研究2010年5月上旬已正式启动，三国力争在2012年三国领导人会议之前完成研究，为中日韩自贸区建设奠定基础。中日韩投资协定谈判继续进行。三方在三国经贸部长会议、泛黄海经济技术交流会议等框架内的合作扎实推进。

（四）中国—东盟自贸区如期全面建成。一年来，中国—东盟自贸区顺利实施，双边经贸合作发展迅速。据海关统计，2010年，中国—东盟双边贸易额为2 928亿美元，同比增长37.5%；其中我方出口1 382亿美元、进口1 546亿美元，分别同比增长30.1%和44.8%，均高于同期全国进出口增幅。中国与东盟之间基本实现自由贸易，资金、资源、技术和人才等生产要素的流动效率显著提高，双方经济一体化程度达到前所未有的水平。

（五）我与印度经贸关系进一步改善。2010年中印双边贸易额达到618亿美元，同比增长42.4%，如期实现两国领导人共同确定的双边贸易额600亿美元的目标。2010年末温家宝总理成功访问印度，两国领导人确定了2015年实现双边贸易额1 000亿美元的新目标。印度继续保持我最大境外工程承包市场地位。截至2010年底，我企业对印度工程承包完成营业额累计已达194亿美元。

2010年中国与日本的经济贸易关系

商务部亚洲司一处

一、双边贸易情况

（一）中日贸易统计

2010年中日经贸合作逐步摆脱金融危机的影响，贸易再创新高，日本继续列欧盟、美国之后，为我第三大贸易伙伴。据中国海关统计，2010年中日贸易总额为2 977.7亿美元，较上年同期增长30.2%，占我国对外贸易总额的10.0%。我国对日本出口1 210.6亿美元，同比增长23.7%；我国自日本进口1 767.1亿美元，同比增长35.0%；中方逆差556.5亿美元，同比增长68.5%。日本为我第一大进口来源和第五大出口市场。

如按日方统计，2010年日中贸易总额为3 018.5亿美元，同比增长30.0%，占日本对外贸易总额的20.7%。日本对中国出口1 491.0亿美元，同比增长36.0%；自中国进口1 527.6亿美元，同比增长24.7%。中国是日本第一大贸易伙伴以及第一大进口来源和出口市场。

（二）主要进出口商品情况

2010年中国对日本出口主要商品有：电器及电子产品、机械设备等机电产品，计算机与通信设备等高新技术产品，服装及纺织制品和原料，贱金属及其制品，化学工业及其相关工业产品，矿产品，食品，车辆、船舶及运输设备等。2010年中国自日本进口主要商品有：电器及电子产品、机械设备等机电产品，电子技术、计算机及通信技术等高新技术产品，贱金属及其制品，光学、医疗等仪器，化学工业及相关产品，车辆、船舶及运输设备，塑料及其制品、橡胶及其制品，纸浆、成品油、矿产品，纺织原料及纺织制品等。

（三）中日技术贸易情况

2010年，中国与日本签订技术引进合同2 473份，合同总金额45.6亿美元，同比增长21.8%，占我技术引进合同总金额的17.8%。在我国技术引进来源地中列第三位（欧盟、美国分列第一、第二位）。2010年，我自日本引进技术主要集中在交通运输设备制造业、专用设备制造业、化学原料及化学制品制造业、通用设备制造业、通信设备、计算机及其他电子设备制造业、电力、热力的生产和供用业、仪器仪表及文化、办公用机械制造业、工艺品及其他制造业。

二、中日资金合作情况

（一）日本企业对华直接投资

2010年日本对华投资趋于活跃。据商务部统计，2010年日本对华投资项目数1 762个，同比增长38.2%，实际到位金额40.8亿美元，下降0.5%。按实际投入金额排序，日本对华投资居全世界国家（地区）第四位（前三位依次为香港、英属维尔京群岛、新加坡）。截至2010年底，日本对华投资累计项目数为44 163个，实际到位金额735.6亿美元，日本是我利用外资第三大来源。

从投资地区分布看，2010年日本对我国东部、中部和西部地区实际投资额分别为37.82亿美元、1.88亿美元和1.14亿美元，比重分别为92.6%、4.6%和2.8%。从投资行业分布看，日本对华投资仍主要集中在制造业，约占实际到位金额的60.4%；服务、金融等非制造业约占38.8%；农林牧渔业约占0.8%。

（二）中国企业对日直接投资

2010年中国企业对日投资合作继续快速增长。据商务部统计，2010年我对日非金融类直接投资流量为2.07亿美元，同比增长120%。

（三）中日政府资金合作

根据2005年中日双方达成的协议，日本对华提供日元贷款和大规模无偿援助已于2008年基本结束。截至2008年底，日本政府累计向中国政府承诺提供贷款协议金额33 165亿日元，用于255个项目的建设。截至2010年底，我国实际使用日元贷款27 884亿日元，已偿还本息17 504亿日元，债务余额17 821亿日元。

2010年日本政府对华无偿援助金额4.92亿日元，项目1个，用于人才培养奖学金项目。截至2010年底，中国累计接受日本无偿援助1 418.54亿日元，用于147个项目建设，涉及环保、教育、扶贫、医疗等领域。

三、中日经济技术合作情况

2010年，我国对日承包工程和劳务合作签订合同额17.8亿美元，完成营业额18.7亿美元，新派出人数55 950人，年末在日外派人数172 040人；截至2010年底，我累计对日承包工程和劳务合作签订合同额156.2亿美元，完成营业额142.1亿美元。

四、中日主要经贸往来

2月23日—27日，陈健副部长率团访问日本，与日本经济产业省石毛博行经济产业审议官在东京共同主持召开第14次商务部与日本经济产业省副部级定期磋商，就世界经济形势、两国经贸合作、地区及多边领域合作等进行了会谈。陈健副部长还会见了日本外务省外务审议官小田部阳一，就第二次中日高层经济对话的成果落实及第三次对话的筹备工作等交换了意见。访日期间还会见了日本国际协力机构理事长绪方贞子女士、日本冲绳县知事仲井真弘多，就中日在第三国市场合作和加强中国与冲绳地区的经贸关系等交换意见。

3月1日，陈德铭部长在京会见来访的丰田汽车公司社长丰田章男，就丰田汽车召回事件等交换了意见并介绍了中国政府的基本立场。

3月24日，易小准副部长在京会见以冈村正会长为团长的日本商工会议所代表团，双方就加强中日经贸合作特别是中小企业合作、中国外资政策、中日韩自贸区等问题交换了意见。

3月24日，易小准副部长陪同张德江副总理会见以冈村正会长为团长的日本商工会议所代表团。

4月12日，陈德铭部长陪同胡锦涛主席在华盛顿会见日本首相鸠山由纪夫。

4月14日，陈健副部长在京会见来访的日本住友商事株式会社会长冈素之，双方就中国宏观经济形势、中日经贸关系及该公司在华投资事业等交换了意见。

4月19日—23日，姜增伟副部长率团访问日本，会见日本经济产业省大臣政务官高桥千秋、永旺集团总裁冈田元也、日本百货店协会会长铃木弘治，就中日商品流通领域交流与合作交换了意见，还考察了柒拾壹食品加工配送中心、伊势丹百货及伊藤洋华堂购物中心、丰田金属株式会社等，考察日本废旧汽车、家电回收再利用技术，

5月7日，陈健副部长在京会见来访的日本经济产业省经济产业审议官石毛博行，就中日韩自贸区、中日韩投资协定、加强中日经贸合作及推进商务部与经济产业省间各项合作交换了意见。

5月12日，陈德铭部长在京会见来访的日本经团联现任会长御手洗富士夫、候任会长米仓弘昌一行，双方就加强节能环保合作、共同开发第三国市场以及推进中日韩自贸区和东亚经济一体化进程等交换了意见。

5月12日，陈德铭部长在京陪同温家宝总理会见来访的日本经团联代表团，双方就中日关系、中国经济及中日经贸合作等交换了意见。

5月23日，陈德铭部长在韩出席第7次中日韩经贸部长会议，并会见日本经济产业大臣直岛正行，就中日韩合作、加强中日经贸合作及世贸组织多哈回合谈判、亚太经合组织合作等问题交换了意见。

5月30日，陈德铭部长陪同正在日本访问的温家宝总理出席向日本民间友好团体和友好人士颁奖仪式，以及日中友好七团体和侨界四团体联合举行的欢迎晚宴。

5月31日，陈德铭部长参加温家宝总理与日本首相鸠山由纪夫的会谈，其后与日本经济产业大臣直岛正行共同签署《关于设立中日电子商务政策协议会的备忘录》，出席日本经济团体举行的欢迎午餐会和日本文化界知名人士座谈会，陪同会见日本参众两院议长，还出席日本首相鸠山由纪夫举行的欢迎宴会。

6月1日，陈德铭部长陪同正在日本访问的温家宝总理接受日本放送协会（NHK）电视台专访。

6月5日，陈德铭部长在日本北海道札幌市出席亚太经合组织贸易部长会议，考察了位于北海道石狩市的废旧汽车拆解回收工厂。

6月7日，陈德铭部长在东京与日中投资促进机构会长丰田章一郎共同主持中日投资促进机构联席会议。

6月7日，马秀红副部长在京会见日本伊藤忠商事冈藤正广社长，双方就加强中日经贸合作、扩大该公司在中西部地区投资以及加强双方在服务外包等领域的合作交换了意见。

7月10日，钟山副部长陪同王岐山副总理会见以河野洋平会长为团长的2010年度日本国际贸易促进协会访华代表团，双方就当前国际经济形势、中日经贸合作等交换了意见。

7月12日，陈健副部长与日本外务省小田部阳一外务审议官在北京共同主持召开第八次中日经济伙伴关系磋商，双方就第三次中日经济高层对话的筹备工作交换了意见，还就当前中日双边经贸合作中存在的突出问题、多边领域合作等进行了磋商。外交部、发展改革委、财政部、商务部有关负责人参加磋商。

7月14日，陈德铭部长在京会见即将离任回国的日本驻华大使宫本雄二。陈德铭部长对宫本大使在任期间的工作给予积极评价，鼓励其回国后继续为中日关系和中日经贸合作的发展做出贡献。

7月26日，马秀红副部长在京会见以深谷纮一会长为团长的日本东海日中贸易中心访华团一行，双方就中国的外贸和外资政策、加强中日经贸合作、推动日本中部地区企业对华投资等交换了意见。

7月27日，陈健副部长同日本外务省小田部阳一外务审议官就中日经济高层对话有关事宜通电话，敦促日方加快工作进度，争取月底前双方就对话议题达成一致意见，希望日方在议题选择上突出战略性、全局性和前瞻性。

8月5日，陈健副部长在京会见日本三菱商事公司新任社长小林健，双方就世界经济形势、中日经贸合作、中日自贸区及该公司对华合作等交换了意见。

8月16日，陈德铭部长在京会见日本新任驻华大使丹羽宇一郎，陈部长对丹羽大使履新表示祝贺，双方就加强中日经贸合作和第三次中日经济高层对话等交换了意见。

8月17日，陈健副部长在京陪同温家宝总理会见来华访问的日本前首相鸠山由纪夫，双方就中日唐山曹妃甸生态工业园建设等交换了意见。

8月18日，崇泉国际贸易谈判副代表在京会见日本国际知识产权保护论坛主席志贺俊之和日本经济产业大臣政务官近藤洋介率领的第七次日本知识产权官民联合访华代表团，双方就中日知识产权合作进行交流与沟通。

8月25日，易小准副部长在京会见新任日本驻华大使丹羽宇一郎，双方分别代表两国政府签署了日本无偿援助“中日人才培养奖学金项目”换文。

8月28日，陈德铭部长、陈健副部长在人民大会堂出席王岐山副总理主持的第三次中日经济高层对话。中日双方就经济复苏对策、双边互惠双赢合作、全球范围及区域合作三大专题深入交换了意见，达成广泛共识。会议期间，

陈德铭部长接受媒体采访。陈德铭部长、陈健副部长还出席了王岐山副总理与冈田克也外务大臣共同会见记者活动。双方有关部委在对话期间分别举行了对口交流活动并签署了多个合作文件。

8月28日，陈德铭部长与来华出席第三次中日经济高层对话的日本经济产业大臣直岛正行在人民大会堂举行对口会谈，双方就高层对话相关议题和中日经贸合作等深入交换了意见，并签署了《建立中日流通领域对话机制的备忘录》。

8月29日，陈德铭部长、陈健副部长陪同温家宝总理会见了日本外务大臣冈田克也等出席第三次中日经济高层对话日方主要成员。双方就当前国际经济形势、中日关系、第三次中日经济高层对话等交换了意见。

9月1日，陈健副部长在长春会见来华参加第六届东北亚投资贸易博览会的日本经济产业副大臣增子辉彦，双方就加强双边经贸合作和对口部门之间合作，特别是相互借鉴区域平衡发展经验交换了意见，就日方关注的稀土和慎用贸易救济措施问题阐述了中方立场。

9月8日，陈健副部长在京会见以日本经团联会长米仓弘昌为最高顾问、日中经济协会会长张富士夫为团长的2010年度日中经济协会大型访华团，与该团举行了座谈会。双方就促进中日长期贸易协议项下技术贸易合作、两国相互投资、东亚区域合作及中国的外贸外资政策等交换了意见。双方还共同签署了第七期中日长期贸易协议。

9月8日，陈健副部长陪同李克强副总理在京会见以日本经团联会长米仓弘昌为最高顾问、日中经济协会会长张富士夫为团长的2010年度日中经济协会大型访华团。

10月24日，蒋耀平副部长出席在日本东京举行的第五届中日节能环保综合论坛并发表主旨演讲。该论坛由中国发展改革委、商务部、驻日使馆与日本经产省、日中经济协会共同举办。我部牵头的中日长期贸易协议委员会节能环保技术合作分会组团参会，与日方对口单位联合举办了分论坛并对口洽谈。会议期间，蒋耀平副部长还分别会见了日本经产大臣大畠章宏和日中经济协会理事长清川佑二，就加强中日经贸合作等交换了意见，参观了日本松下公司的新型环保住宅。

10月29日，陪同温家宝总理在越南河内出席东亚领导人系列会议的陈德铭部长会见日本经济产业大臣大畠章宏，双方就后金融危机时代加强中日经贸合作等交换了意见。

11月9日，易小准副部长在日本横滨与出席亚太经合组织部长级会议的日本经产省审议官冈田秀一举行双边会见，就双边经贸问题、多哈谈判和跨太平洋战略经济伙伴协定交换了意见。

12月6日，全国政协外事委员会副主任马秀红会见日本驻华使馆公使横井裕，双方就加强中日经贸合作等交换了意见。

2010年中国与韩国的经济贸易关系

商务部亚洲司四处

2010年，中韩经贸合作成功克服金融危机影响，实现较快恢复增长，成果显著。中韩领导人年内多次会晤，就共同应对金融危机、进一步挖掘经贸合作潜力、提升双边经贸合作水平等达成重要共识，有力推动了中韩战略合作伙伴关系经贸领域内涵的不断丰富和发展。目前，两国经贸关系已逐步超越单纯的货物贸易，形成了货物与服务贸易、双向投资、技术合作、人员交流等全方位、深层次的合作格局。《中韩经贸合作中长期发展规划联合研究报告》得到深入落实，为今后扩大和深化双边经贸合作指明了方向。

一、中韩双边贸易突破2 000亿美元大关

据海关统计，2010年中韩贸易额达2 071.7亿美元，创历史新高，同比增长32.6%，提前两年实现两国领导人确定的2 000亿美元贸易目标，仅用5年时间完成了从1 000亿美元到2 000亿美元的跨越式发展。其中，我对韩出口688亿美元，自韩进口1 384亿美元，同比分别增长28%和35%。韩国是我国第6大贸易伙伴、第6大出口对象和第4

大进口来源。随着两国贸易规模不断增加，我对韩贸易逆差再创历史新高，逆差额达696亿美元，同比大幅增长42.5%。

另据韩方统计，2010年对华出口占其出口总额比重由上一年的23.9%提高至25.1%，而对其第二大贸易伙伴美国和第三大贸易伙伴日本的出口比重之和仅为16.3%。对华出口已成为韩国经济发展的重要拉动力量。我已连续第7年成为韩最大贸易伙伴、最大出口市场和进口来源。

二、韩对华投资结构进一步优化

据商务部统计，2010年韩对华投资近27亿美元，与上年基本持平。截至2010年底，韩国是我第三大投资来源国，对华投资项目数超过5.2万项，实际投资金额累计超过473亿美元。近年来，韩对华投资结构持续优化调整，投资方向由“产品加工出口”向“开拓内需市场”加快推进，对我服务业投资比重由2005年的7.5%提高至2010年的19.5%，批发零售、租赁、房地产、金融等行业成为新兴投资热点。同时，韩国企业结合我西部大开发、中部崛起和振兴东北老工业基地等发展战略，不断加大对我中西部和东北地区的开拓力度。大韩贸易投资振兴公社2010年8月进行的调查结果显示，40.6%的在华韩资企业表示当年销售增加30%以上，60.3%预测今后5年销售额有望年均增长10%，91.9%表示未来将扩大对华投资或保持现有水平。对华投资已成为韩国企业重要的利润增长点，中国经济的发展潜力以及现有投资的良好回报使得韩国企业对华投资热情不减。

三、我对韩“走出去”形式渐趋丰富

2010年，我对韩非金融类直接投资1.2亿美元，截至2010年底累计投资10.4亿美元。近年来，我对韩投资模式由此前的航空、海运、金融、贸易、旅游等服务类投资逐渐向并购韩制造业、在韩上市、投资韩证券市场以及在韩合作开发工业园区等多元化趋势发展，对韩“走出去”形式不断丰富。但同时我企业因受制于韩国内外资排斥情绪严重、劳资纠纷问题突出以及舆论炒作等问题，在韩投资项目屡遭挫折。我在韩全罗南道务安郡合作开发韩中工业园项目投资规模缩水，进展缓慢。

四、中韩自贸区官产学联合研究正式完成

2010年5月28日，温家宝总理访问韩国与韩总统李明博会谈时，双方共同宣布完成中韩自贸区官产学联合研究。两国领导人表示，要加快推进中韩自贸区建设。双方经贸部长就此签署了谅解备忘录。目前，双方事务层为积极落实两国领导人共识，正保持密切沟通，就各自敏感问题交换意见，以争取尽快启动自贸区谈判。

五、中韩雇佣许可制劳务合作稳步推进

2007年4月温家宝总理访韩期间，商务部和韩国劳动部签署了《关于雇佣许可制下输韩劳务人员的谅解备忘录》，建立了中韩雇佣许可制劳务合作制度框架，该备忘录已于2009年到期。目前，双方就新签框架备忘录达成一致，为中韩雇佣制劳务合作的顺利开展提供保障。2010年5月温家宝总理访韩期间，商务部和韩国劳动部签署了《关于启动雇佣许可制劳务合作的谅解备忘录》，就实质性启动中韩雇佣制劳务合作达成共识。双方主管部门目前正积极开展已通过首次韩国语考试且体检合格的劳务人员派遣工作。据商务部统计，2010年，中韩新签劳务和工程承包合同额3.5亿美元，大幅增长45.8%，完成营业额2.6亿美元，派出5 978人。截至2010年底，累计完成营业额55.6亿美元，期末在外人数3.8万名。

六、中韩在多边和区域经济合作中加强相互协调与合作

中韩在世界贸易组织（WTO）、二十国集团首脑峰会（G20）、亚太经济合作组织（APEC）、东盟与中日韩领导人会议（10+3）等多边和区域经济合作领域继续保持良好沟通与协调，在促进全球经济可持续发展、维护多边贸易体制、推动多哈回合谈判取得实质性进展等方面发挥了建设性作用。

中韩均重视中日韩经贸合作。根据2010年5月第三次中日韩领导人会议共识，中日韩自贸区官产学联合研究已正式启动；中日韩投资协定谈判稳步推进，中韩双方努力推动谈判在平衡、务实、共赢的基础上尽早达成共识。

此外，中韩在中日韩泛黄海经济技术交流机制框架下的合作持续推进，沟通更趋紧密。泛黄海经济技术交流机制经过10年发展，已成为重要的中日韩次区域合作平台，有力推动了三国泛黄海区域经济科技合作。2010年10月，第10届泛黄海经济技术交流会在日本北九州举行，三国官产学研共680余人与会，三方各界代表就如何加强泛黄海地区经贸和科技合作等充分交换了意见，提出多项积极务实的合作建议，取得积极成果。

七、2010年中韩经贸大事记

2月9日，陈健副部长在京会见韩国STX集团会长姜德寿，就发展中韩经贸关系以及韩国企业对华投资等问题交换了意见。

3月15日，陈德铭部长在京会见韩国新任驻华大使柳佑益。双方就当前中韩经贸关系、相互支持举办重大活动、推进中韩自贸区、在第三国开展战略合作、加强多边机制框架内的沟通与协调等问题交换了意见。

4月19日，姜增伟副部长在韩国首尔与韩知识经济部第一次官林采民就加强中韩商贸流通领域交换意见。

5月6日，易小准副部长率团参加在韩国首尔举行的中日韩自贸区官产学联合研究首轮会议。

5月23日，陈德铭部长在韩国首尔与韩国外交通商部通商交涉本部长金宗壎、日本经济产业大臣直岛正行共同出席第七次中日韩经贸部长会议，就积极推进中日韩自贸区官产学联合研究、早日结束中日韩投资协议谈判、加强流通物流领域合作、建立工程商务圆桌会议机制等三国经贸合作问题，以及多边经贸问题交换意见。会后三方共同发表《联合新闻稿》。

5月28日，第三次中日韩领导人会议在韩国济州岛举行，温家宝总理出席，陈德铭部长陪同出席领导人会议、经济界人士座谈会等有关活动。会后，陈德铭部长同韩国外交通商部通商交涉本部长金宗壎签署《关于结束中韩自贸区官产学联合研究的谅解备忘录》，同韩知识经济部长官崔炅焕签署《关于启动雇佣许可制劳务合作的谅解备忘录》。

7月7日，亚洲司吕克俭司长与韩外交通商部地域通商局安总基局长在河北唐山市共同主持召开中韩第17次贸易实务会议，双方就推进中韩自贸区建设、促进相互投资健康发展、雇佣许可制劳务合作等问题交换了意见。

9月2日，第六届中国·吉林东北亚投资贸易博览会在吉林省长春市举行，中央政治局委员、全国政协副主席王刚出席开幕式和东北亚经贸合作高层论坛并发表讲话，陈健副部长陪同出席。期间，陈健副部长会见韩国知识经济部贸易投资室长金景植。

10月12日—15日，第十次中日韩泛黄海经济技术交流会议在日本福冈县北九州市举行，中日韩三方政府、企业、经济团体、大学、研究机构等共680余名与会。亚洲司宋耀明副司长率团参会，并参加了全体会议、三国局长会议等重要活动。日本经济产业省九州经济产业局局长泷本彻、韩国知识经济部贸易政策官韩珍铉分别率日、韩代表团参加了会议。

11月11日—12日，陈德铭部长、高虎城国际贸易谈判代表陪同胡锦涛主席出席在韩国首尔举行的G20首脑峰会。

12月1日，陈健副部长在重庆与韩国外交通商部通商交涉本部安豪荣调整官共同主持召开了中韩第17次经贸联委会，双方就进一步加强中韩经贸合作关系、促进相互投资、协调解决合作中出现的具体问题交换了意见。

12月3日，崇泉副部长在京会见韩国贸易委员会玄定泽委员长。

2010年，商务部与韩国贸易协会、进口业协会、汽车工业协会等韩国经济团体共组织5批韩国采购团访华，先后在郑州、青岛、廊坊、沈阳、哈尔滨、南京、广州、中山、杭州、长沙等10个城市举行了采购洽谈活动，取得积极成效。

2010年中国与东盟国家的经济贸易关系

商务部亚洲司二处

2010年，中国—东盟高层互访频繁，各领域交流逐步深化。1月1日中国—东盟自贸区如期全面建成，对双边经贸合作产生积极拉动作用，双边贸易、投资和经济合作重新走上快速发展轨道。

一、双边贸易

据海关统计，2010年，中国—东盟双边贸易额达2 927.8亿美元，同比增长37.5%；其中，我国出口1 382.1亿美元、进口1 546.7亿美元，分别同比增长30.1%和44.8%。我国对东盟贸易逆差163.6亿美元。东盟为我第4大贸易伙伴、第4大出口市场和第3大进口来源地。

按国家（地区）排列，2010年，马来西亚、新加坡、泰国、印尼在中国前20大贸易伙伴中分别位居第9位、12位、15位和20位。

二、相互投资

东盟是中国吸引外资的重要地区之一。根据商务部统计，2010 年，东盟对华投资项目 1 217 项，合同外资金额 117.7 亿美元，实际投入金额 63.2 亿美元。截至 2010 年底，东盟国家对华投资项目 34 550 项，合同外资金额 1 316.6 亿美元，实际投入 630 亿美元。东盟国家对华投资主要来自新加坡、马来西亚、泰国、菲律宾和印尼。

近年来，中国企业"走出去"到东盟投资增长较快。东盟国家逐步成为中国企业对外投资的重要地区之一。根据商务部统计，2010 年，我对东盟直接投资（非金融类）达 25.7 亿美元。截至 2010 年底，中国企业在东盟 10 国投资首次突破 100 亿美元大关，达 114.8 亿美元，主要集中在新加坡、柬埔寨、缅甸、印尼、老挝和泰国。

三、互利经济合作

2010 年中国公司在东盟国家开展承包工程和劳务合作卓有成效。全年我在东盟国家新签承包工程合同金额 249 亿美元，完成营业额 150.3 亿美元；新签劳务合作合同金额 5.3 亿美元，完成营业额 6.1 亿美元。

截至 2010 年底，中国企业在东盟国家签订承包工程和劳务合作合同累计金额 1 120.5 亿美元，完成营业额 700.8 亿美元。新加坡、印尼、越南、马来西亚、缅甸和泰国是中国在东盟国家开展承包工程和劳务合作的主要国家。

四、中国—东盟自贸区

2002 年 11 月，中国与东盟 10 国领导人共同签署了《中国—东盟全面经济合作框架协议》，正式启动建立自贸区的进程。2004 年 1 月，中国—东盟自贸区框架下的早期收获计划开始实施。根据 2004 年 11 月签署的《货物贸易协议》，从 2005 年 7 月起，中国与东盟 6 个成员（新加坡、马来西亚、泰国、印尼、文莱、缅甸）开始相互降税。2007 年 1 月，双方签署了《服务贸易协议》，并于 7 月生效。2009 年 8 月，双方签署了《投资协议》。

2010 年 1 月 1 日，中国—东盟自贸区全面建成。中国与东盟 6 个老成员国之间 90% 以上的产品实现零关税，到 2015 年，中国与东盟 4 个新成员之间的贸易自由化也将达到同样的水平。中国对东盟的平均关税已从 9.8% 降到 1.0%，东盟 6 个老成员国对中国的平均关税从 12.8% 降到了 0.6%。降税的实施进一步密切了中国和东盟的双边经贸关系，给双方的消费者和企业带来了实实在在的利益。此外，中国将向东盟开放建筑、环保、运输、体育、商业服务等 5 个部门的 26 个分部门，包括允许独资合资、放宽股比等。双方投资政策和环境将得到法律制度保障，更加稳定和透明。中国与东盟之间基本实现自由贸易，资金、资源、技术和人才等生产要素的流动效率显著提高，双方经济一体化程度达到前所未有的水平。

五、中国与东盟东部增长区合作

东盟东部增长区成立于 1994 年 3 月，范围包括印尼东部、马来西亚东部、菲律宾南部和文莱全部。面积 154 万平方公里，人口约 5 500 万人，整体上属于欠发达地区，自然资源丰富。

2003 年 10 月，增长区成员国在印尼巴厘岛召开首次领导人会议并发表联合宣言，欢迎中、日、韩、澳参与增长区建设。2004 年 4 月，商务部组团对增长区进行了实地考察。2005 年 12 月在吉隆坡召开的第九次 10 + 1 领导人会议上，文莱、苏丹代表增长区各方与温家宝总理共同宣布中国成为东盟东部增长区发展伙伴。

2009 年 10 月，中国与四国政府签署《中华人民共和国政府和东盟东部增长区成员国政府经济合作框架》，确定将农业、林业、渔业、旅游业、矿产能源等自然资源开发、基础设施、人力资源开发、替代能源开发金融等作为双方重点合作领域。截至目前，双方已举行 5 次高官会，第五次会议于 2010 年 6 月在四川成都举行。

近年来，中国企业在东盟东部增长区开展了摩拉路桥（文莱）、"下一代网络"宽带网和 3G 网络（文莱）、巴比巴卢燃煤电站（印尼）、古晋燃煤电站（马来西亚）、巴贡水电站（马来西亚）、巴拉旺灌溉工程（菲律宾）、桑托斯渔港扩建工程（菲律宾）等项目合作，对当地基础设施建设和经济发展起到了积极作用。

六、泛北部湾经济合作

2007 年 11 月，在第 11 次中国—东盟领导人会议上，温家宝总理提出了"成立联合专家组，就泛北部湾经济合作开展可行性研究"的倡议。截至目前，泛北部湾经济合作联合专家组已于 2008 年 7 月、10 月和 2009 年 8 月召开了三次会议，我与东盟 10 国、东盟秘书处专家出席会议。会议形成《泛北部湾经济合作可行性研究报告》初稿。

七、中国—东盟博览会

2010 年 10 月 20 日—24 日，由中国商务部与东盟 10 国经贸主管部门及东盟秘书处共同主办的第七届中国—东盟博览会暨第七届中国—东盟商务与投资峰会在广西南宁举行。本届博览会参展企业 2 200 家，共设展位 4 600 个，比上届增长 15%。其中，中国内地及港澳台地区使用展位 3 379个，外国企业使用展位 1 221 个，其中东盟 10 国展位 1 178个，均创历届新高。印尼、老挝、马来西亚、缅甸、泰国、越南等六个东盟国家包馆。专业观众达 39 130 人，比上届增长 2%。商品贸易成交额达 17.12 亿美元，比上届增长 3.5%。其中，出口额 14.28 亿美元，同比增长 12.3%，东盟出口到中国的贸易额明显增长。共签订国际经济合作项目 135 个，总投资额 66.9 亿美元，比上届增长 3%。其中，中国与东盟签约的投资合作项目 58 个，总投资额 26.63 亿美元，分别占国际经济合作项目的 43% 和 38%。共签订国内经济合作项目 156 个，总投资 674.46 亿元，比上届增长 9%。经贸成效取得新突破。

八、重要经贸往来

1 月 18 日下午，陈健副部长会见即将离任的菲律宾驻华大使索尼娅·布蕾迪，就中国—东盟自贸区建设、加强双边贸易运输合作、扩大对菲投资、改善双边贸易结构等有关经贸合作问题交换意见。

1 月 21 日，陈健副部长陪同戴秉国国务委员访问印尼期间，出席中国印尼副总理级对话机制第二次会议和中国印尼战略伙伴关系行动计划签字仪式，并与印尼贸易部长冯慧兰就中国—东盟自贸区问题举行磋商。

1 月 22 日上午，陈健副部长陪同戴秉国国务委员访问印尼期间，与印尼外交部亚太非总司长哈姆扎·塔伊度分别代表两国政府签署《中印尼经济技术合作无偿援助谅解备忘录》和《中国援印尼两期专家研讨班项目换文》两项经贸合作文件。随后，陈健副部长陪同戴秉国国务委员会见印尼副总统布迪约诺。下午，陈健副部长陪同戴秉国国务委员先后会见印尼总统苏希洛，在东盟秘书处发表演讲，会见东盟秘书长素林，并出席中方向东盟秘书处援助 50 万美元现汇的捐赠仪式。

1 月 25 日，陈健副部长陪同戴秉国国务委员先后出席文莱乌鲁都东水坝项目签约仪式、会见文莱外交和贸易部长穆罕默德亲王和文莱苏丹博尔基亚。

2 月 10 日，马秀红副部长出席新加坡驻华大使陈燮荣工作午餐，双方就进一步加强中新经贸合作交换了意见。

2 月 25 日，陈德铭部长会见印尼三林集团总裁林逢生一行。双方就三林集团与中方合作开发海外农业资源等问题交换了意见。

3 月 15 日，陈健副部长会见菲律宾新任驻华大使民尼迪托，就进一步发展双边经贸关系交换意见。

3 月 17 日—19 日，陈健副部长陪同国务院副总理回良玉访问柬埔寨。在柬期间，陈健副部长陪同回良玉副总理会见洪森首相、尹财利副首相，与副首相兼内阁办公厅大臣索安会谈，出席双边合作文件签字仪式。

3 月 19 日—20 日，陈健副部长陪同国务院副总理回良玉访问老挝。在老期间，陈健副部长陪同回良玉副总理会见老人革党中央总书记、国家主席朱马里及总理波松，与老挝政府常务副总理宋沙瓦举行工作会谈，出席中老经济技术合作文件签字仪式及宋沙瓦副总理欢迎宴会，接见驻老使馆工作人员、中资机构、华人华侨及留学生代表等。

3 月 22 日，陈德铭部长会见来访的东盟秘书长素林。双方就双边贸易、双向投资以及中国—东盟自贸区、中国—东盟投资合作基金和东亚经济合作等共同关心的问题交换了意见。下午，陈德铭部长陪同温家宝总理会见素林。

3 月 29 日，陈德铭部长在缅甸内比都与缅国家计划与经济发展部长吴梭达举行工作会谈，双方就落实两国领导人互访达成的经贸合作共识、做好温家宝总理访缅经贸准备工作等双边经贸合作问题深入交换了意见。会谈结束后，陈德铭部长视察了我援缅国际会议中心项目。

3 月 30 日，陈德铭部长拜会缅国家和平与发展委员会第一秘书长丁昂敏乌，双方就进一步发展双边经贸合作有关事宜交换意见。同日，陈德铭部长前往皎漂港考察。

4 月 3 日，陈德铭部长与印尼贸易部长冯慧兰、知名华商黄志源在日惹共进早餐，就加强两国经贸合作、共同反对贸易保护主义及多哈回合谈判等交换意见。上午，陈德铭部长与冯慧兰部长共同主持召开中印尼经贸联委会第十次会议。会后，两国部长签署了《中—印尼关于进一步加强贸易投资合作会谈纪要》并共同会见了记者。

4 月 5 日，陈德铭部长在印尼雅加达会见印尼总统苏希洛，双方就进一步发展双边经贸合作有关问题交换意见。

4 月 7 日，陈德铭部长陪同温家宝总理在中南海紫光阁会见了老挝人革党中央总书记、国家主席朱马里·赛雅颂。随后，陈德铭部长出席了胡锦涛主席在人民大会堂与朱马里举行的会谈。

4 月 9 日，易小准副部长在出席 2010 博鳌亚洲论坛期间会见了马来西亚前总理巴达维，并陪同习近平副主席会见了东帝汶副总理古铁雷斯及老挝国家主席朱马里。

4 月 26 日，陈健副部长会见越南计划投资部常务副部长高曰生，双方就发展两国贸易、扩大相互投资、中越经贸合作五年发展规划、商务部职能等问题交换了意见。

4 月 28 日，陈健副部长应约与菲律宾贸工部阿基诺副部长通电话，就启动中菲贸易统计小组联合研究、在菲投资署派遣中国专员、举行中非经贸联委会中期回顾会议以及中国—东盟自贸区建设等有关经贸合作问题交换意见。

5月14日，陈健副部长应约会见马来西亚新任驻华大使伊斯甘达，双方就近期两国经济形势、进一步发展双边经贸关系、双方合作发展对中东国家贸易投资合作等问题交换了意见。

6月2日，陈德铭部长陪同温家宝总理参观缅甸仰光第一中学和大金塔。

6月2日，钟山副部长应约会见马来西亚种植和原产部长伯纳德·东波，双方就中马经贸关系、双向投资以及棕榈油、木材和天然橡胶等领域合作问题交换了意见。

6月3日上午，陈德铭部长在内比都出席缅甸总理吴登盛为温家宝总理访缅举行的欢迎仪式、会谈和签字仪式及中缅油气管道项目开工仪式。陈德铭部长与缅甸国家计划与经济发展部吴梭达部长分别代表两国政府签署了《中缅两国政府经济技术合作协定》、《中缅两国政府关于中国向缅甸提供优惠贷款的框架协议》、《关于承担木姐—腊戍铁路项目可行性研究和腊戍—曼德勒—皎漂铁路项目预可行性研究的换文》和《中国商务部与缅甸国家计划与发展部关于中缅经济合作规划的备忘录》等五个经贸合作文件。随后，陈德铭部长陪同温总理会见了缅甸国家和平与发展委员会主席丹瑞。中午，陈德铭部长陪同温总理出席“中缅建交60周年”庆祝活动以及中国政府援缅国际会议中心交接仪式，陈德铭部长与缅甸内比都市长吴登纽签署了项目交接证书。

6月5日，陈健副部长在昆交会期间会见老挝常务副总理宋沙瓦。

6月16日上午，陈健副部长出席习近平副主席与老挝国家副主席本扬的会谈和双边合作文件签字仪式。陈健副部长与老挝常务副总理、老中合委会主席宋沙瓦·凌沙瓦分别代表各自政府签署《中老两国政府经济技术合作协定》、《中老两国政府关于发展交通基础设施领域合作的协定》和《中老两国政府关于向老挝提供优惠贷款的框架协议》等6项合作文件。随后，陈健副部长陪同习近平副主席会见老挝总理波松。下午，陈健副部长陪同习近平副主席会见老挝国家主席朱马里，并会见老挝对华友好人士、使馆工作人员、中资机构、留学生和华人华侨代表。

6月28日上午，王超部长助理在上海与柬埔寨国务兼商业大臣占蒲拉西共同出席上海世博会柬埔寨国家馆日活动。下午，王超部长助理陪同占蒲拉西参观世博园区中国馆和柬埔寨馆。

7月1日下午，傅自应副部长出席戴秉国国务委员与越南副总理兼外长范家谦共同主持召开的中越双边合作指导委员会第四次会议。晚上，傅自应副部长出席戴国委为范一行举行的欢迎宴会。

7月2日，傅自应副部长会见来华参加中越双边合作指导委员会第四次会议的越南工贸部副部长阮成边。

7月6日，陈德铭部长在钓鱼台国宾馆与来华访问的缅甸国家和平与发展委员会第一秘书长丁昂敏乌举行早餐会，就中缅双边经贸合作有关问题深入交换了意见。

7月23日上午，陈德铭部长、马秀红副部长出席由王岐山副总理与新加坡副总理黄根成共同主持召开的苏州工业园区联合协调理事会第十二次会议。随后，马秀红副部长出席两国副总理共同主持召开的天津生态城联合协调理事会第三次会议、中新双边合作联委会第七次会议及双边合作文件签字仪式。下午，马秀红副部长陪同习近平副主席会见新加坡副总理黄根成。

8月7日，傅自应副部长在上海与新加坡贸工部政务部长李奕贤共同出席上海世博会新加坡国家馆日活动。随后，傅自应副部长陪同李奕贤参观世博园区中国馆和新加坡馆。

8月19日，王超副部长出席中国新加坡商会成立8周年庆典晚会。

8月23日上午，陈德铭部长在访问越南期间与越工贸部长武辉煌举行会谈，出席武辉煌部长举行的欢迎午宴，就发展双边经贸关系和东亚经济合作等问题深入交换了意见。下午，陈德铭部长先后会见越计划投资部长武洪福和政府总理阮晋勇。

8月24日，正在越南访问的陈德铭部长会见谅山省人民委员会主席韦文成，就发展双方边贸有关问题交换意见，随后考察了越南谅山新清——中国广西浦寨边贸市场情况。

8月25日，陈德铭部长在越南前江省考察我企业正在建设的龙江经贸合作区。陈德铭部长还就两国有关电站合作项目听取了上海电气集团总裁黄迪南、东方电气集团董事长王继的汇报，并交换了意见。

9月8日下午，陈德铭部长与陪同缅甸国家和平与发展委员会主席丹瑞访华的缅国家计划与经济发展部长吴梭达和商务部长吴丁乃登举行会谈，就中缅双边经贸合作有关问题深入交换了意见。随后，陈德铭部长在人民大会堂参加了国家主席胡锦涛为来访的丹瑞主席举行的欢迎仪式、正式会谈和欢迎宴会。

9月9日，陈德铭部长陪同温家宝总理在中南海紫光阁会见了来访的缅甸国家和平与发展委员会主席丹瑞。

9月9日，王超副部长在厦门出席第十四届中国国际投资贸易洽谈会期间，会见越南计划投资部阮世方副部长，就双边经贸合作有关问题交换了意见。

10月19日，高虎城国际贸易谈判代表兼副部长在广西南宁陪同政协主席贾庆林出席第七届中国—东盟博览会，分别会见了印尼副总统布迪约诺，老挝副总理阿桑·劳里，越南副总理张永仲，集体会见了文莱、柬埔寨、马来西亚、缅甸、菲律宾、新加坡和泰国7国代表团团长和东盟秘书处代表。下午，出席第七届中国—东盟博览会、中国—东盟商务与投资峰会开幕式以及印尼副总统布迪约诺与中国企业家CEO圆桌对话会。

10月20日，高虎城国际贸易谈判代表兼副部长在广西南宁第七届中国—东盟博览会、中国—东盟商务与投资峰会期间，与东盟国家经贸部长/代表团团长举行早餐会。

10月20日，陈健副部长出席习近平副主席与印尼副总统布迪约诺举行的会谈和欢迎晚宴。

10月28日，陈德铭部长陪同温家宝总理在越南河内出席东亚领导人系列会议期间先后会见老挝总理波松、越南总理阮晋勇、柬埔寨首相洪森和我驻越使馆工作人员、中资机构和留学生代表。

10月29日上午，陈德铭部长陪同温家宝总理在越南河内出席东亚领导人系列会议期间先后会见新加坡总理李显龙和印度总理辛格。中午，陈德铭部长与东盟各国经贸部长共同签署《中国—东盟全面经济合作框架协议〈货物贸易协议〉第二议定书》，出席越南工贸部长武辉煌主持的与会各国经贸部长午餐会，并简短会见日本经产大臣大畠章宏，就后金融危机时期发展双边经贸合作关系及稀土对日出口等问题交换了意见。下午，陈德铭部长陪同温家宝总理先后出席第13次中国—东盟领导人会议、中国—东盟虚拟中心网站开通仪式、第13次东盟—中日韩领导人会议和中日韩领导人会议。当晚，陈德铭部长陪同温家宝总理出席了越南总理阮晋勇为出席东亚峰会各国领导人举行的欢迎宴会。

10月30日，陈德铭部长陪同温家宝总理在越南河内出席东亚领导人系列会议期间会见越共中央总书记农德孟。中午，陈德铭部长出席越南工贸部长武辉煌主持的各国经贸部长午餐会。

11月3日，陈健副部长陪同吴邦国委员长访柬期间，在金边应约与柬埔寨副首相兼财经部大臣吉春举行会谈，双方就吴邦国委员长访柬期间中柬经贸合作相关议题以及柬首相洪森12月访华经贸成果准备等问题交换了意见。

11月4日上午，陈健副部长陪同正在柬埔寨访问的吴邦国委员长出席柬国会主席韩桑林举行的欢迎仪式和正式会谈，会见了柬参议院主席谢辛；下午，陪同会见柬国王西哈莫尼并与洪森首相会谈，出席有关经贸协议的签字仪式，接见驻柬使馆工作人员、华人华侨和留学生代表；晚上，陪同出席韩桑林国会主席举行的欢迎晚宴。

11月6日，陈健副部长陪同吴邦国委员长会见印尼巴厘省长马德。8日，陈健副部长陪同吴邦国委员长在雅加达会见印尼副总统布迪约诺，与印尼国会议长马尔祖基举行会谈，并陪同接见使馆工作人员和中资机构、留学生代表。陈健副部长还看望了经商参处全体人员。

11月9日，陈健副部长陪同吴邦国委员长在雅加达会见印尼人民协商会议主席陶菲克，并与印尼地方代表理事会主席伊尔曼举行会谈。晚上，陈健副部长陪同吴邦国委员长参加印尼—中国经济、社会、文化合作协会举行的晚宴。

11月10日，陈健副部长陪同吴邦国委员长在雅加达会见印尼总统苏希洛，双方就推进中印尼战略伙伴关系、深化经贸合作等议题交换意见。陈健副部长陪同吴邦国委员长访问泰国期间，出席了吴委员长与泰国国会主席兼下议院议长猜·奇初的会谈及与泰国总理阿披实的会见，并在会见后代表中国政府与泰国总理府国务部长沙提签署了向泰国提供无偿援助的换文。当晚，陈健部长陪同出席了猜·奇初主席举行的欢迎晚宴，并在晚宴后看望了驻泰使馆经商处同志。

11月11日，陈健副部长陪同吴邦国委员长出席泰国中国文化中心奠基仪式，陪同会见泰国上议长巴索素并出席上议长举行的午宴。下午，陪同吴邦国委员长接见驻泰使馆工作人员及中资机构、汉语教师志愿者、留学生代表。当晚，陪同出席泰国华人华侨各界举行的晚宴。

12月13日，陈健副部长会见印尼国家经济委员会主席凯鲁尔·丹绒一行。双方就中印尼经贸合作、两国政府《关于扩大和深化双边经贸合作的协定》、中国经济技术开发区发展经验等问题交换了意见。

12月15日，陈健副部长陪同国家主席胡锦涛会见来访的柬埔寨首相洪森，出席温家宝总理为来访的柬埔寨洪森首相举行的欢迎仪式、会谈、签字仪式和欢迎宴会。在签字仪式上，陈健副部长代表中国政府与柬政府代表签署了《中柬两国政府经济技术合作协定》、《中国向柬埔寨提供户用沼气设备项目立项换文》和《中柬两国政府关于西哈努克港经济特区的协定》等经贸合作文件。

2010 年中国与南亚及部分西亚国家的经济贸易关系

商务部亚洲司三处

2010 年，我国与南亚及部分西亚国家的高层往来不断，双边经贸合作走出金融危机的负面影响，实现恢复性增长。

一、双边贸易

2010 年，中国同南亚八国（印度、巴基斯坦、孟加拉国、斯里兰卡、尼泊尔、马尔代夫、阿富汗和不丹）贸易总额为 805.8 亿美元，较上年增长 41.2%。其中我出口 576.2 亿美元，进口 229.6 亿美元，分别较上年增长 37.6% 和 51.1%。其中，中印双边贸易额为 617.6 亿美元，同比增长 42.2%，如期实现了两国领导人设定的 600 亿美元贸易目标，印度成为我第十大贸易伙伴。我对南亚国家的出口商品主要是机电产品、纺织品、化工产品、医药原料、生丝、焦炭、煤、钢材、水泥等，从南亚进口的主要商品有铁矿砂、钢材、铬矿、皮革、纺织原料、冻鱼等。

2010 年，我同伊朗、土耳其和塞浦路斯等西亚三国的贸易总额为 458.5 亿美元，其中我出口 243.9 亿美元，进口 214.6 亿美元，较上年分别增长 41.1%、39.7% 和 42.6%。其中，我对伊朗贸易 293.8 亿美元，较上年增长 38.5%；对土耳其贸易 151 亿美元，较上年增长 49.6%。我对该三国的主要出口商品是机电产品、纺织品、金属制品、电气电子产品、海陆交通工具等；主要进口商品有原油、石化产品、铬矿、硼矿、大理石等。

二、经济技术合作

南亚和西亚是我重要的对外工程承包市场。2010 年，我企业在南亚国家签署经济技术合作合同额 157.8 亿美元，较上年增长 49.0%；实际完成营业额 85.6 亿美元，同比下降 1.1%，主要涉及领域包括电站、通讯、公路建设等。我与西亚三国签署经济技术合作合同 39.6 亿美元，完成营业额 26.8 亿美元，主要涉及领域有油气勘探开发、轨道交通建设、有色矿产建设、电站建设等。

三、双向投资

受国际金融危机影响，部分国家经济复苏缓慢，南亚及西亚部分国家对华投资意愿有所减弱；与此同时，我对相关国家投资继续呈稳步增长势头。2010 年，南亚国家在华合同外资 3.1 亿美元，实际投资 6 927 万美元，分别较上年减少 82.1% 和 83.2%。我在南亚国家非金融类实际投资 8 087 万美元，同比增长 39.6%。

2010 年，西亚伊、土、塞三国在华合同外资金额 1.5 亿美元，实际投资 4 528 万美元；我对该三国非金融类实际投资 5.4 亿美元。

四、2010 年重要经贸往来

1 月 7－9 日，陈德铭部长率中国政府经贸代表团访问土耳其。

1 月 19 日，陈德铭部长与印度商工部长夏尔马共同主持召开中印经贸科技联合小组第八次会议。

1 月 19 日，陈健副部长会见来访的阿富汗副外长法拉希。

3 月 18 日，陈德铭部长陪同温家宝总理会见来访的孟加拉国总理哈西娜。

3 月 24 日，陈德铭部长陪同胡锦涛主席会见来访的阿富汗总统卡尔扎伊。

3 月 25 日—28 日，陈健副部长陪同回良玉副总理访问印度。

4 月 14 日—17 日，仇鸿副部长陪同中共中央政治局常委李长春同志访问土耳其。

5 月 2 日，陈德铭部长陪同胡锦涛主席会见来访的马尔代夫总统纳希德。

5 月 27 日，陈德铭部长陪同胡锦涛主席会见来访的印度总统帕蒂尔。

6 月 5 日，陈健副部长与来访的阿富汗商工部代部长耶拉吉共同主持召开中阿经贸联委会第一次会议。

6 月 9 日—12 日，王超副部长陪同张德江副总理访问巴基斯坦和斯里兰卡。

6 月 10 日，陈健副部长会见来访的伊朗第一副总统助理奥高默罕默迪。

6月14日—15日，陈健副部长陪同习近平副主席访问孟加拉国。

6月18日—25日，钟山副部长率团访问土耳其和塞浦路斯。

7月20日，陈健副部长会见来访的孟加拉国财政部秘书布延。

8月20日—22日，陈德铭部长率中国政府经贸代表团访问马尔代夫。

9月9日，陈健副部长会见来访的斯里兰卡财政部秘书贾亚桑德拉。

9月28日—29日，商务部国际贸易谈判副代表崇泉陪同中共中央政治局常委李长春同志访问伊朗。

10月7日—9日，陈德铭部长陪同温家宝总理访问土耳其。

10月31日，陈德铭部长陪同温家宝总理会见前来参加上海世博会闭幕式的斯里兰卡总统拉贾帕克萨、尼泊尔总统亚达夫。

12月1日—2日，商务部国际贸易谈判代表兼副部长高虎城访问巴基斯坦，与巴财政部长阿卜杜·哈菲兹·谢赫共同主持召开中巴经贸科技联委会第14次会议。

12月15日—19日，商务部国际贸易谈判代表兼副部长高虎城陪同温家宝总理访问印度和巴基斯坦。

2010年中国与欧洲联盟的经济贸易关系

商务部欧洲司四处

中欧于1975年建交，2003年建立全面战略伙伴关系。近年来，中欧经贸关系保持健康、稳定发展态势。欧盟连续多年保持我第一大贸易伙伴、第一大出口市场、第一大技术引进来源地和累计第四大实际外资来源地。中国为欧盟第二大贸易伙伴和第二大出口市场。2010年，中欧经贸关系逐渐走出国际金融危机，实现恢复性增长。

一、双边贸易

据中方统计，2010年，中欧贸易额4 797.2亿美元，同比增长31.8%。其中，我出口3 112.4亿美元，增长31.8%；进口1 684.8亿美元，增长31.9%；我顺差1 427.6亿美元，增长31.6%。德国、荷兰、英国、意大利和法国是中国在欧盟内的主要贸易伙伴，中国与这5个国家的贸易额超过中欧双边贸易总额的70%。

中国是欧盟第二大贸易伙伴（仅次于美国）、第一大进口来源地和第二大出口市场。据欧方统计，2010年，中欧贸易额3 950亿欧元，同比增长33.3%，其中，欧盟自我进口2 819亿欧元，同比增长31.6%；对我出口1 131亿欧元，同比增长37.2%，欧方逆差1 688亿欧元。

二、双向投资

欧盟连续多年保持中国累计第四大实际投资来源地。据商务部统计，截至2010年底，欧盟对华直接投资项目33 361个，实际投入732.6亿美元，占我吸收外资总量的7%。其中，2010年欧盟对华直接投资项目1 598个，实际投入55.7亿美元。欧盟对华投资以制造业为主（约占其对华投资总量的一半以上），主要集中在化学原料及化学品制造业、通信设备（含电子计算机和电子设备）、通用设备和专用设备制造等领域。

近年来，我企业对欧投资日渐活跃。据商务部统计，截至2009年底，中国共在欧盟设立直接投资企业1 400家，覆盖欧盟27个成员国，雇佣当地雇员约1.5万人。其中，2010年当年直接投资流量22.0亿美元，占我对外投资流量总额的3.7%。截至2010年底，我对欧直接投资累计达84.8亿美元，主要集中在制造业、金融业、批发和零售业、租赁和商务服务业等领域。从国别看，我对欧投资主要分布在卢森堡、瑞典、德国、英国、荷兰、法国、西班牙、意大利等国。并购已成为我企业对欧投资的重要方式。

三、技术引进

欧盟长期保持我累计最大技术引进来源地。截至2010年底，我自欧引进技术共34 572项，累计合同金额1 348.7亿美元。其中，2010年我自欧技术引进3 058项，合同金额

78.2亿美元。

四、发展合作

欧盟于1984年开始向我提供财政技术援助。1995年以前，欧盟对华提供的发展援助以扶贫为主，主要集中在农业领域。1995年以后，欧盟调整了对华政策及对华发展援助政策，扩大了对华援助的领域。双方合作项目涉及经济与社会改革、贸易、司法、政府治理、农业、环保、能源、教育、卫生和社会保障等众多领域，对中国经济社会发展、管理水平的提高以及脱贫等起到了积极作用，也促进了中欧关系的健康、稳定发展。

五、重要经贸往来

2010年4月，欧盟委员会主席巴罗佐访华并出席上海市博会开幕式。其间，胡锦涛主席和温家宝总理分别与他会见、会谈。温家宝总理还和巴罗佐主席共同会见了欧盟在华企业代表。

2010年5月，第24届中欧经贸混委会、第五次中欧贸易与投资政策对话相继在布鲁塞尔召开。

2010年10月，温家宝总理访欧，与欧盟理事会主席范龙佩、欧盟委员会主席巴罗佐共同主持第十三次中欧领导人会晤。会后，双方发表了《联合新闻公报》。访问期间，温家宝总理出席了第六次中欧工商峰会并发表演讲。

2010年12月，王岐山副总理与欧委会副主席兼竞争委员阿尔穆尼亚、经济货币委员雷恩和贸易委员德古赫特共同主持召开第三次中欧经贸高层对话。

六、对话机制

中欧对话机制健全，交流渠道畅通。1979年中欧成立正部级经贸混委会，下设经贸、环保、能源和信息社会对话4个工作组及科技指导委员会，迄今已举行24次会议。近年来，双方又相继建立了贸易和投资政策、竞争政策、知识产权和纺织品贸易等四个对话机制。2007年，双方领导人达成共识，建立副总理级中欧经贸高层对话机制，迄今已成功举行三次。多层次、宽领域的对话和磋商机制为双方协调立场、处理分歧、促进合作提供了重要平台。

七、完善1985年《中欧贸易与经济合作协定》

2007年6月第22届中欧经贸混委会期间，双方启动了完善1985年《中欧贸易与经济合作协定》实质谈判。经过八轮司级谈判和数十轮处级磋商，20个章节的谈判已全部启动。目前，双方已就一半以上章节案文达成一致或基本达成一致。

八、中欧经贸关系中的主要问题

（一）中国完全市场经济地位

2003年6月，中国正式向欧盟提出要求其承认我完全市场经济地位。2004年6月，欧委会向中方提交了就我市场经济地位的初步评估报告，认为中国尚未满足其五条评估标准中的四条。2004年11月，双方成立市场经济技术工作组，迄今已召开10次会议。中方数次向欧方提交相关材料，并通过技术层做了大量工作，但欧方立场未见明显改善。

（二）贸易不平衡

近年来，中欧贸易不平衡问题日益受到欧方关注。中方顺差2008年达1 601.8亿美元，2009年达1 084.4亿美元，2010年达1 427.6亿美元。欧方要求通过扩大欧盟企业在华市场准入来解决该问题。

（三）欧盟对华贸易救济调查

欧盟是最早对中国产品发起贸易救济调查的地区，也是对华立案数量最多的地区。2010年，欧盟共对华发起11起贸易救济调查，涉案金额48.3亿美元，是2009年的6.1倍。特别是对我无限数据卡同时进行反倾销、反补贴和保障措施三种调查。受金融危机影响，欧盟内部经济不景气，引发贸易保护主义抬头。未来一年，贸易摩擦形势将更加严峻。

2010年中国与前苏联国家的经济贸易关系

商务部欧洲司一处、二处、综合处

2010年，中国与前苏联国家的经济贸易关系积极发展。高层互访频繁。胡锦涛主席访问俄罗斯并出席俄纪念卫国战争胜利65周年庆典，访问乌兹别克斯坦、哈萨克斯坦并出席上海合作组织塔什干元首峰会；温家宝总理访问俄罗斯并与俄总理普京举行中俄总理第十五次定期会晤，访问塔吉克斯坦并出席上海合作组织杜尚别总理会议；贾庆林主席访问哈萨克斯坦；李长春同志访问爱沙尼亚；习近平副主席访问俄罗斯、白俄罗斯并出席俄罗斯“汉语年”开幕式；贺国强同志访问立陶宛、土库曼斯坦并过境阿塞拜疆；王岐山副总理访问俄罗斯并与俄副总理茹科夫举行中俄总理定期会晤委员会第十四次会议，访问土库曼斯坦并与土副总理霍贾穆哈梅多夫举行中土合作委员会第一次会议；中央政治局委员汪洋访问俄罗斯并出席第十四届圣彼得堡国际经济论坛。俄罗斯总统梅德韦杰夫访华并出席中俄原油管道竣工仪式；乌克兰总统亚努科维奇访华；土库曼斯坦总统别尔德穆哈梅多夫访华并出席上海世博会开幕式；俄罗斯联邦委员会主席米罗诺夫访华并与吴邦国委员长举行中国全国人大与俄联邦委员会合作委员会第四次会议；俄罗斯国家杜马主席格雷兹洛夫访华并与吴邦国委员长举行中国全国人大与俄国家杜马合作委员会第四次会议；俄罗斯副总理谢钦访华并与王岐山副总理举行中俄能源谈判代表第六次会晤。此外，白俄罗斯总统卢卡申科、立陶宛总统格里鲍斯凯捷、拉脱维亚总统扎特列尔斯、亚美尼亚总统谢·萨尔基相和总理季·萨尔基相、格鲁吉亚总理吉拉乌利、摩尔多瓦总理菲拉特、阿塞拜疆副总理沙里弗夫、爱沙尼亚外交部长帕伊特分别来华参加上海世博会和天津夏季达沃斯论坛相关活动并同我国家领导人举行会见。

中国与上述国家商务主管部门间的往来也十分密切。中国商务部与俄罗斯经济发展部共同主办第五届中俄经济工商界高峰论坛。陈德铭部长访问俄罗斯、立陶宛并与俄经济发展部部长纳比乌琳娜共同主持召开中俄总理定期会晤委员会经贸合作分委会第十三次会议；高虎城国际贸易谈判代表兼副部长与俄地区发展部副部长特拉夫尼科夫共同主持召开中俄边地贸合作工作组第九次会议，与俄工业与贸易部副部长卡拉曼诺夫共同主持召开中俄林业合作工作组第九次会议，访问白俄罗斯并与白国家监察委员会主席洛马奇举行中白政府间经贸合作委员会第十一次会议，与乌克兰第一副总理克留耶夫在京举行中乌政府间经贸合作委员会第十一次会议；傅自应副部长访问阿塞拜疆、俄罗斯、亚美尼亚、格鲁吉亚并与俄经济发展部副部长萨维利耶夫共同主持召开中俄经济特区合作工作组第四次会议；钟山副部长访问亚美尼亚、俄罗斯、乌兹别克斯坦。拉脱维亚经济部长卡姆帕尔斯访华并举行中拉企业家商务论坛。为配合有关高访，商务部还同外方相关部门共同主办了中白（俄罗斯）企业家见面会、中土（库曼斯坦）土行部长萨维利耶夫共同主持召开中俄经济特区合作工作组第四次会议。

投资贸易论坛、中立（陶宛）企业家早餐会等活动。此外，中国与摩尔多瓦、格鲁吉亚召开了经贸混委会例会。

上述高层互访、会议和活动的成功举行有力推动了我与有关国家经贸合作的进一步发展。

据中国海关统计，2010年中国与上述国家的贸易总额为987.5亿美元，同比增长38%。其中，中国出口562.8亿美元，同比增长39.2%；进口424.7亿美元，同比增长36.2%。2010年，经商务部批准或备案的中国在上述国家的非金融类直接投资总额10.4亿美元；上述国家在华直接投资项目99个，合同外资金额1.69亿美元，实际使用外资金额4 520万美元。2010年中国与上述国家新签工程承包和劳务合同金额101.7亿美元，完成营业额58.5亿美元。

现将中国与上述国家经贸合作情况分述如下：

俄罗斯是中国第十一大贸易伙伴。据中国海关统计，2010年中俄贸易额为554.5亿美元，同比增长43.1%，接近国际金融危机前水平（2008年为568.3亿美元）。其中，我对俄出口296.1亿美元，同比增长69%；自俄进口258.4亿美元，同比增长21.7%。我对俄贸易顺差37.7亿美元。据俄海关统计，2010年俄中贸易额为593.4亿美元，我首次成为俄第一大贸易伙伴。

2010年中俄贸易结构持续改善。全年我对俄机电和高新技术产品出口额分别为136.3亿美元和49亿美元，同比分别增长86.8%和111.2%，在对俄出口中的比重分别升至46%和16.5%；我自俄机电和高新技术产品进口已连续三年保持增长，进口额分别为3.8亿美元和6.6亿美元，同比分别增长1.9%和165%，成为双边经贸合作的亮点。边境地区间合作蓬勃发展。全年中俄边贸额为75.8亿美元，同比增长32%，其中我对俄出口32.9亿美元，同比增长51%，自俄进口42.9亿美元，同比增长21%。

2010年中国对俄罗斯非金融类直接投资5.94亿美元；俄罗斯对中国新增直接投资项目59个，合同金额1.2亿美元，实际使用3 497万美元。2010年双方共签署工程承包和劳务合作合同金额11.9亿美元，完成营业额15亿美元，期末在外劳务人数20 809人。我在俄劳务人员主要从事农业种植、建筑、森林采伐、木材加工、制衣、医疗及其他服务行业。

2010年我自俄引进民用技术31项，合同金额17.5亿美元，主要集中在核电、航空、航天、电子等领域。

2010年我与中亚五国（哈萨克斯坦、吉尔吉斯斯坦、乌兹别克斯坦、塔吉克斯坦、土库曼斯坦）双边贸易规模出现恢复性增长，贸易总额300.9亿美元，同比增长26.8%，其中我出口165.4亿美元，同比下降0.8%，进口135.5亿美元，同比增长97.2%。由于中哈原油管道和中国—中亚天然气管道开通运营，以及受国际原材料价格上涨等因素的影响，我与哈、土、乌双边贸易呈现我方逆差，分别为17.7亿美元、5.2亿美元和1.2亿美元。据对方国家统计，我已成为哈第一大贸易伙伴（2009年我在哈贸易伙伴中排名第二），并继续保持为乌、吉、塔的第二大贸易伙伴。原油、天然气、铜、铁、铝、棉花等能源和原材料产品仍是我进口的主要产品，我出口以机电和高新技术产品、纺织品、服装、钢材等为主。

中国企业前往中亚国家开展投资合作的意愿进一步加强，各领域投资项目不断增加。据商务部业务统计，2010年，中国对中亚五国非金融类直接投资额为4.2亿美元，主要涉及油气、交通、电力、电信、农业、矿产等领域。截至2010年底，中亚五国在华累计投资项目数305个，合同外资金额4.8亿美元，实际使用6 988万美元。2010年我与中亚五国新签工程承包和劳务合同金额为69.4亿美元，完成营业额31.2亿美元。

我与中亚五国的能源资源领域合作取得新突破。中国—中亚天然气管道项目于2009年底实现单线通气，2010年8月双线建成。我国第一条跨境输油管线中哈原油管道一期与二期第一阶段竣工，正在积极探讨二期第二阶段工程。此外，我与哈、乌在铀矿开发领域的合作取得新进展。顺应国际节能减排的大趋势，我与哈、乌、塔等国在风能、太阳能等新能源领域合作逐步展开。在塔铅锌矿、金矿开采，在吉金矿、铜矿等开发项目顺利推进。

与此同时，我与中亚五国的非资源领域经济技术合作成果丰硕。2010年我与哈、乌分别签署了《关于修订〈中哈非资源经济领域合作规划措施计划〉的议定书》、《中乌政府间非资源与高科技领域合作规划》，继续加强在非资源领域的合作力度。一系列电力、交通、加工工业、基础设施建设等项目顺利实施。

乌克兰是中国在独联体内的第三大贸易伙伴。2010年中乌贸易额为77.3亿美元，同比增长33.8%。其中，中方出口55.6亿美元，增长54.4%；进口21.7亿美元，下降0.4%。我向乌主要出口机电产品、服装、纺织品、鞋类、高新技术产品、农产品等；自乌主要进口钢材、机电产品、成品油、高新技术产品、有色金属、己内酰胺等。2010年，乌在华直接投资项目15个，合同外资金额1 251万美元，实际使用790万美元；中国对乌非金融类直接投资165万美元。2010年中乌新签工程承包和劳务合同金额1.79亿美元，完成营业额1.29亿美元。

白俄罗斯是中国在独联体内的第八大贸易伙伴。2010年中白贸易额为12.72亿美元，同比增长57%。其中，中方出口7.96亿美元，增长183.8%；进口4.76亿美元，下降10.1%。我向白主要出口机电产品、计算机及通讯设备、农产品、医药品、鞋类等；自白主要进口化肥、机电产品、己内酰胺、汽车、塑料等。2010年，白在华直接投资项目2个，合同外资金额245万美元，实际使用10万美元；中国对白非金融类直接投资2 758万美元。2010年中白新签工程承包和劳务合同金额10.83亿美元，完成营业额4.89亿美元。

2010年中国与外高加索三国（阿塞拜疆、格鲁吉亚、亚美尼亚）贸易总额为14.1亿美元，同比增长40.9%。其中，中方出口12.4亿美元，增长48.5%；进口1.7亿美元，增长3%。我向三国主要出口机电产品、服装、计算机及通讯设备等，自三国主要进口原油、成品油、矿砂、铝材、塑料、废金属等。截至2010年底，外高加索三国在华累计投资项目数32个，合同外资金额3 063万美元，实际使用895万美元；中国对外高加索三国非金融类直接投资8 865万美元。2010年我与外高加索三国新签工程承包和劳务合同金额7.71亿美元，完成营业额6亿美元。

2010年中国与摩尔多瓦贸易额8 723万美元，同比增长15%。其中，中方出口8 052万美元，增长11%；进口671

万美元，增长106%。我向摩主要出口机电产品、船舶、木材、蔬菜等，自摩主要进口服装、葡萄酒、皮革等。2010年我与摩新签工程承包和劳务合同金额252万美元，完成营业额284万美元。

2010年中国与波罗的海三国（爱沙尼亚、拉脱维亚、立陶宛）贸易额为27.1亿美元，同比增长68.4%。其中，中方出口24.5亿美元，增长66.9%；进口2.6亿美元，增长84%。我向三国主要出口机电和高新技术产品、纺织品、农产品等，自三国主要进口机电和高新技术产品、纸浆、废金属、农产品等。截至2010年底，波罗的海三国在华累计投资项目数39个，实际使用外资金额1 110万美元。我已连续多年未对波罗的海三国进行直接投资。2010年我与波罗的海三国新签工程承包和劳务合同金额89万美元，完成营业额87万美元。

2010年中国与欧洲其他国家的经济贸易关系

商务部欧洲司三处、六处

一、中国与西巴尔干国家的经济贸易关系

西巴尔干国家包括克罗地亚、塞尔维亚、黑山、马其顿、波黑和阿尔巴尼亚6个国家，总面积26.44万平方公里，总人口约2 100万人。

（一）双边贸易

2010年，我与西巴尔干6国的经贸关系继续保持稳步发展的良好态势，双边贸易摆脱金融危机影响，贸易额显著增加，6国对我出口增长迅猛。据中国海关统计，2010年我与该地区贸易总额为24.2亿美元，比上年增长20.2%。其中，我出口20.5亿美元，增长13.7%；进口3.67亿美元，大幅增长77.1%。

2010年，我在该地区最大的贸易伙伴依然是克罗地亚，贸易额为14亿美元，其次为塞尔维亚和阿尔巴尼亚。上述三国与中国的贸易额为21.4亿美元，占同期中国与该地区贸易额的88.7%。

（二）相互投资

据商务部统计，截至2010年底，西巴尔干6国在华投资项目共81个，合同总额1.89亿美元，实际投资额4 957万美元，主要涉及通用设备制造、食品、电子、轻工等领域。

据商务部统计，截至2010年底，中国在该地区总投资额近2 508万美元。投资领域主要为基础设施、贸易、轻纺和餐饮等。

（三）承包劳务

据商务部统计，2010年，我与西巴尔干6国新签工程承包合同金额2.71亿美元，完成营业额3 146万美元；新签劳务合作合同金额20万美元，完成营业额15万美元。截至2010年底，双方共签署工程承包合同金额8.63亿美元，完成营业额3.66亿美元，签署劳务合作合同金额347万美元，完成营业额222万美元。

（四）我对西巴尔干国家援助情况

2010年，共有184名来自6国的官员和技术人员参加了在华举办的多、双边培训项目。截至2010年底，我共为6国培训了413名官员和技术人员。

（五）双边经贸联委会

2010年，我与黑山在北京召开了双边经贸联委会第3次会议。

（六）重要往来

2010年我与西巴尔干国家的高层互访主要有：4月，塞外长耶雷米奇来华出席上海世博会开幕式。5月，黑山总统武亚诺维奇来华出席上海世博会黑山国家馆日活动；克总统约西波维奇来华出席上海世博会克罗地亚国家馆日活动；波黑部长会议主席什皮里奇对华进行工作访问并参观上海世博会。6月，塞总理茨韦特科维奇总理对华进行工作访问并出席上海世博会塞尔维亚国家馆日活动。7月，克副总理兼财长舒凯尔访华，陈德铭部长会见。9月，阿尔巴尼亚总统托皮来华出席上海世博会中国国家馆日活动。10月，黑山副总理拉佐维奇访华并与商务部国际贸易谈判代表兼副部长高虎城共同主持召开中黑经贸联委会第3次例会。

2010年6月，全国人大副委员长陈至立访问波黑。7月，全国人大常委会委员长吴邦国访问塞尔维亚并出席贝尔格莱德跨多瑙河大桥开工仪式。9月，中共中央政治局常委李长春访问黑山，此系黑山独立后我政治局常委首次往访。

我与西巴尔干国家经贸合作中的主要问题是：双边贸易规模总体偏小，贸易不平衡问题依然严重，相互投资与经济技术合作尚处于起步阶段。

二、中国与克罗地亚的经济贸易关系

克罗地亚是中国在西巴尔干地区最大的经贸合作伙伴。近年来，两国领导互访频繁。2009年6月，胡锦涛主席成功访问克罗地亚，中国贸易投资促进团随访。2010年5月，克总统约西波维奇来华出席上海世博会克罗地亚国家馆日活动。7月，副总理兼财长舒凯尔访华，陈德铭部长会见。高层互访有力地促进了双边经贸关系的发展。

据中国海关统计，2010年，中克双边贸易额为14亿美元，同比增长16.8%，其中我出口13.4亿美元，增长20.1%，进口5 088万美元，下降32%。我主要出口商品为服装及衣着附件、鞋类、计算机与通讯技术、电器及电子产品等；主要进口商品为船舶、服装及衣着附件和药品等。

据商务部统计，截至2010年底，克在华投资项目16个，实际投资金额222万美元；我在克投资额90万美元，主要为个体餐馆和纺织品贸易公司，无生产性企业。

据商务部统计，截至2010年底，我在克工程承包合同额为1 381万美元，完成营业额为1 047万美元；在克劳务合作合同额6万美元，完成营业额3万美元。

三、中国与塞尔维亚的经济贸易关系

2010年，我与塞尔维亚的双边经贸关系发展顺利，两国基础设施合作取得突破性进展。7月，全国人大常委会委员长吴邦国访塞并出席贝尔格莱德跨多瑙河大桥奠基仪式。

据中国海关统计，2010年，双边贸易额为4亿美元，同比增长18.6%，其中中方出口3.45亿美元，增长11.9%，进口5 519万美元，增长88.8%。我主要出口商品为服装及衣着附件、纺织纱线、织物及制品、计算机与通讯技术、家电、鞋类等；主要进口商品为铅、锌、铜的矿砂及其精矿、风力发电机组等。

据商务部统计，截至2010年底，塞在华投资项目49个，合同金额11 194万美元，实际投资3 394万美元。我在塞投资总额850万美元，其中2010年当年的投资额达650万美元。

截至2010年底，我企业在塞完成工程承包营业额729万美元，对外劳务营业额15万美元。

四、中国与瑞士的经济贸易关系

2010年恰逢中瑞建交60周年，是两国经贸关系发展至关重要的一年。1月，李克强副总理访瑞并出席达沃斯世界经济论坛年会；7月，吴邦国委员长访瑞；8月，瑞时任联邦主席兼经济部长洛伊特哈德率高级经济代表团访华并出席上海世博会瑞士馆日活动。双方利用高层互访的有利契机就进一步深化经贸合作达成很多重要共识，并宣布结束中瑞自贸区联合研究，为尽快启动自贸协定谈判奠定基础。

瑞是我在欧洲第九大贸易伙伴。据我海关统计，2010年中瑞贸易额为200.7亿美元，首次突破200亿美元，增长110.3%。其中，我出口30.3亿美元，增长14%；我进口170.4亿美元，增长147.4%。我对瑞出口的主要商品是：服装及衣着附件、鞋类、自动数据处理设备及其部件、船舶和医药品等；我自瑞进口的主要商品是：手表、制造单晶柱或晶圆用的机器及装置、医药品、计量检测分析自控仪器及器具和金属加工机床等。

瑞是我在欧洲第六大外资来源国，也是欧洲对华投资最多的非欧盟国家。截至2010年底，我累计批准瑞在华投资项目1 301个，实际利用瑞资36.2亿美元。2010年，我批准瑞在华投资项目77个，增长10%；实际利用瑞资2.6亿美元，下降13.4%。瑞对华投资主要集中在化工化纤、食品加工、电器工具、医疗用品、汽车配件、建筑材料、纺织服装和贸易等领域。截至2010年底，经商务部备案的中国企业对瑞非金融类直接投资额为5 857万美元。2010年，我企业对瑞投资额达2 827万美元。

瑞是我在欧洲重要的技术引进来源国。截至2010年底，我累计批准自瑞技术引进合同2 002项，合同金额49.2亿美元。2010年，我批准自瑞技术引进合同160个，合同金额4.8亿美元。

五、中国与挪威的经济贸易关系

挪威是中国在北欧地区重要的经贸合作伙伴。2010年6月，中共中央纪委书记贺国强成功访挪，商务部组织贸易投资促进团随访；9月，商务部副部长蒋耀平访挪，宣传推介绿博会；中挪年内完成两轮自贸区谈判，就货物和服务贸易等议题深入交换了意见。

据我海关统计，2010年中挪贸易额为60.7亿美元，增长5.8%。其中，我出口28.4亿美元，增长6%；我进口32.3亿美元，增长5.6%。我对挪出口主要商品包括船舶、服装及衣着附件、自动数据处理设备及其部件、电话机、纺织纱线和织物等；自挪进口主要商品包括农产品、冻鱼、机械提升搬运装卸设备及零件、计量检测分析自控仪器及器具、建筑和采矿用机械及零件等。

截至2010年底，我共批准挪在华投资项目366个，挪方实际投资4.1亿美元。其中，2010年我新批挪在华投资项目24个，实际投资3 847万美元。挪在华投资的主要领域有船舶设备生产、港口建设、新能源、机械制造和电气等。截至2010年底，我在挪累计投资1.5亿美元，主要涉及航运、电信、进出口贸易等领域。其中，2010年我企业对挪投资额达1.4亿美元。

截至2010年底，我累计批准自挪技术引进合同465项，合同金额约8亿美元。2010年，我批准自挪技术引进合同37项，合同金额为3 017万美元。我自挪引进的技术和设备主要用于邮电、电子、机械、交通、轻工、农业和环保等领域。

2010年中国与加拿大的经济贸易关系

商务部美洲大洋洲司二处

2010年，中国和加拿大双边经贸合作发展顺利。中加双边贸易稳步增长，双向投资不断扩大，发展合作进展良好。

一、双边贸易

据中国海关统计，2010年，中加双边贸易额达371亿美元，同比增长24.8%。其中，我对加出口222.2亿美元，从加进口148.9亿美元，同比分别增长25.7%和23.5%。中国对加出口主要商品为机械设备（39.4亿美元，增长28.1%）、计算机与通讯技术（39亿美元，增长18.7%）、电器和电子产品（36.3亿美元，增长23.3%）、服装及衣着附件（28.6亿美元，增长12.8%）、家具（12.8亿美元，增长30.2%）等。中国从加进口主要商品为纸浆（22.5亿美元，增长58%）、集成电路（9.6亿美元，增长37.7%）、煤（8.9亿美元，增长65.1%）、菜子油和芥子油（8.5亿美元，增长142.4%）、油菜籽（7.7亿美元、下降43%）、锯材（7.6亿美元，增长108.4%）、铁矿砂（6.9亿美元、增长21%）、乙二醇（4.5亿美元，增长23.7%）等。

二、双向投资

2010年，新批加在华投资项目390个，加方实际投入6.35亿美元。截至2010年底，加方在华投资项目11 732个，实际投入78.68亿美元。

加拿大在华投资的地区分布广泛，既有在沿海发达地区、中部地区的投资项目，也有在西部地区的投资项目。投资的行业主要有：电信设备制造、轻工机械设备制造、工程设计、软件开发、种植业、服装制造、房地产、矿业、娱乐服务等。

2010年，我在加非金融类直接投资11.23亿美元。截至2010年底，我在加直接投资56.71亿美元。涉及的行业主要有资源开发、工业生产、建筑承包、农牧渔业、餐饮业、科技文化交流、交通运输、咨询服务等。

三、发展合作

中国和加拿大发展合作始于1982年。20多年来，双方进行的合作涉及农业、林业、能源、交通、教育、通讯、环保、人才开发、体制改革和扶贫等众多领域，项目总数116个，其中已完成109个，正在执行7个。加方对华援助资金总额约为7.9亿加元（约合6亿美元）。

在中加双方的共同努力下，发展合作项目进展顺利，取得了较好的经济和社会效益。

2010年中国与美国的经济贸易关系

商务部美洲大洋洲司三处

2010年，中美两国经贸合作再次迈上新台阶，双边贸易额再创新高，两国经济贸易关系呈现以下特点：

一、两国高层会晤和经贸对话频繁，为双边经贸合作创造有利环境

中国国家主席胡锦涛和美国总统奥巴马年内在核安全峰会、二十国集团多伦多以及首尔领导人峰会期间成功会晤，就推动中美关系沿着积极合作全面的轨道向更高水平发展达成共识。温家宝总理在与奥巴马总统的会晤中就经贸问题交换意见，并提出两国开展大规模财政、金融、经贸合作的一揽子计划。第二轮中美战略与经济对话和第21届中美商贸联委会分别于5月、12月成功举行，双方就扩大双边经贸合作达成广泛共识，取得积极成果。

二、双边贸易走出金融危机低谷，实现较快增长

据中国海关统计，2010年中美贸易额3 852.4亿美元，比2009年同期上升29.2%，比危机爆发初期的2008年同比上升15.5%。其中，中国自美进口1 020.4亿美元，比2009年同期上升31.7%，比2008年同期上升25.3%；出口2 833亿美元，比2009年同期上升28.3%，比2008年同期上升12.3%。中方顺差1 812.7亿美元，比2009年同期上升26.5%，比2008年同期上升6.1%。目前，中美互为第二大贸易伙伴，美国是中国第一大出口市场，中国是美国第三大出口市场。

三、相互投资逐步走出金融危机影响，企稳回升

2010年，我新批设立美资企业1 502家，同比下降1.8%；实际使用外资金额30.2亿美元，同比上升18.1%。截至2010年底，美对华投资项目累计达59 642个，实际收入652.23亿美元。美仍是我外资最大的来源地之一。同时，中国对美投资步伐加快。2010年，中国对美投资同比增长81.4%。截至2010年底，中国企业在美非金融类直接投资约为47.3亿美元，投资范围广泛，涉及工业、科技、服装、农业、餐饮、食品加工、旅游、金融、保险、运输和工程承包等各领域。

四、两国经济依存度进一步提高，内涵更加丰富

近年来，中美利益交融、相互依存的格局进一步巩固和发展，合作空间更加广阔，双边经贸合作取得新进展，继续成为推动中美关系发展的积极力量。中国是美国许多产品重要的海外市场，是美国实施“出口倡议”的重点目标，对华出口为美国各州带来实实在在的利益。美国企业在华投资经营获得巨大利益，更加重视中国市场。中国企业逐步进入美国市场投资兴业，在美开展业务的企业不断增多。中美经贸合作增加了两国就业岗位。双方在能源、环保、航空、知识产权、高技术贸易、工程承包、劳务等领域的合作也取得新的进展。

五、美国贸易保护主义挥之难去，经贸问题政治化倾向仍然突出

2010年美针对中国产品发起6起贸易救济调查，涉案金额约8.5亿美元，数量和金额虽较2009年大幅减少，但同期终裁的多起反倾销、反补贴调查终裁税率较高。第111届国会提出涉华经贸议案近40项，内容涉及人民币汇率、能源和气候变化、产品质量和食品安全、贸易执法等问题，多数要求对中国采取强硬措施。美国2010年度知识产权“特别301”报告连续第六次将中国列入“重点观察国家”名单。美国发表的《国际经济和汇率政策报告》认定人民币币值存在“低估”。美国以“国家安全”等非经济性因素为由拒绝中国企业赴美投资的案例不断出现，给中国企业赴美投资造成较大负面影响。

六、两国应高瞻远瞩，推动双边经贸关系健康稳定发展

中美经贸合作不仅为两国人民带来实实在在的好处，也为世界经济发展做出重要贡献。中美双方应充分认识两国经贸关系互利共赢的本质，始终坚持从战略高度和长远角度看待和处理中美经贸关系，切实尊重彼此核心利益和重大关切，慎重妥善处理有关敏感问题，排除政治干扰，不断扩大两国经贸利益契合点。在当前世界经济处于进一步复苏的关机时刻，中美更需加强合作，共同维护国际经济金融形势稳定。

2010年中国与拉美国家的经济贸易关系

商务部美洲大洋洲司拉丁美洲一处

2010年，拉美地区国家（含加勒比地区国家）经济复苏步伐得以巩固和持续，全年经济增长率达6%，人均GDP增长4.8%（拉美经委会数据）。与此同时，中国经济也保持了10.3%的高速增长。中国与拉美地区国家经济和社会发展相互借重和相互促进的关系进一步加强。

2011年，中拉经贸关系稳定健康发展，经贸合作的领域不断扩展、规模持续扩大、层次不断提高。主要有以下特点：

一、中拉贸易快速增长，贸易额再创历史新高

中拉贸易已经摆脱金融危机的影响，重新步入快速增长轨道。2010年中拉贸易额达到1 830.68亿美元，同比增长50.2%，超过2008年中拉贸易1 434亿美元的历史最好纪录，再创新高。其中中国出口918.21亿美元，同比增长60.8%，进口912.47亿美元，同比增长40.9%。中国对拉美的出口和从拉美的进口总体上更趋平衡。

2010年，中国在拉美的前十大贸易伙伴是：巴西（625.5亿美元）、智利（258.3亿美元）、墨西哥（246.9亿美元）、阿根廷（129.2亿美元）、巴拿马（120.0亿美元）、委内瑞拉（102.6亿美元）、秘鲁（97.2亿美元）、哥伦比亚（59.2亿美元）、哥斯达黎加（38.0亿美元）、乌拉圭（26.3亿美元）。与中国双边贸易额超过100亿美元的拉美国家首次达到6个。

我在拉美地区前五大出口市场为巴西、墨西哥、巴拿马、智利和阿根廷；我在拉美地区前五大进口来源国为巴西、智利、墨西哥、阿根廷和委内瑞拉。

中国对拉美地区出口中，机电产品和高新技术产品仍占有较大比重。我从拉美进口以能源矿产品、农产品及其他基础原材料产品为主。但双边贸易产品的多样化继续发展，产品结构不断优化。

二、中国对拉美国家非金融类对外投资增长明显，工程承包和劳务合作不断发展。拉美地区国家来华投资项目数增加，中国实际利用拉美国家外资金额略有下降

2010年中国对拉美的非金融类直接投资达110.87亿美元（2009年为89.4亿美元），同比增长24%，首次超过100亿美元，占同期同类中国对外投资总额的18.8%。中国企业在拉美的工程承包、劳务合作也在不断扩展。中国在拉美的投资、工程承包和劳务业务主要集中在能源、矿产和基础设施建设等领域。

2010年，拉美地区来华投资设立项目数为992个，比2009年项目数增长了66个，中国实际使用外资金额135.3亿美元，低于2009年的146.8亿美元，降幅为7.83%。

三、双边自由贸易区建设稳步推进

中国智利自贸协定实施顺利，2010年双方就投资部分进行了第六轮和第七轮谈判；中国和秘鲁自贸区协定从2010年3月1日起正式实施；2010年4月8日，中国与哥斯达黎加自贸区协定谈判结束，双方正式签署协定。

四、2010年拉美国家对华发起的各类贸易救济调查案件数量低于2009年

2010年，拉美各国共对华发起贸易救济案件9起，其中反倾销调查6起，一般性保障措施调查4起，特保调查1起，均低于2009年的案件数量。

五、金融合作成为中拉经贸合作的重要推手

中国和拉美地区国家在金融领域的合作日趋活跃，对推动和扩大中拉经贸合作的发展发挥着越来越重要的作用。人民币互换协议、石油换贷款合作协议等金融领域的合作在2010年继续得以实施，为中拉经贸合作在2010年发展起到了重要的推动作用。

六、双边经贸磋商机制平稳运行

2010 年，中国与墨西哥召开了两国常设委员会经贸分委会第四次会议，与古巴召开了政府经贸混委会第 23 次会议，与委内瑞拉召开了第 9 次高委会经贸分委会，与厄瓜多尔召开了第 10 次经贸混委会，与阿根廷召开了第 3 次经贸互补性工作组会议。

通过上述经贸交流机制，中国与有关国家就经贸合作中的一些重大问题进行了沟通，为中拉经贸关系的进一步发展创造了良好环境。

2010 年中国与加勒比地区的经济贸易关系

商务部美洲大洋洲司四处

2010 年，中国与加勒比地区各国人员往来频繁，互利经贸合作保持良好发展态势。中国和加勒比友好国家认真落实 2007 年第二届“中国—加勒比经贸合作论坛”后续工作，并积极筹备将于特立尼达和多巴哥召开的第三届中加经贸合作论坛，双方致力于通过论坛继续深化在贸易、投资、农渔业、金融业、旅游运输和人力资源等六大领域的合作。

一、双边贸易

据中国海关统计，2010 年，中国与加勒比地区的贸易额为 71.58 亿美元，同比增长 29.9%；其中中方出口 54.6 亿美元，同比增长 25%；进口 16.98 亿美元，同比增长 48.6%。2010 年，中国与加勒比地区 3 个贸易伙伴的双边贸易额超过 10 亿美元，依次为古巴（18.33 亿美元）、波多黎各（11.44 亿美元）、多米尼加（10.33 亿美元）；中国与 8 个贸易伙伴的双边贸易额超过 1 亿美元，依次为安提瓜和巴布达（8.06 亿美元）、巴哈马（6.28 亿美元）、特立尼达和多巴哥（3.99 亿美元）、海地（2.62 亿美元）、牙买加（2.39 亿美元）、英属维尔京群岛（1.42 亿美元）、苏里南（1.27 亿美元）以及圭亚那（1.01 亿美元）。

中国与加勒比地区的贸易以中国出口为主，主要出口产品包括机电产品、轻纺类产品、化工产品等。中国从加勒比地区进口的主要产品包括镍、糖、氧化铝、沥青、原木及海产品等。

二、相互投资及经济技术合作

中国与加勒比地区的互利经济合作业务取得新进展。2010 年，中国企业在加勒比地区新签承包工程和劳务合作项目 131 项，合同额 5.74 亿美元，完成营业额 5.94 亿美元，派出各类劳务人员 1 741 人次。截至 2010 年底，中国企业在加勒比地区签订承包工程和劳务合作合同额累计 50.28 亿美元，完成营业额 36.33 亿美元。

2010 年，加勒比地区在华新设项目 813 个，实际投资金额 131.47 亿美元。截至 2010 年底，加勒比地区在华投资项目共计 24 451 个，实际投入 1 388.23 亿美元。英属维尔京群岛和开曼群岛是中国吸收外资的重要来源地。

2010 年，中国对加勒比地区非金融类直接投资额约 102.35 亿美元，同比增长 17.9%。截至 2010 年底，中国对加勒比地区非金融类直接投资额累计 499.82 亿美元，主要投资目的地为开曼群岛和英属维尔京群岛。

2010 年，中国同加勒比地区继续深化经济技术合作，增进彼此友谊。中国为加勒比国家举办了多期人力资源培训班，并在基础设施建设、农业示范、医疗服务等方面向这些国家提供了力所能及的经济技术援助，给受援国带来了较好的社会和经济效益。

2010 年中国与澳大利亚和新西兰的经济贸易关系

商务部美洲大洋洲司二处

一、中国与澳大利亚的经济贸易关系

2010 年，中国与澳大利亚的双边经贸关系总体发展良好。两国在贸易、投资、经济技术合作等领域的交流与合作日益扩大。

（一）双边贸易

据中国海关统计，2010 年中澳双边贸易额达 880.9 亿美元，比上年增长 46.5%。其中中国对澳出口 272.3 亿美元，增长 31.9%；从澳进口 608.7 亿美元，增长 54.1%。澳大利亚为中国第八大贸易伙伴，中国为澳第一大贸易伙伴。

从进出口贸易的构成来看，机电产品为中国对澳出口的第一大类商品，其次为高新技术产品和纺织品服装。2010 年中国对澳出口大项商品主要有：机电产品（149.9 亿美元）、高新技术产品（67.8 亿美元）、机械设备（57.9 亿美元）、计算机（54.4 亿美元）、电器及电子产品（49.8 亿美元）和服装（28.4 亿美元）等。2010 年中国从澳进口的主要商品有：铁矿石（346.2 亿美元，2.65 亿吨）、煤（54.4 亿美元，3 696 万吨）、废金属（ 23.9 亿美元，113.5 万吨）、原油（16.3 亿美元，287 万吨）、羊毛（14.3 亿美元，17.8 万吨）、氧化铝（13.4 亿美元，398.7 万吨）和铜矿砂（13.2 亿美元，56 万吨）等。

（二）双向投资

中澳两国已互为重要的投资伙伴。2010 年，澳在华新增投资项目 316 个，实际投入 3.25 亿美元。截至 2010 年底，中国累计批准澳在华直接投资项目 9 582 个，实际投入 65.4 亿美元。投资行业分布在农业、建材、纺织、电子、服务业等领域。澳大利亚是中国吸收外资的主要来源地之一。

与此同时，中国在澳投资发展势头较快。截至 2010 年底，中国在澳非金融类直接投资额为 87.9 亿美元。中国在澳投资以资源开发为主，如铁矿砂、有色金属和稀有金属等。

（三）发展合作

自 1981 年 10 月中澳两国政府正式签署《中澳技术合作促进发展计划协定》以来，由于两国政府的重视及双方的共同努力，中澳技术合作进展顺利，成果显著。29 年来，合作领域不断扩大，已涉及农业、林业、牧业、能源、矿产、交通、纺织、建材、教育、卫生、审计、城市改造等方面。迄今，中国利用澳援助完成合作项目 130 个，澳方投入 4.7 亿美元，正在执行项目 6 个。

二、中国与新西兰的经济贸易关系

2010 年，中国和新西兰两国经贸合作关系继续呈良好发展势头。两国在贸易、投资、发展援助合作等领域的交流与合作日益扩大。《中新自由贸易协定》的顺利实施为两国经贸关系发展提供了较大推动力。

（一）双边贸易

据中国海关统计，2010 年中新双边贸易额为 65.2 亿美元，同比增长 43%。其中对新出口 27.6 亿美元，同比增长 32.6 % ，从新进口 37.6 亿美元，同比增长 51.7%。根据新方统计，中国为新西兰第二大贸易伙伴。

从商品结构看，2010 年中国对新西兰出口以机电、轻纺产品为主，主要包括：机电产品（11.7 亿美元）、高新技术产品（2.2 亿美元）、纺织品（1.3 亿美元）、家具（1.3 亿 美元）和农产品（1.1 亿美元）等。

2010 年中国从新西兰进口仍以原料性商品为主，主要包括：农产品（22.1 亿美元）、原木（7.9 亿美元）、羊毛（1.9 亿美元）、高新技术产品（1.6 亿美元）和机电产品（7 880 万美元）等。

（二）双向投资

截至 2010 年底，新西兰累计在华投资项目 1 553 个，实际投入 10.5 亿美元。新在华投资主要分布在农林、轻工、纺织、冶金、食品加工、医药、计算机等领域。

截至 2010 年底，中国累计对新非金融类直接投资额 1.5 亿美元，主要涉及资源、运输、保险、贸易和房地产开发、通信等领域。

（三）发展合作

中新发展合作始于 1989 年，主要以技术合作为主。1997 年，在中新技术合作框架协议下，进一步明确了中新发展合作以扶贫、技术转让和政策交流为重点，每年近 125 万新元。截至 2010 年底，新方已对华提供了 2 610 万新元（约 1 800 万美元）的发展援助。

现代商务需要……
A MUST-HAVE FOR
INTERNATIONAL BUSINESS
中国商务年鉴
CHINA COMMERCE YEARBOOK 2011
政府年度出版物 中、英文分册出版
Published in separate Chinese and English editions
www.yearbook.org.cn 电话：(010)64248856

开发区建设

DEVELOPMENT ZONES ↘

CHINA COMMERCE YEARBOOK
2011
A MUST-HAVE FO
INTERNATIONAL BUSINES
www.yearbook.org.cn
TEL:(010)64245856
CHINA COMMERCE YEARBOOK 201
Published in separate Chinese and English edition

2010年国家级经济技术开发区保持稳步发展势头

自2008年启动省级开发区升级以来，我国国家级经济技术开发区（以下简称国家级开发区）总数已达到116个，其中90个国家级开发区已参加开发区统计培训。2010年，90个国家级开发区总体经济发展情况保持稳定增长的发展势头，主要呈现以下特点：

一、主要经济指标保持两位数增长

2010年，全国90个国家级开发区实现地区生产总值（GDP）26 849亿元人民币（如无说明，币种下同），财政收入5 627亿元，税收收入4 650亿元，实际利用外资金额306亿美元，依次分别占全国6.7%、6.77%、6.01%和28.94%，分别比上年同期增长25.7%、37.6%、29.4%和19.6%，增幅分别大于全国同期（10.3%、21.3%、22.6%和17.4%）15.4个百分点、16.3个百分点、6.8个百分点和2.2个百分点；工业总产值77 542亿元，进出口总额4 966亿美元，同比分别增长25.8%和32.6%，同比增幅小于全国同期（30.4%、34.7%）4.6个百分点和2.1个百分点。

东部47个国家级开发区实现地区生产总值19 138亿元，工业增加值12 938亿元，工业总产值57 880亿元，财政收入4 250亿元，税收收入3 636亿元，进出口总额4 577.6亿美元，实际利用外资金额242.9亿美元，依次分别比上年同期增长25.1%、20.7%、24.7%、33.6%、30.2%、31.3%和20.5%。

中部21个国家级开发区实现地区生产总值4 756亿元，工业增加值3 635亿元，工业总产值12 963亿元，财政收入768亿元，税收收入655亿元，进出口总额227亿美元，实际利用外资金额47亿美元，依次分别比上年同期增长30%、27.4%、28.5%、46.6%、33.5%、58.9%和33.2%。

西部22个国家级开发区实现地区生产总值2 955亿元，工业增加值2 088亿元，工业总产值6 698亿元，财政收入609亿元，税收收入359亿元，进出口总额162亿美元，依次分别比上年同期增长23.36%、29.24%、29.84%、58.7%、15.7%和40.8%；实际利用外资金额16亿美元，同比下降15.2%。

2010年，全国90个国家级开发区地区生产总值、工业增加值、工业总产值、财政收入、税收收入、进出口总额和实际利用外资金额均保持两位数增长，成为保增长、扩内需、调结构、促就业的重要支撑点。

二、东、中、西部均衡发展

从地区来看，2010年东、中、西部国家级开发区发展比较均衡。东、中、西部地区生产总值、工业增加值、工业总产值、财政收入、进出口总额等主要指标均保持两位数增长，增长幅度相近。西部地区国家级开发区实际利用外资金额同比为负增长，较东、中部国家级开发区有所下降。

三、高新技术产品进出口增长较大

2010年，国家级开发区高新技术产品出口额达到1 644亿美元，同比增长21.2%，占开发区出口总额的64.8%；高新技术产品进口额达到1 272亿美元，同比增长42.9%，占开发区进口总额的52.3%。国家级开发区高新产品进出口总额均保持20%以上增长。

四、实现就业稳步增长

2010年，国家级开发区就业人数达到898万人，同比增长9.7%，新增就业人数79.75万人。

2010 年国家级经济技术开发区主要经济指标

经济指标	全国		90 个经济技术开发区			47 个东部经济技术开发区		
	2010 年	增长率（%）	2010 年	2009 年	增长率（%）	2010 年	2009 年	增长率（%）
地区生产总值（亿元）	397 983.00	10.30	26 849.13	21 364.43	25.67	19 137.54	15 304.12	25.05
其中：工业增加值（亿元）			18 660.50	15 185.21	22.89	12 937.50	10 716.19	20.73
其中：第三产业增加值（亿元）			6 404.93	5 087.53	25.89	4 958.64	3 940.88	25.83
工业总产值（亿元）	707 772.00	30.40	77 541.52	61 660.16	25.76	57 880.25	46 413.89	24.70
财政收入（亿元）	83 080.00	21.30	5 627.07	4 089.93	37.58	4 250.14	3 182.46	33.55
其中：地方一般预算收入（亿元）			1 961.77	1 654.67	18.56	1 441.01	1 253.77	14.93
税收收入（亿元）	77 390.00	22.64	4 650.30	3 594.55	29.37	3 636.35	2 793.82	30.16
其中：外商投资企业（亿元）			2 636.96	2 120.15	24.38	2 254.91	1 816.17	24.16
出口总额（亿美元）	1 541.49	17.90	2 536.32	1 979.96	28.10	2 348.79	1 853.49	26.72
其中：高新技术产品出口额（亿美元）			1 643.76	1 356.25	21.20	1 557.17	1 283.36	21.34
进口总额（亿美元）	1 410.70	25.60	2 430.12	1 765.40	37.65	2 228.80	1 634.11	36.39
其中：高新技术产品进口额（亿美元）			1 272.14	890.38	42.88	1 186.06	850.95	39.38
实际利用外资金额（亿美元）	1 057.35	17.44	305.85	255.76	19.59	242.92	201.60	20.50
历年累计合同利用外资金额（亿美元）			3 913.18	3 386.21	15.56	3 264.24	2 934.65	11.23
历年累计实际利用外资金额（亿美元）			2 371.95	1 993.49	18.98	1 917.81	1 672.91	14.64
本年完成固定资产投资（亿元）			12 870.40	10 222.69	25.90	8 085.80	6 641.66	21.74
新批准设立企业数（家）			40 794.00	32 344.00	26.13	28 133.00	20 686.00	36.00
其中：外商投资企业数（家）			2 205.00	2 075.00	6.27	1 923.00	1 809.00	6.30
历年累计已开发土地面积（平方公里）			2 392.94	2 111.34	13.34	1 679.91	1 502.29	11.82
年末全区从业人员（万人）			898.23	818.48	9.74	612.38	557.30	9.88

经济指标	全国		21 个中部经济技术开发区			22 个西部经济技术开发区		
	2010 年	增长率（%）	2010 年	2009 年	增长率（%）	2010 年	2009 年	增长率（%）
地区生产总值（亿元）	397 983.00	10.30	4 756.39	3 664.80	29.79	2 955.21	2 395.51	23.36
其中：工业增加值（亿元）			3 635.31	2 853.67	27.39	2 087.70	1 615.34	29.24
其中：第三产业增加值（亿元）			835.51	585.58	42.68	610.78	561.07	8.86
工业总产值（亿元）	707 772.00	30.40	12 962.96	10 087.21	28.51	6 698.30	5 159.06	29.84
财政收入（亿元）	83 080.00	21.30	767.94	523.74	46.63	608.98	383.73	58.70
其中：地方一般预算收入（亿元）			298.59	223.18	33.79	222.17	177.72	25.01
税收收入（亿元）	77 390.00	22.64	655.22	490.68	33.53	358.73	310.06	15.70
其中：外商投资企业（亿元）			325.58	213.16	52.74	56.47	90.81	−37.82
出口总额（亿美元）	1 541.49	17.90	107.30	69.22	55.02	80.24	57.25	40.15
其中：高新技术产品出口额（亿美元）			74.74	34.36	117.53	11.85	38.53	−69.25
进口总额（亿美元）	1 410.70	25.60	120.00	73.82	62.57	81.31	57.47	41.49
其中：高新技术产品进口额（亿美元）			70.66	31.81	122.14	15.42	7.62	102.33
实际利用外资金额（亿美元）	1 057.35	17.44	46.80	35.15	33.17	16.13	19.02	−15.17
历年累计合同利用外资金额（亿美元）			373.88	302.13	23.75	275.06	149.43	84.08
历年累计实际利用外资金额（亿美元）			350.44	232.97	50.42	103.71	87.61	18.37
本年完成固定资产投资（亿元）			2 732.40	1 924.79	41.96	2 052.20	1 656.24	23.91
新批准设立企业数（家）			5 349.00	4 617.00	15.85	7 312.00	7 041.00	3.85
其中：外商投资企业数（家）			205.00	158.00	29.75	77.00	108.00	−28.70
历年累计已开发土地面积（平方公里）			396.57	319.79	24.01	316.46	289.26	9.40
年末全区从业人员（万人）			164.36	148.38	10.77	121.49	112.79	7.71

2010年47个东部国家级经济技术开发区GDP情况表

单位：亿元

序号	开发区名称	2010年	2009年	2010年增长率（%）
1	大连经济技术开发区	1 200.12	1 001.55	19.83
2	秦皇岛经济技术开发区	180.29	160.98	12.00
3	天津经济技术开发区	1 545.86	1 231.10	25.57
4	烟台经济技术开发区	791.18	704.73	12.27
5	青岛经济技术开发区	1 038.00	850.00	22.12
6	连云港经济技术开发区	200.55	158.37	26.63
7	南通经济技术开发区	378.08	296.43	27.54
8	宁波经济技术开发区	468.89	375.93	24.73
9	福州经济技术开发区	259.68	227.79	14.00
10	广州经济技术开发区	1 617.83	1 321.80	22.40
11	湛江经济技术开发区	210.31	92.20	128.10
12	闵行经济技术开发区	155.76	137.02	13.68
13	虹桥经济技术开发区	96.13	68.01	41.34
14	漕河泾新兴经济技术开发区	675.71	562.13	20.21
15	温州经济技术开发区	150.25	131.81	13.99
16	萧山经济技术开发区	177.64	157.37	12.89
17	营口经济技术开发区	400.01	304.00	31.58
18	威海经济技术开发区	149.53	159.12	-6.02
19	福清融侨经济技术开发区	174.51	141.02	23.75
20	广州南沙经济技术开发区	485.68	405.23	19.85
21	惠州大亚湾经济技术开发区	343.17	202.49	69.48
22	昆山经济技术开发区	1 201.67	964.93	24.53
23	东山经济技术开发区	38.80	17.47	122.10
24	沈阳经济技术开发区	836.50	699.96	19.51
25	杭州经济技术开发区	359.97	312.15	15.32
26	北京经济技术开发区	700.14	570.69	22.68
27	南京经济技术开发区	330.13	265.64	24.28
28	宁波大榭开发区	145.07	130.04	11.56
29	海南洋浦经济开发区	178.16	102.50	73.82
30	苏州工业园区	1 380.00	1 120.09	23.20
31	上海金桥出口加工区	554.42	443.77	24.93
32	厦门海沧台商投资区	307.43	206.73	48.71
33	扬州经济技术开发区	401.12	311.30	28.85
34	廊坊经济技术开发区	195.25	156.15	25.04
35	嘉兴经济技术开发区	103.96	92.25	12.70
36	徐州经济技术开发区	356.49	161.35	120.94
37	东营经济技术开发区	199.15	140.13	42.12
38	湖州经济技术开发区	118.95	105.98	12.24
39	增城经济技术开发区	93.67	73.79	26.95
40	镇江经济技术开发区	326.00	252.20	29.26
41	锦州经济技术开发区	95.64	71.35	34.05
42	漳州招商局经济技术开发区	33.23	23.93	38.84
43	绍兴袍江经济技术开发区	134.48	114.11	17.85
44	日照经济技术开发区	168.01	140.01	20.00
45	潍坊滨海经济技术开发区	120.10	104.12	15.35
46	大连长兴岛经济技术开发区	60.00	34.40	74.42
47	泉州经济技术开发区	—	—	—
合　计		**19 137.54**	**15 304.12**	**25.05**

2010 年 21 个中部国家级经济技术开发区 GDP 情况表

单位：亿元

序号	开发区名称	2010 年	2009 年	2010 年增长率（%）
1	哈尔滨经济技术开发区	459.43	227.07	102.33
2	长春经济技术开发区	603.33	502.78	20.00
3	武汉经济技术开发区	458.25	367.94	24.54
4	芜湖经济技术开发区	320.76	247.05	29.84
5	合肥经济技术开发区	464.37	369.72	25.60
6	郑州经济技术开发区	214.07	110.07	94.48
7	长沙经济技术开发区	423.55	300.87	40.78
8	南昌经济技术开发区	294.96	252.10	17.00
9	太原经济技术开发区	58.89	56.79	3.69
10	常德经济技术开发区	46.99	34.17	37.52
11	吉林经济技术开发区	72.47	53.14	36.37
12	海林经济技术开发区	19.98	18.22	9.65
13	宾西经济技术开发区	45.88	35.29	30.00
14	岳阳经济技术开发区	132.71	106.65	24.44
15	九江经济技术开发区	199.37	176.35	13.05
16	安庆经济技术开发区	147.91	120.64	22.60
17	马鞍山经济技术开发区	90.00	82.15	9.56
18	黄石经济技术开发区	171.59	145.42	18.00
19	赣州经济技术开发区	200.09	190.00	5.31
20	井冈山经济技术开发区	98.13	72.36	35.62
21	襄樊经济开发区	233.65	196.00	19.21
合　计		**4 756.39**	**3 664.80**	**29.79**

2010 年 22 个西部国家级经济技术开发区 GDP 情况表

单位：亿元

序号	开发区名称	2010 年	2009 年	2010 年增长率（%）
1	重庆经济技术开发区	138.57	279.22	-50.37
2	乌鲁木齐经济技术开发区	307.01	175.21	75.22
3	西安经济技术开发区	473.79	364.54	29.97
4	成都经济技术开发区	368.54	268.90	37.05
5	昆明经济技术开发区	108.55	74.21	46.27
6	贵阳经济技术开发区	57.28	50.14	14.24
7	石河子经济技术开发区	75.57	60.07	25.81
8	西宁经济技术开发区	184.67	135.06	36.73
9	呼和浩特经济技术开发区	122.01	131.14	-6.96
10	南宁经济技术开发区	98.79	87.02	13.53
11	银川经济技术开发区	87.03	64.74	34.43
12	兰州经济技术开发区	70.95	59.01	20.23
13	拉萨经济技术开发区	23.50	22.97	2.31
14	陕西省航空经济技术开发区	100.15	78.45	27.66
15	金昌经济技术开发区	138.64	120.14	15.40
16	天水经济技术开发区	27.80	25.06	10.94
17	曲靖经济技术开发区	85.30	71.51	19.28
18	广安经济技术开发区	60.27	46.60	29.35
19	遵义经济技术开发区	116.86	95.15	22.81
20	德阳经济技术开发区	178.35	85.32	109.04
21	万州经济技术开发区	73.58	52.71	39.59
22	陕西省航天经济技术开发区	58.00	48.33	20.00
合　计		**2 955.21**	**2 395.51**	**23.36**

2010年47个东部国家级经济技术开发区工业总产值情况表

单位：亿元

序号	开发区名称	2010年	2009年	2010年增长率（%）
1	大连经济技术开发区	2 919. 25	2 331. 67	25. 20
2	秦皇岛经济技术开发区	483. 04	413. 35	16. 86
3	天津经济技术开发区	5 101. 28	4 202. 10	21. 40
4	烟台经济技术开发区	2 480. 10	2 230. 03	11. 21
5	青岛经济技术开发区	3 110. 00	2 430. 38	27. 96
6	连云港经济技术开发区	621. 21	471. 30	31. 81
7	南通经济技术开发区	1 150. 43	951. 36	20. 93
8	宁波经济技术开发区	1 647. 84	1 236. 63	33. 25
9	福州经济技术开发区	653. 13	547. 01	19. 40
10	广州经济技术开发区	4 227. 52	3 437. 79	22. 97
11	湛江经济技术开发区	444. 61	146. 06	204. 40
12	闵行经济技术开发区	400. 99	364. 06	10. 14
13	虹桥经济技术开发区	—	—	—
14	漕河泾新兴经济技术开发区	1 256. 20	1 253. 26	0. 23
15	温州经济技术开发区	416. 80	339. 53	22. 76
16	萧山经济技术开发区	581. 12	496. 27	17. 10
17	营口经济技术开发区	798. 44	622. 94	28. 17
18	威海经济技术开发区	390. 11	334. 00	16. 80
19	福清融侨经济技术开发区	661. 33	533. 46	23. 97
20	广州南沙经济技术开发区	1 419. 13	1 125. 18	26. 12
21	惠州大亚湾经济技术开发区	1 278. 32	751. 33	70. 14
22	昆山经济技术开发区	4 606. 20	3 753. 44	22. 72
23	东山经济技术开发区	70. 54	36. 96	90. 85
24	沈阳经济技术开发区	2 383. 21	2 074. 60	14. 88
25	杭州经济技术开发区	1 322. 85	1 078. 97	22. 60
26	北京经济技术开发区	2 221. 74	1 959. 03	13. 41
27	南京经济技术开发区	1 710. 13	1 506. 08	13. 55
28	宁波大榭开发区	363. 57	255. 64	42. 22
29	海南洋浦经济开发区	572. 77	440. 29	30. 09
30	苏州工业园区	3 527. 95	3 010. 12	17. 20
31	上海金桥出口加工区	2 097. 30	1 672. 91	25. 37
32	厦门海沧台商投资区	760. 36	606. 02	25. 47
33	扬州经济技术开发区	1 371. 70	965. 50	42. 07
34	廊坊经济技术开发区	425. 22	337. 08	26. 15
35	嘉兴经济技术开发区	280. 67	222. 35	26. 23
36	徐州经济技术开发区	1 205. 52	729. 13	65. 34
37	东营经济技术开发区	718. 41	451. 45	59. 13
38	湖州经济技术开发区	439. 86	315. 56	39. 39
39	增城经济技术开发区	342. 19	277. 63	23. 25
40	镇江经济技术开发区	1 291. 60	850. 50	51. 86
41	锦州经济技术开发区	177. 01	131. 11	35. 01
42	漳州招商局经济技术开发区	109. 41	68. 47	59. 79
43	绍兴袍江经济技术开发区	506. 84	417. 17	21. 49
44	日照经济技术开发区	558. 14	465. 00	20. 03
45	潍坊滨海经济技术开发区	394. 11	298. 17	32. 17
46	大连长兴岛经济技术开发区	104. 90	47. 00	123. 19
47	泉州经济技术开发区	277. 19	226. 01	22. 65
合　计		**57 880. 25**	**46 413. 89**	**24. 70**

2010年21个中部国家级经济技术开发区工业总产值情况表

单位：亿元

序号	开发区名称	2010年	2009年	2010年增长率（%）
1	哈尔滨经济技术开发区	1 248.01	850.90	46.67
2	长春经济技术开发区	1 543.08	1 222.99	26.17
3	武汉经济技术开发区	1 508.42	1 101.93	36.89
4	芜湖经济技术开发区	1 247.01	913.33	36.53
5	合肥经济技术开发区	1 338.74	1 028.66	30.14
6	郑州经济技术开发区	316.65	160.24	97.61
7	长沙经济技术开发区	1 029.17	780.66	31.83
8	南昌经济技术开发区	739.65	614.48	20.37
9	太原经济技术开发区	210.40	168.12	25.15
10	常德经济技术开发区	146.00	97.07	50.40
11	吉林经济技术开发区	241.22	226.97	6.28
12	海林经济技术开发区	65.61	61.90	6.00
13	宾西经济技术开发区	114.67	88.21	30.00
14	岳阳经济技术开发区	414.96	300.63	38.03
15	九江经济技术开发区	465.15	408.00	14.01
16	安庆经济技术开发区	309.05	230.40	34.13
17	马鞍山经济技术开发区	215.00	172.40	24.71
18	黄石经济技术开发区	378.63	321.18	17.89
19	赣州经济技术开发区	482.01	468.67	2.85
20	井冈山经济技术开发区	282.16	215.02	31.22
21	襄樊经济开发区	667.38	655.44	1.82
合计		**12 962.96**	**10 087.21**	**28.51**

2010年22个西部国家级经济技术开发区工业总产值情况表

单位：亿元

序号	开发区名称	2010年	2009年	2010年增长率（%）
1	重庆经济技术开发区	464.94	778.49	-40.28
2	乌鲁木齐经济技术开发区	603.95	355.26	70.00
3	西安经济技术开发区	1 193.17	886.46	34.60
4	成都经济技术开发区	594.77	381.89	55.74
5	昆明经济技术开发区	224.83	171.57	31.04
6	贵阳经济技术开发区	120.62	100.52	19.99
7	石河子经济技术开发区	201.01	159.53	26.00
8	西宁经济技术开发区	397.40	267.48	48.57
9	呼和浩特经济技术开发区	350.56	322.11	8.83
10	南宁经济技术开发区	232.21	163.70	41.85
11	银川经济技术开发区	166.48	131.50	26.60
12	兰州经济技术开发区	121.00	98.00	23.47
13	拉萨经济技术开发区	4.02	1.00	302.00
14	陕西省航空经济技术开发区	161.27	145.72	10.67
15	金昌经济技术开发区	408.83	354.27	15.40
16	天水经济技术开发区	58.96	52.36	12.60
17	曲靖经济技术开发区	200.18	166.31	20.36
18	广安经济技术开发区	141.56	96.62	46.51
19	遵义经济技术开发区	173.86	14.14	1129.67
20	德阳经济技术开发区	501.10	232.04	115.96
21	万州经济技术开发区	242.98	163.20	48.88
22	陕西省航天经济技术开发区	134.63	116.89	15.18
合计		**6 698.30**	**5 159.06**	**29.84**

2010 年 47 个东部国家级经济技术开发区工业增加值情况表

单位：亿元

序号	开发区名称	2010 年	2009 年	2010 年增长率（%）
1	大连经济技术开发区	740.21	606.23	22.10
2	秦皇岛经济技术开发区	110.34	102.57	7.57
3	天津经济技术开发区	1 157.31	884.91	30.78
4	烟台经济技术开发区	565.90	563.51	0.42
5	青岛经济技术开发区	632.00	548.17	15.29
6	连云港经济技术开发区	155.70	120.51	29.20
7	南通经济技术开发区	294.23	230.77	27.50
8	宁波经济技术开发区	294.86	238.33	23.72
9	福州经济技术开发区	177.93	158.71	12.11
10	广州经济技术开发区	1 159.00	959.99	20.73
11	湛江经济技术开发区	140.64	56.00	151.16
12	闵行经济技术开发区	153.76	135.23	13.70
13	虹桥经济技术开发区	—	—	—
14	漕河泾新兴经济技术开发区	361.79	350.00	3.37
15	温州经济技术开发区	103.82	90.65	14.53
16	萧山经济技术开发区	131.60	130.21	1.07
17	营口经济技术开发区	231.73	176.50	31.29
18	威海经济技术开发区	88.52	98.32	-9.97
19	福清融侨经济技术开发区	135.72	112.03	21.15
20	广州南沙经济技术开发区	371.23	299.00	24.15
21	惠州大亚湾经济技术开发区	289.66	144.07	101.05
22	昆山经济技术开发区	963.22	788.22	22.20
23	东山经济技术开发区	20.10	9.98	101.45
24	沈阳经济技术开发区	58.78	495.79	-88.14
25	杭州经济技术开发区	276.82	240.05	15.32
26	北京经济技术开发区	380.42	316.45	20.21
27	南京经济技术开发区	298.21	236.98	25.83
28	宁波大榭开发区	102.66	69.77	47.14
29	海南洋浦经济开发区	124.10	61.66	101.26
30	苏州工业园区	870.04	677.96	28.33
31	上海金桥出口加工区	482.38	385.44	25.15
32	厦门海沧台商投资区	214.10	138.32	54.78
33	扬州经济技术开发区	321.85	217.60	47.91
34	廊坊经济技术开发区	116.45	99.53	17.00
35	嘉兴经济技术开发区	55.32	49.55	11.64
36	徐州经济技术开发区	320.06	123.35	159.47
37	东营经济技术开发区	165.45	115.70	43.00
38	湖州经济技术开发区	78.35	68.89	13.73
39	增城经济技术开发区	91.98	73.79	24.66
40	镇江经济技术开发区	282.70	204.20	38.44
41	锦州经济技术开发区	39.77	27.95	42.30
42	漳州招商局经济技术开发区	26.53	12.68	109.23
43	绍兴袍江经济技术开发区	88.05	82.93	6.17
44	日照经济技术开发区	144.00	120.00	20.00
45	潍坊滨海经济技术开发区	92.21	80.87	14.03
46	大连长兴岛经济技术开发区	28.00	12.80	118.75
47	泉州经济技术开发区	—	—	—
合　计		**12 937.50**	**10 716.19**	**20.73**

2010 年 21 个中部国家级经济技术开发区工业增加值情况表

单位：亿元

序号	开发区名称	2010 年	2009 年	2010 年增长率（%）
1	哈尔滨经济技术开发区	334.81	191.02	75.27
2	长春经济技术开发区	412.84	349.87	18.00
3	武汉经济技术开发区	412.03	335.89	22.67
4	芜湖经济技术开发区	300.95	227.78	32.12
5	合肥经济技术开发区	367.08	284.94	28.83
6	郑州经济技术开发区	86.63	45.03	92.39
7	长沙经济技术开发区	301.58	218.10	38.28
8	南昌经济技术开发区	225.71	188.16	19.96
9	太原经济技术开发区	53.32	51.12	4.31
10	常德经济技术开发区	36.27	25.04	44.81
11	吉林经济技术开发区	58.64	42.49	38.01
12	海林经济技术开发区	18.37	17.33	6.01
13	宾西经济技术开发区	34.36	26.43	30.00
14	岳阳经济技术开发区	105.19	83.51	25.97
15	九江经济技术开发区	144.55	136.28	6.06
16	安庆经济技术开发区	95.29	71.54	33.19
17	马鞍山经济技术开发区	56.00	51.90	7.91
18	黄石经济技术开发区	148.43	118.76	24.98
19	赣州经济技术开发区	146.06	140.60	3.88
20	井冈山经济技术开发区	86.06	62.36	38.01
21	襄樊经济开发区	211.15	185.53	13.81
合　计		**3 635.31**	**2 853.67**	**27.39**

2010 年 22 个西部国家级经济技术开发区工业增加值情况表

单位：亿元

序号	开发区名称	2010 年	2009 年	2010 年增长率（%）
1	重庆经济技术开发区	116.82	164.62	-29.04
2	乌鲁木齐经济技术开发区	232.52	120.04	93.70
3	西安经济技术开发区	334.07	258.65	29.16
4	成都经济技术开发区	221.20	154.80	42.89
5	昆明经济技术开发区	66.45	47.50	39.92
6	贵阳经济技术开发区	26.63	27.37	-2.72
7	石河子经济技术开发区	54.34	42.11	29.04
8	西宁经济技术开发区	145.42	106.00	37.19
9	呼和浩特经济技术开发区	109.46	119.98	-8.77
10	南宁经济技术开发区	63.13	55.11	14.57
11	银川经济技术开发区	58.08	41.75	39.12
12	兰州经济技术开发区	30.75	26.30	16.92
13	拉萨经济技术开发区	0.45	—	—
14	陕西省航空经济技术开发区	38.67	32.79	17.94
15	金昌经济技术开发区	134.72	116.14	16.00
16	天水经济技术开发区	20.99	17.84	17.65
17	曲靖经济技术开发区	58.51	45.69	28.06
18	广安经济技术开发区	48.96	37.36	31.06
19	遵义经济技术开发区	55.26	44.36	24.59
20	德阳经济技术开发区	160.35	71.22	125.16
21	万州经济技术开发区	73.21	52.71	38.88
22	陕西省航天经济技术开发区	37.70	33.01	14.21
合　计		**2 087.70**	**1 615.34**	**29.24**

2010 年 47 个东部国家级经济技术开发区财政收入情况表

单位：亿元

序号	开发区名称	2010 年	2009 年	2010 年增长率（%）
1	大连经济技术开发区	250.39	198.10	26.40
2	秦皇岛经济技术开发区	25.38	20.38	24.54
3	天津经济技术开发区	361.13	280.10	28.93
4	烟台经济技术开发区	106.01	84.52	25.43
5	青岛经济技术开发区	281.90	190.09	48.30
6	连云港经济技术开发区	55.30	44.09	25.42
7	南通经济技术开发区	64.28	45.59	40.99
8	宁波经济技术开发区	127.62	89.72	42.24
9	福州经济技术开发区	32.20	26.16	23.08
10	广州经济技术开发区	388.56	311.41	24.78
11	湛江经济技术开发区	39.48	14.17	178.56
12	闵行经济技术开发区	—	—	—
13	虹桥经济技术开发区	—	—	—
14	漕河泾新兴经济技术开发区	—	—	—
15	温州经济技术开发区	20.63	17.83	15.70
16	萧山经济技术开发区	35.61	30.13	18.19
17	营口经济技术开发区	34.25	23.64	44.88
18	威海经济技术开发区	40.44	20.64	95.96
19	福清融侨经济技术开发区	12.79	11.82	8.25
20	广州南沙经济技术开发区	247.18	155.45	59.01
21	惠州大亚湾经济技术开发区	166.76	30.69	443.35
22	昆山经济技术开发区	150.48	119.78	25.63
23	东山经济技术开发区	4.52	1.48	204.43
24	沈阳经济技术开发区	150.26	79.32	89.44
25	杭州经济技术开发区	95.55	93.40	2.31
26	北京经济技术开发区	244.01	198.69	22.81
27	南京经济技术开发区	61.29	47.32	29.52
28	宁波大榭开发区	79.03	59.80	32.15
29	海南洋浦经济开发区	147.81	124.35	18.87
30	苏州工业园区	360.42	299.99	20.15
31	上海金桥出口加工区	77.00	169.20	-54.49
32	厦门海沧台商投资区	84.08	69.99	20.13
33	扬州经济技术开发区	64.02	53.48	19.71
34	廊坊经济技术开发区	35.91	27.30	31.55
35	嘉兴经济技术开发区	41.71	21.43	94.63
36	徐州经济技术开发区	68.61	35.37	93.97
37	东营经济技术开发区	38.34	19.46	97.01
38	湖州经济技术开发区	21.11	17.64	19.72
39	增城经济技术开发区	—	—	—
40	镇江经济技术开发区	48.05	34.52	39.20
41	锦州经济技术开发区	12.16	10.89	11.65
42	漳州招商局经济技术开发区	7.89	6.42	22.83
43	绍兴袍江经济技术开发区	35.12	22.54	55.8
44	日照经济技术开发区	25.66	20.80	23.37
45	潍坊滨海经济技术开发区	22.85	16.89	35.32
46	大连长兴岛经济技术开发区	73.26	27.83	163.26
47	泉州经济技术开发区	11.07	10.04	10.26
合　计		**4 250.14**	**3 182.46**	**33.55**

2010年21个中部国家级经济技术开发区财政收入情况表

单位：亿元

序号	开发区名称	2010年	2009年	2010年增长率（%）
1	哈尔滨经济技术开发区	72.57	44.20	64.18
2	长春经济技术开发区	100.64	58.82	71.08
3	武汉经济技术开发区	182.80	104.94	74.19
4	芜湖经济技术开发区	64.01	55.20	15.97
5	合肥经济技术开发区	72.52	60.14	20.57
6	郑州经济技术开发区	23.21	22.01	5.45
7	长沙经济技术开发区	67.18	41.25	62.88
8	南昌经济技术开发区	34.01	29.54	15.13
9	太原经济技术开发区	11.95	7.93	50.72
10	常德经济技术开发区	4.80	2.39	100.58
11	吉林经济技术开发区	9.81	—	—
12	海林经济技术开发区	6.96	6.58	5.70
13	宾西经济技术开发区	6.50	5.13	26.76
14	岳阳经济技术开发区	11.52	8.86	30.04
15	九江经济技术开发区	22.41	19.20	16.71
16	安庆经济技术开发区	9.83	7.79	26.31
17	马鞍山经济技术开发区	14.00	11.21	24.92
18	黄石经济技术开发区	10.92	8.94	22.15
19	赣州经济技术开发区	25.21	23.03	9.48
20	井冈山经济技术开发区	3.11	2.12	47.04
21	襄樊经济开发区	13.99	4.47	213.20
	合　计	**767.94**	**523.74**	**46.63**

2010年22个西部国家级经济技术开发区财政收入情况表

单位：亿元

序号	开发区名称	2010年	2009年	2010年增长率（%）
1	重庆经济技术开发区	32.02	94.64	-66.16
2	乌鲁木齐经济技术开发区	39.15	25.13	55.76
3	西安经济技术开发区	68.30	30.36	124.97
4	成都经济技术开发区	100.68	70.23	43.36
5	昆明经济技术开发区	38.02	14.02	171.28
6	贵阳经济技术开发区	10.92	9.22	18.45
7	石河子经济技术开发区	13.47	9.82	37.11
8	西宁经济技术开发区	15.53	11.07	40.27
9	呼和浩特经济技术开发区	16.06	14.11	13.82
10	南宁经济技术开发区	8.82	6.91	27.54
11	银川经济技术开发区	18.66	15.50	20.45
12	兰州经济技术开发区	12.18	9.05	34.53
13	拉萨经济技术开发区	3.05	1.00	205.00
14	陕西省航空经济技术开发区	9.66	9.58	0.82
15	金昌经济技术开发区	132.22	12.59	950.00
16	天水经济技术开发区	9.04	8.45	7.06
17	曲靖经济技术开发区	19.76	12.13	62.88
18	广安经济技术开发区	8.25	7.40	11.45
19	遵义经济技术开发区	9.10	7.11	27.94
20	德阳经济技术开发区	18.34	11.04	66.10
21	万州经济技术开发区	5.39	4.36	23.60
22	陕西省航天经济技术开发区	20.37	0.00	100.00
	合　计	**608.98**	**383.73**	**58.70**

2010年47个东部国家级经济技术开发区税收收入情况表

单位：亿元

序号	开发区名称	2010年	2009年	2010年增长率（%）
1	大连经济技术开发区	157.75	132.65	18.92
2	秦皇岛经济技术开发区	23.92	19.02	25.77
3	天津经济技术开发区	274.62	224.12	22.53
4	烟台经济技术开发区	103.19	80.56	28.09
5	青岛经济技术开发区	196.52	156.08	25.91
6	连云港经济技术开发区	36.50	29.03	25.75
7	南通经济技术开发区	41.79	32.88	27.09
8	宁波经济技术开发区	72.82	59.21	22.99
9	福州经济技术开发区	31.30	26.01	20.36
10	广州经济技术开发区	316.26	267.65	18.16
11	湛江经济技术开发区	64.56	11.57	458.01
12	闵行经济技术开发区	36.88	38.26	-3.62
13	虹桥经济技术开发区	9.00	5.09	76.88
14	漕河泾新兴经济技术开发区	67.32	60.83	10.66
15	温州经济技术开发区	17.34	10.53	64.69
16	萧山经济技术开发区	35.61	30.13	18.19
17	营口经济技术开发区	34.90	28.79	21.24
18	威海经济技术开发区	20.63	17.39	18.64
19	福清融侨经济技术开发区	12.59	11.46	9.81
20	广州南沙经济技术开发区	215.21	133.71	60.96
21	惠州大亚湾经济技术开发区	136.67	97.76	39.81
22	昆山经济技术开发区	121.91	104.78	16.35
23	东山经济技术开发区	3.94	1.44	174.19
24	沈阳经济技术开发区	117.52	68.70	71.06
25	杭州经济技术开发区	80.21	69.08	16.10
26	北京经济技术开发区	212.34	173.88	22.12
27	南京经济技术开发区	60.50	46.59	29.87
28	宁波大榭开发区	79.18	61.29	29.20
29	海南洋浦经济开发区	97.52	85.04	14.68
30	苏州工业园区	258.41	209.89	23.12
31	上海金桥出口加工区	252.44	164.27	53.67
32	厦门海沧台商投资区	82.83	68.13	21.57
33	扬州经济技术开发区	52.68	39.59	33.06
34	廊坊经济技术开发区	35.64	27.06	31.70
35	嘉兴经济技术开发区	21.66	18.44	17.43
36	徐州经济技术开发区	43.05	24.01	79.30
37	东营经济技术开发区	12.97	7.57	71.47
38	湖州经济技术开发区	21.11	17.64	19.72
39	增城经济技术开发区	42.51	28.28	50.34
40	镇江经济技术开发区	33.94	24.77	37.00
41	锦州经济技术开发区	8.90	6.56	35.71
42	漳州招商局经济技术开发区	7.83	6.28	24.66
43	绍兴袍江经济技术开发区	14.35	14.03	2.30
44	日照经济技术开发区	24.65	20.50	20.25
45	潍坊滨海经济技术开发区	18.85	13.49	39.80
46	大连长兴岛经济技术开发区	14.94	9.77	52.90
47	泉州经济技术开发区	11.07	10.04	10.26
合　计		**3 636.35**	**2 793.82**	**30.16**

2010 年 21 个中部国家级经济技术开发区税收收入情况表

单位：亿元

序号	开发区名称	2010 年	2009 年	2010 年增长率（%）
1	哈尔滨经济技术开发区	71.71	43.40	65.23
2	长春经济技术开发区	63.37	46.57	36.08
3	武汉经济技术开发区	158.16	100.35	57.61
4	芜湖经济技术开发区	54.65	46.14	18.43
5	合肥经济技术开发区	60.54	45.59	32.79
6	郑州经济技术开发区	24.94	17.81	40.01
7	长沙经济技术开发区	50.08	35.01	43.05
8	南昌经济技术开发区	30.65	26.62	15.13
9	太原经济技术开发区	10.84	7.66	41.57
10	常德经济技术开发区	4.66	3.53	32.08
11	吉林经济技术开发区	7.31	6.66	9.79
12	海林经济技术开发区	6.05	5.05	19.80
13	宾西经济技术开发区	5.98	4.10	45.80
14	岳阳经济技术开发区	9.64	9.67	-0.26
15	九江经济技术开发区	22.18	18.28	21.32
16	安庆经济技术开发区	9.64	7.35	31.08
17	马鞍山经济技术开发区	12.05	7.89	52.86
18	黄石经济技术开发区	10.67	8.72	22.24
19	赣州经济技术开发区	22.85	21.70	5.30
20	井冈山经济技术开发区	8.50	6.12	38.92
21	襄樊经济开发区	10.76	22.47	-52.10
合 计		**655.22**	**490.68**	**33.53**

2010 年 22 个西部国家级经济技术开发区税收收入情况表

单位：亿元

序号	开发区名称	2010 年	2009 年	2010 年增长率（%）
1	重庆经济技术开发区	27.95	76.91	-63.65
2	乌鲁木齐经济技术开发区	29.91	19.00	57.45
3	西安经济技术开发区	39.17	29.37	33.37
4	成都经济技术开发区	60.20	42.50	41.66
5	昆明经济技术开发区	20.34	13.36	52.23
6	贵阳经济技术开发区	10.49	8.74	19.95
7	石河子经济技术开发区	11.95	8.88	34.57
8	西宁经济技术开发区	12.74	10.81	17.88
9	呼和浩特经济技术开发区	15.12	13.01	16.18
10	南宁经济技术开发区	8.64	6.66	29.83
11	银川经济技术开发区	14.37	9.36	53.45
12	兰州经济技术开发区	10.79	7.85	37.44
13	拉萨经济技术开发区	9.63	3.32	190.14
14	陕西省航空经济技术开发区	7.93	6.10	30.00
15	金昌经济技术开发区	21.90	12.16	80.04
16	天水经济技术开发区	9.00	8.45	6.53
17	曲靖经济技术开发区	12.93	11.59	11.56
18	广安经济技术开发区	7.80	6.50	19.99
19	遵义经济技术开发区	4.60	3.51	31.12
20	德阳经济技术开发区	15.50	7.52	106.03
21	万州经济技术开发区	4.16	3.16	31.79
22	陕西省航天经济技术开发区	3.60	1.29	178.83
合 计		**358.73**	**310.06**	**15.70**

2010年47个东部国家级经济技术开发区实际利用外资金额情况表

单位：亿美元

序号	开发区名称	2010年	2009年	2010年增长率（%）
1	大连经济技术开发区	31.66	20.04	58.00
2	秦皇岛经济技术开发区	1.47	0.68	114.71
3	天津经济技术开发区	36.60	30.20	21.20
4	烟台经济技术开发区	4.63	3.71	24.79
5	青岛经济技术开发区	12.80	12.07	6.08
6	连云港经济技术开发区	3.40	3.33	2.33
7	南通经济技术开发区	4.86	4.39	10.74
8	宁波经济技术开发区	6.49	5.71	13.65
9	福州经济技术开发区	2.55	1.57	62.61
10	广州经济技术开发区	12.26	11.65	5.23
11	湛江经济技术开发区	0.12	0.10	15.31
12	闵行经济技术开发区	0.81	0.50	61.00
13	虹桥经济技术开发区	0.78	2.62	-70.40
14	漕河泾新兴经济技术开发区	1.52	1.55	-1.87
15	温州经济技术开发区	0.26	0.19	37.35
16	萧山经济技术开发区	3.01	3.00	0.26
17	营口经济技术开发区	2.74	2.01	36.08
18	威海经济技术开发区	1.01	0.99	1.82
19	福清融侨经济技术开发区	0.92	1.04	-11.76
20	广州南沙经济技术开发区	6.28	6.22	1.00
21	惠州大亚湾经济技术开发区	2.74	2.66	3.01
22	昆山经济技术开发区	8.73	7.90	10.50
23	东山经济技术开发区	0.23	0.03	718.34
24	沈阳经济技术开发区	9.24	9.08	1.73
25	杭州经济技术开发区	6.08	5.90	3.04
26	北京经济技术开发区	3.18	0.69	363.20
27	南京经济技术开发区	2.83	2.58	9.63
28	宁波大榭开发区	0.70	0.51	38.81
29	海南洋浦经济开发区	1.03	0.08	1136.19
30	苏州工业园区	18.50	18.05	2.51
31	上海金桥出口加工区	3.18	1.57	101.77
32	厦门海沧台商投资区	3.27	3.32	-1.49
33	扬州经济技术开发区	7.20	6.02	19.65
34	廊坊经济技术开发区	2.12	1.20	75.98
35	嘉兴经济技术开发区	1.52	1.21	25.49
36	徐州经济技术开发区	5.52	4.07	35.54
37	东营经济技术开发区	1.04	0.42	147.34
38	湖州经济技术开发区	1.48	1.48	0.35
39	增城经济技术开发区	0.03	0.10	-74.42
40	镇江经济技术开发区	8.70	6.87	26.64
41	锦州经济技术开发区	1.83	1.70	7.85
42	漳州招商局经济技术开发区	0.18	0.10	73.51
43	绍兴袍江经济技术开发区	1.14	1.01	13.14
44	日照经济技术开发区	1.57	2.00	-21.58
45	潍坊滨海经济技术开发区	0.42	0.47	-9.65
46	大连长兴岛经济技术开发区	15.27	10.00	52.70
47	泉州经济技术开发区	1.03	1.00	2.79
合　计		**242.92**	**201.60**	**20.50**

2010 年 21 个中部国家级经济技术开发区实际利用外资金额情况表

单位：亿美元

序号	开发区名称	2010 年	2009 年	2010 年增长率（%）
1	哈尔滨经济技术开发区	7.67	1.48	419.81
2	长春经济技术开发区	9.09	8.27	9.88
3	武汉经济技术开发区	1.75	1.25	39.65
4	芜湖经济技术开发区	1.67	1.38	20.67
5	合肥经济技术开发区	3.56	3.36	5.99
6	郑州经济技术开发区	2.83	2.38	18.66
7	长沙经济技术开发区	1.92	1.75	9.51
8	南昌经济技术开发区	3.00	2.75	9.04
9	太原经济技术开发区	3.14	1.46	115.05
10	常德经济技术开发区	0.40	0.38	5.83
11	吉林经济技术开发区	0.49	0.42	16.69
12	海林经济技术开发区	0.31	0.27	15.03
13	宾西经济技术开发区	0.56	0.50	12.00
14	岳阳经济技术开发区	0.26	0.21	24.42
15	九江经济技术开发区	1.21	1.10	9.21
16	安庆经济技术开发区	0.70	0.60	16.86
17	马鞍山经济技术开发区	3.45	2.71	27.49
18	黄石经济技术开发区	1.22	1.21	1.23
19	赣州经济技术开发区	1.69	1.54	10.01
20	井冈山经济技术开发区	1.46	1.12	30.17
21	襄樊经济开发区	0.42	1.00	-57.70
	合 计	**46.80**	**35.15**	**33.17**

2010 年 22 个西部国家级经济技术开发区实际利用外资金额情况表

单位：亿美元

序号	开发区名称	2010 年	2009 年	2010 年增长率（%）
1	重庆经济技术开发区	0.18	4.00	-95.41
2	乌鲁木齐经济技术开发区	0.99	0.73	35.10
3	西安经济技术开发区	4.26	3.37	26.58
4	成都经济技术开发区	3.10	2.51	23.72
5	昆明经济技术开发区	1.88	1.29	45.46
6	贵阳经济技术开发区	0.18	0.26	-31.17
7	石河子经济技术开发区	0.03	0.04	-18.26
8	西宁经济技术开发区	0.60	0.54	11.38
9	呼和浩特经济技术开发区	1.67	1.78	-6.35
10	南宁经济技术开发区	0.31	0.28	8.92
11	银川经济技术开发区	0.24	0.51	-52.92
12	兰州经济技术开发区	—	0.30	—
13	拉萨经济技术开发区	—	0.18	—
14	陕西省航空经济技术开发区	0.13	0.10	29.23
15	金昌经济技术开发区	—	—	—
16	天水经济技术开发区	1.00	1.80	-44.44
17	曲靖经济技术开发区	0.05	0.02	150.00
18	广安经济技术开发区	0.62	0.58	6.53
19	遵义经济技术开发区	0.01	0.05	-85.20
20	德阳经济技术开发区	0.33	0.27	22.47
21	万州经济技术开发区	0.29	0.40	-27.06
22	陕西省航天经济技术开发区	0.26	—	—
	合 计	**16.13**	**19.02**	**-15.17**

2010 年 47 个东部国家级经济技术开发区出口总额情况表

单位：亿美元

序号	开发区名称	2010 年	2009 年	2010 年增长率（%）
1	大连经济技术开发区	72.92	58.61	24.43
2	秦皇岛经济技术开发区	10.01	8.12	23.23
3	天津经济技术开发区	165.53	133.41	24.08
4	烟台经济技术开发区	166.34	140.03	18.79
5	青岛经济技术开发区	75.48	70.68	6.80
6	连云港经济技术开发区	9.95	7.31	36.16
7	南通经济技术开发区	19.13	14.04	36.20
8	宁波经济技术开发区	60.22	46.76	28.78
9	福州经济技术开发区	22.31	16.66	33.91
10	广州经济技术开发区	136.77	102.32	33.67
11	湛江经济技术开发区	5.46	4.56	19.79
12	闵行经济技术开发区	17.02	11.27	50.96
13	虹桥经济技术开发区	0.69	0.43	59.34
14	漕河泾新兴经济技术开发区	127.33	136.96	-7.03
15	温州经济技术开发区	11.35	7.74	46.62
16	萧山经济技术开发区	17.09	15.58	9.71
17	营口经济技术开发区	11.00	4.30	155.81
18	威海经济技术开发区	19.14	14.76	29.65
19	福清融侨经济技术开发区	62.15	51.73	20.15
20	广州南沙经济技术开发区	35.46	24.81	42.93
21	惠州大亚湾经济技术开发区	18.42	13.53	36.15
22	昆山经济技术开发区	464.88	365.33	27.25
23	东山经济技术开发区	4.70	2.23	110.41
24	沈阳经济技术开发区	15.98	15.67	1.98
25	杭州经济技术开发区	47.79	35.35	35.21
26	北京经济技术开发区	130.31	117.46	10.93
27	南京经济技术开发区	59.50	45.90	29.62
28	宁波大榭开发区	4.20	4.17	0.61
29	海南洋浦经济开发区	6.80	5.90	15.25
30	苏州工业园区	343.25	241.61	42.07
31	上海金桥出口加工区	45.20	38.61	17.07
32	厦门海沧台商投资区	37.66	20.55	83.26
33	扬州经济技术开发区	23.28	14.07	65.44
34	廊坊经济技术开发区	14.01	4.77	193.82
35	嘉兴经济技术开发区	11.16	9.62	16.01
36	徐州经济技术开发区	13.50	7.89	71.05
37	东营经济技术开发区	1.85	1.47	25.46
38	湖州经济技术开发区	6.69	4.88	37.15
39	增城经济技术开发区	3.16	1.49	112.69
40	镇江经济技术开发区	10.95	9.26	18.21
41	锦州经济技术开发区	1.63	0.48	238.63
42	漳州招商局经济技术开发区	2.66	1.44	85.10
43	绍兴袍江经济技术开发区	19.28	11.95	61.29
44	日照经济技术开发区	4.15	2.51	65.23
45	潍坊滨海经济技术开发区	2.99	2.31	29.56
46	大连长兴岛经济技术开发区	5.00	1.40	257.14
47	泉州经济技术开发区	4.44	3.55	25.02
合　计		**2 348.79**	**1 853.49**	**26.72**

2010 年 21 个中部国家级经济技术开发区出口总额情况表

单位：亿美元

序号	开发区名称	2010 年	2009 年	2010 年增长率（%）
1	哈尔滨经济技术开发区	12.99	5.12	153.87
2	长春经济技术开发区	13.80	3.53	291.10
3	武汉经济技术开发区	13.07	10.31	26.78
4	芜湖经济技术开发区	10.58	5.12	106.57
5	合肥经济技术开发区	11.38	7.14	59.44
6	郑州经济技术开发区	3.06	1.85	65.07
7	长沙经济技术开发区	8.66	6.78	27.78
8	南昌经济技术开发区	3.80	3.68	3.13
9	太原经济技术开发区	5.90	5.13	15.02
10	常德经济技术开发区	0.35	0.16	121.97
11	吉林经济技术开发区	0.63	0.90	-30.21
12	海林经济技术开发区	2.61	2.53	3.26
13	宾西经济技术开发区	2.20	1.75	26.00
14	岳阳经济技术开发区	0.52	0.40	31.32
15	九江经济技术开发区	3.41	2.87	18.96
16	安庆经济技术开发区	1.46	0.81	79.53
17	马鞍山经济技术开发区	0.74	1.09	-32.59
18	黄石经济技术开发区	3.70	3.22	14.71
19	赣州经济技术开发区	3.53	3.01	17.15
20	井冈山经济技术开发区	3.62	2.99	21.25
21	襄樊经济开发区	1.30	0.84	55.12
合　计		**107.30**	**69.22**	**55.02**

2010 年 22 个西部国家级经济技术开发区出口总额情况表

单位：亿美元

序号	开发区名称	2010 年	2009 年	2010 年增长率（%）
1	重庆经济技术开发区	1.61	4.16	-61.39
2	乌鲁木齐经济技术开发区	31.44	23.51	33.72
3	西安经济技术开发区	10.01	8.34	20.05
4	成都经济技术开发区	3.31	2.23	48.14
5	昆明经济技术开发区	6.12	3.38	81.30
6	贵阳经济技术开发区	0.57	0.62	-9.00
7	石河子经济技术开发区	3.00	0.94	218.85
8	西宁经济技术开发区	2.08	2.31	-10.14
9	呼和浩特经济技术开发区	1.02	0.60	70.34
10	南宁经济技术开发区	1.31	0.59	122.44
11	银川经济技术开发区	2.11	1.74	21.78
12	兰州经济技术开发区	0.12	0.14	-11.81
13	拉萨经济技术开发区	—	—	—
14	陕西省航空经济技术开发区	6.53	3.27	99.76
15	金昌经济技术开发区	2.11	0.94	125.31
16	天水经济技术开发区	1.15	0.30	281.97
17	曲靖经济技术开发区	0.77	0.06	1 180.67
18	广安经济技术开发区	1.66	1.21	37.63
19	遵义经济技术开发区	0.37	0.37	1.17
20	德阳经济技术开发区	1.67	0.58	185.61
21	万州经济技术开发区	0.28	0.29	-3.51
22	陕西省航天经济技术开发区	3.00	1.68	78.88
合　计		**80.24**	**57.25**	**40.15**

2010年47个东部国家级经济技术开发区进口总额情况表

单位：亿美元

序号	开发区名称	2010年	2009年	2010年增长率（%）
1	大连经济技术开发区	106.32	83.49	27.34
2	秦皇岛经济技术开发区	13.82	14.99	-7.77
3	天津经济技术开发区	174.22	135.14	28.92
4	烟台经济技术开发区	127.39	108.36	17.56
5	青岛经济技术开发区	72.52	54.45	33.20
6	连云港经济技术开发区	16.81	15.38	9.35
7	南通经济技术开发区	16.32	14.79	10.32
8	宁波经济技术开发区	65.80	52.95	24.26
9	福州经济技术开发区	17.00	14.47	17.55
10	广州经济技术开发区	194.97	119.39	63.31
11	湛江经济技术开发区	2.16	1.33	62.53
12	闵行经济技术开发区	15.30	10.37	47.45
13	虹桥经济技术开发区	2.25	1.09	105.99
14	漕河泾新兴经济技术开发区	52.92	39.90	32.63
15	温州经济技术开发区	1.71	1.69	1.46
16	萧山经济技术开发区	5.66	5.14	10.00
17	营口经济技术开发区	4.20	3.18	32.08
18	威海经济技术开发区	16.52	11.62	42.11
19	福清融侨经济技术开发区	51.05	42.38	20.46
20	广州南沙经济技术开发区	66.10	36.90	79.13
21	惠州大亚湾经济技术开发区	13.12	11.10	18.21
22	昆山经济技术开发区	228.47	168.14	35.88
23	东山经济技术开发区	0.34	0.29	18.85
24	沈阳经济技术开发区	13.02	12.04	8.21
25	杭州经济技术开发区	32.06	22.03	45.54
26	北京经济技术开发区	130.25	105.12	23.91
27	南京经济技术开发区	83.87	69.25	21.12
28	宁波大榭开发区	17.45	11.43	52.70
29	海南洋浦经济开发区	54.90	42.40	29.48
30	苏州工业园区	395.20	271.21	45.71
31	上海金桥出口加工区	69.92	50.05	39.71
32	厦门海沧台商投资区	24.02	22.47	6.90
33	扬州经济技术开发区	10.72	6.34	68.94
34	廊坊经济技术开发区	12.65	5.51	129.67
35	嘉兴经济技术开发区	6.75	4.76	41.82
36	徐州经济技术开发区	11.96	5.79	106.66
37	东营经济技术开发区	27.47	9.57	186.96
38	湖州经济技术开发区	1.04	1.44	-28.09
39	增城经济技术开发区	0.55	0.42	30.77
40	镇江经济技术开发区	22.05	14.00	57.47
41	锦州经济技术开发区	0.39	0.54	-27.19
42	漳州招商局经济技术开发区	1.07	1.16	-7.16
43	绍兴袍江经济技术开发区	8.54	5.82	46.84
44	日照经济技术开发区	36.68	23.61	55.34
45	潍坊滨海经济技术开发区	0.39	0.20	93.45
46	大连长兴岛经济技术开发区	2.88	1.92	49.99
47	泉州经济技术开发区	—	0.51	—
合　计		**2 228.80**	**1 634.11**	**36.39**

2010年21个中部国家级经济技术开发区进口总额情况表

单位：亿美元

序号	开发区名称	2010年	2009年	2010年增长率（%）
1	哈尔滨经济技术开发区	19.80	12.00	65.00
2	长春经济技术开发区	23.50	7.67	206.58
3	武汉经济技术开发区	23.18	16.15	43.54
4	芜湖经济技术开发区	7.56	4.60	64.18
5	合肥经济技术开发区	14.22	7.02	102.66
6	郑州经济技术开发区	2.23	1.79	24.88
7	长沙经济技术开发区	10.46	5.83	79.41
8	南昌经济技术开发区	3.53	3.33	6.00
9	太原经济技术开发区	3.75	4.24	-11.59
10	常德经济技术开发区	0.74	0.49	52.27
11	吉林经济技术开发区	0.38	0.90	-58.06
12	海林经济技术开发区	0.58	0.84	-30.00
13	宾西经济技术开发区	0.19	0.01	1 388.00
14	岳阳经济技术开发区	1.08	1.38	-22.24
15	九江经济技术开发区	1.05	1.11	-5.88
16	安庆经济技术开发区	1.14	0.62	84.86
17	马鞍山经济技术开发区	1.14	1.00	13.86
18	黄石经济技术开发区	1.03	1.01	2.13
19	赣州经济技术开发区	1.89	1.79	5.37
20	井冈山经济技术开发区	1.37	1.23	11.84
21	襄樊经济开发区	1.19	0.82	44.87
合　计		**120.00**	**73.82**	**62.57**

2010年22个西部国家级经济技术开发区进口总额情况表

单位：亿美元

序号	开发区名称	2010年	2009年	2010年增长率（%）
1	重庆经济技术开发区	0.55	10.68	-94.86
2	乌鲁木齐经济技术开发区	9.44	8.05	17.29
3	西安经济技术开发区	2.69	2.18	23.79
4	成都经济技术开发区	7.49	3.56	110.15
5	昆明经济技术开发区	3.69	0.64	473.46
6	贵阳经济技术开发区	0.27	0.25	7.38
7	石河子经济技术开发区	0.45	0.16	185.22
8	西宁经济技术开发区	0.02	0.22	-88.97
9	呼和浩特经济技术开发区	1.78	1.11	60.79
10	南宁经济技术开发区	0.10	0.04	185.36
11	银川经济技术开发区	2.54	1.45	74.27
12	兰州经济技术开发区	—	0.02	—
13	拉萨经济技术开发区	—	—	—
14	陕西省航空经济技术开发区	4.58	3.30	38.79
15	金昌经济技术开发区	38.88	21.80	78.30
16	天水经济技术开发区	0.17	1.80	-90.76
17	曲靖经济技术开发区	—	—	—
18	广安经济技术开发区	0.02	—	—
19	遵义经济技术开发区	0.06	0.08	-26.91
20	德阳经济技术开发区	5.10	—	—
21	万州经济技术开发区	0.60	0.80	-25.27
22	陕西省航天经济技术开发区	2.90	1.34	116.36
合　计		**81.31**	**57.47**	**41.49**

地方商务

LOCAL COMMERCE ↘

中国商务年鉴
CHINA COMMERCE YEARBOOK
政府年度出版物 中、英文分册出版
Published in separate Chinese and English editions
www.yearbook.org.cn 电话:(010)64246856
K LINE
K LINE
EVERGREEN
EVERGREEN
CHINA COMMERCE YEARBOOK 2011
A MUST-HAVE FOR INTERNATIONAL BUSINESS
现代商务需要……

2010年北京市商务发展概况

北京市商务委员会

卢　彦

北京市商务委员会主任

卢　彦　1963年3月出生，中共党员，博士。1980年9月—1984年7月，就读北京商学院经济系企业管理专业；1984年7月—1993年12月，在北京商学院经济系物价研究室担任教师；1993年12月—1995年8月，任北京商学院商业经济研究所副所长；1995年8月—1996年3月，任国务院发展研究中心市场经济研究所市场流通研究室主任；1996年3月—2000年1月，任北京市物价局副局长；2000年1月—2003年1月，任北京市商委副主任；2003年1月—2006年7月，任北京市东城区区委副书记、代理区长、区长；2006年7月—2009年3月，任北京市商务局局长；2009年3月起，任北京市商务委员会主任。

【国内贸易】

社会消费品零售总额　2010年北京市社会消费品零售总额6 229.3亿元，比上年的5 309.9亿元增长17.3%。按商品用途分，吃类1331亿元，穿类548.4亿元，用类3 884亿元，烧类465.9亿元。按地域分，城镇6 128.8亿元，乡村100.5亿元。按消费形态分，商品零售5 562.7亿元，餐饮收入666.6亿元。

批发和零售贸易业企业商品购、销、存总额　批发和零售贸易业企业商品销售总额37 862.7亿元，比上年增长32.1%，其中市内批发7 068.5亿元，市外批发23 955.5亿元，出口1 358.3亿元，零售5 480.4亿元；商品购进总额35 804.2亿元，比上年增长34.6%；年末库存总额3 172.9亿元，比上年增长14.8%。

市场物价　商品零售价格指数为100.4（以上年价格为100）；居民消费价格指数为102.4（以上年价格为100），其中食品类105.5，烟酒及用品类101.1，衣着类98.4，家庭设备用品及维修服务99.4，医疗保健和个人用品101.5，交通和通讯100.8，娱乐教育文化用品和服务99.4，居住105.0。

市场秩序建设　开展商业服务业城市街面环境秩序百日整治工作。召开了市商务系统城市街面环境秩序“百日专项整治”动员会，印发了《北京市商业服务业城市街面环境秩序“百日整治行动”方案》，进一步加强对商业、餐饮网点等单位巡查，对于购物返券等市场秩序情况进行重点检查。

加强知识产权保护，打击制售假冒伪劣商品违法行为。成立由30个政府部门组成的北京市打击侵犯知识产权和制售假冒伪劣商品专项行动领导小组，起草了《北京市打击侵犯知识产权和制售假冒伪劣商品专项行动实施方案》；印发《市商务系统打击侵犯知识产权和制售假冒伪劣商品专项行动实施方案的通知》，召开专题会议对工作进行部署并要求做好重点查处出口假冒侵权产品；对商贸流通企业加强规范和管理，防止侵权商品进入流通领域最终流向消费者；保护本市老字号企业知识产权；加大对新出厂计算机预装正版操作系统软件的监督力度等六方面的工作。

开展整顿规范大宗商品中远期交易市场工作。成立21家成员单位组成的整顿规范工作领导小组，制定《北京市开展整顿规范大宗商品中远期交易市场工作方案》；紧紧抓住资金监管关键环节，制定了《北京市大宗商品中远期交易市场资金监管制度》；国务院督查组对本市积极推进整顿规范工作给予充分肯定，尤其是对制定了《北京市大宗商品中远期交易市场资金监管制度》等多项整顿规范政策和措施、全面落实国务院整顿规范工作的六条要求、未产生不稳定因素、整顿规范工作走在全国前列给予了表扬。

积极推进信用销售健康发展。建立信用销售重点联系企业制度。与商务部共同举办“2010信用销售发展论坛”，通过广泛宣传，增强消费者即期消费能力、扩大销售规模、刺激消费增长。

市场体系建设 继续培育发展特色商业街区和特色市场，发展特色商务。通过各区县上报特色街提升改造项目27个，将五道营文化休闲街等6条商业街列为2010年特色商业街提升改造重点项目；将大石窝汉白玉工艺品街区列为区域特色街改造项目。同时将进行二次提升的南锣鼓巷等区域特色街项目。

大力发展规范化菜市场。重点在朝阳区、海淀区、丰台区的乡镇区域和城市化建设较快的新城区域做好规范化菜市场推广发展工作。全年北京市十区县共发展规范化菜市场36家，建筑面积达9.32万平方米，营业面积6.5万平方米，售菜面积2.92万平方米。

加密改造的农村集贸市场布局。对未完成“一乡一集市”的区县重点攻关，2010年完成36家农村集贸市场改造工程，硬化市场地面超过24.88万平方米，建设交易厅棚和商业用房近5.96万平方米。填补“一乡一集市”空白的项目共有12个，全市“一乡一集市”覆盖率提高8个百分点，达到80%。

建设“北京市电子商务聚集区”，促电子商务产业发展，吸引23家企业入驻。

北京拍卖市场保持了稳步增长态势。目前，北京具有3A级资质拍卖企业12家，2A级资质拍卖企业26家，A级资质拍卖企业21家，分别占全国的13.64%、5.81%和2.67%。“北京拍卖季”品牌影响进一步扩大。2010年北京拍卖季共有83家参与。

进一步加强典当行业监管，行业稳步发展。截至2010年12月，本市取得商务部《典当经营许可证》的企业165家，典当行分支机构43家。截至12月底，典当总额70.03亿元，同比增长89.7%；业务笔数7.5万笔，同比增长15.3%；典当余额达到23.05亿元，同比增长62.4%；提供就业岗位1 796个，同比增长38.6%。

家电以旧换新工作稳步推进。销售、回收量均突破200万台。其中2010年，本市回收旧家电179万台，销售新家电176.1万台，销售金额69.6亿元，占旧家电回收量、新家电销售量和销售额总数的78.7%、80.7%和80.6%。汽车以旧换新工作取得良好成效。截至2010年底，全市共办理国家汽车以旧换新1.39万辆，补贴金额1.78亿元，拉动新车消费12.4亿元；其中，办理黄标车以旧换新1.27万辆，占以旧换新汽车总量的91.4%，有效的推动了本市黄标车淘汰进程。完成北京市旧机动车交易市场、北辰亚运村汽车交易市场、中联旧机动车市场3家二手车交易市场升级改造示范工程试点；2010年，本市备案的5家旧机动车交易市场旧机动车交易辆56.24万辆，交易额448.89亿元。

商贸服务管理 强化节能管理，推进节能减排工作。召开商场超市节能控温专家座谈会，对商场超市等大型公共建筑节能提出建议，并设计具体节能方案；召开了商场超市节能改造和合同能源管理试点工作专题会，介绍了《北京市合同能源管理项目扶持办法》和《北京市商场超市节能改造资金管理实施办法》的主要内容。2010年度15家商场超市的30个门店完成节能改造工作，并通过了节能量验收和项目评估。

规范成品油企业经营行为。做好本市121家重点加油站监测月报和18家重点加油站实时监控工作。完成原油、成品油经营企业年检换证，全市共有1 020家原油、成品油经营企业通过了年度资格检查，对年检合格企业同时换发了新版原油、成品油经营批准证书。2010年，全市成品油销售量690万吨，同比增加16%；其中汽油308.58万吨，同比增加3.7%；柴油381.42万吨，同比增加28%。

完成垃圾分类和再生资源回收利用任务。建设完成2个再生资源分拣中心和339个回收站点，提前2个月完成生活垃圾处理工作任务。2010年全市再生资源回收量达到467万吨，同比增长6.7%。启动再生资源回收产业化试点。初步形成了覆盖16个区县，由21家主体回收企业、15个分拣中心、3 997个社区回收站点构成的再生资源回收网络体系。

市场运行调节 2010年，市场消费热点集中在汽车、石油、金银珠宝、电子出版物及音像制品、通讯器材、家具类和服装鞋帽类七大领域。据限额以上批零企业零售额统计，汽车类、石油及制品类零售额分别增长33.9%和25.8%，对限额以上企业零售额增长的贡献率达51.7%。2010年北京市共销售机动车143.2万辆，比上年增长24.7%。其中新车91.6万辆，增长30.4%；旧车51.6万辆，增长15.7%。年末车市受政策影响销售集中放量，11月、12月机动车销售量分别达到15.1万辆和23.6万辆，超过前10个月平均销量10万辆的水平。

完善生活必需品应急保障体系。制定《关于进一步加强本市“菜篮子”系统工程建设保障蔬菜市场供应和价格基本稳定的意见》；建立应急商品数据库，加强对货源生产企业的了解，并纳入应急商品数据库；重新梳理了城区生活必需品应急供应体系，确定了6个区商务部门、12个应急投放集散地、236个应急投放网点的联系人和联系方式，对投放网络进行了抽查，对发现的问题督促区县进行整改，确保在应急状态下，北京市生活必需品应急供应迅速、顺畅、到位。

切实发挥政府储备应急保障的作用。发挥蔬菜储备轮换机制作用，储备执行期间常规储备周转3.25次，临时储备蔬菜实现储备周转1.5次，特别是元旦期间出现极端恶劣天气的情况下，及时地向市场输出储备蔬菜，缓解了市场货源压力，稳定了市场供应；续签了活猪、牛羊肉、鸡蛋、食糖等政府储备协议；严格储备检查，委托第三方检测机构对猪肉、牛肉、羊肉等储备商品进行了检测，确保储备商品质量合格。

酒类流通备案登记取得新进展。强化批发企业索表管理，督促下游经销商办理备案，推进了备案登记的开展。实行了酒类备案登记指标管理，将全市备案登记任务指标分解到区县商务委，区县将任务分解到月，每季度通报进展情况。进一步规范酒类备案登记管理，制定了《酒类流通备案登记管理有关工作说明》和《酒类流通备案登记、变更、注销、遗失补办工作程序》。积极协调工商、卫生等部门，为区县提供酒类经营及注销、吊销营业执照的企业信息，为推进酒类备案工作提供有利条件。2010年全市新增备案登记10 985户，超额完成了全年新增1万户备案登记的工作任务。

推进“放心肉”服务体系建设试点。科学高效地完成大型屠宰试点企业肉品冷链建设。制定了北京市猪肉肉品品质检验合格证章发放管理办法，统一发放了肉品品质检验合格证，备案猪肉销售流向，健全肉品流通体系；进一步完善了病害猪无害化处理实时监控系统，安装视频监控终端；建立屠宰行业长效监管机制，强化监管力度，严打生猪屠宰中的违法行为，健全猪肉肉品的食品安全体系。

【对外贸易】

进出口总额　进出口总额3 014.1亿美元，比上年的2 147.6亿美元增长40.3%。

出口总额　出口总额554.7亿美元，比上年的483.6亿美元增长14.7%，占全市GDP 13 777.9亿元（相当于2 035.3亿美元）的27.3%，占全国出口额的3.5%，居全国第7位。

进口总额　进口总额2 459.4亿美元，比上年的1 664亿美元增长47.8%。

出口商品结构　初级产品出口额98.2亿美元，占出口总额的17.7%；工业制成品出口额456.5亿美元，占出口总额的82.3%。

进口商品结构　初级产品进口额1 487亿美元，占进口总额的60.5%；工业制成品进口额972.4亿美元，占进口总额的39.5%。

出口商品市场　北京市前五大出口市场分别为美国、香港、日本、印度和新加坡，出口额均超过27亿美元，其中对美国出口42.8亿美元，同比增长32.4%。

进口商品市场　北京市从沙特阿拉伯、安哥拉、德国、美国、日本、韩国和俄罗斯的进口额均超过100亿美元，其中从沙特阿拉伯进口228.4亿美元，同比增长42.7%。

技术进出口　签订引进技术和进口设备合同项目1 395个，比上年增加120个；合同金额30亿美元，比上年的35.9亿美元下降16.5%；签订技术出口合同项目1 259个，合同金额86.4亿美元，比上年的51.7亿美元增长67%。

服务贸易　服务贸易进出口总额798.3亿美元，比上年的644.1亿美元增长23.9%。其中，出口额388.2亿美元，比上年的311.6亿美元增长24.6%；进口额410.1亿美元，比上年的332.5亿美元增长23.3%。

服务外包　签订离岸服务外包出口合同5 565份，离岸服务外包执行总额15.4亿美元，同比增长46.7%。其中，软件和信息技术服务外包执行额12.0亿美元，占离岸服务外包执行总额的78.1%；业务流程外包执行额2.2亿美元，占离岸服务外包执行总额的14.4%；生物医药外包执行额1.1亿美元，占执行总额的7.5%。执行额居前五位的发包国和地区是美国、日本、荷兰、芬兰和新加坡。

北京市2010年出口商品情况表

商品名称	2010年出口金额（万美元）	2009年出口金额（万美元）	同比（±%）
总　值	**5 546 685**	**4 836 261**	**14.7**
第1章　活动物	2 534	2 444	3.7
第2章　肉及食用杂碎	183	390	-52.9
第3章　鱼及其他水生无脊椎动物	1 926	1 250	54.1
第4章　乳；蛋；蜂蜜；其他食用动物产品	785	710	10.5
第5章　其他动物产品	4 339	3 287	32.0

北京市2010年出口商品情况表（续）

商品名称	2010年出口金额（万美元）	2009年出口金额（万美元）	同比（±%）
第6章　活植物；茎、根；插花、簇叶	539	487	10.8
第7章　食用蔬菜、根及块茎	4 811	8 075	-40.4
第8章　食用水果及坚果；甜瓜等水果的果皮	961	1 160	-17.1
第9章　咖啡、茶、马黛茶及调味香料	1 640	1 615	1.4
第10章　谷物	26 975	36 782	-26.7
第11章　制粉工业产品；麦芽；淀粉等；面筋	120	691	-82.6
第12章　油籽；子仁；工业或药用植物；饲料	9 160	8 170	12.1
第13章　虫胶；树胶、树脂及其他植物液、汁	3 822	3 007	27.1
第14章　编结用植物材料；其他植物产品	21	36	-42.2
第15章　动、植物油、脂、蜡；精制食用油脂	528	965	-45.3
第16章　肉、鱼及其他水生无脊椎动物的制品	10 179	9 361	8.7
第17章　糖及糖食	1 048	938	11.7
第18章　可可及可可制品	3 607	1 617	123.0
第19章　谷物粉、淀粉等或乳的制品；糕饼	3 627	2 366	53.3
第20章　蔬菜、水果等或植物其他部分的制品	22 263	17 375	28.1
第21章　杂项食品	2 410	2 420	-0.4
第22章　饮料、酒及醋	648	647	0.1
第23章　食品工业的残渣及废料；配制的饲料	1 142	911	13.0
第24章　烟草、烟草及烟草代用品的制品	186	147	26.5
第25章　盐；硫磺；土及石料；石灰及水泥等	20 247	14 701	37.7
第26章　矿砂、矿渣及矿灰	462	203	127.9
第27章　矿物燃料、矿物油及其产品；沥青等	847 989	659 558	28.5
第28章　无机化学品；贵金属等的化合物	57 228	28 519	100.7
第29章　有机化学品	84 316	65 802	28.3
第30章　药品	12 239	11 012	11.1
第31章　肥料	130 888	51 067	156.3
第32章　鞣料；着色料；涂料；油灰；墨水等	5 658	4 443	27.3
第33章　精油及香膏；芳香料制品化妆盥洗品	2 442	1 995	22.4
第34章　洗涤剂、润滑剂、人造蜡、塑型膏等	5 929	3 657	62.1
第35章　蛋白类物质；改性淀粉；胶；酶	1 410	1 895	-11.5
第36章　炸药；烟火；引火品；易燃材料制品	4 862	6 377	-23.8
第37章　照相及电影用品	1 021	1 205	-15.3
第38章　杂项化学产品	52 991	35 115	50.9
第39章　塑料及其制品	57 220	43 126	33.5
第40章　橡胶及其制品	32 562	24 317	33.9
第41章　生皮（毛皮除外）及皮革	14	22	-39.6
第42章　皮革制品；旅行箱包；动物肠线制品	7 821	5 755	35.9
第43章　毛皮、人造毛皮及其制品	3 497	2 765	26.5
第44章　木及木制品；木炭	9 368	8 377	11.8

北京市 2010 年出口商品情况表（续）

商品名称	2010 年出口金额（万美元）	2009 年出口金额（万美元）	同比（±%）
第 45 章　软木及软木制品	0	0	0.0
第 46 章　编结材料制品；篮筐及柳条编结品	2 930	2 744	6.8
第 47 章　木浆等纤维状纤维素浆；废纸及纸板	1 203	478	151.4
第 48 章　纸及纸板；纸浆、纸或纸板制品	11 151	8 815	26.5
第 49 章　印刷品；手稿、打字稿及设计图纸	6 160	6 997	-12.0
第 50 章　蚕丝	2 782	1 905	46.0
第 51 章　羊毛等动物毛；马毛纱线及其机织物	8 436	5 864	43.9
第 52 章　棉花	4 036	3 266	23.6
第 53 章　其他植物纤维；纸纱线及其机织物	251	193	30.1
第 54 章　化学纤维长丝	4 325	3 064	41.3
第 55 章　化学纤维短纤	6 953	6 347	10.2
第 56 章　絮胎、毡呢及无纺织物；线绳制品等	5 219	3 582	45.6
第 57 章　地毯及纺织材料的其他铺地制品	9 908	8 035	23.3
第 58 章　特种机织物；簇绒织物；刺绣品等	1 615	2 068	-21.9
第 59 章　浸、包或层压织物；工业用纺织制品	2 117	1 740	21.7
第 60 章　针织物及钩编织物	669	595	12.5
第 61 章　针织或钩编的服装及衣着附件	59 907	54 252	10.4
第 62 章　非针织或非钩编的服装及衣着附件	104 191	92 275	12.9
第 63 章　其他纺织制品；成套物品；旧纺织品	15 173	12 878	17.8
第 64 章　鞋靴、护腿和类似品及其零件	15 898	11 537	37.8
第 65 章　帽类及其零件	4 364	5 131	-14.9
第 66 章　伞、手杖、鞭子、马鞭及其零件	120	80	50.7
第 67 章　加工羽毛及制品；人造花；人发制品	352	606	-41.8
第 68 章　矿物材料的制品	12 505	10 583	18.2
第 69 章　陶瓷产品	22 561	23 934	-5.7
第 70 章　玻璃及其制品	22 299	15 537	43.5
第 71 章　珠宝、贵金属及制品；仿首饰；硬币	28 457	54 213	-47.5
第 72 章　钢铁	178 737	89 483	99.6
第 73 章　钢铁制品	184 190	259 959	-29.2
第 74 章　铜及其制品	5 020	3 302	52.0
第 75 章　镍及其制品	1 473	209	606.3
第 76 章　铝及其制品	21 735	17 916	21.3
第 78 章　铅及其制品	271	101	168.2
第 79 章　锌及其制品	282	273	3.2
第 80 章　锡及其制品	124	176	-29.6
第 81 章　其他贱金属、金属陶瓷及其制品	9 248	5 780	60.0
第 82 章　贱金属器具、利口器、餐具及零件	11 440	9 307	22.9
第 83 章　贱金属杂项制品	8 060	8 854	-9.0
第 84 章　核反应堆、锅炉、机械器具及零件	637 678	576 245	10.7

北京市2010年出口商品情况表（续）

商品名称	2010年出口金额（万美元）	2009年出口金额（万美元）	同比（±%）
第85章　电机、电气、音像设备及其零附件	1 926 090	1 807 986	6.5
第86章　铁道车辆；轨道装置；信号设备	32 604	22 008	48.1
第87章　车辆及其零附件，但铁道车辆除外	174 714	138 567	25.9
第88章　航空器、航天器及其零件	41 336	38 948	6.1
第89章　船舶及浮动结构体	252 206	216 821	16.3
第90章　光学、照相、医疗等设备及零附件	155 605	126 541	23.5
第91章　钟表及其零件	585	674	-13.2
第92章　乐器及其零件、附件	5 887	5 393	9.2
第93章　武器、弹药及其零件、附件	841	565	48.8
第94章　家具；寝具等；灯具；活动房	42 964	37 406	14.9
第95章　玩具、游戏或运动用品及其零附件	11 747	10 570	11.1
第96章　杂项制品	6 084	4 899	24.2
第97章　艺术品、收藏品及古物	382	247	55.0
第98章　特殊交易品及未分类商品	42 184	42 552	-0.9

北京市2010年进口商品情况表

商品名称	2010年进口金额（万美元）	2009年进口金额（万美元）	同比（±%）
总　值	**24 594 293**	**16 640 014**	**47.8**
第1章　活动物	12 717	6 211	104.5
第2章　肉及食用杂碎	15 397	9 189	67.4
第3章　鱼及其他水生无脊椎动物	24 051	18 520	29.9
第4章　乳；蛋；蜂蜜；其他食用动物产品	14 056	6 926	102.9
第5章　其他动物产品	1 647	1 780	-7.5
第6章　活植物；茎、根；插花、簇叶	2 257	1 991	13.2
第7章　食用蔬菜、根及块茎	6 709	3 170	113.0
第8章　食用水果及坚果；甜瓜等水果的果皮	5 089	2 723	87.0
第9章　咖啡、茶、马黛茶及调味香料	626	334	87.5
第10章　谷物	46 708	19 036	145.4
第11章　制粉工业产品；麦芽；淀粉等；面筋	1 262	624	102.3
第12章　油籽；子仁；工业或药用植物；饲料	286 181	171 507	66.9
第13章　虫胶；树胶、树脂及其他植物液、汁	1 133	1 125	1.0
第14章　编结用植物材料；其他植物产品	1 310	443	197.3
第15章　动、植物油、脂、蜡；精制食用油脂	86 561	78 453	10.4
第16章　肉、鱼及其他水生无脊椎动物的制品	346	64	444.0
第17章　糖及糖食	65 811	24 094	173.1
第18章　可可及可可制品	10 476	7 029	49.0
第19章　谷物粉、淀粉等或乳的制品；糕饼	1 815	1 202	50.1
第20章　蔬菜、水果等或植物其他部分的制品	2 889	1 872	54.4
第21章　杂项食品	3 927	2 213	77.5
第22章　饮料、酒及醋	10 085	5 928	70.1

北京市 2010 年进口商品情况表（续）

商品名称	2010 年进口金额（万美元）	2009 年进口金额（万美元）	同比（±%）
第 23 章　食品工业的残渣及废料；配制的饲料	49 571	22 908	116.6
第 24 章　烟草、烟草及烟草代用品的制品	76 376	79 709	-4.2
第 25 章　盐；硫磺；土及石料；石灰及水泥等	22 661	11 928	90.0
第 26 章　矿砂、矿渣及矿灰	1 574 298	1 074 351	46.4
第 27 章　矿物燃料、矿物油及其产品；沥青等	12 214 103	7 829 532	56.0
第 28 章　无机化学品；贵金属等的化合物	289 107	113 928	153.8
第 29 章　有机化学品	168 892	166 506	1.5
第 30 章　药品	143 223	115 039	24.5
第 31 章　肥料	160 764	143 732	11.8
第 32 章　鞣料；着色料；涂料；油灰；墨水等	10 421	8 669	20.2
第 33 章　精油及香膏；芳香料制品化妆盥洗品	5 929	3 004	97.4
第 34 章　洗涤剂、润滑剂、人造蜡、塑型膏等	9 687	6 815	42.1
第 35 章　蛋白类物质；改性淀粉；胶；酶	6 162	4 180	47.5
第 36 章　炸药；烟火；引火品；易燃材料制品	1 877	827	127.0
第 37 章　照相及电影用品	7 447	7 562	-1.5
第 38 章　杂项化学产品	104 446	133 879	-22.0
第 39 章　塑料及其制品	153 982	137 785	11.8
第 40 章　橡胶及其制品	51 837	37 625	37.7
第 41 章　生皮（毛皮除外）及皮革	2 077	2 235	-7.1
第 42 章　皮革制品；旅行箱包；动物肠线制品	4 613	3 574	29.1
第 43 章　毛皮、人造毛皮及其制品	2 279	1 409	61.7
第 44 章　木及木制品；木炭	50 598	25 372	99.4
第 45 章　软木及软木制品	534	481	10.9
第 46 章　编结材料制品；篮筐及柳条编结品	6	7	-14.1
第 47 章　木浆等纤维状纤维素浆；废纸及纸板	41 882	29 810	40.5
第 48 章　纸及纸板；纸浆、纸或纸板制品	31 636	25 341	24.8
第 49 章　印刷品；手稿、打字稿及设计图纸	34 244	26 110	31.2
第 50 章　蚕丝	339	208	63.3
第 51 章　羊毛等动物毛；马毛纱线及其机织物	37 909	33 476	13.2
第 52 章　棉花	123 241	45 900	168.5
第 53 章　其他植物纤维；纸纱线及其机织物	6 930	5 654	22.6
第 54 章　化学纤维长丝	6 144	4 693	31.0
第 55 章　化学纤维短纤	70 491	58 439	20.6
第 56 章　絮胎、毡呢及无纺织物；线绳制品等	5 203	3 390	53.5
第 57 章　地毯及纺织材料的其他铺地制品	1 131	935	20.5
第 58 章　特种机织物；簇绒织物；刺绣品等	1 753	1 490	17.5
第 59 章　浸、包或层压织物；工业用纺织制品	2 678	2 261	18.5
第 60 章　针织物及钩编织物	1 522	1 419	7.3
第 61 章　针织或钩编的服装及衣着附件	5 379	3 753	43.3

北京市2010年进口商品情况表（续）

商品名称	2010年进口金额（万美元）	2009年进口金额（万美元）	同比（±%）
第62章　非针织或非钩编的服装及衣着附件	9 083	5 793	56.8
第63章　其他纺织制品；成套物品；旧纺织品	1 335	1 072	24.5
第64章　鞋靴、护腿和类似品及其零件	5 697	3 824	49.0
第65章　帽类及其零件	225	160	40.6
第66章　伞、手杖、鞭子、马鞭及其零件	25	32	-23.1
第67章　加工羽毛及制品；人造花；人发制品	37	23	59.5
第68章　矿物材料的制品	3 368	2 380	41.5
第69章　陶瓷产品	5 527	4 589	20.4
第70章　玻璃及其制品	32 794	21 373	53.4
第71章　珠宝、贵金属及制品；仿首饰；硬币	165 353	133 933	23.5
第72章　钢铁	111 358	240 584	-53.7
第73章　钢铁制品	95 466	152 112	-37.2
第74章　铜及其制品	174 952	170 812	1.5
第75章　镍及其制品	16 062	11 196	43.5
第76章　铝及其制品	22 029	24 677	-10.7
第78章　铅及其制品	220	229	-4.3
第79章　锌及其制品	14 159	12 684	11.6
第80章　锡及其制品	2 176	2 772	-21.5
第81章　其他贱金属、金属陶瓷及其制品	12 982	14 028	-7.5
第82章　贱金属器具、利口器、餐具及零件	20 603	15 938	29.3
第83章　贱金属杂项制品	16 069	12 535	28.1
第84章　核反应堆、锅炉、机械器具及零件	1 373 933	1 271 125	8.1
第85章　电机、电气、音像设备及其零附件	2 064 864	1 809 589	14.1
第86章　铁道车辆；轨道装置；信号设备	76 515	86 778	-11.8
第87章　车辆及其零附件，但铁道车辆除外	2 079 758	1 045 302	98.9
第88章　航空器、航天器及其零件	253 723	244 714	3.7
第89章　船舶及浮动结构体	69 016	152 257	-54.7
第90章　光学、照相、医疗等设备及零附件	621 184	477 738	30.0
第91章　钟表及其零件	9 867	6 000	64.4
第92章　乐器及其零件、附件	1 555	1 220	27.4
第93章　武器、弹药及其零件、附件	277	472	-41.3
第94章　家具；寝具等；灯具；活动房	18 458	15 164	21.7
第95章　玩具、游戏或运动用品及其零附件	4 504	2 853	57.9
第96章　杂项制品	2 804	2 203	27.3
第97章　艺术品、收藏品及古物	701	715	-2.0
第98章　特殊交易品及未分类商品	1 225 200	154 776	691.6

北京市2010年主要出口市场情况表

排　名	国别（地区）	出口金额（万美元）	同比（%）	比重（%）
1	美　国	427 857	32.4	7.7
2	香　港	401 534	28.9	7.2
3	日　本	360 445	29.7	6.5
4	印　度	286 443	28.3	5.2
5	新加坡	274 506	39.1	4.9
6	韩　国	236 311	-4.2	4.3
7	德　国	153 809	13.9	2.8
8	澳大利亚	100 688	24.7	1.8
9	伊　朗	100 341	14.4	1.8
10	俄罗斯	82 596	45.3	1.5
11	巴　西	59 326	23.2	1.1
12	沙特阿拉伯	47 949	-24.8	0.9
13	苏　丹	43 518	-1.9	0.8
14	南　非	44 499	28.5	0.8
15	安哥拉	36 188	-19.8	0.7
16	伊拉克	37 170	56.9	0.7
17	哈萨克斯坦	40 842	-56.6	0.7
18	瑞　士	11 347	15.3	0.2
19	科威特	11 063	6.1	0.2
20	阿　曼	6 020	-51.2	0.1

北京市2010年主要进口市场情况表

排　名	国别（地区）	进口金额（万美元）	同比（%）	比重（%）
1	沙特阿拉伯	2 284 124	42.7	9.3
2	安哥拉	2 015 551	54.0	8.2
3	德　国	1 752 036	50.1	7.1
4	美　国	1 565 669	26.9	6.4
5	日　本	1 527 739	26.9	6.2
6	韩　国	1 087 918	22.5	4.4
7	俄罗斯	1 002 473	39.4	4.1
8	澳大利亚	920 343	63.6	3.7
9	瑞　士	914 003	617.0	3.7
10	巴　西	858 935	50.1	3.5
11	阿　曼	739 188	83.2	3.0
12	伊拉克	608 363	98.0	2.5
13	伊　朗	593 565	26.0	2.4
14	苏　丹	566 227	49.1	2.3
15	哈萨克斯坦	533 142	117.8	2.2
16	科威特	537 605	99.3	2.2
17	印　度	385 303	38.9	1.6
18	南　非	364 924	82.1	1.5
19	香　港	230 978	30.4	0.9
20	新加坡	169 463	-13.6	0.7

北京市 2010 年服务贸易进出口情况表

行业	进出口		出口		进口	
	金额（亿美元）	同比（%）	金额（亿美元）	同比（%）	金额（亿美元）	同比（%）
运输	177.1	26.1	53.8	29.7	123.3	24.5
旅游	108.7	17.0	44.5	9.0	64.2	23.2
通讯服务	17.6	2.5	8.6	-2.4	9.0	7.6
建筑服务	87.2	17.3	59.7	42.4	27.5	-15.2
保险服务	92.2	57.4	8.2	-5.5	84.0	68.3
金融服务	8.1	72.2	3.0	43.1	5.1	95.6
计算机和信息服务	39.8	38.3	29.6	43.7	10.2	24.8
专有权利使用费和特许费	21.1	28.7	3.3	55.6	17.8	24.7
咨询	89.5	10.3	64.8	8.0	24.7	16.9
广告、宣传	13.2	22.1	8.0	19.1	5.2	27.0
电影、音像	3.6	31.8	0.8	9.9	2.8	39.4
其他商业服务	140.3	20.9	104.0	33.9	36.3	-5.4
合计	**798.3**	**23.9**	**388.2**	**24.6**	**410.1**	**23.3**

北京市 2010 年服务外包（离岸）情况表

类别	2010 年执行金额（万美元）	2009 年执行金额（万美元）	同比增幅（%）
服务外包（离岸）合计	**153 755.9**	**104 831.6**	**46.7**
信息技术外包	120 121.4	81 514.7	47.4
业务流程外包	22 086.5	19 697.5	12.1
知识流程外包	11 485.0	3 573.5	221.4
其他服务产品	63.1	45.8	37.8

【利用外资】

概况　2010 年，北京市新批外商投资企业 1 629 家，同比增长 14.5 %；吸收合同外资 84.9 亿美元，同比增长 2.1%；实际利用外商直接投资 63.6 亿美元，同比增长 4.0%。截至 2010 年底，北京市累计批准外商投资企业 32 933 家，累计实际利用外商直接投资 561.7 亿美元。

外商直接投资行业　外资集中投向第三产业。2010 年第三产业实际利用外资 56.3 亿美元，同比增长 8.5%，占全市总量的 88.5%，比上年提高 3.6 个百分点，创历史新高，带动产业结构进一步优化。其中，以商务服务、信息服务、科技服务、金融服务、物流服务为主的生产性服务业实际利用外资 34.4 亿美元，占总额的 54.1%。高端制造业合同外资增长迅速。全市第二产业合同外资达到 12.7 亿美元，同比大幅增长 110.8%。其中，医药制造业和交通运输设备制造业同比分别增长 643.0% 和 184.1%，带动整个制造业吸收合同外资 10.9 亿美元，同比增长了 88.3%。另外，电力、燃气及水的生产和供应业吸收合同外资 1.5 亿美元，同比增长了 11.3 倍，增速迅猛。高端制造业合同外资增长迅速，为第二产业发展增添了后劲，符合北京市鼓励高端制造业和战略新兴产业发展的方向。

外商直接投资来源　2010 年共有 103 个国家和地区的外国投资者在北京市投资。亚洲和自由港仍是外资主要来源地，其中，香港仍然是投资最多的地区，合同外资达到 46.8 亿美元，同比下降 5.7%，但仍占全市的 55.1%；实际外资 31.3 亿美元，同比增长 17.2%，占全市的 49.2%。其后是英属维尔京群岛、开曼群岛、日本、新加坡、德国、美国、韩国、荷兰和丹麦。截至 2010 年底，共有 147 个国家和地区来北京市投资，较 2009 年增加了 4 个。目前在北京实际投资前十位的国家和地区分别是香港、英属维尔京群岛、日本、开曼群岛、美国、德国、韩国、新加坡、荷兰和法国。

北京市2010年利用外资情况表

项目名称	项目数（个）	实际外资（万美元）
总　计	**1 629**	**636 358**
中外合资企业	290	91 335
中外合作企业	15	22 890
外商独资企业	1321	516 766
外商投资股份有限公司	3	5 367

北京市2010年外商直接投资行业情况表

行业名称	项目数（个）	实际外资（万美元）	行业名称	项目数（个）	实际外资（万美元）
总　计	**1 629**	**636 358**	水上运输业	0	247
农、林、牧、渔业	9	1 246	航空运输业	1	110
农业	7	39	装卸搬运和其他运输服务业	5	8 361
畜牧业	0	1 207	仓储业	2	160
农、林、牧、渔服务业	2	0	信息传输、计算机服务和软件业	221	95 453
制造业	61	68 496	计算机服务业	68	10 308
农副食品加工业	0	1 313	软件业	153	85 143
食品制造业	3	6 520	批发和零售业	430	66 032
饮料制造业	1	11 403	批发业	412	47 639
纺织业	0	356	零售业	18	18 394
纺织服装、鞋、帽制造业	1	1 024	住宿和餐饮业	44	3 525
皮革、毛皮、羽毛（绒）及其制品业	0	5	住宿业	0	370
家具制造业	0	255	餐饮业	44	3 155
造纸及纸制品业	0	2 518	金融业	9	18 753
印刷业和记录媒介的复制	0	140	其他金融活动	9	18 753
文教体育用品制造业	0	13	房地产业	21	141 728
石油加工、炼焦及核燃料加工业	0	70	房地产业	21	141 728
化学原料及化学制品制造业	4	6 910	租赁和商务服务业	461	175 580
医药制造业	2	2 472	租赁业	1	42
塑料制品业	2	24	商务服务业	460	175 538
非金属矿物制品业	2	706	科学研究、技术服务和地质勘查业	289	40 261
金属制品业	2	1 464	研究与试验发展	79	18 138
通用设备制造业	7	3 485	专业技术服务业	94	15 549
专用设备制造业	12	7 434	科技交流和推广服务业	116	6 184
交通运输设备制造业	8	4 570	地质勘查业	0	389
电气机械及器材制造业	4	903	水利、环境和公共设施管理业	1	0
通信设备、计算机及其他电子设备制造业	8	14 850	环境管理业	1	0
仪器仪表及文化、办公用机械制造业	4	2 065	居民服务和其他服务业	15	442
电力、燃气及水的生产和供应业	3	2 992	居民服务业	8	118
电力、热力的生产和供应业	2	2 276	其他服务业	7	324
燃气生产和供应业	0	531	教育	2	211
水的生产和供应业	1	185	教育	2	211
建筑业	11	411	卫生、社会保障和社会福利业	1	1 390
房屋和土木工程建筑业	4	0	卫生	1	1 390
建筑安装业	0	307	文化、体育和娱乐业	42	4 908
建筑装饰业	4	104	广播、电视、电影和音像业	2	196
其他建筑业	3	0	文化艺术业	36	3 323
交通运输、仓储和邮政业	9	14 930	体育	2	214
铁路运输业	1	0	娱乐业	2	1 175
道路运输业	0	6 053			

北京市2010年外商直接投资来源情况表

国别（地区）	项目数（个）	实际投资（万美元）	国别（地区）	项目数（个）	实际投资（万美元）
总计	**1 629**	**636 358**	英国	31	1 120
亚洲	1 097	396 805	德国	59	22 344
香港	676	312 863	法国	19	3 700
澳门	5	6	爱尔兰	7	2 745
台湾省	85	985	意大利	17	1 506
文莱	2	446	卢森堡	2	4 780
印度尼西亚	3	550	荷兰	11	10 639
马来西亚	19	786	西班牙	13	4 104
菲律宾	1	0	奥地利	4	123
新加坡	57	24 888	芬兰	4	405
泰国	1	0	匈牙利	2	7
越南	1	0	波兰	2	0
阿富汗	0	13	瑞典	7	3 188
朝鲜	1	0	斯洛文尼亚	0	15
印度	3	256	捷克	2	73
伊朗	7	96	冰岛	1	0
以色列	2	301	列支敦士登	0	149
日本	118	40 692	挪威	2	0
科威特	1	0	圣马力诺	0	211
蒙古	2	0	瑞士	20	1 678
尼泊尔	2	0	阿塞拜疆	1	0
卡塔尔	1	0	俄罗斯	8	233
韩国	103	14 725	乌克兰	1	0
斯里兰卡	1	0	拉丁美洲	90	122 454
叙利亚	1	0	阿根廷	2	10
土耳其	2	55	巴巴多斯	0	941
阿拉伯联合酋长国	3	143	巴西	3	2
哈萨克斯坦	1	0	开曼群岛	24	45 209
土库曼斯坦	1	0	智利	0	10
乌兹别克斯坦	0	15	多米尼加	0	27
非洲	22	7 605	墨西哥	1	0
喀麦隆	1	0	巴拿马	1	0
埃塞俄比亚	1	0	英属维尔京群岛	59	76 255
加纳	1	0	北美洲	192	28 589
毛里求斯	4	7 179	加拿大	46	2 359
摩洛哥	1	0	美国	145	21 370
尼日利亚	4	30	百慕大	1	4 860
塞舌尔	9	396	大洋洲	46	2 373
厄立特里亚	1	0	澳大利亚	34	658
欧洲	217	67 486	新西兰	4	10
塞浦路斯	2	66	萨摩亚	7	1 705
比利时	1	487	马绍尔群岛共和国	1	0
丹麦	3	9 979	其他	18	10 965

【对外经济合作】

对外投资 2010年是中国实施《境外投资管理办法》（商务部2009年第5号令）第二年，得益于该办法的实施及国家有关鼓励政策的出台，且有企业走出去的积极性，北京市境外企业（机构）的核准数量及投资额均有大幅增长。北京市共核准境外企业（机构）266家（其中：境外企业238家，境外机构28家)，同比增长90%；中方协议投资额17.71亿美元，同比增长2.54倍；中方实际投资额6.94亿美元，同比增长126.89%。

在国家有关部门及北京市有关部门的支持下，北京市经济开发区企业太平洋世纪（北京）汽车零部件有限公司2010年11月分别在新加坡及美国特拉华州设立太平洋世纪（新加坡）转向系统控股有限公司和太平洋世纪（美国）转向系统控股有限公司，其投资额分别为3 500万美元和6 500万美元。太平洋世纪（北京）汽车零部件有限公司设立上述两家境外企业，意在以上述两家境外企业为运作平台收购美国通用汽车旗下耐世特（NEXTEER）电子转向及传动业务。此举有利于推动本市汽车工业的发展和提高。

商务部、国家统计局、国家外汇管理局2010年发布的中国对外直接投资统计公报显示，北京市对外直接投资存量（非金融类）为37.59亿美元，位居全国第二位，占全国地方合计对外直接投资存量的9%。

承包工程和劳务合作 签订对外承包工程和劳务合作合同金额28.6亿美元，比上年的33.6亿美元下降14.9%；完成营业额26亿美元，比上年的22.7亿美元增长14.5%；当年派出劳务人员11770人，年末在外22 496人。此外，对外承包工程带动机电产品和材料设备出口2.54亿美元。

对外承包工程对发展中的非洲市场保持持续上升趋势。目前对非的完成营业额已占本市承包工程完成营业额总额的80%，成为北京市对外承包工程的绝对主阵地。在巩固和发展传统国际承包工程市场的同时，努力拓展新兴市场和发达国家市场，2010年，北京市对外工程承包企业首次进入的新兴海外工程市场有格林纳达、百慕大群岛、瓦努阿图等。同时，不断优化市场布局，在欧洲及拉美等发达国家开展承包工程业务有了快速的增长，呈现良好的发展潜力。

对外承包工程发展方式有了质的变化。由传统的土建工程向咨询、设计、项目后期运营的EPC、BT等工程总承包形式发展。对外承包工程的行业分布也正在从土建工程向多元化方向发展，除城建传统的房屋建设领域外，开始向制造及加工业、交通运输建设、供排水、矿山建设等领域拓展。其中，房屋建设类项目的完成营业额已占全市承包工程完成营业额总额的61%；交通运输建设类项目完成营业额占总额的21%。2010年，北京市新增矿山建设类项目，主要分布在赞比亚、老挝等国家，从事采矿工程和地质勘探等业务。

【其他】

开发区 2010年北京经济技术开发区实现地区生产总值700.1亿元，同比增长15.4%（不变价），完成财政收入244亿元，同比增长22.8%，完成税收收入212.3亿元，同比增长22.1%。2010年北京经济技术开发区进出口总额260.6亿美元，同比增长17.1%。其中，进口总额为130.2亿美元，同比增长23.9%，出口总额130.3亿美元，同比增长11%。建区以来，北京经济技术开发区进出口总额累计已达1 425.5亿美元，其中，进口总额累计已达715.5亿美元，出口总额累计已达710亿美元。2010年北京经济技术开发区全年新批“三资”企业42家，批准“三资”企业注册资本2.1亿美元，批准“三资”企业投资总额3.9亿美元，合同外资金额7.4亿美元，外商实际投资3.2亿美元。截至2010年12月底，北京经济技术开发区累计批准外商及港澳台企业569家，累计批准外商及港澳台企业投资总额148.4亿美元，注册资本72亿美元，合同外资金额58.6亿美元，外商实际投资42.8亿美元。

保税区 《北京天竺综合保税区管理办法》经2010年1月12日市人民政府第58次常务会议审议通过，自2010年3月1日起施行。2010年6月，北京天竺综合保税区主卡口竣工。主卡口共设32车道，各车道分别安装抬杆、电子地磅监控等设备，同时满足海关严密监管和企业低成本、高效率通关的生产经营管理要求，是目前全国最大、车道最多的卡口。2010年，综保区实现进出区总值131.9亿美元，同比增长1.7倍；实现进出口总值11.3亿美元，同比增长3.6倍；完成海关关税及代征税20.7亿元，同比增长1倍；完成属地财政收入8 924.3万元，同比增长2.3倍。

2010年，天竺综保区入区企业总数达到90家，注册资本约40亿元，投资总额约100亿元，招商引资形势继续向好。目前已经有航空、货代、维修、物流等300多家公司开展业务，为地区经济发展增加了新的源动力。一是航空产业。已经引入的有东方航空、巴西航空亚太维修中心、南方航空等几家大型航空公司；二是医药产业。已引进科园信海、默克、国药等医药企业，成为了全国高端药品集散地，占到了北京市药品进出口值的20%。同时，北京市药品监督管理局也将把药品进出口权放在天竺综保区内；三是保税高科技研发和制造产业。在原有SMC、清华同方高科技企业基础上，新引进了中科晶、默克等一批高新技术及研发企业；四是金融租赁业。2010年7月，率先引进工银租赁公司开展首笔飞机租赁业务，开创了国内飞机租赁的先河。目前，正在与民生租赁、交银租赁等7家银行和租赁公司加紧洽商，争取先发优势，吸引更多飞机租赁项目入区。

商务洽谈会 2010年北京市主要场馆举办各类展览呈增长趋势。北京市8个主要场馆举办各类展览379个，同比增长5.3%。其中万平方米以上大型展览139个，同比增长33.7%，占总展览数的36.7%。在北京市主要场馆举办的展览中，国际展览154个，同比增长18.5%，占总展览数40.6%。大型展览中国际、国内展览分别为84个和55个，同比分别增长40%和25%。国际展览中心（旧馆）、农展馆和国家会议中心举办的展览列前3名，分别为84个、77个和52个。国际展览中心（旧、新）两馆举办的国际展最多，分别为53个和15个，同比增长130.4%和114.3%。特别是国际展览中心（新馆）今年举办的15个展览均为大型国际展会，同比增长150%。

第十四届北京·香港经济合作研讨洽谈会于2010年11月24日至25日在香港成功举办。本届京港洽谈会以“加强京港务实合作，共促两地经济繁荣”为主题，围绕两地共同建设现代、科技、生态城市目标，通过开展主题论坛、研讨洽谈、交流座谈、宣传推介、展览展示、项目签约、参观考察等多种形式的活动，重点推进京港两地在现代服务业、高新技术产业以及生态城市建设与管理等领域的深入交流与合作，进一步促进两地经济繁荣和社会发展。本届京港洽谈会取得丰硕成果，包括北京地铁16号线在内的26个项目进行了签约，签约金额达88亿美元。

港口运输 2010年首都国际机场客运吞吐量7394.81万人次，同比增长13.18%，跃升为全球第二；其中，进出境人员1700.49万人次，同比增长22.68%，为“十一五”以来幅度最大，为首都国际机场打造大型国际枢纽机场奠定了坚实基础。北京朝阳口岸2010年海关监管货物（含区域通关）超过10万标箱。北京西站铁路口岸2010年出入境旅客11.45万人次，同比增长27.5%，为2003年国家批准临时开放以来，首次突破10万人次。

涉外旅游 2010年入境的外国人以及港澳台同胞490.1万人次，旅游外汇收入50.4亿美元，比上年的43.6美元增长15.6%。

2010年天津市商务发展概况

天津市商务委员会

天津市商务委员会主任

王树培 生于1953年12月，大学学历，中共党员。1972年2月参加工作。历任天津市武清县委副书记、县长，武清区委副书记、区长，武清区委书记。2008年3月起任天津市商务委员会党组书记、主任。

【国内贸易】

社会消费品零售总额 2010年天津市社会消费品零售总额2902.55亿元，比上年的2430.83亿元增长19.41%。按地域分，城镇2749.59亿元，乡村152.96亿元。按行业分，批发和零售贸易业2564.09亿元，住宿和餐饮业338.46亿元。

批发零售贸易业商品销售总额 批发和零售贸易业商品销售总额15933.04亿元，比上年的10678.91亿元增长49.20%。其中，限额以上企业13125.97亿元，限额以下企业2807.07亿元。限额以上批发和零售贸易企业商品购进总额10788.46亿元，商品销售总额13125.97亿元，年末库存总额502.32亿元。

市场物价 商品零售价格指数为103.4（以上年价格为100），居民消费价格指数为103.5（以上年价格为100）。

市场体系建设和商贸服务管理 天津市启动“3116工程”全面推动商贸流通业高水平发展。“3”即，30个重要商贸载体，包括10个大型商贸集聚设施，10条特色商业街项目，10个大型批发市场建设项目。两个“1”分别是，10大商贸节庆活动：购物季、金街欢乐节、天津首届儿童动漫电影节、天津第三届购物节、“海河仲夏”狂欢节、天津之夏——欢乐嘉年华、中国天津国际啤酒节、天津海鲜美食节、第三届汽车文化节、中国旅游产业节。10大展会：“2010年夏季达沃斯”论坛、2010中国天津国际航空航天贸易展洽会、中国天津第十七届投资贸易洽谈会、中国国际矿业大会、第四届中国企业国际融资洽谈会、中国国际塑料橡胶注塑成型工业展览会、第九届天津国际汽车贸易展览会、第十届中国北方国际自行车展、中国国际装备制造业博览会、第三届中国国际纸包装工业（天津）瓦楞彩盒展览会。“6”是指：一、提升商贸服务水平，二、推进汽车产业链整合，三、实施品牌发展战略，四、探索“农超对接”，五、完善社区商业中心功能，六、抓好药品流通行业管理。

全年新建和提升改造批发交易市场18个，总建筑面积128万平方米，总投资63.7亿元。批发市场总交易额2 489.4亿元，比上年增长21.03%。完成标准化菜市场建设任务25个，共计6万平方米。新建、提升及企业搭载早餐网点205个，全市累计早餐网点4 440个，建设培育主食加工配送中心企业2个，累计主食加工配送中心12个。

全年典当总额76.05亿元，比上年增长68.7%。拍卖场次638次，同比下降10.77%；成交88.18亿元，比上年增长68.22%。融资租赁额22.48亿元，比上年下降84.62%。

【对外贸易】

进出口总额　进出口总额822.01亿美元，比上年的639.33亿美元增长28.57%。

出口总额　出口总额375.17亿美元，比上年的299.85亿美元增长25.12%，占天津市GDP 9 108.83亿元（相当于1 380.13亿美元）的26.93%，占全国出口额的2.4%，居全国第9位。

进口总额　进口总额446.84亿美元，比上年的339.59亿美元增长31.58%。

出口商品结构　初级产品出口额25.79亿美元，占出口总额的6.87%；工业制成品出口额349.38亿美元，占出口总额的93.13%。

进口商品结构　初级产品进口额109.65亿美元，占进口总额的24.54%；工业制成品进口额336.12亿美元，占进口总额的75.22%。

出口商品市场　出口商品销往214个国家和地区。

进口商品市场　进口商品来自164个国家和地区。

技术进口　全年共登记技术引进合同510份，合同总金额12.20亿美元。其中技术费11.40亿美元，占合同总金额93%。按引进方式分，全年共签订专有技术许可或转让合同108份，合同金额6.22亿美元，占50.96%；技术咨询技术服务合同325份，合同金额3.32亿美元，占27.23%；合资生产合作生产合同4份，合同金额1.70亿美元，占13.91%。按国别地区分，技术来源国和地区共32个，其中韩国、欧盟、日本等发达国家和地区是天津市主要的技术来源地，从这三个国家和地区引进的技术总金额为10.14亿美元，占83.13%。按行业分，通信设备计算机及其他电子设备制造业签订技术引进合同46份，合同金额4.19亿美元，占34.34%；专用设备制造业签订技术引进合同57份，合同金额1.70亿美元，占13.93%；交通运输设备制造业签订技术引进合同79份，合同金额0.91亿美元，占7.48%。

技术出口　全年登记技术出口合同16份，合同总金额1 817.69万美元，比上年增长228.60%。

服务贸易　2009年天津市服务贸易进出口总额144.06亿美元，比上年增长22.7%。其中，出口额55.79亿美元，比上年增长35%；进口额88.27亿美元，比上年增长12.2%。

服务外包　2010年天津市服务外包接包执行额3.4亿美元，比上年增长60.6%。其中，离岸接包执行额2.1亿美元，比上年增长64.6%。截至2010年底，全市共有服务外包企业203家，从业人员3.03万人。

天津市2010年出口额1亿美元以上商品情况表

金额分类	商品名称	出口金额（亿美元）	占出口总额比重（%）
5亿美元以上（7种）	GSM数字式手持无线电话整套散件，处理器及控制器，转换器、逻辑电路和放大器，手持式无线电话机的零件（天线除外），非特种用途的其他类型数字型照相机，8525至8528所列其他装置或设备用其他零件，自行车	110.74	29.52

天津市2010年出口额1亿美元以上商品情况表（续）

金额分类	商品名称	出口金额（亿美元）	占出口总额比重（%）
1亿—5亿美元（36种）	锂离子电池，5—7号燃料，微波炉，钻探石油及天然气用无缝钢铁套管及导管，石油原油及从沥青矿物提取的原油，8701至8704所列其他车辆用未列名零、附件，二极管（光敏二极管或发光二极管除外），无烟煤，独立窗式或壁式空气调节器，数字化视频光盘（DVD）播放机，专用于或主要用于品目84.71自动数据处理系统液晶显示器，片式多层瓷介电容器，浮动或潜水式钻探或生产平台，机动小客车用新的充气橡胶轮胎，液晶显示板，已焙烧的钼矿砂及其精矿，需外接电源的汽车用收录（放）音组合机，其他钢铁结构体和钢结构体用部件及加工钢材，其他自动调节或控制仪器及装置，冷藏、冷冻箱压缩机（电动机P≤0.4kW），其他橡、塑或再生皮革外底、皮革鞋面的鞋靴，硅铁（按重量计含硅量在55%以上），其他水轮机及水轮机的零件，四层及以下的印刷电路，未列名静止式变流器，镀或涂锌的普通钢铁丝，未列名新的充气橡胶轮胎，石油或天然气钻机的零件，品目85.17所列设备的其他零件，焦炭及半焦炭，移动通信基站，已装配的压电晶体，其他电力控制或分配盘、板、台等（V≤1 000V），压燃式内燃机发电机组（375KVA＜P≤2MVA），钢铁制钉、平头钉、图钉、波纹钉、U形钉等，灯船、消防船、起重船等不以航行为主的船舶	69.91	18.63
合　计	**43种**	**180.65**	**48.15**

天津市2010年进口额1亿美元以上商品情况表

金额分类	商品名称	进口金额（亿美元）	占进口总额比重（%）
5亿美元以上（12种）	平均粒度在0.8毫米及以上（小于6.3毫米）未烧结铁矿砂，其他集成电路，铜废碎料，棕榈液油（熔点19—24℃），8541所列货品的零件，用作存储器的集成电路，黄大豆，液晶显示板，炼焦煤，飞机及直升机的其他零件，上部360度旋转的履带式挖掘机，四层及以下的印刷电路	153.29	34.31
1亿—5亿美元（48种）	5—7号燃料油，涡轮风扇喷气发动机（推力＞25kN），片式多层瓷介电容器，润滑油基础油，乙烯，锂离子电池，平均粒度在6.3毫米及以上的未烧结铁矿砂及其精矿，小轿车用自动换挡变速箱，初榨的豆油，其他连接用电气装置（线路V≤1 000V），未加糖的固态乳及奶油（含脂量＞1.5%），其他电视摄像机等及数字照相机的零件，8701至8704所列其他车辆用未列名零、附件，乙烯聚合物的废碎料及下脚料，平均粒度小于0.8毫米的未烧结铁矿砂及其精矿，未列名机动车辆用变速箱，8535、8536或8537所列装置的其他零件，锰矿砂及其精矿，45 000公斤≥空载重量＞15 000公斤的飞机等航空器，其他自动调节或控制仪器及装置，已烧结的铁矿砂及其精矿，已焙烧的钼矿砂及其精矿，车身（包括驾驶室）的未列名零件、附件，单独报验的带齿的轮等；84.83货品的其他零件，已装配的压电晶体，四层以上的印刷电路，其他电力控制或分配盘、板、台等（V≤1 000V），初级形状的聚乙烯，铬矿砂及其精矿，其他经掺杂用于电子工业的已切片化学元素等，初级形状的环氧树脂，初级形状的线型低密度聚乙烯，其他镀或涂锌普通钢铁板材，铝废碎料，其他冻猪杂碎，含石油或从沥青矿物提取油类的润滑油添加剂，齿轮及其他变速、传动装置；滚珠螺杆传动轴，未列名静止式变流器，未列名塑料制品，回收（废碎）的未漂白牛皮纸或瓦楞纸及纸板，其他点燃式活塞内燃发动机的零件，其他工业用钢铁制品，其他机动车辆用转向盘、转向柱及转向器，塑料或橡胶用注模或压模，其他专用于或主要用于8501或8502机器的零件，棕榈硬脂 液油（熔点44—56℃），其他未列名测量或检验仪器、器具及机器，未列名塑料胶粘板、片、膜、箔等，自动调节或控制仪器及装置的零件及附件	136.20	30.48
合　计	**60种**	**289.49**	**64.79**

天津市 2010 年主要出口市场情况表

国别（地区）	出口金额（亿美元）	占出口总额比重（%）	国别（地区）	出口金额（亿美元）	占出口总额比重（%）
美　国	76.41	20.37	印　度	9.35	2.50
韩　国	42.13	11.23	法　国	8.61	2.30
日　本	33.35	8.89	台湾省	8.46	2.25
香　港	20.25	5.40	英　国	7.60	2.03
德　国	11.30	3.01	墨西哥	7.01	1.87
合　计				**224.47**	**59.83**

天津市 2010 年主要进口市场情况表

国别（地区）	进口金额（亿美元）	占进口总额比重（%）	国别（地区）	进口金额（亿美元）	占进口总额比重（%）
韩　国	96.64	21.63	马来西亚	11.80	2.64
日　本	90.42	20.24	印　度	11.58	2.59
美　国	45.06	10.08	巴　西	10.11	2.26
德　国	30.19	6.76	新加坡	10.05	2.25
澳大利亚	17.36	3.89	印度尼西亚	9.34	2.09
台湾省	16.19	3.62			
合　计				**348.74**	**78.05**

【利用外资】

天津市 2010 年利用外资情况表

利用外资方式	批准签订的合同			实际利用外资	
	项目数（个）	外资金额（亿美元）	金额比上年增减（%）	金额（亿美元）	金额比上年增减（%）
外商直接投资	**592**	**152.96**	**10.53**	**108.49**	**20.28**
合资企业	162	33.68	62.41	38.70	75.23
合作企业	8	2.52	47.68	1.83	17.46
外资企业	422	116.76	0.71	67.96	2.11
合　计	**592**	**152.96**	**10.53**	**108.49**	**20.28**

天津市 2010 年外商直接投资行业情况表

主要行业	外商直接投资企业数（家）	合同外资额（亿美元）	实际利用外资（亿美元）
农业	3	0.21	0.14
制造业	141	33.60	49.62
建筑业	9	1.29	1.33
交通运输及仓储业	27	22.41	13.16
批发零售及餐饮业	147	25.75	5.51
房地产业	15	9.68	9.22
社会服务业	141	35.66	10.04
银行证券保险业	5	5.68	9.31
其他	104	18.68	10.15

外商直接投资来源 外商直接投资来自49个国家和地区。投资额居前10位的是：香港222项，外资金额76.59亿美元；英属维尔京群岛48项，24.67亿美元；美国49项，12.98亿美元；韩国70项，9.51亿美元；开曼群岛10项，7.08亿美元；沙特阿拉伯2项，4.49亿美元；日本48项，4.34亿美元；新加坡23项，2.64亿美元；丹麦3项，1.31亿美元；德国9项，1.29亿美元。

外商直接投资企业生产经营情况 截至2010年，天津市累计批准成立外商投资企业22 244家，合同外资额1 202.78亿美元，实际利用外资671.16亿美元。

2010年已开业并有经营行为的外商投资企业总产值6 222.34亿元，比上年增长22.7%；工业总产值6 196.32亿元，占全市工业总产值的37.2%；销售收入7 606.86亿元，比上年增长29.0%；利润总额493.41亿元，比上年增长33.1%；税金555.77亿元，比上年增长43.4%；出口额264.65亿美元，比上年增长22.1%，占全市出口总额的70.5%。

【对外经济合作】

承包工程和劳务合作 签订对外承包工程和劳务合作合同项目234个，合同金额18.02亿美元，比上年的17.22亿美元增长4.7%；完成营业额24.89亿美元，比上年的21.47亿美元增长15.9%。年末在外人数12 683人，派往的主要国家和地区：沙特阿拉伯、新加坡、巴基斯坦、印度尼西亚、蒙古、新喀里多尼亚、尼日利亚、澳大利亚、委内瑞拉、泰国等遍及五大洲的70多个国家和地区。对外承包工程主要有：铁路建设项目、循环电站项目和水泥生产线设计安装总承包项目等。涉及建筑、水利、电力、交通运输及建设、石油化工、海洋石油、通讯等多个行业。

对外经济援助 全年共承担援外培训项目7个，为来自近50个国家和地区的人员进行了开发区规划设计与管理、水资源开发利用、循环经济等内容的培训，宣传介绍了天津改革开放的和滨海新区开发开放的成就，向世界宣传了天津，为天津企业“走出去”积累了人脉资源。

对外投资 全年在海外举办企业68家，总投资2.6亿美元，比上年增长116.5%；其中中方投资2.08亿美元。投资的主要行业有：进出口贸易，服装生产、自动控制、食品研发、资本运营等领域。涉及香港、美国、印尼、柬埔寨、埃及、老挝、泰国等35个国家和地区。

截至2010年底，天津市累计核准境外企业980家，投资总额18.95亿美元。其中中方投资14.90亿美元，占投资总额的78.6%，投资企业遍及96个国家和地区。

【其他】

开发区 天津滨海新区工业总产值10 653.55亿元，增长33.2%，占全市工业总产值的63.94%；固定资产投资3 352.71亿元，增长34%；社会消费品零售额567.42亿元，增长23.8%，占全市社会消费品零售总额的19.55%。新批外商投资企业310家，合同外资额117.01亿美元，增长1.50%；实际直接利用外资额70.42亿美元，增长22.17%，占全市实际直接利用外资总额的76.49%；出口额23.03亿美元，占全市出口总额的61.31%。

天津经济技术开发区新批外商投资企业137家，合同外资额57.35亿美元，实际直接利用外资额36.25亿美元，出口额165.43亿美元。

天津新技术产业园区新批外商投资企业39家，合同外资额6.17亿美元，实际直接利用外资额4.61亿美元，出口额7.59亿美元。

保税区 天津港保税区新批外商投资企业93家，合同外资额42.24亿美元，实际直接利用外资额21.80亿美元，出口额26.49亿美元。

天津港东疆保税港区新批外商投资企业12家，合同外资额8 707万美元，实际直接利用外资额7 030万美元，出口额8 979万美元。

商务洽谈会 2010年在天津举办的国际大型展会30多个。主要有：中国天津第十七届投资贸易洽谈会、第十届中国北方国际自行车展览会、第九届天津国际汽车贸易展览会、2010国际手机产业展览会暨论坛、2010国际矿业大会暨国际矿业展览会、第四届中国（天津）国际建筑节能与新型建材展览会等、中国天津第十届国际啤酒节。

中国·天津第十七届投资贸易洽谈会（简称“津洽会”）6月28日至7月2日在天津梅江会展中心隆重开幕。本届展会设中心展馆和4个分展馆，展位5 800个。展会期间，来自25个国家和地区、国内26个省市区、19家央企、80多个地市企业和经贸团组汇聚津城。参展参会企业8 000家，到会客商5.2万人。其中，外资企业和机构共计160余家，到会外商1 300余人。会上共达成150多个招商引资项目，签约总额1 100亿元，比上届增加12%；实现商品贸易额6亿元，比上届增加70%。202名博士、900余名高专人才达成工作意向。举办各类商务会议、论坛活动等会中会51个。

港口运输 海港口岸完成货物吞吐量4.13亿吨，比上年增长8.4%；集装箱吞吐量1008.60万标箱，比上年增长15.9%。天津口岸进出口总额1641.10亿美元，比上年增长32.2%，其中进口总额846.69亿美元，出口总额794.41亿美元。空港通过旅客727.71万人次，比上年增长25.9%；空港货邮吞吐量20.25万吨，比上年增长20.5%。

涉外旅游 全年接待海外旅游者166.1万人次，旅游外汇收入14.2亿美元，比上年的11.83亿美元增长20.03%。

2010年河北省商务发展概况

河北省商务厅

王志欣

河北省商务厅厅长

王志欣　生于1958年11月，河北平乡人，汉族。研究生学历，理学硕士，中共党员。1976年参加工作。历任共青团中央书记处调研室处长、办公厅调研处处长，河北省廊坊市副市长、常委、宣传部长、市委副书记，秦皇岛市市委副书记等职。2008年3月任河北省商务厅厅长、党组书记。

【国内贸易】

社会消费品零售总额 2010年河北省社会消费品零售总额6 731.1亿元，比上年的5 679.2亿元增长18.5%。按地域分，城市5 112.3亿元，县3 271.4亿元，县以下1 618.8亿元。按行业分，批发和零售贸易业5 966.8亿元，住宿和餐饮业764.3亿元。

批发和零售贸易业企业商品购、销、存总额 批发和零售贸易业企业商品销售总额14 462.2亿元，比上年的11 482.8亿元增长25.9%。其中，限额以上企业4 738.2亿元，限额以下企业9 724亿元。限额以上批发和零售贸易业企业商品购进总额4 745.7亿元，商品销售总额5 463.5亿元（其中批发3 923.3亿元、零售1 540.2亿元），年末库存总额399.5亿元。

市场物价 居民消费价格指数为103.1（以上年价格为100），其中城市102.8，农村103.6。

市场秩序建设 一是继续稳步推进商务综合执法试点工作。2010年，省商务厅先后在唐山市、邯郸武安市组织召开全省商务领域市场监管公共服务体系建设工作和经验交流会。全省共有综合执法试点单位66个，形成了市县争当试点、创造条件开展商务综合执法工作的良好局面。全省共建立省市级12312商务举报投诉服务中心7个，建立县级12312商务举报投诉服务联系点60多个，开通省、市、县三级12312商务举报投诉专线60条（其中非试点单位12条），省、市、县上下一体、相互贯通的举报投诉服务网络已初步形成。二是认真组织开展商贸领域信用体系建设工作。起草了《河北省2010年中小商贸企业融资担保费用补助项目实施办法》，组织开展2010年度中小商贸企业融资担保补助申报工作。大力推进“诚信经营”示范创建活动，充分发挥行业协会的作用，完成了对商业零售、超市、餐饮等行业服务规范的修编。继续开展“诚信兴商”宣传月活动。9月份，会同省直15个相关部门共同组织开展“诚信兴商”宣传月活动。通过制作展板、设置咨询台、发放宣传材料、开展信用论坛等方式，广泛宣传诚信建设成果和有益经验。

市场体系建设 2010年，全省新建和改造8 574家标准化农家店和39个配送中心，农家店已覆盖全省90%的乡镇和70%的行政村。河北省被列为全国农产品现代流通综合试点省份，在石家庄、秦皇岛、承德三个试点市打造稳定的农产品产销对接体系，重点支持农产品批发市场和农贸市场升级改造，支持大型连锁超市与从事鲜活农产品生产的农民专业合作社或农业产业化龙头企业开展农超对接，支持探索和创新农产品流通模式，共确定17个建设项目，项目总投资20多亿元。加强对报废汽车回收拆解企业的监督管理，组织企业学习国家新出台的《报废汽车回收拆解企业技术规范》，进一步明确新设企业强化标准，严格资格认定，把好市场准入关。同时鼓励并推动现有企业按照《技术规范》的要求达标升级。全省有5家企业列为达标升级试点企业，升级改造工作均已完成。加强对典当、拍卖行业管理，制定出台了加强管理的指导意见，规范行业准入及日常工作管理事项。

商贸服务管理 2010年，餐饮住宿行业步入规范轨道。大力推行《酒家酒店分等定级》国家标准，共有8家被评为国家级酒家酒店，大力发展经济型快捷酒店，唐山鸿宴饭店、新华大酒店、石家庄燕风楼被评为“河北省服务名牌”。“双进工程”初见成效。绝大多数社区已构成集多种服务业态为一体的“十分钟生活圈”，共培育12家省级商业示范社区和3家国家级商业示范社区。成品油市场管理工作力度不断加大。完善审批程序，拟制了河北省关于成品油市场管理的有关规定。完成了成品油经营许可证的换证工作，对全省8000多个加油站（点）进行了审核，共注销有证无站或手续不全的不合格加油站1000多个。完成再生资源回收经营备案8000多家，部分设区市再生资源回收体系已经建成，特别是石家庄、张家口等市，已经初步形成了以社区回收站点为基础，集散市场为核心，龙头企业为骨干的“三位一体”再生资源回收网络体系。不断加强对报废汽车回收拆解企业的监督管理。省商务厅组织企业学习国家新出台的《报废汽车回收拆解企业技术规范》，进一步明确新设企业强化标准，严格资格认定，把好市场准入关。同时鼓励并推动现有企业按照《技术规范》的要求达标升级。全省有5家企业列为达标升级试点企业，升级改造工作均已完成。

市场运行调节 扎实推进运行监测体系建设。实施了“消费信息播报村村通工程”，选定了200家重点企业签订消费信息宣传协议，建立了消费信息播报联盟，打造可视、可听、可读的立体宣传构架。共有11个市开通了商务预报广播版，7个市开通了电视版，9个市开通了网络版，10个市开通了报纸版。加强对生活必需品市场波动的分析和预警，密切关注价格变化拐点。及时发布粮食、猪肉等生活必需品和绿豆、大蒜、生姜等小宗农副产品频繁变化的情况。全省畜禽屠宰管理工作有序推进。制定下发《河北省畜禽屠宰整治工作方案》和《河北省商务厅关于进一步加强畜禽屠宰监管工作的意见》，出台《畜禽产品品质检验合格证管理制度》，丰富和完善屠宰企业基本管理制度，初步建立了生猪产品质量可追溯体系。全面推进牛羊鸡及其他畜禽屠宰管理。修订牛羊鸡定点屠宰厂设置规划，逐步实现规范化、标准化生产，备案登记牛、羊、鸡定点屠宰企业106家。加强酒类许可证管理，依法查处无证乱经营及以零代批等违规行为，进一步规范酒类流通秩序。继续强化对农贸市场、各类名优酒专营店、散装酒经营店和商场超市等重点场所的监管，确保消费者的饮酒安全。抓好酒类市场打假，加强散装白酒市场监管。全省“放心酒展示厅”、“名优酒专营店”、“放心酒示范店”已达到600多家。

【对外贸易】

进出口总额 进出口总额419.3亿美元，比上年的296.1亿美元增长41.5%。

出口总额 出口总额225.7亿美元，比上年的156.9亿美元增长43.9%，占全省GDP 2 0197.1亿元（相当于2 983.5亿美元）的7.56%，占全国出口额的1.43%，居全国第10位。

进口总额 进口总额193.6亿美元，比上年的139.2亿美元增长38.9%。

出口商品结构 初级产品出口额20.4亿美元，占出口总额的9.1%；工业制成品出口额205.3美元，占出口总额的90.9%。

进口商品结构 初级产品进口额139.8亿美元，占进口总额的72.2%；工业制成品进口额53.8亿美元，占进口总额的27.8%。

出口商品市场 出口商品销往213个国家（地区）。

进口商品市场 进口商品来自129个国家（地区）。

技术进出口 技术进口总额15 803万美元，比上年的9 261.37万美元增长70.63%。签订引进技术合同项目97个，比上年增加45个；合同金额11 264万美元，比上年的6 172.97万美元增长82.5%；签订技术出口合同项目3个，合同金额440.8万美元，比上年的1.61万美元增长272.81%。

服务贸易 服务贸易进出口总额34.57亿美元，比上年的34.13亿美元增长1.38%。其中，出口额14.56亿美元，比上年的14.66亿美元下降0.006%；进口额20.00亿美元，比上年的19.46亿美元增长0.028%。服务贸易的主要行业集中在传统服务贸易领域。运输、对外承包工程和劳务合作、旅游等劳动密集型行业的服务贸易的进出口占服务贸易总额的93.6%，技术密集型服务贸易额仅占全省服务贸易进出口总额的6.4%。主要贸易伙伴集中在欧美、日本、东盟和香港地区。

河北省2010年出口额10亿美元以上商品情况表

金额分类	商品名称	出口金额（亿美元）	占出口总额比重（%）
30亿美元以上（1种）	电器及电子产品	34.8	15.4
20亿—30亿美元（1种）	服装及衣着附件	28.7	12.7
10亿—20亿美元（7种）	金属制品，化工，钢铁板材，纺织纱线、织物及制品，机械及设备，运输工具，农产品	100.2	44.4
合　计	**9种**	**163.7**	**72.5**

河北省2010年进口额5亿美元以上商品情况表

金额分类	商品名称	进口金额（亿美元）	占进口总额比重（%）
20亿美元以上（2种）	矿砂、矿渣及矿灰，农产品	120.6	62.3
10亿—20亿美元（3种）	机械及设备，电器及电子产品，化工	38.6	20.0
5亿—10亿美元（2种）	煤等矿物燃料、沥青等，塑料及其制品	15.4	8.0
合　计	**7种**	**174.6**	**90.3**

河北省2010年主要出口市场情况表

国别（地区）	出口金额（亿美元）	占出口总额比重（%）
美　国	28.6	12.7
韩　国	17.7	7.9
俄罗斯	16.1	7.1
德　国	15.3	6.8
日　本	11.6	5.2
印　度	9.3	4.1
意大利	9.3	4.1
荷　兰	7.1	3.2
巴　西	4.7	2.1
英　国	4.5	2.0
合　计	**124.3**	**55.1**

河北省2010年主要进口市场情况表

国别（地区）	进口金额（亿美元）	占进口总额比重（%）
澳大利亚	48.2	24.9
巴　西	42.3	21.8
德　国	15.7	8.1
印　度	13.8	7.1
美　国	13.5	7.0
日　本	11.0	5.7
韩　国	9.1	4.7
南　非	4.1	2.1
台湾省	3.2	1.6
印度尼西亚	2.4	1.2
合　计	**163.3**	**84.3**

河北省2010年服务贸易进出口情况表

行　业	进出口		出　口		进　口	
	金额（万美元）	同比（%）	金额（万美元）	同比（%）	金额（万美元）	同比（%）
运输	12.76	0.036	4.22	0.189	8.540	-0.026
旅游	8.58	0.071	3.09	0.073	5.490	0.665
通讯服务	0.0095	-0.525	0.001	0.000	0.0085	-0.575
建筑服务	7.28	-0.087	5.58	-0.151	1.700	0.214
保险服务	0.20	0.667	0.20	19.000	0.000	-1.000
金融服务	0.24	3.000	0.01	0.010	0.230	2.833
计算机和信息服务	0.14	-0.667	0.05	0.000	0.090	-0.100
专有权利使用费和特许费	0.51	0.020	0.01	0.000	0.500	0.020
咨询	1.84	0.051	0.54	0.636	1.300	-0.085
广告、宣传	0.19	0.462	0.04	3.000	0.150	0.250
电影、音像	0.0044	0.440	0.00	0.000	0.0044	0.440
其他商业服务	2.82	-0.090	1.00	-0.200	1.820	-0.016
合　计	**34.5739**	**3.378**	**14.741**	**22.557**	**19.8329**	**2.620**

【利用外资】

河北省2010年利用外资情况表

利用外资方式	批准签订的合同			实际利用外资	
	项目数（个）	外资金额（万美元）	金额比上年增加（%）	金额（万美元）	金额比上年增加（%）
对外借款				**7 283**	**73.7**
外商直接投资	**246**	**329 314**	**26.3**	**383 074**	**6.5**
合资企业	90	80 995	-7.0	103 141	-22.0
合作企业	14	15 434	-41.8	7 574	7.3
外资企业	141	226 559	54.2	260 238	41.5
股份有限公司	1	6 326	3 375.8	12 121	-67.0
外商其他投资				**23 067**	**335.2**
补偿贸易				4 506	246.6
对外发行股票				18 561	

外商直接投资行业　新批外商直接投资项目中：1. 生产型项目169个，合同外资金额291 391万美元。其中农、林、牧、渔业项目11个，采矿业1个，制造业151个，电力、燃气及水的生产和供应业4个，建筑业2个。2. 非生产性项目77个，合同外资金额91 683万美元。其中交通运输、仓储和邮政业项目3个，信息传输、计算机服务和软件业2个，批发和零售业29个，住宿和餐饮业4个，金融业1个，房地产业10个，租赁和商务服务业10个，科学研究、技术服务和

地质勘查业6个，水利、环境和公共设施管理业7个，居民服务和其他服务业2个，文化、体育和娱乐业3个。

外商直接投资来源 外商直接投资中，亚洲项目194个，合同外资金额245 002万美元；欧洲项目21个，合同外资金额18 706万美元；拉丁美洲项目8个，合同外资金额72 890万美元；北美洲项目16个，合同外资金额23 798万美元；大洋洲项目4个，合同外资金额20 860万美元。

外商直接投资企业生产经营情况 2010年，投产企业数2 024家，总产值4 551.9亿元，全部从业人员50.1万人，主营业务收入4 876.7亿元，出口额92.2亿美元，利润总额339亿元。

【对外经济合作】

对外投资 核准对外投资项目68个，投资总额9.54亿美元，其中对外直接投资额7.53亿美元，同比增长106.63%；分布在六大洲28个国家和地区，其中亚洲最多，共核准对外投资企业35家，占对外直接投资总额的52.58%，主要分布在中国香港地区、韩国、老挝、新加坡；北美洲14家，占对外直接投资总额的34.39%，主要分布在美国、加拿大。

承包工程和劳务合作 签订对外承包工程合同项目190个，金额294 596美元，比上年增长10.47%；完成营业额285 351美元，比上年下降0.62%。承包工程市场主要分布亚洲、非洲，占全省对外承包工程营业总额的88.72%。对外承包工程的主要项目以石油物探、石油天然气管道施工和大型水泥厂成套设备制造与施工为主导行业和领域。对外劳务合作新签合同项目78个，合同额3 661万美元，比上年增长83.69%；完成营业额2 823万美元，同比下降8.16%；当年派出劳务人员（包括工程项下）8 761人，年末在外13 347人。外派劳务市场扩展到74个国家和地区，以亚洲国家居多。

对外经济技术援助 承担援外培训项目5个，由河北科技大学、华北电力大学、河北农业大学、河北经贸大学分别对来自60多个国家和地区的150名官员、教师和技术人员进行了培训，主要培训内容有环境污染控制技术、电网及输变电站运行管理与维护、农业产业发展和棉花种植与贸易等。

接受经济援助 承德隆化县环保局接受澳大利亚政府小型活动计划项目援助，资金约22万元人民币，用于扩大隆化蓝旗镇污水处理厂的污水处理能力，同时，支持当地农业龙头企业扩大与当地种植户的合作，增加农民收入。

【其他】

开发区 保定高新区2010年基础设施投资完成133 455万元。批准外资项目1个，总投资703万美元，合同外资金额350万美元。利用外资42 104万美元。进出口总额39.08亿美元。工业总产值完成779.71亿元，财政收入21.48亿元。贸易出口总额288 543万美元。

廊坊开发区2010年基础设施投资完成61 058万元。批准外资项目1个，总投资1 611万美元，合同外资金额165万美元。利用外资21 162万美元。进出口总额27.60亿美元。工业总产值完成425.22亿元，财政收入38.40亿元。贸易出口总额140 069万美元。

秦皇岛开发区2010年基础设施投资完成106 516万元。批准外资项目2个，总投资3 080万美元，合同外资金额1 290万美元。利用外资14 701万美元。进出口总额23.83亿美元。工业总产值完成483.04亿元，财政收入25.38亿元。贸易出口总额100 073万美元。

商务洽谈会 2010年3月23日至25日，由河北省人民政府香港举办了“2010年河北省（香港）投资贸易洽谈会”。共签订项目合作协议96个，总投资77.7亿美元，协议外资52.2亿美元。

2010年5月17日至20日，中国·廊坊国际经济贸易洽谈会在廊坊市举行。谋划和发布了100个省级重点产业招商项目，其中外资项目14个，协议引进外资8亿美元；内资项目24个，协议引资336亿元。

港口运输 港口吞吐量达6.0亿吨，增长18.6%。

涉外旅游 2010年接待国际游客97.7万人次，旅游外汇收入3.5亿美元，比上年的3.1亿美元增长13.9%。

2010年山西省商务发展概况

山西省商务厅

山西省商务厅厅长

王淑珍　生于1951年11月。1975年毕业于山西大学外语系。历任山西省五矿化工机械进出口公司、山西省机械进出口公司、山西省五金矿产进出口公司等企业的副总经理、总经理等职。1994年11月任山西省对外贸易经济合作厅副厅长。2003年2月任山西省对外贸易经济合作厅厅长。2004年4月任山西省商务厅厅长。2006年10月当选中共山西省委第十届省委委员，2008年1月当选第十一届全国人大代表。

【国内贸易】

社会消费品零售总额　2010年山西省社会消费品零售总额3 207.85亿元，比上年增长18.40%。按地域分，城镇2 559.55亿元，乡村648.30亿元。按行业分，批发业181.80亿元，零售贸易业2 702.50亿元，住宿业43.53亿元，餐饮业280.02亿元。

批发和零售贸易业企业商品销售总额　批发和零售贸易业企业商品销售总额2 884.30亿元，比上年的2 370.53亿元增长21.67%。其中，限额以上企业1078.30亿元，限额以下企业1 806.00亿元。

市场物价　商品零售价格指数为102.3（以上年价格为100），其中城市102.5，农村102.0；居民消费价格指数为103.0（以上年价格为100），其中城市103.1，农村102.8。

市场秩序建设　综合执法工作稳步推进，全省有8个市、6个县列入试点范围，8个市已落实商务综合执法机构和编制，建立内部管理制度，开通12312举报投诉热线，下拨专项资金1 000万元。继续完善信用信息库建设，省商务厅涉及的2项审批内容全部进入商务部信用信息库，加强信用担保工作，为中小商贸企业解决融资难尽力尽责，协调20余家担保公司为500多个中小商贸企业解决贷款担保26亿元左右，给担保公司争取补贴1 092万元，为中国出口信用保险公司争取保险补贴67.7万元，信用体系建设工作有新突破。积极开展打击非法传销活动、扫黄打非、防止甲型H1N1流感等专项活动，先后出动执法人员10余万人次，取得明显效果。2010年11月山西省开展打击侵犯知识产权和制售假冒伪劣商品专项行动，成立专门机构，有序推进各项工作，形成了打击侵权假冒违法犯罪的良好态势。

市场体系建设　积极推进“万村千乡市场工程”，2010年全省建成7 000个农家店，建设与改造60个配送中心，累计建成2.7万个农家店，辐射全省90%的乡镇和70%的行政村，经营品种大幅增长，农村商业面貌明显改善，农村现代流通网络正在形成。截至2010年底，全省初步建成120多个商品配送中心，面积达30万平方米，提高了农村商品配送率。大力推进“双三十农产品市场工程”，2010年重点支持16个农产品批发市场和26个农产品流通企业的建设与改造项目，项目总投资11.2亿元，承办企业新增年销售（交易）额51.6亿元，新增带动就业3.1万人，新增带动农户14.1万户。积极落实“家电下乡”各项政策措施，提高家电下乡产品最高限价，将国有农场、林场职工纳入家电下乡补贴范围，将电动自行车纳入新增家电下乡品种。2010年销售家电下乡产品184.88万台（部），销售额43.98亿元，分别比上年增长217%和260.2%，成效明显。全省共回收拆解报废汽车19 457辆，补贴符合汽车以旧换新政策6 550辆车8 565.1万元，直接拉动汽车消费7.08亿元。认真贯彻行业管理办法，依法加强典当、拍卖、直销等行业监管，全省特殊行业依法规范经营、健康发展。

商贸服务管理 加强早餐工程建设，支持和培育六味斋、广东酒家等13家早餐主食加工配送中心，发展早餐网点800多个。加强城市社区菜市场标准化改造，对太原市40个菜市场和大同、晋中等10市20个菜市场进行标准化改造。加强再生资源回收体系建设，全力推动太原、大同两个试点城市再生资源回收体系建设工作，重点建设再生资源回收网点、交易市场、分拣中心及信息系统，开展人员培训，给予资金支持。加强家政服务网络平台建设，完善太原、大同、长治3市4个家政服务网络平台建设，支持龙头家政企业加快连锁门店建设，加强家政服务基础设施建设及家政服务人员培训工作。加强成品油市场管理，组织编制成品油行业“十二五”发展规划，完成55个新（迁）建加油站的规划确认，加强成品油市场监测，开展违法违规建设加油站专项整治活动，有效缓解了柴油供应紧张局面。开展家电以旧换新工作，成立领导机构，制定《山西省家电以旧换新实施细则》和《山西省家电以旧换新凭证管理办法》，邀标确定14个销售、回收双中标企业，召开全省家电以旧换新工作会议暨相关政策培训会，举行山西省家电以旧换新启动仪式，2010年家电以旧换新销售65 218台，销售额2.68亿元。

市场运行调节 加强对生活必需品市场运行状况的监测，全省各类监测样本增加到近500家，监测范围不断扩大，开展了县级商务预报试点工作，城乡市场公共服务范围进一步拓宽，信息服务体系建设日趋完善。生活必需品市场应急和调控工作取得新进展，猪肉储备由2009年的11 822吨增加到12 095吨，启动二级响应机制，调节供求，稳定市场，建立了应急商品数据库。成功举办山西商品大集活动暨老陈醋中华行（北京站）活动，组织全省97家企业参展，实现零售额710万元，签约额1.56亿元。全力推进“放心酒”工程建设，推出100家“放心酒工程示范店”，加大散装白酒市场监管力度，制定《山西省散装白酒经营管理办法》，成功举办第五届山西酒饮食品博览会。畜禽屠宰工作全面推进，为330个生猪定点屠宰场点换发《生猪定点屠宰证书》，出动生猪屠宰执法人员85 330人次，检查市场和屠宰场2 000多次，取缔私屠滥宰点261个，发放病害猪无害化处理补贴939万元。审核换发鲜茧收购资格证与缫丝（绢纺）生产准产证，积极做好全省桑蚕种、桑蚕茧、桑蚕丝的生产指导性计划与蚕茧收购的相关工作。

【对外贸易】

进出口总额 进出口总额125.78亿美元，比上年的85.60亿美元增长46.93%。

出口总额 出口总额47.09亿美元，比上年的28.37亿美元增长65.97%，占全省GDP 9 088.10亿元（相当于1 304.36亿美元）的3.61%，占全国出口额的0.34%。

进口总额 进口总额78.69亿美元，比上年的57.23亿美元增长37.49%。

出口商品结构 初级产品出口额131 026.50万美元，占出口总额的27.86%；工业制成品出口额339 315.70万美元，占出口总额的72.14%。

进口商品结构 初级产品进口额473 211.60万美元，占进口总额的60.37%；工业制成品进口额310 644.30万美元，占进口总额的39.63%。

出口商品市场 出口商品销往158个国家（地区）。

进口商品市场 进口商品来自77个国家（地区）。

技术进出口 技术进出口总额18 589.11万美元，比上年的6 655.65万美元增长179.30%。签订引进技术和进口设备合同项目41个，比上年增加9个；合同金额18 515.11万美元，比上年的6 539.3万美元增长183.13%；签订技术出口合同项目1个，合同金额74万美元，比上年的116.29万美元下降36.37%。

服务贸易 服务贸易进出口总额13.25亿美元，比上年增长15.00%。其中，出口额8.60亿美元，进口额4.64亿美元，主要行业有旅游、建筑服务、计算机和信息服务、专有权利使用费和特许费等，主要贸易伙伴是台湾省、日本和德国。

山西省2010年出口额500万美元以上商品情况表

金额分类	商品名称	出口金额（万美元）	占出口总额比重（%）
1亿美元以上（8种）	焦炭及半焦炭，无烟煤，冷轧不锈钢板材，含镁量至少为99.8%的未锻轧镁，手持式无线电话机的零件（天线除外），耐火黏土，非特种用途的其他类型电视摄像机，热轧不锈钢卷材等	198 510	42.15
1 000万—1亿美元（56种）	其他未酸洗热轧不锈钢卷材，其他钢铁制法兰，炼焦煤，其他合金钢热轧卷材，硅铁，冷轧不锈钢板材，其他未锻轧镁，其他酸洗热轧不锈钢卷材，未列名陶制品，其他铸铁管及空心异型材，手持（包括车载）式无线电话机，可锻性铸铁及铸钢管子附件，热轧不锈钢非卷材，其他玻璃杯，其他无可锻性铸铁制品，其他碳电极，其他玻璃盥洗室、办公室、室内装饰等器皿，其他仅热轧，6氨基青霉烷酸（6APA），未列名一般体育活动、体操或竞技用品及设备，热轧不锈钢卷材，锰铁，沥青，其他玻璃高脚杯，7氨基头孢烷酸、7氨基脱乙酰氧基头孢烷酸，未列名硝酸盐，健身及康复器械，马来酐，石油或天然气钻机的零件，其他硅，硝酸铵，光导纤维、光导纤维束或光缆用连接器，不论是否煅烧的高岭土，其他苹果汁，铁道及电车道机车或车辆的轮及上述货品零件，用作荧光增白剂的有机合成产品，镁粉，钢结构体用部件及加工钢材，普通钢铁板材，钢铁制钉、平头钉、图钉、波纹钉、U形钉，其他电气设备用石墨或碳精制品，不规则盘卷的不锈钢热轧条、杆，其他合金钢热轧非卷材，未列名含有其他抗菌素的药品，矿用电铲，其他固定支架的高架移动式起重机，硝酸钙和硝酸铵的复盐及混合物，环已基氨基磺酸钠（甜蜜素），未列名机动车辆用其他制动器及其零件，冷轧不锈钢板材，其他钢铁制石油或天然气管道管，阀门零件，碳化硅，由每根被覆光纤组成的光缆，富铝红柱石，其他等	183 910	39.05
500万—1 000万美元（35种）	其他干芸豆，草酸，经酸洗热轧不锈钢卷材，未列名化学工业及相关工业化学产品及配制品，镁制品，冷轧不锈钢板材，氧化铝或氧化硅等>50%的耐火砖、瓦，聚酯短纤<85%棉混印花平纹布，变像管及图像增强管，未列名电灯及照明装置，未列名钢铁制管子附件，硫化黑（硫化青）及以其为基本成分的制品，铁道及电车道机车等车辆的轴，棉≥85%染色三或四线斜纹布，乙内酰脲及其衍生物，热轧管机，非肥料用硝酸钾，未列名车辆用车轮及其零件、附件，制成的饲料添加剂，钙，其他金属轧机零件，硫酸二钠，其他棉≥85%染色布，芦笋罐头，增炭剂，未煅烧石油焦，直接从铁矿还原的块、团、团粒等形状铁产品，尿素，其他自推进采油机械，镀或涂锌的普通钢铁丝，其他电力控制或分配盘、板、台，热轧并经除包镀涂外加工宽≥600mm钢铁板材，热轧不锈钢非卷材，玻璃陶瓷器皿，瓷餐具等	27 096	5.75
合　计	**99种**	**409 516**	**86.95**

山西省2010年进口额500万美元以上商品情况表

金额分类	商品名称	进口金额（万美元）	占进口总额比重（%）
1亿美元以上（12种）	其他未锻轧非合金镍，镍湿法冶炼中间产品，铬矿砂及其精矿，铬铁，炼焦煤，铜矿砂及其精矿，其他烟煤，镍铁，锰矿砂及其精矿，其他工业或实验室用电阻加热炉及烘箱，褐煤，处理器及控制器等	555 393	70. 58
1 000万—1亿美元（54种）	其他自动调节或控制仪器及装置，具有变流功能的半导体模块，冷轧不锈钢平板轧材，未列名连续运送货物的升降机及输送机，交流电机驱动的铁道电力机车，其他煤，不锈钢废碎料，卧式加工中心，建筑业或工业搬运车辆及机器用，金属轧机用轧辊，镍矿砂及其精矿，其他铁道及电车道机车零件，铁道及电车道机车或车辆的轮及上述货品零件，润滑油基础油，其他金属轧机零件，未列名处理金属的机械，用于电压不超过1 000伏线路的可编程序控制器，立式加工中心，自推进的截煤机、凿岩机及隧道掘进机，四层及以下的印刷电路，辊式连续运送货物或材料的升降机及输送机，行星齿轮减速器，其他圆柱形滚子轴承，手持式无线电话机的零件（天线除外），铜锍，固体矿物质的分类、筛选、分离或洗涤机器，热交换装置，其他机动叉车其他装有升降或搬运装置工作车，多相交流电动机，铁道及电车道机车等车辆的轴，炉用碳电极，未列名利用温度变化处理材料的机器、装置及类似的实验室设备，未煅烧石油焦，其他变压器的零件，非自推进的截煤机、凿岩机及隧道掘进机，无烟煤，已烧结的铁矿砂及其精矿，链式连续运送货物或材料的升降机及输送机，齿轮及其他变速、传动装置，其他未煅烧石油焦，齿辊式固体矿物质的破碎或磨粉机器，其他传动轴及曲柄，未列名具有独立功能的机器及机械器具，冶炼钢铁所产生的熔渣、浮渣、氧化皮等废料，其他固体矿物质的破碎或磨粉机器，其他数控车床，数控弯曲、折叠或矫平机床，其他集成电路，离合器及联轴器（包括万向节），其他电动机，未列名风机、风扇，锥形滚子轴承，数控矫直机床，其他等	148 705	18. 89
500万—1 000万美元（31种）	其他电力控制，未列名钢铁链，注塑机，热喷金属或硬质合金的电气机器，其他空气泵，其他制半导体器件或集成电路用的机器及装置，其他自推进的钻机，脱水机，分度头及其他专用于机床的附件，超声波探伤检测仪，矿用电铲用零件，未列名化学工业及相关工业化学产品及配制品，带式连续运送货物的升降机及输送机，其他冲孔或开槽机床，制造单晶柱或晶圆用的切割设备，喷汽机、喷砂机及类似的喷射机器，未列名数控铣床，未列名未装配的光学元件，其他四硼酸钠，其他开关、保护或连接用电气装置，核桃仁，初级形状的丙烯共聚物，存储器，四层以上的印刷电路，其他未列名离心机，未列名液体过滤、净化机器及装置，恒温器，铜镍、铜镍锌合金板、片及带，医疗、外科或兽医用X射线应用设备，其他未列名测量或检验仪器、器具及机器，其他未涂布牛皮纸，回收（废碎）的未漂白牛皮纸及纸板等	24 990	3. 18
合　计	**97种**	**729 088**	**92. 65**

山西省2010年主要出口市场情况表

国别（地区）	出口金额（万美元）	占出口总额比重（%）	国别（地区）	出口金额（万美元）	占出口总额比重（%）
韩国	84 424	17.93	巴西	19 507	4.14
美国	46 601	9.89	意大利	16 352	3.47
日本	36 802	7.81	比利时	14 473	3.07
印度	35 879	7.62	荷兰	13 985	2.97
台湾省	24 054	5.11	德国	10 480	2.23
香港	23 350	4.96			
合计				**325 907**	**69.20**

山西省2010年主要进口市场情况表

国别（地区）	进口金额（万美元）	占进口总额比重（%）	国别（地区）	进口金额（万美元）	占进口总额比重（%）
澳大利亚	205 799	26.15	美国	26 604	3.38
巴西	59 459	7.56	印度尼西亚	25 437	3.23
德国	57 240	7.27	土耳其	18 645	2.38
印度	40 872	5.19	南非	17 594	2.21
古巴	37 311	4.74	意大利	17 322	2.20
日本	35 464	4.52	台湾省	14 828	1.89
哈萨克斯坦	32 847	4.17	奥地利	13 299	1.69
法国	29 282	3.72	哥伦比亚	11 892	1.52
加拿大	27 242	3.46	菲律宾	10 643	1.36
合计				**681 780**	**86.64**

山西省2010年服务贸易进出口情况表

行业	进出口		出口		进口	
	金额（万美元）	同比（%）	金额（万美元）	同比（%）	金额（万美元）	同比（%）
旅游	46 459	22.93			46 459	22.93
建筑服务	67 028	-10.63	67 028	-10.63		
计算机和信息服务	420	20.00	420	20.00		
专有权利使用费和特许费	18 589	180.00	18 589	180.00		
合计	**132 496**	**15.00**	**86 037**	**5.06**	**46 459**	**22.93**

【利用外资】

外商直接投资行业 外商直接投资项目中，生产型项目21个，占40.38%；非生产型项目31个，占59.62%。

山西省2010年利用外资情况表

利用外资方式	批准签订的合同			实际利用外资	
	项目数（个）	外资金额（万美元）	金额比上年增加（%）	金额（万美元）	金额比上年增加（%）
外商直接投资	**52**	**100 301**	**49.94**	**150 960.10**	**11.53**
合资企业	28	56 198	149.24	70 527.61	-18.83
合作企业	6	7 436	-66.23	5 382.34	-11.26
外资企业	15	32 528	45.70	75 050.15	77.12
股份有限公司	3	4 139			
合　计	**52**	**100 301**	**49.94**	**150 960.10**	**11.53**

山西省2010年外商直接投资来源情况表

国别（地区）	项目数（个）	合同外资（万美元）	实际外资（万美元）	国别（地区）	项目数（个）	合同外资（万美元）	实际外资（万美元）
香　港	26	-27 790	102 888.72	日　本	2	778	1 070.27
英属维尔京群岛	4	47 600	15 102.14	萨摩亚	2	1 306	1 129.80
新加坡	4	1 420	1 312.44	加拿大	1	37	1 907.98
美　国	4	125	1 068.77	投资型公司投资	4	29 224	3 197.77
合　计					**47**	**52 700**	**127 677.89**

山西省2010年外商直接投资行业情况表

行　业	外商直接投资合计		
	项目数（个）	合同外资（万美元）	实际外资（万美元）
农、林、牧、渔业	7	1 313	1 977.04
采矿业		2 069	16 085.63
制造业	21	21 855	86 675.01
炼焦业			15 975.00
冶金业			544.06
电力、燃气及水的生产和供应业	2	35 792	8 601.00
建筑业	1	3 880	
交通运输、仓储和邮政业	1	42	

山西省2010年外商直接投资行业情况表（续）

行业	外商直接投资合计		
	项目数（个）	合同外资（万美元）	实际外资（万美元）
信息传输、计算机服务和软件业	2	18	3 368.36
批发和零售业	6	1 494	1 058.33
住宿和餐饮业	1	53	415.63
房地产业	1	15 643	4 498.32
租赁和商务服务业	6	10 141	3 197.75
科学研究、技术服务和地质勘查业	3	8 754	2 813.17
水利、环境和公共设施管理业	1	−753	2 000.80
卫生、社会保障和社会福利业			3 750.01
合　计	**52**	**100 301**	**150 960.10**

外商直接投资来源　外商直接投资主要来自香港、英属维尔京群岛、新加坡、美国、日本、萨摩亚、加拿大等国家和地区。

外商直接投资企业生产经营情况　2010年参加年检的外商投资企业营业收入1 021.13亿元人民币，利润49.78亿元人民币，外商投资企业从业人员18万人。

【对外经济合作】

对外投资　2010年在海外举办企业项目28个，投资总额61 763.37万美元，中方投资11 393.13万美元，主要投资在美国、加拿大、哈萨克斯坦、蒙古、泰国、香港、阿联酋、安哥拉、南美、伊朗、埃及、摩洛哥、斯里兰卡、孟加拉国、台湾省、新加坡、澳大利亚、新西兰、坦桑尼亚、缅甸、印尼等21个国家和地区。

承包工程和劳务合作　签订对外承包工程和劳务合作合同项目8个，金额48 179万美元，比上年的49 591万美元下降2.85%；完成营业额72 228万美元，比上年的114 921万美元下降37.15%；当年派出劳务人员1 224人，年末在外人数5 967人，派往的主要国家和地区是阿尔及利亚、安哥拉、喀麦隆、贝宁、尼日利亚、毛里求斯、中非、多哥、利比亚、莫桑比克、加纳、埃塞俄比亚、巴基斯坦、土耳其、摩洛哥、多米尼克等，承包工程的主要项目是山西六建集团有限公司承建的利比亚那鲁特房建项目、中非利比亚酒店工程和援中非医院项目，中铁十七局集团承建的多米尼克公路修复项目，中铁十二局集团承建的安哥拉首都FUTUNGO小区和安哥拉总统小区基础桩工程，晋铝建设有限公司承建的越南林同综合管网Ⅰ标段和细种子沉降子项水电工程。

对外经济技术援助　承担援外项目8个，受援国家和地区是厄立特里亚、利比亚、中非、斯里兰卡、喀麦隆等国，涉及的行业是房屋建筑、技术合作，正在施工的项目5个，已完工项目3个。当年派出援外人员206人，年末在外人数231人。

接受经济援助　2010年接受国际组织及双边项目6个，金额400万欧元。

【其他】

开发区　国家级开发区3个。太原经济技术开发区，2010年实现科工贸总收入360.66亿元，GDP 58.89亿元，工业总产值210.40亿元，财政总收入11.95亿元，进出口9.64亿美元；太原高新技术产业开发区，科工贸总收入1 060.00亿元，GDP 322.00亿元，工业总产值940.00亿元，财政总收入8.38亿元，进出口2.90亿美元；大同经济技术开发区，2010年12月30日经国务院批准升级为国家级经济技术开发区，科工贸总收入161.50亿元，GDP 26.07亿元，工业总产值75.60亿元，财政总收入6.19亿元，实现进出口 0.90 亿美元。

保税区 山西方略保税物流中心 2009 年 6 月正式封关运营。目前，以中心为基地、太原为 B 区的“方略保税功能延伸工程”规划、政策等已到位，太原项目已经启动；以中心为基础扩展的山西国际陆港综合保税区项目，已被临汾市列为“十二五”重点建设项目。

涉外旅游 2010 年接待入境的外国人 1 302 856 人次，接待香港同胞 197 161 人次，接待澳门同胞 106 280 人次，接待台湾同胞 178 480 人次，旅游外汇收入 46 460 万美元，比上年的 37 794.05 万美元增长 22.93%。

2010 年内蒙古自治区商务发展概况

内蒙古自治区商务厅

内蒙古自治区商务厅厅长

吕二喜　生于 1950 年 11 月，内蒙古包头市人，中共党员。研究生学历。1968 年参加工作，历任内蒙古政府办公厅副处长，内蒙古经济信息中心副主任，内蒙古化肥厂副厂长，内蒙古人大财经委副主任、主任、常委会委员，内蒙古政府副秘书长等职。2005 年 3 月任内蒙古自治区商务厅厅长、党组书记。

【国内贸易】

社会消费品零售总额 2010 年内蒙古自治区实现社会消费品零售总额 3 337.3 亿元，比上年的 2 855.31 亿元增长 19%。按地域分，城镇 2 914.58 亿元，增长 19.7%，其中，城区 2 201.93 亿元，增长 20.6%；乡村 422.72 亿元，增长 13.9%。按行业分，批发业 383 亿元，增长 27.1%；零售业 2 514.31 亿元，增长 17.5%；住宿业 45.87 亿元，增长 25.3%；餐饮业 394.12 亿元，增长 20.4%。

市场体系建设 市场流通体系建设进一步加快，通过万村千乡、双百市场、家电下乡等工程，市场流通网络体系进一步健全，推动了农产品流通的标准化、规模化发展。2010 年新建“农家店”1 825 个，改造和建设配送中心 36 个。新建汽车下乡网点 17 个，家电下乡网点 144 个。2010 年累计销售下乡产品 148.5 万台（部），实现销售金额达 28.86 亿元，补贴资金 3.29 亿元。

商贸服务管理 社区“双进工程”深入发展，2010 年在呼和浩特市、鄂尔多斯市、通辽市建设家政网络服务中心 3 个，完成培训 4 125 人次；扶持老字号企业创新发展，6 家企业被商务部授予中华老字号企业称号。

【对外贸易】

进出口总额 进出口总额 87.19 亿美元，比上年 67.6 亿美元增长 28.7%。外贸经营权备案登记企业达到5 891家。

进口总额 进口总额 53.84 亿美元，比上年的 44.5 亿美元增长 20.8%。

出口总额 出口总额 33.35 亿美元，比上年的 23.1 亿美元增长 44%。

出口商品市场 出口商品销往 162 个国家（地区）。

进口商品市场 进口商品来自 68 个国家（地区）。

边境贸易 进出口额 34.9 亿美元，比上年的 27.22 亿美元增长 25.8%。主要出口商品有：钢材、水泥、鲜（干）水果、蔬菜等，主要进口商品包括原木、煤炭、锯材、原油、铁矿石、基础油、锌矿粉、成品油、肥料、纸浆等。

【利用外资】

内蒙古自治区2010年利用外资情况表

利用外资方式	实际利用外资	
	金额（万美元）	金额比上年增加（%）
外商直接投资		
合资企业	65 637	-19
合作企业	3 703	-29
外资企业	127 164	12
股份有限公司	141 952	45
合　计	**338 456**	**13**

外商直接投资来源　外商直接投资主要来自23个国家和地区。实际利用外资额居前10位的是：香港196 723万美元；毛里求斯46 608万美元；日本24 610万美元；英属维尔京群岛19 983万美元；美国18 991万美元；巴巴多斯5 752万美元；联合国和其他国际组织4 868万美元；投资性公司投资4 856万美元；新加坡3 261万美元；德国3 000万美元；英国3 000万美元。

【对外经济合作】

承包工程和劳务合作　新签对外承包工程、劳务合作和设计咨询合同19个，合同总额2 356万美元，完成营业额4 511万美元，外派劳务1 085人次。

对外投资　新批境外企业25家，中方协议投资总额（含增资）4.05亿美元。投资主要集中在俄罗斯、蒙古、日本、印度等市场，投资涉及森林采伐、木材加工、农业种植、建筑等领域。

【其他】

港口运输　全区口岸进出境货运量5 243万吨，增长40.32%。其中满洲里口岸进出境货运量达2611.3万吨，增长8.1%；二连浩特口岸进出境货运量达862.1万吨，增长38.76%。特别是策克和甘其毛都口岸，进出境货运量分别达到865.9万吨和836.2万吨，增长138.03%、187.31%。满洲里、呼和浩特两个关区预计上缴关税和代征税141.45亿元，分别增长24.7%和52.2%。

涉外旅游　入境的外国人及港澳台同胞142.8万人次，比上年的128.96万人次增长10.7%；旅游外汇收入6.02亿美元，比上年的5.58亿美元增长7.9%。

2010年辽宁省商务发展概况

辽宁省服务业委员会　辽宁省对外贸易经济合作厅

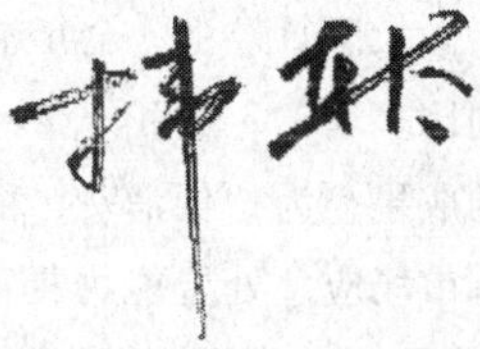

辽宁省服务业委员会主任

韩东太　生于1960年12月，美国加州大学MBA专业研究生、北京交通大学工商管理专业研究生。曾任辽宁省鞍山市石化工业局党委书记，鞍山市委副秘书长、政策研究室主任，辽宁省政府研究室（体改办）副主任、党组副书记，辽宁省政府研究室主任 、党组书记。2010年8月任辽宁省服务业委员会主任、党组书记。

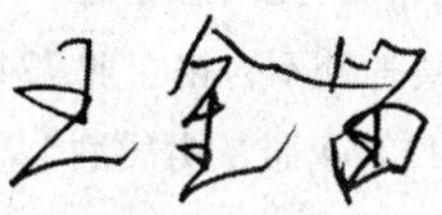

辽宁省对外贸易经济合作厅厅长

王金笛　生于1955年10月，美国纽约州立大学工商管理硕士。曾任辽宁省计委副主任、党组成员，辽宁省发展改革委员会副主任、党组成员，辽宁省外事（侨务）办公室副主任、党组成员，辽宁省政府副秘书长，省政府办公厅党组成员。2008年3月任辽宁省对外贸易经济合作厅厅长、党组书记。

【国内贸易】

社会消费品零售总额　2010年辽宁省社会消费品零售总额6 887.6亿元。按地域分，城市5 700.8亿元，县371亿元，县以下815.8亿元。按行业分，批发和零售贸易业6 054.3亿元，住宿和餐饮业755.3亿元，其他行业78亿元。

限额以上批发和零售贸易业、住宿和餐饮业基本情况　限额以上批发和零售贸易业企业商品销售总额9 768.2亿元，比上年增长29.2%。其中批发业7 592.7亿元，零售业2 175.5亿元。

市场物价　商品零售价格指数为103.2（以上年为100）；居民消费价格指数为103（以上年价格为100），其中城市102.8、农村104.0。

市场秩序建设　商务综合执法工作深入推进，流通领域市场监管服务体系建设进一步加强。确定4市5县商务主管部门开展综合执法试点，目前试点单位已达到10个地级市，8个县级单位。14个市全部开通了12312商务举报投诉咨询电话，具备了较好的场地和办公条件，执法能力显著增强。

商务信用工作有序推进，信用政策逐步得到落实。开展了以“诚信兴商、和谐发展”为主题的“诚信兴商宣传月”活动。在拍卖和美容美发行业组织开展了诚信示范创建活动，评出105家诚信示范企业，开展内贸信用险补贴。

打击侵犯知识产权和制售假冒伪劣商品专项行动全面展开。召开电视电话会，制定专项行动实施方案；通过创办简报、在辽宁省服务业网站开辟专栏等方式，宣传专项行动成效，接受群众和社会的监督。

市场体系建设　农村市场体系建设取得新成效。“万村千乡市场工程”纵深发展。2010年全省新建和改造连锁农家店1 824个，商品配送中心34个，目前全省农家店已达2万家，覆盖全省100%的乡镇和90%以上行政村。2010年加快配送中心建设，支持承载企业新建、改造了34个配送中心，使商品配送能力得到有效提升，年配送额达到50亿元。会同省农委在农家店普遍设立科普报刊架。农产品市场升级改造深入推进。目前全省共有农产品交易市场1 404个，实现交易额同比增长10%。

特殊行业监管力度进一步加大。对全省239家拍卖企业进行全面监督核查，对211户典当行进行年审，促进行业向规范化、制度化方向发展。年内办理12户拍卖企业设立许可事项，52家拍卖行、31家典当行行政许可变更事项。向商务部申报了37家新增典当企业，重点围绕典当立法开展调查研究，提出意见建议。组织开展酒类流通专项整治活动，共查处不合格企业724户，立案320起，查处各种假冒名酒13 844瓶，劣质酒1 280箱，不合格散白酒1 257公斤，处罚金额44.7万元。

外商投资商业领域渐入佳境。重点做好对韩、日、台湾、香港等地的招商推介活动；邀请乐购、家乐福、沃尔玛、大润发等外资商贸企业和广东、浙江商会等近50家企业，举办项目投资说明会，现场签约额达20亿元。先后组织三批台湾农产品采购团，签订采购合同2 000余万元，极大地推动了辽宁与台湾的区域合作。同时我们还引导外商延伸投资链条，重点投向省内二三线城市。

商贸服务管理　城乡餐饮市场进一步开拓。实施社区双进工程、早餐示范工程和标准化菜市场工程。有重点地支持农村餐饮“农家乐”建设。一批“全国商业示范社区”、“全省商业示范社区”、“社区商业龙头企业”、“早餐示范企业”、标准化菜市场投入运营。

家政服务网络体系逐步完善。目前，沈阳、大连、丹东、辽阳、阜新5个市的家政服务网络中心建设已经完成，整合1.2万家各类服务企业。

家电、汽车摩托车下乡深入推进。家电下乡产品实现销售额46.7亿元，同比增长1.6倍，销售补贴车辆23.6万台。

以旧换新全面启动。五大类家电以旧换新产品实现销售额21亿元，总销售量达53万台。在新纳入全国推广实施范围的19个省（区、市）中排名第2位。累计有1.5万个车主享受国家补贴并换购新车，补贴资金达2.1亿元。

生产资料流通业快速发展。全省生产资料交易总额3.2万亿元，同比增长31.7%。构建“汽车消费推进工程”。全省限额以上汽车批发零售企业销售846.2亿元，同比增长39.8%，高于社会消费品零售总额增幅20.2个百分点。汽车销售量55.6万辆，同比增长25%；二手车交易24万辆，同比增长14.3%；回收报废车2.8万辆，同比增长101%。推进流通领域节能降耗。再生资源回收总量980万吨，同比增长5%；散装水泥供应量2 450万吨，同比增长10.9%；水泥散装率50.4%，同比提高3.3个百分点；万元批发零售业销售额耗电同比下降1.7%。强化重点领域管理。探求“油、气、电”一体化能源供给模式；利用加油站网络布局优势，推进非油品业务发展，拓展服务功能；全年成品油供应同比增长13.7%。

市场运行调节　消费品市场繁荣稳定。制定开拓市场扩大消费指导意见，推出10项重大举措。在城乡组织开展了“千家企业万种商品联展联销”、美食节等60项主题活动，做大假日经济，全年节日消费拉动社会消费品零售总额同比多增1.3个百分点。有效巩固了应对国际金融危机取得的成果，为“促消费，稳增长”打下坚实基础。

市场应急处置能力提高。加强对生活必需品供求和价格监测，搞好预测、预警分析，市场监测体系进一步完善。保障灾害应急供应。快捷高效地完成了青海玉树地震和5次省内强降雨的应急保障工作，落实米、面、油等库存4.6万吨，肉、菜等9 096吨。重要商品储备制度进一步完善，全年共落实猪肉地方储备10 210吨，蔬菜储备11 270吨。

市场物价基本稳定。建立了由省服务业委牵头，省直24个部门组成的市场价格调控联席会议制度，多次召开联席会议，会同省直单位分赴各市督查，代省政府起草了《关于做好保障蔬菜市场供应和价格基本稳定的通知》（辽政办明电〔2010〕100号）。召开电视电话会议，在全国率先对市场价格调控监管工作做出全面部署。通过多措并举、综合施策，价格调控工作取得明显成效。

放心消费环境逐步形成。出台《辽宁省畜禽屠宰管理条例》，组织开展肉品质量安全专项整治，承担了全省打击侵犯知识产权和制售假冒伪劣商品专项行动领导小组办公室工作，积极开展综合协调，督促检查工作。搭建辽宁省商务信用信息管理系统，建立信用信息征集与评价、信息发布平台，与省信用数据交换平台和商务部商务信用信息管理数据实现交换与共享。

【对外贸易】

进出口总额　进出口总额806.71亿美元，比上年的629.25亿美元增长28.20%。

出口总额　出口总额431.20亿美元，比上年的334.41亿美元增长28.94%，占全省GDP 18 278.3亿元（相当于2 700.1亿美元）的15.97%；占全国出口额的2.7%，居全国第8位。

进口总额　进口总额375.52亿美元，比上 年的294.84

亿美元增长 27.36%。

出口商品结构 初级产品出口额 20.1 亿美元，占出口总额的 4.66%；工业制成品出口额 79.9 亿美元，占出口总额的 18.53%。

进口商品结构 初级产品进口额 51.1 亿美元，占进口总额的 13.61%；工业制成品进口额 48.9 亿美元，占进口总额的 13.02%。

出口商品市场 出口商品主要销往 34 个国家（地区）。

进口商品市场 进口商品主要来自 34 个国家（地区）。

辽宁省 2010 年出口额 1 亿美元以上商品表

商品名称	出口额（万美元）	商品名称	出口额（万美元）
船舶	424 584	鞋类	24 021
钢材	401 359	自动数据处理设备及其部件	22 900
成品油	346 554	电线和电缆	22 114
服装及衣着附件	320 971	汽车	21 338
彩色电视机	150 848	新的充气橡胶轮胎	20 915
水海产品	142 987	打印机	20 161
铝材	137 632	蔬菜	19 850
印刷、装订机械及零件	101 616	活塞式内燃机的零件	19 237
纺织纱线、织物及制品	81 787	空气调节器	18 519
耐火砖、瓦	60 092	硅	18 203
激光视盘放像机	57 913	金属加工机床	17 250
镁砂	53 929	手持无线电话零件	17 162
机械提升搬运装卸设备及零件	51 086	胶合板及类似多层板	15 890
家具及其零件	51 058	变压器	14 705
汽车零件	47 845	维生素 C	14 308
软件	43 375	肥料	14 182
石蜡	40 965	钼矿砂及其精矿	14 150
通断保护电路装置及零件	38 696	轴承	13 695
收音设备	38 579	钢丝绳、索	13 199
豆类	35 305	电感器	12 864
录放音、像机及唱机的零附件	34 885	二极管及类似半导体器件	11 721
阀门及零件	33 628	手用或机用工具	11 683
医疗仪器及器械	31 809	地板等木构件	11 582
塑料制品	30 551	玻璃制品	11 474
电动机及发电机	28 222	箱包及类似容器	11 015
建筑及采矿用机械及零件	26 937	电话机	10 790
电视机、收音机及无线电讯设备的零附件	26 810	木制门	10 458
集装箱	25 982	碳电极	10 369

辽宁省2010年进口额1亿美元以上商品表

商品名称	进口额（万美元）	同比增长（%）	商品名称	进口额（万美元）	同比增长（%）
原油	876 872	14.37	金属加工机床	32 080	-24.98
铁矿砂	389 875	70.41	印刷装订机械	27 191	97.82
水海产品	99 376	7.38	铜及铜材	24 463	40.93
大豆	97 717	95.81	轴承	21 848	9.42
钢材	95 439	4.66	服装	19 314	44.66
汽车零件	95 321	58.15	电讯设备零件	18 063	35.00
集成电路	71 405	28.29	家具	17 949	34.97
纺织纱线、织物及制品	68 999	10.33	铬矿砂	17 740	39.61
成品油	67 667	140.20	计算机设备	17 438	63.54
初级形状的塑料	63 989	36.18	钼矿砂	17 408	-61.92
通断保护电路装置	60 839	33.92	印刷电路	17 276	25.75
液晶显示板	57 115	74.12	二极管	15 183	45.85
汽车	52 419	41.91	电线和电缆	14 697	35.24
医药品	34 303	14.00	电动机及发电机	13 924	-11.80
静止式变流器	32 604	59.21	天然橡胶	13 063	107.88

辽宁省2010年主要进出口市场情况表

国别（地区）	出口额（万美元）	增减（%）	进口额（万美元）	增减（%）
亚　洲	2 679 691	27.15	1 879 223	23.34
香　港	281 236	103.46	10 939	15.35
日　本	973 190	26.22	560 622	26.66
韩　国	398 448	19.56	309 059	19.03
台湾省	38 047	36.79	42 042	17.79
伊　朗	18 020	-7.81	124 383	50.78
阿联酋	34 359	3.75	59 230	14.32
印　度	110 158	51.26	22 932	8.53
东　盟	603 603	11.67	218 052	28.32
印度尼西亚	159 286	40.47	58 981	22.59
马来西亚	35 403	36.02	38 385	28.22
新加坡	284 866	-9.56	17 513	9.72
泰　国	41 402	51.72	55 724	96.86
越　南	44 657	63.63	19 120	-3.22
非　洲	94 494	-2.60	185 506	3.12
南　非	21 023	26.80	30 219	31.78
欧　洲	668 336	39.14	678 230	24.27
欧　盟	562 555	36.74	549 038	23.31
比利时	32 929	53.28	8 123	-1.52
英　国	66 335	40.33	34 386	29.31
德　国	104 583	17.54	309 108	26.65
法　国	22 656	3.04	48 471	22.22
意大利	64 835	75.59	22 877	14.08

辽宁省2010年主要进出口市场情况表（续）

国别（地区）	出口额（万美元）	增减（%）	进口额（万美元）	增减（%）
荷　兰	132 712	48.32	7 810	-14.62
俄罗斯	74 882	48.55	85 243	41.56
拉丁美洲	228 692	77.00	380 353	47.87
巴　西	61 081	41.09	222 931	79.30
墨西哥	34 921	78.54	12 851	32.66
北美洲	525 072	12.21	287 910	26.62
加拿大	51 164	-30.30	57 931	45.72
美　国	473 899	20.13	229 734	22.55
大洋洲	115 686	86.10	343 906	60.40
澳大利亚	91 618	80.90	321 368	61.45
新西兰	6 209	40.76	9 094	-17.57

辽宁省2010年前8位出口市场情况表

国别（地区）	2010年出口额（万美元）	2009年出口额（万美元）	2010年增长率（%）	国别（地区）	2010年出口额（万美元）	2009年出口额（万美元）	2010年增长率（%）
日本	973 190	771 015	26.22	韩国	398 448	333 257	19.56
东盟	603 603	540 543	11.67	香港	281 236	138 226	103.46
欧盟	562 555	411 414	36.74	印度	110 158	72 825	51.26
美国	473 899	394 501	20.13	澳大利亚	91 618	50 646	80.90

辽宁省2010年前8位进口市场情况表

国别（地区）	2010年进口额（万美元）	2009年进口额（万美元）	2010年增长率（%）	国别（地区）	2010年进口额（万美元）	2009年进口额（万美元）	2010年增长率（%）
日本	560 622	442 623	26.66	东盟	218 052	169 934	28.32
欧盟	549 038	445 254	23.31	美国	229 734	187 462	22.55
澳大利亚	321 368	199 045	61.45	巴西	222 931	124 334	79.30
韩国	309 059	259 651	19.03	伊朗	124 383	82 491	50.78

【利用外资】

辽宁省2010年利用外资情况表

利用外资方式	批准签订的合同			实际利用外资	
	项目数（个）	外资金额（万美元）	金额比上年增加（%）	金额（万美元）	金额比上年增加（%）
合资企业	317	352 669	14.13	489 599	107.72
合作企业	17	29 825	-55.91	40 416	8.40
外资企业	1 146	2 179 008	-10.64	1 540 508	21.34
股份有限公司		2 008	-40.57	4 487	144.25
合　计	**1 480**	**2 563 510**	**-9.04**	**2 075 010**	**34.36**

辽宁省2010年外商直接投资行业情况表

行业	项目（企业）个数		
	2010年	2009年	2010年增长率（%）
总　计	**1 480**	**1 629**	**-9.15**
农、林、牧、渔业	26	38	-31.58
采矿业	4	6	-33.33
制造业	463	538	-13.94
电力、燃气及水的生产和供应业	26	24	8.33
建筑业	28	30	-6.67
交通运输、仓储和邮政业	17	15	13.33
信息传输、计算机服务和软件业	86	139	-38.13
批发和零售业	185	137	35.04
住宿和餐饮业	40	24	66.67
金融业	3	2	50.00
房地产业	182	120	51.67
租赁和商务服务业	148	190	-22.11
科学研究、技术服务和地质勘查业	211	291	-27.49
水利、环境和公共设施管理业	14	12	16.67
居民服务和其他服务业	36	44	-18.18
教育	1		
卫生、社会保障和社会福利业		2	-100.00
文化、体育和娱乐业	10	17	-41.18

辽宁省2010年外商直接投资来源情况表

国别（地区）	项目数		合同外资额		实际利用外资额	
	个数	同比±%	金额（万美元）	同比±%	金额（万美元）	同比±%
总　计	**1 480**	**-9.15**	**2 563 510**	**-9.04**	**2 075 010**	**34.36**
亚　洲	1 220	-6.80	2081520	-7.64	1 592 499	44.06
香　港	521	2.36	1 444 286	17.99	1 147 685	70.23
日　本	221	-4.33	112 441	-45.00	126 158	9.14
韩　国	256	-27.27	172 781	-58.75	135 474	-13.19
台湾省	145	5.84	260 442	-1.54	90 200	12.86
新加坡	25	8.70	34 943	-20.39	50 185	90.04
欧　洲	51	-33.77	45 665	-20.49	61 632	0.26
德　国	18	28.57	7 611	-74.67	7 198	-48.70
英　国	5	-68.75	18 198	182.23	18 597	7.90
意大利	2	-33.33	632	-120.03	219	-53.70
荷　兰	1	-50.00	1 596	-257.40	5 799	63.86
拉丁美洲	49	19.51	89 335	32.45	150 862	92.00
英属维尔京群岛	43	22.86	50 453	-1.33	115 029	102.15
北美洲	90	-40.40	82 033	-62.36	89 814	-17.06
美　国	62	-45.13	44 853	-70.76	67 450	-18.04
加拿大	28	-26.32	37 098	-42.54	19 657	-18.08
大洋洲	26	30.00	17 359	-27.31	27 945	41.87
澳大利亚	18	200.00	8 931	-4.90	7 177	-37.36
新西兰	4	-20.00	9 924	1 270.72	9 057	686.20

外商直接投资企业生产经营情况 2010年辽宁省外商投资企业出口创汇206.4亿美元，占全省出口额的47.9%，上缴税金716.8亿元人民币，占全省税收的21.6%。

【对外经济合作】

对外投资 2010年，全省共核准对外直接投资企业167家，同比下降4.19%。协议投资总额为10.97亿美元，增长5.29%，中方投资额为9.23亿美元，增长9.64%。中方投资额超过100万美元的大项目92个，下降5.15%，主要投资领域为：石油及产品加工、机床加工销售。主要投资国别和地区为：朝鲜、美国、香港。

承包工程和劳务合作 2010年，全省对外经济合作新签合同1 422份，新签合同额19.65亿美元，下降32.52%；完成营业额15.06亿美元，下降17.23%；外派劳务67 095人，下降9.89%；年末在外人数81 362人。

对外经济技术援助

辽宁省2010年援外项目情况表

国　别	项目单位	项目名称
科摩罗	中国沈阳国际经济技术合作公司	科摩罗两岛大学公寓项目
科摩罗	中国沈阳国际经济技术合作公司	科摩罗两岛总统办公室项目
科摩罗	中国沈阳国际经济技术合作公司	科摩罗国家旅游局办公楼项目
巴布亚新几内亚	中国沈阳国际经济技术合作公司	巴新太平洋水产加工区
佛得角	辽宁省国际经济技术合作公司	援佛得角中心医院门诊楼、妇产科住院部项目
佛得角	辽宁省国际经济技术合作公司	援佛得角农村学校（中葡论坛框架下）项目
佛得角	辽宁省国际经济技术合作公司	援佛得角中心医院项目医疗设备供货任务
科特迪瓦	辽宁省国际经济技术合作公司	援科特迪瓦农业机械和农用物资项目
科特迪瓦	辽宁省国际经济技术合作公司	援科特迪瓦格格杜垦区第六期技术合作项目
乌干达	辽宁省国际经济技术合作公司	援乌干达农业技术示范中心项目中期验收任务
乌干达	辽宁省国际经济技术合作公司	援乌干达农业技术示范中心项目竣工验收任务
马其顿	辽宁省国际经济技术合作公司	援马其顿学校整修项目咨询服务
吉布提	大连筑成建设集团有限公司	援吉布提科研中心项目
缅　甸	中意（辽宁）国际经济技术公司	
布隆迪	丹东天福贸易有限公司	中国红十字会物资项目
朝　鲜	丹东鸿祥实业发展有限公司	朝鲜人道主义物资援助

接受经济援助

辽宁省2010年接受国际无偿援助项目情况表

国　别	项目名称	时　间	金额（美元）
日　本	本溪市桓仁县八里甸子镇中心卫生院医疗设备项目	2010年2月	47 672
	鞍山市岫岩县大营子镇中心卫生院医疗设备项目	2010年2月	47 511
	阜新市阜新县十家子镇自来水厂建设项目	2010年2月	93 228
	丹东市宽甸满族自治县牛毛坞镇供排水设施项目	2010年2月	95 345
	朝阳市建平县哈拉道口镇卫生院医疗设备整备项目	2010年2月	47 174

【其他】

开发区

2010 年辽宁省国家级开发区主要经济指标完成情况

指标 开发区	GDP（亿元）	财政收入（亿元）	出口额（亿美元）	实际外资（亿美元）	固定资产投资额（亿元）
沈　阳	840.1	123.8	13.1	9.3	635.0
大　连	1 100.0	103.0	73.0	31.7	555.3
营　口	400.0	34.3	11.0	2.7	375.6
大连保税区	248.0	13.0	25.0	12.0	323.0
丹　东	84.0	10.3	5.5	3.1	200.0
大连长兴岛	60.0	14.7	5.0	16.2	205.0
锦　州	93.0	7.0	1.4	1.8	70.4
合　计	**2 825.1**	**306.1**	**134.1**	**76.7**	**2 364.3**

2010 年辽宁省省级开发区主要经济指标完成情况

指标 开发区	GDP（亿元）	财政收入（亿元）	出口额（亿美元）	实际外资（亿美元）	固定资产投资额（亿元）
沈阳道义	91.7	24.9	1.5	0.4	271.4
金融商贸	0.0	0.0	0.0	0.0	0.0
沈阳辉山	98.8	7.7	0.0	0.2	70.5
大连金州	98.5	0.0	6.6	0.0	18.1
大连旅顺	40.0	13.0	4.2	1.3	186.1
大连炮台	29.2	0.6	0.9	0.0	4.3
大连普兰店	60.8	2.5	1.5	1.5	80.3
鞍山	186.0	3.9	0.0	0.0	151.0
鞍山海城	31.0	3.9	0.3	0.3	94.3
鞍山腾鳌	52.0	3.2	0.0	0.0	0.0
抚顺	128.0	45.1	0.4	1.0	300.0
抚顺胜利	11.0	0.9	0.2	0.0	3.4
本溪	45.0	11.2	0.5	0.7	123.8
丹东东港	43.7	4.0	1.7	0.9	45.0
丹东前阳	65.0	1.1	0.7	0.0	0.0
营口南楼	63.4	0.9	0.8	0.0	0.0
营口大石桥	41.7	1.2	3.9	0.2	38.6
阜新	26.8	2.2	0.1	0.2	0.0
辽阳	34.3	2.6	3.4	0.0	0.0
铁岭	100.0	10.1	1.0	0.4	159.6
朝阳	16.5	2.2	0.0	0.0	0.0
盘锦	70.4	7.7	0.9	1.3	65.0
葫芦岛	3.6	3.8	0.1	0.5	38.3
沈阳欧盟	0.0	0.0	0.0	0.0	0.0
八家子	12.0	0.5	0.0	0.0	0.0
杨杖子	10.3	0.8	0.1	0.0	0.0
浑河民族	0.0	0.0	0.0	0.0	0.0
康平	5.1	0.0	0.0	0.0	0.0
沟帮子	44.8	3.3	0.0	0.3	31.9
新民	17.1	0.0	0.0	0.2	0.0
沈阳雪松	12.7	0.6	0.3	0.0	0.0
辽中	41.4	1.2	0.0	0.0	0.0
法库	70.7	5.0		0.8	65.0
合　计	**1 551.4**	**163.6**	**28.9**	**9.8**	**1 746.6**

2010年沈阳市商务发展概况

沈阳市对外贸易经济合作局

顾少清

沈阳市对外贸易经济合作局局长

顾少清 1965年9月生，汉族，吉林柳河人，中共党员，大学学历。1987年7月至1991年12月任沈阳高压开关厂工艺员；1991年12月至1995年5月任沈阳市计划经济委员会工作人员；1995年5月至2002年11月任沈阳市经济贸易委员会工作人员、副处长、处长；2002年11月至2006年9月任于洪区政府副区长；2006年9月至2009年6月任沈阳化学工业园管委会主任；2009年6月至2010年4月任沈阳市人民政府副秘书长；2010年4月至今任沈阳市对外贸易经济合作局党组书记、局长。

【对外贸易】

进出口总额 2010年辽宁省沈阳市进出口总额79.9亿美元，比上年的65.7亿美元增长21.65%。

出口总额 出口总额42.1亿美元，比上年的35.2亿美元增长20.00%，占市GDP 5 015亿元人民币（相当于757.3亿美元）的5.56%，占全省出口额的10.53%。

进口总额 进口总额37.8亿美元，比上年的30.5亿美元增长23.9%。

出口商品结构 初级产品出口额1.0亿美元，占出口总额的2%；工业制成品出口额30.5亿美元，占出口总额的72%。

进口商品结构 初级产品进口额4.4亿美元，占进口总额的12%；工业制成品进口额29.8美元，占进口总额的79%。

出口商品市场 出口商品销往175个国家（地区）。

进口商品市场 进口商品来自94个国家（地区）。

沈阳市2010年出口额100万美元以上商品情况表

金额分类	商品名称	出口金额（万美元）	占出口总额比重（%）
1 000万美元以上（70种）	阴极射线显像管的彩色模拟电视接收机、未混合的维生素C及其衍生物、出口计算机应用软件、其他金属永磁铁及磁化后准备制永磁铁的物品、其他铝制结构体；铝结构体用部件及加工铝材、其他金属永磁铁及磁化后准备制永磁铁的物品、非绝缘的钢铁绞股线、绳、缆、铝制门窗及其框架、门槛、其他铅酸蓄电池、未列名机动车辆用其他制动器、助力制动器及其零件、镀或涂铜的铁丝或非合金钢丝、其他光敏半导体器件、载客电梯、8426、8429及8430所列机械的其他零件、彩色电视接收机零件、彩色电视接收机零件、彩色超声波诊断仪、X射线断层检查仪、客车或货运机动车辆用新的充气橡胶轮胎、其他10座≤座位≤19座的机动客车、其他电感器、其他钢铁结构体；钢结构体用部件及加工钢材、第90章机器、仪器等用本章未列名零、附件、手持式无线电话机的零件、未列名燃气轮机的零件、圣诞节用品等	235 227	55. 81

沈阳市2010年出口额100万美元以上商品情况表（续）

金额分类	商品名称	出口金额（万美元）	占出口总额比重（%）
500万—1 000万美元（73种）	自动梯及自动人行道、未列名连续运送货物的升降机及输送机、品目87.03所列车辆用减震器、其他未列名抗菌素、未列名印刷机、未列名化学品及配制品、浸涂化纤长丝无纺织物，70g＜平方重≤150g、未列名塑料制品、合成纤维制针织或钩编的男裤、核磁共振成像装置、未列名杂环化合物、电磁铁；电磁铁或永磁铁卡盘、夹具及类似的工件夹具，包括零件、其他胶合板，至少有一层是温带非针叶木等	51 641	12.25
100万—500万美元（304种）	未列名具有独立功能的电气设备及装置、聚丙烯腈及其变性短纤≥85%的多股纱或缆、其他柴油货车，车总重＞20t、中空或真空隔温、隔音玻璃、非零售包装的杀虫剂、多相交流电动机，P＞75kW、3000≥排量＞1000ml车用往复式活塞发动机、其他P＜1kW直流稳压电源等	72 474	17.19
合　计	**447种**	**359 342**	**85.26**

沈阳市2010年进口额100万美元以上商品情况表

金额分类	商品名称	进口金额（万美元）	占进口总额比重（%）
1 000万美元以上（66种）	3 000ml≥排量＞1 000ml车用往复式活塞发动机；车身（包括驾驶室）的未列名零件、附件；平均黏度在0.8毫米及以上，但小于6.3毫米的未烧结铁矿及其精矿；小轿车用自动换挡变速箱；液晶显示板；未列名含有其他抗菌素的药品；其他自动调节或控制仪器及装置；彩色阴极射线电视显像管；其他机动车辆用转向盘、转向柱及转向器；烟胶片；机动车辆用电气照明装置；8541所列货品的零件；平均粒度在6.3毫米及以上的未烧结铁矿砂及其精矿；液体介质变压器，330MVA≤额定容量＜400MVA；与碳黑等混合未硫化复合橡胶，初级形状等；其他金属永磁铁及磁化后准备制永磁铁的物品等	223 236	59.10
500万—1 000万美元（78种）	其他丙烯腈-丁二烯-苯乙烯共聚物；涡轮喷气发动机或涡轮螺桨发动机的零件；数字化视频光盘（DVD）播放机；初级形状的环氧树脂；贱金属制铰链（折叶）；其他热轧、酸洗钢铁卷材，1.5mm≤厚＜3mm；其他焊机、热喷金属或硬质合金的电气机器；塑料制绝缘零件；其他电力控制或分配盘、板、台等，V＞1 000V；机动车辆用点火布线组及其他布线组；镍合金板、片、带、箔；直线作用（液压缸）的液压动力装置；插头及插座，线路V≤1 000V；螺母；8421未列名机器的零件；初级形状的聚乙烯，比重在0.94及以上；自动断路器，线路V≥72.5kV；8512所列装置的零件；其他回转式排液泵等	55 674	14.74
100万—500万美元（282种）	初级形状的卤代丁基橡胶；测试或检验半导体晶片或元器件用仪器及装置；中空或真空隔温、隔音玻璃；其他未列名办公室用机器；其他铝合金矩形板、片，厚＞0.2m；镍合金条、杆、型材及异型材；立式加工中心；未列名化学品及配制品；核磁共振成像装置；热交换装置；用于起动活塞式发动机的铅酸蓄电池；塑料制家具、车厢或类似品的附件；行星齿轮减速器；未列名具有独立功能的电气设备及装置；其他公共工程用机器；8479所列其他机器的零件；8477所列机器的零件等	64 615	17.11
合　计	**426种**	**343 525**	**90.95**

沈阳市 2010 年主要出口市场情况表

国别（地区）	出口金额（万美元）	占出口总额比重（%）	国别（地区）	出口金额（万美元）	占出口总额比重（%）
美　国	51 559	12.23	荷　兰	13 413	3.18
日　本	37 838	8.98	阿联酋	12 442	2.95
韩　国	31 067	7.37	香　港	12 113	2.87
印　度	19 386	4.60	亚洲其他国家	12 000	2.84
德　国	15 609	3.70	新加坡	11 048	2.62
合　计				**216 475**	**51.36**

沈阳市 2010 年主要进口市场情况表

国别（地区）	进口金额（万美元）	占进口总额比重（%）	国别（地区）	进口金额（万美元）	占进口总额比重（%）
德　国	137 935	36.52	泰　国	13 918	3.69
韩　国	45 091	11.94	瑞　典	11 708	3.10
日　本	36 354	9.63	法　国	7 780	2.06
美　国	35 203	9.32	台湾省	7 356	1.95
澳大利亚	15 951	4.22	加拿大	6 497	1.72
合　计				**317 793**	**84.14**

【利用外资】

沈阳市 2010 年利用外资情况表

利用外资方式	批准签订的合同			实际利用外资	
	项目数（个）	外资金额（万美元）	金额比上年增长（%）	金额（万美元）	金额比上年增长（%）
外商直接投资	**473**	**812 110**	**-32.62**	**505 369**	**-6.59**
合资企业	50	25 947	-47.53	96 361	85.77
合作企业	0	17 118	-20.58	26 344	167.42
外资企业	423	766 953	-32.37	380 479	-20.58
股份有限公司	0	2 092	1 971.29	2 185	781.05
合　计	**473**	**812 110**	**-32.62**	**505 369**	**-6.59**

外商直接投资行业　外商直接投资项目中，按行业分：制造业 86 个，租赁和商务服务业 51 个，住宿和餐饮业 14 个，房地产业 26 个，批发和零售业 53 个，科学研究、技术服务和地质勘查业 176 个，信息传输、计算机服务和软件业 42 个，其他行业 25 个。

外商直接投资来源　外商直接投资来源于 28 个国家和地区。按合同外资额排序，位居前五位的国家和地区分别是：香港（外资额 334 440 万美元）、台湾省（外资额 192 132 万美元）、韩国（外资额 142 975 万美元）、日本（外资额 43 407 万美元）、美国（外资额 19 893 万美元）。

外商直接投资特点　2010 年，全市新批外商投资企业 473 家，合同外资额 812 110 万美元，实际利用外资 505 369 万美元。

超 1 000 万美元大项目达到 84 个，实际利用外资额 29.6 亿美元，增长 76.5%，占全市实际利用外资总额的 58.5%。其中，超 1 亿美元项目 5 个，超 5 000 万美元项目 10 个。在超 1 000 万美元的大项目中，工业项目占 18 个，增长 20%，特别是日本精工丝杠、安川电机、汉锋新能源等重大工业项目相继落户并开工建设，以及世界 500 强企业日本积水房屋、鹿岛建设相继落户沈阳市，对提升沈阳市装备制造业和现代建筑产业的整体水平起到了重要作用。

银通资本融资担保公司、万通小额贷款公司的相继成立（共涉及外资额 5 200 多万美元），打破了全市传统利用外资方式，进一步提升了全市金融业利用外资的水平，填补了沈阳市在该领域利用外资的空白。再有沈阳市三一重装、东北电气、辽宁高科等多家外商投资企业，通过境外上市融资返投的方式进行投资，实际利用外资额达 2.63 亿美元。新的利用外资方式，拓宽了沈阳市利用外资的渠道，提高了全市利用外资的水平。

全年批发和零售业新批项目 53 个，增长 39.5%，实际利用外资 19 585 万美元，增长 94.3%。实力较强的法国路威酩轩集团、博马努瓦服装集团、梦特娇集团、荷兰 C&A

公司、瑞典 H&M 公司、香港华敦集团等知名企业和跨国商业零售巨头纷纷登陆沈阳市，抢占市场，使得沈阳市商业领域利用外资水平大幅提升。

【对外经济合作】

对外投资　新签对外投资项目 28 个，协议投资额 10 556 万美元，增长 26.6%，中方投资额 10 076.8 万美元，增长 43.0%。

承包工程和劳务合作　新签对外承包工程与劳务合作项目 106 个，合同额 140 145.9 万美元，比上年的 108 164.12 万美元增长 29.6%；其中对外承包工程项目 64 个，合同额 138 646.3 万美元，增长 28.2%；劳务合作项目 42 个，合同额 1 499.6 万美元。2010 年共完成营业额 62 045.95 万美元，比上年的 60 538.35 万美元增长 2.5%；其中承包工程完成营业额为 58 951.64 万美元，增长 1.6%；劳务合作完成营业额 3 094.31 万美元，增长 24.3%。外派劳务人员 19 780 人，增长 56.1%，年末在外人数为 22 505 人。

对外经济技术援助　全市的对外援助工作主要由中国沈阳国际经济技术合作公司签订承包工程合同，沈阳市工程监理咨询有限公司从事援外项目的监理工作。2010 年全市在建的援外项目为 11 个，主要集中在巴布亚新几内亚、塞舌尔、喀麦隆和科摩罗等国家和地区。

2010 年大连市商务发展概况

大连市对外贸易经济合作局

大连市对外贸易
经济合作局局长

刘德春　生于 1959 年 3 月 20 日。中共党员。1978 年 10 月至 1982 年 7 月在哈尔滨电工学院学习。1987 年至 1990 年在大连理工大学中美合作 MBA 学习班脱产学习。曾任大连大重集团公司副总经理。1996 年 1 月起任大连市外经贸委副主任、大连市对外贸易经济合作局副局长。2005 年 8 月起任大连市对外贸易经济合作局局长。

【对外贸易】

2010 年，辽宁省大连市积极推进对外贸易的恢复性增长和结构优化升级，外贸进出口总体呈现平稳较快发展态势，对外贸易结构更加优化，对经济发展的促进作用显著提高。全年外贸自营进出口总额 501.95 亿美元，比上年增长 24.4%。其中，出口总额 260.46 亿美元，增长 25.1%，占全省出口总额 60.4%；进口总额 241.49 亿美元，增长 23.7%，占全省进口总额 64.3%。全年实现出口增量 52.8 亿美元，拉动全省出口增长 15.8 个百分点。

超额完成全年目标，为全省出口做出重大贡献。2010 年，大连市实现出口增量 52.8 亿美元，拉动全省出口增长 15.8 个百分点；全市出口 260.5 亿美元，超出全年目标 20.5 亿美元，占全省出口总额的 60.4%。

出口结构进一步优化。机电产品、高新技术产品、高附加值产品和软件服务外包出口持续增长，占比明显提高。机电产品出口 139.75 亿美元，增长 34.51%，高于全市增幅 9.4 个百分点，占全市出口比重 53.66%，提高了 3.75 个百分点；高新技术产品出口 40.3 亿美元，增长 52.78%，高于全市增幅 27.67 个百分点，占全市出口比重 15.47%，提高 2.8 个百分点。船舶、成品油、电器及电子、机械及设备、服装纺织、农产品等成为优势出口商品，出口超过1亿美元的商品有47种，其中超10亿美元的商品有5种，其中船舶出口42亿美元，增长43.08%。

外贸市场多元化程度明显提高。与200多个国家和地区建立了贸易往来，出口市场覆盖五大洲196个国家和地区。日本、东盟、欧盟、美国、香港、韩国等传统市场进一步巩固，合计出口220.88亿美元，占全市出口比重84.8%。新兴市场不断扩大，对拉丁美洲、大洋洲、中东等新兴市场出口快速增长，同比分别增长68.11%、124.98%、33.13%，占全市出口比重分别提高1.11个、1.4个、0.1个百分点。对传统市场出口呈现总量增加、比重减小的趋势；对新兴市场出口呈现总量、比重双双增长的趋势。

外商投资企业对外贸进出口拉动作用日益突出。全年外商投资企业进出口总额304.3亿美元，增长28.94%，其中：出口159.52亿美元，增长29.24%；进口144.78亿美元，增长28.6%，分别高于全市增幅4.53个、4.13个、4.94个百分点。在出口前10位的企业中有8家外资企业。

贸易促进政策措施保障有力。大力引导企业开拓国际市场，共组织广交会、华交会、高交会等29场境内外展会，成交总额近12亿美元，增长19.8%；成功举办了第八届软交会和2010年服装纺织品博览会。各项政策落实到位及时，全年实现出口退（免）税121.5亿元，增长7.28%。对短期出口信用保险保费给予60%的补贴，全年对出口信用保险保费补贴2 468万元，增长134.67%。为鼓励外贸出口、服务外包、走出去，共兑现出口专项补贴6亿元。积极扶持企业应对“双反”调查，大连市企业取得了中国输美钢铁制品行业无损害抗辩首次胜诉。

对外贸易对经济的贡献明显增强。2010年，外贸进出口占全市GDP的64%。大连市外贸进出口已占辽宁省的62%、东北地区的40%。

【利用外资】

2010年，大连市新批外商投资项目472个，比上年减少1个；投资总额128.83亿美元，比上年增长32.3%；注册外资金额80.87亿美元，比上年增长23%；实际使用外资100.31亿美元，比上年增长66.7%，位列全国15个副省级城市之首，其中高端制造业、高新技术产业和现代服务业项目实际使用外资额占比为75%。至年末，全市累计批准外商投资项目14 113个；投资总额1 049.73亿元；注册外资金额692.24亿美元；实际使用外资491.86亿美元。

大项目建设取得新成就。全年新引进投资1 000万美元以上项目207家，实际到位外资1 000万美元以上项目146家，实际到位金额69.6亿美元，占全市实际利用外资总额的69.38%。

主要国家和地区投资较多。投资前五位的国家和地区合计投资74.7亿美元，占全市实际利用外资额的74.5%。香港实际投资51.4亿美元，增长165%，占全市实际利用外资的51.2%。日本10.5亿美元，增长59.2%，占10.5%。韩国5.99亿美元，增长41.4%，占6%。美国5.3亿美元，增长20.5%，占5.3%。台湾省1.8亿美元，增长359.5%，占1.8%。

服务业招商引资有力支撑了全年利用外资迅猛发展。服务业实际利用外资71.6亿美元，增长102.%，占实际利用外资的71.4%。

新方式利用外资成效显著。在重点抓好“绿地投资”的同时，有选择、有重点地积极尝试吸收外商股权投资、企业境外上市融资、吸收国际基金投资等利用外资新方式，全年通过各种新方式实际使用外资21亿美元。

【对外经济合作】

2010年，大连市境外投资成倍增长，全年新批境外投资项目65个，比上年增长4.8%；协议投资总额6.71亿美元，比上年增长1.12倍，其中中方协议投资总额5.96亿美元，增长97.4%。至2010年末，全市累计批准境外投资项目243个，协议投资总额13.51亿美元，其中中方协议投资总额12.46亿美元。

2010年，大连市对外经济合作业务平稳发展，完成营业额8.4亿美元，比上年增长10.8%。

2010 年吉林省商务发展概况

吉林省商务厅

王甫轶

吉林省商务厅厅长

王甫轶　汉族，生于1955年3月。1974年2月加入中国共产党。吉林大学世界经济专业毕业，硕士学位。历任吉林省四平市委组织部副部长，中共梨树县委副书记，吉林省委组织部机关党委专职书记（正处级），吉林省辽源市委常委、宣传部部长，吉林省新闻出版局（版权局）副局长，吉林省委宣传部副部长，吉林省人民政府副秘书长（正厅级）、省政府办公厅党组成员。2008年1月至今，任吉林省商务厅厅长、党组书记。

【国内贸易】

概况　2010年，吉林省消费品市场克服了复杂多变的国内外经济形势和严重的洪涝灾害影响，保持了平稳较快的发展。全年社会消费品零售总额完成3 501.8亿元，同比增长18.5%，增幅连续六年高于全国平均水平，超年初计划1.5个百分点。

市场体系建设　切实推进“万村千乡市场工程”，加快农村市场体系建设。全省共建成本连锁农家店近15 000家、建设配送中心46个，带动农村3.6万人就业，农家店增销13亿元，有1 000万农村居民受益，连锁农家店已覆盖95%的乡镇和85%的行政村。

认真贯彻落实国家汽车以旧换新政策，全年共回收符合补贴条件的报废汽车近1万台，发放补贴资金1.5亿元，带动新车消费16亿元；认真抓好报废汽车回收拆解企业和二手车交易市场升级改造工作。我们按照公开、公平、公正的原则，遴选了规模大、积极性高的企业作为试点承办企业，较好地完成了升级改造任务，带动了全省报废汽车回收拆解企业和二手车交易市场升级改造的积极性。

扩大内需　坚持大力宣传家电下乡政策，组织开展家电下乡宣传月活动，充分利用电视、广播、报纸、网络和邮政渠道等各种形式进行广泛宣传“家电下乡”的政策。2010年，全省家电下乡网点备案数量为3352家；家电下乡产品已扩至10大品种、3000多个型号；全年家电下乡产品销售量近150万台，销售额32亿元，增幅达到21%；发放补贴3.8亿元，补贴兑付率列全国第三位。

商贸服务管理　家政网络服务中心是通过电话、网络等信息手段，无偿为市民、企业提供供需对接服务。2010年，全省9个中心城市全部建成开通了家庭服务网络中心，申请了“96616”作为全省统一号码，为城镇居民提供信息服务，并在此基础上建设省级家庭服务网络中心，通过统一服务号码、统一信息管理、统一服务标准、统一数据查询、统一培训体系等，全面监控全省9市网络中心的建设、运行情况，实时了解其业务受理种类、数量、服务效率、服务质量和客户需求以及对服务企业的评价等情况，并加以统计分析，为政府决策提供可靠依据。家庭服务网络中心建设，有效地促进了家庭服务消费和家庭服务企业的发展，对增加就业，提升家庭服务行业的整体发展起到了重要作用。

餐饮服务　近些年来，全省餐饮服务业快速发展，对于改善产业结构，促进经济增长，提高人民生活水平，增加就业岗位，保持社会稳定发挥了十分重要的作用。2010年，全省住宿和餐饮业零售额累计实现349.6亿元，同比增长19.6%，其增幅高于批零贸易业1.2个百分点，高于全省零售额增速1.1个百分点，继续成为领涨行业。

重要餐饮场所经营状况

餐饮场所	年营业额（万元）	年利润（万元）
吉林省南湖宾馆	12 000	2 000
海航长白山宾馆	10 000	1 000
杨麻子大饼	21 996	5 059
松原石油大厦	6 072	22
延边宾馆	3 000	300

【对外贸易】

概况 2010年，吉林省实现进出口总额168.5亿美元，同比增长43.5%，高于全国平均水平8.8个百分点。其中出口44.8亿美元，同比增长43.2%，高于全国平均水平11.9个百分点；进口123.7亿美元，同比增长43.5%，高于全国平均水平4.8个百分点。

2010年11月16日，吉林省延边朝鲜族自治州以其独特鲜明的优势，被国家认定并授牌为第三批“加工贸易梯度转移重点承接地”，也是目前全国44个承接地中唯一的少数民族自治地方。延边州被认定为承接地，是全省承接产业转移的新支撑和加工贸易发展的新机遇。

吉林省2010年出口额1 000万美元以上商品情况表

商品名称	2010年出口金额（万美元）	2009年出口金额（万美元）	2010年增长率（%）
服装及衣着附件	43 170	41 640	3.67
胶合板及类似多层板	30 887	20 599	49.94
鲜、干水果及干果	12 587	10 001	25.85
旅行用品及箱包	12 295	1 147	971.50
赖氨酸	11 303	7 267	55.53
新的充气橡胶轮胎	10 634	6 099	74.37
炉用碳电极	9 486	6 756	40.41
纺织纱线、织物及制品	7 403	4 916	50.60
汽车和汽车底盘	7 365	8 786	-16.17
家具及其零件	6 905	5 316	29.89
谷物及谷物粉	6 901	7 176	-3.83
干豆	6 439	6 786	-5.12
汽车零件	6 343	4 620	37.30
水海产品	5 668	2 886	96.38
蔬菜	5 259	2 511	109.40
艺术品、收藏品及古董	5 038	154	3180.39
鸡肉	4 833	4 523	6.85
食用油籽	3 635	8 468	-57.08
钢材	3 276	2 543	28.86
鲜、冻牛肉	3 222	2 809	14.69
医药品	3 206	2 059	55.74
铁合金	3 204	2 034	57.51
未改性乙醇	2 981	1 867	59.67

吉林省2010年出口额1 000万美元以上商品情况表（续）

商品名称	2010年出口金额（万美元）	2009年出口金额（万美元）	2010年增长率（%）
药材	2 850	1 985	43.59
二极管及类似半导体器件	2 394	2 048	16.86
塑料制品	2 066	1 686	22.53
鞋类	1 987	579	243.19
锯材	1 669	1 383	20.71
电动机及发电机	1 556	15	10 348.39
生铁及镜铁	1 551	619	150.35
纸及纸板（未切成形的）	1 260	1 394	-9.64
电线和电缆	1 099	725	51.65
通断保护电路装置及零件	1 058	560	89.01
灯具、照明装置及类似品	1 021	308	231.95

吉林省2010年进口额1 000万美元以上商品情况表

商品名称	2010年进口金额（万美元）	2009年进口金额（万美元）	2010年增长率（%）
汽车零件	295 088	211 452	39.55
机电产品*	215 362	154 398	39.48
汽车和汽车底盘	112 382	65 602	71.31
计量检测分析自控仪器及器具	59 850	49 679	20.47
大豆	51 834	34 067	52.15
通断保护电路装置及零件	32 806	18 469	77.63
钢材	18 952	19 410	-2.36
录音机及收录（放）音组合机	18 056	9 897	82.44
活塞式内燃机的零件	15 724	14 198	10.75
钢铁制标准坚固件	15 442	11 017	40.17
变压、整流、电感器及零件	9 649	3 065	214.81
金属加工机床	9 408	20 369	-53.81
电动机及发电机	8 753	4 969	76.15
初级形状的塑料	7 030	5 470	28.51
天然橡胶（包括胶乳）	5 659	2 485	127.71
液泵及液体提升机	4 757	2 288	107.95
制冷设备用压缩机	4 385	2 240	95.76
铬矿砂及其精矿	3 780	3 304	14.39
塑料制品	3 270	2 461	32.89
电线和电缆	3 266	1 775	84.00
医疗仪器及器械	3 134	3 431	-8.64
电视机、收音机及无线电讯设备的零附件	3 082	4 020	-23.34
机械提升搬运装卸设备及零件	2 905	2 054	41.42
谷物及谷物粉	2 723	5	50 586.10

吉林省2010年进口额1000万美元以上商品情况表（续）

商品名称	2010年进口金额（万美元）	2009年进口金额（万美元）	2010年增长率（%）
空气调节器	2 669	1 109	140.57
焊接机器及零件	2 587	1 125	130.04
锯材	2 272	1 113	104.07
冻鱼	2 240	2 261	-0.92
锰矿砂及其精矿	2 212	2 808	-21.21
纸浆	1 854	4 933	-62.41
铁矿砂及其精矿	1 541	2 603	-40.80
二极管及类似半导体器件	1 504	1 256	19.79
合成橡胶（包括胶乳）	1 312	668	96.38
阀门	1 296	1 971	-34.26
鲜干水果及坚果	1 223	3 205	-61.84
橡胶或塑料加工机械及零件	1 188	2 028	-41.41
非泡沫塑料的板、片、膜、箔	1 186	878	35.06
无线电导航雷达及遥控设备	1 146	1 330	-13.83
钢坯及粗锻件	1 012	681	48.45

注：* “机电产品”包含本表中已列名的有关商品。

出口基地建设 2007—2010年，长春市汽车及零部件产业实现了跨越式发展。2010年，长春市整车总产量达到168万辆，完成汽车工业总产值3 705亿元，比上年增长31.2%，在全国重点汽车工业城市中继续处于领先地位。零部件方面，2010年实现总产值796.4亿元。出口方面，2010年长春汽车产品出口5.44亿美元，同比增长44.3%。其中，整车出口16 590辆，同比增长56.3%。整车出口在全国基地城市中排在前列。

通化、长春科技兴贸创新基地均为国家级生物医药产业。2010年，长春市和通化市高新技术出口3.77亿美元，同比增长64%，医药产品出口1.25亿美元，同比增长68%。

【对外经济合作】

对外工程承包劳务合作 2010年，吉林省对外承包工程规模继续扩大，对外劳务合作实现恢复性增长。全省对外承包工程劳务合作新签合同额实现56 182万美元，同比增长72.1%；完成营业额实现57 221万美元，同比增长11.1%，完成全年计划目标的101.0%；新派人数15 972人，同比增长1.7%，比上年同期多派265人，列全国第8位。

对外投资 2010年吉林省新设立境外企业和机构31家，其中境外企业29家，境外机构2家。协议总投资额35 272.29万美元，其中中方协议投资额23 186.95万美元。主要投向俄罗斯、香港、朝鲜、澳大利亚、韩国、赞比亚、加拿大、日本、哈萨克斯坦等国家和地区的森林采伐及木材深加工、矿产资源勘查与开发、农业开发、组装销售改装车、水产品加工及销售、奶制品销售、气象仪器制造与销售、旅游、餐饮、进出口贸易等行业。

2010 年长春市商务发展概况

长春市商务局

长春市商务局局长

刘亚群　生于1953年。大专文化，中共党员。历任长春市计委处长、长春高新区管委会副主任、长春市对外贸易经济合作局局长。2004年8月任长春市商务局局长。

【国内贸易】

社会消费品零售总额　2010年吉林省长春市社会消费品零售总额1 286.7亿元，比上年的1 055.1亿元增长18.1%。按地域分，城市1 083亿元，县95.4亿元，县以下108.3亿元。按行业分，批发和零售贸易业1 177.1亿元，住宿和餐饮业109.6亿元。

市场秩序建设　大力加强市场秩序和诚信建设，深入开展专项整治，严厉打击各种破坏市场经济秩序的违法行为，深入推进社会信用体系和商务诚信建设，建立健全食品消费安全的长效机制。以“放心酒”、“放心肉”工程建设为重点，开展了酒类市场整顿工作，查处销售假冒伪劣酒的经营者9户，并对相关责任人进行了处罚和曝光。开展了畜禽屠宰专项整治活动，出动执法人员3 000多人次，执法车辆700多台次，取缔了12处私杀滥宰点，办结投诉举报案件41起，办结率100%。

市场体系建设　按照商务部“标准化菜市场示范工程”建设要求，经吉林省商务厅审核，合格22户“菜市场（农贸市场）”，为标准化菜市场。进一步推进“万村千乡市场工程”建设，建成600个标准合格农家店。大力开展日用消费品和农业生产资料连锁经营进乡村、农副产品进市场、鲜活农产品进超市的“三进工程”，加快了“农超对接”和乡镇集贸市场改造步伐。编制了《全市商业网点规划》，在区域上合理布局和总量调控，调整了零售业业态。城市综合体、区域商业中心、区域性批发市场的建设取得进一步发展，确保了市政府20个综合体项目、20个区域批发市场的开工建设。

以招商引资九个月攻坚行动为平台，组织了形式多样的招商引资“走出去”活动。广滨书记、崔杰市长等市主要领导亲自带队，赴北京、天津、济南、青岛等地进行了四次大型招商引资活动，共签约项目52个，签约金额490.7亿元，助推了19个在长春市投资项目。共引进外资企业80户，直接投资合同外资金额7.9亿美元。引进投资超8 000万元以上的内资大项目170个，投资额达458亿元。引进国内外500强企业22户。组织“请进来”活动35次，达成协议项目106个，协议引进资金180亿元。“东博会”、“农博会”期间，共签约项目68个，签约金额684.3亿元。

商贸服务管理　组织大型商场、超市开展了第六届“黄金季购物节”、“购物在冬季”、“消夏节”等系列促销活动。仅春节期间12家百货企业实现销售46.2亿元，同比增长26.8%，10家大型超市实现销售7.9亿元，同比增长21.5%。大企业、大集团带动作用依然突出。限额以上批零贸易业实现销售额854亿元，同比增长25.3%，欧亚、卓展、亚泰富苑等多家限上企业零售额增幅均超过了18%以上。汽车消费增长明显，并带动石油及制品消费快速增长。限额以上批零贸易业汽车类销售额同比增长33.8%，限额以上批零贸易业石油及制品类销售额同比增长35%。农村消费品市场日趋活跃，农村消费增长快于城镇。随着“家电下乡”、“汽车以旧换新”等拉动政策的逐步落实，乡村社会消费品零售总额实现100亿元，同比增长18.8%，高于城镇增幅1个百分点。“家电下乡”，销售各类家电39万台（件），实现销售额8.98亿元；“汽车以旧换新”，登记报废汽车4 533辆，获得国家补贴资金7 183万元，促进汽车消费4.9亿元。

地产品外销市场不断扩展。组织地方名优产品企业参加了宁波、沈阳“食博会”、南昌“绿博会”和北京“吉林商品大集”，加大了地产品外销的力度，取得较好的成绩。累计现场销售483万元，意向协议签约5.87亿元。

中介服务业和商业示范社区工作进一步加强，“96616”家政服务热线正式开通，丹东路社区被评为全国商业示范社区，长江路等8个社区被评为省级商业示范社区。

市场运行调节 市场供应稳定繁荣。2009年下半年开始，受全国总体形势影响，蔬菜等部分生活必需品价格涨幅较大。市政府采取积极果断措施，对蔬菜进行价格补贴和费用减免，迅速平抑了菜价，取得了显著成效。推行和完善了生猪定点屠宰，加强对集贸市场、超市和餐饮业的肉类管理，严格检疫检验，杜绝了群体性食物中毒事故。尤其加强了对肉品、蔬菜等市场价格的实时监测，及时提供预警信息，做好应急预案，确保货源充足、价格平稳、质量可靠、市场繁荣。

【对外贸易】

进出口总额 进出口总额1 321 424万美元，比上年的853 597万美元增长54.81%。

出口总额 出口总额199 764万美元，比上年的107 087万美元增长86.54%，占全市CDP 3 369.7亿元（相当于508.8亿美元）的25.4%，占全省出口额的44.64%。

进口总额 进口总额1 121 660万美元，比上年的746 510万美元增长50.25%。

出口商品结构 初级产品出口额38 580万美元，占出口总额的19.31%；工业制成品出口额161 184万美元，占出口总额的80.69%。

进口商品结构 初级产品进口额47 603万美元，占进口总额的4.24%；工业制成品进口额1 074 057万美元，占进口总额的95.76%。

出口商品市场 出口商品销往120个国家（地区）。

进口商品市场 进口商品来自63个国家（地区）。

长春市2010年出口额5 000万美元以上商品情况表

商品名称	出口金额（万美元）	占出口总额比重（%）
轨道客车	41 101	20.57
汽车及汽车底盘	12 554	6.28
轮　胎	10 633	5.32
旅行箱包	10 069	5.04
自动调节或控制仪	9 363	4.69
赖氨酸	8 791	4.40
配置的动物饲料	7 577	3.79
汽车零件	7 542	3.78
服装及衣着附件	7 114	3.56
实木复合地板	5 948	2.98
合　计	**120 692**	**60.42**

长春市2010年进口额1.5亿美元以上商品情况表

商品名称	进口金额（万美元）	占进口总额比重（%）
汽车零件	295 049	26.30
汽车及汽车底盘	234 618	20.92
活塞内燃机	96 616	8.61
计量检测分析自控仪器	59 261	5.28
黄大豆	35 425	3.16
通断保护及电路装置及元件	32 643	2.91
轨道车零件	21 970	1.96
录音机及收录放组合机	18 056	1.61
钢　材	15 881	1.42
钢铁制标准坚固件	15 428	1.38
合　计	**824 947**	**73.55**

长春市2010年主要出口市场情况表

国别（地区）	出口金额（万美元）	占出口总额比重（%）	国别（地区）	出口金额（万美元）	占出口总额比重（%）
沙特阿拉伯	25 175	12.60	德国	11 131	5.57
日本	23 149	11.59	伊朗	8 347	4.18
美国	14 767	7.39	泰国	7 380	3.69
韩国	12 607	6.31	印度	3 227	1.62
澳大利亚	11 887	5.95	比利时	4 217	2.11
合计				**121 887**	**61.02**

长春市2010年主要进口市场情况表

国别（地区）	进口金额（万美元）	占进口总额比重（%）	国别（地区）	进口金额（万美元）	占进口总额比重（%）
德国	486 994	43.42	比利时	23 365	2.08
日本	236 998	21.13	捷克	21 854	1.95
匈牙利	84 587	7.54	意大利	18 141	1.62
斯洛伐克	81 489	7.27	韩国	15 044	1.34
美国	33 469	2.98	法国	14 870	1.33
合计				**1 016 811**	**90.65**

【利用外资】

全市实际利用外资26.7亿美元，同比增长9.6%，其中直接利用外资7亿美元，同比增长9.2%。

【对外经济合作】

经商务部及省商务厅批准设立境外企业5户，中方投资总额676.65万美元。对外工程承包、劳务合作完成营业额28 142万美元；新派劳务9 385人次。

【其他】

开发区 长春经济技术开发区全年实际利用内资757 020万人民币，利用外资105 000万美元；长春高新技术产业开发区全年实际利用内资763 220万人民币，利用外资90 380万美元。

商务洽谈会 春秋两季广交会，实现出口成交额4.01亿美元，同比增长10.2%。为期十天的北京“吉林商品大集”，共38家企业有食品、酒类、保健、纺织、工艺品等五大类近百种特色名优产品参展，展会期间现场销售额308万元；现场签约额2 315万元；意向协议签约额3.68亿元，占居全省80%以上。组织企业参加了第四届“中国国际汽配展”和“拉斯维加斯国际汽车零部件及售后服务展”均取得较好成绩。积极开拓俄罗斯、埃及、巴西等新兴经济体国家市场，建立了友好合作关系，达成了多个合作意向。

港口运输 机场一期续建工程顺利完工，飞行区等级由4D标准提升为4E标准，可以保障波音747、空客330等大型客机起降。新开通了长春——台北、长春——台中、长春——青州、长春——釜山等临时航线，使长春市国内外航线总数上升到81条。内陆港集装箱到发量不断增加，功能和作用逐步显现。

涉外旅游 2010年入境的外国人及港澳台同胞24.98万人次，增长15.6%。旅游外汇收入13 747.87万美元，比上年的11 625万美元增长18.26%。

2010年黑龙江省商务发展概况

黑龙江省商务厅

黑龙江省商务厅厅长

叶晓峰　生于1951年。研究生毕业，硕士，教授。共产党员。1968年参加工作。1972年11月—1978年3月任哈尔滨冶金测量学校团委书记。1978年3月—1982年1月、1982年9月—1985年7月分别在黑龙江商学院商业经济系读大学和研究生。1990年10月—1991年11月由黑龙江商学院公派赴英国进修。曾任黑龙江商学院商业经济系副主任、院长助理、副院长、院长，中共黑龙江省委企业工作委员会副书记（正厅级）等职。2002年8月任黑龙江省对外贸易经济合作厅厅长、党组书记。现任黑龙江省商务厅厅长、党组书记。

【国内贸易】

社会消费品零售总额　2010年黑龙江省社会消费品零售总额4 001亿元，比上年的3 361.50亿元增长19%。按地域分，城镇3 547.70亿元，乡村453.30亿元。按行业分，批发和零售贸易业3 509.10亿元，住宿和餐饮业491.90亿元。

批发和零售贸易业企业商品购、销、存总额　批发和零售贸易业企业商品销售总额7 044.60亿元，比上年的5 546.10亿元增长27%。

市场物价　商品零售价格指数为103.1，其中城市102.5，农村105.5；居民消费价格指数为103.9，其中城市103.6，农村104.9。

市场秩序建设　检查市场主体42.1万个，查处各类行政违法违规案件30 259件，查处各类刑事违法案件891件，惩处犯罪嫌疑1 489人，罚款2.50亿元，挽回直接经济损失11.30亿元。检查商贸流通领域市场主体16 219个，共查处违法违规案件2 403件。构建省市两级12312中心，发挥与工商、质监、版权、知识产权、海关、农委、食药监等部门的协调衔接作用。2010年，全省12312中心共受理举报投诉案件1 486件。

开展“诚信经营”示范创建活动，157家企业为“诚信经营”示范企业。选择20户重点信用销售企业建立联系制度，推动银行、保险、担保和企业建立信用销售风险防范分担机制。省直16个部门开展“诚信兴商”宣传月活动，提高企业诚信管理水平，增强社会群众诚信意识，营造诚信兴商良好社会氛围。

市场体系建设　销售家电下乡产品148万台（件），实现销售收入31.56亿元，全年完成补贴发放139万台（件）。汽车摩托车下乡产品销售12万台，销售收入29.85亿元，增长1.2倍。严查制售假劣产品骗补行为，出动检查、执法人员2 650人次；检查经销企业4 500户；对全省3 004家销售网点通过核查重新登记备案。

完善家电汽车下乡产品流通网络建设，投入1 614万元，对86个家电、汽车摩托车示范店升级改造。农家店建设由数量向质量转变，目前农家店已覆盖全省100%的县、95%的乡、85%的行政村以及整个垦区、林区。争取大型批发市场专项补助建设资金2 200万元，对18个农贸市场升级改造，完成投资8 908万元，增加销售额254 741万元，出口3 000万美元，税收2 752万元，税后利润4 853万元，就业27 160人。

18家外资企业申请开设店铺，项目总投资3.20亿元人民币，营业面积4万多平方米。报废汽车中，符合补贴条件的8 384辆，补贴5 584辆。发放补贴资金7 939.4万元，以旧换新购置新车金额52 392.39万元。典当企业149户，典当总额75 341.82万元，典当余额40 847.4万元，共18 434

笔；上缴税金669.43万元，税后利润846.45万元，亏损额194.78万元。173家合格拍卖企业，拍卖1 242次，成交额40.82亿元，发生佣金0.57亿元。

商贸服务管理 牡丹江、齐齐哈尔、佳木斯3个城市建立家政服务网络中心，培训家政服务员15 000人，全部实现就业。24家企业被商务部授予第二批“中华老字号”称号。

销售新家电22.6万台，销售金额8.60亿元，回收旧家电23.5万台，拆解旧家电10.1万台，回收铜、铝、铁、塑、玻璃等可利用再生资源1 550吨。对750家再生资源回收企业、1 357个回收网点进行备案，从业人员达10万人。继续推进以“便利消费进社区，便民服务进家庭”为主题的社区双进工作，全省创建国家级商业示范社区14个，省级商业示范社区52个，社区商业建设示范企业13个。

家电销售企业、家电生产企业和家电拆解企业在哈尔滨市中央大街举办“节能减排，以旧换新”专题宣传日活动。通过图版、宣传单、实物展示以及发放环保袋等形式宣传推广节能型新产品、新技术，引导消费者购买使用节能产品。

市场运行调节 实现社会消费品零售总额4 001亿元，增长19%，增幅高于全国0.6个百分点，列全国第6位；批发零售业销售额7 044.60亿元，增长27%，；住宿餐饮业营业额642.80亿元，增长25%。

建设改造农家店1 000多家，全省乡村市场实现消费品零售额391.20亿元，增长18.80%；城镇市场消费品零售额3 155.20亿元，增长19%，其中城区零售额2 523.40亿元，增长19.50%。加大对个体私营经济发展的政策扶持力度，特别是对个体经营业户重点支持，商业经营网点不断增加，促进消费品零售额快速增长。2010年，全省限额以上批发零售企业实现零售额1 003.30亿元，增长31.30%，其中个体经营户实现零售额70.10亿元，增长86.50%，增幅高于限额以上批发零售企业55.2个百分点。限额以下批发零售企业实现零售额2 505.80亿元，增长14.70%，增幅低于限额以上批发零售企业16.6个百分点。

大中型商业零售企业成为城乡居民特别是城镇居民的首选消费场所，也是拉动消费增长的中坚力量。重点监测的百家核心商业零售企业中有9家企业销售额超过10亿元，有47家企业销售额超过亿元。

【对外贸易】

进出口总额 进出口总额255亿美元，比上年的162.21亿美元增长57.23%。

出口总额 出口总额162.82亿美元，比上年的100.76亿美元增长61.59%，占全省GDP 10 235亿元（相当于1 512亿美元）的10.80%，占全国出口额的1%。

进口总额 进口总额92.22亿美元，比上年的61.45亿美元增长50.08%。

出口商品结构 初级产品出口额9.05亿美元，占出口总额的5.56%；工业制成品出口额153.76亿美元，占出口总额的94.44%。

进口商品结构 初级产品进口额57.94亿美元，占进口总额的62.83%；工业制成品进口额34.28亿美元，占进口总额的37.17%。

出口商品市场 出口商品销往203个国家（地区）。

进口商品市场 进口商品来自107个国家（地区）。

黑龙江省2010年出口额4 000万美元以上商品情况表

金额分类	商品名称	出口金额（万美元）	占出口总额比重（%）
3亿美元以上（7种）	服装及衣着附件、鞋类、箱包及类似容器、家具及其零件、纺织纱线织物及制品、塑料制品、钢材	757 855	46.55
1亿—3亿美元（8种）	玻璃制品、灯具照明装置及类似品、汽车及整套散件、体育用品及设备、蔬菜、医药品、汽车零件、鲜干水果及坚果	120 454	7.39
4 000万—1亿美元（12种）	摩托车及自行车零件、石蜡、圣诞用品、静止式变流器、自动数据处理设备及其部件、手用或机用工具、家用或装饰用木制品、床垫寝具及类似品、自动数据处理设备的零件、游戏机、纸及纸板（未切成形的）、胶合板及类似多层板	82 331	5.06
合　计	**27种**	**960 640**	**59.00**

黑龙江省2010年进口额1 000万美元以上商品情况表

金额分类	商品名称	进口金额（万美元）	占进口总额比重（%）
3亿美元以上（6种）	原油、大豆、成品油、原木、矿物肥料及化肥、铁矿砂及其精矿	650 632	70.55
1亿—3亿美元（5种）	锯材、纸浆、金属加工机床、初级形状的塑料、合成橡胶（包括胶乳）	67 270	7.29
1 000万—1亿美元（16种）	钢材、计量检测分析自控仪器、气轮机零件、阀门、废金属、纸及纸板（未切成形的）、煤、自动数据处理设备及其部件、金属轧机及零件、汽车及整套散件、医疗仪器及器械、涡轮喷气发动机、制造纸及纸制品用机械及零件、未锻造的铜及铜材、活塞式内燃机的零件、集成电路	87 943	9.53
合　计	**27种**	**805 845**	**87.37**

黑龙江省2010年主要出口市场情况表

国别（地区）	出口金额（万美元）	占出口总额比重（%）	国别（地区）	出口金额（万美元）	占出口总额比重（%）
俄罗斯	428 475	26.32	马来西亚	56 074	3.44
美　国	133 308	8.19	日　本	38 982	2.39
印　度	79 259	4.86	德　国	37 032	2.27
韩　国	65 623	4.03	香　港	31 395	1.93
印度尼西亚	58 321	3.58	吉尔吉斯斯坦	27 941	1.72
合　计				**956 410**	**58.73**

黑龙江省2010年主要进口市场情况表

国别（地区）	进口金额（万美元）	占进口总额比重（%）	国别（地区）	进口金额（万美元）	占进口总额比重（%）
俄罗斯	318 881	34.58	刚果（布）	28 793	3.12
安哥拉	141 581	15.35	日　本	27 846	3.02
美　国	91 181	9.89	德　国	25 304	2.74
巴　西	55 595	6.03	马来西亚	23 011	2.49
新加坡	42 317	4.59	沙特阿拉伯	14 393	1.56
合　计				**768 902**	**83.37**

对俄贸易　进出口总额74.74亿美元，比上年的55.77亿美元增长34%，占全省进出口总额的29.30%，其中出口42.85亿美元，比上年的32.68亿美元增长31.09%。主要出口商品有蔬菜、鲜干水果及坚果、服装、纺织品、鞋类等；进口31.89亿美元，比上年的23.09亿美元增长38.12%。主要进口商品有原木、锯材、纸浆、铁矿砂及其精矿、原油、化肥等。

技术进口　技术进口总额10 728.21万美元，比上年的2 741.37万美元增长291.34%。签订引进技术合同项目23个，比上年增加10个。

【利用外资】

黑龙江省2010年利用外资情况表

利用外资方式	批准签订的合同			实际利用外资	
	项目数（个）	外资金额（万美元）	金额比上年增长（%）	金额（万美元）	金额比上年增长（%）
外商直接投资	**147**	**148 937**	**29.24**	**127 978**	**11.82**
合资企业	42	26 456	－21.03	16 714	－61.57
合作企业	7	12 269	62.74	2 546	4 796.15
外资企业	96	61 187	－16.93	69 819	70.41
股份有限公司	2	11 863	2 064.78	1 737	－85.25

外商直接投资行业 外商直接投资147个项目中，农、林、牧、渔业9个，合同外资15 088万美元，实际利用外资6 362万美元；制造业50个，合同外资152 546万美元，实际利用外资153 212万美元；电力、燃气及水的生产和供应业2个，合同外资29 065万美元，实际利用外资30 758万美元；建筑业1个，合同外资2万美元，实际利用外资12万美元；交通运输、仓储和邮政业1个，合同外资210万美元；信息传输、计算机服务和软件业4个，合同外资1 499万美元，实际利用外资703万美元；批发零售业48个，合同外资21 351万美元，实际利用外资2 341万美元；住宿和餐饮业9个，合同外资1 018万美元，实际利用外资4 925万美元；房地产业3个，合同外资27 516万美元，实际利用外资21 732万美元；租赁和商务服务业14个，合同外资12 488万美元，实际利用外资10 076万美元；科学研究、技术服务和地质勘查业3个，合同外资2 092万美元，实际利用外资697万美元；水利、环境和公共设施管理业1个，合同外资550万美元，实际利用外资10 249万美元；居民服务和其他服务业1个，合同外资259万美元，实际利用外资1 250万美元。

外商直接投资来源 外商直接投资项目主要来自：香港64个，合同外资129 259万美元，韩国17个，8 462万美元，俄罗斯11个，1 513万美元，日本9个，1 938万美元，英属维尔京群岛8个，18 302万美元，美国7个，44 753万美元。

【对外经济合作】

对外投资 在海外举办企业15家，投资总额4.16亿美元，均为中方投资。投资国别和地区主要有美国、菲律宾、马达加斯加、香港、日本、印度、加拿大、新加坡、圭亚那、乌兹别克斯坦等38个国家和地区。主要涉及房地产开发、种子经营与农业种植、计算机软件、矿产勘探开采和加工、森林采伐和原木加工、石油装备的销售与维修、环保产品等领域。截至2010年对外投资存量9.90亿美元。

承包工程和劳务合作 签订对外承包工程和劳务合作合同项目67个，金额2.03亿美元，与上年持平；完成营业额10.71亿美元，比上年的8.22亿美元增长30%；年末在外12 885人，主要派往俄罗斯、印度、印度尼西亚、越南、蒙古等25个国家和地区。承包工程的主要项目是哈尔滨电站工程有限责任公司在苏丹东格拉输变电、越南锦普火电、土耳其小水电、巴基斯坦滨佳胜联合循环、印尼百通火电、印度满汉设备供货等6个项目；龙建路桥股份有限公司在苏里南市外道路工程、马拉博市城市污水管网工程、印度喜马偕尔帮公路1标、印度喜马偕尔帮公路5标、印度哈里公路2合同段；黑龙江省火电第三工程公司的拉兹丹电厂#5机组改造；大庆石油国际工程公司在蒙古塔南先导性试验区块、印尼2D3D采集、加里曼2D采集、印尼JUBANG测井等项目。

对外经济技术援助 承担3个对外援助项目，即黑龙江省国际合作公司援建的孟加拉国小学校项目，牡丹江燕林庄园援建毛里塔尼亚农业示范园项目，黑龙江商业大学对非洲部分国家酒店经理人员进行的商务管理培训。

【其他】

开发区 经国务院批准的经济技术开发区、高新技术产业开发区8家，基础设施投入26.82亿元；合同外资4.91亿美元，实际利用外资5.43亿美元，增长38%；进出口总额90.40亿美元，增长36%。

港口运输 全省25个口岸，其中水运口岸15个，码头泊位118个。进出口货运量885.9万吨，增长8.40%，其中出口货运量117.7万吨，增长22.40%；进口货运量768.2万吨，增长6.50%。出境人数174万人次，增长27%，入境人数173万人次，增长26.50%。

涉外旅游 2010年入境的外国人164.8万人次，增长22.07%，港澳台胞7.59万人次，增长1.60%，旅游外汇收入7.63亿美元，增长19.40%。

2010年哈尔滨市商务发展概况

哈尔滨市商务局

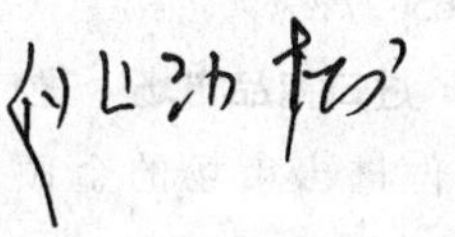

哈尔滨市商务局局长

姚劲松 1956年出生。哈尔滨工业大学社会科学系硕士研究生毕业。1987年加入中国共产党。1974年6月参加工作，历任黑龙江省外贸进出口公司业务员、驻日本代表处代表，哈尔滨市国际经济技术合作公司技术设备引进处副处长、进出口处处长、总经理助理、副总经理、党组成员，哈尔滨市进出口集团公司总经理、党委委员，哈尔滨市委统战部副部长，哈尔滨市工商联党组书记、常务副主席。现任哈尔滨市商务局党组书记、局长。

【国内贸易】

社会消费品零售总额 2010年哈尔滨市社会消费品零售总额1 770.2亿元，比上年的1 490.6亿元增长18.8%。按行业分，批发和零售贸易业1 541.2亿元，住宿和餐饮业229亿元。

市场秩序建设 深入整顿和规范市场经济秩序，商务综合行政执法试点工作稳步推进。开展全市性的肉食品市场集中整治行动，严厉打击私屠滥宰及注水等违法犯罪行为，取缔私屠滥宰黑加工点9处。加强酒类专卖管理，全年共查处非法案件1 418件。积极整顿二手车市场，依法清理取缔无照经营企业6户。进一步加强商务领域诚信建设工作，逐步建立"四位一体"的商贸企业信用建设保障机制。牵头开展了全市保护知识产权和制售假冒伪劣商品专项行动。成立了专项行动领导小组，制发了《哈尔滨市打击侵犯知识产权和制售假冒伪劣商品专项行动实施方案》，全市专项行动正稳步推进。建立以12312举报投诉服务中心为导向，以商务综合行政执法为主线，形成商务综合行政执法运行机制。

市场体系建设 紧紧围绕哈尔滨市新的发展目标和发展战略，进一步加大《哈尔滨市商品市场体系建设规划》实施力度，商贸流通领域大项目建设和区域性商圈建设进展顺利。全年规划建设流通领域大项目38个，总规模812.63万平方米，总投资283.37亿元，现已完成投资80.75亿元。中顺二手车市场开始试营业，南极国际商贸城项目已完成工程主体建设，盛恒基国际生活广场项目商业裙楼和主体工程封顶。继续加强农村流通网络建设，全年改造建设"农家店"400家任务如期完成，目前，全市标准农家店建设已达到4 000家。

商贸服务管理 认真落实国家扩大消费的政策措施，全力推进家电、汽车下乡和家电、汽车以旧换新工作，促进城乡消费升级。截至年底全市家电、汽车下乡商品累计销售63.7万台，拉动农村消费30.81亿元；汽车以旧换新累计销售4 719辆，拉动新车消费6亿元；家电以旧换新累计销售12.34万台，拉动家电消费4.6亿元。多措并举，促进"双一"目标和市场"保供稳价"任务顺利完成。开展了限额以上企业的普查工作；制定了《哈尔滨市保障今冬明春生活必需品市场供应工作方案》；开展了超市与农户产销直接挂钩工作。积极引导大型商业企业开展促消费系列活动，大型商业企业销售额再创新高。专业店、商业集团和百货店零售额，同比分别增长29.7%、19.0%和17.0%。认真组织实施放心早餐工程试点工作。建立2个国家级、6个市级主食加工配送中心。全市设立早餐车（亭）300个，固定门店200个。家政服务工程在已有2家培训机构基础上，又新增3家培训机构，培训家政服务人员5 000人左右。

市场运行调节 2010年哈尔滨市消费品市场继续保持了繁荣稳定和较快增长势头。针对稳定市场供应难度加大，物价上涨明显的形势，进一步加强了市场监测、市场调控体系建设，市场动态信息的获取能力和调控市场能力明显提高。在保供、稳价的工作中，收到良好效果。一是充分发挥生活必需品、重点流通企业和节日监测等监测系统的作用，对市场异动做出快速反应。二是按照《哈尔滨市生活必需品市场供应应急预案》的要求，认真做好市级生猪（活体）和牛羊肉等储备商品，不断完善现有储备商品的管理制度，制定了市场应急商品调运投放网络。三是全力做好春节、国庆等重要节日市场供应。根据市场变化的需要，积极安排好肉、蛋、菜等主要副食品的市场供应，确保生活必需品市场的繁荣稳定。

【对外贸易】

进出口总额 进出口总额422 528.98万美元，比上年的318 802.85万美元增长32.54%。

出口总额 出口总额199 846.16万美元，比上年的125 242.28万美元增长59.57%，占全省GDP 10 235亿元（相当于1 545亿美元）的1.29%，占全市GDP 3 666亿元（相当于554亿美元）的3.61%，占全省出口额的12.27%。

进口总额 进口总额222 682.82万美元，比上年的193 560.57万美元增长15.05%。

出口商品结构 初级产品出口额18 020.26万美元，占出口总额的9.02%；工业制成品出口额181 825.90万美元，占出口总额的90.98%。

进口商品结构 初级产品进口额120 943.37万美元，占进口总额的54.31%；工业制成品进口额101 739.45万美元，占进口总额的45.69%。

出口商品市场 出口商品销往177个国家（地区）。前10位出口市场的金额130 446.55万美元，占出口总额的65.27%。

进口商品市场 进口商品来自68个国家（地区）。前10位进出市场的金额196 004.44万美元，占进口总额的88.02%。

服务外包 截至2010年底，全市有88户企业登录商务部软件服务外包统计系统，上报接包合同额全年累计为3.78亿美元，同比增长419.77%；合同执行额2.48亿美元，同比增长308.07%。其中离岸服务外包执行额1.74亿美元，同比增长376.45%。

哈尔滨市2010年出口额1 000万美元以上商品情况表

金额分类	商品名称	出口金额（万美元）	占出口总额比重（%）
3000万美元以上	机电产品、农副产品、医药品、服装及衣着附件、纺织纱线织物及制品、家具及其零件、鞋类	171 744.47	85.94
1 000万—3 000万美元	钢材、箱包及类似容器、塑料制品、玻璃制品、体育用品及设备、胶合板及类似多层板	11 336.05	5.67
合　计	**13种**	**183 080.52**	**91.61**

哈尔滨市2010年进口额1 000万美元以上商品情况表

金额分类	商品名称	进口金额（万美元）	占进口总额比重（%）
5 000万美元以上	农副产品、机电产品、钢材	214 868.21	96.49
1 000万—5 000万美元	无	—	—
合　计	**3种**	**214 868.21**	**96.49**

哈尔滨市2010年主要出口市场情况表

国别（地区）	出口金额（亿美元）	占出口总额比重（%）	国别（地区）	出口金额（亿美元）	占出口总额比重（%）
印　度	5.37	26.89	巴基斯坦	0.82	4.10
美　国	1.42	7.11	巴　西	0.66	3.28
日　本	1.32	6.59	德　国	0.62	3.10
俄罗斯	1.04	5.22	苏　丹	0.49	2.45
韩　国	0.86	4.28	意大利	0.45	2.27
合　计				**13.04**	**65.27**

哈尔滨市2010年主要进口市场情况表

国别（地区）	进口金额（亿美元）	占进口总额比重（%）	国别（地区）	进口金额（亿美元）	占进口总额比重（%）
美　国	7.90	35.48	爱尔兰	0.72	3.22
巴　西	4.87	21.86	意大利	0.50	2.26
日　本	2.01	9.02	韩　国	0.49	2.20
德　国	1.28	5.73	英　国	0.44	1.97
阿根廷	0.97	4.37	法　国	0.43	1.91
合　计				**19.60**	**88.02**

【利用外资】

哈尔滨市2010年利用外资情况表

利用外资方式	批准签订的合同			实际利用外资	
	项目数（个）	外资金额（万美元）	金额比上年增加（%）	金额（万美元）	金额比上年增加（%）
外商直接投资	**83**	**36 708.18**	**11.0**	**70 010.03**	**16.0**
合资企业	20	10 255.26	13.5	1 7324.29	1.5
合作企业	5	11 637.27	30.0	526.00	3 407.0
外资企业	57	11 388.03	-45.0	4 5025.02	28.0
股份有限公司	1	3 427.62		291.72	
其他				6 843.00	

外商直接投资行业　新批外商直接投资企业83户，其中，生产型企业8户，非生产型企业6户。主要分布在商业36户，其他15户，机械7户，食品和饮食各5户，电子、轻工、化工、建材、房地产、科教文化各2户，农业、能源、交通运输各1户。

外商直接投资来源　外商直接投资主要来自香港、韩国、美国等16个国家和地区。投资项目83个，投资总额68 959.95万美元。其中：投资100万美元以下项目49个，投资总额804.69万美元；投资100万美元以上500万美元以下项目12个，投资总额3 595.66万美元；投资500万美元以上1 000万美元以下项目5个，投资总额3 536.21万美元；投资1 000万美元以上项目17个，投资总额61 023.39万美元。

【对外经济合作】

对外投资 2010年审核全市境外投资项目15个，总投资额1.51亿美元。主要项目：哈量集团重组凯狮—连环有限责任公司和在德国慕尼黑设立凯狮有限责任公司，总投资1650万美元。投资国别和地区分别为俄罗斯、美国、日本、德国、香港、乌兹别克斯坦。

承包工程和劳务合作 签订对外承包工程和劳务合作合同项目4个，金额10.62亿美元。承包工程主要项目是哈电站工程有限责任公司与印度爱莎集团签订的四单合同。

【其他】

开发区 哈尔滨经济技术开发区全年实现GDP 450亿元，比上年增长38%；工业总产值1 240亿元，增长38%；工业增加值310亿元，增长38%；销售收入1 688亿元，增长39%；进出口总额23.3亿美元，增长108%；固定资产投资310亿元，增长40%；全口径财政收入52亿元，增长18%；本级财政收入10亿元，增长21.3%。

哈尔滨高新技术开发区全年实现进出口总值1.26亿美元，其中：出口总值0.94亿美元，进口总值0.32亿美元。高新区实际利用外资5 190万美元；完成固定资产投资30.4亿元，增长39.5%。

商务洽谈会 第二十一届中国哈尔滨国际经济贸易洽谈会于2010年6月15日—19日在哈尔滨国际会展中心举行。本届哈洽会全市交易团成交总额为16.04亿美元，比上届增长19.56%。其中进出口贸易成交15.17亿美元，同比增长13.74%，出口成交4.37亿美元，同比下降42.31%，进口成交10.80亿美元，同比增长87.55%，对俄贸易成交1.76亿美元，占全市交易团对外贸易成交总额10.73%。签订国际经济合作项目合同金额3 380万美元；签订境外投资项目合同2项，投资总额5 290万美元。

第六届中国哈尔滨对俄出口商品展览会于2010年7月1日—3日在俄罗斯符拉迪沃斯托克市“冠军”体育中心举行。本届展会全市共签订进出口贸易合同3 600万美元，并形成规模化和品牌化，成为“中国在俄远东地区第一展”，在俄罗斯引起了强烈反响。

港口运输 哈尔滨内河口岸：哈尔滨港现设有14个千吨级泊位，核定年通过能力256万吨。2010年完成货物吞吐量50.2万吨，其中包括经抚远港口岸转关的出口货物349吨。

哈尔滨航空口岸：年设计旅客吞吐量666万人次。2010年哈尔滨太平国际机场运送旅客总量为725.9万人次，同比增长10.68%。

哈尔滨铁路货运口岸：总面积10万平方米，年设计吞吐量10万标箱（TEU）。2010年完成集装箱到发量为48 237标箱（TEU），同比下降17.39%。

涉外旅游 2010年全市接待入境游客26.4万人次，其中外国人21.2万人次，香港同胞2.3万人次，澳门同胞0.2万人次，台湾同胞2.7万人次。旅游外汇收入14 272.4万美元，同比下降1.8%。

2010年上海市商务发展概况

上海市商务委员会

上海市人民政府副秘书长
上海市商务委员会主任

沙海林　1957年6月出生于上海市，工学硕士和管理学博士。1991年起历任共青团上海市委副书记、上海市青年联合会主席、全国青联常委、第八届全国政协委员，1996年起历任中共上海市浦东新区农村工作党委书记、浦东新区工委委员、浦东新区委员会常委、组织部长兼人事局长、机构编制办主任，2000年起历任中国驻美国大使馆公使衔参赞（负责美国国会和双边工作）、中国驻爱尔兰特命全权大使，2005年起历任中共上海市卢湾区委副书记、代区长、区长、区委书记。2008年2月起，任上海市人民政府副秘书长（期间曾任上海市对口支援都江堰灾后重建指挥部总指挥）、上海市商务委员会主任。

【国内贸易】

商品销售总额和社会消费品零售总额　2010年上海市商品销售总额、社会消费品零售总额为37 383.25亿元、6 036.86亿元，分别比上年增长24.2%、17.5%，增速分别比上年提高4.9个、3.5个百分点，流通和消费规模创下历史新高，分别保持了2003年、2004年以来连续8年、7年两位数增长。其中社会消费品零售总额剔除物价上涨因素，实际增长15.5%，增速比上年提高0.8个百分点，连续6年保持零售总额名义、实际增速“两位数、双增长”的发展势头。上海商业成为流通先导型服务经济的重要支柱，发展流通现代化对提升国际大都市综合竞争力的重要作用进一步凸显。

吃、穿、用商品　食品、穿着用品、日用品、成品油全年分别实现零售额1 819.88亿元、682.12亿元、3 179亿元、355.86亿元，增长12.9%、18.3%、19.4%、23.2%，分别占零售总额的30.1%、11.3%、52.7%、5.9%，分别拉动全市零售额增长4.1个、2.1个、10.1个、1.3个百分点。全市餐饮业全年营业额实现678.91亿元，增长16.9%。

商业对国民经济增长的贡献率　商业成为全市GDP增长重要支柱。完成增加值达2 779.34亿元，增长12.4%，增速提高0.8个百分点；商业增加值的规模和增速均创历史新高，批发零售业实现三产行业规模和增速“双第一”。上海商业增加值分别占全市和第三产业生产总值的16.5%、28.9%，占比分别提高0.4个、1.9个百分点。商业增加值净增308.02亿元，对全市和第三产业GDP增长的贡献率分别达到20.3%、67.3%，拉动全市生产总值、第三产业增加值分别增长2.01个、3.4个百分点。

企业性质　国有、集体经济商业全年实现零售额402.39亿元，增长15.1%，占全市零售总额6.7%；非公、混合经济商业累计实现零售额5 634.47亿元，增长17.6%，占全市零售总额比重93.3%。其中：港澳台商、外商投资商业累计实现零售额1 225.57亿元，增长21.6%，占全市零售总额的20.3%。私营商业销售规模第一，全年实现零售额1 729.80亿元，增长20%，占非公、混合经济商业零售总额的30.7%。

商业固定资产投资　完成商业固定资产投资总额363.37亿元，增长31.4%，高于全市固定资产投资总额增速32.2个百分点。从行业看，零售业投资领先增长，增长90.6%，房地产商业设施投资增长32.2%，批发业投资增长8.4%；世博会前夕，餐饮业、住宿业、项目集中竣工，完成投资分别下降20.3%、3.4%。从经济成分看，股份公司、外商港澳台商、私营经济投资分别增长79.7%、

58.3%、57.1%；国有经济投资下降57.8%。

市场物价 居民消费价格指数、商品零售价格指数分别上涨了3.1个、1.7个百分点，其中：从5月份起，居民消费价格指数上涨明显，12月份达到高峰，上涨4.5个百分点。食品价格起伏明显。全年8大类居民消费价格指数"2降6升"，其中：食品、医疗保健、居住、烟酒、家庭设备用品及维修、娱乐教育文化用品及服务类价格分别上涨7.7%、3.7%、3.5%、1.1%、1.1%、0.9%。13类食品价格全面上涨，水产品、粮食、干鲜瓜果、蔬菜消费价格增幅分别达到16.4%、12%、12%、11%。

惠民政策效果显著 积极落实家电以旧换新政策，五大类家电回收411.10万台、销售399.20万台，零售额151.10亿元，分别增长1.07倍、1.18倍、4.66倍。加上家电下乡实现零售额1.83亿元，合计实现零售额152.93亿元，占全市限额以上企业家电零售额351.91亿元的43.5%。五大类家电回收、销售量分别占全国15.8%、15.2%，均居全国中心城市家电以旧换新数量规模第一。以旧换新、汽摩下乡政策促进汽车、成品油销售增长。全市限额以上批发零售企业累计实现汽车、成品油零售额792.21亿元、350.97亿元，增长39.6%、25.7%。

市场体系建设 商业布局。加快引进知名品牌，促进了商业布局和结构调整。新推出10条特色商业街、10个社区商业示范社区，累计引进国际一二线品牌1300多个。具备国际商业主要业态，形成了市级商圈、区级商业中心和社区商业布局。蔬菜"产销对接"。市商务委会同市农委积极推进蔬菜专业合作社与标准化菜市场产销对接工作。杨浦、普陀、闸北、虹口4个区的8家专业菜市场经营管理公司与本市蔬菜专业生产合作社签订协议，实施产销直供对接。消费便利化。实现刷卡消费覆盖主要商业街、覆盖大中型企业、覆盖商业主力业态；拥有连锁超市、大卖场、专卖店等商业网点1.32万个。大宗商品市场建设。全市1 000多家商品交易市场预计成交额达5 600亿元，规模以上74家商品交易市场预计成交额达4 480亿元，其中生产资料成交额占90%。钢铁、有色金属、白银等市场价格已成为全国市场风向标，铜的"上海价格"已成为国际铜市的重要风向标。上海石油交易所推出我国能源要素市场第一笔LNG和LPG现货竞买交易。上海陆上货运交易中心与大宗商品交易市场实现对接。城市商业网点规划编制完成。市商务委与城市规划院联合发布了《2009—2020上海商业网点发展规划》，指导全市商业发展布局。再生资源回收工作取得突破。完成1 940个回收网点、5个分拣加工中心建设。印发《加快推进本市再生资源回收体系建设的实施意见》，起草拟订《本市再生资源回收管理办法》。拍卖业。全年成交场次1 956场，增加139场。行业经营总额达428亿元，较上年大增146.5亿元，增幅达52%。其中，文化艺术品、无形资产、房地产项目拍卖额增幅较大。文化艺术品34亿元，创历史新高；无形资产拍卖首次突破200亿元，其中冠名权拍卖160亿元，占成交总额37%；房地产拍卖增长额最大，较上年增加了83亿元，增幅59%。典当业。新增典当企业31家。新增注册资金39 750万元，累计总注册资金为317 887万元。其中，注册资本金在5 000万元至1亿元的企业有6家。全市典当企业平均经营规模约为2.06亿元，典当余额约为37.14亿元，资金平均周转次数9.1次，2009年为8.2次。世博特许产品经营。累计招募特许生产商345家、零售商233家，开设销售网点8 857家，上市产品达29个品类17 909款，实现销售额309.58亿元，刷新了我国大型活动特许商品销售纪录。

商贸服务管理 商业成为全市创税主力军。2010年，上海商业税收总额突破千亿元大关，达到1 532亿元，增长25.7%，增速提高了18.3个百分点。商业税收分别占全市和第三产业税收总额的19.1%、37.1%，占比分别提高0.8个、2.5个百分点。商业税收净增312.85亿元，商业对全市和第三产业税收增长的贡献率分别达到23.6%、51.8%，拉动全市和第三产业税收增长9.7个、21.3个百分点。商业成为全市引进外资首要力量。商业利用外资合同项目2 087项，增长35.7%，分别占全市和第三产业合同外资项目总数的53.4%、59.5%。商业新增合同项目549个，对全市和第三产业利用外资合同项目的贡献率达到67.3%、70.6%，拉动全市和第三产业利用外资合同项目增长17.8个、20.1个百分点。商业吸收大量就业。上海商业从业人员约230万人，占全市从业人员总数约21%。流通现代化程度不断提高。全市网购交易额超过4 000亿元，占社会消费品零售总额的比重超过5%；刷卡消费扩大，达到4 812.50亿元，增长18.3%，如剔除房产刷卡消费下降因素，刷卡消费增长达38.6%。

市场运行调节 保障主副食品市场供应、价格稳定和食品安全。加强市场监测、产销对接，增加储备数量，确保市场供应不断档脱销和价格稳定。在江桥、江杨、曹安、农中心、龙上、西郊国际6家批发市场和100家标准化菜市场建设蔬菜信息流通体系建设。压缩关闭3家小型屠宰场，开设50家肉品品牌专卖店，开展"放心肉"宣传活动，市民对冷鲜肉的知晓率达到80%以上。连锁经营。据上海市连锁经营协会统计，会员单位1.33万个市内网点，2010年实现市内零售额1 220.88亿元，增长16%，占全市零售总额的20.2%。连锁超市业态实现市内零售额643.70亿元，增长6.2%，其中：折扣店、标准超市、大型综合超市、便利店分别实现销售22.41亿元、163.71亿元、399.02亿元、58.56亿元，增长10.3%、3.6%、8%、0.2%。专业专卖店实现市内零售额577.18亿元，增长29.5%。

现代物流发展 上海被商务部认定为全国流通领域现代物流示范城市，医药、危险化学品、冷链、汽车等专业物流服务能力和A级物流企业总数在全国领先。落实细化各项扶持政策，会同有关部门为物流园区、城市配送物流、制造业物流等重点领域落实专项支持资金近亿元，帮助100多家企业享受洋山保税港区优惠营业税政策，并在100余家物流企业启动差额征收营业税试点工作。加强物流园区建设，积极吸引重大项目落户物流园区，跨国公司国际分拨中心、转运中心，以及汽车、钟表、医药、酒类等十个行业的进出口基地和物流运营中心等相继建成。成功举办2010年长三角地区现代物流联动发展大会，进一步密切区域合作，共同推动物流资源交易中心建设，切实加强区域物流联动发展。

【对外贸易】

进出口总额 进出口总额3 688.7亿美元，比上年增长32.8%，占全国比重为12.4%。其中，出口总额1 807.8亿美元，增长27.4%；进口总额1 880.9亿美元，增长38.5%。

出口商品结构 机电产品出口额1 311.6亿美元，增长27.84%，占全市出口总额的72.6%；高新技术产品出口额841.11亿美元，增长32.22%，占46.5%；纺织服装出口额178.2亿美元，增长16.7%，占9.9%。

进口商品结构 机电产品进口额1 092.74亿美元，占全市进口总额的58.10%；高科技产品进口额683.73亿美元，占36.35%；农产品进口额77.58亿美元，占4.12%；纺织品进口额33.82亿美元，占1.8%。

上海市2010年主要出口商品情况表

商品名称	出口金额（万美元）	增长率（%）
自动数据处理设备及其部件	4 734 025.55	28.65
服装及衣着附件	1 280 860.97	14.48
集成电路	1 089 637.63	34.76
船舶	620 457.98	11.72
纺织纱线、织物及制品	500 940.68	22.85
自动数据处理设备的零件	412 735.13	4.05
钢材	335 207.31	57.17
二极管及类似半导体器件	288 806.49	111.41
液晶显示板	275 341.74	118.74
机械提升搬运装卸设备及零件	253 288.60	-20.11

上海市2010年主要进口商品情况表

商品名称	进口金额（万美元）	增长率（%）
集成电路	3 037 800.41	33.12
未锻造的铜及铜材	923 827.18	44.80
自动数据处理设备及其部件	818 937.89	24.46
铁矿砂及其精矿	690 055.33	68.88
初级形状的塑料	471 988.80	47.50
计量检测分析自控仪器及器具	461 269.12	53.61
通断保护电路装置及零件	419 388.31	34.19
自动数据处理设备的零件	406 881.89	58.18
汽车零件	338 893.82	56.07
汽车（包括整套散件）	337 017.08	179.74

上海市 2010 年主要出口市场情况表

国别（地区）	出口金额（亿美元）	占出口总额比重（%）
美　国	409.91	22.67
日　本	196.46	10.87
香　港	134.09	7.42
德　国	86.05	4.76
荷　兰	77.61	4.29
法　国	60.97	3.37
新加坡	59.01	3.26
韩　国	58.92	3.26
台湾省	56.54	3.13
英　国	43.11	2.38
合　计	**1 182.67**	**65.41**

上海市 2010 年主要进口市场情况表

国别（地区）	进口金额（亿美元）	占进口总额比重（%）
日　本	308.71	16.41
美　国	202.75	10.78
台湾省	150.05	7.98
德　国	140.61	7.48
韩　国	146.41	7.78
马来西亚	107.75	5.73
泰　国	53.09	2.82
澳大利亚	56.25	2.99
智　利	42.61	2.27
法　国	42.54	2.26
合　计	**1 250.77**	**66.50**

技术进口　登记技术进口合同 2 548 份，合同金额 34.11 亿美元，比 2009 年合同金额下降了 23.43%。其中，制造业的技术进口规模最大，合同数 1 275 份，合同金额 21.61 亿美元。美国、日本和德国是本市技术进口的主要来源国。2010 年，上海从以上三个市场进口的技术合同总金额分别为 9.56 亿美元、5.70 亿美元和 4.95 亿美元，占同期本市技术进口总额的 59.25%。

技术出口　出口 1 311.60 亿美元，增长 27.84%，占全市外贸出口额的 72.55%。从企业类型看：私营企业、外商投资企业、国有企业机电产品出口较上年都有较大幅度增长，分别较上年增长了 31.22%、30.05% 和 11.16%。外商投资企业、私营企业、国有企业占居机电产品出口主流，出口占机电产品出口的比重分别是 81.92%、7.31% 和 10.45%。其中，国有企业占比比上年度下降了 1.57 个百分点，外商投资企业占比上升了 1.39 个百分点。从贸易形式上看：一般贸易、加工贸易出口额分别为 283.15 亿美元、908.85 亿美元，分别增长 35.02% 和 23.36%，占机电产品出口的比重分别是 21.59% 和 69.29%。一般贸易占比上年度增加了 1.15 个百分点，加工贸易下降了 2.52 个百分点。从国别地区看：机电产品出口的主要国家依次是美国、东盟、香港、日本、荷兰，其出口额总和占机电产品出口额的 56.54%。从产品类型看：便携电脑及零件、集成电路、船舶等产品保持了增长。液晶显示板、太阳能设备元器件、汽车零件的出口增长较大，增幅分别达到 118.74%、111.41% 和 51.34%。

上海市2010年技术进口排名前十位行业

行　业	合同数（份）	合同金额（万美元）
制造业	1 275	216 135.06
房地产业	373	32 246.43
居民服务和其他服务业	313	25 661.44
商务服务业	201	23 805.03
电力、燃气和水的生产和供应业	11	11 831.68
科学研究、技术服务业	77	9 462.38
建筑业	58	5 193.96
信息传输、计算机服务和软件业	40	5 065.80
批发和零售业	128	3 919.63
住宿和餐饮业	13	3 115.88
合　计	**2 489**	**336 437.29**

上海市2010年高新技术产品出口主要产品

品　名	出口额（亿美元）	增长率（%）
计算机与通讯技术	613.46	26.36
电子技术	158.36	45.47
光电技术	32.39	120.97
生命科学技术	18.07	26.81
计算机集成制造技术	12.24	53.10
材料技术	3.15	43.65
航空航天技术	2.62	23.95
生物技术	0.50	28.63
其他技术	0.33	48.30
合　计	**841.12**	—

上海市2010年技术进口按国别（地区）统计表

国别（地区）	合同数（份）	合同金额（万美元）
美　国	526	95 578.77
日　本	484	56 976.84
德　国	469	49 466.00
韩　国	48	24 411.83
香　港	156	17 226.40
法　国	72	15 527.53
荷　兰	40	14 662.65
开曼群岛	17	11 898.93
英属维尔京群岛	27	9 730.55
瑞　士	34	7 459.99
合　计	**1 873**	**302 939.49**

上海市2010年高新技术产品出口按国别（地区）统计表

国别（地区）	出口额（万美元）	增长率（%）
美　国	237.53	29.11
香　港	76.45	31.93
荷　兰	58.78	71.53
日　本	49.24	34.63
德　国	44.6	22.65
法　国	40.86	15.67
新加坡	34.3	41.98
台湾省	30.19	24.40
马来西亚	29.73	47.99
墨西哥	21.55	82.64
合　计	**623.23**	—

服务贸易　服务贸易进出口总额1 046.7亿美元，增长40.1%，占全国的28.9%，其中出口406.4亿美元，增长35.8%，进口640.3亿美元，增长42.9%。服务贸易进口和出口均居全国首位。服务贸易进出口额占上海国际贸易进出口总额的22.1%。

服务外包　合同协议金额27.53亿美元，增长63.6%。离岸服务外包执行金额为17.53亿美元，增长69.2%。扣除2010年补报2009年执行的部分，实际2010年离岸执行金额为11.09亿美元。目前，上海共有5个服务外包示范区，11个服务外包专业园区和720家服务外包企业。

【利用外资】

概况　实际利用外资再创历史新高，达到111.21亿美元，增长5.5%；合同利用外资恢复快速增长态势，新设外资项目3 906个，增长26.4%；合同外资突破150亿美元，达到153.07亿美元，增长15.1%。全年共新设英联食品、道康宁等投资性公司22家，较上年增加7成；认定卡夫食品企业管理（上海）有限公司、纳尔科（中国）环保技术服务有限公司等跨国公司地区总部45家；新设百事亚洲研发中心、乐金电子研发中心、雅芳美容化妆品研发等15家研发中心。

外商直接投资产业　2010年，本市实际利用外资中三、二、一产业的比重分别为79.4%、19.8%、0.8%，合同利用外资中三、二、一产业的比重分别为81.1%、18.8%、0.1%，服务业占比继续增高，在本市利用外资中占主导地位。全年新批服务业项目3 508个，增长28.5%，合同外资124.07亿美元，增长15.7%，实际利用外资88.31亿美元，增长16%。制造业引资内部结构不断调整，利用外资向化工、通用设备制造、专用设备制造、汽车制造、电气机械制造、电子设备制造等行业集聚，绝大多数行业增幅超过40%，以上行业的合同外资占制造业合同外资的近70%。

外商直接投资来源　香港仍然是上海最大的外资来源地。全年吸引项目1 335个，合同外资68.08亿美元，占比为44.5%（比重减少11.8个百分点），下降9%。日本、韩国来沪投资平稳增长。日本投资项目566个，合同外资12.98亿美元，增长12.9%；韩国投资项目187个，合同外资2.09亿美元，增长27.7%。受欧债危机影响，欧盟地区来沪投资总体表现低迷，投资项目436个，合同外资11.11亿美元，下降30.8%，其中，投资额较大的德国、荷兰下降分别为47.3%、56.5%，法国与上年持平，英国合同外资增长9.2%。美国来沪投资合同外资3.59亿美元，下降12%。

上海市2010年外商直接投资分行业情况表

	合同外资			实际外资	
	项目数（个）	外资金额（亿美元）	增长率（%）	金额（亿美元）	增长率（%）
合　计	**3 906**	**153.07**	**15.1**	**111.21**	**5.5**
第一产业	26	0.15	-64.6	0.89	9.3
第二产业	372	28.84	13.9	22.01	-22.5
其中：制造业	333	27.73	13.9	21.58	-23.5
第三产业	3 508	124.07	15.7	88.31	16.0
其中：批发零售	1 947	31.11	32	15.90	22.9
房地产	40	31.61	17.6	29.18	14.3
商务服务业	998	40.79	14.9	26.71	14.7

上海市2010年外商直接投资主要来源情况表

国别（地区）	合同外资项目数（个）	合同外资总额（亿美元）
香　港	1 335	68.08
新加坡	200	22.52
日　本	566	12.98
英属维尔京群岛	112	9.69
开曼群岛		4.68
美　国	297	3.59
德　国	100	3.14
毛里求斯		2.20
韩　国	187	2.09
台湾省	399	
英　国	71	

【对外经济合作】

承包工程和劳务合作　完成对外承包工程和劳务合作营业额754 163万美元，增长2.7%；其中，完成对外承包工程营业额689 616万美元，增长3.6%。承包工程的主要特点：一是产业结构进一步调整，产业分布趋于均衡。对外承包工程完成营业额主要分布在制造及加工业、房屋建造业、电力工业、电子通讯业为主的四个领域，占上海营业总额的92.8%。其中高技术含量的制造及加工业、电力工业、电子通讯业占营业总额的65.5%，房屋建造业、交通运输建设业等劳动密集型项目占营业总额的31.5%；二是市场分布进一步优化，逐步进入欧洲市场。亚洲地区境外工程项目营业额达375 806万美元，占业务总额的54.5%；欧洲地区上海境外工程项目营业额达160 581万美元，占业务总额的23.3%，比上年上升了10个百分点。

对外投资　共核准对外直接投资项目301个，其中新设项目155个，并购项目24个，增资项目56个。对外直接投资总额24.2亿美元，增长57.5%；其中，中方投资额20.73亿美元，增长40%。各类新设、增资及并购超过1 000万美元的重大项目共有28个，投资总额19.25亿美元，占到了全市投资总额的80%。此外，并购类项目的投资总额14.4亿美元，占到了全市投资总额的60%。

对外投资的主要特点：从投资主体来看，私营企业投资分别占境内投资主体数量和投资额构成的62%和37%；国有企业投资占比分别为18%和53%；外资企业占比分别为20%和10%；从投资地区来看，对亚洲投资总额为10亿美元，占对外投资总额的41%。对欧洲投资总额为6.29亿美元，占比26%；对拉丁美洲投资总额为3.6亿美元，占比15%；对北美洲投资总额为3.7亿美元，占比15%；从企业投资的境外行业来看，商务服务业、交通运输仓储业和采矿业位居前茅，分别占投资总额的22.9%、22.5%、19.8%。

外派劳务 派出各类劳务人员15 910人次，增长13.4%；在外人数为26 847人次，增长1.9%。从期末在外人数结构上来看，人员结构层次有了一定的提高。其中，建筑业在外人员占比为32%，制造业（包括纺织、电子、机械加工）在外人员占比为31%，交通运输业（海员、空乘人员）占比为22%。

对外援助 实施共计13个援外培训班项目，累计培训了外国官员和技术人员375人；新增加了2家具有对外援助资格的主体企业，目前共有15家具有对外援助资格的主体企业；援外成套项目和物资项目有序进行中。

【其他】

主要经济区域

2010年上海市主要经济区域进出口情况表

名称	出口额（亿美元）	增减（%）	进口额（亿美元）	增减（%）
松江出口加工区	360.22	45.79	117.80	35.73
漕河泾出口加工区	106.78	-12.90	26.04	-8.75
外高桥保税区	161.25	35.54	568.79	41.90
金桥出口加工区（北区）	43.36	17.09	68.76	39.64
漕河泾新兴技术开发区	18.88	57.37	16.33	51.10
外高桥保税物流园区	15.42	65.86	24.55	11.57
闵行经济技术开发区	11.76	30.33	9.14	14.25
闵行出口加工区	13.17	60.79	6.99	16.48
洋山港保税港区	11.79	232.47	23.78	97.61
青浦出口加工区	2.70	41.58	2.32	139.23
金桥出口加工区（南区）	1.84	16.78	1.16	43.87
合　计	**747.17**	**30.80**	**865.66**	**38.28**

商务洽谈会 第20届中国华东进出口商品交易会于2010年3月1日—3月5日在上海新国际博览中心举行。本届华交会境外到会客商达到1.9万人，增长4.39%，来自123个国家和地区。参展企业数3 376家，其中境外参展企业165家。出口总成交达27.33亿美元，比上届增长21.95%。2010年中国（上海）国际跨国采购大会于2010年9月15日—18日在上海世贸商城成功举办。本届展会共邀请了32个国家和地区的310家国际采购商设展，与国内外6 000多家供应商进行了洽谈。采购商品1 700个品种，采购总金额260亿美元。境外国际采购商设展规模扩大，占到设展企业总数的55%。汽车零部件分会场吸引了美国通用、德国大众、菲亚特、上汽集团等42家中外著名汽车巨头设摊采购。

港口运输 2010年上海港货物吞吐量完成6.53亿吨，增长10.4%。其中出港货物吞吐量2.4亿吨，增长17.7%，进港货物吞吐量4.1亿吨，增长6.5%。全年全港完成集装箱吞吐量2 906.9万标准箱，增长16.6%。在世博效应的带动下，上海机场旅客吞吐量突破7 170万人次，增长24.1%，浦东国际机场货邮吞吐量排名全球第三。

2010 年江苏省商务发展概况

江苏省商务厅

朱　民

江苏省商务厅厅长

朱　民　生于1963年9月，汉族，江苏昆山人。复旦大学经济系政治经济学专业毕业。研究生学历，硕士学位，高级经济师。1984年8月参加工作。1987年6月入党。历任苏州市人民政府副秘书长，苏州市发展计划委员会主任、党组书记兼市信息化办公室主任，吴江市委书记、吴江经济开发区党工委书记。2008年1月任苏州市副市长。2008年3月任江苏省对外贸易经济合作厅厅长、党组书记。2009年7月任江苏省商务厅厅长、党组书记。江苏省十一次党代会代表。江苏省十届人大代表。

【国内贸易】

商贸流通业　2010年江苏省商贸流通业深入贯彻落实国家一系列搞活流通、扩大消费的政策措施，围绕“保增长、扩内需、调结构、重民生”主题，全力以赴，攻坚克难，实现了持续快速发展。商贸流通业共实现增加值5 224.5亿元，占第三产业增产值的31.2%，占全省GDP的12.8%。消费品市场规模占全国8.6%，继续保持全国第三位。重点商贸企业发展水平、市场竞争力居全国前列。

消费品市场稳步增长　社会消费品零售总额13 482.3亿元，比上年增长18.7%。其中批发和零售业零售额12 207.2亿元，增长18.5%；住宿和餐饮业零售额1 275.1亿元，增长20.1%。限额以上批发和零售企业经营状况良好，全年实现商品销售额20 185.8亿元，增长29.4%，其中批发业15 321.8亿元，零售业4 864.0亿元，分别增长30.2%和26.7%。

扩消费政策成效显著　家电以旧换新、汽车以旧换新、家电下乡“三大工程”成效显著。家电以旧换新和汽车以旧换新完成指标居全国首位，家电以旧换新销售新家电680.82万台，销售额250.11亿元，回收旧家电690.53万台。全省办理汽车以旧换新车辆5.8万辆，拉动汽车消费64.6亿元。家电下乡超额完成预期目标，全省累计销量650万台，销售额151亿元，销售规模居第三批推广省份之首。

流通现代化进程加快　连锁经营额同比增长20%以上，苏宁电器集团以1 562亿元的销售规模蝉联中国连锁百强榜首，宏图三胞高科技术有限公司、文峰大世界连锁发展股份有限公司、南京中央商场股份有限公司分别位居百强榜的第19、21、61位。加快推进电子商务，苏宁电器股份有限公司、焦点科技股份有限公司、宏图三胞高科技有限公司、苏州同程旅游网络科技有限公司、好享购物有限公司和江苏仕德伟网络科技股份有限公司6家企业入选商务部电子商务示范企业。

城乡市场体系不断完善　“万村千乡市场工程”位居全国前列，全省新建日用品和农资农家店3 468个，农家店村级店覆盖率从上年的72%提高到80%，乡级店覆盖率从87%提高到90%。大力培育国家级和省级社区商业示范区，现有国家级社区商业示范区13个，省级社区商业示范区57个。流通基础设施投入加大，全年商贸流通业固定资产投资实际完成额661.78亿元。

市场调控能力得到增强　通过建立健全市场运行监测体系、市场调控预案体系、重要商品储备体系，不断提高市场监测和运行调控能力，切实保障市场供应，为管理好通胀预期做出积极贡献。正式恢复省级猪肉储备制度，8 500吨省级储备完全落实到位，市级猪肉常态储备和蔬菜动态储备制度逐步建立和完善。

【对外贸易】

进出口总额　进出口总额4 657.9亿美元，规模连续8

年居全国第二位；同比增长 37.5%，比全国平均水平高 2.8 个百分点；占全国比重为 15.7%，比 2009 年提高 0.3 个百分点。

出口总额 出口总额 2 705.5 亿美元，增长 35.8%，比全国平均增幅高 4.5 个百分点。

进口总额 进口总额 1 952.4 亿美元，增长 39.9%，比全国平均增幅高 1.2 个百分点。

出口贸易方式 一般贸易出口 989.3 亿美元，增长 39.5%；加工贸易出口 1 598.1 亿美元，增长 30.3%；其他贸易出口 118.1 亿美元，增长 105.6%，其中保税仓库进出境、保税区仓储转口分别出口 79.8 亿美元、29 亿美元，分别增长 61.1%、1 012.9%。一般贸易、加工贸易、其他贸易出口分别占全省出口总额的 36.6%、59.1% 和 4.3%。

进口贸易方式 一般贸易进口 666.2 亿美元，增长 47.5%；加工贸易进口 928.9 亿美元，增长 31.3%；其他贸易进口 357.3 亿美元，增长 50.7%，其中保税仓库进出境、保税区仓储转口、外投设备进口分别为 131.7 亿美元、143.9 亿美元、53.9 亿美元，分别下降 11.4%、增长 343.6%、28.1%。一般贸易、加工贸易、其他贸易进口分别占全省进口总额的 34.1%、47.6% 和 18.3%。

出口主体结构 2010 年，全省有出口实绩的企业共 33 076家，其中内资企业 19 793 家，增长 16.4%；外资企业 13 283 家，增长 0.4%。内资企业出口 790 亿美元，增长 48.1%，占全省出口总额的 29.2%；其中国有、集体、私营企业分别出口 244.6 亿美元、50.9 亿美元、492.4 亿美元，分别增长 43.2%、22.5% 和 54.1%。外商投资企业出口 1 915.5 亿美元，增长 31.2%，占全省出口总额的 70.8%。

出口居全省前 15 位的内资企业分别是：苏州得尔达国际物流有限公司 52.6 亿美元、江苏汇鸿国际集团有限公司 17.6 亿美元、江苏国泰国际集团有限公司 17.3 亿美元、江苏开元国际集团有限公司 16.7 亿美元、江苏舜天国际集团有限公司 14.7 亿美元、苏州进出口（集团）有限公司 13.5 亿美元、江苏苏美达集团公司 12.6 亿美元、江苏沙钢集团有限公司 9.5 亿美元、江苏天元船舶进出口有限公司 8.8 亿美元、昆山海晨仓储有限公司 8.5 亿美元、苏州三星电子家电有限公司 8.3 亿美元、江苏苏豪国际集团股份有限公司 7.5 亿美元、江苏弘业国际集团有限公司 6.6 亿美元、江苏省海外企业集团有限公司 6.1 亿美元、无锡市佳诚太阳能科技有限公司 5.1 亿美元。

出口居全省前 15 位的外资企业分别是：仁宝信息技术（昆山）有限公司 143.8 亿美元、纬新资通（昆山）有限公司 72.4 亿美元、名硕电脑（苏州）有限公司 55.9 亿美元、仁宝电子科技（昆山）有限公司 37.8 亿美元、苏州三星电子电脑有限公司 36.5 亿美元、达富电脑（常熟）有限公司 33.5 亿美元、无锡尚德太阳能电力有限公司 26.9 亿美元、仁宝资讯工业（昆山）有限公司 24.8 亿美元、海太半导体（无锡）有限公司 20.9 亿美元、友达光电（苏州）有限公司 17.7 亿美元、苏州乐轩科技有限公司 16.8 亿美元、纬智资通（昆山）有限公司 16.1 亿美元、常州天合光能有限公司 15.2 亿美元、苏州佳世达电通有限公司 14.7 亿美元、乐金显示（南京）有限公司 14.1 亿美元。

进口主体结构 2010 年，全省有进口实绩的企业共 21 145家，其中内资企业 8 876 家，增长 19.3%，外资企业 12 269家，增长 3.9%。内资企业进口 410.8 亿美元，增长 50.2%，占全省进口总额的 21%；其中国有、集体、私营企业分别进口 166 亿美元、26.6 亿美元、217.2 亿美元，分别增长 47.1%、22.6% 和 57.2%。外商投资企业进口 1 541.6亿美元，增长 37.3%，占全省进口总额的 79%。

进口居全省前 15 位的内资企业分别是：江苏沙钢集团有限公司 43.7 亿美元、江苏苏美达集团公司 16.4 亿美元、昆山叶水福鼎亚物流有限公司 14.1 亿美元、张家港保税区长江国际港务有限公司 11.8 亿美元、中天钢铁集团有限公司 7.9 亿美元、南京钢铁集团国际经济贸易有限公司 7.5 亿美元、中国石化化工销售有限公司南京经营部 7.4 亿美元、江苏开元国际集团有限公司 7.4 亿美元、江苏三房巷集团有限公司 7.2 亿美元、江苏汇鸿国际集团有限公司 7.1 亿美元、江苏省海外企业集团有限公司 7 亿美元、南通化工轻工股份有限公司 5.6 亿美元、江苏舜天国际集团有限公司 5.4 亿美元、张家港保税物流园区苏润集装箱码头有限公司 5.2 亿美元、丰立集团有限公司 5 亿美元。

进口居全省前 15 位的外资企业分别是：昆山飞力仓储服务有限公司 76.6 亿美元、三星电子（苏州）半导体有限公司 72.1 亿美元、苏州三星电子液晶显示器有限公司 50 亿美元、友达光电（苏州）有限公司 31.2 亿美元、名硕电脑（苏州）有限公司 22 亿美元、东海粮油工业（张家港）有限公司 21.5 亿美元、乐金显示（南京）有限公司 17.6 亿美元、南京夏普电子有限公司 14.2 亿美元、仁宝信息技术（昆山）有限公司 13.4 亿美元、希捷国际科技（无锡）有限公司 12.9 亿美元、海力士—恒忆半导体有限公司 12.6 亿美元、无锡夏普电子元器件有限公司 12.1 亿美元、达富电脑（常熟）有限公司 11.6 亿美元、苏州新宁公共保税仓储有限公司 11.6 亿美元、苏州乐轩科技有限公司 11.1 亿美元。

出口商品结构 初级产品出口额43.9亿美元，工业制成品出口额2 661.6亿美元，分别占全省出口总额的1.6%和98.4%。

机电产品出口1 884.5亿美元，增长35.7%；高新技术产品出口1 258.8亿美元，增长35.4%；纺织服装出口335.8亿美元，增长25.7%；农产品出口25.2亿美元，增长28.2%。机电产品、高新技术产品、纺织服装、农产品出口分别占全省出口总额的69.7%、46.5%、12.4%和0.9%。

全省出口前30位主要商品分别是：自动数据处理设备及其部件511.2亿美元，服装及衣着附件192.4亿美元，纺织纱线、织物及制品143.4亿美元，二极管、太阳能电池及类似器件136.5亿美元，液晶显示板88.1亿美元，船舶84.9亿美元，集成电路79.7亿美元，自动数据处理设备的零件73.8亿美元，钢材69.1亿美元，电视机（包括整套散件）51.2亿美元，手持式无线电话机零件35.6亿美元，电视机、收音机及无线电讯设备的零附件35.2亿美元，汽车零件29.1亿美元，印刷电路23.5亿美元，家具及其零件23亿美元，复印机22.1亿美元，塑料制品21亿美元，手提式电动工具20.3亿美元，通断保护电路装置及零件19.7亿美元，照相机19.2亿美元，电线和电缆18.4亿美元，静止式变流器17.7亿美元，蓄电池17.7亿美元，纸及纸板（未切成形的）16.5亿美元，鞋类16.1亿美元，医药品16亿美元，床垫、寝具及类似品14.8亿美元，新的充气橡胶轮胎12.6亿美元，集装箱12.2亿美元，电话机11.5亿美元。

进口商品结构 初级产品进口额280.4亿美元，工业制成品进口额1 672亿美元，分别占全省进口总额的14.4%和85.6%。

全省进口前30位主要商品分别是：集成电路339.8亿美元，液晶显示板157亿美元，铁矿砂及其精矿65.4亿美元，自动数据处理设备及其部件51.3亿美元，初级形状的塑料49.3亿美元，自动数据处理设备的零件46.1亿美元，粮食38.5亿美元，二极管及类似半导体器件37亿美元，通断保护电路装置及零件34.1亿美元，钢材32.1亿美元，计量检测分析自控仪器及器具30.1亿美元，未锻造的铜及铜材29.8亿美元，非泡沫塑料的板、片、膜、箔25.1亿美元，纸浆24.6亿美元，对苯二甲酸24亿美元，乙二醇23.8亿美元，纺织纱线、织物及制品23亿美元，苯乙烯22.5亿美元，蓄电池22.4亿美元，印刷电路21.8亿美元，金属加工机床21.4亿美元，变压器、整流器、电感器及零件17.3亿美元，食用植物油15.1亿美元，汽车零件14.3亿美元，电视机、收音机及无线电讯设备的零附件14.2亿美元，废金属14.1亿美元，电容器13.1亿美元，制造半导体器件或集成电路用的机器及装置12.9亿美元，成品油12.7亿美元，纺织机械及零件12.5亿美元。

出口国别（地区） 出口商品销往225个国家（地区），其中年出口额超过1亿美元的国家（地区）97个，比上年增加13个。出口前10位的国别（地区）分别是：美国583.4亿美元（比上年增长29.2%，占全省出口的21.6%）、日本254.6亿美元（增长30%，占9.4%）、香港179.5亿美元（增长26.2%，占6.6%）、德国166.6亿美元（增长44.9%，占6.2%）、荷兰149.4亿美元（增长50.7%，占5.5%）、韩国137.2亿美元（增长35.9%，占5.1%）、英国79.3亿美元（增长27.5%，占2.9%）、台湾省71.9亿美元（增长46.6%，占2.7%）、意大利67.9亿美元（增长80.3%，占2.5%）、印度63.7亿美元（增长46%，占2.4%）。对欧盟、东盟分别出口698.1亿美元、210.7亿美元，分别增长41.6%、26.1%，占全省出口比重分别为25.8%和7.8%。

进口国别（地区） 进口商品来自180个国家（地区），比上年减少7个。进口前10位的国别（地区）分别是：韩国401.4亿美元（比上年增长43%，占全省进口的20.6%）、日本314.5亿美元（增长39.5%，占16.1%）、台湾省283.1亿美元（增长40.5%，占14.5%）、美国129.5亿美元（增长42.4%，占6.6%）、马来西亚107亿美元（增长58.5%，占5.5%）、德国79.7亿美元（增长30.6%，占4.1%）、泰国58.9亿美元（增长31.9%，占3%）、澳大利亚57.5亿美元（增长60%，占2.9%）、新加坡42.2亿美元（增长35.8%，占2.2%）、巴西39.9亿美元（增长34.2%，占2%）。自东盟、欧盟分别进口262.9亿美元、184.7亿美元，分别增长44.8%、30.4%，占全省进口比重分别为13.5%和9.5%。

高新技术产品进出口 高新技术产品进出口2 108.8亿美元，占全省进出口总额的45.3%；增长36.7%，比全省平均增幅低0.8个百分点。其中，出口1 258.8亿美元，增长35.4%，进口849.9亿美元，增长38.7%，占全省出口、进口总额的比重分别为46.5%和43.5%，占比分别下降0.2个、0.4个百分点。

加工贸易 加工贸易进出口2 527亿美元，增长30.7%，占全省进出口总额的54.3%。其中来料加工539.6亿美元，增长56.3%，进料加工1 987.7亿美元，增长25.1%，分别占全省加工贸易进出口的21.4%和78.6%。全省有加工贸易进出口实绩的企业7 658家，其中，内资企业2 227家，外资企业5 431家。

加工贸易出口1 598.1亿美元，增长30.3%。主要市场中，对欧盟、美国和日本分别出口448.7亿美元、387亿美元和149.2亿美元，累计出口占全省加工贸易出口的61.6%；分别增长39.1%、23.4%和32.4%。主要出口商品中，IT产品出口928.8亿美元，增长23.9%，占全省加工贸易出口的58.1%，其中，便携式电脑出口388.4亿美元，增长42.9%；光伏产品出口94.9亿美元，增长119.6%；船舶出口82.5亿美元，增长52.6%；集装箱出口11亿美元，增长361.5%。

加工贸易进口928.9亿美元，增长31.3%。主要进口来源地中，从韩国进口271.5亿美元，增长41%，为全省加工贸易第一大进口来源地；自台湾省、日本、东盟分别进口184.1亿美元、154.7亿美元、124.8亿美元，分别增长31.3%、21.8%、34.1%。主要进口商品中，IT产品进口515.8亿美元，增长29.1%，其中集成电路、液晶显示板和自动数据处理设备的零件增长迅速，累计进口421.6亿美元，占加工贸易进口的45.4%。

【利用外资】

概况 2010年外资工作呈现“总量保持增长、结构日趋优化”的新特征，实际利用外资284.98亿美元，增长12.54%，连续8年保持全国领先，连续4年突破200亿美元；协议利用外资568.33亿美元，增长11.48%，连续4年突破500亿美元。

外商直接投资来源 2010年来江苏设立外商投资企业的有95个国家和地区。新批协议外资最多的有香港277.60亿美元，台湾省66.39亿美元，东盟地区34.55亿美元，日本29.43亿美元，欧盟地区27.67亿美元，新加坡26.80亿美元，英属维尔京群岛22.89亿美元，美国22.50亿美元，韩国19.48亿美元。

2010年，亚洲投资进一步增长。全年实际利用亚洲地区投资194.53亿美元，增长20.88%，增幅高于全省平均水平8.34个百分点，占全省比重的68.26%；协议利用外资433.25亿美元，增长15.62%，占全省比重的76.23%。其中，实际利用港资、韩资、台资和新加坡资金的增幅均在30%左右。

欧美主要国家投资继续保持增长，其中实际利用英国资金、欧盟资金和美资分别增长108.77%、9.12%和4.44%。

传统主要转投资地延续前两年以来的下降趋势，实际利用外资全面下降。其中，毛里求斯下降46.74%，开曼群岛下降40.68%，萨摩亚下降32.99%，英属维尔京群岛下降2.55%。

外商直接投资行业 全年新增投资总额3 000万美元以上项目660个，增长52.07%，贡献协议外资245.19亿美元，增长40.00%，占同期新增协议外资总量的3/4。新增投资总额9 000万美元以上项目286个，增长74.39%，贡献协议外资163.63亿美元，增长49.03%，占同期新增协议外资总量的28.79%。新增丰田汽车研发中心（中国）有限公司等投资总额超亿美元的项目30个，较2009年增加11个。

企业增资积极性进一步增强，增资项目贡献度进一步提高，全年增资项目贡献协议外资179.63亿美元，增长15.50%，占协议外资的比重提高1.1个百分点。项目平均协议外资规模较2009年进一步提高，达1 219.34万美元。

三次产业新批项目数、实际利用外资和协议利用外资三项数据均保持增长，而第一产业、第三产业实际利用外资增幅分别高于第二产业49.08个和15.28个百分点，第一产业和第三产业实际利用外资占全省比重进一步提高。

全年第三产业协议利用外资140.70亿美元，增长2.81%；实际利用外资81.45亿美元，增长22.76%，增幅高于全省平均10.22个百分点，占全省比重提升2.38个百分点；房地产业，批发和零售业，租赁和商务服务业，科学研究、技术服务和地质勘查业，住宿和餐饮业，居民服务和其他服务业，金融业，教育业实际利用外资均有两位数以上的增幅。

第一产业实际利用外资8.49亿美元，增长56.56%，增幅高于全省平均44.02个百分点，占全省比重提升0.84个百分点；协议利用外资19.20亿美元，增长24.40%，增幅高于全省平均12.92个百分点，占全省比重提升0.35个百分点。

第二产业实际利用外资195.04亿美元，增长7.48%，占全省比重下降3.22个百分点；协议利用外资408.43亿美元，增长14.24%。通信设备、计算机及其他电子设备制造业，通用设备制造业，专用设备制造业，纺织业，医药制造业等主要行业实际利用外资均有两位数以上的增幅。

外商直接投资地域 三大板块全面增长，区域发展进一步协调。苏北地区全年协议利用外资91.00亿美元，增长34.88%，增幅分别是苏中和苏南地区的3倍和5倍；全年实际利用外资46.50亿美元，增长35.17%，增幅分别是苏中和苏南地区的2倍和5倍。苏北实际利用外资在全省的占比由2009年的13.59%提高到16.32%；协议利用外资在全省的占比由2009年的13.25%提高到16.01%。

苏中地区快速发展。全年实际利用外资52.79亿美元，增长18.11%，增幅高于全省平均水平5.57个百分点，占全省比重较 2009 年提高 0.87 个百分点；新增协议外资 143.01 亿美元，增长 11.38%，与全省平均水平基本持平。

苏南地区优化发展。苏南五市三产实际利用外资 62.42 亿美元，增长 26.57%，占比达 33.62%，高于全省平均水平 5 个百分点；二产实际利用外资 121.64 亿美元，较 2009 年同期减少 1.91 亿美元，占比下降 5.45 个百分点。

外商直接投资方式 利用外资方式进一步丰富。外资并购步伐加快。全年新增外资并购项目 148 个，增长 52.58%；新增协议外资 13.56 亿美元，增长 135.51%，占并购项目协议累计利用外资的 32.82%。外资并购项目平均协议外资规模由 2009 年的 595 万美元提高到 916 万美元，提高 53.95%。南京高传机电自动控制设备有限公司、东福名城（常州）置业发展有限公司、南京西坝码头有限公司等一批投资总额超亿美元的项目成功实现并购重组。

外商投资性公司到资加快。全年新增外商投资性公司 10 家，新增协议外资 9.17 亿美元，实际利用外资 3.90 亿美元，增长 125.43%。2010 年投资性公司实际利用外资已超过 2009 年前投资性公司实际利用外资的总和。

外资创投企业稳步发展。新增外商投资创业投资企业 6 家，实际利用外资 0.68 亿美元，增长 19.30%。2010 年外资创投公司实际利用外资与 2009 年前外资创投公司实际利用外资总和基本持平。

外商投资企业股份制改制步伐加快。全年新增 20 家外商投资股份制企业，增长 66.67%，实际利用外资 6.85 亿美元，增长 9.25%。

外商投资企业生产经营情况 2010 年江苏省外商投资企业自营进出口总值 3 457.10 亿美元，比上年增长 33.86%。其中，出口 1 915.49 亿美元，增长 31.21%，占全省当年出口总值的 70.80%。全省外资企业缴纳涉外税收 1 755.01 亿元，增长 17.32%。

2010 年江苏省外商直接投资分城市情况表

城　市	新批及净增资 3 000 万美元以上的企业（个）	新批注册协议外资（万美元）	实际到账注册外资（万美元）
总　计	**660**	**5 683 321**	**2 849 777**
苏　南	**431**	**3 343 187**	**1 856 914**
南京市	53	477 759	267 592
苏州市	201	1 695 493	853 511
无锡市	70	475 100	330 007
常州市	65	474 203	244 342
镇江市	42	220 632	161 462
苏　中	**125**	**1 430 139**	**527 852**
南通市	35	495 232	206 059
扬州市	59	553 243	205 645
泰州市	31	397 109	136 254
苏　北	**104**	**909 995**	**465 011**
徐州市	28	189 233	101 330
连云港市	21	181 738	110 116
淮安市	25	203 103	105 138
盐城市	22	303 929	130 356
宿迁市	8	31 992	18 071

注：泰州市数据中含靖江园区数。

【对外经济合作】

对外承包工程、劳务合作、设计咨询　2010年江苏省对外新签承包工程、劳务合作、设计咨询合同额62.1亿美元，增长23.3%；完成营业额59.7亿美元，增长17.5%；新派34 343人次，期末在外95 765人。承包工程主要国别（地区）：沙特阿拉伯、安哥拉、越南、新加坡、俄罗斯、苏丹。劳务合作的主要国别（地区）：日本、新加坡、安哥拉、阿尔及利亚、毛里求斯、阿拉伯联合酋长国。

对外经济技术合作主体　2010年江苏省新批对外承包工程经营企业48家，对外劳务合作企业29家，目前共有对外承包工程经营企业236家，对外劳务合作经营资格企业112家，涉及建筑、交通、机电、纺织、电力、石化、水利、通讯、农业、渔业、煤炭、外贸等多个领域。从经营业绩看，超过1 000万美元的工程项目共有92个，比上年同期增长31.8%。2010年，对外承包劳务业务已扩展到世界125个国家和地区，其中工程承包在105个国家或地区完成营业额超过1 000万美元，在沙特阿拉伯、安哥拉等29个国家或地区完成营业额超过了5 000万美元。在美国《工程新闻记录》评选的2010年度世界最大225家国际承包商和世界最大225家全球承包商中，中国江苏国际经济技术合作公司、南通建工集团股份有限公司、江苏南通三建集团有限公司、江苏南通六建集团有限公司4家企业榜上有名。

对外投资　2010年核准境外投资项目408个，增长22.9%，中方协议投资21.8亿美元，增长104.6%，再创历史新高。其中，全年新批境外企业（含增资）360个，中方协议投资21.7亿美元；境外机构48个，中方协议投资0.1亿美元。全年新批中方投资1 000万美元（含）以上项目36个，中方协议投资14.1亿美元，分别增长38.5%和174.5%，占新批中方协议投资总额的64.7%；其中3 000万美元（含）以上的项目19个，中方协议投资11.3亿美元。所有项目平均投资规模达534万美元，提高66.9%。

【其他】

经济技术开发区　截至2010年底，江苏经国务院批准的经济技术开发区13个，高新技术产业开发区6个。2010年，19家国家级开发区基础设施投入846.16亿元，增长39.0%；新批外商投资企业1 350个，实际到账注册外资113.69亿美元，增长7.7%；完成财政收入2 082.95亿元，增长34.9%；区内企业完成自营进出口总额2 792.13亿美元，增长33.7%，其中出口额1 556.38亿美元，增长31.1%。

出口加工区　2010年江苏省13个出口加工区实际到账注册外资8.76亿美元，增长6.8%；完成进出口总额765.31亿美元，其中出口额471.13亿美元，增长分别为23.5%和11.4%，充分显示了出口加工区对加工贸易转型升级的促进作用。昆山出口加工区进出口规模在全国名列前茅，完成进出口总额达537.75亿美元。

保税区　2010年完成业务总收入3 785.41亿元，增长48.02%；进出口总额113.17亿美元，增长26.83%，其中出口额11.0亿美元，增长24.27%；财政收入52.42亿元，增长13.77%。

商务洽谈会　据不完全统计，2010年江苏省组织出国展团116个，出展国别和地区33个，出展展位超过750个，参展面积超过15 000平方米，出国参展2 500人次。由江苏省商务厅主办的第十四届江苏出口商品展览会（日本）2010年5月25日—27日在日本大阪举行，共设展位230个，展出面积4 000平方米，180家企业、450余名代表参加了展览，集中展示了江苏省服装、家纺、鞋、帽、家居用品等五大类传统优势商品，是历届大阪展中规模最大、参展人数最多的一次，到会客商累计突破3 700人。江苏省商务厅还组织参加了日本东京软件展（SODEC）、北美太阳能展、香港中国国际服务贸易洽谈会等。

在来华展方面，2010年全省共举办各级各类国际、国内会议论坛40 000多场次，组织举办各类有一定规模、档次和影响的活动330多项次。第三届中国国际服务外包合作大会于6月23日在南京召开，大会由中国国际贸易促进委员会、江苏省人民政府共同主办。其他重要展会包括的苏州电博会（EMAX 2010年10月）、台湾名品交易会（2010年9月）等。

港口运输　全省共有一类口岸17个（包括13个港口口岸和4个空港口岸），二类口岸11个，亿吨港口达到6个。全省共有各类开放码头173座，泊位376个，其中，万吨级以上泊位达297个。“十一五”末期，全省口岸的外贸运量和国际集装箱运量分别达2.6亿吨和700万标箱，与“十五”末期的1.3亿吨和300万标箱相比，分别增加1倍和1.4倍，整个“十一五”期间的年均递增率分别达14.9%和20.0%。2010年，江苏沿江沿海船舶货运量9.38亿吨，其中外贸货物2.06亿吨，国际航行船舶3.97万艘次。

涉外旅游　2010年旅游总收入4 684.98亿元，增长23.4%；接待入境游客653.55万人次，实现外汇收入47.83亿美元，分别增长17.4%、19.1%；接待国内游客3.55亿人次，实现旅游收入4 287.86亿美元，分别增长19.5%、24.3%。

2010年南京市商务发展概况

南京市商务局　南京市投资促进委员会

李利江

南京市商务局局长

李利江　生于1954年，河北南宫人。中共党员。1971年参加工作。历任南京交电公司团总支书记、工会主席、副总经理、总经理，南京市一商局局长，南京市商业局局长，南京市商贸局局长等职。2010年4月任南京市商务局局长、中共南京市委商务工作委员会书记。

南京市投资促进委员会主任

孔秋云　生于1964年，江苏高淳人。中共党员，硕士。1983年参加工作，历任江苏农学院助教，南京市委农工部科员、副主任科员、主任科员，南京市经济委员会外经合作处（技改处）副处长、机电进出口办公室副主任，南京市经济委员会副主任、市委工交工委委员等职。2010年3月任南京市投资促进委员会主任。

【国内贸易】

社会消费品零售总额　2010年江苏省南京市社会消费品零售总额2 267.77亿元，比上年增长18.5%。按行业分，批发零售业2 055.38亿元，增长18%；住宿和餐饮业212.39亿元，增长22.9%，其中：住宿业27.73亿元，增长16.6%；餐饮业184.67亿元，增长23.9%。

"万村千乡市场工程"　建设改造连锁农家店112个，其中，生活资料农家店99个，生产资料农家店13个，新增商业面积3.5万平方米；建设改造配送中心（含以店代配中心店）10个；提档升级农家店280个全面完成了市政府下达的年度建设目标任务。截至2010年底，全市累计建设改造连锁农家店1 544个，其中，生活资料923个，生产资料621个，总营业面积约36万平方米；建设配送中心和以店代配中心店62个，其中，配送中心17个，以店代配中心店45个，仓库面积达6万平方米。连锁农家店在乡镇、行政村的覆盖率分别达到了98%、95%以上，惠及农村人口约180万人。

家电下乡　销售家电下乡产品18.3万台（辆），实现销售额4.4亿元，分别增长109%、138%，中央、省两级财政累计兑付补贴资金5 600多万元，其中，2010年兑付补贴资金达3 700万元。

家电以旧换新　以旧换新回收旧家电106.6万台，销售新家电106.4万台，销售金额38.1亿元。共兑付财政补贴3.2亿元，约60多万户居民受益。家电以旧换新五大类的销售占比为：彩电28.8%、冰箱13.7%、洗衣机12.1%、空调29.8%、电脑15.6%。南京市的家电以旧换新销售量、销售额、回收量均居全省第一。

汽车以旧换新　市商务局自7月21日开始接手汽车以旧换新工作，到12月底，全市共受理提前报废老旧汽车、"黄标车"5 122辆，其中老旧车497辆，"黄标车"4 625辆，实现新车销售4.99亿元，享受国家财政补贴6 000万元。

市场应急保供　全面落实了市县两级原粮储备库存和应急保供成品粮油储备、1 800吨猪肉和100吨牛肉储备及

5至7天蔬菜储备量和蔬菜储备保供资金660万元的任务，建立了蔬菜实物在库储备3 000吨、在田蔬菜储备1万吨、必要时启动临时调运蔬菜补贴措施及时增加南京蔬菜市场供应量的三道应急保供防线，确保“储得进、调得动、用得上”。

农贸市场建设改造 建设改造农贸市场27家，其中新建19家，升级改造8家，总共建设改造面积达到10万平方米，吸纳社会各方投资近1.44亿元。

绿色市场 继续开展绿色市场创建工作。截至2010年底，全市农贸市场引进名企名品，设立有机产品、绿色产品、无公害产品、安全食品、QS食品等专卖区达29 136平方米，引进品牌累计投资额达5 195万元，农贸市场逐步形成布局合理、功能完备、环境整洁、食品安全卫生的社会窗口。

肉菜质量安全追溯体系建设 以建设“一荤一素”肉、菜质量安全追溯系统为抓手，积极推进放心粮油、放心菜、放心肉、放心豆制品等“菜篮子”放心工程和市场体系建设，在全市选择了15家生猪定点屠宰场、2家肉类批发市场、12家大卖场总部、6家肉类配送中心、10家团体采购单位、35家农贸市场参加试点，涵盖了各种流通模式和节点。积极运用IC卡、PC机等技术，构建覆盖全市猪肉蔬菜加工、流通领域，集信息采集、处理、存储、溯源、统计、分析、上报于一体的市级肉类蔬菜质量安全追溯系统，初步实现了从生猪屠宰、肉菜批发到零售终端的全程监管。

放心蔬菜工程 批发市场对上市蔬菜每日逐车逐户检测，零售市场每天进行快速抽检，均达15个批次、每批次5个品种、单一品种3个菜样。夏季按规定增加抽检批次。对快速检测有阳性反应蔬菜立即复检做定量检测，出现问题蔬菜依照《南京市蔬菜使用农药管理规定》依法就地销毁，并做好相关记录。全市农贸市场、各大生鲜超市等流通环节共建立385个蔬菜农药残留监测点；重点市场配备蔬菜农残检测仪120台，培训700名蔬菜农残检测员持证上岗，基本实现城乡批发零售市场蔬菜农药残留快速检测全覆盖。

放心豆制品工程 全市9家工厂化豆制品企业全部实行了标准化生产、品牌化经营、连锁化销售和产品检验出厂，产品市场占有率达70%以上。推行豆制品行业产品检验出厂、电子开票、货票同行，亮证经营等，全市共有43家豆制品企业获得QS生产许可证。引导工厂化豆制品企业按照“统一标识、统一着装、冷链销售、明码标价、产地公示”等规范要求推进连锁专卖店建设，全市共有50个品牌豆制品连锁专卖店通过市级验收评审。

“放心早餐工程” 创建放心早餐网点74个，其中室内网点64个，放心早餐车10辆。完成年度目标任务的123%。截至12月底，全市共创建放心早餐网点1 205个，其中，室内店713个，放心早餐车492辆。

社区商业建设 创建市级社区商业示范区14个，创建省级社区商业示范区4个，创建国家级社区商业示范区1个。截至2010年底，累计创建市级以上社区商业示范区56个，其中，国家级商业示范区2个，省级商业示范区10个。全市社区商业示范区商业面积为170万平方米，惠及社区人口90多万人，吸纳社会就业6万人左右。

连锁经营 28家重点监测的连锁企业实现销售额2 720.2亿元，增长22.8%，比上年增加13百分点。在28家企业中，销售收入超千亿元的1家；销售收入在100亿元至1 000亿元之间的有4家；销售收入在10亿元至100亿元的有8家；10亿元以下的有15家。全年新增连锁经营网点704个，增幅为6.6%，比上年增加了1.0个百分点。到年底，28家商业连锁企业网点累计达到11 369个，其中在省内6 215个，在省外5 154个。经营面积累计达到3 136.2亿平方米，员工人数累计达到31.0万人。苏宁电器、苏果超市等龙头企业采取直营连锁为主的策略，带动了全市直营连锁经营模式快速发展，28家重点企业拥有直营店3 990个，增长23.0%；共实现销售额2 439.8亿元，增长23.8%。拥有加盟店7 379个，下降0.6%；加盟店实现销售额280.4亿元，增长14.9%。直营店店均年销售6 115万元，大大高于加盟店店均年销售380万元的水平。28家连锁企业平均单店实现销售额2 393万元，增长15.2%。

电子商务 2010年，南京市成立了电子商务协会，苏宁易购、中国制造网、好享购、宏图三胞、途牛网、育儿网等一批电子商务企业步入快速成长期。2010年全市部分重点电子商务企业实现网络销售约60亿元。苏宁易购2月1日正式上线，目前拥有员工近1 000人，2010年实现销售20亿元。好享购物频道3月正式升级为江苏省内第一家也是唯一一家24小时播出的专业购物频道，并跻身中国内地家庭购物品牌企业的前三甲。目前，好享购物拥有110万会员，2010年销售净额收入12.4亿元，上缴国家税收2 500万元。

重点商业项目建设 2010年全市建筑面积1万平方米以上的各类新建和续建的重点商业设施建设项目达35个，总建筑面积约330万平方米，投资规模约190亿元。

成品油市场监管 2010年市商务局与中石化公司合作，在全市增建50个加油站、30个便利站、20个加气站。全市成品油全年销售总量为6.1万吨，其中汽油199.3万吨，柴油326.6万吨。成品油消费量300.7万吨，其中汽油119.2万吨，柴油181.5万吨。

粮油购销加工 粮食交易额128亿元，增长22%。粮食购销企业实现利润2 136万元，位居全省前列。粮油加工和食品生产总量达到163万吨，销售收入达65.43亿元。粮食生产基地和订单面积达到138.85万亩，带动农户20.67万户，促进农民增收6 777万元。

粮食督查 2010年，南京市围绕国家和省粮食局监督检查工作要点，组织开展粮食库存、国家政策性粮食竞价销售、夏秋粮二季收购市场、小麦入库质量和军供粮质量、成品粮储备和地方储备粮政策执行情况，以及最高库存检查、收购许可核查、粮食统计执法等重点进行专项监督检查，以及陈大米、物价局最低价小麦收购价格检查工作。全年共开展粮食监督检查244次，768人次，累计检查990个涉粮企业，实施行政处罚2次，警告3例，责令整改1例，取消粮食收购许可证1例。建立了全市涉粮企业信用信息数据库，目前已有200户涉粮企业纳入省粮食局信息平台。

【对外贸易】

进出口总额 进出口总额456.5亿美元，比上年增长35.2%。其中出口总额248.9亿美元，增长34.8%；进口总额207.6亿美元，增长35.6%。

出口商品结构 机电产品出口136.2亿美元，增长36.6%，为历史最高增幅，高于全市出口增幅约2个百分点。高新技术产品出口占全市出口比重达26.8%，较2009年提高了0.3个百分点。

服务贸易 服务贸易进出口总额58.06亿美元，其中，出口26.19亿美元，进口31.87亿美元。服务贸易出口主要集中在法律、会计、广告、展览、管理咨询、市场调研等商业服务方面。

服务外包 服务外包合同额31.31亿美元，增长58.3%，占全省总量的35.3%，其中离岸服务外包合同额12.87亿美元，增长29.6%，占全省总量的25.2%；服务外包执行额26.5亿美元，增长63.0%，占全省总量的37.5%，其中离岸服务外包执行额11.22亿美元，增长40.1%，占全省总量的27.1%。四项指标均居全国21个服务外包示范城市前列，其中服务外包执行额居全国第一。2010年6月12日—13日，南京市商务局等单位承办了由商务部、中国贸促总会和江苏省政府共同主办的第三届中国国际服务外包合作大会，共举办了十七场不同类型、特色鲜明的活动，广泛宣传展示了南京服务外包产业发展环境和发展前景。

南京市2010年进出口商品

商品类型	出口完成情况			进口完成情况		
	出口金额（万美元）	同比（%）	占比（%）	进口金额（万美元）	同比（%）	占比（%）
总　值	**2 489 150**	**34.8**	**100.0**	**2 075 605**	**35.6**	**100.0**
机电产品	1 362 285	36.6	54.7	1 311 024	32.3	63.2
机械及运输设备	440 525	35.2	17.7	379 223	54.8	18.3
船舶	244 745	49.4	9.8	120	-86.4	0.0
电子信息产品	837 599	35.8	33.7	928 003	27.7	44.7
液晶装置及零件	307 601	22.8	12.4	337 316	17.7	16.3
手机及零件	69 453	-3.1	2.8	2 011	-35.2	0.1
通信设备及零件	81 773	117.3	3.3	39 697	-14.4	1.9
非机电产品	1 126 866	32.8	45.3	764 581	41.8	36.8
高新技术产品	667 134	36.3	26.8	763 561	26.4	36.8
贱金属及制品	178 998	54.0	7.2	95 290	-15.8	4.6
钢铁	121 764	62.3	4.9	29 529	-45.0	1.4
镁及其制品	10 406	59.3	0.4	0	-100.0	0.0

南京市 2010 年进出口国别（地区）

国别（地区）	进出口额（万美元）	同比（%）	出口额（万美元）	同比（%）	进口额（万美元）	同比（%）
总　值	**4 564 755**	**35.2**	**2 489 150**	**34.8**	**2 075 605**	**35.6**
欧　盟	993 881	32.0	684 166	38.4	309 715	19.9
美　国	490 052	24.0	379 600	19.1	110 452	44.3
东　盟	338 757	28.7	189 424	19.0	149 332	43.6
三大经济体合计	1 822 689	29.2	1 253 190	28.9	569 500	29.8
三大经济体占比	39.9%	-1.9	50.3%	-2.3	27.4%	-1.2
日　本	588 570	81.9	231 790	80.2	356 780	83.0
香　港	236 934	45.4	129 456	45.7	107 477	45.1
韩　国	679 149	16.7	125 379	23.4	553 770	15.2
印　度	130 680	56.1	97 645	39.3	33 035	142.3
澳大利亚	113 574	38.0	49 972	59.1	63 602	24.9
台湾省	224 311	42.2	46 568	74.7	177 743	35.6
巴　西	62 173	8.3	44 610	20.3	17 563	-13.5
十大经济体合计	3 858 079	34.9	1 978 611	35.8	1 879 469	33.8
十大经济体占比	84.5%	-0.2	79.5%	0.6	90.6%	-1.2
其他国家地区	706 676	37.1	510 540	31.0	196 136	55.9

【利用外资】

南京市 2010 年利用外资情况表

利用外资方式	批准签订的合同		实际利用外资
	项目数（个）	协议注册外资（万美元）	金额（万美元）
外商直接投资	**387**	**477 760**	**281 601**
合资企业	84	89 930	57 941
合作企业	4	5 799	141
外资企业	297	378 527	222 601
股份有限公司	2	3 504	918

外商直接投资行业　在外商直接投资的 387 个项目中，生产型项目 145 个，非生产型项目 242 个。按行业分，电子通信制造业 23 个，机械设备制造业 24 个，化工医药制造业 16 个，其他制造业 82 个，房地产业 5 个，批发贸易、餐饮 131 个，农林牧渔业 10 个，交通运输仓储业 3 个，其他 93 个。

外商直接投资来源　外商直接投资来自 55 个国家和地区。主要有：香港 113 个，协议注册外资金额 277 143 万美元；台湾省90个，32 123万美元；美国47个，14 611万美元；韩国23个，6 963万美元；日本18个，9 553万美元；加拿大15个，4 809万美元；英属维尔京群岛12个，11 189万美元；新加坡11个，7 047万美元。

外商直接投资企业生产经营情况 2010年末，实有工商注册外商投资企业3 462家。全年销售（营业）收入3 426亿元，比上年的3 264亿元增长4.96%；纳税总额244.13亿元，比上年的199.00亿元增长22.68%；出口83.53亿美元，比上年的64.85亿美元增长28.80%，占出口总额的33.56%。

【对外经济合作】

承包工程和劳务合作 签订对外承包工程和劳务合作合同162个，合同金额12.38亿美元，比上年的11.54亿美元增长7.28%；完成营业额13.09亿美元，比上年的11.57亿美元增长13.14%；当年派出劳务人员2 871人，年末在外8 473人。劳务人员分布在安哥拉、俄罗斯、阿尔及利亚、韩国、日本、新加坡、莫桑比克、埃塞俄比亚等19个国家和地区。承包工程的主要项目有：越南向阳水泥厂生产线、新加坡住宅工程、沙特丁烯/芳烃抽提项目、澳门西湾大桥、柬埔寨电信项目、孟加拉卡纳夫里三桥、莫桑比克住宅项目、沙特石化装置建设、尼日利亚水泥生产线项目等。

对外投资 批准在香港、美国、英国、荷兰、越南、加拿大、德国、法国、卢森堡、保加利亚、芬兰、白俄罗斯、日本、新加坡、柬埔寨、韩国、泰国、台湾省、贝宁、赤道几内亚、加纳、塞内加尔、澳大利亚、英属维尔京群岛等24个国家（地区）举办非贸易企业48家，总投资额39 592万美元，其中中方投资额34 427万美元。

【其他】

国家级开发区 南京高新技术开发区全年全社会固定资产投资72亿元，实现地区生产总值250亿元，地方一般预算收入16.46亿元，税收85.61亿元。2010年批准进区外商投资企业14家，协议注册外资14 409万美元，实际到账注册外资5 954万美元，出口额124 626万美元。

南京经济技术开发区全年全社会固定资产投资162亿元，实现地区生产总值330亿元，地方一般预算收入26.01亿元，税收60.50亿元。2010年批准进区外商投资企业12家，协议注册外资12 455万美元，实际到账注册外资28 071万美元，出口额401 273万美元。

江宁经济技术开发区全年全社会固定资产投资315亿元，实现地区生产总值331亿元，地方一般预算收入38.94亿元，税收78.95亿元。2010年批准进区外商投资企业57家，协议注册外资116 901万美元，实际到账注册外资67 925万美元，出口额307 707万美元。

出口加工区 2010年出口加工区新批进区企业6个，协议注册外资6 100万美元，实际到账注册外资1 856万美元，区内自营进出口11.86亿美元，其中出口6.54亿美元。

商务洽谈会 2010年9月在南京举办“南京金秋经贸洽谈会”，来自美国、德国、日本、印度、英国、澳大利亚、韩国、香港、台湾省等28个国家（地区）和国内的客商共5 500多人参会。实现签约项目180个，其中外资项目49个，投资总额39亿美元，内资项目131个，投资总额656亿元。

中国南京美食文化节暨第二届龙虾美食文化月于2010年7月举办，由中国饭店协会、南京市商务局、南京市旅游园林局、南京市工商业联合会主办。本次美食文化节主要有名菜、名宴、名店展评，中国六大古都文化交流暨2010餐饮业企业家峰会，美食推荐会及美食展销活动，美食考察之旅等活动。

第二届婚庆文化博览会于2010年3月19至21日在南京举办。10多个行业、100多个海内外品牌企业、1 000多个品牌产品在婚博会上展示，6万多消费者和参展者参观了婚博会。

港口运输 南京港全年实际完成货物吞吐总量15 825万吨，其中外贸货物进出口吞吐量833万吨（出口量402万吨，进口量431万吨）。

涉外旅游 接待海外旅游者130.88万人次，比上年的113.45万人次，增长15.36%。其中外国人86.80万人次，华侨和港澳台同胞44.08万人次。旅游创汇9.81亿美元，比上年的8.37亿美元增长17.20%。

2010年连云港市商务发展概况

连云港市商务局

连云港市商务局局长

高美峰　汉族。1966年4月出生，山东沂南人。中共党员。研究生学历。1988年7月参加工作，历任副科长、科长、连云港市对外经济贸易委员会副主任、连云港市连云区人民政府副区长、中共连云港市新浦区委副书记（正处级）、中共连云港市委宣传部副部长（正处级）等职。2011年1月任连云港市商务局局长。

【国内贸易】

社会消费品零售总额　2010年江苏省连云港市社会消费品零售总额426.75亿元，比上年的369.53亿元增长15.5%。按地域分，城镇335.51亿元，农村91.24亿元。按行业分，批发和零售贸易业384.15亿元，住宿和餐饮业42.60亿元。

限额以上批发和零售贸易业、住宿和餐饮业基本情况　2010年，共有限额以上批发和零售贸易业、住宿和餐饮业法人企业418个，产业活动单位639个，年末从业人数32 184人。其中，批发业法人企业163个，产业活动单位200个，年末从业人数11 265人；零售业法人企业159个，产业活动单位341个，年末从业人数13 461人；住宿业法人企业52个，产业活动单位52个，年末从业人数4 194人；餐饮业法人企业44个，产业活动单位46个，年末从业人数3 264人。

批发和零售贸易业企业商品购、销、存总额　批发和零售贸易业企业商品销售总额1 320.12亿元，比上年的1 022.00亿元增长29.17%。其中，限额以上企业350.09亿元，限额以下企业970.03亿元。限额以上批发和零售贸易业企业商品购进总额347.47亿元，商品销售总额350.09亿元（其中批发229.02亿元、零售121.07亿元），年末库存总额23.23亿元。

市场物价　商品零售价格指数为103.8（以上年价格为100）；居民消费价格指数为104.5（以上年价格为100）。

市场秩序建设　贯彻落实全省整顿和规范市场经济秩序工作部署和要求，突出重点，集中力量，采取有效措施，规范市场经营秩序。对重点地区小化肥长效管理情况进行明查暗访，对发现的问题及时督促整改，化肥经营市场进一步净化。组织开展打击侵犯知识产权和制售假冒伪劣商品专项行动，重点稽查监管生猪定点屠宰、酒类流通随附单制度执行情况，全年检查生猪屠宰、批发零售、住宿餐饮等网点600多家，评定“放心酒示范店”20家。深入开展打击非法行医、虚假广告等欺诈行为，维护消费者合法权益。组织中小商贸企业申报融资担保扶持资金，提高企业融资资信，缓解企业融资困难，促进商贸流通业发展。

市场体系建设　进一步提升优化城市商业功能，引导和推动商业网点合理布局健康发展，推进连云港华东物料城、苏宁广场、义乌小商品市场、沃尔玛超市、家乐福超市等重点商贸项目建设。完善农村消费网络，继续实施“万村千乡市场工程”，2010年新建配送中心3个，新建、改建农家店350家，农家店村覆盖率达到85%，农家店配送比率达到40%，配送商品涵盖30多类近万个品种，新带动社会投资1 280万元、安置800多人就业。加快农村家电流通网络建设，全市家电下乡销售网点达到695家，已覆盖所有乡镇，形成了家电销售、安装调试、维修退换等相配套的服务体系；全年销售家电下乡产品27.8万台，金额6.6亿元，累计分别达到36.5万台和8.1亿元。加快建立顺畅高效便捷安全的农副产品流通体系，扶持引导四季农副产品批发等大型农产品批发市场，年市场交易额41亿元。大力推进汽车以旧换新，全年通过审核汽车2 932辆，发放补贴4 653万元，直接拉动新车消费3.5亿元。加强对拍卖、典当和直销市场等特殊行业的监管，组织拍卖和典当企业进行了年检。进一步规范废旧汽车回收拆解业和二手车市场，全年交易旧机动车2万辆，交易额10亿元，防止和杜绝报废汽车回流社会。

商贸服务管理 2010年，新建、改建、迁建加油站点30个；成品油供应平稳，全年销售汽油16.5万吨、柴油53.2万吨。全市连锁经营有超市、百货、餐饮、医药、家电、石油、汽车、农资、其他等九种业态，现有门店5 500余家，全年营业额120亿元。连云港市千村植保公司通过商业特许经营，新增加了种子、化肥和农药经营领域。在商贸零售业、物流业、餐饮业、服务业、再生资源回收业全面开展节能降耗。举办了"连云港市第四届迎新春商品购物节暨四季农副产品交易会"和"海鲜美食大赛"，组织10家企业参加了"第五届跨国零售采购会"。加强家政服务网络、再生资源回收、早餐示范工程体系建设，培训家政服务人员800多人，早餐示范工程市区居民服务覆盖率达到42%。组织推进社区商业发展，向商务部申报国家级商业示范社区1家，申报省级商业示范社区2家。历时5年完成了《江苏名菜大典》连云港部分5万多字的文字和图片，并通过省专家组审核。

市场运行调节 加强市场运行分析与调研，进一步完善市场运行监测体系，扩大监测样本企业20家，优化样本结构，加快监测成果转化。制定了《连云港市中心城区蔬菜应急保供预案》，建立市级应急储备肉500吨、食用油1 000吨和耐存蔬菜3 000吨。实行酒类流通管理备案与溯源制度，2010年全市酒类经营企业备案数3 000家，发放酒类流通随附单1 000本。市场猪肉质量安全得到进一步保证，县城以上进点屠宰率达到100%，乡镇进点屠宰率达到95%；县城以上城市的市场、超市、集体食堂等单位销售和使用的猪肉全部来自定点屠宰企业。全市现有蚕茧收购、加工站点9家，缫丝生产加工企业3家，2010年蚕茧发种量24 000张，蚕茧生产量1 104吨，缫丝企业加工白厂丝150吨。

【对外贸易】

进出口总额 进出口总额507 608万美元，比上年的386 010万美元增长31.5%。

出口总额 出口总额260 142万美元，比上年的195 398万美元增长33.1%，占全市GDP 1 150.81亿元（相当于1 699 993万美元）的15.3%。

进口总额 进口总额247 466万美元，比上年的190 612万美元增长29.8%。

出口商品结构 初级产品出口额58 272万美元，占出口总额的22.4%；工业制成品出口额201 870万美元，占出口总额的77.6%。

进口商品结构 初级产品进口额204 159万美元，占进口总额的82.5%；工业制成品进口额43 307万美元，占进口总额的17.5%。

出口商品市场 出口商品销往162个国家（地区）。主要出口市场有：美国、日本、韩国、香港、台湾省、德国、泰国、英国、马来西亚、阿联酋等国家（地区），金额165 796万美元，占出口总额的63.7%。

进口商品市场 进口商品来自89个国家（地区）。主要进口市场有：美国、巴西、澳大利亚、印度尼西亚、韩国、日本、南非、马来西亚、德国、秘鲁等国家（地区），金额192 082万美元，占进口总额的77.6%。

技术进出口 技术进出口总额2 719万美元，比上年的520万美元增长423%。签订引进技术和进口设备合同项目16个，比上年增加9个；合同金额2 719万美元，比上年的520万美元增长423%。

服务贸易 服务贸易进出口总额6.98亿美元，比上年的4.06亿美元增长72%。其中，出口额3.29亿美元，比上年的1.96亿美元增长68%；进口额3.69亿美元，比上年的2.10亿美元增长75%。

连云港市2010年出口额5 000万美元以上商品情况表

金额分类	商品名称	出口金额（亿美元）	占出口总额比重（%）
1亿美元以上	汽车零部件、胶合板	3.31	12.7
5 000万—1亿美元	钢材、集装箱、燃料油、无纺布制品、蔬菜、碳化硅、鞋靴	4.48	17.2
合　计	**9种**	**7.79**	**29.9**

连云港市2010年进口额5 000万美元以上商品情况表

金额分类	商品名称	进口金额（亿美元）	占进口总额比重（%）
1亿美元以上	大豆、金属矿砂、植物油脂、燃料油、煤炭	15.11	61.1
5 000万—1亿美元	塑料及制品、沥青	1.13	4.6
合 计	**7类**	**16.24**	**65.7**

连云港市2010年主要出口市场情况表

国别（地区）	出口金额（万美元）	占出口总额比重（%）	国别（地区）	出口金额（万美元）	占出口总额比重（%）
美 国	49 517	19.0	德 国	5 918	2.3
日 本	39 845	15.3	泰 国	5 832	2.2
韩 国	33 639	13.0	英 国	5 512	2.1
香 港	8 596	3.3	马来西亚	5 206	2.0
台湾省	6 820	2.6	阿联酋	4 911	1.9
合 计				**165 796**	**63.7**

连云港市2010年主要进口市场情况表

国别（地区）	进口金额（万美元）	占进口总额比重（%）	国别（地区）	进口金额（万美元）	占进口总额比重（%）
美 国	51 670	20.9	日 本	11 496	4.6
巴 西	3 4931	14.1	南 非	6 719	2.7
澳大利亚	34 296	13.9	马来西亚	6 695	2.7
印度尼西亚	21 872	8.8	德 国	5 890	2.4
韩 国	13 017	5.3	秘 鲁	5 496	2.2
合 计				**192 082**	**77.6**

连云港市2010年服务贸易进出口情况表

行 业	进出口		出 口		进 口	
	金额（万美元）	同比（%）	金额（万美元）	同比（%）	金额（万美元）	同比（%）
运输	32 268.7	62	17 077.4	62	15 191.3	62
旅游	5 366.8	15	20.2	-18	5 346.6	15
通讯服务	12.1	38	0.5	-17	11.6	41
建筑服务	158.3	17	157.9	20	0.4	-88
保险服务	57.1	2	0.0	-100	57.1	3
金融服务	12.7	202	0.0	上年0	12.7	202
计算机和信息服务	174.1	-41	0.0	-100	174.1	-39
专有权利使用费和特许费	1 096.9	161	0.0	-100	1 096.9	168
咨询	578.0	-22	21.6	-76	556.4	-14
广告、宣传	77.8	63	0.2	-96	77.6	82
其他商业服务	30 005.6	110	15 650.5	79	14 355.1	159
合 计	**69 808.1**	**72**	**32 928.3**	**68**	**36 879.8**	**75**

【利用外资】

连云港市 2010 年利用外资情况表

利用外资方式	批准签订的合同			实际利用外资	
	项目数（个）	外资金额（万美元）	金额比上年增加（%）	金额（万美元）	金额比上年增加（%）
外商直接投资	**141**	**182 234**	**-1.91**	**110 116**	**5.89**
合资企业	17	18 275	95.20	12 070	1.04
合作企业	1	1 860	834.67	0	-100.00
外资企业	123	161 581	-7.98	97 410	5.84
股份有限公司（仅增资）	0	518	-18.55	636	上年 0.00

外商直接投资行业　在外商直接投资的 141 个项目中，生产型项目 68 个，非生产型项目 73 个。按行业分，农、林、牧、渔业项目27 个，制造业项目 64 个，建筑业项目 4 个，交通运输、仓储和邮政业项目 5 个，信息传输、计算机服务和软件业项目 2 个，批发和零售业项目 12 个，房地产业项目 3 个，租赁和商务服务业项目 13 个，科学研究、技术服务和地质勘查业项目 8 个，水利、环境和公共设施管理业项目 2 个，卫生、社会保障和社会福利业项目 1 个。

外商直接投资来源　外商直接投资来自 15 个国家和地区。主要有：香港 86 个项目，实际到位外资 82 760 万美元；台湾省 17 个，2 114 万美元；美国 6 个，2 271 万美元；日本 6 个，1 648 万美元；英属维尔京群岛 3 个，8 267 万美元；韩国 3 个，1 450 万美元；新加坡 3 个，918 万美元；加拿大 1 个，763 万美元。

外商直接投资企业生产经营情况　根据 2010 年外商投资企业年检情况，至 2009 年末，全市实有外商直接投资企业 729 家，参加 2009 年度年检企业 606 家，其中投产开业企业 416 家，销售（营业）收入 280.56 亿元，利润总额 15.45 亿元。

【对外经济合作】

对外投资　2010 年批准在沙特阿拉伯、韩国、加拿大、美国、香港设立非贸易企业 5 家，批准在沙特阿拉伯、韩国投资企业增资 2 家，在韩国的投资企业变更 1 家，投资总额 2 590 万美元，其中中方投资额 1 751 万美元。至 2010 年底，累计批准境外投资项目 36 个，投资总额 11 466 万美元，其中中方投资额 9 832 万美元。

承包工程和劳务合作　签订对外承包工程和劳务合作合同项目 9 个，金额 4 307 万美元，比上年的 796 万美元增长 441.1%；完成营业额 1 718 万美元，比上年的 403 万美元增长 326.3%；当年派出劳务人员 4 710 人，年末在外人数 3 1591 人，外派劳务人员主要集中在新加坡、日本和阿尔及利亚；主要承包工程项目为在沙特阿拉伯的房屋建筑项目。

【其他】

经济技术开发区　连云港经济技术开发区 2010 年完成固定资产投资 156.6 亿元，同比增长 23.9%；其中基础设施投资 19.5 亿元，下降 5.3%。新批利用外资项目 41 个，协议注册外资 63 076 万美元，下降 32.2%；实际利用外资 34 040 万美元，增长 10.8%。完成工业总产值 600.5 亿元，增长 27.4%。实现财政收入 55.3 亿元，增长 31.4%。进出口总额 367 155 万美元，增长 61.9%；其中出口额 99 512 万美元，增长 36.2%。

出口加工区　连云港出口加工区 2010 年完成基础设施投资 450 万元。新批利用外资项目 1 个，协议注册外资 1 200 万美元，实际到账外资 264 万美元。进出口总额 17 502 万美元，其中出口额 13 334 万美元。

保税区　连云港保税物流园区 2010 年 12 月 10 日通过了海关总署、财政部、国家税务总局和国家外汇管理总局的联合验收，开始封关运作。

商务洽谈会　2010 年 6 月 11 日在连云港云台宾馆举办"江苏沿海开发一周年连云港投资贸易洽谈会"，到会客商 240 人，签约项目 50 个，合同金额 615 亿元。9 月 28 日—29 日在连云港国际展览中心举办"中日新丝绸之路企业合作论坛"，日方到会 120 人；12 月 16 日在韩国首尔举办"连云港—首尔开航新闻发布会暨 2010 江苏（连云港）沿海开发说明会"，韩方到会 220 人。

港口运输　至2010年底连云港港共有泊位59个，港口综合吞吐能力9 213万吨。当年完成货物吞吐量13 506.4万吨，同比增长18.7%；其中外贸货物吞吐量7 803.7万吨，增长18.1%（外贸进口量6 399.3万吨，增长18.0%；外贸出口量1 404.4万吨，增长18.8%）。按运输方式分，完成港口货物海运量11 728.92万吨，陆运量（包括铁路和公路）7 408.62万吨。

涉外旅游　2010年接待境外旅游人数116 663人次，比上年的100 076人次增长16.6%。旅游外汇收入10 746.5万美元，比上年的9 172.5万美元增长17.2%。

2010年南通市商务发展概况

南通市商务局

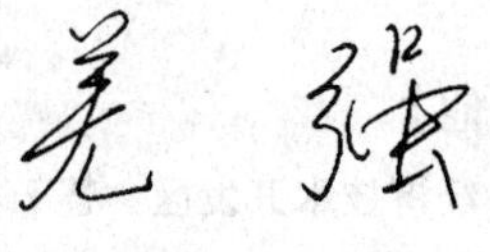

南通市商务局局长

羌　强　生于1964年10月，江苏省南通市人。中共党员。1981年7月参加工作，历任南通市人民政府办公室信息督办科副科长、经济贸易科科长、副主任。2003年3月任南通市对外贸易经济合作局局长、党组书记。2010年5月，任南通市商务局党组书记、局长。

【国内贸易】

社会消费品零售总额　2010年江苏省南通市社会消费品零售总额1 268.32亿元，比上年增长18.7%。按地域分，城镇消费品零售额906.63亿元，乡村消费品零售额361.69亿元。按行业分，批发零售贸易业零售额1 178.00亿元，住宿和餐饮业零售额90.32亿元。

限额以上批发零售贸易、餐饮业基本情况　截至2010年，共有批发零售贸易、餐饮业法人企业985个，产业活动单位1 820个，年末从业人数71 022人。其中，批发业法人企业448个，产业活动单位723个；零售业法人企业428个，产业活动单位982个；餐饮业法人企业79个，产业活动单位85个。住宿业法人企业30个，产业活动单位30个。

批发零售贸易商品购、销、存总额　批发零售贸易商品销售总额4 161.43亿元，比上年的3 298.63亿元增长26.0%，其中批发2 926.49亿元，零售1 234.94亿元。

市场物价　市区商品零售价格指数为102.4；居民消费价格指数为103.7。

【对外贸易】

进出口总额　进出口总额210.96亿美元，比上年的162.59亿美元增长29.8%。

出口总额　出口总额141.07亿美元，比上年的111.80亿美元增长26.2%，在江苏省各市中居第5位。

进口总额　进口总额69.89亿美元，比上年的50.79亿美元增长37.6%。

出口商品市场　出口商品销往185个国家和地区，比上年增加3个。

进口商品市场　进口商品来自83个国家和地区，比上年增加10个。

技术进出口　2010年全市高新技术产品进出口总额38.58亿美元，比上年增长48.6%，占全市进出口总额的18.3%。其中出口26.94亿美元，增长53.1%，占全市总额的19.1%；进口11.64亿美元，增长39.2%，占全市总额的16.7%。

南通市2010年出口额5亿美元以上商品情况表

商品名称	出口金额（万美元）	占出口总额比重（%）
纺织原料及纺织制品	467 724	33.15
车辆、航空器、船舶及运输设备	240 563	17.06
机器、电子、电器设备及零件	310 357	22.00
杂项制品	105 671	7.49
化学工业及相关工业产品	102 621	7.27
贱金属及制品	84 053	5.96
合　计	**1310 989**	**92.93**

南通市2010年进口额3亿美元以上商品情况表

商品名称	进口金额（万美元）	占进口总额比重（%）
机器、电子、电气设备及零件	185 290	26.51
化学工业及相关工业产品	149 224	21.35
植物产品	63 513	9.09
矿产品	76 670	10.97
贱金属及制品	50 172	7.18
动植物油脂腊及分解产品	46 466	6.65
纺织原料及纺织制品	42 636	6.10
塑料、橡胶及其制品	31 268	4.48
合　计	**645 239**	**92.32**

南通市2010年主要出口市场情况表

国别（地区）	出口金额（万美元）	占出口总额比重（%）
日　本	280 518	19.88
美　国	177 026	12.55
德　国	129 658	9.19
香　港	65 981	4.68
韩　国	49 861	3.53
巴拿马	56 918	4.03
意大利	44 343	3.14
新加坡	42 555	3.02
英　国	42 217	2.99
荷　兰	40 376	2.86
合　计	**929 453**	**65.89**

南通市2010年主要进口市场情况表

国别（地区）	进口金额（万美元）	占进口总额比重（%）
日　本	149 863	21.44
美　国	85 994	12.31
韩　国	68 671	9.83
马来西亚	45 212	6.47
德　国	44 312	6.34
台湾省	43 838	6.27
合　计	**437 890**	**62.66**

【利用外资】

南通市2010年利用外资情况表

利用外资方式	批准签订的合同外资			实际利用外资	
	项目数（个）	金额（万美元）	金额比上年增长（%）	金额（万美元）	金额比上年增长（%）
外商直接投资	**371**	**495 232**	**2.30**	**206 059**	**2.78**
合资企业	71	94 754	62.91	55 007	-10.39
合作企业		-156		21	-97.14
外资企业	298	400 007	-5.45	151 030	10.16
股份有限公司	2	627	-41.94		
合　计	**371**	**495 232**	**2.30**	**206 054**	**2.78**

外商直接投资行业　371个外商直接投资项目中，生产型项目264个，占71.16%；非生产型项目107个，占28.84%。按行业分主要有：电子及通信设备制造业及电气机械及器材制造61个，通用设备制造业36个，纺织服装、鞋、帽制造业27个，纺织业28个，专用设备制造业23个，化学原料及化学制品制造业10个，批发和零售业24个，房地产业2个，商务服务业12个，居民服务和其他服务业3等。外商实际投入资金主要在制造业，尤其是电子及通信设备制造业及电气机械及器材制造业，通用设备制造业，纺织业等。

外商直接投资来源　外商直接投资来自59个国家和地区。主要有：香港124个，金额111 08万美元；日本48个，金额14 634万美元；台湾省45个，金额14 237万美元；美国28个，金额7 250万美元。

外商直接投资企业生产经营情况　按2010年全市外商投资企业送报表的1 609家（上年1364家）企业统计，销售收入80 514亿元，出口创汇108.03亿美元，实现净利润91.38亿元。净利润超1 000万元的企业有91家。

【对外经济合作】

承包工程和劳务合作　2010年全市新签对外承包劳务合同额8.73亿美元，增长12.96%，完成营业额12.53亿美元，增长8.44%，新派人数8 854人，增长2.24%，期末在外人数29 389人。对外承包工程大中型项目增多，新签1 000万美元以上项目13个。

对外投资　2010年，全市境外投资迅速发展，全年新批境外企业35个，中方协议投资额3.18亿美元。

【其他】

开发区　南通经济技术开发区完成基本建设投资208.4亿元。全年区内新办外资项目31个，合同外资金额7.0215亿美元，比上年增长37%；商务部核准实际利用外资金额4.8033亿美元，比上年增长9.3%。新办外资项目平均注册资本达1 549万美元，有19个项目的投资总额超过1 000万美元。全区外贸进出口总额达到35.45亿美元，增长22.9%，其中出口19.13亿美元，增长36.2%。全年GDP 256.2亿元，增长28.1%；财政收入64.3亿元，占GDP的比重达到25.1%，增长41%。工业总产值达到1150亿元，增长20.9%，其中547家规模以上企业完成工业产值803.1亿元，增长26.5%。

出口加工区　南通出口加工区累计用于基础建设投资1.51亿元，进区项目25个，合同外资7 455万美元，实际外资4 728万美元。全年进出口额21 352万美元，出口11 610万美元。

商务洽谈会　2010年9月15－19日举办的中国南通港口经济洽谈会，100个项目集中签约，总投资103.1亿美元，在历届港洽会中签约项目规模最大、投资额最多。来自30个国家和地区1 400多位中外客商和嘉宾参加。本届港洽会创造性地将开幕式与文艺演出有机结合，进一步凸显南通比较优势。举办了新能源产业发展研讨会、呼叫产业在南通推介会、南通与中央企业对外承包工程对接会等近10场经贸活动，成为经贸、科技、文化一体的城市性盛会。

港口运输　全年港口吞吐量1.51亿吨，增长11.0%；南通口岸外贸进出口运量3 010万吨，同比增长4.2%。集装箱吞吐量46.2万标箱，同比增长31.6%。

涉外旅游　2010年入境旅游者35.51万人次，比上年增长18.43%，旅游外汇收入3.61亿美元，增长16.59%。

2010年浙江省商务发展概况

浙江省商务厅

金永辉

浙江省商务厅厅长

金永辉　1963年7月出生，浙江湖州人，1988年8月参加工作，1983年6月加入中国共产党，曾就读浙江大学机械系机械制造专业，1988年毕业时获得浙江大学硕士学位，之后又取得新加坡南洋理工大学管理经济学硕士学位。长期从事对外经济贸易工作，曾任浙江省对外贸易经济合作厅处长助理，外商投资处副处长，对外经济合作处处长，对外贸易管理处处长，副厅长，厅长、党组书记。2009年4月任浙江省商务厅厅长、党组书记。

【国内贸易】

社会消费品零售总额　2010年，浙江省社会消费品零售总额10 163亿元，比上年增长19.0%，扣除价格因素，实际增长14.5%。按地域分，城镇8 932亿元，增长19.2%；乡村1 231亿元，增长17.9%。按行业分，批发零售贸易业9 105亿元，增长19.2%；住宿餐饮业1 058亿元，增长17.0%。

在限额以上批发零售贸易业销售额中，汽车类零售额比上年增长37.2%，石油及制品类增长33.6%，食品饮料烟酒类增长14.4%，服装、鞋帽、针纺织品类增长25.3%，中西药品类增长18.3%，家用电器和音像器材类增长22.2%，日用品类增长21.2%，金银珠宝类增长52.8%，通讯器材类增长42.7%，家具类增长24.2%。

商品交易市场　2010年末全省有商品交易市场4 146家，全年有形市场成交额12 717亿元，比上年增长18.4%。成交额超亿元的市场675个，超十亿元的市场202个，超百亿元的市场22个。

市场物价　居民消费价格比上年上涨3.8%（其中居住类上涨6.0%，食品类上涨7.3%），商品零售价格上涨3.9%，农业生产资料价格上涨2.9%，工业品出厂价格上涨6.2%，原材料、燃料、动力购进价格上涨12.0%，固定资产投资价格上涨4.7%。

浙江省2010年居民消费价格变动情况

（上年=100）

	全　省	城　市	农　村
居民消费价格总指数	**103.8**	**104.0**	**103.7**
食品	107.3	107.5	107.0
#粮食	114.3	115.2	113.4
烟酒及用品	100.7	101.1	100.5
衣着	99.3	98.5	100.1
家庭设备用品及服务	100.4	101.3	99.7
医疗保健及个人用品	105.4	105.4	105.3
交通和通信	100.3	100.6	100.0
娱乐教育文化用品及服务	101.6	101.5	101.6
居住	106.0	106.4	105.5

【对外贸易】

进出口总额 进出口总额2 534.7亿美元，比上年的1 877.3亿美元增长35.0%。

出口总额 出口总额1 804.5亿美元，比上年的1 330.1亿美元增长35.7%，占全省GDP 27 226.8亿元（相当于4 022.0亿美元）的44.9%，占全国出口额的13.5%，继续居全国出口第四位。

进口总额 进口总额729.9亿美元，比上年的547.2亿美元增长33.4%。

出口商品结构 初级产品出口额63.3亿美元，占出口总额的3.5%；工业制成品出口额1 283.1亿美元，占出口总额的96.5%。

进口商品结构 初级产品进口额191.3亿美元，占进口总额的26.2%；工业制成品进口538.5亿美元，占进口总额的73.8%。

出口商品市场 出口商品销往227个国家和地区，和上年持平。

进口商品市场 进口商品来自174个国家和地区，和上年持平。

服务外包 2010年全省离岸服务外包合同执行额为179 557.28万美元，增长86%。其中：信息技术外包（ITO）执行金额13.04亿美元，占比72.66%；业务流程外包（BPO）执行金额1.53亿美元，占比8.53%；知识流程外包（KPO）执行金额3.3亿美元，占比18.81%。作为全国服务外包示范城市的杭州市，其服务外包离岸合同执行额超10亿美元，增长约172%。宁波市服务外包合同执行额1.06亿美元，增长约79.1%。

浙江省2010年出口额5 000万美元以上商品情况表

金额分类	商品名称	出口金额（万美元）	占出口总额比重（%）
1亿美元以上（67种）	服装及衣着附件，纺织纱线、织物及制品，船舶，家具及其零件，鞋类，汽车零件，二极管、晶体管及类似半导体器件，塑料制品，旅行用品及箱包，灯具、照明装置及类似品，钢材，通断及保护电路装置，医药品，电线和电缆，床垫、寝具及类似品，钢铁或铜制标准紧固件，自动数据处理设备及其部件，电动机及发电机，手用或机用工具，未锻造的铜及铜材，新的充气橡胶轮胎，水海产品，轴承，成品油，玩具，未锻造的铝及铝材，摩托车及自行车的零件，医疗仪器及器械，纸及纸板（未切成形的），电视机、收音机及无线电讯设备的零附件，原油，集装箱，伞，电视机（包括整套散件），摩托车，合成有机染料，手电筒，自行车，纺织机械及零件，原电池，玻璃制品，茶叶，扬声器，工业用缝纫机，胶合板及类似多层板，家用或装饰用木制品，锁，蔬菜，不锈钢厨具、餐具等家用电器，电话机，静止式变流器，圣诞用品，热水瓶，珍珠、宝石及半宝石，金属加工机床，自动数据处理设备的零件，蓄电池，电扇，印刷品，录、放像机，填充用羽毛；羽绒，变压器，集成电路，美容化妆品及护肤品，水泥，肠衣，餐桌、厨房及其他家用搪瓷器	12 048 187	66.75
5 000万—1亿美元（7种）	汽车和汽车底盘，电容器，普通缝纫机，肥料，人造花，铅笔，生丝	44 798	0.33
合　计	**74种**	**12 092 985**	**67.08**

浙江省2010年进口额5 000万美元以上商品情况表

金额分类	商品名称	进口金额（万美元）	占进口总额比重（%）
1亿美元以上（54种）	初级形状的塑料，铁矿砂及其精矿，废铜，未锻造的铜及铜材，液晶显示板，对苯二甲酸，乙二醇，集成电路，纸浆，废钢，纺织纱线、织物及制品，成品油，钢材，原油，粮食，纺织机械及零件，废纸，苯乙烯，原木，煤，金属加工机床，通断及保护电路装置，计量检测分析自控仪器及器具，医药品，非泡沫塑料的板、片、膜，棉花，己内酰胺，锯材，合成橡胶（包括胶乳），橡胶或塑料加工机械零件，天然橡胶（包括胶乳），羊毛，二极管及类似半导体器件，液化石油气及其他烃类气，自动数据处理设备及其部件，牛皮革及马皮革，废铝，印刷、装订机械及零件，机械提升搬运装卸设备及零件，变压、整流、电感器及零件，食用植物油（包括棕榈油），阀门，塑料制品，医疗仪器及器械，纸及纸板（未切成形的），印刷电路，液泵及液体提升机，汽车零件，其他植物油，甲苯，玻璃热加工机械及零件，铬矿砂及其精矿，发电机组及旋转式变流机，电线和电缆	5 072 334	69. 49
5 000万—1亿美元（23种）	饲料用鱼粉，纺织用合成纤维，异氰酸酯，未锻造的铝及铝材，电动机及发电机，服装及衣着附件，自动数据处理设备的零件，钛白粉，旋转式电力设备的零件，型模及金属铸造用型箱，电视机、收音机及无线电讯设备的零附件，钢铁制标准紧固件，酒类，锰矿砂及其精矿，建筑及采矿用机械及零件，制造纸及纸制品用机械及零件，聚合物油漆及清漆，玻璃纤维及其制品，钢铁或铝制结构体及其部件，冻鱼，无线电导航雷达及遥控设备，电容器，铜矿砂及其精矿	167 129	2. 28
合　计	**77种**	**5 239 463**	**71. 77**

浙江省2010年主要出口市场情况表

国别（地区）	出口金额（万美元）	占出口总额比重（%）
美　国	3 045 756	16. 88
德　国	1 100 080	6. 10
日　本	1 055 457	5. 85
香　港	644 372	3. 57
意大利	636 083	3. 52
英　国	599 689	3. 32
印　度	553 939	3. 07
荷　兰	472 472	2. 62
韩　国	454 049	2. 52
阿联酋	416 290	2. 31
备注：		
欧　盟	4 832 320	26. 77
东　盟	1 101 243	6. 10
合　计	**12 431 203**	**68. 88**

浙江省2010年主要进口市场情况表

国别（地区）	进口金额（万美元）	占全省进口比重（%）
台湾省	1 017 712	13.94
日　本	999 915	13.70
韩　国	634 748	8.70
美　国	611 688	8.38
德　国	311 583	4.27
澳大利亚	302 921	4.15
沙特阿拉伯	228 356	3.13
印　度	205 209	2.81
巴　西	193 092	2.65
智　利	172 207	2.36
备注：		
欧　盟	938 481	12.86
东　盟	687 016	9.41
合　计	**5 927 949**	**81.21**

【利用外资】

浙江省2010年利用外资情况表

利用外资方式	项目数（个）	合同利用外资		实际利用外资	
		金额（万美元）	比2009年增长（%）	金额（万美元）	比2009年增长（%）
一、对外借款		**260 493**		**172 425**	
外国政府贷款				865	
境外非金融机构贷款				110 007	
境外金融机构贷款		59 715		61 553	
其他		200 778			
二、外商直接投资	**1 944**	**2 004 666**	**11.9**	**1 100 175**	**10.70**
合资企业	534	399 122	19.9	296 929	17.17
合作企业	9	9 871	0.5	6 716	601.00
外资企业	1 396	1 586 066	79.1	785 383	8.25
股份有限公司	5	9 607	0.5	11 147	-20.60
三、外商其他投资		**48 743**		**49 984**	
加工装配				1 241	
对外发行股票		48 743		48 743	

浙江省2010年外商直接投资行业情况表

行　业	项目（企业）数（个）	合同外资（万美元）	实际外资（万美元）
第一产业	**31**	**35 270**	**9 032**
第二产业	**1 104**	**1 157 992**	**676 692**
制造业	1 087	1 132 873	662 930
其中：机电类	656	706 518	350 390
轻纺类	307	2 421 99	168 091
重化类	70	119 167	94 549
电气机械及器材	164	203 030	92 277
交通运输设备	99	145 592	70 441
通信、电子	85	117 013	53 230
通用设备制造业	123	103 131	61 526
化学原料及制品	34	50 122	66 503
纺织业	63	59 133	38 899
服装、鞋、帽	73	58 894	48 423
专用设备制造业	98	79 369	39 055
金属制造业	78	54 726	26 611
塑料制品业	50	35 893	23 247
电气水的产供业	7	6 019	8 296
第三产业	**704**	**571 939**	**340 323**
交通运输仓储邮政	12	19 744	12 165
信息计算机软件业	63	73 646	36 856
批发和零售业	366	103 268	37 177
住宿和餐饮业	29	17 500	14 154
房地产业	36	309 100	232 841
租赁和商务服务业	169	179 155	42 673
科研技术服务	94	78 924	26 014

浙江省2010年外商直接投资主要来源情况表

国别（地区）	项目数（个）	合同外资（万美元）	实际外资（万美元）
香　港	991	1 420 536	727 059
英属维尔京群岛	56	81 080	72 380
英　国	41	31 677	18 047
新加坡	28	32 614	24 610
投资性公司	12	45 173	27 143
台湾省	157	61 365	31 242
萨摩亚	32	32 424	24 461
日　本	71	34 604	25 709
美　国	143	73 208	38 649

注：以上排序以合同外资额多少为序。按实际外资排序则是：香港、英属维尔京群岛、美国、日本、新加坡、萨摩亚、投资性公司、韩国、开曼群岛、台湾省。2010年浙江省外商直接投资来自127个国家和地区。

【对外经济合作】

对外投资　经审批和核准的境外企业和机构共计630家，投资总额40.2亿美元，中方投资33.6亿美元，同比分别增长260.4%和219.35%，分布在制造业、批发和零售业、商务服务业等行业。全省2010年实际对外直接投资为26.2亿美元，继续居全国第一。

截至2010年底，全省经审批和核准境外企业和机构共计4 564家，投资总额83.61亿美元，中方投资71.81亿美元。对外投资覆盖131个国家和地区，前五位国家和地区是香港、瑞典、美国、越南和俄罗斯联邦。

承包工程和劳务合作 对外承包工程完成营业额27.5亿美元，增长23.7%；新签合同337份，增加69份，合同额23.1亿美元，下降4.8%。

对外劳务合作完成营业额1.6亿美元，下降6.3%；新签合同367份，增加59份，合同额0.46亿美元，下降5.8%。派出各类劳务人员13 446人次，增加4 595人次，年末在外各类劳务人员26 261人，雇用项目所在地12 247人次。

2010年宁波市商务发展概况

宁波市贸易局 宁波市对外贸易经济合作局

刘猛进

宁波市贸易局局长

刘猛进 生于1958年10月，浙江省余姚市人。大学学历。1975年7月参加工作。1980年12月加入中国共产党。先后担任过共青团余姚市委常委、余姚市人民政府副市长，宁波市人民政府驻杭州办事处党组书记、主任。2004年7月任中共宁波市委贸易工作委员会书记、宁波市贸易局局长。曾被评为浙江省新长征突击手、浙江省劳动模范，全国新长征突击手、全国商业劳动模范、共青团全国第十次代表大会代表。

俞丹桦

宁波市对外贸易经济合作局局长

俞丹桦 生于1957年5月，浙江省慈溪市人。大学本科学历，1976年11月加入中国共产党。历任慈溪市外经贸委副主任、主任，宁波市外经贸委主任助理、副主任，宁波市外经贸局副局长、党工委委员，宁波市政府副秘书长、党组成员、宁波市政府会展办主任、宁波市政府大型活动办主任、宁波市政府新闻发言人。2007年1月，任宁波市外经贸党工委书记，2月任宁波市外经贸局局长。同年3月，当选中共宁波市第十一届市委委员。

【国内贸易】

社会消费品零售总额 2010年浙江省宁波市实现社会消费品零售总额1 704.51亿元，比上年的1 429.95亿元增长19.2%。按地域分，城镇1 515.04亿元，增长19.5%；乡村189.47亿元，增长16.8%。按行业分，批发零售贸易业1 546.17亿元，餐饮业130.46亿元，住宿业27.89亿元。

限额以上批发零售贸易、餐饮业基本情况 截至2010年，共有限额以上批发零售贸易、餐饮业法人企业2 293个，产业活动单位4 403个，从业人数137 483人。其中，批发业法人企业1 582个，产业活动单位2 140个，从业人数 49 738 人；零售业法人企业 524 个，产业活动单位 2 021 个，从业人数 61 933 人；餐饮业法人企业 187 个，产业活动单位 242 个，从业人数 25 812 人。

批发零售贸易业商品购、销、存总额 批发零售贸易业商品销售总额 7 506.6 亿元，比上年的 5 607 亿元增长 32.2%。其中，限额以上企业 5 717.8 亿元，限额以下企业 1 788.8 亿元。限额以上批发零售贸易业商品购进总额 5 249.8 亿元（其中进口 662.1 亿元），商品销售总额 5 717.8 亿元（其中批发 4 860 亿元、零售 857.8 亿元、出口 1 132.4 亿元），年末库存总额 322.8 亿元。

市场物价 商品零售价格指数为 103.9（以上年价格为 100），其中城市 103.9；居民消费价格总指数为 103.7（以上年价格为 100），其中城市 103.7 。

市场体系建设 宁波市各地以商业规划为依据，加大招商引资力度，建设和改造了一批重大商贸设施，商业网点布局进一步优化。2010 年，全市新建和续建 50 万元以上的商贸服务业设施项目 1 093 个，同比减少 68 个；实际完成国内投资额 560.9 亿元，同比增长 34.8%；实际引进外资投资额 6.13 亿美元，同比增长 7.9%。宁波南部商务区一期、江北万达广场、海曙月湖·盛园、华润万家江东店、联盛广场等一批大型商业项目相继建成开业。中心城区一大批商业项目即将建成开业或正在建设中。完善商品市场服务体系。加快组建了宁波国际航运中心船舶交易市场、中国镍金属交易市场，华东物资城钢材交易中心等大宗商品交易市场。宁波（镇海）大宗生产资料交易中心、物产钢材商城正式开业。宁波水产品批发市场基本建成。浙江水产城二期扩建工程已全部完工，正式投入使用。宁波保税区进口葡萄酒市场正式开业。积极推进“万村千乡市场工程”建设，截至 2010 年底，全市已有 1 955 个行政村设立连锁便利店 2 163 家，村级连锁便利店覆盖率达到 77.6%，比商务部下达的到 2010 年底便利店行政村覆盖率达到 65% 的建设目标任务高出 12.6 个百分点。继续推进农村菜市场改造，全年完成农村菜市场改造 80 个，其中市商贸扶持资金中划出 250 万元，对菜市场改造补助，各县（市）区进行了政策配套。开展“市镇商贸中心工程”试点工作，全市共有 17 个乡镇列入试点工作范围，其中 7 个乡镇被市政府批准为宁波卫星城市试点。创新社区商业发展模式，引导地产开发商、商业运营商等参与社区商业建设，全年全市共培育了 28 个市级以上商业示范社区，其中 5 个社区推荐申报全国商业示范社区。

加强市场规范管理。密切关注成品油特别是柴油市场运行情况，加强监测预警，加大监管力度，稳定市场供应，维持市场秩序。规范典当、拍卖行业的监管，引导旧货专业市场的有序发展，严格二手车评估机构、报废汽车回收企业、民爆销售企业的审核审批工作，加强日常指导和服务，夯实行业健康发展的基础。采取多种措施，有效制止了少数商贸企业“满送返券”和粮油限时限价等不规范促销行为，切实维护了商贸零售行业经营秩序，保护了消费者的合法权益。根据商务部有关精神，及时与市药监局、市医药行业协会工作联系，了解和掌握全市药品流通企业基本情况，建立工作网络，为开展行业管理工作打好基础。

商贸服务管理 全面搞活流通，扩大消费。坚持无节造节、有节造市，全年全市商贸系统举办中国食博会、宁波年货展销会、国际家具节、家博会、车博会等各类节庆展会 168 个，为甬城消费市场注入了强劲动力。用好各类政策，推动热点消费。推动汽车、家电下乡和以旧换新工作，全年共实现销售额 61.86 亿元。全市累计销售各类家电下乡产品 44.7 万台，家电以旧换新全市回收各类旧家电 57.1 万台，销售新家电 65.2 万台；汽车摩托车下乡共销售新车 68 191 辆，全市共办理补贴车辆 12 862 辆，销售额一直在全省各市名列前茅，列全国计划单列市之首，受到商务部通报表彰。加快创建名品直销网络，开拓宁波产品国内销售渠道。在成都、上海、武汉新开了三家直销中心，总营业面积达到 12 500 平方米，参销企业 240 多家，汇集了宁波家电、服装等名牌企业。直销中心开拓国内市场的“桥头堡”效应日益显现。至 2010 年底，南昌、重庆、成都、武汉、上海等 5 个直销中心直接销售 15.21 亿元。借助直销中心平台，通过代理进入当地超市销售网络等途径，扩大销售近 20 亿元。鼓励企业设立市外营销网点，促进宁波产品开拓国内市场。三江、加贝等连锁企业在市外新建连锁门店 24 家。推进产业联动，促进直采直销。组织重点商贸企业积极推进世博商品经营，参加商务部举办的名特优农产品洽谈会、“浙江商品大集”、港澳浙江周、2010（第五届）中国零售商大会暨展会、日本广岛市代表团宁波推介会等重大商贸活动。举办 2010 浙江慈溪家电产销对接洽谈会，宁波市 110 余家家电生产企业与来自国际国内的家电采购商进行了面对面产销对接洽谈，达成意向采购 30 余项，意向销售金额逾 10 亿元。扎实实施菜篮子放心工程。通过政策扶持和产业引导，扩大基地种养殖面积，加强配送中心、检测中心等项目建设，新建菜篮子基地 32 家，保障基地日均上市蔬菜 200 吨以上，在调节市场、补充货源方面发挥了重要作用。针对 2010 年下半年蔬菜供应偏紧、价格大幅上涨对市场造成冲击，及时出手，投入 720 万元补贴资金，加强菜源组织调运，落实储备商品，保持了市场平稳运行。改革菜篮子商品质量检测和菜篮子网络管理，推进猪肉IC卡网络追溯系统和屠宰场网络监控体系建设，积极探索肉菜流通质量安全追溯工作，得到商务部充分肯定，并被列入商务部实施的全国肉类蔬菜流通追溯体系建设10个试点城市之一。积极推广81890服务模式，推动社区呼叫热线、服务热线等信息平台建设。认真做好家政从业人员的培训、考核工作，2010年，完成培训5 316人，参加培训考核3 944人，考核合格3 247人。

【对外贸易】

进出口总额　进出口总额829.04亿美元，比上年的608.13亿美元增长36.3%。

出口总额　出口总额519.67亿美元，比上年的386.51亿美元增长34.57%，占全市GDP 5 125.82亿元（相当于757.19亿美元）的68.63%，占全省出口额的28.79%。

进口总额　进口总额309.37亿美元，比上年的221.62亿美元增长39.59%。

出口商品结构　初级产品出口额15.34亿美元，占出口总额的2.95%；工业制成品出口额504.34亿美元，占出口总额的96.98%。

进口商品结构　初级产品进口额97.03亿美元，占进口总额的31.36%；工业制成品进口额212.34亿美元，占进口总额的68.64%。

出口商品市场　出口商品销往220个国家和地区，其中出口额在1 000万美元以上的国家和地区有119个，金额517.62亿美元，占出口总额的99.61%。

进口商品市场　进口商品来自145个国家和地区。其中进口额在1 000万美元以上的国家和地区有69个，金额307.37亿美元，占进口总额的99.35%。

服务贸易　服务贸易进出口总额为112.11亿美元，较上年的47.18亿美元增长137.62%，其中服务出口55.61亿美元，较上年的24.20亿美元增长129.79%，服务进口56.50亿美元，较上年的22.98亿美元增长145.87%。服务贸易行业主要集中在运输、旅游、通讯服务、建筑安装及劳务承包服务、保险、金融中介服务、计算机和信息服务、专有权使用费和特许费、体育文化和娱乐活动、其他商业服务、别处未提及的政府服务等11大类。

服务外包　全市服务外包业务总额65.40亿元，较上年的42.03亿元增长35.73%，其中信息技术外包（ITO）业务额26.00亿元，业务流程外包（BPO）业务额39.40亿元；离岸服务外包业务额2.72亿美元，较上年的1.37亿美元增长98.54%；新增服务外包从业企业126家，新增从业人员5 343人。累计全市共有服务外包企业521家，从业人员2.25万人。基础信息技术服务收入是宁波市ITO业务收入的主要来源，其中包括客户定制软件研发、信息系统操作、信息系统应用、电子商务平台服务、嵌入式软件等业务；动漫外包及系统集成等业务收入占比也呈现不同程度的上升。BPO业务则集中在工业设计、工程设计业务收入和物流、供应链管理服务收入两大领域。其中，工业设计、工程设计等一般设计研发服务收入占BPO业务总收入的近三分之一；物流外包服务收入则占据宁波市BPO业务总量的近一半份额。

宁波市2010年出口额3亿美元以上商品情况表

金额分类	商品名称	出口金额（亿美元）	占出口总额比重（%）
5亿美元以上（16种）	服装及衣着附件、纺织纱线织物及制品、液晶显示板、船舶、塑料制品、灯具照明装置及类似品、二极管及类似半导体器件、家具及其零件、汽车零件、电线和电缆、钢材、钢铁或铜制标准紧固件、轴承、通断保护电路装置及零件、鞋类、集装箱	244.09	46.97
3亿—5亿美元（7种）	箱包及类似容器、未锻轧镍、纸及纸板（未切成形的）、体育用品及设备、未锻造的铜及铜材、手用或机用工具、原电池	27.78	5.35
合　计	**23种**	**271.87**	**52.32**

宁波市2010年进口额2亿美元以上商品情况表

金额分类	商品名称	进口金额（亿美元）	占进口总额比重（%）
5亿美元以上（13种）	废金属、初级形态的塑料、液晶显示板、铁矿砂及其精矿、未锻造的铜及铜材、未锻轧镍、二甲苯、苯乙烯、纸浆、集成电路、钢材、粮食、废塑料	192.98	62.38
2亿—5亿美元（7种）	乙二醇、对苯二甲酸、非泡沫塑料的板片膜箔、纺织纱线织物及制品、成品油、煤、原油	21.13	6.83
合　计	**20种**	**214.11**	**69.21**

宁波市2010年主要出口市场情况表

国别（地区）	出口金额（亿美元）	占出口总额比重（%）	国别（地区）	出口金额（亿美元）	占出口总额比重（%）
美　国	93.00	17.90	意大利	19.00	3.66
德　国	34.51	6.64	荷　兰	16.07	3.09
日　本	30.40	5.85	韩　国	15.83	3.05
香　港	22.26	4.28	法　国	15.80	3.04
英　国	19.25	3.70	澳大利亚	13.99	2.69

宁波市2010年主要进口市场情况表

国别（地区）	进口金额（亿美元）	占进口总额比重（%）	国别（地区）	进口金额（亿美元）	占进口总额比重（%）
台湾省	66.91	21.63	巴　西	10.88	3.52
日　本	31.30	10.12	印　度	10.37	3.35
美　国	26.46	8.55	沙特阿拉伯	7.95	2.57
韩　国	23.03	7.44	德　国	7.74	2.50
澳大利亚	14.67	4.74	俄罗斯	7.57	2.45

【利用外资】

宁波市2010年利用外资情况表

利用外资方式	批准签订的合同			实际利用外资	
	项目数（个）	外资金额（亿美元）	金额比上年增长（%）	金额（亿美元）	金额比上年增长（%）
外商直接投资	**497**	**47.78**	**45.44**	**23.13**	**5.36**
合资企业	137	9.37	219.65	8.09	58.78
合作企业	3	0.36	−28.42	0.0029	45.00
外资企业	356	37.54	27.91	14.97	−5.37
股份有限公司	1	0.50	731.74	0.058	−94.37
合　计	**497**	**47.78**	**45.44**	**23.13**	**5.36**

外商直接投资行业　外商直接投资的497个项目中，生产型项目228个，非生产型项目269个。按行业分，主要有：制造业项目222个，实际使用外资15.94亿美元；批发和零售业项目182个，实际使用外资0.97亿美元；交通运输仓储和邮政业项目3个，实际使用外资0.26亿美元；房地产业项目15个，实际使用外资4.11亿美元等。

外商直接投资来源　外商直接投资主要来自50个国家和地区，其中实际使用外资前10位的国家和地区是：香港13.49亿美元；开曼群岛2.07亿美元；英属维尔京群岛1.89亿美元；萨摩亚1.19亿美元；韩国0.81亿美元；日本0.78亿美元；台湾省0.46亿美元；荷兰0.32亿美元；美国0.31亿美元；瑞士0.24亿美元。

【对外经济合作】

承包工程和劳务合作 签订对外承包工程和劳务合作合同金额4.31亿美元，较上年的5.15亿美元下降16.31%；完成营业额10.00亿美元，较上年的8.84亿美元增长13.12%；当年派出劳务人员1 664人，较上年的1 800人下降7.56%；年末在外劳务人数4 257人，较上年的4 389人下降3.01%，主要派往日本、新加坡、毛里求斯、德国等国家和地区，主要从事的劳务职业有纺织、建筑、海上作业、餐厅服务、电子等。

对外投资 新增海外企业175家，项目总投资7.82亿美元，其中中方投资5.21亿美元。在海外设立的企业中，生产型企业32家，贸易型企业83家，经贸办事处32家，资源开发企业6家，其他22家。企业分布在美国、加拿大、日本、德国、香港、尼日利亚等42个国家和地区。

【其他】

宁波经济技术开发区 位于宁波市东北部，于1984年10月经国务院批准成立，是中国建区最早、面积最大的国家级开发区之一，在全国国家级开发区综合评比中列前5名。经过20多年的发展，开发区已形成了良性循环的软硬投资环境，现代化临港大工业体系基本形成：电力、化工、不锈钢、修造船、汽车、现代纸业、机电、轻纺、粮油食品、塑胶、建材等产业群。基础设施投资87.80亿元，较上年下降1.71%。工业总产值1 552.84亿元，较上年增长32.25%。外贸进出口总额126.61亿美元，较上年增长26.98%。财政收入127.62亿元，较上年增长42.24%。合同外资10.55亿美元，实际利用外资6.65亿美元。

宁波保税区 位于宁波市东北部，于1992年11月经国务院批准设立，具有进出口加工、国际贸易、仓储物流三大主体功能，是我国对外开放程度最高、政策最优惠的经济区域之一。区内有由国家批准设立的区港联动试点园区——宁波保税物流园区。基础设施投资0.15亿元，较上年下降42.31%。工业总产值515.00亿元，较上年增长28.75%。外贸进出口总额132.00亿美元，较上年增长22.11%。财政收入26.10亿元，较上年增长22.54%。合同外资0.62亿美元，实际利用外资0.95亿美元。

宁波大榭开发区 位于宁波市东北部，于1993年3月批准设立，以港口储运和临港型工业开发为主导，是迄今为止中国唯一由企业自主开发的国家级开发区。基础设施投资4.62亿元，较上年增长109.00%。工业总产值373.70亿元，较上年增长48.23%。外贸进出口总额21.65亿美元，较上年增长38.76%。财政收入79.03亿元，较上年增长32.16%。合同外资0.38亿美元，实际利用外资0.71亿美元。

宁波国家高新技术产业开发区 位于宁波城市东部，于1999年7月批准设立，是宁波实施科教强市“一号工程”的重要载体和中国科学院高新技术成果产业化的重要基地，也是宁波新一轮城市发展的重点区域和技术创新基地。2007年3月，被授予国家级开发区。基础设施投资3.00亿元，较上年增长15.38%。工业总产值280.00亿元，较上年增长24.44%。外贸进出口总额23.67亿美元，较上年增长35.12%。财政收入50.20亿元，较上年增长19.81%。合同外资0.30亿美元，实际利用外资0.25亿美元。

宁波梅山保税港区 位于宁波城市东南部，于2008年2月24日国务院批准设立的中国第五个保税港区，是在港口作业区和与之相连的特定区域内，集港口作业、物流和加工为一体，具有口岸功能的海关特殊监管区域，是目前我国开放层次最高、政策最优惠、功能最齐全的特殊区域，是国家实施自由贸易区战略的先行区。2010年6月29日，宁波梅山保税港区通过国务院联合验收组的正式验收，并于2010年8月26日开港试运行，目前已有韩国、西非、南美等26条国际航线挂靠梅山保税港区，并启动开展保税业务，取得了良好开局。基础设施投资24.90亿元，较上年增长6.14%。

商务洽谈会 由浙江省人民政府主办的第十二届浙江投资贸易洽谈会，由商务部、浙江省人民政府联合主办的第九届中国国际日用消费品博览会，于2010年6月8日至11日在宁波国际会展中心举行。展会以“发展现代服务业、提升城市化水平”为主题，以“两会一坛”为活动主线，安排了对接洽谈、展览展示、开放论坛三大板块，重点突出了双向投资产业对接和区域合作，更加重视内外贸易展销成果，首次举办“克罗地亚日活动”、尼日利亚和加拿大等经贸合作，境外展位首次突破300个，较上届接近翻番，美国沃尔玛、香港利丰行、日本trial集团等10余家大型国际采购企业派员到会采购。展会期间共有逾3万名境内外客商到会；签订外商投资项目167个，合同外资31.80亿美元；成交贸易额5.96亿美元，总展位数达到5 000个，参展企业达1 800余家，来自11个国家和地区，国内17个省（市）、自治区和全省11个城市参展，参展商品10万余种，涵盖家电电子、家纺服装、户外休闲用品、装饰礼品、食品土畜、日用品及办公文体、境外贸易服务等7大类商品领域。

宁波是中国近代服装业发祥地，宁波人缝制了中国第一套西服，第一件“中山装”，开办了第一家西服店，编著了第一部西装裁剪书，史称“红帮裁缝”。历经100多年的发展，宁波成功树立起中国服装名城形象。宁波不仅是中国时尚制造中心，也是世界重要的服装生产基地，目前拥有2 000余家大中小服装企业，以一般贸易、加工贸易生产为主，产品包括高中低端服装、针织、家纺、面辅料等。自1997年，宁波市政府开始举办宁波国际服装节。作为宁波市综合性的文化经贸活动，至今已经连续成功举办了十余届，并被评为“中国最具国际影响力十大节庆”之一，在全国各类服装节中唯一获得这一殊荣。第十四届宁波国际服装节于2010年10月21日至24日在宁波国际会展中心举行。本届博览会设置展位数2 200个，分设了名品馆、OEM馆、品牌加盟馆、面辅料/服装机械馆、国际馆等展馆，展品涵盖服装服饰、服装机械、面辅料、服装CAD等上中下游产业链，来自海内外的近400家企业参展，来自52个国家和地区的近万名专业客商到会采购洽谈。

港口运输 全年港口货物吞吐量达到4.10亿吨，较上年增长7.89%，位居我国大陆沿海港口第二位，全球第四位；全年口岸进出口贸易总额达到1 613.44亿美元，较上年增长37.95%；其中进口608.21亿美元、出口1 005.23亿美元，较上年分别增长38.90%和37.39%。集装箱运输达到1 300.40万标箱，较上年增长24.76%，集装箱运输吞吐量位居大陆沿海港口第三位，并进入世界港口前6强，目前宁波集装箱航线累计达到228条，国际远洋干线，其中远洋干线122条。

涉外旅游 全年接待境外游客95.20万人次，较上年增长18.90%；旅游外汇收入5.90亿美元，较上年增长21.40%。

2010年温州市商务发展概况

温州市对外贸易经济合作局

苏向青

温州市对外贸易经济合作局局长

苏向青 生于1957年9月10日，浙江省平阳县人。大学文化程度。1974年9月入伍，1983年2月加入中国共产党。历任浙江省苍南县副县长，苍南县委常委、常务副县长，温州市对外贸易经济合作局副局长等职。2007年5月任温州市对外贸易经济合作局局长、党组书记，兼任中国国际贸易促进委员会温州支会会长。

【国内贸易】

社会消费品零售总额 2010年浙江省温州市社会消费品零售总额1 498.10亿元，比上年的1 264.72亿元增长18.9%。按地域分，城镇1 392.10亿元，乡村106.00亿元。按行业分，批发零售贸易业1 232.93亿元，住宿和餐饮业174.17亿元，其他行业91.00亿元。

限额以上批发零售贸易、餐饮业基本情况 2010年，共有限额以上批发零售贸易、住宿和餐饮业法人企业1 434个，年末从业人数82 905人。其中，批发业法人企业864个，年末从业人数23 996人；零售业法人企业354个，年末从业人数28 344人；住宿业法人企业100个，年末从业人数16 050人；餐饮业法人企业116个，年末从业人数14 515人。

批发零售贸易业商品购、销、存总额 批发零售贸易业商品销售总额3 356.6亿元，比上年的2 631.9亿元增长27.5%（编注：因统计口径调整与2010年版《中国商务年鉴》数据2 693.8亿元不同）。其中，限额以上企业1 797.1亿元，限额以下企业1 559.5亿元。限额以上批发和零售贸易业商品购进总额1 696.7亿元，商品销售总额1 797.1亿元（其中批发1 285.9亿元、零售511.2亿元），年末库存总额104.5亿元。

市场物价 商品零售价格指数为104.0（以上年价格为100）；居民消费价格指数为104.3（以上年价格为100）。

市场体系建设 "千镇连锁超市万村放心店工程"继续实施，全市城乡便利安全的现代生活消费服务网络逐步形成。截至2010年，共开设乡镇连锁超市282家，村级连锁便利店658家。

家电下乡和家电以旧换新工作有序开展。截至2010年，2家电器生产企业和1家零售企业成为商务部家电下乡中标企业，现有家电下乡销售网点备案817家，实现销售数量28.4万台，销售金额6.7亿元。家电以旧换新网点86家，实现销售额9.8亿元，回收金额407万元，可补贴金额5 371余万元。

典当、拍卖行业稳步发展。2010年，全市共有48家典当企业和2家分公司，典当贷款业务合计16 386笔，实现典当金额22.46亿元，其中房地产典当金额15.65亿元，占69.7%；财产权利典当金额4.5亿元，占20.0%。综合收入5 540.70万元，上缴税金675.63万元，实现利润1 087.59万元。全市省批拍卖独立法人企业23家，省级分公司1家，市级分公司4家，共组织各类拍卖活动（场）512次，总成交额达115.41亿元，营业利润1 651.87万元，营业税及附加费达416.56万元。

商贸服务管理 市级商业中心、区域商业中心和社区商业中心组成的、层次分明的商业格局初步构建，以百货店、购物中心、大型超市、超市、便利店、专业店、专业市场等不同功能、不同形式互为补充的商业业态结构基本形成。会展业办展次数、展位总数、展会面积均有较快增长。商贸流通业的现代化水平不断提高，条形码技术、POS机、保鲜术、冷藏链技术、电子商务等在流通领域逐步得到应用，服务质量与商业效率有效提升。网购成为流通方式的时尚潮流，网上售后服务和配送体系不断完善，"淘宝网"注册的温州网店达2万多家，并逐年快速增长。

社区商贸业发展迅速，截至2010年，社区综合超市、专业食品、药品、大众早点、洗染等行业的规范化便利连锁门店640家，省级社区商贸示范企业2家。温州96365生活服务中心正式投入运行，合作加盟商家1 200多家，2010年呼叫总量15 890次，促进网购订单30 000多笔，促进商家经济效益达200余万元。全市现有浙江人本、乐清联华、温州百一等商务部万村千乡市场工程承办企业7家，省城乡连锁超市重点龙头企业4家，省城乡连锁超市龙头企业13家，市级千镇连锁龙头企业20家。省重点流通企业浙江人本超市和温州时代广场百货有限公司销售增长迅速，人本超市现拥有连锁门店800家，2010年实现销售额28.6亿元，同比增长10.9%；温州时代广场百货共开设3家门店，2010年销售额12.92亿元，同比增长16.2%。

进一步完善成品油市场供应情况预测制度、成品油应急储备制度和成品油信息报送制度，建立健全全市成品油批发企业、仓储企业以及零售企业的信息档案。对全市214个再生资源回收企业备案换证登记，规范再生资源回收行业的发展。流通领域节能降耗进一步加强，节能率达到4.8%。按时上报10家重点耗能企业的统计报表，推荐温州时代广场百货有限公司为省能源合同管理试点企业。

市场运行调节 "家电下乡"、"汽车下乡"等一系列政策增强了乡村居民的消费能力和消费意愿，2010年乡村消费增速超过城镇1.5个百分点。"汽车以旧换新"及"节能汽车补贴"两大政策的大力实施，促使汽车消费呈现快速增长的态势，2010年全市汽车上牌151 912辆，比上年增长18.8%。住宿餐饮市场持续活跃，限上零售业增势强劲，比上年增长29.1%，增幅比上年同期提高12个百分点。积极做好重要生活必需品市场供应，市场蔬菜品种齐全，供应量增价升。进一步落实应急储备，认真做好229家生活必需品应急企业的监测工作。全市生猪活体储备4.5万头，冻肉储备450吨。

深入贯彻《酒类流通管理办法》，积极采取系列措施，指导各县（市、区）强化酒类流通企业备案登记和随附单溯源制度管理，进一步规范酒类流通秩序，促进酒类市场有序发展，维护酒类生产者、经营者和消费者的合法权益。2010年，全市累计2 423家企业办理酒类备案登记，共发放随附单2 960本。

认真执行《生猪屠宰管理条例》、《浙江省实施〈生猪屠宰管理条例〉办法》及《屠宰行业五年规划纲要》，调整优化全市屠宰行业布局。制定下发《进一步加强猪肉质量安全管理的通知》、《进一步强化生猪屠宰管理严厉打击私屠滥宰行为工作方案》及《全市开展强化畜禽屠宰监管确保肉品质量安全专项整治工作方案》，深入开展"强化生猪屠宰管理严厉打击私屠滥宰"及"畜禽屠宰监管"两大专项整治行动。强化屠宰企业监管，落实生猪宰前"瘦肉精"检测和病害肉无害化处理制度，确保百姓食肉安全。2010年，市本级、县城、乡镇生猪定点屠宰率分别达到98.95%、97.77%、93.21%；全市共出动执法检查人员20 306人次，取缔私屠滥宰窝点19个，收缴违法产品56 104.5公斤，销毁不合格产品29 373.9公斤；全市共处理病害猪6 991头，"瘦肉精"检测抽检47 879批次，样品检验85 617个，合格数85 543个，合格率达99.91%。

【对外贸易】

进出口总额　进出口总额170.93亿美元，比上年的132.78亿美元增长28.73%。

出口总额　出口总额145.42亿美元，比上年的109.35亿美元增长32.99%，占全市GDP 2 925.57亿元的33.65%，占全省出口额的8.06%。

进口总额　进口总额25.51亿美元，比上年的23.43亿美元增长8.88%。

出口商品结构　初级产品出口额2.5亿美元，占出口总额的1.73%；工业制成品出口额142.88亿美元，占出口总额的98.27%。

进口商品结构　初级产品进口额8.51亿美元，占进口总额的33.37%；工业制成品进口额16.99亿美元，占进口总额的66.63%。

出口商品市场　出口商品销往200个国家（地区）。对主要出口市场的出口金额67.28亿美元，占出口总额的46.27%。

进口商品市场　进口商品来自132个国家（地区）。从主要进口市场的进口金额14.40亿美元，占进口总额的59.20%。

服务贸易　服务贸易进出口总额7 342.1万美元，比上年减少29.5%。其中，出口额4 914.1万美元，增长76.4%；进口额2 428万美元，减少55.9%。

温州市2010年出口额5 000万美元以上商品情况表

金额分类	商品名称	出口金额（亿美元）	占出口总额比重（%）
1亿美元以上（15种）	鞋类、服装、低压电器、纺织品、眼镜、汽摩配件、阀门、旅行用品及箱包、塑料制品、船舶、家具、钢材、制笔、制锁、医疗器械	106.57	73.3
5 000万—1亿美元（6种）	打火机、水海产品、变流器、灯具、工具类、电动机	4.67	3.2
合　计	**21种**	**111.24**	**76.5**

温州市2010年进口额3 000万美元以上商品情况表

金额分类	商品名称	进口金额（万美元）	占进口总额比重（%）
1亿美元以上（3种）	初级形状塑料、原木、液化石油气及其他烃类气	42 781	16.8
3 000万—1亿美元（6种）	己内酰胺、牛皮革及马皮革、异氰酸酯、橡胶或塑料机械零件、天然橡胶、废铜、纸及纸板	32 569	12.8
合　计	**9种**	**75 350**	**29.6**

温州市2010年主要出口市场情况表

国别（地区）	出口金额（万美元）	占出口总额比重（%）	国别（地区）	出口金额（万美元）	占出口总额比重（%）
美　国	172 227	11.8	印　度	44 065	3.0
德　国	96 835	6.7	英　国	43 673	3.0
俄罗斯	95 191	6.5	乌克兰	41 721	2.9
阿联酋	50 594	3.5	西班牙	41 368	2.8
意大利	48 592	3.3	巴　西	38 595	2.7
合　计				**672 861**	**46.2**

温州市2010年主要进口市场情况表

国别（地区）	进口金额（万美元）	占进口总额比重（%）	国别（地区）	进口金额（万美元）	占进口总额比重（%）
美　国	26 759	10.5	台湾省	10 602	4.2
日　本	21 735	8.5	伊　朗	10 588	4.2
德　国	17 124	8.4	加　蓬	10 528	4.1
韩　国	14 491	6.7	澳大利亚	10 458	4.1
加拿大	12 993	5.1	意大利	8 743	3.4
合　计				**144 021**	**59.2**

温州市2010年服务贸易进出口情况表

行　业	进出口		出　口		进　口	
	金额（万美元）	同比（%）	金额（万美元）	同比（%）	金额（万美元）	同比（%）
运输	5 916.0	13.1	4 609.0	85.8	1 307	109.5
旅游	619.0	91.0	186.0	272.0	433	213.8
通讯服务	22.0	29.4	4.0	-96.8	18	38.5
建筑服务	9.0	-43.8	6.0	-90.2	3	-70.0
保险服务	179.0	55.7	62.0	1450.0	117	120.8
金融服务	16.6	22.1	0.6	20.0	16	23.1
计算机和信息服务	29.0	-32.6	2.0	-95.8	27	-34.1
专有权利使用费和特许费	473.0	-89.6	43.0	168.8	430	-90.5
电影、音像	78.5	-24.2	1.5	-25.0	77	-24.5
合　计	**7 342.1**	**-29.5**	**4 814.1**	**76.4**	**2 428**	**-55.9**

【利用外资】

温州市2010年利用外资情况表

利用外资方式	批准签订的合同			实际利用外资	
	项目数（个）	外资金额（万美元）	金额比上年增长（%）	金额（万美元）	金额比上年增长（%）
外商直接投资	**25**	**-1 366**	**—**	**17 574**	**-25.1**
合资企业	13	-2 759	—	6 338	-58.6
合作企业	—	—	—	—	—
外资企业	12	4 938	2 432.3	11 236	37.9

外资直接投资行业　外商直接投资的25个项目中，生产型项目17项，非生产型项目8项。按行业分，农业项目1个，制造业项目17个，批发和零售业项目6个，居民服务和其他服务业1个。

外商直接投资来源　外商直接投资主要来自11个国家和地区，其中实际利用外资前10位的国家和地区是：香港12 533万美元，日本1 500万美元，巴西862万美元，法国319万美元，意大利310万美元，加拿大304万美元，荷兰300万美元，匈牙利210万美元，西班牙192万美元，美国164万美元。

【对外经济合作】

承包工程和劳务合作　签订对外承包工程合同额1.88亿美元，比上年的1 002万美元增长1 776.2%；完成营业额1 653万美元，比上年的1 787万美元减少7.5%；当年派出劳务人员数183人次，年末在外劳务人员154人，主要派往台湾省、安格拉、赞比亚。

对外投资 2010年新批境外投资项目54个，项目总投资1.78亿美元，其中中方投资1.53亿美元，同比增长5.5%，主要分布在越南、埃及、印度尼西亚、香港、美国等国家（地区）。主要涉及塑料制造、矿产资源开发及有色金属提炼、皮革服饰进出口、交通运输制造业及境外并购。截至2010年，累计对外投资4.79亿美元，其中中方投资4.15亿美元。

【其他】

温州经济技术开发区 引进项目3个，合同外资495万美元；实际利用外资2 578万美元，增长37.3%。全年外贸进出口总额13.06亿美元，增长38.6%，其中出口11.35亿美元，增长34.5%；进口1.71亿美元，减少2.7%。

港口运输 全年到港国际航行船舶1 059艘次，增长15.0%；通过温州口岸全年共运输外贸货物229.09万吨，增长18.1%，其中进口188.26万吨，增长17.2%，出口40.83万吨，增长22.1%；全年共运输国际集装箱98 372标箱，增长2.0%。

涉外旅游 接待海外旅游者39.16万人次，比上年的32.97万人次增长18.8%；旅游外汇收入21 115万美元，比上年的17 796.78万美元增长8.6%。

2010年安徽省商务发展概况

安徽省商务厅

安徽省商务厅厅长

于勇　生于1960年5月，安徽涡阳人。大学学历。历任安徽省蚌埠卷烟厂团委书记，蚌埠团市委副书记，蚌埠团市委书记、党组书记，怀远县委副书记，怀远县委书记，蚌埠市副市长，铜陵市副市长，铜陵市委常委、常务副市长等职。2008年6月任安徽省商务厅党组书记，同年8月任安徽省商务厅党组书记、厅长。2008年1月当选安徽省第十二届人大代表。

【国内贸易】

社会消费品零售总额 2010年安徽省社会消费品零售总额4 151.5亿元，比上年的3 483亿元增长19.2%。按地域分，城镇3 481亿元，乡村670.5亿元。按行业分，批发和零售贸易业3 635.5亿元，住宿和餐饮业516亿元。

限额以上批发和零售贸易业、住宿和餐饮业基本情况 共有限额以上批发和零售贸易业、住宿和餐饮业法人企业3 473个，产业活动单位6 595个，年末从业人数511 888人。其中，批发业法人企业868个，产业活动单位1 963个，年末从业人数122 597人；零售业法人企业1 584个，产业活动单位3 481个，年末从业人数254 388人；住宿业法人企业428个，产业活动单位431个，年末从业人数52 831人；餐饮业法人企业593个，产业活动单位720个，年末从业人数82 072人。

批发和零售贸易业企业商品购、销、存总额 批发和零售贸易业企业商品销售总额10 044.5亿元，比上年的7 787.5亿元增长29%。其中，限额以上企业4 377.1亿元，限额以下企业5 667.4亿元。限额以上批发和零售贸易业企业商品购进总额4 655.1亿元，商品销售总额4 377.1亿元（其中批发3 167.4亿元、零售1 209.7亿元），年末库存总额397.8亿元。

市场物价 商品零售价格指数为103.2（以上年价格为100），其中城市102.6，农村104；居民消费价格指数为103.1（以上年价格为100），其中城市103，农村103.4。

市场秩序建设 进一步加强流通领域市场监管公共服务体系建设，健全商务执法体系，黄山市、宣城市、阜阳市、马鞍山市4个地级市以及肥东县等16个县商务主管部门被商务部确定为2010年流通领域市场监管公共服务体系项目建设重点推进单位；省商务厅被商务部确定为2010年屠宰监管技术系统项目建设单位；举办市场监管公共服务体系建设工作培训班，组织开展执法工作座谈交流活动。完善流通领域市场监管公共服务体系，健全快速反应和应急处理机制，促进了执法队伍和执法能力建设。制订《关于2010年内贸流通领域食品安全专项整顿工作实施方案》，组织开展流通领域食品安全、家电下乡专项整治工作，联合有关部门开展强化畜禽屠宰监管确保肉品质量安全专项整治。继续支持屠宰加工企业设施改造；协调有关部门共同建立药品流通行业管理工作联系和协作机制，指导省医药商业协会研究探索开展药品流通企业诚信经营创建、分级评定等工作。会同有关部门开展“诚信兴商”宣传月活动；指导省商业协会、省连锁经营协会开展“诚信经营”示范创建活动。加大全省12312举报投诉服务体系建设力度，扩大服务领域，拓展服务功能，指导市、县商务主管部门建立健全举报投诉等相关工作制度。组织开展打击侵犯知识产权和制售假冒伪劣商品专项行动。

市场体系建设 2010年全省累计销售家电下乡产品586万台，销售金额141.3亿元，销售金额位居全国第3位，共补贴农民消费者17.7亿元。家电下乡带动家电企业产销两旺，2010年全省冰箱、洗衣机、空调产量分别增长32.1%、29.3%、62.9%。共销售汽车摩托车下乡产品69.7万辆，销售金额99.3亿元，发放补贴9.7亿元。全省汽车以旧换新共有31 731辆汽车获得补贴4.8亿元，拉动消费31亿元。新增2 286个“万村千乡市场工程”连锁农家店，累计达2.6万多个，覆盖所有乡镇和65%以上行政村。推进了11家农产品批发市场、25家农贸市场进行了升级改造，实施了交易厅棚、仓储物流等农产品流通设施建设改造项目32个、总投资8.3亿元。引导了18个大型连锁超市与相关农产品专业合作社对接，实施了鲜活农产品冷链系统、快速检测系统等建设项目52个、总投资1.8亿元。新设立拍卖企业26个，累计200个，分公司2个。新增典当企业38个、分支机构4个，累计195个、分支机构6个。二手车鉴定评估机构7个，总数达72个。截至2010年底共有10家世界知名跨国零售企业在全省设立46个门店。

商贸服务管理 大力构建城乡便民服务体系，推进“早餐示范工程”，合肥市建成食品加工配送基地6个，确定早餐经营示范企业8个，设立规范化早餐经营固定门店上百个，稳步开展城市主食加工配送中心及网点建设工作；继续实施“家政服务工程”，确立37家家政培训机构，培训了10 000名家政服务人员，直接带动10 000人就业。强力推动现代流通方式发展，完善国家、省、市三级重点流通企业培育体系，限额以上零售企业连锁化率高达70%以上，徽商集团、百大集团、阜阳华联继续跻身2010中国连锁百强，徽商集团位列中国连锁百强第8位；合肥、芜湖入选全国流通领域现代物流示范城市，全省入选城市数居中部前列。切实加强再生资源回收体系建设，合肥、马鞍山继续推进全国再生资源回收体系建设试点工作；安庆市吉宽公司加快建设区域性再生资源回收利用基地；双赢集团等再生资源回收龙头企业推广绿色回收进校园。不断优化中小流通企业发展环境，商务厅与省开发银行签订“十二五”规划与商贸流通及走出去业务合作协议，积极推进流通企业用电、用水、用气与工业基本同价，积极解决中小流通企业融资难的问题。着力完善流通网络建设，深入推进“社区双进”工程，累计创建140个省级以上商业示范社区(其中国家级36个)；推动菜市场标准化建设，合肥市成功申报国家标准化菜市场示范城市并完成40家左右社区菜市场标准化改造工作；继续推进城市商贸服务业发展示范区试点工作，新增淮北市相山区、滁州市琅琊区2个示范区。继续加强成品油流通监督管理，认真编制“十二五”安徽省成品油零售体系、配送体系发展规划和水上加油站发展规划；加强市场监管力度，严格落实成品油市场监测三项制度。

市场运行调节 市场规模迅速扩大。累计实现社会消费品零售总额4 151.5亿元，同比增长19.2%，增幅位居全国第三、中部第一，连续两年跨千亿台阶。生活必需品市场运行总体平稳，供应充足，但价格明显上涨，部分品种涨幅较大。CPI全年累计上涨3.1%，较2009年上升4个百分点。市场监测成绩突出。进一步完善城乡市场统计监测体系，建立健全工作推进机制，调整优化样本结构，着力提升数据质量，不断强化市场预测预警，积极发挥信息引导作用，市场监测工作跃居商务部2010年市场运行监测工作综合考核全国第二。调控能力明显增强。依托重点流通企业、应急商品重点联系企业、重要商品储备企业，初步形成覆盖全省的应急调控骨干企业队伍和应急商品投放网络。开展猪肉收储工作，收储省级储备冻肉2 000吨，抑制生猪和猪肉价格快速下跌，维护猪肉市场平稳运行。完成省级生猪储备22.5万头，建立5 000吨省级食用糖储备。

全省有10家企业承担中央生猪储备、每轮任务总量4.7万头，5家企业承担中央冻猪肉储备共1.1万吨，1家企业承担中央食用糖储备8万吨。茧丝绸产业发展步伐加快。规模以上丝绸工业企业达87家，国家级、省级和市级农业产业化龙头企业分别有1家、16家和42家。生猪屠宰监管不断强化。修订《安徽省生猪屠宰管理办法》，压缩屠宰场点，淘汰落后产能，提升行业发展水平，增强市场保障能力。强化行业监管，会同相关部门组织开展专项集中整治，严厉打击私屠滥宰等违法行为，净化市场环境，确保肉食品消费安全。

【对外贸易】

进出口总额 进出口总额242.8亿美元，比上年的156.8亿美元增长54.8%。

出口总额 出口总额124.2亿美元，比上年的88.9亿美元增长39.7%，占全省GDP 12 263.4亿元（相当于1 811.43亿美元）的6.9%，占全国出口额的0.8%。

进口总额 进口总额118.6亿美元，比上年的67.9亿美元增长74.6%。

出口商品结构 初级产品出口额11.4亿美元，占出口总额的9.2%；工业制成品出口额112.8亿美元，占出口总额的90.8%。

进口商品结构 初级产品进口额62.5亿美元，占进口总额的52.7%；工业制成品进口额56.1亿美元，占进口总额的47.3%。

出口商品市场 出口商品销往204个国家（地区）。

进口商品市场 进口商品来自121个国家（地区）。

安徽省2010年出口额1亿美元以上商品情况表

金额分类	商品名称	出口金额（亿美元）	占出口总额比重（%）
10亿美元以上	服装	11.59	9.3
5亿—10亿美元	纺织品	8.41	6.8
	汽车及底盘	7.80	6.3
2亿—5亿美元	钢材	4.85	3.9
	冰箱	4.24	3.4
	轮胎	3.43	2.8
	汽车零部件	2.94	2.4
	塑料及制品	2.80	2.3
	船舶	2.75	2.2
	箱包	2.61	2.1
1亿—2亿美元	化肥	1.87	1.5
	鞋类	1.74	1.4
	洗衣机	1.64	1.3
	草织柳编	1.55	1.2
	玻璃及制品	1.43	1.2
	空调器	1.31	1.1
	柠檬酸	1.30	1.0
	叉车	1.16	0.9
	玩具	1.13	0.9
	蔬菜	1.07	0.9
	电线电缆	1.06	0.9
	纸及制品	1.04	0.8
合　计		**67.72**	**54.6**

安徽省 2010 年进口额 1 亿美元以上商品情况表

金额分类	商品名称	进口金额（亿美元）	占进口总额比重（%）
10 亿美元以上	铜矿砂	27.46	23.2
	铁矿砂	19.01	16.0
	制造平板电视设备	11.23	9.5
2 亿—10 亿美元	建筑及采矿机械	3.84	3.2
	发动机及零部件	3.35	2.8
	橡胶	3.03	2.6
	计量检测分析仪器	3.02	2.5
	机床	2.33	2.0
	塑料原料及制品	2.26	1.9
	木浆	2.02	1.7
1 亿—2 亿美元	铜及制品	1.98	1.7
	烟煤	1.98	1.7
	钢材	1.42	1.2
	饲料用鱼粉	1.16	1.0
	废纸及纸板	1.13	1.0
合　计		**85.20**	**71.8**

安徽省 2010 年主要出口市场情况表

国别（地区）	出口金额（亿美元）	占出口总额比重（%）	国别（地区）	出口金额（亿美元）	占出口总额比重（%）
美　国	18.4	14.8	英　国	3.6	2.9
日　本	7.6	6.1	意大利	3.6	2.9
德　国	4.7	3.8	巴　西	3.1	2.5
印　度	4.1	3.3	香　港	3.1	2.5
韩　国	3.8	3.0	俄罗斯	2.7	2.1
合　计				**54.7**	**43.9**

安徽省 2010 年主要进口市场情况表

国别（地区）	进口金额（亿美元）	占进口总额比重（%）	国别（地区）	进口金额（亿美元）	占进口总额比重（%）
日　本	23.9	20.2	德　国	6.7	5.6
澳大利亚	17.7	15.0	巴　西	5.6	4.7
智　利	14.9	12.6	秘　鲁	5.5	4.7
韩　国	8.4	7.1	台湾省	4.0	3.4
美　国	8.2	6.9	南　非	2.3	2.0
合　计				**97.2**	**82.2**

技术进出口　技术进出口合同总额 53 286 万美元，比上年的 17 810 万美元增长 198.9%。签订引进技术和进口设备合同项目 207 个，比上年增加 51 个；合同金额 53 148 万美元，比上年的 17 810 万美元增长 198.4%；签订技术出口合同项目 4 个，合同金额 138 万美元，比上年的 18 万美元增长 666.7%。

服务贸易　服务贸易进出口总额 24 亿美元，比上年的 17.02 亿美元增长 41.2%。其中，出口额 11.6 亿美元，比上年的 8.46 亿美元增长 37.3%；进口额 12.4 亿美元，比上年的 8.56 亿美元增长 45.1%。

安徽省2010年服务贸易进出口情况表

行业	进出口		出口		进口	
	金额（万美元）	同比（%）	金额（万美元）	同比（%）	金额（万美元）	同比（%）
运　输	24 531.30	22.5	1 823.23	38.5	22 708.07	21.9
旅　游	95 174.77	19.1	62 493.99	15.1	32 680.77	20.7
通讯服务	73.91	—	53.60	—	20.31	—
建筑服务	25 127.51	72.4	19 817.83	85.0	5 309.68	39.4
保险服务	8 779.42	60.0	867.97	100.0	7911.45	43.6
金融服务	1 577.10	433.3	511.97	—	1 065.12	450.0
计算机和信息服务	1 541.44	-375.0	975.62	62.5	565.82	-66.7
专有权利使用费和特许费	15 595.28	183.6	96.12	-100.0	15 499.17	192.4
咨　询	23 893.34	97.5	6 397.42	113.0	17 495.92	94.4
广告、宣传	1 692.96	-10.5	39.86	—	1 653.10	-11.0
电影、音像	6.15	—	0.34	—	5.81	—
其他商业服务	42 422.83	52.0	23 150.07	46.5	19 272.76	57.4
合　计	**240 416.02**	**41.2**	**116 228.04**	**37.3**	**124 187.98**	**45.1**

【利用外资】

安徽省2010年利用外资情况表

利用外资方式	批准签订的合同			实际利用外资	
	项目数（个）	外资金额（万美元）	金额比上年增长（%）	金额（万美元）	金额比上年增长（%）
外商直接投资	**281**	**216 462**	**50.10**	**501 446**	**29.10**
合资企业	100	47 726	30.91	173 910	8.89
合作企业	8	9 115	-4.55	3 922	152.22
外资企业	72	156 738	60.38	307 925	46.10
股份有限公司	1	2 883	506.95	15 689	-4.22
合　计	**281**	**216 462**	**50.10**	**501 446**	**29.10**

外商直接投资行业　外商直接投资项目中，生产型项目192个，非生产型项目89个，共281个。其中农林牧渔业11项，采矿业3项，制造业172项，电力、煤气及水的生产和供应业5项，建筑业1项，交通运输、仓储及邮政业5项，信息传输、计算机服务和软件业8项，批发和零售业25项，住宿和餐饮业7项，房地产业10项，租赁和商务服务业17项，科学研究、技术服务和地质勘查业9项，水利、环境和公共设施管理业4项，居民服务和其他服务业2项，文化、体育和娱乐业1项，金融业1项。

外商直接投资来源　外商直接投资来源前十位的国家和地区依次为：香港119个项目、实际到资233 902万美元；英属维尔京群岛9个项目、46 101万美元；日本13个项目、30 606万美元；美国20个项目、27 728万美元；新加坡8个项目、20 861万美元；开曼群岛2个项目、18 245万美元；爱尔兰0个项目、13 501万美元；台湾省39个项目、11613万美元；法国1个项目、10 838万美元；德国6个项目、10 530万美元。

外商直接投资企业生产经营情况　规模以上外商投资工业企业实现工业增加值715亿元，增长25.5%；外资企业进出口812 047万美元，增长55.19%，其中出口325 399万美元，增长45.42%；涉外税收185.3亿元。

【对外经济合作】

对外投资　2010年在海外举办企业（非贸易性）23

家，投资总额 137 775 万美元，中方协议对外投资额 109 863 万美元，实际对外投资 80 328 万美元，主要分布在加拿大、津巴布韦、香港、越南、美国等国家（地区）。重点项目有铜陵有色收购加拿大科里安特资源公司 100% 股权，投资总额 6.8 亿美元；省外经建设（集团）公司津巴布韦金刚石矿勘探、开采项目，中方投资总额 3 亿美元等。截至 2010 年底，全省对外投资存量为 10.1 亿美元。

对外承包工程和对外劳务合作 签订对外承包工程和劳务合作合同项目 257 个，金额 15.8 亿美元，比上年的 10.3 亿美元增长 53.2%；完成营业额 20.4 亿美元，比上年的 16.1 亿美元增长 26.7%；当年派出劳务人员 12 631 人，年末在外 20 236 人，派往的主要国家和地区为：沙特阿拉伯、安哥拉、埃塞俄比亚、利比亚、阿尔及利亚等；承包工程的主要项目为：安哥拉住房项目、越南水泥生产线项目、突尼斯硫酸项目、沙特阿拉伯石化项目等。

对外经济技术援助 承担援外项目 11 个，分布在赞比亚、马拉维、哥斯达黎加、尼日利亚、毛里塔尼亚等国，涉及房屋建筑、体育场馆等，当年派出援外人员 307 人，年末在外 225 人。

接受经济援助 执行项目 8 个，协议接受援助金额 119.5 万美元，累计到位金额 104.1 万美元。其中 2010 年新批项目 6 个，协议资金 24.7 万美元，实际到位金额 18.51 万美元。跨年度结转执行项目 2 个，协议资金 94.74 万美元，实际到位资金 85.55 万美元。

【其他】

开发区 合肥经济技术开发区（包括合肥国家级出口加工区），全年工业总产值 1 338.7 亿元，比上年增长 66%；财政收入 72.5 亿元，比上年增长 41%；固定资产投资 300.2 亿元，比上年增长 20%。全年实际利用外资 3.6 亿美元，比上年增长 5%；出口 11.4 亿美元，比上年增长 60%；进口 14.2 亿美元，比上年增长 1.02 倍。

合肥高新技术产业开发区，全年工业总产值 1 296 亿元，比上年增长 20%；财政收入 29.7 亿元，比上年增长 33%；固定资产投资 190.4 亿元，比上年增长 19%。全年实际利用外资 3.5 亿美元，比上年增长 12%；出口 4.5 亿美元，比上年下降 50%；进口 2.9 亿美元，比上年增长 70%。

芜湖经济技术开发区（包括芜湖国家级出口加工区），全年工业总产值 1 247 亿元，比上年增长 36%；财政收入 64 亿元，比上年增长 15%；固定资产投资 173 亿元，比上年增长 37%。全年实际利用外资 3.7 亿美元，比上年增长 10%；出口 10.6 亿美元，比上年增长 1.07 倍；进口 7.6 亿美元，比上年增长 65%。

安庆经济技术开发区，全年工业总产值 309 亿元，比上年增长 34%；财政收入 9.8 亿元，比上年增长 25%；固定资产投资 97.3 亿元，比上年增长 34%。全年实际利用外资 7 042 万美元，比上年增长 16%；出口 1.5 亿美元，比上年增长 79%；进口 1.1 亿美元，比上年增长 84%。

马鞍山经济技术开发区，全年工业总产值 215 亿元，比上年增长 22%；财政收入 14 亿元，比上年增长 25%；固定资产投资 114.4 亿元，比上年增长 46%。全年实际利用外资 3 亿美元，比上年增长 20%；出口 7 362 万美元，比上年下降 32%；进口 1.14 亿美元，比上年增长 14%。

蚌埠高新技术产业开发区，全年工业总产值 308 亿元，比上年增长 28%；财政收入 7.9 亿元，比上年增长 31%；固定资产投资 75.3 亿元，比上年增长 62%。全年实际利用外资 10 299 万美元，比上年增长 28%；出口 3.4 亿美元，比上年增长 30%；进口 3 003 万美元，比上年增长 6%。

芜湖高新技术产业开发区，全年工业总产值 308.8 亿元，比上年增长 37%；财政收入 15.9 亿元，比上年下降 55%；固定资产投资 69.1 亿元，比上年增长 62%。全年实际利用外资 5 614 万美元，比上年增长 1.1 倍；出口 3 亿美元，比上年增长近 4 倍；进口 3 052 万美元。

出口加工区 芜湖出口加工区，2002 年 6 月由国务院批准设立，2003 年 2 月正式通过国家九部委验收，封关运作，2009 年 7 月其保税物流园通过合肥海关（代表海关总署）验收。2010 年进出口总额 27 843 万美元、增长 7.1 倍，其中进口 12 191 万美元、增长 10.3 倍，出口 15 652 万美元、增长 5.6 倍；实现保税物流进出口额 12 924 万美元、增长 9.9 倍。

合肥出口加工区，2010 年 7 月 5 日经国务院批准设立，规划面积 1.42 平方公里，位于合肥经济技术开发区与肥西县合作共建的新港工业园，目前正在进行前期规划建设。

商务洽谈会 第六届中国国际徽商大会于 2010 年 6 月 21 日至 23 日在安徽省合肥市举办，吸引了来自 52 个国家和地区 3 757 人中外客商参会，其中境内客商 2 652 人，境外客商 1 105 人；其中知名专家学者 109 人，15 个国家的驻华使节共 18 人，世界 500 强及跨国公司 312 家、中国区以上高管 126 人，境外商协会代表及华侨侨领共 279 人，国内大企业（含金融机构）420 家、总部高管 265 人，产业转移企业 1 400 家，知名徽商代表 243 人。会上集中签约项目共 124 个，其中外资项目 54 个，项目总投资 71 亿美元；内资项目 70 个，项目总投资 723.4 亿元。文化产业签约项目 82 个，总投资约 215 亿元，引进资金约 200 亿元。跨国采购暨农超对接洽谈会现场集中签约4.4亿元，产销双方达成逾8.3亿元购销协议。皖台经贸合作对接会上现场签订合作项目10余个。大会展览现场总成交1.12亿元，其中实际成交约2 500万元，意向成交约8 700万元。

口岸运输　全省口岸完成进出口货运量1 559.3万吨，同比增长40.9%，其中，进口1 427.7万吨，增长42.6%；出口131.6万吨，增长24.3%。集装箱运输14.66万标箱，增长24.6%。到港船舶3 179艘次，增长7.7%。水运口岸运量1 551.7万吨，增长40.9%。铁路口岸运量7.6万吨，增长28.8%。出入境客运量123 440人次，增长73%。出入境航班1 061架次，增长17.2%。

涉外旅游　接待入境人数198.4万人次，同比增长27.1%，其中接待外国游客117.4万人次，香港同胞29.2万人次，澳门同胞7.2万人次，台湾同胞44.6万人次。旅游外汇收入70 898万美元，同比增长25.30%。

2010年福建省商务发展概况

福建省经济贸易委员会　福建省对外贸易经济合作厅

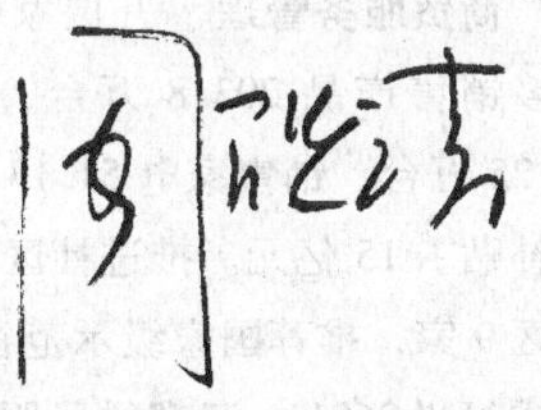

福建省经济贸易委员会主任

周联清　大学学历、高级工程师、高级经济师，2000年4月起历任福建省煤炭工业集团有限责任公司党委委员、副总经理，董事长、临时党委书记，福建省经济贸易委员会党组书记、主任，省政府国有资产监督管理委员会党委书记、主任，十一届全国人大代表。

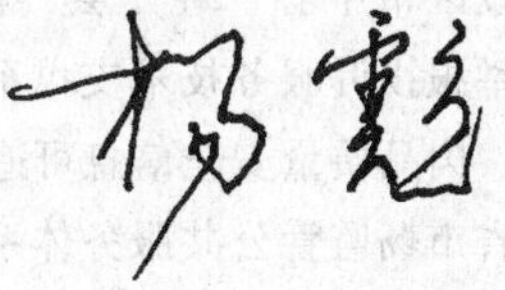

福建省对外贸易经济合作厅厅长
福建省人民政府口岸工作办公室主任

杨　彪　1951年7月出生，福建仙游人。福建师范大学外语系毕业。历任福建龙岩市副市长、常务副市长；漳平市市委副书记、代市长、市长；漳平市市委书记、市长；福建省外经贸委主任助理、副主任；福建省对外贸易经济合作厅副厅长、党组副书记（正厅级）等职。2006年7月任福建省对外贸易经济合作厅厅长、党组书记；2009年8月任福建省对外贸易经济合作厅厅长、党组书记、福建省人民政府口岸工作办公室主任。

【国内贸易】

社会消费品零售额　2010年福建省社会消费品零售总额5 219.07亿元，比上年的4 480.99亿元增长18.9%。按地域分，城镇4 644.93亿元，其中城区3 695.44亿元；乡村574.14亿元。按行业分，批发业394.02亿元，零售业4 179.72亿元，住宿业56.99亿元，餐饮业588.33亿元。

市场物价　商品零售价格指数为103.5（以上年价格为100），其中城市103.3，农村103.6；居民消费价格指数为

103.2（以上年价格为100），其中城市103.1，农村103.4。

市场秩序建设 针对影响人民群众切身利益和经济社会发展的突出问题，加强食品安全、药品安全等重点和其他专项整治，全省共出动行政执法人员119.88万人次，检查各类市场4.38万个次、企业28.98万个次，查处经济案件8.42万起，总案值26.85亿元。至年底福建省企业信用信息数据中心收录了全省25万家企业的基本信息、12万多条企业综合信息、2万多条企业良好信息、3 000多条企业警示信息和6万多条企业资质信息，企业征信体系建设逐步完善。省人民银行个人征信系统收录全省2 247.76万自然人信息，约占全省人口总数62.3%。19个部门联合开展了“诚信兴商宣传月”活动，全省共组织各类宣传活动185次、参与人数21万人次，取得良好的社会效益。

全省有14个市、县被商务部和省政府列为商务综合行政执法试点并通过验收，商务部第二批部级45个地市级试点验收通报中，福建省参评的三个地级试点排名均进入全国前6位，龙岩市并列为两个优秀试点之一；在县级试点中，晋江市获商务部通报表扬。12312商务举报投诉服务中心在全国省级中心测评中获得第二名的成绩。全省基本完成12312商务举报投诉服务体系布局建设，建立了10个省级和设区市中心、34个县（市、区）工作站。推进12312商务举报投诉服务技术支撑系统、生猪屠宰监管技术支撑系统、肉品质量安全信息可追溯系统“三合一”建设，形成全省市场监管公共服务体系建设的特色模式，得到商务部的充分肯定。

市场运行调节 完善全省城乡市场服务体系，加强节日、灾期及市场波动期粮油肉菜等主要商品供求监测和组织调度，全省主要生活必需品市场供应基本稳定。发挥省商品市场供应保障联席会议的作用，牵头制定出台《福建省发挥骨干企业积极作用健全和完善政府对大宗农产品市场调控体系和机制工作方案》，加强协调采取措施，有效平抑菜价。帮助抗击闽西北洪灾，落实油毛毡27 000平方米、蜡烛18万只和应急灯500台、矿泉水2万箱等应急救灾物资供应和商品运输，组织企业做好成品油调运，安排535万元省级副食品风险赈灾资金，支持灾后重建。全省省控城市无公害副食品生产基地生猪98家、禽蛋31家、蔬菜72家，全年可调控生猪200万头、禽蛋3 050万公斤、蔬菜60.6万吨。省级常年储备生猪2万头，各市、县按照城市人口人均7天消费量建立猪肉储备。全省生猪定点屠宰场点规划设置478个，其中屠宰场98个、小型屠宰点380个。生猪屠宰监管技术支撑系统建设政府端部分验收80家、企业端部分完成60家。全省确定在4个设区市所在地的城区开展肉品质量安全可追溯系统建设试点，厦门、南平和龙岩市已进入系统试运行阶段，福州市正在积极运作实施。全省已办理酒类经营者备案登记21 024家，共发放随附单51 126本。

市场体系建设 出台《关于培育大市场推动流通业跨越发展的指导意见》，结合产业集聚规模和产业特色优势发展专业市场，加强大市场规划建设，推动“万村千乡市场工程”建设。全省当年建设农家店3 047个，新增农家店面积18.7万平方米，销售额增加20.5亿元，新增就业0.58万人；配送中心35个，仓储面积增加4.5万平方米。认定6家标准化农产品批发市场，完成50个集贸市场升级改造。开展“农超对接”，支持大型连锁超市、农产品流通企业与农产品专业合作社建立农产品采购基地。推动农村商务信息服务体系建设，全省已建立农村商务信息服务站、点4 274个。融资租赁试点企业至年底注册资本金4亿元，租赁资产总额21.39亿元，全年实现主营业务收入2.59亿元、利润总额6 377万元，试点业务在电力设备、工程机械等基础上延伸到建筑机械、纺织、印刷、船舶等新领域。开展拍卖行业专项治理，行业总体的市场竞争能力和自我发展能力得到增强，至年底全省拍卖企业161家、拍卖企业分支机构114家，年拍卖成交额超过200亿元。

商贸服务管理 开展家电下乡和以旧换新，全年家电下乡销售产品203.8万台、金额44.3亿元，回收旧家电57.25万台、销售家电51.13万台、销售额19.89亿元，发放补贴1.15亿元。推进社区商业发展，全年认定省级示范社区9家，推荐国家级示范社区3家。推进家政服务工程，完成福州968111海都便民服务网络中心、宁德和南平各1个家政服务网络中心建设试点任务，组织培训家政服务员、月嫂和高级护工6 500人。再生资源回收体系建设发展加快，全年列入省级试点的市县10个。商务部再生资源回收体系建设试点城市福州、三明市加快建设步伐，福州市累计完成各项投资1.41亿元，建成社区各类回收网点487个，建设了一批再生资源回收示范站点、分拣中心等项目；三明市累计完成投资6 135.3万元，建成综合楼一座，加工仓库17 844平方米，建设60个“绿色回收站”，网点覆盖7个街道28个社区。仙游县再生资源回收利用基地等两个项目列入国家重点支持项目。鼓励商品零售企业推销节能商品，对部分流通领域节能降耗项目给予财政资金奖励。全年有7家企业完成商业特许经营备案，累计备案企业数列全国第6位。全年中石化、中石油两大集团福建企业配置成品油641.87万吨，销售成品油696.85万吨，协调解决省重点工程、公交运输等主要行业和农村生活生产用油，维护市场稳定。

【对外贸易】

进出口总额 进出口总额1 087.82亿美元，比上年的796.63亿美元增长36.55%。

出口总额 出口总额714.97亿美元，比上年的533.29亿美元增长34.06%，占全省GDP 14 357.12亿元（相当于2 120.85亿美元）的33.71%，占全国出口额的4.53%，居全国第6位。

进口总额 进口总额372.86亿美元，比上年的263.34亿美元增长41.58%。

出口商品结构 初级产品出口额49.37亿美元，占出口总额的6.90%；工业制成品出口额660.82亿美元，占出口总额的92.43%；其他未分类产品4.92亿美元，占出口总额的0.69%。

进口商品结构 初级产品进口额98.89亿美元，占进口总额的26.52%；工业制成品进口额271.93亿美元，占进口总额的72.93%；其他未分类产品2.16亿美元，占进口总额的0.58%。

出口商品市场 出口国别（地区）中出口额300万美元以上的国家（地区）156个。主要出口市场：美国148.67亿美元、欧盟145.98亿美元、东盟83.08亿美元、日本54.16亿美元、香港45.57亿美元、中东37.34亿美元、台湾省22.12亿美元、韩国20.49亿美元、墨西哥15.12亿美元、印度13.34亿美元、加拿大11.90亿美元、澳大利亚11.42亿美元、巴西10.80亿美元、俄罗斯9.75亿美元、智利7.74亿美元、南非6.96亿美元、土耳其6.90亿美元、巴拿马6.30亿美元、埃及4.78亿美元、尼日利亚3.53亿美元、利比亚3.01亿美元。以上的出口额合计662.66亿美元，占出口总额的92.68%。

进口商品市场 进口国别（地区）中进口额300万美元以上的国家（地区）78个。主要进口市场：台湾省81.77亿美元、东盟48.87亿美元、美国37.57亿美元、日本36.38亿美元、欧盟35.96亿美元、韩国34.62亿美元、澳大利亚8.59亿美元、中东7.48亿美元、印度7.27亿美元、巴西5.66亿美元、阿根廷5.30亿美元、智利4.79亿美元、土耳其4.77亿美元、加拿大4.68亿美元、哥斯达黎加3.87亿美元、南非3.72亿美元、俄罗斯3.66亿美元、秘鲁2.29亿美元、新西兰1.9亿美元、香港1.62亿美元、乌克兰1.09亿美元、埃及1.01亿美元。以上的进口额合计344.77亿美元，占进口总额92.47%。

福建省2010年出口额1亿美元以上商品情况表

金额分类	商品名称	出口金额（亿美元）	占出口总额比重（%）
5亿美元以上（21种）	服装、鞋类、计算机及其外部设备、纺织品、石材及制品、电视机、箱包、家具、船舶、健身器材、钢材及其制品、电机及其零件、伞、灯具、陶瓷制品、树脂工艺品、汽车及其零件、冻鱼、蔬菜、轮胎、食品罐头	461.24	64.51
2亿—5亿美元（9种）	电线电缆、变压器、烤鳗、玩具、钟表、音响设备、数字照相机、太阳能电池板、柑橘	32.01	4.48
1亿—2亿美元（9种）	电热烤面包器、飞机及其零件、珠宝首饰、包装袋、太阳镜、集成电路、原油、玻璃器皿、化肥	11.35	1.59
合　计	**39种**	**504.60**	**70.58**

福建省2010年进口额1亿美元以上商品情况表

金额分类	商品名称	进口金额（亿美元）	占进口总额比重（%）
2亿美元以上（20种）	大豆、初级形状的塑料、石材、煤、自动数据处理设备、飞机、钢材、液化石油气、饲料用鱼粉、纸浆、通断及保护电路装置、电视与收音机及无线电讯设备的零附件、橡胶、计量检测分析自控仪器及器具、建筑及采矿用机械、食用植物油、汽车零件、乙二醇、铝、非泡沫塑料的板片膜箔	120.18	32.23
1亿—2亿美元（17种）	纺织机械、橡胶或塑料加工机械、感光材料、原油、纸及纸板、金属加工机床、印刷电路、己内酰胺、涂覆浸渍塑料的织物、塑料制品、铜材、机械提升搬运装卸设备及零件、半导体器件、电容器、变压整流电感器及零件、铁矿砂、航空器	24.59	6.59
合　计	**37种**	**144.77**	**38.82**

技术进出口 技术进出口总额8.38亿美元，比上年的6.45亿美元增长29.94%。签订引进技术和进口设备合同276项，与上年持平，合同金额6.68亿美元，比上年的5.64亿美元增长18.44%；签订技术出口合同1 006项，比上年增长87.34%，金额1.70亿美元，比上年的8 083.34万美元增长110.20%。

服务贸易 服务贸易进出口总额103.1亿美元，比上年的93.55亿美元增长10.2%。其中，出口额51.6亿美元，比上年的40.04亿美元增长28.9%；进口额51.5亿美元，比上年的53.52亿美元下降3.8%。主要行业有旅游、运输、咨询、计算机和信息服务等。

福建省2010年服务贸易进出口情况表

行业	进出口		出口		进口	
	金额（亿美元）	同比（%）	金额（亿美元）	同比（%）	金额（亿美元）	同比（%）
运输	27.20	46.29	11.04	47.36	16.16	45.57
旅游	40.77	2.14	26.25	7.97	14.52	-6.95
通讯服务	0.13	131.94	0.02	-14.37	0.10	205.88
建筑服务	1.00	24.25	1.00	28.78	0.00	-100.00
保险服务	0.55	-5.55	0.13	52.92	0.43	-13.54
金融服务	0.08	-40.76	0.00	-100.00	0.07	-22.87
计算机和信息服务	4.55	-27.39	2.77	43.58	1.78	-58.96
专有权利使用费和特许费	6.10	41.66	1.27	9 080.32	4.83	12.53
咨询	5.49	19.76	1.43	47.03	4.06	12.42
广告、宣传	3.89	7.66	3.23	512.70	0.66	-78.61
电影、音像	0.04	53.41	0.00	-100.00	0.04	56.11
其他商业服务	13.32	-9.20	4.48	16.10	8.85	-18.14
合 计	**103.13**	**10.24**	**51.62**	**28.94**	**51.51**	**-3.75**

【利用外资】

福建省2010年利用外资情况表

利用外资方式	批准签订的合同			实际利用外资	
	项目数（个）	外资金额（万美元）	金额比上年增长（%）	金额（万美元）	金额比上年增长（%）
外商直接投资	**1 139**	**737 557**	**37.58**	**580 279**	**1.14**
合资企业	242	101 453	63.94	97 974	-6.48
合作企业	4	2 472	-67.44	2 126	54.96
外资企业	890	599 438	29.32	475 199	3.57
股份有限公司	3	34 194	999.13	4 980	-43.40
合 计	**1 139**	**737 557**	**37.58**	**580 274**	**1.14**

外商直接投资行业 外商直接投资生产型项目588个，非生产型551个。按行业分，农、林、牧、渔业79项，采矿业2项，制造业496项，电力、煤气及水生产和供应业6项，建筑业5项，交通运输、仓储和邮政业23项，信息传输、计算机服务和软件业29项，批发和零售业291项，住宿和餐饮业29项，金融业4项，房地产业26项，租赁和商务服务业83项，科学研究、技术服务和地质勘查业40项，水利、环境和公共设施管理业8项，居民服务和其他服务业7项，卫生、社会保障和社会福利业1项，文化、体育和娱乐业10项。

外商直接投资来源 投资者主要来自港、澳、台、东南亚和欧、美、日等国家和地区。其中香港446项、合同外资金额55.94亿美元，台湾省408项、7.62亿美元，美国33项、1 288万美元，欧盟30项、4 253万美元，日本22项、4 135万美元，萨摩亚16项、2.10亿美元，澳门16项、8 243万美元。

外商直接投资企业生产经营情况 2010年，全省外商投资企业实现工业增加值2 886.57亿元，比上年增长19.40%，占全省工业增加值的47.68%；进出口583.53亿美元，比上年增长33.22%。其中出口349.60亿美元，比上年增长27.57%，占全省出口总额的48.90%；进口233.93亿美元，比上年增长42.68%，占全省进口总额的62.74%。

【对外经济合作】

对外直接投资 全省新批对外直接投资企业207家（含17家境外机构），协议投资总额14.20亿美元，中方协议投资额8.14亿美元。新批企业分布于美国、加拿大、俄罗斯、荷兰、澳大利亚、智利、新加坡、印度尼西亚、阿联酋、香港、台湾省等29个国家和地区。新批企业中，贸易型企业145家，生产型企业10家，交通运输仓储14家，商业服务业12家，资源开发型企业3家，其他23家。

承包工程和劳务合作 签订对外承包工程和对外劳务合作合同4 527项，合同金额2.92亿美元，比上年的4.24亿美元下降31.13%。完成营业额4.67亿美元，比上年的4.23亿美元增长10.40%。当年派出劳务人数19 182人次，年末在外劳务人数24 240人。劳务人员分布在香港、澳门、台湾省、新加坡、巴拿马、利比里亚等40多个国家和地区。主要对外承包工程项目有肯尼亚基苏木乡村公路、内罗毕斯瓦瑞中心综合楼、印尼纤维板公司新建MDF厂、赤道几内亚巴塔至米高米森公路清障等项目。

对外经济技术援助 承担“发展中国家投资与合作管理研修班”等18项援外培训班任务，共有来自70多个国家和地区的550名学员参加培训；承建援助坦桑尼亚尼雷尔国际会议中心项目于2010年3月正式开工建设。

【其他】

经济技术开发区 福建省经国务院批准的经济技术开发区有福州经济技术开发区、福清融侨经济技术开发区和福建东山经济技术开发区，2010年又新批升级了福建泉州经济技术开发区和福建漳州招商局经济技术开发区。其中，东山经济技术开发区2010年新投资2.24亿元用于园区建设，进一步完善了基础设施条件；继续推进水产品、服装、罐头、金属制品等重点产业开发，企业完成固定资产投资21.48亿元；新批外商投资项目6项，实际利用外资2 770万美元；全年进出口贸易4.79亿美元，其中出口4.41亿美元，进口0.38亿美元。漳州招商局经济技术开发区2010年完成固定资产投资41.35亿元，其中基础设施投资27.50亿元。继续推动港航物流业、临港工业和高科技产业发展，新批外商投资项目3项，实际利用外资1 813.15万美元；全年进出口贸易3.74亿美元，其中出口2.66亿美元，进口1.08亿美元。泉州经济技术开发区完成固定资产投资30.00亿元，其中基础设施投资10.12亿元。继续推动电子信息、纺织服装、体育用品、机械制造等优势产业发展，新批外商投资项目9项，实际利用外资1.03亿美元；全年出口4.44亿美元。

出口加工区 全省共有厦门、福清、福州、泉州4个出口加工区。其中泉州出口加工区已累计引进项目18个，首期总投资8.10亿元人民币；2010年新引进内资项目1个，注册资本金100万元；初步形成航空零部件、印刷、机电电子、化工、物流五大支柱产业；全年完成规模以上工业产值5.09亿元，进出口1 562.12万美元，其中出口433.18万美元，进口1 128.94万美元。

商务洽谈会 第十四届中国国际投资贸易洽谈会（简称投洽会），于2010年9月8日—11日在厦门市举行。本届洽谈会由中华人民共和国商务部主办，联合国贸发会议、联合国工发组织、经济合作与发展组织、世界银行国际金融公司、世界投资促进机构协会、中国国际投资促进会参与协办，福建省人民政府、厦门市人民政府和商务部投资促进事务局共同承办。本届大会共有来自全球144个国家和地区的15 580多位境外客商到会。会上共签订各类投资项目639项，利用外资192.40亿美元。其中合同项目484项，合同外资99.60亿美元。福建省签订外商投资合同项目437项，合同外资90.40亿美元。

由福建省人民政府、国务院台湾事务办公室、中华人民共和国海关总署、国家质量监督检验检疫局、中国贸促会主办，福建省外经贸厅、福建省经贸委、福建省人民政府台湾事务办公室、福建省贸促分会、福州市人民政府共同承办的第七届中国福建商品交易会于2010年5月18日—22日在福州海峡国际会展中心成功举办。大会共接待参观、洽谈的海内外客商近万人，出口成交7 192万美元，进口成交5 361万美元，内销成交3.16亿元人民币。

港口运输 全省港口货物吞吐量3.31亿吨，比上年增长7.30%。全年进出口货运总量1.28亿吨，比上年增长21.60%。沿海港口国际标准集装箱吞吐量868.23万标箱，比上年增长21.20%。

涉外旅游 全年接待观光、探亲访友以及洽谈投资贸易的各类入境人士368.14万人次，比上年增长18.00%。其中，外国人115.27万人次，比上年增长17.80%；港澳台同胞252.87万人次，比上年增长18.03%。国际旅游（外汇）收入29.78亿美元，比上年增长14.60%。

2010年厦门市商务发展概况

厦门市商务局　厦门市投资促进局

厦门市商务局局长

熊衍良　生于1963年8月，福建省永定县人。博士研究生。1979—1986年在厦门大学化学系读本科与硕士研究生，1986—1988年任厦门大学化学系助教、讲师，1988—1994年在比利时鲁汶大学攻读博士学位。1994年后历任厦门市象屿保税区管委会副主任、厦门市贸易发展局副局长、局长、党组书记等职。现任厦门市商务局局长、党组书记。

王德贤

厦门市投资促进局局长

王德贤　男，汉族，福建龙海人，1956年9月出生，中共党员，大学学历，工学学士。1975年7月参加工作，1993年4月起历任福建省计委外资处副处长、省专项集资办副主任（其间：1996年5月至1998年5月在福建省武平县挂职任副县长）；1998年5月起历任福建省计委（发展计划委员会）工业处处长、产业发展处处长；2003年10月起任厦门市政府办公厅副主任、党组成员，2006年4月起任厦门市政府副秘书长，2010年9月任厦门市外商投资局局长，2011年1月任厦门市投资促进局局长。

2010年，福建省厦门市积极完善外贸促进措施，努力搞活流通扩大消费，强化市场保障，深化对台经贸，保持利用外资平稳发展态势，推进对外经济合作，培育会议展览业，有力地推进了商务事业的较快发展。

外贸实现全面恢复，超额完成年度目标。2010年全市进出口总额首次突破500亿美元，达到570.4亿美元，比上年增长31.7%，其中出口353.3亿美元、进口217.1亿美元，分别增长27.7%和38.7%；进出口、出口、进口占全省比重分别达到52.4%、49.4%和58.2%。

国内流通发展提速，拉动经济作用增强。社会消费品零售总额696.5亿元，增长21%，比上年提高6.8百分点；商贸业实现GDP增加值296亿元，占全市GDP比重达到14.4%，比上年提高1.6个百分点，对经济增长的拉动作用进一步增强。

对台贸易快速增长，独特优势更加凸显。对台贸易总额63.8亿美元，增长51.8%，其中出口首次突破10亿美元，达到10.6亿美元，增长33.3%，进口首次突破50亿美元，达到53.2亿美元，增长56.2%；对台贸易占全省全国比重分别达到61.4%和4.4%。

利用外资平稳发展，步入恢复增长阶段。全年新批准外商投资项目398个，比上年增长22.46%，合同利用外资16.43亿美元，增长20.40%，实际利用外资16.97亿美元，增长0.58%。

对外投资再上台阶，境外布点进展加快。新批对外新投资项目112个，增长69.7%，协议投资金额首次突破3亿美元，达到3.65亿美元，增长25.2%；其中境外贸易和售后服务网点97个，分布在12个国家和地区。全年境外企业实现营业额9.3亿美元，带动进出口6.1亿美元。

会议展览市场繁荣，带动消费作用突出。举办展览147场，展览总面积达108.5万平方米，增长26.7%和26.5%，展览业直接收入约13亿元；全年共举办外来会议1369场，参会人数达38.8万人次，增长3.5%和19.6%，带动全市消费收入约14亿元。据测算，2010年厦门市参会参展人员人均消费3 580元，大大高于普通游客的800元，带动消费的作用突出，已成为厦门市的新兴产业。

市场调控有度有效，副食品供应充足安全。肉、禽、蛋、菜、果、水产品等主要副食品供应充足、安全无事故。全年生猪定点屠宰132万头，蔬菜批发交易144万吨，禽、蛋类批发交易1.3万吨，水果批发交易11万吨，水产品批发交易10万吨，均比上年有不同程度的增长，全市30项主要食品污染治理指标全部达到省定年度计划指标要求。

【国内贸易】

概况 2010年福建省厦门市社会消费品零售总额696.5亿元，比上年增长21.0%，增幅比上年提高6.8个百分点，分别高出全国、全省平均水平2.6个和2.1个百分点。其中，批发业54.1亿元，增长9.3%；零售业554.9亿元，增长23.2%；住宿业15.1亿元，增长25.4%；餐饮业72.5亿元，增长14.0%。

主要特点：

1. 零售额较快增长但增幅逐渐回落。从时序进度上看，2010年四个季度厦门市社会消费品零售总额分别为173.2亿元、170.7亿元、165.3亿元和188.6亿元，但由于上年基数加大的因素，增幅呈现逐渐回落的态势，四个季度分别增长29.3%、20.8%、17.6%和17.3%。一、四季度由于春节、国庆节、中秋节、圣诞节等节庆消费的拉动，消费品市场趋旺；二、三季度处于相对的消费淡季，尤其是三季度，除投洽会外，没有更多的拉动因素，故为全年最低点。

2. 政策给力带动汽车消费火爆。2010年厦门市汽车市场在购置税优惠政策的带动下，销售火爆。全年汽车销售23.4万辆，同比增长27.3%，其中小轿车销售13.2万辆，同比增长20.5%；全年汽车类销售实现零售额134.8亿元，同比增长41.2%，高出全国平均增幅6.4个百分点，占全市社会消费品零售总额比重达19.4%，较上年提高1.1个百分点，拉动全市社会消费品零售总额增长6.8个百分点，尤其是年底的政策“翘尾效应”，使厦门市年底车市呈现“井喷”状态，11月、12月份汽车销售额分别达到14.7亿元和17.3亿元，为全年最高峰。车市火爆也带动了石油及制品类销售的增加，再加上油价的上涨，2010年厦门市石油及制品零售额也持续快速增长，全年共实现零售额59.6亿元，同比增长36.5%，拉动全市社会消费品零售总额增长2.8个百分点。

3. 消费结构进一步升级享受类商品销售增长明显。随着经济形势的向好、居民收入水平的提高，厦门市消费结构进一步升级，家用电器和音像器材类、文化办公用品类、金银珠宝类等享受类商品消费增长明显，2010年这三类商品销售增幅均超过30%，分别达32.7%、44.4%和31.6%。其中文化办公用品类全年实现零售额45.3亿元，比上年净增13.9亿元；家用电器和音像器材类实现零售额22.3亿元，比上年净增5.5亿元，两类商品合计拉动全市社会消费品零售总额增长3.4个百分点。金银珠宝类兼具奢侈品和保值功能，销售也十分火热，全年共实现销售额7.1亿元。此外，服装、日用品、食品等生活类消费也保持平稳增长。主要零售业商品销售情况见下表：

厦门市2010年限额以上批发和零售业商品销售情况表

项　目	零售额（万元）	同比增长（%）
合　计	**4 139 215.1**	**27.9**
食品、饮料、烟酒类	479 476.6	6.4
服装、鞋帽、针纺织品类	282 426.9	21.4
化妆品类	43 950.3	10.6
金银珠宝类	71 390.7	31.6
日用品类	154 873.4	21.6
体育、娱乐用品类	27 019.6	8.7
家用电器和音像器材料	223 432.8	32.7
中西药品类	199 498.6	-2.1

厦门市2010年限额以上批发和零售业商品销售情况表（续）

项　目	零售额（万元）	同比增长（%）
文化办公用品类	453 341. 4	44. 4
通讯器材类	60 226. 2	44. 5
石油及制品类	596 173. 7	36. 5
汽车类	1 347 918. 8	41. 2

4. 消费集中度提高大型商业企业进一步做大做强。 2010年厦门市各大商场、百货、超市、家电卖场、大型酒店等限额以上企业充分发挥自身规模大、环境优、信誉好的服务优势，市场竞争力进一步增强，仍为厦门市居民首选消费场所。全年厦门市限额以上企业实现零售额454. 9亿元，同比增长27. 1%，占全市社会消费品零售总额比重达到65. 3%，比上年提高3. 1个百分点，直接拉动全市社会消费品零售总额增长16. 8个百分点。全市实现年零售额超亿元的限上企业达98家，比上年增加28家。

5. 电器卖场销售增幅居主要业态之首。 从业态上看，2010年全市主要百货、超市、电器卖场等大型零售企业零售额净增13. 4亿元，比上年增长16. 7%，拉动社会消费品零售总额增长2. 3个百分点，其中：麦德龙等大型超市实现零售额36. 6亿元，同比增长6. 1%；华联等大型百货零售额34. 3亿元，同比增长20. 4%；国美等大型电器卖场实现零售额22. 6亿元，同比增长31. 5%，居主要业态增幅之首。2010年，厦门市深入实施国家家电下乡和以旧换新政策，有力地带动了全市家电的消费，全年家电下乡产品销售达2. 4亿元，家电以旧换新仅启动4个多月销售额就达3. 2亿元，有力地拉动了家用电器类商品零售额的大幅增长。

6. 岛外消费比重进一步提升。 随着岛内外一体化建设的全面启动，岛外商业设施建设明显加快，商业发展迅速，新华都、永辉、苏宁、国美等知名超市、电器卖场进驻岛外，汽车4S行业也纷纷进驻。岛外消费比重也明显提升。2010年岛外四区消费比重达21. 3%，比上年提高5. 5个百分点。海沧区全年社会消费品零售总额增幅达47. 4%，居全市之首。

厦门市2010年社会消费品零售总额分区统计情况

项　目	实现额（万元）	增长（%）	占全市比重（%）
全　市	**6 965 495**	**21. 0**	**100. 0**
思明区	3 427 521	18. 5	49. 2
湖里区	2 055 733	24. 5	29. 5
集美区	465 886	13. 2	6. 7
海沧区	422 247	47. 4	6. 1
同安区	406 361	16. 6	5. 8
翔安区	187 749	12. 4	2. 7

7. 居民消费价格指数走高。 2010年各月累计居民消费价格指数涨幅分别为：1. 5、2. 2、2. 3、2. 9、3. 2、3. 9、3. 9、3. 1、2. 9、2. 9、3. 0和3. 0。分八大类商品指标来看，全年累计居民消费价格指数“五升三降”，其中：食品类比上年同期增长8. 1%，价格进一步上涨，粮食类、蛋类、水产品类、鲜菜及干鲜瓜果价格上涨为主要带动因素，分别增长15. 8%、10. 5%、16. 5%、15. 3%、17. 2%；烟酒及用品增长2. 3%；交通和通信类增长0. 2%；居住类增长4. 3%；医疗保健和个人用品上涨4. 7%；衣着类降低6. 7%；家庭设备用品及维修服务降低2. 2%；娱乐教育文化用品及服务降低0. 4%。

主要工作：

1. 完善商业设施。 一是推进大型商业项目建设，2010年全市在建或拟建的大型商业项目36个，总投资额达到325亿元；二是推进特色商业街建设，投入450万元用于特色商业街软硬件设施建设和改造，新增4条省级特色商业街；三是推进社区商业发展，社区商业网点建设被列入民生工程项目，湖里街道康乐社区成功获评全国社区商业示范社区；四是完善岛外商业设施，推动大型连锁企业赴岛外布点，深入推进“万村千乡市场工程”，2010年岛外新增大型连锁门店和汽车4S店4家，新建成47个农家店和1个日用品配送中心，岛外消费比重达到21%，比上年提高5. 2

个百分点。

2. 推进流通现代化。一是大力推进网络销售发展，推动成立 B2C 行业协会，成功举办首届网络零售发展战略高峰论坛，成功与阿里巴巴集团达成合作拟于 2011 年 3 月在厦举办首届“网货交易会”，推动万翔商城正式上线开业，2010 年全市 B2C 销售额超过 6 亿元，增长 3 倍，斯波地卡、尚客茶品入选全国十大网商；二是继续推动连锁经营发展，特易购首家门店及家乐福第二家门店相继开业；三是推动第三方物流发展，完成了第三方物流调研，积极争取并成功入选首批“全国流通领域现代物流示范城市”和“两岸食品物流产业合作试点城市”。

3. 开展促消费活动。一是搞活高铁营销，开展长三角地区和福厦沿线城市主题宣传，举办“关注 2010 高铁经济——厦门商业高峰论坛”，编印《厦门购物美食全攻略》，推出“凭动车票即可享受团购价”等丰富多彩的高铁营销活动，吸引高铁客流；二是丰富促销活动，组织开展“海西年货文化节”、“厦门购物嘉年华”、“厦门购物节”以及“伴手礼评选”等不同主题的开拓市场、扩大销售活动，参与商家销售业绩增长显著，有力地带动了全市商业消费；三是积极落实国家促消费政策，深入实施家电汽车下乡和以旧换新以及家政服务工程等促消费政策，带动全市汽车家电销售超过 9 亿元，免费培训家政服务人员 1722 人次，落实 4 个家政服务体系建设项目。

4. 规范流通业秩序。进一步规范购物卡管理工作，共完成 16 家企业的 23 个卡种的备案，同时进一步规范早餐工程、午餐工程、餐饮、拍卖、旧货、二手车交易、再生资源、美容美发、家政服务等相关行业管理和推动工作，争取中央财政补贴资金 600 万元支持早龙和黄则和开展早餐工程试点建设，指导午餐示范项目建设并完成日供应 1.5 万份午餐的目标。

放心食品工程　2010 年，厦门市肉、禽、蛋、菜、果、水产品等主要副食品供应充足、安全无事故。全年生猪定点屠宰 132 万头，蔬菜批发交易 144 万吨，禽、蛋类批发交易 1.3 万吨，水果批发交易 11 万吨，水产品批发交易 10 万吨，均比上年有不同程度的增长，全市 30 项主要食品污染治理指标全部达到省定年度计划指标要求，其中：农产品生产领域的水产品养殖环节药物残留超标率为 1.92%，蔬菜农药残留抽样超标率为 4%，较上年分别下降 0.5 个、1.3 个百分点；生产加工领域的食品抽样合格率为 94.1%，较上年提高 0.5 个百分点；消费领域的《餐饮服务许可证》（或《食品卫生许可证》）持证率 98% 以上，从业人员健康培训证持证 97.8%，餐饮单位量化分级管理实施率达到 100%，较好保证了群众消费安全。

拍卖业　2010 年度厦门市拍卖企业（不包括拍卖分支机构）共完成拍卖成交额 464 234 万元，增长 14.2%，其中房地产 316 144 万元，文化艺术品 1 853 万元，农副产品 12 436 万元，机动车 2 326 万元，财产权利 80 120 万元，其他 51 354 万元，公物 16 263 万元。截至 2010 年底，厦门市共有 26 家拍卖企业和 7 家拍卖分支机构。

【对外贸易】

概况　2010 年福建省厦门市进出口总额首次突破 500 亿美元，达 570.4 亿美元，增长 31.7%，其中，出口 353.2 亿美元，增长 27.7%，进口 217.1 亿美元，增长 38.8%；与金融危机前的 2008 年相比，进出口、出口、进口分别增长 25.7%、20.3% 和 35.8%。进出口、出口、进口占全省比重分别达到 52.4%、49.4% 和 58.2%。与全国、全省相比，2010 年厦门市出口增幅分别低于全国、全省 3.6 个和 6.4 个百分点，进口增幅高于全国 0.1 个百分点、低于全省 2.8 个百分点。在五个计划单列市中，厦门市的进出口增幅仅次于宁波，居第 2 位。

厦门市 2010 年外贸增长与全国、全省对比情况表

外贸指标	厦门市	全国	全省
进出口（%）	31.7	34.7	36.6
出　口（%）	27.7	31.3	34.1
进　口（%）	38.8	38.7	41.6

主要特点：

1. 进出口额上半年少于下半年，增幅上半年高于下半年。从时序进度看，2010 年上半年厦门市实现进出口额 266.5 亿美元，同比增长 36.5%；下半年实现进出口额 303.9 亿美元，同比增长 27.8%。进出口额方面上半年比下半年少了 37.4 亿美元，增幅方面下半年则比上半年放缓了 8.7 个百分点。其中，出口上半年 166.1 亿美元，增长 32.3%，下半年 187.2 亿美元，增长 23.8%；进口上半年

100.4 亿美元，增长 44.1%，下半年 116.7 亿美元，增长 34.6%。这种上下半年进出口额及增幅的反差主要原因是由于上年度的下半年进出口明显回升，基数变大。

2. 内外资出口增速并驾齐驱，外资进口增速明显好于内资。出口方面，2010 年外资企业出口 175.0 亿美元，同比增长 27.4%；内资企业出口增速与外资基本相当，全年出口 178.3 亿美元，同比增长 28.0%，连续两年在出口额和增幅领先外资企业；内资出口中国有企业表现抢眼，全年出口 32.8 亿美元，增幅达 38.6%。进口方面，2010 年外资企业进口 136.5 亿美元，同比增长 43.5%，进口额和增幅均明显高于内资企业的 80.6 亿美元和 31.5%，内资进口中民营企业表现突出，全年进口 32.8 亿美元，增幅达 52.2%。

3. 一般贸易比重高于加工贸易，加工贸易增速快于一般贸易。从比重上看，2010 年全市一般贸易出口 194.7 亿美元，占全市出口比重为 55.1%，加工贸易出口 129.4 亿美元，占全市出口比重为 36.6%，一般贸易出口比重高于加工贸易 18.5 个百分点；全年一般贸易进口 103.0 亿美元，占全市进口比重为 47.5%，加工贸易进口 90.8 亿美元，占全市进口比重为 41.8%，一般贸易进口比重高出加工贸易 5.7 个百分点。从增速上看，2010 年厦门市一般贸易出口、进口分别增长 25.4% 和 36.0%，分别比加工贸易出口、进口 31.1% 和 56.7% 的增幅低了 5.7 个和 20.7 个百分点。此外，2010 年全市其他贸易方式出口 29.1 亿美元，同比增长 28.2%；其他贸易方式进口 23.3 亿美元，同比增长 2.3%。

4. 机电高新产品出口加快，传统商品出口放缓。2010 年厦门市机电和高新产品出口迅速恢复，并一路走高，其中机电产品出口 167.0 亿美元，同比增长 31.5%；高新技术产品出口 86.1 亿美元，同比增长 31.0%，均高于全市出口平均增幅，分别高出 3.8 个和 3.3 个百分点。传统商品则在上年保持较好增长的基础上继续保持稳步增长，但增速有所放缓，十二类传统出口商品全年出口 166.8 亿美元，同比增长 20.3%，低于全市出口平均增幅 7.4 个百分点，其中鞋类、箱包表现突出，增速分别达到 38.5% 和 37.4%（鞋类首次超越计算机成为厦门市第二大类出口商品），纺织品、服装、工艺品、家具、节能灯、龙头阀门、农产品、伞、石材、体育用品增速均低于全市平均水平。

5. 对发达市场出口增长不快，对新兴市场出口增长强劲。受发达市场国家经济恢复缓慢的影响，2010 年厦门市对主要发达市场出口虽然也开始复苏，但增速相对缓慢，其中全年对美国出口 72.6 亿美元，同比增长 20.5%；对欧盟出口 70.5 亿美元，同比增长 21.9%；对日本出口 27.7 亿美元，同比下降 11.5%，均低于全市出口平均增幅。对新兴市场出口则表现抢眼，2010 年厦门市对南方共同体出口 6.5 亿美元，同比增长 60.7%；对印度出口 5.5 亿美元，同比增长 46.6%；对南部非洲五国出口 3.5 亿美元，同比增长 46.8%；对俄罗斯出口 3.1 亿美元，同比增长 81.4%。传统市场方面，2010 年厦门市对东盟出口 36.6 亿美元，同比增长 23.0%；对香港出口 29.3 亿美元，同比增长 27.6%，香港也由于厦门市对日本出口的持续负增长也跃升为厦门市第二大出口国别（地区）。

6. 对台贸易快速增长，台湾跃升为厦门市第二大贸易伙伴。2010 年厦门市对台贸易总额达 63.8 亿美元，同比增长 51.8%，其中出口首次突破 10 亿美元，达到 10.6 亿美元，同比增长 33.3%，进口首次突破 50 亿美元，达到 53.2 亿美元，同比增长 56.2%；对台进出口、出口、进口增幅分别高出全市平均水平 20.1 个、5.6 个和 17.4 个百分点；对台贸易占全省全国比重分别达到 61.4% 和 4.4%，高出厦门市外贸占全省全国比重 9 个和 2.5 个百分点，并成功超越日本成为厦门市第二大贸易伙伴。

主要工作：

1. 扶持政策十足给力，助推外贸加快发展。2010 年，厦门市共争取和出台各项外贸扶持资金总额达到 5.04 亿元，扶持力度前所未有，有力助推了厦门市外贸的全面恢复。其中，商务部扶持资金 1.69 亿元，地方扶持资金 3.35 亿元，主要用于保持外贸稳定增长、开拓国际、融资担保资金、外贸公共服务平台建设、区域协调发展、出口信保、重点出口企业、大型工业企业、鼓励扩大进口、对外经济合作、鼓励台湾省水果进口等的扶持，全年已兑现各类扶持资金 4.62 亿元。

2. 完善外贸促进机制，优化企业经营环境。一是积极争取厦门市被列入跨境贸易人民币结算试点地区，并有 2 217家企业成为试点企业，全年跨境贸易人民币结算金额已突破 30 亿元；二是帮助外贸企业缓解融资困难，共帮助企业获得出口退税托管贷款额度近 10 亿元，保单融资金额超过 9 亿元，并争取到商务部中小企业融资担保资金 2 200 万元；三是帮助企业降低出口风险，投入近 9 000 万元扶持企业出口信保，投保出口额达 52 亿美元，理赔超过 8 000 万元，并在全国率先推出了工艺品和石材行业统保扶持政策，有 651 家企业受益；四是积极应对贸易摩擦，共组织 62 家企业应对涉及厦门市的"两反两保"案件 11 起，涉案金额 1 963 万美元，资金扶持近 120 万元；五是强化外贸相关部门协调机制，为超过 100 家企业协调解决通关、通检、退税、结汇及贸易纠纷等方面问题；六是强化公共信息服务，举办"外经贸服务日"、"在线咨询"以及各类讲座、研讨、培训、政策宣讲等活动，参与企业超过1万家次。

3. 推进外贸结构调整，提升核心竞争力。一是大力推动流通型外贸企业延伸价值链。筹建“产品设计和贸易促进中心”并积极申请列入商务部试点城市；与台湾创意设计中心签署合作备忘录，学习和借鉴其运行模式和做法，帮助企业开展研发设计和推广新型营销方式。二是大力培植出口基地。汽车及零部件出口基地以及新材料、电子信息科技兴贸创新基地等2个国家级出口基地取得新进展；新获机械装备、体育用品、节能灯具三个省级出口基地，并获省财政660万元资金扶持。三是大力发展服务外包。初步建立了服务外包统计制度，成功获国务院批准为“中国服务外包示范城市”，全年登记服务外包合同金额2.1亿美元，同比增长2.8倍，从事离岸服务外包、且实际备案登记的企业数从年初的23家增加到年底的42家。四是积极鼓励扩大进口。对主要进口商品补贴标准提高至0.4分/美元，并新增对中小外贸企业进口商品国内贸易险保费的补助，2010年进口增幅高于出口11个百分点，重点扶持的矿产品进口超过25亿美元，增幅超过55%，占全市一般贸易进口的1/4强。

4. 持续开拓国际市场，抢占外贸市场份额。一是加大对中小企业的扶持。中小企业开拓国际市场资金使用额度提高至4 500万元，扶持范围从出口额1 500万美元以下企业扩大至4 500万美元以下企业，政策覆盖率达99%，全年共有超过2 000家企业的近4 000个项目获得各类开拓市场补助。二是完善重点出口企业扶持。评选确定58家重点出口企业，扩大对重点出口企业开拓出口市场项目的扶持范围，并侧重对企业实行“一对一”扶持，全年共补助超过2 500万元。三是积极搭建开拓市场平台。2010年厦门市共组织14个境外团组并确定20个“重点展项”和20个“新兴展项”作为重点扶持境外展览，全年共有超过1 300家企业赴境外参展考察，参展境外展览102个，展位数超过1 200个，共组织约1 500家企业参加广交会等国内知名展览会。四是帮助外贸企业开拓国内市场。继续举办“厦门商品展”，组织企业参加中博会、西博会、兰洽会等国内知名展览会，共有超过500家企业参展，财政补助超过200万元。

进出口主体 2010年厦门市外贸经营队伍首次突破1万家，截至年底，全市对外贸易经营者备案企业数10 551家，其中国有296家、民营8 901家、外资797家、其他557家。2010年厦门市进出口百强企业实现进出口总额330.7亿美元，占全市的58.0%，百强企业中出口额超过1亿美元企业46家，比上年增加16家。

厦门市2010年进出口20强企业名单

序号	企业名称	出口额（万美元）	进口额（万美元）	进出口额（万美元）
1	友达光电（厦门）有限公司	202 397	291 970	494 367
2	宸鸿科技（厦门）有限公司	99 697	111 407	211 104
3	厦门建发股份有限公司	90 538	120 027	210 565
4	厦门国贸集团股份有限公司	48 759	123 522	172 281
5	戴尔（厦门）有限公司	105 174	62 184	167 359
6	冠捷显示科技（厦门）有限公司	41 939	45 574	87 513
7	乐捷显示科技（厦门）有限公司	53 718	26 586	80 305
8	厦门松下电子信息有限公司	46 898	30 006	76 905
9	厦门信达股份有限公司	10 626	54 211	64 837
10	厦门华侨电子股份有限公司	53 635	9 106	62 740
11	厦门市嘉晟对外贸易有限公司	54 281	5 362	59 642
12	厦门航空有限公司	67	58 532	58 598
13	厦门太古飞机工程有限公司	26 878	31 289	58 167
14	厦门市中信隆进出口有限公司	39 044	8 126	47 169
15	戴尔（中国）有限公司	520	41 528	42 048
16	宇达（中国）投资有限公司	40 753	912	41 665
17	翔鹭石化股份有限公司	0	40 131	40 131
18	厦门厦顺铝箔有限公司	17 893	19 200	37 093
19	厦门多威电子有限公司	22 040	14 124	36 164
20	厦门船舶重工股份有限公司	31 249	4 497	35 746

厦门市 2010 年进出口贸易方式

出口贸易方式			进口贸易方式		
贸易方式	绝对值（万美元）	同比（%）	贸易方式	绝对值（万美元）	同比（%）
一般贸易	**1 946 574**	**25.4**	**一般贸易**	**878 126**	**59.6**
内资	1 554 520	25.8	内资	334 062	50.3
三资	392 054	23.9	三资	4 921	171.0
加工贸易	**1 294 474**	**31.1**	**加工贸易**	**329 140**	**49.3**
内资	114 689	45.3	内资	573 906	60.7
三资	1 179 785	29.9	三资	24 920	-9.0
其中：来料加工	253 009	31.4	其中：来料加工	548 986	66.5
内资	7 058	180.1	内资	232 850	2.3
三资	245 951	29.4	三资	43 785	-18.7
其中：进料加工	1 041 465	31.0	其中：进料加工	189 065	8.9
内资	107 631	40.9	内资	176 930	6.6
三资	933 834	30.0	三资	30 515	2.9
其他贸易	**291 419**	**28.2**	**其他贸易**	**146 416**	**7.4**
内资	113 297	45.0	内资	217 1176	38.8
三资	178 123	19.4	三资	878 126	59.6
其中：保税仓储转口	290 506	30.7	其中：保税仓储转口	334 062	50.3
内资	112 571	54.0	内资	4 921	171.0
三资	177 935	19.3	三资	329 140	49.3
合　计	**3 532 467**	**27.7**	**合　计**	**573 906**	**60.7**

厦门市 2010 年进出口市场结构

出口市场结构		进口市场结构	
市　场	比重（%）	市　场	比重（%）
美　国	20.5	台湾省	24.5
欧　盟	20.0	东　盟	13.1
东　盟	10.4	美　国	9.9
香　港	8.3	日　本	9.6
日　本	7.8	欧　盟	8.3
南　美	7.9	韩　国	7.2
韩　国	4.0	南　美	5.6
其　他	21.1	其　他	21.8

厦门市 2010 年进出口商品结构

出口商品结构		进口商品结构	
商　品	比重（%）	商　品	比重（%）
机电产品	47.27	机电产品	54.30
纺织原料及纺织制品	15.50	化工产品	6.13
鞋、帽、伞类	9.60	矿产品	13.10
石料及类似材料制品	6.95	塑料、橡胶及制品	10.60
塑料、橡胶及制品	3.45	农产品	5.01
农产品	3.60	木浆、纸及纸板	2.30
化工产品	3.56	其他	8.62
其他	10.20		

厦门市2010年主要进出口商品

序号	出口商品	出口额（万美元）	序号	进口商品	进口额（万美元）
1	服装及其零附件	436 301	1	液晶显示板	330 382
2	鞋类	279 022	2	集成电路	157 682
3	液晶显示板	212 627	3	初级形状的塑料	133 890
4	自动数据处理设备及其部件	152 277	4	石材荒料	86 294
5	电视机（含整套散件）	142 255	5	铁矿砂及其精矿	83 563
6	花岗岩石材及制品	138 068	6	自动数据处理设备的零件	68 839
7	纺织纱线、织物及制品	129 463	7	自动数据处理设备及其部件	57 730
8	手机零件	116 330	8	飞机	56 202
9	家具及零件	95 414	9	煤	46 299
10	箱包及类似容器	89 954	10	未锻造的铜及铜材	41 651
11	体育用品及设备	89 209	11	对二甲苯	39 004
12	节能灯及其零件	71 820	12	通断保护电路装置及零件	33 128
13	龙头、阀门及其零件	69 939	13	感光材料	30 764
14	船舶	69 591	14	粮食	28 178
15	节能灯	69 440	15	纸浆	25 796
16	塑料制品（不含树脂工艺品）	54 774	16	计量检测分析自控仪器及器具	24 260
17	通断保护电路装置及零件	49 876	17	电视机、收音机及无线电讯设备的零附件	23 589
18	伞	46 674	18	手持或车载无线电话机及零件	23 375
19	照相机	45 554	19	二极管及类似半导体器件	23 239
20	医疗仪器及器械	30 103	20	建筑及采矿用机械及零件	22 918
21	汽车零件	28 613	21	未锻造的铝及铝材	22 808
22	钢材	27 333	22	纺织纱线、织物及制品	22 429
23	蔬菜	26 892	23	饲料用鱼粉	20 735
24	未锻造的铝及铝材	26 544	24	石油沥青	16 021
25	水海产品	25 675	25	天然橡胶（包括胶乳）	15 757
26	钨品	22 525	26	食用植物油	11 694
27	鲜、干水果和坚果	21 497	27	合成橡胶（包括胶乳）	10 093
28	工程机械及零件	20 748	28	非泡沫塑料的板、片、膜、箔	9 244
29	金属硅	20 639	29	印刷电路	8 783
30	汽车（包括整套散件）	20 201	30	锆矿砂及其精矿	8 661
31	二极管及类似半导体件	19 882	31	钢材	8 171
32	树脂工艺品	19 210	32	牛皮革及马皮革	7 928
33	电线和电缆	18 892	33	原木	7 778
34	电话机	17 984	34	废纸	7 497
35	电视机、收音机及无线电讯设备零附件	17 269	35	电容器	7 344
36	眼镜及其零件	16 463	36	金属加工机床	7 291
37	手用或机电工具	14 397	37	变压、整流、电感器及零件	7 014
38	灯具照明装置及类似品	13 453	38	废塑料	6 764
39	蘑菇罐头	13 346	39	橡胶或塑料加工机械及零件	6 705
40	飞机零件	12 276	40	航空器零件	6 320
41	新的充气橡胶轮胎	12 193	41	纸及纸板（未切成形的）	6 257
42	自动数据处理设备的零件	11 798	42	汽车零件	6 226
43	医药品	10 944	43	乙二醇	6 151
44	摩托车及自行车零件	10 944	44	机械提升搬运装卸设备及零件	6 059
45	床垫寝具及类似品	10 748	45	电线和电缆	5 020
46	变压器	10 595	46	铬矿砂及其精矿	4 897
47	电动机及发电机	9 749	47	对苯二甲酸	4 356
48	集装箱	9 225	48	镍矿砂及其精矿	3 778
49	静止式变流器	9 074	49	锯材	3 608
50	神纸神香	8 937	50	褐煤	3 439
	合　计	**3 109 365**		**合　计**	**1 709 354**

对台贸易 2010 年厦门市对台贸易总额 63.8 亿美元，增长51.8%，其中出口首次突破10亿美元，达到10.6亿美元，增长33.3%，进口首次突破50亿美元，达到53.2亿美元，增长56.2%；对台贸易占全省全国比重分别为61.4%和4.4%，高出厦门市外贸占全省全国比重9个和2.5个百分点，台湾省超越日本成为厦门市第二大贸易伙伴。

外资企业保持主体地位。2010 年外资企业对台进出口额55.3亿美元，增长53.1%，贸易额占比达86.7%，比上年提高 0.7 个百分点。其中出口额 6.9 亿美元，增长31.6%；进口额48.5亿美元，增长56.8%。2010年内资企业对台进出口额8.5亿美元，增长44.0%，其中出口额3.8亿美元，增长 36.1%，进口额 4.7 亿美元，增长 51.0%，出口增速略高于外资企业。

加工贸易仍为主要方式。2010 年厦门市对台加工贸易进出口46.2亿美元，增长50.0%，占全市对台贸易比重达72.4%，其中出口5.0亿美元，增长25.2%，进口41.2亿美元，增长53.7%；一般贸易进出口14.2亿美元，增长44.7%，其中出口5.3亿美元，增长36.4%，进口8.9亿美元，增长50.2%。此外，其他贸易方式进出口3.4亿美元，增长142.6%，其中出口0.3亿美元，增长308.4%，进口3.1亿美元，增长133.5%。

服务外包 2010 年全市登记服务外包合同金额 20 822.1 万美元，增长 276.5%，其中：ITO 合同金额为 8 409.3 万美元，增长 273.5%，BPO 合同金额为 12 390.8 万美元，增长 278.6%，KPO 合同金额为 22 万美元。合同执行金额为 19 169.7 万美元，增长 29.8 倍。从事离岸服务外包、且实际备案登记的企业数从年初的 23 家增加到年底的 42 家。厦门市 2010 年服务外包合同执行金额在全国 21 个“中国服务外包示范城市”中居 14 位。

【利用外资】

概况 2010 年厦门市各级、各部门紧紧围绕招商引资中心工作，积极应对形势变化，利用外资保持了平稳发展的态势，总体向好，步入恢复性增长阶段，为“十一五”利用外资画上圆满句号。全年厦门市新批准外商投资项目 398 个，比上年增长 22.46%，合同利用外资 16.43 亿美元，增长 20.40%，实际利用外资 16.97 亿美元，增长 0.58%。

主要特点：

1. 利用外资规模保持全省前列，但比重下降。 2010 年，厦门市合同利用外资占全省总量的 22.5%，位居第 2 位；实际利用外资占 29.24%，居首位。与上年同期比较，利用外资总量在全省比重略有下降，其中合同外资下降 3.5 个百分点，实际利用外资下降 0.16 个百分点。

2. 外商投资制造业活力增强，机械、电子产业集聚效应凸显。 全年制造业新设外资项目 114 个，比 2009 年增长 41%，制造业合同利用金额 6.48 亿美元，终止了连续 3 年的下降态势，止跌回升，小幅增长 0.45%，呈增长态势的主要行业有有色金属压延增长 16 倍、电子增长 52.2%、交通运输设备制造业增长 1.2 倍，通用设备制造业增长 77.42%，专用设备制造业增长 21.53%。产业集中度较高的是计算机及其他电子设备制造业、设备制造业和纺织服装鞋帽制造业，分别占全市合同外资总量的 15.34%、10.52%、4.53%。

3. 第三产业合同外资增长 36.9%，现代服务业增长迅速。 第三产业利用外资项目数占 70.35%，合同外资金额增长 36.9%，现代服务业对第三产业增长带动性强，其中科研技术服务业增长 4.7 倍、仓储业增长 64.16%、软件业增长 9.28%、商务服务业增长 65.22%、批发业增长 1.9 倍。

4. 外资企业增资活跃，大项目成为利用外资重要支撑力量。 全年有 192 个外资企业增资，比上年增长 7.3%，合同外资增资额达 9.53 亿美元，比上年同期增长 45.62%，占全市合同外资总量的 58%，比重比上年同期提高 10 个百分点，拉动全市合同外资增长。

大项目成为利用外资重要支撑力量，全年批准 1 000 万美元以上项目 82 个，合同外资金额达 13.48 亿美元，占全市合同外资总量的 82%，比上年增长 39.4%，其中新批项目 45 个，合同外资 5.7 亿美元，增资项目 37 个，合同外资 7.7 亿美元。

5. 台商投资势头强劲，台资项目占来源地首位。 全年台资在厦门市新设投资项目 172 个，增长 27.41%，占全市新设外资项目总数的 43.22%，居各来源地首位。合同台资 1.45 亿美元，增长 66.93%。台商主要投资领域有橡胶制品、光电子、机械、社会福利业、商务服务业、批发业等行业。

全年有 40 个国别（地区）来厦投资，其中亚洲 10 国家（地区）合同外资金额比重占 94.51%。欧盟 12 个国家（地区）来厦投资，有英国、丹麦、比利时、德国、法国、意大利、荷兰、西班牙、瑞典、波兰及奥地利等国。2010 年新增投资来源地 1 个，喀麦隆首次来厦设立项目。

6. 全球 500 强对厦投资情况。 2010 年，全球 500 强公司在厦投资 5 920 万美元，其中 500 强韩国 SK 集团下属公司香港 SK 实业株式会社，在厦门市设立新公司——爱思开实业（厦门）钢铁有限公司，总投资 2 500 万美元，合同外资 1 200 万美元，主要为友达、冠捷配套，生产液晶显示屏钢卷材，此外，乐购投资赫特置业 4 458 万美元，家乐福增资 263 万美元。

厦门市 2010 年外商直接投资情况表

利用外资方式	批准签订的合同			实际利用外资	
	项目数（个）	外资金额（万美元）	金额比上年增减（%）	金额（万美元）	金额比上年增减（%）
外商直接投资	**398**	**164 321**	**20.40**	**169 653**	**0.58**
中外合资企业	83	20 307	－12.23	34 286	13.42
中外合作企业		25			－100.00
外资企业	314	148 317	32.30	134 628	－1.92
外商投资股份有限公司	1	－4328	－446.52	739	－3.78

厦门市 2010 年外商直接投资主要来源情况表

国别（地区）	批准签订的合同			实际利用外资	
	项目数（个）	外资金额（万美元）	金额比上年增减（%）	金　额（万美元）	金额比上年增减（%）
香　港	106	131 372	3.54	107 651	35.01
台湾省	172	14 543	66.93	6 276	－42.92
萨摩亚	10	14 233	不可比	8 154	－9.67
新加坡	12	5 011	不可比	7 980	1.26
塞舌尔	13	1 567	－43.14	1 042	339.66
菲律宾	4	1 552	18.47	1 607	108.70
开曼群岛		1 483	不可比	1 159	－78.83
马来西亚	7	1 232	不可比	1 245	－82.49
日　本	7	982	－11.53	4 144	135.59
澳大利亚	4	616	58.35	305	－42.13
合　计	**398**	**164 321**	**20.40**	**169 653**	**0.58**

厦门市 2010 年外商直接投资产业情况表

产业名称	批准签订的合同			实际利用外资	
	项目数（个）	外资金额（万美元）	金额比上年增减（%）	金　额（万美元）	金额比上年增减（%）
第一产业	1	169	25.19	1 936	3.31
第二产业	117	65 755	1.99	81 206	－17.87
第三产业	280	98 397	36.90	86 511	27.35
合　计	**398**	**164 321**	**20.40**	**169 653**	**0.58**

厦门市2010年外商直接投资行业情况表

行　业	批准签订的合同			实际利用外资	
	项目数（个）	外资金额（万美元）	金额比上年增减（%）	金额（万美元）	金额比上年增减（%）
农、林、牧、渔业	1	169	25.19	1 936	3.31
制造业	114	64 853	0.45	80 190	-13.66
电力、燃气及水的生产和供应业	1	146		994	-83.25
建筑业	2	756		22	-60.00
交通运输、仓储和邮政业	7	4 337	46.62	7 066	-57.45
信息传输、计算机服务和软件业	20	6 581	9.28	10 166	22.14
批发和零售业	164	32 086	183.77	15 815	17.71
住宿和餐饮业	8	160	-80.30	457	-74.99
金融业	3	956	-72.37	1 422	55.75
房地产业	5	28 265	-1.33	34 296	140.27
租赁和商务服务业	40	17 464	65.22	14 539	35.30
科学研究、技术服务和地质勘查业	30	5 516	472.79	892	147.78
水利、环境和公共设施管理业		16	-99.68		-100.00
居民服务和其他服务业	2	28		100	-25.93
卫生、社会保障和社会福利业	1	3 000			-100.00
文化、体育和娱乐业		-12	-100.56	1 758	57.10
合　计	**398**	**164 321**	**20.40**	**169 653**	**0.58**

【对外经济合作】

概况　2010年厦门市新批对外投资项目112个，比上年增长69.7%，增资项目16个，全年共新增投资额36 518.0万美元，增长25.2%，其中中方投资36 057.1万美元，增长29.7%；新签对外劳务合同额6 379万美元，下降72.8%；对外劳务营业额10 549.6万美元，增长1.4%；新派对外劳务5 920人，增长13.9%；期末在外劳务7 510人，下降22.9%。截至2010年底，厦门市历年累计对外投资项目384个，投资额9.9亿美元，其中中方投资9.39亿美元。

主要特点：

1. 贸易网点仍是对外投资的主要形式。2010年厦门市对外投资112个项目中，贸易网点有97个，分布在12个国家和地区，香港仍是厦门市境外贸易网点的最主要地区，项目数达86个，占比88.7%。此外，2010年厦门市对外投资的一大亮点是境外并购，厦门市企业利用金融危机国外资产价格大幅下跌契机进行海外并购，弘信创业投资股份有限公司抢占低成本购置船舶资产的先机，购买重吨散货船，同时为避免船舶运营风险相互影响而设立单船公司及船舶管理公司，该司及其子公司厦门弘信船务有限公司在香港分别设立香港弘信船务有限公司、香港弘信远洋有限公司、香港弘信海运有限公司3家分公司，总投资额达2 040万美元，主要经营航运业务、船舶代理、船舶管理。

2. 海员仍是厦门市外派劳务的主体。2010年厦门市外派劳务5 920人，主要分布在22个国家和地区。外派国别中，居前三位的分别是香港1 272人，新加坡999人，台湾省908人，分别占21.9%、17.2%和15.6%；外派工种则集中在海员、制造业工人和服务业从业人员三类，其中海员4 625人，占比79.7%；制造业484人，占比8.3%；服务业302人，占比5.2%。

主要工作：

1. 促进对外投资。组织企业参加形式多样的对外投资推介和对接活动，全年共组织超过500家企业参加15场各类对外投资推介对接活动，并组织企业赴境外举办各类推介对接会19场，参加企业超过1 000家次；完善与外管、税务、海关等部门的信息沟通机制，协调解决重点对外投资项目遇到的问题和困难；鼓励企业进行海外并购，支持企业抢占低成本契机购置境外资产，厦门市弘信创投有限公司成功投资2 040万美元在香港成立3家船务公司。

2. 强化对外劳务合作。推动建设对外劳务合作服务平台，为劳务人员和外派企业提供免费对接服务；强化对外劳务管理，监督正规劳务企业依法签署外派合同及合规收费，并妥善处理2起劳务纠纷。

3. 开展援外培训。全年共向商务部争取到4个援外培训项目，共培训来自58个发展中国家139名学员。

4. 扶持企业发展。全年共帮助企业争取到对外经济技术合作专项资金939万元。

【其他】

开发区 厦门现代物流园区包括象屿保税区、保税物流园区、东渡港区、保税区二期、航空港工业与物流园区等五大片区，面积9平方公里，由厦门象屿保税区管委会管理。2010年，全区GDP、进出口总额、工业生产总值、物流营业收入、商贸营业收入和财政总收入分别完成38.9亿元、39亿美元、14.9亿元、51.7亿元、237亿元和4.02亿元，分别比上年增长18.6%、26.2%、35.4%、17.9%、31%和23.0%；港口集装箱吞吐量284万标箱，增长14.7%。

厦门市火炬高新区2010年全区完成工业总产值1 298.51亿元，增长42.85%，占全市工业总产值的35%，成为福建省首个工业产值上千亿元的开发区；完成固定资产投资41.43亿元，增长77.96%；GDP 272.94亿元，增长42.16%；出口113.1亿美元，增长40.71%；合同利用外资2.82亿美元，增长24.97%；实际利用外资2.77亿美元，增长4.92%；合同利用内资23.69亿元，增长123.48%；财政总收入28.26亿元，增长36.6%；区级财政收入9.8亿元，增长40.01%。

大嶝对台小额商品交易市场是全国唯一的对台小额商品交易市场。2010年，该市场共接待游客187.8万人次，增长33%，进口台湾商品4 136.7万美元，增长40.9%，实现交易额5.7亿元，增长28.1%。

会展业 2010年是厦门会展业发展取得可喜成果。展览面积首次突破百万平方米，会议规模大幅增长，带动了全市住宿、餐饮、交通、通信、旅游等相关行业的发展，会展业成为厦门经济社会发展的重要力量。展览业稳步增长，全年举办各类展览活动147场，展览面积108.5平方米，同比增长26.7%和26.5%。投洽会、石材展、台交会、文博会等经贸类专业展览面积增幅均超过10%；文化艺术类展览项目数和面积分别增长30.4%和29.5%；国际茶业展、烘焙展等一批新的展览项目登台亮相，进一步丰富了厦门展览题材，填补了产业空白，为厦门展览面积突破百万大关做出了贡献。会议业市场繁荣，据全市47家星级饭店和会议场所的统计显示，全年共举办各类外来会议1 369场，参会人数达38.8万人，同比增加3.5%和19.6%，全年规模以上（达到申请政府奖励标准的会议）60场，比上年度增长53.8%；参会人数113 264人，比上年增长36%，根据参会会期折算约为533 168人次。节庆、赛事各具特色，举办了保生慈济文化节、郑成功文化节等具有闽南本土文化特色的节庆活动和国际马拉松赛、国际龙舟赛、花车巡游、国际钢琴赛、全国青少年大提琴赛等大型文化体育赛事，全年共举办节庆和文化赛事14场，参观群众数达10万人次；举办体育赛事99场，有106 940人参加了各项比赛活动。

厦门市2010年展览规模前十大展览会

排名	展会名称	承办单位、公司名称	总面积（平方米）		
			2010年	2009年	2008年
1	第十届中国（厦门）国际石材展览会	厦门会展金泓信展览有限公司	95 000	90 000	75 000
2	第十四届中国国际投资贸易洽谈会	中国厦门国际投资促进中心	65 000	60 000	55 000
3	厦门日报房车大联展	厦门日报社	50 000	31 000	19 000
4	第十四届海峡两岸机械电子商品交易会	中国厦门国际投资促进中心	44 000	50 000	43 000
5	2010海峡西岸汽车博览会	厦门市汽车流通协会	43 000	36 300	32 000

厦门市2010年展览规模前十大展览会（续）

排　名	展会名称	承办单位、公司名称	总面积（平方米）		
			2010年	2009年	2008年
6	第五届中国（厦门）国际佛事用品展览会	厦门会展金泓信展览有限公司	40 000	32 000	27 000
7	第三届海峡两岸（厦门）文化产业博览交易会	厦门广播电视产业发展有限公司	30 000	21 000	20 000
8	第七届厦门人居环境展示会	厦门华览商务会展有限公司	30 000	17 000	17 000
9	2010中国（厦门）国际游艇帆船展览会	厦门市游艇行业协会、厦门路桥游艇开发有限公司	21 480	15 000	11 600
10	2010中国（厦门）国际工程机械暨建材机械展览会	厦门飞驰商务有限公司	16 000	10 000	

港口运输　厦门港货物吞吐量13 930.52万吨，增长25.5%；集装箱吞吐量582.43万标箱，增长24.4%，继续保持全国第7位。

涉外旅游　接待海内外游客3 026.09万人次，比上年增长19.9%，旅游总收入383.89亿元，增长16.9%。其中，接待入境旅游者162.82万人次，增长19.7%，入境旅游者在厦门过夜112.16万人次，增长18.7%。旅游外汇收入10.81亿美元，增长22.2%。接待国内在厦门过夜游客1 386.33万人次，增长16.1%。国内旅游收入310.35亿元，增长15.7%。至年末，全市共有星级酒店71家，其中三星级以上酒店58家。

2010年福州市商务发展概况

福州市对外贸易经济合作局

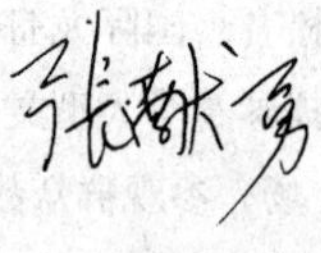

福州市对外贸易
经济合作局局长

张献勇　生于1956年3月。厦门大学哲学系毕业，中共党员。2002年2月任福州市对外贸易经济合作局局长。

【国内贸易】

社会消费品零售总额　2010年福建省福州市社会消费品零售总额1581.71亿元，比上年增长21.3%。分行业看，批发业零售额130.55亿元，增长24.1%；零售业零售额1236.04亿元，增长21.2%；住宿业零售额14.89亿元，增长21.5%；餐饮业零售额200.64亿元，增长19.0%。

市场物价　居民消费价格指数为103.2（以上年价格为100）。

【对外贸易】

进出口总额　进出口总额245.99亿美元，比上年增长37.81%。

出口总额　出口总额163.14亿美元，增长35.8%，占福州市GDP的34.99%，占全省出口额的22.81%。

进口总额　进口总额82.85亿美元，增长41.9%。

出口商品市场　出口商品销往206个国家和地区。

进口商品市场　进口商品来自110个国家和地区。

福州市2010年出口额3 000万美元以上商品情况表

金额分类	商品名称	出口金额（亿美元）	占出口总额比重（%）
10亿美元以上（3种）	液晶显示器，各类鞋靴、服装	48.98	30.02
1亿—10亿美元（18种）	制作或保藏的鳗、箱包、纺织品，彩色电视接收机、液晶显示板、彩色电视机零件、其他彩色监视器，电子节能灯，车用安全玻璃、内燃机发电机组、金属雕塑像及饰品、车用布线组、机动集装箱船≤6 000箱、拖轮及顶推船、载重不超过15万吨的机动散装船、其他木家具等	47.38	29.04
5 000万—1亿美元（23种）	干香菇、尿素，塑料制餐具及厨房用具、塑料制小雕塑品及其他装饰品，瓷制塑像及其他装饰品，家用器具及零件，压燃式内燃机发电机组，彩色投影机，集成电路，车身零件及附件，电动的挂钟，其他金属家具，电灯及照明装置，非电气的灯具及照明装置，玩具等	15.19	9.31
3 000万—5 000万美元（28种）	冻对虾仁，小虾及对虾，软体动物及水生无脊椎动物、其他硅，头胞三嗪及其盐酸化合物、小塑料制品、木制小雕像及装饰品、黄金制首饰及其零件、钢铁制品、非合金铝矩形板、片，其他点燃式活塞内燃发动机的零件，柴油机的零件，微型自动数据处理机，手持式无线电话机的零件，液晶显示器彩色模拟电视接收机，灯座，其他摩托车零件、附件，灯船、消防船、起重船等不以航行为主的船舶，光学元件，电动的闹钟，金属框架坐具，卧室用木家具，厨房用木家具等	10.36	6.35
合　计	**72种**	**121.91**	**74.72**

福州市2010年进口额3 000万美元以上商品情况表

金额分类	商品名称	进口金额（亿美元）	占进口总额比重（%）
10亿美元以上（1种）	液晶显示板	17.88	21.58
1亿—10亿美元（10种）	黄大豆，饲料用鱼粉，聚酰胺切片，用锯或其他方法切割成矩形的大理石及石灰华，乙烯聚合物的废碎料及下脚料，铬铁，3000ml≥排量>1000ml车用往复式活塞发动机，处理器及控制器	21.67	26.16
5 000万—1亿美元（12种）	棕榈液油、无烟煤、镍矿砂及其精矿，其他芳烃混合物，甲醇，1，2-乙二醇，改性的丙烯腈-丁二烯-苯乙烯共聚物、纵锯切刨或旋切白松，冷轧铁或非合金钢卷材、厚<0.3mm，车身（包括驾驶室）的未列名零件、附件，载重量不超过15万吨的机动散货船，单项记录价值≤¥2 000非税、证进口商品等	7.74	9.35
3 000万—5 000万美元（22种）	其他煤，石油沥青，其他芳香多元羧酸及其酸酐等及其衍生物，三乙醇胺，初级形状的聚丙烯，供运输或包装货物用的塑料盒、箱及类似品，粒面剖层革（整张革除外），辐射松原木，含铝量低于99.95%未锻轧非合金铝，船舶用柴油机，自动络筒机，船用推进器及桨叶，耗散功率1瓦及以上的晶体管，彩色电视机零件（除等离子显像组件及零件），小轿车用自动换挡变速箱及其零件等	7.90	9.54
合　计	**45种**	**55.19**	**66.61**

福州市2010年主要出口市场情况表

国别（地区）	出口金额（万美元）	占出口总额比重（%）
欧　盟	318 630	19.53
美　国	345 777	21.19
东　盟	193 479	11.86
日　本	147 136	9.02
香　港	89 947	5.51
墨西哥	20 806	1.28
加拿大	28 949	1.77
台湾省	42 468	2.60
印　度	35 134	2.15
巴　西	28 574	1.75
澳大利亚	24 923	1.53
韩　国	23 092	1.42
阿联酋	23 243	1.42
南　非	14 135	0.87
波　兰	13 019	0.80
土耳其	17 023	1.04
俄罗斯	17 729	1.09
巴拿马	20 843	1.28
智　利	14 915	0.91
沙特阿拉伯	10 244	0.63
伊　朗	10 237	0.63
合　计	**1 451 017**	**88.94**

福州市2010年主要进口市场情况表

国别（地区）	进口金额（万美元）	占进口总额比重（%）
台湾省	159 816	19.29
韩　国	157 514	19.01
日　本	95 468	11.52
东　盟	78 810	9.51
欧　盟	92 895	11.21
美　国	61 425	7.41
智　利	10 201	1.23
南　非	17 991	2.17
阿根廷	24 982	3.02
合　计	**699 101**	**84.38**

【利用外资】

2010年新批外商投资企业项目186项，合同外资16.73亿美元，增长36.05%。其中合资企业44项，合同外资2.28亿美元；合作企业1项，合同外资151万美元；外资企业140项，合同外资11.34亿美元；外商投资股份有限公司1家，合同外资3.1亿美元。全年实际使用外资11.8亿美元，增长14.82%。

外商直接投资行业 外商直接投资的186个项目中，农、林、牧、渔业9项，金额9 022万美元；制造业46项，8.72亿美元；电力、燃气及水的生产和供应业2项，8 336万美元；交通运输、仓储和邮政业4项，4 406万美元；信息传输、计算机服务和软件业7项，7 571万美元；批发和零售业72项，2.7亿美元；住宿和餐饮业10项，3 271万美元；房地产业3项，5 326万美元；租赁和商务服务业23项，7 349万美元；科学研究、技术服务和地质勘查3项，1 834万美元；水利、环境和公共设施管理业3项，5 992万美元；居民和其他服务2项，25万美元；文化、体育和娱乐业1项，39万美元。

外商直接投资来源 投资者主要来自香港、台湾省、新加坡、韩国、日本、西班牙、澳大利亚、新西兰、印尼、马来西亚、美国、加拿大、萨摩亚、开曼群岛、英属维尔京群岛、百慕大、塞舌尔等23个国家和地区。其中香港10.44亿美元；台湾省1.47亿美元；开曼群岛6 197万美元；英属维尔京群岛9 659万美元；百慕大5 635万美元；萨摩亚5 486万美元。

外商直接投资企业生产经营情况 2010年有103家外商投资企业投产开业，截至2010年底，在业投产的外商投资企业2 523家。2010年外商投资企业出口81.3亿美元，比上年增长21.2%，占全市出口总额的49.84%。

【对外经济合作】

劳务合作 2010年新签对外劳务合作合同392份，增长25.2%；新签合同额5 723.22万美元，增长311.52%；营业额1 954.31万美元，增长67.5%；派出人数1 596人次，期末在外人数3 271人，增长0.07%。主要派往台湾省、澳门、南非等国家和地区，从事渔工、海员、建筑、制衣、机械、针织、电子、餐饮等业务。

对外投资 全年新批境外投资企业40家，协议总投资1.929亿美元，增长71.4%。其中，中方投资1.543亿美元，增长74.88%。

【其他】

福州经济技术开发区 新批外商投资项目11项，总投资3.55亿美元，合同外资2.24亿美元，实际利用外资2.55亿美元；出口22.62亿美元，进口16.9亿美元；工业产值59.7亿元；财政收入32.2亿元。

福州保税区 新批外商投资项目1项，总投资7.35万美元，合同外资5.15万美元，实际利用外资470.68万美元；进出口货物总值7.04亿美元，其中出口4.22亿美元，进口2.82亿美元；工业产值6.47亿元；财政收入2.69亿元。

融侨开发区 新批外商投资项目6项，总投资4.65亿美元，合同外资1.71亿美元，实际利用外资9 170万美元；进出口货物总值113亿美元，其中出口62亿美元，进口51亿美元；工业产值661亿元；财政收入12.7亿元。

元洪投资区 新批外商投资项目2项，合同外资3 980万美元，实际利用外资311万美元。

商务洽谈会 第十二届海峡两岸经贸交易会共签约外商投资项目183项，利用外资26.73亿美元，增长48.01%，其中合同项目110项，利用外资12.39亿美元；1 000万美元以上合同项目99项，利用外资24.88亿美元。第十四届投洽会福州市直接与外商签约项目148项，利用外资24.93亿美元，增长24%，其中合同项目95项，利用外资11.68亿美元，1 000万美元以上项目81项，利用外资23.33亿美元。

港口运输 港口货物吞吐量7 124.79万吨，减少11.98%，其中集装箱吞吐量147.05万标箱，增长20.69%。

涉外旅游 接待境外游客79.51万人次，增长31.2%。

2010 年江西省商务发展概况

江西省商务厅

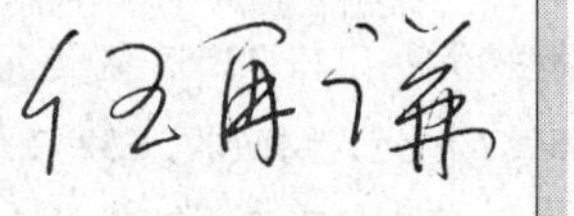

江西省商务厅厅长

伍再谦　生于 1954 年 10 月，江西高安人，大专文化。1970 年参加工作，1976 年加入中国共产党。曾任江西省对外贸易经济合作厅外资管理处副处长、处长，2004 年 4 月任江西省对外贸易经济合作厅副厅长、党组成员，2008 年 5 月任江西省对外贸易经济合作厅厅长、党组书记，2009 年 2 月任江西省商务厅厅长、党组书记。

【国内贸易】

社会消费品零售总额　2010 年江西省社会消费品零售总额 2 932.9 亿元，比上年的 2 484.4 亿元增长 19.2%。按地域分，城市 1 461.48 亿元，县 981.15 亿元，县以下 490.2 亿元。按行业分，批发和零售贸易业 2 584.8 亿元，住宿和餐饮业 348.1 亿元，其他行业 100 亿元。

批发和零售贸易业企业商品购、销、存总额　批发和零售贸易业企业商品销售总额 2 584.82 亿元，比上年的 2 205.84 亿元增长 17.18%。

市场物价　商品零售价格指数为 102.7（以上年价格为 100），其中城市 102.6，农村 102.9；居民消费价格指数为 103.0（以上年价格为 100），其中城市 102.9，农村 103.3。

市场秩序建设　大力推进整顿和规范市场经济秩序活动，市场监管力度进一步加大，秩序逐步规范。一是开展了一系列专项整治活动。牵头组织省直 25 个单位开展了全省集中开展打击侵犯知识产权和制售假冒伪劣商品专项行动；联合省委宣传部等九部门，开展了打击借“家电下乡”等名义制售假劣产品专项整治活动；配合有关部门开展了全省建材市场秩序专项整治、食品安全整顿督查等行动。二是商务领域信用建设取得显著成效。建立了江西省商务领域信用信息平台，录入商贸企业基本信息和资料 719 家，全省有 10 个设区市和 10 个县（市、区）列入了商务部市场监管公共服务体系建设试点单位，有 27 个县（市、区）列入了省级试点单位。在全省商务领域开展了“诚信兴商宣传月”和“诚信经营”示范创建活动，重点指导江西省汽车服务业商会开展了“诚信经营”示范创建活动，配合省委宣传部等部门开展了“百城万店无假货”活动，共评选出示范街 10 个、示范店 30 家。三是商务举报投诉服务平台建设逐步完善，建立了商务综合执法支队，开通了 12312 举报电话。

市场体系建设　深入推进“万村千乡市场工程”，全省建设与改造标准化农家店 2 929 个、配送中心 51 个，初步形成了以城区店为龙头、乡镇店为骨干、村级店为基础的农村市场流通网络。县级商业网店规划加快推进，被列入商务部工作考核的 10 个县级城市中有 4 个已完成城市商业网店规划并已经政府批准实施，5 个已完成规划并待政府批复。“农超对接”成效显著，共举办“农超对接”大型活动 7 次，参加活动的农产品生产企业、专业合作社和省内外超市逾 500 家，签约采购协议 42 亿元，全省开展“农超对接”的连锁企业和农产品流通企业 519 家，对接农产品生产基地与合作社 537 家，农产品直采比例达 42%。农产品流通体系进一步健全，2010 年安排了 1 000 万元专项资金用于支持农贸市场升级改造，制定了农贸市场升级改造标准和验收规范，并加强对项目的监督检查，首批 50 个农贸市场升级改造项目全部通过验收。大力推进汽车以旧换新工作，全省共办理补贴车辆 18 771 辆，发放补贴资金 2.9 亿元，拉动新车消费 19.6 亿元，补贴车辆数量和补贴金额均位居全国前列。拍卖、典当、租赁等特殊内贸行业健康有序发展，制定了《江西省拍卖行业管理实施办法》，成立了“江西省拍卖行业协会”。顺利开展了拍卖、典当企业年审工作，并联合公安、工商等部门认真开展了行业专项整治监管工作。

商贸服务管理 积极组织实施家电以旧换新工作，制定了《家电以旧换新实施细则》、《凭证管理办法》以及家电以旧换新回收和拆解指导价格，2010 年全省家电以旧换新累计销售新家电 36.5 万台，回收 38.9 万台，回收拆解率达 87.44%。认真抓好成品油流通监督管理，制定了《成品油市场管理实施办法》、组织编制了全省成品油分销体系“十二五”发展规划；建立了成品油市场运行监测机制，开通了成品油安全监管信息服务系统，建立并完善了成品油经营企业数据库。加强再生资源管理，制定了《再生资源备案和换证管理办法》，组织开展了再生资源循环基地和试点城市的申报工作，景德镇市获再生资源试点城市称号。组织开展流通领域现代物流和电子商务示范工作，南昌市获得“全国流通领域现代物流示范城市”称号。组织开展家政服务体系建设，全省建立了 13 个家政服务培训基地共培训 8 000 名下岗失业人员和农民工从事家政服务业，首次就业率达 100%。实施“四百工程”促进餐饮业发展，出台了《关于进一步加快发展餐饮业的意见》并制定了《创赣菜品牌四百工程实施方案》，在全省培育与打造具有鲜明地方特色的赣菜名菜、名点、名师、名店各 100 个。举办了江西名优风味小吃博览会，全省 11 个设区市 120 多家餐饮企业 300 多个品种参展。开展了“江西名小吃”认定活动，认定出“江西名小吃”79 个。

市场运行调节 深入推进“家电下乡工作”，新增电动自行车为家电下乡产品，组织开展了家电下乡市场专项整治工作；组织实施家电下乡流通网络建设改造，争取中央财政资金 1 203 万元，对全省 1 782 个销售网点、20 个空白乡镇新建网点和 160 个家电售后维修服务网点进行建设改造，全省现有家电下乡产品指定销售网点 11 265 个，覆盖全省所有的县（市、区）和 98% 的乡镇；全年家电下乡产品销售额 72.16 亿元，比上年增长 172%，发放补贴资金 9.18 亿元，增长 196%。积极组织开展促消费活动，举办了江西（北京）商品大集、2010 江西金秋购物消费月等促销活动。扎实做好市场运行监测工作，2010 年新增监测样本企业 168 家，全省样本企业总数增加到 480 家，涉及 22 个行业、7 种业态、近 400 种消费品和 200 种生产资料。在全省 11 个设区市建立了商务预报平台，并与省级报刊等媒体合作开辟了商务市场运行监测信息周报专栏；建立了全省市场运行监测工作考核机制，在商务部考核中江西省得分在全国前移了 8 位。加强应急调控体系建设，做好了抗洪救灾等突发事件和市场异常波动期间的日报工作，加强对节假日等重点时段的市场监测和预测预警。加强应急商品数据库建设，建立了省、市两级市场应急联络员制度。争取中央活猪储备计划 5 150 吨、冻猪肉储备计划 4 800 吨。做好茧丝绸行业管理工作，组织企业参加各类培训会，指导各地做好蚕茧生产、收购及统计工作。

【对外贸易】

进出口总额 进出口总额 214.53 亿美元，比上年的 126.65 亿美元增长 69.39%。

出口总额 出口总额 134.16 亿美元，比上年的 73.64 亿美元增长 82.2%，占全省 GDP 9 435.01 亿元（相当于 1 393.75亿美元）的 9.6%，占全国出口额的 0.85%。

进口总额 进口总额 80.37 亿美元，比上年的 53.01 亿美元增长 51.6%。

出口商品结构 初级产品出口额 3.01 亿美元，占出口总额的 2.24%；工业制成品出口额 131.15 亿美元，占出口总额的 97.76%。

进口商品结构 初级产品进口额 37.61 亿美元，占进口总额的 46.8%；工业制成品进口额 42.76 亿美元，占进口总额的 53.2%。

出口商品市场 出口商品销往 216 个国家（地区）。

进口商品市场 进口商品来自 121 个国家（地区）。

技术进出口 技术进出口总额 10 367.01 万美元，比上年的 13 201.23 万美元下降 21.47%。签订引进技术和进口设备合同项目 95 个，比上年增加 8 个；合同金额 10 143.34 万美元，比上年的 13 058.49 美元下降 22.32%；签订技术出口合同项目 12 个，合同金额 223.67 万美元，比上年的 142.74 万美元增长 56.7%。

服务贸易 服务贸易进出口总额 9.1 亿美元，比上年增长 16%。其中，出口额 3.6 亿美元，比上年增长 9%；进口额 5.5 亿美元，比上年增长 21.2%。

江西省 2010 年出口额 1 亿美元以上商品情况表

金额分类	商品名称	出口金额（万美元）	占出口总额比重（%）
10 亿美元以上（3 种）	机电产品、高新技术产品、纺织服装	938 048	69.92
1 亿—10 亿美元（9 种）	钢材、鞋类、箱包及类似容器、家具及其零件、塑料制品、钨品、医药品、铁合金、稀土	268 301	19.99
合　计	**12 种**	**1 206 349**	**89.98**

江西省 2010 年进口额 5 000 万美元以上商品情况表

金额分类	商品名称	进口金额（万美元）	占进口总额比重（%）
10 亿美元以上（4 种）	铜矿砂及其精矿、机电产品、铁矿砂及其精矿、未锻造的铜及铜材	660 397	82.17
1 亿—10 亿美元（2 种）	硅料、纸浆	46 303	5.76
5 000 万—1 亿美元（3 种）	纺织纱线和织物及制品、废铜、初级形状的塑料	23 638	2.95
合　计	**9 种**	**730 338**	**9 088.00**

江西省 2010 年主要出口市场情况表

国别（地区）	出口金额（亿美元）	占出口总额比重（%）
欧　盟	293 999	21.91
美　国	192 106	14.32
东　盟	155 387	11.58
香　港	106 372	7.93
日　本	66 094	4.93
韩　国	50 517	3.77
台湾省	44 662	3.33
印　度	34 262	2.55
伊　朗	24 749	1.84
阿联酋	23 026	1.72
合　计	**991 174**	**73.90**

江西省 2010 年主要进口市场情况表

国别（地区）	进口金额（亿美元）	占进口总额比重（%）
智　利	103 592	12.9
欧盟	98 432	12.2
澳大利亚	75 655	9.4
秘　鲁	62 322	7.8
巴　西	56 995	7.1
台湾省	55 578	6.9
东　盟	48 598	6.0
美　国	37 302	4.6
日　本	34 614	4.3
哈萨克斯坦	33 857	4.2
合　计	**606 943**	**75.5**

江西省2010年服务贸易进出口情况表

行业	进出口 金额（万美元）	进出口 同比（%）	出口 金额（万美元）	出口 同比（%）	进口 金额（万美元）	进口 同比（%）
运输	9 720.08	36.75	772.83	31.43	8 947.25	37.25
旅游	57 587.98	15.85	30 501.28	12.54	27 086.70	19.82
通讯服务	23.09	-60.86	3.74	24.67	19.35	-65.45
建筑服务	5 192.13	-15.78	1 957.26	-50.67	3 234.87	47.24
保险服务	223.97	-57.58	89.88	49.80	134.09	-71.29
金融服务	2 358.38	230.31	889.48	9 783.11	1 468.90	108.35
计算机和信息服务	439.12	42.11	350.21	155.62	88.91	-48.31
专有权利使用费和特许费	1 905.97	125.56	11.63	-78.85	1 894.34	139.79
咨询	5 529.72	-0.13	897.95	112.28	4 631.77	-9.43
广告、宣传	542.71	30.15	32.52	-14.42	510.19	34.97
电影、音像	5.95	197.50	0.00	0.00	5.95	197.50
其他商业服务	7 673.87	6.42	669.71	-18.23	7 004.16	9.56
合　计	**91 382.98**	**16.26**	**36 176.49**	**8.95**	**55 206.49**	**21.60**

【利用外资】

江西省2010年利用外资情况表

利用外资方式	批准签订的合同 项目数（个）	批准签订的合同 外资金额（万美元）	批准签订的合同 金额比上年增加（%）	实际利用外资 金额（万美元）	实际利用外资 金额比上年增加（%）
外商直接投资	**1 092**	**749 447**	**52.80**	**510 084**	**26.77**
合资企业	92	68 593	81.97	51 098	42.80
合作企业	3	2 431	-48.66	3 976	-54.61
外资企业	994	676 142	50.86	454 789	27.10
股份有限公司	3	2 281		221	

江西省2010年外商直接投资行业情况表

行业	项目 个数	项目 比重（%）	合同外资 金额（万美元）	合同外资 比重（%）	实际利用外资 金额（万美元）	实际利用外资 比重（%）
合　计	**1 092**	**100.00**	**749 447**	**100.00**	**510 084**	**100.00**
农、林、牧、渔业	98	8.97	58 183	7.76	53 861	10.56
采矿业	7	0.64	9 573	1.28	6 109	1.20
制造业	710	65.02	484 185	64.61	329 597	64.62
电力、燃气及水的生产和供应业	12	1.10	24 735	3.30	13 821	2.71
建筑业	20	1.83	23 481	3.13	9 336	1.83
交通运输、仓储和邮政业	3	0.27	1 379	0.18	2 454	0.48
信息传输、计算机服务和软件业	46	4.21	23 837	3.18	10 334	2.03
批发和零售业	32	2.93	10 940	1.46	7 550	1.48
住宿和餐饮业	20	1.83	15 577	2.08	4 629	0.91
金融业	0	0.00	0	0.00	877	0.17
房地产业	10	0.92	11 260	1.50	20 462	4.01

江西省2010年外商直接投资行业情况表（续）

行业	项目		合同外资		实际利用外资	
	个数	比重（%）	金额（万美元）	比重（%）	金额（万美元）	比重（%）
租赁和商务服务业	89	8.15	49 223	6.57	19 386	3.80
科学研究、技术服务和地质勘查业	13	1.19	11 972	1.60	8 052	1.58
水利、环境和公共设施管理业	12	1.10	10 581	1.41	13 739	2.69
居民服务和其他服务业	12	1.10	7 346	0.98	2 852	0.56
教育	1	0.09	1 601	0.21	2 717	0.53
文化、体育和娱乐业	7	0.64	5 574	0.74	4 308	0.84

江西省2010年外商直接投资来源情况表

国别（地区）	新批企业		合同外资		实际外资	
	数量（个）	比重（%）	金额（万美元）	比重（%）	金额（万美元）	比重（%）
合计	**1 092**	**100.00**	**749 447**	**100.00**	**510 084**	**100.00**
香港	732	67.03	505 028	67.39	324 005	63.52
台湾省	192	17.58	105 648	14.10	71 009	13.92
美国	28	2.56	22 627	3.02	20 268	3.97
开曼群岛	2	0.18	26 559	3.54	17 315	3.39
英属维尔京群岛	21	1.92	22 038	2.94	13 055	2.56
澳门	31	2.84	24 896	3.32	12 461	2.44
新加坡	11	1.01	2 936	0.39	7 821	1.53
文莱	1	0.09	2 446	0.33	5 146	1.01
韩国	2	0.18	3 933	0.52	5 125	1.00
日本	11	1.01	5 113	0.68	4 528	0.89

外商直接投资行业 外商直接投资项目中，生产型847项，占77.56%；非生产型245项，占22.44%。

外商直接投资企业生产经营情况 截至2010年底，全省累计批准外商投资企业13 230家。2010年，全省外商投资企业进出口总额117.65亿美元，增长54.7%，占全省进出口总额的54.8%；出口创汇49.95亿美元，同比增长54.8%，占全省出口总额的37.2%。全省外商投资企业上缴地税收入25.9亿元，增长22.9%，占全省地税收入的5.96%。

【对外经济合作】

对外投资 2010年，江西省核准境外投资企业62家（新设46家，增资或变更16家），中方协议投资额21 747.14万美元。2010年，全省对外直接投资额21 280万美元，同比增长427%。对外直接投资类别主要分为矿产资源开发类（82%）、贸易窗口类（7.9%）、科研开发类（5.2%）、投资平台类（3.6%）、投资办厂类（1.3%）。对外直接投资国别（地区）分布主要为美洲（65.4%）、大洋洲（8%）、欧洲（2.4%）、亚洲（不含香港地区11.3%）、非洲（2.4%）和香港地区（10.5%）。江西省探矿企业对外投资占全省对外投资总额80%以上。省地矿资源勘查开发有限公司成功收购一大型铜矿——秘鲁联合贝亚铜矿，矿山资源潜在价值超过200亿元人民币。省地质矿产开发总公司对纳米比亚汉白玉矿项目增资320万美元。江铜集团阿富汗艾娜克铜矿项目、秘鲁铜矿项目、中鼎国际印尼煤矿项目和马来西亚阿勃克煤矿项目、省地矿资源公司秘鲁砂金矿项目、南昌科瑞集团澳大利亚矿业项目、晶安高科摩洛哥锆英砂矿项目等均进展良好，部分项目已取得良好的社会与经济效益。

截至2010年底，江西省共设立境外投资企业和机构180家，中方协议投资额77 634.4万美元，对外直接投资额30 123万美元。

承包工程和劳务合作 签订对外承包工程和劳务合作合同项目198个，金额13.92亿美元，比上年的10.67亿美元增长30.49%；完成营业额11.09亿美元，比上年的7.56亿美元增长46.81%；当年派出劳务人员数4 474人，年末在外人数1.2万人，派往的主要国家（地区）新加坡、日本；承包工程的主要项目江西中煤建设工程公司在肯尼亚1.7亿美元的公路项目，江西国际在肯尼亚1.01亿美元的大学医院项目等。

对外经济技术援助 承担援外项目数10个，受援国家（地区）包括吉布提、埃塞俄比亚、苏丹等发展中国家，涉及房建、技术合作、施工监理等，项目都在建设过程中。

【其他】

开发区 截至2010年底，江西省经国务院批准的经济技术开发区6个，高新技术产业开发区3个。2010年，全省国家级经济技术开发区、高新技术产业开发区共实现工业增加值738.97亿元，利税总额137.28亿元；利润总额183.68亿元；出口总额357.578亿元；从业人数38.9万人。

南昌经济技术开发区。2010年实现GDP 147.79亿元，增长15.1%；财政总收入达19.18亿元，增长30%；一般预算性收入为4.9亿元，增长25.5%。农民人均收入稳步提高，增长11%，达7 320元。2010年工业总产值再上新台阶，突破400亿元，总量达423.37亿元，增长27.14%。实现社会消费品零售总额迈上了10亿元大关，为13.16亿元，增长26.11%。新批外资企业突破30户，达36户；实际利用内资突破60亿元，达67.1515亿元，其中5 000万元以上的工业项目资金为36.94亿元。

九江经济技术开发区。2010年实现主营业务收入2 237 542万元，增长66.11%。利税总额65 402万元，增长58.87%。工业增加值519 356万元，增长28.62%；出口总额182 327万元，增长27.93%。从业人数44 704人，增长20.20%。招商引资696 632万元，增长161.02%。

赣州经济技术开发区。2010年实现主营业务收入2 072 378万元，增长45.32%；利税总额94 893万元，增长82.31%；工业增加值448 211万元，增长15.92%；出口总额412 684万元，增长27.15%；从业人数44 435人，增长15.17%；招商引资616 697万元，增长65.26%。

井冈山经济技术开发区。2010年实现主营业务收入1 682 365万元，增长48.13%；利税总额83 280万元，增长58.24%；工业增加值423 934万元，增长35.88%；出口总额158 224万元，增长58.34%；从业人员25 619人，增长12.72%。招商引资434 348万元，增长69.07%。

上饶经济技术开发区。2010年实现主营业务收入2 842 587万元，增长45.98%；利税总额88 872万元，增长39.59%；工业增加值718 855万元，增长38.09%；出口总额413 236万元，增长9056%；从业人员41 674人，增长17.81%。招商引资357 200万元，增长42.35%。

萍乡经济技术开发区。2010年实现主营业务收入3 108 814万元，增长28.20%；利税总额149 112万元，增长9.46%；工业增加值660 972万元，增长22.04%；出口总额114 167万元，增长56.53%；从业人员47 559人，增长32.33%。招商引资439 334万元，增长8.53%。

南昌高新技术产业开发区。2010年主营业务收入6 930 383万元，增长25.79%；利税总额640 363万元，增长12.15%；工业增加值1 924 233万元，增长15.09%；出口总额753 505万元，增长101.78%；从业人员75 476人，下降1.15%；招商引资499 771万元，增长13.98%。

新余高新技术产业开发区。2010年主营业务收入4 579 686万元，增长66.11%；利税总额77 676万元，增长153.69%；工业增加值1 256 561万元，增长48.13%；出口总额998 954万元，增长2.81%；从业人数41 871人，增长27.77%。

景德镇高新技术产业开发区。2010年主营业务收入1 672 182万元，增长30.95%；利税总额70 035万元，增长57.48%；工业增加值404 841万元，增长14.25%；出口总额121 775万元，增长46.46%；从业人员22 103人，增长2.68%。招商引资528 639万元，增长27.66%。

出口加工区 全省现有九江、南昌、赣州三个出口加工区。2010年三个出口加工区进出口总额4.1亿美元，增长86.3%，其中出口2.14亿美元，增长2.8倍，进口1.96亿美元，增长19.5%。保税物流金额2.56亿美元。

九江出口加工区。2005年6月获准设立，2006年6月通过国家验收，位于九江经济开发区综合工业园东北部，总体规划面积2.81平方公里。2010年新增开工项目5个、新增投产项目5个，区内共有13家企业。2010年进出口2.51亿美元，增长4.5倍，其中出口1.47亿美元，增长7.9倍。九江出口加工区加大基础设施建设力度，已自建生活配套建筑面积达2.4万多平方米。并协调省天然气公司，实现了园区整体供气，成为江西省第一个使用天然气的工业园区。

南昌出口加工区。2006年5月获准设立，2007年9月通过国家验收，位于南昌高新技术产业开发区内，总体规划面积1平方公里。2010年12月，南昌出口加工区B区通过国家验收，封关运行。南昌出口加工区拓宽招商思路，大力拓展保税物流业务，全面优化发展环境。2010年南昌出口加工区新引进招商项目8个，区内共有企业11家。2010年进出口1.55亿美元，下降11.1%，其中出口6 579.5万美元，增长66.6%，保税物流金额2.52亿美元。

赣州出口加工区。2007年5月获准设立，2008年5月通过国家验收，位于赣州经济技术开发区潭东镇，总体规划面积2.93平方公里。2010年引进世界500强的伟创力电源项目，实现进出口零突破。2010年进出口347万美元，其中出口87.1万美元。并已建设了第一批六幢10万平方米标准厂房和5万平方米员工宿舍，企业生活配套设施正在不断完善。

商务洽谈会 2010年，江西省围绕全面推进鄱阳湖生态经济区建设和十大战略性新兴产业发展，重点建立和巩固十大招商平台，精心组织和协助开展了14次重大招商引资活动，签约合同外资超过100亿美元。主要经贸洽谈会有：3月1日，在北京承办了江西（北京）重点产业项目对接洽谈会，会上共签约项目16个，其中省外资金项目15个，首期投资56.6亿元；外资项目1个，合同外资3 000万美元。5月24日—28日，在香港成功承办了"2010江西（香港）招商引资活动周"，组织9场重大专题活动，各市、县围绕本地产业及资源特色共举办97场项目推介专题活动，开幕式上台签约项目64个，签约金额63.7亿美元，比上年增长60.9%。9月24日，在赣州举办了2010赣台经贸合作研讨会，共签约台资项目108个，签约资金81.9亿美元。10月15日—17日，举办"樟树第41届全国药交会招商引资洽谈会"，会上签约23个合作项目，项目总投资41.3亿元，签约资金额超历届。10月18日—22日，在景德镇成功举办了2010年景德镇国际陶瓷博览会，620家海内外陶瓷企业参展，境内外20多个采购团组、3 000多名陶瓷专业采购商到会洽谈贸易，累计外贸订货总额7.02亿美元，内贸订货总额1.16亿元，现场交易2 273万元，经贸洽谈签约项目43个，引进内资61.59亿元，外资2.89亿美元。

第五届中部投资贸易博览会。9月26日—28日，第五届中部投资贸易博览会在江西南昌召开，这是建国以来江西省承办的规模最大、规格最高、活动最多、影响最广的国际性经贸盛会。中央政治局委员、国务院副总理王岐山出席中博会开幕式，国务院办公厅、商务部、国务院国资委、海关总署等国家部委以及中部五省和兄弟省市的53位省部级领导分别出席中部论坛和中博会。来自美国、菲律宾、泰国、特立尼达和多巴哥以及港台等34个国家和地区的要客出席大会，包括香港特首曾荫权，菲律宾参议院参议长胡安·恩里莱，特立尼达和多巴哥贸工部长斯蒂文·卡迪茨，泰国前副总理、泰中文化经济协会主席批尼·扎禄颂巴等。还有3个友好省州和7位外国驻华使领馆大使、总领事参加会议。参会参展来宾总数突破3万人。其中，世界500强和跨国公司达150多家，中国区副总裁以上高管79人；参会中央企业61家；港澳台企业家100多位；中国500强和国内行业龙头企业达180多家，其中副总以上高管109人；与会境内外金融投资机构100多家；境外商协会代表、知名侨领97人，知名赣商200余人。利用中部论坛和中博会平台，江西加大项目对接洽谈力度，签约成果丰硕。共签约外商直接投资项目28个，总投资26.45亿美元；内资项目211个，总投资1 910.9亿元；实现出口成交额13.01亿美元，内贸销售额29.5亿元，均创下江西省参加历届中部博览会和历届主办省份签约成交额新高。此外，还与中国邮政集团公司、中国铝业公司、香港贸发局等签署合作协议，并积极开展对外经济技术合作，取得明显成效。

港口运输 2010年，全省口岸累计完成进出口货运192万吨，国际集装箱12.9万重标箱，同比分别增长24.83%和15.65%，分别是"十五"末的4.2倍和3.5倍。其中水运口岸累计完成进出口货运156.06万吨，国际集装箱10.37万重标箱，同比分别增长27.64%和15.98%；通过铁海联运方式累计完成进出口货运31.19万吨，国际集装箱1.7万重标箱，同比分别增长19.87%和26.36%；通过公路运输方式累计完成进出口货运4.57万吨，国际集装箱0.83万重标箱，同比分别下降15.33%和4.21%；通过航空口岸累计完成进出口货运0.13万吨，同比增长57.5%。南昌航空口岸出入境人员5.72万人次，其中出入境旅客5.17万人次，同比增长9%；出入境飞机584架次，同比增长9.36%；出入境船舶3艘次，同比减少1艘次。2010年南昌保税物流中心（B型）通过验收并封关运行，结束了江西省无保税物流中心的历史；鹰潭铜拆解加工区第七类废品进口转关试点运输通道顺利开通，成为我国内陆首家废弃机电产品集中拆解利用加工园区。开通九江——上海集装箱货物始发航班，新开通南昌——宁波、新余——宁波铁海联运线路，总线路达到11条，覆盖全省9个设区市，居中部地区首位。电子口岸平台应用项目大规模开发，深化口岸各联检单位合作，全省进口、出口通关时间分别为全国平均水平的1/3和1/5，通关效率居中西部地区前列。

涉外旅游 2010年入境的外国人数以及港澳台同胞人数113.63万人次，比上年的94.6万人次增长17.87%；旅游外汇收入3.46亿美元，比上年的2.9亿美元增长19.52%。

2010年山东省商务发展概况

山东省商务厅

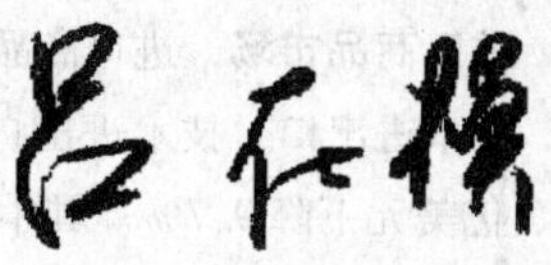

山东省商务厅厅长

吕在模　生于1954年11月，山东省乳山市人，中共党员，大学学历。历任乳山县上册公社党委副书记，共青团烟台市委副书记、书记，栖霞县委副书记，烟台市福山区区长、区委书记，烟台市委副书记、常务副市长，济宁市委副书记、市长等职，山东省对外贸易经济合作厅厅长、党组书记。现任山东省商务厅厅长、党组书记。

【国内贸易】

社会消费品零售总额　2010年，山东省社会消费品零售总额14 211.6亿元，比上年增长18.6%。按销售单位所在地分，城镇实现零售额11 388.4亿元，增长19.5%；乡村实现零售额2 823.2亿元，增长15.2%。按消费形态分，餐饮收入1 493.7亿元，增长19.7%；商品零售12 717.9亿元，增长18.5%。按销售规模分，限额以上企业零售额6 605亿元，增长32.7%；限额以下企业零售额7 606.6亿元，增长8.7%。

市场物价　商品零售价格指数为102.7（以上年价格为100），其中城市102.4，农村103.2；居民消费价格指数为102.9（以上年价格为100），其中城市102.6，农村103.5。

市场秩序　大力整顿规范市场经济秩序，特别是11月份国家部署开展打击侵犯知识产权和制售假冒伪劣商品专项整治行动后，全省各级各有关部门按照各自职责分工，集中力量、集中时间，组织全面清查和综合治理，同步推进“十大集中整治行动”。据统计，专项行动开展以来全省累计出动执法人员17.6万人次，检查企业14.6万家，查处各类侵权假冒案件1.38万起，其中向公安机关移送案件41起，罚没款4 580万元。不断规范生猪屠宰行业秩序，省政府出台了《山东省生猪定点屠宰厂（场）设置规划》，全年共关闭屠宰企业193个，全省屠宰监管技术系统、6个地级市肉品质量安全信息可追溯系统正常运行。

市场体系建设　高度重视农村现代商品流通网络建设，紧紧抓住商务部实施“万村千乡市场工程”的有利时机，推动标准化农家店建设，强化领导，精心组织，较好地促进了农村现代商品流通网络的建设，截至2010年底，全省累计新建改造标准化农家店6.6万家，配送中心248处。2010年，全省年交易额过亿元的各类商品交易市场达到550处；191家典当行和11家分支机构注册资本39.5亿元，当年实现典当总额115亿元。拍卖行业稳步健康发展，2010年拍卖实现成交额710.4亿元，同比增长53.3%。

商贸服务管理　商贸服务行业统计信息体系初步建立，120户商贸服务典型企业列入商贸服务典型企业统计报表制度（2010—2012年）。流通大企业发展迅速，限额以上批发零售和住宿餐饮企业达到1.9万家，实现零售额占全社会零售总额的比重达到46.5%，比上年提高4.9个百分点，营业收入过50亿元企业达到41家，其中6家企业过百亿。电子商务规范健康发展，山东商业集团有限公司等5家企业列入国家电子商务示范工程。社区商业发展实现新提升，国家级、省级社区商业示范社区分别达到29个和212个。家政服务体系建设取得新成效，建成运营5个市级家政服务网络中心，55个家政服务培训单位培训服务人员4.5万人，就业率达93%，涌现出“阳光大姐”等一批知名品牌。再生资源回收体系建设取得新进展，山东德力西再生塑料、临沂梅阜镇家电回收中心等一批回收加工一体化集散市场和基地初具规模，涌现出青岛新天地、烟台绿环等一批再生资源品牌。餐饮业服务规范化进一步提升，全省国家级酒家酒店达到201家，中华老字号和山东老字号分别达到66家和42家。会展业稳步发展，全省举办各类展会活动1 744个，实现门票广告、场馆租赁等会展直接收入35.6亿元，带动相关产业收入320亿元。

市场运行调节 市场运行监测体系逐步完善，重点监测的19大类商品中，零售额全部实现增长，其中增长30%以上的有金银珠宝类、家用电器及音像制品类、汽车类等15大类，占重点监测大类商品总数的78.9%；粮油、食品、饮料、烟酒、日用品等生活必需品对消费表现出较强支撑作用。在全省选择部分大型农副产品批发市场，开展日报监测试点，及时发现存在的问题，避免市场过度反应。积极落实地方猪肉储备制度，保持省政府下达的库存水平。抓好应急投放渠道建设，完善全省160家应急商品投放网络平台，并将其作为应急调运集散地和供应点，确保关键时刻调得出、用得上。截至2010年底，全省酒类备案企业总数44 396户，随附单使用量39 201本，均较上年有较大幅度提升。

【对外贸易】

进出口总额 进出口总额1 889.5亿美元，比上年的1 386亿美元增长35.9%。

出口总额 出口总额1 042.5亿美元，比上年的795.6亿美元增长31.1%，占全省GDP 39 416.2亿元（相当于5 822.6亿美元）的17.9%，占全国出口额的6.6%，居全国第5位。

进口总额 进口总额847亿美元，比上年的590.4亿美元增长42.2%。

出口商品结构 初级产品出口额138.4亿美元，占出口总额的13.3%；工业制成品出口额904.1亿美元，占出口总额的86.7%。

进口商品结构 初级产品进口额409.6亿美元，占进口总额的48.4%；工业制成品进口额437.4亿美元，占进口总额的51.6%。

出口商品市场 出口商品销往220个国家（地区）。

进口商品市场 进口商品来自160个国家（地区）。

技术进出口 技术进出口总额10.2亿美元，比上年的11.3亿美元下降9.7%。其中，技术进口额5.6亿美元，增长23.3%；技术出口额4.6亿美元，下降32.2%。

服务贸易 服务贸易进出口总额139.82亿美元，比上年的111.93亿美元增长24.9%。其中，出口额61.56亿美元，比上年的44.07亿美元增长39.7%；进口额78.26亿美元，比上年的67.86亿美元增长15.3%。

山东省2010年出口额5亿美元以上商品情况表

金额分类	商品名称	出口金额（亿美元）	占出口总额比重（%）
20亿美元以上（5种）	自动数据处理设备及其部件，橡胶轮胎，通信设备，游戏用品，棉布类	202.97	19.5
10亿—20亿美元（14种）	机动车辆零附件，鱼类，蔬菜类，织物制品，船舶及运输设备，印刷机，集装箱，钢材，针织品类，专用机器零附件，电线、电缆类，变压器、静止式变流器，家具等	201.36	19.3
5亿—10亿美元（21种）	电视接收机，半导体器件类，衣箱、手提包类，冷藏、冷冻箱类，服装类，果品及食用植物，传声器、扬声器类，其他钢制品，胶合板类，肉、食用杂碎及鱼类，挂车及半挂车及其零附件，船舶类，棉纱线，弹簧床垫等	134.17	12.9
合　计	**40种**	**538.50**	**51.7**

山东省2010年进口额5亿美元以上商品情况表

金额分类	商品名称	进口金额（亿美元）	占进口总额比重（%）
20亿美元以上（6种）	铁矿砂及其精矿，集成电路及微电子组件，大豆，天然橡胶及天然树胶，石油及其制品，铜矿砂及其精矿	307.98	36.4
10亿—20亿美元（10种）	未锻轧的精炼铜及铜合金，未梳的棉花，冻鱼，初级形状的乙烯聚合物，未硫化的复合橡胶，激光器，煤，铝矿砂及其精矿，自动数据处理设备及其部件等，烧碱木浆或硫酸盐木浆	150.04	17.7
5亿—10亿美元（11种）	通信设备，专用机械零件，柴油发动机，合成橡胶及油膏，半导体器件等，回收纸或纸板，电气装置，油类残渣，变压器，棕榈油，铜废碎料	75.22	8.9
合　计	**27种**	**533.24**	**63.0**

山东省2010年主要出口市场情况表

国别（地区）	出口金额（亿美元）	占出口总额比重（%）	国别（地区）	出口金额（亿美元）	占出口总额比重（%）
欧盟	184.38	17.7	中东	48.67	4.7
美国	183.83	17.6	南亚	47.68	4.6
韩国	137.77	13.2	香港	31.11	3.0
日本	131.82	12.6	俄罗斯	20.56	2.0
东盟	72.27	6.9	巴西	18.95	1.8

山东省2010年主要进口市场情况表

国别（地区）	进口金额（亿美元）	占进口总额比重（%）	国别（地区）	进口金额（亿美元）	占进口总额比重（%）
韩国	143.13	16.9	欧盟	60.49	7.1
东盟	125.79	14.9	巴西	39.12	4.6
美国	81.68	9.6	南亚	37.49	4.4
日本	77.93	9.2	中国	33.47	4.0
澳大利亚	64.18	7.6	智利	26.03	3.1

【利用外资】

山东省2010年利用外资情况表

	项目数（个）	合同外资（万美元）	金额比上年增加（%）	实际外资（万美元）	金额比上年增加（%）
外商直接投资	**1 632**	**1 363 381**	**56.5**	**916 833**	**14.5**
合资企业	392	306 795	61.2	262 145	26.6
合作企业	28	68 404	194.9	17 480	-26.1
外资企业	1 208	974 460	50.4	623 483	11.3
外商投资股份有限公司	4	13 722	45.2	13 725	38.5

山东省2010年外商直接投资分行业情况表

行业	项目数（个）	同比（%）	合同外资（万美元）	同比（%）	实际外资（万美元）	同比（%）
第一产业	**59**	**-19.2**	**44 784**	**26.3**	**19 805**	**-55.3**
农、林、牧、渔业	59	-19.2	44 784	26.3	19 805	-55.3
第二产业	**977**	**11.4**	**854 984**	**52.9**	**615 418**	**15.4**
采矿业	7	-30.0	4 061	-62.9	4 279	-68.3
制造业	936	13.0	793 565	50.2	566 930	16.6
纺织业	22	-4.3	19 746	55.5	20 486	26.7
化学原料及化学制品制造业	44	22.2	31 913	-33.2	43 049	-27.6
医药制造业	10	42.9	7 131	272.2	3 852	32.4
通用设备制造业	75	27.1	61 928	106.5	35 857	-28.8
专用设备制造业	61	-6.2	59 414	89.6	44 590	23.6
通信设备、计算机及其他电子设备制造业	100	40.8	134 617	162.9	63 578	153.0
其他制造业	624	10.1	478 816	35.4	355 518	20.0

山东省2010年外商直接投资分行业情况表（续）

行　业	项目数（个）	同比（%）	合同外资（万美元）	同比（%）	实际外资（万美元）	同比（%）
电力、燃气及水的生产和供应业	23	-17.9	37 866	146.0	36 857	24.9
建筑业	11	0.0	19 492	345.4	7 352	92.5
第三产业	**596**	**15.1**	**463 613**	**67.7**	**281 610**	**25.9**
交通运输、仓储和邮政业	35	105.9	103 512	275.9	39 904	58.5
信息传输、计算机服务和软件业	36	5.9	28 007	5.3	5 848	-42.3
批发和零售业	263	19.5	58 244	60.8	34 608	70.8
住宿和餐饮业	24	-31.4	6 809	-44.1	4 342	-39.2
金融业	8	—	7 544	164.2	19 779	226.9
房地产业	51	27.5	156 427	87.7	132 241	36.9
租赁和商务服务业	120	15.4	46 698	9.0	19 369	53.0
科学研究、技术服务和地质勘查业	27	22.7	19 074	35.3	7 205	-29.5
水利、环境和公共设施管理业	13	-38.1	21 130	4.4	6 689	-61.8
居民服务和其他服务业	6	-14.3	3 909	2 839.1	8 159	-16.6
文化、体育和娱乐业	13	-13.3	12 259	25.5	3 466	-57.5
合　计	**1 632**	**11.2**	**1 363 381**	**56.5**	**916 833**	**14.5**

山东省2010年外商直接投资洲别情况

国别（地区）	项目数（个）	同比（%）	合同外资（万美元）	同比（%）	实际外资（万美元）	同比（%）
亚洲	1 319	15.2	1 058 308	58.0	651 863	5.9
港澳	505	9.5	745 473	48.9	435 943	12.6
香港	498	9.5	735 320	47.4	433 201	12.1
韩国	492	22.7	155 909	79.7	95 056	-21.2
日本	128	56.1	41 599	184.2	31 937	5.1
台湾省	129	12.2	54 468	93.7	25 912	43.1
东盟	43	-24.6	53 490	52.1	61 103	5.0
新加坡	33	-5.7	45 236	46.4	54 996	21.8
非洲	20	53.8	8 082	25.0	8 390	76.5
欧洲	80	-20.0	51 239	129.8	39 175	-36.9
欧盟	66	-25.8	41 395	114.1	36 732	-39.3
德国	21	0.0	2 623	-34.8	3 658	-57.1
英国	10	-44.4	16 166	55.0	8 154	-22.3
法国	7	0.0	2 814	—	4 783	27.9
拉丁美洲	40	2.6	71 156	3.4	87 432	62.8
英属维尔京群岛	30	-6.3	66 653	32.7	64 940	157.1
北美洲	127	-6.6	120 407	78.8	71 990	75.6
美国	91	-15.7	94 775	142.2	53 767	84.0
加拿大	35	29.6	11 031	-53.9	16 142	70.4
大洋洲	48	17.1	32 985	493.4	11 414	3.2
澳大利亚	21	-4.5	12 950	112.0	4 587	-26.3
投资性公司	19	-5.0	21 204	-30.7	46 569	259.3
总　计	**1 632**	**11.2**	**1 363 381**	**56.5**	**916 833**	**14.5**

外商直接投资企业生产经营情况 2009年，申报年检的外商投资企业16 484家，参检企业销售收入11 878亿元，比上年下降1.8%；实现利润总额723亿元，比上年增长21.1%；纳税总额572亿元，比上年增长12.6%；参检企业从业人数230万人，其中外籍员工19 543人；参检企业新增就业人数20万人。

【对外经济合作】

对外投资 2010年全省在海外举办企业（系指非贸易性企业）175家，投资总额18.5亿美元，其中，中方投资15.2亿美元，占投资总额的82.2%。项目分布在6大洲70个国家和地区，主要集中在香港、日本、澳大利亚、美国、台湾省、俄罗斯、加拿大、新加坡、柬埔寨和泰国等国家和地区。截至2010年底全省非贸易性企业投资总额59.3亿美元，其中，中方投资45.2亿美元。

2010年主要项目有：烟台万华集团投资12.33亿欧元，收购匈牙利宝思德公司96%股权，聚氨酯产量扩大到100万吨，成为全球第三大聚氨酯生产商；山东如意集团投资5 883万美元收购日本瑞纳株式会社41.18%股份，成为第一大股东，获得35个国际知名服装品牌，2 500个专卖店；淄博兰雁集团投资4 365万美元，在柬埔寨建立纺织服装厂一期已形成120万件牛仔服装产能；山东外经集团联合中石油首期在苏丹开发75万亩土地。

承包工程和劳务合作 签订对外承包和劳务合作合同项目3 075份，新签合同额109.3亿美元，比上年的93.2亿美元增长17.2%；完成营业额60.2亿美元，比上年的50.9亿美元增长18.3%；当年外派劳务4.73万人，增长2.2%；年末在外10.2万人，增长5.9%。主要派往日本、新加坡、印度、香港等国家和地区。对外承包工程主要集中在印度、沙特、土库曼斯坦、赤道几内亚和新加坡等国家，主要项目为山东电建三公司新签沙特扎瓦尔4×60万千瓦电站项目，合同额25亿美元；山东电建总公司新签印度贾苏古达3×66万千瓦电站总承包项目，合同额14.97亿美元等。

对外经济技术援助 2010年全省执行8个援外成套项目，分布在阿富汗、东帝汶、肯尼亚、莫桑比克、坦桑尼亚、乍得、利比里亚7个国家和地区。

【其他】

开发区 2010年，全省经济开发区实现规模以上工业企业增加值10 343亿元，增长15.1%，占全省46%；地方财政一般预算收入898亿元，增长25.1%，占全省32.7%；实际到账外资50.5亿美元，增长16.1%，占全省55%；进出口额1 038.4亿美元，增长40%，占全省55%；其中，进口472.6亿美元，增长47.1%，出口565.8亿美元，增长34.6%。截至2010年底，全省开发区累计引进外商投资项目28 565个，实际利用外资487.9亿美元，分别占全省的46%和48%。其中，总投资1 000万美元以上的项目2 970个，世界500强投资项目304个，分别占全省的51.7%和70%。全省进出口百强企业中，69家坐落在开发区。

青岛前湾、烟台保税港区 2010年，青岛前湾、烟台保税港区固定资产投资6.09亿元，规模以上工业企业总产值961.35亿元，规模以上工业增加值70.13亿元，税收12.42亿元，地方财政收入8.4亿元，进出口额262.39亿美元，其中出口134.64亿美元，进口127.75亿美元。

出口加工区 2010年，全省5家出口加工区固定资产投资39.15亿元，规模以上工业企业总产值119.25亿元，规模以上工业企业增加值29.01亿元，税收2.27亿元，其中，工商税收（或财政收入）2.01亿元。进出口额19.13亿美元，其中出口9.84亿美元，进口9.29亿美元。外资项目19个，实际到账外资9 772.8万美元。

商务洽谈会 第十三届中国山东出口商品展览会于2010年3月23日—25日在日本大阪MYDOME展馆举行。本届展会共有110家企业参展，设摊位120个，展会面积2 500平方米，展品主要涉及纺织服装、轻工工艺品等。展会期间共接待到会客商超过3 000人次，成交额1 392万美元。

第四届烟台国际葡萄酒节于2010年9月23日—25日在烟台举办。本届葡萄酒节以“品牌、文化、合作”为主题，共安排了6大板块、30多项活动。设立展位1 650个，参会重要代表团121个，与会海外客商达3 000余人。节会期间，国际贸易累计成交6.3亿美元，其中进口1.1万美元，出口成交5.2亿美元；国内贸易累计成交2.9亿元人民币。成交外资项目47个，投资总额22.4亿美元，外资额8.3亿美元。

第十一届中国（寿光）国际蔬菜科技博览会于2010年4月20日—5月20日在寿光市蔬菜高科技示范园举行。展会设8个展馆（厅）、4个规模化种植展厅，总面积35万平方米，其中室内展览面积13.5万平方米。本届菜博会设室内外展位2 000个，展出具有较大推广价值的蔬菜、瓜果、花卉品种2 000多个，蔬菜景点200多个，栽培模式100多种，新增品种50多个，新技术、新成果100多项。共有来自美国、荷兰、韩国、日本等30多个国家及地区，30个省、市、自治区的186万人次到会参观。展会期间，与20

多个国家和地区、200多个经贸代表团开展了合资合作，共签订合资、合作及独资项目41个，签约额144.7亿元，贸易额160亿元。

港口运输 2010年，口岸货物吞吐量8.26亿吨，增长20.65%。完成外贸进出口货物吞吐量4.97亿吨，增长18.4%。其中，出口量0.88亿吨，增长9.82%；进口量4.09亿吨，增长20.41%。国际货运集装箱1 400万标准箱，增长15.72%。

涉外旅游 2010年，接待入境游客366.8万人次，增长18.3%。其中，外国人277.9万人次，增长15.2%；香港同胞38.1万人次，增长17.5%；澳门同胞10.8万人次，增长42.7%；台湾同胞40.0万人次，增长38.7%。旅游外汇收入21.6亿美元，比上年的17.7亿美元增长22.1%。

2010年青岛市商务发展概况

青岛市商务局

孙恒勤

青岛市商务局局长

孙恒勤 1965年10月出生，大学本科学历。1987年1月加入中国共产党，1988年7月参加工作。曾任青岛市贸促会干部、秘书处处长、副会长，青岛市对外贸易经济合作局副局长、党委委员。2008年3月任青岛市对外贸易经济合作局局长、党委书记。2009年12月任青岛市商务局局长、党委书记。

【国内贸易】

社会消费品零售总额 2010年山东省青岛市社会消费品零售总额1 902.7亿元，比上年的1 730.2亿元增长18.7%。按地域分，城镇1 571.6亿元，增长19.2%；乡村331.1亿元，增长16.0%。按行业分，批发和零售贸易业1 664.1亿元，增长18.4%；住宿和餐饮业238.7亿元，增长20.5%。

批发和零售贸易业企业商品购、销、存总额 2010年青岛市批发和零售贸易业企业商品销售总额5 416.40亿元，比上年的4 357.99亿元增长24.3%。限额以上批发和零售贸易业企业商品购进总额2 590.70亿元，商品销售总额3 073.70亿元（其中批发2 458.50亿元、零售615.20亿元），年末库存总额164.70亿元。

餐饮业 2010年青岛市餐饮零售额实现216.1亿元，同比增长21.3%，占全市社会消费品零售额的11.36%。截至年底，青岛市餐饮网点达到3.6万处，其中：市区1.9万处，青岛市2 000平方米以上的餐饮网点达到110处。

市场物价 2010年青岛市商品零售价格指数为101.4（以上年价格为100），其中城市101.4；居民消费价格指数为102.2（以上年价格为100），其中城市102.2。

市场秩序建设 2010年青岛市积极组织开展了虚假违法广告专项整治、农资打假专项行动、药品整治、食品安全整治、全市烟草秩序综合治理等重点领域的专项整治，查处违法违规行为1 023起，立案查处364起。深入扎实开展打击侵犯知识产权和制售假冒伪劣商品专项行动，集中开展了9项清查整治活动，累计出动执法人员4.88万人次，检查企业、单位6.45万个，查处违法违规行为1 092起，立案查处479起，罚没款项78万元，取缔违法窝点56个，严厉打击了各类侵犯知识产权和制售假冒伪劣商品的不法行为。率先在全国实现了市、区（市）两级机关办公微机操作系统和主要办公软件正版率100%的工作目标。酒类、药品流通行业管理有序推进。对酒类流通行政处罚裁量权的量化标准进行细化量化，初步完成与市级网上执法平台并网运行的相关准备工作。起草并通过法制办审核出台了青岛市今后3年关于酒类流通管理的规范性文件。认真贯彻落实商务部《酒类流通统计监测制度》和《酒类流通信息管理制度》，筛选本地15个样本企业作为重点监测对象，开通企业酒类经营情况和备案登记、随附单使用信息等网上报送系统。全年共有4 647家企业办理了备案登记，初步实现了酒类流通的可追溯性。积极参与全市医改工作，协调转发药品流通职责分工意见，建立重点企业信息报送制度，研究出台行业管理指导意见。商务综合行政执法和12312举报投诉服务中心建设有新进展。

市场体系建设 2010年青岛市共有各类商品市场904处，其中新建14处。年交易额过亿元市场94处，增加1处。过10亿元的市场26处，增加1处，过百亿元市场3处。重点培育的10大产地农产品批发市场实现交易额298亿元，同比增长12.7%。农贸市场标准化水平全面提高，新建、改造标准化农贸市场12处，累计达到50处，占市区农贸市场总数的60%。青岛市拍卖行业现有62家拍卖企业，全年举办拍卖会620场，同比下降2.36%；实现拍卖成交额218亿元，同比分别增长36.25%。

商贸服务管理 2010年青岛市共有各类商业网点（批发、零售、餐饮和住宿业）39.8万处，从业人员132.7万人。零售业总营业面积600.7万平方米，人均商业零售面积0.79平方米，其中，市区共有各类商业网点16.5万处，从业人员65万人，零售业总营业面积341.5万平方米，人均商业零售面积1.24平方米。市区已初步形成以5大市级商业中心、5个商贸服务业集聚区、5大市场群（带）和9个区级商业中心为核心，35条商业街和106处大中型商业网点为骨干，约16万处各类商业网点为基础的市场网点网络体系。至2010年底，在市区形成了云霄路、闽江路、登州路等12条餐饮街（区）。全市共有住宿业网点0.9万处（市区0.5万处）。其中，共有星级酒店155家；市区拥有100家经济型酒店。青岛市再生资源回收体系建设列入第二批国家试点城市。

市场运行调节 2010年青岛市深入落实1.45万吨重点“菜篮子”商品储备，其中，蔬菜储备1万吨、猪肉储备3 500吨（折合生猪活体7万头）、豆制品原料储备1 000吨，在重大节日、冰雪、洪涝等重要时期，及时通过全市176个投放点向社会进行投放。全市通过网络系统，密切监测市场蔬菜、猪肉销售数量、价格、来源、流向等信息。加强5.38万亩市控蔬菜生产基地产销监控，落实“菜篮子”产销区域合作机制，实行批发市场蔬菜上市量增量考核制度，保持市区蔬菜、猪肉日均上市量始终维持在2 000吨和100吨以上的丰足、平稳运行水平。深入实施《青岛市畜禽定点屠宰厂（点）设置规划（2008—2012年）》，全市现有畜禽定点屠宰厂（点）59处。其中，生猪定点屠宰厂（点）45处（市级生猪定点屠宰厂6家、乡镇生猪定点屠宰点39家），牛羊定点屠宰厂（点）12处、鸡定点屠宰厂2处。扎实推进“放心肉”服务体系建设，强化生猪定点屠宰和肉品流通管理，生猪入市备案企业强化9项质量管理制度，保持自有或合同生猪养殖基地货源比例在30%以上，按每批次生猪5%以上比例，进行肝脏“瘦肉精”抽检5.6万批次，无害化处理病害猪（肉）5 500头。在81家单位建成并运行了肉品质量追溯系统，在48家农贸市场推行了“厂场挂钩”三方质量协议约束机制。

【对外贸易】

进出口总额 进出口总额561.49亿美元，比上年的425.23亿美元增长32.0%。

出口总额 出口总额333.51亿美元，比上年的254.59亿美元增长31.0%，占全市GDP 5 666.2亿元（相当于837.02亿美元）的39.8%，占全省出口额的32.0%。

进口总额 进口总额227.98亿美元，比上年的170.64亿美元增长33.6%。

技术进出口 技术进出口总额28 898.86万美元，比上年的55 121.93万美元下降47.57%。签订引进技术和进口设备合同项目634个，比上年增加101数；合同金额23 497.96万美元，比上年的49 927.89万美元下降52.94%；签订技术出口合同项目42个，合同金额5 400.9万美元，比上年的5 194.04万美元增长3.98%。

服务贸易 服务贸易进出口总额568 773万美元，比上年的362 299万美元增长56.9%。其中，出口额264 226万美元，比上年的169 241万美元增长35.9%；进口额304 547万美元，比上年的244 526万美元增长19.7%。服务贸易的主要行业是与运输有关的服务贸易、转口贸易、旅游、建筑及劳务承包服务贸易、保险等。

服务外包 2010年青岛市服务外包合同额1.92亿美元、执行额1.56亿美元，同比分别增长107%、168%。全市累计注册登记服务外包企业152家，其中，2010年新增服务外包企业35家，比2009年增长30%。

出口商品市场 出口商品销往209个国家（地区）。

进口商品市场 进口商品来自132个国家（地区）。

青岛市2010年主要出口市场情况表

国别（地区）	出口金额（亿美元）	占出口总额比重（%）	国别（地区）	出口金额（亿美元）	占出口总额比重（%）
美　国	65.24	19.6	英　国	9.42	2.8
日　本	51.43	15.4	意大利	6.59	2.0
韩　国	34.84	10.4	法　国	6.17	1.9
德　国	13.99	4.2	加拿大	6.07	1.8
香　港	11.50	3.4	荷　兰	5.82	1.7
合　计				**211.07**	**63.3**

青岛市2010年主要进口市场情况表

国别（地区）	进口金额（亿美元）	占进口总额比重（%）	国别（地区）	进口金额（亿美元）	占进口总额比重（%）
韩　国	47.04	20.6	马来西亚	11.15	4.9
日　本	23.16	10.2	澳大利亚	10.50	4.6
美　国	17.36	7.6	南　非	8.33	3.7
泰　国	15.88	7.0	印　度	7.99	3.5
俄罗斯	11.90	5.2	台湾省	7.58	3.3
合　计				**160.91**	**70.6**

青岛市2010年出口额5亿美元以上商品情况表

金额分类	商品名称	出口金额（亿美元）	占出口总额比重（%）
10亿美元以上	服装	42.58	12.8
	电器及电子类产品	38.62	11.6
	机械设备	35.22	10.6
	运输工具	31.17	9.3
	计算机与通信技术	27.83	8.3
	纺织品	22.22	6.7
	金属制品	15.34	4.6
	水海产品	12.04	3.6
	轮胎	11.56	3.5
5亿—10亿美元	鞋类	9.23	2.8
	电话机	8.97	2.7
	蔬菜	8.08	2.4
	家具及其零件	6.58	2.0
	箱包	6.27	1.9
	钢材	5.24	1.6
合　计		**280.96**	**84.2**

青岛市 2010 年进口额 5 亿美元以上商品情况表

金额分类	商品名称	进口金额（亿美元）	占进口总额比重（%）
10 亿美元以上	电器及电子产品	28.08	12.3
	铁矿砂	25.78	11.3
	机械设备	19.75	8.7
	天然橡胶	16.30	7.1
	冻鱼	11.77	5.2
	仪器仪表	11.20	4.9
	成品油	11.06	4.9
	塑料原料	10.06	4.4
5 亿—10 亿美元	集成电路	9.03	4.0
	纺织品	8.54	3.7
	液晶显示板	7.57	3.3
	粮食	7.09	3.1
	棉花	6.33	2.8
	合成橡胶	5.26	2.3
合　计		**177.82**	**78.0**

【利用外资】

利用外资　2010 年青岛市新批外资项目 731 个，合同外资 47.5 亿美元，增长 74.6%；实际到账外资 28.43 亿美元，增长 52.8%。合同外资和实际外资总量分别居全国计划单列市、副省级城市第 3 位、第 6 位，占全省比重由上年的 29% 提高到 34%。全年新引进境外世界 500 强项目 12 个，累计引进 94 家境外世界 500 强企业投资的 189 个项目，总投资 66 亿美元。

青岛市 2010 年利用外资情况表

利用外资方式	项目数		合同外资						实际外资	
			合计		新批		增资			
	个数	同比（%）	金额（万美元）	同比（%）	金额（万美元）	同比（%）	金额（万美元）	同比（%）	金额（万美元）	同比（%）
总计	**731**	**12.98**	**475 723**	**143.28**	**368 475**	**92.83**	**147 218**	**83.08**	**284 281**	**52.81**
合资企业	153	54.55	124 148	520.21	97 981	166.87	39 371	57.36	84 920	61.36
合作企业	4	100.00	9 179	149.36	5 611	435.40	3 924	12.66	3 567	9.38
外资企业	574	5.32	341 977	100.23	264 883	73.25	103 347	101.47	194 500	20.39
股份有限公司		−100.00	419			−100.00	576	−6.04	1 294	249.73

青岛市 2010 年外商直接投资行业情况表

行　业	批准项目		合同外资		实际外资	
	项目数（个）	同比（%）	金额（万美元）	同比（%）	金额（万美元）	同比（%）
总　计	**731**	**12.98**	**475 723**	**143.28**	**284 281**	**52.81**
第一产业	**17**	**−45.16**	**12 327**	**216.08**	**10 078**	**95.50**
农、林、牧、渔业	17	−45.16	12 327	216.08	10 078	95.50
农业	10	−41.18	5 067		2 930	94.10
第二产业	**399**	**19.82**	**221 801**	**131.92**	**149 984**	**33.57**
采矿业	1	—	−308	−161.60	3 686	206.55
石油和天然气开采业	1	—	56		3 396	244.83

青岛市2010年外商直接投资行业情况表（续）

行　业	批准项目		合同外资		实际外资	
	项目数（个）	同比（%）	金额（万美元）	同比（%）	金额（万美元）	同比（%）
制造业	386	20.25	203 668	101.94	137 381	31.96
农副产品加工业	23	91.67	14 257	70.72	13 710	-1.61
食品制造业	9	80.00	6 479	61.57	4 440	55.78
纺织业	6	-53.85	5 491	25.82	4 225	40.58
纺织服装、鞋、帽制造业	32	—	12 701		10 653	41.35
化学原料及化学制品制造业	9	28.57	5 317	-57.28	6 977	-44.99
医药制造业	1	—	508	106.50	637	44.12
非金属矿物制品业	16	33.33	10 217	162.65	9 148	-5.10
金属制品业	22	69.23	11 790	88.22	6 224	53.49
通用设备制造业	27	3.85	12 980	26.52	8 235	-31.20
专用设备制造业	22	-15.38	20 191	80.07	15 462	37.92
交通运输设备制造业	29	107.14	13 627	218.61	7 362	-11.42
电气机械及器材制造业	23	-4.17	13 576	101.60	4 782	-14.22
通信设备、计算机及其他电子设备制造业	36	111.76	48 522	729.86	24 236	71.34
电力、燃气及水的生产和供应业	3	-40.00	1 915		2 839	35.94
建筑业	9	50.00	16 526		6 078	1 637.66
第三产业	**315**	**11.31**	**241 595**	**151.64**	**124 219**	**85.72**
交通运输、仓储和邮政业	19	111.11	40 454	920.28	4 628	-13.14
信息传输、计算机服务和软件业	14	100.00	17 756	2 884.20	1 564	253.04
批发和零售业	159	7.43	28 757	57.03	23 580	113.92
住宿和餐饮业	9	-18.18	3 820	194.98	2 167	67.03
金融业	1		732		732	-43.21
房地产业	25	13.64	101 276	141.18	79 144	79.58
房地产开发经营	23	53.33	99 912	140.21	78 072	75.49
租赁和商务服务业	67		23 708	-13.04	7 432	16.08
科学研究、技术服务和地质勘查业	9	28.57	7 031	3 415.50	1 278	303.91
水利、环境和公共设施管理业	4	100.00	8 184	1 340.85	1 962	224.05
居民服务和其他服务业	2	-60.00	133	10.83	198	-23.51
文化、体育和娱乐业	6	20.00	9 744	473.85	1 534	98.07

青岛市2010年外商直接投资来源表

国别（地区）	批准项目		合同外资		实际外资	
	项目数（个）	同比（%）	金额（万美元）	同比（%）	金额（万美元）	同比（%）
总　计	**731**	**12.98**	**475 723**	**143.28**	**284 281**	**52.81**
亚　洲	606	14.77	344 684	110.23	219 172	50.77
港　澳	175	8.02	242 229	90.30	121 391	48.07
香　港	174	8.07	239 229	87.97	120 431	47.94
台湾省	49	53.13	21 232	1 047.06	13 540	153.37
东南亚国家联盟	20	-4.76	14 779	51.13	18 949	74.97

青岛市2010年外商直接投资来源表（续）

国别（地区）	批准项目		合同外资		实际外资	
	项目数（个）	同比（%）	金额（万美元）	同比（%）	金额（万美元）	同比（%）
文　莱			100		63	43.18
印度尼西亚	1	-50.00	29	-66.67	76	13.43
马来西亚	5	66.67	2 040	389.21	330	117.11
新加坡	14	7.69	13 142	20.06	18 465	118.91
泰　国		-100.00	-532		15	-99.30
印　度	2	-50.00	34	-10.53	26	-59.38
伊　朗	2		14		2	
伊拉克	1	0.00	20	100.00		-100.00
以色列		-100.00	-1	-150.00		-100.00
日　本	64	48.84	17 709	397.02	13 055	82.54
约　旦					4	100.00
黎巴嫩	2	100.00	100	3 233.33	1	
巴基斯坦	1	0.00	25	400.00		
沙特阿拉伯		-100.00		-100.00	5	
韩　国	288	14.74	47 743	159.21	51 728	11.81
土耳其		-100.00				-100.00
阿拉伯联合酋长国	1	-83.33	500	-49.49	471	13.22
也门共和国	1		300			-100.00
乌兹别克斯坦	1		1 000			
非　洲	7	-12.50	4 156	72.52	1 043	-17.68
赤道几内亚	1		1 000			
毛里求斯	1		1 426	7.62		-100.00
塞舌尔	5	-16.67	1 730	63.21	1 043	53.61
欧　洲	32	-25.58	21 127		7 014	-56.05
欧　盟	28		15 772		6 438	-57.74
比利时		-100.00		-100.00	23	-4.17
丹　麦	1	-66.67	529	286.13	562	298.58
英　国	5	0.00	12 757	2 799.32	1 259	-67.27
德　国	12	33.33	997	156.30	485	-75.79
法　国	1	-66.67	-154		488	-89.29
意大利	2	-50.00	1 090	-51.10	726	-4.47
卢森堡	1	0.00	7		402	-53.31
荷　兰	1	-80.00	-1 796	-262.83	790	-24.47
希　腊		-100.00		-100.00		-100.00
西班牙	3	50.00	1 054	106.26	1 556	113.44
奥地利	1	-50.00	372	133.96		-100.00
芬　兰	1					
罗马尼亚		-100.00	890			

青岛市2010年外商直接投资来源表（续）

国别（地区）	批准项目		合同外资		实际外资	
	项目数（个）	同比（%）	金额（万美元）	同比（%）	金额（万美元）	同比（%）
瑞　典		-100.00	26	-89.39	115	-55.25
斯洛伐克		-100.00		-100.00	32	220.00
冰　岛			1 586	9 229.41		
瑞　士	1		-911	-225.14	116	11.54
俄罗斯	3	0.00	4 680	3 291.30	460	-23.21
拉丁美洲	18	20.00	29 516	91.99	23 475	-13.37
阿根廷		-100.00	2	-71.43	7	
巴巴多斯				-100.00	1 250	-43.05
巴　西	1		200			-100.00
开曼群岛	3	200.00	6 791	2 202.03	10 740	117.63
智　利	1		100		100	
巴拿马			-800			-100.00
英属维尔京群岛	13	0.00	23 223	60.72	11 378	-39.04
北美洲	52	15.56	61 465	568.75	25 498	136.58
加拿大	13	44.44	3 940	8.75	2 557	31.47
美　国	38	5.56	42 988	757.02	16 943	91.81
百慕大	1		14 537	2 533.51	5 998	
大洋洲	19	0.00	11 231	336.83	2 230	-66.93
澳大利亚	6	-57.14	8 769	180.97	887	-81.27
新西兰	4	33.33	1 259	1 004.39	197	-67.38
萨摩亚	9	350.00	1 118		1 146	-17.14
马绍尔群岛共和国			85			-100.00
投资性公司	6	100.00	2 286	-21.23	5 849	231.58

外商直接投资企业生产经营情况　截至2009年，青岛市应检外商投资企业7 550家，申报参加2010年年检的外商投资企业6 917家，参检率91.62%。6 917家参检企业中，合资企业1 599家，占23.12%；合作企业146家，占2.11%；独资企业5 164家，占74.66%；股份制企业8家，占0.11%。在6 917家参检企业中，投产开业企业5 920家，占85.59 %；筹建企业670家，占9.69%；停业企业327家，占4.73%。参检的6 917家外商投资企业营业收入2 705.40亿元，同比下降2.96%；纳税总额125.20亿元，同比增长18.72%；利润总额78.50亿元。6 917家参检企业资产总额3 242.67亿元；负债总额1 951.06亿元 。

【对外经济合作】

对外投资　2010年青岛市在海外开办企业29家，投资总额6.27亿美元，其中中方投资额4.95亿美元，投资国别（地区）主要是美国、香港、日本、韩国、加拿大等。截至2010年，全市境外投资总额10.5亿美元，其中中方投资额5.7亿美元。

承包工程和劳务合作　新签项目474个，新签合同额6.7亿美元，下降52.88%；完成营业额10.8亿美元，增长8%。全年累计派出各类劳务人员6 393人，年末在外各类劳务人员15 559人，主要派往日本、新加坡。承包工程主要项目为新加坡民登苑公寓、尼日尔AGADEM油田一体化炼厂、印度燃煤电站、利比亚2 500套住宅。

对外经济援助　实施援外项目4个，其中成套项目1个、设计咨询项目2个、援外培训项目1个。项目为：青建集团承建的援利比亚卫生部办公楼续建项目；青岛建筑研究设计院承建的塔吉克斯坦总统故乡学校项目、塞舌尔北部小学项目；青岛知识产权事务中心承担为期1个月的"发展中国家知识产权保护与科技经贸发展研修班"。当年派出援外人员975名，年末在外人数1 489人。

【其他】

青岛经济技术开发区 基础设施投资720 000万元，比上年的497 558万元增长44.7%；新批利用外资项目86个，合同利用外资215 000万美元，实际利用外资128 000万美元，分别比上年的120个、131 628万美元、120 659万美元下降28.3%、增长63.3%和增长6.1%；出口754 820万美元，比上年的706 760万美元增长6.8%；GDP 1 003.17亿元，比上年的830.01亿元增长20.9%；地方性财政收入143.4亿元，比上年的95.55亿元增长50.1%。

青岛高新技术产业开发区 基础设施投资619 300万元，比上年的618 000万元增长2.1%；新批利用外资项目11个，总投资222 995万美元，合同利用外资14 230.5万美元，实际利用外资5 073.5万美元，分别比上年的5个、19 481万美元、3 010.7万美元、399万美元增长120%、1 045%、373%和1 172%；出口262 105万美元，比上年的195 000万美元增长34.4%；GDP 291.55亿元，比上年的207.7亿元增长40.4%；地方性财政收入15.5亿元，比上年的12.7亿元增长22%。

青岛保税区 基础设施投资924万元；新批利用外资项目25个，总投资8 882万美元，实际利用外资2 772万美元，分别比上年的20个、6 352万美元、1 080万美元增长25%、39.83%和156.67%，合同利用外资3 919万美元；出口128 789万美元，比上年的98 279万美元增长31.04%；GDP 46.44亿元，比上年的45.93亿元增长1.11%；地方性财政收入4.07亿元，比上年的3.89亿元增长4.72%。

青岛出口加工区 基础设施投资5 500万元；新批利用外资项目7个，总投资12 018万美元，合同利用外资4 933万美元，实际利用外资3 162万美元；出口45 860万美元，比上年的29 704万美元增长55%；GDP 16.36亿元，比上年的11.2亿元增长46.1%；地方性财政收入3 500万元，比上年的1 100万元增长218%。

港口运输 2010年青岛市港口吞吐量（不含地方港务局）35 012万吨，增长11.0%；外贸吞吐量25 541万吨，增长15.0%；集装箱吞吐量1 201万标准箱，增长17.1%。按运输方式分，铁路152.95亿吨公里，增长33.4%；公路370亿吨公里，增长7.3%；水运3 073.26亿吨公里，增长8.3%；航空旅客吞吐量1 110万人次，增长14.9%；航空行货邮吞吐量23.19万吨，增长18.3%。

涉外旅游 2010年青岛市旅游总收入580.04亿元，增长18.6%。其中国内旅游总收入540.07亿元，增长19.6%；国际旅游收入6.01亿美元，增长8.9%。全年共接待国内外游客4 504.7万人次，增长12.5%；其中国内游客4 396.65万人次，增长12.6%；海外游客108.05万人次，增长8.0%。

商务洽谈会 2010年5月10日至16日，青岛市市长夏耕率青岛经贸代表团出席香港（山东）周系列省经贸活动并成功举办了青岛市经贸推介会。本次香港经贸交流活动共有79个项目签约，总投资151.3亿美元，合同外资51.3亿美元。其中总投资过亿美元项目27个。

2010年6月21日至24日由青岛市市长夏耕率政府代表团出访德国慕尼黑市，出席山东省系列经贸活动，并成功举办了"2010青岛——德国经贸合作交流会"和"青岛——德国企业经贸合作洽谈会"，促成了17个合作项目签约，总投资4亿美元，合同外资2.1亿美元，涉及经贸、文化、科技、城市可持续发展等多个领域。共组织招商推介项目91个，总投资333亿美元。其中，服务业项目35个，投资总额106亿美元；制造业项目58个，投资总额227亿美元。

2010中国国际消费电子博览会于7月8日至11日在青岛国际会展中心成功举办。本届电博会共吸引参展企业503家，较上届增加53家。其中，境外企业116家，境内企业387家。展览摊位数1 550个，较上届增加41个；展览面积4万平方米。展馆分别设置了3D平板显示、绿色环保、家电下乡、政府采购、3G通讯、工业设计、电子商务及三网融合体验8个特色专区。到会境内外采购商900多家。举办了20场专题论坛，13场采购洽谈会。展会期间共实现贸易成交协议总额达28.6亿元人民币，同比增长26%。

2010年11月29日至12月8日由青岛市副市长吴经建率团出访日本、韩国开展经贸交流活动。本次活动分别在日韩成功举办了重点企业恳谈会，宣传了青岛市投资环境建设取得的新成绩和经济转型发展涌现的新商机，了解外商新年度投资规划，走访了丸红、三菱、松下、晓星、SK能源等一批日韩大企业，推动了在谈、在建重点外资项目的洽谈建设，全力引导日韩企业扩大在青岛投资。

2010年烟台市商务发展概况

烟台市商务局

于東

烟台市商务局局长

于 东 生于1960年9月，山东福山人。历任烟台市福山区政府办公室副主任、高疃镇党委书记、区委办公室主任、福山高新技术产业开发区管委主任、福山区副区长、福山区常务副区长、烟台出口加工区B区管理局局长、烟台市对外贸易经济合作局局长等职。2010年1月任现职。

【国内贸易】

社会消费品零售总额 2010年山东省烟台市社会消费品零售总额1 378.3亿元，比上年的1 160.2亿元增长18.8%。按地域分，城市1 104.0亿元，农村274.3亿元。按行业分，批发和零售贸易业1 258.1亿元，住宿和餐饮业120.2亿元。

限额以上批发和零售贸易业、住宿和餐饮业基本情况 2010年，共有限额以上批发和零售贸易业、住宿和餐饮业产业活动单位610个，年末从业人数17 295人。其中，批发业产业活动单位176个，年末从业人数4 632人；零售业产业活动单位413个，年末从业人数11 334人；住宿业产业活动单位12个，年末从业人数663人；餐饮业产业活动单位9个，年末从业人数666人。

限额以上批发和零售贸易业企业商品购、销、存总额 限额以上批发和零售贸易业企业商品购进总额1 246.3亿元，比上年增长48.1%；商品销售总额1 469.8亿元，比上年增长45.0%；年末库存总额93.6亿元，比上年下降11.9%。

市场物价 商品零售价格指数为101.9，居民消费价格指数为102.3（均以上年价格为100）。

市场秩序建设 出台了《烟台市生猪定点屠宰厂（场）设置规划》，确定到2012年底，全市生猪定点屠宰厂（场）总数控制在60个左右，机械化屠宰比例达到80%以上。对8家规模屠宰企业实施远程监管，对进厂查验、宰前停食静养、同步检疫检验、无害化处理、肉品出厂5个环节实行全程监控。加快"放心肉"服务追溯体系建设，年内覆盖5个重点生猪屠宰企业、9个农贸市场、22个超市和200多个连锁店，为市区1 000多个经营业户核发了实名制的肉品流通信息卡。5月份和9月份分别开展了打击私屠滥宰等违法行为和强化畜禽屠宰监管确保肉品质量安全专项整治活动。开通了烟台12312商务投诉举报电话。深入开展打击侵犯知识产权和制售假冒伪劣商品专项行动，制定了专项行动实施方案。

市场体系建设 "万村千乡市场工程"加快建设，全市13个承办企业投资3 200多万元，新建改造900个标准化农家店和4个配送中心。全市销售家电下乡产品53.27万台（件），销售额11.43亿元；汽车、摩托车下乡销售9.61万辆，销售额13.05亿元；实现汽车报废和以旧换新8 657辆；回收旧家电和销售新家电40.4万台，销售额14.96亿元。成立了烟台市旧机动车流通协会，商务、工商、公安、税务等部门对各县市区二手车市场进行了督导检查。成立了烟台市大宗商品中远期交易市场联席会议办公室，制定了规范大宗商品中远期交易市场的实施方案，先后多次对山东鼎丰化肥电子交易市场和栖霞苹果电子交易市场进行现场督导检查。

商贸服务管理 烟台市生活服务网络中心5月30日正式开通运行，服务内容涵盖清洁、清洗、陪护、维修、中介等10大类、140余个家庭服务项目，7月1日顺利通过省有关部门的验收。中心通过整合2 230家生活服务类企业，成为全市规模最大、服务类别最全的生活服务平台。市政府出台了《关于加快再生资源回收体系建设的指导意见》，芝罘区已建成回收站点507个，开发区的烟台绿环再生资源回收利用基地顺利通过财政部、商务部联合评审，获得1 000万元国家财政扶持资金。“早餐示范工程”扎实推进，市区共有主食加工配送中心2个、固定门店（亭）130个、流动餐车150辆。北极星、中亚药业、三环锁业、生生堂药房4家企业荣获“中华老字号”称号；开发区观澜酒店、莱阳丽都大酒店等8家餐饮企业荣膺“国家级酒家酒店”，其中新时代大厦被评为全省首家、全国第二家白金五钻级酒店。

市场运行调节 制定了市生活必需品市场供应突发事件应急预案，与8家重点调度的生活必需品生产、供应企业签订了储备协议，落实了储备商品库存。针对下半年蔬菜价格持续上涨的情况，搞好监测分析，及时做好市场供应保障工作。抓好酒类备案工作，先后办理各类酒类登记备案16家。建立了重点药品流通企业联系制度，对5家规模大、覆盖面广、代表性强的药品经营企业定期进行调度。

【对外贸易】

进出口总额 进出口总额437.8亿美元，比上年的342.9亿美元增长27.7%。

出口总额 出口总额254.8亿美元，比上年的198.3亿美元增长28.5%，占全市GDP 4 358.5亿元（相当于643.8亿美元）的39.6%，占山东省出口额的24.4%，居全省第二位。

进口总额 进口总额183.0亿美元，比上年的144.6亿美元增长26.6%。

出口商品结构 初级产品出口额20.9亿美元，占出口总额的8.2%；工业制成品出口额233.9亿美元，占出口总额的91.8%。

进口商品结构 初级产品进口额31.7亿美元，占进口总额的17.3%；工业制成品进口额151.4亿美元，占进口总额的82.7%。

出口商品市场 出口商品销往199个国家（地区）。

进口商品市场 进口商品来自110个国家（地区）。

烟台市2010年出口额1亿美元以上商品情况表

金额分类	商品名称	出口金额（万美元）	占出口总额比重（%）
10亿美元以上（4种）	电脑及零配件、游戏机、手机、汽车零配件	1 335 598	52.4
5亿—10亿美元（3种）	服装、水海产品、轮胎	266 594	10.5
2亿—5亿美元（8种）	纺织品、电子元器件、电线电缆、鲜干水果、液晶显示板、蔬菜、变流器、铝材	253 246	9.9
1亿—2亿美元（5种）	钢材、船舶、医药品、录放像机、果蔬汁	61 958	2.4
合　计	**20种**	**1 917 396**	**75.3**

烟台市2010年进口额1亿美元以上商品情况表

金额分类	商品名称	进口金额（万美元）	占进口总额比重（%）
10亿美元以上（2种）	集成电路、自动数据处理设备及零部件	663 276	36.2
2亿—10亿美元（16种）	粮食，建筑及采矿用机械及零件，钢材，冻鱼，铜矿砂及其精矿，初级形状的塑料，液晶显示板，天然橡胶，通电保护电路装置及零件，成品油及原油，二极管及类似半导体器件，印刷电路，电视、收音机及无线电讯设备的零件，未锻造的铜及铜材，变压、整流、电感器及零件，金属加工机床	573 050	31.3
1亿—2亿美元（8种）	纺织品、汽车零件、电话机、蓄电池、电容器、废塑料、活塞式内燃机的零件、阀门	110 006	6.0
合　计	**26种**	**1 346 332**	**73.6**

烟台市2010年主要出口市场情况表

国别（地区）	出口金额（万美元）	占出口总额比重（%）	国别（地区）	出口金额（万美元）	占出口总额比重（%）
美　国	610 303	24.0	新加坡	54 827	2.2
韩　国	510 151	20.0	澳大利亚	47 444	1.9
欧　盟	432 063	17.0	巴　西	46 614	1.8
日　本	349 579	13.7	俄罗斯	44 503	1.7
香　港	84 893	3.3	加拿大	33 984	1.3
合　计				**2 214 361**	**86.9**

烟台市2010年主要进口市场情况表

国别（地区）	进口金额（万美元）	占进口总额比重（%）	国别（地区）	进口金额（万美元）	占进口总额比重（%）
韩　国	518 141	28.3	台湾省	76 590	4.2
日　本	284 330	15.5	泰　国	72 234	3.9
马来西亚	99 397	5.4	菲律宾	42 743	2.3
美　国	96 610	5.3	加拿大	27 849	1.5
欧　盟	85 809	4.7	巴　西	26 238	1.4
合　计				**1 329 941**	**72.7**

【利用外资】

烟台市2010年利用外资情况表

利用外资方式	批准签订的合同			实际利用外资	
	项目数（个）	外资金额（万美元）	金额比上年增加（%）	金额（万美元）	金额比上年增加（%）
外商直接投资	**243**	**192 027**	**11.8**	**115 334**	**6.3**
合资企业	41	41 678	-12.9	45 676	-26.4
合作企业	1	1 242		1 436	79.3
外资企业	201	149 107	20.4	64 694	41.6
股份有限公司				3 528	
合　计	**243**	**192 027**	**11.8**	**115 334**	**6.3**

外商直接投资行业　在外商直接投资的243个项目中，生产型项目165项，非生产型项目78项。按行业划分，农业9项、工业165项、第三产业69项。

外商直接投资来源　外商直接投资来自31个国家和地区，比上年增加6个。主要有：香港66项，合同外资额77 659万美元；韩国79项，32 524万美元；台湾省20项，16 448万美元；日本22项，10 538万美元；英属维尔京群岛4项，8116万美元；美国7项，5 761万美元；新加坡7项，5 151万美元；澳大利亚4项，3 855万美元；澳门1项，2 999万美元；加拿大6项，2 436万美元。

外商直接投资企业生产经营情况　2010年共有132家外商投资企业投产，全市投产的外商投资企业累计达到3 465家，2010年完成销售收入4 023.0亿元人民币，利润287.4亿元人民币，税收92.5亿元人民币，出口217.1亿美元，占全市出口总额的85.2%。

【对外经济合作】

对外投资　2010年在境外举办企业30个，投资总额

29 366万美元，其中中方投资额20 613万美元，主要投资在俄罗斯、美国、香港、澳大利亚、新加坡、加拿大、意大利、荷兰、乌干达、坦桑尼亚等10个国家和地区。中俄—托木斯克木材工贸合作区起步区一期工程完成基础设施及其他工程投资7.4亿元，引进企业12家，其中中方控股企业11家。入区企业已有8家投产或试生产，2010年实现营业收入1 100万美元。2010年12月3日引入中国航空技术国际控股有限公司加盟合作区开发建设并展开实际投资。万华实业集团融资12.6亿欧元成功收购匈牙利宝思德公司96%的股权，成为继巴斯夫、拜耳之后全球第三大MDI生产商。该项目是我国企业在匈牙利最大的境外投资项目，被西方主流资本媒体《国际金融评论》评为2010年欧洲、中东、非洲地区年度最佳重组交易。截至2010年底，共有130家企业在境外正常经营，投资总额65 643.4万美元，其中中方投资额52 258万美元。

承包工程与劳务合作 签订对外承包工程和劳务合作合同项目19个，金额20 569万美元，比上年的13 006万美元增长58.1%；完成营业额21 896万美元，比上年的19 538万美元增长12.1%；当年派出劳务人员2 681人次，比上年的2 492人次增长7.6%；年末在外人数6 339人，比上年的6 268人增长1.1%，主要派往日本、韩国、香港等国家和地区；承包工程的主要项目有加纳的房地产开发二期工程项目、俄罗斯的石油钻井平台项目。

【其他】

烟台经济技术开发区 2010年实现GDP 791.2亿元，增长17.1%。地方财政收入30.0亿元，增长30.2%；税收收入100.7亿元，增长35.1%。进出口总额286.7亿美元，增长26.0%。注册外资3.0亿元，增长17.0%；实际利用外资3.4亿美元，增长2.4%。固定资产投资240.0亿元，增长20.4%。2010年，机械制造、电子信息两大产业完成产值1 960亿元；100家企业产值过亿元，5家企业产值突破百亿元；利税过亿元企业23家。

烟台保税港区 2010年7月30日，烟台保税港区（一期）顺利通过由国家海关总署、发改委、商务部等11个部委组成的国务院联合验收组的验收。这是我国唯一一家以出口加工区和临近港口整合转型升级形成的保税港区，也是全国第13家通过正式验收的保税港区。烟台保税港区一期封关区域划分为港口作业区、物流作业区、保税加工作业区等功能区。烟台港是我国沿海主枢纽港、北方地区重要的集装箱支线港，烟台保税港区一期封关区域的码头作业区由10个泊位组成，包括6个集装箱泊位和4个散杂货泊位。2010年烟台保税港区进出口总额202.7亿美元，增长48.4%。完成保税物流货值78.2亿美元，增长48.1%。实现工业总产值924亿元，增长42.7%。

商务洽谈会 9月23日—25日，第四届烟台国际葡萄酒节在烟台隆重召开。本届葡萄酒节以“品牌、文化、合作”为主题，共安排了6大板块、30多项活动，主要采取馆内文化展演与馆外文化活动相结合的方式进行。馆内文化展演通过东西方葡萄酒历史文化展、名人与葡萄酒展、葡萄酒漫画艺术展、葡萄酒邮票展、葡萄酒书画及摄影展、胶东民俗艺术展等一系列展示活动，向世界展示了烟台独具特色的葡萄酒文化魅力。本届葡萄酒节设立展位1 650个，参会重要代表团121个，与会海外客商达3 000余人。葡萄酒节期间，共签约1 000万美元以上外资项目24个，总投资17亿美元，外资额5.1亿美元。

港口运输 烟台市有大中港口10个，其中烟台、龙口、蓬莱、莱州4个为国家一类开放口岸，已与70多个国家和地区的100多个港口直接通航。烟台港拥有各类泊位88个，其中万吨级以上深水泊位45个。2010年沿海港口货物吞吐量20 852.5万吨，增长23.2%，其中集装箱货物吞吐量154.1万标箱，增长10.0%。烟台成为全国第10个港口吞吐量突破2亿吨的沿海城市。

涉外旅游 接待海内外游客3 318.7万人次，增长18.4%；旅游总收入331.2亿元，增长21.2%。接待海外游客47.2万人次，增长17.7%；外汇收入3.8亿美元，增长21.3%。

2010年河南省商务发展概况

河南省商务厅

河南省商务厅厅长

李清树　生于1952年9月，河南省柘城县人。汉族。河南大学外语系毕业，中共党员，高级经济师。曾任河南省土产品进出口公司总经理；河南省对外贸易经济合作厅副厅长、常务副厅长、厅长，党组书记。2003年11月任河南省商务厅厅长、党组书记。

【国内贸易】

社会消费品零售总额　2010年河南省社会消费品零售总额7 893.46亿元，比上年的6 746.38亿元增长17.00%。其中，城镇6 796.15亿元，乡村1 097.31亿元。按行业分：批发业904.25亿元，零售业5 886.53亿元，住宿业79.61亿元，餐饮业1 023.07亿元。

市场秩序建设　全省市场监管工作扎实有效开展，流通领域市场监管公共服务体系框架基本确立，截至2010年底，全省18个省辖市和5个县市进入部级重点推进单位，45个县市进入省级重点推进单位。全省30多个县（市）启动市场监管公共服务体系建设工作，继续保持全国领先位次。全省生猪屠宰企业审核换证工作基本结束，换证后屠宰企业总数约1 290家。“诚信经营”示范创建活动取得明显成效，受到了商务部的肯定。目前，全省汽车摩托车服务业商会、物流协会、汽车工业协会、酒业协会、美发美容协会、肉类协会、商业行业协会、婚庆服务业协会等共评选出6家“诚信经营示范市场”、210家“诚信经营示范企业”、105家“诚信经营示范店”，评选出的示范单位和企业已录入商务部中国反商业欺诈网诚信经营示范企业榜。

市场体系建设　2010年，河南省委、省政府把家电下乡、汽车摩托车下乡和汽车以旧换新列入关系人民群众切身利益的十大民生工程。2010年，全省累计销售家电下乡产品近1 000万台（件），较2009年增加了100%，发放补贴资金27亿多元，实现销售金额近220亿元。自实施家电下乡以来，累计销售家电下乡产品近1 600万台（件），实现销售金额近320亿元，向农民发放补贴资金近40亿元。家电下乡产品销售已占河南农村家电消费的90%以上，家电下乡政策已使1 000多万农户受益，接近河南省全部农户数量的一半。

实施汽车摩托车下乡和汽车以旧换新，拉动了城乡汽车消费。2010年，销售汽车摩托车72万多辆，销售金额近160亿元，发放补贴资金近18亿元，回收老旧汽车和“黄标车”达到2万多辆。自汽车摩托车下乡和汽车以旧换新工作以来，已累计销售汽车摩托车113万辆，实现销售金额240多亿元，发放补贴资金近25亿元。

“万村千乡市场工程”进展顺利。2010年，各地新建和改造农家店6 442个，全省累计共新建和改造农村连锁超市超过50 000个，居全国第一，覆盖了全省90%以上的行政村，使6 000多万农民受益。

稳步推进“双百市场工程”和“农超对接”。2010年，两项目共投资3.76亿元，完成了农产品批发市场升级改造项目38个，县乡农贸市场“退市还路”及改造项目23个，“农超对接”项目27个，农产品专业合作农残检测及品牌建设项目22个。新增农产品销售10亿元，新增覆盖农户数11.8万户，带动新增就业2万余人。郑州市、商丘市、周口市被列入国家农产品现代流通网络建设试点城市。

商贸服务管理　继续开展社区“双进工程”，全年共评出省级社区商业示范社区32家，推荐8家为国家级社区商业示范社区。积极推进放心早餐工程建设。18个省辖市中，郑州、洛阳、南阳、安阳、商丘、漯河、平顶山、新乡、信阳、开封、焦作、鹤壁、许昌等13个省辖市累计建成主食加工配送中心18个，建设早餐经营网点1 500个，日供生产能力260万份，安排就业6 500多人。已经开业运营的大型早餐企业，实现了早餐经营规模化、规范化，基本解决了城市居民吃放心早餐问题。家电以旧换新工作开局良好，全省销售新家电340 655台、销售金额126 648.5万元；共回收五类旧家电364 793台、回收金额722.89万元，销售量位居全国第3位。成品油市场管理进一步加强，建立了商贸统计联络员制度，建立了责权明确的监督约束工作运转流程和限时办结制等制度。全年共审批新建成品油零售企业136家。

市场运行调节 努力抓好蔬菜、猪肉等民生敏感商品的应急保供，推动建立市级越冬蔬菜储备和猪肉储备。定期更新生活必需品市场供应应急手册信息，准确掌握全省65家应急食品征购企业、213家应急商品投放企业、64家国家应急商品数据库企业及各地应急保供组织相关信息变化情况，确保真实可靠、应急无误。市场监测和商务预报工作继续保持了全国领先地位，实现6连冠。全省样本企业1 836家，全年生活必需品系统上报率100%、及时率99.9%；生产资料系统、农村百县系统上报率、及时率均为100%；重点流通系统上报率、及时率均为99.8%。推进酒类溯源和备案登记制度，全省酒类经营企业商户备案登记7.1万个，使用《随附单》的批发企业达到1.5万家，随附单发放656万份，均居全国首位；加强“东桑西移”工程项目管理，指导龙头企业启动鲜茧收购保护价，维护了桑农利益和桑园面积的基本稳定。

【对外贸易】

进出口总额 进出口总额177.92亿美元，比上年的134.77亿美元增长32.02%。

出口总额 出口总额105.34亿美元，比上年的73.46亿美元增长43.39%，占全省GDP 2.2万亿元（相当于3 348.55亿美元）的3.15%，占全国出口额的0.67%。

进口总额 进口总额72.57亿美元，比上年的60.92亿美元增长19.12%。

出口商品结构 初级产品出口额9.26亿美元，占出口总额的8.28%；工业制成品出口额96.08亿美元，占出口总额的91.2%。

进口商品结构 初级产品进口额46.83亿美元，占进口总额的64.5 %；工业制成品进口额25.75亿美元，占进口总额的35.5%。

出口商品市场 出口商品销往192个国家和地区。

进口商品市场 进口商品来自112个国家和地区。

技术进出口 签订引进技术进口合同备案55项，合同金额达26 686.37万美元。

服务贸易 服务贸易进出口总额为10.91亿美元，增长65.1%。其中，出口额6.54亿美元，增长109.1%；进口额4.37亿美元，增长25.5%。较大的项目主要集中在建筑安装及劳务承包服务、运输、旅游等劳动密集型项目上，而金融、保险、计算机信息服务、技术咨询、专有权利和特许等技术密集型高附加值服务产业发展速度相对缓慢。

河南省2010年出口额3 000万美元以上商品情况表

金额分类	商品名称	出口金额（万美元）	占出口总额比重（%）
1亿美元以上（21种）	人发制品，轮胎，服装及衣着附料，钢材，未锻造的铝及铝材，未锻造的铜及铜材，银及银制品，蔬菜，二极管及类似半导体器件，陶瓷产品，汽车和汽车底盘，人造刚玉，毛皮制品，医药品，干蔬菜，汽车零件，家具，珍珠、宝石及半宝石，鞋，钛白粉，旅行用品及箱包	579 010	54.96
5 000万—1亿美元（11种）	纸及纸板，棉机织物，摩托车及自行车的零件，未曝光摄影感光影片及平面软片，内燃机及其发动机零件，猪，塑料制品，碳化物，电线和电缆，人造冰晶石，冷藏箱、冷冻箱及其他制冷设备	80 134	7.61
3 000万—5 000万美元（11种）	地毯，手用或机用工具，铁合金，锯材，鲜、冻猪肉，玻壳，含氧基氨基化合物，三聚氰胺，饲料添加剂，电视机、收音机及无线电讯设备的零附件，黏土及其他耐火矿物	39 580	3.76
合　计	**43种**	**698 724**	**66.33**

河南省2010年进口额3 000万美元以上商品情况表

金额分类	商品名称	进口金额（万美元）	占进口总额比重（%）
1亿美元以上（14种）	铁矿砂，铅矿砂，大豆，未锻造铜及铜材，橡胶及制品，木浆，绵羊或羔羊生皮，金属加工机床，成品油，锌矿砂，二极管及类似半导体器件，初级形状的塑料，人发制品，棉花	518 972	71.51
3 000万—1亿美元（18种）	金属轧机及零件，汽车零件，食用植物油，计量检测分析仪器，活塞式内燃发动机，化学木浆及溶解液，氧化铝，医疗仪器及机械，制造纸及纸制品用机械，纺织机械，珍珠、宝石及半宝石，木薯干，锰矿砂，食品加工机械，阀门，铬矿砂，通断及保护电路装置，橡胶或塑料加工机械	99 425	13.70
合　计	**32种**	**618 397**	**85.21**

河南省2010年主要出口市场情况表

国别（地区）	出口金额（万美元）	占出口总额比重（%）	国别（地区）	出口金额（万美元）	占出口总额比重（%）
欧　盟	172 413	16.37	日　本	47 554	4.51
美　国	164 344	15.60	印　度	37 530	3.56
东　盟	102 416	9.72	台湾省	28 370	2.69
香　港	64 280	6.10	俄罗斯	27 657	2.63
韩　国	53 615	5.09			
合　计				**698 179**	**66.27**

河南省2010年主要进口市场情况表

国别（地区）	进口金额（万美元）	占进口总额比重（%）	国别（地区）	进口金额（万美元）	占进口总额比重（%）
澳大利亚	123 780	17.06	东　盟	55 250	7.61
欧　盟	93 710	12.91	印　度	38 911	5.36
日　本	74 806	10.31	俄罗斯	30 904	4.26
美　国	67 681	9.33	南　非	17 856	2.46
巴　西	64 970	8.95	韩　国	15 099	2.08
合　计				**582 967**	**80.33**

河南省2010年服务贸易进出口情况表

行　业	出　口		进　口	
	金额（万美元）	同比（%）	金额（万美元）	同比（%）
运输	2 513.4	64.9	5 477.3	-37.5
旅游	1 652.7	30.9	1 021.9	51.5
通信服务	44.5	-15.3	1.9	131.7
建筑、安装及劳务承包服务	31 909.6	63.5	8 195.7	2.4

河南省2010年服务贸易进出口情况表（续）

行业	出口		进口	
	金额（万美元）	同比（%）	金额（万美元）	同比（%）
保险	13.8	-93.9	17.5	-71.3
金融服务	2.5	-72.1	119.6	-35.0
计算机和信息服务	109.1	-48.7	87.9	-67.9
专有权利使用费和特许费	110.6	135.3	1 932.0	-21.7
体育、文化和娱乐服务	23.2	-68.5	43.8	-75.7
别处未提及的政府服务	0.1	550.0	0.1	12.5
其他商业服务	29 044.6	247.4	26 755.7	88.8
合　计	**65 424.2**	**109.1**	**43 653.3**	**25.5**

【利用外资】

河南省2010年利用外资情况表

利用外资方式	批准签订的合同			实际利用外资	
	项目数（个）	外资金额（万美元）	金额比上年增长（%）	金额（万美元）	金额比上年增长（%）
外商直接投资	**362**	**578 385**	**17.54**	**624 669**	**30.18**
合资企业	118	145 024	-15.64	191 196	16.61
合作企业	27	43 971	-18.74	58 545	116.65
外资企业	216	386 082	45.73	366 770	28.89
其他	1	3 308	199.09	8 158	88.67

外商直接投资行业　外商直接投资项目涉及17个行业。按行业分：制造业199个，合同外资金额33.46亿美元；农、林、牧、渔业38个，合同外资金额4.59亿美元；电力、煤气及水的生产和供应业10个，合同外资金额3.15亿美元；建筑业4个，合同外资金额1.21亿美元；交通运输、仓储和邮政业6个，合同外资金额1.49亿美元；批发和零售业22个，合同外资金额2.43亿美元；房地产业15个，合同外资金额3.0亿美元；科学研究和综合技术服务业17个，合同外资金额1.92亿美元；住宿和餐饮业3个，合同外资金额1 842万美元。

外商直接投资来源　全省外商直接投资来源涉及37个国家和地区，主要集中在香港、台湾、英属维尔京群岛及美国等地区和国家。其中新批港资项目220个，实际到位资金42.3亿美元，分别占全省总数的60.8%和67.8%。引进港资企业数及实际到位均位居首位。新批台湾地区投资项目39个，实际到位资金3.5亿美元。新批英属维尔京群岛项目19个，实际到位资金4.6亿美元。新批美国投资项目15个，实际到位资金1.3亿美元。

【对外经济合作】

对外投资　2010年共核准境外投资项目92个，中方协议投资额5.31亿美元，比上年的3.68亿美元增长44.29%。境外资源开发和地质勘探为投资热点，共核准15家资源开发和地质勘探类境外企业，中方企业协议出资3.05亿美元，占中方协议出资总额的57.44%，境外企业主要分布在亚非国家。

承包工程和劳务合作　签订对外承包工程和劳务合同额25.26亿美元，比上年的17.00亿美元增长48.59%；完成营业额23.23亿美元，比上年的17.89亿美元增长29.85%；外派劳务60 394人次，比上年的49 247人次增长22.63%。全省所涉及的承包工程和劳务合作项目的国家与地区主要集中在亚洲、非洲和拉丁美洲。新签合同额排名前5位的国家和地区为：沙特阿拉伯、危地马拉、坦桑尼亚、苏丹、越南。完成营业额排名前5位的国家和地区为：

沙特阿拉伯、坦桑尼亚、苏丹、莫桑比克、刚果（金）。派出人数排名前5位的国家和地区为：新加坡、沙特阿拉伯、日本、利比亚、苏丹。

对外经济技术援助 全年承接对外援助项目共计18个。其中，援外物资项目4个，援外成套项目11个、援外培训项目3个。其主要项目有：宇通集团有限公司援助古巴提供6台采血车项目，宇通集团有限公司援助瓦努阿图提供4辆8米礼宾车项目，宇通集团有限公司援助塞舌尔10辆30座公交车项目，豫光金铅有限公司援助古巴吸污垃圾车项目，中铁七局集团有限公司援助塞内加尔儿童医院项目，海华监理有限公司援助坦桑尼亚农业技术示范中心项目，海华监理有限公司援助安哥拉国际关系学院项目，海华监理有限公司援助也门国家大图书馆项目，海华监理有限公司援助塞内加尔体育场维修项目。

接受经济援助 全年接受国际多双边援助项目共计11个。按援助项目类型划分，主要集中在方案援助、项目援助和技术援助项目三大类，其中，方案援助类项目1个，项目援助类4个，技术援助类项目6个。其主要项目有：2010年联合国儿童基金会在河南省商丘市宁陵县的LARC项目；日本援助新县郭家河乡农村饮用水建设项目；日本援助光山县南向店王母观农林专业合作社饮水工程项目；“中日人才培养奖学金（JDS）项目”等。

【其他】

开发区 2010年，经国务院批准河南省漯河、鹤壁、开封和许昌经济开发区升级为国家级经济技术开发区。加上已有的郑州经济技术开发区，至此，全省国家级经济技术开发区达到5个，位居中西部地区前列。

郑州经济技术开发区完成GDP 68亿元，工业总产值完成130亿元，规模以上工业增加值完成28亿元，全社会固定资产投资完成93.5亿元，财政总收入完成23.2亿元，财政一般预算收入完成7.4亿元，实际利用外资2.8亿美元进出口总额5.3亿美元。

许昌经济开发区工业产值202.3亿元，固定资产投资完成37.18亿元，完成进出口额4.94亿美元，全年实际利用外资2 461万美元，实际引进省外资金7.1亿元。签约项目32个，签约金额58.65亿元，其中，上亿元项目17个。

鹤壁经济技术开发区工业总产值120亿元，到位省外资金26亿元，完成出口额8 300万美元。

开封经济技术开放区财政总收入13.57亿元，完成一般预算收入1.62亿元。完成规模以上工业企业总产值120.94亿元，完成社会消费品零售总额39.56亿元，完成固定资产投资92.04亿元；完成进出口额2 581万美元，其中出口创汇1 705万美元，引进投资在3 000万以上的项目41个，实际到位资金79.06亿元，实际利用外资2 200万美元。

漯河经济技术开发区规模以上工业企业实现主营业务收入550亿元、增加值80亿元、利税60亿元，分别比上年增长32.1%、25.5%和33%。经济主要发展指标的绝对量和增速在全省开发区中继续保持前列位置。全年共签订合同类项目53个，总投资135亿元。48个项目开工建设，其中投资5亿元以上项目3个，投资亿元以上项目21个；利用省外资金16.6亿元，合同利用外资5 929万美元，实际利用外资8 580万美元。

保税区 2010年10月24日，郑州综合保税区获国务院批准，成为中部地区唯一的综合保税区，河南经济从此拥有了接轨世界的大平台。

出口加工区 2010年，郑州出口加工区新登记注册项目17个，完成固定资产投资10.9亿元，是2009年的27倍。实际利用外资1 284万美元，完成进出口额4.2亿美元，增长90%。其中出口额2.5亿美元，增长89%。实现工业增加值3亿元，增长73%；实现工业产品销售收入11.1亿元，增长84%。

商务洽谈会 第六届河南投洽会于8月26日—28日在郑州召开。本届投洽会共签约项目351个，总投资1 773亿元人民币，合同金额1 426亿元人民币，项目涵盖高新技术、机械制造、基础设施、金融投资、纺织、医药、现代服务业等多个行业和领域。

涉外旅游 接待入境旅游人数146.84万人次，比上年增长16.72%；旅游外汇收入4.99亿美元，比上年增长15.2%。

2010年湖北省商务发展概况

湖北省商务厅

周先旺

湖北省商务厅厅长

周先旺　生于1963年11月，土家族，湖北省建始县人。大学学历。现任湖北省商务厅厅长、党组书记，湖北省利用外资管理委员会办公室主任，湖北省对外开放领导小组办公室主任。历任湖北省建始县副县长，共青团恩施州委书记，宣恩县委副书记、县长，恩施州副州长（其间，挂职中国银行总行任资产负债部副总经理）；恩施州委副书记、州长。中共湖北省委第九届委员会委员，第十届、第十一届全国人大代表。

【国内贸易】

社会消费品零售总额　2010年湖北省社会消费品零售总额6 719.44亿元，比上年的5 928.4亿元增长19.0%。按地域分，城镇5 643.33亿元，增长19.6%，占社会消费品零售总额的84.0%；农村1 076.11亿元，增长15.8%。按行业分，批发业663.17亿元，增长28.8%；零售业5 318.39亿元，增长18.5%；住宿和餐饮业737.88亿元，增长14.7%。

批发零售贸易业商品销售总额　批发零售贸易业商品销售总额5 981.56亿元，比上年的4 879.2亿元增长22.6%。

市场物价　商品零售价格指数为103.1，其中城市103.0，农村103.4；居民消费价格指数为102.9，其中城市102.8，农村103.1。

市场体系建设　截至2010年底，全省累计新建和改造农家店约25 000家，其中村级店19 000多家（日用品消费店14 000多家），日用消费品农家店乡镇覆盖率达到96%，行政村覆盖率达到62.3%。累计支持建设日用品和农资配送中心100多个。

【对外贸易】

进出口总额　进出口总额259.1亿美元，比上年的172.3亿美元增长50.2%。

出口总额　出口总额144.4亿美元，比上年的99.8亿美元增长44.7%，占全国出口额的0.92%。

进口总额　进口总额114.7亿美元，比上年的72.5亿美元增长58.1%。

技术进出口　2010年共办理技术出口合同登记5个，合同金额699万美元，增长255.4%；办理技术进口合同登记142个，合同金额28 370.9万美元，下降21.48%。

湖北省2010年出口额2 000万美元以上商品情况表

金额分类	商品名称	出口金额（万美元）	占出口总额比重（%）
1亿美元以上（12种）	机械设备	250 813	17.4
	船舶	202 469	14.0
	电器及电子产品	201 807	14.0
	化学工业及相关产品	185 063	12.8
	服装及衣着附件	120 603	8.4
	钢材	87 998	6.1
	汽车及汽车零部件	65 752	4.6
	蔬菜	52 868	3.7
	纺织纱线及制品	44 022	3.0
	干香菇及蘑菇罐头	36 332	2.5
	蓄电池	17 713	1.2
	仪器仪表	17 362	1.2
	未锻造铝及铝材	16 733	1.2
5 000万—1亿美元（4种）	淡水小龙虾	9 988	0.7
	家具及其零件	7 164	0.5
	塑料制品	7 007	0.5
	鞋类	6 796	0.5
2 000万—5 000万美元（3种）	烟草	4 058	0.3
	天然蜂蜜	3 808	0.3
	活猪	2 468	0.2

湖北省2010年进口额2 000万美元以上商品情况表

金额分类	商品名称	进口金额（万美元）	占进口总额比重（%）
1亿美元以上（16种）	机械设备	253 187	22.1
	铁矿砂及其精矿	249 325	21.7
	电器及电子产品	193 194	16.9
	集成电路及其零件	165 776	14.5
	汽车零件	94 216	8.2
	仪器仪表	82 622	7.2
	计量检测仪及零件	39 310	3.4
	铜矿砂及其精矿	35 393	3.1
	钢材	20 994	1.8
	通断电保护装置	18 986	1.7
	金属加工机床	18 021	1.6
	液晶显示板	16 774	1.5
	初级形状的塑料	15 232	1.3
	活塞式内燃机零件	11 549	1.0
	未锻造铝及铝材	11 038	1.0
	机械搬运设备及零件	10 178	0.9
2 000万—1亿美元（4种）	棉花	8 176	0.7
	焊接机器及零件	7 712	0.7
	手持无限电话机	5 919	0.5
	金属轧机及零件	2 188	0.2

湖北省2010年主要出口市场情况表

国别（地区）	出口金额（万美元）	占出口总额比重（%）	国别（地区）	出口金额（万美元）	占出口总额比重（%）
美　国	188 953.2	13.1	巴　西	25 545.0	1.8
香　港	125 848.7	8.7	澳大利亚	20 853.9	1.4
印　度	77 073.4	5.3	台湾省	19 580.8	1.4
日　本	68 392.0	4.7	比利时	19 001.4	1.3
韩　国	67 068.5	4.6	西班牙	13 361.6	0.9
德　国	65 894.7	4.6	法　国	13 025.7	0.9
荷　兰	41 157.9	2.8	智　利	10 443.5	0.7
新加坡	34 268.4	2.4	南　非	9 076.1	0.6
英　国	27 342.0	1.9	加拿大	7 931.1	0.5
意大利	25 610.7	1.8			

湖北省2010年主要进口市场情况表

国别（地区）	进口金额（万美元）	占进口总额比重（%）	国别（地区）	进口金额（万美元）	占进口总额比重（%）
日　本	216 074.8	18.8	智　利	18 353.8	1.6
澳大利亚	163 200.2	14.2	意大利	14 115.6	1.2
德　国	84 653.9	7.4	英 国	10 174.3	0.9
美　国	77 944.4	6.8	印 度	10 112.4	0.9
韩　国	70 463.3	6.1	芬 兰	9 842.0	0.9
台湾省	61 072.9	5.3	新加坡	8 816.8	0.8
法　国	59 317.4	5.2	香 港	7 130.9	0.6
加拿大	35 079.3	3.1	荷 兰	4 082.2	0.4
巴　西	31 018.9	2.7	西班牙	3 880.2	0.3
南　非	24 821.7	2.2	比利时	2 946.3	0.3

【利用外资】

湖北省2010年利用外资情况表

利用外资方式	批准项目数（个）			实际利用金额（万美元）		
	2010年	2009年	2010年增长率（%）	2010年	2009年	2010年增长率（%）
外商直接投资	**306**	**268**	**14.18**	**405 015**	**365 766**	**10.73**
中外合资企业	108	86	25.58	132 679	122 227	8.55
中外合作企业	5	16	-68.75	3 319	21 117	-84.28
外资企业	193	165	16.97	235 498	198 474	18.65
股份有限公司		1	-100.00	33 519	23 948	39.97
外商其他投资				**59 853**	**97 039**	**-38.32**
对外发行股票					16 191	-100.00
国际租赁				31 205	26 186	19.17
加工装配				28 648	54 662	-47.59
对外借款				**6 719**	**6 000**	**11.98**
国际金融组织贷款				6 719	6 000	11.98
合　计	**306**	**268**	**14.18**	**471 587**	**468 805**	**0.59**

湖北省2010年外商直接投资来源情况表

国别（地区）	项目数（个）	合同外资（万美元）	实际外资（万美元）
合　计	**306**	**278 627**	**405 015**
香　港	150	143 997	199 246
英属维尔京群岛	13	3 761	74 500
投资性公司	9	41 083	16 686
日　本	14	23 551	16 222
法　国	4	3 234	11 992
荷　兰	1	576	11 890
美　国	22	827	9 931
新加坡	13	16 635	9 416
丹　麦	1	9 886	9 182
意大利	2	180	8 402

湖北省2010年外商直接投资产业情况表

产业类别	本期批准外资情况			实际外资（万美元）
	项目数（个）	合同外资		
		金额（万美元）	比重（%）	
合　计	**306**	**278 627**	**100.00**	**405 015**
第一产业	18	8 488	3.05	4 544
第二产业	154	188 703	67.73	260 458
第三产业	134	81 436	29.22	140 013

【对外经济合作】

承包工程和劳务合作　2010年湖北省对外经济合作业务完成营业额327 164万美元，比上年增长73.1%；其中，对外承包工程完成营业额25.6亿美元，占全省外经完成营业额的97.3%，增长80%；对外承包工程新签合同额52.7亿美元，占全省外经新签合同额的98.9%，增长60.8%。外派劳务1.52万人次，增长21.6%；其中外派海员2 794人，增长7%。

对外投资　2010年新核准境外投资企业和机构62家，协议投资总额2.79亿美元，比上年增长1.5倍，其中中方投资2.5亿美元，增长144.8%。其中，新核准境外企业49家，增长61.3%，协议投资额在500万美元以上的项目有14个，协议投资额2.2亿美元，占全省协议投资总额的78.9%，协议投资额超过1000万的重大项目有7个，协议投资总额达1.7亿美元，占全省协议投资总额的60.9%。

【其他】

商务洽谈会　“2010中国湖北—日本经贸联谊会”于2010年3月21日至23日在武汉举行。这次活动本着“赏樱花、品文化、叙友情、谈合作”的目的，采取高层会见与专题对接相结合、集中活动与分散活动相结合、经贸洽谈与文化交流相结合、合作考察与参观游览相结合的方式，集中宣传湖北省投资环境，全面介绍湖北省兴业商机。此次活动共有156位客商最终参会，日驻华使馆商务参赞岩永先生，日中经济协会理事长清川佑二先生以及日本第一大钢铁生产商新日本制铁株式会社中国总代表林岳志先生等一大批重量级客商参会，大大超过了原定的60人规模，其中日本本土客商40人，北京、上海客商42人，湖北省日资企业高管74人。参会的客商涉及能源、钢铁、金融、汽车、物流、电子及信息等多个领域，其中世界500强企业11家，知名商协会7家，知名日资企业45家，金融机构4家。

港口运输　2010年，全省口岸完成外贸货运量1 826.8万吨，增长82.3%。口岸集装箱完成吞吐量24.7万标箱，增长21.7%。

涉外旅游　2010年入境旅游人数181.74万人次，增长36.2%。国际旅游外汇收入7.5亿美元，增长47.2%。

2010年武汉市商务发展概况

武汉市商务局

林肖滨

武汉市商务局局长

林肖滨　生于1954年2月，福建省福州市人。1972年4月参加工作，1977年1月加入中国共产党，中央党校大学毕业，现任中共武汉市委委员，市商务局（市口岸办）党组书记、局长（主任），是湖北省第十届、第十一届人大代表。历任中共武汉市江汉区委组织部副部长、区委常委、组织部长、区委副书记、代区长、区长、区委书记、区人大常委会主任，中共武汉市商业工委书记、市商委主任，武汉市商业局党组书记、局长。曾荣获全国科技兴区先进个人、武汉市“五一”劳动奖章等荣誉。

【国内贸易】

社会消费品零售总额　2010年湖北省武汉市社会消费品零售总额2 523.2亿元，比上年2 111.65亿元增长19.5%。按行业分，批发和零售业2 265.59亿元，住宿和餐饮业257.61亿元。

批发和零售贸易业企业商品购、销、存总额　批发和零售贸易业企业商品销售总额2 265.59亿元，比上年的1 881.8亿元增长20.4%。其中，限额以上企业1 217.36亿元，限额以下企业1 048.32亿元。

市场物价　商品零售价格指数为103.1（以上年价格为100）。

市场秩序建设　推动餐饮品牌化发展，成为“中部美食之都”。颁布“武汉老字号”的认证办法，制定了扶持老字号企业发展政策；蔡林记新建主食加工配送中心，营业网点达到5个；大中华、老通城等企业恢复经营。制发4部服务行业规范，促进了企业规范经营。开通了武汉家庭服务网络中心，8家家政服务企业列入商务部、财政部重点扶持企业行列，新增连锁门店400家。培训服务人员近5 000人，深受广大市民欢迎。

市场体系建设　加快城乡流通网络和服务体系建设，现代流通业态加快发展。全年完成商业固定资产投资188亿元，同比增长32.4%，消费环境得到进一步改善。以服务大众消费和培育高端消费、时尚消费为中心，加快提升商业中心和重点区域商业中心服务功能，汉口北国际商品交易中心、家具CBD、四季美农贸城、五洲建材城、菱角湖万达商城、武汉摩尔城相继开业，武商摩尔城、宜家销品茂等重点项目启动建设，街道口、王家湾、吉庆街等特色商业街区建设改造稳步推进。农村流通网络建设取得成效。全年新建农家店859家，新建乡镇配送中心14个，农家店实现了乡镇全覆盖。流通新业态快速发展。全市连锁经营企业实现销售额1 058.9亿元，占社零额42%。以商务部确定武汉为流通领域现代物流示范城市为契机，全市商贸企业整合物流资源，配送能力明显提升。商贸控股和九州通医药集团被评审为“5A”级物流企业，武商集团庙山物流配送中心、武汉汉鹏物流配送中心二期工程、白沙洲冷库二期工程建成，国药控股湖北物流配送中心等项目建设进展顺利。电子商务取得新进展。网上购物公司快速发展，网络消费活跃。汉正街网上专业市场与实体市场对接，注册用户突破6 000户，开设网上专业市场13个。

商贸服务管理　加大商贸服务管理力度，实施消费促进政策。设立家电下乡销售网点907个，家电下乡商品扩展到10大类，全年销售额达8.5亿元，同比增长210%。销售家电以旧换新商品18.7万余台，销售额达6.56亿元，回收旧家电19.5万台。受理汽车以旧换新车辆4 600台，拉动新车消费7.4亿元。二手车交易8.74万台，交易额38.76亿元，回收拆解报废汽车7 000余台。通过落实消费促进政策，不仅扩大了即期消费，也有效地带动了循环经济发展。

营造浓郁消费氛围。商贸流通企业优化商品结构，创新营销方式，积极开展节日促销、展会促销、旅游促销，取得良好的销售业绩。食博会、汉交会、武汉购物节取得圆满成功，形成扩大消费的良好氛围。全年组织农超对接等活动15次，签订名优特农产品购销协议139亿元，市民“菜篮子”商品日益丰富。生活服务业消费明显提升。

市场运行调节 加快推进“早餐工程”建设，新增放心早餐车409辆。实施放心豆制品工程，新建2家大型骨干合格豆制品加工企业，全市放心豆制品企业的市场供应量达到日需求量的70%。大力推进“放心肉”服务体系建设，严厉打击私屠滥宰，改造7家远城区乡镇屠宰厂，牲畜屠宰和肉品流通秩序得到进一步规范。酒类专卖、成品油经营、典当、拍卖、直销行业规范经营水平得到提高。积极探索药品流通行业管理，开拓了药品流通行业发展新思路。强化行业诚信经营工作，进一步完善食品经营管理制度，保障了安全消费、放心消费。精心组织落实重要商品储备，市场调控能力明显增强。武汉市商务局荣获商务部“全国市场监测分析工作先进单位”称号。

【对外贸易】

进出口总额 进出口总额1 805 506万美元，比上年的1 147 256万美元增长57.6%。

出口总额 出口总额875 415万美元，比上年的582 523万美元增长50.3%。

进口总额 进口总额930 092万美元，比上年的564 733万美元增长65.1%。

出口商品市场 出口商品销往191个国家（地区）。

服务贸易 软件及服务外包收入281亿元，增长15.6%，服务外包出口2.1亿美元，增长12%。

武汉市2010年主要出口市场情况表

国别（地区）	出口金额（万美元）	占出口总额比重（%）	国别（地区）	出口金额（万美元）	占出口总额比重（%）
美国	124 050	14.17	澳大利亚	14 474	1.65
香港	79 475	9.08	巴西	13 135	1.50
德国	49 924	5.70	台湾省	10 685	1.22
韩国	39 545	4.52	比利时	9 251	1.06
日本	29 454	3.36	西班牙	7 747	0.88
印度	27 501	3.14	法国	6 749	0.77
新加坡	26 552	3.03	南非	5 811	0.66
荷兰	22 896	2.62	智利	4 323	0.49
英国	18 120	2.07	加拿大	3 212	0.37
意大利	17 900	2.04			
合计				510 804	58.33

武汉市2010年主要进口市场情况表

国别（地区）	进口金额（万美元）	占进口总额比重（%）	国别（地区）	进口金额（万美元）	占进口总额比重（%）
日本	190 578	20.49	芬兰	9 620	1.03
澳大利亚	143 794	15.46	英国	8 092	0.87
韩国	61 981	6.66	意大利	7 990	0.86
德国	61 594	6.62	印度	7 287	0.78
法国	55 211	5.94	新加坡	6 329	0.68
台湾省	53 993	5.81	荷兰	3 053	0.33
美国	53 982	5.80	香港	2 115	0.23
加拿大	27 432	2.95	西班牙	1 935	0.21
南非	24 640	2.65	比利时	1 605	0.17
巴西	22 751	2.45			
合计				743 982	79.99

武汉市2010年出口额1 000万美元以上商品情况表

金额分类	商品名称	出口金额（万美元）	占出口总额比重（%）
1亿美元以上（12种）	船舶、微型电脑主机、钢材、显示器、服装及衣着附件、汽车及零部件、印刷电路、数码照相机、蓄电池、成品油、纺织纱线及制品、微型机（整机）	630 012	72.1
5 000万—1亿美元（5种）	二极管及类似半导体器件、医药品、光传输设备、硅、电线和电缆	32 670	3.7
1 000万—5 000万美元（4种）	液晶显示板、金属加工机床、集成电路、其他	156 382	17.9
合　计	**21种**	**819 064**	**93.7**

武汉市2010年进口额1 000万美元以上商品情况表

金额分类	商品名称	进口金额（万美元）	占进口总额比重（%）
1亿美元以上（12种）	铁矿砂及其精矿、汽车零部件、集成电路、计量检测仪及零件、钢材、船舶用柴油机、液晶显示板、通断电保护装置、金属加工机床、成品油、自动数据处理设备及部件、初级形状的塑料	561 584	60.40
5 000万—1亿美元（4种）	活塞式内燃机零件、机械搬运设备及零件、钢铁制标准紧固件、光纤预制棒、手持无线电话机	39 561	4.30
1 000万—5 000万美元（2种）	活塞式内燃机零件、机械搬运设备及零件、钢铁制标准紧固件、光纤预制棒、手持无线电话机、阀门、食用植物油	241	0.03
合　计	**18种**		

【利用外资】

武汉市2010年利用外资情况表

利用外资方式	批准签订的合同			实际利用外资	
	项目数（个）	金　额（万美元）	比上年（%）	金额（万美元）	比上年（%）
一、外商直接投资	146	333 879	-5.0	245 031	12.7
（一）新设外商投资企业	146	124 328	9.6	245 031	12.7
（1）中外合资企业	38	36 566		79 375	
（2）中外合作企业	2	390		5 783	
（3）外资企业	106	87 372		145 306	
（4）外商投资股份有限公司				14 567	
（二）外商投资企业增资		105 748	18.7		
（三）其他投资		103 803	-30.4		
二、外商其他投资	12	70 686	0.7	63 186	-10.0
国际租赁	7	52 500		45 000	
加工装配	5	18 186		18 186	
三、对外借款	5	58 300		21 048	250.8
合　计	**163**	**462 865**	**4.8**	**329 265**	**12.2**

【对外经济合作】

对外投资 2010年核准境外投资企业和机构30家，比上年增加23家；投资总额1.11亿美元，增长183.4%。

承包工程和劳务合作 对外承包工程及劳务合作新签合同额19.16亿美元，比上年增长169.6%；完成营业额12.23亿美元，增长113.37%。

武汉市2010年大型企业（含中央在汉企业）在国外执行的主要工程项目表

序　号	单位名称	项目名称	完成营业额（万美元）
重点外经企业			75 914
1	中铁大桥局集团有限公司	孟加拉国卡拉夫里三桥、南非瓦尔河引水子系统扩建工程等	3 800
2	中交第二航务工程局有限公司	卡拉奇国际集装箱码头堆场三期项目、越南西贡码头堆场项目等	31 783
3	中国五环化学工程公司	越南金瓯化肥厂45万吨合成氨尿素项目、突尼斯日产1 200吨磷酸项目及氟回收装置合同等	11 000
4	华中电力国际经贸公司	缅甸M/T230KV项目	650
5	中国第一冶金建设公司	印度钢电厂公辅项目，巴基斯坦第一标段交通运输建设项目等	10 108
6	中冶南方工程技术有限公司	俄罗斯MMK宽厚板公辅EP项目等	5 029
7	武汉凯迪电力环保有限公司	越南锦普220KV电厂项目、越南冒溪2X220KW电厂项目	11 376
8	凌云建筑装饰材料有限公司	科威特哈马拉大厦、迪拜劳力士大厦项目等	2 168
其他外经企业			46 411
总　计			**122 325**

【其他】

商务洽谈会 第七届台湾周活动期间举办了武汉化工新区石化合作项目专题招商会；协助武汉新港在香港举办招商活动，签订了12个合作项目。在香港成功举办“武汉城市基础设施合作项目专场洽谈会”。第十一届中国国际机电产品博览会汇集了478家国内外知名机电企业参展，世界500强及国际国内知名企业和行业领军企业达190家，共达成机电产品出口签约总金额5.9亿美元，参展企业的产品现场成交额度达到5.6亿元人民币，其中机床工具展区成交人民币3.9亿元、工控自动化展区成交人民币1.7亿元。

港口运输 2010年，武汉市口岸集装箱吞吐量45.1万标箱，增长10.8%。水运口岸通关效率提高。阳逻港口岸联检大楼投入使用，集装箱码头二期建设投入运营，港口吞吐能力达100万标箱。启动了台湾台中港到阳逻港的快航，武汉港“江海直达”的航班每周达8个班次。铁路口岸业务恢复增长。积极推进江岸货站铁路口岸搬迁到吴家山铁路集装箱中心站，推动铁路中心站的规划和建设。航空口岸稳步发展。开通了武汉——澳门和武汉——上海——福冈航线，增加了武汉至台湾航班，新建的机场国际厅正式启用。全年航空口岸出入境人数达34.1万人次，同比增长80.3%，创历史新高。

涉外旅游 2010年旅游外汇收入47 578.27万美元，比上年的32 902.22万美元增长44.6%。

2010 年湖南省商务发展概况

湖南省商务厅

刘　捷

湖南省商务厅厅长

刘　捷　1970 年 1 月出生，博士研究生学历，高级工程师，中共党员。1992 年 7 月毕业于北京科技大学钢铁冶金专业，2002 年获武汉科技大学工程硕士学位，2007 年获中国地质大学产业经济专业博士学位。历任湘潭钢铁集团技术员、车间副主任、主任、分厂副厂长、厂长。2003 年任湘潭钢铁集团总经理助理，后任湘潭钢铁集团副总经理，2005 年 7 月任湘潭钢铁集团总经理。2008 年 11 月任湖南省商务厅厅长。

【国内贸易】

社会消费品零售总额　2010 年湖南省社会消费品零售总额 5 775.26 亿元，比上年的 4 913.75 亿元增长 19.1%。按地域分，城市 3 468.27 亿元，县 1 736.14 亿元，县以下 570.85 亿元。按行业分，批发和零售贸易业 5 037.66 亿元，住宿和餐饮业 737.6 亿元，

市场物价　商品零售价格指数为 103.1（以上年价格为 100）；居民消费价格指数为 103.1（以上年价格为 100）。

市场秩序建设　1. 生猪屠宰行业管理。一是修订了生猪屠宰地方性法规和出台有关规范性文件。出台了新的《湖南省生猪定点屠宰厂（场）设置管理办法》。制定印发了《湖南省贯彻〈全国生猪屠宰行业发展规划纲要（2010—2015）〉实施方案》。二是开展了生猪定点屠宰企业审核换证工作。全省审核换证工作正严格按照标准和程序稳步推进。三是加强了生猪定点屠宰日常监管。加强生猪定点屠宰数据的统计报送工作，为生猪定点屠宰监管提供依据。

2. 商务领域食品安全工作。印发了《2010 年湖南商务领域食品安全整顿工作方案》。制定印发了《湖南省商务领域强化生猪屠宰监管确保肉品质量安全专项整治方案》。部署开展了瘦肉精等禁用物质以及注水肉整治。

3. 规范市场秩序和商务信用建设等工作。一是积极开展市场监管公共服务体系和商务综合行政执法工作。编印了《地方商务行政执法依据》。二是在商务领域开展“诚信经营”示范创建和宣传活动，对全省商务领域首批 45 家诚信经营示范企业授牌。三是印发了《2010 年湖南商务领域信用体系建设工作要点》。四是对商业零售企业不规范促销、商业零售企业占压及骗取供应商货款、服务业违规经营、特许经营欺诈、外贸欺诈、对外承包工程和对外劳务合作欺诈等六类行为进行重点打击。完善了 12312 商务举报投诉工作机制。

4. 药品流通行业管理工作。组织药品流通企业召开座谈会，通过深入企业实地调研掌握了全省药品流通行业基本情况。制定并向商务部报送了《实施国家基本药物制度对湖南医药流通行业可能造成的影响及相关预案》和《湖南药品流通企业参与基本药物制度实施情况的调查报告》。

市场体系建设　1. 家电、汽摩下乡和以旧换新业务快速增长。全年家电下乡产品销售超 93.9 亿元，增幅超 132%，汽摩下乡产品销售超 110 亿元，增幅为 69 %，家电和汽摩下乡共计发放财政补贴 22.8 亿元。全年对全省 35 家报废汽车回收拆解企业和 209 家承担以旧换新的汽车品牌经销企业进行了网上公告。截至 2010 年 12 月 31 日，全省共办理汽车以旧换新车辆 10 834 辆，发放以旧换新补贴款 1.6 亿元，拉动汽车消费 13.6 亿元，在全国各省市的排名中进入前 10 强。全年完成报废汽车回收拆解 20 666 辆，比上年同期增加 15 820 辆。

2. 万村千乡和双百工程稳步推进。全年建设农家店 8 627家，配送中心 36 个，年底全省累计建成农家店 31 355 家，配送中心 102 家，农家店乡镇覆盖率达到了 90%，行

政村覆盖率达到了45%。全省改造标准化农贸市场460个，其中城区标准化农贸市场150个，各级财政投入5亿元，带动社会投资近30亿元，改造面积220万平方米。

3. 典当、拍卖业务平稳发展。截至2010年底，全省完成拍卖活动1 754场次，累计拍卖成交额113.3亿元；完成典当业务22万笔，发放贷款总额30.1亿元，比上年增长35%。绿之韵生物工程集团有限公司于9月份成功摘取了我国直销业第26张直销牌照，共完成商业网点规划的县市有27个，已公示或已经专家评审的有15个，进展速度在全国位于前列。

商贸服务管理 1. 大型零售企业是扩内需、促消费的主力军。以步步高为代表的大型零售企业销售额持续上升，步步高今年销售额接近100亿元大关，友阿集团、通程集团、心连心、佳惠等本土企业销售旺盛。一批省外企业如王府井、新一佳、国美、苏宁等，快速发展；一批外资企业在长沙取得成功后，快速向各市州推进，如平和堂、沃尔玛、家乐福、麦德隆。

2. 各类会展拉动消费快速增长。2010年，在全省开展的“快乐湖南，福满三湘”购物消费节活动以及“红星国际农博会”、“美容美发化装品博览会”、“汽车博览会”、“家具博览会”、“服装博览会”、“年货采购订货会”以及各市州举办的各类展会，为繁荣市场扩大消费起到了推动作用。全年会展拉动消费500亿元。对扩内需、促消费起了很好的推动作用。

3. 湘菜产业迅猛发展。全省湘菜企业3.8万家，从业人员120万人，营业额达到880亿元。以毛家饭店、湘西部落为代表的一批连锁企业走出去开拓市场，进一步扩大湘菜在国内外的影响。餐饮企业涵盖高档餐厅、西餐厅、家常风味店、特色小吃店、大排档、中式快餐店、农家乐、社区餐饮店等等，覆盖了高中低档不同消费人群需求，多业态的经营结构已经形成。

4. 家政服务业蓬勃发展。2010年，全省拥有家政服务企业2000多家，年营业收入近142亿元，从业人员达75万人。美容美发化妆品行业经营企业8万多家，从业人员62万人，营业收入100亿元，比上年增长12%。足浴按摩行业大小企业近3 000家，从业人员80万人，实现营业额230亿元。

5. 成品油市场平稳运行。全年完成销售成品油630万吨，同比增长14%。全年共受理行政许可资料906份，批准成品油仓储经营资格4个，新建加油点375个，改（迁）建加油站81个，变更补证229个，竣工发证112个，退回不合程序、不合条件的审批项目105个。

6. 家电以旧换新快速增长。目前全省已有家电以旧换新网点4 443家，自开展这项工作以来共销售家电70万台，销售额约24亿元。回收旧家电73万台，完成拆解69万台，全国排第9位。家电以旧换新工作对拉动今年消费增长做出了重大贡献。

【对外贸易】

进出口总额 进出口总额146.9亿美元，比上年的101.5美元增长44.86%。

出口总额 出口总额79.5亿美元，比上年的54.9亿美元增长44.85%，占全省GDP 15 902亿元（相当于2 349亿美元）的3.4%，占全国出口额的0.5%。

进口总额 进口总额67.3亿美元，比上年的46.5亿美元增长44.8%。

湖南省2010年主要出口市场情况表

国别（地区）	出口金额（万美元）	同比（±%）	占出口总额比重（%）	国别（地区）	出口金额（万美元）	同比（±%）	占出口总额比重（%）
香　港	104 524	72.39	13.14	欧　洲	142 406	39.48	17.90
美　国	84 858	35.53	10.67	北美洲	104 809	38.56	13.18
韩　国	66 443	53.11	8.35	拉丁美洲	51 509	103.58	6.48
日　本	48 030	40.91	6.04	非　洲	49 185	14.70	6.18
印　度	34 519	17.68	4.34	大洋洲	12 619	69.37	1.59
荷　兰	26 289	35.89	3.30	**按集中市场**			
德　国	24 679	55.73	3.10	APEC	467 184	52.58	58.73
越　南	23 069	22.77	2.90	欧　盟	117 436	37.93	14.76
加拿大	19 951	53.14	2.51	北美自由贸易区	110 336	40.41	13.87
俄罗斯	16 771	60.68	2.11	东　盟	89 298	45.87	11.23
按洲际市场				中　东	51 873	16.67	6.52
亚　洲	434 959	47.03	54.68	俄　东	50 508	80.71	6.35

湖南省2010年主要进口市场情况表

国别（地区）	进口金额（万美元）	同比（±%）	占进口总额比重（%）	国别（地区）	进口金额（万美元）	同比（±%）	占进口总额比重（%）
日　本	127 753	72.53	18.97	欧　洲	166 033	10.99	24.66
德　国	85 116	10.68	12.64	北美洲	47 069	34.00	6.99
美　国	35 659	54.37	5.30	拉丁美洲	62 243	56.19	9.24
印　度	14 631	-19.38	2.17	非　洲	60 536	49.52	8.99
韩　国	13 412	60.65	1.99	大洋洲	130 822	81.81	19.43
加拿大	11 410	-5.13	1.69	**按集中市场**			
荷　兰	10 273	42.51	1.53	APEC	389 111	63.86	57.78
俄罗斯	3 395	34.26	0.50	欧　盟	154 787	12.94	22.99
越　南	1 613	36.69	0.24	北美自由贸易区	50 299	32.29	7.47
香　港	979	-36.48	0.15	东　盟	17 142	79.22	2.55
按洲际市场				中　东	8 699	448.31	1.29
亚　洲	204 147	59.73	30.32	俄　东	12 592	18.56	1.87

湖南省2010年主要出口商品情况表

商品名称	出口金额（万美元）	占出口总额比重（%）
机电产品*	271 764	34.16
钢　材	120 152	15.10
高新技术产品（97）*	57 339	7.21
农产品*	54 140	6.81
服装及衣着附件	36 961	4.65
烟花、爆竹	31 275	3.93
纺织纱线、织物及制品	26 192	3.29
未锻造银	21 961	2.76
家用陶瓷器皿	21 481	2.70
汽车和汽车底盘	21 079	2.65
锑的氧化物	19 766	2.48
通断及保护电路装置及零件	16 470	2.07
鞋　类	13 245	1.67
未锻造的锰	12 812	1.61

*包含已列名的商品。

湖南省2010年主要进口商品情况表

商品名称	进口金额（万美元）	占进口总额比重（%）
机电产品*	283 566	42.11
铁矿砂及其精矿	196 322	29.15
汽车和汽车底盘	70 945	10.54
高新技术产品（97）*	59 432	8.83
变压、整流、电感器及零件	26 419	3.92
铅矿砂及其精矿	25 978	3.86
锌矿砂及其精矿	21 463	3.19
农产品*	18 727	2.78
计量检测分析自控仪器及器具	16 708	2.48
电动机及发电机	13 208	1.96
金属加工机床	11 998	1.78
汽车零件	10 577	1.57
钢　材	10 144	1.51

*包含已列名的商品。

【利用外资】

湖南省2010年利用外资情况表

项　目	新批项目		实际利用外资	
	项目数（个）	同比（%）	金额（万美元）	同比（%）
按产业类别分类				
第一产业	43	-29.51	35 864	-0.88
第二产业	501	23.10	432 949	18.39
第三产业	90	13.92	49 628	-14.32
按企业主体分类				
合资企业	118	9.26	87 552	35.32
合作企业	17	0.00	11 808	-26.78
外资企业	497	19.33	418 095	13.16
股份有限公司	2	0.00	986	-89.62
合　计	**634**	**15.90**	**518 441**	**12.76**

湖南省2010年外商直接投资行业情况表

行　业	外商直接投资	
	项目数（个）	实际投资（万美元）
合　计	**634**	**518 441**
农、林、牧、渔业	43	35 864
农业	21	13 155
采矿业	6	8 203
制造业	480	396 094
纺织业	8	8 851
化学原料及化学制品制造业	29	30 310
医药制造业	4	7 454
通用设备制造业	39	38 040
专用设备制造业	34	40 332
通信设备、计算机及其他电子设备制造业	66	40 615
电力、燃气及水的生产和供应业	9	20 713
建筑业	6	7 939
交通运输、仓储和邮政业	8	4 202
信息传输、计算机服务和软件业	4	5 135
批发和零售业	17	4 697
住宿和餐饮业	9	3 047
旅游饭店	1	1 549
金融业	1	11
房地产业	13	11 717
房地产开发经营	12	11 717
租赁和商务服务业	19	8 495
科学研究、技术服务和地质勘查业	2	387
水利、环境和公共设施管理业	4	4 073
居民服务和其他服务业	3	1 483
教育		136
卫生、社会保障和社会福利业	1	
文化、体育和娱乐业	9	6 245

湖南省2010年外商直接投资来源情况表

国别（地区）	外商直接投资		国别（地区）	外商直接投资	
	项目数（个）	实际投资（万美元）		项目数（个）	实际投资（万美元）
合　计	**634**	**518 442**			
亚　洲	552	428 973	法　国	2	1 141
港　澳	415	340 755	意大利	1	7 007
香　港	410	339 337	卢森堡	2	0
澳　门	5	1 418	荷　兰	1	2 050
台湾省	99	63 799	西班牙	2	1 600
东南亚国家联盟	17	10 042	奥地利	1	0
文　莱	1	167	斯洛伐克	1	0
马来西亚	3	1 620	瑞　士	1	2 760
菲律宾	2	0	俄罗斯	1	0
新加坡	9	8 255	拉丁美洲	15	35 285
泰　国	2	0	开曼群岛	5	5 516
日　本	12	9 610	多米尼加	0	91
韩　国	9	4 765	英属维尔京群岛	10	29 678
非　洲	6	2 521	北美洲	23	9 908
毛里求斯	3	1 857	加拿大	7	4 432
塞内加尔	0	596	美　国	16	5 476
塞舌尔	2	0	大洋洲	10	5 918
欧　洲	20	17 992	澳大利亚	5	4 462
欧洲联盟	18	15 234	新西兰	0	376
塞浦路斯	0	2	萨摩亚	4	1 080
比利时	1	0	马绍尔群岛共和国	1	0
英　国	4	1 276	非洲其他	1	68
德　国	3	2 158	投资性公司投资	11	17 845

【对外经济合作】

对外投资　全年核准境外投资企业124家，比上年增加30家，中方合同投资额6.99亿美元。对外投资合作国别（地区）达60个，比上年新增7个。

承包工程和劳务合作　对外承包工程、劳务合作和境外就业业务累计新签合同额21.15亿美元，增长35%；完成营业额16.18亿美元，增长50%；派出各类劳务人员3.75万人次，增长10%；年末在外5.38万人，增长22%。

对外经济技术援助　湖南成为全国首个同时拥有援外官员研修基地和技术培训基地的省份。湖南外贸职院成为全国首批四个援外官员培训基地之一。首个新型技术援助项目取得进展。中南勘察设计研究院承担的哥伦比亚马格达莱纳河河流规划项目正式启动，是我国首个大型软援助项目。全年共培训60多个国家355名官员和技术人员。

接受经济援助　全年共接受4个日本政府“利民工程”无偿援助项目，无偿援助金额共计260余万元人民币。

【其他】

开发区　全省78个省级以上园区新批项目148个，比上年增长32.14%，占全省总额的23.34%；合同利用外资231 026万美元，增长66.46%，占全省总额的32.03%；实际利用外资150 215万美元，增长33.84%，占全省总额的28.97%，与上年比提高了4.56个百分点。其中，9个国家级园区新批项目59个，下降10.61%，占全省总额的9.31%；合同利用外资125 151万美元，增长41.56%，占全省总额的17.35%；实际使用外资80 925万美元，增长15.99%，占全省总额的15.61%。

出口加工区　郴州出口加工区2010年有实绩加工贸易企业6家，进出口额7 201万美元，其中出口6 015万美元，进口1 186万美元。

保税区　保税中心2010年吞吐总货值4亿美元，其中保税物流进出口货值1.8亿美元，累计办理进出口报关1 100票（其中“一日游”业务140票），海关征税约5 000万人民币。

商务洽谈会　2010年湖南（上海）投资洽谈活动周于7月22日至27日在上海成功举行“沪洽周”期间，全省签约合同外资项目131个，总投资103.85亿美元，引进外资97.40亿美元。其中省级签约外资项目48个，总投资71.55亿美元，引进外资67.12亿美元；省级签约内资项目31个，总投资404.63亿元，引进资金392.93亿元；市州自行签约的外资项目83个、总投资32.30亿美元、引进外资30.28亿美元。引进联合利华、巴斯夫、空气化工、宝钢等4家世界500强企业。

2010年湖南承接珠三角产业转移活动周于5月4日—13日在广东东莞、深圳、广州、佛山等地成功举行。长沙、株洲、湘潭、衡阳、岳阳、益阳、郴州、永州等8个市共签约316个项目，其中外资项目65个，总投资额31.01亿美元，引资额30.64亿美元，其中投资1亿美元以上的项目5个；内资项目251个，总投资额670.65亿元，引资额667.78亿元，其中投资10亿元以上的项目13个。

港口运输 1. 航空口岸。全省航空口岸出入境航班4 071班，出入境人员562 289人次，分别增长26.9%和51.2%；其中，长沙航空口岸出入境航班3 935班（公务机47班），人数为548 710人次，连续5年保持了中部6省航空口岸领先地位。2. 水运口岸。岳阳城陵矶水运口岸进出口货物总量1080万吨，增长15.7%，其中进口670万吨，出口410万吨；集装箱吞吐量完成12.37万标箱，增加3.87万标箱，增幅达31%；城陵矶新港口岸集装箱吞吐量8.34万标箱，增长72%。3. 铁路口岸。长沙——深圳（蛇口），醴陵——深圳（盐田），湘潭——越南的“五定班列”稳定运行；在此基础上，长沙——上海，醴陵——厦门，长沙——阿拉山口的“五定班列”正在筹划当中。4. 公路口岸。衡阳公路口岸的选址、设计等工作已经完成，2010年12月24日举行了奠基仪式并正式开工建设。

涉外旅游 接待入境旅游者189.87万人次，增长45.1%；旅游外汇收入8.87亿美元，增长31.8%。

2010年广东省商务发展概况

广东省对外贸易经济合作厅

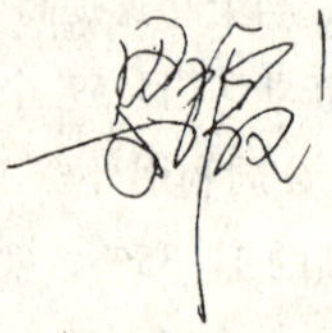

广东省对外贸易经济合作厅厅长

梁耀文 生于1952年3月，广东省东莞市人。中共中央党校世界经济专业研究生毕业，经济师，工艺美术师。1970年9月参加工作。1974年6月加入中国共产党。历任中国包装进出口总公司广东公司总经理、党委书记，广东省对外经济贸易委员会人事处处长、副主任、党组成员，广东省肇庆市副市长，广东省对外贸易经济合作厅副厅长、党组副书记等职。2003年3月任广东省对外贸易经济合作厅厅长、党组书记。

【对外贸易】

进出口总额 2010年广东省进出口总额7 846.6亿美元，比上年的6 110.9亿美元增长28.4%。

出口总额 出口总额4 532.0亿美元，比上年的3 589.6亿美元增长26.3%，占全省GDP 45 472.8亿元（相当于6 716.4亿美元）的67.5%，占全国出口额的28.7%，份额居各省市第一位。

进口总额 进口总额3 314.6亿美元，比上年的2 521.4亿美元增长31.5%。

出口商品结构 初级产品出口额104.8亿美元，占出口总额的2.3%；工业制成品出口额4 321.5亿美元，占出口总额的95.4%。

进口商品结构 初级产品进口额458.8亿美元，占进口总额的13.8%；工业制成品进口额2 753.3亿美元，占进口总额的83.1%。

出口商品市场 出口商品销往227个国家（地区）。

进口商品市场 进口商品来自198个国家（地区）。

技术进口 签订技术引进合同1 059份，合同总金额33.04亿美元，下降2.31%；其中技术费31.54亿美元，占合同总金额的95.46%。技术来源国家和地区共有37个，合同金额排在前10位的依次是：日本、美国、韩国、德国、香港、印度、瑞典、澳门、瑞士、英国，这10个国家（地区）的合同总金额30.25亿美元，占全省合同总金额的91.56%，其中从印度的技术引进增长显著，同比增幅高达361.16%。

广东省2010年出口额100亿美元以上商品情况表

金额分类	商品名称	出口金额（亿美元）	占出口总额比重（%）
200亿美元以上	自动数据处理设备及其部件	463.93	10.2
	服装及衣着附件	276.02	6.1
	电话机	271.30	6.0
100亿—200亿美元	打印机（包括多功能一体机）	155.37	3.4
	自动数据处理设备的零件	155.00	3.4
	家具及其零件	135.26	3.0
	鞋类	129.52	2.9
	纺织纱线、织物及制品	100.11	2.2
合　计		**1 686.50**	**37.2**

广东省2010年进口额70亿美元以上商品情况表

金额分类	商品名称	进口金额（亿美元）	占进口总额比重（%）
100亿美元以上	集成电路	628.28	19.0
	液晶显示板	173.69	5.2
	初级形状的塑料	159.41	4.8
	自动数据处理设备及其部件	107.67	3.2
70亿—100亿美元	未锻造的铜及铜材	81.51	2.5
	自动数据处理设备的零件	79.15	2.4
	二极管及类似半导体器件	78.57	2.4
	纺织纱线	70.67	2.1
合　计		**1 378.96**	**41.6**

广东省2010年主要出口市场情况表

国别（地区）	出口金额（亿美元）	占出口总额比重（%）
香　港	1 527.87	33.7
美　国	838.52	18.5
欧　盟	667.31	14.7
东　盟	313.37	6.9
日　本	216.40	4.8
中东地区	171.90	3.8
南美地区	118.94	2.6
韩　国	99.34	2.2
合　计	**3 953.65**	**87.2**

广东省2010年主要进口市场情况表

国别（地区）	进口金额（亿美元）	占进口总额比重（%）
东　盟	492.64	14.9
日　本	465.56	14.0
台湾省	438.02	13.2
韩　国	309.69	9.3
欧　盟	262.12	7.9
美　国	144.83	4.4
中东地区	108.80	3.3
南美地区	61.43	1.9
合　计	**2 283.11**	**68.9**

【利用外资】

广东省2010年利用外资情况表

利用外资方式	批准签订的合同			实际利用外资	
	项目数（个）	外资金额（亿美元）	金额比上年增加（%）	金额（亿美元）	金额比上年增加（%）
外商直接投资	**5 641**	**246.01**	**40.11**	**202.61**	**3.72**
合资企业	433	26.17	－20.48	34.28	24.55
合作企业	23	9.46	60.64	6.98	－17.43
外资企业	5 180	207.54	56.77	155.16	0.38
股份有限公司	5	2.84	－35.49	6.19	28.98
外商其他投资	**381**	**5.69**	**－16.64**	**7.65**	**1.75**
加工装配	381	5.69	－16.64	7.65	1.75
合　计	**6 022**	**251.70**	**37.99**	**210.26**	**3.64**

外商直接投资行业　服务业吸收外资持续增长，工业吸收外资势头良好。2010年广东省服务业吸收外资项目3 214个，合同外资金额116.08亿美元，增长69.09%；实际吸收外资金额79.71亿美元，增长5.17%，分别占全省吸收外资总量的47.19%和39.34%，与上年相比分别提高8.09个和0.54个百分点，其中，软件业和批发零售业的合同外资金额分别增长279.57%和99.97%；计算机服务业和软件业的实际吸收外资金额分别增长281.35%和54.87%。2010年广东省工业合同外资金额125.47亿美元，增长20.50%，占全省总量的51.00%；实际吸收外资120.40亿美元，增长4.13%，占全省总量的59.42%。

外商直接投资来源　2010年共有109个国家和地区的企业来广东省投资。其中，来自港澳地区的实际外资金额132.19亿美元，占总量的65.24%；其他国家和地区的实际外资金额70.42亿美元，占总量的34.76%。在广东省实际投资额前10位的国家和地区依次是：香港、英属维尔京群岛、法国、日本、萨摩亚、新加坡、澳门、美国、开曼群岛和台湾省。

世界500强企业投资　世界500强企业在广东省投资新设和增资项目104个，其中新设项目27个；投资总额增加42.64亿美元，合同外资增加16.43亿美元；其中投资总额超3 000万美元的增资项目共有33个，占项目总数的31.73%。项目主要分布在广州、深圳、珠海、汕头、佛山、韶关、惠州、东莞、中山、湛江和肇庆等11个城市。

【对外经济合作】

对外投资　经核准新设境外企业513家，增资70家，协议投资额22.78亿美元，其中中方投资19.68亿美元。核准新设境外企业家数和协议投资额创历史新高。

承包工程和劳务合作　新签对外承包工程、劳务合作和设计咨询合同66 012个，比上年增长39.2%；合同金额106.33亿美元，比上年的86.06亿美元增长23.6%；完成营业额87.92亿美元，比上年的81.83亿美元增长7.4%；全年派出劳务人员2.48万人，年末在外人数3.85万人。

对外经济技术援助　承担援外监理项目4个，分别为由广东海外建设监理有限公司承担的泰国、东帝汶施工监理项目、广州万安建设监理有限公司承担的老挝国家文化中心、深圳科宇工程顾问有限公司在科摩罗的监理项目。

【其他】

开发区 截至2010年底，全省共有通过国家审核的各类经济开发区74个（不含高新区，下同），其中国家级经济技术开发区5个、出口加工区2个、保税区6个、综合保税区1个、保税物流园区2个、保税港区2个、珠澳跨境工业区1个、省级经济开发区55个。

2010年全省开发区共实现GDP 5 207.06亿元，比上年增长33.1%；工业增加值3 099.99亿元，增长17.3%；进出口总额1 210.65亿美元，增长34.9%；其中出口558.02亿美元，进口652.63亿美元；实际吸收外资32.83亿美元，增长4.8%。

海关特殊监管区域（场所） 2010年，广东省积极协调和指导各地申报设立综合保税区等海关特殊监管区域或场所，2010年7月，广州白云机场综合保税区设立。至2010年底，全省共有各类海关特殊监管区域（场所）17个（含保税物流中心3个）。2010年，全省海关特殊监管区域共实现进出口总额502.3亿美元，同比增长21.7%，其中出口246.92亿美元，进口255.38亿美元。实际利用外资1.69亿美元。

商务洽谈会 2010中国（广东）—伊朗、阿曼系列经贸交流活动。2010年5月24日—6月2日，来自省直、广州、佛山、中山、东莞等市16家建材生产和经营企业组成的广东经贸代表团，赴伊朗、阿曼两国开展系列经贸交流活动。期间共举行了六场经贸交流活动。其中，分别于5月26日、29日、31日在德黑兰、伊斯法罕和马斯喀特举办了三场规模较大的经贸洽谈会，共吸引超过320位当地客商参会。

俄罗斯及东欧系列经贸活动。2010年6月中旬，按照省委省政府部署，省外经贸厅梁耀文厅长率广东经贸代表团先后在罗马尼亚、保加利亚、乌克兰、俄罗斯举办系列经贸活动，签订各类贸易与投资合作项目金额15.6亿美元，是近几年广东省在俄罗斯和东欧国家举办的洽谈会中规模最大、效果最好的一次盛会。

第二届广东省外商投资企业产品（内销）博览会。2010年6月18日—21日，省外经贸厅会同省经信委、东莞市政府等单位在东莞隆重举办第二届广东外商投资企业产品（内销）博览会（简称“外博会”）。黄华华省长出席开幕式，万庆良副省长在开幕式上发言，商务部王德生副司长致辞，省政协徐尚武副主席、省府刘晓捷副秘书长，以及商务部、质检总局、中央驻粤和省直有关单位、各地级以上市及企业人员1 000多人出席了开幕式。本届外博会共达成商贸项目（含合同、协议和意向）5 369宗，总金额539.3亿美元，签约项目数和成交额分别比上届外博会增长10.04%和5.95%。

2010粤港经济技术贸易合作交流会。2010年6月22日—24日，“2010粤港经济技术贸易合作交流会”在香港举办，万庆良率广东经贸代表团和香港特别行政区政府高层官员、工商企业界、金融界人士共1 500多人出席大会开幕式。交流会期间共签订外商投资和贸易项目总金额81.7亿美元，是一次全面落实《粤港合作框架协议》、共同促进大珠三角区域繁荣发展的盛会。

2010粤台经济技术贸易合作交流会。2010年7月12日，省人民政府在江门市举办“2010年粤台经济技术贸易合作交流会”。来自国家和广东省政府有关部门、全省21个地级以上市政府的领导及外经贸与台湾事务管理部门的代表和台湾知名人士、台商代表1 400多人出席开幕式。期间共签订外资金额22.23亿美元。

2010粤澳名优商品展销会。2010年7月22日—25日，省外经贸厅和澳门贸易投资促进局在澳门举办了“2010粤澳名优商品展销会”，迄今已经是第三届。粤澳两地政府高度重视，澳门特别行政区经济财政司谭伯源司长、外交部驻澳特派员公署卢树民特派员、省外经贸厅梁耀文厅长、澳门贸易投资促进局张祖荣主席及中央驻澳门有关部门的领导、广东省18个地市的领导和企业代表、澳门工商界代表等近300人出席了开幕式。本届展销会共设有249个摊位，面积约6 000平方米。广东145家企业参展，摊位180个，参展品种达100多种，商品主要为食品、礼品、电子产品、服装、陶瓷等日用品。据不完全统计，广东展团共接待游客超8万人次，与上一届相比增长超三成；各类商品现场销售合计723万港元，增长约15%，大部分企业展品供不应求；粤澳两地企业共进行配对洽谈398场，签订协议、意向1.8亿港元，为进一步合作奠定了基础。

2010粤港华沙时尚生活展。2010年9月21日—23日，省外经贸厅与香港贸发局合作，在波兰华沙举办了“粤港时尚生活展2010”。此次展会规格高、规模大，是2010年粤港合作在国外举办的规模最大的自主品牌展会之一，中国驻波兰大使孙玉玺大使、商务处马长林参赞、波兰经济部经济合作司司长托马斯先生、香港贸发局理事黄友嘉先生、香港贸发局方舜文副总裁、2010年度香港小姐陈庭欣出席了展会开幕式。此次展会共设有180个展位，加上观展及产品展示企业，粤港两地共有219家企业参展，其中广东参展企业81家，展位总数为90个。展会吸引了来自波兰、捷克、立陶宛、匈牙利、俄罗斯等国家的3 573位买家入场（包括专业买家2 829名，公众买家744名），比上届增长20%。本届展会是近几年来我国在波兰举办的专业展会中规模最大、专业水平最高的一次。

2010中国（广东）—埃及经贸合作洽谈会。2010年10月20日，省人民政府在埃及开罗举行“2010中国（广东）—埃及经贸合作洽谈会。洽谈会期间签订一批贸易和投资合作协议，总金额达26.5亿美元。其中，22个项目在开幕式上签约，金额达4亿美元，包括对埃投资1.2亿美元、出口贸易2.6亿美元、承包工程1 659.9万美元。

2010粤港—印度经济技术贸易合作交流会。2010年10月27日，省人民政府和香港特别行政区政府联合主办，省外经贸厅和香港投资推广署具体承办的“2010粤港—印度经济技术贸易合作交流会”在印度新德里举办。省长黄华华和香港特别行政区行政长官曾荫权分别率领广东代表团和香港特别行政区代表团参加交流会。中印政府官员和工商企业界人士近2 000人出席大会开幕式，其中外方1 300多人。期间共签订吸收外资、进出口贸易、境外投资和承包工程项目金额55.17亿美元。交流会凸显规模宏大、客商众多、反响强烈等特点，是广东省人民政府与香港特别行政区政府首次联合在印度举办的经贸合作盛会，也是粤港两地政府第七次联合在国外举办经贸合作交流会。

粤港时尚生活汇展·孟买2010。2010年10月28日至30日，省外经贸厅与香港贸发局合作，在印度孟买举办了“粤港时尚生活汇展·孟买2010”。黄华华省长、香港特别行政区曾荫权特首和中国驻孟买总领馆牛清报总领事以及印度马哈拉施特拉邦工业部达尔塔部长、公共卫生及环境部舍特提部长为展会揭幕。本次展会共有超过1万人次客商进馆洽谈采购，广东企业共成交9.51亿美元，参展企业对展会效果普遍表示满意。本次展会共设158个标准展位，其中，广东展区展位83个，香港展区展位75个。广东参展的61家企业，分别来自省属和广州、深圳、佛山、东莞等11个地级市。

2010广东产品（泰国曼谷）展览会。2010年11月23日—25日在泰国首都曼谷IMPACT国际会展中心举办，共设有156个展位，有来自广东省内122家有实力的企业参展，组团规模超过350人，是广东省近年来在东盟地区举办的规模最大的自办展会。省外经贸厅朱泽南副厅长、中国驻泰王国大使馆经商参处高文宽参赞、泰国会议展览局Jaruwan代表出席开幕式并在会上致辞。广东进出口商会徐德志会长，世展展览集团负责人，以及泰国中华总商会、泰国华人青年商会、泰国照明工程协会等12家泰方商协会负责人，以及省内相关商协会负责人超过150人出席了开幕式。据统计，3天展会共吸引10 818人次客商入场洽谈采购。本次展会形成了“政府主办、协会组团、行业布展”的新合作模式，一方面提高了展会参展商的整体素质，另一方面也提高了此次展会对泰国客商的吸引力，取得了较好的效果。期间，在展会现场举办了三场专题推介会，共吸引泰国商协会和采购商超过700人参加。

2010广东省首届海洋经济博览会。2010年12月30日，由广东省人民政府主办，省海洋渔业局、外经贸厅、湛江市人民政府联合承办，以“蓝色产业、经济强省、区域合作、发展共赢”为主题的广东省首届海洋经济博览会在湛江市国际会展中心开幕。中共中央政治局委员、广东省委书记汪洋、省长黄华华、国家海洋局副局长王宏出席开幕式。会议期间共签订各类签约项目和贸易成交总额达人民币457.59亿元。

口岸运输　截至2010年底，广东省经国家批准对外开放的一类口岸有54个（其中港口口岸36个、航空口岸5个、陆路口岸9个、铁路客运口岸4个），约占全国21%；二类口岸88个（其中：水运二类口岸83个，陆路二类口岸5个），约占全国51%；纳入口岸管理的进出境货运车辆检查场（以下简称车检场）65个。全省通往香港、澳门的水路客运航线26条；深圳港、广州港（南沙港区）等港口口岸开辟近远洋国际集装箱班轮航线约229条，覆盖世界各大航区主要港口；广州白云国际机场、深圳国际机场等航空口岸已开通国际客货运航线143条，直达航线覆盖亚洲、欧洲、北美洲、大洋洲、非洲20多个国家和地区的近50个城市。2010年，全省口岸运行保持安全畅通，进出口货物总量稳步增长。据海关和边检部门统计，2010年经广东省口岸出入境人员超3亿人次，比上年增长7.1%，约占全国的80%；进出口货运量达3.4亿吨，增长6.2%；进出口集装箱2 717万标准箱，增长19%；出入境交通工具1 890万辆（艘、列、架）次，增长6.4%，约占全国的80%；驻粤海关在广东口岸征收关税及进出口环节税2 405.7亿元，增长33.7%，首次突破2 000亿元大关，比上年净增加580多亿元。

2010年广州市商务发展概况

广州市对外贸易经济合作局

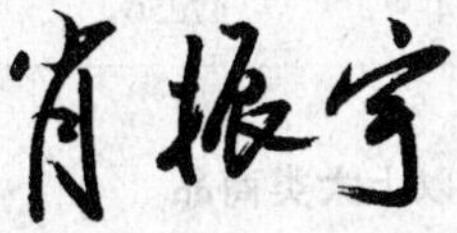

广州市对外贸易
经济合作局局长

肖振宇　生于1956年11月，江西吉安人。理学博士，美国麻州大学MBA研究生，教授级高级工程师。历任中国有色金属广东地质局总工程师、副局长，广东省旅游集团公司董事、副总经理等职。2003年5月任广州市对外贸易经济合作局局长、党委书记。

【对外贸易】

进出口总额　2010年，广东省广州市进出口总额1 037.8亿美元，比上年增长35.3%，首次成为进出口额超千亿美元外贸大市。其中出口483.8亿美元，增长29.3%；进口554亿美元，增长41%；逆差70.2亿美元。

出口商品结构　初级产品出口额17.55亿美元，增长23.44%，占出口总额的3.63%；工业制成品出口额466.25亿美元，增长29.58%，占出口总额的96.37%。

进口商品结构　初级产品进口额122.31亿美元，增长39.06%，占进口总额的22.08%；工业制成品进口额431.65亿美元，增长41.59%，占进口总额的77.92%。

出口商品市场　出口商品销往219个国家（地区）。

进口商品市场　进口商品来自168个国家（地区）。

服务贸易　2010年广州市服务业增加值达6 464.8亿元，增长13.2%，对经济的贡献率达61.2%。服务贸易国际收支总额165亿美元，增长31.5%，贸易顺差为10.5亿美元。服务贸易结构优化。行业类别中，其他商业服务（包括转口贸易及贸易佣金、经营性租赁服务、法律、会计、管理咨询和公共关系服务等）占服务贸易总额的35.3%，与运输有关的服务占22.1%，旅游占16.3%，建筑、安装及劳务承包服务占13.3%，专有权利使用费和特许费占8.5%，计算机和信息服务占2.6%。服务贸易出口中，香港占49%，美国占13.3%，日本占4.6%，韩国占3.0%，英国占2.8%；服务贸易进口中，香港占27.4%，美国为19.4%，日本为12.7%，新加坡为11.4%，加拿大为4.1%。

广州市2010年进出口贸易差额情况

项　目	出口金额（万美元）	进口金额（万美元）	差额（万美元）
合　计	**4 838 002**	**5 539 563**	**-701 561**
一般贸易	2 025 885	3 096 705	-1 070 819
加工贸易	2 596 503	1 928 782	667 721
来料加工	630 296	448 794	181 502
进料加工	1 966 207	1 479 988	486 219
其他贸易	215 613	514 076	-298 463

广州市2010年出口贸易方式统计

项　目	出口金额（万美元）			比上年增长（%）		
	合　计	内资企业	外资企业	合　计	内资企业	外资企业
合　计	**4 838 002**	**1 985 451**	**2 852 550**	**29.35**	**32.77**	**27.07**
一般贸易	2 025 885	1 492 119	533 767	26.40	27.02	24.71
加工贸易	2 596 503	398 093	2 198 410	30.38	57.03	26.50
来料加工	630 296	153 560	476 736	4.75	43.06	-3.57
进料加工	1 966 207	244 533	1 721 674	41.48	67.29	38.45
其他贸易	215 613	95 239	120 374	47.56	41.68	52.56

广州市2010年出口额1亿美元以上大类商品

商品名称	本年出口金额（万美元）	上年出口金额（万美元）	2010年增长率（%）
第16类　机电、音像设备及其零件、附件	1 572 527	1 261 864	24.62
第11类　纺织原料及纺织制品	655 441	540 748	21.21
第17类　车辆、航空器、船舶及运输设备	469 368	325 384	44.25
第18类　光学、医疗等仪器；钟表；乐器	345 212	208 516	65.56
第20类　杂项制品	322 275	258 343	24.75
第15类　贱金属及其制品	295 635	219 717	34.55
第14类　珠宝、贵金属及制品；仿首饰；硬币	255 426	195 402	30.72
第7类　塑料及其制品；橡胶及其制品	204 490	151 608	34.88
第6类　化学工业及其相关工业的产品	153 096	106 395	43.89
第12类　鞋帽伞等；羽毛品；人造花；人发品	140 029	119 136	17.54
第8类　革、毛皮及制品；箱包；肠线制品	119 757	92 127	29.99
第5类　矿产品	113 126	82 728	36.74
第10类　木浆等；废纸；纸、纸板及其制品	64 493	60 463	6.66
第13类　矿物材料制品；陶瓷品；玻璃及制品	49 684	40 649	22.23
第4类　食品；饮料、酒及醋；烟草及制品	31 827	30 982	2.73
第9类　木及制品；木炭；软木；编结品	20 214	21 416	-5.61
第1类　活动物；动物产品	11 468	11 201	2.38
第2类　植物产品	11 167	11 853	-5.78

广州市2010年进口额1亿美元以上大类商品

商品名称	本年进口金额（万美元）	上年进口金额（万美元）	2010年增长率（%）
第16类　机电、音像设备及其零件、附件	1 162 055	902 262	28.79
第15类　贱金属及其制品	780 516	672 657	16.03
第5类　矿产品	581 169	328 263	77.04
第18类　光学、医疗等仪器；钟表；乐器	579 282	250 669	131.09
第17类　车辆、航空器、船舶及运输设备	572 271	418 290	36.81
第7类　塑料及其制品；橡胶及其制品	490 982	334 265	46.88
第6类　化学工业及其相关工业的产品	415 604	298 829	39.08
第14类　珠宝、贵金属及制品；仿首饰；硬币	178 229	128 679	38.51
第11类　纺织原料及纺织制品	151 220	121 782	24.17
第2类　植物产品	117 487	101 622	15.61
第22类　特殊交易品及未分类商品	91 262	63 347	44.07
第1类　活动物；动物产品	79 879	49 696	60.73
第4类　食品；饮料、酒及醋；烟草及制品	68 477	44 682	53.25
第10类　木浆等；废纸；纸、纸板及其制品	68 140	52 902	28.80
第20类　杂项制品	65 156	26 615	144.81
第3类　动、植物油、脂、蜡；精制食用油脂	50 748	64 391	-21.19
第8类　革、毛皮及制品；箱包；肠线制品	41 914	34 678	20.86
第13类　矿物材料制品；陶瓷品；玻璃及制品	21 621	16 668	29.72
第9类　木及制品；木炭；软木；编结品	20 674	12 819	61.27

广州市2010年主要出口市场情况表

国别（地区）	本年出口金额（万美元）	上年出口金额（万美元）	2010年增长率（%）	国别（地区）	本年出口金额（万美元）	上年出口金额（万美元）	2010年增长率（%）
香港	1 254 251.67	927 559.99	35.22	波兰	43 308.45	30 453.65	42.21
美国	917 599.92	735 536.68	24.75	尼日利亚	43 240.81	31 848.02	35.77
日本	279 775.96	218 319.92	28.15	巴拿马	39 740.40	32 152.41	23.60
德国	170 968.57	144 349.37	18.44	菲律宾	34 428.02	24 304.62	41.65
荷兰	97 848.61	76 617.96	27.71	沙特阿拉伯	32 627.60	26 653.89	22.41
比利时	93 914.01	74 574.02	25.93	伊朗	32 142.37	23 636.32	35.99
英国	93 033.23	74 895.00	24.22	南非	30 558.94	22 921.51	33.32
新加坡	87 109.04	76 386.95	14.04	澳门	27 009.79	23 232.97	16.26
韩国	82 197.03	50 539.90	62.64	土耳其	26 917.96	21 158.72	27.22
越南	77 545.47	50 038.12	54.97	埃及	22 116.06	14 581.98	51.67
巴西	77 139.96	47 044.45	63.97	智利	21 407.97	16 544.34	29.40
澳大利亚	74 926.65	64 422.05	16.31	乌克兰	18 681.72	13 715.58	36.21
法国	74 205.86	59 512.64	24.69	瑞士	17 084.96	18 475.75	-7.53
印度尼西亚	71 272.11	46 270.88	54.03	贝宁	16 716.69	15 380.09	8.69
印度	70 026.69	49 422.32	41.69	阿根廷	14 659.07	10 093.06	45.24
墨西哥	68 824.45	26 238.16	162.31	秘鲁	14 480.64	8 471.89	70.93
台湾省	65 827.66	40 283.35	63.41	匈牙利	13 798.36	14 902.93	-7.41
阿联酋	63 303.89	69 490.68	-8.90	瑞典	12 696.46	8 768.14	44.80
意大利	60 981.34	46 076.06	32.35	芬兰	12 016.77	12 967.31	-7.33
泰国	60 942.21	45 125.71	35.05	巴基斯坦	11 661.62	10 069.00	15.82
马来西亚	59 574.68	61 187.39	-2.64	以色列	11 176.57	9 120.44	22.54
俄罗斯	50 171.62	28 551.77	75.72	丹麦	10 427.82	9 342.95	11.61
加拿大	49 692.84	41 523.17	19.67	葡萄牙	10 366.77	5 276.48	96.47
西班牙	45 946.59	34 883.78	31.71				

广州市 2010 年主要进口市场情况表

国别（地区）	本年进口金额（万美元）	上年进口金额（万美元）	2010 年增长率（%）	国别（地区）	本年进口金额（万美元）	上年进口金额（万美元）	2010 年增长率（%）
日　本	1 115 531.58	800 184.23	39.41	巴　西	53 295.23	55 538.58	-4.04
韩　国	642 224.35	291 773.76	120.11	俄罗斯	50 732.76	56 876.51	-10.80
美　国	436 137.57	361 406.15	20.68	加拿大	47 168.11	40 287.89	17.08
德　国	336 352.31	304 958.09	10.29	英　国	46 892.09	33 468.93	40.11
中　国	319 565.03	262 228.61	21.87	意大利	45 252.68	37 021.56	22.23
台湾省	291 751.20	240 873.62	21.12	菲律宾	39 481.16	28 769.62	37.23
泰　国	216 079.69	156 082.06	38.44	越　南	37 508.15	23 699.92	58.26
马来西亚	194 716.92	129 858.16	49.95	阿根廷	36 304.85	14 968.69	142.54
印度尼西亚	171 193.19	98 846.35	73.19	伊　朗	33 861.64	15 072.13	124.66
澳大利亚	166 527.00	135 279.40	23.10	以色列	25 730.76	17 258.06	49.09
新加坡	132 548.50	66 542.96	99.19	沙特阿拉伯	25 411.57	16 422.84	54.73
法　国	125 536.70	64 653.80	94.17	丹　麦	23 955.90	13 486.19	77.63
南　非	113 633.82	62 862.11	80.77	芬　兰	19 809.06	21 099.92	-6.12
智　利	106 550.42	59 986.92	77.62	新西兰	19 243.50	16 728.86	15.03
瑞　士	96 394.68	71 593.51	34.64	墨西哥	16 018.50	6 339.47	152.68
中国香港	84 564.82	78 999.52	7.04	哈萨克斯坦	15 054.43	2 004.25	651.13
印　度	78 359.61	49 710.18	57.63	阿联酋	14 490.71	8 606.42	68.37
比利时	78 248.45	60 475.17	29.39	巴基斯坦	12 851.64	11 517.05	11.59
西班牙	74 516.09	49 021.64	52.01	奥地利	12 397.87	12 478.21	-0.64
荷　兰	57 849.85	34 602.65	67.18	哥伦比亚	10 251.80	218.93	4 582.68

【利用外资】

广州市 2010 年利用外资情况表

利用外资方式	本年批准情况						实际利用外资	
	项目（企业）数		合同外资					
	个数	同比（±%）	金额（万美元）	同比（±%）	增资金额（万美元）	占比（%）	金额（万美元）	同比（±%）
合　计		**14.48**	**505 928**	**30.18**	**236 032**	**47.45**	**408 121**	**5.33**
外商直接投资	**980**	**16.11**	**497 384**	**31.44**	**236 032**	**47.45**	**397 862**	**5.44**
合资企业	93	13.41	112 759	56.14	66 275	58.78	96 344	17.91
合作企业	7	-12.50	48 654		31 350	64.43	32 510	23.33
外资企业	880	17.33	324 967	9.16	127 232	39.15	257 688	-0.39
股份有限公司		-100.00	11 004	-9.74	11 175	101.55	11 320	7.12
外商其他投资	**190**	**6.74**	**8 544**	**-16.50**	**0**	**0.00**	**10 259**	**1.20**
加工装配	190	6.74	8 544	-16.50	0	0.00	10 259	1.20

广州市2010年外商直接投资行业情况表

行　业	项目（企业）数		合同外资		实际外资	
	个数	同比（±%）	金额（万美元）	同比（±%）	金额（万美元）	同比（±%）
合　计	**980**	**16.11**	**497 384**	**31.44**	**397 862**	**5.44**
农、林、牧、渔业	7	-22.22	527	-47.35	373	-95.32
采矿业	1		12		0	
制造业	177	5.99	163 927	-21.74	183 262	12.70
通信设备、计算机及其他电子设备制造业	19	-40.63	10 985	-87.10	33 447	45.24
交通运输设备制造业	14	180.00	26 513	184.08	29 072	33.11
化学原料及化学制品制造业	10	-44.44	23 951	39.43	19 023	102.83
木材加工及木、竹、藤、棕、草制品业	0	-100.00	-112	-169.14	15 274	303.43
专用设备制造业	11	10.00	2 662	-61.66	14 093	126.07
食品制造业	5	25.00	4 475	11.40	10 320	24.44
饮料制造业	2		7 104		9 910	22.54
石油加工、炼焦及核燃料加工业	0	-100.00	0	-100.00	8 734	437.81
电气机械及器材制造业	16	-20.00	8 715	-82.11	8 144	-29.01
金属制品业	7	-12.50	15 378		7 278	-18.65
纺织服装、鞋、帽制造业	23	130.00	6 022	485.80	4 660	3.53
塑料制品业	12	200.00	19 843		4 078	-30.45
医药制造业	3	0.00	520	-89.95	3 485	55.86
通用设备制造业	11	57.14	9 714	-41.72	2 957	-21.65
纺织业	4	100.00	-194	-473.08	2 493	-56.70
非金属矿物制品业	4	-50.00	9 245	318.14	2 076	-60.08
工艺品及其他制造业	13	85.71	1 850	210.92	1 484	-22.06
有色金属冶炼及压延加工业	0		27	-97.20	1 179	42.39
仪器仪表及文化、办公用机械制造业	7	133.33	1 378	-78.23	1 079	-28.11
皮革、毛皮、羽毛（绒）及其制品业	3	-62.50	85	-89.52	917	49.59
文教体育用品制造业	4	33.33	953		867	-11.08
家具制造业	3	-40.00	488		550	-54.28
橡胶制品业	0	-100.00	171	-85.13	539	-65.49
印刷业和记录媒介的复制	2	100.00	885	3 060.71	527	-14.86
造纸及纸制品业	1		10 106	2 511.37	432	63.02
黑色金属冶炼及压延加工业	1		1 200		392	-98.02
农副食品加工业	2	-33.33	1 960	88.10	119	-96.34
废弃资源和废旧材料回收加工业	0		0		110	
化学纤维制造业	0		0		16	-65.96
电力、燃气及水的生产和供应业	3	0.00	1 632	-79.85	345	-97.75
建筑业	10	42.86	1 068	143.84	466	-82.47
交通运输、仓储和邮政业	23	91.67	27 096	13.37	28 321	31.98
信息传输、计算机服务和软件业	52	10.64	36 351	245.84	13 947	66.13
批发和零售业	404	6.32	40 444	14.48	23 113	4.44
住宿和餐饮业	27	12.50	2 663		3 530	-16.82
金融业	5	150.00	7 643	52.86	4 480	50.08
房地产业	36	125.00	136 216	288.46	107 339	13.78
租赁和商务服务业	192	28.00	56 851	64.22	23 000	-13.89
科学研究、技术服务和地质勘查业	27	92.86	15 668	114.31	3 421	17.52
水利、环境和公共设施管理业	0	-100.00	15	-98.20	806	-67.42
居民服务和其他服务业	8	300.00	735	2 350.00	86	-96.42
教育	2		14	600.00	0	-100.00
卫生、社会保障和社会福利业	1	0.00	64	-51.52	0	

广州市2010年外商直接投资来源情况表

国别（地区）	项目（企业）数		合同外资		实际外资	
	个数	同比（±%）	金额（万美元）	同比（±%）	金额（万美元）	同比（±%）
合　计	**980**	**16.11**	**497 384**	**31.44**	**397 862**	**5.44**
香　港	599	12.17	364 340	46.89	239 649	22.67
英属维尔京群岛	25	-3.85	24 293	-69.88	65 536	-11.63
日　本	34	142.86	17 730	125.77	14 079	-58.53
韩　国	34	-20.93	5 919	190.29	10 709	183.08
开曼群岛	1	0.00	3 489		8 072	81.15
新加坡	24	26.32	17 534	309.58	7 330	16.42
荷　兰	4	300.00	5 568	8.26	5 496	99.35
毛里求斯	1	-66.67	1 235	-60.81	4 929	-16.13
萨摩亚	6	200.00	3 854		2 324	-67.13
美　国	27	-6.90	3 392	-58.78	2 187	-54.92
澳　门	12	20.00	357	-90.84	1 998	708.91
台湾省	45	36.36	3 594	240.34	1 731	-13.54
爱尔兰	2		2 941		1 267	
巴巴多斯	0		-3 431	-11 536.67	1 161	-63.44
奥地利	1		2 304		1 000	3 348.28
瑞　士	2	-66.67	335	-59.88	750	-77.24
德　国	6	200.00	-1 045	-1 223.66	714	891.67
文　莱	2	-33.33	105	-92.47	678	-33.59
百慕大	1		4 109		659	
法　国	5	66.67	4 448	974.40	550	-51.75
西班牙	4	100.00	760	255.14	450	-51.92
意大利	5	0.00	803	-23.16	410	-26.52
塞舌尔	9	350.00	891	83.71	350	0.00
加拿大	8	14.29	75	-58.56	290	-68.82
马来西亚	9	28.57	-944		185	-37.50
英　国	3	200.00	-31		182	-85.07
澳大利亚	13	62.50	-1 641	-874.06	177	-93.19
瑞　典	0	-100.00	0	-100.00	128	1 728.57
叙利亚	12	71.43	228	47.10	115	79.69
其　他	100	6.38	36 172	97.00	24 756	18.89

外商直接投资来源　2010年，广州市实际投资超1亿美元的国家（地区）有香港、英属维尔京群岛（包括开曼群岛、巴巴多斯、百慕大、萨摩亚、毛里求斯、塞舌尔）等投资岛、日本和韩国。其中香港实际外资投入金额为24亿美元，占全市实际使用外资总额的60.2%；英属维尔京群岛等投资岛实际外资投入金额为8.3亿美元，占全市实际使用外资金额的20.9%。日本实际投入金额为1.4亿美元，占全市实际使用外资金额的3.5%。韩国实际投资金额为1.1亿美元，占全市实际使用外资金额的2.7%。实际使用外资投入前10名的国家（地区）有香港、英属维尔京群岛、日本、韩国、开曼群岛、新加坡、荷兰、毛里求斯、萨摩亚和美国。

外商投资企业经营情况　2010年，广州市外商投资企业进出口额593.6亿美元，增长36.7%，占全市进出口总额的57.2%。其中进口308.4亿美元，出口285.3亿美元，分别增长46.9%和27.1%，占全市比重分别为55.7%和59%。外商投资企业进出口总量中，加工贸易比重为65.7%，较上年提高1.2个百分点；一般贸易比重为29.1%，较上年同期略有下降。

【对外经济合作】

2010年，广州市境外投资项目核准98个，同比增长25.64%；中方投资额4.89亿美元，同比增长15%。新签对外承包工程、对外劳务合作合同额8.16亿美元，同比增长1倍多；完成营业额4.7亿美元，同比增长21.03%。

主要特点：

1. 在境外设立展销展示平台、仓储运输中心等成为企业新选择。广州金波斯投资有限公司在阿吉曼设立了中东中国商品采购中心，目前第一、二期展馆已经开业，吸引入驻的中国客商近1 000家，涉及行业为纺织服装、箱包鞋帽、日用品、家具装饰品、电脑产品等。广州森大贸易有限公司分别在肯尼亚、秘鲁等国设立公司，建立境外销售与仓储平台，延长销售渠道，有效控制销售成本，尽管受金融危机的影响，公司出口业务实现两位数增长。

2. 拓展境外矿产资源开发和农业合作有新突破。民营企业积极到海外寻求矿产资源开发和农业合作，取得良好进展。广州伟腾投资集团有限公司、广州德融矿业有限公司分别在巴西、蒙古合作开展矿产资源和农业合作，已经拥有煤矿、有色金属等5个探矿权证，目前探明煤矿储量8 000万吨。

3. 对外投资继续规模化发展，水平进一步提高。2010年，总投资额超过1 000万美元的有7个，超过500万美元的28个，约占总项目数的近三分之一。生产类项目7个、研发类项目9个、软件行业项目5个、服务类项目21家，非贸易项目接近总项目数的50%，对外投资结构进一步优化，高层次的对外投资项目增多。

4. ECFA效应初现，市场多元化进一步发展。2010年98个境外投资项目中，40个位于港澳以外的市场，接近总项目数的41%。ECFA效应初现，大凌实业、国光电器在台湾开展投资，广州市企业对台投资开始起步。除美国等传统市场外，荷兰、台湾省、蒙古、坦桑尼亚、科特迪瓦、南非、巴西、乌克兰、肯尼亚等新兴市场的开拓也取得新成效。如广东德晟经贸发展有限公司在乌克兰设立建筑材料工厂，转变贸易增长方式，带动出口贸易增长。

5. 深化东盟经贸合作取得新进展。2010年，有8家企业在东盟国家开展境外投资，开展研发生产、销售服务和工程运输等业务。丽华香精公司、埃信科技公司等公司在东盟设立分支机构，开展研发、生产和销售业务；利昌泰船舶运输有限公司在印尼从事船舶运输业务。

【其他】

开发区 广州经济技术开发区2010年外贸进出口总额331.74亿美元，增长48.11%。出口额136.77亿美元，增长33.26%；进口额194.97亿美元，增长60.67%。新批准外商投资项目87个，合同利用外资12.57亿美元，下降33.31%，实际利用外资12.25亿美元，增长5.61%。

南沙经济技术开发区2010年进出口总额100.55亿美元，增长62.22%。出口额35.46亿美元，增长42.91%；进口额65.10亿美元，增长75.11%。新批准外商投资项目（含增资项目）31个，合同利用外资9.45亿美元，增长57.26%，实际利用外资6.28亿美元，增长0.63%。

增城经济技术开发区2010年进出口总额35.22亿美元，增长36.45%。出口额23.98亿美元，增长35.83%；进口额11.24亿美元，增长37.77%。新批准外商投资项目（含增资项目）16个，合同利用外资1.84亿美元，增长41.27%，实际利用外资0.81亿美元，下降54.60%。

商务洽谈会 3月30日，由广州市政府主办、广州市外经贸局承办的“2010广州外经贸白皮书发布会暨越秀天河白云黄埔区投资推介会”在香港香格里拉酒店举行。中央驻香港联络办公室副主任郭莉、外交部驻香港特派员公署副特派员高玉琛、广州市政府副市长陈明德、香港特区政府商务及经济发展局副局长苏锦梁及穗港两地有关政府部门、香港各大商会、驻港跨国公司代表共200多人出席大会。

4月16日，由广州市政府主办、广州市外经贸局承办的“中国（广州）—东盟投资贸易交流会”在广州香格里拉酒店举行。陈明德副市长、广东省外经贸厅朱泽南副厅长、中国对外贸易中心王润生副主任、中国—东盟商务理事会中方常务秘书长许宁宁及来自东盟三国驻华使馆、东盟七国驻广州总领事馆高层官员，东盟有关国家商协会、东盟有关企业和广州市政府有关部门、广州市企业代表共300余人出席会议。在企业对接交流环节，200多名来自广州与东盟电子家电、建筑建材、车辆、摩托车及配件等八大行业的企业家展开热烈的经贸合作洽谈。

6月15日，由广州市政府、乌克兰基辅市政府、广东省外经贸厅主办、驻乌克兰使馆经商参赞处支持、广州市外经贸局承办、乌克兰国家科学院国际合作局和广东—独联体国际科技合作联盟协办的“中国（广州）—乌克兰投资贸易洽谈会”在基辅市隆重举行。陈明德副市长、基辅市副市长维克多·西维茨、驻乌使馆经商参赞处参赞栾春生、乌克兰科学院副院长、院士安东·那伍莫维茨，基辅市经贸促进与企业家联合协会主席奥萨奇·阿列克萨德勒·弗拉基米洛维奇以及基辅市科工贸总局负责人出席会议并讲话，来自基辅市的大中型企业、乌克兰的大学、科研院所的代表以及广州市经贸代表团共120余人参加了会议。会上，广东白云国际科学研究院与乌克兰国家科学院，广东德晟经贸发展有限公司与顿弗托尔资源公司、梅加顿捷赫梅特公司分别签订了合作协议，将分别在基辅建立中—乌研发和产业化中心和在建材领域开展深层次合作。大会之后两地企业展开了对口洽谈。广州市虎辉照明公司、广州发展集团等企业分别与基辅市对口企业达成贸易和在乌投资合作意向。

6月16日，广东省政府在莫斯科举办“2010中国（广东）—俄罗斯经贸合作洽谈会”。陈明德副市长率轻工纺织、电池照明、化工原料、能源、电子产品等行业的18家广州企业组成广州经贸团参加了会议。会上，广州轻工工贸集团与俄罗斯P. MAPKC公司、广州纺织工业联合进出口公司与俄罗斯大资源有限责任公司、中国广州国际经济技术合作公司与俄罗斯阿弗古尔地产公司分别签订合作协议，将分别在推广和销售电器产品、百货产品和纺织品、进口壬基酚聚氧乙烯醚、布托夫斯基广场住宅建造工程等方面开展深层次合作。

6月23日，由葡萄牙投资贸易促进局主办，中国贸促会、澳门贸易投资促进局协办的中国与葡语国家企业经贸合作洽谈会在葡萄牙首都里斯本开幕，来自中国、葡语国家和地区的近500名经贸官员、企业家参会。广州市外经贸局组织广州市经贸代表团参加了会议并与参会的企业家代表进行交流，推介广州市投资环境，协助随团企业发掘合作商机。

10月20日，由广东省政府主办的“2010中国（广东）—埃及经贸合作洽谈会”在埃及首都开罗市隆重举行。黄华华省长、中国驻埃及大使馆临时代办王克俭，埃及进出口监管局局长穆罕默德·沙菲克、苏伊士经济总局局长艾哈迈德·阿敏、埃中商务理事会副主席阿卜杜勒哈米德·达玛尔达什等政府机构领导人出席大会并致辞。广州市外经贸局组织广州市代表团参加了洽谈会。广州五羊摩托、广州擎天科技有限公司、广药集团等企业已与多家埃及企业达成合作意向。

10月21日，由广州市人民政府主办、广州市外经贸局承办的“中国（广州）—肯尼亚经贸交流对接会”在肯尼亚首都内罗毕隆重举行。中国驻肯尼亚大使馆政务处周平剑参赞、肯尼亚投资局肯·曼亚拉执行经理、肯尼亚制造业商协会贝蒂·马伊娜局长、肯尼亚出口加工区新投资领域玛格丽特·外塞卡总经理，以及来自中国广州和肯尼亚的企业家、肯尼亚商会及行业协会代表、新闻媒体代表等160余人出席了此次交流对接会。会上，肯方企业对广州经贸代表团带来的轻工产品、医药产品等表现出浓厚的兴趣。

10月27日，由广东省政府和香港特区政府在印度首都新德里共同举办“2010粤港—印度经济贸易技术交流会”。黄华华省长、中国驻印度大使张炎，印度政府特邀嘉宾印度人力资源与开发部部长卡皮尔·希巴尔出席大会并致辞。广州市外经贸局组织广州市代表团参加了交流会，印度参会企业对广州产品表示了浓厚的兴趣，并对生物制药、电子信息、IT、汽车等产业合作进行了广泛交流，探讨投资合作前景。广州万孚生技术有限公司、海联贸易公司等企业已与多家印度企业进行了洽谈。

12月22日，由广州市政府主办、广州市外经贸局承办的“新广州新机遇——2010广州汽车产业投资推介”在广州香格里拉大酒店举行。市委副书记、市长万庆良出席并作主旨演讲，陈明德副市长主持会议。市政府有关部门、区（县级市）负责人以及来自美国、日本等境外汽车及零部件企业、研发机构高层，部分外国驻穗领馆、商会代表近300人参加推介会。

2010 年深圳市商务发展概况

深圳市科技工贸和信息化委员会

王学为

深圳市科技工贸和信息化委员会主任

王学为　1997 年 9 月—2002 年 9 月任深圳市经发局、经贸局副局长；2002 年 10 月—2003 年 9 月任深圳市能源集团副董事长；2003 年 9 月—2005 年 4 月任深圳市科技和信息局局长；2005 年 4 月起任深圳市贸易工业局党组书记、局长。2009 年 8 月起，任深圳市科技工贸和信息化委员会党组书记、主任。

【国内贸易】

社会消费品零售总额　2010 年广东省深圳市社会消费品零售总额 3 000. 76 亿元，比上年增长 17. 2%。分行业看，批发零售贸易业零售额 2 692. 61 亿元，住宿餐饮业零售额 308. 15 亿元。

批发零售贸易业商品购、销、存总额　批发零售贸易业商品销售总额 8 218. 86 亿元，比上年的 6 386. 80 亿元增长 29. 2%。

市场物价　居民消费价格指数为 103. 5（以上年价格为 100）。

市场体系建设　2010 年深圳市继续落实《深圳市商业网点规划（2006—2010 年）》，深圳商业网点在供求和布局上将更加合理，利用符合国际惯例的政策减少商贸流通领域的恶性竞争，通过政府资源的集中运用打造更加具有影响力的商业中心，减少网点过度发展对交通、人口和周边环境造成的不良影响。年内有一批大型商业网点开业，包括营业面积 8. 35 万平方米的 KK Mall 购物中心、华润万家欢乐颂南山店、天虹百货横岗店等。2010 年批发、零售、餐饮业完成全社会固定资产投资 15. 45 亿元。

商贸服务管理　推进以连锁经营、物流配送、电子商务、新型批发代理为代表的现代商贸流通组织的发展。连锁商业已发展成为深圳零售商业的主体，连锁企业销售额占全市社会品零售总额的比重超过 52%。在 2010 年中国连锁百强企业中，华润万家、沃尔玛、新一佳、天虹、人人乐、茂业、海王星辰、岁宝等八家总部在深圳的企业上榜。连锁企业在快速发展的同时，更为注重提高品质、细化市场定位，2010 年华润万家推出了社区购物中心“欢乐颂”、精品超市“Blt”；天虹推出了高端百货品牌“君尚百货”；沃尔玛尝试建立社区店“惠选”；苏宁也在购物中心建立精品店。

【对外贸易】

进出口总额　进出口总额 3 467. 5 亿美元，比上年增长 28. 4%，增幅超过金融危机前的 2008 年（以下简称超过危机前）15. 6 个百分点，占同期全国进出口总额的 11. 7%，占全省的 44. 2%。

出口总额　出口总额 2 041. 8 亿美元，一举突破 2 000 亿美元整数大关，实现历史性突破，同比增长 26. 1%，超过危机前 13. 6 个百分点，占同期全国出口总额的 12. 9%，占全省的 45. 1%，连续 18 年位居全国大中城市首位，实现“十八连冠”。

进出口商品结构

1. 工业制成品和初级产品

工业制成品出口和进口增长稳定。出口和进口金额分别为 2 008. 7 亿美元和 1 362. 5 亿美元，分别增长 26. 3% 和 32. 1%。主要出口产品为机械及运输设备，出口额 1 390. 7 亿美元，增长 29. 2%，其次为杂项制品，出口 464. 6 亿美元，增长 24%。主要进口产品也是机械及运输设备和杂项制品，进口额分别为 992. 1 亿美元和 143. 7 亿美元，分别增长 31. 7% 和 19. 1%。

初级产品进口63亿美元，增长25.1%，占全市进口比重为4.4%。矿物燃料、润滑油及有关原料为最主要进口产品，进口额22.8亿美元，增长20.4%。其次为非食用原料，进口额为18.2亿美元，增长42.2%。初级产品出口33.3亿美元，增长15.8%，仅占全市出口的1.6%，主要出口商品为矿物燃料、润滑油及有关原料，出口额为16.2亿美元，增长15.8%；其次为食品及活动物，出口额9.2亿美元，增长9.8%。

2. 机电产品和高新技术产品

机电和高新技术产品（与机电产品有交叉）出口增速高于全市平均水平，机电产品出口1 571.6亿美元，同比增长26.4%，高于全市平均增幅0.3个百分点；高新技术产品出口1 087.3亿美元，同比增长27.9%，高于全市平均增幅1.8个百分点。

电子信息和家电为最主要的出口产品。自动数据处理设备及其部件出口321.2亿美元，增长40.9%；电话机出口188.2亿美元，增长49.3%（其中手机出口183.9亿美元，增长51%），自动数据处理设备的零件出口95.8亿美元，增长3.1%；打印机（包括多功能一体机）出口59.7亿美元，增长52.6%；集成电路出口39.8亿美元，增长37.9%；静止式变流器出口38.7亿美元，增长39.2%。

机电产品和高新技术产品进口增幅略低于全市平均增幅。其中机电产品进口1 126亿美元，增长30.1%；高新技术产品进口889.7亿美元，增长30%，占进口总额的62.4%。

主要进口商品为集成电路、液晶显示板、自动数据处理设备的零件等中间投入品。集成电路进口422.6亿美元，增长30%；自动数据处理设备及其部件进口80亿美元，增长14.9%；液晶显示板进口71.8亿美元，增长20.6%；自动数据处理设备的零件进口58.7亿美元，增长18.0%；二极管及类似半导体器件进口41.1亿美元，增长43.4%。

进出口市场结构

2010年，深圳市大力实施自由贸易区战略和市场多元化战略，发达国家市场进一步巩固，开拓新兴市场取得新成效，市场结构逐步优化，外贸发展空间渐趋广阔。前10名贸易伙伴依次为香港地区、东盟、美国、欧盟、台湾省、日本、韩国、印度、澳大利亚和南非。由于贸易壁垒原因影响，2010年对印度出口出现负增长。

1. 传统发达市场

出口方面：对香港地区出口844.6亿美元，同比增长37.9%，占比41.4%；对美国出口315.9亿美元，同比增长20.1%，占比15.5%；对欧盟出口268.1亿美元，同比增长24.6%，占比13.1%；占比7.8%；对日本出口66.6亿美元，同比增长21.3%，占比3.3%，对上述4个国家和地区出口总额达1 495.2亿美元，占深圳市出口总额的73.2%，表明出口仍然集中于传统发达市场。由于印度2010年对深圳市通信设备采取了贸易壁垒措施，影响深圳市中兴、华为等企业对印度出口，印度虽然仍保住第6大出口市场地位，全年出口仅为39亿美元，同比下降5.9%，成为前10大市场唯一负增长的市场。

进口方面：从台湾省进口212.2亿美元，同比增长28.5%，占比14.9%，从日本进口156.7亿美元，同比增长27.5%，占比11%，从韩国进口133.5亿美元，同比增长45.7%，占比9.4%，从欧盟进口73.7亿美元，同比增长21.1%，占比5.2%，从上述4个国家和地区进口总额为385.1亿美元，占全市进口总额的40.1%。

2. 新兴国家市场

出口方面：对新兴国家市场出口399.5亿美元，增速为14.6%，低于全市出口平均增速；其中对拉美市场出口78.2亿美元，同比增长40.5%；对东欧市场出口58.1亿美元，增长38.7%，增长迅速，上述两个市场增长较快；对东盟出口158.8亿美元，增长4.5%；对非洲出口56亿美元，增长10.3%；对中东出口48.4亿美元，同比下降0.1%。阿联酋取代加拿大，跻身深圳市第10大出口市场，出口额20.7亿美元，增长3%。

进口方面：2010年深圳市从新兴国家市场进口305.9亿美元，同比增长35%，超出全市平均水平3.2个百分点。东盟继续保持深圳第一大进口来源国地位，自东盟进口227.9亿美元，增长25.3%，占全市进口总额的16%；从拉美进口32.5亿美元，同比增长45%；从非洲进口25.5亿美元，大幅增长147.9%；从中东进口10.2亿美元，同比增长62.5%；从东欧市场进口9.8亿美元，增长72%，增长非常迅速。南非和哥斯达黎加是深圳市的第7位和第9位进口来源地，分别进口22.9亿美元和15.1亿美元，增长184.4%和47.7%。

技术进出口　技术进出口总额158 745.8万美元，比上年的106 144.18万美元增长49.56%。签订引进技术和进口设备合同项目624个，比上年增加127个；合同金额150 181万美元，比上年的104 085.94万美元增长44.29%；签订技术出口合同项目92个，合同金额8 564.8万美元，比上年的2 058.24万美元增长316.12%。

【利用外资】

深圳市2010年利用外资情况表

利用外资方式	批准签订的合同			实际利用外资	
	项目数（个）	外资金额（万美元）	金额比上年增加（%）	金额（万美元）	金额比上年增加（%）
外商直接投资	**1 929**	**565 197**	**58.85**	**429 724**	**3.30**
中外合资企业	124	44 503	-45.63	63 281	15.07
中外合作企业	1	271		1 292	134.48
外资企业	1 800	508 625	97.18	341 964	-0.08
股份有限公司	4	11 798	-33.05	23 187	27.24
外商其他投资		**-6 219**		**17 218**	**40.65**
加工装配		-6 219		17 218	40.65
合　计	**1 929**	**558 978**	**58.98**	**446 942**	**4.37**

深圳市2010年外商直接投资行业情况表

行　业	项目数（个）	行业	项目数（个）
总　计	**1 929**		
农、林、牧、渔业	1	建筑业	7
采矿业	2	交通运输、仓储和邮政业	29
石油和天然气开采业	2	信息传输、计算机服务和软件业	35
制造业	431	批发和零售业	967
纺织业	5	住宿和餐饮业	33
化学原料及化学制品制造业	4	金融业	4
医药制造业	1	房地产业	11
通用设备制造业	15	租赁和商务服务业	252
专用设备制造业	35	科学研究、技术服务和地质勘查业	142
通信设备、计算机及其他电子设备制造业	49	居民服务和其他服务业	12
电力、燃气及水的生产和供应业	1	文化、体育和娱乐业	2

深圳市2010年外商直接投资来源情况表

国别（地区）	项目数（个）	合同外资（万美元）	实际外资（万美元）
合　计	**1 929**	**565 197**	**429 724**
文　莱	1	3 736	1 078
缅　甸	1	50	
塞浦路斯	2	95	25
朝　鲜	1	13	
香　港	1 463	447 568	309 774
印　度	2	113	40
印度尼西亚	1	13	107
伊　朗	4	30	
伊拉克	1	7	
以色列	2	-2	
日　本	34	3 730	2 774
澳　门	9	2 001	447
马来西亚	15	517	398

深圳市2010年外商直接投资来源情况表（续）

国别（地区）	项目数（个）	合同外资（万美元）	实际外资（万美元）
尼泊尔			15
阿　曼		12	
巴基斯坦	4	31	22
卡塔尔	1	7	
新加坡	23	8 180	9 393
韩　国	24	316	472
叙利亚	1	20	
泰　国	3	61	136
土耳其	5	50	18
阿拉伯联合酋长国	2	15	
也门共和国	1	7	
越　南			8
台湾省	112	980	1 737
阿尔及利亚			
埃　及	1	7	27
毛里求斯	8	1 579	1 979
尼日利亚	1	7	
塞舌尔	31	1 282	230
比利时	1	30	1
英　国	6	−1 162	1 065
德　国	7	−262	381
法　国	9	2 040	4
爱尔兰	2	107	45
意大利	4	117	55
卢森堡		−248	
荷　兰	3	−1 158	1 805
葡萄牙			9
西班牙	2	869	528
奥地利	1	31	
芬　兰	1	45	15
列支敦士登			13
波　兰			27
瑞　典		−200	
瑞　士	2	−35	558
立陶宛			32
俄罗斯	3	37	4
捷克共和国	1	7	
斯洛伐克共和国	1	7	
巴哈马		4 905	
巴巴多斯		−29	1 037
伯利兹		176	13
巴　西	2	20	
开曼群岛	2	−2 317	5 603
巴拿马			169
秘　鲁	1	60	

深圳市2010年外商直接投资来源情况表（续）

国别（地区）	项目数（个）	合同外资（万美元）	实际外资（万美元）
英属维尔京群岛	45	30 634	62 587
拉丁美洲其他国家	1	88	20
加拿大	7	-2 011	91
美国	46	12 622	8 960
百慕大			1 112
澳大利亚	5	24	148
新西兰	3	18	
萨摩亚	47	43 170	13 032
马绍尔群岛共和国	1	4	
其他太平洋岛屿	1	26	
国别（地区）不详的		214	293
投资性公司投资	2	6 943	3 437

外商直接投资企业生产经营情况 2010年深圳市外商投资企业出口总额1 207.76亿美元，同比增长26.8%，占全市出口总额的59.15%。2010年，全市限额以上外商投资工业企业工业增加值2 206.93亿元，同比增长13.4%，占全市工业增加值的53.92%。

【对外经济合作】

承包工程和劳务合作 2010年，深圳市对外承包工程和劳务合作新签合同额92.43亿美元，比上年的73.89亿美元增长25.09%；完成营业额77.44亿美元，比上年的71.48亿美元增长8.34%，对外承包工程完成营业额继续在全国大中城市中排名第一，占全国总额的8.4%、占广东省的94%。

对外经济技术援助 2010年深圳市承办了两期国家援外培训项目，分别为“非洲法语国家基础软件应用技术培训班”和“发展中国家电信营销与运营研修班”。接待商务部发展中国家援外培训研修班近30批次。

对外投资 2010年，深圳市境外投资协议投资总额8.87亿美元，同比增长135.6%；其中中方协议投资额7.15亿美元，同比增长99.5%。截至2010年底，全市共累计核准境外投资协议投资额42.22亿美元，累计核准境外投资中方投资额37.72亿美元。全年核准境外投资新设企业和机构257家，同比增长73.6%；其中企业246家、机构11家。截至2010年底，全市共累计批准设立境外企业和机构847家，分布在全球112个国家和地区。

对外科技交流合作 2010年，深圳市与以色列、匈牙利、芬兰、加拿大等国的科技合作交流向纵深发展。全市受理国际科技合作资助项目132项，其中研发项目类119项，交流活动类13项。进一步密切与芬兰、匈牙利和以色列等国家的科技合作，“中国—芬兰金桥创新中心（深圳）联合办公室”于第十二届高交会上正式挂牌成立，2010年6月组织参加高交会匈牙利、以色列分会。

【其他】

开发区 深圳高新技术产业园区（以下简称“深圳高新区”）始建于1996年9月，规划面积11.5平方公里，为国家级高新技术产业开发区，是国家建设“世界一流高科技园区”的六家试点园区之一，也是“国家知识产权试点园区”和“国家高新技术产业标准化示范区”。2010年，根据统计快报数据显示，全区实现工业总产值3 014.21亿元，增长18.17%；总收入3 098.53亿元，增长16.11%；工业增加值764.5元，增长27.55%；出口154.68亿美元，增长25.17%；税收总额176.61亿元，增长27.63%；净利润200.02亿元，增长35.53%。2010年，全区专利申请12 158件，占全市专利申请总量的24.6%；发明专利申请8 947件，占全市发明专利申请的37.35%。专利申请量、发明专利申请量连续多年居国家级高新区第二位，国际专利（PCT）申请量连续多年居国家级高新区首位。

保税区 2010年，深圳保税（物流）园区实现工业增加值102.3亿元，增长1.6%，占全市规模以上工业增加值的2.3%，约占全国保税区增加值的3.5%；工业总产值612.9亿元，增长2%，占全市工业总产值的3.4%，约占全国保税区工业总产值的15.1%；进出口总额474.9亿美元，增长27.9%，约占全国保税区总量的30.5%和全市总量的13.7%，其中进口258.4亿美元，增长40%；实现税收总额89.5亿元，增长35.6%。全年新批准设立企业102家，增长5.2%；外资企业投资额5 338.3万美元，增长

19.1%；合同利用外资3 754.7万美元，增长40.7%；实际利用外资4 862.6万美元。

在各个园区发展方面，福田保税区实现工业增加值89.3亿元，增长3%，占深圳保税区总量的87.3%；工业总产值528.5亿元，增长3%，占深圳保税区总量的86.2%；进出口总额406.6亿美元，增长22.8%，占深圳保税区总量的85.8%；税收50.87亿元，增长3.7%，占深圳保税区总量的56.8%。

沙头角保税区实现工业增加值13亿元，工业总产值84.4亿元，进出口总额40亿美元。因区内部分主要企业搬迁，对沙头角保税区经济形成较大冲击。

盐田保物流园区延续其良好的发展势头，全年实现进出口额28.4亿美元，增长51.5%，税收收入37.8亿元，增长148.7%。

商务洽谈会　2010年3月15日，深圳市在比利时首都布鲁塞尔举办了深圳市驻欧洲经贸代表处新址揭幕仪式暨深圳—布鲁塞尔投资推介会。推介会上详细介绍了深圳良好的投资环境、产业发展情况，以及华为、比亚迪等深圳本土企业和西门子、葛兰素史克等国外著名跨国公司在深圳投资案例，同时我委与布鲁塞尔首都地区企业促进署签订了经贸合作备忘录，共同协助深圳高科技企业参与布鲁塞尔设立的企业孵化器项目。

2010年4月15日，我委和香港投资推广署在意大利威尼斯成功举办了“2010深港联合投资环境介绍会”。会议吸引了当地企业代表、协会和媒体等150多人参加，覆盖咨询、农副产品、银行、运输、信息和教育等行业，参加人员多为企业管理高层，体现了意大利企业界对深圳发展前景和良好的投资机会的高度关注。

2010年5月25日，我委联合坪山新区在悉尼举办了“2010深圳（悉尼）经贸交流洽谈会”。参加此次洽谈会的当地企业代表约120人，覆盖了电子信息、咨询、农副产品等行业。会后经贸代表团及深圳市企业和与会嘉宾进行了交流互动，当地企业代表纷纷向代表团咨询深圳的产业发展政策、成立企业的程序等等，体现了澳大利亚政商界对深圳发展前景及良好投资机会的高度关注。

2010年6月8日和10日在北美IT企业集聚地——西雅图和硅谷分别举行了一场IT产业专题推介会。会议吸引了近300家企业出席，会场气氛非常热烈，与会客商对深圳表现出极大的兴趣，纷纷踊跃发言或提问。

2010年6月23日，深圳市借助粤港政府联合在港召开的粤港经济技术贸易合作交流会的契机，在香港君绰海逸酒店成功举办了以“深港携手 商机无限”为主题的深圳市产业新趋势介绍会。介绍会吸引了香港各界的高度关注，香港多所知名大学及企业高层管理人员180多人应邀参加，参会人员覆盖教育科研、电子信息、生物医药等高新技术以及金融、物流等高端服务业多个领域。

2010年10月24日，深圳市在新德里举办了“深圳—印度经贸合作交流会”，中国驻印度大使馆经济商务参赞处、印度通信和制造业协会、印度塔塔咨询服务公司及部分印度企业的代表和深圳市企业代表等出席了会议。

2010年9月，我委联合发改委及坪山新区在德国杜塞尔多夫MEDICA医疗器械展期间举办了“深圳生物医疗产业政策说明会”。会议吸引了约100名当地企业及参展外商企业参加，取得圆满成功。会上介绍了深圳的经济现状和投资环境，并着重介绍了生物医疗产业的发展概况和相关鼓励政策。会后参会企业纷纷向代表团成员详细了解深圳生物产业以及新兴产业的规划和政策，对深圳这块投资热土表现出极大的热情和浓厚的兴趣。

2010年9月15日，深圳市在东京举办的“魅力之城——深圳（东京）企业家恳谈会”，超过400家日本公司的派高层代表参加。此次活动是深圳市完善平板显示产业链、进行大项目招商的重要活动。TCL集团董事长李东生介绍了华星光电TFT－LCD 8.5代项目的建设情况。会后，华星光电与日本凸版印刷、日本佳能公司、日本尼康公司等三家企业签署了技术合作及设备供应协议；另外日本近铁集团、日本村田电子公司与深圳市坪山新区签署了投资意向书，增资或落实在深圳市的项目；我委还与日本最大的银行日本三菱东京日联银行股份有限公司签署了合作协议，推动日资企业在深圳的投资。

2010年10月25日，深圳市在美国纽约的曼哈顿举办了“深圳·新兴产业发展机会”专题推介会。此次活动邀请了美国政商界嘉宾及新闻媒体的约80人参会。会上介绍了深圳产业发展情况、深圳新发展载体、深圳服务外包发展情况等，美国空气公司在会上向与会嘉宾介绍了企业在深圳投资经验。会后与企业嘉宾与深圳市代表团成员进行了深入的交流。

2010年10月11日和13日，深圳市分别在英国利物浦和爱尔兰都柏林举行了一场新兴产业专题推介会，阐述了深圳市营商环境以及生物医药、新能源、互联网、服务外包、创意文化等新兴产业的基本情况、优势、政策以及合作机会，深圳软件园介绍了深圳市发展软件和服务外包等产业的载体，来自华为、PCH等公司的代表分别从不同角度分享了在深圳投资和发展心得。

2010年珠海市商务发展概况

珠海市科技工贸和信息化局

杨　川

珠海市科技工贸和信息化局局长

杨　川　1969年10月出生，四川通江人，硕士研究生。曾任珠海市人民政府办公室副主任、市政府副秘书长、市经济贸易局局长等职。2009年11月10日任珠海市科技工贸和信息化局局长、党组书记。

【国内贸易】

社会消费品零售总额　2010年广东省珠海市实现社会消费品零售总额486.03亿元，比上年增长20.5%。其中，批发业零售额67.08亿元，增长16.7%；零售业零售额358.86亿元，增长20.8%；住宿餐饮业零售额60.08亿元，增长23.1%。

限额以上批发零售业商品销售额　限额以上批发零售业中，石油及制品类零售额34.81亿元，增长19.9%；汽车类零售额58.28亿元，增长39.1%；粮油食品饮料烟酒类零售额30.72亿元，增长24.2%；服装鞋帽针纺织品类零售额20.18亿元，增长44.4%；家用电器和音像器材类零售额17.57亿元，增长40.7%；日用品类零售额3.64亿元，增长61.4%。

市场物价　全年居民消费价格总水平上涨3.0%。其中，食品、烟酒及用品、家庭设备用品及维修服务、医疗保健和个人用品、娱乐教育文化用品及服务、居住的价格分别上涨5.3%、0.6%、1.6%、5.5%、0.6%和5.9%；衣着、交通和通讯的价格分别下跌1.0%和0.1%。生产领域中的工业品出厂价格上涨2.2%。

【对外贸易】

进出口总额　进出口总额434.80亿美元，比上年的374.44亿美元增长16.13%。

出口总额　出口总额208.62亿美元，比上年的177.83亿美元增长17.31%，占全市GDP 1 202.58亿元（相当于161.21亿美元）的129.41%。

出口商品结构　初级产品出口额18.8亿美元，占出口总额的9.02%，工业制成品出口额189.82亿美元，占出口总额的90.98%。

珠海市2010年出口额5 000万美元以上商品情况表

金额分类	商品名称	出口金额（万美元）	占出口总额比重（%）
10亿美元以上	游戏机、电话机、自动数据处理设备及其部件、成品油气调节器、打印机（包括多功能一体机）、印刷电路	961 226	46.08
1亿—10亿美元	照相机、服装及衣着附件、液化石油气及其他烃类气、自动数据处理设备的零件、纺织纱线、织物及制品、医药品、电视机（包括整套散件）、电动机及发电机、电视机和收音机及无线电讯零附件、电线和电缆、静止式变流器、通断保护电路装置及零件、电流、液晶显示板、变压器、蓄电池、鞋类、普通缝纫机、船舶、塑料制品、录放像机、珍珠、宝石及半宝石	506 067	24.26
5 000万—1亿美元	家具及其零件、灯具、照明装置及类似品、收音设备（包括收录音组合机）、汽车零件、二极管及类似半导体器件、玩具、集成电路、扬声器、手用或机用工具	71 435	3.43
合　计	**38种**	**1 538 728**	**73.76**

珠海市2010年进口额1亿美元以上商品情况表

金额分类	商品名称	进口金额（万美元）	占进口总额比重（%）
10亿美元以上	原油、集成电路、成品油	1 017 481	44. 99
3亿—10亿美元	煤、印刷及装订机械及零件、液化石油气及其他烃类气、自动数据处理设备及其部件、初级形状的塑料、印刷电路、电视机和收音机及无线电讯设备、变压整流电感器及零件、通断保护电路装置及零件、二极管及类似半导体器件、二甲苯、纺织纱线、织物及制品	564 175	24. 95
1亿—3亿美元	液晶显示板、未锻造的铜及铜材、电容器、计量检测分析自控仪器及器具、苯乙烯、自动数据处理设备的零件、医药品、电线和电缆、非泡沫塑料的板片膜箔、蓄电池、钻石	178 277	7. 89
合 计	**27种**	**1 759 933**	**77. 83**

珠海市2010年主要出口市场情况表

国别（地区）	出口金额（万美元）	国别（地区）	出口金额（万美元）
香 港	634 539	英 国	56 676
美 国	382 233	荷 兰	46 226
日 本	152 066	越 南	41 243
德 国	106 514	印 度	35 836
澳 门	57 367	澳大利亚	24 417

珠海市2010年主要进口市场情况表

国别（地区）	进口金额（万美元）	占进口总额比重（%）	国别（地区）	进口金额（万美元）	占进口总额比重（%）
伊 朗	530 673	23. 46	马来西亚	69 680	3. 08
中 国	283 398	12. 53	美 国	67 880	3. 00
日 本	271 622	12. 01	印度尼西亚	59 632	2. 64
台湾省	137 831	6. 09	新加坡	57 238	2. 53
韩 国	126 922	5. 61	泰 国	51 094	2. 26

【利用外资】

珠海市2010年利用外资情况表

利用外资方式	批准签订的合同			实际利用外资	
	项目数（个）	外资金额（万美元）	金额比上年增长（%）	金额（万美元）	金额比上年增长（%）
合 计	**244**	**128 897**	**163. 40**	**125 234**	**3. 73**
外商直接投资	**213**	**125 693**	**173. 61**	**122 351**	**3. 66**
合资企业	31	5 223	−57. 73	21 324	43. 60
合作企业	2	2 715	1 772. 41	721	−96. 80
外资企业	180	116 405	265. 64	78 277	2. 64
股份有限公司	0	1 350	−15. 68	22 029	398. 62
外商其他投资	**31**	**3 204**	**6. 91**	**2 883**	**6. 90**
来料加工	31	3 204	6. 91	2 883	6. 90

珠海市2010年外商直接投资主要来源情况表

国别（地区）	批准项目		合同外资		实际利用外资	
	项目数（个）	比重（%）	金额（万美元）	比重（%）	金额（万美元）	比重（%）
合　计	**201**	**107.57**	**114 019**	**90.71**	**104 778**	**85.64**
香　港	98	46.01	64 532	51.34	54 477	44.53
英属维尔京群岛	6	2.82	16 973	13.50	20 590	16.83
澳　门	63	29.58	20 402	16.23	12 985	10.61
日　本	8	0.34	2 382	11.90	6 943	5.67
新加坡	5	2.35	1 532	1.22	6 605	5.40
美　国	6	2.82	312	0.25	1 038	0.85
台湾省	10	21.30	6 429	5.11	1 096	0.90
马来西亚	3	1.41	1 402	1.12	99	0.08
韩　国	0	0.00	47	0.04	927	0.76
法　国	2	0.94	8	0.01	18	0.01

外商直接投资来源　外商直接投资来自18个国家和地区。

外商直接投资行业　外商直接投资项目中，生产型项目69个，非生产型项目有145个。生产型项目集中在制造业，有68个，合同外资金额为3.26亿美元，占71%。

外商直接投资企业生产经营情况　截至2010年，已开业投产的外商投资企业共2 444家，工业总产值1 993.13亿元，比上年增长16.5%，占全市的65.3%；工业增加值367.6亿元，比上年增长20.2%，占全市的59.7%；外商投资企业出口166.0亿美元，比上年增长12.3%，占全市出口79.6%；涉外税收100.97亿元，占全市总税收的29.4%。

【对外经济合作】

承包工程和劳务合作　完成营业额9 561万美元，年末在外劳务人员11 831人，主要派往港澳地区，其中技术劳务比重呈增长态势。

【其他】

开发区　珠海高新技术开发区主园区2010年实现规模以上工业总产值143.53亿元，增长17.8%；工业增加值32.46亿元，增长21.0%。固定资产投资25.41亿元，增长20.2%。合同利用外资12.57亿美元，实际利用外资12.24亿美元，分别增长173.6%和3.7%。固定资产投资44.2亿元，增长48.1%。

保税区　珠海保税区2010年完成规模以上工业总产值70.76亿元，增长14.5%；工业增加值15.16亿元，增长16.5%。固定资产投资3.06亿元，增长16.7%。税收收入10.33亿元，增长25.09%。

港口运输　珠海主要港口2010年完成货物吞吐量6 056.27万吨，增长37.4%，其中外贸货物吞吐量1 678.76万吨，下降7.0%。集装箱吞吐量70.27万标箱，增长24.6%。

涉外旅游　2010年，接待境外过夜游客448.46万人次，增长8.4%；国际旅游外汇收入12.23亿美元，比上年的10.27亿美元增长19.09%。

2010 年汕头市商务发展概况

汕头市对外贸易经济合作局

汕头市对外贸易
经济合作局局长

蔡佩侬　女，1964 年 9 月出生，广东省汕头市人。中共党员。学历在职研究生。历任广东省澄海市接待办主任、侨办主任、副市长等职。2003 年 3 月至 12 月任汕头市对外贸易经济合作局党组副书记、副局长。2003 年 12 月至今任汕头市对外贸易经济合作局党组书记、局长。

【对外贸易】

进出口总额　2010 年广东省汕头市进出口总额 73.64 亿美元，比上年的 60.28 亿美元增长 22.2%。

出口总额　出口总额 49.35 亿美元，比上年的 40.16 亿美元增长 22.9%，占全市 GDP 1203.25 亿元的 4.1%，占全国出口额的 0.3%。

进口总额　进口总额 24.30 亿美元，比上年的 20.12 亿元增长 20.7%。

出口商品结构　初级产品出口额 3.95 亿美元，占出口总额的 8.0%；工业制成品出口额 45.40 亿美元，占出口总额的 92.0%。

进口商品结构　初级产品进口额 2.75 亿美元，占进口总额的 11.3%；工业制成品进口额 21.54 亿美元，占进口总额的 88.6%。

出口商品市场　出口商品销往 177 个国家（地区）。

进口商品市场　进口商品来自 78 个国家（地区）。

技术进出口　登记技术进口合同 10 个，合同总额 1 111.12 万美元；技术出口合同 1 个，合同总额 1 101.30 万美元。

汕头市 2010 年出口额 2 亿美元以上商品情况表

商品名称	出口金额（万美元）	占出口总额比重（%）
机电产品	128 415	26.0
服装及衣着附件	117 077	23.7
玩具	66 710	13.5
家具及其零件	29 837	6.0
箱包及类似容器	29 757	6.0
合　计	**371 796**	**75.2**

汕头市 2010 年进口额 1 亿美元以上商品情况表

商品名称	进口金额（万美元）	占进口总额比重（%）
初级形状的塑料	76 665	31.6
机电产品	51 435	21.2
苯乙烯	15 398	6.3
纺织纱线、织物及制品	14 511	6.0
塑料制品	10 526	4.3
合　计	**168 535**	**69.4**

汕头市2010年主要出口市场情况表

国别（地区）	出口金额（万美元）	占出口总额比重（%）	国别（地区）	出口金额（万美元）	占出口总额比重（%）
美　国	90 830	18.4	阿联酋	20 260	4.1
香　港	81 609	16.5	英　国	14 892	3.0
日　本	29 344	5.9	沙特阿拉伯	14 651	3.0
菲律宾	21 695	4.4	加拿大	13 713	2.8
合　计				**286 994**	**58.1**

汕头市2010年主要进口市场情况表

国别（地区）	进口金额（万美元）	占进口总额比重（%）	国别（地区）	进口金额（万美元）	占进口总额比重（%）
日　本	35 116	14.5	新加坡	16 482	6.8
台湾省	33 862	13.9	德　国	13 791	5.7
韩　国	24 305	10.0	泰　国	11 814	4.9
美　国	19 037	7.8	沙特阿拉伯	11 536	4.7
合　计				**165 943**	**68.3**

【利用外资】

汕头市2010年利用外资情况表

利用外资方式	批准签订的合同			实际利用外资	
	项目数（个）	外资金额（万美元）	金额比上年增加（%）	金额（万美元）	金额比上年增加（%）
外商直接投资	**35**	**40 673**	**109.5**	**25 553**	**25.2**
合资企业	6	-20	-101.2	2 273	-36.4
合作企业		87	-99.2	1 983	160.2
外资企业	29	36 520	488.3	20 997	46.2
股份有限公司		4 086	332.4	300	-82.5
外商其他投资	**2**	**16**	**-88.6**	**10**	**-92.7**
加工贸易	2	16	-88.6	10	-92.7
合　计	**37**	**40 689**	**108.1**	**25 563**	**24.4**

外商直接投资行业　外商直接投资项目中，生产型9家，非生产型26家。

外商直接投资来源　外商直接投资主要来源为：香港26家，合同外资金额30 141万美元；台湾省5家，124万美元；澳大利亚2家，241万美元；塞舌尔2家，22万美元；意大利1家，3万美元。

【对外经济合作】

承包工程和劳务合作　汕头市建安（集团）公司中标中国驻巴哈马使馆馆舍新建工程（工程造价近2 891万元人民币），各方面工作正在按计划顺利进行，预计工程于2011年下半年开工，工期预计2年。

对外投资　境外投资领域从东南亚国家和香港地区延伸到澳大利亚、印度尼西亚、泰国、阿联酋等16个国家和地区，经营范围从纺织品、针织服装、玩具、礼品、洗涤用品、化妆品、办公用品、各类紧固件、五金等产品的批发、零售，进出口贸易，到废旧资源回收再生等实业型生产。广东东方锆业科技股份有限公司、汕头保税区三宝矿业有限公司分别在澳大利亚和印度尼西亚投资3 933万美元、500万美元从事矿产的勘探、开采、加工销售以及矿产品资源的回运等相关业务。汕头市澄海区金裕食品有限公司投资730万美元在泰国设立生产基地，营销网络及品牌推广力度有新突破。广东省宜华木业股份有限公司在美国投资4 000万美元设立全资子公司、澄海区艳阳春贸易有限公司在阿联酋迪拜设立了BS国际贸易有限公司，并招募100多家澄海玩具企业实施澄海玩具（迪拜）展示中心项目。

【其他】

商务洽谈会 6月21日—23日，组织企业参加省政府在香港举办“2010粤港经济技术贸易合作交流会”；8月17日，组织企业参加在温哥华香格里拉大酒店举行的首届广东—不列颠哥伦比亚贸易投资论坛及品牌推介会；9月27日，组织企业参加由省政府主办的“2010广东国际旅游文化节暨泛珠三角旅游招商会”；10月27日，组织企业参加由省政府和香港政府在印度新德里联合主办的“2010粤港—印度经济技术贸易合作交流会”；11月14日—15日，组织企业参加由商务部主办、澳门特区政府在澳门承办的“中国—葡语国家经贸合作论坛第三届部长级会议”等各项招商活动及经贸论坛；12月份组织企业参加马来西亚外贸系列活动，推进外经贸企业对东盟市场的深度开发；12月下旬，组织企业参加由省政府在湛江举办的“2010广东省海洋经济博览会”。

港口运输 2010年汕头港进出港货物3 509万吨，同比增长13.1%。其中进出口货物1 003.4万吨（进口794.9万吨、出口208.5万吨），同比增长15.8%；进出口集装箱47.3万标箱，同比增长18.1%。汕台海上货运直航共航行91航次，直接对台贸易26 002标箱，其中出口12 310标箱，进口13 692标箱。汕头空港进出境航班1 817航次，同比增长70.3%；入出境旅客18.57万人次，同比增长90.7%。汕头、澄海、潮阳、濠江4个进出境货运车辆检查场共查验进出境车辆85 632辆次，同比增长27.1%；进出口货物896 722吨，同比增长11.9%。

涉外旅游 2010年入境外国人及港澳台同胞133 857人次，旅游外汇收入0.50亿美元，比上年的0.49亿美元增长2.2%。

2010年湛江市商务发展概况

湛江市对外贸易经济合作局

湛江市对外贸易经济合作局局长

王小穗　生于1963年12月，山东省郓城县人。学历博士研究生。历任解放军南海舰队参谋，湛江市对外经济贸易委员会办公室副主任、科长，湛江市对外贸易经济合作局副局长，湛江市外事局局长，2009年10月任湛江市对外贸易经济合作局局长。

【国内贸易】

社会商品零售总额 2010年湛江市社会商品零售总额679.79亿元，比上年的558.30亿元增长21.8%。按地域分，城镇605.42亿元，乡村74.37亿元。按行业分，批发业52.28亿元，零售业541.19亿元，住宿业5.21亿元，餐饮业81.2亿元。

限额以上批发和零售贸易业、住宿和餐饮业基本情况 2010年，限额以上批发和零售贸易业、住宿和餐饮业单位289个。其中，批发业单位82个，零售业单位83个，住宿业单位38个，餐饮业单位86个。

批发和零售贸易业企业商品购、销、存总额 批发和零售贸易业企业商品销售总额1 179.35亿元，比上年的948.61亿元增长24.3%。其中，限额以上企业388.78亿元，限额以下企业790.57亿元。

市场秩序建设 2010年在治理商业贿赂工作方面，注重落实工作责任，根据领导成员变动及时调整治理商业贿略领导小组成员，有效保障了治理商业贿赂工作的顺利开展。以自查自纠、宣传教育和长效机制建设为重点，加强源头治理，积极创新载体，把治理商业贿赂同加强党风廉政建设等工作紧密结合起来，坚持综合治理、标本兼治，注重巩固、深化提高，治贿工作稳步推向深入。

在湛江市12312商务举报投诉服务方面，积极做好举报投诉的接收办理和业务咨询工作，2010年接收商务领域有效举报、投诉和咨询电话21起，接待举报投诉来访人员1人次，接办有效举报投诉件9起，转办7起，办结反馈9起，办结率100%。

市场体系建设 组织实施《湛江市商业网点发展规划》，以建设大型零售商店、超市、中高级批发市场、商品交易市场、物流基地等为载体，发展多种业态，推进商业网点体系和物流体系建设。华润万家生活超市有限公司湛江湛新店、建信幸福汇商业中心、沃尔玛商业零售有限公司同德城分店等商业网点完成建设并营业；湛江家电批发市场、霞山水产品批发市场农海产品中心、麻章钢材市场等正在建设中。督促指导县级城市编制商业网点发展规划，其中《吴川市商业网点发展规划》已经吴川市政府批准实施；《廉江市商业网点发展规划》已通过专家评审，正报廉江市政府审批。

继续推进万村千乡市场工程，加强农村市场体系建设。截至2010年底，全市完成改造和建设配送中心10个，农家店1 971个。已建成农家店的乡镇87个、行政村1 254个，镇级农家店覆盖率100%，村级农家店覆盖率84%，获得国家和广东省财政资金补助共830.4万元。家电下乡、以旧换新进展顺利，全市家电下乡中标企业5个，备案销售网点354个，销售家电下乡产品90 952台，销售金额1.98亿元，补贴金额2 477万元；全市家电以旧换新中标企业8个，备案销售网点43个，回收网点24个，销售家电以旧换新产品102 634台，销售金额3.34亿元，补贴金额2 111.9万元。

2010年全市典当企业6家，拍卖企业21家。

商贸服务管理 做大做强海鲜美食之都，推动餐饮业发展。一是举办中国海鲜美食之都授牌仪式暨泛北部湾经济区餐饮产业发展论坛。2010年5月中旬在湛江举办中国海鲜美食之都授牌仪式暨泛北部湾经济区餐饮产业发展论坛，湛江市市长阮日生、中国烹饪协会常务副会长杨柳出席并签订《中国烹饪协会 湛江市人民政府关于推动湛江市餐饮产业发展的战略合作框架协议》。二是开展海鲜美食名店名菜（名点）名宴名师认定工作。认定了中国海鲜美食之都海鲜美食名店10个，名菜20款，名点10个，名宴3个，名师10人。三是推进品牌发展组织机构建设。为搜集、挖掘、整理、提升本地传统海鲜美食，传播和弘扬湛江海鲜美食文化，湛江师范学院筹备成立“湛江餐饮文化研究所”，同时挂“湛江中国海鲜美食之都品牌发展研究中心”牌子，推进中国海鲜美食之都品牌研究和发展。四是举办2010年中国（湛江）海鲜美食嘉年华活动。湛江市人民政府和中国烹饪协会主办，赤坎区人民政府和湛江市经济和信息化局承办的2010年中国（湛江）海鲜美食嘉年华活动于2010年12月28日至2011年1月3日在湛江市赤坎区金沙湾观海长廊举行。

加快港口物流业发展。一是重点发展与港口现代物流相配套的硬件基础设施，建设以宝满港区10万吨级集装箱码头工程、霞山港区30万吨级散货码头工程、霞山港区新建成品油码头及液体化工品码头改扩建工程、调顺岛港区300#泊位（15万吨级煤炭码头）技改工程等建设项目为代表的一批大型专业化码头，拓展服务中西部腹地货物进出口贸易和转口贸易主通道的能力。二是推进保税物流园区建设，加快湛江保税物流中心（B型）报批和建设工作，吸引国际货物供应商和第三方物流经营企业，开展货物进出口、仓储、加工、分拨、保税、交易、配送及第三方物流业务。

市场运行调节 2010年，全市累计社会消费品零售总额679.79亿元，增长21.8%。其中，批发业52.28亿元增长17.5%，零售业541.19亿元增长22.1%，住宿业5.21亿元增长24.6%，餐饮业81.2亿元增长22.1%。

加强生活必需品市场供应情况监测，做好生活必需品节假日情况日报和相关应急工作。湛江市食品企业集团公司承担广东省400吨冻肉储备任务。

加强酒类流通管理。开展全市酒类年检工作，加强酒类管理业务培训，严格执法，加强监管。

加强生猪屠宰监管，确保猪肉质量安全。全市原有生猪定点屠宰厂（场）195家，根据《湛江市生猪定点屠宰厂（场）设置方案》（湛府办［2009］33号）进行布点，调整为98家，其中赤坎区、霞山区和湛江开发区共3家，麻章区、坡头区各2家，东海岛3家，遂溪县17家，吴川市12家，雷州市、廉江市各19家，徐闻县16家，农垦系统5家。获得广东省定点屠宰代码编号91家。2010年全市生猪定点屠宰量192万头。

【对外贸易】

进出口总额 进出口总额35.32亿美元，比上年的28.18亿美元，增长25.3%。

出口总额 出口总额16.87亿美元，比上年的13.65亿美元，增长23.6%。

进口总额 进口总额18.45亿美元，比上年的14.53亿美元，增长27.0%。

出口商品结构 初级产品出口额7.25亿美元，占出口总额的43.0%；工业制成品出口额9.60亿美元，占出口总额的56.9%。

进口商品结构 初级产品进口额14.73亿美元，占进口总额的79.8%；工业制成品进口额3.68亿美元，占进口总额的2.0%。

出口商品市场 出口商品销往161个国家（地区）。主要出口市场：美国、印度、香港、日本、英国，累计金额9.47亿美元，占出口总额的56.1%。

进口商品市场 进口商品来自73个国家（地区）。主要进口市场：阿尔及利亚、尼日利亚、安哥拉、芬兰、利比亚，累计金额8.16亿美元，占进口总额的44.2%。

湛江市2010年出口额1亿美元以上商品情况表

金额分类	商品名称	出口金额（亿美元）	占出口总额比重（%）
1亿美元以上	水海产品及其深加工制品	6.17	36.6
	机电产品	3.14	18.6
	家具及其零件	1.95	11.6
	纺织纱线、织物及制品	1.19	7.1
合　计		**12.45**	**73.9**

湛江市2010年进口额7 000万美元以上商品情况表

金额分类	商品名称	进口金额（亿美元）	占进口总额比重（%）
7 000万美元以上	原油	9.60	52.0
	机电产品	2.28	12.4
	锰矿砂及其精矿	1.07	5.8
	大豆	0.82	4.4
	棉花	0.72	3.9
合　计		**14.49**	**78.5**

湛江市2010年主要出口市场情况表

国别（地区）	出口金额（亿美元）	占出口总额比重（%）	国别（地区）	出口金额（亿美元）	占出口总额比重（%）
美　国	5.40	32.0	日　本	0.90	5.3
印　度	1.26	7.5	英　国	0.76	4.5
香　港	1.16	6.9			
合　计				**9.48**	**56.2**

湛江市2010年主要进口市场情况表

国别（地区）	进口金额（亿美元）	占进口总额比重（%）	国别（地区）	进口金额（亿美元）	占进口总额比重（%）
阿尔及利亚	1.79	9.7	芬　兰	1.59	8.6
尼日利亚	1.60	8.7	利比亚	1.58	8.6
安哥拉	1.60	8.7			
合　计				**8.16**	**44.3**

【利用外资】

湛江市2010年利用外资情况表

利用外资方式	批准签订的合同			实际利用外资	
	项目数（个）	外资金额（万美元）	金额比上年增加（%）	金额（万美元）	金额比上年增加（%）
外商直接投资	**13**	**10 831**	**15.24**	**3 672**	**25.54**
合资企业	7	7 143	477.45	1 636	38.41
合作企业		-5	-100.59	503	296.06
外资企业	6	3 693	-49.55	1 533	-5.14
合　计	**13**	**10 831**	**15.24**	**3 672**	**25.54**

外商直接投资行业　外商直接投资项目中生产型6个、非生产型7个。其中：农林牧渔业1个、制造业5个、批发和零售业2个、房地产3个、其他2个。

外商直接投资来源　外商直接投资主要来源国别（地区）分别是：香港合同外资金额7 554万美元，实际到资2 145万美元；法国合同外资金额703万美元，实际到资702万美元；泰国合同外资金额200万美元，实际到资200万美元。

【对外经济合作】

对外投资　2010年在国外设立企业6个，投资总额711.13万美元，其中中方投资金额648.67万美元。投资国别（地区）：越南、印度尼西亚、斯里兰卡、香港。投资主要项目：家禽家畜、水海产饲料加工、销售，农业种植、加工，冷冻加工厂。远洋捕捞企业5家，派出船只37艘。

【其他】

开发区　湛江经济技术开发区是1984年11月经国务院批准成立的首批14个沿海开放城市经济技术开发区之一。2010年湛江经济技术开发区与东海岛经济开发试验区整合后，陆地面积354平方公里，海洋滩涂面积115平方公里，是目前全国面积最大的国家级开发区之一。其中，建成区9.2平方公里位于湛江市城区中心，以发展总部经济和现代服务业为主，将打造成为湛江中央商务区。自建区以来，开发区GDP累计707亿元，工业总产值1 599亿元，固定资产投资286亿元，实际利用外资7.6亿美元，外贸出口50亿美元。

2010年开发区GDP 210.3亿元增长128.1%，人均GDP 8.4万元，工业总产值444.6亿元增长204.3%，社会固定资产投资92.98亿元增长313.4%，外贸出口5.46亿美元增长19.8%，实际利用外资1 160万美元增长15.3%，地方财政一般预算收入7.1亿元增长52.6%。

金融服务　开发区积极建设金融服务平台，区内有中国工商银行、中国银行、中国建设银行、中国农业银行、中国邮政储蓄银行、广东发展银行、湛江市商业银行，能为区内企业提供优质金融服务。

住宿餐饮　开发区内现有五星级宾馆2座，正在建设1座，有四星级宾馆2座和三星级宾馆一批。其中皇冠假日酒店、银海酒店、恒逸国际酒店、海滨宾馆、中国城酒店、中南酒店、新溢香国际酒店等可以为投资者提供优质的住宿餐饮服务。

文化娱乐　开发区内夜总会、保龄球、健身中心、海滨休闲中心等文化娱乐配套设施齐全，如中国城娱乐中心、皇冠假日酒店娱乐中心、月世界娱乐城等。

贸易服务　开发区内海关、检验检疫、海事、税务管理、外汇管理、对外经贸、银行等现代信息化管理体系十分完善，可为企业提供快捷、优质、便捷、低成本、高效率的通关、检验检疫、金融等服务。

项目建设　2010年开发区立项项目34个，投资总额40亿元。区内第三产业实现增加值44.1亿元，增长12.7%。完成区内龙潮、梧阔、霞海、平乐上和平乐下等5个城中村的修建规划。鼓励建成区内企业外迁东海岛，为建成区发展酒店、娱乐、餐饮等第三产业腾出发展空间，目前有冠豪纸业、双林药业等8家企业迁至东海岛筹建生产基地。建成区将围绕发展总部经济、商业、服务业和金融中心打造湛江中央商务区。目前区内在建的第三产业项目有广和澳海城、江南世家、银隆广场、城市尚品大厦、君豪酒店、威格大厦等，拟建项目有湛江铂金广场、湛江皇冠广场等。

商务洽谈会 3月组织5家企业参加在香港举办的“香港珠宝首饰展览会”，贸易成交额100万美元；3月组织9家企业参加在美国举办的“波士顿国际渔业博览会”贸易成交额4 000万美元；4月湛江市人民政府与泰国正大集团在香港签订设立“正大（湛江）现代农业投资有限公司”，公司注册资本5亿元人民币，合同外资额2.5亿元人民币，投资建设年出栏1亿只肉鸡、100万头猪禽畜项目和水产基地项目及其关联产业，并于12月在湛江举行正大（湛江）现代农业综合开发基地奠基仪式；4月组织49家企业参加在广州举办的第107届广交会，贸易成交额5 800万美元；6月组织8家企业参加在台湾举办的“海峡两岸食品展”，贸易成交额3 000万美元；6月组织5家企业参加在香港举办的“香港珠宝首饰展览会”，贸易成交额100万美元；6月组团参加广东省人民政府在香港举办的“粤港经贸交流会”，签订外商投资合同金额14 047万美元，贸易成交额3 300万美元；6月组织12家企业参加广东省人民政府在东莞举办的“广东省外商投资企业产品（内销）博览会”，内销贸易成交额680万元人民币；7月组织7家企业参加在日本举办的“日本东京国际水产品及技术博览会”，贸易成交额1 000万美元；7月组织13家企业参加广东省人民政府在澳门举办的“粤澳名优商品展销会”，贸易成交额150万美元；9月组织4家企业参加在香港举办的“香港珠宝首饰展览会”，贸易成交额100万美元；9月组团参加广东省人民政府在广州举办的“2010广东国际旅游文化节暨泛珠三角旅游招商会”，签订外商投资项目4个，合同外资额10 020万美元；9月组织11家企业参加广东省贸促会在泰国曼谷举办的“2010泰国现代生活家居展览会”，贸易成交额20万美元；10月组织5家企业参加在南宁举办的“第七届中国—东盟博览会”，贸易成交额1 000万美元；10月组团参加广东省人民政府和香港特别行政区政府在印度新德里举办的“2010粤港—印度经济技术贸易合作交流会”和在印度孟买举办的“粤港时尚生活汇展”，共签订外商投资项目1个，合同外资额9 500万美元，贸易成交额6 801万美元；10月组织51家企业参加在广州举办的“第108届广交会”，贸易成交额6 000万美元；11月组织2家企业参加广东省贸促会在印度孟买举办的“第七届中国商品（印度孟买）展览会”，贸易成交额40万美元。

港口运输 全市港口拥有生产性泊位125个，其中万吨级以上深水泊位34个，年综合货物通过能力1.3亿吨（其中货物1.01亿吨/年、集装箱16万TEU/年、汽车266万辆/年）。建成石油、矿石、煤炭、化肥、粮食、木材、集装箱、车（火车、汽车）客渡等专业化泊位和专业化设施，拥有2个30万吨级陆岸油码头、1个30万吨级人工航道，港口资源优势明显，是我国沿海主要港口和综合运输体系重要枢纽。2010年港口货物吞吐量1.36亿吨增长15.2%。其中进出口货物吞吐量4 760万吨增长3.8%，集装箱吞吐量32万TEU增长38.2%，旅客吞吐量1 051万人次增长27.9%。

涉外旅游 2010年入境的外国游客3.50万人次，港澳台同胞游客6.81万人次，旅游外汇收入2 716万美元，比上年的2 237万美元增长21.4%。

2010年广西壮族自治区商务发展概况

广西壮族自治区商务厅

刘树森

广西壮族自治区商务厅厅长

刘树森　生于1954年11月，辽宁铁岭人。1982年毕业于辽宁师范大学中文系，1996年获南开大学工商管理硕士学位。历任辽宁省锦西化工总厂党委副书记、辽宁省体改委副主任、辽宁省人民政府研究室副主任、广西壮族自治区党委研究室主任等职。2003年4月任广西壮族自治区对外贸易经济合作厅厅长、党组书记，广西壮族自治区外商投资管理办公室主任。2004年3月任广西壮族自治区商务厅厅长、党组书记。

【国内贸易】

社会消费品零售总额　2010年，广西壮族自治区社会消费品零售总额3 271.8亿元，比上年增长19.0%。按地域分，城市2 858.5亿元，增长19.1%；乡村413.3亿元，增长18.2%。按行业分，批发零售业2 966.8亿元，增长18.8%；住宿餐饮业305.0亿元，增长20.0%。

市场秩序建设　截至2010年，广西全区14个市商务局（委）和40个县级商务主管部门成立了商务综合行政执法队伍。商务行政执法人员1 202人，有3批共30个单位（14个地级市、16个县、区）成为全国商务综合行政执法试点单位，全区市级试点单位覆盖率为100%，县级覆盖率为21.3%，试点单位数量居全国首位，中央财政拨付了2 200万元专项奖励资金。同时，全区共评出了24个县（区）商务主管部门作为自治区商务综合行政执法试点单位，广西财政厅拨付了每个试点单位10万元共计240万元作为自治区商务综合行政执法试点单位专项资金。广西开展商务综合行政执法试点工作取得了明显的成效，得到了商务部的充分肯定，为保障广西搞活流通扩大消费打下了良好的基础。

市场体系建设　截至2010年，全区商品交易市场营业面积达到3 454 124平方米，成交额亿元以上的市场共有89家，累计成交总额936.91亿元，占同期全区社会消费品零售总额的32.5%。

2010年全区建成“万村千乡市场工程”农家店2 500个，新建或改造配送中心53个。到2010年底，全区109个县（区、市）共建成农家店13 984个，建设改造配送中心99个，农家店覆盖了92.4%的乡镇和70.8%的行政村。2010年利用自治区本级内贸流通专项资金建设改造了32个农贸市场。

截至2010年底，广西共有典当企业79家，累计注册资本合计5.48亿元，从业人员524人。2010年全区累计成交典当业务10 324笔，下降9.1%；完成典当总额6.95亿元，增长23.7%；年末典当余额3.21亿元，增长44.5%。全区共有拍卖企业186家、分公司21家，拍卖师250名，拍卖从业人员1 970名。2010年全区累计拍卖成交总额163.21亿元，增长31.74%，拍卖业绩再创历史新高；拍卖场次1 723场，减少15.95%。

2010年广西将汽车、摩托车下乡流通网络作为建设重点，重点支持13个汽车交易市场、2个摩托车配送中心和75个摩托车销售网点建设。2010年，全区共计销售汽车、摩托车下乡产品803 933台，是2009年销售量的2.29倍；累计销售金额74.79亿元，是2009年销售额的2.2倍。

家电下乡产品销售成效显著。2010年，全区累计销售家电下乡产品272.41万台，是2009年销售量的2.3倍；累计销售金额57.04亿元，是2009年销售额的2.6倍。累计补贴家电下乡产品261.37万台，发放财政补贴资金6.81亿元，补贴兑付率95.95%，家电下乡工作取得丰硕成果。

生猪屠宰量快速增长，猪肉价格继续保持稳定。2010年，全区累计定点屠宰生猪1 393.7万头，增长5.3%，为实施定点屠宰以来最高屠宰量。在相关部门的积极干预下，猪肉价格在下半年回复到合理水平。

商贸服务管理 成品油市场供应平稳，2010年全区共销售成品油735.1万吨，增长16.3%，其中销售汽油208万吨，增长17.1%；销售柴油527.1万吨，增长16%。餐饮市场消费活跃，举办了一系列促进餐饮消费活动，活跃广西餐饮市场。商贸连锁经营发展迅速，商贸连锁配送规模不断扩大，连锁企业建设配送中心35个，全区商贸连锁配送规模超过300亿元。家政服务业不断发展，2010年全区共培训家政服务员8 000人，全区具有家政服务工程培训资格的单位达到28家。

市场物价 居民消费价格指数为103.0（以上年度价格为100），其中城市102.9，农村103.4。8大类商品价格“5升3降”，其中，食品类上涨6.8%，烟酒及用品类上涨1.6%，衣着类下降0.2%，家庭设备用品及服务类下降1.2%，医疗保健及个人用品类上涨1.5%，交通和通讯类上涨0.4%，娱乐教育文化用品及服务类下降0.6%，居住类上涨5.7%。工业品出厂价格上涨12.0%，原材料燃料动力购进价格上涨11.2%，商品零售价格上涨3.0%，农业生产资料价格上涨1.9%。

【对外贸易】

进出口总额 进出口总额1 770 609万美元，比上年的1 420 599万美元增长24.3%。

出口总额 出口总额960 988万美元，比上年的837 110万美元增长14.8%，占全区GDP的6.9%。

进口总额 进口总额809 621万美元，比上年的583 490万美元增长37.8%。

出口商品市场 出口商品销往191个国家（地区）。主要出口市场的国别（地区）：东盟出口额458 835万美元（其中越南407 880万美元），欧盟81 010万美元，美国80 728万美元，香港99 012万美元，日本37 620万美元，韩国15 819万美元，安哥拉4 785万美元，印度21 551万美元，澳大利亚20 201万美元，沙特阿拉伯4 052万美元，以上合计出口金额823 613万美元，占出口总额的85.7%。

进口商品市场 进口商品来自90个国家（地区）。主要进口市场的国别（地区）：巴西进口额80 079万美元，越南104 935万美元，澳大利亚107 089万美元，印度58 242万美元，阿根廷24 927万美元，日本34 115万美元，美国71 809万美元，加蓬11 298万美元，印度尼西亚41 387万美元，德国17 714万美元，以上合计进口金额551 595万美元，占进口总额的68.1%。

边境贸易 边境小额贸易出口额331 945万美元，占广西出口总额的34.5%；进口额92 149万美元，占广西进口总额的11.4%；进出口总额424 049万美元，占广西进出口总额的24%。

技术进出口 签订技术进口合同项目76个，比上年增加35个；合同金额16 361.18万美元，比上年的8 820.04万美元增长85.5%。

广西壮族自治区2010年出口额1 000万美元以上商品情况表

金额分类	商品名称	出口金额	占出口总额比重（%）
5 000万美元以上（34种）	服装及衣着附件，自动数据处理设备及其部件，纺织纱线、织物及制品，家具及其零件，钢材，水海产品及其制品，鲜干水果及其坚果，电线和电缆，蔬菜，松香产品，汽车（包括整套散件），箱包及类似容器，家用陶瓷器皿，液化石油气及其他烃类气，塑料制品，木衣架，磷酸及多磷酸，汽车零件，药材，未锻造的锰，鞋类，未锻造的铝及铝材，天然硫酸钡（重晶石），静止式变流器，硅，肥料，烟花、爆竹，玻璃制品，手用或机用工具，加工的猪皮革，银，自动数据处理设备的零件，灯具、照明装置及类似品，摩托车及自行车的零件	544 692	56.7
2 000万—5 000万美元（23种）	未锻造的铜及铜材，液晶显示板，滑石，船舶，钛的氧化物，铁合金，电视机、收音机及电讯设备零附件，电视机（包括整套散件），钢铁或铜制标准固件，锑的氧化物，医药品，原电池，收音设备（包括收录机及散件），体育用品及设备，未锻轧的锑、粉末及废碎料，硫酸盐，电扇，床垫、寝具及类似品，电话机，打火机，豆类，藤编结品，未锻轧的铟	76 598	8.0

广西壮族自治区 2010 年出口额 1 000 万美元以上商品情况表（续）

金额分类	商品名称	出口金额	占出口总额比重（%）
1 000 万—2 000 万美元（22 种）	轴承，草编结品，胶合板及类似多层板，纸及纸板，圣诞用品，伞，医疗仪器及器械，玩具，蘑菇罐头，活猪（种猪除外），竹编结品，农药，水泥及水泥熟料，食用植物油，通断保护电路装置及零件，马蹄罐头，电动机及发电机，日用钟，金属加工机床，家用或装饰用木制品，新的充气橡胶轮胎，贵金属或包贵金属的首饰	30 482	3.2
合　计	**79 种**	**651 772**	**67.8**

广西壮族自治区 2010 年进口额 1 000 万美元以上商品情况表

金额分类	商品名称	进口金额	占进口总额比重（%）
5 000 万美元以上（19 种）	铁矿砂，大豆，煤，锰矿砂，锌矿砂，铅矿砂，鲜干水果，原油，成品油，液化石油气及其他烃类气，废金属，集成电路，食用植物油，牛皮革及马皮革，金属加工机床，未锻造的铜及铜材，木薯淀粉，液晶显示板，木薯干	658 901	81.4
2 000 万—5 000 万美元（12 种）	计量检测分析自控仪器及器具，阀门，建筑及采矿用机械，初级形状的塑料，制造纸及纸制品用机械及零件，活塞式内燃机的零件，纺织纱线、织物及制品，银矿砂，铬矿砂，电线和电缆，钢材，二级管及类似半导体器件	40 379	5.0
1 000 万—2 000 万美元（10 种）	废纸，食糖，液泵及液体提升机，天然橡胶（包括胶乳），机械提升搬运装卸设备及零件，纸浆，电视显像管，硫磺，电话机，原木	15 455	1.9
合　计	**41 种**	**714 735**	**88.3**

广西壮族自治区 2010 年主要出口市场情况表

国别（地区）	出口金额（万美元）	占出口总额比重（%）	国别（地区）	出口金额（万美元）	占出口总额比重（%）
东　盟	458 835	47.7	印　度	21 551	2.2
香　港	99 012	10.3	澳大利亚	20 201	2.1
欧　盟	81 010	8.4	韩　国	15 819	1.6
美　国	80 728	8.4	台湾省	10 450	1.1
日　本	37 620	3.9	巴　西	9 270	1.0
合　计				**834 498**	**86.8**

广西壮族自治区 2010 年主要进口市场情况表

国别（地区）	进口金额（万美元）	占进口总额比重（%）	国别（地区）	进口金额（万美元）	占进口总额比重（%）
东　盟	193 724	23.9	欧　盟	38 289	4.7
澳大利亚	107 089	13.2	日　本	34 115	4.2
巴　西	80 079	9.9	乌克兰	33 389	4.1
美　国	71 809	8.9	阿根廷	24 927	3.1
印　度	58 242	7.2	南　非	22 661	2.8
合　计				**664 323**	**82.1**

【利用外资】

利用外资概况　2010 年广西直接利用外资保持稳定增长。全年共批准外商直接投资项目 190 项，其中合资项目 58 项，合作项目 5 项，独资项目 127 项；合同外资金额

20.95 亿美元，比上年增长 30.5%；实际利用外资 9.12 亿美元，比上年减少 11.9%。年内共有 37 个国家和地区到广西投资。

外商直接投资行业 外商直接投资项目中，生产型企业 64 个，非生产型企业 126 个。其中，制造业 64 个，批发和零售业 49 个，租赁和商务服务业 16 个，农、林、牧、渔业 12 个，住宿和餐饮业 10 个，房地产业 7 个，电力、燃气及水的生产和供应业 6 个，科学研究、技术服务和地质勘查业 6 个，交通运输、仓储和邮政业 4 个，居民服务和其他服务业 4 个，建筑业 4 个，信息传输、计算机服务和软件业 3 个，水利环境和公共设施管理业 3 个，采矿业 2 个，文化、体育和娱乐业 2 个，卫生、社会保障和社会福利业 1 个。

外商直接投资来源 外商直接投资来自 37 个国家或地区。主要投资国家或地区的项目数及合同外资金额情况是：香港 104 个，投资金额 126 796 万美元；英属维尔京群岛 5 个，30 731 万美元；马来西亚 5 个，27 693 万美元；韩国 6 个，5 868 万美元；瑞典 0 个，增资 3 606 万美元；澳门 3 个，3 160 万美元；新加坡 6 个，3 113 万美元；投资性公司 5 个，2 696 万美元；日本 2 个，1 794 万美元；澳大利亚 3 个，1 218 万美元。

外商直接投资企业生产经营情况 根据 2010 年外商投资企业联合年检数据显示，参加广西外商投资企业联合年检企业 1 321 家，参检企业全年销售（营业）收入总计 13 380 818万元人民币，其中服务营业收入 1 474 660 万元人民币；利润总额 1 335 332 万元人民币，净利润 1 100 751 万元人民币；纳税总额1 106 767万元人民币，其中关税54 904 万元人民币；资产总额 18 426 759 万元人民币，负债总额 11 088 661 万元人民币，其中非流动性负债 2 547 344 万元人民币。2010 年广西外商投资企业进出口总额 49.1 亿美元，其中进口 28.8 亿美元，出口 20.3 亿美元。

广西壮族自治区 2010 年利用外资情况表

利用外资方式	批准签订的合同			实际利用外资	
	项目数（个）	外资金额（万美元）	金额比上年增加（%）	金额（万美元）	金额比上年增加（%）
外商直接投资	**190**	**209 523**	**30.5**	**91 200**	**−11.9**
合资企业	58	35 473	−7.5	25 770	−4.3
合作企业	5	13 002	−53.5	53	−96.0
外资企业	127	158 363	76.0	65 377	−6.9
股份有限公司		2 685	−38.2	0	−100.0
合　计	**190**	**209 523**	**30.5**	**91 200**	**−11.9**

【对外经济合作】

承包工程和劳务合作 2010 年广西对外承包工程新签合同 39 份，合同额 6.1 亿美元，完成营业额 5.6 亿美元，增长 24.05%。年末工程项下在外劳务人员 5 537 人，减少 744 人。对外劳务合作新签合同 30 份，合同额 56 万美元，完成营业额 163 万美元，下降 61.83%，期末在外人数 432 人。对外承包工程和劳务合作业务主要分布在安哥拉、越南、厄瓜多尔等国家。2010 年在建的主要工程项目有：广西壮族自治区水电工程局在安哥拉的市政工程项目，完成营业额 2.3 亿美元；广西电力工业勘察设计研究院在越南的昆江 2 水电站 EPC 项目，完成营业额 4 250 万美元；广西公路桥梁工程总公司在厄瓜多尔的巴巴奥约河大桥项目，完成营业额 4 209 万美元。

对外投资 2010 年广西累计批准对外投资项目 52 个，协议投资额 3.7 亿美元，其中中方协议投资额 3.1 亿美元，增长 66.69%。对外投资目的地主要包括中国香港、新加坡、越南、柬埔寨、印度尼西亚、加拿大、德国等国家和地区。投资行业主要集中在矿产资源开发、房地产开发、工程机械贸易、农产品加工等。主要投资项目有：广西大锰锰业有限公司通过收购新加坡彩虹矿业私人有限公司的股份，从而控股 PMG 矿业（南非）私人有限公司（新加坡彩虹矿业私人有限公司持有该公司 70% 的股份），中方协议投资额 6 128 万美元，是迄今为止广西最大的矿产资源类对外投资项目；广西柳工机械股份有限公司增资柳工香港投资有限公司，中方协议投资额 1 991 万美元；柳州五菱汽车有限责任公司增资五菱汽车香港有限公司，中方协议投资额 1 000 万美元。

接受国际无偿援助 2010 年广西获准接受国际无偿援

助项目16个，援助金额1 213万美元，项目涉及卫生、人口与计划生育、扶贫、救灾、奖学金等领域。主要有：无国界医生南宁艾滋病综合关怀和治疗项目1个，金额155万美元；香港、澳门特区政府援助救灾等项目2个，金额823.1万美元；英国红十字会、澳大利亚红十字会援助广西红十字会艾滋病预防及救灾项目2个，金额78.53万美元；澳大利亚、新西兰、欧盟、联合国人口基金无偿援助广西开展人畜饮水工程、技能培训、人才培养奖学金等项目6个，金额26.73万美元；日本政府援助学校宿舍建设、饮水设施、体育器材项目等援助项目5个，德国小额无偿援助项目1个，金额129.64万美元。

对外援助 2010年由广西商务厅申请、广西国际博览事务局承办的“中国—东盟经贸关系研修班”顺利举行，来自东盟十国的学员参加了培训。广西八桂农业科技有限公司承担的援助埃塞俄比亚农业示范中心项目，在商务部、中国驻埃塞俄比亚大使馆经济商务参赞处等部门的大力协助下，取得了显著进展。示范中心将按照生态循环和可持续发展原则，建设成以园艺作物为主、大田作物为辅、禽畜养殖为纽带的“生态·循环·节能”的特色农业示范中心。

【其他】

开发区 南宁经济技术开发区2010年共签订投资项目133项，合同总额67.94亿元，实际到位投资总额41.36亿元；合同利用外资8 595万美元，实际利用外资3 800万美元；工业总产值131.6264亿元，工业增加值36.6491亿元；税收完成8.6425亿元；进出口总额6 678万美元，其中出口5 645万美元。

南宁高新技术产业开发区签订投资项目35项，合同总额84.71亿元，实际到位投资总额97.59亿元；合同利用外资9 271万美元，实际利用外资4 528万美元；工业总产值543.43亿元，工业增加值181.67亿元，税收完成24.99亿元；进出口总额46 766万美元，其中出口额35 167万美元。

柳州高新技术产业开发区签订投资项目109项，合同总额87.57亿元，实际到位投资总额45.57亿元，基础设施投资额31.31亿元；合同利用外资29 559万美元，实际利用外资5 588万美元；工业总产值110亿元，工业增加值34亿元，税收完成382 701万元；出口总额41 353万美元。

桂林高新技术产业开发区签订投资项目45项，合同总额58亿元，实际到位投资总额57.75亿元，基础设施投资额66.1亿元；合同利用外资1 787.17万美元，实际利用外资8 009.93万美元；工业总产值182.19亿元，工业增加值72.25亿元，税收完成12亿元；出口总额4 606.6万美元。

北海出口加工区签订投资项目11项，合同总额3亿元，实际到位投资总额0.55亿元；合同利用外资1 845万美元，实际利用外资2 258万美元；工业总产值73.78亿元，工业增加值22.7亿元，税收完成0.461亿元；进出口总额70 015万美元，其中出口额48 102.8万美元。

商务洽谈会 2010年10月19日—24日，第七届中国—东盟博览会在广西南宁国际会展中心举办，参展参会客商4.9万人。第七届博览会的经贸实效有了新的提高，贸易成交总额17.12亿美元，比上届增长3.5%；签约国际经济合作项目135个，总投资66.9亿美元，比上届增长3%；签约国内经济合作项目156个，总投资674.46亿元，比上届增长9%。

港口运输 2010年主要港口（沿海与内河）码头长度49 150米，泊位个数648个。全区港口货物吞吐总量18 629.80万吨。外贸进出口货物吞吐量7 263万吨，比上年增长21.96%，其中规模以上港口进口货物吞吐量18 574万吨，增长25.40%，出口货物吞吐量8 696万吨，增长29.31%。

涉外旅游 2010年入境旅游人数250.24万人次（外国人及香港、澳门、台湾同胞），比上年增长19.24%。国际旅游收入8.07亿美元，比上年的6.43亿美元增长5.2%。

2010年北海市商务发展概况

北海市商务局

熊赤锋

北海市商务局局长

熊赤锋　贵州毕节人。1983年至1999年先后在贵州水城钢铁公司、广西北海市贵州宏宇国际集团总公司、北海市项目引进局，历任副科长、指挥长助理、开发部部长、策划部部长、科长等职务。1999至2004年任北海市经贸委副主任、党组成员；2004至2006年任北海市铁山港区党委副书记、副区长；2006至2010年任广西合浦县县委常委、副县长、副书记；2010年任北海市商务局局长、党委副书记。

【国内贸易】

社会消费品零售总额　2010年广西壮族自治区北海市社会消费品零售总额108亿元，比上年的90.84亿元增长18.89%。按地域分，城镇99.36亿元，乡村8.64亿元。按行业分，批发和零售贸易业96.9亿元，住宿和餐饮业11.1亿元。

限额以上批发和零售贸易业、住宿和餐饮业基本情况　2010年，共有限额以上批发零售贸易、住宿和餐饮业法人企业80个。其中，批发业法人企业16个；零售业法人企业16个；住宿和餐饮业法人企业48个。

批发和零售贸易业企业商品购、销、存总额　批发和零售贸易业企业商品销售总额185.74亿元，比上年的146.31亿元增长26.95%。其中，限额以上企业48.60亿元，限额以下企业137.14亿元。限额以上批发和零售贸易企业商品销售总额48.60亿元（其中批发30.84亿元、零售17.76亿元），年末库存总额3.99亿元。

市场物价　商品零售价格指数为103（以上年价格为100），居民消费价格指数为103.1（以上年价格为100）。

市场秩序建设　为规范市场经济秩序，推动社会信用体系建设，维护社会稳定，北海市整顿和规范市场经济秩序各成员单位认真履行职责，加强协调配合，严格执法。2010年，全市共出动执法人员57 593人次，执法车（船）7 422辆（艘）次，立案查处各类违法案件4 791起，查补入库税款5 191.13万元，罚没款304.21万元。推动商务领域的诚信建设，开展"诚信兴商宣传月"活动，完成了商贸服务企业为发售封闭式预付消费卡的调研。组织相关单位填报按时参加工商年检的17 558家商贸服务企业合法、有效、真实的信用信息。结合"家电下乡"、"商店无假货"、"商店价格诚信"等专题活动，积极督促流通企业和市场主办者依法开展明码实价诚信经营活动。打击商业欺诈的专项整治。查处广告违法案件88起，罚款19.57万元。查处价格违法案件17起、违法金额20.74万元，实施经济制裁14.52万元；规范企业的进出口行为，筛选处理"注册登记失实"和海关报关注册超期的问题企业4家；查处非法经营案件1起，冻结赃款907.52万元，扣押涉案车4辆。开展打击侵犯知识产权和制售假冒伪劣商品专项行动，建立了完善的整顿和规范市场经济秩序工作机制及知识产权保护统筹协调机制；接受专利纠纷法律咨询206人次；扶持企业完善知识产权管理机构，建立健全保护知识产权的工作机制；组织开展"知识产权宣传周"活动，发放宣传资料600多份，接受群众咨询70人次。

市场体系建设　2010年，北海市有商业网点34 845个，商品交易市场116个，商业从业人员129 510人，新建和改造农家店共225家。实施"放心肉工程"和"农村物流服务工程"。2010年，共筹集资金136万元，完成10家乡镇屠宰场的改造；投入149万元进行南康农贸市场改造；投入30万元对50家农家店进行了改造；投入120万元升级改造南康农资连锁经营配送中心。谋划中国—东盟商贸物流中心，随着市场体系的不断改造和完善，各类连锁经营、现代物流迅速发展，红星美凯龙等国内外知名商贸服务业企业的进驻和扩展，极大地方便了市居民生活，对全市商贸流通等方面发挥了积极作用。2010 年，北海市共有拍卖企业20 家，新增拍卖企业2 家，新注销企业1 家。其中3A 级企业1 家，A 级企业4 家。从业人员共有179 人。其中：注册拍卖师23 人，具有从业资格证书人员111 人，房地产评估师19 人，旧机动车估价师4 人。全年共举行拍卖会105 场次，同比下降31.37%；拍卖成交额达275 653.29 万元，同比增长3.83%；拍卖营业税金205.69 万元，同比增长340.16%。拍卖品主要来源是政府部门和法院委托。2010 年政府部门和金融资产机构委托共拍卖总额达266 876.2 万元，占全年总拍卖成交额的96.82%。主要拍卖标的是土地使用权和房地产交易业务。全年土地使用权拍卖成交额238 141.38万元，占全年拍卖成交额的86.39%。2010 年北海市共有7 家典当行，开展典当业务517 笔，典当总额836.8 万元，同比下降38.12%。其中房地产485.4 万元，占总额的58.01%。

商贸服务管理　深化流通业态改革，规划实施北海现代物流发展规划，加快以交通基础设施为重点的物流基础设施建设，提高现代物流业发展的支撑能力。开展“早餐示范工程”建设，被列为广西自治区重点建设阳光早餐的四个城市之一。抓成品油、再生资源回收等行业管理工作。积极组织开展加油站行业发展规划修编、加强成品油市场监管和运行监测工作，做好成品油零售企业许可事项初审及变更许可审批事项。2010 年共初审并上报成品油零售企业许可事项材料6 份，其中：申请《成品油零售经营批准证书》材料3 份（其中：中石化2 份，社会加油站1 份），已批复3 份；上报新建加油站规划确认3 份，其中：中石化1 份（11 座规划点），社会加油站2 份（2 座规划点），已批复1 份（社会加油站1 座规划点）。组织开展2009 年度年检工作。北海市共有成品油经营企业5 个，加油站118 座参加并通过了2009 年度年检；3 个没有参加年检（广西运德集团北海汽车运输有限公司交通加油站，北海市兆丰加油站因道路改变拆迁没参加年检，合浦县长天加油站因其他原因歇业没有参加年检）。2010 年全市共购进成品油28.13 万吨，与上年同比增长15.73%，其中：汽油8.69 万吨，与上年同比增长15.73%，柴油19.44 万吨，与上年同比增长2.22%；销售成品油20.4 万吨，与上年同比增长11%，其中：其中汽油8.1 万吨，与上年同比增长17.58%，柴油12.3 万吨，与上年同比增长25.67%。

市场运行调节　2010 年，为提高市场运行监测的质量和水平，北海市对全市27 家监测企业进行全程跟踪服务和监督，确保北海市市场运行平稳，商品供求平衡。为了应对发生突发事件，确保市场猪肉的正常供应，全市筹集资金1 116 万元，储备冻猪肉100 吨和活体8 000 头。协调及督促企业储备电筒1 000 支，电池10 000 只，雨衣1 000 件，确保了防汛救灾工作的顺利进行。加强生猪屠宰的管理。全市定点屠宰生猪503 065 头，同比增长19.85%，进点率达98%。定点屠宰乳猪3 412 头，同比增长64.6%；定点屠宰牛4 826 头，同比增长35.3%；定点屠宰羊3 973 头，同比增长392.4%。加强酒类流通管理，推广使用“散装酒经营标签”，规范散装酒的销售行为，打击制售假冒伪劣酒行为。2010 年，北海市商务综合行政执法支队实施执法检查出动执法人员共1 546 人次，立案83 起，结案83 起，罚没款62 218 元，同比增长51.9%。其中，家畜屠宰执法共立案30 起，结案30 起，打击取缔私宰窝点4 个，没收私宰肉950 公斤，罚没款10 000 元，酒类流通执法共立案53 起，结案53 起，没收酒类产品862 公斤，罚没款52 218 元。

【对外贸易】

进出口总额　进出口总额137 026 万美元，比上年的79 541万美元增长72.27%。

出口总额　出口总额83 820 万美元，比上年的47 247 万美元增长77.41%，占全市GDP 397.58 亿元（相当于59.73 亿美元）的14.03%，占全区出口额的8.72%。

进口总额　进口总额53 206 万美元，比上年的32 294 万美元增长64.75%。

出口商品结构　高新技术产品出口43 368 万美元，比上年的14 514 万美元增长198.8%，占出口总额的51.74%。

进口商品结构　高新技术产品进口18 209 万美元，比上年的7 647 万美元增长138%，占进口总额的34.22%。

出口商品市场　出口商品主要销往香港、美国、欧盟、东盟。其中：香港47 307.67 万美元，增长128.5%，占出口总额的56.44%；美国14 751.23 万美元，增长59.11 %，占17.60%；欧盟6 820.06 万美元，增长48.89%，占8.14%；东盟2 677.75 万美元，增长25.84%，占3.19%；非洲2 893.01 万美元，增长43.27%，占3.45%。

进口商品市场　进口商品主要来自台湾省、泰国、新加坡、越南、欧盟、日本等。其中：台湾省12 609.56 万美元，增长105.7%，占23.7%；泰国6 975.55 万美元，增长174.67%，占13.11%；新加坡6 252.82 万美元，增长56.03%，占11.75%；越南2 272.58 万美元，增长3.51%，占4.27%；欧盟5 476.32 万美元，增长293.02%，占

10.29%；日本2 380.43万美元，增长59.75，占4.47%。

出口贸易方式　一般贸易出口31 668.23万美元，比上年的24 914.31万美元增长27.11%，占出口总额的37.78%；加工贸易出口47 557.8万美元，比上年的20 426.11万美元增长132.83%，占出口总额的56.74%。

进口贸易方式　一般贸易进口22 907.91万美元，比上年的10 590.78万美元增长116.30%，占进口总额的43.06%。加工贸易进口24 091.26万美元，比上年的19 179.58万美元增长25.61%，占进口总额的45.28%。

边境贸易　边境贸易进出口总额481.70万美元，比上年的873.50万美元下降44.85%。

北海市2010年出口额1 000万美元以上商品情况表

金额分类	商品名称	出口金额（万美元）	占出口总额比重（%）
1亿美元以上（2种）	机电产品和水海产品	70 236.29	83.79
1 000万—1亿美元（4种）	烟花爆竹、皮革及制品、铁合金、纺织品	10 086.52	12.03
合　计	**6种**	**80 322.81**	**95.82**

北海市2010年进口额1 000万美元以上商品情况表

金额分类	商品名称	进口金额（万美元）	占进口总额比重（%）
1亿美元以上（2种）	机电产品和矿产品	34 859.35	65.52
1 000万—1亿美元（4种）	皮革制品、金属废料、化学工业及其制品、木薯干	12 958.55	24.36
合　计	**6种**	**47 817.90**	**89.87**

北海市2010年主要出口市场情况表

国别（地区）	出口金额（万美元）	占出口总额比重（%）	国别（地区）	出口金额（万美元）	占出口总额比重（%）
香　港	47 307.67	56.44	非　洲	2 893.01	3.45
美　国	14 751.23	17.06	东　盟	2 677.75	3.19
欧　盟	6 820.06	8.14	俄罗斯	1 341.66	1.60
合　计				**75 791.38**	**89.88**

北海市2010年主要进口市场情况表

国别（地区）	进口金额（万美元）	占进口总额比重（%）	国别（地区）	进口金额（万美元）	占进口总额比重（%）
亚　洲	43 922.51	82.55	日　本	2 380.43	4.47
台湾省	12 609.56	23.70	欧　盟	5 476.32	10.29
新加坡	6 252.82	11.75	拉丁美洲	2 157.21	4.05
泰　国	6 975.55	13.11	大洋洲	399.48	0.75
合　计				**51 955.52**	**97.64**

【利用外资】

北海市2010年利用外资情况表

利用外资方式	批准签订的合同			实际利用外资	
	项目数（个）	外资金额（万美元）	金额比上年增加（%）	金额（万美元）	金额比上年增加（%）
合资企业	3	4 318	64.24	2 912	600.00
合作企业	1	9 000	1 174.21		
外资企业	17	16 859	99.21	7 022	55.29
合　计	**21**	**30 177**	**172.06**	**9 934**	**97.97**

外商直接投资行业　2010年，北海市新批外商投资制造业项目9个，占新批项目数的42.86%；制造业合同外资额6 429万美元，占全市总额的21.30%；实际利用外资5 426万美元，占全市总额的54.62%。

外商直接投资来源　2009年北海市新批外资项目主要来自香港、台湾省、英属维尔京群岛。投资前三位（以实际投入计）的国家或地区是：香港、英属维尔京群岛、台湾省。其中：香港项目14个，合同外资额26 313万美元，实际利用外资8 440万美元，占实际利用外资总额的84.96%；台湾省项目4个，合同外资额102万美元，实际利用外资135万美元，占实际利用外资总额的1.36%；英属维尔京群岛的新增项目0个，但增资合同外资额3 046万美元，实际利用外资1 246万美元，占实际利用外资总额的12.54%。

【对外经济合作】

对外投资　至2010年，北海市共有18家企业经批准先后到境外投资，投资项目20个，协议投资总额8 173.5万美元，其中2010年中方对外投资额5 600万美元，同比增长1 921%。项目分布在越南、柬埔寨、新加坡、香港、澳大利亚、加拿大、西班牙、英属维尔京群岛、丹麦等9个国家和地区，涉及贸易、生产加工、房地产开发、电子电器、农业及农产品综合开发等领域。

【其他】

出口加工区　截至2010年底，按海关总署的排名，北海出口加工区综合实绩位列中西部（含东北）地区22个海关特殊监管区的第三位。2010年，北海出口加工区共引进项目11个，完成工业总产值73.78亿元，比上年的17.16亿元增长330%，其中电子信息产业67.5亿元。完成进出口总额7亿美元，比上年的3.34亿美元增长109.5%，占全市进出口总额的51.09%；实际利用外资2 258万美元，占全市实际利用外资总额的22.73%。截至2010年底，园区建成建筑面积达86万平方米。就业人数超过15 000人，北海出口加工区培训中心被全国总工会评为“2010年度全国职工教育培训优秀示范点”。广西壮族自治区人民政府已向国务院申请设立北海出口加工区B区。北海出口加工区B区规划范围为10.39平方公里，按照远期发展为综合保税区的标准来进行规划，采取“一次性规划，分期建设，适时调整，分步实施”的原则。B围网区域规划面积1.842平方公里，包括保税加工产业园、林板材加工物流展示基地、耗材和再制造产业园、物流园及工业配套产业园等五个产业园。北海出口加工区B区已办理土地使用证1 800亩，已完成B区及配套产业园区规划选址，B区及配套产业园区控制性详细规划已通过市政府审批。已完成一期开发3平方公里配套基础设施项目备案。

港口运输　2010年全市港口累计完成货物吞吐量1 250.52万吨，比上年的1 014.85万吨增长23.22%；全市港口累计完成集装箱吞吐量61 800标箱，比上年的44 195标箱增长39.83%；旅客吞吐量完成163.09万人次，比上年的129.95万人次增长25.50%。2010年，北海港口岸出入境船舶1 700艘次，进出口货物436.42万吨，比上年的326.03万吨增长33.86%。北海港客运口岸出入境邮轮183艘次，出入境旅客43 217人次。2010年北海市水运项目共完成固定资产投资15.7亿元，其中铁山港区航道疏浚二期工程完成投资4 275万元；铁山港1#、2#、3#、4#泊位码头工程完成投资75 450万元，石步岭港区三期工程前期工作完成投资1 000万元，邮轮码头工程完成投资5 350万元，其他涉港项目完成投资7.09亿元。北海邮轮码头、石步岭港区三期、沙田港区码头一期、航道一期开工建设，水运基础设施建设完成投资15.7亿元。铁山港1#、2#、3#、4#泊位码头工程：项目建设规模为10万吨级通用泊位4个（水工结构预留15万吨级），设计吞吐能力1 200万吨，拟使用码头岸线1 306米，使用陆域5 936亩，项目总投资

36.0589亿元。1#、2#泊位码头于2009年12月投入试运营，3#、4#泊位码头工程于2010年3月开工建设，项目累计完成投资206 115万元，其中2010年完成投资75 450万元。

涉外旅游 2010年全年共接待入境的外国人数以及港澳台同胞人数7.3万人次，增长18.33%；实现旅游外汇收入2 173.03万美元，比上年的1 721.41万美元增长26.24%。

2010年海南省商务发展概况

海南省商务厅

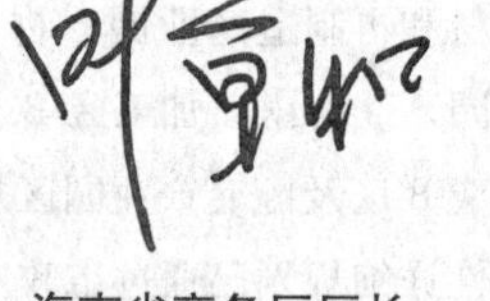

海南省商务厅厅长

叶章和　生于1961年2月，安徽歙县人，中共党员，大学学历，经济学学士。1984年8月参加工作。历任海南省经济合作厅综合计划处副处长、法规处副处长、办公室副主任，海南省投资促进委员会办公室主任，海南省经济合作厅外资处处长，共青团海口市委书记兼市青联主席，共青团海南省委副书记，海南省科技厅副厅长，海南省对外贸易经济合作厅副厅长，海南省商务厅副厅长、党组成员兼纪检组组长，海南省人民政府招商办公室主任，海南省发展和委员会副主任（正厅级）。2010年3月任海南省商务厅厅长、党组书记。

【国内贸易】

社会消费品零售总额 2010年海南省社会消费品零售总额623.82亿元，比上年的522.0亿元增长19.5%。按地域分，城镇555.34亿元，增长20.2%；乡村68.48亿元增长14.0%。按消费形态分，商品零售额536.98亿元，增长19.5%；餐饮收入86.84亿元，增长19.7%。在限额以上批发零售企业中，汽车零售额比上年增长50.8%，石油及制品销售额同比增长39.4%，家用电器销售额增长42.6%，建筑装潢材料销售额增长82.7%，金银珠宝销售额增长50.1%，通讯器材销售额增长40.8%。

限额以上批发和零售贸易业、住宿和餐饮业基本情况 2010年，共有限额以上批发和零售贸易、住宿和餐饮业法人企业1 038个，年末从业人数104 664人。其中，批发业法人企业335个，年末从业人数15 841人；零售业法人企业291个，年末从业人数23 276人；住宿业法人企业311个年末从业人数56 088人；餐饮业法人企业101个，年末从业人数9 444人。

批发和零售贸易业企业商品购、销、存总额 批发和零售贸易业企业商品销售总额1 572.0亿元，比上年的1 098.3亿元增长43.13%。限额以上批发零售贸易业企业商品购进总额1 202亿元，商品销售总额1 406.6亿元（其中批发1 111.9亿元、零售294.7亿元），年末库存总额69.9亿元。

市场物价 商品零售价格指数为104.6，居民消费价格指数为104.8。

市场秩序建设 商务综合行政执法工作强力推进。海口市、儋州市、定安县、澄迈县的商务综合行政执法试点工作初见成效，商务执法队伍建设在全省逐步铺开；与此同时加大执法力度，开展了打击非法传销、侵犯知识产权、商业欺诈、整顿食品药品市场等专项活动，开展对成品油、拍卖行、典当行、酒类流通、旧车交易、生猪屠宰等市场的专项整治，全省出动执法人员8 500多人次，查处生猪私宰等违法违规案件465起，捣毁生猪私宰窝点1个，没收私宰肉2 000多公斤，罚款2.5万元；全省共检查酒类流通企业2 137家，查处酒类违法案件980多起，罚没假劣酒品

1 890多件，货值156万元，有力地打击了商务流通领域的违法行为，规范了市场秩序。12312商务举报投诉平台建设初见成效。全年共接受群众投诉和咨询3 000人次，处理家电下乡、生猪屠宰、农贸市场管理、酒类流通等领域投诉案件150多件，案件处理率达100%。

市场体系建设 全面推进农产品流通体系建设。2010年，商务部着眼于从机制上解决海南农产品卖难、买难问题，探索适合我国国情的农产品流通模式，启动了海南农产品现代流通综合试点工作。组织编制了综合试点规划、项目建设规范、专家评审实施方案和专项资金管理办法等12份规范性文件；积极推进海南中商中心批发市场、天津环渤海农产品交易物流中心、12个产地集配中心和9个交易配送专区建设，重点打造10条海南至北京、天津等试点省区的商流链条；启动海南农产品公共信息平台和物流调运平台的建设和运营，2010年项目完成后，将在产销两地新增10.95万吨冷库容积、16.06万平方米集散配送区、2.93万平方米初加工车间、30套加工设备、110个销区专柜（门店）、26套信息追溯终端设施和18套检测系统。继续推进“万村千乡市场工程”。2010年规划建设和改造连锁加盟“农家店”510个，配送中心5个，总投资将达到9 000万元。农贸市场升级改造成果显著。2010年升级改造52家农贸市场，投入资金2.45亿元，改造面积15万平方米；其中，有29个农贸市场通过了达标复查。

商贸服务管理 2010年，全省实现服务业增加值946.25亿元，同比增长19.6%，占GDP的比重为46.1%，对经济增长的贡献率为56.0%。编制了《海南省服务业发展规划》，利用3 000万元省服务业发展专项资金，扶持了旅游、商贸、物流、会展等29个项目，拉动社会投入10.09亿元。餐饮业愈加规范，出台了白切文昌鸡、烤临高乳猪、白切加积鸭子、白汁东山羊等四个琼菜标准。家政服务业迅速发展，顺利完成了全省家政服务网络平台建设，全年对2 942名家政从业人员进行了培训。现代物流业稳步推进。制定了《海南省物流业发展规划》；开展了国家物流企业评级认定工作，3家企业获得国家4A以上评级，5家企业获得3A评级，1家获2A评级；对4个西部重点物流企业项目下达1 100万元资金扶持计划。成品油管理不断加强。全省成品油市场消费152.9万吨，比上年同期增加22.3万吨，同比增长17.1%。其中，汽油需求总量52.00万吨，比上年同期增加8.8万吨，同比增长20.43%；柴油需求总量100.90万吨，比上年同期增加13.5万吨，同比增长15.45%。2010年开始推广使用生物柴油。年产6万吨BD100生物柴油生产项目于2010年5月建成投产，至2010年底共出厂BD100生物柴油4 600吨，调配并销售B5生物柴油调和燃料92 000吨。散装水泥供应量、散装率创历史新高。2010年完成散装水泥供应量517万吨，完成年度计划的148%，比2009年增加192万吨，增幅为59%，列全国同行业前茅。散装率达到40.9%，比2009年提高5.79个百分点。预拌混凝土发展迅速。全省全年新增预拌混凝土搅拌站19家，生产能力增加1 140万立方米。全年完成预拌混凝土供应量1 800万立方米。节能减排成效显著。全省2010年散装水泥供应量517万吨，可节约标准煤11.47万吨，减排粉尘25.44万吨、二氧化碳31.38万吨、二氧化硫977吨、氮氧化物848吨。再生资源回收利用效果显著。全省共有再生资源回收企业1 120个，全年回收各种再生资源120万吨，回收产值18亿元，比2009年回收产值10亿元增长55.5%。其中，废钢铁及废旧金属59万吨，废纸24.6万吨，废塑料20.4万吨，其他再生资源16万吨；回收报废车12 130辆（其中汽车1 710辆）。启动海口市再生资源回收体系试点，已建成60个社区回收网点，1个分拣中心和1个报废汽车拆解中心。

市场运行调节 2010年，全省商品市场总体健康发展，市场供应比较充足，虽然经历了10月份的强降雨洪涝灾害，但消费品市场总体物丰价稳，呈现稳中趋涨的态势：城乡消费品市场持续旺销，高档耐用消费品成消费热点，国际旅游岛建设序幕拉开带旺了旅游消费，节日市场消费效益明显，生活必需品价格持续高位运行，重要生产资料涨多降少，但总体平稳。应急储备工作进一步加强。修定了《生活必需品市场供应突发公共事件应急预案》，及时调整市场应急供应领导小组成员；走访了粮油、猪肉、鸡蛋、蔬菜、食糖、矿泉水等56个品种的应急商品数据库企业；生猪活体储备制度得到落实，全年顺利完成了3轮18万头的地方生猪活体储备任务。大力推进放心肉工程建设。2010年全省生猪定点屠宰量达251.92万头，同比增长15%。切实加强酒类流通管理。继续推进酒类经销商备案登记制度，严格实施酒类商品溯源、台账与索证索票制度，探索开展以《酒类流通随附单》电子化为重点的酒类商品溯源信息化管理工作，实行酒类商品监测统计制度，累计有9 054家酒类经营企业在各级商务行政主管部门登记备案；全年共培训市县商务局负责人、酒类流通企业经营者以及代理商约2 000人。茧丝绸行业管理方面，向国家茧丝办推荐了一批项目（包括桑树新品种推广示范基地，家蚕良种繁育基地、优质蚕苗培育基地、优质高产蚕茧生产示范基地、蚕业技术推广服务中心、蚕业产品检测服务中心、蚕茧加工基地）建设。目前，琼中中兴蚕业有限责任公司已获得商务厅颁发的《海南省鲜茧收购资格证书》，商务部门对相关鲜茧收购企业落实相关制度、完善设施设备、规范收购行为开展检查指导，确保鲜茧收购市场规范有序。

【对外贸易】

进出口总额 进出口总额108.0亿美元，比上年的89.6亿美元增长21.2%。

出口总额 出口总额23.9亿美元，比上年的19亿美元增长25.8%，占全省GDP 2 052.12亿元的1.16%，占全国出口额的0.15%。

进口总额 进口总额84.1亿美元，比上年的70.1亿美元增长20.0%。

出口商品结构 成品油出口额6.7亿美元，占出口总额的28.1%；天然气出口额4.10亿美元，占出口总额的17.0%；水海产品出口额4.0亿美元，占出口总额的16.8%；机电产品出口额2.8亿美元，占出口总额的11.9%；肥料出口额1.5亿美元，占出口总额的6.0%；服装及衣着附件出口额1.1亿美元，占出口总额的4.5%。

进口商品结构 原油进口额49.4亿美元，占进口总额的58.7%；机电产品进口额21.4亿美元，占进口额的25.4%。

出口商品市场 出口商品销往150个国家（地区）。主要出口市场的国别（地区）有：东盟、香港、欧盟、美国，金额17亿美元，占出口总额的71.1%。

进口商品市场 进口商品来自81个国家（地区）。主要进口市场的国别（地区）有：非洲、美国、欧盟、东盟，金额50.5亿美元，占进口总额的60.1%。

技术进出口 技术进出口总额6 813.2万美元，比上年的2 534.3万美元增长168.8%。签订引进技术合同项目31个，比上年增加20个，合同金额6 813.2万美元，比上年2 534.3万美元增长168.8%。

服务贸易 服务贸易进出口总额148 779万美元，比上年的70 013万美元增长112.5%。其中，出口额58 461万美元，比上年的16 498美元增长254.4%；进口额90 318万美元，比上年的53 512万美元增长68.8%。

海南省2010年出口额1亿美元以上商品情况表

金额分类	商品名称	出口金额（亿美元）	占出口总额比重（%）
5亿美元以上	成品油	6.7	28.1
4亿—5亿美元	天然气	4.1	17.0
	水海产品	4.0	16.8
1亿—4亿美元	机电产品	2.8	11.9
	肥　料	1.5	6.0
	服装及衣着附件	1.1	4.5
合　计		**20.2**	**84.3**

海南省2010年进口额20亿美元以上商品情况表

金额分类	商品名称	进口金额（亿美元）	占进口总额比重（%）
20亿美元以上	原油	49.4	58.7
	机电产品	21.4	25.4
合　计		**70.8**	**84.1**

海南省2010年主要出口市场情况表

国别（地区）	出口金额（亿美元）	占出口总额比重（%）	国别（地区）	出口金额（亿美元）	占出口总额比重（%）
东　盟	6.6	27.5	欧　盟	2.4	10.1
香　港	5.8	24.4	美　国	2.2	9.1
合　计				**17.0**	**71.1**

海南省 2010 年主要进口市场情况表

国别（地区）	进口金额（亿美元）	占进口总额比重（%）	国别（地区）	进口金额（亿美元）	占进口总额比重（%）
非　洲	24.4	29.0	欧　盟	7.8	9.3
美　国	10.6	12.7	东　盟	7.7	9.1
合　计				**50.5**	**60.1**

海南省 2010 年服务贸易进出口情况表

行　业	进出口		出　口		进　口	
	金额（万美元）	同比（%）	金额（万美元）	同比（%）	金额（万美元）	同比（%）
与运输有关的服务	22 062	40.33	15 492	39.72	6 570	41.78
旅　游	17 129	35.35	4 955	20.21	12 174	42.70
通讯服务	165	10.74	3	200.00	162	9.46
建筑、安装及劳务承包服务	600	1 233.33	509		91	106.82
保　险	296	190.20	113	438.10	183	125.93
金融服务	9	−25.00	0	0.00	9	−25.00
计算机和信息服务	964	82.23	845	560.16	479	18.75
专有权利使用费和特许费	2 193	17.65	27	800.00	2 166	16.39
法律、会计、管理咨询和公共关系	3 960	−2.49	289	−28.64	3 670	0.41
广告、展览、市场调研	548	−9.72	91	56.90	457	16.76
电影、音像	46	−72.94	0		46	−72.94
其他商业服务	105 040	280.04	36 829	5 583.49	68 211	103.91
合　计	**153 012**	**118.55**	**59 153**	**258.55**	**94 218**	**77.06**

【利用外资】

海南省 2010 年利用外资情况表

利用外资方式	批准签订的合同			实际利用外资	
	项目数（个）	外资金额（万美元）	金额比上年增加（%）	金额（万美元）	金额比上年增加（%）
外商直接投资	**70**	**39 165**	**7.37**	**151 216.18**	**61.20**
合资企业	21	14 445	40.53	26 208.36	14.20
合作企业			−100.00	6 116.00	−62.47
外资企业	49	24 276	−0.60	110 785.82	103.05
股份有限公司		444	177.50	8 103.00	
合　计	**70**	**39 165**	**7.37**	**151 216.18**	**61.20**

外商直接投资行业　外商直接投资项目总计 70 个，其中，生产型项目 27 个，非生产型项目 43 个。具体情况为：农、林、牧、渔业 10 个，采矿业 1 个，制造业 10 个，建筑业 6 个，交通运输、仓储和邮政业 2 个，批发和零售业 16 个，住宿和餐饮业 3 个，房地产业 6 个，租赁和商务服务业 12 个，科学研究、技术服务和地质勘查业 3 个，水利、环

境和公共设施管理业1个。

外商直接投资来源 外商直接投资项目主要来自：香港39个、新加坡3个、英属维尔京群岛2个。实际利用外资：香港49 376万美元、开曼群岛5 072万美元、新加坡4 504万美元、英属维尔京群岛2 131万美元、澳门1 461万美元。

【对外经济合作】

对外投资 2010年海南省对外投资分布在9个国家和地区，新增境外投资企业（含增资企业）24家。累计实现非金融类对外直接投资2.25亿美元，在全国排名第十八位。主要投资的国家和地区有香港、越南、马来西亚、柬埔寨、老挝、莫桑比克等。

对外投资项目主要包括海航集团在香港开展的飞机及航材进出口贸易；海南泛洋航运有限公司在香港开展国际船舶普通货物运输、国际船舶集装箱运输；海南国际资源（集团）股份有限公司在刚果（金）开展矿产资源勘查、开发；海南椰岛（集团）股份有限公司在老挝的木薯种植及深加工；金鹿农机在马来西亚合资的组装工厂等。

承包工程和劳务合作 2010年签订对外承包工作和劳务合作合同5个，金额2 258万美元，比上年的3 365万美元下降32.90%；完成营业额822万美元，比上年的2 173万美元下降62.17%；派出劳务人员2人，年末在外人数2人，派往的主要国家和地区是坦桑尼亚；承包工程的主要项目在坦桑尼亚。

【其他】

洋浦经济开发区 已投产项目有：800万吨炼油项目、23万吨润滑油基础油项目、8万吨苯乙烯项目。在建项目有：205万立方米成品油保税库项目、60万吨聚酯原料项目、210万吨精对苯二甲酸（PTA）项目、100万吨聚对苯二甲酸乙二醇酯（PET）项目。正在开展前期工作项目有：150万吨乙烯项目、海南炼化扩能至2 000万吨炼油项目。浆纸一体化基本形成，海南金海浆纸业有限公司2010年浆纸产浆124.97万吨，同比增长24.3%；完成产值50.92亿元，同比增长48.4%；造纸23.2万吨，实现产值14.8亿元，销售收入13.5亿元。基础设施方面，已累计投资超过80亿元，即将开工的重要基础设施项目17个，总投资约98.23亿元。2010年出入境货物1 456万吨，同比增长5.4%，占全省的69.3%；进出口总值61.7亿美元，同比增长28.6%，占全省的61.5%。

商务洽谈会 6月28日至7月1日，在天津举办“海南—天津合作交流暨环渤海经贸活动”，签署了《琼津战略合作框架协议》及医疗保险、教育、旅游等10个部门间协议，签约项目17个，涉及金额达103.72亿元。7月12日至15日在香港举办了“2010海南（香港）现代服务业投资推介活动”，签署了包括文化产业、信息产业、物流仓储、金融等方面的合作协议、备忘录共13个，签署投资项目12个，签约总金额305.1亿元，同时推出了现代服务业、新兴工业和基础设施三大板块32个招商项目，总投资额约568.5亿元。8月27日至31日组团赴福州参加第六届“泛珠大会”，与福建省签署了《琼闽战略合作框架协议》，集体签约10个项目，总金额10.63亿元。10月19日在广西南宁，海南省人民政府与广西自治区人民政府签署了《实施〈关于深化海南广西两省区合作的会议纪要〉2010年至2011年重点工作》。此外还积极组织省内企业参加广交会、津洽会、厦洽会、高交会、东盟博览会等国内知名展会，拓展岛外市场。

港口运输 至2010年，全省沿海港口码头总泊位已达到142个，其中万吨级以上深水泊位33个；全省完成港口货物吞吐量8 466.9万吨，同比增长14.9%，其中外贸1 690.02万吨，增长45.67%，集装箱吞吐量实现58.51万标准箱，增长26.54%。

旅游业 2010年共接待旅游过夜人数2 587.34万人次，比上年增长15.0%。其中，接待国内旅游者2 521.03万人次，增长14.8%；接待入境旅游者66.31万人次，增长20.2%。旅游饭店客房开房率达60.4%，同比提高1.5个百分点。旅游总收入257.63亿元，同比增长21.7%；旅游外汇收入3 227.65万美元，同比增长16.49%。

会展业 2010年，全省共举办展览会及活动共69个，展览总面积38万平方米，参展商4 200家，参观人数100多万人次，成交金额约458亿元人民币。全省现有会展场所面积12.8万平方米，其中会议面积10.3万平方米，展览馆面积2.5万平方米。全省规模最大的会展中心项目—海南国际会展中心，预计于2011年6月落成并投入使用。全省具有从事会议、展览和展销经营活动的公司2 577家，其中内资公司占99.7%。已年检的三资会展公司共8家。

2010年重庆市商务发展概况

重庆市商业委员会　重庆市对外贸易经济委员会

重庆市商业委员会主任

周克勤　中共党员。现任重庆市商业委员会主任、党组副书记。重庆市一次、二次、三次党代会代表，重庆市二届、三届政协委员。

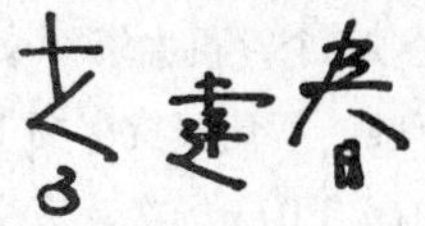

重庆市对外贸易经济委员会主任

李建春　生于1959年2月，山西省偏关县人。工商管理硕士，高级经济师。中共党员。历任重庆红岩机器厂总经济师、重庆机械设备进出口公司总经理、重庆市机械工业管理局副局长等职。现任重庆市对外贸易经济委员会主任、党组书记。

【国内贸易】

社会消费品零售总额　2010年，重庆市社会消费品零售总额2 878.04亿元，比上年的2 479亿元增长19%。按地域分，城镇2 718.71亿元，城区2 176.02亿元，乡村159.33亿元。按行业分，批发和零售贸易业2 430.75亿元，住宿和餐饮业447.29亿元。

限额以上批发和零售贸易业、住宿和餐饮业基本情况　2010年，共有限额以上批发和零售贸易业、住宿和餐饮业法人企业3 026个，年末从业人数285 642人。其中，批发业法人企业1 104个，年末从业人数86 414人；零售业法人企业980个，年末从业人数106 540人；住宿业法人企业256个，年末从业人数36 319人；餐饮业法人企业686个，年末从业人数56 669人。

批发和零售贸易业企业商品购、销、存总额　批发和零售贸易业企业商品销售总额7 760.18亿元，比上年的6 038.95亿元增长28.5%。其中，限额以上企业5 060.95亿元，限额以下企业2 699.43亿元。

市场物价　居民消费价格指数为100.4。

市场秩序建设　加快商务执法监管平台建设，开通了12312商务举报投诉服务咨询电话。开展以规范农产品价格为重点的蔬菜批发市场秩序整顿，完成利用行政权力干预物流市场秩序整顿工作，对重庆啤酒有限公司股份出让进行了反垄断审查。加强知识产权保护，组织专项执法检查，规范了企业进出货台账、正确标示等管理制度，开展了打击制售假冒伪劣商品专项整治行动和问题乳粉清查工作。积极推进肉菜追溯体系建设试点工作，加强药品流通行业管理，推动药品流通行业重组，逐步规范药品流通秩序。启动了《重庆市生猪屠宰管理办法》、《重庆市酒类管理条例》等修订工作。加强商务执法基础工作，为区县配备了商务综合执法车，举办法制培训2期，培训执法人员203

人，建立商务执法机构的区县达到23个。

市场体系建设 编制了《重庆市建设长江上游地区购物之都规划》、《重庆市商品交易市场蓝皮书》、《乡镇农贸市场建设规范》。2010年，新增200亿元商圈1个，200亿元市场3个，100亿元市场4个，100亿元商贸流通企业1个，购物中心12个，市级商业特色街10条，建成标准化菜市场106个，改造乡镇规范化农贸市场120个，亿元以上市场达到145个，引进国际品牌51个。新建社区规范化经营网点1 000个，增加社区商业经营面积26.9万平方米，在“万村千乡市场工程”农家店安装“农商通”信息机3 415台，覆盖全市1/3的行政村。建成再生资源回收网点3 300个，分拣中心27个，再生资源交易市场6个，全年收回再生资源450万吨。新建旧货市场11个，二手车成交量10.75万辆。组织拍卖1 073场次，成交额868.77亿元，佣金额3 412.57万元。典当企业86个，资产总额11亿元，开展典当业务3 630笔，典当总额12.6亿元。

商贸服务管理 举办了全国饭店业职业技能大赛、中国及重庆烹饪（服务）大师名师评比大赛。2010年，建成市级美食街6条、中华美食街2条。新增国家级酒家酒店40家，星级农家乐160家。建成主食加工配送中心4个，早餐经营网点403个。乡村基成为中国第一家在美国上市的快餐连锁企业，“小洞天”等10个品牌获得中华老字号称号。全市备案酒类经营户达到51 232户，其中，批发类2 539户，零售类38 710户，餐饮类9 402户，娱乐类404户，其他类177户。新增备案登记酒类经营户6 008户。销售成品油477万吨，增长33%；其中柴油325万吨。销售液化石油气84 348吨，动态储备3 000吨，新增成品油库容20万立方米。销售散装水泥1 624.22万吨，增长23.9%。

市场运行调节 与四川、贵州、云南、湖北、湖南、陕西、广西等省区签订了《八省市保供应急协作框架协议》。全市确定市级保供企业30家，市级保供仓库20家，建立食糖储备3 000吨，应急灯、电筒、电池、蜡烛、棉被、帐篷等应急物资储备200万元。针对“柴油荒”，及时组织6万吨柴油供应，保证了市场需求。针对部分生活必需品价格上扬等情况，组织超市设立“一元菜”、特价菜、零利润菜区，平抑了物价，保障了供应。加强重点领域执法检查工作，酒类执法检查出动11 000人次，检查酒类经营户23 000多家，没收假酒7 200瓶、散装酒267公斤。生猪屠宰执法检查出动2 000人次，查获注水猪肉527公斤，取缔私屠滥宰窝点85个。

【对外贸易】

进出口总额 进出口总额124.3亿美元，比上年的77.1亿美元增长61.1%。

出口总额 出口总额74.9亿美元，比上年的42.8亿美元增长75.0%，占全市GDP 7 894.2亿元（相当于1 166.1亿美元）的6.4%，占全国出口额的0.5%。

进口总额 进口总额49.4亿美元，比上年的34.3亿美元增长43.9%。

出口商品结构 初级产品出口额2.7亿美元，占出口总额的3.6%；工业制成品出口额72.2亿美元，占出口总额的96.4%。

进口商品结构 初级产品进口额11.2亿美元，占进口总额的22.7%；工业制成品进口额38.2亿美元，占进口总额的77.3%。

出口商品市场 出口商品销往195个国家（地区）。

进口商品市场 进口商品来自107个国家（地区）。

技术进出口 2010年技术进出口总额206 484.7万美元，比上年的131 016万美元增长57.6%。签订引进技术和进口设备合同项目276个，比上年增加4个；合同金额205 374万美元，比上年的129 188万美元增长59.0%。

重庆市 2010 年出口额 5 000 万美元以上商品情况表

金额分类	商品名称	出口金额（万美元）	占出口总额比重（%）
1 亿美元以上	100 毫升 < 排量 ≤125 毫升装往复式活塞	72 533.46	9.7
	便携式数字自动数据处理设备	44 231.07	5.9
	其他往复或旋转式活塞内燃引擎	32 008.36	4.3
	125 毫升 < 排量 ≤150 毫升装往复式活塞	28 961.85	3.9
	装有点燃式活塞发动机的发电机组	24 627.31	3.3
	50CC < 排气量 ≤250CC 往复式活塞引擎	20 662.43	2.8
	摩托车车架	18 134.93	2.4
	其他含硅量少于 99.99% 的硅	13 777.06	1.8
	150 毫升 < 排量 ≤200 毫升装往复式活塞	13 624.73	1.8
	50 毫升 < 排量 ≤100 毫升装往复式活塞	12 212.05	1.6
	塑料或纺织材料作面的其他箱包	11 143.50	1.5
	0.35mm < 厚度 ≤4mm 铝合金制矩形	10 946.78	1.5
5 000 万—1 亿美元	汽油型 ≤5 吨的其他货车	9 940.91	1.3
	汽油型微马力摩托车及脚踏两用车	9 605.30	1.3
	1.5 升 < 排量 ≤2 升的装点燃往复式活塞内燃发动机小轿车及成套散件	8 945.42	1.2
	长度不超过 50 毫米的短切玻璃纤维	8 521.03	1.1
	其他点燃式活塞内燃发动机用零件	8 195.01	1.1
	专用或主要用于税目 84.71 商品的	8 119.37	1.1
	载重量不超过 10 万吨的成品油船	7 136.70	1.0
	玻璃纤维粗纱	6 899.24	0.9
	未漂白的苎麻府绸及细平布	6 586.43	0.9
合　计		**376 812.94**	**50.4**

重庆市 2010 年进口额 5 000 万美元以上商品情况表

金额分类	商品名称	进口金额（万美元）	占进口总额比重（%）
1 亿美元以上	未烧结铁矿砂及其精矿	35 530.89	7.2
	对二甲苯	34 555.58	7.0
	小轿车用自动换挡变速箱	32 619.34	6.6
	非种用黄大豆	22 237.00	4.5
	其他用作处理器及控制器的集成电路	21 356.29	4.3
	铝废碎料	15 170.21	3.1
	1.5 升 < 排量 ≤2 升的装点燃往复式活塞内燃发动机小轿车及成套散件	12 795.10	2.6
5 000 万—1 亿美元	其他点燃式活塞内燃发动机用零件	9 364.04	1.9
	编号 8471 所列计算机的其他零附件	9 322.83	1.9
	造纸机测试控制装置	7 514.66	1.5
	液体或气体的测量或检验仪器零件	6 109.88	1.2
	车身的未列名零部件	5 598.14	1.1
	未漂白牛皮、瓦楞纸或纸板废碎品	5 344.84	1.1
合　计		**217 518.80**	**44.0**

重庆市2010年主要出口市场情况表

国别（地区）	出口金额（万美元）	占出口总额比重（%）
美　国	104 838.86	14.0
日　本	37 522.28	5.0
德　国	31 261.13	4.2
荷　兰	29 870.66	4.0
印　度	29 081.01	3.9
香　港	23 198.17	3.1
缅　甸	23 122.37	3.1
阿根廷	22 481.32	3.0
越　南	21 253.13	2.8
伊　朗	20 407.43	2.7
韩　国	18 854.36	2.5
巴基斯坦	17 951.83	2.4
巴西	16 680.62	2.2
墨西哥	16 529.92	2.2
意大利	14 672.88	2.0
俄罗斯	14 631.99	2.0
合　计	**442 357.98**	**59.1**

重庆市2010年主要进口市场情况表

国别（地区）	进口金额（万美元）	占进口总额比重（%）
日　本	126 508.33	25.6
美　国	66 251.66	13.4
德　国	46 262.60	9.4
韩　国	33 412.70	6.8
澳大利亚	29 528.92	6.0
中　国	19 213.63	3.9
巴　西	18 823.50	3.8
马来西亚	17 543.18	3.6
荷　兰	13 532.65	2.7
泰　国	9 835.80	2.0
西班牙	9 638.59	2.0
台湾省	9 018.77	1.8
英　国	8 635.84	1.7
印度尼西亚	8 379.82	1.7
加拿大	6 100.28	1.2
阿根廷	5 633.53	1.1
合　计	**428 319.80**	**86.7**

【利用外资】

重庆市2010年利用外资情况表

利用外资方式	批准签订的合同			实际利用外资	
	项目数（个）	外资金额（万美元）	金额比上年增加（%）	金额（万美元）	金额比上年增加（%）
外商直接投资	**227**	**402 848**	**64.91**	**377 090**	**11.70**
合资企业	75	107 361	16.01	100 017	-18.76
合作企业	5	6 534	-49.79	1 040	-84.22
外资企业	145	258 473	106.06	239 540	23.39
股份有限公司	2	30 480	129.35	36 493	165.44
外商其他投资	**30**	**150 811**	**1 688.13**	**150 359**	**5 397.55**
加工贸易	29	3 011	-64.30	2 559	-6.61
对外发行股票	1	147 800		147 800	
合　计	**257**	**553 659**	**119.10**	**527 449**	**55.00**

重庆市2010年外商直接投资分行业情况表

行　业	项目数（个）
合　计	**227**
第一产业	**11**
农、林、牧、渔业	11
第二产业	**103**
制造业	97
电力、燃气及水的生产和供应业	4
建筑业	2
第三产业	**113**
交通运输、仓储和邮政业	9
信息传输、计算机服务和软件业	9
批发和零售业	25
住宿和餐饮业	4
金融业	1
房地产业	13
租赁和商务服务业	42
科学研究、技术服务和地质勘查业	
水利、环境和公共设施管理业	4
居民服务和其他服务业	4
教育	1
文化、体育和娱乐业	1

重庆市2010年外商直接投资来源情况表

国别（地区）	项目数（个）	合同外资（万美元）	实际外资（万美元）
合　计	**227**	**402 848**	**377 090**
香港	111	342 924	330 298
英属维尔京群岛	11	15 555	22 010
开曼群岛	4	5 584	6 557
新加坡	14	9 311	4 243
法国	3	3 237	3 000
日本	12	1 814	2 740
韩国	4	11 663	2 050
萨摩亚	5	1 498	1 479
台湾省	22	410	990
菲律宾			736
塞舌尔	6	2 192	673
卢森堡	1	375	379
加拿大	4	829	348
毛里求斯		159	345
澳大利亚	5	564	328
投资性公司投资	3	2 103	320
美国	9	456	245
澳门	2	367	199
英国	2	1 113	58
意大利			32
德国	1	1 422	30
马来西亚	1	57	22
肯尼亚			8
以色列		2	
伊朗	1	15	
西班牙	1	360	
泰国	1	7	
斯洛文尼亚	1	1	
瑞典	1	-61	
伯利兹		2	
比利时		69	
保加利亚	1	23	
巴基斯坦	4	96	
巴哈马		-293	
奥地利	1	994	

外商直接投资行业　外商直接投资项目中，生产型项目97个，非生产型项目130个。

外商直接投资来源　有35个国家（地区）的外商来渝投资。合同外资金额列前三位的分别是香港、英属维尔京群岛和韩国，其合同外资金额占总金额的91.88%。实际使用外资列前三位的国家（地区）分别是：香港、英属维尔京群岛和开曼群岛，其到位资金总额占总金额的95.17%。

外商直接投资企业生产经营情况　根据外商投资及台港澳侨投资企业联合年检显示，1 178户外商投资企业参加2010年度年检，其中976户企业正常生产和经营。2010年外商直接投资企业从业人员25.02万人，外商直接投资企业营业收入3 800.5亿元，实现利润256.9亿元，实现利税

230.9 亿元。

【对外经济合作】

承包工程和劳务合作 承包工程合同额7.9亿美元，比上年的5.5亿美元增长43.6%；完成营业额3.6亿美元，比上年的1.8亿美元增长100%；利比里亚、苏丹、马来西亚、巴西、越南为主要工程市场。新派劳务1 790人，比上年的1 639人增长9%，年末在外4 066人，比上年的3 139人增长29.5%；新加坡、利比亚、日本、阿联酋、俄罗斯、安哥拉、韩国、马来西亚、吉尔吉斯斯坦、越南等为主要劳务市场。

接受经济援助 签订国际发展援助项目26个，共计金额1 500万美元，全年执行项目50个，共计金额近2 000万美元。“日援重庆市云阳县大阳乡利民饮水工程”、“澳援重庆市荣昌县远觉镇奶牛小区沼气池项目”、“美国慈善基金会小儿缺嘴修复项目”、“美国世界轮椅基金会残疾人轮椅项目”、“中美重庆市主城区环境空气质量综合管理项目”、“中瑞含油废水及土壤应急处置项目”、“亚洲开发银行重庆发展战略研究项目”等顺利开展。

对外投资 全年境外总投资额9.72亿美元，境外新设立28家企业和6家机构，主要包括重钢（澳大利亚）亚洲钢铁控股有限公司、重庆机电控股（英国）精密机床公司、重庆环松工业集团（美国）摩托车有限公司、重庆申基实业（香港）铂雅贸易有限公司、重庆协信远汇（香港）远捷贸易有限公司等。

【其他】

开发区 重庆两江新区进出口40.6亿美元，其中出口20.3亿美元，进口20.3亿美元；外商直接投资项目数78个，合同利用外资186 605万美元，实际到位外资150 087万美元。重庆经济技术开发区进出口11 854.9万美元，其中出口7 729.3万美元，进口4 125.6万美元；外商直接投资项目数2个，合同利用外资408万美元，实际到位外资15万美元。重庆高新技术开发区进出口13 187.8万美元，其中出口9 847.5万美元，进口3 340.3万美元；外商直接投资项目数1个，合同利用外资30 193万美元，实际到位外资36 149万美元。重庆两路寸滩保税港区19 072.4万美元，其中出口15 813.6万美元，进口3 258.8万美元。

商务洽谈会 13届中国（重庆）国际投资暨全球采购会（渝洽会）于5月20日—23日在渝举办，再次荣获十大中国品牌展会金鼎奖。共计532家跨国公司、5 600家国内企业以及22个省（区、市）组团及阿根廷、韩、日、东盟、香港、澳门等6个国家和地区组团参加16场专题经贸活动，签约投资项目258个，签约总额达2 772.75亿元人民币，2 860家企业达成全球采购合作意向5.6亿美元。

港口运输 内河港口货物吞吐量9 668.4万吨，增长12.3%，其中外贸水运588.6万吨，减少3.6%，其中进口428万吨，减少0.2%，出口160.6万吨，减少11.7%；集装箱吞吐量64.05万标箱，增长11.3%，国际集装箱31万标箱，同比增长1.6%。空港旅客吞吐量1 604.63万人，增长12.6%；空港货运吞吐量19.78万吨，增长5.5%，国际货运15 380吨，增长57%，其中进口9 530吨，增长44%，出口5 850吨，同比增长84%。铁路国际货运30 800吨，减少82.6%。

涉外旅游 全年入境游客137.02万人次，比上年的104.81万人次增长30.7%，其中，港澳台游客33万人次，比上年的20万人次增长65%。旅游外汇收入7.03亿美元，分别增长30.7%和30.9%；国内游客1.60亿人次，国内旅游收入868.36亿元，分别增长31.6%和30.3%。全年公民出境旅游人数43万人次，比上年增长22.9%。

2010年四川省商务发展概况

四川省商务厅

四川省商务厅厅长

谢开华　毕业于四川大学中文系。历任四川省对外贸易经济合作厅办公室副主任、基地货源处副处长，中国出口商品基地建设四川公司副总经理，四川省轻工工艺品进出口公司总经理，四川省对外经济贸易委员会副主任，四川省对外贸易经济合作厅党组副书记、副厅长。四川省对外贸易经济合作厅厅长、党组书记等职。现任四川省商务厅厅长、党组书记。

【国内贸易】

社会消费品零售总额　2010年四川省社会消费品零售总额6 634.72亿元，比上年的5 758.69亿元增长18.70％。按地域分，城镇5 318.00亿元，乡村1 316.80亿元。按行业分，批发零售贸易业5 646.76亿元，餐饮业925.25亿元，其他行业62.71亿元。

市场物价　商品零售价格指数为103.0，居民消费价格指数为103.2（均以上年价格为100）。

市场体系建设　村村农家店建设进展顺利，2010年四川省已建设和改造农家店13 660家，在建配送中心93个，已建农村商贸综合服务中心83个，农家店和配送中心建设进展顺利。家电下乡工作全面推进，2010年全省共销售家电下乡产品493.7万台，同比增长29.9%，销售金额109.67亿元，同比增长58.7%。完成全年目标任务的168.7%。灾后重建取得新进展，突出抓住重点建设项目，积极推进对口援建和招商引资。市场体系规划编制工作有序进行，编制了《四川省商品批发交易市场建设规划(2010—2012年)》，规划提出了未来3年建设总体布局、主要任务、建设项目和保障措施等工作纲要。特殊行业管理取得新进展，按照公开透明，依法行政，规范操作，严格监管的原则，加强部门之间的配合合作，努力促进典当、拍卖、报废汽车回收拆解等行业健康发展。

商贸服务管理　流通现代化水平实现新提高，连锁经营向纵深发展，2010年，全省限额以上商贸流通连锁企业实现销售额1 623.46亿元，占社会消费品零售总额24.5%，连锁率同比提高2.5个百分点，骨干企业稳定发展，社区商业取得明显成效，商业街建设进行了初步探索，再生资源回收体系建设步伐加快，餐饮、会展、居民服务等行业发展取得新成效。

市场运行调节　消费市场稳定增长，热点产品持续旺销。2010年四川省社会消费品零售总额达到6 634.7亿元，比上年增长18.7%，比上年增速加快2.2个百分点，完成省政府下达目标任务的142.3%，列全国第7位，创历史最高水平。批发零售业零售额增长17.9%，拉动消费品市场增长15.3个百分点，住宿餐饮业零售额增长23.3%。城镇市场实现零售额5 318.0亿元，增长18.6%；乡村市场实现零售额1 316.7亿元，增长18.9%，快于城镇市场0.3个百分点。热点消费产品持续旺销。汽车类销售实现零售额622.5亿元，增长22.2%，拉动社会消费品零售总额增长2.0个百分点。家电下乡产品持续热销，全年销售下乡产品493.9万台（部），增长36.8%；销售额突破百亿元大关，达到109.7亿元，增长76.6%。家电以旧换新对拉动城乡家电消费发挥了很好的作用。在“扩内需、促消费”的政策作用下，2010年四川批发零售业实现零售额5 646.8亿元，同比增长17.9%，拉动消费品市场增长15.3个百分点。国美、苏宁、成都人民商场、互惠超市等都已把商场开到二三级城市。市场运行整体平稳，农副产品价格高位运行。2010年四川省消费品市场整体运行平稳，但下半年以来，由于受异常天气、种植成本增加、运输成本上升和市场综合物价水平攀升的影响，全省猪肉、蔬菜、食用油、食糖等生活必需品价格出现了阶段性上涨。整个副食品价格一直在高位运行，特别是蔬菜价格起伏较大。据监测，2010年12月蔬菜零售价格为4.87元/公斤，同比上涨9.6%，猪肉零售均价为22.95元/公斤，同比上涨15.4%，桶装食用油均价为14.31元/升，同比上涨14.5%。通货膨胀压力日益增长，生活必需品市场运行的不确定因素较多，加大了市场供应的难度。全年价格波动较大，但可供商品保证了市场的需求。自然灾害频发，应急保供任务艰巨。2010年，四川省雨雪冰冻灾害、山洪泥石流等自然灾害频频发生。为保障灾区群众安全过冬需求，灾区商务部门在2009年底储备了蜡烛、电筒、小包装大米、桶装食用油等应急物资折合人民币约4 720万元。6月—8月，出现了多次范围广、强度大、时间长的强降雨过程，部分地区发生山洪暴发、主要江河洪水暴涨和泥石流等灾情，影响人民生活特别是城乡居民生活必需品供应。四川省各级商务部门指导大型流通企业与生产企业、农产品批发市场组织救灾货源，保障猪肉、蔬菜等生活必需品的市场供应，确保了灾区市场稳定。

【对外贸易】

进出口总额　进出口总额327.80亿美元，比上年的242.27亿美元增长35.60％。

出口总额　出口总额188.50亿美元，比上年的141.52亿美元增长33.0％，占全省GDP 16 898.60亿元人民币（相当于2 551.62亿美元）的7.39％，占全国出口额的1.19％。

进口总额　进口总额139.33亿美元，比上年的100.75亿美元增长39.3％。

出口商品结构　初级产品出口额7.53亿美元，占出口总额的4.0％；工业制成品出口额180.92亿美元，占出口总额的96.0％。

进口商品结构　初级产品进口额13.94亿美元，占进口总额的10.0％；工业制成品进口额125.39亿美元，占进口总额的90.0％。

出口商品市场　出口商品销往207个国家（地区）。

进口商品市场　进口商品来自103个国家（地区）。

技术进出口　技术进出口总额42 000万美元，比上年的41 159万美元增长1.9％。签订引进技术和进口设备合同项目434个，比上年增加103个；合同金额40 000万美元，比上年的39 350万美元增长2.55％；签订技术出口合同项目65个，比上年增加8个，合同金额1 582万美元，比上年的1 809万美元减少12.5％。

服务贸易　服务贸易进出口总额43.4亿美元，比上年的26.0亿美元增长66.4％。其中，出口额26.0亿美元，比上年的11.5亿美元增长121.2%；进口额17.4亿美元，比上年的14.2亿美元增长21.5％。2010年四川省服务贸易显示出强劲增长势头，进出口总额首次突破40亿美元大关，服务贸易首次实现顺差。新兴服务贸易项目出口迅猛增长。电子信息、软件和服务外包产业带动全省计算机和信息服务出口高速增长，全年出口11.2亿美元，增长188.8%，占出口总额的43.1%，占比较上年提高一成。包括广告、展览、咨询等在内的其他商业服务保持快速增长，出口4.67亿美元，增长74.2%，占出口总额的18%。传统服务贸易项目出口高速增长。建筑安装及劳务承包服务出口8.54亿美元，增长131.4%，占出口总额的32.8%。旅游服务出口5 902万美元，增长73.9%；运输服务出口3 067万美元，增长16.1%。服务外包和软件出口蓬勃发展。在商务部服务外包人才培训资金以及省、市配套政策的支持引导下，全年离岸服务外包企业登记合同金额达4.12亿美元，增长126.4%，执行金额2.58亿美元，增长145.4%。登记服务外包企业340家，新增企业82家，增长74.5%，新增认证数量31个，从业人员6.64万人，新增从业人员2.73万人，增长216.3%。签订软件出口合同1 052项，合同总额2.4亿美元，增长118.3%，其中执行金额2.01亿美元，增长129.3%。旅游和其他商业服务是进口主要项目。旅游服务支出8.3亿美元，增长30.1%，占进口总额的47.3%，是四川省最大的服务贸易进口项目。其他商业服务进口实现恢复性增长，达到5.57亿美元，增长44.1%，占进口总额的32%，是第二大进口项目。此外，运输、保险、金融服务进口快速增长，分别增长41.8%、106.1%、20.7%。

四川省 2010 年主要出口商品

商品名称	出口金额（万美元）	占比（%）	同比（%）
总　值	**1 884 504**	**100.0**	**33.0**
集成电路及微电子组件	211 540	11.2	-17.1
服装	189 453	10.1	29.6
纺织品	95 527	5.1	46.8
箱包	82 743	4.4	219.3
鞋类	74 491	4.0	12.2
塑料及其制品	61 597	3.3	114.8
钢材	51 342	2.7	-25.9
玻璃及制品	44 373	2.4	150.0
电视机及零件	34 944	1.9	54.2
手工具	34 279	1.8	156.5
钻探或凿井机械及零件	34 247	1.8	-6.4
太阳能电池	33 230	1.8	241.6
锅炉及零辅件	29 730	1.6	-41.9
陶瓷产品	26 619	1.4	118.8
汽轮机及零件	25 545	1.4	13.4
汽车等机动车辆及其零件	22 726	1.2	92.8
光端机、脉冲编码调制设备	20 789	1.1	41.0
家具	20 122	1.1	8.1
绸类	18 355	1.0	12.4
耗散功率小于 1 瓦的晶体管	17 992	1.0	16.5
大中小微型计算机	17 285	0.9	1 161.9
纸、纸浆及纸制品	16 061	0.9	245.2
珠宝首饰类	13 575	0.7	254.8
钛白粉	12 685	0.7	170.7
有线载波及有线数字通信设备	11 975	0.6	57.8
船舶及浮动结构体	11 745	0.6	41.6
西医药品	11 152	0.6	24.0
橡胶及其制品	10 545	0.6	88.9
其他硅	9 878	0.5	86.2
钟表及其零件	9 833	0.5	177.7
阀门及零件	9 483	0.5	-8.2
丝类	9 236	0.5	3.6
计量检测分析自控仪器及器具	8 841	0.5	7.3
交流发电机的零件	8 564	0.5	297.3
灯具及照明装置	8 389	0.5	-10.2
酒类	8 363	0.4	54.0

四川省2010年主要进口商品

商品名称	进口金额（万美元）	占比（%）	同比（%）
总　值	**1 393 318**	**100.0**	**39.3**
集成电路及微电子组件	463 443	33.3	63.1
印刷电路	101 246	7.3	85.9
矿产品	93 115	6.7	61.0
航空设备及零件	58 623	4.2	37.6
汽车等机动车辆及其零件	38 405	2.8	35.5
计量检测分析自控仪器及器具	37 476	2.7	30.1
液晶显示板	33 420	2.4	52.4
金属加工机床	28 460	2.0	95.8
汽轮机及零件	25 256	1.8	63.1
铁合金	21 026	1.5	101.7
塑料及其制品	18 953	1.4	86.4
钢材	17 878	1.3	-56.9
阀门及零件	16 077	1.2	0.0
半导体器件	15 362	1.1	30.9
履带式挖掘机	14 508	1.0	89.1
纸、纸浆及纸制品	12 393	0.9	131.7
黄大豆	11 702	0.8	32.6
玻璃及制品	10 668	0.8	223.5
有线载波及有线数字通信设备	10 590	0.8	-8.4
对苯二甲酸	10 418	0.8	5.2
交流发电机的零件	8 328	0.6	2.4
1，2-乙二醇	8 323	0.6	41.4
锌及其制品	8 194	0.6	61.7
内燃发动机及零件	8 092	0.6	59.5
镍及其制品	8 068	0.6	-2.2
生皮及皮革制品	7 883	0.6	74.6
钛及其制品	6 681	0.5	0.3
泵及零件	6 238	0.5	94.1
涡轮发动机及零件	6 034	0.4	-19.2
苯乙烯	5 345	0.4	104.6
甲苯	5 199	0.4	148.1
医疗仪器及器械	5 093	0.4	-0.9
珠宝首饰类	4 861	0.4	177.5
1,3-丁二烯及异戊二烯	3 962	0.3	34.1
服装	3 734	0.3	34.8
甲醇	3 654	0.3	21.1

四川省2010年出口市场

国别（地区）	出口金额（万美元）	占比（%）	同比（%）
总　值	**1 884 504**	**100.0**	**33.0**
亚洲	1 013 924	53.8	7.6
伊拉克	24 324	1.3	429.4
沙特阿拉伯	19 369	1.0	17.1
阿拉伯酋长国	37 739	2.0	73.0
伊朗	42 093	2.2	212.3
香港	273 396	14.5	-4.0
印度	109 791	5.8	-2.0
日本	52 843	2.8	54.1
巴基斯坦	33 721	1.8	42.6
韩国	35 518	1.9	34.1
台湾省	26 283	1.4	32.7
东盟	224 370	11.9	18.8
印度尼西亚	57 886	3.1	-10.4
马来西亚	40 147	2.1	4.4
新加坡	35 477	1.9	65.3
泰国	22 396	1.2	69.7
越南	35 202	1.9	4.3
中亚五国	64 734	3.4	-57.0
哈萨克斯坦	35 421	1.9	3.6
非洲	142 607	7.6	63.0
阿尔及利亚	17 690	0.9	-13.1
南非	18 932	1.0	134.5
欧洲	365 952	19.4	85.8
英国	23 151	1.2	77.7
德国	70 899	3.8	134.3
法国	22 355	1.2	38.3
意大利	32 016	1.7	146.2
荷兰	37 364	2.0	85.2
西班牙	31 310	1.7	175.3
俄罗斯	39 726	2.1	21.8
拉丁美洲	128 005	6.8	219.4
巴西	33 927	1.8	225.8
巴拿马	25 554	1.4	654.3
北美洲	211 746	11.2	59.0
美国	198 311	10.5	58.3
大洋洲	22 272	1.2	30.1

四川省 2010 年进口市场

国别（地区）	进口金额（万美元）	占比（%）	同比（%）
总　值	**1 393 318**	**100.0**	**39.3**
亚洲	622 339	44.7	53.8
以色列	42 348	3.0	465.0
沙特阿拉伯	5 184	0.4	47.8
土耳其	6 305	0.5	86.3
伊朗	3 679	0.3	149.8
香港	88 850	6.4	32.4
印度	9 839	0.7	-2.1
日本	240 523	17.3	50.6
韩国	63 276	4.5	19.4
台湾省	64 735	4.7	68.5
东盟	89 690	6.4	63.8
印度尼西亚	4 713	0.3	97.7
马来西亚	24 014	1.7	108.8
菲律宾	18 924	1.4	25.9
新加坡	38 499	2.8	59.8
非洲	28 011	2.0	90.9
南非	21 788	1.6	91.5
欧洲	353 213	25.4	14.7
比利时	31 298	2.3	26.8
英国	7 132	0.5	-17.7
德国	78 935	5.7	-20.8
法国	44 897	3.2	228.2
爱尔兰	126 142	9.1	43.0
意大利	26 637	1.9	-24.7
荷兰	16 723	1.2	-19.5
瑞士	5 863	0.4	30.2
拉丁美洲	33 976	2.4	38.7
阿根廷	3 722	0.3	112.9
巴西	10 487	0.8	21.6
哥伦比亚	10 165	0.7	114.6
秘鲁	5 386	0.4	-1.6
北美洲	322 046	23.1	47.0
加拿大	6 474	0.5	-21.1
美国	315 572	22.7	49.7
大洋洲	33 732	2.4	16.3
澳大利亚	32 662	2.3	15.5

四川省2010年服务贸易进出口情况表

行 业	进出口		出 口		进 口	
	金额（万美元）	同比（%）	金额（万美元）	同比（%）	金额（万美元）	同比（%）
1. 政府服务	250	4.8	147	-26.7	103	169.2
2. 运输	5 827	27.0	3 067	16.1	2 761	41.8
3. 旅游	88 411	32.4	5 902	73.9	82 509	30.1
4. 通讯服务	274	-35.6	158	-39.3	117	-29.8
5. 建筑安装及劳务承包服务	109 087	70.1	85 396	131.4	23 692	-13.0
6. 保险服务	5 952	-17.8	5 677	-20.2	276	106.1
7. 金融服务	202	0.1	8	-80.1	194	20.7
8. 计算机和信息服务	113 836	157.5	112 174	188.8	1 662	-69.0
9. 专有权利使用费和特许费	7 845	-4.8	687	-25.0	7 158	-2.3
10. 文化体育和娱乐服务	428	-61.7	196	-56.2	232	-65.3
11. 其他商业服务	102 461	56.4	46 737	74.2	55 724	44.1
其中：法律、会计、咨询	5 796	-50.1	2 334	-32.2	3 462	-57.7
其中：广告、展览、调研	1 942	24.2	968	44.9	974	8.8
合 计	**434 353**	**66.4**	**260 026**	**121.2**	**174 327**	**21.5**

【利用外资】

概况 2010年，四川省实际利用外资首次突破70亿美元大关，达到70.1亿美元，增长69.8%。新批外商直接投资企业379家，累计批准9 293家。全年外商投资合同额达到62.1亿美元，增长153.7%，外商投资实际到位资金61.2亿美元，增长69.6%，完成全年目标任务的136.1%。引进重大产业化项目取得新突破，新引进总投资1 000万美元以上的项目110个，其中投资总额超过1亿美元的有9家。富士康、仁宝、戴尔、德州仪器等信息产业知名企业纷纷入驻四川。截至2010年底，来川落户的境外世界500强企业累计达到160家。外商投资企业增资态势喜人，2010年共审批外商投资企业增资项目170个，实现合同净增23.95亿美元，增长279.8%，占全省外商直接投资合同外资的39.2%。服务业成为外商投资主要领域，在新批的379家企业中，服务业企业有266家，占全省新批企业总数的70.2%，主要分布在商贸、租赁和商务服务、信息传输、金融、房地产等领域。全省第一、第二、第三产业合同外资金额分别为1.96亿美元、15.17亿美元和44.04亿美元，分别占全省外商直接投资合同额的3.2%、24.8%和72%；第一、第二、第三产业实际到位外资金额分别为0.8亿美元、21.94亿美元和37.51亿美元，分别占全省外商直接投资实际到位额的1.3%、36.4%和62.3%。

四川省2010年利用外资情况表

利用外资方式	批准签订的合同			实际利用外资	
	项目数（个）	外资金额（万美元）	金额比上年增加（%）	金额（万美元）	金额比上年增加（%）
外商直接投资	**379**	**611 651**	**152.2**	**602 517**	**67.8**
合资企业	103	131 093	76.1	127 456	71.6
合作企业	12	19 757	9.8倍	8 164	31.4
外资企业	262	451 455	169.6	454 001	63.4
股份有限公司	2	9 346		12 896	7.5倍
外商其他投资		**9 819**	**299.3**	**9 782**	**376.9**
合 计	**397**	**621 470**	**153.7**	**612 299**	**69.6**

四川省2010年外商直接投资行业情况表

行　业	项目数（个）	同比（%）	合同外资（万美元）	同比（%）	实际利用外资（万美元）	同比（%）
合　计	**379**	**32.5**	**621 470**	**153.7**	**612 299**	**69.6**
农、林、牧、渔业	17	21.4	19 598	348.7	8 025	756.5
采矿业	7	133.3	13 850	-41.5	23 320	245.8
制造业	83	-2.4	105 977	4.7	163 671	69.1
电力、煤气及水的生产和供应业	6	-25.0	26 681	85.4	28 655	80.9
建筑业	6	20.0	5 178	-16.3	3 759	18.3倍
交通运输、仓储及邮政业	7	40.0	5 161	13.6	10 274	14.6倍
信息传输、计算机服务和软件业	31	10.7	7 238	-35.0	24 012	150.8
批发和零售业	54	20.0	49 701		25 175	-33.9
住宿和餐饮业	16	100.0	855	159.1	1 533	184.4
房地产业	27	145.5	263 820	538.7	254 742	45.1
租赁和商务服务业	91	59.7	63 417	116.5	42 384	310.3
科学研究、技术服务和地质勘查业	15	200.0	16 347	731.5	5 201	356.6
水利、环境和公共设施管理业	5	0.0	8 961	18.9	8 952	41.0倍
居民服务和其他服务业	4	0.0	-45	0.0	1 687	118.2
文化、体育和娱乐业	2	-33.3	-121		238	22.1
金融业	8		25 028	52.0倍	889	-38.7
来料加工部分			9 819	-28.0	9 782	376.9

四川省2010年外商直接投资来源情况表

国别（地区）	项目数（个）	同比（%）	合同外资			实际利用外资		
			金额（万美元）	同比（%）	占比（%）	金额（万美元）	同比（%）	占比（%）
合　计	**379**	**32.5**	**621 470**	**153.7**	**100.0**	**612 299**	**69.6**	**100.0**
香　港	179	46.7	508 359	296.8	81.8	376 956	63.6	61.6
英属维尔京群岛	13	-13.3	-18 271			75 628	56.9	12.4
新加坡	27	68.8	68 216	468.7	11.0	40 223	48.4	6.6
巴巴多斯	1		-42			17 376	201.4	2.8
萨摩亚	9	800.0	3 372	128.7倍	0.5	1 484	40.3	0.2
毛里求斯	3		2 344	269.7	0.3	7 141	7.2倍	1.2
美　国	35	59.1	11 540	36.5	1.9	26 147	98.1	4.3
开曼群岛	1	0.0	-683			3 709	15.9	0.6
台湾省	31	-13.9	13 276	-43.2	2.1	7 647	91.0	1.2
百慕大群岛						7 039	252.0	1.1
爱尔兰			2 876		0.5	1 078		0.2
日　本	17	240.0	9 151	-36.9		12 397	237.8	2.0
德　国	5	400.0	3 400	-64.6	0.5	8 780	-18.5	1.4
土耳其						360	-64.6	0.1
智　利						1 000		0.2
马来西亚	5	-37.5	320	88.2	0.1	2 457	145.5	0.4
英　国	6	20.0	404	71.2		953	31.6	0.2
荷　兰	7	75.0	1 240	-38.4	0.2	2 718	45.8	0.4
法　国	3	-57.1	-1 115			2 907	456.9	0.5
加拿大	6	-50.0	1 792	39.6	0.3	1 540	235.5	0.3
新西兰			2 900	15.5倍	0.5	646		0.1
阿联酋						600		0.1
澳大利亚	7	250.0	252			449	716.4	0.1
韩　国	12	0.0	968	78.3	0.2	1 141	430.7	0.2

【对外经济合作】

承包工程和劳务合作 签订对外承包工程和劳务合作合同项目1 189个，金额68.98亿美元，比上年的45.14亿美元增长52.80%；完成营业额40.20亿美元，比上年的33.72亿美元增长19.30%；2010年派出劳务人员数40 655人次，年末在外人数8万余人，派往的主要国家和地区有61个；承包工程的主要有电力电站、石油、化工天然气、房屋建筑、制造及加工业、交通运输建设等项目。

接受经济援助 2010年接受多双边无偿援助的项目数6个，金额近998万美元，项目执行情况良好。

对外投资 2010年在海外举办企业（系指非贸易性企业）的项目数226家（新增48家），投资总额22.33亿美元，其中中方投资金额6.84亿美元，涉及65个国家（地区）。

【其他】

涉外旅游 2010年入境的外国人数以及港澳台同胞人数104.93万人次，旅游外汇收入3.54亿美元，比上年的2.89亿美元增加26.5%。

2010年成都市商务发展概况

成都市商务局

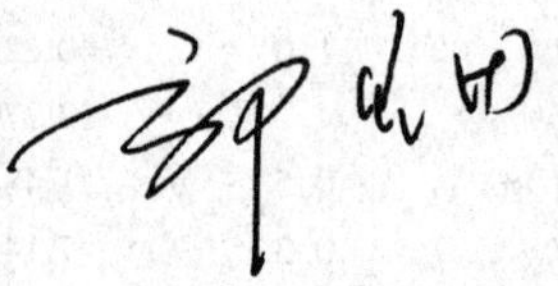

成都市商务局局长

郭启舟　生于1963年，四川成都人。大学学历。1982年参加工作。1986年加入中国共产党。历任成都市政府办公厅副处长、正处级调研员，成都市外事办公室主任助理，成都市外经委副主任，成都市贸促会常务副会长、党组书记，成都会展业发展办公室主任等职。2007年12月任成都市商务局局长、党组书记。

【国内贸易】

社会消费品零售总额 2010年四川省成都市社会消费品零售总额2 417.6亿元，比上年的1 949.9亿元增长18.6%。其中，城镇消费品零售额2 387.3亿元，农村消费品零售额30.3亿元。分行业看，批发零售贸易业零售额2 097.4亿元，住宿和餐饮业零售额320.2亿元。

市场物价 居民消费价格指数为103.0（以上年价格为100）。其中，食品106.4，衣着94.5，家庭设备用品及维修服务100.4，医疗保健和个人用品107.9，交通与通讯100.5，娱乐教育文化用品及服务98.7，居住105.1。

【对外贸易】

进出口总额 进出口总额246.78亿美元，比上年的178.62亿美元增长38.2%。

出口总额 出口总额138.74亿美元，比上年的104.98亿美元增长32.1%，占全市GDP 5 551.3亿元（相当于838.22亿美元）的16.55%，占全省出口额的73.62%。

进口总额 进口总额108.04亿美元，比上年的73.64亿美元增长48.1%。

出口商品结构 初级产品出口额3.67亿美元，占出口总额的2.65%；工业制成品出口额135.07亿美元，占出口总额的97.35%。

进口商品结构 初级产品进口额5.93亿美元，占进口总额的5.49%；工业制成品进口额102.1亿美元，占进口总额的94.51%。

出口商品市场 出口商品销往204个国家（地区）。

进口商品市场 进口商品主要来自美国、日本、爱尔兰、德国等国家（地区）。

成都市2010年出口额2亿美元以上商品情况表

金额分类	商品名称	出口金额（万美元）	占出口总额比重（%）
4亿美元以上（9种）	集成电路、微电子组件、服装、鞋帽制品、箱包、其他轻工业品、纺织品、机电产品、塑料制品	739 864	53. 33
2亿—4亿美元（9种）	钢材、半导体器械、玻璃制品、钢铁制品、锅炉制品、手工具、贱金属制品、汽轮机及零件、光端机	254 084	18. 31
合　计	**18种**	**993 948**	**71. 64**

成都市2010年进口额1亿美元以上商品情况表

金额分类	商品名称	进口金额（万美元）	占进口总额比重（%）
3亿美元以上（7种）	集成电路、微电子组件、印刷电路、航空设备、矿产品、汽车部件、计量检测仪器	846 081	78. 32
1亿—3亿美元（8种）	有机化学品、电机、电器设备、金属加工机床、塑料制品、汽轮机、钢材、数字通信设备	103 639	9. 59
合　计	**15种**	**949 720**	**87. 91**

成都市2010年主要出口市场情况表

国别（地区）	出口金额（万美元）	占出口总额比重（%）	国别（地区）	出口金额（万美元）	占出口总额比重（%）
香　港	230 022	16. 58	日　本	38 241	2. 76
美　国	142 791	10. 29	哈萨克斯坦	32 481	2. 34
印　度	80 969	5. 84	俄罗斯	31 952	2. 30
德　国	56 360	4. 06	伊　朗	31 648	2. 28
印度尼西亚	42 450	3. 06	马来西亚	30 332	2. 19
合　计				**717 246**	**51. 70**

成都市2010年主要进口市场情况表

国别（地区）	进口金额（万美元）	占进口总额比重（%）	国别（地区）	进口金额（万美元）	占进口总额比重（%）
美　国	298 571	27. 64	台湾省	42 725	3. 95
日　本	201 705	18. 67	法　国	42 595	3. 94
爱尔兰	126 091	11. 67	以色列	42 348	3. 92
德　国	61 829	5. 72	韩　国	29 362	2. 72
香　港	54 255	5. 02	比利时	27 618	2. 56
合　计				**927 099**	**85. 81**

【利用外资】

成都市2010年利用外资情况表

利用外资方式	批准签订的合同			实际利用外资	
	项目数（个）	外资金额（万美元）	金额比上年增长（%）	金额（万美元）	金额比上年增长（%）
外商直接投资	**294**	**498 245**	**197.87**	**485 575**	**73.60**
合资企业	63	85 851	110.46	92 266	100.90
合作企业	5	13 611	1 934.53	6 028	15.20
外资企业	225	389 529	228.96	37 5087	64.10
股份有限公司	1	9 254	132 100.00	12 194	
合　计	**294**	**498 245**	**197.87**	**485 575**	**73.60**

外商直接投资行业　外商直接投资项目中，生产型项目53个，非生产型项目241个。主要行业：制造业46个，77 354万美元；农业7个，13 669万美元；服务业241个，407 222万美元（其中：房地产业23个，248 985万美元；其他218个，158 237万美元）。

外商直接投资来源　外商直接投资来自47个国家（地区），合同外资居前10位的是：香港125项，362 575万美元；新加坡23项，66 363万美元；美国28项，9 579万美元；日本12项，8 388万美元；台湾省16项，8 318万美元；毛里求斯3项，2 491万美元；阿根廷1项，2 000万美元；萨摩亚5项，1 915万美元；韩国12项，914万美元；澳门1项，439万美元。

外商直接投资企业生产经营情况　截至2010年，全市已累计批准外商投资企业5 226家，合同外资金额248.9亿美元，实际使用外资金额154.5亿美元。2010年，全市外商投资企业完成出口额321 861万美元，增长1.4%。

【对外经济合作】

对外投资　对外直接投资项目22个，金额19 658万美元，增长185.23%，其中中方投资额15 554万美元，增长136.92%。

承包工程和劳务合作　签订对外承包工程和劳务合作合同项目458个，金额205 959万美元，比上年增长225.1%；完成营业额68 219万美元；当年派出劳务人员4 028人，主要派往日本、新加坡、苏丹、安哥拉、巴基斯坦等国家。

【其他】

经济技术开发区　成都经济技术开发区实现GDP 368.54亿元，增长37.05%；完成固定资产投资260.97亿元，增长47.08%；实现税收60.2亿元，增长41.66%；完成出口额3.3亿美元，增长48.14%，进口额7.49亿美元，增长110.15%。目前，开发区的道路、通信、供水、供电、供气等基础设施和市政服务设施日臻完善，具备了大规模招商引资的良好条件。

涉外旅游　入境游客80.21万人次，比上年增长24.1%；旅游外汇收入28 890.49万美元，增长22.15%。

2010年贵州省商务发展概况

贵州省商务厅

贵州省商务厅厅长

申晓庆　生于1956年8月，汉族，河南武陟人，1985年6月加入中国共产党，1976年2月参加工作，武汉大学数学系毕业（理学学士），中央党校政治经济学在职研究生。十一届全国人大代表，贵州省委委员。现任贵州省商务厅厅长、党组书记。

【国内贸易】

社会消费品零售总额　2010年贵州省社会消费品零售总额1 482.68亿元，比上年的1 247亿元增长18.9%。按地域分，城镇1 213.66亿元，乡村269.02亿元。按行业分，批发和零售贸易业1 329.51亿元，住宿和餐饮业153.18亿元。

市场物价　居民消费价格指数为102.9（以上年价格为100），其中城市103.1，农村102.6。

市场秩序建设　一是切实做好有关整顿与规范市场经济秩序专项整治行动的组织协调工作。先后会同省直有关部门开展了畜禽屠宰、商贸流通领域打击侵犯知识产权和制售假冒伪劣商品、打击对非洲出口假冒伪劣和侵犯知识产权商品等专项整治行动，适时组成督查组赴各市州地开展检查督促工作，确保专项整治行动落到实处。二是指导各市（州、地）、县（市）商务主管部门积极申报流通领域市场监管公共服务体系建设试点项目。贵州省黔南州、毕节地区商务主管部门及8个县（县级市）被商务部列为2010年试点项目重点推进单位，各试点单位按项目建设要求，落实了12312商务举报中心及商务综合执法机构、编制及办公场地，整合充实了现有商务执法力量，加强了执法人员业务技能培训，并配备了必要的交通通讯、调查取证等执法装备，执法监管能力有了明显提高。三是认真组织开展“诚信兴商宣传月”活动。牵头协调15家省直单位联合下发了《关于继续开展2010年“诚信兴商宣传月”活动的通知》，指导各级各有关部门结合部门职责，组织开展形式多样、内容丰富的宣传教育活动，有效促进了企业和公民的诚信意识。四是努力做好药品流通行业管理工作。开展了理顺全省行业管理体系、行业情况调查摸底、推动行业统计、参与医药卫生体制改革等工作。目前全省已有7个市州地商务主管部门被明确为药品流通行业主管部门，有33家规模以上药品流通企业被明确为商务部统计直报企业。

市场体系建设　一是万村千乡市场工程、农资流通体系建设项目、“双百工程”、“农超对接”试点项目和下乡产品流通网络建设项目验收工作已完成，项目补助资金已到位。目前全省乡（镇）级农家店覆盖率80%；村级店覆盖率40%。二是家电下乡汽车摩托车下乡管理工作。制定并印发了《贵州省家电下乡补贴资金“商审商付　财政结算”兑付实施方案》，会同省财政厅联合召开了全省家电下乡补贴资金“商审商付　财政结算”工作培训会，对贵阳、遵义、黔南、黔东南家电下乡工作组织实施情况进行了实地调研和检查，组织开展2010年家电下乡企业让利回报社会公益活动。2010年，全省共销售各类家电下乡产品159.8万台，销售金额30亿元，同比增长184.3%，兑现补贴资金2.7亿元，同比增长197.2%。截至2010年12月底，全省通过审核备案的家电下乡网点达到9 094个。三是组织安排对农贸、牲畜交易市场升级改造，完善交易设施，改善交易环境。2010年安排省级财政补贴资金300万元，通过财政支持，对市场交易厅棚、冷藏保鲜、卫生、安全、服务等设施建设和改造。拓宽流通渠道，解决农产品“卖难”问题，促进农民增收。四是汽车市场、典当、拍卖管理工作取得积极进展。

商贸服务管理 一是成品油管理。开发了《贵州省成品油管理系统》，完成了2009年全省油库、加油站、加油网点、批发、仓储企业的年审建档工作，为实现网络化管理打下了基础。加强石油流通调研工作，完成《贵州省成品油分销体系“十二五”发展规划编制草案》。11月，在国内成品油资源紧张的情况下，贵州省市场出现买家囤货、卖家惜售、排队加油的紧张状况，贵州省商务厅及时果断地采取措施，积极协调两大石油集团，加强货源组织和调供工作，指导各级商务和有关部门维护好加油站秩序。在各级商务和各有关部门的大力支持下，成品油调入大量增加，市场日投放量日愈增多，消除了排队加油的紧张现象，维护了市场稳定，保障了重点工程、公共服务领域、农业、重点行业和企业用油。二是家电以旧换新工作。确定了家电以旧换新销售企业和回收企业，旧家电回收、拆解等项目实施进展顺利，整个家电以旧换新工作实现销售金额1亿多元。三是现代物流。认真组织、指导贵阳市、都匀市现代物流示范建设，积极推进两城市的相关试点工作。编制《贵州省商贸物流业发展“十二”规划》。四是家政服务、再生资源回收。商务部把遵义市作为再生资源回收体系建设试点城市，支持财政资金2 900万元。五是节能减排、限塑工作、中华老字号、商业示范社区工作取得积极进展。

市场运行调节 一是加强生猪屠宰行业管理。积极争取商务部“放心肉”项目，加快推进全省屠宰企业技术升级改造；加强行业监督管理，严格审批制度，加强执法监督，进一步提升生猪屠宰行业管理水平；开展行政执法与行业培训，推进《贵州省生猪屠宰管理办法》的立法修订；扎实开展生猪屠宰、酒类市场整顿工作。二是加强市场运行监测分析。建立市场运行监测样本企业数据库，落实监测样本企业；加强“商务预报”二级子站，开通了贵州省商务预报和贵阳市商务预报等9个市（州、地）平台。三是加强重要消费品储备管理与调控。对全省屠宰加工企业、养殖场、冷库资料进行了收集整理，加强与财政等相关部门的沟通，起草建立省级储备管理办法；逐步建立对代储企业资质的审查制度，努力建立省级重要消费品的储备管理和调控机制。四是加强茧丝绸行业协调管理。严格行政审批制度，2010年共审批办理《鲜茧收购许可证》两家，换证一家；严格国家鲜茧收购认定制度，做好鲜茧收购市场秩序的监督管理工作。五是做好应急管理机制相关工作。成立应急管理组织机构，先后制定了《贵州省商务厅重大突发性灾害救助应急预案》及《贵州省消费品市场异常波动应急预案》，指导九个市州地商务主管部门制定当地生活必需品市场供应专项预案；做好商务系统抗旱救灾组织协调和食品、食肉、食糖等物资供应工作。

【对外贸易】

进出口总额 进出口总额31.38亿美元，比上年的23.07亿美元增长36.0%。

出口总额 出口总额19.19亿美元，比上年的13.58亿美元增长41.3%，占全省GDP 4 593.97元（相当于678.63亿美元）的2.8%，占全国出口额的0.1%。

进口总额 进口总额12.19亿美元，比上年的9.49亿美元增长28.5%。

出口商品结构 初级产品出口额3.04亿美元，占出口总额的15.8%；工业制成品出口额16.15亿美元，占出口总额的84.2%。

进口商品结构 初级产品进口额9.67亿美元，占进口总额的79.3%；工业制成品进口额2.52亿美元，占进口总额的20.7%。

出口商品市场 出口商品销往142个国家（地区）。出口市场前10名是印度、美国、香港、澳大利亚、泰国、伊朗、韩国、巴勒斯坦、日本、印度尼西亚，金额13.03亿美元，占出口总额的67.9%。

进口商品市场 进口商品来自51个国家（地区）。进口市场前10名是泰国、澳大利亚、巴西、沙特阿拉伯、越南、南非、加拿大、美国、智利、日本，金额9.79亿美元，占进口总额的81%。

技术进出口 技术进出口总额2 144万美元，比上年的4 326.93万美元下降50.45%。签订引进技术合同项目10个，比上年增加1个，合同金额527.87万美元，比上年的826.93万美元下降36.17%；签订技术出口合同项目7个，合同金额1 586.53万美元，比上年的3 500万美元下降54.67%。

服务贸易 服务贸易进出口总额4.0亿美元，比上年的3.34亿美元增长19.9%。其中，出口额1.9亿美元，比上年的1.7亿美元增长11.7%；进口额2.11亿美元，比上年的1.64亿美元增长28.3%。主要涉及的行业有旅游服务、运输服务、咨询服务、建筑服务、金融服务、保险服务、信息及计算机服务、电影音像和广告宣传，以及其他商业服务等方面。主要贸易伙伴有美国、德国、英国、澳大利亚、日本、韩国、新加坡、沙特阿拉伯、芬兰、香港、台湾省等国家和地区。

贵州省 2010 年出口额 5 000 万美元以上商品情况表

金额分类	商品名称	出口金额（万美元）	占出口总额比重（%）
5 亿美元以上	磷酸二氢氨及混合物	50 178	26.1
1 亿—5 亿美元	硅锰铁、烤烟、人造刚玉	41 558	21.7
5 000 万—1 亿美元	碳酸钡、白酒、冲气轮胎、锶的碳酸盐	33 747	17.6
合　计		**125 483**	**65.4**

贵州省 2010 年进口额 1 亿美元以上商品情况表

金额分类	商品名称	进口金额（万美元）	占进口总额比重（%）
3 亿美元以上	铁矿砂及精矿	31 454	25.8
1 亿—3 亿美元	硫磺、橡胶	43 079	35.3
合　计		**74 533**	**61.1**

贵州省 2010 年主要出口市场情况表

国别（地区）	出口金额（亿美元）	占出口总额比重（%）
印度、美国、香港、澳大利亚、泰国、伊朗、韩国、巴勒斯坦、日本、印度尼西亚	13.03	67.9

贵州省 2010 年主要进口市场情况表

国别（地区）	进口金额（亿美元）	占进口总额比重（%）
泰国、澳大利亚、巴西、沙特阿拉伯、越南、南非、加拿大、美国、智利、日本	9.79	81

贵州省 2010 年服务贸易进出口情况表

行　业	进出口		出　口		进　口	
	金　额（万美元）	同　比（%）	金　额（万美元）	同　比（%）	金　额（万美元）	同　比（%）
运输	2 430.26	62.0	104.92		2 325.34	55.0
旅游	24 239.47	16.5	11 422.00	10.9	12 817.47	22.1
通讯服务	35.06		0.81		34.25	
建筑服务	1 890.29	57.5	1 768.90	60.8	121.39	-65.8
保险服务	269.72	169.7	0.93		268.79	168.8
金融服务	101.47		14.70		86.77	
计算机和信息服务	79.69	-20.3	41.62	-58.4	38.07	
专有权利使用费和特许费	329.61	64.8	201.22		128.39	-35.8
咨询	2 171.53	-1.3	938.95	-44.8	1 232.58	146.5
广告、宣传	183.59		15.42		168.17	79.0
电影、音像	0.36		0.36		0.00	
其他商业服务	8 345.22	19.2	4 463.34	20.6	3 881.88	35.3
合　计	**40 076.26**	**19.9**	**18 973.16**	**11.7**	**21 103.10**	**28.3**

【利用外资】

贵州省2010年利用外资情况表

利用外资方式	批准签订的合同			实际利用外资	
	项目数（个）	外资金额（万美元）	金额比上年增加（%）	金额（万美元）	金额比上年增加（%）
外商直接投资	**37**	**45 024**	**174.59**	**29 546**	**121.09**
合资企业	4	8 591	-11.78	8 885	69.89
合作企业	7	5 486	130.50	73	-67.98
外资企业	26	30 947	623.23	20 588	160.41

外商直接投资行业 外商直接投资项目中生产型项目18个，非生产型项目19个。分行业看，农、林、渔业项目6个，采矿业项目2个，制造业项目8个，电力、燃气及水的生产和供应业项目1个，建筑业项目1个，交通运输、仓储和邮政业项目3个，信息传输、计算机服务和软件业项目1个，批发和零售业项目7个，住宿和餐饮业项目2个，金融业项目1个，租赁和商务服务业项目3个，科学研究、技术服务和地质勘查业项目1个，水利、环境和公共设施管理业项目1个。

外商直接投资来源 外商直接投资主要来源有：香港，投资项目23个，合同外资金额34 112万美元；英属维尔京群岛，投资项目1个，合同外资金额8 217万美元；台湾省，投资项目4个，合同外资金额1 478万美元。

【对外经济合作】

对外投资 2010年在海外举办企业（系指非贸易行企业）4个，投资总额1 520万美元，中方投资金额910万美元，投资主要国家和地区有：香港、坦桑尼亚、美国、乌兹别克斯坦、越南。

承包工程和劳务合作 签订对外承包工程和劳务合作合同项目24个，金额3.24亿美元，比上年的1.64亿美元增长97.2%；完成营业额2.20亿美元，比上年的1.33亿美元增长60%；涉及的国家和地区有加纳、尼日利亚、贝宁、沙特、斐济等；承包工程2010年派出劳务人员977人次，年末在外人数1 789人。

对外经济技术援助 承担援外项目数13个，受援国家和地区有：斐济、贝宁、坦桑尼亚，涉及交通、水利、房建等行业；当年派出援外人员388人，年末在外人数320人。

接受经济援助 接受国际经济组织及双边援助的项目数3个，金额2 254万元。

【其他】

开发区 贵阳国家高新区全力加快沙文生态科技产业园开发，完成基本建设投资总计11亿元，金苏大道一、二、四标段实现通车；马南路、金干南路、麦苏路、干田路、苏庄路等五条支路获立项和可研批复；艳山红镇廉租房顺利开工建设，沙文镇、艳山红镇安置房项目有序推进。依托产业招大商，全年赴长三角、珠三角等地招商30余次，协议引进资金60亿元，实际引进资金56亿元，成功引进了中航工业贵阳航空发动机、中电振华新材料新能源基地等多个重大项目；围绕产业建园区，全力打造沙文生态科技产业园新材料新能源基地，先进制造业基地，电子信息产业和生物产业基地；超前谋划储备项目，储备了上海新生源生物医药、北大方正国际软件、江苏莱顿等20余个战略性新兴产业项目；积极引进伟创力等世界500强企业，全力推进综合保税区申报。2010年境外到位资金1 817万美元，增长15%；进出口总额7.2亿美元，增长53%。

贵阳经济技术开发区先后投入资金2亿多元，建设和升级改造了一大批城市基础设施；完成了锦江路、长江路等16个农贸市场的升级改造；以路网为主的园区基础设施建设快速推进，小黄河改造、供水、供电、燃气、通讯等配套设施建设同步跟进。贵阳烟厂易地技改项目顺利建成投产，贵航产业园快速推进，启动了中煤盘江重工、凯沃重工、枫叶PE管材、险峰机床、普天新能源、国程物流、标准厂房等一大批产业项目的建设。2010年，实施重点项目75个，中央扩大内需项目4个，省市重点项目25个，全年完成固定资产投资94.35亿元，是建区以来建设项目最多、投资额度最大的一年。2010年实际利用外资1 817万美元，增长10.8%；进出口总额10 434万美元，增长19.9%。

遵义经济技术开发区沈阳北路建成通车，黔渝快铁前期工作、遵绥高速公路、遵义市环城高速公路建设稳步推进，全面完成2009年通村公路建设及2010年14.7公里通村公路建设；破解工程性缺水难题取得新进展，完成洪江水库除险加固工程、退耕还林基本口粮田项目和1 206口沼气池建设，解决灌溉面积4 187亩，解决1.2万人饮水困难。争取到扩大内需新增中央投资项目31个，争取到中央、省投资达6 138.7万元；重点项目建设扎实推进，全年安排调度的重点建设项目共59个，14个重点建设项目建成投入使用。2010年实际利用外资300万美元；进出口总额4 043.9万美元，下降11.1%。

商务洽谈会 2010年，贵州省主办的中国（遵义）酒类博览会于9月9日—11日举办。参展参会企业为5 000户，境外企业和代表团达30多个，签约金额179亿元。中国（遵义）酒类博览会成为在海内外具有一定知名度和影响力的大型酒类专业展会。

港口运输 本地区外贸进出口货物空运吞吐量500吨，增长27%，其中出口量200吨、进口量300吨。

涉外旅游 2010年入境的外国人数以及港澳台同胞50.01万人次，旅游外汇收入1.26亿美元，比上年的1.01亿美元增长17.3%。

2010年云南省商务发展概况

云南省商务厅

熊清华

云南省商务厅厅长

熊清华 1977年3月—1980年2月，云南大学政治系政治经济学专业读书。1980年2月—1983年6月，云南省政府办公厅秘书处工作。1983年6月—2000年12月，云南省经济技术研究中心工作，1995年6月任副主任。2000年12月—2002年11月，云南省政协研究室主任。2002年11月—2005年6月，云南省保山市委副书记、市长，2005年6月—2009年12月，保山市委书记。2009年12月—2010年1月，云南省商务厅党组书记。2010年1月起任云南省商务厅厅长、党组书记。

【国内贸易】

社会消费品零售总额 2010年，云南省社会消费品零售总额2 500.25亿元，比上年增长21.9%。按区域分，城镇1 992.72亿元，增长22.8%；城区1 551.85亿元，增长23.7%；乡村507.52亿元，增长18.5%。按消费形态分，餐饮362.84亿元，增长19.0%；商品零售2 023.62亿元，增长24.0%。按经济成分分，公有经济435.35亿元，增长29.9%，其中：国有经济381.84亿元，增长30.4%；非公有经济2 064.90亿元，增长20.3%，其中：私有经济1 843.61亿元，增长28.0%，港澳台经济57.80亿元，增长52.5%。

市场物价 城市生活必需品中，除蔬菜商品价格下降2.9%外，其余商品价格全面上涨，其中，鲜猪肉、白砂糖、鸡蛋、小包装大米、桶装食用油和水果类商品价格分别同比上涨24.8%、32.9%、15.9%、21.1%、12%和46.5%。重要生产资料中，除煤炭商品价格下降22.9%外，其余商品价格全面上涨，其中，橡胶、有色金属、水泥、钢铁和汽车类商品同比分别上涨53.3%、4.8%、4.5%、14.2%、14.1%。

市场运行调节 **不断完善市场监测体系和城乡市场信息服务体系建设。**全省城乡市场信息服务体系样本监测企业发展到647家。监测范围扩大到县一级单位，监测品种集中体现在与老百姓生活息息相关的粮、油、肉、菜、奶等十一类生活必需品。全省所有州市全部开通地方“商务预报”网络平台，省厅和昆明开通了电视版“商务预报”。加强信息发布引导市场预期。启动生活必需品日报，和蔬菜价格日报。

扩大储备规模发挥调控作用。在10 250吨省级猪肉储备任务的基础上增加2 500吨省级猪肉冻肉储备。配合商务部在云南省定向实施3 000吨冻猪肉中央储备收储。在有效抑制猪价下跌，保护养殖户养猪积极性，保障供应、防止肉价过快上涨等方面发挥了积极作用。

加强应急企业队伍建设。召开了“云南省应急商品重点联系企业培训会议”，为全省41家应急商品联系企业发放了“云南省应急商品重点联系企业”标牌，进一步健全云南省商务主管部门和重要商品应急企业的联系机制。云南省应急商品数据库重点联系企业达到48家，应急商品覆盖38个品种。

积极推动云南酒产业发展。召开了省政府常务会议，出台了“云南省人民政府关于促进酒产业发展的意见”，安排5 000万元专项资金进行扶持。“2010西部（昆明）酒业博览会”成功举办。云南省内外名酒品鉴推荐会”成功举行。积极做好《云南酒产业发展报告》和《云酒飘香》两书的编辑出版工作。

市场秩序建设　加强生猪屠宰管理工作。进一步加强生猪定点屠宰监管工作，推进“放心肉”体系建设。完成《云南省生猪定点屠宰企业设置规划（2010—2015）》编制工作。开展生猪定点屠宰企业审核换证工作。完成2010年全省屠宰环节病害猪无害化处理财政资金补助，下拨中央财政补助资金3 923万元，省级财政补助资金546万元。积极开展“放心肉”服务体系建设试点城市申报工作。昆明市被商务部正式列入2010年“放心肉”肉类蔬菜流通追溯体系建设试点城市，中央支持资金4 000万元。完成了2010年屠宰企业标准化改造项目申报工作。申报11家屠宰企业为2010年屠宰企业标准化改造项目单位，争取中央支持资金250万元。

开展2010年诚信兴商宣传月活动。省商务厅会同省委宣传部等14个部门，在全省组织开展了云南省2010年诚信兴商宣传月活动，紧紧围绕“诚信兴商，和谐发展”主题，引导企业依法经营，诚实守信，规范服务，形成良好的商德商誉，创造有利于扩大消费市场的“软环境”。

市场监管公共服务体系建设。在2009年开展商务综合行政执法试点工作基础上，2010年，在全省16个州市和30%以上的县（市），按照“一年打基础，两年抓巩固，三年促提高”的总体思路，积极推进商务综合行政执法试点工作。曲靖、昭通、临沧、文山等州市以及红河州个旧市和泸西县、丽江市玉龙县、临沧市云县、保山市腾冲县等州市县（市）商务局被商务部批准为试点单位。

市场体系建设　家电下乡。2010年，家电下乡产品销售额突破30亿元大关，销售量达到154.9万台，补贴家电下乡产品144万台，补贴金额为3.5亿元。家电下乡销售网点共计8 393个，累计销售218.3万台，销售额共计40.7亿元，补贴家电下乡产品200万台，补贴金额为4.7亿元。云南省家电下乡产品的平均补贴率为91.61%，其中8个州市补贴率超过全省平均水平。

“万村千乡市场工程”。2010年，中央财政安排云南省“万村千乡市场工程”农家店资金1 008万元，云南省安排了11个州市的1 680个农家店，每个农家店补助6 000元。安排配送中心资金3 491万元，云南省共安排了62个项目。“万村千乡市场工程”省级配套资金2 350万元，其中：1 092万元用于1 820个农家店建设改造，每个补助6 000元，1 258万元用于25个配送中心建设改造项目。

农村市场建设。2010年，建设改造100个乡镇农贸（集贸）市场和特色批发市场列入全省重点督查的20个重大建设项目之一。制定《2010年全省乡镇农集（贸）市场和特色专业批发市场建设改造实施方案》，建立工作协调机制，建立项目跟踪制度。到2010年底，完成建设改造乡镇农集（贸）市场和特色专业批发市场100个，安排补助资金3 000万元，预计带动投资总额达5.87亿元，年交易额约32亿元，直接或间接解决近30 000人就业。

商贸服务管理　开展城市家政服务体系建设试点。2010年，昆明市列为城市家政服务体系建设试点城市。通过试点建设，昆明家政服务网络中心升级改造，并不断提高网络中心覆盖面。昆明市的云南春燕家庭服务有限公司和云南利安家政服务中心连锁店按商务部建设规范开展企业建设试点。

继续开展家政服务培训。2010年，云南省确定31户培训承办企业（单位），培训范围从6个州（市）增加到11个州（市）。以便民为原则，将培训的重点放在条件成熟的县级城市，辐射周边乡镇农村，就地就近对农民开展创业培训。2010年共培训10 000万名城镇待业人员、农民工并扶持就业。

成品油供应稳定。2010年云南省经济持续向好发展，交通、水利、电力等基础设施建设加快，拉动成品油需求快速增长，再加上抗击百年大旱，成品油消费量出现大幅增加。全年购进成品油815.13万吨，同比增长15%，销售823万吨，同比增长24.4%，销售量首次突破800万吨，比2006年增长302万吨，比2009年增长200万吨。年末库存25.12万吨（汽油14.76万吨，柴油10.36万吨），同比增长1%。

加油站非油品业务有较快发展。2010年末，全省有加油站3 490座，其中中石化1 108座，中石油376座，社会2 006座。以两大集团为主的企业自2008年开始尝试加油站非油品业务，2010年有较快发展。中石化以加油站为依托，在全省共发展570个“易捷”便利店，实现非油品销售收入2.3亿元，同比增长115%。中石油以建立“昆仑好客”便利店经营网络为主开展非油品业务，截至2010年末在省内共拥有便利店237座，实现非油品销售收入3.06亿元，比上年度增加1亿多元。

餐饮业消费品零售总额大幅增长。2010年，全省餐饮业实现社会消费品零售总额350亿元，比2009年增长23.5%，占全省消费品零售总额的13.5%。在全省餐饮行业开展了名企名店评比活动，评出名企20家、名店51家。

滇菜“进京入沪”工程成果凸显。自滇菜进京入沪启动仪式以来，云南省滇菜品牌企业在北京、上海等一线城市由弱做强，步步为营，稳扎稳打，截至目前，已有200余家滇菜企业落地北京、上海等一线城市并入驻经营。

积极开展绿色饭店创建活动。2010年全省33家绿色饭店通过了评审，被全国绿色饭店评审委员会认定为绿色饭店，其中包括五叶级4家，四叶级13家，三叶级13家，二叶级3家。

老字号工作稳步开展。2010年，全省有15家企业被商务部认定为“中华老字号”企业，使全省“中华老字号”企业总数达到26家。

再生资源回收体系建设试点工作继续开展。2010年云南省玉溪市被列入商务部第二批再生资源回收体系建设试点城市；昆明跑马山区域性大型再生资源回收利用基地项目、昆明昱西区域性大型再生资源回收利用基地项目、昆明三瓦村区域性大型再生资源回收利用基地项目也得到商务部和财政部支持。

特许经营、国际货代行业规范管理。2010年完成了昆明梵医门美容连锁有限公司、云南大山饮品有限公司和昆明隔锅香餐饮有限公司三家企业的特许经营备案工作；截至2010年底，全省共有122家企业办理了国际货运代理企业备案，其中18家省外及外国企业在云南省设立分支机构。其中，2010年内共办理26家国际货代企业的新增备案或变更备案。

【对外贸易】

对外贸易总额登上历史新台阶　2010年，云南省对外贸易实现持续高速增长，同比增长66.5%，高于全国平均增幅31.8个百分点，增速居全国第五，超额完成省委、省政府下达增长20%的目标任务。除一季度和10月外，其余月份当月进出口额均超过10亿美元。其中，出口增幅高于全国出口增幅37.1个百分点，进口增幅高于全国进口增幅25.5个百分点。

2010年，全省进出口额133.7亿美元，比上年增长66.5%。其中：出口额76.1亿美元，增长68.4%；进口额57.6亿美元，增长64.2%。

民营企业继续保持高速增长　民营企业对外贸易继续保持高速增长，进出口额73.2亿美元，增长97.3%，占全省进出口总额的54.8%，增幅和比重都高居各经济类型企业的首位，成为云南省外贸的主力军。其中，出口额51.8亿美元，增长106.8%，出口额占全省出口总额的68.1%；进口额21.4亿美元，增长77.4%，进口额占全省进口总额的37.2%。

出口商品结构明显改善　机电产品出口17.2亿美元，增长90.3%，占全省出口总额的22.6%，成为云南省第一大类出口产品。其中，金属制品、仪器仪表、电器及电子产品分别增长211.6%、81%、74.1%。农产品出口13.5亿美元，增长36.6%，净增3.6亿美元，占全省出口总额的17.8%，是云南省第二大类出口产品。其中，蔬菜、咖啡、松香及果仁的出口增幅分别为59.1%、36.6%、180.5%和38.5%。纺织品及服装出口7亿美元，增长129%，成为云南省外贸出口新增的亮点。电力出口2.9亿美元，增长38.7%。

资源性产品、农产品进口增长迅猛　金属矿砂进口25.1亿美元，净增10.8亿美元，增长75.3%，占全省进口总额的43.5%。其中，铜矿砂、铁矿砂、铅矿砂分别进口15.8亿美元、4.2亿美元、1.5亿美元，分别增长110.4%、38.1%、266.8%。农产品进口8.7亿美元，增长108.6%，占全省进口总额的15.1%。其中，棕榈油进口3.9亿美元，增长为134%，黄大豆进口1.6亿美元，增长266.6%。机电产品进口8.4亿美元，增长8.4%，占全省进口总额的14.6%。

有色金属和磷化工产品出口大幅下降　由于国家宏观政策控制高能耗和资源性产品出口，2010年云南省有色金属出口2.4亿美元，下降25.3%，占全省出口总额的3.2%，呈现不断下滑的趋势。磷化工产品出口11.5亿美元，由出口第一大类产品降为第三大类产品。

市场结构进一步优化　对东盟国家及地区进出口额45.8亿美元，增长45.2%，占全省进出口总额的34.2%。其中，出口29亿美元，增长38.1%，进口16.8亿美元，增长59.3%。其中，缅甸、越南、马来西亚、泰国、印度尼西亚进出口额分别为17.6亿美元、9.5亿美元、5.6亿美元、4.6亿美元、4.4亿美元，分别增长43.4%、20.2%、152.9%、96.6%、26.5%。对南亚进出口额9.3亿美元，增长72.1%，占全省进出口总额的7%。其中，印度、巴基斯坦、斯里兰卡分别增长78.7%、982%、437.2%。

在保持与东盟、南亚等传统市场进出口稳定增长的基础上，进一步开拓拉丁美洲、非洲、欧洲、大洋洲市场。2010年对拉丁美洲进出口完成18亿美元，增长198.7%。对非洲进出口完成7.9亿美元，增长173.5%。与欧洲、大洋洲进出口分别完成17.3亿美元、6.6亿美元，分别增长43.3%、22%。

州市进出口保持高速增长　2010年，全省各州市进出口累计完成81.3亿美元，同比增长70.1%。其中，出口完成60.1亿美元，同比增长85.1%；进口完成21.2亿美元，同比增长38.4%。除丽江、迪庆没有完成目标任务外，其余州市完成全年进出口目标任务。

边境贸易稳步增长　边境贸易进出口总额173 558万美元，比上年的126 134万美元增长37.6%。其中出口98 843万美元，比上年的70 742万美元增长39.7%；进口74 715万美元，增长34.9%。主要出口商品有：机电、纺织品、日用、石蜡、小五金、钢材及制品、农产品等；主要进口商品有：木材、天然橡胶、各类矿石等。

服务贸易　服务贸易进出口总额18.7亿美元，增长13.2%，占全国比重0.5%，全国排名第19位，西部12省区市列四川、陕西、重庆之后排第4位。服务出口额为13.86亿美元，增长14.1%。服务进口额为4.84亿美元，增长11%。服务贸易呈现四大特点：一是传统服务行业仍占主导地位，优势明显。二是现代服务行业潜能巨大，势头较好。三是新兴服务行业起步阶段，有待培育。四是核心文化产品进出口快速增长引领云南省文化产业“走出去”的步伐。

【利用外资】

概况　2010年，云南省外商直接投资项目163个，比上年下降14%；合同利用外资15.2亿美元，下降9.8%；实际利用外资13.2亿美元，增长46%。

外商直接投资行业　建筑业实际利用外资29 555万美元；制造业实际利用外资25 942万美元；房地产业实际利用外资10 952万美元；金融业实际利用外资3 572万美元；电力、燃气及水的生产和供应业实际利用外资15 861万美元；批发和零售业实际利用外资14 878万美元；信息传输、计算机服务和软件业实际利用外资3 436万美元。

外商直接投资来源　2010年，共有30多个国家和地区的企业、经济组织、个人到云南省投资兴办三资企业。以实际投入外资金额计，对华投资前5位依次为：香港、英属维尔京群岛、新加坡、投资性公司投资、美国。

云南省2010年利用外资情况表

利用外资方式	批准签订的合同				实际利用外资	
	项目数（个）	同比（±%）	外资金额（万美元）	同比（±%）	外资金额（万美元）	同比（±%）
外商直接投资	**163**	**-14.21**	**151 755**	**-9.80**	**132 902**	**46.03**
合资企业	50	-9.09	48 424	-21.41	46 842	28.34
合作企业	9	-18.18	26 047	-30.44	6 838	87.70
外资企业	103	-16.94	76 161	9.81	69 588	37.08
股份有限公司	1		1 123		9 634	8 988.68

【对外经济合作】

对外承包工程　2010年新签订对外承包工程合同22份，合同金额97 130万美元，比上年的92 403万美元增长5.12%；完成营业额98 464万美元，比上年的73 755万美元增长33.50%。新签的22份合同中，项目主要涉及电力、交通领域。其中，电力工业9份，合同额53 196万美元，占全省合同额的54.77%，完成营业额31 611万美元，占全省完成营业额的32.11%。承包工程项目主要为：缅甸伊江电站项目建设、缅甸同心桥水电站勘查设计、东南亚贸易中心消费广场、阿布贾北外环高速公路、荷兰沥青船项目、厄瓜多尔可卡可多辛克雷水电项目等。

对外劳务合作　2010年派出各类劳务人员11 275人，增长40.7%；年末在外人数17 189人。派往的主要国家（地区）为：缅甸、老挝、新加坡、毛里求斯、刚果（金）

等。2010 年，外派劳务基地派出 1 513 人，增长 44.8%。截至 2010 年底，共建立外派劳务基地县和专业基地 20 家。

对外经济技术援助 承担援外项目 16 个，项目为：向塞内加尔政府提供抗疟药品项目、向加蓬政府提供抗疟药品项目、向安哥拉政府提供抗疟药品项目、向苏丹政府提供抗疟药品项目、向苏丹政府提供抗疟药品项目、向中非政府提供抗疟药品项目、向乌干达政府提供抗疟药品项目、向乍得政府提供抗疟药品项目、向塞内加尔政府提供抗疟药品项目、向赞比亚政府提供抗疟药品项目、援柬埔寨政府办公大楼项目技术合作项目、援柬埔寨政府办公大楼项目新增工程项目、援泰国国王山地开发计划项目、援老挝纳堆至巴蒙公路北段修复项目。

对外投资 2010 年，全省新批境外投资企业 49 家，协议投资 81.9 亿美元，实际投资 4.7 亿美元，增长 75.6%。周边国家仍是云南省境外投资的主要市场，在缅甸、老挝、越南周边三国新设立企业 32 家，占新批企业总数的 65.3%，实际投资 3.1 亿美元，占投资总额的 66%。在巩固传统周边国家市场的基础上，非洲市场也实现了突破。从投资的行业看，电力、矿业、农业仍是云南省境外投资主要领域，实际投资 4.1 亿美元，占投资总额的 87.1%。

替代种植项目 2010 年，替代种植企业发展至 180 多家，替代种植面积达 300 多万亩，启动省级替代发展示范项目 5 个，替代种植作物品种主要有稻谷、玉米、橡胶、甘蔗、木薯等。替代种植对解决当地百姓在罂粟禁种后的生计问题发挥了重要的作用，替代工作的禁毒效益、社会效益进一步发挥。

【其他】

商务洽谈会 为期 5 天的第 18 届中国昆明进出口商品交易会暨第 3 届南亚国家商品展、第 5 届中国—南亚商务论坛和各项会期活动于 2010 年 6 月 10 日在昆明圆满闭幕。本届昆交会设置 4 个商品专业馆、3 个专题馆及 2 个主题展示区，安排展位 2 452 个（包括南亚国家商品展 360 个）。有来自 23 个国家和地区、国内 21 个省（区、市）的 2 306 家企业参展，南亚 8 国均组织企业参展南亚国家商品展，南亚参展企业达 313 家。国内外莅会客商超过 5 万人，其中境外客近 2 万人。本届昆交会各项外经贸成交累计达 24.81 亿美元。其中，进出口成交 13.36 亿美元；利用外资签约 10.6 亿美元；对外经济技术合作 8 500 万美元；国内经济合作省外合作方计划投入资金 944 亿元。在昆交会及南亚国家商品展期间进出口总成交 13.36 亿美元的统计中，南亚国家进出口累计成交 4.03 亿美元，出口总成交 9.46 亿美元，南亚国家 3.13 亿美元，成为本届展会的第一大出口市场。

港口运输 据海关统计，2010 年全省口岸进出口货运量累计 900.7 万吨，增长 35.9%，其中，出口 251.9 万吨，增长 12.2%，进口 648.8 万吨，增长 48%。进出口报关值 53.3 亿美元，增长 31.4%，其中，出口 35.9 亿美元，增长 44.7%，进口 17.4 亿美元，增长 10.6%。

据省口岸办业务统计，2010 年全省口岸出入境人员累计 1 925.2 万人次，增长 8%，其中，出境 959.4 万人次，增长 8.2%，入境 965.8 万人次，增长 7.8%。出入境交通工具累计 323 万辆（艘、架、列）次，增长 24.2%，其中，出境 160.8 万辆（艘、架、列）次，增长 21.5%，入境 162.2 万辆（艘、架、列）次，增长 27%。

商务信息化 云南商务之窗备受关注，门户网站功能不断完善。商务部网站云南商务之窗开通 16 个州市、129 个县区、厅领导和厅机关处室子站，全年网站信息量突破 10 万条，占全国商务信息总量的 20.9%，居全国第一位；网站日均访问量达 5.3 万人次，居全国前四位，西部省区第一位，获得商务部“关注奖、维护奖、组织奖”三项表彰。重点突出在线业务系统和专题栏目的规划设计，使网页内容更加丰富，网民查阅信息更加便捷，公众和企业办事更加高效。2010 年，云南省商务厅网站共发布信息 1.6 万条。

新农村商网解决农产品卖难成效显著。举办了 13 次季节性农副产品网上购销对接会，利用商务部强大的买家资源为涉农企业、农业协会、农村经纪人、种养大户进行网上撮合买卖信息 1 万余次，发布供求信息 2.6 万条，成功对接农副产品成交 30 亿元人民币，有效促进了农产品卖难问题，多次成交额居全国前列。

农村商务信息服务站试点效应显著。保山市隆阳区列入了全国首批 20 个农村商务信息服务站试点县。2010 年隆阳区通过信息服务站为 100 多个农村种养大户、农业协会、农村经纪人建立了信息发布平台，组织全区涉农企业和部分农户参加新农村商网农副产品网上购销对接会，报送购销信息 520 条，实际成交 55 笔，成交总额 6 268.28 万元。当地主产的西红柿、生猪、透心绿豆、反季蔬菜等特色农畜产品销往北京、上海、重庆等省市。

出台电子商务发展规划。针对云南省电子商务发展规模小、起点低的实际，突出了以加快电子商务发展为重要抓手，调研和起草《云南省十二五电子商务发展规划》，积极鼓励和支持云南企业运用电子商务开拓国际、国内市场，努力改善电子商务发展的基础环境和条件。

构建了中国—东盟自贸区商务门户网站。在商务部、东盟秘书处等部门的支持下，云南省商务厅多次组织召开网站建设专家论证会，及时编制可行性研究报告和网站逻辑结构设计。2010 年 1 月 7 日，中国—东盟自由贸易区商务门户网站正式开通，每个成员国政府都可以在线发布资讯、货物贸易、服务贸易、投资服务、政策法规等信息。电子商务专区具有企业介绍、产品展示、在线交易、在线支付等电子商务功能。研究开发面向东盟各国的跨境贸易人民币结算支付的网络平台。

开展电子商务国际合作。引进了世界知名电子商务集团新蛋公司（NEW EGG）和阿里巴巴到云南投资合作，成立了云南国际电子商务有限公司，扶持帮助中小企业电子商务应用，为助推云南省电子商务综合服务能力、产业、商品、服务走出去搭建了桥梁。

扎实推动电子商务营销工程建设。结合州市产业优势，重点实施“一州（市）一策、一县一品”电子商务营销工程，解决信息与农民之间“断层”问题，把电子商务应用主体向农村种养殖专业户、基层行业协会、农村经纪人、涉农企业等扩展，把电子商务应用范围向基础良好、舞台广阔的云南省“三农”领域拓展，建立各地电子商务营销专区，推动地方优势产业发展，扩大贸易规模。整合资源、聚集商机，建立了统一的电子结算、银行接入、在线支付等个性化模板，云商汇电子商务平台已有入驻企业 3 000 余家，网站陈列商品超过 6 万件。

2010 年西藏自治区商务发展概况

西藏自治区商务厅

马相村

西藏自治区商务厅厅长

马相村　生于1963 年 4 月。中共党员，研究生学历。曾在西藏自治区党委办公厅、西藏自治区政府办公厅工作。历任西藏自治区主席秘书（正县级）、西藏日喀则地区行署副专员、国家开发银行评审一局副局长（挂职）、西藏日喀则地区行署副专员、地委政法委第一副书记、西藏质量技术监督局党委书记、局长等职。2008 年 1 月任西藏自治区商务厅厅长、党组副书记。

【国内贸易】

2010 年西藏自治区社会消费品零售总额 180.84 亿元，比上年增长 18.7%。分地域看，城镇消费品零售额 133.25 亿元，增长 17.3%；乡村消费品零售额 47.59 亿元，增长 22.6%。分行业看，批发和零售业零售额 153.06 亿元，增长 19.5%；住宿和餐饮业零售额 27.78 亿元，增长 18.7%。在限额以上批发和零售业零售额中，增长较快的有：石油及制品类增长 28.3%，中西药类增长 68.2%，化妆品类增长 15.9%，机电产品及设备类增长 61.8%，汽车类增长 26.6%。

全区居民消费价格总水平比上年上涨 2.2%。其中：城市上涨 2.2%，农村上涨 2.2%。服务项目价格上涨 1.5%，消费品价格上涨 2.3%。从居民消费价格构成大类看，食品类、烟酒及用品类、衣着类、家庭设备用品及维修服务类、医疗保健及个人用品类、居住，分别比上年上涨 4.5%、1.1%、2.1%、0.6%、1.2% 和 2.8%；交通和通信类、娱乐教育文化用品及服务类，分别比上年下降 0.2% 和 0.3%。商品零售价格上涨 1.0%。农业生产资料价格上涨 0.6%。工业品出厂价格上涨 5.8%。

【对外贸易】

全年进出口总额 83 594 万美元，比上年增长 1.1 倍。其中：出口总额 77 102 万美元，增长 1.1 倍；进口总额 6 492万美元，增长 1.4 倍。在进出口贸易中，边境小额贸易实现进出口总额 50 055 万美元，比上年增长 1.0 倍，占进出口贸易总额的59.9%。其中：出口49 765万美元，增长1.0倍；进口290万美元，下降17.5%。全年对亚洲进出口61 759万美元，比上年增长80.5%；对欧洲进出口11 222万美元，增长2.4倍；对北美洲进出口5 451万美元，增长3.7倍；对大洋洲进出口290万美元，增长25.8%。

【利用外资】

全年合同利用外商直接投资2 101.49万美元，实际利用外商直接投资2 434.48万美元，全年审批利用外商直接投资项目2家。

【其他】

全年接待国内外旅游者685.14万人次，比上年增长22.1%。其中：接待国内旅游者662.31万人次，增长21.8%；接待入境旅游者22.83万人次，增长30.5%。旅游总收入71.44亿元，增长27.6%；旅游外汇收入10 359万美元，增长31.6%。

【“十一五”时期西藏商务工作回眸】

“十一五”时期，西藏商务工作在艰难中突破，在奋进中提升，在创新中加强，为西藏跨越式发展和长治久安做出了积极贡献。

一、商贸流通业快速发展，城乡市场体系建设得到加强，消费拉动经济增长的能力大幅提升

商务部门紧紧抓住贸易政策调整和推进社会主义新农村建设有利时机，认真贯彻实施中央和自治区制定的一揽子扩大内需、刺激消费政策措施，大力开拓城乡市场，扎实推进“万村千乡市场工程”及“双百市场工程”。不断创新流通方式，加快推进流通现代化步伐。社会消费品零售总额大幅增长，城乡消费齐头并进，投资拉动经济的单一模式得到改变，投资、消费并驾齐驱拉动经济增长的格局形成。“十一五”时期全区社会消费品零售总额累计实现669.2亿元，为“十五”时期的2.26倍，年均增速19.71%。2007年全区社会消费品零售总额突破100亿元大关，并开始连续3年农牧区消费增速快于城市，呈现出城乡消费齐头并进的良好态势。商贸服务业快速发展，连锁经营、物流配送、特许经营等现代流通方式以及超市、便民店、专卖店等新型流通业态方兴未艾，吃、住、娱、购条件进一步改善。“十一五”时期末，全区共有连锁店、超市2 500个，比2005年增加953个，销售收入达到13亿元。

各类市场建设扎实推进。自2006年实施“万村千乡市场工程”和“双百市场工程”以来，商务部和财政部累计安排4 231万元补助资金支持自治区新建和改造1 859家农家店、升级改造20个商品配送中心，农家店已覆盖全区所有的县、60%的乡（镇），遍布主要交通沿线及县城附近的行政村。安排2 335万元补助资金支持自治区升级改造5个大型农产品批发市场和17个县级农贸市场。“万村千乡市场工程”及“双百市场工程”的实施，为加快农牧区市场体系建设，构建农畜产品现代流通体系发挥了积极作用。家政服务体系、早餐示范工程、标准化菜市场示范工程、再生资源回收体系建设“四大工程”试点工作初见成效，拉萨市首家家政服务网络中心正式投入运营，发展加盟企业109家，开展热线服务2 300余次，带动家政服务人员就业2 000余人。首家早餐示范工程承建企业已完成主食加工配送中心建设，建成3家直营店和40个加盟销售店。2010年完成40个标准化菜市场建设任务。2010年安排2 300万元在拉萨市建设66个再生资源回收网点、2个分拣中心和1个集散交易市场项目进入实施阶段。社区商业快速发展，“十一五”末全区188个社区共有便利店、超市、洗衣店、早餐店等网点8 600个。

二、进出口总额规模扩大，对外贸易结构不断优化，发展水平整体提高

“十一五”后期，为克服国际金融危机对自治区外贸发展带来的负面影响，自治区积极采取应对措施，认真贯彻落实国家稳外需、保市场的一系列政策措施，发布了《西藏自治区人民政府办公厅关于保持对外贸易稳定增长的意见》（藏政办发［2009］92号），出台了20项针对性很强的政策措施。商务部门按照“积极发展边境贸易、壮大自产产品出口、鼓励边民互市贸易、稳定一般贸易”的工作思路，加强服务和政策引导，进一步优化贸易结构，贸易方式和贸易市场实现多元化，自治区对外贸易在逆境中实现了新发展。“十一五”时期，全区累计实现进出口总额27.24亿美元，为“十五”时期的3.3倍，年均增长32.41%。其中，一般贸易进出口总额12.09亿美元，为“十五”时期的3.2倍，年均增长24.33%，占进出口总额的44.38%；边境贸易进出口总额14.14亿美元，为“十五”时期的3.27倍，年均增长32.60%，占进出口总额的51.90%，边境贸易呈现强劲增长态势。2010年，全区进出口总额达到8.36亿美元，比上年增长109%，创历史新高，超额完成进出口总额4.69亿美元的“十一五”规划目标。自产产品出口能力增强，出口产品附加值增大。“十一五”时期，全区自产产品出口累计实现2亿美元，为“十五”时期的2.5倍。出口商品结构实现了由以虫草、羊毛、大蒜、“两绒一毛”等资源性产品为主向啤酒、矿泉水、水泥等自产工业品比重不断增加的转变。边民互市贸易不断壮大，为活跃边境地区经济，促进边民增收致富起到了积极作用。“十一五”时期，边民互市贸易总额累计达到15.11亿元，比“十五”时期增长63.7%，年均增长12.74%；累计出口活畜175万头（只）。“十一五”时期，投资1 600万元的6个边贸市场建设项目，改善了边民互市贸易交易条件，促进了互市贸易发展。中断了44年的中印乃堆拉山口边贸通道2006年恢复开通。亚东仁青岗边贸市场交易活跃，交易额逐年增长，累计达到6 448万元，其中2009年实现了由百万元向千万元的跨越，达到1 629万元，2010年再上新台阶，达到3 521万元。仁青岗边贸市场的有效运行，促进了自治区与印度边境贸易的发展，为推动亚东口岸恢复开放打破了坚冰。进出口企业发展壮大，2010年底全区备案登记的进出口企业444家中，出口额1 000万美元以上的企业达到20家，民营企业成为对外贸易的主力军。

三、口岸工作实现重大突破，沿边开放步伐加快

“十一五”时期是自治区口岸工作实现突破的重要时期。自治区党委、政府确定了“一线、两基地、三出口”（即以青藏、拉日铁路为干线，以那曲物流中心和拉萨经济技术开发区为基地，以樟木、吉隆、亚东口岸为出口）的建设南亚贸易陆路大通道基本框架，以及“重点建设吉隆口岸，稳步提升樟木口岸，积极恢复亚东口岸，逐步发展普兰口岸和日屋口岸”的口岸发展战略。在这一战略思想的指导下，《吉隆镇镇区总体规划修编》、《吉隆口岸规划》、《亚东口岸规划》及《西藏自治区口岸“十二五”发展规划》编制工作顺利推进。按照中央第五次西藏工作座谈会部署，设立中尼吉隆口岸跨境经济合作区可行性规划研究、机关基础设施建设等前期工作已启动。“十一五”时期，在自治区发改、财政、交通等部门的共同努力下，完成口岸建设投资1.9亿元，实施了樟木口岸新联检楼、吉隆镇“两纵两横”道路和给排水、樟木口岸第二停车场、亚东口岸2公里滨河路等一批建设项目，口岸道路、能源、通讯等基础设施状况发生了较大改变。口岸基础设施的不断完善，有力地改善了口岸通关环境，促进了口岸发展。

四、商务惠民工程扎实推进，为改善城乡居民生产生活条件和促进社会和谐稳定做出了贡献

坚持以保障和改善民生为出发点和落脚点，以提高农牧区碘盐覆盖率为突破口，以家电家具下乡为着力点，全力推进民生工程。一是碘盐推广实现历史性突破。通过采取提高农牧民食用碘盐补贴标准，落实碘盐推广责任制，加强碘盐配送网络体系建设，推进盐业体制改革等有力措施，农牧区碘盐覆盖率由2005年的34%提高到2010年的90%以上，为消除碘缺乏病危害，造福农牧区群众及为我国承诺2010年基本消除碘缺乏病做出了西藏应有的贡献。二是家电家具下乡创新推进。根据国家政策，在试点的基础上，制定出台了符合西藏实际和特点的家电家具下乡政策和实施方案，扩大了下乡产品品种、提高了补贴标准，建立了销售服务网点，加强了对下乡产品的质量监管，创新补贴兑付方式，切实保障惠民政策落实到位。截至2010年12月底，全区累计销售家电家具下乡产品172 077台（件），销售金额18 955.81万元，兑付补贴资金3 895.01万元。三是市场整规扎实推进。知识产权保护、盐业、农资、汽车、边销茶市场以及打击私屠滥宰和病死猪非法交易等一系列专项整治工作和“百城万店无假货”活动有效开展，“12312”商务举报投诉服务平台建立，市场环境、消费环境更加优化。四是市场调控能力不断提升。始终将“保障供应、稳定市场、平抑物价”作为重要任务，以推进副食品储备制度改革为突破，以加强市场监测为抓手，商务应急调控手段得以提升。出台了新的《西藏自治区副食品储备管理办法》，设立了“西藏自治区生活必需品市场应急资金”，落实了活体储备承储企业。市场监测体系基本形成，监测样本企业达20家，监测商品品种55种，全面提升了自治区应对突发事件和重特大自然灾害的能力。

五、坚持“请进来”、“走出去”并举，开放型经济快速发展

一是利用外资工作迈上新台阶。随着自治区经济形势回升向好，境外投资者信心不断增强。“十一五”时期，共审批外商投资企业42家，实际利用外资累计达到14 495.20万美元，是“十五”时期的3.07倍，占1988年起步以来实际利用外资总额的60%。拉萨瑞吉酒店、香格里拉酒店、拉萨啤酒、5100矿泉水、华泰龙矿业等一批大型外资项目的落地，成为“十一五”时期利用外资工作突出亮点。拉萨国家级经济技术开发区招商引资取得新进展。从设立至今累计注册企业255家，注册资本45亿元，实现税收16.7亿元。2010年新增注册企业81家，实现税收9.63亿元，同比增长189%。基本形成了以藏医药、绿色饮品、农畜产品深加工为主的特色优势产业群，成为拉萨乃至全区第二产业发展的领跑者。二是对外经济合作取得新成效。“十一五”时期，实施政府间国际多双边合作项目27个，资金总额2 415.78万美元。实施境外投资项目3个，投资金额4 963万美元，远远超出“十五”时期对外投资118万美元的规模。对外援助和对外劳务输出迈出步伐。由西藏宏绩（集团）有限公司承建的中国政府援助尼泊尔沙拉公路建设项目已完成粗通。对外劳务合作实现了零的突破，通过境外投资和对外援助带动劳务输出200余人次。三是贸易投资促进和交流作用增强。"十一五"期间，商务部门共组织完成中国国际投资贸易洽谈会、中国西部国际博览会等46个展会的参展，参展企业累计515家，出口成交金额5 410.9万元，参展质量和效果不断提高。成功举办了第十二届中国西藏—尼泊尔经贸洽谈会，与尼方签署了关于中国西藏—尼泊尔经贸协调委员会《谅解备忘录》，标志着自治区与尼泊尔经贸合作发展到一个新的阶段。

2010年陕西省商务发展概况

陕西省商务厅

陕西省商务厅厅长

李雪梅，生于1952年10月23日。1977年毕业于西北大学化学系，1988年获得美国明尼苏达州圣汤姆斯大学硕士研究生学位。历任西北大学国际交流学院副院长、西安市外办副主任、西安市旅游局局长、西安市人民政府副市长。2005年10月任陕西省商务厅党组书记、厅长。

【国内贸易】

社会消费品零售总额　2010年陕西省社会消费品零售总额3 147.67亿元，比上年的2 699.67亿元增长18.7%。按地域分，城镇2 732.24亿元，乡村415.43亿元。按行业分，批发和零售贸易业2 783.70亿元，住宿和餐饮业363.98亿元。

限额以上批发和零售贸易业、住宿和餐饮业基本情况　2010年，共有限额以上批发和零售贸易业、住宿和餐饮业法人企业2 408个，产业活动单位34个。其中，批发业法人企业347个，产业活动单位1个；零售业法人企业969个，产业活动单位2个；住宿业法人企业460个，产业活动单位15个；餐饮业法人企业632个，产业活动单位15个。

批发和零售贸易业企业商品购、销、存总额　批发和零售贸易业企业商品销售总额6 602.90亿元，比上年的5 120.36亿元，增长28.95%。其中，限额以上企业3 956.46亿元，限额以下企业2 646.44亿元。

市场物价　商品零售价格指数为103.6（以上年价格为100），其中城市103.1，农村104.5；居民消费价格指数为104.0（以上年价格为100），其中城市103.7，农村104.7。

市场秩序建设　组织开展生猪屠宰行业专项整治行动。深入重点市县对屠宰企业和交易市场的肉品质量状况进行暗访调查。会同省级工商、农业、卫生、质监、公安等部门，对各市专项整治行动进行督查，对检查发现的18项问题现场提出查处和整改要求。全省共取缔私宰窝点71个，查获注水肉、病害肉、劣质肉22吨，罚款17.8万元。

推进商务综合行政执法试点工作。支持榆林、汉中、延安、渭南、铜川5个市及蒲城、安塞、旬邑3个县的"全国商务综合行政执法试点市县"建设。在试点城市建立了12312商务举报投诉服务二级中心，并通过建立县级商务举报投诉服务工作站点，使市场监管网络进一步延伸。在试点市县整合现有生猪屠宰、酒类流通管理等执法机构，建立综合行政执法队伍。全面完成了5市3县的验收工作，下发奖励资金650万元，有效促进了商务执法条件的改善。

组织开展打击侵犯知识产权和制售假冒伪劣商品专项行动。筹备召开了陕西省打击侵犯知识产权和制售假冒伪劣商品专项行动工作会议，下发了商务系统专项行动实施方案，在全省范围内组织开展了有关专项活动。组织开展商务系统诚信经营创建示范工作，举办了商务系统诚信兴商演讲比赛。

市场体系建设 以万村千乡市场工程、双百市场工程、农超对接为主的农村商品流通改革和市场建设试点工作取得显著成效。

2010年，全省全年建设和改造“万村千乡市场工程”连锁化农家店4 000个（其中农资农家店400个，消费品直营店1 000个）；日用消费品农家店的商品配送率达到50%以上。截至2010年底，全省已经累计建成标准化农家店26 040个，配送中心92个，实施区域覆盖全省有农业人口的所有县（区）、96.4%的乡镇和68.9%的行政村。实施区域扩大到了全省所有具备条件的县（区）。承办企业吸纳农村富余人员就业11 853人；农村连锁企业实现销售额37.5亿元。

家电、汽摩下乡工作进展顺利，销售量和销售额稳步增长，已成为农村消费的热点。2010年全省家电下乡产品共销售270.9万台（部），销售额58.42亿元，占全省农村社会商品零售额的14.06%（全省415.43亿元）；汽车、摩托车下乡产品销售35.20万辆，销售额54.39亿元。截至年底，全省家电下乡累计发放补贴9.08亿元，汽摩发放补贴5.41亿元。

全省城乡家电流通网络现初步形成，已备案销售网点7 100余个，覆盖全省各市、县、区，销售网络从县城逐步向乡镇延伸，不但方便了农民群众选择和购买，也为做好售后服务奠定了良好的基础。

商贸服务管理 继续实施“便利消费进社区、便民服务进家庭”的“双进工程”，利用中央财政资金全额补助方式培训家政人员8 400名。西安、延安两市作为商务部家政服务试点城市，利用中央财政资金完善提升和建设家政网络服务中心，13个家政企业完成升级改造，发展连锁经营门店260个。

继续开展城市早餐示范工程。2010年中央财政支持西安早餐工程1 980万元资金，用于40个早餐固定网点建设，15万市民的早饭问题得到解决，被商务部确定为主食加工试点城市。咸阳、延安、渭南也开展实施了早餐工程，省财政拨付扶持资金500万元。

西安市作为商务部第一批再生资源回收体系建设试点城市，完成了1 050个再生资源回收网点和4个分拣中心的建设改造工作，开通了再生资源网在线收废业务和收废热线电话。2010年汉中市作为全国第二批再生资源回收体系建设试点城市，已经建成再生资源回收网点571个，建设改造回收分拣中心6个，建设培训中心和电子商务信息服务中心各1个。

全省家电以旧换新工作申请备案网点总数5 762个，其中已审核通过备案网点2 075个，待审核备案网点3 687个，全省回收旧家电总计79 064台，销售新家电总计77 214台，销售金额总计2.969亿元。

配合商务部对《商业特许经营备案管理办法》和《商业特许经营信息披露管理办法》进行了修订，全年共完成16家企业的特许经营备案工作。

支持西安市、榆林市成为全国首批流通领域现代物流示范城市，发挥示范引导作用。起草完成了《陕西省商贸物流专项规划》和《“十二五”商贸物流业发展规划》草案。

安排布置在全省制定成品油分销体系“十二五”发展规划，严格市场准入。编制了全省加油站分布电子地图，积极推进石油市场管理信息化建设。积极引导，及时协调，确保了全省成品油市场供应。在全省开展了加油站标准化建设和加油站安全经营检查。

市场运行调节 市场运行监测工作成效显著，制定了《商务预报工作考核管理暂行办法》，修订了《市级商务主管部门监测工作考核管理办法》和《监测样本企业及信息员考核管理办法》，兑现了2009年市场监测体系建设专项资金，并对资金使用情况进行了专项督查，确保激励机制落到实处。

先后两次对市场监测样本进行调整优化，使全省监测样本单位达到652家，安装智能信息泵50家，5家县级商务预报平台于7月正式开通，各监测系统样本数量均超过商务部要求。年内全省监测数据报送率和及时率分别达到97.49%和90.04%，比上年提高5.27个和5.62个百分点。

指导各地狠抓市场供应，确保了元旦、春节和“五一”、中秋、国庆节日期间市场运行稳定。针对生活必需品和蔬菜价格上涨，先后两次实施了持续长达4个多月的生活必需品市场监测日报制度，组织有关企业积极参与海南农产品现代流通综合试点，与海南、云南等省签订蔬菜调运协议44.7万吨。

年初下达了2010年省级肉类和食糖储备计划，严格按照国家对储备肉管理的要求，对各代储企业的3轮储备肉实施了质量公检，公检结果表明，陕西省肉类和食糖储备质量全部合格。

东桑西移工程圆满完成，2010年实际完成并验收合格省上支持蚕桑基地建设项目13个，技改研发推广项目9个，完成总投资额5 315万元。

【对外贸易】

进出口总额 进出口总额120.81亿美元，比上年的84.01亿美元增长43.7%。

出口总额 出口总额62.07亿美元，比上年的39.85亿美元增长55.7%，占全省GDP 10 012亿元（相当于1 479.0亿美元）的4.2%，占全国出口额的0.39%。

进口总额 进口总额58.74亿美元，比上年的44.16亿美元增长49.8%。

出口商品结构 初级产品出口额9.80亿美元，占出口总额的15.79%；工业制成品出口额52.27亿美元，占出口总额的84.21%。

进口商品结构 初级产品进口额10.88亿美元，占进口总额的18.52%；工业制成品进口额47.86亿美元，占进口总额的81.48%。

出口商品市场 出口商品销往186个国家（地区）。主要出口市场的国别（地区）有美国、香港、日本、德国、新加坡、荷兰、马耳他、韩国、利比里亚、阿尔及利亚等，金额36.12亿美元，占出口总额的58.18%。

进口商品市场 进口商品来自89个国家（地区）。主要进口市场的国别（地区）有美国、新加坡、德国、台湾省、日本、澳大利亚、韩国、智利、比利时、瑞士等，金额46.07亿美元，占进口总额的78.43%。

技术进出口 签订引进技术和设备合同项目51个，比上年的49个增长4.1%；合同金额14 022.08万美元，比上年的16 029.72万美元增长12.52%；签订技术出口合同项目1个，合同金额100万美元，比上年的376.69万美元下降73.45%。

服务贸易 服务贸易进出口总额374 783.1万美元，比上年的173 471.5万美元增长115.24%。其中，出口额223 023.6万美元，比上年的91 799.1万美元增长141.49%；进口额151 759.5万美元，比上年的81 672.4万美元增长85.59%。服务贸易的主要行业有建筑、专有权利使用费和特许费、保险、旅游、运输、计算机和信息服务等。

陕西省2010年出口额1 000万美元以上商品情况表

金额分类	商品名称	出口金额（万美元）	占出口总额比重（%）
1亿美元以上（7种）	船舶	783 291	12.62
	自动数据处理设备零件	470 791	7.58
	二极管及类似半导体器件	458 964	7.39
	果蔬汁	409 356	6.59
	汽车	224 366	3.61
	纺织纱线、织物及制品	222 981	3.59
	钢材	169 892	2.74
5 000万—1亿美元（8种）	工业用缝纫机	81 912	1.32
	汽车零件	77 524	1.25
	服装及衣着附件	75 511	1.22
	变压器	67 603	1.09
	通断保护电路装置及零件	67 365	1.09
	玻璃制品	64 799	1.04
	未锻造的铜及铜材	58 193	0.94
	钼矿砂及其精矿	52 351	0.84
1 000万—5 000万美元（20种）	铁合金	45 804	0.74
	粮食	44 919	0.72
	医药品	43 935	0.71
	干豆	41 035	0.66
	硅铁	38 886	0.63
	轴承	38 076	0.61
	手用或机用工具	32 739	0.53
	鲜的、干水果及坚果	32 641	0.53
	灯具、照明装置及类似品	32 158	0.52
	有线电话机（包括无绳电话机）	28 846	0.46
	金属加工机床	24 706	0.40
	电视机、收音机及无线电讯设备的零件附件	21 371	0.34
	电线和电缆	18 192	0.29
	电容器	15 749	0.25
	塑料制品	15 025	0.24
	家具及其零件	14 825	0.24
	医疗仪器和器械	14 808	0.24
	电动机及发电机	11 349	0.18
	山羊绒	10 696	0.17
	糠醛	10 294	0.17
合　计	**35种**	**3 820 953**	**6 155.00**

陕西省2010年进口额1 000万美元以上商品情况表

金额分类	商品名称	进口金额（万美元）	占进口总额比重（%）
1亿美元以上（9种）	未锻造的铜及铜材	430 178	7.32
	计量检测分析自控仪器及器具	307 548	5.24
	铁矿砂及其精矿	228 466	3.89
	二极管及类似半导体器件	185 475	3.16
	制造半导体器件或集成电路用的机器及装置	144 204	2.45
	金属加工机床	135 143	2.30
	制造单晶柱或晶圆用的机器及装置	131 751	2.24
	医药品	129 383	2.20
	变压、整流、电感器及零件	111 355	1.90
5 000万—1亿美元（3种）	钢坯及粗锻件	77 591	1.32
	断路保护电路装置及零件	75 787	1.29
	涡轮喷气发动机	51 563	0.88
1 000万—5 000万美元（25种）	阀门	47 876	0.82
	印刷电路	38 039	0.65
	钢材	37 509	0.64
	机械提升搬运装卸设备及零件	36 012	0.61
	医疗仪器及器械	34 535	0.59
	航空器零件	34 429	0.59
	液泵及液体提升机	31 775	0.54
	建筑及采矿用机械及零件	31 761	0.54
	大豆	29 922	0.51
	金属轧机及零件	26 985	0.46
	汽车零件	24 234	0.41
	未锻造的铝及铝材	24 203	0.41
	活塞式内燃机的零件	23 029	0.39
	食用植物油	22 156	0.38
	非泡沫塑料的板、片、膜、箔	17 661	0.30
	饮料及液体食品灌装设备	17 366	0.30
	橡胶或塑料加工机械及零件	16 079	0.27
	未录的磁带及类似品	15 623	0.27
	钢铁制标准坚固件	13 187	0.22
	发电机组及旋转式变流机	4 729	0.22
	电容器	12 610	0.21
	塑料制品	12 441	0.21
	钻石	12 360	0.21
	电线和电缆	11 190	0.19
	电动机及发电机	11 091	0.19
合　计	**37种**	**2 603 246**	**4 432.00**

陕西省2010年主要出口市场情况表

国别（地区）	出口金额（亿美元）	占出口总额比重（%）
美　国	9.63	15.52
香　港	5.76	9.28
日　本	4.77	7.69
德　国	3.22	5.19
新加坡	2.70	4.36
荷　兰	2.24	3.61
马耳他	2.22	3.58
韩　国	2.03	3.28
利比里亚	1.89	3.04
阿尔及利亚	1.64	2.64
合　计	**36.12**	**58.18**

陕西省2010年主要进口市场情况表

国别（地区）	进口金额（亿美元）	占进口总额比重（%）
美　国	11.58	19.72
新加坡	8.49	14.46
德　国	6.07	10.33
台湾省	5.30	9.03
日　本	4.19	7.13
澳大利亚	2.84	4.83
韩　国	2.34	3.98
智　利	2.31	3.94
比利时	1.54	2.63
瑞　士	1.40	2.39
合　计	**46.07**	**78.43**

陕西省2010年服务贸易进出口情况表

行　业	进出口		出　口		进　口	
	金额（万美元）	同比（%）	金额（万美元）	同比（%）	金额（万美元）	同比（%）
运输	4 624.7	-1.42	928.6	-5.98	3 696.1	-0.20
旅游	56 023.0	57.64	7 833.6	64.53	48 189.4	56.58
通讯服务	121.6	60.21	70.0	43.50	51.6	90.56
建筑服务	44 209.5	1 098.32	42 495.3	1 444.38	1 714.2	82.80
保险服务	607.6	78.44	55.3	30.98	552.3	85.15
金融服务	196.1	104.70	4.4	340.87	191.7	102.23
计算机和信息服务	4 514.0	13.01	3 445.2	32.44	1 068.8	-23.28
专有权利使用费和特许费	10 152.8	114.10	216.6	264.05	9 936.2	112.19
体育、文化和娱乐服务	109.2	-86.37	9.5	-97.92	99.7	-70.89
别处未提及的政府服务	158.4	65.00	111.7	34.29	46.7	262.20
其他商业服务	254 066.5	111.61	167 853.5	108.36	86 213.0	118.24
合　计	**374 783.1**	**115.24**	**223 023.6**	**141.49**	**151 759.5**	**85.59**

【利用外资】

陕西省2010年利用外资情况表

利用外资方式	批准签订的合同			实际利用外资	
	项目数（个）	外资金额（万美元）	金额比上年增加（%）	金额（万美元）	金额比上年增加（%）
合资企业	49	44 895	24.81	40 106	-3.17
合作企业	6	6 092	-64.57	23 122	182.08
外资企业	83	165 033	94.36	116 731	38.56
股份有限公司	1	5 010	144.98	2 047	-88.09
合　计	**139**	**221 030**	**57.75**	**182 006**	**20.49**

外商直接投资行业　2010年，生产型外商投资项目68个，非生产型外商投资项目71个。其中农、林、牧、渔业投资项目10个，采矿业1个，制造业39个，电力、燃气及水的生产和供应业6个，信息传输、计算机服务和软件业9个，批发零售业34个，住宿和餐饮业2个，房地产业7个，科学研究、技术服务和地质勘查业10个，水利、环境和公共设施管理业2个，卫生、社会保障和社会福利业1个，文化、体育和娱乐业4个。

外商直接投资来源　2010年共有30个国家和地区来陕西省投资，其中排在前5位的国家和地区分别是：香港投资企业68家，增长28.3%；合同外资13.7亿美元，增长67%；实际利用外资9.38亿美元，增长29.7%。英属维尔京群岛投资企业8家，增长166.7；合同外资1.83亿美元，增长104.82%；实际利用外资1.62亿美元，下降12.95%；美国投资企业10家，与2009年持平；合同外资1.68亿美元，增长114.2%；实际利用外资1.58亿美元，增长6.4%。新加坡投资企业3个，下降25%；合同外资6 741万美元，增长130.78%；实际利用外资1.3亿美元，增长25.4%。投资性公司投资企业6个，增长100%；合同外资9 248万美元，下降42.32%；实际利用外资6 426万美元，下降67.05%。

外商直接投资企业生产经营情况　2010年度外商投资企业参加年检1 103户，参检率有所提高。外商投资企业从业人员19余万人，增长16%；销售收入1 221亿元，增长27.85%；实现利润127.2亿元，增长63.71%；纳税总额92亿元，增长46.03%。外商投资企业进出口50.62亿美元，增长1倍，占全省进出口总值的41.9%，其中出口21.57亿美元，增长94.6%；进口29.05亿美元，增长1倍。

【对外经济合作】

对外投资　2010年，陕西新设境外投资企业13家，新设境外机构5家，办理境外企业增资、主体变更等事宜10项，协议投资总额为4 5616.19万美元，中方实际投资28 899.99万美元。新设境外企业平均投资额2 623.99万美元，是2009年新设境外企业平均投资额的3.71倍。主要分布在德国、越南、泰国、阿联酋、阿根廷、香港、英属维尔京群岛等国家和地区，涉及资源开发、机械制造、能源化工等领域。

承包工程和劳务合作　2010年，对外承包工程新签合同96份，新签合同额88 786万美元，比上年增长134.49%；完成营业额81 022万美元，增长30.80%。对外劳务合作新签合同611份，新签合同额3 951万美元，增长141.80%；完成营业额2 741万美元，增长92.62%。外派各类劳务人员7 638人，增长227.11%；期末在外8 553人，增长30.20%。其中，对外承包工程项下派出劳务人员4 981人，较上年增加3 606人；期末在外3 959人，增长64.00%。

对外经济技术援助　通过援外优惠贷款，中国新时代国际工程公司承担了援缅甸车用柴油机改造项目进展顺利，西飞集团向缅甸、印尼生产交付了新舟60飞机10架，与老挝、柬埔寨新签新舟60飞机6架购售合同，中铁一局集团承担着援斐济住房项目和布扎倍公路项目执行顺利。

接受经济援助　2010年共实施经济援助项目4个。其中包括：联合国儿童基金会援助的山阳县LARC项目，5万美元左右的设备和培训经费；澳大利亚政府援助的宜君县南塔矿区地质环境综合治理项目3万美元；联合国儿童基金会援助的安康市灾后重建教学用品紧急援助项目5万美元，包括1 000套学生课桌椅和1 000个学生书包及文具等；澳大利亚奖学金项目，选送两人赴澳攻读硕士学位。

【其他】

商务洽谈会　第十五届中国东西部合作与投资贸易洽

谈会（简称西洽会）2011 年 4 月 6 日至 10 日在西安举行。设 3 500 个展位，总展示面积 10 万平方米。参会客商超过 15 万人，其中境外客商 5 700 多名，展期观众流量 70 多万人次。会期共签订利用外资项目合同总投资额 101.85 亿美元，比上届增涨 46.3%；签订国内横向联合项目合同总投资额 5 714.34 亿元，比上届增涨 14.7%；

涉外旅游　2011 年接待入境旅游人数 212.17 万人次，比上年的 145.08 万人次增长 46.3%，旅游外汇收入 10.16 亿美元，比上年的 7.71 亿美元增长 31.8%。

2010 年西安市商务发展概况

西安市商务局

蒿芒喜

西安市商务局
西安市招商局　局长

蒿芒喜　1953 年 5 月出生，陕西长安人，中共党员。延安大学中文系中文专业毕业，大学学历。现任西安市商务局（招商局）党委书记、局长。1971 年 6 月参加工作，历任西安市第二商业局教育处副处长，西安市饮食公司副经理，西安市委政策研究室财贸处、社会处副处长、处长，西安市阎良区副区长（挂职）、碑林区副区长，西安市委财贸工委委员、西安市商业贸易委员会副主任，西安旅游集团公司董事长、党委书记，西安市商业贸易委员会党委书记、主任，西安市商业贸易局党委书记、局长。

【国内贸易】

社会消费品零售总额　2010 年陕西省西安市社会消费品零售总额 1 611.04 亿元，比上年增长 18.9%，扣除物价因素，实际增长 15.8%。按地域分，城镇 1 544.16 亿元，增长 19.2%；农村 66.88 亿元，增长 11.9%。按行业分，批发和零售业 1 431.23 亿元，增长 19.4%，住宿和餐饮业零售额 179.81 亿元，增长 15.0%。

市场物价　商品零售价格指数为 102.7；居民消费价格总指数为 103.5。

【对外贸易】

进出口总额　进出口总额 103.82 亿美元，比上年增长 43.15%。

出口总额　出口总额 53.17 亿美元，比上年增长 59.53%。

进口总额　进口总额 50.65 亿美元，比上年增长 29.22%。

主要进出口商品　机电产品出口 38.52 亿美元，增长 80.21%，占西安市出口总额的 72.45%。机电产品进口 34.56 亿美元，增长 40.41%，占西安市进口总额的 68.23%；高新技术产品出口 17.66 亿美元，增长 162.96%，占西安市出口总额的 33.20%。高新技术产品进口 26.52 亿美元，增长 63.78%，占西安市进口总额的 52.36%；矿产品出口 3.58 亿美元，增长 43.2%。矿产品进口 6.03 亿美元，增长 9.3%；农产品出口 3.05 亿美元，增长 7.15%，其中苹果汁 2.02 亿美元，下降 0.1%。农产品进口 1.02 亿美元，增长 3.5 倍；有机化学品出口 1.89 亿美元，增长 15.9%。有机化学品进口 1.39 亿美元，下降 2.3%；纺织服装出口 1.86 亿美元，增长 11.9%。纺织服装进口 483 万美元，增长 55.9%。

西安市2010年出口额3 000万美元以上商品情况表

金额分类	商品名称	出口金额（万美元）	占出口总额比重（%）
1亿美元以上	机电产品	385 235	72.46
	高新技术产品	176 582	33.21
	船舶	78 329	14.73
	自动数据处理设备零件	47 079	8.85
	二极管及类似半导体器件	41 269	7.76
	汽车	22 365	4.21
	果蔬汁	22 003	4.14
5 000万—1亿美元	钢材	12 124	2.28
	纺织纱线、织物及制品	11 410	2.15
	工业用缝纫机	8 191	1.54
	汽车零件	7 716	1.45
	服装及衣着附件	7 198	1.35
	变压器	6 753	1.27
	玻璃制品	6 480	1.22
	通断保护电路装置及零件	6 425	1.21
	钼矿砂及其精矿	5 235	0.98
3 000万—5 000万美元	铁合金	4 368	0.82
	轴承	3 806	0.72
	硅铁	3 781	0.71
	灯具、照明装置及类似品	3 213	0.60
	手用或机用工具	3 194	0.60
	医药品	3 169	0.60

西安市2010年进口额3 000万美元以上商品情况表

金额分类	商品名称	进口金额（万美元）	占进口总额比重（%）
1亿美元以上	机电产品	345 643	68.24
	高新技术产品	265 169	52.36
	未锻造的铜及铜材	40 631	8.02
	计量检测分析自控仪器及器具	28 352	5.60
	铁矿砂及其精矿	22 847	4.51
	二极管及类似半导体器件	18 495	3.65
	医药品	12 938	2.55
5 000万—1亿美元	变压、整流、电感器及零件	8 977	1.77
	金属加工机床	8 808	1.74
	制造半导体器件或集成电路用的机器及装置	7 680	1.52
	断路保护电路装置及零件	6 790	1.34
	制造单晶柱或晶圆用的机器及装置	6 385	1.26
	涡轮喷气发动机	5 156	1.02
3 000万—5 000万美元	阀门	4 159	0.82
	印刷电路	3 789	0.75
	航空器零件	3 443	0.68
	钢材	3 374	0.67
	医疗仪器及器械	3 265	0.64
	钢坯及粗锻件	3 186	0.63
	液泵及液体提升机	3 025	0.60
	机械提升搬运装卸设备及零件	3 011	0.59

西安市2010年主要出口市场情况表

国别（地区）	出口金额（万美元）	占出口总额比重（%）
美　国	82 861	15.58
香　港	47 271	8.89
日　本	38 407	7.22
德　国	29 707	5.59
新加坡	25 254	4.75
马耳他	22 226	4.18
利比里亚	18 869	3.55
荷　兰	17 324	3.26
阿尔及利亚	16 335	3.07
韩　国	14 065	2.65

西安市2010年主要进口市场情况表

国别（地区）	进口金额（万美元）	占进口总额比重（%）
美　国	104 249	20.58
新加坡	84 602	16.70
台湾省	45 442	8.97
德　国	38 362	7.57
日　本	38 293	7.56
智　利	23 150	4.57
韩　国	21 249	4.20
澳大利亚	19 370	3.82
比利时	15 411	3.04
瑞　典	11 325	2.24

【利用外资】

西安市2010年利用外资情况表

利用外资方式	批准签订的合同			实际利用外资	
	项目数（个）	外资金额（万美元）	金额比上年增加（%）	金额（万美元）	金额比上年增加（%）
合资企业	34	27 708.8	464.7	32 219.6	48.1
合作企业	3	5 935.6	277.3	13 969.0	693.4
外资企业	45	86 043.9	60.7	108 464.7	20.0
股份有限公司				2 000.0	－28.1
合　计	**82**	**119 688.3**	**99.4**	**156 653.3**	**28.5**

西安市2010年利用外商直接投资行业情况表

行　业	项目数（个）	总投资（万美元）	合同外资（万美元）
工业	37	136 996.74	63 316.37
食品制造业		1 779.41	554.76
饮料制造业		4 979.64	4 027.88
饲料工业	1	8 000.00	5 000.00
化学工业	3	5 148.17	4 502.31
医药工业	3	9 533.66	4 846.77
塑料制品业			-204.00
建材制品	1	35 092.00	11 950.32
有色金属		-1 060.00	-400.00
机械工业	6	15 917.27	9 434.24
交通设备	5	11 080.58	4 139.14
电子通信	18	46 996.72	20 146.58
仪器仪表		133.34	-41.90
其他工业		-604.05	-639.73
农林牧渔水利业	4	11 625.32	5 300.30
公共饮食业	3	42.06	42.06
房地产管理业	9	67 973.02	41 186.11
服务业	18	10 112.28	5 119.78
咨询服务业	9	5 532.40	2 749.11
卫生事业	1	6 152.58	1 936.50
其他行业	1	560.70	38.04
合　计	**82**	**238 995.10**	**119 688.27**

西安市2010年利用外商直接投资来源情况表

国别（地区）	项目数（个）	总投资（万美元）	合同外资（万美元）
香　港	37	167 211.09	83 428.80
台湾省	5	137.17	90.66
日　本	2	22.13	-363.31
马来西亚	2	8.36	5.81
新加坡	2	10 943.85	5 554.21
韩　国	2	65.91	45.41
德　国	3	1 694.01	560.13
法　国	2	9.99	9.99
意大利	1	0.44	0.44
英　国	2	6 961.27	4 399.74
芬　兰	1	203.90	142.74
瑞　士	1	300.00	300.00
加拿大	1	1 000.00	540.00
美　国	6	10 285.66	6 892.35
澳大利亚	1	-335.26	-393.59
新西兰		563.00	400.00
萨摩亚	2	2 380.36	477.66
英属维尔京群岛	6	20 976.21	11 085.87
缅　甸	1	5.00	5.00
开曼群岛		2 436.71	-1 621.68
瓦努阿图		4 979.64	4 977.88
哈萨克斯坦	1	6.00	5.00
突尼斯	1	30.76	14.94
投资性公司	3	9 108.90	3 130.22
合　计	**82**	**238 995.10**	**119 688.27**

【对外经济合作】

承包工程和劳务合作 2010年西安地区对外承包工程、外派劳务营业额83 749万美元，新签承包工程、劳务合同额92 737万美元，期末在外人数7 959人。其中，西安市自营对外承包工程、外派劳务营业额13 257万美元，新签承包工程、劳务合同额40 624万美元，期末在外人数3 140人。

接受援助 2010年，西安市接受加拿大政府援助30万加元，用于中加合作项目——《西安市古城改造与回族穆斯林文化保护与传承研究》。

对外投资 2010年，西安地区境外投资企业共计13家，投资金额3.41亿美元，投资地区主要是香港、泰国、美国等国家。

【其他】

西安高新技术产业开发区 2010年营业收入4 008.84亿元，主要经济指标增长30%以上，财政收入结构进一步优化。围绕特色产业链招商成果明显，入区项目在数量、质量上都有所增长。全年项目开工建设数量创历史新高，固定资产投资344.55亿元，同比增长30.36%；实际利用外资5.11亿美元；外贸进出口总额51.06亿美元；实际利用内资238.29亿元。

西安经济技术开发区 2010年技工贸总收入1 558.3亿元，主要经济指标增长35%以上，财政收入结构进一步优化，96%以上为工商税收。围绕特色产业链招商成果明显，入区项目在数量、质量上都有所增长。全年项目开工建设数量创历史新高，固定资产投资281.8亿元，同比增长36.8%；实际利用外资4.26亿美元；外贸进出口总额12.7亿美元；实际利用内资158.6亿元。

西安出口加工区A区 2002年6月经国务院批准设立，2004年4月正式封关运行，规划面积1.463平方公里，现已开发0.922平方公里。已引进世界500强企业英国石油、阿尔斯通、联合技术以及国内知名企业西航集团、庆安集团、中航技进出口等40个项目入区，初步形成航空、机械、新能源、新材料、外包等产业格局。

加工区历年累计实现进出口总额24.52亿美元，2010年实现进出口6.52亿美元，同比增长44.04%，其中出口4.51亿美元，同比增长61.31%。

西安出口加工区B区 2005年12月经国务院批准设立，2006年11月29日正式封关运行，规划面积1.338平方公里，一期已建设0.7平方公里，区内基础设施配套齐全，区位优势明显。截至2010年，出口加工区B区进出口总额从2007年的3 683万美元，迅速发展到2010年的24.48亿美元，首次突破20亿美元，增长近60倍。在全国58个出口加工区中居第11位，在中西部16个出口加工区中位列第2名。

西安国际港务区 西安国际港务区是陕西省“十一五”重大建设项目。依托西安区位优势、交通优势、产业基础和物流市场需求，形成以B型保税物流中心为核心、以国际物流区为支撑、以国内综合物流区和物流产业集群区为两翼的物流体系战略格局。不仅具有普通物流园区的基本功能，还具有保税、仓储、海关、边检、商检、检疫、结汇银行、保险公司、船务市场及船运代理等国际港口所具有的多种功能。

西安保税物流中心。2010年4月20日，西安保税物流中心通过海关总署等国家四部委的联合验收。拥有先进、完善的软硬件设施，配备全套智能化卡口、6 000平方米的综合办公楼和28 512平方米的两座保税物流仓库，先进的电子监控系统以及信息管理系统。

西安铁路集装箱中心站。2010年11月9日，西安铁路集装箱中心站国际箱区监管场所通过西安海关验收，顺利投入运行。

涉外旅游 2010年接待境外旅游者84.18万人次，比上年增长25.1%，增幅比上年提高18.6个百分点。实现旅游外汇收入5.3亿美元，增长35.8%，增幅比上年提高27.2个百分点。

2010年甘肃省商务发展概况

甘肃省商务厅

甘肃省商务厅厅长

王　锐　生于1963年10月，内蒙古呼和浩特人，中共党员，大学学历，历史学学士。历任兰州大学团委书记、共青团甘肃省委书记、中共甘肃省张掖市委副书记（正厅级）。2008年4月任甘肃省商务厅党组书记、厅长。

【国内贸易】

社会消费品零售总额　2010年甘肃省社会消费品零售总额1 369.40亿元，比上年的1 157.6亿元增长18.3%。按地域分，城镇实现社会消费品零售总额1 098.17亿元，其中城区实现社会消费品零售总额809.58亿元；乡村实现社会消费品零售总额271.22亿元。按行业分，批发和零售贸易业1 141.21亿元，住宿和餐饮业228.19亿元。

限额以上批发和零售贸易业、住宿和餐饮业基本情况　2010年，共有限额以上批发和零售贸易业、住宿和餐饮业法人企业1 104个，产业活动单位1 684个，年末从业人数110 405人。其中，批发业法人企业265个，年末从业人数22 404人；零售业法人企业440个，年末从业人数44 142人；住宿业法人企业193个，年末从业人数23 533人；餐饮业法人企业206个，年末从业人数20 326人。

批发和零售贸易业企业商品购、销、存总额　限额以上批发和零售贸易业企业商品购进总额1 727.2亿元，商品销售总额2 021.4亿元（其中批发1 645亿元、零售376.4亿元），年末库存总额205.8亿元。

市场物价　商品零售价格指数为4.6%（以上年价格为100）；居民消费价格指数为4.1%（以上年价格为100），其中城市4.4%，农村3.6%。

市场秩序建设　贯彻落实全国整顿和规范市场经济秩序第二次部际联席会议精神和省政府办公厅下发《甘肃省2010年整顿和规范市场经济秩序工作要点》的各项要求，继续加强甘肃省整顿和规范市场经济秩序工作；推进行政执法与刑事司法衔接，开展农资领域和酒类市场等打假专项整治，严厉打击扰乱市场经济秩序的违法犯罪，促进经济社会和谐稳定发展；2010年8月发生的舟曲县特大山洪泥石流地质灾害，给当地人民群众生命财产造成重大伤亡和损失，为稳定和维护灾区市场经济秩序，我办及时下发了《关于进一步做好维护灾区市场经济秩序工作的紧急通知》，加大市场监管力度，保障灾区市场供应，确保救灾物资的安全可靠和灾区市场秩序稳定；积极推动商务领域信用建设，组织开展了全省“诚信兴商宣传月”活动；认真贯彻执行省政府办公厅《甘肃省打击侵犯知识产权和制售假冒伪劣商品专项行动方案》，制定实施方案，协调组织开展打击侵犯知识产权和制售假冒伪劣商品专项行动；按照商务部、国家食品药品监管局《关于加强药品流通行业管理的通知》要求，加强与食药监部门的沟通协调，做好药品流通行业管理工作；继续推进商务综合行政执法工作，加强对2009年商务部确认的11个市、县（区）商务综合行政执法试点单位的工作检查和督导力度，甘肃省6个地级试点全部通过商务部审核，永登县商务综合行政执法试点工作受到商务部通报表扬，兰州市、定西市、武威市3市被商务部确定为2010年市场监管公共服务体系项目地级以上城市重点推进单位，甘南藏族自治州合作市、临夏回族自治州和政县等8县（区）为2010年市场监管公共服务体系项目县（市）重点推进单位。

市场体系建设　有序推进城乡市场体系建设。一是深入实施“万村千乡市场工程”。新建农家店3 225个，改造提升直营店和乡镇示范店200个，建设改造农村商品配送中心60个。全省累计建设连锁化农家店14 548个，商品配送中心84个，年新增农村销售额30亿元以上。以城区店为龙头、乡镇店为骨干、村级店为基础的农村流通网络初步形成。二是积极实施县乡集贸市场标准化改造工程，全省新建改造县乡集贸市场48个。三是积极开展农超对接试点建设，全省已有近10个市州的大型超市初步与省内特色农产品农民专业合作组织开展合作，市州政府制定了专门扶持政策，并安排专项配套资金。四是家电下乡工作进展顺利。全年累计销售家电下乡产品119万台（部），实现销售金额24.8亿元，补贴金额2.8亿元。改造家电及汽摩经营网点405个，商品配送中心15个。五是拍卖、典当等特殊行业平稳发展。截至2010年底，全省共有拍卖企业56户，2010年拍卖成交额73.33亿元，同比增长105%；典当企业83户，经营总额6.74亿元，同比增长130%。六是二手车、报废汽车管理逐步走上正规。启动了二手车鉴定评估机构的年审工作，指导成立了以甘肃省物资再生利用总公司等20多家以报废汽车企业为主体的单位筹备成立了甘肃省物资再生协会，在兰州试点实施了两个报废汽车升级改造试点项目。

商贸服务管理　一是大力推进民生项目建设。在兰州市改造建成了30个标准化菜市场，改造提升兰州家政服务网络中心，培育3家家政龙头企业发展连锁，安排14个市州的25家培训机构完成了近1万人的培训任务，8 333名家政服务人员实现就业，对4个家政服务网络中心、3个早餐项目和1个“走出去”项目给予了资金扶持。二是于2010年10月18日至22日在兰州成功举办第四届中国·甘肃美食节。全省除甘南、陇南因受灾没有参加外各市州都组团参加了本届美食节。举办名菜名宴名点名小吃展示认定会，参展参赛企业和商户达到300多家，菜品达到2 000余种；风味名优小吃展销会荟萃各地特色小吃300多种，吸引50多万人次踊跃品尝。三是认真开展家电以旧换新工作。制定了《甘肃省家电以旧换新实施细则》，对全省商业、财政、家电销售（回收）有关人员进行培训，分别确定了22家和6家销售及回收企业承担全省家电以旧换新工作。2010年全省以旧换新销售新家电4.8万台，销售金额1.94亿元；回收旧家电5.11万台，拆解收购2.3万台，已拆解旧家电2.2万台，拆解率96.8%。四是积极推进商贸物流和电子商务。兰州、天水、平凉、金昌等市编制了《流通领域商贸物流发展规划》，兰州市已被商务部正式列入全国46个流通领域现代物流示范城市。五是切实加强全省成品油市场监管。对全省成品油经营企业进行了年检，完成了141家成品油经营企业许可证发放和变更换证，建立了成品油监测日报、周报和月报制度。对全省加油站开展非油品业务进行了调查摸底，对年底柴油供应紧张情况进行了调查分析，保障两大节日供应的措施。六是通过申报，甘肃省金徽酒业等9家企业被商务部批准为第二批中华老字号。七是在餐饮、洗浴、美容美发、保健服务、生产资料、商贸流通、城市商业街、会展服务等主要行业中选择了25家典型企业建立了统计报表制度。

市场运行调节　2010年，面对复杂多变的国内外经济环境和严重的自然灾害，全省消费品市场保持平稳运行态势，全年完成社会消费品零售总额1 369.4亿元，同比增长18.3%。比年初省委、省政府制定的16%的增长目标超出2.3百分点。一是加强消费品市场监测分析、预测预警等工作。我们在2010年新增加98家样本监测企业、2家信息泵安装企业。在市场监测工作中，创建了《市场运行周报》和《市场运行参考》两个固定分析品牌。坚持定期分析与适时分析相结合的原则，加强市场形势的分析预测和实时跟踪监测。二是加强市场调控和监督检查。积极争取承担中央储备肉和边销茶储备任务。落实了2010年度省级肉类和食糖储备计划。加强对承储单位的监督和检查，做到了储备物资的量足、质优。甘南藏族自治州舟曲县“8·7”特大山洪泥石流灾害发生后，立即启动了灾区市场保供应急预案和市场监测日报告制度，通过商务部批准动用中央在甘储备边销茶，保证了灾区群众的基本生活需要。三是积极做好大宗农产品销售储存工作。制定印发了《2010年大宗农产品销售储存企业奖励实施办法》，对全省40家销售储存业绩突出企业给予奖励，解决大宗农产品“卖难”问题。四是继续向商务部重点推荐“东桑西移”基地建设项目，做好已落实项目的管理工作，保证质量和效果。加强对茧丝绸行业的宏观引导，稳定蚕茧生产，保护蚕农利益，维持正常的收购秩序，促进全省茧丝绸行业平稳较快发展。

【对外贸易】

进出口总额　进出口总额73.24亿美元，比上年的38.21亿美元增长90%。

出口总额　出口总额16.39亿美元，比上年的7.35亿美元增长123%，占全省GDP 4 100亿元（相当于604亿美元）的2.71%，占全国出口额的0.1%。

进口总额　进口总额56.86亿美元，比上年的30.86亿美元增长82%。

出口商品市场　出口商品销往177个国家（地区）。

进口商品市场 进口商品来自67个国家（地区）。

技术进出口 技术进出口总额717.19万美元，比上年的5 477万美元下降86.9%。签订引进技术和进口设备合同项目6个，比上年减少3个；合同金额717.19万美元，比上年的5 477万美元下降86.9%。

服务贸易 服务贸易进出口总额11 333.68万美元，比上年的9 544.95万美元增长18.74%。其中，出口额4 049万美元，比上年的5 254.34万美元下降22.94%；进口额7 284.99万美元，比上年的4 290.84万美元增长69.78%。甘肃省服务贸易企业的主要出口市场是非洲和中东地区等新兴市场。合作内容主要集中在境外工程承包和技术服务贸易等方面。

甘肃省2010年出口额1 000万美元以上商品情况表

金额分类	商品名称	出口金额（万美元）	占出口总额比重（%）
2 000万美元以上	镍	11 186	7
	钴及其制品	8 824	5
	硅铁	7 806	5
	苹果汁	4 478	3
	集成电路	4 335	3
	钢材	4 220	3
	轴承	3 881	2
	蕃茄酱	2 669	2
	自推进的石油及天然气钻机	2 187	1
	柠檬酸	2 084	1
1 000万—2 000万美元	鲜苹果	1 833	1
	干酪素	1 778	1
	碳化硅	1 494	1
	肠衣	1 133	1
合　计		**57 908**	**35**

甘肃省2010年进口额1 000万美元以上商品情况表

金额分类	商品名称	进口金额（万美元）	占进口总额比重（%）
1亿美元以上	铜精矿	216 758	38
	镍锍	71 189	13
	铁矿砂	62 640	11
	镍矿砂	58 632	10
	铜	39 292	7
	钴湿法冶炼中间品	24 039	4
1 000万—1亿美元	燃料油	6 431	1
	钴矿砂	5 641	1
	锌矿砂	5 569	1
	锰矿砂	1 872	1
合　计		**492 063**	**87**

甘肃省2010年主要出口市场情况表

国别（地区）	出口金额（万美元）	占出口总额比重（%）	国别（地区）	出口金额（万美元）	占出口总额比重（%）
美 国	25 103	15	印 度	5 446	3
韩 国	17 549	11	伊 朗	4 597	3
日 本	9 763	6	荷 兰	3 944	2
香 港	7 863	5	泰 国	3 657	2
德 国	5 940	4			
合 计				**83 862**	**51**

甘肃省2010年主要进口市场情况表

国别（地区）	进口金额（万美元）	占进口总额比重（%）	国别（地区）	进口金额（万美元）	占进口总额比重（%）
澳大利亚	121 835	21	美 国	13 731	2
哈萨克斯坦	11 1846	20	西班牙	10 850	2
智 利	109 682	19	俄罗斯	10 524	2
刚果（金）	44 067	8	毛里塔尼亚	10 264	2
蒙 古	27 432	5	菲律宾	8 319	1
合 计				**468 550**	**82**

甘肃省2010年服务贸易进出口情况表

行 业	进出口		出 口		进 口	
	金额（万美元）	同比（%）	金额（万美元）	同比（%）	金额（万美元）	同比（%）
运 输	1 578.31	103.03	140.51	-16.66	1 437.80	136.18
旅 游	360.84	72.93	242.04	78.18	118.80	63.14
建筑服务	2 383.18	33.18	1 380.92	-4.43	1 002.26	190.89
金融服务	374.23	1 940.67	1.82	-89.67	372.41	51 623.61
计算机和信息服务	53.01	63.41	44.07	103.46	8.94	-17.07
专有权利使用费和特许费	1 263.61	39.41	36.36	-18.00	1 227.25	42.36
其他商业服务	5 320.50	-8.45	2 202.97	-35.60	3 117.53	30.38
合 计	**11 333.68**	**18.74**	**4 048.69**	**-22.94**	**7 284.99**	**69.78**

【利用外资】

甘肃省2010年利用外资情况表

利用外资方式	批准签订的合同			实际利用外资	
	项目数（个）	外资金额（万美元）	金额比上年增加（%）	金额（万美元）	金额比上年增加（%）
外商直接投资	**28**	**19 015**	**-44.94**	**13 521**	**1.03**
合资企业	11	7 382	-22.65	11 070	42.03
合作企业	2	3 140	-46.95	0	-100.00
外资企业	15	8 493	-55.46	2 451	-53.06

外商直接投资行业 生产型项目数为19个，非生产型项目数为9个；分行业的项目数：农、林、牧、渔业：5个；采矿业：1个；制造业：10个；电力、燃气及水的生产和供应业：3个；批发和零售业：6个；租赁和商务服务业：1个；科学研究、技术服务和地质勘查业：2个。

甘肃省2010年外商直接投资来源情况表

国别（地区）	项目数（个）	合同外资金额（万美元）		实际利用外资金额（万美元）	
	2010年	本年累计	同比（%）	本年累计	同比（%）
合　计	**28**	**19 015**	**-44.94**	**13 521**	**1.03**
文　莱			-100.00	1	
香　港	16	16 278	7.01	10 648	64.17
日　本	1	3	-99.46	44	
新加坡	1	2	-99.45		-100.00
台湾省		25	-48.98	2	-89.47
毛里求斯					-100.00
塞舌尔	1	330	-48.28	330	
南　非					-100.00
丹　麦		161			
法　国			-100.00	8	
希　腊	1	44			
瑞　士			-100.00		
斯洛伐克共和国					-100.00
伯利兹	1	441		50	
开曼群岛			-100.00	120	300.00
英属维尔京群岛	2	682	-75.06	2 011	436.27
加拿大		-69			-100.00
美　国	3	102	-62.36	31	-79.74
投资性公司投资	2	1 016	-93.00	276	-94.06

外商直接投资企业生产经营情况 甘肃省参加联合年检的外商投资企业263家，其中：合资企业137家，合作企业16家，独资企业110家；开业经营的企业217家，筹建的企业34家，停业企业12家。企业出资情况：263家企业投资总额41.21亿美元，注册资本19.46亿美元，其中：中方8.65亿美元，占44.45%；外方10.81亿美元，占55.55%。企业投产开业状况：263家企业中，生产经营企业217家，占82.51%；筹建企业34家，占12.93%；因受金融危机、市场变化、内部纠纷影响而停业企业12家，占4.56%。销售（营业）收入、纳税等情况：263家企业中，实现销售（营业）收入176.46亿元人民币，其中：服务性营业收入63.29亿元人民币，纳税总额13.31亿元人民币，利润总额22.75亿元人民币，净利润18.00亿元人民币，资产总额319.57亿元人民币，负债总额176.98亿元人民币。

盈利企业79家，占30.04%，盈利额24.74亿元人民币；盈亏持平企业26家，占9.89%；亏损企业158家，占60.07%，亏损额1.99亿元。就业情况：截至2009年底，263家企业职工人数为23 960人，其中：中方职工23 786人，占99.3%；外籍人员174人，占0.7%。

【对外经济合作】

对外投资 2010年全省在境外设立及追加投资的非贸易性企业13家，核准中方投资额10 837.94万美元，主要以资源勘探开发、机械制造和药材加工为主。投资的国别和地区有法国、哈萨克斯坦、澳大利亚、香港、蒙古和加纳。截至2010年底对外投资存量约7.12亿美元。主要项目有：1. 金川集团有限公司向金川集团（香港）资源控股有限公司核准追加投资7 500万美元。该境外企业的经营范围是在世界各国开展矿产资源的勘探、开发及贸易。2. 金川集团有限公司向澳大利亚阿比顿公司核准追加投资1 700万美元。该境外企业的经营范围是从事有色金属矿产品的勘探、开发及进出口贸易，通过参股进入澳大利亚、赞比亚矿业市场并获取赞比亚穆纳利（Munali）镍矿山服务期内生产的镍精矿的包销权，参与赞比亚穆纳利镍项目的开发。3. 金川集团有限公司向澳大利亚FOX资源公司核准追加投资60万美元，占澳大利亚FOX公司9.9%的股权比例。该境外企业的经营范围是获取FOX公司铜精矿产品的包销权和未来控制或拥有新项目所产生的镍精矿的优先购买权。4. 天水星火机床有限责任公司向法国索玛（SOMAB）公司核准追加投资303万美元，占法国索玛公司89%的股权比例，并获取索玛（SOMAB）公司的技术。该境外企业的经营范围是各类数控机床的生产、销售。5. 酒泉钢铁（集团）有限责任公司向酒钢丰晟有限责任公司核准追加投资600万美元。该境外企业的经营范围是从事矿产资源的勘探、开发、商贸、仓储运输、铁路投资建设。6. 甘肃亚兰特种药材饮片生产有限公司核准投资340万美元在哈萨克斯坦投资设立甘肃亚兰有限责任公司。该境外企业的经营范围是甘草及其系列产品的深加工。7. 甘肃海外工程总公司核准投资335万美元在加纳投资设立格林石材股份有限公司。该境外企业的经营范围是石材加工及贸易。

承包工程和劳务合作 签订对外承包工程和劳务合作合同项目25个，金额4.07亿美元，比上年的2.88亿美元增长41%；完成营业额1.91亿美元，比上年的2.83亿美元下降32%；当年工程项下派出劳务784人（次），年末在外824人，派往的主要国家和地区是约旦、安哥拉、马拉维、加纳、沙特阿拉伯等。

承包工程的主要项目：1. 甘肃海外工程总公司在加纳执行的深能加纳安所固电厂、大学学生村宿舍楼、库马西城市宾馆、总统行宫改造、阿克拉机场宾馆项目；在约旦执行的军人公寓楼项目；在印度执行的我大使馆改扩建项目。2. 八冶建设集团有限公司在俄罗斯联邦执行的俄罗斯图瓦多金属矿项目；在澳大利亚执行的吉林板庙子金矿选冶厂工程项目。3. 中铁二十一局集团有限公司在吉尔吉斯斯坦执行的萨拉姆住宅楼项目；在阿联酋执行的迪拜投资园区皇家地产项目。

对外经济技术援助 承担援外项目2项，受援国家和地区是科特迪瓦和几内亚，涉及的行业为房屋建筑；当年派出援外人员6人，年末在外人数46人。承担商务部为发展中国家举办的援外多边官员技术培训班3个，即“发展中国家雨水集蓄利用技术培训班”、“发展中国家干旱区生态恢复及产业发展技术培训班”和“国际太阳能应用技术培训班”，涉及巴基斯坦、埃及、朝鲜、智利和古巴等30多个国家的88人参加培训。

接受经济援助 2010年，共执行多双边无偿援助项目24项，其中多边无偿援助项目10项，双边无偿援助项目11项，国际民间组织援助项目3项，完成执行额550万美元。主要项目有：联合国儿童基金援助的“贫困地区儿童发展行动项目”，英国援助的“甘肃省普及九年义务教育项目”、日本援助的“敦煌市肃州镇武威庙小学校舍建设项目”、“民乐县王什小学教学楼建设项目”、“永靖县红泉镇红格达小学建设项目”、“渭源县上湾乡圆树小学建设项目”，新西兰援助的“永靖县关山乡红楼村人饮工程项目”、“张掖市农村妇女健康知识培训项目”，澳大利亚援助的“永靖县西河镇地膜回收起茬示范项目”，伊斯兰救援组织援助的“开斋节食品发放项目”、“在舟曲灾区发放食品项目”和“宰牲节肉食发放项目”等。

【其他】

开发区 1. 兰州经济技术开发区。创建于1993年，2002年3月经国务院批准为国家级经济技术开发区。兰州经济技术开发区位于黄河北岸，距兰州市中心5公里，规划总面积9.53平方公里，是集吸收外资，发展现代制造业等多功能综合性产业园区。目前已基本形成了以食品饮品、生物医药、新型石化、家居建材、现代装备制造等产业集群。园区水、电、热、气等配套设施不断完善，承载能力显著增强。开工建设了总里程达36公里、总面积达110多万平方米的亚行贷款城市交通项目和区列26条规划路等基础设施建设，加快构建系统化、网络化、立体化的路网框架。全区绿化覆盖率达34.91%，人均公共绿地面积达10.87平方米。不断提升科技创新能力，新城区科技孵化大厦全面建成，国家级交大科技产业园等五大科技孵化园功能日趋完善，孵化面积达16.5万平方米。招商引资和项目建设呈现出前所未有的强劲态势。2010年签约引进21项重大项目，合同总投资124.8亿元，实际到位资金48.49亿元，同比增长15.5%，已开工建设8项，完成投资14.78亿元，同比增长41.4%。2010年开发区实现地区生产总值70.8亿元，同比增长16%；规模以上工业增加值完成29.1亿元，同比增长20%；固定资产投资完成89.5亿元，同比增长32.28%；财政收入完成12.1亿元，比上年增长44.08%。2. 甘肃金昌经济开发区。1988年8月批准成立的省级开发区，2010年3月升级为国家级经济技术开发区，核定规划面积7平方公里。截至目前，累计完成固定资产投资121亿元，投入基础设施资金20.74亿元，区内公用市政设施日趋完善，实现“七通一平”，入驻企业180家。经过多年开发建设，开发区已形成了以镍、铜、钴和铂族贵金属新材料及精深加工、有色金属盐类化工、精细化工、新型建筑材料产业为主导的资源型新材料产业集群。目前，金昌开发区已成为甘肃省和西部地区有色金属新材料产业积聚、科技创新、高新技术产业化的重要载体和全省对外开放的窗口和经济发展的重要引擎。2010年实现工业总产值381亿元，完成高新技术产业总产值134亿元，完成工业增加值134亿元，完成固定资产投资33.6亿元，财政收入12亿元，进出口额达2.36亿美元，各项主要经济指标居甘肃省开发区前列。3. 天水经济开发区。1994年经批准设立的省级开发区，2010年3月升级为国家级经济技术开发区。开发区位于天水市麦积区，审核确定的规划面积为319.44公顷，包括桥南、下曲、廿铺、社棠四个区块。基础设施建设达到了“七通一平”，用地初具规模。开发区主导产业以电子信息、机械制造、电工电器、生物制药及农副产品加工为主的产业集群已初步形成，装备制造业优势凸显，产业聚集效应显现。2010年开发区规模以上企业完成工业总产值47.6亿元，占全市规模以上工业总产值的41.5%，其中高新技术产业企业实现总产值为13.8亿元；主营业务收入为60.1亿元，实现利润4.18亿元；完成税收8.1亿元。截至2010年底，开发区累计完成固定资产投资43.8亿元，安排就业23561人。

商务洽谈会 第十六届中国兰州投资贸易洽谈会于2010年7月5日—9日在兰州顺利举办，开展了投资洽谈、商品贸易和专业展会等活动。本届兰洽会由国家发改委、商务部支持；国家工商总局、国家旅游局等国家部委和16个省市区政府、新疆生产建设兵团共23家单位共同主办；商务部投资促进事务局、香港中华总商会等18家单位共同协办，甘肃省政府和兰州市政府具体承办。云南、江西、安徽、黑龙江和厦门首次参与主办，协办单位比上届增加2家。参加本届兰洽会的境内外代表团组有95个，加上省内各市州代表团，参会团组过百。其中，境外有马达加斯加、韩国、日本、澳大利亚等团组24个；境内有34个省外经贸代表团参加本届兰洽会。有来自北京、浙江、江苏、上海、福建、广东、宁夏、山西、辽宁、山东的投资商代表团和全国各地的16个陇商代表团等，还有17家中国500强企业和部分央企参加了本届兰洽会。参加本届兰洽会的宾客2万多人，共有900多家企业参展，观众超过40万人次，商品展销总成交额（含现货销售和订货合同）达到12.6亿元，签约项目426项，签约总额1 309.36亿元，项目涉及基础设施建设、装备制造、农业产业化、能源化工、中医药及生物制药、文化旅游、矿产资源开发等10多个行业。

涉外旅游 2010年入境的外国人49 921人次；港澳台同胞20 246人次。旅游外汇收入1 481.4万美元，比上年的1 253.84万美元增长18%。

2010年青海省商务发展概况

青海省商务厅

青海省商务厅厅长

何少民　生于1953年6月，陕西合阳人。1978年毕业于华东化工学院无机化学专业。历任青海第一化肥厂副厂长、厂长，青海省重工业厅副处长、处长、副厅长，青海省经济贸易委员会副主任，中共海西州委副书记，青海省对外贸易经济合作厅厅长、党委书记。2004年3月任青海省商务厅厅长、党组书记。

【国内贸易】

社会消费品零售总额　2010年青海省社会消费品零售总额346.03亿元，比上年的300.47亿元增长16.9%。按地域分，城镇299.60亿元，增长17.7%；乡村46.43亿元，增长12.4%。按行业分，批发业51.03亿元，增长17.3%；零售业261.65亿元，增长16.1%；住宿和餐饮业33.35亿元，增长23.4%。

限额以上批发和零售贸易业、住宿和餐饮业基本情况　2010年，共有限额以上批发和零售贸易业、住宿和餐饮业法人企业281个，年末从业人数28 156人。其中，批发业法人企业85个，年末从业人数8 009人；零售业法人企业94个，年末从业人数9 447人；餐饮业法人企业41个，住宿业法人企业61个，餐饮业和住宿业年末从业人数10 700人。

批发和零售贸易业企业商品购、销、存总额　限额以上批发和零售贸易业企业商品销售总额301.6亿元，商品购进总额241.2亿元，年末库存总额15.74亿元。

市场物价　商品零售价格指数为104.3（以上年价格为100），其中城市104，农村105；居民消费价格指数为105.4（以上年价格为100），其中城市105.1，农村105.8。

市场秩序建设　开展了非法添加食品添加剂、侵犯知识产权、成品油市场秩序、工程建设领域突出问题等10余项专项整治行动。在全省开展了“诚信经营”示范创建活动，在工业、建筑、道路运输、商贸、旅游、金融、通信7个行业开展企业等级评定，评选出270家信用等级企业。对14家屠宰企业标准化改造提供了屠宰企业技术升级改造支持。推荐西宁市商务局、海北州经商局为第三批全国商务综合行政执法试点单位。在民和、祁连、天峻、格尔木、冷胡五地区开展了青海省商务综合行政执法试点工作。稳步开展药品流通管理工作，成立了以主管副省长为组长的药品流通行业管理领导小组，拟定了《全省药品流通行业管理实施意见》。

市场体系建设　继续实施“万村千乡市场工程”，新建设、改造商品配送中心18个，连锁农家店954个。深入推进汽车、家电下乡，家电下乡产品累计销售额3.4亿元，补贴金额3 478万元；汽车下乡3.56万辆，补贴1.09亿元。推进家电、汽车以旧换新工作，销售以旧换新政策补贴汽车554辆，销售金额8 460万元，累计发放财政补贴750万元；回收旧家电、销售新家电均达1万余台，累计发放财政补贴260万元。编制完成了《玉树地震灾后恢复重建市场服务体系建设规划》，为玉树地震灾区市场体系恢复重建奠定了基础。

商贸服务管理　开展“家政服务工程”、“农超对接”试点工作，搭建了西宁市家政服务网络中心服务平台，加盟家政服务企业已近百家。选定两户企业在西宁华联、大百等8个超市15个门店设立瓜果、蔬菜销售专柜，降低流通成本，扩大农副产品销售。西宁市“早餐工程”稳步推进，已建设2 200平方米主食加工配送中心1个，设立直营固定早餐网点8个。推进西宁市列入国家再生资源回收体系建设试点地区，再生资源集散交易市场、分拣中心、回收网点项目全面实施。

市场运行调节　针对2010年三季度以来物价涨幅加快、主要农产品价格波幅较大的实际，在全省确定了57户大中型骨干企业参与市场调控，对肉菜蛋等生活必需品采取强化调运、平价或限价销售、产销直挂、投放储备商品等多项措施稳定市场物价，全省农畜产品供应平稳。扩充样本监测企业数量，全省监测企业达到200家。

【对外贸易】

进出口总额　进出口总额78 906万美元，比上年的58 590万美元增长34.6%。

出口总额　出口总额46 630万美元，比上年的25 099万美元增长85.8%，占全省GDP 1 350.43亿元（相当于198亿美元）的2.36%，占全国出口额的0.03%。

进口总额　进口总额32 276万美元，比上年的33 491万美元下降3.63%。

出口商品结构　初级产品出口额3 104万美元，占出口总额的6.67%；工业制成品出口额43 525万美元，占出口总额的93.33%。

进口商品结构　初级产品进口额13 538万美元，占进口总额的41.94%；工业制成品进口额18 738万美元，占进口总额的58.06%。

出口商品市场　出口商品销往104个国家（地区）。

进口商品市场　进口商品来自33个国家（地区）。

技术进出口　技术进出口总额5 120.22万美元，比上年的149.83万美元增长3 317.4%。签订引进技术和进口设备合同项目13个，比上年增加6个；合同金额5 120.22万美元，比上年的149.83万美元增长3 317.4%。

青海省2010年出口额500万美元以上商品情况表

金额分类	商品名称	出口金额（万美元）	占出口总额比重（%）
5 000万美元以上（2种）	纺织纱线、织物及制品	7 422.65	15.92
	服装及衣着附件	6 700.88	14.37
1 000万—5 000万美元（2种）	金属硅	1 135.12	2.43
	家具及其零件	1 100.15	2.36
500万—1 000万美元（5种）	山羊绒	999.73	2.14
	碳化硅	943.14	2.02
	医药品	906.07	1.94
	汽车零件	847.63	1.82
	药材	737.72	1.58
合　计	**9种**	**20 793.09**	**44.58**

青海省2010年进口额100万美元以上商品情况表

金额分类	商品名称	进口金额（万美元）	占进口总额比重（%）
200万美元以上（3种）	自动数据处理设备及其零部件	405.30	1.26
	橡胶或塑料加工机械	376.80	1.17
	冷冻机和制冷设备	204.03	0.63
100万—200万美元（7种）	印刷品	162.04	0.50
	阀门	153.08	0.47
	建筑及采矿用机械及零件	148.79	0.46
	玩具	132.03	0.41
	电线和电缆	126.40	0.39
	未录的磁带及类似品	121.07	0.38
	电动机及发电机	117.66	0.36
合　计	**10种**	**1 947.20**	**6.03**

青海省2010年主要出口市场情况表

国别（地区）	出口金额（万美元）	占出口总额比重（%）	国别（地区）	出口金额（万美元）	占出口总额比重（%）
日　本	16 348.77	35.06	泰　国	1 093.81	2.35
韩　国	4 868.00	10.44	英　国	934.42	2.00
巴基斯坦	3 334.42	7.15	阿联酋	721.79	1.55
香　港	3 322.43	7.13	意大利	683.89	1.47
美　国	3 118.51	6.69	台湾省	674.08	1.45
德　国	1 997.06	4.28	巴拿马	593.83	1.27
沙特阿拉伯	1 214.47	2.60			
合　计				**38 905.48**	**83.44**

青海省2010年主要进口市场情况表

国别（地区）	进口金额（万美元）	占进口总额比重（%）	国别（地区）	进口金额（万美元）	占进口总额比重（%）
澳大利亚	13 582.06	42.08	日　本	1 381.69	4.28
德　国	5 990.09	18.56	比利时	1 240.77	3.84
美　国	3 411.01	10.57	瑞　士	1 177.76	3.65
加拿大	1 647.32	5.10			
合　计				**28 430.70**	**88.08**

【利用外资】

青海省2010年利用外资情况表

利用外资方式	批准签订的合同			实际利用外资	
	项目数（个）	外资金额（万美元）	金额比上年增长（%）	金额（万美元）	金额比上年增长（%）
外商直接投资	**17**	**31 658.02**	**2.70**	**2 193**	**2.00**
合资企业	9	3 206.13	-88.08	2 085	-89.35
外资企业	8	28 451.89	632.47	19 845	556.90
合　计	**17**	**31 658.02**	**2.70**	**2 193**	**2.00**

外商直接投资行业　生产型项目11个，非生产型项目6个。按行业分，农林牧渔业1个，制造业10个，住宿和餐饮业3个，其他行业3个。

外商直接投资来源　外商直接投资来自香港地区和英属维尔京群岛、比利时、波兰、日本、德国、美国。

青海省2010年外商直接投资来源情况表

国别（地区）	项目数（个）	合同外资额（万美元）	国别（地区）	项目数（个）	合同外资额（万美元）
香　港	8	21 128.71	日　本	1	56.53
英属维尔京群岛	1	10 058.58	德　国	1	73.23
比利时	1	256.13	美　国	4	11.34
波　兰	1	73.50			
合　计				**17**	**31 658.02**

【对外经济合作】

对外投资　2010年在海外举办企业2个，投资总额700万美元，投资国别和地区主要是马来西亚、老挝，主要项目是矿产资源开发。截至2010年，对外投资存量6 173万美元。

承包工程和劳务合作　签订对外承包工程和劳务合作合同项目9个，合同金额1 995.8万美元，比上年的457.7万美元增长336%；完成营业额1 185.7万美元，比上年的507.17万美元增长133%；当年派出劳务人员57人，年末在外人数51人，派往的主要国家是日本、利比亚、蒙古、沙特等；承包工程的主要项目是：农业种植、机械加工、住房建设和采矿项目。

对外经济技术援助　在青海举办了发展中国家自然保护区管理与保护技术培训班，来自非洲地区10个国家的21名学员参加了培训。

接受经济援助　接受国际经济组织及双边援助项目9个，项目涉及卫生、教育、环保、扶贫、救灾等领域，受援金额1 014.3万美元，所有项目均在实施当中。

【其他】

经济技术开发区　2010年，西宁国家级经济技术开发区投资73亿元，实施基础设施建设项目5项。完成工业项目投资54亿元，新建和续建工业项目35项，比2009年增长30%。园区现有外商投资企业11家，2010年实际利用外资6 000万美元，完成进出口总额1.5亿美元，其中出口总额1.5亿美元，比2009年增长55%。

商务洽谈会　2010年6月20日—23日，由商务部、青海省政府、西藏自治区政府共同主办的2010年青海藏毯国际展览会在西宁国际展览中心举办。国内外参展参会客商4 000余人，展会共实现成交额5 860万美元，现货交易4 650万元人民币，比上届分别增长21.3%和55%。

2010年10月29日—11月7日，由商务部、北京市政府、青海省政府支持，北京市商务委员会、青海省商务厅主办的2010北京青海省商品大集活动在北京海淀区金源新燕莎商场举办。此次大集活动确定了“大美青海，绿色消费”的主题，全省71家优秀企业的7大类300余个品种参展，累计实现现场销售505.1万元，签约金额1 031万元。

涉外旅游　2010年入境的境外人数为4.67万人，比2009年的3.61万人增长29.4%；旅游外汇收入2 044.9万美元，比上年的1 542.4万美元增长32.6%。

2010年宁夏回族自治区商务发展概况

宁夏回族自治区商务厅

宁夏回族自治区商务厅厅长

黑良杰　生于1948年3月，山东省人，回族。1976年毕业于北京大学无线电系水声物理专业。中共党员。曾在北京大学、国务院上海经济区规划办公室、中国新兴集团总公司、中国四达国际经济技术有限公司、最高人民法院任职。2001年7月到宁夏回族自治区对外贸易经济合作厅工作。现任宁夏回族自治区商务厅厅长、党组书记。

【国内贸易】

消费品市场　1. 市场规模扩大，零售总额稳步增长。2010年全区实现社会消费品零售总额403.6亿元，比上年增长19%，高于全国增速0.6个百分点。分季度看，一季度92.8亿元，二季度94.5亿元，三季度106.5亿元，四季度109.8亿元，同比分别增长18.4%、19.1%、19%和19.4%。全年有6个月增速在19%或以上，呈现出消费品市场繁荣高速增长的趋势。

2. 城市消费旺盛，乡村消费稳步提高。随着自治区沿黄城市带、黄河金岸建设的推进，自治区城市化进程加快，城市消费环境不断改善，城市的集聚、辐射功能对全区消费品市场的带动作用愈来愈明显。2010年，城镇实现消费品零售额366.3亿元，比上年增长19.7%，高出全区社会消费品零售总额0.7个百分点，拉动全区社会消费品零售总额增长17.8个百分点。已连续实施3年的“万村千乡市场工程”和连续实施2年的“家电下乡”等惠农政策，极大的改善了农村消费环境，拉动了农村消费的增长。2010年，乡村实现消费品零售额37.3亿元，同比增长12.4%。

3. 批发、零售势头强劲，热点商品持续旺销。2010年，自治区批发零售业又有华润万家、北京物美、苏宁电器、世纪金花等国内知名大型零售企业抢滩入驻，壮大了批零行业的实力。批发零售企业积极顺应市场需求，适时调整商品结构和营销策略，开展各种促销活动，有效的推动了消费品市场持续快速发展。2010年，批发和零售贸易业实现零售额337.6亿元，同比增长20.1%，占社会消费品零售总额的83.6%，对全区社会消费品总额的贡献率达87.6%。从全区限额以上企业（单位）商品零售类值看，吃、穿、用类商品均保持稳定增长的趋势。吃类商品增长29.5%，穿类商品增长23.5%，用类商品增长33.2%；另外，提高群众生活质量的商品，如家用电器类、化妆品类和金银珠宝类零售额分别增长19.4%、23.4%和36.7%。

4. 假日经济集中消费作用明显，节日市场亮点纷呈。2010年“春节”、“国庆节”黄金周，“元旦”、“五一”等传统节日以及开斋节、古尔邦节、圣诞节、情人节等节日，均掀起了消费热潮。商家尽显身手，千方百计挖掘节日市场潜力，使市场亮点纷呈。每逢节假日商场人气旺盛，客流量成倍增加，销售量也大幅增长。2010年，商务厅重点监测的几大商场、超市，“元旦”销售同比增长23.8%，“春节”销售同比增长14.1%；吃、穿、用商品全面旺销，家用电器、珠宝首饰、服装鞋帽类等销售大幅增长；礼仪消费始终渗透于节日之中，名烟名酒、保健滋补品等成为节日市场居民青睐的重要礼品。

5. 汽车消费成为一大热点。2010年，国家继续实施小排量汽车购置税优惠、汽车摩托车下乡、汽车以旧换新、二手车交易市场和报废汽车回收拆解企业升级改造等一系列促进消费的政策措施，自治区汽车消费市场全年呈现持续高速增长的态势。2010 年，汽车类零售额比上年增长 44.2%，拉动全区社会消费品零售总额增长 5.3 个百分点，石油及制品类零售额比上年增长 45%。

6. CPI 涨幅扩大，生活必需品价格走高。2010 年 3 月，自治区居民消费价格指数同比突破 3% 的警戒线，继而连续扩大，11 月份创下 7.1% 的最高值。食品类价格特别是部分农产品价格上涨成为推动 CPI 上涨的主要力量。农产品中，粮食（零售）、肉类（批发）和蔬菜（农贸）价格与 2009 年相比分别上涨了 16.8%、5.6% 和 20.9%。食用油（零售）价格同比下降 1.5%。主要是蔬菜、粮食价格涨幅较大，肉类价格 2009 年上涨后，一直持续在高位运行，2010 年 6 月、7 月份价格回落，四季度又有小幅攀升。从整体来看，全年全区生活必需品市场的供求基本平衡，主要产品供应充足。下半年出现的蔬菜、粮食等商品价格上涨，影响了低收入群众的生活。国务院研究并下发了 26 号文件，采取 16 项控制物价、保障供应措施，自治区人民政府也采取了一系列措施稳定物价。在中央和地方出台的各项措施组合拳的作用下，物价上涨势头得到了遏制，年底物价总水平有所降低。

商贸服务业　一是完善城市生活服务体系，扩大居民消费需求。努力做好“清真主食加工配送工程”工作。支持自治区 4 家实施企业加大了硬件投资建设，其中宁夏阳光那波里有限公司新建的 10 000 平方米的“清真餐饮主食加工配送中心”。宁夏敬义泰投资新建的 8 500 平方米的清真餐饮主食加工配送中心、宁夏曼苏尔投资新建的 5 000 平方米的清真餐饮主食加工配送中心和固原瑞丰工贸有限公司投资新建的 34 000 平方米的清真餐饮主食加工配送园都已全部开始运营，2010 年宁夏敬义泰清真食品有限公司等四家清真餐饮主食加工配送工程实施企业共新增配送网点 112 家，其中：宁夏敬义泰清真食品有限公司新增 60 个，宁夏夏固原瑞丰工贸有限公司新增 34 个，宁夏曼苏尔清真食品有限公司新增 16 个，宁夏阳光那波里餐饮连锁管理有限公司新增 2 个。

二是培育商业发展新模式，努力推动便利店建设。2010 年共新建便利店 122 家。其中，新华百货连锁超市有限公司 15 家，宁夏天天鲜蔬菜果品有限公司 20 家，宁夏领鲜农产品销售公司 18 家；石嘴山市华欣百货商厦有限公司 8 家，石嘴山市人民商场有限公司 7 家；吴忠市三郎果蔬配送中心 5 家；中卫市荣盛超级市场有限公司建 24 家；固原中山食品连锁有限任公司 15 家，固原味园商贸有限责任公司 10 家。

三是继续实施“三便民一推动工程”，积极培育家政服务网络体系建设。2010 年宁夏利安科技有限公司新增便民网点 220 个，其中银川市 93 个，石嘴山 31 个，吴忠 46 个，中卫 29 个，固原 21 个。可实现中国移动电子卡缴费、中国电信营账缴费、中国电信电子卡缴费、中国联通营账缴费、中国联通电子卡缴费、中国铁通营账缴费、中国网通电子卡缴费、自来水缴费、机票预定、鲜花蛋糕预定、家政服务预订、福利彩票等 12 项内容。

四是强化成品油市场管理，组织完成“黄河金岸”和“十二五”成品油分销体系规划。下发了关于五市商务主管部门制订《2010—2015 年加油站行业发展规划》的通知，全年共完成审批新建 6 座、迁建 6 座、改扩建加油站 5 座、新建油库 2 座，扩建油库 1 座。

五是抓会展促消费，做好走出去、引进来工作。组织自治区 13 家食品企业参展中国（宁波）食品博览会，组织自治区 63 家流通企业参加了“北京宁夏商品大集”系列活动。

六是推进再生资源分拣体系建设，做好再生资源回收备案登记工作。2010 年元月 8 日商务部正式批准了自治区 2 家再生资源回收分拣试点单位（宁夏供销社再生资源回收有限公司、银川市金泰物资回收有限公司），并于 10 月份确定银川市为全国再生资源回收体系建设试点城市。

七是提升流通领域现代物流管理水平。继续落实《商贸物流专项规划》，在多方努力和协调下，商务部于 2 月 26 日正式批准银川市为流通领域现代物流示范城市。积极推动城市物流配送中心的发展，鼓励发展绿色物流和第三方物流共同配送。

八是全面推动家电以旧换新工作。召开全区家电以旧换新工作会议，制定了宁夏家电以旧换新邀标方案和宁夏家电以旧换新实施细则。目前，已有 4 家重点零售商场作为双中标企业，确定了宁夏亿能再生资源回收公司为宁夏家电以旧换新拆拣处理企业。

市场体系建设　一是深入实施农村市场体系建设工程，改造提升标准化农家店 500 个，配送中心 20 家。2010 年，商务厅继续巩固和提高“万村千乡市场工程”成果，加大农家店及配送中心建设改造力度，全年完成新建或改造提升标准化农家店620个，其中生态移民区建设农家超市20个，配送中心22个，其中日用百货配送中心9个，农资配送中心13个。一个覆盖全区各市县（区）乡村的现代日用消费品连锁经营网络和农产品、农资流通服务网络基本建立。

二是继续全面落实自治区现代农村市场体系建设发展规划，千方百计争取各部门资金，凝聚社会力量，形成现代农村市场体系建设合力，在2009年的基础上，扶持了宁夏国际农产品和穆斯林商贸物流中心、银川物流港冷链交易中心等6家自治区一级农产品综合批发市场；支持新建或改造了石嘴山市大武口区百花市场等20家农贸市场、宁夏东旺农牧产品有限公司清真牛羊肉冷链配送中心等23个冷链系统。

三是继续实施“家电下乡工程”，进一步扩大补贴品种，全年销售下乡产品超过8万台（部），销售额达到2亿元。继续认真贯彻落实国家及自治区有关政策规定，进一步加大宣传力度，强化监督检查，简化补贴兑付程序，在2009年9大类12个家电下乡补贴品种的基础上，新增燃气灶作为自治区家电下乡补贴品种。

四是继续扶持培育农产品骨干流通企业、农村专业经济合作组织、农超对接特色优势生产基地，建设农产品外埠销售窗口，扶持农产品品牌建设。以设施蔬菜、水果、清真牛羊肉、枸杞、马铃薯、硒砂瓜、大米、食用油、牛奶、花卉、水产品、葡萄、红枣等十三个特色优势农产品为重点，建立了2010年市场体系建设项目库，确定并下达了20家农产品骨干流通企业、20家农村专业合作经济组织、5家农超对接、13家外埠销售窗口、5家农产品品牌建设企业或项目。

五是整顿和规范流通市场秩序，加强对拍卖、典当、二手车、报废汽车拆解的行业管理。

六是抓好3个商务综合行政执法试点，加强商务领域信用体系建设。加快3个商务综合行政执法试点工作。督促指导石嘴山、吴忠、固原3市商务主管部门加快12312商务举报投诉服务中心建设进程。积极倡导企业开展诚信经营示范创建活动，下发了《关于开展2010年“诚信兴商宣传月”活动的通知》。

【对外贸易】

内陆开放　经过不懈努力，创办“中国·阿拉伯国家经贸论坛”最终获国务院批准并于9月26日—30日在银川成功举办，大会盛况空前、规模宏大、层次较高、内涵丰富、主题突出、特色鲜明、影响广泛、成绩斐然，是宁夏历史上首次举办中国和阿拉伯国家之间经贸领域最高级别、最具影响力的国际性经贸盛会，掀开了宁夏发展内陆开放型经济的新篇章。同时，自治区党委、人民政府出台了《关于发展宁夏内陆开放型经济的意见》，为自治区发展内陆开放型经济奠定了基调，指明了方向。

进出口　按照拓市场、调结构、促平衡的总体要求，认真贯彻落实稳外需的各项政策措施，建立了宁夏商务系统内外贸发展项目库，共收集了七大类35小类427个内外贸发展项目，进一步提高了出口信保覆盖率，建立了重点进出口企业监测平台，扩展了监测样本企业，加大了企业开拓国际市场的支持力度，重点扶持和培育出口创新基地建设，突出调整优化出口商品结构，建设公共研发和公共检测平台，确定了30户高新技术产品、机电产品、羊绒及其制品和特色农产品出口重点企业，对外贸易实现了快速恢复。全年实现进出口总额19.60亿美元，比上年增长63.2%。其中，出口总额11.70亿美元，增长57.5%；进口总额7.90亿美元，增长72.3%。全年高新技术产品出口3.82亿美元，比上年增长31.6%，占全区出口总额的32.6%；机电产品出口1.31亿美元，增长50.2%；碳化硅出口增长2倍；金属镁、钽铌铍及制品和铁合金出口分别增长87.6%、79.9%和59.3%。

【利用外资】

认真落实利用外资工作的政策措施，努力改善投资环境，稳定外商投资信心，把利用外商投资作为促进自治区产业结构调整，发展新型工业化的重要推动力，确定了充分利用宁夏能源、资源、特色农业和清真产业等方面的优势，加强与世界知名企业的联系，积极争取更多的大项目投资落户宁夏。同时，依托自治区“五大工业园区”和“十大特色产业园区”，充分利用参加国际国内知名展会的机遇，不断加大对自治区优势产业的推介宣传力度，积极组织产业推介活动。全年实际利用外资2.32亿美元，比上年增长63.4%，其中，实际利用外商直接投资0.81亿美元，比上年增长15.7%。2010年全区新批准外商直接投资项目25个，合同外资金额2.84亿美元。其中，制造业签订利用外商直接投资项目11个，合同额0.91亿美元。截至

2010年底，全区注册登记外商投资企业累计达到165家。其中，中外合资企业占37.6%。

【对外经济合作】

努力扩大国际经济合作，积极申请国际多双边无偿援助项目，稳步实施“走出去”战略，开展了贯彻落实《对外承包工程管理条例》的专项检查工作，制定了《自治区境外产品销售中心管理办法》，积极支持企业在境外设立宁夏产品销售窗口，推动宁夏乐义国际农业发展有限公司投资674万美元收购了具有800多年经营历史的欧洲知名企业德国海涅公司。2010年，全区共新设立境外投资企业8家，分别为宁夏产品阿联酋（迪拜）销售中心（有限公司）、德国乐海有限责任公司、大世界集团（香港）有限公司、越南光隆盛公司、蒙古新蜂蜜公司、宁夏西部皮草有限公司伊斯坦布尔产品销售中心、日本中银国际股份有限公司、玛克玛莉有限公司，投资额共计1 335.6万美元。境外投资企业增资两家，分别为邓肯有限公司、凯瑞特乌干达有限公司，增资额共计1 805万美元。两项总计共10家，同比增长100%，投资总额3 153.52万美元，为2009年全年的8倍。

2010年对外承包工程及外派劳务两项总计新签合同份数97份，同比下降15%；新签合同额3 246万美元，同比增长29.5%；总计完成营业额1 851万美元，同比增长1.3%；总计派出453人，增长88.8%；总计月末在外人数778人，同比增长62.1%。

2010年新疆维吾尔自治区商务发展概况

新疆维吾尔自治区商务厅

和宜明

新疆维吾尔自治区
商务厅厅长

和宜明　1957年4月生于新疆乌鲁木齐，在职研究生，硕士学位。1984年5月入党。曾任工人、技术员、共青团乌鲁木齐市委书记、副厂长、区委书记、区长、乌鲁木齐市委常委、宣传部长、市委副书记、常务副市长，新疆维吾尔自治区党委宣传部副部长（厅长级）等。2007年3月任新疆维吾尔自治区对外贸易经济合作厅厅长，2009年4月任新疆维吾尔自治区商务厅厅长。

【国内贸易】

社会消费品零售总额　2010年新疆维吾尔自治区社会消费品零售总额1 324.48亿元，比上年的1 177.53亿元增长17.1%。按地域分，城镇1 181.27亿元，增长17.4%；乡村143.21亿元，增长14.9%。按行业分，批发业112.29亿元，零售业1 044.33亿元，住宿业21亿元，餐饮业146.85亿元。

市场物价　商品零售价格指数为104.6，其中城市103.9，农村106.4；居民消费价格指数为104.3，其中城市103.6，农村105.8。

市场秩序建设　2010年，新疆商务领域市场监管体系建设工作中，进一步推动“市场监管公共服务体系”建设，加大市场监管力度，积极推动国家、自治区试点的乌鲁木齐市、伊犁州、塔城地区等3个地州市，昭苏县、额敏县、昌吉市等19个县市的12312举报投诉服务体系建设，落实国家、自治区财政补贴资金近550万元，带动9个地州、68个县市商务主管部门启动建立、完善执法队伍建设工作，其中专业执法队伍45个，综合执法队伍23个，专兼职执法人员达500余人。组建商务综合执法队伍和12312商务举报投诉服务中心，落实由财政全额拨款的经费来源，落实在编

4—8人的专职执法人员，做到持证上岗，使商务执法与12312举报投诉服务中心都有相对应的机构、编制、人员；举报投诉办结率达到了60%—80%。全年全区各级商务主管部门会同相关部门共组织出动检查执法人员17.1万人次，执法车辆5.7万余台次，检查畜禽屠宰、酒品销售、肉品销售和餐饮企业13.5万人次，查获含瘦肉精肉品2 377公斤，查获注水肉842.82公斤，查处私屠滥宰窝点109个，查获违规屠宰肉品6 615公斤，检查定点屠宰企业766次，改造不合格定点屠宰企业120个，检查肉品加工和餐饮流通企业2 585次，处理违法违规涉案人员1 314次，罚没款181 504元；查获伪劣酒品6.9万余瓶，罚没款近750万余元，取消47家畜禽屠宰、拍卖、酒类、报废汽车回收拆解等企业的行政许可。

市场体系建设 2010年，以“万村千乡市场工程”、“农产品现代流通综合试点”、农超对接为抓手，加大市场基础设施投入改造，加快经济结构调整，转变经营方式，着力推进城乡现代流通网络体系建设。目前，全区多元化的市场竞争格局已经形成，多样化的市场流通形式和新型业态不断出现，流通现代化水平显著提高，市场的法律制度逐步完善，初步形成了有形市场和无形市场、批发市场与零售市场、城市市场与农村市场共同发展的商品市场体系。全区共有16家“万村千乡市场工程”承办企业建设改造2 000个农家店和38个配送中心，建设完成300个标准高、管理规范的示范农家店，带动了农村流通基础设施升级，扩大了农村市场消费结构升级。实施农产品现代流通综合试点，支持农产品批发市场和农贸市场基础设施的升级改造、开发建设，推进大型连锁超市、流通龙头企业与农村专业合作社开展“农超对接”，引导电子商务、直销便利店等新型流通方式发展，加快农产品流通产业化进程，促进城乡农产品流通科学发展。认真履行监管责任，切实加强典当、拍卖、融资租赁、直销、汽车管理等行业监管和指导，提升了行业整体发展水平，进一步规范市场经济秩序，促进了行业健康发展。

商贸服务管理 2010年，围绕城市商贸服务体系建设，以解决民生，惠及百姓为目标，研究制定商贸服务业发展的“十二五”规划，提出推进新疆餐饮业跨越式发展指导意见。认真组织自治区党委安排的“餐会”工作，积极指导餐饮企业创新思路，进一步推进自治区餐饮行业健康有序发展；落实国家家电以旧换新政策，组织全疆15个地、州、市，兵团各师商务（财政）主管部门相关负责人、家电以旧换新中标企业共120余人参加全疆家电以旧换新工作业务培训班。截至2010年全区家电回收销售近5万台；抓好再生资源利用，完善城市循环经济体系建设，乌鲁木齐市被商务部列为再生资源回收利用体系建设试点城市，库尔勒市万方再生资源回收利用有限公司被列为区域性大型再生资源回收利用基地建设试点企业，共取得项目资金5 400万元；配合自治区解决零就业家庭计划，开展家政服务工程。2009至2010年，由企业（机构）申请，经各地州市商务、财政、工会联合审核上报，自治区商务厅、财政厅、总工会共同认定，分两批次，先后确定15家家政服务培训机构和1家家政服务网络中心建设单位。2010年新疆共培训家政服务人员4 000多人次，争取商务部家政培训补贴资金500万元；积极组织做好国内会展，重点组织新疆企业参加了由商务部重点支持的展会，如中国东盟博览会、中国—烟台糖酒食品博览会、中国食品博览会、中国绿色食品博览会等，在疆内，会同有关部门主办了中国厨师节、乌苏啤酒节、新疆旅游美食文化巡回展、新疆首届婚庆用品节、新疆亚欧汽车工业博览会、第二届新疆冬季购车节暨首届时尚生活展等重点会展，对拉动内需、促进消费起到了重要作用；2010年，基本实现商务领域节能减排工作总体目标：实现商贸领域能耗率比“十五”期末降低20%。具体为：批发零售业实现万元营业额能源消耗降低20%；住宿餐饮业实现万元营业额节电18%、节水15%的目标；商贸物流业发展迅速，以连锁经营、物流配送、电子商务为代表的现代流通方式发展迅猛，新疆物流连锁经营网点已超过10 000个，实现销售收入占社会消费品零售总额的比重达到20%。到2010年底，全区规模以上独立核算物流企业714家，就业人数近30万人，88个物流配送中心。

市场运行调节 全年社会消费品零售总额实现1 324亿元，同比增长17.1%。进一步加大对涉及批发、零售及超市等22个行业7种业态的市场运行监测力度，优化样本企业，增加样本数量，全区监测样本企业达到615家；在特殊时期和重大节日期间启动粮食、食用油、肉类、禽蛋等11类、44种商品的市场监测日报制度，及时发布市场供求信息，正确引导社会预期。建立健全重要商品储备体系，安排下达了自治区地方储备肉计划，确定了13家自治区储备肉承储企业，并检查监督储备肉品保质保量入栏入库，确保“储得住，管得好，调得动，用得上”；组织投放中央、地方两级储备牛羊肉4 460吨，及时收储地方储备猪肉2 300吨，积极协调落实蔬菜、禽蛋、豆制品等重要生活必需品货源和商业储备，满足市场需求，有效平抑了肉、菜等食品价格过快上涨势头。采取紧急保供措施，组织调运1万吨蔬菜，协调追加6万吨柴油、汽油，积极应对年初塔城、阿勒泰等地遭受特大冰雪灾害和2009年入冬以来柴油紧张的状况，极大地缓解了市场供需矛盾。投资1 300万元的北京新发地新疆名优特农产品展销大厅开业运营，组织开展冬季新疆农产品网上购销对接会，安排落实春茧秋茧收购工作，组织新疆企业参与海南农产品流通综合试点，推动大型农产品批发市场、零售企业与生产地建立产销衔接机制，建立起长期稳定的销售渠道和网络，促进农产品生产和流通。市场监测和调控能力不断增强，为抑制通胀、保障市场平稳运行奠定了坚实的基础。

【对外贸易】

进出口总额 进出口总额 171.28 亿美元，比上年的 138.28 亿美元增长 22.8%。

出口总额 出口总额 129.70 亿美元，比上年的 108.23 亿美元增长 18.6%，占全区 GDP 5 418.81 亿元（相当于 813 亿美元）的 15.9%，占全国出口总额（15 779.3 亿美元）的 0.82%。其中，一般贸易出口 20.89 亿美元，比上年的 16.81 亿美元增长 23.5%；加工贸易出口 3.04 亿美元，比上年的 3.22 亿美元下降 5.7%；边境小额贸易出口 76.75 亿美元，比上年的 75.42 亿美元增长 0.7%；其他贸易出口 29.02 亿美元，比上年的 12.78 亿美元增长 127%。

出口商品结构 初级产品出口额 94 937 万美元，占出口总额的 7.3%；工业制成品出口额 1 201 940 万美元，占出口总额的 92.7%。

出口商品市场 出口商品销往 158 个国家（地区）。

新疆维吾尔自治区 2010 年主要出口市场情况表

国别（地区）	出口金额（万美元）	同比增减（%）	占出口总额比重（%）
哈萨克斯坦	682 821	28.5	52.6
吉尔吉斯斯坦	258 836	-12.4	20.0
塔吉克斯坦	106 057	22.4	8.2
阿塞拜疆	35 472	79.4	2.7
俄罗斯联邦	35 348	69.9	2.7
蒙　古	24 908	367.7	1.9
乌兹别克斯坦	22 966	-9.6	1.8
巴基斯坦	12 534	-36.8	1.0
土库曼斯坦	10 989	75.9	0.8
苏　丹	8 310	26.8	0.6
合　计	**1 198 241**	—	**92.3**

新疆维吾尔自治区 2010 年出口额 4 000 万美元以上商品情况表

金额分类	商品名称	出口金额（万美元）	同比增减（%）	占出口总额比重（%）
5 亿美元以上	服装	472 854	25.8	36.5
	机电产品*	221 999	24.9	17.1
	鞋类	155 524	16.3	12.0
	纺织制品	135 529	7.6	10.4
	农产品*	85 244	6.6	6.6
1 亿—5 亿美元	番茄酱	41 574	-1.4	3.2
	汽车零件	37 696	48.0	2.9
	玻璃制品	26 943	30.3	2.1
	钢材	25 290	43.8	1.9
	箱包	23 093	45.1	1.8
	塑料制品	19 635	-2.3	1.5
	汽车	19 412	43.2	1.5
	鲜、干水果	18 700	20.4	1.4
	家具	15 602	-8.1	1.2
	初级聚氯乙烯	13 436	56.9	1.0
	高新技术产品	10 686	21.1	0.8
	灯具、照明装置	10 375	26.2	0.8

新疆维吾尔自治区2010年出口额4 000万美元以上商品情况表（续）

金额分类	商品名称	出口金额（万美元）	同比增减（%）	占出口总额比重（%）
4 000万—1亿美元	蔬菜	8 737	63.1	0.7
	铝及铝材	7 466	3.3	0.6
	焦炭	6 479	251.1	0.5
	塑料编织袋	4 298	22.9	0.3

*机电产品、农产品：包括本目录已具体列名的机电产品、农产品。

进口总额 进口总额41.59亿美元，比上年的30.04亿美元增长38%。其中一般贸易进口15.46亿美元，比上年的12.87亿美元增长19.6%。加工贸易进口0.23亿美元，比上年的0.25亿美元下降10.3%。边境小额贸易进口23.67亿美元，比上年的15.74亿美元增长49.9%。其他贸易进口2.23亿美元，比上年的1.18亿美元增长88.4%。

进口商品结构 初级产品进口额293 581万美元，占进口总额的70.7%；工业制成品进口额122 037万美元，占进口总额的29.3%。

进口商品市场 进口商品来自76个国家（地区）。

新疆维吾尔自治区2010年主要进口市场情况表

国别（地区）	进口额（万美元）	同比增减（%）	占进口总额比重（%）
哈萨克斯坦	243 097	46.8	58.5
乌兹别克斯坦	39 174	187.9	9.4
俄罗斯联邦	21 541	104.6	5.2
德　国	19 246	-11.4	4.6
美　国	16 574	-12.2	4.0
芬　兰	15 620	24.9	3.8
日　本	10 864	34.6	2.6
吉尔吉斯斯坦	6 889	52.0	1.7
韩　国	6 539	-50.4	1.6
意大利	4 233	-39.4	1.0
合　计	**383 777**	—	**92.4**

新疆维吾尔自治区2010年进口额4 000万美元以上商品情况表

金额分类	商品名称	进口额（万美元）	同比增减（%）	占进口总额比重（%）
1亿美元以上	原油	166 080	71.3	39.9
	机电产品*	70 028	-3.3	16.8
	农产品	47 284	164.4	11.4
	铁矿砂	43 287	41.8	10.4
	棉花	36 715	348.3	8.8
	高新技术产品	29 507	8.9	7.1
	计量检测分析仪器	24 932	85.8	6.0
	钢材	17 549	-47.2	4.2
6 000万—1亿美元	成品油	9 552	89.6	2.3
	废金属	7 164	19.2	1.7
	铬矿砂	6 745	275.3	1.6
4 000万—6 000万美元	纺织机械	5 300	248.7	1.3
	初级塑料	4 432	-22.7	1.1

*机电产品：包括本目录已具体列名的机电产品。

新疆维吾尔自治区2010年出口前10位外贸企业

企业名称	出口额（万美元）	同比增减（%）	占新疆出口总额比重（%）
新疆三宝实业集团有限公司	89 970.7	24.3	6.9
霍尔果斯荣达商贸有限公司	47 407.0	108.9	3.7
昌吉德鲁克经贸有限责任公司	43 075.4	-2.5	3.3
新疆奇台西旅有限责任公司	36 015.6	-19.4	2.8
新疆野马经贸有限公司	35 173.4	-23.1	2.7
霍尔果斯兴边商贸有限公司	26 074.0	142.4	2.1
新疆伊犁恒信国际贸易物流有限责任公司	24 724.9	34.4	1.9
新疆国瑞经贸有限公司	22 643.3	34.9	1.7
新疆联合国际贸易有限公司	22 362.8	16.0	1.7
塔什库尔干县切斯纳进出口有限公司	21 139.8	43.9	1.6

新疆维吾尔自治区2010年进口前10位外贸企业

企业名称	进口额（万美元）	同比增减（%）	占新疆进口总额比重（%）
霍尔果斯中石油国际事业有限公司	169 254.6	74.6	40.7
新疆八钢国际贸易股份有限公司	54 154.8	8 188.6	13.0
新疆金风科技股份有限公司	27 642.0	42.7	6.6
新疆农资集团北疆农佳乐有限责任公司	14 683.0	10 932.5	3.5
特变电工股份有限公司	12 485.2	-50.4	3.0
新疆万达有限公司	5 301.5	3.2	1.3
新疆天业（集团）有限公司	4318.2	1 235 423.4	1.0
新疆天盛纱业有限公司	4 228.9	224.9	1.0
乌鲁木齐高新技术产业开发区进出口公司	4 122.2	-55.1	1.0
美克国际家具股份有限公司	3 896.8	111.8	0.9

边境贸易　2010年，新疆边境小额贸易进出口额100.42亿美元（不含0139方式出口29.02亿美元），比上年的91.162亿美元增长9.2%，占全区进出口总额的58.63%。其中，边境小额贸易出口额76.75亿美元，比上年的75.42亿美元增长0.7%。出口的主要商品：服装、机电产品、鞋类、纺织品、农产品、番茄酱、汽车零件、玻璃制品、钢材、箱包等。边境小额贸易进口额23.67亿美元，比上年的15.74亿美元增长49.9%。进口的主要商品：原油、机电产品、农产品、铁矿砂、棉花、高新技术产品、计量仪器、钢材、成品油、废金属等。

技术进出口　2010新疆技术进出口总额6 652.87万美元，比上年的6 515.18万美元增长2.1%；签订引进技术和进口设备合同项目18个（国别地区分别为卢森堡1个、德国8个、丹麦3个、瑞典1个、开曼群岛1个、美国4个），比上年的10个增长80%。合同金额6 410.53万美元，比上年的230.15万美元增长2 685.37%。签订技术出口合同项目1个，比上年的2个减少50%。合同金额242.34万美元，比上年的6 285.03万美元下降96.14%。

【利用外资】

概况　2010年新疆维吾尔自治区累计新批外商投资项目59个，同比增长7.27%，合同外资金额30 091万美元，同比下降35.98%，实际利用外资金额23 742万美元，同比增长10.07%。“十一五”期间新疆实际利用外资年均增长率为37.86%。

2010年新疆维吾尔自治区外商投资企业进出口额合计35 518万美元，同比增长29.88%；出口17 872万美元，同比增长17.06%；进口17 645万美元，同比增长46.08%。

新疆维吾尔自治区2010年利用外资情况表

利用外资方式	批准签订的合同			实际利用外资	
	项目数（个）	外资金额（万美元）	金额比上年增加（%）	金额（万美元）	金额比上年增加（%）
外商直接投资	**59**	**30 091**	**-35.98**	**23 742**	**10.07**
合资企业	28	8 988	1.34	7 991	105.42
合作企业	3	2 880	-58.59	752	-69.18
外资企业	28	9 070	-69.68	14 571	1.55
股份有限公司		9 153	627.58	428	-52.02

外商直接投资行业 外商投资交通运输、仓储业增长迅速，制造业仍为外商投资重点。交通运输、仓储业5个项目，合同外资14 535万美元，实际利用外资4 513万美元；制造业18个项目，合同外资6 664万美元，实际利用外资7 888万美元；采矿业2个项目，实际利用外资6 294万美元。具体行业为：农、林、牧、渔业3个，采矿业2个，制造业18个（其中化学原料及化学品制造业4个、通用设备制造业1个、专用设备制造业1个），电力、燃气及水的生产和供应业2个，交通运输、仓储和邮政业5个，批发和零售业19个，住宿和餐饮业4个，租赁和商业服务业4个，科学研究、技术服务和地质勘查业1个，居民服务和其他服务业1个。

外商直接投资来源 2010年共有15个国家和地区来新疆维吾尔自治区投资。香港投资28个项目，合同外资金额19 091万美元，实际利用外资金额12 683万美元，各项数据在各投资地区排名均居首位。其他主要有：澳门项目2个，合同外资金额145万美元；马来西亚1个，4万美元；韩国4个，30万美元；土耳其2个，129万美元；比利时1个，24万美元；哈萨克斯坦8个，1 114万美元；吉尔吉斯斯坦4个，95万美元；俄罗斯1个，4万美元；乌兹别克斯坦3个，43万美元；英属维尔京群岛2个，2 263万美元；加拿大1个，-135万美元；美国1个，12万美元；澳大利亚1个，670万美元（注：总项目数59个，其分国别（地区）统计时为62个，多出的3个项目是1个项目有2个国家投资，统计时重复产生）。

【对外经济合作】

对外投资 新批境外投资项目46个（其中增资项目7个，新设项目39个），协议投资总额49 112.75万美元，比上年的28 619万美元增长71.61%，其中中方协议投资47 809.22万美元，比上年的25 913万美元增长84.5%。46个项目分布在欧洲、亚洲、北美洲、非洲和澳洲的15个国家，分别是：卢森堡1个，德国1个，格鲁吉亚1个，吉尔吉斯斯坦8个，哈萨克斯坦15个，中国香港5个，乌兹别克斯坦5个，塔吉克斯坦3个，泰国1个，阿联酋1个，蒙古1个，美国1个，利比亚1个，尼日利亚1个，澳大利亚1个。

截至2010年，新疆对外投资存量为82 265万美元。

承包工程和劳务合作 新签对外承包工程合同54个，新签合同额46 948万美元，比上年的14.7亿美元下降68.1%；完成营业额62 945万美元，比上年的44 890万美元增长40.2%，在全国排第20位；对外承包工程项下累计派出各类劳务5 122人，比上年减少170人；年末在外劳务2 973人，比上年增加1 614人。新签的对外承包工程合同主要分布在亚洲、非洲的8个国家，分别是蒙古、哈萨克斯坦、乌兹别克斯坦、塔吉克斯坦、吉尔吉斯斯坦、埃及、中非共和国和苏丹；完成的工程营业额主要分布在亚洲、非洲、欧洲和大洋洲的16个国家，分别是蒙古、沙特阿拉伯、哈萨克斯坦、阿拉伯联合酋长国、土库曼斯坦、乌兹别克斯坦、塔吉克斯坦、吉尔吉斯斯坦、赤道几内亚、中非共和国、莫桑比克、尼日尔、尼日利亚、苏丹、阿塞拜疆和密克罗尼西亚联邦。

对外经济技术援助 2010年，按照外交部、商务部的安排部署，新疆维吾尔自治区分别对乌兹别克斯坦和吉尔吉斯斯坦实施了紧急人道主义无偿援助，其中对乌兹别克斯坦实施援助1次，对吉尔吉斯斯坦实施援助2次。

承担其他援外项目数3个：

2010年9月7日—27日，商务部主办，新疆商务合作交流中心承办“上海合作组织交通道路建设规划与工程管理研修班”。来自俄罗斯、哈萨克斯坦、吉尔吉斯斯坦、塔吉克斯坦、乌兹别克斯坦等上海合作组织成员国的25名学员参加了本次研修活动。期间在中国新疆乌鲁木齐对各国官员进行俄语授课，研修活动以课堂讲座和参观考察为主。讲座内容包括：中国国情介绍、区域交通发展规划与经济发展、新疆物流发展现状与趋势、新疆冬季防雪保交通的基本经验、新疆公路工程建设管理的基本经验、新疆沙漠地区公路建设技术的研究与发展、新疆国际道路运输发展政策、中国与中亚国家经济往来情况介绍、公路养护管理的基本经验等内容。同时前往宁波、杭州进行参观考察。

2010年10月15日—11月4日商务部主办、新疆商务合作科技交流中心承办“上海合作组织区域经济贸易合作官员研修班”。此次研修班历时21天，共有来自俄罗斯、哈萨克斯坦、吉尔吉斯斯坦、塔吉克斯坦、乌兹别克斯坦等上海合作组织成员国的24名学员参加了本次研修活动。期间在中国新疆乌鲁木齐对各国官员进行俄语授课，研修活动以课堂讲座和参观考察为主。讲座内容包括：中国国情介绍、中国新疆与周边国家经济合作、国际道路运输在新疆的发展前景与展望、中国与中亚国家的经贸关系现状和展望、中国国际商会法律服务、中国进出口货物检验检疫标准、中国及新疆对外招商引资优惠政策、新疆电力市场建设运行情况、进出口贸易相关税收和法规、经济技术开发区政策、平台、机制以及中亚区域经济合作现状、潜力和展望等内容。

2010年11月25日—2011年1月19日商务部主办、新疆商务合作科技交流中心承办“阿富汗经贸研修班”。此次研修班历时56天，共有来自阿富汗外交部、商工部、财政部等四个部委的20名学员参加了本次研修活动。期间在中国新疆乌鲁木齐对官员进行英语授课，研修活动以课堂讲座和参观考察为主。讲座内容包括：中国与阿富汗的经贸关系合作的现状与展望、中阿两国发展中的商机与合作、中国对周边国家人才教育培训、中国国家商会法律服务、进出口贸易相关税收政策与法规、中国进出口货物检验检疫标准、中国及新疆对外招商引资优惠政策、经济技术开发区政策、平台、机制、国际道路运输在新疆的发展前景与展望、中国海关实务讲解、国际商务仲裁中的相关问题及注意事项、新疆节水灌溉技术的推广和运用、中国在境外矿产资源开发的技术实力、新疆高新技术企业孵化环境建设及认定培育工作、中国路桥建设与技术标准的应用等内容。

接受经济援助 接受联合国儿童基金会、新西兰政府、澳大利亚驻华大使馆三个方向的无偿援助。

资金及设备援助项目3个，涉及项目资金共计87.44万元人民币，设备血红蛋白测试片1件、索尼XR550E摄像机1部。其中：以上设备由联合国儿童基金会提供，用于新疆呼图壁县妇幼保健院实施妇女儿童佝偻病预防与治疗项目，援助资金32.94万元人民币；联合国儿童基金会为新疆裕民县提供救灾物资毛毯3 700条，价值5万美元；澳大利亚驻华大使馆援助新疆尼勒克县生活垃圾处理项目，援助金额19.5万元人民币。

留学教育项目2个，派出人员2人（澳大利亚、新西兰各1人）。

【其他】

商务洽谈会 第十九届乌鲁木齐对外经济贸易洽谈会2010年9月1日—5日在新疆国际博览中心召开。本届乌洽会由商务部、中国贸促会和新疆维吾尔自治区人民政府主办。本届乌洽会对外经济贸易成交总额36.13亿美元，比上届下降16.1%。其中：出口成交18.51亿美元，进口订货12.15亿美元。对外经济技术合作项目成交5.47亿美元。内联合作项目和国内贸易合同成交总额1 937.95亿元人民币。其中，内联项目合同为1 691.48亿元，国内贸易合同成交总额246.47亿元。

2010年2月2日—5日，新疆维吾尔自治区商务厅、边贸局、乌鲁木齐市商务局组织16家新疆企业共计27人，赴俄罗斯新西伯利亚参加了由新西伯利亚ITE展览公司主办的“2010年俄罗斯新西伯利亚（春季）国际建材展览会”，本届展会规模为5 000平方米，室外面积约1 500平方米，室内标准展位250个。展会期间，自治区企业签订供货合同6个，金额达1 160万美元；出口意向5个，金额900万美元；投资合作协议1个，金额320万美元；出口合同主要涉及建筑材料、成套设备、汽车配件等产品。

2010年10月6日—9日，商务部外贸发展局主办“2010年伊朗中国工业展览会”。新疆维吾尔自治区边贸局组织新疆5家企业赴伊朗德黑兰参加由商务部外贸发展局举办的共预定展位7个，展会集中展示了工程机械、机械零配件、各类机电产品、矿产品、五金工具、仪器仪表等商品，期间，有5家企业达成意向性协议，合同额达4 491万美元。

2010年10月17日—21日，由法国爱博展览集团主办，中国贸促会食品土畜进出口商会承办“法国巴黎国际食品展览会”。新疆维吾尔自治区边贸局组织新疆11家相关企业共计18人参会。赴本届展会集中展示了食品、冷冻、冷藏食品、奶制品、面包、餐饮技术、美食鉴赏等商品。展览会分设8个专业展馆，展出面积达20余万平方米。期间，新疆企业共签订合同金额达1 004万美元，成交意向额达694万美元。

第五届中国新疆（哈萨克斯坦东部）农产品展销会于2010年4月23日至25日举行，新疆60余家企业，近100余人，赴哈萨克斯坦东哈州乌斯卡缅市参会参展。本届展会集中展示了新疆特色农产品、瓜果、蔬菜等产品。展会展场面积1 200平方米，期间共签订进出口合同8个，达成意向6个，总金额近1 000万美元；洽谈达成投资意向4个，投资总额超过200万美元。

2010年第八届哈萨克斯坦—中国商品展览会于2010年6月7日—10日在哈萨克斯坦阿拉木图成功举办，本届展会集中展示了机械、车辆、建材、家装产品及消费品等商品，展会规模为7 000平方米（室内展位220个，室外展位1 000平方米）本届展会共组织新疆118家企业参展，共签订进出口合同金额3.5亿美元，其中进口6 500万美元，主要商品有润滑油、棉花、化肥、羊毛等；出口2.85亿美元，主要商品有水果、蔬菜、番茄酱、方便面、毛毯、服装、鞋、玩具、建筑陶瓷、工具、汽车等；签订投资合作建厂生产环保建材项目4 000万美元。

塔吉克斯坦中国新疆出口商品展洽会于2010年7月13日至15日在塔吉克斯坦杜尚别成功举办，本届展会为综合贸易类，展场面积1 200m^2、70个室内标准展位，自治区7个地州市的65家企业100余人参展，期间共达成了40多个合作意向，进出口贸易额约1.4亿美元。

中亚区域经济合作工商发展论坛于2010年7月29日—30日在乌鲁木齐成功举办。来自中国、阿富汗、阿塞拜疆、哈萨克斯坦、吉尔吉斯斯坦、蒙古、塔吉克斯坦、乌兹别克斯坦、亚美尼亚、巴基斯坦、日本、俄罗斯、新加坡等国家政府部门、金融界、工商界代表以及亚洲开发银行代表共379人参加了论坛。

经济技术开发区 乌鲁木齐经济技术开发区2010年GDP达到140.5亿元、工业增加值66亿元、地方财政收入22.6亿元、外贸进出口额18亿美元，经济指标多数实现了五年翻三番；头屯河区地区GDP达到79亿元、工业增加值50亿元、社会消费品零售总额5.3亿元、地方财政收入6亿元。两区GDP、工业增加值、地方财政收入三项指标合并后，占全市比重分别达到17.5%、22.8%、14.5%。

乌鲁木齐高新技术产业开发区2010年GDP 116亿元，增长20%；营业总收入690亿元，增长31.28%；工业总产值123亿元，增长30.43%；工业增加值34亿元，增速超过30%，其中高新技术产业工业增加值18亿元，占规模以上企业工业增加值的60%；固定资产投资55亿元，增长30%；社会消费品零售总额19.72亿元，增长20%；外贸进出口总额6亿美元；完成地方财政收入15.22亿元，其中一般预算收入13.32亿元，增长20%。

乌鲁木齐出口加工区2010年实现进出口贸易额1.24亿美元，完成目标任务6 580万美元的188%。全年完成加工贸易3 204万美元。2010年有亚欧国际、灵玺投资、天诚国际物流等10家企业入驻加工区，完成招商引资3.5亿元，完成目标任务2亿元的175%。

石河子经济技术开发区2010年实现GDP 75.57亿元，增长21.3%。其中工业增加值54.3亿元，增长24%；工业总产值201.6亿元，增长19.3%；实现税收11.95亿元，增长34%；完成固定资产投资75.7亿元，增长44.4%。签订招商引资协议投资额750亿元，相当于建区以来签订协议投资额的2.5倍，项目建成达产后预计形成工业加工能力1 000亿元以上，税收近60亿元，提供就业机会5万人以上。到2010年底，开发区聚氯乙烯年生产能力达到120万吨，成为中国第一、亚洲第二、世界第三的氯碱化工生产基地；棉纺织纺锭规模达到155万锭，成为中西部地区最大的棉纺基地，也使石河子市成为“中国棉纺织名城”；食品生产加工能力达160万吨，成为西部地区最大和国内外知名企业最多的区域，为推动经济跨越式发展奠定了坚实基础。

伊宁边境经济合作区2010年实现GDP 12.4亿元，增长42.2%；工业增加值6.15亿元，增长35.5%；全社会固定资产投资总额25亿元，增长50.6%；财政一般预算收入3.52亿元，增长46.7%；完成外贸进出口总额3亿美元，增长6.4%。2010年园区新增产值超千万元企业3家，总数达到20家，工业增加值增速超20%的企业达13家，形成了安琪酵母、伊源乳业等一批拉动园区工业经济快速增长的重点骨干企业；商贸物流业得到进一步发展，实现增加值2.3亿元。招商引资取得新突破，全年完成签约项目19个，实现招商引资到位资金19.9亿元。成功引进科伦药业5万立方米发酵体积抗生素，亚邦集团年产1万吨苯丙氨酸、5 000吨阿斯巴甜、1 000吨三氯蔗糖，国投热电2×33万千瓦热电联产等一批亿元以上重点项目落户园区。

博乐边境经济合作区1992年7月18日经国务院特区办批准建立，规划面积7.83平方公里，主要划分为商贸、工业、仓储、生活四个功能区。目前已累计投入1亿多元。中粮屯河博州糖业有限责任公司、香港互益纺织有限公司等121家企业相继落户博乐边合区，其中工业企业41家，投资额近5亿元，年产值亿元以上企业3家，年产值千万元企业8家，自治区级农业产业化重点龙头企业2家，已初步形成以制糖、纺织、新型建材、商贸物流为主的产业体系。截至2010年，博乐边境经济合作区实现工业增加值2.8亿元，占博乐市工业增加值的50%。

塔城边境经济合作区2010年实现工业总产值27 740万元，完成税收总额3 619.3万元；进出口总额19 722.18万美元。引进项目9个，累计总投资18 840万元，其中已开工建设项目累计总投资10 850万元。

港口运输 截至2010年，全区已经批准开放的一类口岸17个，其中航空港2个、陆路口岸15个。2010年乌鲁木齐海关监管进出口货物2 626万吨，比上年的2 093万吨增长25.4%，其中出口405万吨，进口2 221万吨。按运输方式分：陆运1 371万吨，空运2.3万吨，海运1.27万吨，其他1 251万吨。

涉外旅游 2010年入境旅游者106万人次，比上年的35.49万人增长43.5%。旅游外汇收入3.7亿美元，比上年的1.37亿美元增长40.8 %。

2010年新疆生产建设兵团商务发展概况

新疆生产建设兵团商务局

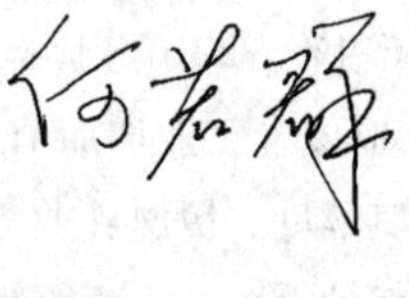

新疆生产建设兵团
商务局局长

何若群　生于1953年11月，湖南省平江人。大专文化。中共党员。历任连队指导员、党支部书记，师纪检委专职检查员、专职常委，师商业处处长、外经处处长、外贸公司总经理，副师长、师党委常委，新疆生产建设兵团对外贸易经济合作局副局长（主持工作）、党委副书记，局长、党组书记，现任新疆生产建设兵团商务局局长、党组副书记。

【国内贸易】

社会消费品零售总额 2010年新疆生产建设兵团社会消费品零售总额202.87亿元，比上年的169.98亿元增长19.4%。按地域分，城市178.2亿元，县114.57亿元，县以下24.6亿元。按行业分，批发和零售贸易业171.71亿元，住宿和餐饮业31.16亿元。

限额以上批发和零售贸易业、住宿和餐饮业基本情况 2010年，共有限额以上批发和零售贸易业、住宿和餐饮业法人企业167个，产业活动单位532个，年末从业人数18 387人。其中，批发业法人企业97个，产业活动单位171个，年末从业人数9 687人；零售业法人企业39个，产业活动单位317个，年末从业人数3 767人；住宿业法人企业29个，产业活动单位17个，年末从业人数3 887人；餐饮业法人企业2个，产业活动单位27个，年末从业人数1 046人。

批发和零售贸易业企业商品购、销、存总额 批发和零售贸易业企业商品销售总额649.36亿元，比上年的596.92亿元增长8.8%。其中，限额以上企业476.96亿元，限额以下企业172.4亿元。限额以上批发和零售贸易业企业商品购进总额505.11亿元，商品销售总额476.96亿元（其中批发424.12亿元，零售52.84亿元），年末库存总额115.76亿元。

市场物价 商品零售价格指数为104.6（以上年价格为100），其中城市103.9，农村106.4；居民消费价格指数为104.3（以上年价格为100），其中城市103.6，农村105.8。

市场秩序建设 兵团按照国家要求，成立了打击侵犯知识产权和制售假冒伪劣商品专项整治行动领导小组，制定了《兵团打击侵犯知识产权和制售假冒伪劣商品专项整治行动方案》。兵团商务局与公安局、农业局、科技局、知识产权局等成员单位，在兵团辖区内联合开展专项整治行动。

2010年，兵团商务系统查处制售假冒名酒案4起，涉案金额340余万元；销售伪劣种子案1起，涉案金额200多万元；抓获犯罪嫌疑人5人。开展保护知识产权专项行动，对石河子市区的药店、商场和农机市场进行执法督查，检查商品1 000多件，查出侵犯注册专利标识商品50件，给予了行政处罚。开展种子、农药、肥料、兽药等农资打假专项行动，出动执法人员5 000人（次），印发各类宣传资料50万份，检查单位2 770个，整顿市场190多个。规范了兵团辖区内市场环境，保障职工群众消费安全。

市场体系建设 2010年新建商品交易市场3个，新建和改造农贸市场10个，新建果蔬保鲜库3座，新增库容1.5万吨。新建和完善城镇商业街2条。改造报废汽车回收场1个。

扎实推进“万村千乡市场工程”。2010年新建农家店737家，其中，日用百货农家店311家，农资农家店426家。商品配送中心18个，其中，日用百货8个，农资10个。截至2010年，累计建设“万村千乡农家店”8 320个，团场和连队覆盖率分别达98%、90%，建设配送中心43个，新增农家店面积51万平方米，建设配送中心仓储面积9.3万平方米，实现年销售额42.5亿元，新增就业1.26万人。

扎实推进“双百市场工程”。兵团4家企业进入，21家企业建设了质量安全可追溯系统、冷链系统、农产品物流配送中心等基础设施项目33个，总投资3.6亿元，项目建设新增交易额8亿元，带动增加就业9 812人，覆盖农户7.5万户。

典当行稳步发展。截至2010年，兵团共有典当行22家，注册资本2.11亿元。发放当金3.5亿元，同比增长267.3%；利息及综合服务费收入1 598万元，同比增长62.1%。

扎实推进“农超对接”。2010年重点扶持8家企业加强冷链系统、快速检测系统、品牌建设，师团红枣、鲜奶、葡萄、牛羊肉、蔬菜等农产品直接进超市的比例比2009年提高15%，企业年销售额增长30%。

商贸服务管理 启动“家电以旧换新工作”。兵团商务局与自治区商务厅、财政厅、环保厅、发改委、经信委、质监局、工商局、兵团财务局、环保局等10家单位联合制定了《家电以旧换新工作实施方案》和《家电以旧换新工作实施细则》，联合成立新疆维吾尔自治区家电以旧换新工作领导小组。兵团通过招投标方式确定了家电销售企业16家，家电销售、回收企业21家，家电拆解处理企业2家。

加快社区商业建设。2010年获商务部批准第五批国家级社区商业示范社区3家，累计建成12个全国商业示范社区。新建家政服务网络中心1个，培训机构4家，培训家政服务人员2 500人。

扎实推进“家电下乡”。2010年，兵团完成“家电下乡”产品销售量24 529台、销售额5 138.25万元，补贴20 655台、补贴金额537.85万元。开展汽车以旧换新工作。2010年兵团汽车以旧换新补贴车辆948辆，购置新车金额13 537万元，发放补贴资金1 370万元。

加强成品油流通监督管理。严格落实《兵团成品油市场管理办法》，办理成品油加油站变更102份，改造扩建加油站5个，审核报批成品油批发经营证书3个。兵团石油公司销售成品油60.66万吨，增长20.6%，实现销售收入38亿元，增长33.8%。

市场运行调节 2010年兵团辖区商品供求状况良好，主要生活必需品市场运行情况呈平稳趋势，粮、油、肉、糖、禽蛋、水产品供应充足，未出现脱销和断档现象，价格总体稳定。

2010年，兵团辖区内市场运行监测共有重点流通企业、生活必需品市场、重要生产资料市场、应急商品数据库、酒类流通统计、生猪畜禽屠宰、百县监测旬报七大省级监测系统，样本监测企业189家，监测内容涉及农资、餐饮等28大类、70个小类、185个品种，有效提高了监测质量和水平。

2010年，兵团承担国家储备商品有：生猪9 000头（450吨）；冻猪肉1 000吨；活牛900头（150吨）；冻黄牛肉300吨；活羊9 000只（150吨）；冻胴体羊200吨；冻羊肉卷500吨。边销茶750吨（15 000担）。

【对外贸易】

进出口总额 进出口总额55.88亿美元，比上年的46.60亿美元增长19.91%。

出口总额 出口总额49.80亿美元，比上年的42.60亿美元增长16.90%，占全兵团GDP 770.62亿元（相当于115.31亿美元）的36.9%，占新疆维吾尔自治区出口额的38.40%。

进口总额 进口总额6.08亿美元，比上年的4.00亿美元增长52.00%。

出口商品结构 初级产品出口额8.96亿美元，占出口总额的18%；工业制成品出口额40.83亿美元，占出口总额的82%。

进口商品结构 初级产品进口额2.58亿美元，占进口总额的42%；工业制成品进口额3.51亿美元，占进口总额的58%。

出口商品市场 出口商品销往142个国家和地区。

进口商品市场 进口商品来自37个国家和地区。

边境贸易 边境贸易进出口额39.62亿美元，占全兵团进出口总额的70.8%，比上年的35.10亿美元增长119%。其中，出口额38.6亿美元，增长11.3%；出口的主要商品有：服装、鞋类、纺织制品、番茄酱、汽车零件、玻璃制品、箱包、钢材、汽车、灯具、家具、聚氯乙烯、塑料制品、焦炭、蔬菜、干鲜水果、体育设备、柠檬酸、棉纱、家用电器、建材、手表电视机、玩具等。进口额1.02亿美元，比上年增长36.1%；进口的主要商品有：棉花、成品油、纺织机械、肥料、废旧金属、铜材、钢材、塑料制品、粮食、木材、纸浆、纸张、毛皮产品等。

服务贸易 服务贸易进出口总额58 342.48万美元，比上年的53 563.8万美元增长8.92%。其中，出口额54 433.53万美元，进口额3 908.95万美元。主要行业是跨国运输。主要贸易伙伴是：哈萨克斯坦、塞拉利昂、阿尔及利亚、巴基斯坦、塔吉克斯坦、安哥拉、吉尔吉斯斯坦、蒙古。

新疆生产建设兵团2010年出口额1 000万美元以上商品情况表

金额分类	商品名称	出口金额（万美元）	占出口总额比重（%）
1亿美元以上（6种）	服　装	205 705	41. 31
	鞋　类	62 950	12. 64
	纺织制品	54 395	10. 92
	汽车零件	21 212	4. 26
	番茄酱	16 232	3. 26
	玻璃制品	12 040	2. 42
5 000万—1亿美元（4种）	箱　包	8 288	1. 67
	聚氯乙烯	6 717	1. 35
	钢　材	6 567	1. 32
	塑料制品	6 505	1. 31
1 000万—5 000万美元（11种）	家　具	4 390	0. 88
	灯　具	4 190	0. 84
	汽　车	3 750	0. 75
	高新技术产品	2 766	0. 56
	干鲜水果	2 665	0. 54
	焦　炭	2 006	0. 40
	床　垫	1 498	0. 30
	手　表	1 288	0. 26
	柠檬酸	1 267	0. 25
	塑料编织袋	1 233	0. 24
	体育设备	1 062	0. 21
合　计	**21种**	**426 726**	**85. 69**

新疆生产建设兵团2010年进口额1 000万美元以上商品情况表

金额分类	商品名称	进口金额（万美元）	占进口总额比重（%）
5 000万—1亿美元（1种）	棉　花	20 501	33.72
1 000万—5 000万美元（7种）	成品油	5 441	8.95
	纺织机械	4 459	7.33
	钢　材	4 154	6.83
	废金属	3 197	5.26
	塑料制品	1 212	2.00
	木　材	1 105	1.82
	商新技术产品	1 018	1.67
合　计	**8种**	**41 087**	**67.58**

新疆生产建设兵团2010年主要出口市场情况表

国别（地区）	出口金额（万美元）	占出口总额比重（%）	国别（地区）	出口金额（万美元）	占出口总额比重（%）
哈萨克斯坦	305 198	61.28	巴基斯坦	5 024	1.01
吉尔吉斯斯坦	93 748	18.82	埃　及	3 575	0.72
塔吉克斯坦	34 738	6.98	蒙　古	2 193	0.44
阿塞拜疆	16 739	3.36	阿拉伯联合酋长国	2 028	0.41
俄罗斯	10 147	2.04			
合　计				**473 390**	**95.06**

新疆生产建设兵团2010年主要进口市场情况表

国别（地区）	进口金额（万美元）	占进口总额比重（%）	国别（地区）	进口金额（万美元）	占进口总额比重（%）
乌兹别克斯坦	21 580	35.49	吉尔吉斯斯坦	3 101	5.10
哈萨克斯坦	13 967	22.97	俄罗斯	2 675	4.40
日　本	4 578	7.53	美　国	2 209	3.63
意大利	3 251	5.35	瑞　士	1 879	3.09
合　计				**53 240**	**87.56**

【利用外资】

新疆生产建设兵团2010年利用外资情况表

利用外资方式	批准签订的合同			实际利用外资	
	项目数（个）	外资金额（万美元）	金额比上年增加（%）	金额（万美元）	金额比上年增加（%）
外商直接投资	**10**	**3 610.40**	**-36.7**	**3 845.00**	**214.00**
合资企业	8	3 576.72	69.0	676.94	200.00
外资企业	2	33.68	-99.0	8.78	-97.76
其　他				3 159.28	420.47
合　计	**10**	**3 610.40**	**-36.7**	**3 845.00**	**-7.80**

外商直接投资行业　外商直接投资的10个项目中，生产型6个，非生产型4个。按行业分，新型肥料制造业3项，食品加工业2项，畜禽养殖业1项，服务业1项，商业3项。

外商直接投资来源　外商直接投资分别来自5个国家（地区）。香港6项，合同外资金额3 427.4万美元；澳门1项，合同外资金额131.82万美元；台湾省1项，合同外资金额21.95万美元；比利时1项，合同外资金额24.17万美元；乌兹别克1项，合同外资金额5.1万美元。

【对外经济合作】

对外投资　2010年在海外举办企业7个，投资总额10 281万美元，中方投资金额9 684万美元，投资国别为俄罗斯、哈萨克斯坦、塔吉克斯坦、吉尔吉斯斯坦、土库曼斯坦、乌兹别克斯坦、阿尔及利亚。主要项目是矿产资源开发、森林资源采伐、房地产开发、钢材生产、羊毛制品加工、贸易。

承包工程和劳务合作　签订对外承包工程合同和劳务合作项目10个，金额18 253万美元，比上年的27 226万美元下降32.96%；完成营业额30 769万美元，比上年的24 029万美元增长28.05%；当年派出劳务人员3 813人，年末在外人数4 665人，派往的国家为蒙古、巴基斯坦、塔吉克斯坦、吉尔吉斯斯坦、安哥拉、塞拉利昂、阿尔及利亚。承包工程的主要项目是：机场、公路、住房、桥梁、体育场。国别分别是：巴基斯坦、塔吉克斯坦、安哥拉、阿尔及利亚、蒙古、吉尔吉斯斯坦、塞拉利昂。

对外经济技术援助 兵团商务局出色完成国家赋予的执行向巴基斯坦灾区提供价值2 800万元人民币的紧急人道主义援助任务。2010年8月24日至9月6日，历时14天，兵团商务局协同相关部门克服重重困难，以最快速度调集100多辆重型卡车，将面粉、大米、食用油、食糖、奶粉、燃料油等援助的3 171.38吨物资安全送到巴基斯坦北部洪扎灾区。2010年11月11日至28日，历时18天，将3 000多吨煤炭和油品安全运抵巴基斯坦。两次援助巴基斯坦任务的圆满完成，得到商务部、外交部和巴基斯坦总统的高度肯定和赞扬，为中巴友谊做出了积极贡献。

【其他】

经济技术开发区 2010年石河子经济技术开发区实现招商引资到位资金52.4亿元，比上年增长66.7%；完成固定资产投资75.7亿元，比上年增长44.4%。新批准注册企业113家，注册资本13.48亿元。项目涉及化工、纺织、食品加工。实现生产总产值75.57亿元，增长21%；工业增加值54.3亿元，增长24%；税收11.95亿元，增长34.57%；财政收入13.5亿元，增长37%；完成外贸进出口额3.45亿美元，比上年增长201.6%，其中，出口3亿美元，进口0.45亿美元。新增就业人数11 000人。

涉外旅游 2010年接待入境旅游者13万人次，比上年的10.02万人次增长29.7%。

2010年香港特别行政区商务发展概况

商务部国际贸易经济合作研究院

2010年，世界经济继续复苏，全球贸易逐步恢复增长，尤其是中国内地经济高速发展及《CEPA补充协议七》签署，带动香港经济延续了上年第四季度增长势头，实现了快速稳定发展。2010年香港GDP实质增长6.8%，完全扭转了前两年受国际金融危机冲击经济下滑局面。2010年，新兴经济体尤其是亚洲主要国家和地区经济快速扩张，使香港外需及内需增长强劲，货物贸易及服务贸易双双实现快速发展。2010年香港货物贸易较上年增长了24.0%，服务输出增长24.6%，固定资本形成总额增长16.1%，批发与零售增长16.6%。在内需和外需景气畅旺的共同作用下，香港失业率由上年的5.4%降至4.4%，居民收入也有一定改善。在内地持续扩大对香港市场开放，及粤港澳经济一体化带动下，香港呈现贸易、投资及消费共同拉动经济发展的良好局面。

【对外贸易】

2010年，世界经济复苏趋势基本确立，全球需求逐步回升，中国经济贸易快速增长，带动香港贸易恢复发展。2010年，香港货物贸易总额63 958.59亿港元，较上年的51 614.45亿港元增长24.0%。其中出口贸易总额30 310.19亿港元，较上年的24 690.89亿港元增长22.8%，进口贸易总额33 648.40亿港元，较上年的26 923.56亿港元增长25.0%。在香港总体出口中，港产品出口总值695.12亿港元，较上年的577.42亿港元增长20.4%，转口贸易总额为29 615.07亿港元，较上年的24 113.47亿港元增长22.9%。

港产品出口 随着香港生产商将生产工序迁往中国内地，港产品出口在香港整体出口中的地位不断下降。2010年港产品出口695.12亿港元，较上年增长20.5%。港产品出口在整体出口额中的比重由2000年的11.5%下降至2010年的2.3%。在主要贸易伙伴中，中国内地、美国和新加坡是港产品出口的三大目的地，分别占港产品出口总值的54.1%、14.5%和5.0%。受经济结构调整及国际竞争等因素影响，2010年，一些主要港产品出口货值出现下降，其中服装及衣服配件，电动机械、办公机器及自动资料处理机器的零件及附件，纺织纱、织物、制成品及有关产品分别下降27.7%、3.4%及14.1%，下降幅度较上年收窄。而电讯设备出口增长34.2%、首饰出口增长24.8%、童车出口增长26.0%。受主要贸易伙伴需求等因素影响，2010年港产品对中国内地、美国、新加坡、台湾省及荷兰等国家和地区出口均出现大幅度回升，分别增长了17.1%、14.2%、28.8%、46.8%及41.7%。

据中国海关统计，2010年CEPA项下内地进口香港零关税货物货值为8.8亿美元，关税优惠额4.7亿元人民币，分别较上年增长29.4%及20.5%。截至2010年12月底，内地累计进口香港CEPA项下受惠货物35.7亿美元，关税优惠额21亿元人民币。

2010年港产品五大出口市场

国别（地区）	金额（亿港元）		比上年增长（%）		占港产品出口总值（%）	
	2010年	2009年	2010年	2009年	2010年	2009年
中国内地	312.23	266.72	17.1	-23.3	54.1	46.2
美　国	83.56	73.17	14.2	-61.2	14.5	12.7
新加坡	28.66	22.25	28.8	-26.4	5.0	3.9
台湾省	28.15	19.18	46.8	-50.3	4.9	3.3
荷　兰	26.39	18.63	41.7	-17.3	4.6	3.2

资料来源：《香港统计月刊》，2011年4月。

转口贸易　在香港整体出口贸易中，伴随港产品出口地位的下降，转口贸易的比重持续上升。2010年香港转口贸易额为29 615.07亿港元，较上年的24 113.47亿港元增加22.9%。转口贸易在整体出口值中的比重由2000年的88.5%，上升至2010年的97.7%。中国内地仍是香港转口贸易最大来源地和目的地，2010年内地货物经香港转口占其转口总值的61.5%，较上年增长21.2%。中国内地贸易对香港港口、航运等服务业需求持续扩大，支持着香港经济及贸易迅速复苏，也继续提升香港国际航运中心的地位。香港的其他主要转口市场为：日本（占7.4%）增长22.1%、台湾省（占6.9%）增长29.7%、韩国（占3.8%）增长35.2%、美国（占3.3%）增长15.5%。从转口货物的用途类别来看，原料及半成品所占比重最大，达35.0%，较上年增长23.3%；其次是消费品（占27.7%），增长11.7%；资本品（占36.2%），增长32.9%。香港输往祖国内地及台湾省的转口货物主要是机电产品、加工用原料及半成品，转往美国及其他市场主要为机电产品及消费品等。

2010年香港主要转口来源地

国别（地区）	2009金额（亿港元）	比上年增长（%）	占转口总值比重（%）	
			2010年	2009年
中国内地	15 033.19	21.2	61.5	62.3
日　本	1 776.90	22.1	7.4	7.4
台湾省	1 563.11	29.7	6.9	6.5
韩　国	837.90	35.2	3.8	3.5
美　国	820.75	15.5	3.3	3.4

资料来源：《香港统计月刊》，2011年4月。

进　口　香港是服务业为主的经济体，服务业发展对其经济复苏及进口贸易发展起着重要拉动作用。2010年，世界经济形势逐步好转，香港服务业持续恢复增长。全年服务业增长6.8%，较上年增加3.2个百分点。其中金融及保险业增长7.5%、专业及商用服务增长7.4%、资讯及通讯业增长1.2%，批发与零售增长16.6%，运输及仓库业增长5.8%、住宿及膳食服务增长7.6%。2010年香港服务输出增长24.6%，服务输入增长16.5%。服务业及服务贸易发展带动香港投资及消费增长，2010年固定资本形成总额增长16.1%。私人消费开支增长0.7%，政府消费开支增长3.0%。这些均在一定程度上支持了进口贸易快速发展。2010年，香港货物贸易进口总额为33 648.40亿港元，较上年增长25.0%。祖国内地仍是香港最大的进口来源地，自内地进口额为15 297.51亿港元，较上年增长22.5%，占香港进口总值的45.5%。日本是香港第二大进口市场，2010年自日本进口占香港进口总值的9.2%。

2010年香港进口留用的产品按用途划分，原料及半成品进口增长34.4%，燃料增长33.8%，消费品增长41.4%，食品及资本货品进口值分别增长17.7%及15.9%。

2010年香港五大进口来源地

国别（地区）	金额（亿港元）	比上年增长（%）	占进口总值比重（%）	
			2010年	2009年
中国内地	15 297.51	22.5	45.5	46.4
日本	3 081.61	30.4	9.2	8.8
新加坡	2 374.07	35.9	7.1	6.5
台湾省	2 247.61	27.9	6.7	6.5
美国	1 791.60	26.0	5.3	5.3

资料来源：《香港统计月刊》，2011年4月。

【旅游】

2010年，《CEPA补充协议七》签署及实施，中国内地对香港继续扩大市场开放，两地金融、物流、旅游业等服务业合作快速发展。带动香港旅游环境及旅游条件日趋改善，香港旅游业保持良好发展态势。2010年，访港旅客达3 603.0万人次，较上年增长21.8%，再创历史新高。酒店及旅店入住率高达87%，较上年增加9个百分点。内地仍是香港最大的客源市场，2010年内地赴港游客2 268.4万人次，较上年增长26.3%。其中，2010年12月，内地赴港"个人游"旅客为150.2万人次（占内地赴港旅客66%）。截至2010年底，内地赴港"个人游"旅客累计达5 942.9万人次，占内地游客的50.3%。内地赴港游客持续增加，对香港的批发零售，饮食等行业发展起着重要支持作用，内地游客在港消费居各国及地区游客之首，2010年在港消费总额达1 129.6亿港元，占所有游客在港消费总额的68.7%，内地游客对香港经济增长做出了重要贡献。

2010年，其他国家及地区居民赴港旅游保持增长。其中台湾省、南亚及东南亚地区访港人数分别增长7.7%及21.3%，而美洲、欧洲与非洲及中东等地区访港游客则分别增长11.6%及10.4%。

2010年澳门特别行政区商务发展概况

商务部国际贸易经济合作研究院

2010年，世界经济逐步回暖，国际市场需求恢复增长，中国内地经济贸易快速发展。在世界经济向好，中国内地经济增长及《CEPA补充协议七》签署带动下，澳门新一届特区政府坚持"以人为本"、科学决策、建设阳光政府等理念，团结广大民众和各界人士，励精图治，务实有为，克服了诸多困难，实现了2010年经济快速发展。2010年，受经济结构调整影响，澳门货物贸易出口持续下降，但其支柱产业即博彩业快速增长58%，旅游业上升15%，会展业增长21%，推动服务贸易出口快速发展。2010年，澳门内需景气回升，投资逐步恢复增长，消费因就业增加而持续上升，全年私人消费支出增长6.4%，零售业销售额增长32.0%，公共财政稳健快速发展。在贸易、投资及消费的带动下，全年经济实质增长26.2%，较上年增加了近25个百分点。澳门经济和社会保持了快速稳健发展态势。

【对外贸易】

概况 2010年，世界经济逐渐趋稳，澳门内部及外部需求回升，带动澳门对外贸易景气向好。据澳门特区政府统计，2010年澳门对外货物贸易总额510.8亿澳门元，较上年的445.75亿澳门元上升14.6%。受澳门经济结构调整及主要贸易伙伴复苏进程影响，2010年，澳门出口贸易69.60亿澳门元，较上年下降9.3%，但降幅较上年大幅收窄；进口贸易441.18亿澳门元，较上年上升19.6%。在总出口中，澳门的本地产品出口23.89亿澳门元，较上年下降19.6%；转口货值45.70亿澳门元，较上年衰退2.8%。全年贸易逆差为371.58亿澳门元，较上年的292.29亿澳门元增长27.1%

2010年澳门对外贸易主要指标

	2010年（亿澳门元）	2009年（亿澳门元）	2010年增长率（%）
总出口	**69.60**	**76.73**	**-9.3**
本地产品出口	23.90	29.71	-19.6
转口	45.70	47.01	-2.8
进口	441.18	369.02	19.6
贸易差额	-371.60	-292.29	27.1

资料来源：澳门统计暨普查局《统计月刊》2011年3月。

出口　2010年，随着经济发展环境变化，澳门制造业在经济中的比例继续下降。澳门出口贸易额69.60亿澳门元，较上年下滑9.3%，但降幅收窄了4.9个百分点。贸易主导产品纺织品与成衣出口16.27亿澳门元，比上年的24.70亿澳门元减少31.7%，占同期出口总额的23.4%，所占比重增加1.7个百分点。其中，成衣出口额下降37.4%，纺织品出口额下降14.9%，降幅均较上年大幅回落。与此同时，澳门非纺织品出口降幅也在收窄，机器与设备出口4.49亿澳门元下降28.2%，较上年回升了20个百分点，占出口总额的6.5%。

按出口目的地统计，2010年，中国香港、中国内地、美国、欧盟、中国台湾省是澳门出口的主要市场，共占澳门总出口货值的78.6%。其中，香港、中国内地、美国、欧盟依次为澳门前四大出口市场。香港占澳门出口总额的43.1%，中国内地占15.8%、美国占11.2%、欧盟占5.9%。2010年，澳门对美国出口下降40.2%，较上年降幅回升了20个百分点。对香港和中国内地出口略有下降，对台湾省和日本出口恢复增长，对台湾省和日本出口贸易额为1.76亿澳门元及1.09亿澳门元，分别较上年增长9.3%及2.8%。

2010年，《CEPA补充协议七》签署及实施。CEPA项下内地进口澳门零关税货物货值为839.6万美元，关税优惠额402万元人民币。CEPA项下澳门出口发展，有力地支持了澳门经济贸易复苏，同时，也推动澳门对中国内地出口逐渐回升。全年对中国内地出口下降1.3%，快速回升42个百分点。截至2010年底，内地累计进口澳门CEPA项下受惠货物1 985.4万美元，关税优惠额1 220万元人民币。

2010年澳门主要出口商品

	2010年出口额（亿澳门元）	比重（%）	2009年出口额（亿澳门元）	比重（%）	2010年增长率（%）
纺织品及成衣	16.27	23.4	24.70	21.7	-34.1
成衣：	13.14	18.9	21.02	18.2	-37.4
针织或钩织	7.55	10.8	12.83	11.3	-38.0
非针织或非钩织	5.59	8.0	8.19	6.9	-31.7
纺织品	3.13	4.5	3.68	3.4	-14.9
机器设备及零件	4.49	6.5	6.26	9.5	-28.2

资料来源：澳门统计暨普查局《澳门主要统计指标》2011年第一季。

2010 年澳门主要出口市场

	2010 年出口额（亿澳门元）	比重（%）	2009 年出口额（亿澳门元）	比重（%）	2010 年增长率（%）
中国香港	30.03	43.1	30.15	45.5	-0.3
中国内地	11.02	15.8	11.17	14.4	-1.3
美　国	7.82	11.2	13.08	10.6	-40.2
欧　盟	4.09	5.9	6.31	6.1	35.2
中国台湾省	1.76	2.5	1.61	2.6	9.3
日　本	1.09	1.6	1.06	1.7	2.8

资料来源：澳门统计暨普查局《澳门主要统计指标》2011 年第一季。

进口　2010 年，在世界经济持续复苏，新兴经济体快速发展，主要经济体步入增长轨道带动下，澳门服务贸易快速增长，拉动澳门货物贸易进口持续扩大。2010 年，澳门服务贸易出口 2 255.01 亿澳门元，较上年增长 53.0%。其中，2010 年前三季度，澳门举办会展 1 019 项，年增长率为 21%。澳门旅游博彩业景气热络，全年博彩业毛收入 1 895.88亿澳门元，较上年增长 57.5%。在博彩业等服务业景气畅旺带动下，2010 年，澳门失业率由上年第四季度的 3.1%，降至 2.8%，下降 0.3 个百分点。固定资产形成总额下降 20%，较上年回落了 15 个百分点。私人投资减少 26%，但较上年降幅大大收窄。政府投资增长 23.5%，在政府投资大幅增长刺激下，加上私人消费支出增长 6.4%，零售业销售额较上年增长 32.0% 的共同拉动，进口贸易成绩亮丽。2010 进口贸易额 441.18 亿澳门元，较上年增长 19.6%。主要进口产品为消费品、原料及半制成品、燃料及润滑油、资本货物等。2010 年，澳门进口消费品 262.45 亿澳门元，较上年大幅增长 32.6%，占进口总额的 60.0%，较上年增加了 3 个百分点。受国际油价持续飙升的影响，燃料及润滑油进口增长 11.5%，资本货物进口增长 4.6%，而原料及半制成品进口则下滑了 1.8%。

2010 年，澳门主要进口来源地依次为中国内地、欧盟、香港、日本、美国和中国台湾省，共占澳门进口总额的 81.2%。中国内地仍是澳门最大的进口市场，2010 年澳门从中国内地进口 137.18 亿澳门元，比上年上升 18.6%，占澳门进口总额比重为 30.9%。从欧盟、香港、日本及美国进口分别增长了 27.5%、14.7%、25.2% 及 18.2%，自中国台湾省进口则下降 3.9%。

2010 年澳门主要进口商品

	2010 年进口额（亿澳门元）	比重（%）	2009 年进口额（亿澳门元）	比重（%）	2010 年增长率（%）
消费品	262.45	60.0	197.85	57.3	32.6
原料及半成品	56.62	12.1	57.46	15.0	-1.8
燃料及润滑油	52.63	10.5	47.22	11.8	11.5
资本货物	69.49	17.2	66.46	15.6	4.6

资料来源：澳门统计暨普查局《澳门经济季刊》2011 年第一季。

2010 年澳门主要进口市场

	2010 年进口额（亿澳门元）	比重（%）	2009 年进口额（亿澳门元）	比重（%）	2010 年增长率（%）
中国内地	137.18	30.9	115.71	30.4	18.6
欧　盟	99.61	24.2	78.15	22.2	27.5
香　港	46.28	10.6	40.36	11.3	14.7
日　本	38.12	7.9	30.39	9.2	25.5
美　国	26.19	6.1	22.17	5.2	18.2
中国台湾省	10.78	2.0	11.21	2.5	-3.9

资料来源：澳门统计暨普查局《澳门主要统计指标》2011 年第一季。

【旅游】

2010 年，世界经济逐步向好，全球大多数国家经济恢复增长，澳门旅游市场继续保持快速发展势头。据澳门统计，2010 年，来澳旅客达 2 496.5 万人次，较上年增长 14.8%，酒店入住率为 79.8%，较上年上升 8.2 个百分点。留宿旅客平均留宿时间为 1.54 天，比上年有所上升。全年随团入境旅客总数 574.5 万人，较上年增长 23.6%。

2010 年，中国内地仍是澳门最大旅客来源地。全年内地来澳旅客 1 322.91 万人次，较上年的 1 099.9 万人次增长 20.5%，内地旅客占旅客总数的 53.0%，较上年增加 3 个百分点。其中，2010 年 12 月，内地赴澳“个人游”旅客 49.5 万人次（占内地游客总数的 41.3%）。截至 2010 年底，内地赴澳“个人游”旅客累计达 3 891.1 万人次，占内地游客总数的 43.2%。

2010 年，香港与台湾省分别为澳门第二及第三旅客来源地，旅客分别为 746.6 万人次及 129.3 万人次，分别占旅客总数的 29.9% 及 5.2%，其中，香港旅客较上年增长 11.9%，台湾省游客与上年持平。日本赴澳门旅客 41.4 万人次，上升 9.1%，占旅客总数的 1.4%，仍为澳门第四大客源。欧洲赴澳门游客为 24.4 万人次，比上年增长 3.7%，美洲游客 29.7 万人次，比上年下降了 5.7%。

2010 年台湾省商务发展概况

商务部国际贸易经济合作研究院

2010 年，世界经济逐步复苏，全球贸易持续恢复增长。在外需好转，祖国大陆经济快速发展及《海峡两岸经济合作框架协议》（EFCA）签署的带动下，台湾省经济出现强劲反弹。经济增长率由上年的负增长大幅跃升至 10.8%，创下 24 年以来新高。2010 年，得益于大陆扩大内需，赴台采购增加及陆客赴台旅游规模持续扩大等有利因素，台湾外需及内需畅旺且成就突出。全年贸易总额 5 260亿美元，首度突破 5 000 亿美元大关，外贸总额及进、出口均创下历年新高。外需大幅增长带动岛内投资及消费增加。2010 年，岛内固定资本形成增长 23.4%，民间投资上升 32.5%，民间消费增长 4.16%。工业生产成长 24.1%，服务业增长 5.52%，外销订单创下近几十年来新高。在经济快速复苏带动下，岛内就业形势好转，失业率由上年的 5.9% 降至 5.2%，民众收入也有明显提升。随着 2011 年 ECFA 早期收获计划全面实施，大陆居民赴台自由行正式启动，将为台湾省带来更多商机，促进台湾省经济持续稳定发展。

【对外贸易】

概况 2010 年，世界经济稳步复苏，国际市场需求持续增长，尤其是中国大陆经济贸易快速发展，带动台湾进出口贸易迅速回升。据台湾统计，2010 年，台湾对外贸易总额为 5 258.37 亿美元，较 2009 年的 3 780.46 亿美元增长 39.1%，其中，出口额 2 746.01 亿美元，较上年的 2 036.75亿美元增长 34.8%，进口额 2 512.36 亿美元，较上年的1 743.71亿美元增长 44.1%。贸易顺差 233.65 亿美元，较上年的 293.04 亿美元下降 20.3%。2010 年，两岸贸易继续保持快速增长，尤其是大陆对台湾电子产品、零组件等进口需求强劲，支持了台湾贸易增长。据中国海关统计，2010 年，两岸贸易额 1 453.7 亿美元，增长 36.9%，大陆自台进口 1 156.9 亿美元，增长 35.9%。台湾对大陆贸易顺差高达 860.1 亿美元，两岸贸易持续快速发展及台湾对大陆保持巨额贸易顺差，是台湾贸易快速发展的重要动力。

2010 年台湾省出口总额及主要出口商品

	2010 年		2009 年		2010 年增减	
	出口额（亿美元）	占出口总额比重（%）	出口额（亿美元）	占出口总额比重（%）	出口额增加值（亿美元）	出口额增长率（%）
出口总额（含其他）	**2 746.01**	**100.0**	**2 036.75**	**100.0**	**709.26**	**34.8**
机械及电机设备	1 312.77	47.8	952.15	46.7	360.62	37.9
基本金属及其制品	258.84	9.4	193.59	9.5	65.25	33.7
精密仪器	236.24	8.6	160.87	7.9	75.37	46.9
矿产品及其他	232.80	8.5	188.68	9.3	44.12	23.4
塑胶橡胶及其制品	222.55	8.1	165.23	8.1	57.37	34.7
化学品	192.27	7.0	139.30	6.8	52.97	38.0
纺织品	113.02	4.1	93.44	4.6	19.28	20.6
车辆及运输设备	93.33	3.4	77.28	3.8	16.09	20.8

资料来源：台湾"行政院主计处"《统计月报》第 544 期。

2010 年台湾省进口总额及主要进口商品

	2010 年		2009 年		2010 年增减	
	进口额（亿美元）	占进口总额比重（%）	进口额（亿美元）	占进口总额比重（%）	进口额增加值（亿美元）	进口额增长率（%）
进口总额（含其他）	**2 512.36**	**100.0**	**1 743.71**	**100.0**	**760.65**	**44.1**
矿产品	553.26	22.0	393.35	22.6	159.91	40.7
电子产品	427.19	17.0	312.88	17.9	114.31	36.5
机械及电机设备	865.23	34.4	590.05	33.8	275.18	46.6
化学品	293.39	11.7	204.25	11.7	89.14	43.6
塑胶及其制品	73.15	2.9	51.14	2.9	22.01	43.0
基本金属及其制品	243.53	9.7	151.95	8.7	91.58	60.3
车辆及运输设备	61.33	2.4	41.75	2.4	19.58	46.8
精密仪器	108.58	4.3	74.65	4.3	33.93	46.9

资料来源：台湾"行政院主计处"《统计月报》第 544 期。

出口商品结构　2010 年全球经济逐步恢复增长，海外需求持续扩大，尤其是祖国大陆经济快速发展，投资、消费需求保持较快增长，支持了岛内产业发展，带动台湾省出口贸易强劲回升。2010 年，台湾省出口贸易较上年增长 34.8%，回升了 54 个百分点。台湾省的重化工业品、非重化工业品出口分别较上年增长 36.0% 及 29.9%。农产品及农产加工品出口也分别大幅上升 51.5% 及 17.4%。

进口商品结构　2010 年，两岸签署了《海峡两岸经济合作框架协议》（ECFA），极大地改善了两岸关系及两岸经贸环境。看好两岸关系和平发展，大陆经济快速增长与市场需求潜力，加上台湾省政府继续采取促进消费与投资增长的措施，岛内需求持续扩大，进口贸易强劲增长 44.1%。2010 年，资本设备、农工原料及消费品进口分别增长 62.4%、43.1% 及 23.2%。其中，进口前六大商品：机械及电机设备、矿产品、电子产品、化学品、基本金属及其制品、精密仪器等分别比上年增长了 46.6%、40.7%、36.5%、43.6%、60.3% 及 46.9%。

2010 年台湾省出口商品结构

	2010 年		2009 年		2010 年增减	
	出口额（亿美元）	占出口总额比重（%）	出口额（亿美元）	占出口总额比重（%）	出口额增加值（亿美元）	出口额增长率（%）
农产品	7.52	0.3	4.97	0.24	2.55	51.3
农产加工品	21.69	0.8	18.49	0.91	3.20	17.3
重化工业品	2 287.40	83.3	1 682.40	82.60	605.00	36.0
非重化工业品	429.40	15.6	330.89	16.30	98.51	29.8

资料来源：台湾“行政院主计处”《统计月报》第 544 期。

2010 年台湾省进口商品结构

	2010 年		2009 年		2010 年增减	
	进口额（亿美元）	占进口总额比重（%）	进口额（亿美元）	占进口总额比重（%）	进口额增加值（亿美元）	进口额增长率（%）
资本设备	417.75	16.6	257.22	14.8	160.53	62.4
农工原料	1 895.63	75.5	1 325.04	76.0	570.59	43.1
消费品	198.98	7.9	161.46	9.3	37.52	23.3

资料来源：台湾“行政院主计处”《统计月报》第 544 期。

进出口贸易市场　据台湾省统计，2010 年，台湾省的主要出口市场依次是祖国大陆 769.35 亿美元（占台湾省出口市场总额的比重为 28.0%），东盟 413.58 亿美元（占 15.1%）香港 378.07 亿美元（占 13.8%）、美国 235.53 亿美元（占 11.5%）、日本 180.06 亿美元（占 6.6%）韩国 106.82 亿美元（占 3.9%）。2010 年，台湾省主要出口市场中，对祖国大陆出口增长 41.8%、对东盟出口增长 37.2%，对日本增长 224.2%、对韩国增长 46.3%、对香港及美国分别增长 28.4% 及 33.5%。

据台湾省统计，2010 年台湾省前五大进口市场依次为日本 519.17 亿美元（占台湾省进口总额比重 20.7%，下同）、祖国大陆 359.46 亿美元（占 14.3%）、东盟 287.83 亿美元（占 11.5%）、美国 253.79 亿美元（占 10.1%）、韩国 160.59 亿美元（占 6.4%），祖国大陆仍为台湾省第二大进口市场，第一大顺差来源地。前三大逆差来源地分别是日本、沙特阿拉伯和澳大利亚。2010 年台湾省对日本逆差 339.11 亿美元，对沙特阿拉伯逆差 108.57 亿美元，对澳大利亚逆差 57.89 亿美元，分别较上年增长了 56.1%、36.1% 及 60.2%。

【投资】

海外华侨和外国人在台湾省投资　受国际金融危机影响，2010 年台湾省吸收外商投资金额依然下滑。全年外商对台直接投资件数 2 042 件，较上年增长 19.4%，侨外投资金额38.11亿美元，较上年下降26.3%。尽管2010年投资金额衰退，但新创投资案件数达1 177件，比2009年增加近8成，创下历史新高纪录，投资金额3.56亿美元，年增长率达53.44%。新创投资大幅增长显示，ECFA生效后，外商看好台湾省未来投资潜力。2010年侨外商投资台湾省产业以金融及保险业、批发及零售业、电子零组件制造业为前三大行业，其余如金融控股、纸浆、纸及纸制品制造业，也成为外商热门投资产业。

台湾省对外投资 2010年，台湾省资金向海外投资仍呈萎缩态势，全年对外投资（不包括祖国大陆）金额28.23亿美元，比上年下降5.7%，降幅比上年有所收窄。

台湾省对祖国大陆投资情况 2010年，大陆共批准台商投资项目3 072个，同比上升20.2%，实际使用台资金额24.8亿美元，同比增长31.7%。截至2010年底，大陆累计批准台资项目8.3万个，实际利用台资520.2亿美元。按实际使用外资统计，台资在大陆累计吸收境外投资中占5.0%。

台商对大陆投资的前五大行业分别为，电子零组件制造业（占台商对大陆投资总额的33.2%，下同）、电脑、电子产品及光学制品制造业（占8.5%）、不动产（占7.7%）、批发及零售业（占7.6%）、非金属矿物制品业（占5.4%）。台商对大陆服务业投资呈上升趋势。

台商对大陆投资仍集中在东南沿海地区，但集中度持续减小。据台湾省统计，2010年台商投资前5大地区依次为：江苏省（占台商实际投资总额的37.6%，下同）、广东省（17.9%）、上海市（13.4%）、福建省（6.0%）、浙江省（4.9%），以上省市合计占大陆吸收台资总额的79.8%，较上年下降了2.1个百分点。与此同时，台商对内陆地区投资步伐加快，增速较快的城市和地区有重庆市、天津市、山东省、四川省、北京市等。

法　规

Laws and Regulations ↘

CHINA COMMERCE YEARBOOK 2011
A MUST-HAVE FOR
INTERNATIONAL BUSINESS
www.yearbook.org.cn
TEL:(010)64246856
CHINA COMMERCE YEARBOOK·2011
Published in separate Chinese and English editions

国务院关于修改《中华人民共和国专利法实施细则》的决定

中华人民共和国国务院令

第569号

《国务院关于修改〈中华人民共和国专利法实施细则〉的决定》已经2009年12月30日国务院第95次常务会议通过，现予公布，自2010年2月1日起施行。

总理：温家宝

二〇一〇年一月九日

国务院决定对《中华人民共和国专利法实施细则》作如下修改：

一、删去第二条。

二、将第七条改为第六条，增加一款，作为第三款："当事人依照本条第一款或者第二款的规定请求恢复权利的，应当提交恢复权利请求书，说明理由，必要时附具有关证明文件，并办理权利丧失前应当办理的相应手续；依照本条第二款的规定请求恢复权利的，还应当缴纳恢复权利请求费。"

三、将第八条改为第七条，修改为："专利申请涉及国防利益需要保密的，由国防专利机构受理并进行审查；国务院专利行政部门受理的专利申请涉及国防利益需要保密的，应当及时移交国防专利机构进行审查。经国防专利机构审查没有发现驳回理由的，由国务院专利行政部门作出授予国防专利权的决定。

"国务院专利行政部门认为其受理的发明或者实用新型专利申请涉及国防利益以外的国家安全或者重大利益需要保密的，应当及时作出按照保密专利申请处理的决定，并通知申请人。保密专利申请的审查、复审以及保密专利权无效宣告的特殊程序，由国务院专利行政部门规定。"

四、增加一条，作为第八条："专利法第二十条所称在中国完成的发明或者实用新型，是指技术方案的实质性内容在中国境内完成的发明或者实用新型。

"任何单位或者个人将在中国完成的发明或者实用新型向外国申请专利的，应当按照下列方式之一请求国务院专利行政部门进行保密审查：

"（一）直接向外国申请专利或者向有关国外机构提交专利国际申请的，应当事先向国务院专利行政部门提出请求，并详细说明其技术方案；

"（二）向国务院专利行政部门申请专利后拟向外国申请专利或者向有关国外机构提交专利国际申请的，应当在向外国申请专利或者向有关国外机构提交专利国际申请前向国务院专利行政部门提出请求。

"向国务院专利行政部门提交专利国际申请的，视为同时提出了保密审查请求。"

五、增加一条，作为第九条："国务院专利行政部门收到依照本细则第八条规定递交的请求后，经过审查认为该发明或者实用新型可能涉及国家安全或者重大利益需要保密的，应当及时向申请人发出保密审查通知；申请人未在其请求递交日起4个月内收到保密审查通知的，可以就该发明或者实用新型向外国申请专利或者向有关国外机构提交专利国际申请。

"国务院专利行政部门依照前款规定通知进行保密审查的，应当及时作出是否需要保密的决定，并通知申请人。申请人未在其请求递交日起6个月内收到需要保密的决定的，可以就该发明或者实用新型向外国申请专利或者向有关国外机构提交专利国际申请。"

六、将第十一条改为第十二条，第一款第（三）项修改为："退休、调离原单位后或者劳动、人事关系终止后1年内作出的，与其在原单位承担的本职工作或者原单位分配的任务有关的发明创造。"

七、将第十三条改为第四十一条，修改为："两个以上的申请人同日（指申请日；有优先权的，指优先权日）分别就同样的发明创造申请专利的，应当在收到国务院专利行政部门的通知后自行协商确定申请人。

"同一申请人在同日（指申请日）对同样的发明创造既申请实用新型专利又申请发明专利的，应当在申请时分别说明对同样的发明创造已申请了另一专利；未作说明的，依照专利法第九条第一款关于同样的发明创造只能授予一项专利权的规定处理。

“国务院专利行政部门公告授予实用新型专利权，应当公告申请人已依照本条第二款的规定同时申请了发明专利的说明。

“发明专利申请经审查没有发现驳回理由，国务院专利行政部门应当通知申请人在规定期限内声明放弃实用新型专利权。申请人声明放弃的，国务院专利行政部门应当作出授予发明专利权的决定，并在公告授予发明专利权时一并公告申请人放弃实用新型专利权声明。申请人不同意放弃的，国务院专利行政部门应当驳回该发明专利申请；申请人期满未答复的，视为撤回该发明专利申请。

“实用新型专利权自公告授予发明专利权之日起终止。”

八、删去第十四条。

九、将第十五条改为第十四条，增加一款，作为第三款：“以专利权出质的，由出质人和质权人共同向国务院专利行政部门办理出质登记。”

十、将第十七条改为第十六条，修改为：“发明、实用新型或者外观设计专利申请的请求书应当写明下列事项：

“（一）发明、实用新型或者外观设计的名称；

“（二）申请人是中国单位或者个人的，其名称或者姓名、地址、邮政编码、组织机构代码或者居民身份证件号码；申请人是外国人、外国企业或者外国其他组织的，其姓名或者名称、国籍或者注册的国家或者地区；

“（三）发明人或者设计人的姓名；

“（四）申请人委托专利代理机构的，受托机构的名称、机构代码以及该机构指定的专利代理人的姓名、执业证号码、联系电话；

“（五）要求优先权的，申请人第一次提出专利申请（以下简称在先申请）的申请日、申请号以及原受理机构的名称；

“（六）申请人或者专利代理机构的签字或者盖章；

“（七）申请文件清单；

“（八）附加文件清单；

“（九）其他需要写明的有关事项。”

十一、将第十八条改为第十七条，增加一款，作为第五款：“实用新型专利申请说明书应当有表示要求保护的产品的形状、构造或者其结合的附图。”

十二、增加一条作为第二十六条：“专利法所称遗传资源，是指取自人体、动物、植物或者微生物等含有遗传功能单位并具有实际或者潜在价值的材料；专利法所称依赖遗传资源完成的发明创造，是指利用了遗传资源的遗传功能完成的发明创造。

“就依赖遗传资源完成的发明创造申请专利的，申请人应当在请求书中予以说明，并填写国务院专利行政部门制定的表格。”

十三、删去第二十七条第一款。

十四、将第二十八条修改为：“外观设计的简要说明应当写明外观设计产品的名称、用途，外观设计的设计要点，并指定一幅最能表明设计要点的图片或者照片。省略视图或者请求保护色彩的，应当在简要说明中写明。

“对同一产品的多项相似外观设计提出一件外观设计专利申请的，应当在简要说明中指定其中一项作为基本设计。

“简要说明不得使用商业性宣传用语，也不能用来说明产品的性能。”

十五、删去第三十条。

十六、将第三十一条改为第三十条，增加一款，作为第一款：“专利法第二十四条第（一）项所称中国政府承认的国际展览会，是指国际展览会公约规定的在国际展览局注册或者由其认可的国际展览会。”

十七、将第三十二条改为第三十一条，修改为：“申请人依照专利法第三十条的规定要求外国优先权的，申请人提交的在先申请文件副本应当经原受理机构证明。依照国务院专利行政部门与该受理机构签订的协议，国务院专利行政部门通过电子交换等途径获得在先申请文件副本的，视为申请人提交了经该受理机构证明的在先申请文件副本。要求本国优先权，申请人在请求书中写明在先申请的申请日和申请号的，视为提交了在先申请文件副本。

“要求优先权，但请求书中漏写或者错写在先申请的申请日、申请号和原受理机构名称中的一项或者两项内容的，国务院专利行政部门应当通知申请人在指定期限内补正；期满未补正的，视为未要求优先权。

“要求优先权的申请人的姓名或者名称与在先申请文件副本中记载的申请人姓名或者名称不一致的，应当提交优先权转让证明材料，未提交该证明材料的，视为未要求优先权。

“外观设计专利申请的申请人要求外国优先权，其在先申请未包括对外观设计的简要说明，申请人按照本细则第二十八条规定提交的简要说明未超出在先申请文件的图片或者照片表示的范围的，不影响其享有优先权。”

十八、将第三十六条改为第三十五条，修改为：“依照专利法第三十一条第二款规定，将同一产品的多项相似外观设计作为一件申请提出的，对该产品的其他设计应当与简要说明中指定的基本设计相似。一件外观设计专利申请中的相似外观设计不得超过10项。

"专利法第三十一条第二款所称同一类别并且成套出售或者使用的产品的两项以上外观设计，是指各产品属于分类表中同一大类，习惯上同时出售或者同时使用，而且各产品的外观设计具有相同的设计构思。

"将两项以上外观设计作为一件申请提出的，应当将各项外观设计的顺序编号标注在每件外观设计产品各幅图片或者照片的名称之前。"

十九、将第四十四条第一款修改为："专利法第三十四条和第四十条所称初步审查，是指审查专利申请是否具备专利法第二十六条或者第二十七条规定的文件和其他必要的文件，这些文件是否符合规定的格式，并审查下列各项：

"（一）发明专利申请是否明显属于专利法第五条、第二十五条规定的情形，是否不符合专利法第十八条、第十九条第一款、第二十条第一款或者本细则第十六条、第二十六条第二款的规定，是否明显不符合专利法第二条第二款、第二十六条第五款、第三十一条第一款、第三十三条或者本细则第十七条至第二十一条的规定；

"（二）实用新型专利申请是否明显属于专利法第五条、第二十五条规定的情形，是否不符合专利法第十八条、第十九条第一款、第二十条第一款或者本细则第十六条至第十九条、第二十一条至第二十三条的规定，是否明显不符合专利法第二条第三款、第二十二条第二款、第四款、第二十六条第三款、第四款、第三十一条第一款、第三十三条或者本细则第二十条、第四十三条第一款的规定，是否依照专利法第九条规定不能取得专利权；

"（三）外观设计专利申请是否明显属于专利法第五条、第二十五条第一款第（六）项规定的情形，是否不符合专利法第十八条、第十九条第一款或者本细则第十六条、第二十七条、第二十八条的规定，是否明显不符合专利法第二条第四款、第二十三条第一款、第二十七条第二款、第三十一条第二款、第三十三条或者本细则第四十三条第一款的规定，是否依照专利法第九条规定不能取得专利权；

"（四）申请文件是否符合本细则第二条、第三条第一款的规定。"

二十、增加一条，作为第五十五条："保密专利申请经审查没有发现驳回理由的，国务院专利行政部门应当作出授予保密专利权的决定，颁发保密专利证书，登记保密专利权的有关事项。"

二十一、将第五十五条改为第五十六条，修改为："授予实用新型或者外观设计专利权的决定公告后，专利法第六十条规定的专利权人或者利害关系人可以请求国务院专利行政部门作出专利权评价报告。

"请求作出专利权评价报告的，应当提交专利权评价报告请求书，写明专利号。每项请求应当限于一项专利权。

"专利权评价报告请求书不符合规定的，国务院专利行政部门应当通知请求人在指定期限内补正；请求人期满未补正的，视为未提出请求。"

二十二、将第五十六条改为第五十七条，修改为："国务院专利行政部门应当自收到专利权评价报告请求书后2个月内作出专利权评价报告。对同一项实用新型或者外观设计专利权，有多个请求人请求作出专利权评价报告的，国务院专利行政部门仅作出一份专利权评价报告。任何单位或者个人可以查阅或者复制该专利权评价报告。"

二十三、将第五十九条改为第六十条，增加一款，作为第二款："复审请求不符合专利法第十九条第一款或者第四十一条第一款规定的，专利复审委员会不予受理，书面通知复审请求人并说明理由。"

二十四、将第七十一条改为第七十二条，第二款修改为："专利复审委员会作出决定之前，无效宣告请求人撤回其请求或者其无效宣告请求被视为撤回的，无效宣告请求审查程序终止。但是，专利复审委员会认为根据已进行的审查工作能够作出宣告专利权无效或者部分无效的决定的，不终止审查程序。"

二十五、增加一条，作为第七十三条："专利法第四十八条第（一）项所称未充分实施其专利，是指专利权人及其被许可人实施其专利的方式或者规模不能满足国内对专利产品或者专利方法的需求。

"专利法第五十条所称取得专利权的药品，是指解决公共健康问题所需的医药领域中的任何专利产品或者依照专利方法直接获得的产品，包括取得专利权的制造该产品所需的活性成分以及使用该产品所需的诊断用品。"

二十六、将第七十二条改为第七十四条，修改为："请求给予强制许可的，应当向国务院专利行政部门提交强制许可请求书，说明理由并附具有关证明文件。

"国务院专利行政部门应当将强制许可请求书的副本送交专利权人，专利权人应当在国务院专利行政部门指定的期限内陈述意见；期满未答复的，不影响国务院专利行政部门作出决定。

"国务院专利行政部门在作出驳回强制许可请求的决定或者给予强制许可的决定前，应当通知请求人和专利权人拟作出的决定及其理由。

"国务院专利行政部门依照专利法第五十条的规定作出给予强制许可的决定，应当同时符合中国缔结或者参加的有关国际条约关于为了解决公共健康问题而给予强制许可的规定，但中国作出保留的除外。”

二十七、增加一条，作为第七十六条：“被授予专利权的单位可以与发明人、设计人约定或者在其依法制定的规章制度中规定专利法第十六条规定的奖励、报酬的方式和数额。

“企业、事业单位给予发明人或者设计人的奖励、报酬，按照国家有关财务、会计制度的规定进行处理。”

二十八、将第七十四条改为第七十七条，修改为：“被授予专利权的单位未与发明人、设计人约定也未在其依法制定的规章制度中规定专利法第十六条规定的奖励的方式和数额的，应当自专利权公告之日起3个月内发给发明人或者设计人奖金。一项发明专利的奖金最低不少于3000元；一项实用新型专利或者外观设计专利的奖金最低不少于1000元。

“由于发明人或者设计人的建议被其所属单位采纳而完成的发明创造，被授予专利权的单位应当从优发给奖金。”

二十九、将第七十五条、第七十六条合并，作为第七十八条，修改为：“被授予专利权的单位未与发明人、设计人约定也未在其依法制定的规章制度中规定专利法第十六条规定的报酬的方式和数额的，在专利权有效期限内，实施发明创造专利后，每年应当从实施该项发明或者实用新型专利的营业利润中提取不低于2%或者从实施该项外观设计专利的营业利润中提取不低于0.2%，作为报酬给予发明人或者设计人，或者参照上述比例，给予发明人或者设计人一次性报酬；被授予专利权的单位许可其他单位或者个人实施其专利的，应当从收取的使用费中提取不低于10%，作为报酬给予发明人或者设计人。”

三十、删去第七十七条。

三十一、第八十三条增加一款，作为第二款：“专利标识不符合前款规定的，由管理专利工作的部门责令改正。”

三十二、将第八十四条、第八十五条合并，作为第八十四条，修改为：“下列行为属于专利法第六十三条规定的假冒专利的行为：

“（一）在未被授予专利权的产品或者其包装上标注专利标识，专利权被宣告无效后或者终止后继续在产品或者其包装上标注专利标识，或者未经许可在产品或者产品包装上标注他人的专利号；

“（二）销售第（一）项所述产品；

“（三）在产品说明书等材料中将未被授予专利权的技术或者设计称为专利技术或者专利设计，将专利申请称为专利，或者未经许可使用他人的专利号，使公众将所涉及的技术或者设计误认为是专利技术或者专利设计；

“（四）伪造或者变造专利证书、专利文件或者专利申请文件；

“（五）其他使公众混淆，将未被授予专利权的技术或者设计误认为是专利技术或者专利设计的行为。

“专利权终止前依法在专利产品、依照专利方法直接获得的产品或者其包装上标注专利标识，在专利权终止后许诺销售、销售该产品的，不属于假冒专利行为。

“销售不知道是假冒专利的产品，并且能够证明该产品合法来源的，由管理专利工作的部门责令停止销售，但免除罚款的处罚。”

三十三、将第八十七条修改为：“人民法院在审理民事案件中裁定对专利申请权或者专利权采取保全措施的，国务院专利行政部门应当在收到写明申请号或者专利号的裁定书和协助执行通知书之日中止被保全的专利申请权或者专利权的有关程序。保全期限届满，人民法院没有裁定继续采取保全措施的，国务院专利行政部门自行恢复有关程序。”

三十四、增加一条，作为第八十八条：“国务院专利行政部门根据本细则第八十六条和第八十七条规定中止有关程序，是指暂停专利申请的初步审查、实质审查、复审程序，授予专利权程序和专利权无效宣告程序；暂停办理放弃、变更、转移专利权或者专利申请权手续，专利权质押手续以及专利权期限届满前的终止手续等。”

三十五、将第八十九条第一款改为第九十条，修改为：“国务院专利行政部门定期出版专利公报，公布或者公告下列内容：

“（一）发明专利申请的著录事项和说明书摘要；

“（二）发明专利申请的实质审查请求和国务院专利行政部门对发明专利申请自行进行实质审查的决定；

“（三）发明专利申请公布后的驳回、撤回、视为撤回、视为放弃、恢复和转移；

“（四）专利权的授予以及专利权的著录事项；

“（五）发明或者实用新型专利的说明书摘要，外观设计专利的一幅图片或者照片；

“（六）国防专利、保密专利的解密；

“（七）专利权的无效宣告；

“（八）专利权的终止、恢复；

“（九）专利权的转移；

“（十）专利实施许可合同的备案；

“（十一）专利权的质押、保全及其解除；

“（十二）专利实施的强制许可的给予；

“（十三）专利权人的姓名或者名称、地址的变更；

"（十四）文件的公告送达；

"（十五）国务院专利行政部门作出的更正；

"（十六）其他有关事项。"

三十六、将第八十九条第二款改为第九十一条，修改为："国务院专利行政部门应当提供专利公报、发明专利申请单行本以及发明专利、实用新型专利、外观设计专利单行本，供公众免费查阅。"

三十七、增加一条，作为第九十二条："国务院专利行政部门负责按照互惠原则与其他国家、地区的专利机关或者区域性专利组织交换专利文献。"

三十八、将第九十条改为第九十三条，修改为："向国务院专利行政部门申请专利和办理其他手续时，应当缴纳下列费用：

"（一）申请费、申请附加费、公布印刷费、优先权要求费；

"（二）发明专利申请实质审查费、复审费；

"（三）专利登记费、公告印刷费、年费；

"（四）恢复权利请求费、延长期限请求费；

"（五）著录事项变更费、专利权评价报告请求费、无效宣告请求费。

"前款所列各种费用的缴纳标准，由国务院价格管理部门、财政部门会同国务院专利行政部门规定。"

三十九、将第九十二条改为第九十五条，第一款修改为："申请人应当自申请日起2个月内或者在收到受理通知书之日起15日内缴纳申请费、公布印刷费和必要的申请附加费；期满未缴纳或者未缴足的，其申请视为撤回。"

四十、删去第九十四条。

四十一、将第九十七条改为第九十九条，修改为："恢复权利请求费应当在本细则规定的相关期限内缴纳；期满未缴纳或者未缴足的，视为未提出请求。

"延长期限请求费应当在相应期限届满之日前缴纳；期满未缴纳或者未缴足的，视为未提出请求。

"著录事项变更费、专利权评价报告请求费、无效宣告请求费应当自提出请求之日起1个月内缴纳；期满未缴纳或者未缴足的，视为未提出请求。"

四十二、将第九十八条改为第一百条，修改为："申请人或者专利权人缴纳本细则规定的各种费用有困难的，可以按照规定向国务院专利行政部门提出减缴或者缓缴的请求。减缴或者缓缴的办法由国务院财政部门会同国务院价格管理部门、国务院专利行政部门规定。"

四十三、将第一百零一条、第一百零三条、第一百零五条第一款的部分内容合并，作为第一百零三条，修改为："国际申请的申请人应当在专利合作条约第二条所称的优先权日（本章简称优先权日）起30个月内，向国务院专利行政部门办理进入中国国家阶段的手续；申请人未在该期限内办理该手续的，在缴纳宽限费后，可以在自优先权日起32个月内办理进入中国国家阶段的手续。"

四十四、将第一百零一条、第一百零三条、第一百零五条第一款的部分内容合并，作为第一百零四条，修改为："申请人依照本细则第一百零三条的规定办理进入中国国家阶段的手续的，应当符合下列要求：

"（一）以中文提交进入中国国家阶段的书面声明，写明国际申请号和要求获得的专利权类型；

"（二）缴纳本细则第九十三条第一款规定的申请费、公布印刷费，必要时缴纳本细则第一百零三条规定的宽限费；

"（三）国际申请以外文提出的，提交原始国际申请的说明书和权利要求书的中文译文；

"（四）在进入中国国家阶段的书面声明中写明发明创造的名称、申请人姓名或者名称、地址和发明人的姓名，上述内容应当与世界知识产权组织国际局（以下简称国际局）的记录一致；国际申请中未写明发明人的，在上述声明中写明发明人的姓名；

"（五）国际申请以外文提出的，提交摘要的中文译文，有附图和摘要附图的，提交附图副本和摘要附图副本，附图中有文字的，将其替换为对应的中文文字；国际申请以中文提出的，提交国际公布文件中的摘要和摘要附图副本；

"（六）在国际阶段向国际局已办理申请人变更手续的，提供变更后的申请人享有申请权的证明材料；

"（七）必要时缴纳本细则第九十三条第一款规定的申请附加费。

"符合本条第一款第（一）项至第（三）项要求的，国务院专利行政部门应当给予申请号，明确国际申请进入中国国家阶段的日期（以下简称进入日），并通知申请人其国际申请已进入中国国家阶段。

"国际申请已进入中国国家阶段，但不符合本条第一款第（四）项至第（七）项要求的，国务院专利行政部门应当通知申请人在指定期限内补正；期满未补正的，其申请视为撤回。"

四十五、将第一百条第二款与第一百零二条合并，作为第一百零五条，修改为："国际申请有下列情形之一的，其在中国的效力终止：

"（一）在国际阶段，国际申请被撤回或者被视为撤回，或者国际申请对中国的指定被撤回的；

“（二）申请人未在优先权日起32个月内按照本细则第一百零三条规定办理进入中国国家阶段手续的；

“（三）申请人办理进入中国国家阶段的手续，但自优先权日起32个月期限届满仍不符合本细则第一百零四条第（一）项至第（三）项要求的。

“依照前款第（一）项的规定，国际申请在中国的效力终止的，不适用本细则第六条的规定；依照前款第（二）项、第（三）项的规定，国际申请在中国的效力终止的，不适用本细则第六条第二款的规定。”

四十六、将第一百零四条改为第一百零六条，修改为：“国际申请在国际阶段作过修改，申请人要求以经修改的申请文件为基础进行审查的，应当自进入日起2个月内提交修改部分的中文译文。在该期间内未提交中文译文的，对申请人在国际阶段提出的修改，国务院专利行政部门不予考虑。”

四十七、将第一百零五条改为第一百零七条，修改为：“国际申请涉及的发明创造有专利法第二十四条第（一）项或者第（二）项所列情形之一，在提出国际申请时作过声明的，申请人应当在进入中国国家阶段的书面声明中予以说明，并自进入日起2个月内提交本细则第三十条第三款规定的有关证明文件；未予说明或者期满未提交证明文件的，其申请不适用专利法第二十四条的规定。”

四十八、增加一条，作为第一百零九条：“国际申请涉及的发明创造依赖遗传资源完成的，申请人应当在国际申请进入中国国家阶段的书面声明中予以说明，并填写国务院专利行政部门制定的表格。”

四十九、将第一百零七条改为第一百一十条，第二款修改为：“申请人应当自进入日起2个月内缴纳优先权要求费；期满未缴纳或者未缴足的，视为未要求该优先权。”

删去第四款。

五十、将第一百零九条改为第一百一十二条，第一款修改为：“要求获得实用新型专利权的国际申请，申请人可以自进入日起2个月内对专利申请文件主动提出修改。”

五十一、删去第一百一十三条、第一百一十四条。

此外，根据2008年12月27日审议通过的《全国人民代表大会常务委员会关于修改〈中华人民共和国专利法〉的决定》，对《中华人民共和国专利法实施细则》引用《中华人民共和国专利法》的条文作了相应修改，并对部分条款顺序和文字作了相应调整。

本决定自2010年2月1日起施行。

《中华人民共和国专利法实施细则》根据本决定作相应的修改，重新公布。

中华人民共和国专利法实施细则（2010年修订）

（2001年6月15日中华人民共和国国务院令第306号公布，根据2002年12月28日《国务院关于修改〈中华人民共和国专利法实施细则〉的决定》第一次修订，根据2010年1月9日《国务院关于修改〈中华人民共和国专利法实施细则〉的决定》第二次修订）

第一章 总 则

第一条 根据《中华人民共和国专利法》（以下简称专利法），制定本细则。

第二条 专利法和本细则规定的各种手续，应当以书面形式或者国务院专利行政部门规定的其他形式办理。

第三条 依照专利法和本细则规定提交的各种文件应当使用中文；国家有统一规定的科技术语的，应当采用规范词；外国人名、地名和科技术语没有统一中文译文的，应当注明原文。

依照专利法和本细则规定提交的各种证件和证明文件是外文的，国务院专利行政部门认为必要时，可以要求当事人在指定期限内附送中文译文；期满未附送的，视为未提交该证件和证明文件。

第四条 向国务院专利行政部门邮寄的各种文件，以寄出的邮戳日为递交日；邮戳日不清晰的，除当事人能够提出证明外，以国务院专利行政部门收到日为递交日。

国务院专利行政部门的各种文件，可以通过邮寄、直接送交或者其他方式送达当事人。当事人委托专利代理机构的，文件送交专利代理机构；未委托专利代理机构的，文件送交请求书中指明的联系人。

国务院专利行政部门邮寄的各种文件，自文件发出之日起满15日，推定为当事人收到文件之日。

根据国务院专利行政部门规定应当直接送交的文件，以交付日为送达日。

文件送交地址不清，无法邮寄的，可以通过公告的方式送达当事人。自公告之日起满1个月，该文件视为已经送达。

第五条 专利法和本细则规定的各种期限的第一日不计算在期限内。期限以年或者月计算的，以其最后一月的相应日为期限届满日；该月无相应日的，以该月最后一日为期限届满日；期限届满日是法定休假日的，以休假日后的第一个工作日为期限届满日。

第六条 当事人因不可抗拒的事由而延误专利法或者本细则规定的期限或者国务院专利行政部门指定的期限，导致其权利丧失的，自障碍消除之日起2个月内，最迟自期限届满之日起2年内，可以向国务院专利行政部门请求恢复权利。

除前款规定的情形外，当事人因其他正当理由延误专利法或者本细则规定的期限或者国务院专利行政部门指定的期限，导致其权利丧失的，可以自收到国务院专利行政部门的通知之日起2个月内向国务院专利行政部门请求恢复权利。

当事人依照本条第一款或者第二款的规定请求恢复权利的，应当提交恢复权利请求书，说明理由，必要时附具有关证明文件，并办理权利丧失前应当办理的相应手续；依照本条第二款的规定请求恢复权利的，还应当缴纳恢复权利请求费。

当事人请求延长国务院专利行政部门指定的期限的，应当在期限届满前，向国务院专利行政部门说明理由并办理有关手续。

本条第一款和第二款的规定不适用专利法第二十四条、第二十九条、第四十二条、第六十八条规定的期限。

第七条 专利申请涉及国防利益需要保密的，由国防专利机构受理并进行审查；国务院专利行政部门受理的专利申请涉及国防利益需要保密的，应当及时移交国防专利机构进行审查。经国防专利机构审查没有发现驳回理由的，由国务院专利行政部门作出授予国防专利权的决定。

国务院专利行政部门认为其受理的发明或者实用新型专利申请涉及国防利益以外的国家安全或者重大利益需要保密的，应当及时作出按照保密专利申请处理的决定，并通知申请人。保密专利申请的审查、复审以及保密专利权无效宣告的特殊程序，由国务院专利行政部门规定。

第八条 专利法第二十条所称在中国完成的发明或者实用新型，是指技术方案的实质性内容在中国境内完成的发明或者实用新型。

任何单位或者个人将在中国完成的发明或者实用新型向外国申请专利的，应当按照下列方式之一请求国务院专利行政部门进行保密审查：

（一）直接向外国申请专利或者向有关国外机构提交专利国际申请的，应当事先向国务院专利行政部门提出请求，并详细说明其技术方案；

（二）向国务院专利行政部门申请专利后拟向外国申请专利或者向有关国外机构提交专利国际申请的，应当在向外国申请专利或者向有关国外机构提交专利国际申请前向国务院专利行政部门提出请求。

向国务院专利行政部门提交专利国际申请的，视为同时提出了保密审查请求。

第九条 国务院专利行政部门收到依照本细则第八条规定递交的请求后，经过审查认为该发明或者实用新型可能涉及国家安全或者重大利益需要保密的，应当及时向申请人发出保密审查通知；申请人未在其请求递交日起4个月内收到保密审查通知的，可以就该发明或者实用新型向外国申请专利或者向有关国外机构提交专利国际申请。

国务院专利行政部门依照前款规定通知进行保密审查的，应当及时作出是否需要保密的决定，并通知申请人。申请人未在其请求递交日起6个月内收到需要保密的决定的，可以就该发明或者实用新型向外国申请专利或者向有关国外机构提交专利国际申请。

第十条 专利法第五条所称违反法律的发明创造，不包括仅其实施为法律所禁止的发明创造。

第十一条 除专利法第二十八条和第四十二条规定的情形外，专利法所称申请日，有优先权的，指优先权日。

本细则所称申请日，除另有规定的外，是指专利法第二十八条规定的申请日。

第十二条 专利法第六条所称执行本单位的任务所完成的职务发明创造，是指：

（一）在本职工作中作出的发明创造；

（二）履行本单位交付的本职工作之外的任务所作出的发明创造；

（三）退休、调离原单位后或者劳动、人事关系终止后

1年内作出的，与其在原单位承担的本职工作或者原单位分配的任务有关的发明创造。

专利法第六条所称本单位，包括临时工作单位；专利法第六条所称本单位的物质技术条件，是指本单位的资金、设备、零部件、原材料或者不对外公开的技术资料等。

第十三条 专利法所称发明人或者设计人，是指对发明创造的实质性特点作出创造性贡献的人。在完成发明创造过程中，只负责组织工作的人、为物质技术条件的利用提供方便的人或者从事其他辅助工作的人，不是发明人或者设计人。

第十四条 除依照专利法第十条规定转让专利权外，专利权因其他事由发生转移的，当事人应当凭有关证明文件或者法律文书向国务院专利行政部门办理专利权转移手续。

专利权人与他人订立的专利实施许可合同，应当自合同生效之日起3个月内向国务院专利行政部门备案。

以专利权出质的，由出质人和质权人共同向国务院专利行政部门办理出质登记。

第二章　专利的申请

第十五条 以书面形式申请专利的，应当向国务院专利行政部门提交申请文件一式两份。

以国务院专利行政部门规定的其他形式申请专利的，应当符合规定的要求。

申请人委托专利代理机构向国务院专利行政部门申请专利和办理其他专利事务的，应当同时提交委托书，写明委托权限。

申请人有2人以上且未委托专利代理机构的，除请求书中另有声明的外，以请求书中指明的第一申请人为代表人。

第十六条 发明、实用新型或者外观设计专利申请的请求书应当写明下列事项：

（一）发明、实用新型或者外观设计的名称；

（二）申请人是中国单位或者个人的，其名称或者姓名、地址、邮政编码、组织机构代码或者居民身份证件号码；申请人是外国人、外国企业或者外国其他组织的，其姓名或者名称、国籍或者注册的国家或者地区；

（三）发明人或者设计人的姓名；

（四）申请人委托专利代理机构的，受托机构的名称、机构代码以及该机构指定的专利代理人的姓名、执业证号码、联系电话；

（五）要求优先权的，申请人第一次提出专利申请（以下简称在先申请）的申请日、申请号以及原受理机构的名称；

（六）申请人或者专利代理机构的签字或者盖章；

（七）申请文件清单；

（八）附加文件清单；

（九）其他需要写明的有关事项。

第十七条 发明或者实用新型专利申请的说明书应当写明发明或者实用新型的名称，该名称应当与请求书中的名称一致。说明书应当包括下列内容：

（一）技术领域：写明要求保护的技术方案所属的技术领域；

（二）背景技术：写明对发明或者实用新型的理解、检索、审查有用的背景技术；有可能的，并引证反映这些背景技术的文件；

（三）发明内容：写明发明或者实用新型所要解决的技术问题以及解决其技术问题采用的技术方案，并对照现有技术写明发明或者实用新型的有益效果；

（四）附图说明：说明书有附图的，对各幅附图作简略说明；

（五）具体实施方式：详细写明申请人认为实现发明或者实用新型的优选方式；必要时，举例说明；有附图的，对照附图。

发明或者实用新型专利申请人应当按照前款规定的方式和顺序撰写说明书，并在说明书每一部分前面写明标题，除非其发明或者实用新型的性质用其他方式或者顺序撰写能节约说明书的篇幅并使他人能够准确理解其发明或者实用新型。

发明或者实用新型说明书应当用词规范、语句清楚，并不得使用“如权利要求……所述的……”一类的引用语，也不得使用商业性宣传用语。

发明专利申请包含一个或者多个核苷酸或者氨基酸序列的，说明书应当包括符合国务院专利行政部门规定的序列表。申请人应当将该序列表作为说明书的一个单独部分提交，并按照国务院专利行政部门的规定提交该序列表的计算机可读形式的副本。

实用新型专利申请说明书应当有表示要求保护的产品的形状、构造或者其结合的附图。

第十八条 发明或者实用新型的几幅附图应当按照“图1，图2，……”顺序编号排列。

发明或者实用新型说明书文字部分中未提及的附图标记不得在附图中出现，附图中未出现的附图标记不得在说明书文字部分中提及。申请文件中表示同一组成部分的附图标记应当一致。

附图中除必需的词语外，不应当含有其他注释。

第十九条 权利要求书应当记载发明或者实用新型的

技术特征。

权利要求书有几项权利要求的，应当用阿拉伯数字顺序编号。

权利要求书中使用的科技术语应当与说明书中使用的科技术语一致，可以有化学式或者数学式，但是不得有插图。除绝对必要的外，不得使用“如说明书……部分所述”或者“如图……所示”的用语。

权利要求中的技术特征可以引用说明书附图中相应的标记，该标记应当放在相应的技术特征后并置于括号内，便于理解权利要求。附图标记不得解释为对权利要求的限制。

第二十条 权利要求书应当有独立权利要求，也可以有从属权利要求。

独立权利要求应当从整体上反映发明或者实用新型的技术方案，记载解决技术问题的必要技术特征。

从属权利要求应当用附加的技术特征，对引用的权利要求作进一步限定。

第二十一条 发明或者实用新型的独立权利要求应当包括前序部分和特征部分，按照下列规定撰写：

（一）前序部分：写明要求保护的发明或者实用新型技术方案的主题名称和发明或者实用新型主题与最接近的现有技术共有的必要技术特征；

（二）特征部分：使用“其特征是……”或者类似的用语，写明发明或者实用新型区别于最接近的现有技术的技术特征。这些特征和前序部分写明的特征合在一起，限定发明或者实用新型要求保护的范围。

发明或者实用新型的性质不适于用前款方式表达的，独立权利要求可以用其他方式撰写。

一项发明或者实用新型应当只有一个独立权利要求，并写在同一发明或者实用新型的从属权利要求之前。

第二十二条 发明或者实用新型的从属权利要求应当包括引用部分和限定部分，按照下列规定撰写：

（一）引用部分：写明引用的权利要求的编号及其主题名称；

（二）限定部分：写明发明或者实用新型附加的技术特征。

从属权利要求只能引用在前的权利要求。引用两项以上权利要求的多项从属权利要求，只能以择一方式引用在前的权利要求，并不得作为另一项多项从属权利要求的基础。

第二十三条 说明书摘要应当写明发明或者实用新型专利申请所公开内容的概要，即写明发明或者实用新型的名称和所属技术领域，并清楚地反映所要解决的技术问题、解决该问题的技术方案的要点以及主要用途。

说明书摘要可以包含最能说明发明的化学式；有附图的专利申请，还应当提供一幅最能说明该发明或者实用新型技术特征的附图。附图的大小及清晰度应当保证在该图缩小到4厘米×6厘米时，仍能清晰地分辨出图中的各个细节。摘要文字部分不得超过300个字。摘要中不得使用商业性宣传用语。

第二十四条 申请专利的发明涉及新的生物材料，该生物材料公众不能得到，并且对该生物材料的说明不足以使所属领域的技术人员实施其发明的，除应当符合专利法和本细则的有关规定外，申请人还应当办理下列手续：

（一）在申请日前或者最迟在申请日（有优先权的，指优先权日），将该生物材料的样品提交国务院专利行政部门认可的保藏单位保藏，并在申请时或者最迟自申请日起4个月内提交保藏单位出具的保藏证明和存活证明；期满未提交证明的，该样品视为未提交保藏；

（二）在申请文件中，提供有关该生物材料特征的资料；

（三）涉及生物材料样品保藏的专利申请应当在请求书和说明书中写明该生物材料的分类命名（注明拉丁文名称）、保藏该生物材料样品的单位名称、地址、保藏日期和保藏编号；申请时未写明的，应当自申请日起4个月内补正；期满未补正的，视为未提交保藏。

第二十五条 发明专利申请人依照本细则第二十四条的规定保藏生物材料样品的，在发明专利申请公布后，任何单位或者个人需要将该专利申请所涉及的生物材料作为实验目的使用的，应当向国务院专利行政部门提出请求，并写明下列事项：

（一）请求人的姓名或者名称和地址；

（二）不向其他任何人提供该生物材料的保证；

（三）在授予专利权前，只作为实验目的使用的保证。

第二十六条 专利法所称遗传资源，是指取自人体、动物、植物或者微生物等含有遗传功能单位并具有实际或者潜在价值的材料；专利法所称依赖遗传资源完成的发明创造，是指利用了遗传资源的遗传功能完成的发明创造。

就依赖遗传资源完成的发明创造申请专利的，申请人应当在请求书中予以说明，并填写国务院专利行政部门制定的表格。

第二十七条 申请人请求保护色彩的，应当提交彩色图片或者照片。

申请人应当就每件外观设计产品所需要保护的内容提交有关图片或者照片。

第二十八条 外观设计的简要说明应当写明外观设计

产品的名称、用途，外观设计的设计要点，并指定一幅最能表明设计要点的图片或者照片。省略视图或者请求保护色彩的，应当在简要说明中写明。

对同一产品的多项相似外观设计提出一件外观设计专利申请的，应当在简要说明中指定其中一项作为基本设计。

简要说明不得使用商业性宣传用语，也不能用来说明产品的性能。

第二十九条 国务院专利行政部门认为必要时，可以要求外观设计专利申请人提交使用外观设计的产品样品或者模型。样品或者模型的体积不得超过30厘米×30厘米×30厘米，重量不得超过15公斤。易腐、易损或者危险品不得作为样品或者模型提交。

第三十条 专利法第二十四条第（一）项所称中国政府承认的国际展览会，是指国际展览会公约规定的在国际展览局注册或者由其认可的国际展览会。

专利法第二十四条第（二）项所称学术会议或者技术会议，是指国务院有关主管部门或者全国性学术团体组织召开的学术会议或者技术会议。

申请专利的发明创造有专利法第二十四条第（一）项或者第（二）项所列情形的，申请人应当在提出专利申请时声明，并自申请日起2个月内提交有关国际展览会或者学术会议、技术会议的组织单位出具的有关发明创造已经展出或者发表，以及展出或者发表日期的证明文件。

申请专利的发明创造有专利法第二十四条第（三）项所列情形的，国务院专利行政部门认为必要时，可以要求申请人在指定期限内提交证明文件。

申请人未依照本条第三款的规定提出声明和提交证明文件的，或者未依照本条第四款的规定在指定期限内提交证明文件的，其申请不适用专利法第二十四条的规定。

第三十一条 申请人依照专利法第三十条的规定要求外国优先权的，申请人提交的在先申请文件副本应当经原受理机构证明。依照国务院专利行政部门与该受理机构签订的协议，国务院专利行政部门通过电子交换等途径获得在先申请文件副本的，视为申请人提交了经该受理机构证明的在先申请文件副本。要求本国优先权，申请人在请求书中写明在先申请的申请日和申请号的，视为提交了在先申请文件副本。

要求优先权，但请求书中漏写或者错写在先申请的申请日、申请号和原受理机构名称中的一项或者两项内容的，国务院专利行政部门应当通知申请人在指定期限内补正；期满未补正的，视为未要求优先权。

要求优先权的申请人的姓名或者名称与在先申请文件副本中记载的申请人姓名或者名称不一致的，应当提交优先权转让证明材料，未提交该证明材料的，视为未要求优先权。

外观设计专利申请的申请人要求外国优先权，其在先申请未包括对外观设计的简要说明，申请人按照本细则第二十八条规定提交的简要说明未超出在先申请文件的图片或者照片表示的范围的，不影响其享有优先权。

第三十二条 申请人在一件专利申请中，可以要求一项或者多项优先权；要求多项优先权的，该申请的优先权期限从最早的优先权日起计算。

申请人要求本国优先权，在先申请是发明专利申请的，可以就相同主题提出发明或者实用新型专利申请；在先申请是实用新型专利申请的，可以就相同主题提出实用新型或者发明专利申请。但是，提出后一申请时，在先申请的主题有下列情形之一的，不得作为要求本国优先权的基础：

（一）已经要求外国优先权或者本国优先权的；

（二）已经被授予专利权的；

（三）属于按照规定提出的分案申请的。

申请人要求本国优先权的，其在先申请自后一申请提出之日起即视为撤回。

第三十三条 在中国没有经常居所或者营业所的申请人，申请专利或者要求外国优先权的，国务院专利行政部门认为必要时，可以要求其提供下列文件：

（一）申请人是个人的，其国籍证明；

（二）申请人是企业或者其他组织的，其注册的国家或者地区的证明文件；

（三）申请人的所属国，承认中国单位和个人可以按照该国国民的同等条件，在该国享有专利权、优先权和其他与专利有关的权利的证明文件。

第三十四条 依照专利法第三十一条第一款规定，可以作为一件专利申请提出的属于一个总的发明构思的两项以上的发明或者实用新型，应当在技术上相互关联，包含一个或者多个相同或者相应的特定技术特征，其中特定技术特征是指每一项发明或者实用新型作为整体，对现有技术作出贡献的技术特征。

第三十五条 依照专利法第三十一条第二款规定，将同一产品的多项相似外观设计作为一件申请提出的，对该产品的其他设计应当与简要说明中指定的基本设计相似。一件外观设计专利申请中的相似外观设计不得超过10项。

专利法第三十一条第二款所称同一类别并且成套出售或者使用的产品的两项以上外观设计，是指各产品属于分类表中同一大类，习惯上同时出售或者同时使用，而且各产品的外观设计具有相同的设计构思。

将两项以上外观设计作为一件申请提出的，应当将各项外观设计的顺序编号标注在每件外观设计产品各幅图片或者照片的名称之前。

第三十六条 申请人撤回专利申请的，应当向国务院专利行政部门提出声明，写明发明创造的名称、申请号和申请日。

撤回专利申请的声明在国务院专利行政部门做好公布专利申请文件的印刷准备工作后提出的，申请文件仍予公布；但是，撤回专利申请的声明应当在以后出版的专利公报上予以公告。

第三章 专利申请的审查和批准

第三十七条 在初步审查、实质审查、复审和无效宣告程序中，实施审查和审理的人员有下列情形之一的，应当自行回避，当事人或者其他利害关系人可以要求其回避：

（一）是当事人或者其代理人的近亲属的；

（二）与专利申请或者专利权有利害关系的；

（三）与当事人或者其代理人有其他关系，可能影响公正审查和审理的；

（四）专利复审委员会成员曾参与原申请的审查的。

第三十八条 国务院专利行政部门收到发明或者实用新型专利申请的请求书、说明书（实用新型必须包括附图）和权利要求书，或者外观设计专利申请的请求书、外观设计的图片或者照片和简要说明后，应当明确申请日、给予申请号，并通知申请人。

第三十九条 专利申请文件有下列情形之一的，国务院专利行政部门不予受理，并通知申请人：

（一）发明或者实用新型专利申请缺少请求书、说明书（实用新型无附图）或者权利要求书的，或者外观设计专利申请缺少请求书、图片或者照片、简要说明的；

（二）未使用中文的；

（三）不符合本细则第一百二十一条第一款规定的；

（四）请求书中缺少申请人姓名或者名称，或者缺少地址的；

（五）明显不符合专利法第十八条或者第十九条第一款的规定的；

（六）专利申请类别（发明、实用新型或者外观设计）不明确或者难以确定的。

第四十条 说明书中写有对附图的说明但无附图或者缺少部分附图的，申请人应当在国务院专利行政部门指定的期限内补交附图或者声明取消对附图的说明。申请人补交附图的，以向国务院专利行政部门提交或者邮寄附图之日为申请日；取消对附图的说明的，保留原申请日。

第四十一条 两个以上的申请人同日（指申请日；有优先权的，指优先权日）分别就同样的发明创造申请专利的，应当在收到国务院专利行政部门的通知后自行协商确定申请人。

同一申请人在同日（指申请日）对同样的发明创造既申请实用新型专利又申请发明专利的，应当在申请时分别说明对同样的发明创造已申请了另一专利；未作说明的，依照专利法第九条第一款关于同样的发明创造只能授予一项专利权的规定处理。

国务院专利行政部门公告授予实用新型专利权，应当公告申请人已依照本条第二款的规定同时申请了发明专利的说明。

发明专利申请经审查没有发现驳回理由，国务院专利行政部门应当通知申请人在规定期限内声明放弃实用新型专利权。申请人声明放弃的，国务院专利行政部门应当作出授予发明专利权的决定，并在公告授予发明专利权时一并公告申请人放弃实用新型专利权声明。申请人不同意放弃的，国务院专利行政部门应当驳回该发明专利申请；申请人期满未答复的，视为撤回该发明专利申请。

实用新型专利权自公告授予发明专利权之日起终止。

第四十二条 一件专利申请包括两项以上发明、实用新型或者外观设计的，申请人可以在本细则第五十四条第一款规定的期限届满前，向国务院专利行政部门提出分案申请；但是，专利申请已经被驳回、撤回或者视为撤回的，不能提出分案申请。

国务院专利行政部门认为一件专利申请不符合专利法第三十一条和本细则第三十四条或者第三十五条的规定的，应当通知申请人在指定期限内对其申请进行修改；申请人期满未答复的，该申请视为撤回。

分案的申请不得改变原申请的类别。

第四十三条 依照本细则第四十二条规定提出的分案申请，可以保留原申请日，享有优先权的，可以保留优先权日，但是不得超出原申请记载的范围。

分案申请应当依照专利法及本细则的规定办理有关手续。

分案申请的请求书中应当写明原申请的申请号和申请日。提交分案申请时，申请人应当提交原申请文件副本；原申请享有优先权的，并应当提交原申请的优先权文件副本。

第四十四条 专利法第三十四条和第四十条所称初步审查，是指审查专利申请是否具备专利法第二十六条或者

第二十七条规定的文件和其他必要的文件，这些文件是否符合规定的格式，并审查下列各项：

（一）发明专利申请是否明显属于专利法第五条、第二十五条规定的情形，是否不符合专利法第十八条、第十九条第一款、第二十条第一款或者本细则第十六条、第二十六条第二款的规定，是否明显不符合专利法第二条第二款、第二十六条第五款、第三十一条第一款、第三十三条或者本细则第十七条至第二十一条的规定；

（二）实用新型专利申请是否明显属于专利法第五条、第二十五条规定的情形，是否不符合专利法第十八条、第十九条第一款、第二十条第一款或者本细则第十六条至第十九条、第二十一条至第二十三条的规定，是否明显不符合专利法第二条第三款、第二十二条第二款、第四款、第二十六条第三款、第四款、第三十一条第一款、第三十三条或者本细则第二十条、第四十三条第一款的规定，是否依照专利法第九条规定不能取得专利权；

（三）外观设计专利申请是否明显属于专利法第五条、第二十五条第一款第（六）项规定的情形，是否不符合专利法第十八条、第十九条第一款或者本细则第十六条、第二十七条、第二十八条的规定，是否明显不符合专利法第二条第四款、第二十三条第一款、第二十七条第二款、第三十一条第二款、第三十三条或者本细则第四十三条第一款的规定，是否依照专利法第九条规定不能取得专利权；

（四）申请文件是否符合本细则第二条、第三条第一款的规定。

国务院专利行政部门应当将审查意见通知申请人，要求其在指定期限内陈述意见或者补正；申请人期满未答复的，其申请视为撤回。申请人陈述意见或者补正后，国务院专利行政部门仍然认为不符合前款所列各项规定的，应当予以驳回。

第四十五条 除专利申请文件外，申请人向国务院专利行政部门提交的与专利申请有关的其他文件有下列情形之一的，视为未提交：

（一）未使用规定的格式或者填写不符合规定的；

（二）未按照规定提交证明材料的。

国务院专利行政部门应当将视为未提交的审查意见通知申请人。

第四十六条 申请人请求早日公布其发明专利申请的，应当向国务院专利行政部门声明。国务院专利行政部门对该申请进行初步审查后，除予以驳回的外，应当立即将申请予以公布。

第四十七条 申请人写明使用外观设计的产品及其所属类别的，应当使用国务院专利行政部门公布的外观设计产品分类表。未写明使用外观设计的产品所属类别或者所写的类别不确切的，国务院专利行政部门可以予以补充或者修改。

第四十八条 自发明专利申请公布之日起至公告授予专利权之日止，任何人均可以对不符合专利法规定的专利申请向国务院专利行政部门提出意见，并说明理由。

第四十九条 发明专利申请人因有正当理由无法提交专利法第三十六条规定的检索资料或者审查结果资料的，应当向国务院专利行政部门声明，并在得到有关资料后补交。

第五十条 国务院专利行政部门依照专利法第三十五条第二款的规定对专利申请自行进行审查时，应当通知申请人。

第五十一条 发明专利申请人在提出实质审查请求时以及在收到国务院专利行政部门发出的发明专利申请进入实质审查阶段通知书之日起的3个月内，可以对发明专利申请主动提出修改。

实用新型或者外观设计专利申请人自申请日起2个月内，可以对实用新型或者外观设计专利申请主动提出修改。

申请人在收到国务院专利行政部门发出的审查意见通知书后对专利申请文件进行修改的，应当针对通知书指出的缺陷进行修改。

国务院专利行政部门可以自行修改专利申请文件中文字和符号的明显错误。国务院专利行政部门自行修改的，应当通知申请人。

第五十二条 发明或者实用新型专利申请的说明书或者权利要求书的修改部分，除个别文字修改或者增删外，应当按照规定格式提交替换页。外观设计专利申请的图片或者照片的修改，应当按照规定提交替换页。

第五十三条 依照专利法第三十八条的规定，发明专利申请经实质审查应当予以驳回的情形是指：

（一）申请属于专利法第五条、第二十五条规定的情形，或者依照专利法第九条规定不能取得专利权的；

（二）申请不符合专利法第二条第二款、第二十条第一款、第二十二条、第二十六条第三款、第四款、第五款、第三十一条第一款或者本细则第二十条第二款规定的；

（三）申请的修改不符合专利法第三十三条规定，或者分案的申请不符合本细则第四十三条第一款的规定的。

第五十四条 国务院专利行政部门发出授予专利权的通知后，申请人应当自收到通知之日起2个月内办理登记手续。申请人按期办理登记手续的，国务院专利行政部门应当授予专利权，颁发专利证书，并予以公告。

期满未办理登记手续的，视为放弃取得专利权的权利。

第五十五条 保密专利申请经审查没有发现驳回理由的，国务院专利行政部门应当作出授予保密专利权的决定，颁发保密专利证书，登记保密专利权的有关事项。

第五十六条 授予实用新型或者外观设计专利权的决定公告后，专利法第六十条规定的专利权人或者利害关系人可以请求国务院专利行政部门作出专利权评价报告。

请求作出专利权评价报告的，应当提交专利权评价报告请求书，写明专利号。每项请求应当限于一项专利权。

专利权评价报告请求书不符合规定的，国务院专利行政部门应当通知请求人在指定期限内补正；请求人期满未补正的，视为未提出请求。

第五十七条 国务院专利行政部门应当自收到专利权评价报告请求书后2个月内作出专利权评价报告。对同一项实用新型或者外观设计专利权，有多个请求人请求作出专利权评价报告的，国务院专利行政部门仅作出一份专利权评价报告。任何单位或者个人可以查阅或者复制该专利权评价报告。

第五十八条 国务院专利行政部门对专利公告、专利单行本中出现的错误，一经发现，应当及时更正，并对所作更正予以公告。

第四章 专利申请的复审与专利权的无效宣告

第五十九条 专利复审委员会由国务院专利行政部门指定的技术专家和法律专家组成，主任委员由国务院专利行政部门负责人兼任。

第六十条 依照专利法第四十一条的规定向专利复审委员会请求复审的，应当提交复审请求书，说明理由，必要时还应当附具有关证据。

复审请求不符合专利法第十九条第一款或者第四十一条第一款规定的，专利复审委员会不予受理，书面通知复审请求人并说明理由。

复审请求书不符合规定格式的，复审请求人应当在专利复审委员会指定的期限内补正；期满未补正的，该复审请求视为未提出。

第六十一条 请求人在提出复审请求或者在对专利复审委员会的复审通知书作出答复时，可以修改专利申请文件；但是，修改应当仅限于消除驳回决定或者复审通知书指出的缺陷。

修改的专利申请文件应当提交一式两份。

第六十二条 专利复审委员会应当将受理的复审请求书转交国务院专利行政部门原审查部门进行审查。原审查部门根据复审请求人的请求，同意撤销原决定的，专利复审委员会应当据此作出复审决定，并通知复审请求人。

第六十三条 专利复审委员会进行复审后，认为复审请求不符合专利法和本细则有关规定的，应当通知复审请求人，要求其在指定期限内陈述意见。期满未答复的，该复审请求视为撤回；经陈述意见或者进行修改后，专利复审委员会认为仍不符合专利法和本细则有关规定的，应当作出维持原驳回决定的复审决定。

专利复审委员会进行复审后，认为原驳回决定不符合专利法和本细则有关规定的，或者认为经过修改的专利申请文件消除了原驳回决定指出的缺陷的，应当撤销原驳回决定，由原审查部门继续进行审查程序。

第六十四条 复审请求人在专利复审委员会作出决定前，可以撤回其复审请求。

复审请求人在专利复审委员会作出决定前撤回其复审请求的，复审程序终止。

第六十五条 依照专利法第四十五条的规定，请求宣告专利权无效或者部分无效的，应当向专利复审委员会提交专利权无效宣告请求书和必要的证据一式两份。无效宣告请求书应当结合提交的所有证据，具体说明无效宣告请求的理由，并指明每项理由所依据的证据。

前款所称无效宣告请求的理由，是指被授予专利的发明创造不符合专利法第二条、第二十条第一款、第二十二条、第二十三条、第二十六条第三款、第四款、第二十七条第二款、第三十三条或者本细则第二十条第二款、第四十三条第一款的规定，或者属于专利法第五条、第二十五条的规定，或者依照专利法第九条规定不能取得专利权。

第六十六条 专利权无效宣告请求不符合专利法第十九条第一款或者本细则第六十五条规定的，专利复审委员会不予受理。

在专利复审委员会就无效宣告请求作出决定之后，又以同样的理由和证据请求无效宣告的，专利复审委员会不予受理。

以不符合专利法第二十三条第三款的规定为理由请求宣告外观设计专利权无效，但是未提交证明权利冲突的证据的，专利复审委员会不予受理。

专利权无效宣告请求书不符合规定格式的，无效宣告请求人应当在专利复审委员会指定的期限内补正；期满未补正的，该无效宣告请求视为未提出。

第六十七条 在专利复审委员会受理无效宣告请求后，请求人可以在提出无效宣告请求之日起1个月内增加理由或者补充证据。逾期增加理由或者补充证据的，专利复审委员会可以不予考虑。

第六十八条 专利复审委员会应当将专利权无效宣告请求书和有关文件的副本送交专利权人，要求其在指定的期限内陈述意见。

专利权人和无效宣告请求人应当在指定期限内答复专利复审委员会发出的转送文件通知书或者无效宣告请求审查通知书；期满未答复的，不影响专利复审委员会审理。

第六十九条 在无效宣告请求的审查过程中，发明或者实用新型专利的专利权人可以修改其权利要求书，但是不得扩大原专利的保护范围。

发明或者实用新型专利的专利权人不得修改专利说明书和附图，外观设计专利的专利权人不得修改图片、照片和简要说明。

第七十条 专利复审委员会根据当事人的请求或者案情需要，可以决定对无效宣告请求进行口头审理。

专利复审委员会决定对无效宣告请求进行口头审理的，应当向当事人发出口头审理通知书，告知举行口头审理的日期和地点。当事人应当在通知书指定的期限内作出答复。

无效宣告请求人对专利复审委员会发出的口头审理通知书在指定的期限内未作答复，并且不参加口头审理的，其无效宣告请求视为撤回；专利权人不参加口头审理的，可以缺席审理。

第七十一条 在无效宣告请求审查程序中，专利复审委员会指定的期限不得延长。

第七十二条 专利复审委员会对无效宣告的请求作出决定前，无效宣告请求人可以撤回其请求。

专利复审委员会作出决定之前，无效宣告请求人撤回其请求或者其无效宣告请求被视为撤回的，无效宣告请求审查程序终止。但是，专利复审委员会认为根据已进行的审查工作能够作出宣告专利权无效或者部分无效的决定的，不终止审查程序。

第五章 专利实施的强制许可

第七十三条 专利法第四十八条第（一）项所称未充分实施其专利，是指专利权人及其被许可人实施其专利的方式或者规模不能满足国内对专利产品或者专利方法的需求。

专利法第五十条所称取得专利权的药品，是指解决公共健康问题所需的医药领域中的任何专利产品或者依照专利方法直接获得的产品，包括取得专利权的制造该产品所需的活性成分以及使用该产品所需的诊断用品。

第七十四条 请求给予强制许可的，应当向国务院专利行政部门提交强制许可请求书，说明理由并附具有关证明文件。

国务院专利行政部门应当将强制许可请求书的副本送交专利权人，专利权人应当在国务院专利行政部门指定的期限内陈述意见；期满未答复的，不影响国务院专利行政部门作出决定。

国务院专利行政部门在作出驳回强制许可请求的决定或者给予强制许可的决定前，应当通知请求人和专利权人拟作出的决定及其理由。

国务院专利行政部门依照专利法第五十条的规定作出给予强制许可的决定，应当同时符合中国缔结或者参加的有关国际条约关于为了解决公共健康问题而给予强制许可的规定，但中国作出保留的除外。

第七十五条 依照专利法第五十七条的规定，请求国务院专利行政部门裁决使用费数额的，当事人应当提出裁决请求书，并附具双方不能达成协议的证明文件。国务院专利行政部门应当自收到请求书之日起3个月内作出裁决，并通知当事人。

第六章 对职务发明创造的发明人或者设计人的奖励和报酬

第七十六条 被授予专利权的单位可以与发明人、设计人约定或者在其依法制定的规章制度中规定专利法第十六条规定的奖励、报酬的方式和数额。

企业、事业单位给予发明人或者设计人的奖励、报酬，按照国家有关财务、会计制度的规定进行处理。

第七十七条 被授予专利权的单位未与发明人、设计人约定也未在其依法制定的规章制度中规定专利法第十六条规定的奖励的方式和数额的，应当自专利权公告之日起3个月内发给发明人或者设计人奖金。一项发明专利的奖金最低不少于3000元；一项实用新型专利或者外观设计专利的奖金最低不少于1000元。

由于发明人或者设计人的建议被其所属单位采纳而完成的发明创造，被授予专利权的单位应当从优发给奖金。

第七十八条 被授予专利权的单位未与发明人、设计人约定也未在其依法制定的规章制度中规定专利法第十六条规定的报酬的方式和数额的，在专利权有效期限内，实施发明创造专利后，每年应当从实施该项发明或者实用新型专利的营业利润中提取不低于2%或者从实施该项外观设计专利的营业利润中提取不低于0.2%，作为报酬给予发明人或者设计人，或者参照上述比例，给予发明人或者设计人一次性报酬；被授予专利权的单位许可其他单位或者个人实施其专利的，应当从收取的使用费中提取不低于10%，作为报酬给予发明人或者设计人。

第七章 专利权的保护

第七十九条 专利法和本细则所称管理专利工作的部门，是指由省、自治区、直辖市人民政府以及专利管理工作量大又有实际处理能力的设区的市人民政府设立的管理专利工作的部门。

第八十条 国务院专利行政部门应当对管理专利工作的部门处理专利侵权纠纷、查处假冒专利行为、调解专利纠纷进行业务指导。

第八十一条 当事人请求处理专利侵权纠纷或者调解专利纠纷的，由被请求人所在地或者侵权行为地的管理专利工作的部门管辖。

两个以上管理专利工作的部门都有管辖权的专利纠纷，当事人可以向其中一个管理专利工作的部门提出请求；当事人向两个以上有管辖权的管理专利工作的部门提出请求的，由最先受理的管理专利工作的部门管辖。

管理专利工作的部门对管辖权发生争议的，由其共同的上级人民政府管理专利工作的部门指定管辖；无共同上级人民政府管理专利工作的部门的，由国务院专利行政部门指定管辖。

第八十二条 在处理专利侵权纠纷过程中，被请求人提出无效宣告请求并被专利复审委员会受理的，可以请求管理专利工作的部门中止处理。

管理专利工作的部门认为被请求人提出的中止理由明显不能成立的，可以不中止处理。

第八十三条 专利权人依照专利法第十七条的规定，在其专利产品或者该产品的包装上标明专利标识的，应当按照国务院专利行政部门规定的方式予以标明。

专利标识不符合前款规定的，由管理专利工作的部门责令改正。

第八十四条 下列行为属于专利法第六十三条规定的假冒专利的行为：

（一）在未被授予专利权的产品或者其包装上标注专利标识，专利权被宣告无效后或者终止后继续在产品或者其包装上标注专利标识，或者未经许可在产品或者产品包装上标注他人的专利号；

（二）销售第（一）项所述产品；

（三）在产品说明书等材料中将未被授予专利权的技术或者设计称为专利技术或者专利设计，将专利申请称为专利，或者未经许可使用他人的专利号，使公众将所涉及的技术或者设计误认为是专利技术或者专利设计；

（四）伪造或者变造专利证书、专利文件或者专利申请文件；

（五）其他使公众混淆，将未被授予专利权的技术或者设计误认为是专利技术或者专利设计的行为。

专利权终止前依法在专利产品、依照专利方法直接获得的产品或者其包装上标注专利标识，在专利权终止后许诺销售、销售该产品的，不属于假冒专利行为。

销售不知道是假冒专利的产品，并且能够证明该产品合法来源的，由管理专利工作的部门责令停止销售，但免除罚款的处罚。

第八十五条 除专利法第六十条规定的外，管理专利工作的部门应当事人请求，可以对下列专利纠纷进行调解：

（一）专利申请权和专利权归属纠纷；

（二）发明人、设计人资格纠纷；

（三）职务发明创造的发明人、设计人的奖励和报酬纠纷；

（四）在发明专利申请公布后专利权授予前使用发明而未支付适当费用的纠纷；

（五）其他专利纠纷。

对于前款第（四）项所列的纠纷，当事人请求管理专利工作的部门调解的，应当在专利权被授予之后提出。

第八十六条 当事人因专利申请权或者专利权的归属发生纠纷，已请求管理专利工作的部门调解或者向人民法院起诉的，可以请求国务院专利行政部门中止有关程序。

依照前款规定请求中止有关程序的，应当向国务院专利行政部门提交请求书，并附具管理专利工作的部门或者人民法院的写明申请号或者专利号的有关受理文件副本。

管理专利工作的部门作出的调解书或者人民法院作出的判决生效后，当事人应当向国务院专利行政部门办理恢复有关程序的手续。自请求中止之日起1年内，有关专利申请权或者专利权归属的纠纷未能结案，需要继续中止有关程序的，请求人应当在该期限内请求延长中止。期满未请求延长的，国务院专利行政部门自行恢复有关程序。

第八十七条 人民法院在审理民事案件中裁定对专利申请权或者专利权采取保全措施的，国务院专利行政部门应当在收到写明申请号或者专利号的裁定书和协助执行通知书之日中止被保全的专利申请权或者专利权的有关程序。保全期限届满，人民法院没有裁定继续采取保全措施的，国务院专利行政部门自行恢复有关程序。

第八十八条 国务院专利行政部门根据本细则第八十六条和第八十七条规定中止有关程序，是指暂停专利申请的初步审查、实质审查、复审程序，授予专利权程序和专利权无效宣告程序；暂停办理放弃、变更、转移专利权或者专利申请权手续，专利权质押手续以及专利权期限届满前的终止手续等。

第八章 专利登记和专利公报

第八十九条 国务院专利行政部门设置专利登记簿，登记下列与专利申请和专利权有关的事项：

（一）专利权的授予；

（二）专利申请权、专利权的转移；

（三）专利权的质押、保全及其解除；

（四）专利实施许可合同的备案；

（五）专利权的无效宣告；

（六）专利权的终止；

（七）专利权的恢复；

（八）专利实施的强制许可；

（九）专利权人的姓名或者名称、国籍和地址的变更。

第九十条 国务院专利行政部门定期出版专利公报，公布或者公告下列内容：

（一）发明专利申请的著录事项和说明书摘要；

（二）发明专利申请的实质审查请求和国务院专利行政部门对发明专利申请自行进行实质审查的决定；

（三）发明专利申请公布后的驳回、撤回、视为撤回、视为放弃、恢复和转移；

（四）专利权的授予以及专利权的著录事项；

（五）发明或者实用新型专利的说明书摘要，外观设计专利的一幅图片或者照片；

（六）国防专利、保密专利的解密；

（七）专利权的无效宣告；

（八）专利权的终止、恢复；

（九）专利权的转移；

（十）专利实施许可合同的备案；

（十一）专利权的质押、保全及其解除；

（十二）专利实施的强制许可的给予；

（十三）专利权人的姓名或者名称、地址的变更；

（十四）文件的公告送达；

（十五）国务院专利行政部门作出的更正；

（十六）其他有关事项。

第九十一条 国务院专利行政部门应当提供专利公报、发明专利申请单行本以及发明专利、实用新型专利、外观设计专利单行本，供公众免费查阅。

第九十二条 国务院专利行政部门负责按照互惠原则与其他国家、地区的专利机关或者区域性专利组织交换专利文献。

第九章 费 用

第九十三条 向国务院专利行政部门申请专利和办理其他手续时，应当缴纳下列费用：

（一）申请费、申请附加费、公布印刷费、优先权要求费；

（二）发明专利申请实质审查费、复审费；

（三）专利登记费、公告印刷费、年费；

（四）恢复权利请求费、延长期限请求费；

（五）著录事项变更费、专利权评价报告请求费、无效宣告请求费。

前款所列各种费用的缴纳标准，由国务院价格管理部门、财政部门会同国务院专利行政部门规定。

第九十四条 专利法和本细则规定的各种费用，可以直接向国务院专利行政部门缴纳，也可以通过邮局或者银行汇付，或者以国务院专利行政部门规定的其他方式缴纳。

通过邮局或者银行汇付的，应当在送交国务院专利行政部门的汇单上写明正确的申请号或者专利号以及缴纳的费用名称。不符合本款规定的，视为未办理缴费手续。

直接向国务院专利行政部门缴纳费用的，以缴纳当日为缴费日；以邮局汇付方式缴纳费用的，以邮局汇出的邮戳日为缴费日；以银行汇付方式缴纳费用的，以银行实际汇出日为缴费日。

多缴、重缴、错缴专利费用的，当事人可以自缴费日起3年内，向国务院专利行政部门提出退款请求，国务院专利行政部门应当予以退还。

第九十五条 申请人应当自申请日起2个月内或者在收到受理通知书之日起15日内缴纳申请费、公布印刷费和必要的申请附加费；期满未缴纳或者未缴足的，其申请视为撤回。

申请人要求优先权的，应当在缴纳申请费的同时缴纳优先权要求费；期满未缴纳或者未缴足的，视为未要求优先权。

第九十六条 当事人请求实质审查或者复审的，应当在专利法及本细则规定的相关期限内缴纳费用；期满未缴纳或者未缴足的，视为未提出请求。

第九十七条 申请人办理登记手续时，应当缴纳专利登记费、公告印刷费和授予专利权当年的年费；期满未缴纳或者未缴足的，视为未办理登记手续。

第九十八条 授予专利权当年以后的年费应当在上一年度期满前缴纳。专利权人未缴纳或者未缴足的，国务院专利行政部门应当通知专利权人自应当缴纳年费期满之日起6个月内补缴，同时缴纳滞纳金；滞纳金的金额按照每超过规定的缴费时间1个月，加收当年全额年费的5%计算；期满未缴纳的，专利权自应当缴纳年费期满之日起终止。

第九十九条 恢复权利请求费应当在本细则规定的相关期限内缴纳；期满未缴纳或者未缴足的，视为未提出请求。

延长期限请求费应当在相应期限届满之日前缴纳；期满未缴纳或者未缴足的，视为未提出请求。

著录事项变更费、专利权评价报告请求费、无效宣告请求费应当自提出请求之日起1个月内缴纳；期满未缴纳或者未缴足的，视为未提出请求。

第一百条 申请人或者专利权人缴纳本细则规定的各种费用有困难的，可以按照规定向国务院专利行政部门提出减缴或者缓缴的请求。减缴或者缓缴的办法由国务院财政部门会同国务院价格管理部门、国务院专利行政部门规定。

第十章 关于国际申请的特别规定

第一百零一条 国务院专利行政部门根据专利法第二十条规定，受理按照专利合作条约提出的专利国际申请。

按照专利合作条约提出并指定中国的专利国际申请（以下简称国际申请）进入国务院专利行政部门处理阶段（以下称进入中国国家阶段）的条件和程序适用本章的规定；本章没有规定的，适用专利法及本细则其他各章的有关规定。

第一百零二条 按照专利合作条约已确定国际申请日并指定中国的国际申请，视为向国务院专利行政部门提出的专利申请，该国际申请日视为专利法第二十八条所称的申请日。

第一百零三条 国际申请的申请人应当在专利合作条约第二条所称的优先权日（本章简称优先权日）起30个月内，向国务院专利行政部门办理进入中国国家阶段的手续；申请人未在该期限内办理该手续的，在缴纳宽限费后，可以在自优先权日起32个月内办理进入中国国家阶段的手续。

第一百零四条 申请人依照本细则第一百零三条的规定办理进入中国国家阶段的手续的，应当符合下列要求：

（一）以中文提交进入中国国家阶段的书面声明，写明国际申请号和要求获得的专利权类型；

（二）缴纳本细则第九十三条第一款规定的申请费、公布印刷费，必要时缴纳本细则第一百零三条规定的宽限费；

（三）国际申请以外文提出的，提交原始国际申请的说明书和权利要求书的中文译文；

（四）在进入中国国家阶段的书面声明中写明发明创造的名称，申请人姓名或者名称、地址和发明人的姓名，上述内容应当与世界知识产权组织国际局（以下简称国际局）的记录一致；国际申请中未写明发明人的，在上述声明中写明发明人的姓名；

（五）国际申请以外文提出的，提交摘要的中文译文，有附图和摘要附图的，提交附图副本和摘要附图副本，附图中有文字的，将其替换为对应的中文文字；国际申请以中文提出的，提交国际公布文件中的摘要和摘要附图副本；

（六）在国际阶段向国际局已办理申请人变更手续的，提供变更后的申请人享有申请权的证明材料；

（七）必要时缴纳本细则第九十三条第一款规定的申请附加费。

符合本条第一款第（一）项至第（三）项要求的，国务院专利行政部门应当给予申请号，明确国际申请进入中国国家阶段的日期（以下简称进入日），并通知申请人其国际申请已进入中国国家阶段。

国际申请已进入中国国家阶段，但不符合本条第一款第（四）项至第（七）项要求的，国务院专利行政部门应当通知申请人在指定期限内补正；期满未补正的，其申请视为撤回。

第一百零五条 国际申请有下列情形之一的，其在中国的效力终止：

（一）在国际阶段，国际申请被撤回或者被视为撤回，或者国际申请对中国的指定被撤回的；

（二）申请人未在优先权日起32个月内按照本细则第一百零三条规定办理进入中国国家阶段手续的；

（三）申请人办理进入中国国家阶段的手续，但自优先权日起32个月期限届满仍不符合本细则第一百零四条第（一）项至第（三）项要求的。

依照前款第（一）项的规定，国际申请在中国的效力终止的，不适用本细则第六条的规定；依照前款第（二）项、第（三）项的规定，国际申请在中国的效力终止的，不适用本细则第六条第二款的规定。

第一百零六条 国际申请在国际阶段作过修改，申请人要求以经修改的申请文件为基础进行审查的，应当自进入日起2个月内提交修改部分的中文译文。在该期间内未提交中文译文的，对申请人在国际阶段提出的修改，国务院专利行政部门不予考虑。

第一百零七条 国际申请涉及的发明创造有专利法第二十四条第（一）项或者第（二）项所列情形之一，在提出国际申请时作过声明的，申请人应当在进入中国国家阶段的书面声明中予以说明，并自进入日起2个月内提交本细则第三十条第三款规定的有关证明文件；未予说明或者期满未提交证明文件的，其申请不适用专利法第二十四条的规定。

第一百零八条 申请人按照专利合作条约的规定，对生物材料样品的保藏已作出说明的，视为已经满足了本细则第二十四条第（三）项的要求。申请人应当在进入中国国家阶段声明中指明记载生物材料样品保藏事项的文件以及在该文件中的具体记载位置。

申请人在原始提交的国际申请的说明书中已记载生物材料样品保藏事项，但是没有在进入中国国家阶段声明中指明的，应当自进入日起4个月内补正。期满未补正的，该生物材料视为未提交保藏。

申请人自进入日起4个月内向国务院专利行政部门提交生物材料样品保藏证明和存活证明的，视为在本细则第二十四条第（一）项规定的期限内提交。

第一百零九条 国际申请涉及的发明创造依赖遗传资源完成的，申请人应当在国际申请进入中国国家阶段的书面声明中予以说明，并填写国务院专利行政部门制定的表格。

第一百一十条 申请人在国际阶段已要求一项或者多项优先权，在进入中国国家阶段时该优先权要求继续有效的，视为已经依照专利法第三十条的规定提出了书面声明。

申请人应当自进入日起2个月内缴纳优先权要求费；期满未缴纳或者未缴足的，视为未要求该优先权。

申请人在国际阶段已依照专利合作条约的规定，提交过在先申请文件副本的，办理进入中国国家阶段手续时不需要向国务院专利行政部门提交在先申请文件副本。申请人在国际阶段未提交在先申请文件副本的，国务院专利行政部门认为必要时，可以通知申请人在指定期限内补交；申请人期满未补交的，其优先权要求视为未提出。

第一百一十一条 在优先权日起30个月期满前要求国务院专利行政部门提前处理和审查国际申请的，申请人除应当办理进入中国国家阶段手续外，还应当依照专利合作条约第二十三条第二款规定提出请求。国际局尚未向国务院专利行政部门传送国际申请的，申请人应当提交经确认的国际申请副本。

第一百一十二条 要求获得实用新型专利权的国际申请，申请人可以自进入日起2个月内对专利申请文件主动提出修改。

要求获得发明专利权的国际申请，适用本细则第五十一条第一款的规定。

第一百一十三条 申请人发现提交的说明书、权利要求书或者附图中的文字的中文译文存在错误的，可以在下列规定期限内依照原始国际申请文本提出改正：

（一）在国务院专利行政部门做好公布发明专利申请或者公告实用新型专利权的准备工作之前；

（二）在收到国务院专利行政部门发出的发明专利申请进入实质审查阶段通知书之日起3个月内。

申请人改正译文错误的，应当提出书面请求并缴纳规定的译文改正费。

申请人按照国务院专利行政部门的通知书的要求改正译文的，应当在指定期限内办理本条第二款规定的手续；期满未办理规定手续的，该申请视为撤回。

第一百一十四条 对要求获得发明专利权的国际申请，国务院专利行政部门经初步审查认为符合专利法和本细则有关规定的，应当在专利公报上予以公布；国际申请以中文以外的文字提出的，应当公布申请文件的中文译文。

要求获得发明专利权的国际申请，由国际局以中文进行国际公布的，自国际公布日起适用专利法第十三条的规定；由国际局以中文以外的文字进行国际公布的，自国务院专利行政部门公布之日起适用专利法第十三条的规定。

对国际申请，专利法第二十一条和第二十二条中所称的公布是指本条第一款所规定的公布。

第一百一十五条 国际申请包含两项以上发明或者实用新型的，申请人可以自进入日起，依照本细则第四十二条第一款的规定提出分案申请。

在国际阶段，国际检索单位或者国际初步审查单位认为国际申请不符合专利合作条约规定的单一性要求时，申请人未按照规定缴纳附加费，导致国际申请某些部分未经国际检索或者未经国际初步审查，在进入中国国家阶段时，申请人要求将所述部分作为审查基础，国务院专利行政部门认为国际检索单位或者国际初步审查单位对发明单一性的判断正确的，应当通知申请人在指定期限内缴纳单一性恢复费。期满未缴纳或者未足额缴纳的，国际申请中未经检索或者未经国际初步审查的部分视为撤回。

第一百一十六条 国际申请在国际阶段被有关国际单位拒绝给予国际申请日或者宣布视为撤回的，申请人在收到通知之日起2个月内，可以请求国际局将国际申请档案中任何文件的副本转交国务院专利行政部门，并在该期限内向国务院专利行政部门办理本细则第一百零三条规定的手续，国务院专利行政部门应当在接到国际局传送的文件后，对国际单位作出的决定是否正确进行复查。

第一百一十七条 基于国际申请授予的专利权，由于译文错误，致使依照专利法第五十九条规定确定的保护范围超出国际申请的原文所表达的范围的，以依据原文限制后的保护范围为准；致使保护范围小于国际申请的原文所表达的范围的，以授权时的保护范围为准。

第十一章　附　则

第一百一十八条　经国务院专利行政部门同意，任何人均可以查阅或者复制已经公布或者公告的专利申请的案卷和专利登记簿，并可以请求国务院专利行政部门出具专利登记簿副本。

已视为撤回、驳回和主动撤回的专利申请的案卷，自该专利申请失效之日起满2年后不予保存。

已放弃、宣告全部无效和终止的专利权的案卷，自该专利权失效之日起满3年后不予保存。

第一百一十九条　向国务院专利行政部门提交申请文件或者办理各种手续，应当由申请人、专利权人、其他利害关系人或者其代表人签字或者盖章；委托专利代理机构的，由专利代理机构盖章。

请求变更发明人姓名、专利申请人和专利权人的姓名或者名称、国籍和地址、专利代理机构的名称、地址和代理人姓名的，应当向国务院专利行政部门办理著录事项变更手续，并附具变更理由的证明材料。

第一百二十条　向国务院专利行政部门邮寄有关申请或者专利权的文件，应当使用挂号信函，不得使用包裹。

除首次提交专利申请文件外，向国务院专利行政部门提交各种文件、办理各种手续的，应当标明申请号或者专利号、发明创造名称和申请人或者专利权人姓名或者名称。

一件信函中应当只包含同一申请的文件。

第一百二十一条　各类申请文件应当打字或者印刷，字迹呈黑色，整齐清晰，并不得涂改。附图应当用制图工具和黑色墨水绘制，线条应当均匀清晰，并不得涂改。

请求书、说明书、权利要求书、附图和摘要应当分别用阿拉伯数字顺序编号。

申请文件的文字部分应当横向书写。纸张限于单面使用。

第一百二十二条　国务院专利行政部门根据专利法和本细则制定专利审查指南。

第一百二十三条　本细则自2001年7月1日起施行。1992年12月12日国务院批准修订、1992年12月21日中国专利局发布的《中华人民共和国专利法实施细则》同时废止。

外商投资合伙企业登记管理规定

国家工商行政管理总局令

第47号

《外商投资合伙企业登记管理规定》已经中华人民共和国国家工商行政管理总局局务会审议通过，现予公布，自2010年3月1日起施行。

国家工商行政管理总局

二○一○年一月二十九日

目　录

第一章 总 则

第一条 为了规范外国企业或者个人在中国境内设立合伙企业的行为，便于外国企业或者个人以设立合伙企业的方式在中国境内投资，扩大对外经济合作和技术交流，依据《中华人民共和国合伙企业法》（以下简称《合伙企业法》）、《外国企业或者个人在中国境内设立合伙企业管理办法》和《中华人民共和国合伙企业登记管理办法》（以下简称《合伙企业登记管理办法》），制定本规定。

第二条 本规定所称外商投资合伙企业是指2个以上外国企业或者个人在中国境内设立的合伙企业，以及外国企业或者个人与中国的自然人、法人和其他组织在中国境内设立的合伙企业。

外商投资合伙企业的设立、变更、注销登记适用本规定。

申请办理外商投资合伙企业登记，申请人应当对申请材料的真实性负责。

第三条 外商投资合伙企业应当遵守《合伙企业法》以及其他有关法律、行政法规、规章的规定，应当符合外商投资的产业政策。

国家鼓励具有先进技术和管理经验的外国企业或者个人在中国境内设立合伙企业，促进现代服务业等产业的发展。

《外商投资产业指导目录》禁止类和标注"限于合资"、"限于合作"、"限于合资、合作"、"中方控股"、"中方相对控股"和有外资比例要求的项目，不得设立外商投资合伙企业。

第四条 外商投资合伙企业经依法登记，领取外商投资合伙企业营业执照后，方可从事经营活动。

第五条 国家工商行政管理总局主管全国的外商投资合伙企业登记管理工作。

国家工商行政管理总局授予外商投资企业核准登记权的地方工商行政管理部门（以下称企业登记机关）负责本辖区内的外商投资合伙企业登记管理。

省、自治区、直辖市及计划单列市、副省级市工商行政管理部门负责以投资为主要业务的外商投资合伙企业的登记管理。

第二章 设立登记

第六条 设立外商投资合伙企业，应当具备《合伙企业法》和《外国企业或者个人在中国境内设立合伙企业管理办法》规定的条件。

国有独资公司、国有企业、上市公司以及公益性的事业单位、社会团体不得成为普通合伙人。

第七条 外商投资合伙企业的登记事项包括：

（一）名称；

（二）主要经营场所；

（三）执行事务合伙人；

（四）经营范围；

（五）合伙企业类型；

（六）合伙人姓名或者名称、国家（地区）及住所、承担责任方式、认缴或者实际缴付的出资数额、缴付期限、出资方式和评估方式。

合伙协议约定合伙期限的，登记事项还应当包括合伙期限。

执行事务合伙人是外国企业、中国法人或者其他组织的，登记事项还应当包括外国企业、中国法人或者其他组织委派的代表（以下称委派代表）。

第八条 外商投资合伙企业的名称应当符合国家有关企业名称登记管理的规定。

第九条 外商投资合伙企业主要经营场所只能有一个，并且应当在其企业登记机关登记管辖区域内。

第十条 合伙协议未约定或者全体普通合伙人未决定委托执行事务合伙人的，全体普通合伙人均为执行事务合伙人。

有限合伙人不得成为执行事务合伙人。

第十一条 外商投资合伙企业类型包括外商投资普通合伙企业（含特殊的普通合伙企业）和外商投资有限合伙企业。

第十二条 设立外商投资合伙企业，应当由全体合伙人指定的代表或者共同委托的代理人向企业登记机关申请设立登记。

申请设立外商投资合伙企业，应当向企业登记机关提交下列文件：

（一）全体合伙人签署的设立登记申请书；

（二）全体合伙人签署的合伙协议；

（三）全体合伙人的主体资格证明或者自然人身份证明；

（四）主要经营场所证明；

（五）全体合伙人指定代表或者共同委托代理人的委托书；

（六）全体合伙人对各合伙人认缴或者实际缴付出资的确认书；

（七）全体合伙人签署的符合外商投资产业政策的说明；

（八）与外国合伙人有业务往来的金融机构出具的资信

证明；

（九）外国合伙人与境内法律文件送达接受人签署的《法律文件送达授权委托书》；

（十）本规定规定的其他相关文件。

法律、行政法规或者国务院规定设立外商投资合伙企业须经批准的，还应当提交有关批准文件。

外国合伙人的主体资格证明或者自然人身份证明和境外住所证明应当经其所在国家主管机构公证认证并经我国驻该国使（领）馆认证。香港特别行政区、澳门特别行政区和台湾地区合伙人的主体资格证明或者自然人身份证明和境外住所证明应当依照现行相关规定办理。

《法律文件送达授权委托书》应当明确授权境内被授权人代为接受法律文件送达，并载明被授权人姓名或者名称、地址及联系方式。被授权人可以是外国合伙人在中国境内设立的企业、拟设立的外商投资合伙企业（被授权人为拟设立的外商投资合伙企业的，外商投资合伙企业设立后委托生效）或者境内其他有关单位或者个人。

第十三条 外商投资合伙企业的经营范围中有属于法律、行政法规或者国务院规定在登记前须经批准的行业的，应当向企业登记机关提交批准文件。

第十四条 外国合伙人用其从中国境内依法获得的人民币出资的，应当提交外汇管理部门出具的境内人民币利润或者其他人民币合法收益再投资的资本项目外汇业务核准件等相关证明文件。

第十五条 以实物、知识产权、土地使用权或者其他财产权利出资，由全体合伙人协商作价的，应当向企业登记机关提交全体合伙人签署的协商作价确认书；由全体合伙人委托法定评估机构评估作价的，应当向企业登记机关提交中国境内法定评估机构出具的评估作价证明。

外国普通合伙人以劳务出资的，应当向企业登记机关提交外国人就业许可文件，具体程序依照国家有关规定执行。

第十六条 法律、行政法规规定设立特殊的普通合伙企业，需要提交合伙人的职业资格证明的，应当依照相关法律、行政法规规定，向企业登记机关提交有关证明。

第十七条 外商投资合伙企业营业执照的签发日期，为外商投资合伙企业成立日期。

第三章 变更登记

第十八条 外商投资合伙企业登记事项发生变更的，该合伙企业应当自作出变更决定或者发生变更事由之日起15日内，向原企业登记机关申请变更登记。

第十九条 外商投资合伙企业申请变更登记，应当向原企业登记机关提交下列文件：

（一）执行事务合伙人或者委派代表签署的变更登记申请书；

（二）全体普通合伙人签署的变更决定书或者合伙协议约定的人员签署的变更决定书；

（三）本规定规定的其他相关文件。

法律、行政法规或者国务院规定变更事项须经批准的，还应当提交有关批准文件。

变更执行事务合伙人、合伙企业类型、合伙人姓名或者名称、承担责任方式、认缴或者实际缴付的出资数额、缴付期限、出资方式和评估方式等登记事项的，有关申请文书的签名应当经过中国法定公证机构的公证。

第二十条 外商投资合伙企业变更主要经营场所的，应当申请变更登记，并提交新的主要经营场所使用证明。

外商投资合伙企业变更主要经营场所在原企业登记机关辖区外的，应当向迁入地企业登记机关申请办理变更登记；迁入地企业登记机关受理的，由原企业登记机关将企业登记档案移送迁入地企业登记机关。

第二十一条 外商投资合伙企业执行事务合伙人变更的，应当提交全体合伙人签署的修改后的合伙协议。

新任执行事务合伙人是外国企业、中国法人或者其他组织的，还应当提交其委派代表的委托书和自然人身份证明。

执行事务合伙人委派代表变更的，应当提交继任代表的委托书和自然人身份证明。

第二十二条 外商投资合伙企业变更经营范围的，应当提交符合外商投资产业政策的说明。

变更后的经营范围有属于法律、行政法规或者国务院规定在登记前须经批准的行业的，合伙企业应当自有关部门批准之日起30日内，向原企业登记机关申请变更登记。

外商投资合伙企业的经营范围中属于法律、行政法规或者国务院规定须经批准的项目被吊销、撤销许可证或者其他批准文件，或者许可证、其他批准文件有效期届满的，合伙企业应当自吊销、撤销许可证、其他批准文件或者许可证、其他批准文件有效期届满之日起30日内，向原企业登记机关申请变更登记或者注销登记。

第二十三条 外商投资合伙企业变更合伙企业类型的，应当按照拟变更企业类型的设立条件，在规定的期限内向企业登记机关申请变更登记，并依法提交有关文件。

第二十四条 外商投资合伙企业合伙人变更姓名（名称）或者住所的，应当提交姓名（名称）或者住所变更的证明文件。

外国合伙人的姓名（名称）、国家（地区）或者境外住所变更证明文件应当经其所在国家主管机构公证认证并经我国驻该国使（领）馆认证。香港特别行政区、澳门特别行政区和台湾地区合伙人的姓名（名称）、地区或者境外住所变更证明文件应当依照现行相关规定办理。

第二十五条 合伙人增加或者减少对外商投资合伙企业出资的，应当向原企业登记机关提交全体合伙人签署的或者合伙协议约定的人员签署的对该合伙人认缴或者实际缴付出资的确认书。

第二十六条 新合伙人入伙的，外商投资合伙企业应当向原登记机关申请变更登记，提交的文件参照本规定第二章的有关规定。

新合伙人通过受让原合伙人在外商投资合伙企业中的部分或者全部财产份额入伙的，应当提交财产份额转让协议。

第二十七条 外商投资合伙企业的外国合伙人全部退伙，该合伙企业继续存续的，应当依照《合伙企业登记管理办法》规定的程序申请变更登记。

第二十八条 合伙协议修改未涉及登记事项的，外商投资合伙企业应当将修改后的合伙协议或者修改合伙协议的决议送原企业登记机关备案。

第二十九条 外国合伙人变更境内法律文件送达接受人的，应当重新签署《法律文件送达授权委托书》，并向原企业登记机关备案。

第三十条 外商投资合伙企业变更登记事项涉及营业执照变更的，企业登记机关应当换发营业执照。

第四章 注销登记

第三十一条 外商投资合伙企业解散，应当依照《合伙企业法》的规定由清算人进行清算。清算人应当自被确定之日起10日内，将清算人成员名单向企业登记机关备案。

第三十二条 外商投资合伙企业解散的，清算人应当自清算结束之日起15日内，向原企业登记机关办理注销登记。

第三十三条 外商投资合伙企业办理注销登记，应当提交下列文件：

（一）清算人签署的注销登记申请书；

（二）人民法院的破产裁定、外商投资合伙企业依照《合伙企业法》作出的决定、行政机关责令关闭、外商投资合伙企业依法被吊销营业执照或者被撤销的文件；

（三）全体合伙人签名、盖章的清算报告（清算报告中应当载明已经办理完结税务、海关纳税手续的说明）。

有分支机构的外商投资合伙企业申请注销登记，还应当提交分支机构的注销登记证明。

外商投资合伙企业办理注销登记时，应当缴回营业执照。

第三十四条 经企业登记机关注销登记，外商投资合伙企业终止。

第五章 分支机构登记

第三十五条 外商投资合伙企业设立分支机构，应当向分支机构所在地的企业登记机关申请设立登记。

第三十六条 分支机构的登记事项包括：分支机构的名称、经营场所、经营范围、分支机构负责人的姓名及住所。

分支机构的经营范围不得超出外商投资合伙企业的经营范围。

外商投资合伙企业有合伙期限的，分支机构的登记事项还应当包括经营期限。分支机构的经营期限不得超过外商投资合伙企业的合伙期限。

第三十七条 外商投资合伙企业设立分支机构，应当向分支机构所在地的企业登记机关提交下列文件：

（一）分支机构设立登记申请书；

（二）全体合伙人签署的设立分支机构的决定书；

（三）加盖合伙企业印章的外商投资合伙企业营业执照复印件；

（四）全体合伙人委派执行分支机构事务负责人的委托书及其身份证明；

（五）经营场所证明；

（六）本规定规定的其他相关文件。

第三十八条 分支机构的经营范围中有属于法律、行政法规或者国务院规定在登记前须经批准的行业的，应当向分支机构所在地的企业登记机关提交批准文件。

第三十九条 外商投资合伙企业申请分支机构变更登记或者注销登记，比照本规定关于外商投资合伙企业变更登记、注销登记的规定办理。

第四十条 外商投资合伙企业应当自分支机构设立登记之日起30日内，持加盖印章的分支机构营业执照复印件，到原企业登记机关办理备案。

分支机构登记事项变更的，隶属企业应当自变更登记之日起30日内到原企业登记机关办理备案。

申请分支机构注销登记的，外商投资合伙企业应当自分支机构注销登记之日起30日内到原企业登记机关办理备案。

第四十一条 分支机构营业执照的签发日期，为外商投资合伙企业分支机构的成立日期。

第六章 登记程序

第四十二条 申请人提交的登记申请材料齐全、符合法定形式，企业登记机关能够当场登记的，应予当场登记，发给（换发）营业执照。

除前款规定情形外，企业登记机关应当自受理申请之日起20日内，作出是否登记的决定。予以登记的，发给（换发）营业执照；不予登记的，应当给予书面答复，并说明理由。

对于《外商投资产业指导目录》中没有法定前置审批的限制类项目或者涉及有关部门职责的其他项目，企业登记机关应当自受理申请之日起5日内书面征求有关部门的意见。企业登记机关应当在接到有关部门书面意见之日起5日内，作出是否登记的决定。予以登记的，发给（换发）营业执照；不予登记的，应当给予书面答复，并说明理由。

第四十三条 外商投资合伙企业涉及须经政府核准的投资项目的，依照国家有关规定办理投资项目核准手续。

第四十四条 外商投资合伙企业设立、变更、注销的，企业登记机关应当同时将企业设立、变更或者注销登记信息向同级商务主管部门通报。

第四十五条 企业登记机关应当将登记的外商投资合伙企业登记事项记载于外商投资合伙企业登记簿上，供社会公众查阅、复制。

第四十六条 企业登记机关吊销外商投资合伙企业营业执照的，应当发布公告。

第七章 年度检验和证照管理

第四十七条 外商投资合伙企业及其分支机构应当按照企业登记机关的要求，在每年3月1日至6月30日，提交年度检验报告书等文件，接受年度检验。

年检结束后，企业登记机关应当将外商投资合伙企业年检信息向同级商务主管部门通报。

第四十八条 营业执照分为正本和副本，正本和副本具有同等法律效力。

外商投资合伙企业及其分支机构根据业务需要，可以向企业登记机关申请核发若干营业执照副本。

营业执照正本应当置放在经营场所的醒目位置。

第四十九条 任何单位和个人不得涂改、出售、出租、出借或者以其他方式转让营业执照。

营业执照遗失或者毁损的，应当在企业登记机关指定的报刊上声明作废，并向企业登记机关申请补领或者更换。

第五十条 外商投资合伙企业及其分支机构的登记文书格式和营业执照的正本、副本样式，由国家工商行政管理总局制定。

第八章 法律责任

第五十一条 未领取营业执照，而以外商投资合伙企业名义从事合伙业务的，由企业登记机关依照《合伙企业登记管理办法》第三十六条规定处罚。

从事《外商投资产业指导目录》禁止类项目的，或者未经登记从事限制类项目的，由企业登记机关和其他主管机关依照《无照经营查处取缔办法》规定处罚。法律、行政法规或者国务院另有规定的，从其规定。

第五十二条 提交虚假文件或者采取其他欺骗手段，取得外商投资合伙企业登记的，由企业登记机关依照《合伙企业登记管理办法》第三十七条规定处罚。

第五十三条 外商投资合伙企业登记事项发生变更，未依照本规定办理变更登记的，由企业登记机关依照《合伙企业登记管理办法》第三十八条规定处罚。

第五十四条 外商投资合伙企业在使用名称中未按照企业登记机关核准的名称标明“普通合伙”、“特殊普通合伙”或者“有限合伙”字样的，由企业登记机关依照《合伙企业登记管理办法》第三十九条规定处罚。

第五十五条 外商投资合伙企业未依照本规定办理不涉及登记事项的协议修改、分支机构及清算人成员名单备案的，由企业登记机关依照《合伙企业登记管理办法》第四十条规定处罚。

外商投资合伙企业未依照本规定办理外国合伙人《法律文件送达授权委托书》备案的，由企业登记机关责令改正；逾期未办理的，处2000元以下的罚款。

第五十六条 外商投资合伙企业的清算人未向企业登记机关报送清算报告，或者报送的清算报告隐瞒重要事实，或者有重大遗漏的，由企业登记机关依照《合伙企业登记管理办法》第四十一条规定处罚。

第五十七条 外商投资合伙企业未依照本规定接受年度检验的，由企业登记机关依照《合伙企业登记管理办法》第四十二条规定处罚。

第五十八条 外商投资合伙企业在年度检验中，隐瞒真实情况，弄虚作假的，由企业登记机关依照《合伙企业登记管理办法》第四十三条规定处罚。

第五十九条 外商投资合伙企业未将其营业执照正本置放在经营场所醒目位置的，由企业登记机关依照《合伙企业登记管理办法》第四十四条规定处罚。

第六十条 外商投资合伙企业涂改、出售、出租、出借或者以其他方式转让营业执照的，由企业登记机关依照《合伙企业登记管理办法》第四十五条规定处罚。

第六十一条 外商投资合伙企业的分支机构有本章规定的违法行为的，适用本章有关规定。

第六十二条 企业登记机关违反产业政策，对于不应当登记的予以登记，或者应当登记的不予登记的，依法追究其直接责任人或者主要负责人的行政责任。

企业登记机关的工作人员滥用职权、徇私舞弊、收受贿赂、侵害外商投资合伙企业合法权益的，依法给予处分。

第九章 附 则

第六十三条 中国的自然人、法人和其他组织在中国境内设立的合伙企业，外国企业或者个人入伙的，应当符合本规定，并依法向企业登记机关申请变更登记。

第六十四条 以投资为主要业务的外商投资合伙企业境内投资的，应当依照国家有关外商投资的法律、行政法规、规章办理。

第六十五条 外商投资的投资性公司、外商投资的创业投资企业在中国境内设立合伙企业或者加入中国自然人、法人和其他组织已经设立的合伙企业的，参照本规定。

第六十六条 外商投资合伙企业依照本规定办理相关登记手续后，应当依法办理外汇、税务、海关等手续。

第六十七条 香港特别行政区、澳门特别行政区、台湾地区的企业或者个人在内地设立合伙企业或者加入内地自然人、法人和其他组织已经设立的合伙企业的，参照本规定。

第六十八条 本规定自2010年3月1日起施行。

关于启用《外商投资合伙企业营业执照》和《外商投资合伙企业分支机构营业执照》的通知

工商外企字〔2010〕35号

各省、自治区、直辖市及计划单列市、副省级市工商行政管理局，市场监督管理局：

国务院颁布的《外国企业或者个人在中国境内设立合伙企业管理办法》（以下简称《管理办法》）将于2010年3月1日起实施。为贯彻实施《管理办法》，国家工商行政管理总局依据《合伙企业法》、《合伙企业登记管理办法》、《管理办法》和《外商投资合伙企业登记管理规定》的有关规定，制定了《外商投资合伙企业营业执照》（以下简称《营业执照》）和《外商投资合伙企业分支机构营业执照》（以下简称《分支机构营业执照》），定于2010年3月1日起启用。现将有关问题通知如下：

一、《营业执照》和《分支机构执照》样式

（一）《营业执照》和《分支机构营业执照》均分为正本和副本。正本为悬挂式，规格为420mm×297mm；副本为折叠式，规格为210mm×297mm。两种副本均配有墨绿色塑料封皮。

（二）《营业执照》正本印有中华人民共和国国徽图案、执照名称、登记事项、须知、“中华人民共和国工商行政管理总局制”字样和防伪标记，《营业执照》副本、《分支机构营业执照》正、副本没有国徽图案，其他与《营业执照》正本相同。

二、《营业执照》和《分支机构执照》内容

（一）《营业执照》正、副本均印有“外商投资合伙企业营业执照”字样，并载明下列登记事项：注册号、名称、主要经营场所、执行事务合伙人、经营范围、合伙人、合伙期限、成立日期、登记机关、签发日期（年月日）和须知等。

（二）《分支机构执照》正、副本均印有“外商投资合伙企业分支机构营业执照”字样，并载明下列登记事项：注册号、名称、经营场所、负责人、经营范围、成立日期、登记机关、签发日期（年月日）和须知等。

（三）《营业执照》和《分支机构营业执照》正、副本均印有“中华人民共和国国家工商行政管理总局制”字样。

三、执照格式规范和印制

(一)《营业执照》和《分支机构营业执照》格式规范由国家工商行政管理总局制定颁布。

(二)《营业执照》和《分支机构营业执照》由国家工商行政管理总局印制。

国家工商行政管理总局
二〇一〇年二月十二日

外国企业常驻代表机构税收管理暂行办法

国家税务总局关于印发《外国企业常驻代表机构税收管理暂行办法》的通知

国税发〔2010〕18号

各省、自治区、直辖市和计划单列市国家税务局、地方税务局:

为规范外国企业常驻代表机构税收管理，税务总局制定了《外国企业常驻代表机构税收管理暂行办法》，现印发给你们，请遵照执行。执行中发现的问题请及时反馈税务总局（国际税务司)。

国家税务总局
二〇一〇年二月二十日

第一条 为规范外国企业常驻代表机构税收管理，根据《中华人民共和国税收征收管理法》(以下简称税收征管法）及其实施细则、《中华人民共和国企业所得税法》及其实施条例、《中华人民共和国营业税暂行条例》及其实施细则、《中华人民共和国增值税暂行条例》及其实施细则，以及相关税收法律法规，制定本办法。

第二条 本办法所称外国企业常驻代表机构，是指按照国务院有关规定，在工商行政管理部门登记或经有关部门批准，设立在中国境内的外国企业（包括港澳台企业）及其他组织的常驻代表机构（以下简称代表机构)。

第三条 代表机构应当就其归属所得依法申报缴纳企业所得税，就其应税收入依法申报缴纳营业税和增值税。

第四条 代表机构应当自领取工商登记证件（或有关部门批准）之日起30日内，持以下资料，向其所在地主管税务机关申报办理税务登记:

（一）工商营业执照副本或主管部门批准文件的原件及复印件。

（二）组织机构代码证书副本原件及复印件。

（三）注册地址及经营地址证明（产权证、租赁协议）原件及其复印件；如为自有房产，应提供产权证或买卖契约等合法的产权证明原件及其复印件；如为租赁的场所，应提供租赁协议原件及其复印件，出租人为自然人的还应提供产权证明的原件及复印件。

（四）首席代表（负责人）护照或其他合法身份证件的原件及复印件。

（五）外国企业设立代表机构的相关决议文件及在中国境内设立的其他代表机构名单（包括名称、地址、联系方式、首席代表姓名等)。

（六）税务机关要求提供的其他资料。

第五条 代表机构税务登记内容发生变化或者驻在期届满、提前终止业务活动的，应当按照税收征管法及相关规定，向主管税务机关申报办理变更登记或者注销登记；代表机构应当在办理注销登记前，就其清算所得向主管税务机关申报并依法缴纳企业所得税。

第六条 代表机构应当按照有关法律、行政法规和国务院财政、税务主管部门的规定设置账簿，根据合法、有效凭证记账，进行核算，并应按照实际履行的功能和承担的风险相配比的原则，准确计算其应税收入和应纳税所得额，在季度终了之日起15日内向主管税务机关据实申报缴纳企业所得税、营业税，并按照《中华人民共和国增值税暂行条例》及其实施细则规定的纳税期限，向主管税务机关据实申报缴纳增值税。

第七条 对账簿不健全，不能准确核算收入或成本费用，以及无法按照本办法第六条规定据实申报的代表机构，税务机关有权采取以下两种方式核定其应纳税所得额：

（一）按经费支出换算收入：适用于能够准确反映经费支出但不能准确反映收入或成本费用的代表机构。

1. 计算公式：

收入额 = 本期经费支出额/（1 - 核定利润率 - 营业税税率）；

应纳企业所得税额 = 收入额 × 核定利润率 × 企业所得税税率。

2. 代表机构的经费支出额包括：在中国境内、外支付给工作人员的工资薪金、奖金、津贴、福利费、物品采购费（包括汽车、办公设备等固定资产）、通讯费、差旅费、房租、设备租赁费、交通费、交际费、其他费用等。

（1）购置固定资产所发生的支出，以及代表机构设立时或者搬迁等原因所发生的装修费支出，应在发生时一次性作为经费支出额换算收入计税。

（2）利息收入不得冲抵经费支出额；发生的交际应酬费，以实际发生数额计入经费支出额。

（3）以货币形式用于我国境内的公益、救济性质的捐赠、滞纳金、罚款，以及为其总机构垫付的不属于其自身业务活动所发生的费用，不应作为代表机构的经费支出额。

（4）其他费用包括：为总机构从中国境内购买样品所支付的样品费和运输费用；国外样品运往中国发生的中国境内的仓储费用、报关费用；总机构人员来华访问聘用翻译的费用；总机构为中国某个项目投标由代表机构支付的购买标书的费用，等等。

（二）按收入总额核定应纳税所得额：适用于可以准确反映收入但不能准确反映成本费用的代表机构。计算公式：

应纳企业所得税额 = 收入总额 × 核定利润率 × 企业所得税税率。

第八条 代表机构的核定利润率不应低于15%。采取核定征收方式的代表机构，如能建立健全会计账簿，准确计算其应税收入和应纳税所得额，报主管税务机关备案，可调整为据实申报方式。

第九条 代表机构发生增值税、营业税应税行为，应按照增值税和营业税的相关法规计算缴纳应纳税款。

第十条 代表机构需要享受税收协定待遇，应依照税收协定以及《国家税务总局关于印发〈非居民享受税收协定待遇管理办法（试行）〉的通知》（国税发〔2009〕124号）的有关规定办理，并应按照本办法第六条规定的时限办理纳税申报事宜。

第十一条 本办法自2010年1月1日起施行。原有规定与本办法相抵触的，以本办法为准。《国家税务总局关于加强外国企业常驻代表机构税收征管有关问题的通知》（国税发〔1996〕165号）、《国家税务总局关于外国企业常驻代表机构有关税收管理问题的通知》（国税发〔2003〕28号）以及《国家税务总局关于外国政府等在我国设立代表机构免税审批程序有关问题的通知》（国税函〔2008〕945号）废止，各地不再受理审批代表机构企业所得税免税申请，并按照本办法规定对已核准免税的代表机构进行清理。

第十二条 各省、自治区、直辖市和计划单列市国家税务局和地方税务局可按本办法规定制定具体操作规程，并报国家税务总局（国际税务司）备案。

商务部关于加快住宿业发展的指导意见

各省、自治区、直辖市、计划单列市及新疆生产建设兵团商务主管部门：

住宿业既与居民生活密切相关，又是对外开放的重要窗口，劳动密集型特点显著，带动就业作用明显。为适应新形势下保增长、扩需求、调结构的要求，全面提升住宿业服务质量，推动住宿业转型升级，现提出以下意见：

一、提高认识，明确发展目标

改革开放以来，我国住宿业得到快速发展，并带动商务、旅游、会展、建筑等相关产业发展。截至2008年底，全国住宿企业从1978年的不足3万家增至28.2万家，增长了9倍，实现营业额近4620亿元，占当年社会消费品零售总额的4.26%。与此同时，住宿业在发展过程中也出现一些新问题，突出表现为：行业发展缺乏统筹规划，高中低档业态比例不合理；行业集中度偏低，难以形成规模效应；从业人员专业技能有待提高；地方行业协会尚不健全，行业自律有待加强，服务规范化水平需要提升。

加快住宿业科学发展，必须以科学发展观为指导，坚持以人为本，以满足顾客需求为导向，以提升饭店服务质量为核心，以品牌化、连锁化、便利化经营为重点，加快促进住宿业转型升级，优化行业结构，提高行业集中度，全面提升住宿业服务水平和国际竞争力，力争到2012年实现住宿业营业额年均增长10%以上，全行业节水节电20%，每年新增就业30万人；大力发展经济型酒店，创建“绿色饭店”，逐步形成一批年营业收入超过百亿元的大型饭店企业集团和超过10亿元的特色饭店企业；住宿业服务环境更加和谐，顾客满意度稳步提升。

二、科学规划，优化住宿业结构

各地要科学制定住宿业发展规划，及时发布住宿业市场信息和行业发展报告，引导住宿业结构不断调整优化。要将住宿业发展纳入城市及服务业发展总体规划，明确发展重点，优化酒店布局，引导住宿业有序发展。坚持以市场为导向，大力支持大众化产品开发，积极发展经济型酒店、民俗酒店、“农家乐”、家庭旅馆等，更好地满足中低收入群体的住宿需求。依托当地住宿行业协会组织建立住宿业景气指数发布制度，内容包括企业总数、房间总数、房间入住率、客房平均销售价格等，引导住宿行业结构调整。

三、发展经济型酒店，推动住宿业连锁化经营

发展经济型酒店是推动传统旅馆业态转型升级、加速住宿业结构调整和满足广大群众便利、安全、卫生、舒适等基本住宿需求的主要途径。要坚持存量转化和集约发展原则，突破区域和行业界限，加快资源整合，促进经济型酒店品牌化和连锁化发展。积极推动国有中小型住宿企业改制，鼓励和支持民营资本、外资等参与国有中小型住宿企业的改革，实现投资主体多元化。各地商务主管部门要认真贯彻《经济型饭店经营规范》国家行业标准，规范经济型酒店的发展，提高服务管理水平。力争用两到三年时间，将我国经济型酒店比重由现在不足10%提高到20%左右。

四、创建“绿色饭店”，推进住宿业节能环保

要把创建“绿色饭店”作为转变发展方式的重要抓手，做好《绿色饭店》国家标准的宣传贯彻工作。全国“绿色饭店”工作委员会要加强指导，组织企业开展经验交流，把创建工作引向深入。各地要尽快建立地方“绿色饭店”指导机构，积极协调财政、税务等部门制定鼓励和优惠政策，支持“绿色饭店”的创建与发展。同时，要引导住宿企业把节水、节电、节气、安全、环保作为重要发展途径，大力强化内部管理和挖潜，广泛运用安全系数高、应用效果好、质量可靠的节能减排技术，提高新能源、新材料和新节能设备的采用率和推广度，特别要做好节能潜力较大的空调、电梯、照明等设备的更新换代。积极发展循环经济，实施高效照明改造，减少温室气体排放，实现垃圾、污水减量化和无害化处理，引导行业走低碳化发展之路。

五、培育自主品牌，延伸产业链

引导支持在经营规模和效益方面位居行业前列、竞争优势明显、品牌影响力强、经营网络覆盖面广的住宿企业集团做大做强，创新发展。通过举办全国以及国际性住宿业会展活动，借鉴先进管理经验，开发具有知识产权的宾馆饭店专用产品，培育一批特色宾馆品牌。大力开展饭店优质服务示范企业创建活动，培育一批品牌饭店企业、优秀企业家，扩大品牌示范和带动效应。支持品牌饭店企业做强宾馆餐饮服务、婚庆服务、会议服务，发展宾馆饭店专用产品基地、优质原辅材料基地，积极推进住宿业与文化、体育、旅游、会展等相关产业融合，加快产业化发展步伐。

六、改进完善服务，拓宽营销方式

改善内外部环境，增加服务项目，完善服务质量管理体系，保证顾客住宿消费安全、卫生、便利、舒适，充分拓展中低收入群体消费需求，促进旅游住宿消费、休闲度假消费、节假日消费、“农家乐”消费。以大型展会为平台，吸引国内外客商，培育新型和综合性消费模式，扩大住宿消费。以顾客满意度为基准，以个性化服务为方向，进一步开发服务项目，创新服务方式，针对不同地区、不同季节采取差异化促销措施，实现淡旺时段协调发展。积极发展在线服务、网络预订、网上支付、自助订房结算等网络营销方式，逐步扩大网络预订、手机预订，降低交易成本，引导市场不同层次的消费选择，密切供需对接，便利居民消费。

七、加快法规标准建设，规范住宿业发展

建立健全国家标准、行业标准、地方标准、企业标准相互衔接的饭店业标准化体系，加快推进相关法规建设，保障市场有序竞争和健康发展。加快出台《饭店业服务质量评价体系》、《温泉度假酒店经营服务规范》等系列标准。切实做好已颁布标准的宣传贯彻工作，使《绿色饭店》、《经济型饭店经营服务规范》、《农家乐经营服务规范》等国家和行业标准真正发挥出应有的引导、规范作用。加强信用体系建设，推行信用分类管理，建立饭店和供应商信用评价和发布制度，规范饭店企业服务行为。

八、加强人才培养和信息化建设，增强住宿业发展动力

坚持以就业为导向，充分发挥全国饭店院校（系）的作用，加快建设饭店人才培训基地，优化学科设置，提高饭店经营管理人才培养质量。按照《饭店业职业经理人资格条件》国家标准和《饭店业星级服务人员资格条件》等行业标准，完善饭店执业资格认证体系，提高饭店执业资格水平。各地要引导当地住宿业协会组织及时发布行业发展动态，制订全国饭店业培训计划，提升从业人员素质；举办全国饭店业技能大赛，培育一批专业型管理人才。同时，要积极采用互联网、移动通信、电子商务等现代技术，完善饭店信息化体系，实现饭店信息资源共享。促进住宿企业逐步实现智能化管理，统一标准，推动内部管理专业软件的开发利用，全面提升饭店企业的信息化服务水平。

九、发挥协会作用，加强行业自律

各地商务主管部门要充分发挥协会作用，委托并支持协会开展标准制定、资质认定、培训教育、展示交流、信息统计、技能比赛等工作。对协会为扩大就业再就业开展的职工技能岗前培训、在职继续教育培训等工作给予支持。各地要建立健全住宿业协会，引导其在沟通政府与企业、规范行业行为、反映企业诉求、加强行业自律等方面发挥更大作用。引导住宿企业以住宿设施安全、餐饮食品安全为重点，严格安全标准，完善安全设施，落实安全责任，消除安全隐患。

十、完善和落实相关政策，营造良好发展环境

各地商务主管部门要积极争取当地政府及有关部门对住宿业特别是经济型连锁酒店和“绿色饭店”发展提供必要的支持，将“绿色饭店”纳入“节能减排”优惠政策覆盖范围，对广泛采用环保技术和节能产品的经济型连锁酒店、“绿色饭店”企业，要协调财政、税务等部门给予贷款贴息或一次性财政补贴等政策支持。各地要加强部门协调，尽快落实国务院关于服务业包括住宿企业用水、电、气与一般工业企业同等价格政策，减轻企业负担，促进企业发展。

中华人民共和国商务部

二〇一〇年三月二十二日

中华人民共和国知识产权海关保护条例

（2003年12月2日中华人民共和国国务院令第395号公布 根据2010年3月24日《国务院关于修改〈中华人民共和国知识产权海关保护条例〉的决定》修订）

中华人民共和国国务院令

第572号

《国务院关于修改〈中华人民共和国知识产权海关保护条例〉的决定》已经2010年3月17日国务院第103次常务会议通过，现予公布，自2010年4月1日起施行。

总理：温家宝

二〇一〇年三月二十四日

国务院关于修改《中华人民共和国知识产权海关保护条例》的决定

国务院决定对《中华人民共和国知识产权海关保护条例》作如下修改：

一、将第十一条修改为："知识产权备案情况发生改变的，知识产权权利人应当自发生改变之日起30个工作日内，向海关总署办理备案变更或者注销手续。

"知识产权权利人未依照前款规定办理变更或者注销手续，给他人合法进出口或者海关依法履行监管职责造成严重影响的，海关总署可以根据有关利害关系人的申请撤销有关备案，也可以主动撤销有关备案。"

二、将第二十三条第一款修改为："知识产权权利人在向海关提出采取保护措施的申请后，可以依照《中华人民共和国商标法》、《中华人民共和国著作权法》、《中华人民共和国专利法》或者其他有关法律的规定，就被扣留的侵权嫌疑货物向人民法院申请采取责令停止侵权行为或者财产保全的措施。"

三、第二十四条增加一项，作为第（五）项："在海关认定被扣留的侵权嫌疑货物为侵权货物之前，知识产权权利人撤回扣留侵权嫌疑货物的申请的。"

四、将第二十七条第三款修改为："被没收的侵犯知识产权货物可以用于社会公益事业的，海关应当转交给有关公益机构用于社会公益事业；知识产权权利人有收购意愿的，海关可以有偿转让给知识产权权利人。被没收的侵犯知识产权货物无法用于社会公益事业且知识产权权利人无收购意愿的，海关可以在消除侵权特征后依法拍卖，但对进口假冒商标货物，除特殊情况外，不能仅清除货物上的商标标识即允许其进入商业渠道；侵权特征无法消除的，海关应当予以销毁。"

五、将第二十八条改为第三十一条，修改为："个人携带或者邮寄进出境的物品，超出自用、合理数量，并侵犯本条例第二条规定的知识产权的，按照侵权货物处理。"

此外，对条文顺序作相应调整。

本决定自2010年4月1日起施行。

《中华人民共和国知识产权海关保护条例》根据本决定作相应的修改，重新公布。

第一章 总 则

第一条 为了实施知识产权海关保护，促进对外经济贸易和科技文化交往，维护公共利益，根据《中华人民共和国海关法》，制定本条例。

第二条 本条例所称知识产权海关保护，是指海关对与进出口货物有关并受中华人民共和国法律、行政法规保护的商标专用权、著作权和与著作权有关的权利、专利权（以下统称知识产权）实施的保护。

第三条 国家禁止侵犯知识产权的货物进出口。

海关依照有关法律和本条例的规定实施知识产权保护，行使《中华人民共和国海关法》规定的有关权力。

第四条 知识产权权利人请求海关实施知识产权保护的，应当向海关提出采取保护措施的申请。

第五条 进口货物的收货人或者其代理人、出口货物的发货人或者其代理人应当按照国家规定，向海关如实申报与进出口货物有关的知识产权状况，并提交有关证明文件。

第六条 海关实施知识产权保护时，应当保守有关当事人的商业秘密。

第二章 知识产权的备案

第七条 知识产权权利人可以依照本条例的规定，将其知识产权向海关总署申请备案；申请备案的，应当提交申请书。申请书应当包括下列内容：

（一）知识产权权利人的名称或者姓名、注册地或者国籍等；

（二）知识产权的名称、内容及其相关信息；

（三）知识产权许可行使状况；

（四）知识产权权利人合法行使知识产权的货物的名称、产地、进出境地海关、进出口商、主要特征、价格等；

（五）已知的侵犯知识产权货物的制造商、进出口商、进出境地海关、主要特征、价格等。

前款规定的申请书内容有证明文件的，知识产权权利人应当附送证明文件。

第八条 海关总署应当自收到全部申请文件之日起30个工作日内作出是否准予备案的决定，并书面通知申请人；不予备案的，应当说明理由。

有下列情形之一的，海关总署不予备案：

（一）申请文件不齐全或者无效的；

（二）申请人不是知识产权权利人的；

（三）知识产权不再受法律、行政法规保护的。

第九条 海关发现知识产权权利人申请知识产权备案未如实提供有关情况或者文件的，海关总署可以撤销其备案。

第十条 知识产权海关保护备案自海关总署准予备案之日起生效，有效期为10年。

知识产权有效的，知识产权权利人可以在知识产权海关保护备案有效期届满前6个月内，向海关总署申请续展备案。每次续展备案的有效期为10年。

知识产权海关保护备案有效期届满而不申请续展或者知识产权不再受法律、行政法规保护的，知识产权海关保护备案随即失效。

第十一条 知识产权备案情况发生改变的，知识产权权利人应当自发生改变之日起30个工作日内，向海关总署办理备案变更或者注销手续。

知识产权权利人未依照前款规定办理变更或者注销手续，给他人合法进出口或者海关依法履行监管职责造成严重影响的，海关总署可以根据有关利害关系人的申请撤销有关备案，也可以主动撤销有关备案。

第三章 扣留侵权嫌疑货物的申请及其处理

第十二条 知识产权权利人发现侵权嫌疑货物即将进出口的，可以向货物进出境地海关提出扣留侵权嫌疑货物的申请。

第十三条 知识产权权利人请求海关扣留侵权嫌疑货物的，应当提交申请书及相关证明文件，并提供足以证明侵权事实明显存在的证据。

申请书应当包括下列主要内容：

（一）知识产权权利人的名称或者姓名、注册地或者国籍等；

（二）知识产权的名称、内容及其相关信息；

（三）侵权嫌疑货物收货人和发货人的名称；

（四）侵权嫌疑货物名称、规格等；

（五）侵权嫌疑货物可能进出境的口岸、时间、运输工具等。

侵权嫌疑货物涉嫌侵犯备案知识产权的，申请书还应当包括海关备案号。

第十四条 知识产权权利人请求海关扣留侵权嫌疑货物的，应当向海关提供不超过货物等值的担保，用于赔偿可能因申请不当给收货人、发货人造成的损失，以及支付货物由海关扣留后的仓储、保管和处置等费用；知识产权权利人直接向仓储商支付仓储、保管费用的，从担保中扣除。具体办法由海关总署制定。

第十五条 知识产权权利人申请扣留侵权嫌疑货物，符合本条例第十三条的规定，并依照本条例第十四条的规定提供担保的，海关应当扣留侵权嫌疑货物，书面通知知识产权权利人，并将海关扣留凭单送达收货人或者发货人。

知识产权权利人申请扣留侵权嫌疑货物，不符合本条例第十三条的规定，或者未依照本条例第十四条的规定提供担保的，海关应当驳回申请，并书面通知知识产权权利人。

第十六条 海关发现进出口货物有侵犯备案知识产权嫌疑的，应当立即书面通知知识产权权利人。知识产权权利人自通知送达之日起3个工作日内依照本条例第十三条的规定提出申请，并依照本条例第十四条的规定提供担保的，海关应当扣留侵权嫌疑货物，书面通知知识产权权利人，并将海关扣留凭单送达收货人或者发货人。知识产权权利人逾期未提出申请或者未提供担保的，海关不得扣留货物。

第十七条 经海关同意，知识产权权利人和收货人或者发货人可以查看有关货物。

第十八条 收货人或者发货人认为其货物未侵犯知识产权权利人的知识产权的，应当向海关提出书面说明并附送相关证据。

第十九条 涉嫌侵犯专利权货物的收货人或者发货人认为其进出口货物未侵犯专利权的，可以在向海关提供货物等值的担保金后，请求海关放行其货物。知识产权权利人未能在合理期限内向人民法院起诉的，海关应当退还担保金。

第二十条 海关发现进出口货物有侵犯备案知识产权嫌疑并通知知识产权权利人后，知识产权权利人请求海关扣留侵权嫌疑货物的，海关应当自扣留之日起30个工作日内对被扣留的侵权嫌疑货物是否侵犯知识产权进行调查、认定；不能认定的，应当立即书面通知知识产权权利人。

第二十一条 海关对被扣留的侵权嫌疑货物进行调查，请求知识产权主管部门提供协助的，有关知识产权主管部门应当予以协助。

知识产权主管部门处理涉及进出口货物的侵权案件请求海关提供协助的，海关应当予以协助。

第二十二条 海关对被扣留的侵权嫌疑货物及有关情况进行调查时，知识产权权利人和收货人或者发货人应当予以配合。

第二十三条 知识产权权利人在向海关提出采取保护措施的申请后，可以依照《中华人民共和国商标法》、《中华人民共和国著作权法》、《中华人民共和国专利法》或者其他有关法律的规定，就被扣留的侵权嫌疑货物向人民法院申请采取责令停止侵权行为或者财产保全的措施。

海关收到人民法院有关责令停止侵权行为或者财产保全的协助执行通知的，应当予以协助。

第二十四条 有下列情形之一的，海关应当放行被扣留的侵权嫌疑货物：

（一）海关依照本条例第十五条的规定扣留侵权嫌疑货物，自扣留之日起20个工作日内未收到人民法院协助执行通知的；

（二）海关依照本条例第十六条的规定扣留侵权嫌疑货物，自扣留之日起50个工作日内未收到人民法院协助执行通知，并且经调查不能认定被扣留的侵权嫌疑货物侵犯知识产权的；

（三）涉嫌侵犯专利权货物的收货人或者发货人在向海关提供与货物等值的担保金后，请求海关放行其货物的；

（四）海关认为收货人或者发货人有充分的证据证明其货物未侵犯知识产权权利人的知识产权的；

（五）在海关认定被扣留的侵权嫌疑货物为侵权货物之前，知识产权权利人撤回扣留侵权嫌疑货物的申请的。

第二十五条 海关依照本条例的规定扣留侵权嫌疑货物，知识产权权利人应当支付有关仓储、保管和处置等费用。知识产权权利人未支付有关费用的，海关可以从其向海关提供的担保金中予以扣除，或者要求担保人履行有关担保责任。

侵权嫌疑货物被认定为侵犯知识产权的，知识产权权利人可以将其支付的有关仓储、保管和处置等费用计入其为制止侵权行为所支付的合理开支。

第二十六条 海关实施知识产权保护发现涉嫌犯罪案件的，应当将案件依法移送公安机关处理。

第四章 法律责任

第二十七条 被扣留的侵权嫌疑货物，经海关调查后认定侵犯知识产权的，由海关予以没收。

海关没收侵犯知识产权货物后，应当将侵犯知识产权货物的有关情况书面通知知识产权权利人。

被没收的侵犯知识产权货物可以用于社会公益事业的，海关应当转交给有关公益机构用于社会公益事业；知识产权权利人有收购意愿的，海关可以有偿转让给知识产权权利人。被没收的侵犯知识产权货物无法用于社会公益事业且知识产权权利人无收购意愿的，海关可以在消除侵权特征后依法拍卖，但对进口假冒商标货物，除特殊情况外，不能仅清除货物上的商标标识即允许其进入商业渠道；侵权特征无法消除的，海关应当予以销毁。

第二十八条 海关接受知识产权保护备案和采取知识产权保护措施的申请后，因知识产权权利人未提供确切情况而未能发现侵权货物、未能及时采取保护措施或者采取保护措施不力的，由知识产权权利人自行承担责任。

知识产权权利人请求海关扣留侵权嫌疑货物后，海关不能认定被扣留的侵权嫌疑货物侵犯知识产权权利人的知识产权，或者人民法院判定不侵犯知识产权权利人的知识产权的，知识产权权利人应当依法承担赔偿责任。

第二十九条 进口或者出口侵犯知识产权货物，构成犯罪的，依法追究刑事责任。

第三十条 海关工作人员在实施知识产权保护时，玩忽职守、滥用职权、徇私舞弊，构成犯罪的，依法追究刑事责任；尚不构成犯罪的，依法给予行政处分。

第五章 附 则

第三十一条 个人携带或者邮寄进出境的物品，超出自用、合理数量，并侵犯本条例第二条规定的知识产权的，按照侵权货物处理。

第三十二条 知识产权权利人将其知识产权向海关总署备案的，应当按照国家有关规定缴纳备案费。

第三十三条 本条例自2004年3月1日起施行。1995年7月5日国务院发布的《中华人民共和国知识产权海关保护条例》同时废止。

商务部关于进一步做好餐饮业有关工作的通知

各省、自治区、直辖市、计划单列市及新疆生产建设兵团商务主管部门：

为深入贯彻落实科学发展观，更好地发挥餐饮业在改善民生、扩大消费、增加就业中的功能、地位和作用，现就有关工作通知如下：

一、充分认识加快餐饮业发展的重要意义，协力推进餐饮业发展

近年来，随着人民生活水平不断提高和生活方式与消费观念的逐步转变，餐饮业规模化和连锁化步伐加快，呈现出快速增长态势，2009年全国住宿餐饮业零售额接近1.8万亿元，占社会消费品零售总额的七分之一，在改善民生、拉动消费、繁荣市场、吸纳就业、增加税收以及促进社会和谐等方面发挥着日益重要的作用。但在快速发展的同时，一定程度上存在网点布局不够合理、业态结构不够优化、规范化服务有待提高、食品质量安全隐患犹存等不容忽视的问题，与人民群众不断增长和提升的餐饮服务需求仍有一定差距。各级商务主管部门要进一步提高认识，把加快餐饮业发展作为满足居民生活需求、加快服务业发展和转变经济增长方式的一项重要任务来抓，切实纳入到商务工作的重要议程，加强领导，落实责任，扎实推进餐饮业持续健康发展。

二、落实《全国餐饮业发展规划纲要》，引导行业科学发展

各地商务主管部门要在地方政府的指导下，会同有关部门围绕优化餐饮业结构、转变增长方式、提升发展水平，有计划、有步骤地抓好《全国餐饮业发展规划纲要（2009—2013）》（以下简称《纲要》）的贯彻落实。要结合实际，抓紧制定完善本地餐饮业发展规划，明确发展目标和重点任务，形成年度工作计划和落实方案；要切实选准工作着力点和突破口，完善配套政策措施，努力在突出地方餐饮特色、发展大众化餐饮、培育品牌企业、发展节约型餐饮以及加强人才培养和产业化基地建设等方面取得实质进展，更好地满足不同层次、日益多样的餐饮需求。各地要在年底就《纲要》落实情况、取得效果、存在问题及下一步工作提交总结报告。

三、深入推进“早餐示范工程”，有效带动大众化餐饮发展

各地要在科学把握餐饮消费发展趋势、全面推进餐饮业发展的同时，不断优化行业结构，以“早餐示范工程”

为切入点，加快大众化餐饮发展。参与“早餐示范工程”试点的省市，要按照“政府引导支持，企业市场化运作”的原则，不断提升主食加工配送中心的功能，提高加工配送能力。要依托主食加工配送中心，充分利用和整合现有资源，通过直营、特许连锁经营等方式，加快发展固定门店式早餐、快餐网点，逐步形成覆盖居民社区、商业街区、办公区、旅游景区、交通枢纽等重要区域的大众化餐饮网络。尚未纳入试点的省市，也要根据当地市场需求，争取当地政府支持，引导餐饮企业切实解决好早餐供应问题。要着力推进大众化餐饮的规模化、标准化、连锁化发展，鼓励引导餐饮企业面向社会开展配送服务，增加居民网上订餐和送餐服务，不断探索满足大众餐饮消费的新模式和新途径。

四、推动品牌化发展，加快“走出去”步伐

各地要制定培育餐饮品牌计划，建立重点企业联系机制，积极培育一批运作规范、辐射面广、品牌效应好、竞争力强的区域性和全国性餐饮品牌企业。要根据企业情况加强分类指导，支持区域性餐饮企业突出地域特色，增强服务功能，提升餐饮文化品位，扩大品牌影响；鼓励全国性餐饮企业依托品牌发展连锁经营，通过兼并、收购、参股、控股等多种方式做大做强。要将企业品牌培育与餐饮菜系、菜品创新和技术进步紧密结合起来，发挥名店、名菜、名师的品牌叠加效应。支持具备实力的品牌餐饮企业加快“走出去”步伐，到国外开店、发展，输出品牌、技术，提升中餐的国际影响力。

五、建设节约型餐饮，转变行业发展方式

认真贯彻落实《国务院办公厅关于进一步加强节约粮食反对浪费工作的通知（国办发〔2010〕7号）》要求，充分利用各类资源和各种条件，大力推进餐饮业节约化经营。要充分发挥行业协会以及新闻媒体的作用，进一步开展多种形式的社会倡议活动，大力宣传绿色消费、适度消费、健康用餐的科学消费理念，引导和督促广大餐饮企业将节约化落实到加工、经营、消费等各个环节，切实做好节粮、节能、节水、节材、节地和资源综合利用工作。在饭店、酒店等餐饮场所倡导“绿色餐饮”，实施“绿色照明”工程，推广节能型设备，提倡使用清洁能源代替污染能源。通过贯彻落实国家和行业标准以及培训、检查等多种措施，推动餐饮企业大力强化内部管理，充分挖掘自身潜力，广泛采用节能环保技术，进行清洁加工，减少废弃物，走低碳化发展道路。探索建立餐饮废油的回收利用工作机制，大力开展餐厨垃圾回收利用，推行餐厨垃圾资源化处理，继续抓好减少使用“一次性”筷子等工作。

六、加强食品安全工作，提高餐饮安全卫生水平

各地要深入贯彻落实《国务院办公厅关于印发2010年食品安全整顿工作安排的通知（国办发［2010］17号）》和国家食品药品监督管理局《关于印发餐饮服务食品安全整顿工作实施方案的通知（国食药监食［2010］106号）》要求，配合相关部门建立健全餐饮卫生安全质量标准体系和操作规程，将卫生质量管理贯穿到原料采购、加工制作、餐具清洗和消毒等各个环节。督促餐饮企业建立健全企业食品进出查验记录制度，食品原料采购索证索票制度，严把食品原料关。采取切实措施，加强监督检查，严防“地沟油”流入餐饮服务环节，杜绝餐饮企业使用“地沟油”。配合工商、食品药品监管等部门做好餐饮消费环节专项整治和专项检查，保证农家乐旅游点、小型餐饮店铺等食品安全高风险单位的卫生质量安全。

七、推进标准和信用体系建设，进一步规范餐饮服务

各地要充分发挥有关行业协会组织的作用，认真做好餐饮行业标准的实施和地方性标准的制订工作。对于已经出台的《餐饮企业等级划分和评定》、《早餐经营规范》、《餐饮企业经营规范》、《农家乐经营服务规范》等行业标准，要通过培训、交流等多种方式，加大实施力度，使其在规范企业经营和服务行为等方面切实发挥出应有的作用。要针对当地餐饮业经营管理中的薄弱环节，抓紧制订餐饮服务员服务规范、餐饮业态分类、连锁经营、营养配餐等地方性标准，不断提高经营服务水平，为制订全国性行业标准奠定基础。同时，要不断完善餐饮企业诚信评价体系，建立健全餐饮企业和从业人员诚信不良记录的收集、管理、通报制度，选择部分餐饮企业开展诚信体系建设试点，开展“诚信经营”示范创建活动和行业信用评价，及时总结推广试点经验。

八、加强统计工作，及时掌握行业发展情况

各地要高度重视，扎实深入地做好餐饮行业统计和信息交流工作。2009年全国已建立包括餐饮行业在内的《商贸服务典型企业统计报表制度》，并开通商贸服务行业统计信息管理系统，各地要相应建立统计报表制度和重点企业联系制度，并督促有关餐饮企业及时、准确地报送相关信息，在认真总结分析的基础上上报当地餐饮业半年和年度发展报告。

商务部

二〇一〇年三月二十六日

国务院关于进一步做好利用外资工作的若干意见

国发〔2010〕9号

各省、自治区、直辖市人民政府，国务院各部委、各直属机构：

利用外资是我国对外开放基本国策的重要内容。改革开放以来，我国积极吸引外商投资，促进了产业升级和技术进步，外商投资企业已成为国民经济的重要组成部分。目前，我国利用外资的优势依然明显。为提高利用外资质量和水平，更好地发挥利用外资在推动科技创新、产业升级、区域协调发展等方面的积极作用，现提出如下意见：

一、优化利用外资结构

（一）根据我国经济发展需要，结合国家产业调整和振兴规划要求，修订《外商投资产业指导目录》，扩大开放领域，鼓励外资投向高端制造业、高新技术产业、现代服务业、新能源和节能环保产业。严格限制“两高一资”和低水平、过剩产能扩张类项目。

（二）国家产业调整和振兴规划中的政策措施同等适用于符合条件的外商投资企业。

（三）对用地集约的国家鼓励类外商投资项目优先供应土地，在确定土地出让底价时可按不低于所在地土地等别相对应《全国工业用地出让最低价标准》的70%执行。

（四）鼓励外商投资高新技术企业发展，改进并完善高新技术企业认定工作。

（五）鼓励中外企业加强研发合作，支持符合条件的外商投资企业与内资企业、研究机构合作申请国家科技开发项目、创新能力建设项目等，申请设立国家级技术中心认定。

（六）鼓励跨国公司在华设立地区总部、研发中心、采购中心、财务管理中心、结算中心以及成本和利润核算中心等功能性机构。在2010年12月31日以前，对符合规定条件的外资研发中心确需进口的科技开发用品免征进口关税和进口环节增值税、消费税。

（七）落实和完善支持政策，鼓励外商投资服务外包产业，引入先进技术和管理经验，提高我国服务外包国际竞争力。

二、引导外资向中西部地区转移和增加投资

（八）根据《外商投资产业指导目录》修订情况，补充修订《中西部地区外商投资优势产业目录》，增加劳动密集型项目条目，鼓励外商在中西部地区发展符合环保要求的劳动密集型产业。

（九）对符合条件的西部地区内外资企业继续实行企业所得税优惠政策，保持西部地区吸收外商投资好的发展势头。

（十）对东部地区外商投资企业向中西部地区转移，要加大政策开放和技术资金配套支持力度，同时完善行政服务，在办理工商、税务、外汇、社会保险等手续时提供便利。鼓励和引导外资银行到中西部地区设立机构和开办业务。

（十一）鼓励东部地区与中西部地区以市场为导向，通过委托管理、投资合作等多种方式，按照优势互补、产业联动、利益共享的原则共建开发区。

三、促进利用外资方式多样化

（十二）鼓励外资以参股、并购等方式参与国内企业改组改造和兼并重组。支持A股上市公司引入境内外战略投资者。规范外资参与境内证券投资和企业并购。依法实施反垄断审查，并加快建立外资并购安全审查制度。

（十三）利用好境外资本市场，继续支持符合条件的企业根据国家发展战略及自身发展需要到境外上市，充分利用两个市场、两种资源，不断提高竞争力。

（十四）加快推进利用外资设立中小企业担保公司试点工作。鼓励外商投资设立创业投资企业，积极利用私募股权投资基金，完善退出机制。

（十五）支持符合条件的外商投资企业境内公开发行股票、发行企业债和中期票据，拓宽融资渠道，引导金融机构继续加大对外商投资企业的信贷支持。稳步扩大在境内发行人民币债券的境外主体范围。

四、深化外商投资管理体制改革

（十六）《外商投资产业指导目录》中总投资（包括增资）3亿美元以下的鼓励类、允许类项目，除《政府核准的投资项目目录》规定需由国务院有关部门核准之外，由地方政府有关部门核准。除法律法规明确规定由国务院有关部门审批外，在加强监管的前提下，国务院有关部门可将本部门负责的审批事项下放地方政府审批，服务业领域外商投资企业的设立（金融、电信服务除外）由地方政府按照有关规定进行审批。

（十七）调整审批内容，简化审批程序，最大限度缩小审批、核准范围，增强审批透明度。全面清理涉及外商投资的审批事项，缩短审批时间。改进审批方式，在试点并总结经验的基础上，逐步在全国推行外商投资企业合同、章程格式化审批，大力推行在线行政许可，规范行政行为。

五、营造良好的投资环境

（十八）规范和促进开发区发展，发挥开发区在体制创新、科技引领、产业集聚、土地集约方面的载体和平台作用。支持符合条件的省级开发区升级，支持具备条件的国家级、省级开发区扩区和调整区位，制定加快边境经济合作区建设的支持政策措施。

（十九）进一步完善外商投资企业外汇管理，简化外商投资企业外汇资本金结汇手续。对依法经营、资金紧张暂时无法按时出资的外商投资企业，允许延长出资期限。

（二十）加强投资促进，针对重点国家和地区、重点行业加大引资推介力度，广泛宣传我国利用外资政策。积极参与多双边投资合作，把“引进来”和“走出去”相结合，推动跨国投资政策环境不断改善。

国务院各有关部门、地方各级人民政府要统一认识，坚持积极有效利用外资的方针，坚持以我为主、择优选资，促进“引资”与“引智”相结合，不断提高利用外资质量。要总结改革开放经验，结合新形势、新要求，进一步加大改革创新力度，提高便利化程度，创造更加开放、更加优化的投资环境，全面提高利用外资工作水平。

国务院

二〇一〇年四月六日

财政部、海关总署、国家税务总局关于调整重大技术装备进口税收政策暂行规定有关清单的通知

财关税〔2010〕17 号

各省、自治区、直辖市、计划单列市财政厅（局）、国家税务局，新疆生产建设兵团财务局，海关总署广东分署、各直属海关，财政部驻各省、自治区、直辖市、计划单列市财政监察专员办事处：

按照《财政部　国家发展改革委　工业和信息化部　海关总署　国家税务总局　国家能源局关于调整重大技术装备进口税收政策的通知》（财关税〔2009〕55 号）规定，根据国内相关产业发展情况，在广泛听取有关主管部门、行业协会及企业意见的基础上，经研究决定，对《重大技术装备进口税收政策暂行规定》（以下简称《暂行规定》）所附装备目录与商品清单予以调整，现通知如下：

一、《国家支持发展的重大技术装备和产品目录（2010年修订）》（见附件 1）和《重大技术装备和产品进口关键零部件、原材料商品清单（2010 年修订）》（见附件 2）自 2010 年 4 月 25 日起执行，符合规定条件的国内企业为生产本通知附件 1 所列装备或产品而确有必要进口本通知附件 2 所列商品，免征关税和进口环节增值税。

二、《进口不予免税的重大技术装备和产品目录（2010年修订）》（见附件 3）自 2010 年 4 月 25 日起执行，对新批准的《暂行规定》第三条所列项目和企业进口本通知附件 3 所列自用设备以及按照合同随上述设备进口的技术及配套件、备件，一律征收进口税收。

2010 年 4 月 25 日前（不含 4 月 25 日）批准的上述项目和企业进口本通知附件 3 所列设备，在 2010 年 10 月 25 日前继续按照《暂行规定》附件 3 执行；自 2010 年 10 月 25 日起（含 10 月 25 日）对上述项目和企业进口本通知附件 3 中设备，一律征收进口税收。

三、自 2010 年 4 月 25 日起，《暂行规定》中附件 1、2、3 废止；已获得免税资格的企业在免税进口额度内进口关键零部件、原材料，且在 2010 年 4 月 25 日前（不含 4 月 25 日）申报进口的，仍可按照《暂行规定》附件 2 执行。

四、新申请享受城市轨道交通车辆及机电设备、高速

动车组、大功率机车、大型铁路养护机械、大型环保及资源综合利用设备、大型施工机械领域进口税收优惠政策的企业，应在2010年4月25日至5月25日提交申请文件，具体申请程序和要求应按照《暂行规定》有关规定执行。自2010年4月25日起，新申请企业凭受理部门出具的证明文件，可向海关申请凭税款担保先予办理有关零部件及原材料放行手续。

省级工业和信息化主管部门应会同企业所在地直属海关、财政部驻当地财政监察专员办事处对上述领域的地方企业申请材料进行初审，并在2010年6月10日前将申请文件及初审意见汇总上报工业和信息化部，同时抄送财政部、海关总署、国家税务总局。

五、自2009年7月1日起，城市轨道交通承担自主化依托项目业主进口城市轨道交通车辆及机电设备所需关键零部件、原材料（见附件2），免征进口关税和进口环节增值税。

六、城市轨道交通、核电承担自主化依托项目业主申请享受重大技术装备进口税收优惠政策的，可在项目进口物资计划确定后分别向国家发展改革委、国家能源局提交申请文件。上述领域项目业主在2010年申请享受该进口税收优惠政策的，应在2010年5月25日前提交申请文件。

七、根据国内相关产业发展情况，《国家支持发展的重大技术装备和产品目录（2010年修订）》对风力发电机（组）及其配套部件、数控装备及其功能部件等领域的申请条件进行了调整。2009年下半年度已认定符合资格的上述领域的企业，如企业享受政策的装备有关技术规格要求或销售业绩要求在本通知附件1中涉及调整的，原认定免税资格在2010年4月25日之前有效。

上述领域新申请企业和原认定资格企业（享受政策的装备有关技术规格要求或销售业绩要求在本通知附件1中涉及调整的）申请享受2010年4月25日至12月31日期间重大技术装备进口税收优惠政策的，应在2010年4月25日至5月25日按照《暂行规定》有关申请程序和要求提交申请文件。省级工业和信息化主管部门应会同有关部门比照第四条第二款的要求完成初审工作。

八、本通知对重大技术装备企业优惠政策情况报告有关格式及要求进行了修订（见附件4），自2010年4月25日起，《暂行规定》中附件5废止。2009年下半年度已享受重大技术装备进口税收优惠政策的所有企业，应在2010年5月25日前按照《暂行规定》及本通知附件4的有关要求报送享受优惠政策落实情况报告，包括2010年1月1日至4月25日或者2010年全年的进口需求。

附件（略）：

1. 国家支持发展的重大技术装备和产品目录（2010年修订）

2. 重大技术装备和产品进口关键零部件、原材料商品清单（2010年修订）

3. 进口不予免税的重大技术装备和产品目录（2010年修订）

4. 重大技术装备企业优惠政策落实情况报告及其要求

中华人民共和国财政部
中华人民共和国海关总署
国家税务总局
二〇一〇年四月十三日

商务部关于完善生产资料流通体系的意见

商商贸发〔2010〕115号

各省、自治区、直辖市、计划单列市及新疆生产建设兵团商务主管部门：

生产资料流通业是生产性服务业的重要组成部分，在保障生产、促进经济循环、优化资源配置等方面具有重要作用。为进一步完善我国生产资料流通体系，促进经济发展方式转变，现提出以下意见。

一、指导思想与基本目标

（一）指导思想。以邓小平理论和“三个代表”重要思想为指导，贯彻落实科学发展观，立足当前，着眼长远，以市场为导向，以企业为主体，以科技为支撑，加强政府引导，转变发展方式，统筹生产与流通，处理好速度与效益、局部和整体、传承与创新的关系，推进生产资料流通体系与现代产业体系融合发展，更好地服务于生产发展、民生改善和对外开放总体要求。

（二）基本目标。适应国民经济市场化、信息化、国际化发展趋势，满足城镇化、工业化和新农村建设发展要求，健全生产资料流通体系，发展现代流通方式，创新经营模式，提高组织化程度，完善服务功能，加强市场调控，完善法律法规标准体系，推进生产资料流通有序协调健康发展。"十二五"期间，基本形成有中国特色的统一开放、竞争有序、安全高效、绿色低碳的生产资料流通体系。

二、主要任务

（三）创新生产资料经营模式。专业化分工与产业化协作相结合，创新生产资料经营模式。以供应链为纽带，推进产业融合，引导生产资料流通企业向上下游延伸，探索形成集原材料采购加工——产品开发——商品销售——物流配送服务于一体的经营模式或联盟。引导生产资料流通企业与生产企业建立紧密的工商关系，满足精益生产、定时生产等现代生产方式发展需要，探索形成全产业链服务模式。鼓励大宗生产资料生产、流通企业间建立风险共担、利益共享的佣金代理制。

（四）大力发展现代流通方式。根据商品特点、区位优势和企业实际情况，因地制宜地规范发展连锁经营、电子商务、物流配送等现代流通方式。支持具备条件的生产资料流通企业以品牌和成熟的经营管理体系为依托，以现有门店和经营网点为基础，吸收中小企业加盟，大力发展连锁经营。鼓励大型骨干生产资料生产、流通企业、大宗商品交易市场规范发展电子商务。支持建设专业化的生产资料第三方电子商务平台，整合供应链上不同环节、不同领域、不同企业间的生产资料生产、需求和物流等服务信息资源，完善服务功能。鼓励生产资料生产、流通企业采取多种形式构建集仓储、加工、配送、多式联运等功能于一体的专业化、综合性生产资料物流配送中心。

（五）引导生产资料批发市场改造升级转型。支持有发展潜力、辐射能力强的生产资料批发市场加快改造升级步伐，提高集展示、信息、交易、仓储、运输、加工、配送等功能于一体的综合服务能力；健全市场管理规章制度体系，完善市场交易规则，形成大宗生产资料全国性或区域性交易中心、集散中心、价格中心、信息中心。引导不适宜以批发市场形态继续存在的传统生产资料批发市场遵循市场规律，调整经营方向，转变经营形态，合理利用土地、设施、人力等资源。推进与居民生活密切相关的建材、五金等生产资料批发市场大力发展专业化经营。

（六）加快农村生产资料流通体系建设。以服务"三农"为宗旨，加快农村生产资料流通体系建设。充分利用"万村千乡市场工程"等网点资源发展农资连锁经营，防止假冒伪劣农资产品流入农村市场。鼓励开展区域性重点农机市场和农机品牌店建设。加快农村散装水泥流通设施建设。引导各类投资主体改造和整合农村传统流通渠道和社会网点资源，积极拓展农村生产资料市场。完善农资售后服务体系，探索建立农资商品赔偿制度，切实维护农民利益。

（七）鼓励生产资料流通龙头企业加快发展。鼓励主业突出、经营规模大、网络覆盖广、核心竞争力强、现代化水平高的大型生产资料流通企业加快发展，实现大宗生产资料组织化、规模化、集约化经营。鼓励具有竞争优势的生产资料生产、流通企业通过参股、控股、兼并、收购等方式，跨地区、跨行业、跨所有制进行资源整合、战略重组，形成若干大批发商、大代理商、大经销商、大物流服务商。鼓励具备条件的生产资料生产、流通企业开展内外贸结合的经营模式，建立跨国采购和销售网络，充分利用国内外两个市场、两种资源。

（八）促进中小生产资料流通企业发展。重视发挥中小企业在满足市场多层次、多样化、个性化特别是小批量需求方面的重要作用。鼓励中小生产资料流通企业运用信息技术和现代流通技术，提高企业核心竞争力。对发展前景好的中小生产资料流通企业在市场准入、信用担保、金融服务、物流服务、信息服务、人才培训等方面给予支持。健全中小企业信用担保体系，充分发挥融资租赁、实物租赁企业作用，搭建中小企业融资平台。

（九）发挥科技引领支撑作用。鼓励生产资料生产、流通企业加大科技研发和投入力度，引进先进技术和设备设施，提高生产资料流通的科技含量和附加值。推进生产资料流通领域应用先进适用的机械化、自动化、信息化、剪切加工、物流和环保节能技术。顺应物联网和互联网融合发展趋势，加大生产资料流通领域信息化改造力度，不断提高行业信息化水平。

（十）加大生产资料流通基础设施建设力度。支持生产资料生产、流通企业在中心城市、交通枢纽、经济开发区和工业园区建设大宗生产资料现代物流基地和物流园区。加大石油、天然气等重要生产资料储备设施建设力度。支持有条件的生产资料生产、流通企业采取合资、合作等方式参与铁路、公路等基础设施建设。建立健全覆盖县级区域和中心乡镇的公共物流配送网络，为汽车下乡、建材下乡、农机下乡、农资流通等提供有力支撑。

（十一）推进生产资料流通领域节能降耗与循环利用。鼓励各类生产资料流通企业、大宗商品现货交易市场、物流配送中心等加大节能改造投入，优化用能设备配置。鼓励大型生产资料生产企业形成专业化再制造体系，推进托盘共用系统建设，发展循环经济。推广绿色物流，促进低碳经济发展。加大新型建材推广工作力度。进一步加大散装水泥、预拌混凝土、预拌砂浆推广力度。

（十二）健全生产资料市场监测、调控和行业统计体系。进一步完善煤炭、石油、天然气、钢材、有色金属、汽车、建材、农机、木材、橡胶、化肥、农药、再生资源等重要生产资料市场监测体系，准确反映生产、需求、库存、进出口和价格变化情况，及时掌握生产资料市场发展变化趋势。加强生产资料市场运行分析和预测预警工作，及时发布市场信息，促进产需衔接，保障生产资料市场平稳运行。按照有关规定，做好重要生产资料国家储备和商业库存管理相关工作。结合行业和地区实际，建立健全重要生产资料企业（商业）储备和地方储备制度。加强生产资料流通行业统计工作，全面了解行业发展状况，及时反映行业发展新情况、新问题、新趋势。建立生产资料流通行业综合评价指标体系，科学评价行业发展状况，引导行业健康发展。

（十三）改善生产资料市场发展环境。加强规范生产资料市场主体、市场行为、市场秩序、市场调控和市场管理等方面的法律法规建设。完善生产资料流通标准体系。健全生产资料流通领域市场准入制度。广泛开展“诚信经营”创建活动和行业信用评价，探索建立企业信用和从业人员资质分级分类管理制度，形成信用激励、失信惩戒机制。协调解决生产资料流通企业发展中遇到的制约因素和困难。引导和鼓励社会资金投向生产资料流通基础设施建设。加强生产资料流通人才队伍建设。

三、组织保障

（十四）健全组织机构和工作机制。加强组织领导，健全生产资料流通行业管理机构，明确工作职责，加强行业指导、管理和服务。加强商务部门与有关部门间的分工协作，完善工作机制，着力营造良好的市场环境、法制环境和政策环境。加强生产资料流通行业管理专业队伍建设，加大生产资料流通业务培训力度，不断提高业务能力和工作水平。

（十五）重视发挥行业协会作用。充分发挥行业协会连接政府和企业的桥梁纽带作用，制定行规行约，加强行业自律。发挥行业协会在行业统计、课题研究、咨询服务、资质认证、人才培训等方面的积极作用。指导或委托行业协会做好国内外市场行情跟踪、信息收集、趋势研究等工作。广泛听取行业协会的意见与建议。支持行业协会通过向政府和企业提供服务发展壮大自己。

（十六）建立重点联系制度。商务部将重点联系若干主业突出、经营规模大、辐射能力强、现代化水平高的大型生产资料生产、流通企业与交易市场，重点联系一批运作规范、影响力强的生产资料生产与流通行业协会、科研咨询机构，重点联系一群理论造诣深、实践结合能力强的生产资料生产、流通方面的专家。紧密结合我国实际情况和特点，充分借鉴和消化吸收国外先进经验，以生产资料流通重点行业、关键领域、突出问题为突破口，创新理论、创新体制、创新经营、创新科技、创新管理，加大宣传力度，发挥典型示范作用，以点带面，以局部带动整体，逐步形成政府部门、行业协会、科研咨询机构、企业和专家群体共同推进生产资料流通行业加快发展的工作格局。

各地商务主管部门要从社会主义现代化建设和改革开放全局的高度，提高认识，转变观念，加强领导，健全机构，创新管理，善于发现新情况、解决新问题、总结新经验、开拓新局面，按照本意见精神因地制宜地抓好贯彻落实工作，确保生产资料流通体系建设取得明显成效。

各地商务主管部门贯彻落实本意见的有关情况、问题和建议请及时报商务部。

中华人民共和国商务部

二〇一〇年四月十三日

中华人民共和国工业产品生产许可证管理条例实施办法

（2005年9月15日国家质量监督检验检疫总局令第80号公布，根据2010年4月21日《国家质量监督检验检疫总局关于修改〈中华人民共和国工业产品生产许可证管理条例实施办法〉的决定》修订）

国家质量监督检验检疫总局令
第130号

《国家质量监督检验检疫总局关于修改〈中华人民共和国工业产品生产许可证管理条例实施办法〉的决定》已经2010年4月15日国家质量监督检验检疫总局局务会议审议通过，现予公布，自2010年6月1日起施行。

局长：王 勇
二〇一〇年四月二十一日

国家质量监督检验检疫总局关于修改《中华人民共和国工业产品生产许可证管理条例实施办法》的决定

国家质量监督检验检疫总局决定对《中华人民共和国工业产品生产许可证管理条例实施办法》作如下修改：

一、第八十六条第一款修改为："工业产品生产许可证标志由'企业产品生产许可'拼音 Qiyechanpin Shengchanxuke 的缩写'QS'和'生产许可'中文字样组成。标志主色调为蓝色，字母'Q'与'生产许可'四个中文字样为蓝色，字母'S'为白色。标志的式样、尺寸及颜色要求见附件6。"

二、将附件6中的"质量安全"修改为"生产许可"。

本决定自2010年6月1日起施行。

《中华人民共和国工业产品生产许可证管理条例实施办法》根据本决定作相应的修订，重新公布。

第一章 总 则

第一条 根据《中华人民共和国工业产品生产许可证管理条例》（以下简称《管理条例》），制定本办法。

第二条 国家对重要工业产品实行生产许可证制度管理。

第三条 在中华人民共和国境内从事生产、销售或者在经营活动中使用实行生产许可证制度管理的产品的，应当遵守本办法。

任何企业未取得生产许可证不得生产实行生产许可证制度管理的产品。任何单位和个人不得销售或者在经营活动中使用未取得生产许可证的产品。

第四条 工业产品生产许可证管理，应当遵循科学公正、公开透明、程序合法、便民高效的原则。

第五条 国家质量监督检验检疫总局（以下简称国家质检总局）负责全国工业产品生产许可证统一管理工作，对实行生产许可证制度管理的产品，统一产品目录，统一审查要求，统一证书标志，统一监督管理。

国家质检总局内设全国工业产品生产许可证办公室（以下简称全国许可证办公室），负责全国工业产品生产许可证管理的日常工作，制定产品发证实施细则，审核工业产品生产许可证产品审查机构（以下简称审查机构），指定承担发证检验任务的产品检验机构，统一管理核查人员资质以及审批发证等工作。

第六条 根据需要，省、自治区、直辖市质量技术监督局（以下简称省级质量技术监督局）可以负责部分产品的生产许可证审查发证工作，具体产品目录由国家质检总局确定并公布。

第七条 省级质量技术监督局负责本行政区域内的工业产品生产许可证监督和管理工作，根据《管理条例》和国家质检总局规定，承担部分产品的生产许可证审查发证工作。

省级质量技术监督局内设工业产品生产许可证办公室

（以下简称省级许可证办公室），负责本行政区域内的工业产品生产许可证管理的日常工作。

县级以上地方质量技术监督局负责本行政区域内生产许可证的监督检查工作。

第八条 审查机构受国家质检总局的委托，承担起草相关产品发证实施细则、组织实地核查以及核查人员技术培训等工作。

第九条 从事生产许可证工作的机构和人员应当依法行政、恪尽职守、热情服务、严格把关。

第十条 国家质检总局和省级质量技术监督局统一规划生产许可证工作的信息化建设，公布生产许可事项，方便公众查阅和企业申请办证，逐步实现网上审批。

第二章 生产许可程序

第一节 申请和受理

第十一条 企业取得生产许可证，应当符合下列条件：

（一）有营业执照；

（二）有与所生产产品相适应的专业技术人员；

（三）有与所生产产品相适应的生产条件和检验检疫手段；

（四）有与所生产产品相适应的技术文件和工艺文件；

（五）有健全有效的质量管理制度和责任制度；

（六）产品符合有关国家标准、行业标准以及保障人体健康和人身、财产安全的要求；

（七）符合国家产业政策的规定，不存在国家明令淘汰和禁止投资建设的落后工艺、高耗能、污染环境、浪费资源的情况。

法律、行政法规有其他规定的，还应当符合其规定。

第十二条 审查机构受国家质检总局的委托，根据相关产品的特点，行业发展状况和国家有关政策，组织起草产品实施细则。

国家质检总局根据《管理条例》的相关规定，批准发布产品实施细则。对产品实施细则作特殊规定的，国家质检总局会同国务院有关部门制定并发布。

省级许可证办公室和审查机构根据产品实施细则的规定，负责组织或者配合组织产品实施细则的宣贯工作。

第十三条 省级质量技术监督局应当按照生产许可证发证工作的进度安排，以登报、上网等方式告知本行政区域内的生产企业，并负责组织企业的申报工作。审查机构应当积极配合做好相关工作。

第十四条 企业生产列入目录的产品，应当向其所在地的省级质量技术监督局提出申请。

企业正在生产的产品被列入目录的，企业应当在国家质检总局规定的时间内申请取得生产许可证。

第十五条 省级质量技术监督局收到企业提出的申请后，对申请材料符合实施细则要求的，准予受理，并自收到企业申请之日起5日内向企业发送《行政许可申请受理决定书》（见附件1）。

第十六条 省级质量技术监督局收到企业提出的申请后，对申请材料不符合实施细则要求且可以通过补正达到要求的，应当当场或者在5日内向企业发送《行政许可申请材料补正告知书》（见附件2）一次性告知。逾期不告知的，自收到申请材料之日起即为受理。

省级质量技术监督局收到企业提出的申请后，对申请材料不符合《行政许可法》和《管理条例》要求的，应当作出不予受理的决定，并发出《行政许可申请不予受理决定书》（见附件3）。

第十七条 省级质量技术监督局以及其他任何部门不得另行附加任何条件，限制企业申请取得生产许可证。

第二节 审查与决定

第十八条 省级质量技术监督局受理企业申请后，省级许可证办公室或者审查机构应当组织对企业进行审查。企业审查包括对企业的实地核查和对产品的检验，其中一项不合格即判为企业审查不合格。

第十九条 实施细则规定由省级质量技术监督局负责组织审查的，省级许可证办公室应当自受理企业申请之日起30日内，完成对企业实地核查和抽封样品，并将实地核查结论以书面形式告知被核查企业。

实施细则规定由审查机构组织审查的，省级许可证办公室应当自受理企业申请之日起5日内将全部申请材料报送审查机构。审查机构应当自受理企业申请之日起30日内，完成对企业实地核查和抽封样品，并将实地核查结论以书面形式告知被核查企业，同时告知省级许可证办公室。

第二十条 企业实地核查不合格的，不再进行产品抽样检验，企业审查工作终止。

第二十一条 审查机构或者省级许可证办公室应当制定企业实地核查计划，并提前5日通知企业。

实施细则规定由审查机构组织审查的，企业实地核查计划应当同时抄送企业所在地省级许可证办公室。

第二十二条 审查机构或者省级许可证办公室应当指派2至4名审查员组成审查组，对企业进行实地核查，企业应当予以配合。

第二十三条 审查组应当按照实施细则的要求，对企业进行实地核查，核查时间一般为1—3天。审查组对企业实地核查结果负责，并实行组长负责制。

第二十四条 企业实地核查合格的，审查组按照实施细则的要求封存样品，并告知企业所有承担该产品生产许可证检验任务的检验机构名单及联系方式，由企业自主选择。

经核查合格，需要送样检验的，应当告知企业在封存样品之日起7日内将该样品送达检验机构。需要现场检验的，由核查人员通知企业自主选择的检验机构进行现场检验。

第二十五条 检验机构应当在实施细则规定的时间内完成检验工作，并出具检验报告。

第二十六条 由省级许可证办公室负责组织审查的，省级许可证办公室应当自受理企业申请之日起30日内将申报材料报送审查机构，审查机构应当自受理企业申请之日起40日内将申报材料汇总，并报送全国许可证办公室。

由审查机构负责组织审查的，审查机构应当自受理企业申请之日起40日内将申报材料汇总，并报送全国许可证办公室。

第二十七条 国家质检总局自受理企业申请之日起60日内作出是否准予许可的决定。符合发证条件的，国家质检总局应当在作出许可决定之日起10日内颁发生产许可证证书；不符合发证条件的，应当自作出决定之日起10日内向企业发出《不予行政许可决定书》（见附件4）。

第二十八条 根据本办法第十八条规定，省级许可证办公室或者审查机构判定企业审查不合格时，应当及时书面上报国家质检总局，并由国家质检总局向企业发出《不予行政许可决定书》。

第二十九条 国家质检总局将获证企业名单以网络、报刊等方式向社会公布。同时，相关产品的发证情况还要及时通报国家发展改革部门、卫生主管部门和工商行政管理部门等。

第三十条 生产许可证有效期为5年。有效期届满，企业继续生产的，应当在生产许可证期满6个月前向所在地省级质量技术监督局提出换证申请。

第三十一条 企业获得生产许可证后需要增加项目的，应当按照实施细则规定的程序申请办理增项手续。符合条件的，换发生产许可证证书，但有效期不变。

第三十二条 在生产许可证有效期内，因国家有关法律法规、产品标准及技术要求发生较大改变而修订实施细则时，全国许可证办公室将根据需要组织必要的实地核查和产品检验。

第三十三条 在生产许可证有效期内，企业生产条件、检验手段、生产技术或者工艺发生较大变化的（包括生产地址变更、生产线重大技术改造等），企业应当及时向其所在地省级质量技术监督局提出申请，审查机构或者省级许可证办公室应当按照实施细则的规定重新组织实地核查和产品检验。

第三十四条 省级许可证办公室、审查机构和全国许可证办公室应当将企业办理生产许可证的有关资料及时归档，公众有权查阅。企业档案材料的保存时限为5年。

第三节 对审查工作的监督检查

第三十五条 全国许可证办公室组织对企业核查工作质量进行监督检查。

省级许可证办公室组织对企业实地核查的，由全国许可证办公室组织审查机构实施抽查；审查机构组织对企业实地核查的，由全国许可证办公室组织省级许可证办公室实施抽查。

第三十六条 实施监督检查，应当制订监督检查计划，包括检查组组成、具体检查时间以及被检查企业等内容。

第三十七条 检查计划应当提前通知企业所在地省级质量技术监督局，省级质量技术监督局应当对检查工作予以配合。

第三十八条 监督检查工作完成后，由检查组写出书面报告及处理建议，上报全国许可证办公室。

第三十九条 全国许可证办公室将通过查阅检验报告、检验结论对比等方式对检验机构的检验过程和检验报告是否客观、公正、及时进行监督检查。

第四节 集团公司的生产许可

第四十条 集团公司及其所属子公司、分公司或者生产基地（以下统称所属单位）具有法人资格的，可以单独申请办理生产许可证；不具有法人资格的，不能以所属单位名义单独申请办理生产许可证。

各所属单位无论是否具有法人资格，均可以与集团公司一起提出办理生产许可证申请。

第四十一条 所属单位与集团公司一起申请办理生产许可证时，应当向集团公司所在地省级质量技术监督局提出申请。凡按规定由省级许可证办公室组织企业实地核查的，集团公司所在地省级许可证办公室可以直接派出审查组，也可以书面形式委托所属单位所在地省级许可证办公室组织核查。集团公司所在地省级许可证办公室负责按规定程序汇总上报有关材料。

第四十二条 集团公司取得生产许可证后，新增加的所属单位需要与集团公司一起办理生产许可证的，新增所属单位审查合格后，换发生产许可证证书，但有效期不变。

第四十三条 所属单位与集团公司一起申请办理生产许可证的，经审查的所属单位以及集团公司应当分别缴纳审查费和产品检验费，公告费按证书数量收取。

第四十四条 其他经济联合体及所属单位申请办理生产许可证的，参照集团公司办证程序执行。

第五节 委托加工备案

第四十五条 从事委托加工实行生产许可证制度管理的产品的委托企业和被委托企业，必须分别到所在地省级许可证办公室申请备案。

第四十六条 委托企业必须是合法经营的企业，被委托企业必须持有合法有效的生产许可证。

第四十七条 委托企业和被委托企业向所在地省级许可证办公室申请备案时，应当提供如下材料：

（一）委托企业和被委托企业营业执照复印件；

（二）被委托企业的生产许可证复印件；

（三）公证的委托加工合同复印件；

（四）委托加工合同必须明确委托企业负责全部产品销售；

（五）委托加工产品标注式样。

第四十八条 省级许可证办公室应当自收到委托加工备案申请之日起5日内，进行必要的核实，并对符合条件的企业予以备案。对不符合条件的，不予备案并说明理由。

第四十九条 委托加工企业必须履行备案承诺，不得随意改变委托合同和产品标注方式。

第五十条 委托加工备案不得向企业收费。

第三章 核查人员的管理

第五十一条 核查人员需取得相应资质，方可从事企业实地核查工作。

第五十二条 核查人员包括工业产品生产许可证注册审查员（以下简称审查员）、高级审查员和技术专家。

第五十三条 审查员应当具备下列条件：

（一）年龄在65周岁（含65周岁）以下；

（二）大专（含大专）以上学历或者中级（含中级）以上技术职称；

（三）熟悉相关产品生产工艺、产品质量标准和质量管理体系；

（四）从事质量工作满5年。

第五十四条 全国许可证办公室对省级许可证办公室或者审查机构培训的人员进行考核注册，并批准后颁发审查员注册证书，证书有效期为3年。

第五十五条 审查员注册证书期满前3个月内应当按规定申请换证，并符合以下条件：

（一）年龄在65周岁（含65周岁）以下；

（二）在证书有效期内至少完成6次工业产品生产许可证企业实地核查；

（三）每年至少参加15小时工业产品生产许可证相关工作培训；

（四）遵守审查员行为规范，无违法违规行为。

高级审查员在证书有效期内，满足前款规定的条件，并每年至少担任审查组长3次的，方可按规定换发高级审查员注册证书；仅满足前款规定条件的，可换发审查员证书。

第五十六条 省级许可证办公室或者审查机构负责组织审查员期满换证申报工作，全国许可证办公室负责为符合换证条件的人员换发证书。

第五十七条 审查员申请晋升高级审查员，应当符合以下条件：

（一）在注册证书有效期内，至少完成10次生产许可证企业实地核查，并担任6次以上审查组长；

（二）每年参加20小时以上生产许可证相关工作培训；

（三）遵守审查员行为规范，无违法违规行为。

第五十八条 申请晋级人员向省级许可证办公室或者审查机构提出晋级申请，全国许可证办公室对省级许可证办公室或者审查机构上报的申请晋级人员进行考核，符合晋级要求的，经全国许可证办公室批准后，颁发高级审查员注册证书，证书有效期3年。

第五十九条 技术专家是指未取得审查员注册证书，但根据工作需要可以为生产许可证企业实地核查提供技术咨询的有关人员。

第六十条 申请技术专家资格的人员应当具备以下条件：

（一）大学本科（含大学本科）以上学历或者高级技术职称；

（二）从事相关专业工作满10年；

（三）精通相关产品专业知识并属于相关领域的技术权威。

第六十一条 省级许可证办公室或者审查机构可以根

据需要，向全国许可证办公室提出技术专家备案申请，经全国许可证办公室批准后，可参加企业的实地核查工作。

第六十二条 技术专家参加企业实地核查工作时，不作为审查组成员，不参与做出审查结论。

第六十三条 注册证书持有者应当妥善保管证书，证书遗失或者损毁，应当及时申请补领。

第六十四条 核查人员应当按照产品实施细则的规定开展企业实地核查。进行核查时，需向被核查企业出示相关证件。

第六十五条 核查人员对企业进行实地核查，不得刁难企业，不得索取、收受企业的财物，不得谋取其他不当利益。

第四章 审查机构的管理

第六十六条 审查机构必须具备以下基本条件：

（一）有健全的管理制度和有效的运行机制；

（二）有与开展相关产品审查工作相适应的工作人员；

（三）有适宜的办公场所和办公设施；

（四）掌握生产许可证工作的有关法律法规和规定，了解生产许可证的工作机制和程序；

（五）了解相关产品的行业状况和国家产业政策；

（六）没有从事相关产品生产、销售、监制、监销的行为。

第六十七条 符合第六十六条规定条件的单位可以向全国许可证办公室申请承担相关产品的审查机构工作，并提交以下材料：

（一）承担相关产品审查机构的书面申请；

（二）申请机构的组织机构代码证书、法人营业执照或者社会团体法人登记证书；

（三）申请单位的基本情况；

（四）相关产品的行业发展水平、企业分布和产品检验机构的基本情况；

（五）从事产品质量监督和生产许可证工作的经历。

第六十八条 全国许可证办公室对申请单位的资格进行审查，必要时派员实地考查核实，并上报国家质检总局择优批准符合资质要求的单位承担审查机构工作。

第六十九条 审查机构应当自批准之日起15日内向全国许可证办公室提交审查机构负责人名单及岗位设置等基本情况。审查机构负责人发生变化时，应当及时将变化情况报全国许可证办公室备案。

第七十条 审查机构开展企业实地核查时，不得妨碍企业的正常生产经营活动，不得索取或者收受企业的财物。

第七十一条 审查机构在从事生产许可证工作时，不得有下列行为：

（一）未按规定期限完成审查工作；

（二）出具虚假审查结论；

（三）擅自增加实施细则以外的其他条件；

（四）未向企业说明企业有权选择有资质的检验机构送样检验；

（五）从事或者介绍企业进行生产许可有偿咨询；

（六）向企业推销生产设备、检验设备或者技术资料；

（七）聘用未取得相应资质的人员从事企业实地核查工作；

（八）违反法律法规和规章的其他行为。

第五章 检验机构的管理

第七十二条 申请承担生产许可证检验任务的检验机构必须按照国家法律、行政法规的规定通过计量认证、审查认可或者实验室认可，并经全国许可证办公室指定后，方可承担相关产品的生产许可证检验任务。

第七十三条 检验机构应当向省级许可证办公室或者审查机构提出承担相关产品生产许可证检验任务的书面申请。

第七十四条 省级许可证办公室或者审查机构对提出申请的检验机构以适当的方式进行审查并提出推荐意见。全国许可证办公室应当根据需要组织专家对检验机构的申请进行必要的核实。

第七十五条 全国许可证办公室按照保证工作质量和进度、方便企业送检、适度竞争的原则，对符合条件的检验机构进行指定，并公布其承担相关产品生产许可证检验任务的范围。

第七十六条 被指定的检验机构依据产品实施细则的要求，开展生产许可证产品检验工作，并出具检验报告。

检验报告需有检验人员、复核人员、检验机构负责人或者其授权人员签字。检验机构及其工作人员对检验报告负责。

第七十七条 检验机构应当按照国家规定的产品检验收费标准向企业收取检验费用。

第七十八条 检验机构应当建立生产许可证产品检验技术档案，并确保档案完整、真实、有效。

第七十九条 检验机构在从事生产许可证产品检验工作时，不得有下列行为：

（一）未按实施细则规定的标准、要求和方法开展检验工作；

（二）伪造检验结论或者出具虚假检验报告；

（三）从事与其指定检验任务相关的产品的生产、销售活动，或者以其名义推荐或者监制、监销上述产品；

（四）从事或者介绍企业进行生产许可的有偿咨询；

（五）超标准收取检验费用；

（六）违反规定强行要求企业送样检验；

（七）违反法律法规和规章的其他行为。

第六章 证书和标志

第八十条 全国工业产品生产许可证证书（以下简称生产许可证证书）分为正本和副本（证书式样见附件5－1、2），具有同等法律效力。生产许可证证书由国家质检总局统一印制。

第八十一条 生产许可证证书应当载明企业名称、住所、生产地址、产品名称、证书编号、发证日期、有效期。

集团公司的生产许可证证书还应当载明与其一起申请办理的所属单位的名称、生产地址和产品名称。

第八十二条 企业名称、住所、生产地址发生变化而企业生产条件、检验手段、生产技术或者工艺未发生变化的，企业应当在变更名称后1个月内向企业所在地的省级质量技术监督局提出生产许可证名称变更申请。

第八十三条 省级质量技术监督局自受理企业名称变更材料之日起5日内将上述材料上报全国许可证办公室。

全国许可证办公室自收到上报的企业名称变更材料之日起25日内完成申报材料的书面审核，并由国家质检总局做出是否准予变更的决定。对于符合变更条件的，颁发新证书，但有效期不变。不符合条件的，书面告知企业，并说明理由。

第八十四条 企业应当妥善保管生产许可证证书。生产许可证证书遗失或者毁损，应当向企业所在地的省级质量技术监督局提出补领生产许可证申请。

第八十五条 省级质量技术监督局自受理企业补领生产许可证材料之日起5日内，将上述材料上报全国许可证办公室。

全国许可证办公室自收到各省级许可证办公室上报的企业补领生产许可证材料之日起25日内，完成申报材料的书面审核，并由国家质检总局做出是否准予补领的决定。对于符合条件的，颁发新证书，但有效期不变；不符合条件的，书面告知企业，并说明理由。

第八十六条 工业产品生产许可证标志由“企业产品生产许可”拼音 Qiyechanpin Shengchanxuke 的缩写“QS”和“生产许可”中文字样组成。标志主色调为蓝色，字母“Q”与“生产许可”四个中文字样为蓝色，字母“S”为白色。标志的式样、尺寸及颜色要求见附件6。

QS标志由企业自行印（贴）。可以按照规定放大或者缩小。

第八十七条 工业产品生产许可证编号采用大写汉语拼音XK加十位阿拉伯数字编码组成：XK××－×××－×××××。

其中，XK代表许可，前两位（××）代表行业编号，中间三位（×××）代表产品编号，后五位（×××××）代表企业生产许可证编号。

第八十八条 企业必须在其产品或者包装、说明书上标注生产许可证标志和编号。

根据产品特点难以标注的裸装产品，可以不标注生产许可证标志和编号。

第八十九条 所属单位具有法人资格的，在单独办理生产许可证时，其产品或者包装、说明书上应当标注所属单位的名称、住所、生产许可证标志和编号。

所属单位和集团公司一起办理生产许可证的，应当在其产品或者包装、说明书上分别标注集团公司和所属单位的名称、住所，以及集团公司的生产许可证标志和编号，或者仅标注集团公司的名称、住所和生产许可证标志和编号。

第九十条 委托加工企业必须按照备案的标注内容，在其产品或者包装、说明书上进行标注。

委托企业具有其委托加工的产品生产许可证的，应当标注委托企业的名称、住所和被委托企业的名称、生产许可证标志和编号；或者标注委托企业的名称、住所、生产许可证标志和编号。

委托企业不具有其委托加工的产品生产许可证的，应当标注委托企业的名称、住所，以及被委托企业的名称、生产许可证标志和编号。

第九十一条 取得生产许可证的企业，应当自准予许可之日起6个月内，完成在其产品或者包装、说明书上标注生产许可证标志和编号。

第九十二条 任何单位和个人不得伪造、变造生产许可证证书、标志和编号。取得生产许可证的企业不得出租、出借或者以其他形式转让生产许可证证书、标志和编号。

第七章　省级质量技术监督局发证的管理

第九十三条　国家质检总局统一发布省级质量技术监督局发证的产品目录并适时进行调整，统一制定并公布产品实施细则，统一规定证书式样。

第九十四条　省级质量技术监督局在本行政区域内负责第九十三条规定的发证产品的受理、审查、批准、发证工作。

第九十五条　省级质量技术监督局应当参照国家质检总局的办证程序，结合实际情况，制定企业申请办证程序并向社会公布。

第九十六条　省级质量技术监督局应当自受理企业申请之日起60日内，完成审查发证工作。产品检验时间以实施细则规定为准，不计入上述规定时限。

第九十七条　省级质量技术监督局应当公布获证企业名录，并报全国许可证办公室。省级质量技术监督局颁发的生产许可证全国有效。

第九十八条　国家质检总局采取不定期检查的方式，对省级质量技术监督局的发证工作质量进行监督检查，对于工作质量出现严重问题的，追究有关人员责任。

第九十九条　本办法对省级质量技术监督局审查发证未作出具体规定的，按照国家质检总局审查发证的有关规定执行。

第八章　监督检查

第一百条　国家质检总局和县级以上地方质量技术监督局依照本办法对生产许可证制度的实施情况进行监督检查，对违反本办法的违法行为实施行政处罚。

第一百零一条　根据举报或者已经取得的涉嫌违法证据，县级以上地方质量技术监督局对涉嫌违法行为进行查处时，可以行使下列职权：

（一）向有关生产、销售、经营活动中使用单位和检验机构的法定代表人、主要负责人和其他有关人员调查、了解与涉嫌从事违法活动的有关情况；

（二）查阅、复制有关生产、销售、经营活动中使用单位和检验机构的有关合同、发票、账簿以及其他有关资料；

（三）对有证据表明属于违反《管理条例》和本办法生产、销售、经营活动中使用的产品予以查封或者扣押。

第一百零二条　自省级质量技术监督局作出生产许可受理决定之日起，企业可以试生产申请取证产品。

第一百零三条　企业试生产的产品，必须经承担生产许可证产品检验任务的检验机构，依据产品实施细则规定批批检验合格，并在产品或者包装、说明书标明“试制品”后，方可销售。对国家质检总局作出不予许可决定的，企业从即日起不得继续试生产该产品。

第一百零四条　取得生产许可证的企业应当保证产品质量稳定合格，不得降低取得生产许可证的条件。

第一百零五条　获证企业自取得生产许可证之日起，每年度应当向省级许可证办公室提交自查报告。获证未满一年的企业，可以下一年度提交自查报告。企业自查报告应当包括以下内容：

（一）申请取证条件的保持情况；

（二）企业名称、住所、生产地址等变化情况；

（三）企业生产状况及产品变化情况；

（四）生产许可证证书、标志和编号使用情况；

（五）行政机关对产品质量监督检查的情况；

（六）省级许可证办公室要求企业应当说明的其他相关情况。

第一百零六条　省级许可证办公室对企业的自查报告进行实地抽查时，被抽查的企业数量应当控制在获证企业总数的10%以内。

第九章　罚　　则

第一百零七条　生产许可证管理部门及工作人员、检验机构及检验人员以及企业，违反《管理条例》有关规定的，应当依照《管理条例》第六章的规定承担相应的法律责任。

第一百零八条　生产许可证审查员有下列行为之一的，由全国许可证办公室注销其审查员资格；情节严重的，建议其行政主管单位给予行政处分；构成犯罪的，依法追究刑事责任：

（一）违反本办法第六十四条和第六十五条规定的；

（二）以虚假材料等不正当手段骗取资格证书的；

（三）从事生产许可有偿咨询的；

（四）违反国家法律法规的其他行为。

被注销审查员资格的人员不得再申请注册生产许可证审查员。

第一百零九条　审查机构违反本办法第七十条和第七十一条规定开展生产许可证审查工作的，由全国许可证办公室责令限期改正，逾期仍不改正的，撤销其生产许可证审查机构资格；构成犯罪的，依法追究审查机构负责人的刑事责任。

第一百一十条 检验机构违反本办法第七十九条规定的，由全国许可证办公室责令改正，逾期仍不改正的，撤销其从事生产许可证检验工作的资格；违反国家有关法律法规规定的，依法予以处理。

第一百一十一条 企业在试生产期间，违反本办法第一百零三条规定的，由县级以上地方质量技术监督局责令改正，并处3万元以下罚款；仍不改正的，按照《管理条例》第四十八条规定处罚。

第一百一十二条 有下列情形之一的，许可审批机关应当撤销生产许可，但是撤销生产许可可能对公共利益造成重大损害的除外：

（一）行政机关工作人员滥用职权、玩忽职守作出准予生产许可决定的；

（二）超越法定职权作出准予生产许可决定的；

（三）违反法定程序作出准予生产许可决定的；

（四）对不具备申请资格或者不符合法定条件的申请人准予生产许可的；

（五）被许可人以欺骗、贿赂等不正当手段取得生产许可的；

（六）依法可以撤销生产许可的其他情形。

第一百一十三条 有下列情形之一的，许可审批机关应当撤回生产许可：

（一）被许可生产的产品列入国家决定淘汰或者禁止生产的产品目录的；

（二）被许可人不再生产被许可的产品的；

（三）生产许可依据的法律、法规、规章修改或者废止导致生产许可项目依法被终止的；

（四）依法应当撤回生产许可的其他情形。

第一百一十四条 取得生产许可证的企业有下列情形之一的，许可审批机关应当吊销生产许可：

（一）未依照规定在产品或者包装、说明书上标注生产许可证标志和编号，情节严重的；

（二）出租、出借或者转让许可证证书、生产许可证标志和编号，情节严重的；

（三）产品经国家监督抽查或者省级监督抽查不合格，经整改复查仍不合格的；

（四）依法应当吊销生产许可证的其他情形。

第一百一十五条 有下列情形之一的，许可审批机关应当注销生产许可，并办理有关手续：

（一）生产许可有效期满未按规定重新申请取证的；

（二）法人或者其他组织依法终止的；

（三）生产许可依法被撤销、撤回，或者生产许可证依法被吊销的；

（四）因不可抗力导致行政许可事项无法实施的；

（五）法律、法规规定的应当注销生产许可的其他情形。

第一百一十六条 对违法企业实施吊销或者撤销生产许可证前，县级以上地方质量技术监督局，可以暂扣生产许可证。

暂扣生产许可证期限为7日（产品检验机构检测时间除外）。违法行为属实，依法应当吊销或者撤销许可的，许可审批机关对暂扣的证书予以收回；经调查取证决定不予吊销或者撤销许可的，对暂扣的证书应当及时退还企业。

第一百一十七条 委托企业未按本办法规定备案或者擅自改变备案标注方式的，被委托企业未按本办法规定备案的，由县级以上地方质量技术监督局责令限期改正，并处3万元以下罚款；逾期仍未改正的，吊销其生产许可证。

第一百一十八条 省级质量技术监督局组织开展部分产品审查发证工作时，发现的相关违法行为，由县级以上地方质量技术监督局依照《管理条例》和本办法的有关规定执行处罚。

第一百一十九条 企业对行政许可和行政处罚决定有异议的，可依法申请行政复议或者提起行政诉讼。

第十章 附　　则

第一百二十条 企业办理工业产品生产许可证应当缴纳相关费用，收费项目和收费标准应当按照国务院财政、价格主管部门的有关规定执行。

省级质量技术监督局负责审批发证的收费，还应当按照省级财政、价格主管部门的有关规定执行。

第一百二十一条 食品生产许可的管理另行规定。

第一百二十二条 本办法由国家质检总局负责解释。

第一百二十三条 本办法自2005年11月1日起施行。国家质检总局2002年3月27日颁布的《工业产品生产许可证管理办法》同时废止。

附件：1. 行政许可申请受理决定书（略）

2. 行政许可申请材料补正告知书（略）

3. 行政许可申请不予受理决定书（略）

4. 不予行政许可决定书（略）

5. 全国工业产品生产许可证（略）

6. 标志式样（略）

中华人民共和国国家赔偿法（2010 年修订）

（1994 年 5 月 12 日第八届全国人民代表大会常务委员会第七次会议通过，根据 2010 年 4 月 29 日第十一届全国人民代表大会常务委员会第十四次会议《关于修改〈中华人民共和国国家赔偿法〉的决定》修正）

目　录

第一章　总　　则

第一条　为保障公民、法人和其他组织享有依法取得国家赔偿的权利，促进国家机关依法行使职权，根据宪法，制定本法。

第二条　国家机关和国家机关工作人员行使职权，有本法规定的侵犯公民、法人和其他组织合法权益的情形，造成损害的，受害人有依照本法取得国家赔偿的权利。

本法规定的赔偿义务机关，应当依照本法及时履行赔偿义务。

第二章　行政赔偿

第一节　赔偿范围

第三条　行政机关及其工作人员在行使行政职权时有下列侵犯人身权情形之一的，受害人有取得赔偿的权利：

（一）违法拘留或者违法采取限制公民人身自由的行政强制措施的；

（二）非法拘禁或者以其他方法非法剥夺公民人身自由的；

（三）以殴打、虐待等行为或者唆使、放纵他人以殴打、虐待等行为造成公民身体伤害或者死亡的；

（四）违法使用武器、警械造成公民身体伤害或者死亡的；

（五）造成公民身体伤害或者死亡的其他违法行为。

第四条　行政机关及其工作人员在行使行政职权时有下列侵犯财产权情形之一的，受害人有取得赔偿的权利：

（一）违法实施罚款、吊销许可证和执照、责令停产停业、没收财物等行政处罚的；

（二）违法对财产采取查封、扣押、冻结等行政强制措施的；

（三）违法征收、征用财产的；

（四）造成财产损害的其他违法行为。

第五条　属于下列情形之一的，国家不承担赔偿责任：

（一）行政机关工作人员与行使职权无关的个人行为；

（二）因公民、法人和其他组织自己的行为致使损害发生的；

（三）法律规定的其他情形。

第二节　赔偿请求人和赔偿义务机关

第六条　受害的公民、法人和其他组织有权要求赔偿。

受害的公民死亡，其继承人和其他有扶养关系的亲属有权要求赔偿。

受害的法人或者其他组织终止的，其权利承受人有权要求赔偿。

第七条　行政机关及其工作人员行使行政职权侵犯公民、法人和其他组织的合法权益造成损害的，该行政机关为赔偿义务机关。

两个以上行政机关共同行使行政职权时侵犯公民、法人和其他组织的合法权益造成损害的，共同行使行政职权的行政机关为共同赔偿义务机关。

法律、法规授权的组织在行使授予的行政权力时侵犯公民、法人和其他组织的合法权益造成损害的，被授权的组织为赔偿义务机关。

受行政机关委托的组织或者个人在行使受委托的行政权力时侵犯公民、法人和其他组织的合法权益造成损害的，委托的行政机关为赔偿义务机关。

赔偿义务机关被撤销的，继续行使其职权的行政机关为赔偿义务机关；没有继续行使其职权的行政机关的，撤销该赔偿义务机关的行政机关为赔偿义务机关。

第八条 经复议机关复议的，最初造成侵权行为的行政机关为赔偿义务机关，但复议机关的复议决定加重损害的，复议机关对加重的部分履行赔偿义务。

第三节 赔偿程序

第九条 赔偿义务机关有本法第三条、第四条规定情形之一的，应当给予赔偿。

赔偿请求人要求赔偿，应当先向赔偿义务机关提出，也可以在申请行政复议或者提起行政诉讼时一并提出。

第十条 赔偿请求人可以向共同赔偿义务机关中的任何一个赔偿义务机关要求赔偿，该赔偿义务机关应当先予赔偿。

第十一条 赔偿请求人根据受到的不同损害，可以同时提出数项赔偿要求。

第十二条 要求赔偿应当递交申请书，申请书应当载明下列事项：

（一）受害人的姓名、性别、年龄、工作单位和住所，法人或者其他组织的名称、住所和法定代表人或者主要负责人的姓名、职务；

（二）具体的要求、事实根据和理由；

（三）申请的年、月、日。

赔偿请求人书写申请书确有困难的，可以委托他人代书；也可以口头申请，由赔偿义务机关记入笔录。

赔偿请求人不是受害人本人的，应当说明与受害人的关系，并提供相应证明。

赔偿请求人当面递交申请书的，赔偿义务机关应当当场出具加盖本行政机关专用印章并注明收讫日期的书面凭证。申请材料不齐全的，赔偿义务机关应当当场或者在五日内一次性告知赔偿请求人需要补正的全部内容。

第十三条 赔偿义务机关应当自收到申请之日起两个月内，作出是否赔偿的决定。赔偿义务机关作出赔偿决定，应当充分听取赔偿请求人的意见，并可以与赔偿请求人就赔偿方式、赔偿项目和赔偿数额依照本法第四章的规定进行协商。

赔偿义务机关决定赔偿的，应当制作赔偿决定书，并自作出决定之日起十日内送达赔偿请求人。

赔偿义务机关决定不予赔偿的，应当自作出决定之日起十日内书面通知赔偿请求人，并说明不予赔偿的理由。

第十四条 赔偿义务机关在规定期限内未作出是否赔偿的决定，赔偿请求人可以自期限届满之日起三个月内，向人民法院提起诉讼。

赔偿请求人对赔偿的方式、项目、数额有异议的，或者赔偿义务机关作出不予赔偿决定的，赔偿请求人可以自赔偿义务机关作出赔偿或者不予赔偿决定之日起三个月内，向人民法院提起诉讼。

第十五条 人民法院审理行政赔偿案件，赔偿请求人和赔偿义务机关对自己提出的主张，应当提供证据。

赔偿义务机关采取行政拘留或者限制人身自由的强制措施期间，被限制人身自由的人死亡或者丧失行为能力的，赔偿义务机关的行为与被限制人身自由的人的死亡或者丧失行为能力是否存在因果关系，赔偿义务机关应当提供证据。

第十六条 赔偿义务机关赔偿损失后，应当责令有故意或者重大过失的工作人员或者受委托的组织或者个人承担部分或者全部赔偿费用。

对有故意或者重大过失的责任人员，有关机关应当依法给予处分；构成犯罪的，应当依法追究刑事责任。

第三章 刑事赔偿

第一节 赔偿范围

第十七条 行使侦查、检察、审判职权的机关以及看守所、监狱管理机关及其工作人员在行使职权时有下列侵犯人身权情形之一的，受害人有取得赔偿的权利：

（一）违反刑事诉讼法的规定对公民采取拘留措施的，或者依照刑事诉讼法规定的条件和程序对公民采取拘留措施，但是拘留时间超过刑事诉讼法规定的时限，其后决定撤销案件、不起诉或者判决宣告无罪终止追究刑事责任的；

（二）对公民采取逮捕措施后，决定撤销案件、不起诉或者判决宣告无罪终止追究刑事责任的；

（三）依照审判监督程序再审改判无罪，原判刑罚已经执行的；

（四）刑讯逼供或者以殴打、虐待等行为或者唆使、放纵他人以殴打、虐待等行为造成公民身体伤害或者死亡的；

（五）违法使用武器、警械造成公民身体伤害或者死亡的。

第十八条 行使侦查、检察、审判职权的机关以及看守所、监狱管理机关及其工作人员在行使职权时有下列侵犯财产权情形之一的，受害人有取得赔偿的权利：

（一）违法对财产采取查封、扣押、冻结、追缴等措施的；

（二）依照审判监督程序再审改判无罪，原判罚金、没收财产已经执行的。

第十九条 属于下列情形之一的，国家不承担赔偿责任：

（一）因公民自己故意作虚伪供述，或者伪造其他有罪证据被羁押或者被判处刑罚的；

（二）依照刑法第十七条、第十八条规定不负刑事责任的人被羁押的；

（三）依照刑事诉讼法第十五条、第一百四十二条第二款规定不追究刑事责任的人被羁押的；

（四）行使侦查、检察、审判职权的机关以及看守所、监狱管理机关的工作人员与行使职权无关的个人行为；

（五）因公民自伤、自残等故意行为致使损害发生的；

（六）法律规定的其他情形。

第二节 赔偿请求人和赔偿义务机关

第二十条 赔偿请求人的确定依照本法第六条的规定。

第二十一条 行使侦查、检察、审判职权的机关以及看守所、监狱管理机关及其工作人员在行使职权时侵犯公民、法人和其他组织的合法权益造成损害的，该机关为赔偿义务机关。

对公民采取拘留措施，依照本法的规定应当给予国家赔偿的，作出拘留决定的机关为赔偿义务机关。

对公民采取逮捕措施后决定撤销案件、不起诉或者判决宣告无罪的，作出逮捕决定的机关为赔偿义务机关。

再审改判无罪的，作出原生效判决的人民法院为赔偿义务机关。二审改判无罪，以及二审发回重审后作无罪处理的，作出一审有罪判决的人民法院为赔偿义务机关。

第三节 赔偿程序

第二十二条 赔偿义务机关有本法第十七条、第十八条规定情形之一的，应当给予赔偿。

赔偿请求人要求赔偿，应当先向赔偿义务机关提出。

赔偿请求人提出赔偿请求，适用本法第十一条、第十二条的规定。

第二十三条 赔偿义务机关应当自收到申请之日起两个月内，作出是否赔偿的决定。赔偿义务机关作出赔偿决定，应当充分听取赔偿请求人的意见，并可以与赔偿请求人就赔偿方式、赔偿项目和赔偿数额依照本法第四章的规定进行协商。

赔偿义务机关决定赔偿的，应当制作赔偿决定书，并自作出决定之日起十日内送达赔偿请求人。

赔偿义务机关决定不予赔偿的，应当自作出决定之日起十日内书面通知赔偿请求人，并说明不予赔偿的理由。

第二十四条 赔偿义务机关在规定期限内未作出是否赔偿的决定，赔偿请求人可以自期限届满之日起三十日内向赔偿义务机关的上一级机关申请复议。

赔偿请求人对赔偿的方式、项目、数额有异议的，或者赔偿义务机关作出不予赔偿决定的，赔偿请求人可以自赔偿义务机关作出赔偿或者不予赔偿决定之日起三十日内，向赔偿义务机关的上一级机关申请复议。

赔偿义务机关是人民法院的，赔偿请求人可以依照本条规定向其上一级人民法院赔偿委员会申请作出赔偿决定。

第二十五条 复议机关应当自收到申请之日起两个月内作出决定。

赔偿请求人不服复议决定的，可以在收到复议决定之日起三十日内向复议机关所在地的同级人民法院赔偿委员会申请作出赔偿决定；复议机关逾期不作决定的，赔偿请求人可以自期限届满之日起三十日内向复议机关所在地的同级人民法院赔偿委员会申请作出赔偿决定。

第二十六条 人民法院赔偿委员会处理赔偿请求，赔偿请求人和赔偿义务机关对自己提出的主张，应当提供证据。

被羁押人在羁押期间死亡或者丧失行为能力的，赔偿义务机关的行为与被羁押人的死亡或者丧失行为能力是否存在因果关系，赔偿义务机关应当提供证据。

第二十七条 人民法院赔偿委员会处理赔偿请求，采取书面审查的办法。必要时，可以向有关单位和人员调查情况、收集证据。赔偿请求人与赔偿义务机关对损害事实及因果关系有争议的，赔偿委员会可以听取赔偿请求人和赔偿义务机关的陈述和申辩，并可以进行质证。

第二十八条 人民法院赔偿委员会应当自收到赔偿申请之日起三个月内作出决定；属于疑难、复杂、重大案件的，经本院院长批准，可以延长三个月。

第二十九条 中级以上的人民法院设立赔偿委员会，

由人民法院三名以上审判员组成，组成人员的人数应当为单数。

赔偿委员会作赔偿决定，实行少数服从多数的原则。

赔偿委员会作出的赔偿决定，是发生法律效力的决定，必须执行。

第三十条 赔偿请求人或者赔偿义务机关对赔偿委员会作出的决定，认为确有错误的，可以向上一级人民法院赔偿委员会提出申诉。

赔偿委员会作出的赔偿决定生效后，如发现赔偿决定违反本法规定的，经本院院长决定或者上级人民法院指令，赔偿委员会应当在两个月内重新审查并依法作出决定，上一级人民法院赔偿委员会也可以直接审查并作出决定。

最高人民检察院对各级人民法院赔偿委员会作出的决定，上级人民检察院对下级人民法院赔偿委员会作出的决定，发现违反本法规定的，应当向同级人民法院赔偿委员会提出意见，同级人民法院赔偿委员会应当在两个月内重新审查并依法作出决定。

第三十一条 赔偿义务机关赔偿后，应当向有下列情形之一的工作人员追偿部分或者全部赔偿费用：

（一）有本法第十七条第四项、第五项规定情形的；

（二）在处理案件中有贪污受贿，徇私舞弊，枉法裁判行为的。

对有前款规定情形的责任人员，有关机关应当依法给予处分；构成犯罪的，应当依法追究刑事责任。

第四章　赔偿方式和计算标准

第三十二条 国家赔偿以支付赔偿金为主要方式。

能够返还财产或者恢复原状的，予以返还财产或者恢复原状。

第三十三条 侵犯公民人身自由的，每日赔偿金按照国家上年度职工日平均工资计算。

第三十四条 侵犯公民生命健康权的，赔偿金按照下列规定计算：

（一）造成身体伤害的，应当支付医疗费、护理费，以及赔偿因误工减少的收入。减少的收入每日的赔偿金按照国家上年度职工日平均工资计算，最高额为国家上年度职工年平均工资的五倍；

（二）造成部分或者全部丧失劳动能力的，应当支付医疗费、护理费、残疾生活辅助具费、康复费等因残疾而增加的必要支出和继续治疗所必需的费用，以及残疾赔偿金。残疾赔偿金根据丧失劳动能力的程度，按照国家规定的伤残等级确定，最高不超过国家上年度职工年平均工资的二十倍。造成全部丧失劳动能力的，对其扶养的无劳动能力的人，还应当支付生活费；

（三）造成死亡的，应当支付死亡赔偿金、丧葬费，总额为国家上年度职工年平均工资的二十倍。对死者生前扶养的无劳动能力的人，还应当支付生活费。

前款第二项、第三项规定的生活费的发放标准，参照当地最低生活保障标准执行。被扶养的人是未成年人的，生活费给付至十八周岁止；其他无劳动能力的人，生活费给付至死亡时止。

第三十五条 有本法第三条或者第十七条规定情形之一，致人精神损害的，应当在侵权行为影响的范围内，为受害人消除影响，恢复名誉，赔礼道歉；造成严重后果的，应当支付相应的精神损害抚慰金。

第三十六条 侵犯公民、法人和其他组织的财产权造成损害的，按照下列规定处理：

（一）处罚款、罚金、追缴、没收财产或者违法征收、征用财产的，返还财产；

（二）查封、扣押、冻结财产的，解除对财产的查封、扣押、冻结，造成财产损坏或者灭失的，依照本条第三项、第四项的规定赔偿；

（三）应当返还的财产损坏的，能够恢复原状的恢复原状，不能恢复原状的，按照损害程度给付相应的赔偿金；

（四）应当返还的财产灭失的，给付相应的赔偿金；

（五）财产已经拍卖或者变卖的，给付拍卖或者变卖所得的价款；变卖的价款明显低于财产价值的，应当支付相应的赔偿金；

（六）吊销许可证和执照、责令停产停业的，赔偿停产停业期间必要的经常性费用开支；

（七）返还执行的罚款或者罚金、追缴或者没收的金钱，解除冻结的存款或者汇款的，应当支付银行同期存款利息；

（八）对财产权造成其他损害的，按照直接损失给予赔偿。

第三十七条 赔偿费用列入各级财政预算。

赔偿请求人凭生效的判决书、复议决定书、赔偿决定书或者调解书，向赔偿义务机关申请支付赔偿金。

赔偿义务机关应当自收到支付赔偿金申请之日起七日内，依照预算管理权限向有关的财政部门提出支付申请。财政部门应当自收到支付申请之日起十五日内支付赔偿金。

赔偿费用预算与支付管理的具体办法由国务院规定。

第五章 其他规定

第三十八条 人民法院在民事诉讼、行政诉讼过程中，违法采取对妨害诉讼的强制措施、保全措施或者对判决、裁定及其他生效法律文书执行错误，造成损害的，赔偿请求人要求赔偿的程序，适用本法刑事赔偿程序的规定。

第三十九条 赔偿请求人请求国家赔偿的时效为两年，自其知道或者应当知道国家机关及其工作人员行使职权时的行为侵犯其人身权、财产权之日起计算，但被羁押等限制人身自由期间不计算在内。在申请行政复议或者提起行政诉讼时一并提出赔偿请求的，适用行政复议法、行政诉讼法有关时效的规定。

赔偿请求人在赔偿请求时效的最后六个月内，因不可抗力或者其他障碍不能行使请求权的，时效中止。从中止时效的原因消除之日起，赔偿请求时效期间继续计算。

第四十条 外国人、外国企业和组织在中华人民共和国领域内要求中华人民共和国国家赔偿的，适用本法。

外国人、外国企业和组织的所属国对中华人民共和国公民、法人和其他组织要求该国国家赔偿的权利不予保护或者限制的，中华人民共和国与该外国人、外国企业和组织的所属国实行对等原则。

第六章 附 则

第四十一条 赔偿请求人要求国家赔偿的，赔偿义务机关、复议机关和人民法院不得向赔偿请求人收取任何费用。

对赔偿请求人取得的赔偿金不予征税。

第四十二条 本法自1995年1月1日起施行。

国家发展改革委关于做好外商投资项目下放核准权限工作的通知

发改外资〔2010〕914号

各省、自治区、直辖市及计划单列市、副省级省会城市、新疆生产建设兵团发展改革委：

根据《国务院关于进一步做好利用外资工作的若干意见》（国发〔2010〕9号）精神，现将外商投资项目核准权限下放有关事项通知如下：

一、下放核准权限。原由我委核准的《外商投资产业指导目录》中总投资（包括增资）3亿美元以下的鼓励类、允许类项目，除《政府核准的投资项目目录》规定需由国务院有关部门核准之外，由省级发展改革委核准。

二、严格项目管理。核准权限下放后，项目申请报告、核准内容、条件、程序等仍按照《外商投资项目核准暂行管理办法》（国家发展和改革委员会令第22号）规定执行。《外商投资产业指导目录》中限制类项目核准权限暂不下放；国家法律法规和国务院文件对项目核准有专门规定的，从其规定。

三、提高利用外资质量。鼓励外资投向高端制造业、高新技术产业、现代服务业、新能源和节能环保产业，促进外商投资使用新技术、新工艺、新材料、新设备，改造和提升传统产业。严格限制“两高一资”和低水平、过剩产能扩张及盲目重复类项目建设。

四、简化项目核准程序。各级发展改革委在规范外商投资项目核准制，落实各项项目核准条件的同时，要主动简化核准程序，缩短核准时间，增强核准透明度，已核准项目原则上应通过不同方式向社会公开。

五、营造良好投资环境。各级发展改革委要以此次核准权限下放为契机，引导规范开发区健康发展，按照布局集中、用地集约、产业集聚要求，促进外商投资项目向开发区集聚，提高投资便利化，加大外商投资促进产业结构升级等方面的正面宣传和舆论引导力度，不断改善投资环境。

六、加强项目监督检查。各级发展改革委要会同有关部门加强对外资形势和趋势分析，关注热点和重点问题，及时帮助外商协调解决困难，重大问题及时向我委反映。

各级发展改革委要结合本地区实际，宣传和贯彻落实《国务院关于进一步做好利用外资工作的若干意见》（国发〔2010〕9号），坚持积极有效利用外资的方针，加大改革创新力度，创造更加开放、更加优化的投资环境，全面提高利用外资工作水平。

国家发展改革委
二〇一〇年五月四日

商务部关于加快家政服务业发展的意见

商商贸发〔2010〕165号

各省、自治区、直辖市、计划单列市及新疆生产建设兵团商务主管部门：

为促进家政服务业规范化发展，充分发挥其在改善民生、扩大内需、促进就业等方面的积极作用，更好地满足广大群众日益增长的多样化家政服务需求，现就加快家政服务业发展提出以下意见：

一、提高认识，明确目标

近年来我国家政服务业快速发展，服务企业迅速增加，市场规模不断扩大，但同时也存在着便利化程度不高、规范化服务不够、品牌企业不多、服务领域不宽等问题。当前我国正处在城镇化步伐加快、居民消费结构升级、老龄化社会临近的重要阶段，对家政服务业发展提出了新的更高要求。因此，各地务必把家政服务业作为满足居民服务需求、加快转变经济增长方式的一项重要工作抓紧抓好。

推进家政服务业发展，要紧密围绕服务民生、扩大消费、促进就业的宗旨，坚持政府引导与市场运作、行业发展与市场规范相结合，以建设“家政服务网络中心”为切入点，以培育家政服务企业和实施“家政服务工程”为支撑，以规范家政服务行为和提升从业人员素质、技能为重点，进一步整合家政服务资源，扩展服务内容，促进供需对接，加强服务监督，切实保障居民便利安全消费。

力争用3—5年时间，在全国地级以上中心城市各建成一个家政服务网络中心，培育一批管理科学、运作规范、影响力较大的家政服务企业，每年培训20万家政服务人员，初步形成布局合理、便利安全、协调联动、能够满足不同层次需求的家政服务体系；同时，加快家政服务企业规模化、连锁化步伐，推进家政服务市场化、社会化和产业化发展，稳步提升从业人员素质和服务质量，使行业总体水平基本适应服务市场需求和全面建设小康社会要求。

二、做好规划和统计工作，夯实行业发展基础

根据区域经济、产业优势和城市化发展需要，研究制订科学的家政服务业发展规划，重点抓好网络中心建设、大型企业培育和服务人员培训等方面的规划制定与落实工作。要做好家政服务业发展规划与城市服务业发展总体规划的衔接，增强家政行业规划的可操作性，不断优化网点布局。依托家政服务网络中心建立健全家政服务业统计调查制度，组织企业定期报送有关数据和信息，增强统计数据的准确性和及时性，及时反映行业发展状况，各地要逐年上报和发布行业发展报告。

三、健全有关制度、标准，进一步规范市场

各地商务主管部门要充分利用家政网络中心平台，积极探索有效规范家政服务企业经营和服务行为的新途径和新模式，实现对家政服务质量的有效监管。要进一步密切网络中心与服务企业对接，努力形成统一品牌、统一号码、集中控制、分散服务的家政服务运营管理模式。要加快出台家政服务网络中心管理办法，明确管理部门、运营主体、运营流程、业务体系、制度建设等方面内容和要求。各运营单位要加快建立健全企业调配、资质认定、质量监督、教育培训等系列管理制度，逐步完善家政服务标准化体系，抓紧出台《家政服务规范》等一系列规章、办法和标准，细化服务内容，明确服务流程，使其在规范企业经营和服务行为方面切实发挥作用。要加快家政服务企业诚信体系建设，进一步健全企业信用档案和客户服务跟踪监督机制，逐步完善服务企业和服务人员信用评估体系和公示制度，加强市场日常监管，规范市场秩序，切实做到让广大群众消费有选择、维权有渠道、服务有保障。

四、加快网络中心建设，完善和增强服务功能

各地商务主管部门要紧紧抓住家政服务网络中心这一家政服务体系的关键环节，在总结过去几年工作经验的基础上，制定切实可行的工作方案和目标任务，引导和支持中心城市深入推进家政服务网络中心建设。要加强对其他城市的工作指导，严格按照公开、公平、公正的原则，通过招投标方式确定实施主体，鼓励第三方参与运营管理，确保网络中心运营管理的公正性和公信力，防止利用网络中心优势形成市场垄断和不正当竞争。要创新网络中心建设模式，使之真正成为便利、高效的供需对接平台，诚信、优质的企业发展平台，规范、有效的服务监督平台。已建的家政服务网络中心要进一步提档升级，优化服务资源，完善服务功能，扩展服务领域，扩大覆盖范围，推动服务内容向相关生活服务业以及购物、配送等方面拓展，增强网络中心自我发展、持续发展能力；通过向城郊、乡镇延伸服务，形成城乡一体的家政服务网络体系。未启动建设家政服务网络中心的地级城市要积极创造条件，学习借鉴已建城市的经验，加快推进网络中心建设。要按照商务部有关要求和建设规范，坚持高标准起步，广泛运用新技术，利用语音呼叫、网络、短信、传媒等多种手段，努力实现“互联网、语音网、无线网”三网融合，提高供需信息对接速度和匹配质量，真正建设成全方位、全天候、快捷化服务的高质量的家政服务网络中心。

五、培育家政服务企业，形成一批连锁经营的企业品牌

各地商务主管部门要结合实际，选择一批管理规范、运作良好、示范性强的服务企业进行重点培育，引导其规模化、连锁化、品牌化经营，有效带动行业发展。要积极运用市场机制和政策手段，整合企业资源，鼓励大型家政企业加强资本运作和规模化运营，实现跨区域经营和全方位服务，提升行业盈利水平和集约化程度。支持有实力的家政服务企业建立和完善现代企业制度，加快推广连锁经营、加盟经营、特许经营等现代流通方式，积极开展管理、技术和服务创新，加快形成有竞争力的知名品牌。帮助中小家政企业解决服务场所问题，引导其深入到社区和郊县设立便民服务站点，贴近需求，提供增值服务，走专业化、差异化发展道路，形成各类市场主体共同发展的局面。

六、提升从业人员素质，提高服务质量

各地商务主管部门要在总结实施“家政服务工程”经验的基础上，联合相关部门，凝聚各方力量，建立工作责任制，切实做好家政服务人员培训工作。要依据本地家政服务市场需求情况，抓紧制定培训规划和实施方案，指导有关城市科学选择、严格规范培训机构，完善培训内容，创新培训模式，严格监督验收，充分保障就业。培训机构应主要依托大型家政服务企业，同时充分发挥各类培训机构、技工院校、行业协会及社会团体的作用，建立健全企业申请、市级部门审查、招投标、专家评审、社会公示、省级部门确认、国家部委备案的培训机构选择认定机制。培训内容要按照商务部《家政服务员培训大纲》要求，适应实际需求，选择权威家政培训教材，增强教学内容的针对性、有效性和可操作性。可针对不同学员特点分级培训，初级培训以普及型、基础性的家政服务技能为主，中高级培训要更加注重专业化和复合化，适应家政服务多样化、个性化趋势，满足不同层次家庭服务需求。培训方式要灵活多样、不断创新，积极开展订单式培训、基地式培训、滚动式培训、合作式培训，促进知识培训与技能培训、教学培训与实操培训的紧密衔接，切实提高从业人员基本素质，不断提高服务技能、服务质量和服务水平。

七、发挥协会作用，加强行业自律

各地商务主管部门要加快建立健全家政服务协会组织，积极探索利用家政服务网络中心建立家政服务业协会的新模式。引导协会组织在沟通政府与企业、规范行业行为、反映企业诉求，加强行业自律等方面发挥更大作用；积极委托协会开展标准制定、资质认定、信用评价、培训教育、信息统计、技能比赛等工作，提高行业自律水平。鼓励支持有实力的家政协会组织承担家政服务网络中心建设任务和运营管理，参与“家政服务培训工程”及有关从业人员培训，开展行业信用建设，共同为家政服务体系建设贡献力量。

八、加强舆论宣传，营造良好发展环境

各地商务主管部门要通过网络、报纸、广播电视等媒体，大力加强对家政服务业以及家政服务网络中心的宣传，加深广大群众对家政行业发展前景和服务主体的理解和认知，宣传家政服务从业人员和企业对社会所做出的贡献，引导人们逐步转变消费观念，加快推进家务劳动社会化进程，不断扩大家庭服务消费领域和消费群体。特别要着力宣传国家建立健全家政服务体系的惠民政策，以及部分城市和企业开展家政服务网络中心和“家政服务工程”建设所取得的成功经验和显著效果，赢得广大群众和社会各界的认同和支持，充分调动下岗失业人员、农民工从事家政服务的积极性，增强广大企业办好家政、服务民生的责任感和使命感，形成政府支持、媒体关注、企业积极参与、各方协力推进的良好氛围。

九、完善配套政策，协力推动家政服务业发展

各地商务主管部门要积极争取地方政府支持，加强与相关部门的协调配合，在中央财政资金的引导带动下，努力为家政企业协调有关用工、用地、注册、税收、贷款、网点布局、社会保障以及地方财政资金配套等方面的支持政策，着力解决家政服务企业和人员险种少、上险难以及权益缺乏有效保障等问题，降低企业、服务人员和消费者各方风险。

各地商务主管部门要及时研究解决家政服务发展中出现的新情况、新问题，有关工作落实及进展情况，要以书面形式于8月31日前报商务部（商贸服务司）。

中华人民共和国商务部
二〇一〇年五月十七日

商务部关于进一步推进再生资源回收行业发展的指导意见

商商贸发187号

各省、自治区、直辖市、计划单列市及新疆生产建设兵团商务主管部门：

近年来，随着我国资源节约型、环境友好型社会建设的深入推进，再生资源回收行业得到了快速发展，但与发展循环经济的要求相比仍有较大差距，发展潜力巨大。为进一步推动再生资源回收行业发展，促进经济发展方式转变和经济结构调整，现提出以下意见：

一、充分认识再生资源回收行业发展的重要意义

我国人口众多、人均资源占有量远低于世界平均水平，重要资源短缺已成为制约经济社会发展的主要因素，加快转变经济发展方式、保持经济平稳较快发展已刻不容缓。再生资源回收不仅有助于解决我国资源短缺问题，有利于保护生态环境，而且使用再生资源具有比使用原生资源消耗低、污染物排放少的特点，对于转变经济发展方式和调整经济结构，促进经济又好又快发展具有重大的现实意义。

二、促进再生资源回收行业发展的指导思想、主要目标和任务

（一）指导思想

深入贯彻落实科学发展观，按照保增长、扩内需、调结构、惠民生的总体要求，以“政府推动、市场运作、社会参与”为原则，以构建再生资源回收体系、提高回收利用率为核心，以科技创新和管理创新为动力，以发展循环经济和实现节能减排为目标，转变再生资源回收发展方式，加强环保无害化配套措施，推进产业结构调整和优化升级，实现再生资源回收行业健康、有序发展。

（二）总体目标

围绕经济社会发展需求，制定完善的法律、法规和标准，形成再生资源回收政策促进体系；探索灵活的再生资源收购方式，力争通过五年左右的努力，在全国大中城市建成完善的覆盖城乡、多品种的再生资源回收网络体系，规范建设50个左右区域性集散市场，使再生资源主要品种回收率达到80%以上，实现再生资源回收的产业化发展。

（三）主要任务

1. 加快推进再生资源回收体系建设。各地要在规范和整合现有再生资源回收渠道基础上，采取“先试点、后推广，先局部、再全局”的原则，科学规划，合理布局，分步实施，规范建设，在总结试点地区经验的基础上，逐步推开，形成回收、分拣、集散为一体的再生资源回收体系。

一是规范回收网络。引导回收企业采取连锁经营方式，整合个体回收人员，按照“便于购销、保护环境”的原则，采取现代流通方式，改造和建设统一、规范的回收站点；

二是探索多元化回收机制。根据地方实际和再生资源品种特性，积极采用多样化的收购方式，研究探索灵活的回收办法，完善“以旧换新”回收机制；

三是提高分拣加工能力。采用现代化机械设备，提升再生资源分拣加工能力，形成符合环保要求的专业化分拣加工中心；

四是完善市场功能。要加强集散市场基础设施和环境设施建设，完善其仓储、集散、初加工、交易、信息发布等功能，逐步将功能单一的交易市场升级为集交易、加工、集散于一体的再生资源市场，实现再生资源产需高效衔接。

2. 建立和完善现代化信息系统。要加强信息统计工作，研究建立再生资源回收行业管理信息系统和统计指标体系。同时，积极引导企业利用信息技术改造传统回收方式，以信息化促进再生资源回收行业发展。

3. 培育龙头企业。充分发挥骨干企业在再生资源回收体系建设中的带动作用和辐射效应，推动龙头企业按市场规律收编和整合个体经营户，规范回收网络，提升再生资源产业化经营水平。同时，鼓励龙头企业技术创新，提高行业科技水平。

4. 加强行业管理。要进一步加强对再生资源回收行业的监督管理，规范企业行为和行业经营秩序。要多部门联合，对再生资源回收过程中的违法违规行为进行严肃查处，采取相应防范措施，促进回收行业有序发展。

5. 强化从业人员培训。要加强培训工作和培训制度建设，组织开展不同层次的培训。针对不同层次人员有针对性地开展回收政策、法规和职业技能培训，提高从业人员的职业道德、服务意识和业务水平。

三、进一步完善促进再生资源回收行业发展的政策措施

（一）健全行业管理机制

各地要结合当地实际，建立由商务主管部门牵头，发展改革、公安、财政、环保、工商等部门共同参与的再生资源回收行业管理工作机制，建立再生资源回收行业指导、监督和管理的组织机构和管理制度。

（二）制定行业发展规划

加快发展再生资源回收行业涉及多个方面，是一项十分复杂的系统工程。要结合本地“十二五”经济社会发展规划，提出再生资源回收行业发展的总体思路、目标和具体措施，有步骤、有计划、有重点地推进。要将再生资源回收体系建设规划纳入城市总体发展规划，实现合理布局，争取社会效益和经济效益最大化。

（三）完善法律法规标准

各地要依据《再生资源回收管理办法》，加快研究制定和完善相关法律法规，逐步将再生资源回收工作纳入法制化轨道。同时，加强再生资源回收标准化工作，制定相关技术标准，努力提高再生资源回收的规范化水平。

（四）加大政策支持力度

要制定促进再生资源回收行业发展的财税政策，积极争取地方人民政府和有关部门对再生资源回收体系建设及加工利用重点项目给予投资配套资金和贷款贴息支持，并在土地使用、融资、发展规划等方面给予扶持。

（五）发挥行业协会作用

要积极发挥行业协会作用，推动再生资源回收行业协会的发展，发挥其在服务企业、行业自律、加强企业与政府沟通等方面的作用，并支持行业协会开展行业标准制定、统计分析与预测预警，为企业提供信息咨询、宣传培训、国际交流与合作等方面的服务。

（六）加强宣传教育和舆论引导

再生资源回收涉及各行各业和千家万户，需要动员全社会的力量积极参与。要组织开展多种形式节约资源和保护环境的宣传活动，提高全社会对开展再生资源回收重要意义的认识，把再生资源回收变成全体公民的自觉行为，在全社会形成资源节约的良好氛围。

中华人民共和国商务部
二〇一〇年五月二十八日

国务院关税税则委员会对埃塞俄比亚等32个最不发达国家部分商品实施零关税的通知

税委会〔2010〕11号

海关总署：

我国给予有关最不发达国家免关税待遇的第一步实施方案已经国务院关税税则委员会第四次全体会议审议通过，并已报国务院批准。自2010年7月1日起，对原产于埃塞俄比亚联邦民主共和国等32个已完成换文手续的最不发达国家（国别名单见附件1）的部分商品（商品清单见附件

2）实施零关税。

附件：

1. 已完成换文手续的最不发达国家名单

2. 对有关最不发达国家实施零关税的商品清单（略）

国务院关税税则委员会
二〇一〇年六月一日

附件1：

已完成换文手续的最不发达国家名单

共32国：埃塞俄比亚联邦民主共和国、贝宁共和国、布隆迪共和国、厄立特里亚国、吉布提共和国、刚果民主共和国、几内亚共和国、几内亚比绍共和国、科摩罗联盟、利比里亚共和国、马达加斯加共和国、马里共和国、马拉维共和国、毛里塔尼亚伊斯兰共和国、莫桑比克共和国、卢旺达共和国、塞拉利昂共和国、苏丹共和国、坦桑尼亚联合共和国、多哥共和国、乌干达共和国、赞比亚共和国、莱索托王国、乍得共和国、中非共和国、阿富汗伊斯兰共和国、孟加拉国人民共和国、尼泊尔联邦民主共和国、东帝汶民主共和国、也门共和国、萨摩亚独立国、瓦努阿图共和国。

商务部关于下放外商投资审批权限有关问题的通知

商资发〔2010〕209号

为贯彻落实《国务院关于进一步做好利用外资工作的若干意见》（国发〔2010〕9号），深化外商投资管理体制改革，现就外商投资企业审批和管理权限下放有关问题通知如下：

一、《外商投资产业指导目录》鼓励类、允许类总投资3亿美元和限制类总投资5000万美元（以下简称限额）以下的外商投资企业的设立及其变更事项，由省、自治区、直辖市、计划单列市、新疆生产建设兵团、副省级城市（包括哈尔滨、长春、沈阳、济南、南京、杭州、广州、武汉、成都、西安）商务主管部门及国家级经济技术开发区（以下简称地方审批机关）负责审批和管理。其中，外商投资股份有限公司的限额按注册资本计，改制为外商投资股份有限公司的限额按评估后的净资产值计，外国投资者并购境内企业的限额按并购交易额计。

二、单次增资额在限额以下的增资事项由地方审批机关负责审批和管理。

三、限额以上鼓励类且不需要国家综合平衡的外商投资企业的设立及其变更事项，由地方审批机关负责审批和管理。

四、注册资本3亿美元以下外商投资性公司和资本总额3亿美元以下外商投资创业投资企业、外商投资创业投资管理企业的设立及其变更事项，由地方审批机关负责审批和管理。

五、除法律法规明确规定由商务部审批外，服务业领域外商投资企业的设立及其变更事项（包括限额以上及增资）由地方审批机关按照国家有关规定进行审批和管理。根据相关规定需取得国家行业主管部门前置许可或向其征求意见的，应取得书面文件或同意意见。金融、电信领域外商投资企业的设立和变更事项仍按现行法律法规办理。

六、由商务部、原外经贸部以及国务院有关部门批准设立的外商投资企业的变更事项（除单次增资达到或超过限额以及涉及本通知第五条规定的情况外）由地方审批机关负责审批和管理。

七、各级商务主管部门应严格执行国家外商投资产业政策，对外商投资涉及宏观调控、产能过剩等行业的，按照国家有关规定严格审核、备案。

八、各级商务主管部门应按《商务部关于进一步改进外商投资审批工作的通知》（商资函〔2009〕7号）以及关于外商投资性公司、创业投资、融资租赁、商业、直销等专项规定的要求，做好备案管理工作。

九、各省、自治区、直辖市、计划单列市、新疆生产建设兵团商务主管部门应严格按有关规定审核出具《国家鼓励发展的内外资项目确认书》和《外商投资企业进口设备、技术及配备件证明》，并通过“外商投资审批管理系统”及时向商务部备案。

十、此前商务部发布的有关文件内容与本通知不一致的，以本通知为准。

十一、各级商务主管部门要寓管理于服务，大力推进政府职能转变，创新服务方式，不断提高服务水平。同时要合理引导外资投向，加强对投资者履行合同章程义务、外商投资企业遵守法律法规及运营情况的监管，为外商投资企业设立及运营创造良好的投资环境。执行中有何情况及问题，请及时向商务部（外资司）反映。

特此通知。

商务部

二〇一〇年六月十日

中国人民银行、财政部、商务部、海关总署、国家税务总局、银监会关于扩大跨境贸易人民币结算试点有关问题的通知

银发〔2010〕186号

中国人民银行上海总部，天津、沈阳、南京、济南、武汉、广州、成都分行，总行营业管理部、重庆营业管理部，呼和浩特、长春、哈尔滨、杭州、福州、南宁、海口、昆明、拉萨、乌鲁木齐中心支行，各副省级城市中心支行；北京市、天津市、内蒙古自治区、辽宁省、吉林省、黑龙江省、上海市、江苏省、浙江省、福建省、山东省、湖北省、广东省、广西壮族自治区、海南省、重庆市、四川省、云南省、西藏自治区、新疆维吾尔自治区财政厅、商务厅、国家税务局、银监局；海关总署广东分署、天津、上海特派办、各直属海关：

自2009年7月开展跨境贸易人民币结算试点工作以来，人民币资金结算、清算渠道便捷、顺畅，人民币出口退（免）税及进出口报关政策清晰明确、操作流程便利，受到了试点企业的普遍欢迎。为满足企业对跨境贸易人民币结算的实际需求，进一步发挥人民币结算对贸易和投资便利化的促进作用，经国务院批准，现就扩大跨境贸易人民币结算试点工作的有关问题通知如下：

一、跨境贸易人民币结算的境外地域由港澳、东盟地区扩展到所有国家和地区。

二、增加北京、天津、内蒙古、辽宁、吉林、黑龙江、江苏、浙江、福建、山东、湖北、广西、海南、重庆、四川、云南、西藏、新疆等18个省（自治区、直辖市）为试点地区。

三、广东省的试点范围由4个城市扩大到全省，增加上海市和广东省的出口货物贸易人民币结算试点企业数量。

四、试点省（自治区、直辖市）的企业，可以按照《跨境贸易人民币结算试点管理办法》（中国人民银行　财政部　商务部　海关总署　国家税务总局中国银行业监督管理委员会公告〔2009〕第10号，以下简称《试点管理办法》）以人民币进行进口货物贸易、跨境服务贸易和其他经常项目结算。

五、北京、天津、内蒙古、辽宁、上海、江苏、浙江、福建、山东、湖北、广东、广西、海南、重庆、四川、云南等16个省（自治区、直辖市）出口货物贸易人民币结算实行试点企业管理制度。请各省（自治区、直辖市）、计划单列市人民政府协调当地有关部门按照《试点管理办法》第四条有关规定推荐出口货物贸易人民币结算试点企业，人民银行、财政部、商务部、海关总署、税务总局、银监会将在总量控制的前提下，审定试点企业名单。经审定后的试点企业使用人民币结算的出口货物贸易按照有关规定办理出口报关手续，享受出口货物退（免）税政策。

六、内蒙古、辽宁、吉林、黑龙江、广西、云南、西藏、新疆等8个边境省（自治区）具有进出口经营资格的企业，可以在指定口岸与毗邻国家的一般贸易和边境小额贸易出口货物按照《试点管理办法》开展人民币结算试点。其中，内蒙古、辽宁、广西、云南等四省（自治区）按照

《试点管理办法》选择的试点企业按本通知第五条规定办理出口报关及退（免）税手续；8个边境省（自治区）的其他企业在指定口岸与毗邻国家的一般贸易和边境小额贸易使用人民币结算的，出口报关及退（免）税手续按照《财政部　国家税务总局关于边境地区一般贸易和边境小额贸易出口货物以人民币结算准予退（免）税试点的通知》（财税〔2010〕26号）办理。

七、请开展跨境贸易人民币结算试点所在省（自治区、直辖市）的相关部门按照《试点管理办法》等有关文件积极做好试点工作，保证跨境贸易人民币结算试点工作顺利进行。

中国人民银行、财政部、商务部、海关总署

国家税务总局、中国银行业监督管理委员会

二〇一〇年六月十七日

国际服务贸易统计制度

商务部、国家统计局关于印发《国际服务贸易统计制度》的通知

商服贸发〔2010〕295号

各省、自治区、直辖市、计划单列市及新疆生产建设兵团商务主管部门、统计局，各有关企业、单位：

为了建立符合国际规范的服务贸易统计体系，科学、有效地开展服务贸易统计工作，并为国家制定服务贸易政策提供数据信息服务，促进服务贸易的健康发展，商务部、国家统计局结合近两年我国服务贸易发展的实际情况和特点，对2007年11月印发的《国际服务贸易统计制度》进行了修订和补充。

主要修订内容如下：

一、服务贸易进出口数据采集方法由使用部门数据改为综合利用企业调查数据、相关部门资料以及其他统计资料。

二、在综合统计报表中，增加了入境自然人情况、出境自然人情况综合表，合并了外国附属机构（非金融类）服务贸易的分行业、分国别（地区）与分省（市、自治区）等三张综合表；取消了中国与主要国家（地区）服务贸易情况、居民与非居民间服务贸易进口额与出口额综合表，调整有关报表报送时间。

三、在基层统计报表中，增加了有关统计单位基层调查表，调查范围涉及建筑及相关工程服务、教育服务、环境服务、医疗保健和社会服务、娱乐文化和体育服务、分销服务、其他商业服务等领域，调查对象为从事相关服务贸易活动的重点单位，调查内容包括单位登记情况、服务进出口情况，调查频率为季报。

本报表制度内综合表与基层表全部由商务主管系统承担，并负责组织与实施。

现将修订后的《国际服务贸易统计制度》印发给你们，自2010年8月1日起实行，请认真贯彻执行。《商务部 统计局关于印发国际服务贸易统计制度的通知》（商服贸发〔2007〕464号）同时废止。

中华人民共和国商务部

中华人民共和国国家统计局

二〇一〇年七月三十日

一、总说明

（一）为了建立符合国际规范的服务贸易统计体系，科学、有效地开展服务贸易统计工作，并为国家制定服务贸易政策提供数据信息服务，促进服务贸易的健康发展，根据《中华人民共和国对外贸易法》和《中华人民共和国统计法》及相关规定，特制定本制度。

（二）本统计制度统计对象为从事服务贸易活动的企事业单位、其他组织、个体工商户和个人。

（三）本统计报表分为综合报表和基层报表。统计内容主要包括服务进出口情况、外国附属机构服务贸易情况和自然人移动情况等。

（四）服务进出口统计的范围包括服务提供者从中国境内向其他国家或地区的服务消费者提供的服务，即中国的服务出口；以及境外服务提供者从其他国家或地区向中国境内的服务消费者提供的服务，即中国的服务进口。

（五）外国附属机构服务贸易统计的范围，包括外国或地区的企业通过直接投资方式控制（直接投资者拥有50%以上的股权）的中国境内企业在中国境内实现的服务销售，即内向附属机构服务贸易；以及中国境内的企业通过直接投资方式控制（直接投资者拥有50%以上的股权）另一国或地区企业而在该国或地区境内实现的服务销售，即外向附属机构服务贸易。

（六）自然人移动统计的范围，包括中国境内的服务提供者在其他国家或地区以自然人移动的形式提供的服务；以及其他国家或地区的服务提供者在中国境内以自然人移动的形式提供的服务。

（七）综合报表由商务部利用企业调查数据、相关部门资料、测算数据以及其他统计资料综合整理填报。

（八）服务进出口统计报表为季报。其中，建筑及相关工程服务，教育服务，环境服务，医疗、保健和社会服务，娱乐、文化和体育服务，分销服务和其他商业服务等进出口数据来源于服务贸易统计调查系统；计算机和信息服务、特许使用费和许可费进出口，以及非金融类外国附属机构服务贸易数据来源于现有的商务部软件出口和服务外包统计系统、技术进出口信息管理系统；运输、旅游、通信服务、金融服务、保险服务等进出口数据则利用相关部门行政记录、统计资料以及测算数据和其他信息源进行统计。

外国附属机构服务贸易统计报表为年报。其中，非金融类外国附属机构服务贸易（内向和外向）报表（服贸统综3表—4表）的数据来源于商务部；金融类外国附属机构服务贸易（内向和外向）报表（服贸统综5表—10表）由相关金融部门填报。

自然人移动统计报表（服贸统综11表—12表）为年报。由各省、自治区、直辖市、计划单列市及新疆生产建设兵团商务主管部门收集数据并上报至商务部。

（九）基层报表由调查对象填报。“基本情况登记表”（服贸统基1表）为年度报表，由从事服务贸易活动的企事业单位、其他组织、个体工商户和个人填报。服务进出口情况表（服贸统基2表—8表）分别由涉及建筑及相关工程服务，教育服务，环境服务，医疗、保健和社会服务，娱乐、文化和体育服务，分销服务，其他商业服务等领域出口和进口业务的调查对象填表并报送至商务部，同时抄送各级商务主管部门，各级商务主管部门在规定的期限内对辖区内调查对象报送数据进行核查。

（十）商务部将定期对各地区服务进出口、外国附属机构服务贸易、自然人移动统计数据予以反馈。

（十一）本制度执行《国民经济行业分类》（GB/T4754－2002）相关标准。

（十二）与香港特别行政区、澳门特别行政区和台湾地区发生的服务贸易的统计适用本制度。

（十三）本制度报表数据均按当年价格计算。

（十四）本制度由商务部组织实施并负责解释。

（十五）本制度自2010年8月31日起施行。

二、报表目录（略）

贯彻落实国务院关于进一步做好利用外资工作若干意见部门分工方案

国务院办公厅印发贯彻落实国务院关于进一步做好利用外资工作若干意见部门分工方案的通知

国办函〔2010〕128号

国务院有关部门：

《贯彻落实国务院关于进一步做好利用外资工作若干意见部门分工方案》（以下简称《分工方案》）已经国务院同意，现印发给你们，请认真落实。

有关部门要认真贯彻落实《国务院关于进一步做好利用外资工作的若干意见》（国发〔2010〕9号）精神，明确责任，加强领导，各司其职，狠抓落实。要将《分工方案》中涉及本部门的工作进一步细化分解，抓紧制定具体措施并尽快组织实施。同一项工作涉及多个部门的，部门间要密切协作，牵头部门要加强协调。发展改革委、商务部要会同有关部门将各项工作年度完成情况汇总报国务院，国务院办公厅将对重点工作落实情况适时开展督促检查。

国务院办公厅
二〇一〇年八月十八日

一、优化利用外资结构

（一）根据我国经济发展需要，结合国家产业调整和振兴规划要求，修订《外商投资产业指导目录》，扩大开放领域，鼓励外资投向高端制造业、高新技术产业、现代服务业、新能源和节能环保产业。严格限制"两高一资"和低水平、过剩产能扩张类项目。（发展改革委、商务部。列第一位者为牵头部门，下同）

（二）国家产业调整和振兴规划中的政策措施同等适用于符合条件的外商投资企业。（发展改革委、工业和信息化部）

（三）对用地集约的国家鼓励类外商投资项目优先供应土地，在确定土地出让底价时可按不低于所在地土地等别相对应《全国工业用地出让最低价标准》的70%执行。（国土资源部）

（四）鼓励外商投资高新技术企业发展，改进并完善高新技术企业认定工作。（科技部、财政部、税务总局会同发展改革委、商务部、工业和信息化部等部门）

（五）鼓励中外企业加强研发合作，支持符合条件的外商投资企业与内资企业、研究机构合作申请国家科技开发项目、创新能力建设项目等。（发展改革委、科技部、财政部）

申请设立国家级技术中心认定。（发展改革委、科技部、财政部、海关总署、税务总局）

（六）鼓励跨国公司在华设立地区总部、研发中心、采购中心、财务管理中心、结算中心以及成本和利润核算中心等功能性机构。（商务部、外汇局、银监会、发展改革委、财政部、工商总局）

在2010年12月31日以前，对符合规定条件的外资研发中心确需进口的科技开发用品免征进口关税和进口环节增值税、消费税。（财政部、商务部、海关总署、税务总局）

（七）落实和完善支持政策，鼓励外商投资服务外包产业，引入先进技术和管理经验，提高我国服务外包国际竞争力。（商务部）

二、引导外资向中西部地区转移和增加投资

（八）根据《外商投资产业指导目录》修订情况，补充修订《中西部地区外商投资优势产业目录》，增加劳动密集型项目条目，鼓励外商在中西部地区发展符合环保要求的劳动密集型产业。（发展改革委、商务部）

（九）对符合条件的西部地区内外资企业继续实行企业所得税优惠政策，保持西部地区吸收外商投资好的发展势头。（财政部、发展改革委、商务部、税务总局）

（十）对东部地区外商投资企业向中西部地区转移加大政策开放和技术资金配套支持力度，同时完善行政服务，在办理工商、税务、外汇、社会保险等手续时提供便利。（发展改革委、商务部、财政部、人力资源社会保障部、工商总局、质检总局、税务总局、外汇局）

鼓励和引导外资银行到中西部地区设立机构和开办业务。（银监会）

（十一）鼓励东部地区与中西部地区以市场为导向，通过委托管理、投资合作等多种方式，按照优势互补、产业联动、利益共享的原则共建开发区。（发展改革委、商务部）

三、促进利用外资方式多样化

（十二）鼓励外资以参股、并购等方式参与国内企业改组改造和兼并重组。支持A股上市公司引入境内外战略投资者。规范外资参与境内证券投资和企业并购。（商务部、证监会、发展改革委、工业和信息化部）

依法实施反垄断审查。（商务部、发展改革委、工商总局按职责分工负责）

加快建立外资并购安全审查制度。（发展改革委、商务部）

（十三）利用好境外资本市场，继续支持符合条件的企业根据国家发展战略及自身发展需要到境外上市，充分利用两个市场、两种资源，不断提高竞争力。（证监会、发展改革委、商务部）

（十四）加快推进利用外资设立中小企业担保公司试点工作。（发展改革委、商务部）

鼓励外商投资设立创业投资企业，积极利用私募股权投资基金，完善退出机制。（发展改革委、商务部、工商总局、证监会、外汇局）

（十五）支持符合条件的外商投资企业境内公开发行股票、发行企业债和中期票据，拓宽融资渠道，引导金融机构继续加大对外商投资企业的信贷支持。稳步扩大在境内发行人民币债券的境外主体范围。（人民银行、证监会、银监会、发展改革委、商务部）

四、深化外商投资管理体制改革

（十六）《外商投资产业指导目录》中总投资（包括增资）3亿美元以下的鼓励类、允许类项目，除《政府核准的投资项目目录》规定需由国务院有关部门核准之外，由地方政府有关部门核准。（发展改革委）

除法律法规明确规定由国务院有关部门审批外，在加强监管的前提下，国务院有关部门可将本部门负责的审批事项下放地方政府审批，服务业领域外商投资企业的设立（金融、电信服务除外）由地方政府按照有关规定进行审批。（商务部等）

（十七）调整审批内容，简化审批程序，最大限度缩小审批、核准范围，增强审批透明度。全面清理涉及外商投资的审批事项，缩短审批时间。改进审批方式，在试点并总结经验的基础上，逐步在全国推行外商投资企业合同、章程格式化审批，大力推行在线行政许可，规范行政行为。（商务部、发展改革委）

五、营造良好的投资环境

（十八）规范和促进开发区发展，发挥开发区在体制创新、科技引领、产业集聚、土地集约方面的载体和平台作用。（发展改革委、国土资源部、住房城乡建设部、科技部、商务部）

支持符合条件的省级开发区升级，支持具备条件的国家级开发区扩区和调整区位。（商务部、科技部按职责分别牵头，国土资源部、住房城乡建设部、发展改革委参与）

支持具备条件的省级开发区扩区和调整区位。（发展改革委、国土资源部、住房城乡建设部、科技部、商务部）

制定加快边境经济合作区建设的支持政策措施。（商务部、财政部、国土资源部、住房城乡建设部）

（十九）进一步完善外商投资企业外汇管理，简化外商投资企业外汇资本金结汇手续。（外汇局）

对依法经营、资金紧张暂时无法按时出资的外商投资企业，允许延长出资期限。（工商总局、商务部）

（二十）加强投资促进，针对重点国家和地区、重点行业加大引资推介力度，广泛宣传我国利用外资政策。积极参与多双边投资合作，把“引进来”和“走出去”相结合，推动跨国投资政策环境不断改善。（商务部、发展改革委）

财政部、工业和信息化部、海关总署、国家税务总局关于调整大型环保及资源综合利用设备等重大技术装备进口税收政策的通知

财关税〔2010〕50 号

各省、自治区、直辖市、计划单列市财政厅（局）、工业和信息化主管部门、国家税务局，新疆生产建设兵团财务局，海关总署广东分署、各直属海关：

按照《财政部　国家发展改革委　工业和信息化部　海关总署　国家税务总局　国家能源局关于调整重大技术装备进口税收政策的通知》（财关税〔2009〕55 号）规定，根据国内相关产业发展情况，在广泛听取有关主管部门、行业协会及企业意见的基础上，经研究决定，对大型环保和资源综合利用设备、应急柴油发电机组、机场行李自动分拣系统、重型模锻液压机及其关键零部件、原材料进口税收政策予以调整，现通知如下：

一、自 2010 年 6 月 1 日起，对符合规定条件的国内企业为生产国家支持发展的大型环保和资源综合利用设备、应急柴油发电机组、机场行李自动分拣系统、重型模锻液压机（见附件 1）而确有必要进口部分关键零部件、原材料（见附件 2），免征关税和进口环节增值税。

二、自 2011 年 1 月 1 日起，对财关税〔2009〕55 号文件附件《重大技术装备进口税收政策暂行规定》第三条所列项目和企业进口本通知附件 3 所列自用设备以及按照合同随上述设备进口的技术及配套件、备件，一律征收进口税收。

三、国内企业申请享受本通知附件 1 有关领域进口税收优惠政策的，具体申请要求和程序应按照财关税〔2009〕55 号文件有关规定执行。其中，企业在 2010 年 6 月 1 日至 12 月 31 日、2011 年 1 月 1 日至 12 月 31 日期间进口规定范围内的零部件、原材料申请享受本进口税收政策的，分别应在 2010 年 10 月 15 日至 11 月 15 日、2011 年 3 月 1 日至 3 月 31 日期间按照财关税〔2009〕55 号文件规定的程序提交申请文件。

工业和信息化部或省级工业和信息化主管部门应按照财关税〔2009〕55 号文件规定审查企业的申请文件，申请文件符合规定的，应当予以受理，并向申请企业出具受理证明文件。申请企业凭受理部门出具的证明文件，可向海关申请凭税款担保先予办理有关零部件及原材料放行手续。省级工业和信息化主管部门在 2010 年 10 月—11 月和 2011 年 3 月期间受理的申请企业，应在 2011 年 4 月 15 日前一并将申请文件及初审意见汇总上报工业和信息化部。

四、《财政部　海关总署　国家税务总局关于调整重大技术装备进口税收政策暂行规定有关清单的通知》（财关税〔2010〕17 号）附件 1、2、3 中“大型高炉余压透平发电装置”更名为“大型高炉煤气余压透平能量回收利用装置”，国内企业申请享受该装备进口税收优惠政策的，具体申请要求和程序比照本通知第三条执行。

财关税〔2010〕17 号文件附件 3 第十三类“输变电设备”项下“直流输变电设备”包括第 1、2、4、5、9 条商品；“交流输变电设备”包括第 10、11、13、14、15、17、18 条商品；“交直流通用输变电设备”包括第 3、6、7、8、12、16、19、20、21、22、23、24、26 条商品。

附件：

1. 大型环保及资源综合利用设备等重大技术装备目录
2. 大型环保及资源综合利用设备等重大技术装备进口关键零部件、原材料商品清单
3. 进口不予免税的部分重大技术装备目录

财政部

工业和信息化部

海关总署

国家税务总局

二〇一〇年九月三十日

附件1：

大型环保及资源综合利用设备等重大技术装备目录

编号	名称	技术规格要求	销售业绩要求
一	大型清洁高效发电装备		
（一）	百万千瓦级核电机组		
2	常规岛设备：应急柴油发电机组	50Hz/6.6KV/10.5KV	持有合同订单
九	大型环保及资源综合利用设备		
（一）	大气污染治理设备		
4	300MW及以上燃煤电站烟气脱硝成套设备：吸收剂系统、催化反应设备	脱硝效率：70%—90%，氨逃逸率≤3ppm	持有合同订单
（二）	工业废水、城市污水、污泥处理设备		
1	城市污水处理成套设备：转盘式膜反应分离器、转盘式微滤机	转盘式膜反应分离器：过滤精度≤0.038μm，出水浊度＜2NTU；转盘式微滤机：过滤精度≤10μm，出水固体悬浮物＜10mg/l	持有合同订单
2	污泥处理成套设备：污泥浓缩脱水设备、中低温污泥干化处理设备	污泥浓缩脱水设备：处理能力≥20m³/h；中低温污泥干化处理设备：处理能力≥50m³/d，出泥含固率≥60% DS	持有合同订单
3	水质在线监测系统	可在线监测CODcr、总磷、氨氮、TOC、UV、高锰酸盐指数、总氮六价铬、正磷酸盐指数等项目。	持有合同订单
（四）	资源综合利用设备		
5	煤气综合利用净化设备：脱酸塔、喷淋式饱和器		持有合同订单
6	木塑产品生产线		持有合同订单
十	大型施工机械和基础设施专用设备		
（二）	机场专用设备		
1	机场行李自动分拣系统	单套分拣能力大于5000件/小时	持有合同订单
十二	大型、精密、高速数控设备、数控系统、功能部件与基础制造装备		
（三）	基础制造装备		
2	重型模锻液压机	400MN及以上	持有合同订单

注：该目录的编号按照财关税〔2010〕17号文件附件1已有序列编制。

附件2：

大型环保及资源综合利用设备等重大技术装备进口关键零部件、原材料商品清单

一、大型清洁高效发电装备

（一）百万千瓦级核电机组

2. 常规岛设备

设备名称	一级部件	二级部件	单机用量	税则号列（供参考）
应急柴油发电机组	涡轮增压器		2台	84148030
	机械动力泵		22台	8413302184138100 84133030
	曲轴		1个	84831090
	滤清器		4个	84212300
	核级转速控制系统		1套	90328900 84099991
	喷油器总成		18套	84248999
	1E级控制柜		6套	84133021

续表

九、大型环保及资源综合利用设备				
（一）大气污染治理设备				
4. 300MW 及以上燃煤电站烟气脱硝成套设备				
设备名称	一级部件	二级部件	单机用量	税则号列（供参考）
（1）吸收剂系统	氨逃逸分析仪		2 台/300MW	90271000
	氨喷射系统	喷嘴及喷枪	4 个/300MW	84242000
	气动调节球阀	气动执行器	4 个/300MW	84123900
（2）催化反应设备	催化剂模块		300 个/300MW	38151900
（二）工业废水、城市污水、污泥处理设备				
1. 城市污水处理成套设备				
（2）转盘式膜反应分离器	过滤部件	板式盘片	48—720 片	84219990
（3）转盘式微滤机	过滤部件	扇形盘片	48—720 片	84219990
2. 污泥处理成套设备				
（1）污泥浓缩脱水设备	过滤组件	不锈钢滤网	500—600kg	84219990
（2）中低温污泥干化处理设备	干化组件	连续式污泥进料布料装置	1 台	84798999
		烘干滤带	422.4—500m^2	59119000
		蒸发仓箱	3 个	73269010
		密封条	20m^2	40169390
3. 水质在线监测系统	控制单元	PLC	1 个	85371011
		PLC 主存储器	1 个	85389000
		输出扩展模块	1 个	85389000
		通讯插件	1 个	85389000
	数据采集单元	GPRS 无线模块	1—8 个	84717090
		GSM 无线模块	1—8 个	84717090
		CPU 模块	1—8 个	84717090
	测量单元	氨氮气敏电极	1 个	83111000
		蠕动泵管	9 米	39173200
（四）资源综合利用设备				
1. 煤气综合利用净化设备				
（1）脱酸塔	塔体	镍基合金板	10 吨	75062000
（2）喷淋式饱和器	罐体	镍基合金板	20 吨	75062000
2. 木塑产品生产线	挤出机部件	减速箱	1 套	84834090
	控制系统	温控模块	4 套	90330000
		直流调速器、变频器	2 套	85044099
十、大型施工机械和基础设施专用设备				
（二）机场专用设备				
设备名称	一级部件	二级部件	单机用量	税则号列（供参考）
1. 机场行李自动分拣系统	托盘倾翻式分拣机及导入线		1—4 套	84798999
	360°自动条码读取站		1—60 套	84719000
	行李称重仪		80—200 台	84232090
	电动滚筒		240—600 台	84313900
	变频器		100—1000 台	85044099

续表

十二、大型、精密、高速数控设备、数控系统、功能部件与基础制造装备				
（三）基础制造装备				
设备名称	一级部件	二级部件	单机用量	税则号列（供参考）
2. 重型模锻液压机	液压系统	液压柱塞泵	51 套	8413503190
		液压齿轮泵	7 套	8413602290
		液压阀	25 套	8481803990
		球胆蓄能器	69 套	8412909000
		PLC 系统	1 套	8537101101
		液压系统配件	17 套	8412909000

注：该目录的编号按照财关税〔2010〕17 号文件附件 2 已有序列编制。

附件 3：

进口不予免税的部分重大技术装备目录

编号	税则号列	设备名称	技术规格
		十六、环保和资源综合利用设备	
17	84212990	转盘式膜反应分离器	所有规格
18	84212990	转盘式微滤机	所有规格
19	84213990	脱酸塔（煤气综合利用）	所有规格
20	84213990	喷淋式饱和器（煤气综合利用）	所有规格
21	84772090	木塑产品生产线	所有规格

注：该目录的编号按照财关税〔2010〕17 号文件附件 1 已有序列编制。

商务部关于加强流通服务业节能减排工作的指导意见

商商贸发〔2010〕397 号

各省、自治区、直辖市、计划单列市及新疆生产建设兵团商务主管部门、散装水泥主管部门：

为贯彻落实温家宝总理在国务院节能减排工作电视电话会议上的讲话精神，按照国务院《关于进一步加大工作力度确保实现“十一五”节能减排目标的通知》（国发〔2010〕12 号）要求，进一步加强流通服务业节能减排工作，现提出如下意见：

一、充分认识加强流通服务业节能减排的重要意义

坚持资源节约和环境保护是我国的一项基本国策。党的十七大提出要把建设资源节约型、环境友好型社会放在工业化、现代化发展战略的突出位置。流通服务业作为国民经济的重要组成部分，在促进生产、引导消费、推动循环经济发展等方面发挥着重要作用，当前，我国流通服务业粗放型发展方式还未根本改变，节能减排的潜力很大。加强流通服务业节能减排，不仅有利于促进流通服务业降低流通成本，提高经济效益，而且对于缓解我国资源短缺，保护生态环境，转变经济发展方式，促进经济又好又快发展具有重要作用。

二、指导思想和工作目标

（一）指导思想。坚持以科学发展观为指导，转变流通服务业发展方式，开展技术创新和制度创新，健全法规，完善政策，加强管理，强化宣传，形成政府大力推进、市场有效驱动、企业充分发挥作用的流通服务业节能减排工作格局，建立流通服务业节能减排长效机制，不断提升流通服务业节能减排水平。

（二）工作目标。完善相关法规和标准，形成流通服务业节能减排政策促进体系；推动重点节能减排技术在流通服务业广泛运用，培育一批节能减排示范企业；争取3—5年内，在全国建成一大批节能型大型商场、超市和绿色饭店；加快形成有利于节约资源、保护环境的经营模式和消费模式，为实现“十一五”节能减排目标做出贡献。

三、主要任务

（一）推动商业企业（市场）开展节能技术改造。引导企业对现有商用建筑进行保温、隔热及采暖、通风、空调系统等方面的能效系统设施改造；重点推动企业做好照明、空调、电梯、冷藏及其他耗能设备的节能工作，严格控制商业建筑物装饰性景观照明能耗；开展合同能源管理，运用市场手段促进节能新技术、新产品、新工艺、新材料的推广应用。

（二）加大汽车、家电以旧换新工作力度。加强汽车、家电以旧换新政策的宣传引导，积极推广节能型家电，淘汰耗能高产品，鼓励购买低能耗产品。同时，积极建立和完善现代化废旧汽车、家电回收拆解体系，提高资源回收利用水平，促进我国城乡居民家庭和社会整体向高效能、低排放方向加速转型。

（三）进一步做好抑制商品过度包装和限制塑料袋使用工作。加大工作力度，进一步规范商品包装，引导流通企业不采购、不销售过度包装商品。通过完善规章标准、督导检查、多种形式宣传等途径，扎实推进“限制塑料袋”工作。

（四）推进餐饮服务业节能减排工作。推动创建绿色饭店，节水节电，降低能耗。减少使用“一次性”筷子等一次性用品。严禁餐饮企业采购、使用地沟油和非正规来源食用油，配合有关部门做好餐厨垃圾的分类回收和集中处理，探索餐厨垃圾和地沟油资源化利用和无害化处理。在洗浴、洗染、洗车、美容美发等耗水量大的行业，广泛采用节水、节能环保技术和装备，降低水、电资源消耗。

（五）加快推广使用散装水泥。大力推进农村散装水泥和预拌混凝土工作，抓好农村散装水泥试点和示范项目，积极推进“散装水泥下乡”。同时，加强城市禁止现场搅拌混凝土、砂浆工作的检查和督导，减少粉尘排放，合理利用资源，不断提高散装水泥综合配套能力。

（六）加快发展低碳物流。合理规划和构建高效便捷的现代物流网络；加强车辆用油定额考核，提高运输工具实载率，减少空驶率；大力发展第三方物流，实行城市共同配送和集中配送，提高物流配送效率；加大物流基础设施建设，引导企业采用先进、节能环保型物流设施和装备，降低物流能耗。

（七）积极促进生产和消费环节节能减排。充分发挥流通服务业连接生产和消费的桥梁作用，引导生产企业生产节能产品、使用节能材料，限制生产和消费过程中耗能高、污染重的商品进入市场。倡导绿色消费、理性消费理念，鼓励零售企业向消费者推介节能新技术、新产品，引导消费者购买、使用节能产品，推动生产和消费模式向节能环保方向转变。

四、保障措施

（一）加强组织领导。各地商务主管部门要加强节能减排工作的组织管理和统筹协调，建立和完善节能减排工作机制，落实工作责任，积极争取有关部门政策支持，指导和推动流通服务业企业认真做好节能减排工作。

（二）制定法规和行业发展规划。研究制定相关法律法规，逐步将流通服务业节能降耗工作纳入法制化轨道。要结合本地经济社会发展规划，研究制定流通服务业节能减排工作规划，提出流通服务业节能减排的总体思路、目标和具体措施，因地制宜，分类指导，有步骤、有重点地推进各项工作。

（三）健全行业标准体系和能耗指标体系。抓紧制定和完善流通服务业相关节能标准与规范。各地区、各流通企业要从实际情况出发制定地方和企业标准。同时，加强能源消耗信息管理工作，逐步建立流通服务业能耗统计、监测和分析指标体系，开展企业能耗评价工作。

（四）加大监督检查力度。按照国务院要求，各地商务主管部门要组织开展流通服务业节能减排专项检查，对商店、商场、办公楼等公共场所空调温度、建筑物景观过度照明、限制使用塑料袋、抑制过度包装等工作加强监督和检查，切实抓好各项工作。

（五）加强舆论宣传。利用报纸、电视、广播、互联网等宣传渠道，组织开展以节能减排为核心、倡导绿色经营、绿色消费等内容的多种形式宣传活动，努力营造流通服务业节能降耗的良好氛围。

（六）发挥行业协会作用。支持行业协会参与行业节能减排标准制定、统计分析等工作，为企业提供节能减排信息咨询、宣传培训、国际交流与合作等方面的服务。

中华人民共和国商务部

二〇一〇年十月九日

证券发行与承销管理办法

（2006 年 9 月 11 日中国证券监督管理委员会第 189 次主席办公会议审议通过，根据 2010 年 10 月 11 日中国证券监督管理委员会《关于修改〈证券发行与承销管理办法〉的决定》修订）

中国证券监督管理委员会令

第 69 号

《关于修改〈证券发行与承销管理办法〉的决定》已经 2010 年 6 月 24 日中国证券监督管理委员会第 273 次主席办公会议审议通过，现予公布，自 2010 年 11 月 1 日起施行。

中国证券监督管理委员会主席：尚福林

二○一○年十月十一日

关于修改《证券发行与承销管理办法》的决定

一、第五条第二款修改为："询价对象是指符合本办法规定条件的证券投资基金管理公司、证券公司、信托投资公司、财务公司、保险机构投资者、合格境外机构投资者、主承销商自主推荐的具有较高定价能力和长期投资取向的机构投资者，以及经中国证监会认可的其他机构投资者。"

二、第五条增加一款，作为第三款："主承销商自主推荐机构投资者的，应当制订明确的推荐标准，建立透明的推荐决策机制，并报中国证券业协会登记备案。"

三、第九条修改为："主承销商应当在询价时向询价对象提供投资价值研究报告。发行人、主承销商和询价对象不得以任何形式公开披露投资价值研究报告的内容，但中国证监会另有规定的除外。"

四、第十四条修改为："首次发行的股票在中小企业板、创业板上市的，发行人及其主承销商可以根据初步询价结果确定发行价格，不再进行累计投标询价。"

五、删除第十六条。

六、第二十五条增加一项，作为第十一项："主承销商自主推荐机构投资者管理的证券投资账户。"

七、删除第二十九条第二款。

八、第三十一条增加一款，作为第二款："网上申购不足时，可以向网下回拨由参与网下的机构投资者申购，仍然申购不足的，可以由承销团推荐其他投资者参与网下申购。"

九、增加一条，作为第三十二条："初步询价结束后，公开发行股票数量在 4 亿股以下，提供有效报价的询价对象不足 20 家的，或者公开发行股票数量在 4 亿股以上，提供有效报价的询价对象不足 50 家的，发行人及其主承销商不得确定发行价格，并应当中止发行。

网下机构投资者在既定的网下发售比例内有效申购不足，不得向网上回拨，可以中止发行。网下报价情况未及发行人和主承销商预期、网上申购不足、网上申购不足向网下回拨后仍然申购不足的，可以中止发行。中止发行的具体情形可以由发行人和承销商约定，并予以披露。

中止发行后，在核准文件有效期内，经向中国证监会备案，可重新启动发行。"

十、第五十五条增加一款，作为第二款："发行人及其主承销商应当在发行价格确定后，披露网下申购情况、网下具体报价情况。"

本决定自 2010 年 11 月 1 日施行。

《证券发行与承销管理办法》根据本决定作相应修改，重新公布。

第一章 总 则

第一条 为了规范证券发行与承销行为，保护投资者的合法权益，根据《中华人民共和国证券法》、《中华人民共和国公司法》，制定本办法。

第二条 发行人在境内发行股票或者可转换公司债券（以下统称证券）、证券公司在境内承销证券，以及投资者认购境内发行的证券，适用本办法。

发行人、证券公司和投资者参与证券发行，还应当遵守中国证券监督管理委员会（以下简称中国证监会）有关证券发行的其他规定，以及证券交易所和证券登记结算机构的业务规则。证券公司承销证券，还应当遵守中国证监会有关保荐制度、风险控制制度和内部控制制度的相关规定。

第三条 为证券发行出具相关文件的证券服务机构和人员，应当按照本行业公认的业务标准和道德规范，严格履行法定职责，对其所出具文件的真实性、准确性和完整性承担责任。

第四条 中国证监会依法对证券发行和承销行为进行监督管理。

第二章 询价与定价

第五条 首次公开发行股票，应当通过向特定机构投资者（以下称询价对象）询价的方式确定股票发行价格。

询价对象是指符合本办法规定条件的证券投资基金管理公司、证券公司、信托投资公司、财务公司、保险机构投资者、合格境外机构投资者、主承销商自主推荐的具有较高定价能力和长期投资取向的机构投资者，以及经中国证监会认可的其他机构投资者。

主承销商自主推荐机构投资者的，应当制订明确的推荐标准，建立透明的推荐决策机制，并报中国证券业协会登记备案。

第六条 询价对象及其管理的证券投资产品（以下称股票配售对象）应当在中国证券业协会登记备案，接受中国证券业协会的自律管理。

第七条 询价对象应当符合下列条件：

（一）依法设立，最近12个月未因重大违法违规行为被相关监管部门给予行政处罚、采取监管措施或者受到刑事处罚；

（二）依法可以进行股票投资；

（三）信用记录良好，具有独立从事证券投资所必需的机构和人员；

（四）具有健全的内部风险评估和控制系统并能够有效执行，风险控制指标符合有关规定；

（五）按照本办法的规定被中国证券业协会从询价对象名单中去除的，自去除之日起已满12个月。

第八条 下列机构投资者作为询价对象除应当符合第七条规定的条件外，还应当符合下列条件：

（一）证券公司经批准可以经营证券自营或者证券资产管理业务；

（二）信托投资公司经相关监管部门重新登记已满两年，注册资本不低于4亿元，最近12个月有活跃的证券市场投资记录；

（三）财务公司成立两年以上，注册资本不低于3亿元，最近12个月有活跃的证券市场投资记录。

第九条 主承销商应当在询价时向询价对象提供投资价值研究报告。发行人、主承销商和询价对象不得以任何形式公开披露投资价值研究报告的内容，但中国证监会另有规定的除外。

第十条 投资价值研究报告应当由承销商的研究人员独立撰写并署名，承销商不得提供承销团以外的机构撰写的投资价值研究报告。出具投资价值研究报告的承销商应当建立完善的投资价值研究报告质量控制制度，撰写投资价值研究报告的人员应当遵守证券公司内部控制制度。

第十一条 撰写投资价值研究报告应当遵守下列要求：

（一）独立、审慎、客观；

（二）引用的资料真实、准确、完整、权威并须注明来源；

（三）对发行人所在行业的评估具有一致性和连贯性；

（四）无虚假记载、误导性陈述或者重大遗漏。

第十二条 投资价值研究报告应当对影响发行人投资价值的因素进行全面分析，至少包括下列内容：

（一）发行人的行业分类、行业政策，发行人与主要竞争者的比较及其在行业中的地位；

（二）发行人经营状况和发展前景分析；

（三）发行人盈利能力和财务状况分析；

（四）发行人募集资金投资项目分析；

（五）发行人与同行业可比上市公司的投资价值比较；

（六）宏观经济走势、股票市场走势以及其他对发行人投资价值有重要影响的因素。

投资价值研究报告应当在上述分析的基础上，运用行业公认的估值方法对发行人股票的合理投资价值进行预测。

第十三条 发行人及其主承销商应当在刊登首次公开发行股票招股意向书和发行公告后向询价对象进行推介和询价，并通过互联网向公众投资者进行推介。

询价分为初步询价和累计投标询价。发行人及其主承销商应当通过初步询价确定发行价格区间，在发行价格区间内通过累计投标询价确定发行价格。

第十四条 首次发行的股票在中小企业板、创业板上市的，发行人及其主承销商可以根据初步询价结果确定发行价格，不再进行累计投标询价。

第十五条 询价对象可以自主决定是否参与初步询价，

询价对象申请参与初步询价的，主承销商无正当理由不得拒绝。未参与初步询价或者参与初步询价但未有效报价的询价对象，不得参与累计投标询价和网下配售。

第十六条 询价对象应当遵循独立、客观、诚信的原则合理报价，不得协商报价或者故意压低或抬高价格。

第十七条 主承销商的证券自营账户不得参与本次发行股票的询价、网下配售和网上发行。

与发行人或其主承销商具有实际控制关系的询价对象，不得参与本次发行股票的询价、网下配售，可以参与网上发行。

第十八条 发行人及其主承销商在发行价格区间和发行价格确定后，应当分别报中国证监会备案，并予以公告。

第十九条 发行人及其主承销商在推介过程中不得误导投资者，不得干扰询价对象正常报价和申购，不得披露招股意向书等公开信息以外的发行人其他信息；推介资料不得有虚假记载、误导性陈述或者重大遗漏。

第二十条 询价对象应当在年度结束后一个月内对上年度参与询价的情况进行总结，并就其是否持续符合本办法规定的条件以及是否遵守本办法对询价对象的监管要求进行说明。总结报告应当报中国证券业协会备案。

第二十一条 上市公司发行证券，可以通过询价的方式确定发行价格，也可以与主承销商协商确定发行价格。

上市公司发行证券的定价，应当符合中国证监会关于上市公司证券发行的有关规定。

第三章 证券发售

第二十二条 首次公开发行股票数量在4亿股以上的，可以向战略投资者配售股票。发行人应当与战略投资者事先签署配售协议，并报中国证监会备案。

发行人及其主承销商应当在发行公告中披露战略投资者的选择标准、向战略投资者配售的股票总量、占本次发行股票的比例，以及持有期限制等。

第二十三条 战略投资者不得参与首次公开发行股票的初步询价和累计投标询价，并应当承诺获得本次配售的股票持有期限不少于12个月，持有期自本次公开发行的股票上市之日起计算。

第二十四条 发行人及其主承销商应当向参与网下配售的询价对象配售股票。公开发行股票数量少于4亿股的，配售数量不超过本次发行总量的20%；公开发行股票数量在4亿股以上的，配售数量不超过向战略投资者配售后剩余发行数量的50%。询价对象应当承诺获得本次网下配售的股票持有期限不少于3个月，持有期自本次公开发行的股票上市之日起计算。

本次发行的股票向战略投资者配售的，发行完成后无持有期限制的股票数量不得低于本次发行股票数量的25%。

第二十五条 股票配售对象限于下列类别：

（一）经批准募集的证券投资基金；

（二）全国社会保障基金；

（三）证券公司证券自营账户；

（四）经批准设立的证券公司集合资产管理计划；

（五）信托投资公司证券自营账户；

（六）信托投资公司设立并已向相关监管部门履行报告程序的集合信托计划；

（七）财务公司证券自营账户；

（八）经批准的保险公司或者保险资产管理公司证券投资账户；

（九）合格境外机构投资者管理的证券投资账户；

（十）在相关监管部门备案的企业年金基金；

（十一）主承销商自主推荐机构投资者管理的证券投资账户；

（十二）经中国证监会认可的其他证券投资产品。

第二十六条 询价对象应当为其管理的股票配售对象分别指定资金账户和证券账户，专门用于累计投标询价和网下配售。指定账户应当在中国证监会、中国证券业协会和证券登记结算机构登记备案。

第二十七条 股票配售对象参与累计投标询价和网下配售应当全额缴付申购资金，单一指定证券账户的累计申购数量不得超过本次向询价对象配售的股票总量。

第二十八条 发行人及其主承销商通过累计投标询价确定发行价格的，当发行价格以上的有效申购总量大于网下配售数量时，应当对发行价格以上的全部有效申购进行同比例配售。

第二十九条 主承销商应当对询价对象和股票配售对象的登记备案情况进行核查。对有下列情形之一的询价对象不得配售股票：

（一）未参与初步询价；

（二）询价对象或者股票配售对象的名称、账户资料与中国证券业协会登记的不一致；

（三）未在规定时间内报价或者足额划拨申购资金；

（四）有证据表明在询价过程中有违法违规或者违反诚信原则的情形。

第三十条 发行人及其主承销商网下配售股票，应当与网上发行同时进行。

网上发行时发行价格尚未确定的，参与网上发行的投资者应当按价格区间上限申购，如最终确定的发行价格低于价格区间上限，差价部分应当退还给投资者。

投资者参与网上发行应当遵守证券交易所和证券登记结算机构的相关规定。

第三十一条 首次公开发行股票达到一定规模的，发行人及其主承销商应当在网下配售和网上发行之间建立回拨机制，根据申购情况调整网下配售和网上发行的比例。

网上申购不足时，可以向网下回拨由参与网下的机构投资者申购，仍然申购不足的，可以由承销团推荐其他投资者参与网下申购。

第三十二条 初步询价结束后，公开发行股票数量在4亿股以下，提供有效报价的询价对象不足20家的，或者公开发行股票数量在4亿股以上，提供有效报价的询价对象不足50家的，发行人及其主承销商不得确定发行价格，并应当中止发行。

网下机构投资者在既定的网下发售比例内有效申购不足，不得向网上回拨，可以中止发行。网下报价情况未及发行人和主承销商预期、网上申购不足、网上申购不足向网下回拨后仍然申购不足的，可以中止发行。中止发行的具体情形可以由发行人和承销商约定，并予以披露。

中止发行后，在核准文件有效期内，经向中国证监会备案，可重新启动发行。

第三十三条 上市公司发行证券，存在利润分配方案、公积金转增股本方案尚未提交股东大会表决或者虽经股东大会表决通过但未实施的，应当在方案实施后发行。相关方案实施前，主承销商不得承销上市公司发行的证券。

第三十四条 上市公司向原股东配售股票（以下简称配股），应当向股权登记日登记在册的股东配售，且配售比例应当相同。

第三十五条 上市公司向不特定对象公开募集股份（以下简称增发）或者发行可转换公司债券，主承销商可以对参与网下配售的机构投资者进行分类，对不同类别的机构投资者设定不同的配售比例，对同一类别的机构投资者应当按相同的比例进行配售。主承销商应当在发行公告中明确机构投资者的分类标准。

主承销商未对机构投资者进行分类的，应当在网下配售和网上发行之间建立回拨机制，回拨后两者的获配比例应当一致。

第三十六条 上市公司增发股票或者发行可转换公司债券，可以全部或者部分向原股东优先配售，优先配售比例应当在发行公告中披露。

第三十七条 上市公司非公开发行证券的，发行对象及其数量的选择应当符合中国证监会关于上市公司证券发行的相关规定。

第四章 证券承销

第三十八条 证券公司实施证券承销前，应当向中国证监会报送发行与承销方案。

第三十九条 证券公司承销证券，应当依照《中华人民共和国证券法》第二十八条的规定采用包销或者代销方式。上市公司非公开发行股票未采用自行销售方式或者上市公司配股的，应当采用代销方式。

第四十条 股票发行采用代销方式的，应当在发行公告中披露发行失败后的处理措施。股票发行失败后，主承销商应当协助发行人按照发行价并加算银行同期存款利息返还股票认购人。

第四十一条 证券发行依照法律、行政法规的规定应当由承销团承销的，组成承销团的承销商应当签订承销团协议，由主承销商负责组织承销工作。

证券发行由两家以上证券公司联合主承销的，所有担任主承销商的证券公司应当共同承担主承销责任，履行相关义务。承销团由3家以上承销商组成的，可以设副主承销商，协助主承销商组织承销活动。

第四十二条 承销团成员应当按照承销团协议及承销协议的规定进行承销活动，不得进行虚假承销。

第四十三条 承销协议和承销团协议可以在发行价格确定后签订。

第四十四条 主承销商应当设立专门的部门或者机构，协调公司投资银行、研究、销售等部门共同完成信息披露、推介、簿记、定价、配售和资金清算等工作。

第四十五条 证券公司在承销过程中，不得以提供透支、回扣或者中国证监会认定的其他不正当手段诱使他人申购股票。

第四十六条 上市公司发行证券期间相关证券的停复牌安排，应当遵守证券交易所的相关规则。

主承销商应当按有关规定及时划付申购资金冻结利息。

第四十七条 投资者申购缴款结束后，主承销商应当聘请具有证券相关业务资格的会计师事务所（以下简称会计师事务所）对申购资金进行验证，并出具验资报告；首次公开发行股票的，还应当聘请律师事务所对向战略投资者、询价对象的询价和配售行为是否符合法律、行政法规及本办法的规定等进行见证，并出具专项法律意见书。

第四十八条 首次公开发行股票数量在4亿股以上的，发行人及其主承销商可以在发行方案中采用超额配售选择权。超额配售选择权的实施应当遵守中国证监会、证券交易所和证券登记结算机构的规定。

第四十九条 公开发行证券的，主承销商应当在证券上市后10日内向中国证监会报备承销总结报告，总结说明发行期间的基本情况及新股上市后的表现，并提供下列文件：

（一）募集说明书单行本；

（二）承销协议及承销团协议；

（三）律师见证意见（限于首次公开发行）；

（四）会计师事务所验资报告；

（五）中国证监会要求的其他文件。

第五十条 上市公司非公开发行股票的，发行人及其主承销商应当在发行完成后向中国证监会报送下列文件：

（一）发行情况报告书；

（二）主承销商关于本次发行过程和认购对象合规性的报告；

（三）发行人律师关于本次发行过程和认购对象合规性的见证意见；

（四）会计师事务所验资报告；

（五）中国证监会要求的其他文件。

第五章 信息披露

第五十一条 发行人和主承销商在发行过程中，应当按照中国证监会规定的程序、内容和格式，编制信息披露文件，履行信息披露义务。

第五十二条 发行人和主承销商在发行过程中披露的信息，应当真实、准确、完整，不得有虚假记载、误导性陈述或者重大遗漏。

第五十三条 发行人及其主承销商应当将发行过程中披露的信息刊登在至少一种中国证监会指定的报刊，同时将其刊登在中国证监会指定的互联网网站，并置备于中国证监会指定的场所，供公众查阅。

第五十四条 发行人披露的招股意向书除不含发行价格、筹资金额以外，其内容与格式应当与招股说明书一致，并与招股说明书具有同等法律效力。

第五十五条 发行人及其主承销商应当在刊登招股意向书或者招股说明书摘要的同时刊登发行公告，对发行方案进行详细说明。

发行人及其主承销商应当在发行价格确定后，披露网下申购情况、网下具体报价情况。

第五十六条 发行人及其主承销商公告发行价格和发行市盈率时，每股收益应当按发行前一年经会计师事务所审计的、扣除非经常性损益前后孰低的净利润除以发行后总股本计算。

提供盈利预测的发行人还应当补充披露基于盈利预测的发行市盈率。每股收益按发行当年经会计师事务所审核的、扣除非经常性损益前后孰低的净利润预测数除以发行后总股本计算。

发行人还可以同时披露市净率等反映发行人所在行业特点的发行价格指标。

第五十七条 首次公开发行股票向战略投资者配售股票的，发行人及其主承销商应当在网下配售结果公告中披露战略投资者的名称、认购数量及承诺持有期等情况。

第五十八条 上市公司非公开发行新股后，应当按中国证监会的要求编制并披露发行情况报告书。

第五十九条 本次发行的证券上市前，发行人及其主承销商应当按证券交易所的要求编制信息披露文件并公告。

第六章 监管和处罚

第六十条 发行人、证券公司、证券服务机构及询价对象违反本办法规定的，中国证监会可以责令其整改；对其直接负责的主管人员和其他直接责任人员，可以采取监管谈话、认定为不适当人选等行政监管措施，记入诚信档案并公布。

第六十一条 发行人、证券公司、证券服务机构、询价对象及其直接负责的主管人员和其他直接责任人员违反法律、行政法规或者本办法规定，依法应予行政处罚的，依照有关规定进行处罚；涉嫌犯罪的，依法移送司法机关，追究其刑事责任。

第六十二条 证券公司有下列行为之一的，除承担《证券法》规定的法律责任外，自中国证监会确认之日起36个月内不得参与证券承销：

（一）承销未经核准的证券；

（二）在承销过程中，进行虚假或误导投资者的广告或者其他宣传推介活动，以不正当手段诱使他人申购股票；

（三）在承销过程中披露的信息有虚假记载、误导性陈述或者重大遗漏。

第六十三条 证券公司有下列行为之一的，除承担《证券法》规定的法律责任外，自中国证监会确认之日起12个月内不得参与证券承销：

（一）提前泄露证券发行信息；

（二）以不正当竞争手段招揽承销业务；

（三）在承销过程中不按规定披露信息；

（四）在承销过程中的实际操作与报送中国证监会的发行方案不一致；

（五）违反相关规定撰写或者发布投资价值研究报告。

第六十四条 发行人及其承销商违反规定向参与认购的投资者提供财务资助或者补偿的，中国证监会可以责令改正；情节严重的，处以警告、罚款。

第六十五条 询价对象有下列情形之一的，中国证券业协会应当将其从询价对象名单中去除：

（一）不再符合本办法规定的条件；

（二）最近12个月内因违反相关监管要求被监管谈话三次以上；

（三）未按时提交年度总结报告。

第七章 附 则

第六十六条 本办法所称网上发行，是指通过证券交易所技术系统进行的证券发行。

本办法所称网下配售，是指不通过证券交易所技术系统、由主承销商组织实施的证券发行。

第六十七条 上市公司其他证券的发行和承销比照本办法执行。

第六十八条 本办法自2006年9月19日起施行。《证券经营机构股票承销业务管理办法》（证委发［1996］18号）、《关于禁止股票发行中不当行为的通知》（证监发字［1996］21号）、《关于坚决制止股票发行中透支等行为的通知》（证监发字［1996］169号）、《关于禁止证券经营机构申购自己承销股票的通知》（证监机字［1997］4号）、《关于加强证券经营机构股票承销业务监管工作的通知》

（证监机构字［1999］54号）、《关于法人配售股票有关问题的通知》（证监发行字［1999］121号）、《关于股票上市安排有关问题的通知》（证监发行字［2000］86号）、《关于证券经营机构股票承销业务监管工作的补充通知》（证监机构字［2000］199号）、《关于新股发行公司通过互联网进行公司推介的通知》（证监发行字［2001］12号）及《关于首次公开发行股票试行询价制度若干问题的通知》（证监发行字［2004］162号）同时废止。

大陆企业赴台湾地区投资管理办法

国家发展和改革委员会、商务部、国务院台湾事务办公室关于印发《大陆企业赴台湾地区投资管理办法》的通知

发改外资〔2010〕2661号

各省、自治区、直辖市及计划单列市、新疆生产建设兵团发展改革委、商务主管部门、台办，各中央管理企业：

为推动海峡两岸投资合作，实现两岸经济互利共赢，推动两岸关系和平发展，我们联合制定了《大陆企业赴台湾地区投资管理办法》。现印发你们，请按照执行。

附件：《大陆企业赴台湾地区投资管理办法》

国家发展和改革委员会

中华人民共和国商务部

国务院台办

二〇一〇年十一月九日

第一条 为进一步鼓励、引导和规范大陆企业赴台湾地区直接投资，实现两岸经济互利共赢，推动两岸关系和平发展，特制定本办法。

第二条 鼓励和支持大陆企业积极稳妥地赴台湾地区投资，形成互补互利的格局。大陆企业赴台湾地区投资应遵循互利共赢和市场经济原则。

第三条 大陆企业赴台湾地区投资，应主动适应两岸经济和产业发展特点，结合自身优势和企业发展战略，精心选择投资领域和项目；认真了解并遵守当地法律法规，尊重当地风俗习惯，注重环境保护，善尽必要的社会责任。

第四条 大陆投资主体赴台湾地区投资，应符合以下条件：

（一）在大陆依法注册、经营的企业法人；

（二）具备投资所申报项目的行业背景、资金、技术和管理实力；

（三）有利于两岸关系和平发展，不危害国家安全、统一。

第五条 大陆企业赴台湾地区投资项目，地方企业向所在地省级发展改革委提出申请，由省级发展改革委初审后，报国家发展改革委核准。中央企业直接向国家发展改革委申请核准。

第六条 大陆企业赴台湾地区投资设立企业或非企业法人，由商务部核准。地方企业由所在地省级商务主管部门初审后向商务部提出申请；中央企业直接向商务部提出申请。

第七条 国家发展改革委按照《境外投资项目核准暂行管理办法》（国家发展改革委令第21号）对赴台投资项目进行核准，并在审核时征求国务院台办的意见，国家发展改革委的核准文件抄送商务部、国务院台办等有关部门。

第八条 对已经国家发展改革委核准的赴台投资项目，商务部核准时不再征求国务院台办的意见。

第九条 大陆企业赴台湾地区投资设立企业或非企业法人，商务部收到申请后，征求国务院台办意见。在征得国务院台办同意后，商务部按照《境外投资管理办法》（商务部令2009年第5号）进行核准，并颁发《企业境外投资证书》或《企业境外机构证书》。

第十条 大陆企业凭相关部门的投资项目和企业设立（含机构）核准文件、《企业境外投资证书》或《企业境外机构证书》，办理相关人员赴台审批、外汇登记等相关手续。

第十一条　赴台湾地区投资设立的企业或非企业法人在当地注册后，大陆企业应于15个工作日内将有关注册文件报国家发展改革委、商务部和国务院台办备案。

第十二条　对获得核准的赴台湾地区投资，大陆企业可凭核准文件和《企业境外投资证书》或《企业境外机构证书》享受国家有关政策支持。

第十三条　大陆企业如获得服务提供者等相关认证后，可享受两岸签署的有关协议项下给予的待遇。

第十四条　国家发展改革委、商务部、国务院台办加强大陆企业赴台湾地区投资的引导和服务，通过对外投资合作信息服务系统、投资指南等渠道，为企业提供有效指导。

第十五条　国家发展改革委、商务部、国务院台办加强对大陆企业赴台湾地区投资的培训工作，特别是政策、人员和投资环境等方面的培训，提高企业赴台湾地区投资的针对性和可操作性。

第十六条　鼓励各有关协会、商会、咨询机构加强对台湾地区投资环境、市场信息和产业发展状况的研究分析，发布研究和发展报告，为大陆企业赴台湾地区投资提供参考。

第十七条　大陆企业在台湾地区的投资如变更或终止，应按照《境外投资项目核准暂行管理办法》、《境外投资管理办法》办理相关手续。

第十八条　大陆企业通过境外企业到台湾地区投资，应按规定到国家发展改革委履行核准手续，到商务部履行备案手续。

第十九条　大陆企业如违反规定在台湾地区投资，国家发展改革委、商务部将会同国务院台办按有关规定予以处罚。

第二十条　本办法自发布之日起生效。国家发展改革委和国务院台办发布的《关于大陆企业赴台湾地区投资项目管理有关规定的通知》（发改外资〔2008〕3503号）、商务部和国务院台办发布的《关于大陆企业赴台湾地区投资或设立非企业法人有关事项的通知》（商合发〔2009〕219号）同时废止。

中华人民共和国海关企业分类管理办法

海关总署第197号令

《中华人民共和国海关企业分类管理办法》已于2010年10月14日经海关总署署务会议审议通过，现予公布，自2011年1月1日起施行。

署长　盛光祖

二〇一〇年十一月十五日

第一章　总　　则

第一条　为了鼓励企业守法自律，提高海关管理效能，保障进出口贸易的安全与便利，根据《中华人民共和国海关法》及其他有关法律、行政法规的规定，制定本办法。

第二条　在海关注册登记的进出口货物收发货人、报关企业的分类管理，适用本办法。

其他企业的分类管理，由海关总署另行规定。

第三条　海关根据企业遵守法律、行政法规、海关规章、相关廉政规定和经营管理状况，以及海关监管、统计记录等，设置AA、A、B、C、D五个管理类别，对有关企业进行评估、分类，并对企业的管理类别予以公开。

第四条　海关总署按照守法便利原则，对适用不同管理类别的企业，制订相应的差别管理措施，其中AA类和A类企业适用相应的通关便利措施，B类企业适用常规管理措施，C类和D类企业适用严密监管措施。

全国海关实行统一的企业分类标准、程序和管理措施。

海关与企业应当加强合作，开展经常性信息交流和业务联系。

第五条 海关总署对企业分类管理工作进行指导、监督；直属海关负责审定、调整本关区企业适用的管理类别。

第二章 管理类别的设定

第一节 进出口货物收发货人

第六条 AA类进出口货物收发货人，应当同时符合下列条件：

（一）符合A类管理条件，已适用A类管理1年以上；

（二）上一年度进出口报关差错率3%以下；

（三）通过海关稽查验证，符合海关管理、企业经营管理和贸易安全的要求；

（四）每年报送《企业经营管理状况评估报告》和会计师事务所出具的上一年度审计报告；每半年报送《进出口业务情况表》。

第七条 A类进出口货物收发货人，应当同时符合下列条件：

（一）已适用B类管理1年以上；

（二）连续1年无走私罪、走私行为、违反海关监管规定的行为；

（三）连续1年未因进出口侵犯知识产权货物而被海关行政处罚；

（四）连续1年无拖欠应纳税款、应缴罚没款项情事；

（五）上一年度进出口总值50万美元以上；

（六）上一年度进出口报关差错率5%以下；

（七）会计制度完善，业务记录真实、完整；

（八）主动配合海关管理，及时办理各项海关手续，向海关提供的单据、证件真实、齐全、有效；

（九）每年报送《企业经营管理状况评估报告》；

（十）按照规定办理《中华人民共和国海关进出口货物收发货人报关注册登记证书》的换证手续和相关变更手续；

（十一）连续1年在商务、人民银行、工商、税务、质检、外汇、监察等行政管理部门和机构无不良记录。

第八条 进出口货物收发货人有下列情形之一的，适用C类管理：

（一）有走私行为的；

（二）1年内有3次以上违反海关监管规定行为，且违规次数超过上一年度报关单及进出境备案清单总票数1‰的，或者1年内因违反海关监管规定被处罚款累计总额人民币100万元以上的；

（三）1年内有2次因进出口侵犯知识产权货物而被海关行政处罚的；

（四）拖欠应纳税款、应缴罚没款项人民币50万元以下的。

第九条 进出口货物收发货人有下列情形之一的，适用D类管理：

（一）有走私罪的；

（二）1年内有2次以上走私行为的；

（三）1年内有3次以上因进出口侵犯知识产权货物而被海关行政处罚的；

（四）拖欠应纳税款、应缴罚没款项超过人民币50万元的。

第十条 进出口货物收发货人未发生本办法第八条和第九条所列情形并符合下列条件之一的，适用B类管理：

（一）首次注册登记的；

（二）首次注册登记后，管理类别未发生调整的；

（三）AA类企业不符合原管理类别适用条件，并且不符合A类管理类别适用条件的；

（四）A类企业不符合原管理类别适用条件的。

第十一条 在海关登记的加工企业，按照进出口货物收发货人实施分类管理。

第二节 报关企业

第十二条 AA类报关企业，应当同时符合下列条件：

（一）符合A类管理条件，已适用A类管理1年以上；

（二）上一年度代理申报的进出口报关单及进出境备案清单总量在2万票（中西部5000票）以上；

（三）上一年度进出口报关差错率3%以下；

（四）通过海关稽查验证，符合海关管理、企业经营管理和贸易安全的要求；

（五）每年报送《企业经营管理状况评估报告》和会计师事务所出具的上一年度审计报告；每半年报送《报关代理业务情况表》。

第十三条 A类报关企业，应当同时符合下列条件：

（一）已适用B类管理1年以上；

（二）企业以及所属执业报关员连续1年无走私罪、走私行为、违反海关监管规定的行为；

（三）连续1年代理报关的货物未因侵犯知识产权而被海关没收，或者虽被没收但对该货物的知识产权状况履行了合理审查义务；

（四）连续1年无拖欠应纳税款、应缴罚没款项情事；

（五）上一年度代理申报的进出口报关单及进出境备案清单等总量在3000票以上；

（六）上一年度代理申报的进出口报关差错率在5%以下；

（七）依法建立账簿和营业记录，真实、正确、完整地记录受委托办理报关业务的所有活动；

（八）每年报送《企业经营管理状况评估报告》；

（九）按照规定办理注册登记许可延续及《中华人民共和国海关报关企业报关注册登记证书》的换证手续和相关变更手续；

（十）连续1年在商务、人民银行、工商、税务、质检、外汇、监察等行政管理部门和机构无不良记录。

第十四条 报关企业有下列情形之一的，适用C类管理：

（一）有走私行为的；

（二）1年内有3次以上违反海关监管规定的行为，或者1年内因违反海关监管规定被处罚款累计总额人民币50万元以上的；

（三）1年内代理报关的货物因侵犯知识产权而被海关没收达2次且未尽合理审查义务的；

（四）上一年度代理申报的进出口报关差错率在10%以上的；

（五）拖欠应纳税款、应缴罚没款项人民币50万元以下的；

（六）代理报关的货物涉嫌走私、违反海关监管规定拒不接受或者拒不协助海关进行调查的；

（七）被海关暂停从事报关业务的。

第十五条 报关企业有下列情形之一的，适用D类管理：

（一）有走私罪的；

（二）1年内有2次以上走私行为的；

（三）1年内代理报关的货物因侵犯知识产权而被海关没收达3次以上且未尽合理审查义务的；

（四）拖欠应纳税款、应缴罚没款项超过人民币50万元的。

第十六条 报关企业未发生本办法第十四条和第十五条所列情形，并符合下列条件之一的，适用B类管理：

（一）首次注册登记的；

（二）首次注册登记后，管理类别未发生调整的；

（三）AA类企业不符合原管理类别适用条件，并且不符合A类管理类别适用条件的；

（四）A类企业不符合原管理类别适用条件的。

第三章 管理类别的适用与调整

第十七条 企业符合本办法第六条第（一）项或者第十二条第（一）项、第（二）项的规定，可以通过注册地海关向直属海关提出适用AA类管理申请，并提交下列材料：

（一）《适用AA类管理申请书》；

（二）《企业经营管理状况评估报告》；

（三）会计师事务所出具的上一年度审计报告。

第十八条 企业符合本办法第七条或者第十三条的规定，可以通过注册地海关向直属海关提出适用A类管理申请，并提交下列材料：

（一）《适用A类管理申请书》；

（二）《企业经营管理状况评估报告》。

第十九条 注册地海关接受企业适用AA类、A类管理申请后，经审核企业提交的材料齐全，符合法定形式的，应当当场制发《企业分类管理申请受理决定书》，并报直属海关审定。

对申请AA类的，直属海关经审查认为不需要进行稽查验证的，应当自受理之日起1个月内作出不予适用决定；直属海关经审查认为需要进行稽查验证的，应当在稽查结论作出之日起2个月内作出适用或者不予适用决定。

对申请A类的，直属海关应当自受理之日起3个月内作出适用或者不予适用决定。

第二十条 申请适用AA类、A类管理的企业有下列情形之一的，直属海关对其申请予以退回，并作出不予适用的决定：

（一）申请时不符合本办法所规定的条件的；

（二）审核期间不符合本办法所规定的条件的；

（三）审核期间有涉嫌走私或者违反海关监管规定以及侵犯知识产权的行为被海关立案侦查或者调查的。

第二十一条 C类企业自海关作出类别调整决定之日起满1年未再发生本办法第八条或者第十四条所列情形的，经企业申请，海关将其调整为B类。

D类企业自海关作出类别调整决定之日起满1年未再发生本办法第九条或者第十五条所列情形的，经企业申请，海关将其调整为C类。

申请调整为B类、C类管理的C类、D类企业有本办法第二十条所列情形之一的，直属海关对其申请予以退回，并作出不予调整的决定。

第二十二条 C类、D类企业申请调整为B类、C类的，应当通过注册地海关向直属海关提交《企业管理类别调整申请书》。注册地海关经审核，企业提交的材料齐全，符合法定形式的，应当当场制发《企业分类管理申请受理决定书》，并报直属海关审定。

直属海关应当自受理之日起1个月内作出调整或者不予调整的决定。

第二十三条 企业有下列应当降低类别情形之一的，注册地直属海关应当自发现之日起1个月内，根据本办法第二章的规定，作出调整其管理类别的决定：

（一）AA类、A类企业不符合原管理类别适用条件的；

（二）B类企业有C类、D类管理类别情形之一的；

（三）C类企业有D类管理类别情形之一的。

第二十四条 经直属海关决定调整或者不予调整企业管理类别的，由企业注册地海关在决定作出之日起10个工作日内将相关决定送达企业。

自海关作出调整决定之日起，海关按照调整后的管理类别对企业实施相应的管理措施。

企业在海关作出调整或者不予调整企业管理类别之前撤回管理类别调整申请的，海关终止管理类别调整的审核，并作出终止管理类别调整审核的决定。

第二十五条 AA类或者A类企业涉嫌走私被立案侦查或者调查的，海关暂停其与管理类别相应的管理措施；暂停期内，按照B类企业的管理措施实施管理。

第二十六条 企业仅名称或者海关注册编码发生变化的，其管理类别可以继续适用，但是有下列情形之一的，按照下列方式调整：

（一）企业发生存续分立，分立后的存续企业承继分立前企业的主要权利义务或者债权债务关系的，其管理类别适用分立前企业的管理类别，其余的分立企业视为首次注册企业；

（二）企业发生解散分立，分立企业视为首次注册企业；

（三）企业发生吸收合并，合并企业管理类别适用合并后存续企业的管理类别；

（四）企业发生新设合并，合并企业视为首次注册企业。

第四章 管理措施的实施

第二十七条 报关企业代理进出口货物收发货人开展报关业务，海关按照报关企业和进出口货物收发货人各自适用的管理类别分别实施相应的管理措施。

因企业的管理类别不同导致应当实施的管理措施抵触的，海关按照下列方式实施：

（一）报关企业或者进出口货物收发货人为C类或者D类的，按照较低的管理类别实施相应的管理措施；

（二）报关企业和进出口货物收发货人均为B类以上管理类别的，按照报关企业的管理类别实施相应的管理措施。

第二十八条 加工贸易经营企业与承接委托加工的生产企业管理类别不一致的，海关对该加工贸易业务按照较低的管理类别实施相应的管理措施。

第五章 附 则

第二十九条 作为企业分类管理评定记录的走私罪，其评定时间认定以人民法院刑事判决书生效时间为准。

作为企业分类管理评定记录的走私行为、违反海关监管规定行为、进出口侵犯知识产权货物行为，其评定时间认定以海关行政处罚决定书作出时间为准。

第三十条 警告以及罚款额在人民币3万元以下的违反海关监管规定行为，不作为企业分类管理评定记录。

第三十一条 本办法下列用语的含义是：

“其他企业”，指在海关注册登记的进出口货物收发货人、报关企业外，海关总署规定的其他从事与进出口活动直接有关的企业。

“中西部”，指除东部地区以外的其他地区。东部地区包括北京市、天津市、上海市、辽宁省、河北省、山东省、江苏省、浙江省、福建省、广东省。

“拖欠应纳税款”，指自缴纳税款期限届满之日起超过3个月仍未缴纳进出口货物、物品应当缴纳的进出口关税、进出口环节海关代征税之和，包括经海关认定违反海关监管规定，除给予处罚外，尚需缴纳的税款。

“拖欠应缴罚没款项”，指自海关行政处罚决定规定的期限届满之日起超过3个月仍未交付海关罚款、没收的违法所得和追缴走私货物、物品等值价款。

“进出口总值”，包括海关贸易统计与单项统计数据，以海关的统计为准，有关数据仅用于海关企业分类管理。

"报关差错率"，指上一年度企业所有报关员以该企业作为申报单位进行申报被记分的总次数，除以该年度企业作为申报单位申报的报关单及进出境备案清单总票数的百分比。

"1年"，指连续的12个月。

"年度"，指1个公历年度。

"一年内"，涉及向上调整企业管理类别的，以《企业分类管理申请受理决定书》作出之日倒推12个月计算；涉及向下调整企业管理类别的，以最近一次行政处罚决定作出之日倒推12个月计算。

"以上"、"以下"，均包含本数。

第三十二条 本办法由海关总署负责解释。

第三十三条 本办法自2011年1月1日起施行。2008年1月30日海关总署令第170号公布的《中华人民共和国海关企业分类管理办法》同时废止。

外国企业常驻代表机构登记管理条例

中华人民共和国国务院令

第584号

《外国企业常驻代表机构登记管理条例》已经2010年11月10日国务院第132次常务会议通过，现予公布，自2011年3月1日起施行。

总理：温家宝

二○一○年十一月十九日

第一章 总 则

第一条 为了规范外国企业常驻代表机构的设立及其业务活动，制定本条例。

第二条 本条例所称外国企业常驻代表机构（以下简称代表机构），是指外国企业依照本条例规定，在中国境内设立的从事与该外国企业业务有关的非营利性活动的办事机构。代表机构不具有法人资格。

第三条 代表机构应当遵守中国法律，不得损害中国国家安全和社会公共利益。

第四条 代表机构设立、变更、终止，应当依照本条例规定办理登记。

外国企业申请办理代表机构登记，应当对申请文件、材料的真实性负责。

第五条 国家工商行政管理总局及其授权的地方工商行政管理局是代表机构的登记和管理机关（以下简称登记机关）。

登记机关应当与其他有关部门建立信息共享机制，相互提供有关代表机构的信息。

第六条 代表机构应当于每年3月1日至6月30日向登记机关提交年度报告。年度报告的内容包括外国企业的合法存续情况、代表机构的业务活动开展情况及其经会计师事务所审计的费用收支情况等相关情况。

第七条 代表机构应当依法设置会计账簿，真实记载外国企业经费拨付和代表机构费用收支情况，并置于代表机构驻在场所。

代表机构不得使用其他企业、组织或者个人的账户。

第八条 外国企业委派的首席代表、代表以及代表机构的工作人员应当遵守法律、行政法规关于出入境、居留、就业、纳税、外汇登记等规定；违反规定的，由有关部门依照法律、行政法规的相关规定予以处理。

第二章 登记事项

第九条 代表机构的登记事项包括：代表机构名称、首席代表姓名、业务范围、驻在场所、驻在期限、外国企业名称及其住所。

第十条 代表机构名称应当由以下部分依次组成：外国企业国籍、外国企业中文名称、驻在城市名称以及“代表处”字样，并不得含有下列内容和文字：

（一）有损于中国国家安全或者社会公共利益的；

（二）国际组织名称；

（三）法律、行政法规或者国务院规定禁止的。

代表机构应当以登记机关登记的名称从事业务活动。

第十一条 外国企业应当委派一名首席代表。首席代表在外国企业书面授权范围内，可以代表外国企业签署代表机构登记申请文件。

外国企业可以根据业务需要，委派1至3名代表。

第十二条 有下列情形之一的，不得担任首席代表、代表：

（一）因损害中国国家安全或者社会公共利益，被判处刑罚的；

（二）因从事损害中国国家安全或者社会公共利益等违法活动，依法被撤销设立登记、吊销登记证或者被有关部门依法责令关闭的代表机构的首席代表、代表，自被撤销、吊销或者责令关闭之日起未逾5年的；

（三）国家工商行政管理总局规定的其他情形。

第十三条 代表机构不得从事营利性活动。

中国缔结或者参加的国际条约、协定另有规定的，从其规定，但是中国声明保留的条款除外。

第十四条 代表机构可以从事与外国企业业务有关的下列活动：

（一）与外国企业产品或者服务有关的市场调查、展示、宣传活动；

（二）与外国企业产品销售、服务提供、境内采购、境内投资有关的联络活动。

法律、行政法规或者国务院规定代表机构从事前款规定的业务活动须经批准的，应当取得批准。

第十五条 代表机构的驻在场所由外国企业自行选择。

根据国家安全和社会公共利益需要，有关部门可以要求代表机构调整驻在场所，并及时通知登记机关。

第十六条 代表机构的驻在期限不得超过外国企业的存续期限。

第十七条 登记机关应当将代表机构登记事项记载于代表机构登记簿，供社会公众查阅、复制。

第十八条 代表机构应当将登记机关颁发的外国企业常驻代表机构登记证（以下简称登记证）置于代表机构驻在场所的显著位置。

第十九条 任何单位和个人不得伪造、涂改、出租、出借、转让登记证和首席代表、代表的代表证（以下简称代表证）。

登记证和代表证遗失或者毁坏的，代表机构应当在指定的媒体上声明作废，申请补领。

登记机关依法作出准予变更登记、准予注销登记、撤销变更登记、吊销登记证决定的，代表机构原登记证和原首席代表、代表的代表证自动失效。

第二十条 代表机构设立、变更，外国企业应当在登记机关指定的媒体上向社会公告。

代表机构注销或者被依法撤销设立登记、吊销登记证的，由登记机关进行公告。

第二十一条 登记机关对代表机构涉嫌违反本条例的行为进行查处，可以依法行使下列职权：

（一）向有关的单位和个人调查、了解情况；

（二）查阅、复制、查封、扣押与违法行为有关的合同、票据、账簿以及其他资料；

（三）查封、扣押专门用于从事违法行为的工具、设备、原材料、产品（商品）等财物；

（四）查询从事违法行为的代表机构的账户以及与存款有关的会计凭证、账簿、对账单等。

第三章 设立登记

第二十二条 设立代表机构应当向登记机关申请设立登记。

第二十三条 外国企业申请设立代表机构，应当向登记机关提交下列文件、材料：

（一）代表机构设立登记申请书；

（二）外国企业住所证明和存续2年以上的合法营业证明；

（三）外国企业章程或者组织协议；

（四）外国企业对首席代表、代表的任命文件；

（五）首席代表、代表的身份证明和简历；

（六）同外国企业有业务往来的金融机构出具的资金信用证明；

（七）代表机构驻在场所的合法使用证明。

法律、行政法规或者国务院规定设立代表机构须经批准的，外国企业应当自批准之日起90日内向登记机关申请设立登记，并提交有关批准文件。

中国缔结或者参加的国际条约、协定规定可以设立从事营利性活动的代表机构的，还应当依照法律、行政法规或者国务院规定提交相应文件。

第二十四条 登记机关应当自受理申请之日起15日内作出是否准予登记的决定，作出决定前可以根据需要征求有关部门的意见。作出准予登记决定的，应当自作出决定之日起5日内向申请人颁发登记证和代表证；作出不予登记决定的，应当自作出决定之日起5日内向申请人出具登记驳回通知书，说明不予登记的理由。

登记证签发日期为代表机构成立日期。

第二十五条 代表机构、首席代表和代表凭登记证、代表证申请办理居留、就业、纳税、外汇登记等有关手续。

第四章 变更登记

第二十六条 代表机构登记事项发生变更，外国企业应当向登记机关申请变更登记。

第二十七条 变更登记事项的，应当自登记事项发生变更之日起60日内申请变更登记。

变更登记事项依照法律、行政法规或者国务院规定在登记前须经批准的，应当自批准之日起30日内申请变更登记。

第二十八条 代表机构驻在期限届满后继续从事业务活动的，外国企业应当在驻在期限届满前60日内向登记机关申请变更登记。

第二十九条 申请代表机构变更登记，应当提交代表机构变更登记申请书以及国家工商行政管理总局规定提交的相关文件。

变更登记事项依照法律、行政法规或者国务院规定在登记前须经批准的，还应当提交有关批准文件。

第三十条 登记机关应当自受理申请之日起10日内作出是否准予变更登记的决定。作出准予变更登记决定的，应当自作出决定之日起5日内换发登记证和代表证；作出不予变更登记决定的，应当自作出决定之日起5日内向申请人出具变更登记驳回通知书，说明不予变更登记的理由。

第三十一条 外国企业的有权签字人、企业责任形式、资本（资产）、经营范围以及代表发生变更的，外国企业应当自上述事项发生变更之日起60日内向登记机关备案。

第五章 注销登记

第三十二条 有下列情形之一的，外国企业应当在下列事项发生之日起60日内向登记机关申请注销登记：

（一）外国企业撤销代表机构；

（二）代表机构驻在期限届满不再继续从事业务活动；

（三）外国企业终止；

（四）代表机构依法被撤销批准或者责令关闭。

第三十三条 外国企业申请代表机构注销登记，应当向登记机关提交下列文件：

（一）代表机构注销登记申请书；

（二）代表机构税务登记注销证明；

（三）海关、外汇部门出具的相关事宜已清理完结或者该代表机构未办理相关手续的证明；

（四）国家工商行政管理总局规定提交的其他文件。

法律、行政法规或者国务院规定代表机构终止活动须经批准的，还应当提交有关批准文件。

第三十四条 登记机关应当自受理申请之日起10日内作出是否准予注销登记的决定。作出准予注销决定的，应当自作出决定之日起5日内出具准予注销通知书，收缴登记证和代表证；作出不予注销登记决定的，应当自作出决定之日起5日内向申请人出具注销登记驳回通知书，说明不予注销登记的理由。

第六章 法律责任

第三十五条 未经登记，擅自设立代表机构或者从事代表机构业务活动的，由登记机关责令停止活动，处以5万元以上20万元以下的罚款。

代表机构违反本条例规定从事营利性活动的，由登记机关责令改正，没收违法所得，没收专门用于从事营利性活动的工具、设备、原材料、产品（商品）等财物，处以5万元以上50万元以下罚款；情节严重的，吊销登记证。

第三十六条 提交虚假材料或者采取其他欺诈手段隐瞒真实情况，取得代表机构登记或者备案的，由登记机关责令改正，对代表机构处以2万元以上20万元以下的罚款，对直接负责的主管人员和其他直接责任人员处以1000元以上1万元以下的罚款；情节严重的，由登记机关撤销登记或者吊销登记证，缴销代表证。

代表机构提交的年度报告隐瞒真实情况、弄虚作假的，由登记机关责令改正，对代表机构处以2万元以上20万元以下的罚款；情节严重的，吊销登记证。

伪造、涂改、出租、出借、转让登记证、代表证的，由登记机关对代表机构处以1万元以上10万元以下的罚款；对直接负责的主管人员和其他直接责任人员处以1000元以上1万元以下的罚款；情节严重的，吊销登记证，缴销代表证。

第三十七条 代表机构违反本条例第十四条规定从事

业务活动以外活动的，由登记机关责令限期改正；逾期未改正的，处以1万元以上10万元以下的罚款；情节严重的，吊销登记证。

第三十八条 有下列情形之一的，由登记机关责令限期改正，处以1万元以上3万元以下的罚款；逾期未改正的，吊销登记证：

（一）未依照本条例规定提交年度报告的；

（二）未按照登记机关登记的名称从事业务活动的；

（三）未按照中国政府有关部门要求调整驻在场所的；

（四）未依照本条例规定公告其设立、变更情况的；

（五）未依照本条例规定办理有关变更登记、注销登记或者备案的。

第三十九条 代表机构从事危害中国国家安全或者社会公共利益等严重违法活动的，由登记机关吊销登记证。

代表机构违反本条例规定被撤销设立登记、吊销登记证，或者被中国政府有关部门依法责令关闭的，自被撤销、吊销或者责令关闭之日起5年内，设立该代表机构的外国企业不得在中国境内设立代表机构。

第四十条 登记机关及其工作人员滥用职权、玩忽职守、徇私舞弊，未依照本条例规定办理登记、查处违法行为，或者支持、包庇、纵容违法行为的，依法给予处分。

第四十一条 违反本条例规定，构成违反治安管理行为的，依照《中华人民共和国治安管理处罚法》的规定予以处罚；构成犯罪的，依法追究刑事责任。

第七章 附 则

第四十二条 本条例所称外国企业，是指依照外国法律在中国境外设立的营利性组织。

第四十三条 代表机构登记的收费项目依照国务院财政部门、价格主管部门的有关规定执行，代表机构登记的收费标准依照国务院价格主管部门、财政部门的有关规定执行。

第四十四条 香港特别行政区、澳门特别行政区和台湾地区企业在中国境内设立代表机构的，参照本条例规定进行登记管理。

第四十五条 本条例自2011年3月1日起施行。1983年3月5日经国务院批准，1983年3月15日原国家工商行政管理局发布的《关于外国企业常驻代表机构登记管理办法》同时废止。

合肥经济技术开发区
Hefei Economic & Technological Development Zone

合肥经济技术开发区成立于1993年，1997年被列为全国首批行政管理体制和机构改革试点单位，2000年被批准为国家经济技术开发区。目前，开发区已形成了以家电电子、汽车与零部件制造、高端装备制造、快速消费品等为主的四大支柱产业，培育了电子信息、新材料、新能源产业等新兴产业。"十一五"以来，开发区主要经济指标年均增幅保持在30%以上。2010年，在国家有关部委综合评比中，开发区发展与效率指数冲入全国十强，综合投资环境中部榜首，荣获"中国极具投资潜力经济园区"第2位。相继捧回国家新型工业化家电产业示范基地、出口加工区、国家生态工业示范园区等国字号招牌，成为中部较大的日资企业聚集地和台资企业首选地。

Founded in 1993, Hefei Economic & Technological Development Zone was selected as one of the first-batch pilot units for administrative system and institutional reform in 1997. Later it was ratified as the state-level economic & technological development zone in 2000. Currently, the Zone has established four pillar industries: home appliance electronics, auto & parts manufacturing, high-end equipment manufacturing, and fast moving consumer goods, and has developed such emerging industries as electronic information, new materials and new energy. Since the "11th Five-year Plan", the Zone's key economic indicators have been maintaining an annual growth of over 30% on average. According to the comprehensive rating of the related state ministries in 2010, the Zone was ranked among China's top 10 in terms of the development and efficiency index, No.1 by the overall investment environment in Central China, and also No.2 in "China's Economic Zones with Greatest Development Potentials". Moreover, the Zone has been awarded such titles as the National Demonstration Base for New Home Appliance Industry, the Export Processing Zone, and the Demonstration Zone of the State Ecological Industrial Park, making it a large gathering place of Japan-funded enterprises and the most preferred place of Taiwan-funded enterprises.

辽宁丹东临港产业园区
Liaoning Dandong Lingang Industrial Park

辽宁丹东临港产业园区是辽宁沿海经济带重点园区。园区以建设现代沿海新城、打造特色产业集群为目标，高标准编制规划，高速度建设基础设施与城市功能，高质量发展产业集群，在一片荒滩、苇塘之上架构起"路网成型、绿化成荫、管网成片、项目成面、亮化成线"的新城雏形。目前已累计建设462个项目（总投资732亿元），基础设施基本成型，城市功能日益健全，商贸核心区框架初步形成，居住条件已经具备，仪器仪表、环保、现代服务、口岸物流、不锈钢、汽车等产业集群不断壮大，形成10万人工作和生活承载能力。目前园区正在成为丹东新的政治、经济、文化中心。

Liaoning Dandong Lingang Industrial Park is a key park along coastal economic belt of Liaoning Province. Focusing on building a modern coastal city and an industry cluster with special characteristics, the Park prepares the planning with a high standard, builds the infrastructure and urban functional facilities with a high speed, and develops the industry clusters with a high quality, initially shaping a new city with accessible transportation, green-shaded environment, well-designed pipeline network and comprehensive projects. Currently, the Park has built 462 projects in aggregation (with the total investment of CNY 73.2 billion). The infrastructure has been initially taken a shape, the functions of the city are being increasingly improved; the framework of the core trade zone has been preliminarily set up; the residential conditions have been established; the industry clusters for instruments, environmental protection, modern services, port logistics, stainless steel, automobile and others have been growing. Being able to accommodate 100,000 people for both living and working, the Park now is becoming a new political, economic and cultural center of Dandong City.

地址：辽宁省丹东市锦江街96号金座2909室 邮编：118002
Address: Room 2909, No. 1 Building, No.96, Jinjiang Street, Dandong City, Liaoning Province, China 118002
电话（Tel）：0415-3127399

必和必拓 中国 BHP Billiton

必和必拓是全球资源行业中的领军企业。作为全球最大的多元化自然资源公司之一，必和必拓拥有高质量的资产，一揽子长期发展项目，基于客户的营销战略，以及跨地区、跨工业化阶段、跨产品群和跨市场的多元化组合。

必和必拓在以下方面具有重要市场地位：铝、动力煤、炼焦煤、铜、锰、铁矿石、铀、镍、银、钛等矿物产品，以及石油、液化天然气和钻石等。

必和必拓一贯坚持其对企业社会责任的承诺。必和必拓在中国开展了一系列广泛的可持续发展和社区建设活动。必和必拓是北京2008年奥运会和残奥会的官方多元化矿物及奖牌赞助商。

BHP Billiton is a global leader in the resources industry. As the largest diversified natural resources company, BHP Billiton is distinguished from other resource companies by the combination of the quality of the assets, a large inventory of long-term development projects, and the customer-focused marketing with diversification across countries, industrialization phases, commodities, and markets.

BHP Billiton occupies significant positions in following markets, including aluminum, energy coal and metallurgical coal, copper, manganese, iron ore, uranium, nickel, silver, and titanium minerals, etc. and in oil, liquefied natural gas, and diamonds, etc.

BHP Billiton has actively and consistently fulfilled its commitment to social responsibility. In China, BHP Billiton has sponsored a number of sustainability programs and community activities. BHP Billiton was proudly the official minerals and medals sponsor for the Beijing 2008 Olympic Games and Paralympics Games.

CCISF
中国(重庆)国际投资暨全球采购会
China Chongqing International Investment and Global Sourcing Fair
每年五月举办
In May each Year
(023-68670055)
www.ccisf.com

淮安经济技术开发区
Huai' an Economic & Technological Development Zone

淮安经济技术开发区成立于1992年，2010年11月被批准升级为国家经济技术开发区。建区19年来，尤其是"十一五"以来，综合实力大幅攀升，主要经济指标年均增幅保持在40%以上，是江苏省发展较快的开发区；产业集聚特色鲜明，形成了以电子信息、新型化工和先进制造为主的三大支柱产业，集聚富士康、台玻、明基达方、膳魔师等台资企业200余家，成为江北知名的台资企业集聚区；载体功能日臻完善，相继创成了国家出口加工区、国家留学人员创业园、苏北首家软件园、省级盐碱科技产业园以及空港产业园等一系列"国"字号、"省"字号特色功能区，综合承载能力江北一流。

Founded in 1992, Huai'an Economic & Technological Development Zone was ratified as a national economic & development zone. With the efforts during the past 19 years especially since the start of the 11th Five-year Plan, the Zone's comprehensive strength has been significantly improved, with key economic indictors achieving over 40% of the average annual growth rate. As a fast-growing development zone in Jiangsu Province, this Zone has established industry clusters, with electronic information, new chemicals and advanced manufacturing as three pillar industries; more than 200 Taiwanese enterprises including Foxconn, Taiwan Glass Group, BenQ Dafang and Thermos have settled in the zone, making it a famous gathering zone of Taiwanese enterprises in the north of Yangtze River. With its functions being improved gradually, the Zone has built into many national and provincial parks with special features and functions, including the national processing export zone, the national venture park for overseas returns, the first software park in the north of Jiangsu Province, the provincial alkali-salt technology park and the air port industry park. As a result, the Zone is among the top-class ones for its loading capacity in the north of Jiangsu Province.

吉林经济技术开发区

吉林经济技术开发区位于吉林省吉林市，是1998年吉林省批准设立的省级开发区，是中国黄河以北国家专利产业化试点基地，现已通过ISO14001环境管理体系和ISO9001质量管理体系双认证。2010年4月25日，经批准晋升为国家经济技术开发区。

吉林经开区区位优势明显，对外交通便捷，产业独特鲜明，配套设施完善，投资服务优良。经过十余年的潜心发展，吉林经开区以GDP近30%的年均增长速度实现了超常规、跨越式发展。德国恩卡公司、意大利蒙特公司、美国嘉吉公司、中石油、中粮集团、杭州娃哈哈集团、内蒙古伊利集团、深圳大族集团等一大批国内外知名企业相继在区内投资设厂。精细化工、特种纤维和化纤纺织、品牌食品及农副产品深加工等主导产业已经确立，碳纤维、医药化工和装备制造等优势产业快速发展。先后被吉林省评为先进开发区、全国十大诚信开发区、江浙企业家投资中国首选开发区。"十二五"时期，吉林经开区将加快建设精细化工基地、新材料产业基地、装备制造基地、品牌食品及农副产业深加工基地和东北亚现代物流基地，奋力实现产值千亿级开发区宏伟目标。

吉林经开区诚挚邀请海内外各界人士投资兴业，竭诚为投资者提供好环境、高效率和优惠政策，携手同心，共创辉煌！

地址：吉林省吉林市九站街516-1号　邮编：132101
电话：0432-63451999　传真：0432-63055138
网址：www.jeda.gov.cn

珠海振戎公司
Zhuhai Zhenrong Company

珠海振戎公司是经国家批准，于 1994年成立的国有重点企业，现由国有资产监督管理委员会管理。公司主营业务为政府项下的原油进口业务。除主营业务外，公司还涉足石油产品的贸易业务，包括燃料油、成品油的进、转口贸易及其他产品的进出口贸易等；公司同时涉足高新技术领域，如通讯软件开发应用、咨询服务等。

公司总部设在北京，下设天津振戎国际能源有限公司、广东振戎能源有限公司、北京振戎融通通讯技术有限公司、天津振戎投资股份有限公司、香港振戎国际石油贸易有限公司、以及驻云南昆明办事处、伊朗德黑兰办事处等十几个子公司和办事处。

Zhuhai Zhenrong Company was established upon the approval of the State Council in 1994 and is now under the administration of the State-owned Assets Supervision and Administration Commission (SASAC). The company is mainly engaged in the crude oil imports permitted by the government. In addition, it also gets involved into the oil products trade, including the imports and entrepot trade of fuel oil and finished oil, as well as the imports & exports of other products. Meanwhile, Zhuhai Zhenrong also extends its presence to the high-tech fields such as the development, application and consulting of communications software.

Headquartered in Beijing, Zhuhai Zhenrong has over ten branches and offices, including Tianjin Zhenrong International Energy Co., Ltd., Guangdong Zhendong Energy Co., Ltd., Beijing Zhenrong Rongtong Communications Technology Co., Ltd., Tianjin Zhenrong Investment Co., Ltd., Hong Kong ZhenRong International Oil Corporation Ltd., and offices in Kunming, Yunnan Province, and in Teheran, Iran, etc.

中国国际丝绸博览会暨中国国际女装展览会
China International Silk and Women' s Wear Fair

2011中国国际丝绸博览会暨中国国际女装展览会将于9月23-26日在杭州休博园会展中心举行。今年展会期间将发布丝绸与女装流行趋势，举办多场研讨会等时装周系列活动。展会已连续举办十一届，为丝绸与女装展示、交流、推广、贸易提供了一个重要平台，成为国内丝绸女装类最具权威性展会之一。

China International Silk and Women's Wear Fair 2010 will be held from September 23 to October 26 in Leisure Expo Garden Exhibition Center of Xiaoshan, Hangzhou. The fair will issue popular trends of the silk and women's wear in this year, and hold several symposiums, which are a part of the fashion week's series of activities. China International Silk and Women's Wear Fair has been held for 11 successive times, and provides an important platform for the exhibition, exchange, promotion and trade of silk and women's wear. With strong professionalism, the fair has ranked among the most authoritative fairs for silk and women's wear.

联系人（Contact）：李旎 Li Ni
电话（Tel）：0571-85868610 13968097303
E-mail: lni924@yahoo.com.cn

徐州金石彭源稀土材料厂
Xuzhou Jinshi Pengyuan Rare Earth Material Factory

一般经营项目：稀土金属及磁性材料、路面机械、矿山采掘设备、钻探设备及零配件的生产、加工、销售，稀土化合物的销售，自营和代理各类商品及技术的进出口业务（国家限定企业经营或禁止进出口的商品和技术除外）

Business scope: Production, processing and sales of rare earth metal and magnetic materials, road machinery, mining equipment, drilling equipment and spare parts; sales of rare earth compounds; having the self-supported right of import and export of merchandises and technologies or as the agency (excluding those limited or prohibited by the government).

地址：江苏省徐州市沛县大屯矿区能源开发区7号路
Address: No. 7 Road, Energy Development Zone, Datun Mining District, Pei County, Xuzhou, Jiangsu Province
电话(Tel)：86-516-89941147　89940520
传真(Fax)：86-516-89943071
网址(Website)：www.xzjspy.com
E-mail:smysqd89943071@163.com

中国-东盟博览会
China-ASEAN Expo

中国—东盟博览会由国家有关部委和东盟10国经贸主管部门及东盟秘书处共同主办，是唯一以中国—东盟自由贸易区为主题的国际性经贸盛会，内容涵盖商品贸易、投资合作、服务贸易。每年10月在广西南宁举办。

The China-ASEAN Expo (CAEXPO),co-sponsored by the relevant ministries and commissions of China and its counterparts in the 10 ASEAN countries as well as the ASEAN Secretariat, is the only grand state-level international economic and trade event that themes on the China-ASEAN FTA. It covers commodity trade, investment cooperation and trade in services, and is held annually in Nanning, Guangxi, China.

详情请查询官网：www.caexpo.org
Please visit http://www.caexpo.org, the CAEXPO official website for detailed information.

青海格尔木昆仑经济开发区
Qinghai Geermu Kunlun Economic Development Zone

青海格尔木昆仑经济开发区始建于1992年，面积15.55 k㎡。开发区依靠科技创新，以盐湖资源综合开发利用为龙头，着力打造盐化、冶金、油气、新能源和商贸服务相融合的区域性循环产业示范园区。

Qinghai Geermu Kunlun Economic Development Zone was founded in 1992 with an area of 15.55 square kilometers. Depending on the technology innovation and focusing on the comprehensive development and utilization of the salt lake resources, the Zone is striving to build itself into a regional recycling industry demonstration zone, with the focus on integrating salt chemical industry, metal technology, oil & gas chemical industry, new energy, and services in trade together.

地址：青海格尔木团结湖6号昆仑经济开发区管委会
Address: Administration Committee of Kunlun Economic Development Zone, No. 6, Tuanjiehu, Geermu, Qinghai
联系人：彭海玲 Contact: Peng Hailing
电话（Tel）：0979-8420322
传真（Tax）：0979-8420322
E-mail: gemkfqzhshju@163.com

四川宜宾临港经济开发区
Sichuan Yibin Port Economic Development Zone

四川宜宾临港经济开发区是川滇黔结合部以"临港"命名的省级重点开发区，位于四川省宜宾市中心城区东部、长江起点，规划区面积25.9平方公里，总人口7.5万。区内铁、公、水、空"合纵连横"，是四川通江达海的桥头堡和川滇黔结合部综合交通枢纽。

On the border area of Sichuan, Yunnan and Guizhou Provinces, Sichuan Yibin Port Economic Development Zone is a key provincial development zone named with "port". Located in the east of Yibin downtown and the starting point of the Yangtze River, the Zone has a planned area of 25.9 square kilometers with 75,000 residents. In the Zone there are railways, highways, shipping and air transportation access. Therefore it is a key place for Sichuan Province's shipping transportation and also a comprehensive transport hub in the area where Sichuan, Yunnan and Guizhou Provinces are converged.

地　址：四川省宜宾市翠屏区南岸酒都路中段59号
Address: No. 59, Jiudu Road Zhongduan, South Bank, Cuiping District, Yibin, Sichuan Province
联系人(Contact)：罗洪超(Luo Hongchao)

联系电话(Tel)：15082602828　0831-5201130
传　真(Fax)：0831-5108088

中国对外贸易中心

China Foreign Trade Centre

中国进出口商品交易会副主任兼秘书长，中国对外贸易中心主任王志平。

WANG ZHIPING, Secretary General of China Import and Export Fair, Director General of China Foreign Trade Centre

中国对外贸易中心隶属中华人民共和国商务部，主要负责承办中国进出口商品交易会（又称广交会），并以广交会场馆为依托，致力拓展会展业务，培育会展品牌。

China Foreign Trade Centre (CFTC) is a government-sponsored institution, affiliated to Ministry of Commerce of PRC and responsible for organizing China Import and Export Fair (also known as the Canton Fair). With the advantage of the venue, China Import and Export Fair Complex, China Foreign Trade Center dedicates to expending the conference and exhibition business, and fostering exhibition brands.

广交会创办于 1957 年春，由商务部和广东省联合主办，每年春季和秋季在广州举行，迄今已成功举办 109 届；累计出口成交约 8892 亿美元，累计到会境外采购商约 572 万人；是中国历史最长、规模最大、商品种类最全、到会采购商最多且分布地区最广、成交效果最好的综合性国际贸易盛会之一。

China Import and Export Fair (the Canton Fair) was inaugurated in the spring of 1957 and co-hosted by the Ministry of Commerce of the People's Republic of China and the People's Government of Guangdong Province. It is held biannually in Guangzhou every spring and autumn, with a history of 109 sessions since 1957, accumulating a total transaction of USD 889.2 billion and overseas attendants of over 5.72 million. The Canton Fair is one of the comprehensive and international trade fairs with the longest history, the largest scale, the most complete exhibition variety, the broadest distribution of overseas buyers and the greatest business turnover in China.

中国对外贸易中心下设企业集团——中国对外贸易中心（集团），主要经营各种形式的展览（包括来华展览、出国 / 境展览和国内展览），如中国（广州）国际家具博览会、中国（广州）国际汽车展览会、马来西亚中国进出口商品展览会暨投资洽谈会等。中国对外贸易中心同时拥有和经营亚洲首屈一指、世界前列的现代化展馆——位于广州市海珠区琶洲的广交会展馆。中国对外贸易中心以其 50 多年的专业办展经验、卓越的业绩、专业的服务在中国会展业中占有举足轻重的地位。中国对外贸易中心（集团）同时兼营广告、进出口贸易、旅游、网站建设、酒店、餐饮、物业管理等业务，为广大客户提供全方位的服务。

China Foreign Trade Centre (Group), a business entity affiliated to China Foreign Trade Centre, mainly conducts all forms of exhibitions, including foreign exhibitions in China and Chinese exhibitions both at home and abroad, such as China International Furniture Fair (Guangzhou), China (Guangzhou) International Automobile Exhibition, China Import & Export Commodities Exhibition (Malaysia), etc. China Foreign Trade Centre boasts for having and operating a modern Canton Fair complex in Pazhou

2011 年春第 109 届广交会启动运行“广交会产品设计与贸易促进中心”。

Launching of the PDC (Product Design and Trade Promotion Center) in the 109th Session of the Canton Fair, spring 2011

Island of Haizhu District which occupies the biggest in Asia and the forefront position in the world in terms of complex size. Moreover China Foreign Trade Centre plays a dominant role in China's exhibition industry for its professional exhibition experience and services as well as outstanding performance over more than 50 years. China Foreign Trade Centre (Group) also conducts businesses covering advertising, import and export, tourism, website building, hotel, restaurant and property management etc., which enables us to provide all-around services to our customers.

美轮美奂的第 109 届广交会展馆夜景。

The splendid night view of the China Import and Export Fair Complex during the 109th Canton Fair

2010 年秋第 108 届广交会食品展区客商盈门。

Buyers filled in the Food section of the 108th session of the Canton Fair, autumn 2010

2011 年春第 109 届广交会大型机械及设备展区。

Large Machinery & Equipment section of the 109th session of the Canton Fair, spring 2011